海域から見た歴史

インド洋と地中海を結ぶ交流史

Hikoichi Yajima
家島彦一著

名古屋大学出版会

はじめに

一九八六年一二月末に、私は南イランのペルシャ湾に沿ったチャーラク（Chārak）という小さな漁村の沖合三二キロメートルに浮かぶキーシュ島（Jazīrat-i Kīsh）を訪れた。南北七キロ、東西一五キロの楕円形に近い小島で、中国宋代に泉州市舶司の役人を務めた趙如适は、その著書『諸蕃志』のなかで、記施国、すなわちキーシュ島が真珠と馬を産し、薔薇水、朱砂、水銀、白銅、銀、細布などのイランの特産品が集荷されて、他のイスラーム諸国に転売されたことを伝えている。また、一二世紀半ば、ユダヤ教徒トゥデーラのベンヤミン（Benjamin Tudela）は、インドとスリランカへの航海の途中、この島を訪問し、そこにインド系商人の他、メソポタミア、イエメン、ペルシャなどの各地の商人たちが集まり、さまざまな種類の商品を持ち込んで盛んに交換取引をおこなったこと、島民の生活はもっぱら中継貿易による利潤によって支えられていたこと、また五〇〇人ほどのユダヤ人が住んでいたことを報告している。

現在、その島の北側のハリーレ（Kharīreh）地区には、波止場、税関、城塞、市場、倉庫、住居などが累々と連なる港市コンプレックスの遺跡群が残されている。この遺跡内を歩くと、足下《あしもと》の地面、草むらや窪地のあちこちに、貝殻、土器、陶器やガラスなどの破片に混じって、青や白の分厚い釉薬を施した中国製の見事な陶磁片が散乱している。興味深いことに、陶片の一部には、口縁部や底部に微小の穴を穿ち、そこに針金とか鉛を使って補修したと思われるものも見つかる。遺跡全体で、中国陶磁片の総量はいったいどのくらいになるのだろうか。陶磁器のような、重量があり、破損しやすく、しかも包装のためにかさの張る商品が南中国の泉州や広東の港で船に積み込まれ、南シナ海、マラッカ海峡、ベンガル湾、アラビア海の海原を越え、幾つもの港市で入港と出港を繰り返して、はるばるペルシャ湾内のキーシュ島に到着するまで、どのように運ばれたのか。誰がその運輸と交易の担い手であったのか。このような遠隔地間の、しかも交易活動を可能ならしめた条件とは、何か。遺物の総量から判断しても、一艘の船が、ある時、偶然の機会に運んで来たものではなく、毎年、しかも長期間にわたる継続的な、インド洋を活動舞台とする多数の船による定期的な輸送システム、人の移動、モノ・情報の交換関係のなかで運ばれた、と考えて間違いないであろう。したがって、「海のシルクロード」と呼ばれるような、点と点を線で結ぶような、はかなく、細々とした関係ではなく、陶磁器一つひとつの破片を通して、無数のネットワークが張りめぐらされた壮大な「インド洋海域世界」が想定されてくるのである。

一二・一三世紀のキーシュは、イラン高原やイラク、地中海世界とつながる国際的な中継港であり、積荷が船から陸揚げされたり、別の船や陸上のキャラバンに積み替えられる時に、多くの破損した商品がその港で投棄されたのであろう。しかし、港に残された膨大な量の土器・陶器・ガラス・陶磁器などの、実際に使用されたと思われる生活文化の遺物や住居址の規模などから推断すると、そこにはさまざまな人々が各地から集まり、そこを生活と活動の拠点として暮らしていたと考えるのが妥当である。しかも、キーシュが大陸からわずかながらも水域によって隔てられた小島であることは、内陸の領域国家による政治的・経済的な支配から逃避して、島社会・文化の自立性を高めるうえでも有利な条件を提供していたであろう。前近代に発達した国際的な交易港のなかには、島（島嶼）、内陸部との交通が隔てられた「陸の孤島」といえる半島の先端部、ラグーン（礁湖）、川の中洲などに発達したものが多い。そうした代表的な交易港をあげると、ペルシャ湾では、イランのハーラク（カーグ）島、リーシャフル（ブーシフル）、スィーラーフ、キーシュ島、ホルムズ島であり、イエメンのアデンや紅海のサワーキン島、また東アフリカ海岸に近いモンバサ、ラム、キルワなどの島々、地中海ではアルワード島、ロドス（ロードス）島、ジェルバ島、ラグーンに発達した有名なイタリアの港市ヴェネツィアなどであろう。

海（海域）の歴史を見る見方には、陸（陸域）から海を見る、陸と海との相互の関係を見る、海から陸を見る、海そのものを一つの歴史的世界として捉えたうえで、その世界のあり方（域内関係）、他との関係（海域外や陸域世界との関係）を見る、などのさまざまな立場が考えられる。私の研究上の立場は、それらのうちの最後にあげたように、陸（陸域）から海（海域）中心へと歴史の視点を移すことによって、海そのものを一つの歴史的世界として捉えること、そして海域世界の一体性とその自立的な機能に着目すること、さらには海域世界から陸域世界を逆照射（相対化）することにあるといえる。

こうした発想・視角の出発点は、キーシュ島で私が実際に目撃し、経験したことであり、その後、地中海のシリア海岸に近いアルワード島で漁民社会を調査したり、また紅海沿岸、南アラビアや東アフリカ海岸で多くの港市遺跡を訪問したり、アラビア海における木造帆船ダウの調査を進める過程で一層確信を得るようになったのである。

歴史研究は、あくまでも資史料を「読み」「解く」ことによる、具体的・実証的な個別研究にもとづいているが、同時にそうした研究による個々の国・地域やテーマの研究が、より広い視野から比較・検討されるなかで、時間と空間を貫く「共通枠」「関連性」や、ある種の「一体性」を取り出す使命を負っていると、私は考えている。そのためには、従来とは異なる新たな枠組み・視点を模索することが必要となるが、資史料を「読み」「解く」ときにも同様に、新たな枠組み・視点を用いることで、従来にない史実が描き出されてくるのである。この意味において、両者は共同作業のなかで進められるべきものであろう。私は、本書の研究において、とくに①新たな枠組み・視点を設定すること、②現地での調査・研究を重視すること、③これまでにない海域交流史の研究を進めるために、海域史研究に相応しい新しい資史料の発見に努めること、の三つの点に留意した。①では、陸域（陸の領域国家）を越えたところに形成される一つの全体として機能する歴史的世界、すなわち海域世界を設定し、さらにインド洋と地中海の二つの海域世界を一つに捉える「大海域世界」論の提唱を試みた。②については、アラビア海における三角帆を装備した木造船ダウやインド洋の歴史的港市の現地調査（第I部第1章）、地中海に浮かぶシリアのアルワード島での調査（第I部第3章）、ナイル川と紅海をつなぐクース～アイザーブ道（第II部第2章）やイランのザグロス山脈を縦断するキャラバン道の調査（第II部第3章）などを実施した。さらに③については、海域交流史の研究を具体的・実証的に深めるために、これまで誰にも注目されてこなかった未刊行のアラビア語写本の発見に努めた（第VII部第1章～第3章）。

最近、地域研究の進展にともなって、さまざまな仮説、枠組み・視点が提示され、同時にそれに対する反論が活発におこなわれるようになった。仮説や枠組みには、当然、多くの批判や警告が付きものであるが、新たに提示された枠組みによって、どのような従来にない史実や課題が引き出されるのか、その蓋然性はどこまであるのか、また今後どのような研究の展望が開けるのか、さらには現代の世界に起こりつつあるさまざまな新しい事件や動きとも比較・検討の可能性があるのかどうか、などの問題が問われなければならない。そのような議論を深めたうえで、提示された仮説や枠組みは十分に再検討・批判されるべきであろう。本書の出版が一つの契機となって、海域世界をめぐる諸問題に視点の中心を移した議論が一層高まることを期待したい。

目次

第II部　陸上ルートと海上ルートの連関

第III部　国家・港市・海域世界

第Ⅳ部　国際間に生きる海上商人の活動

第Ⅴ部　海域世界における物品の流通

第VI部　海域世界における文化・情報の交流

第VII部　海域交流史に関する新史料の発見

凡　例

一、本文および註で引用されている史料、研究書、論文、雑誌、叢書などの略号と著者名の略称は、巻末に掲載の「史料・参考文献」を参照されたい。

二、ヒジュラ暦と西暦は、ヒジュラ暦七〇〇（一三〇〇／〇一）年、もしくは七〇〇（一三〇〇／〇一）年のように表記するが、とくに断らない限り年数は西暦を表す。

三、引用文中の［　］は達意のために補った言葉であり、（　）は同義の言葉、あるいは註記である。

四、アラビア文字のラテン文字転写は、原則として、『イスラーム百科辞典（新版）*Encyclopaedia of Islam*, new edition』(Leiden : E. J. Brill, 1960-2004) の方式によっているが、以下のように一部の文字については改めた。
t̲h̲→th, d̲j̲→j, k̲h̲→kh, d̲h̲→dh, s̲h̲→sh, z̲h̲→ẓ, g̲h̲→gh, ḳ→q, iy→ī y, uww→ū w

五、定冠詞 al-は「アル」と表記するが、太陽文字が続くときは「アッ」もしくは「アン」とする。ただし、語頭の al-はカナ表記では省略する。また「史料・参考文献」では、al-は無視して配列される。

六、語頭のハムザ、語末のターマルブータは転写しない。ただし、属格による限定および、長音のあとのターマルブータは t と転写し、「ト」と表記する。

七、語中および語末の母音をともなわないハムザとアインは、「ア」「イ」「ウ」とする。アインは慣用に従う。
　例　Kaʿba　カァバ　jāmiʿ　ジャーミゥ　Karbalāʾ　カルバラーゥ

八、標準語（フスハー）を基本とし、方言（アーンミーヤ）は原則としない。

九、ペルシャ語のラテン文字転写およびカナ表記については、原則として、アラビア語の方式にならった。とくに語末の h は、無音の場合は転写文字を表記しない。エザーフェは -i と表し、「エ」とカナ表記する。

序章　インド洋と地中海を結ぶ大海域世界

一　「海域」へのまなざし

最近の歴史研究において、国家（王権）という枠を超えた大きな歴史（global history）、総合史（total history）や広い地域史の研究がさまざまな分野から提示され、また地域が「閉じた歴史空間」ではなく、地域間のシステムやネットワークによってつながれた一つの全体を構成しているとするシステム論やネットワーク論に対する研究関心が高まっている(1)。

こうした歴史学における新しい研究傾向は、一方では現代の世界各地における急激な情報化、グローバル経済の拡大、広域的地域統合の成立、地域紛争の激化や人間移動（戦乱による難民・亡命、移民・移住、出稼ぎ、旅行など）、国際テロの問題といった、いわば近代国民国家の枠組み自体を再考させるような事態が次々に起こっていることとも深く関わっている。

また他方では、従来の歴史研究の専門化と細分化を反省するなかで、新しい歴史学が模索され、既成の歴史観や型に嵌《は》まったアジア史観（唯物史観、征服王朝論、南北対立史など）、ヨーロッパ衝撃論（European impacts）やヨーロッパ中心史観などを打破しようとする試みが各分野でなされるようになったからでもあろう。このような時代背景と歴史研究の新しい潮流のなかで、多様な歴史・生活・文化の諸局面を具体的・実証的に叙述しようとする研究と平行して、大きな歴史、多様な要素を包みこんだ「地域（世界）」の歴史や「地域間の」の歴史に関わる分析と叙述がなされてきたのである。(2)

ところで、従来の歴史研究では、「地域」が他ならぬ「陸地」の「領域国家」であることを、いわば研究上の自明の理としてきた。しかし、言うまでもなく、人間には古い過去の時代から、血縁・地縁社会や国家の支配領域という狭い地域枠を超えて、多様な、そして複合的な歴史空間のなかを移動・往来し、たくましく生活・文化を営んできたという長い歴史があって、そうした移動と地域および社会の再編の諸過程で、さまざまな異なる人・モノ・情報との出会い・併存と交錯、そして時には緊張・対立・衝突・統合の歴史を繰り返すことで、新しい文化・文明の創造がおこなわれてきたのである。

人間の活動空間のなかでも、とくに海域は陸上の国家と国家の「境域」にあって、狭い地域社会を越え、国家・宗教・文化などを異にした、さまざまな人々にとっての移動と生活のための「共有の場」であり、同時に、より広範囲・遠隔地にまたがる「出会い（encounters）」と「交流（inter-exchanges）」の主舞台でもあったといえよう。(3)

これまでの人類史からも明らかなように、陸域（陸地の領域国家）が海域（海域世界）に進出したとき、しばしば大きな歴史変化が引き起こされた。(4) 例えば、すでに前一三世紀の頃から地中海で海上交易を営んでいたフェニキア人、紀元前後から二世紀末にかけてのローマ帝政期における地中海から紅海・アラビア海までの拡大、八〜一〇世紀のイスラーム世界の形成期における地中海とインド洋の両海域、そして一〇・一一世紀の世界史的な変化・変動期におけるファーティマ朝による地中海と紅海・アラビア海にまたがる広範な拡大、イタリア諸都市による地中海と黒海、南インドのチョーラ朝、東南アジアのクメール王国やシュリーヴィジャヤ王国などによるベンガル湾・シャム湾（タイランド湾）とジャワ海、さらには中国の南宋時代（一二・一三世紀）から明朝の半ば（一五世紀）に存在した南シナ海にまたがる海上帝国、アンソニー・リード（Anthony Reid）が主張したように、一五〜一七世紀における「交易の時代（the age of commerce）」における東南アジアの港市国家の繁栄とジャワ海・ボルネオ海・南シナ海と東シナ海を舞台とした交流、[5] そして一五・一六世紀の西ヨーロッパ・キリスト教諸国にとっての、いわゆる「地理上の発見」とそれに続く植民地拡大の時代の大西洋・太平洋とインド洋、等々の歴史があげられよう。これらは、いずれも陸域による「海域進出の時代」であったが、同時に、陸域と海域の間に横たわる「海縁（sea-board）」や「地縁（land-edge）」のボーダーが取り払われて、人々が両域を一つの世界として、より広域的に移動・交流した時代でもあったということができる。

しかし、これまでの陸域中心の歴史では、海域は陸域の辺境・周縁、または人々の移動をさえぎり、文化・文明の交流を妨げる境界、国境であると見なされてきた。したがって、海域は陸域から押し出された人・モノ・情報の行き交う危険な異界であって、その歴史は必然的に陸域に付属する脇役の歴史として、あるいは国家にとって国境の外の無秩序の世界、無縁・無主の世界として位置づけられてきた。さらに国際間の関係でも、海域は内陸アジアを東西につなぐシルクロードの裏街道としての「海のシルクロード」に過ぎず、小さな歴史的役割しか与えられてこなかったと思われる。[6]

とくに、西ヨーロッパ・キリスト教諸国による「地理上の発見」以前の、世界の各地に存在したさまざまな「海域世界」、なかでもインド洋海域世界（アジア海域、海域アジア世界）は著しく軽視されてきたように思える。その原因の一つは、ギリシャ・ローマの華々しい古代文明史と近代ヨーロッパの歴史をつなぐ場としての「古代地中海世界」の役割を殊更に強調し、また一六世紀以後の近代世界システムのもとに統合化されていく西ヨーロッパ勢力による世界の海域征服史、「大航海時代」を美化しようとする「ヨーロッパ中心主義史観」にあると考えられる。

しかし、斯波義信が「地中海世界に匹敵する〈アジア海域〉という広域の歴史、あるいはもっと狭く環西太平洋のコスモポリタンな海事交渉史に目を向けるとき、そのルーツは〈地理上の発見〉の世紀よりもかなり古かった。

……南宋（一三世紀）から明の半ば（一五世紀）に確実に存在した中国の〈海上帝国期〉はそれであり、また八世紀ごろから生じた東イスラーム圏の布教と通商の活動の西太平洋水域への波及もこれに当る」[7]と主張したように、アジア海域は地中海世界にも匹敵する重みを持った歴史空間であって、そこでは人の移動、モノの流通や情報の交流を支えるネットワーク——私は、このネットワークを「交流ネットワーク」と呼ぶ——がすでに縦横に張りめぐらされ、それによって、相互依存と補完の諸関係が成立していたのである。なお、ここでの「アジア海域」は、以下に説明するように、私の主張する歴史的インド洋、すなわち「インド洋海域世界」を指している。[8]

最近、地中海、インド洋、カリブ海、日本海など、世界のさまざま海域とそれをとりまく諸地域の関係を、巨視的かつ全体的に把握しようとする「海域」の研究が人文・社会諸科学の分野で大きな高まりを見せている。その一つの重要な契機となったのは、他でもないフェルナン・ブローデル（Fernand Braudel）による名著『地中海とフェリペ二世時代の地中海世界』（邦訳『地中海』）とそれに続く『物質文明・経済・資本主義』などの一連の著作であろう。[9] 彼は、地中海とそれを取り巻き地理的・生態的に一体をなす諸地域を、一つの全体として機能する世界、すなわち地中海世界として捉えようとする、「最初の試み」をおこなったのである。もちろん、彼の研究以前においても、とくにギリシャ・ローマ史の分野では、つねに地中海を中心舞台とする軍事・政治・社会・経済の拡大と交流の歴史が語られ、幾多の名著が著されたことは言うまでもない。しかし、太田秀通が説明するように、ギリシャ・ローマ時代の地中海世界の概念は、ブローデルが愛と情熱を込めて綴った地中海の自然や人間の多様な生活様式や経済生活、さまざまな文化・宗教、そこに流れる一つの大河のような「動きの歴史」を叙述するためにつくられた概念ではなく、海を媒介として歴史的に形成された現実的な関係、すなわち地中海をめぐる諸種族・諸民族・諸国家の抗争・競合および協調のうちにつくり出された、「立体的な構造をもつ政治的複合体」を指しているのである。[10]

本書の第III部第1章において再び言及するように、ベルギーの著名な中世ヨーロッパ史家アンリ・ピレンヌ

（Henri Pirenne）は、メロヴィング朝フランク王国時代の商業は古代ローマ帝国時代から引き継いだ地中海を主舞台とする大商業の性格を持っていたが、続くカロリング朝が成立した八世紀以後になると、地中海の航海は終息し、流通経済、商工業がなくなり、都市人口も減少して、西ヨーロッパ北部および内陸地方を中心とする販路のない農村経済が広く展開していったこと、そのことが原因となり西ヨーロッパ・キリスト教（カトリック）世界が成立したことを述べ、それらの諸変化の根本原因が「野蛮なアラブ」の大征服による「地中海的統一世界」の破壊にあると結論づけた。このピレンヌ・テーゼは、西ヨーロッパの古代から中世への時代転換を地中海世界の問題と直接関連づけただけでなく、ビザンツ帝国とイスラーム世界を含む壮大な歴史的世界を視野におさめた多角的視点に立つ歴史研究の必要性をわれわれに認識させたことから見ても、大きな学問的功績を果たしたといえる[11]。

一方、ブローデルは、地中海を古代ギリシャ・ローマの短い歴史に限定せず、また西ヨーロッパ・キリスト教世界の歴史の一部として捉えるのではなく、それ以外のさまざまな地域・経済・文化・宗教を視野に入れた一つの地中海全体の交流史、何よりも陸域から海域中心へと歴史の視点を移すことを強く意識していたのであり、このような意味において、彼の『地中海』は「最初の試み[12]」であったといえよう。しかし、彼の発想の原点となった地中海への熱き想いは、他ならぬ冬の暗いどんよりとした空がたれこめた内陸ヨーロッパの森の世界の人間が抱いていた「陽光の燦々と輝く地中海」に対する憧れのイメージ[13]であって、彼もまた、陸地的な感覚を強く持ったヨーロッパ人の一人であったということができる。したがって、彼の地中海史のなかには、ピレンヌと共通した史観が色濃く残されているのである。すなわち、ピレンヌは野蛮なアラブ人による侵入と征服によって、ヨーロッパ人にとっての「われらの海（mare nostrum）」である地中海がアラブ人の海に変わり、その影響を受けて西ヨーロッパは地中海を離れて、アルプス以北を中心とする中世ヨーロッパ世界が呱々《ここ》の声をあげたと説いた。一方、地中海を「こよなく愛した」ブローデルにとっての最大の研究関心は、アラブの海となった地中海世界が、その後、どのようにして再び西ヨーロッパ世界（人）のもとに引き戻されたかを、彼の「緩やかな歴史の流れ」のなかで叙述することにあった。彼の主張によれば、西ヨーロッパ（ハプスブルグ勢力）は一五七一年のレパントの海戦において、それまで地中海を広く支配していたオスマン帝国を打ち破って、イスラームの地中海支配に終止符を打ち、この海戦に自信を得た西ヨーロッパはさらに大西洋という新しい舞台へと拡大し、近代への大転換を遂げたという。[14]このように、ブローデルは、地中海という「海域」を歴史展開の主舞台として設定し、その世界としての成り立ちを多方面から微細に分析・叙述しながらも、結局はピレンヌと同じように、西ヨーロッパの陸域の歴史を、しかも古代から一七世紀以降に始まる大西洋を経由して世界に広がる「大航海時代」までの歴史を、連続する地中海の史軸のなかに位置づけようとした、と理解することができる。

以上のように、ブローデルのいう地中海世界には、西ヨーロッパの陸域の歴史から見た発想が色濃く残されており、その他にも彼の歴史把握の手法には多くの批判すべき点が見られるが、彼の情熱的な歴史叙述と壮大な構想によって組み立てられた海洋史観は、間違いなく最近のインド洋海域世界の歴史研究にも大きな影響をおよぼしたといえよう。例えば、イギリスの東インド会社の研究で優れた研究業績のあるK・N・チョウドリー（K. N. Chaudhuri）は、一九八五年に刊行された『インド洋の貿易と文明』の序説のなかで述べているように、「インド洋」をブローデルによって提示された地中海世界の文明史研究にならって「地中海」と見なし、その全域を直接の対象とした文明通史を研究するに至った。[15]なお、チョウドリーの主張するインド洋の範囲は、インド洋とその周縁部に限定せずに、西はコンスタンチノープル（イスタンブル）から東は中国までを含むアジア全域を対象としている。

最近、インド洋海域の歴史や人間社会、あるいは文化・経済・国際関係などを相互関連と比較のなかで全体的に見ようという、いわゆる「インド洋研究（Indian Ocean Studies）」が世界の学会でも注目されるようになってきたが、こうしたインド洋研究が高まってきたことの背景には、ブローデルによる地中海史研究の影響以外にも、一つにはインド洋の周縁地域での個別研究が進み、それぞれの地域史をインド洋という共通の歴史舞台と関連づけて総合的・有機的に捉えようとする新たなパラダイム（問題設定、枠組み）が次々に提示されたということがある。さらに、一九六〇年代以降のイギリス艦隊のインド洋撤退にともなって、いわゆる「インド洋問題（Indian Ocean Problems）」が七〇年代を中心に起こり、それに続く石油戦略の展開、マラッカ海峡やホルムズ海峡をめぐる軍事緊張、イラン・イラク戦争、湾岸戦争などの一連の国際関係・政治・経済の諸問題について、「インド洋」という広域枠を設定し、しかも相互関連を重視する分析と議論が深められたことなども考えられる。(16)

本書のねらいは、東のインド洋海域世界（海域アジア世界、アジア海域）と西の地中海世界のそれぞれの内的関係だけでなく、この二つの異なる海域世界相互をつなぐ自然生態・人・モノ・文化のダイナミックな交流関係についての新たな枠組みを提示することにあり、あわせて西アジア地域は三つの大陸の接点であると同時に、両海域世界をつなぐ交流ネットワークの中軸に位置づけられること、そのことによって七世紀以後のイスラーム世界は陸域の枠を超えた壮大な交流ネットワークの世界を形成・展開したことを明らかにすることにある。

二　フィリップ・カーティンの通文化交易論

さて、海域（海域世界）の成り立ちを考えるうえで多くの示唆を与えてくれるのがフィリップ・カーティン（Philip D. Curtin）による「交易離散共同体（trade diaspora, trading diaspora）」論である。(17)彼は、その著書『世界史における通文化交易 *Cross-Cultural Trade in World History*』（邦訳『異文化間交易の世界史』）のなかで、異文化間交流に見られる諸機能と交流の変遷過程《プロセス》を、以下のように分析している。

(1) 都市間・地域間に生成する交易関係を「ネットワーク」として捉えるとき、次のようなプロセスが見られる。まずさまざまな交易ニーズの「差異（differences）」を求めてネットワークが拡大する。そして交易による相互依存の関係が深まると、同質化――差異の消滅、すなわち交易ニーズの減少――が起こり、やがてネットワークそのもの機能と価値が減少・消滅する。

(2) そのネットワークを実際に動かすものとして、特殊な仲介集団（商人）による「交易離散共同体」が存在し、ネットワークの生成→拡大→交易関係の深化→相互依存→同質化・平準化→ネットワーク機能の減少・消滅と平行して、彼らによる「交易離散共同体」もまた移住・離散（diaspora）→一部同化→相互依存の変遷過程をたどって、最後には「交易離散共同体」の存在理由と地位が減少・消滅する。

(3) 以上の理論にもとづいて、文化一般に見られる機能について考えると、交易離散共同体が距離を隔てた都市間・地域間を交易ネットワークによって結ぶことで、異文化間の交流関係が促進され、「通文化関係（cross-cultural relations）」が増大し、その過程で文化の相互依存と共通化（平準化）が進み、さらには共通文化の広域拡散がもたらされる。

カーティンの所説を言い換えるならば、①距離を隔てた地域間に異質な文化要素――私は、これを「文化価値（cultural values）」と呼ぶ――が多く集まっていればいるほど、文化交流のニーズ（差異を平準化するための運動活力）は高く、異文化の同質化・平準化を求めて相互交流の関係＝ネットワークが生成しやすくなる、②その交流関係がある程度の長期にわたって持続すると、異文化間を統合し、その周縁にも広がりを持った共通の交流圏＝世界が形づくられる、③文化の相互依存と通文化関係が深まることは、他ならぬ「通文化」化が進行し、その交流圏を相互にまとめあげていたネットワークの機能が徐々に失われて、交流圏そのものが解体していく過程ともなる、④さらに、その考え方を推し進めるならば、「通文化」化し、ネットワークの機能＝「文化価値にもとづく関係性」が失われていく過程を押しとどめて、再び文化交流→相互依存→同質化→文化交流の循環を維持し、ネットワークの機能再生をはかるためには、別の異質文化（価値）を外部世界に求めるか（域外関係）、あるいは自らの内部に異質性を再生するメカニズムを備えるか（域内再生）のいずれかが必要となる、ということになる。

このようなカーティンの認識は、共通文化、あるいは同質文化の土台のうえに文化の交流関係が形成され、ある種のシステムや一定の広がりを持つ地域・圏が生まれるとする従来の一般的な考え方とは、きわめて対照的であるといえよう。なお、ここで共通文化とか同質文化といった場合の「文化」とは、文化の意味を広義に解釈して、自然生態環境と人間生活との関わりのなかで生まれたさまざまな人間の営為のことで、その営為の結果として生まれた社会結合と生活形成のための方法・技術と内容の集合体であると言い換えることができる。そして、文化の本質は、つねに他との関係性のなかで成り立っており、さまざまな異なる人・モノ・情報の交流関係によって、新たな文化の創造が可能となる。

カーティンは、ネットワークの本質が「差異」にあり、差異をつなぐのは「人の移動（ディアスポラ）と地域形成」であると限定的に捉えているが、この場合の差異はあくまでもネットワーク生成の基礎となる条件であって、そのネットワークが実際に機能するための基本的条件（要因）としては、大きく分けて①自然生態系の諸条件、②人の移動のダイナミズム、③文化・情報の交流、の三つを総合的・複合的に考慮すべきであろう。後述するように、インド洋海域世界のネットワークをつくり出し、一体性をもたらした要因として、モンスーンという自然条件がある。モンスーンと海、そこを移動・生活する人間、移動によって人々が運び、交換されるモノや、宗教、社会システム、文化伝統や生活様式、陸域からの政治諸力などが「差異」の平準化運動を促していると捉えることができる。

三　海域世界を結ぶ交流ネットワーク

私は、陸域を超えたところに形成される歴史的世界、「海域世界」を実像として捉えるための一つの手法として、カーティンの考え方を基礎にして「交流ネットワーク」という概念を用いたい。ネットワークという言葉は、最近、さまざまな研究分野で使われており、きわめて曖昧で多義的な意味と内容を含んだ用語となっている。歴史分析の方法として用いる場合には、ネットワークの基本的な概念について、上下関係とか水平関係などの構造的なレベル（基礎構造）を分析の対象とするだけでなく、ネットワークによって動き、動かされる機能的部分――ここにも「ハード」な部分と「ソフト」な部分とを分けることができる――を重視しようとする考え方が強い[18]。ここで、私が主張するネットワークとは、何よりもまず構造的な部分と機能的な部分に共通する基本的な性格である「つながり」――とくに海域という「場」を問題にする場合、その水平的なつながりに力点が置かれる――そのものに注目し、そこに見られるさまざまな「連結の機能」と「関係のあり方」を分析するための概念であることを強調しておきたい。つまり、とくに海域の内的関係（域内関係）および海域間および海域と陸域の関係（域外関係）を解き明かす一つの手段として、つながりの構造を形づくる結節点《ノード》（中心、中間拠点、分岐の拠点、末端）の機能、つながりの方向性・範囲・波及と連続の度合い、つながり（結びつき）の手段と方法、結びつける担い手、つながりによって交流する人・モノ・情報（文化）など、また、それらの誕生・発展・接続・競争・吸収（統合）・分岐・消滅などのダイナミックな展開のなかに歴史性を読み取るためのものである。なお、ネットワークとシステムという用語についても、しばしば混同したり重複して使われることがある。異論があるかと思われるが、私の理解では、システムの場合は、ある種の強制力を持った組織体系によって成立する、いわば一方向的な組織内の関係であるのに対して、ネットワークは一部に排他的・独占的な要素（性格）を含んでいたとしても、基本的には相互の「差異」を「価値」として認め、価値を相互交換（交流）することで成立する関係性（relations）であると、ここでは規定したい。したがって、ネットワークは機械的なシステムと違って、一方向性と強制力を持った関係ではなく、組み替え・延長・増設・離脱が可能な任意性、相互性、双方向性、そして相互補完性を持つことを前提として成立するものであって、そうした「柔軟でゆるやかな関係」であるからこそ、つねにダイナミックな広がりと結びつきの機能を維持しているのだと考えられる[19]。

他方、「交流ネットワーク」の「交流」は、人・モノ・情報の三位一体の社会的移動現象であるから、広義の「交通」という言葉で言い換えることもできる。しかし、ここであえて交流という言葉を用いた訳は、「つながり」そのものを共有し、双方向の流れや相互補完を重視する対等な関係性という側面を重視したいからである。したがって、広域的な地域（海域）間に成立する交流ネットワークとは、都市間・地域（域内、域外）間などに見られる差異性（異質性）と、それを価値（文化価値）と認め、相互に求め合うことで成立する関係性のことであって、カーティンの所説に従えば、均質性や同質性は、むしろ関係性そのものを減退・消滅させる反作用であるといえる。

交流ネットワークをこのように捉えたとき、「海域」とは、具体的には地理学上の大陸の海縁部（海岸・海浜）、半島・島嶼・海峡・入江・湾・ラグーン（潟）・リーフ（礁）、一部の陸地に切り込んだ大河川と中洲・河川合流点などを包摂する範囲である。そこは「水域（water-space）」と「水縁（water-fringe / water-front）」を中心とした人間の広域的活動空間であり、同時にその活動空間内では陸域（領域国家）の支配論理（システム）とは違った海域の交流ネットワークによる相互関係が成り立っていることを前提条件とする。言い換えるならば、海域は複数の交流ネットワークが張りめぐらされ、その結節点（ノード）としての港市が航行可能な水域のなかに散在していることで成立する歴史展開の「場」である[20]。そして、海域世界は、ある程度の時間的な継続性を持って海域内の交流ネットワークが維持されることで、域内の相互交流が緊密となった広域的な歴史空間であると、ここではひとまず規定しておきたい。

このように海域世界は、単なる地理的に広がる海ではなく、一定の時期・方向・強度で吹く季節風（インド洋のモンスーンに代表される）や海流（水流・吹送流）、潮流などの自然条件を利用すれば一定の期間内に、安全・確実に往復・回遊の移動（ラウンド・トリップ）が可能な、勝手を知ったいくつもの港市や島嶼を結ぶ交流ネットワークの世界であって、その海域内では人・モノ・情報が相互補完の関係によって交流し合っていることになる。そして、結節点としての港市は単に陸と陸をつなぐための中継地（transit ports）や陸の市場のために成立した集荷港（collecting ports）としての役割だけでなく、それぞれの港市が自立した価値（文化価値）を持った個性体であり、同時にネットワークによって異なる港市が相互につながれ、海域全体を成り立たせる一つのアトム（核）として機能している（第I部第2章・第3章）。また、多くの場合、港市は、陸地の領域国家からの分離機能を持つ、より自立性の高い島（島嶼）を中心として成立し、この場合の島は大陸（陸域）の辺境、孤島や離れ地でも、また大陸と大陸との間を横断するための航海上の一時的な基地でもなく、海域内と海域間をつなげるための開かれた交流の要地であるといえよう。近年、こうした港市の構造や性格、港市と内陸の土地支配を基盤とした領域国家（陸域）との関わりなどを問題にした、いわゆる「港市論」が展開されている（第I部第3章）[21]。

以上の説明からも明らかなように、歴史的な海域、すなわち海域世界は一部に陸域の影響を受けながらも、その世界自体に、ある種の力学と法則とを持って展開してきた歴史展開の舞台であって、それゆえに、先にも述べたように、時には陸域の歴史の行方を左右するような世界史的な役割を果たしてきたのである。ちなみに、近代世界システムとは、中世西ヨーロッパ世界に発達した陸域支配の論理にもとづいて、一六・一七世紀以前から世界の各地に存在したさまざまな海域世界の交流ネットワークを浸蝕・破壊することで、西ヨーロッパ諸国を中心とした一方向の強制力を持ったシステムのもとに統合化したもの、と捉えることができる。そして、西ヨーロッパによる近代世界システムの本質は、地域間・異文化間の「差異」を補完するために生成・発展してきた伝統的な交流ネットワークとは違って、多様な他者の差異＝文化価値を認めずに、地域文化の均質化や、生産地・資源の支配と独占、工業化・科学化と市場独占を目指したもの、すなわち他ならぬ近代資本主義であった。なお、世界の各地にあった伝統的な交流ネットワークは、とくに一八世紀以後の近代世界システムの組織内にすべて吸収・統合されたのではなく、ネットワークの持つ基本的な性格である「組み替えと増設の柔軟性」がさまざまに発揮されることで、多様な変化・変質を起こしながら持続したことは言うまでもない[22]。

四　イスラーム地理学による海域世界観

ところで図1は、ユーラシア大陸とアフリカ大陸の陸地部分を白地のままに残し、一方、海域部分には網かけすることによって、陸地と海域の輪郭をはっきりさせたものである。この図を見れば、ユーラシア大陸の東と南、アフリカ大陸の北と東、そしてヨーロッパとアフリカ大陸の中間部には、壮大な海域が陸地を取り巻くように広がっていること、また西アジアの東側のアラビア海・インド洋と西側の地中海との間には、東西の二つの海域を結ぶ架橋のように、ペルシャ湾（アラビア湾）と紅海が西アジアの陸地に深く食い込んでいることが理解されるであろう。

西ヨーロッパの中世では、古代科学の衰退によって世界図の発達もまた停滞し、加えて地中海や東方世界との交通や交易もきわめて限られた範囲内に留まっていたので、ＴとＯの文字を簡単に組み合わせただけの図式的なＴＯ図（TO map, 図2）に象徴的に表現されているような陸地中心の世界観が現れるようになったが、[23] これに対して、イスラーム地理学者たちは、ペルシャ湾（アラビア湾）と紅海を「インド洋の二つの腕（dhirāʿayn min Baḥr al-Hind）」、またインド洋と地中海（Baḥr al-Rūm）を周海（al-Baḥr al-Muḥīṭ）——世界の大地（arḍ）をリング状に取り囲む大洋《オーシャン》——から大地（al-arḍ, 大陸部）に深く入り込んだ「二つの入江（al-Khalījān）」と呼び、西アジアは二つの入江に挟まれた「墻壁《バルザフ》（barzakh）」であると捉える、いわば海域中心の世界観を抱いていた。陸地の周囲を大洋（水域）が取り囲むこと、その大洋から二つの海が陸地に向かって切り込み、両方の海の間に狭い墻壁があると考える世界観は、西アジアの人々がおそらくメソポタミアの古代帝国、バビロニア王国（前一八三〇—前一五三〇年）に溯る古い時代からすでに抱いていたものと考えられる。さらに、イスラームの時代に入ると、西アジアの

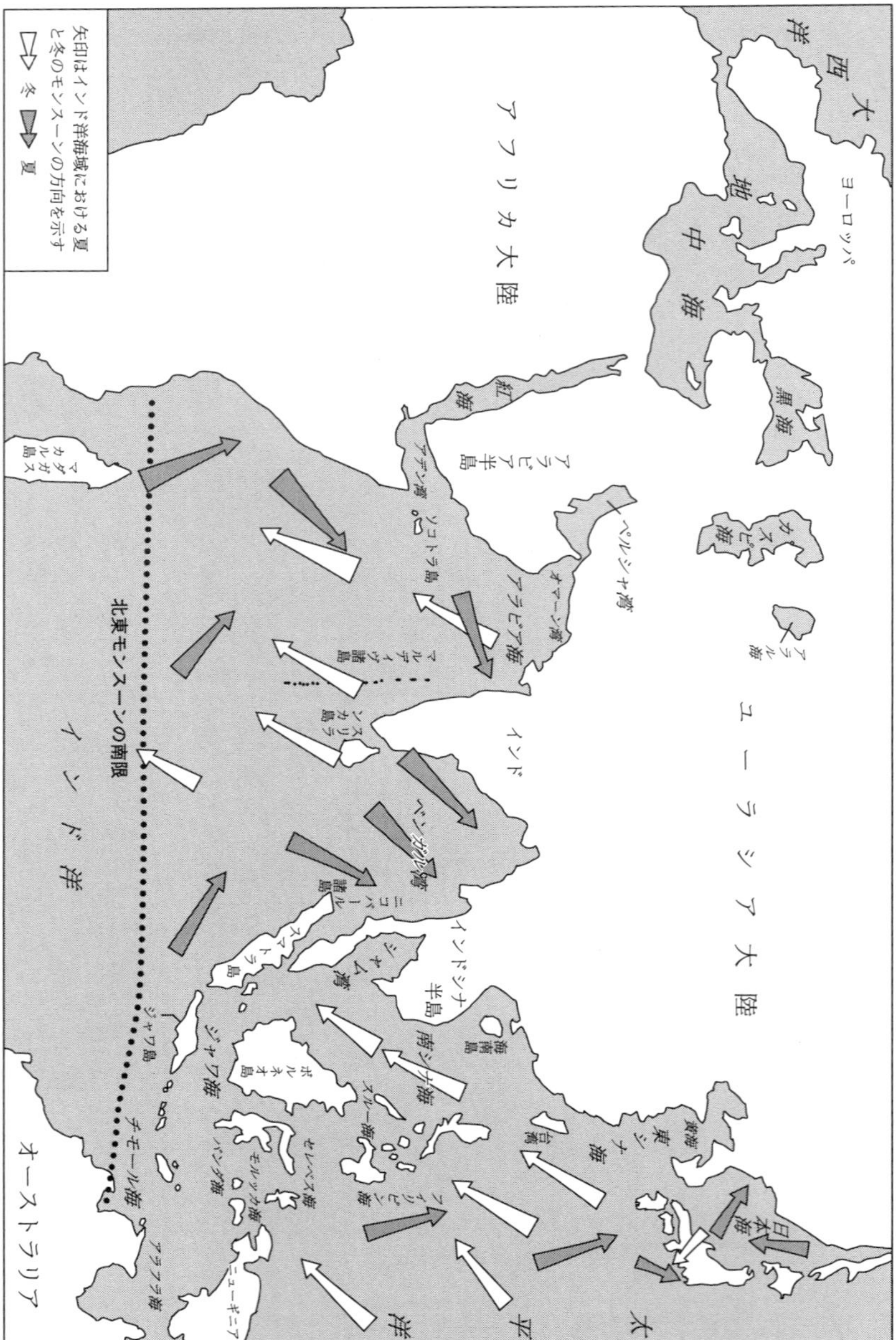

図1　ユーラシア大陸の東・南とアフリカ大陸の北・東を取り巻く二つの海域世界（インド洋海域世界と地中海世界）

人々の地理的知識の範囲は、地中海、紅海、ペルシャ湾からインド洋海域へと急速に拡大したので、一層、海域中心の世界観が強化されたのである。

『クルアーン（コーラン）』にも、「二つの海を別々に放って、こちらは甘く、飲んでもうまく、あちらは塩辛くて、ぴりぴりさせ、両方の間に墻壁を置いて、［混《ま》ざり合うことを］絶対禁止にし給うたのもあのお方（アッラー）」（第二五章第五五節）、「二つの海を解き放ってあい逢わせ、しかも間には障壁《へだて》を設けて互いに分を守らしめ給う」（第五五章第一九節―第二〇節）、また「どちら［の海］からも真珠は取れる、珊瑚は取れる」（同章第二二節）とあって、この「二つの海（入江）」が具体的に何を指しているかは不明であるが、[24] 多くのイスラームの伝承学・解釈学の学者や地理学者たちは、西アジアの東西に広がる二つの海、すなわち東のインド洋と西の地中海であると解釈していたのである。[25]

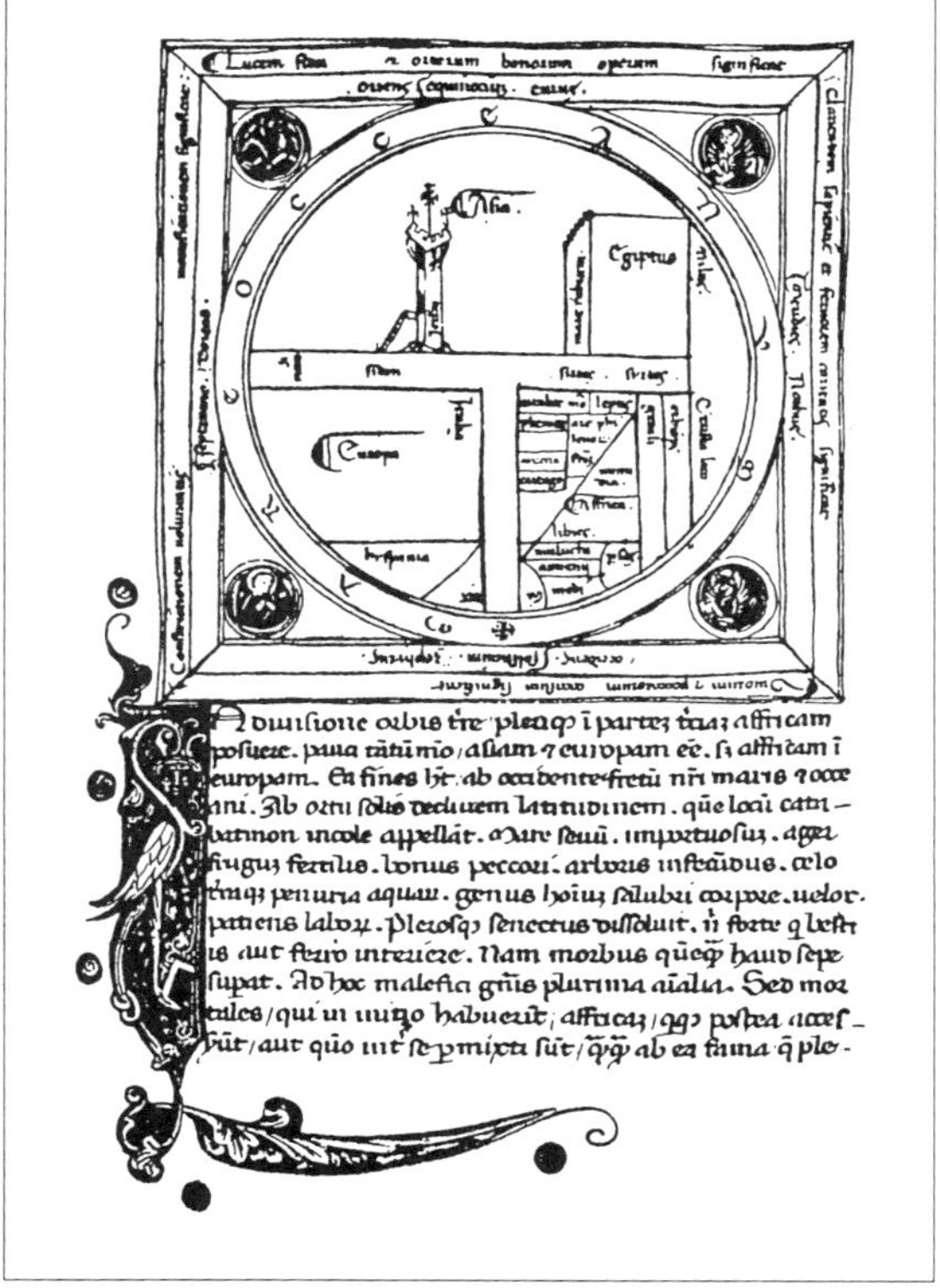

図2　14世紀の写本に現れたTO図による世界地図（『現代思想』臨時増刊 1980年7月，79頁より）

図3は、一〇世紀の半ばの著名なバグダード出身の地理学者イブン・ハウカル（Ibn Hawqal）によって描かれた「世界全図（Ṣūrat Jamīʿ al-Arḍ）」であり、方位は上が南、下が北

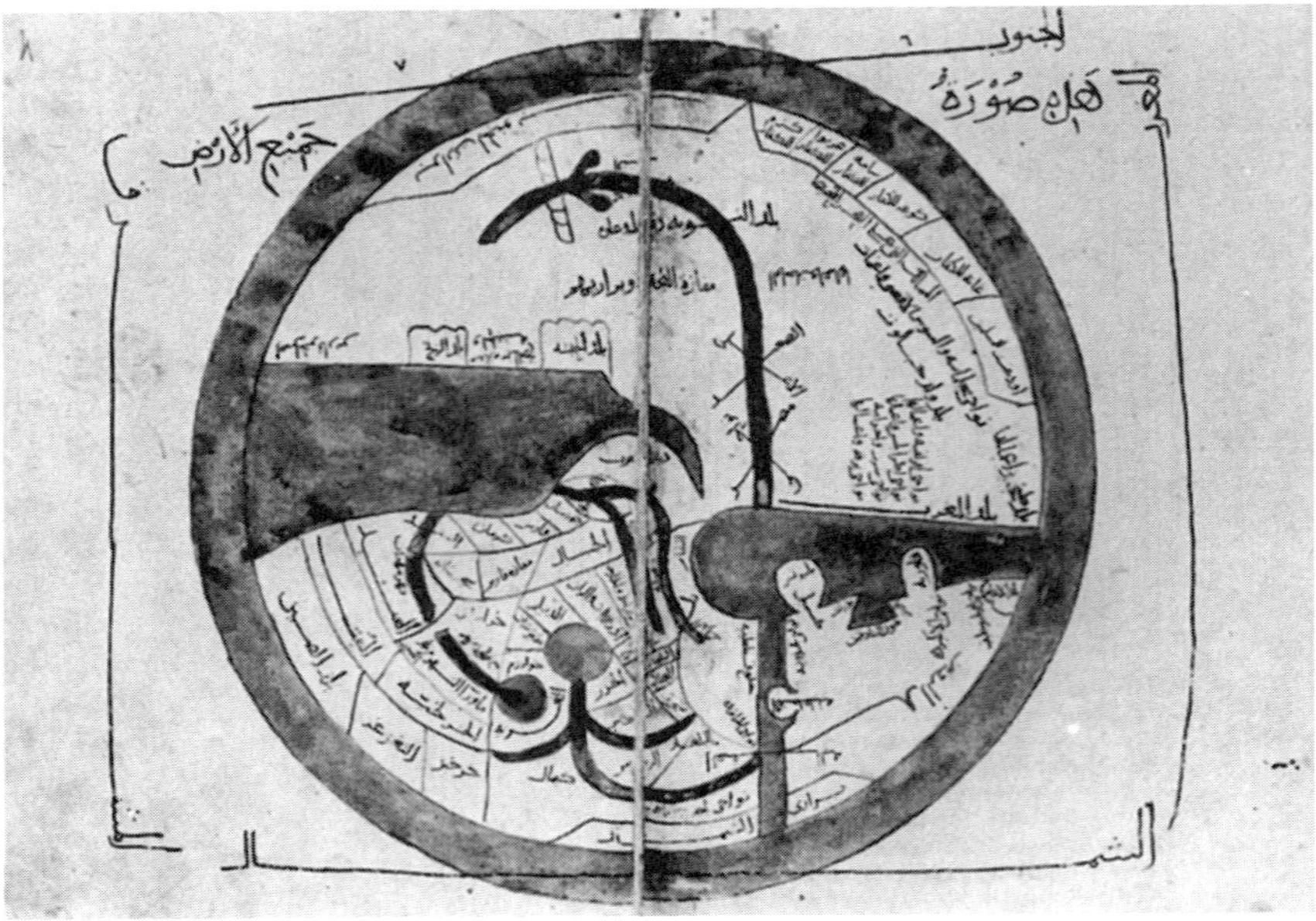

図 3　10 世紀半ばの地理学者イブン・ハウカルによって描かれた「世界全図」（旧トプカピ博物館図書館所蔵本〔Arab Ms. 3346〕）

上が南，下が北を示す。大地（arḍ）の周囲を環海（al-Baḥr al-Muḥīṭ）が取り囲み，右側（西）から地中海，左側（東）からインド洋の二つの海が深く切り込んでいる。この地図は『クルアーン』に「二つの海を別々に放って，こちらは甘く，飲んでもうまく，あちらは塩辛くて，ぴりぴりさせ，両方の間に墻壁を置いて，［混ざり合うことを］絶対禁止にし給うたのもあのお方（アッラー）」（第 25 章第 55 節）とある世界観を具体的に示したものであると伝えられる。

を指す。大地の周囲にはリング状に周海（大洋）が取り囲み、周海の右（西）側から「ルームの海」――地中海と黒海とを含む――が、左（東）側から「中国の海（Baḥr al-Ṣīn）」（東シナ海、南シナ海とその周囲の付属海を含む）と「インドの海（Baḥr al-Hind）」（ベンガル湾、アラビア海、ペルシャ湾、紅海を含むほぼ南緯一〇〜一五度線以北のインド洋）の、いわばアジア・モンスーンの卓越する「インド洋海域世界」の二つの海が深く切り込み、ダール・アルアラブ（Dār al-ʿArab, 〈アラブの地〉の意味でアラビア半島を指す）とシャーム（al-Shām, 歴史的シリアのことで、現在のヨルダン、シリア、イスラエルと一部のトルコ南部を含む）を墻壁として、二つの海（al-Baḥrānī）が向かい合っている。また、ティグリス・ユーフラテスの両河川がペルシャ湾に、ナイル川が地中海に注ぎ、インド洋と地中海をつなぐ入江（水道）のように太く描かれていることにも注目すべきであろう[26]。

私が本書において叙述の対象とする歴史的な海域、すなわち海域世界の捉え方もまた、イスラーム地理学者たちの考えるこの世界観にならったもので、東側部分に「中国の海」と「インドの海」、すなわちインド洋海域世界と、西側部分に「ルームの海」、すなわち「地中海世界」を配置し、以下に述べるように、この両海域世界が西アジアを中軸として、国際的交流ネットワークによって相互に結ばれ、一つの全体を構成する「大海域世界」として機能していたと捉えようとするものである。

五　大海域世界と七つの小海域世界

その大海域世界について考えていくために、その構成要素としてインド洋海域世界と地中海世界の二つの海域世界が、それぞれに抱摂される自然地理・生態・人間・文化や陸域との関わりなどの「差異」の諸条件にもとづいて、全体で七つの小海域世界に分割されることを見ておく必要があるだろう。

まずインド洋海域世界は、ユーラシア大陸の東と南、アフリカ大陸の東に広がる、東シナ海、南シナ海、ベンガル湾、アラビア海、ペルシャ湾、紅海、西インド洋の海域、それらの沿岸地域と島嶼を連ねて構成される。ユーラシア大陸の東側は北緯四四度付近から、ベンガル湾とアラビア海の北端は二五度、ペルシャ湾と紅海では三〇度付近から始まり、南端は東南アジアから東アフリカ海岸に至る南緯一〇〜一二度線によって区切られる範囲が、これにほぼ含まれる。

これらの海域に共通する典型的な自然現象は、ほぼ六ヵ月交替で吹くモンスーン——アラビア海、ベンガル湾で

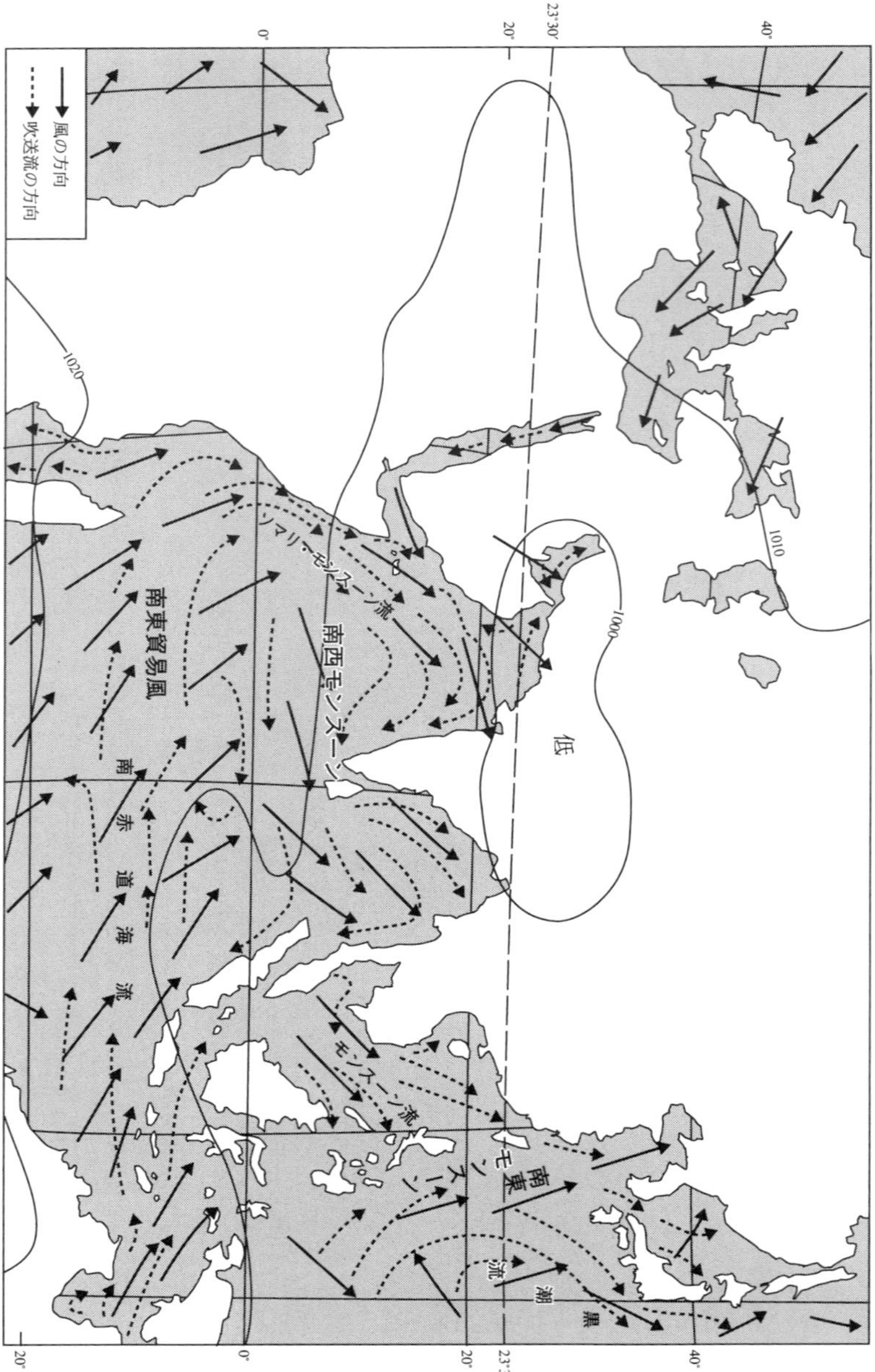
風の方向
吹送流の方向
1020
1010
1000
低
南東貿易風
南西モンスーン
ソマリー・モンスーン流
南赤道海流
モンスーン流
南東モンスーン
黒潮流
0°
20°
23°30′
40°
20°

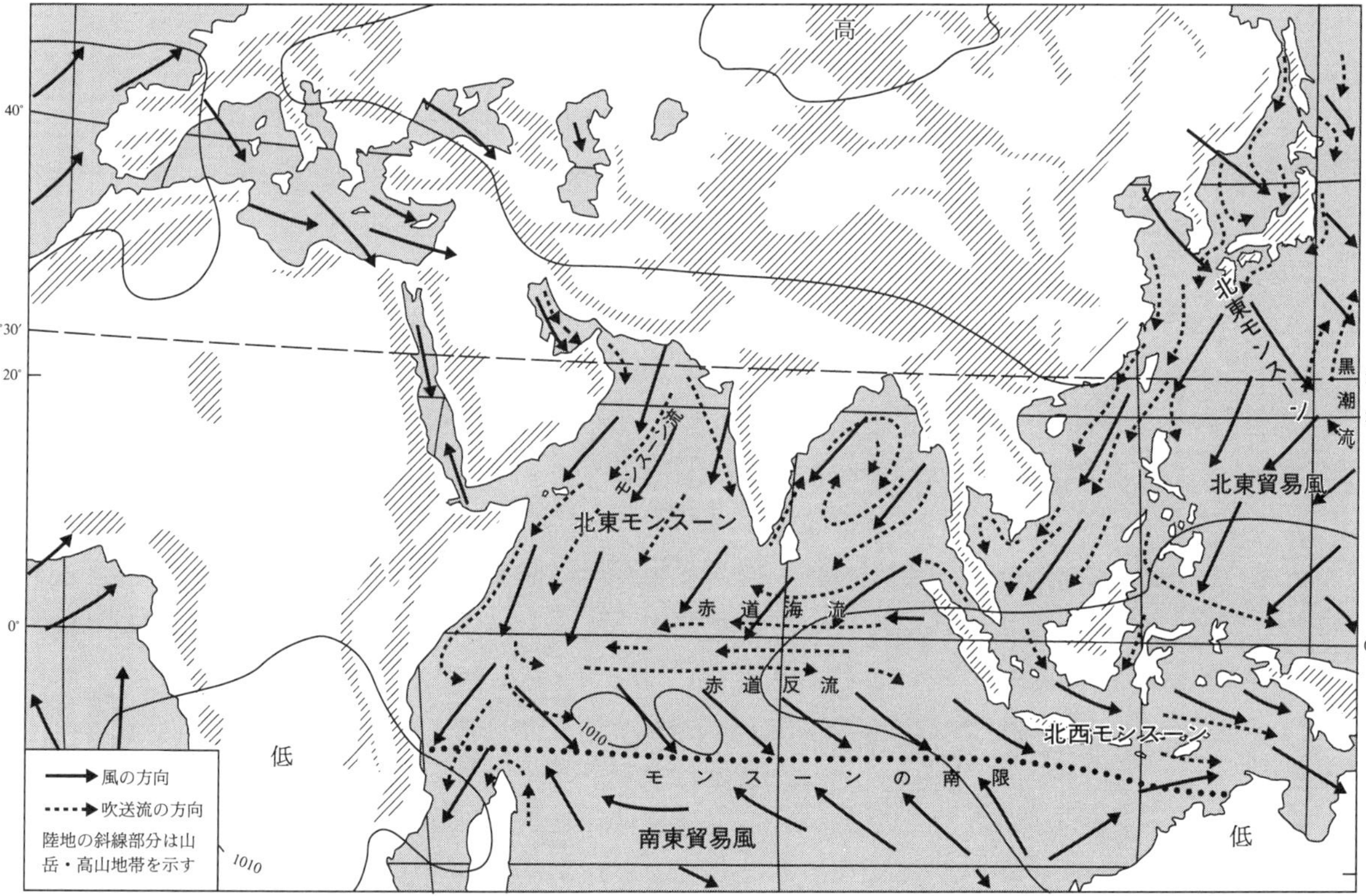

図4　インド洋を中心とするモンスーンと吹送流（モンスーン・カレント）　上：夏季　下：冬季
冬季の北東モンスーンは，ユーラシア大陸の南限を縁取る山岳部が障壁となって，インド洋海域には緩やかな北もしくは北東の乾燥した風となるため，絶好の遠洋航海期となる。

は南西風（夏季）と北東風（冬季）、東・南シナ海では南東風（夏季）と北西風（冬季）、ジャワ海のように一部では貿易風（恒信風）の影響を受ける——が年間六〇パーセント以上の高い出現率を示すことであり、その影響によって人々の類似の生業形態（稲作・根菜栽培を中心とする農業、漁業および海運）、共通の生活と文化の様式、時間のサイクルや世界観が生まれたのである。亜熱帯・熱帯のモンスーン圏では、多種多様な植生の分布と動物の生息する森林地帯やマングローブの繁茂する海岸部と遠浅の珊瑚礁が広がり、中国、インド、西アジア、地中海世界などの中緯度温帯圏に設定された国際市場で取引され、都市や領域国家で消費される森林物産や海産物などの自然資源を多く産出した。一方、中緯度の諸都市・市場では、その代価として、加工・生産・仲介された完成品を提供し、両者の間には相互の「差異」を交換するという「長期継続的な流通関係」が成立していた。そして、地中海世界においても、異質な自然生態系・人間社会・文化を持ったインド洋海域世界との交流関係は強く志向されていたのである。

　インド洋海域世界では、モンスーンとその風の摩擦流によって引き起こされる吹送流（モンスーン・カレント）を帆船の走力として最大限に利用することで、人は一年内の決まった時期・期間と方向に海域内を安全・確実に移動・回遊することが可能となった[27]。図6は、インド洋と地中海の航海スケジュール、および西アジア地域を中心とした内陸キャラバンの移動時期との相関を示したものである。ここからも明らかに、近代以前の時代からインド洋と地中海を連続して貫く交通システムが存在したこと、内陸部の交通・運輸と都市の市場活動は、おもにインド洋のモンスーン航海のサイクルに合致させながらおこなわれていたことが理解できる（第Ⅰ部第1章）。

　言うまでもなく、小海域世界が成立する基本的な条件は、島（島嶼）・内海・海岸線・入江・半島・海峡や風（とくにインド洋のモンスーン、地中海の西風が遠距離航海に重要な要素となる）・海流・潮流など自然地理的条件であって、モンスーン航海による帆船が最大二五〜三〇日で横断可能な範囲内である。それらの条件によって仕切られた小海域はさまざまな人々が移動・交流し、経済や文化の交換をおこなうための「共有の場」となり、社会・文化・経済の諸関係において、ある程度の共通の了解（一体性）が成立していた。また、それぞれの小海域と小海域の重なり合う部分——とくに南中国の海岸部、マラッカ海峡付近、インド南西海岸——に重要な交易港（emporium）が発達し、その交易港が両海域を結び合わせる機能を果たした。以上のような条件から、インド洋海域世界は、東から①東シナ海世界、②南シナ海世界、③ベンガル湾世界、④アラビア海・インド洋西海域世界、⑤紅海北海域世界の五つの小海域世界に区分することができる。[28]

他方、地中海世界の自然地理については、第III部第1章でも言及するため、ごく簡単に述べておくことにする。

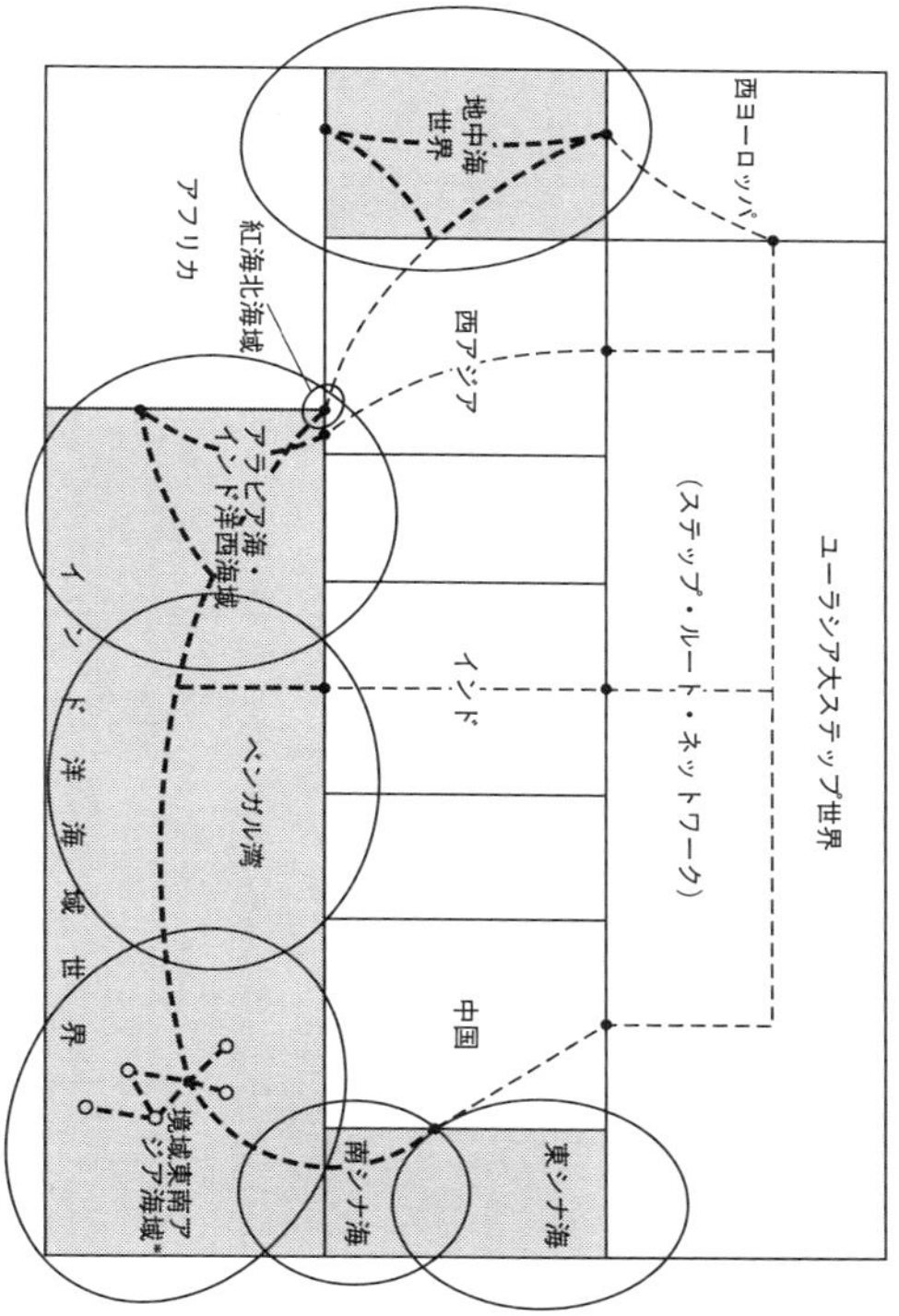

内陸世界 森林(北) 乾燥ステップ	牧畜 移動(定着) 人口疎	・家畜管理，首長父系血統 ・遊牧騎馬統括イデオロギー
陸世界 中緯度 温帯 大河川	定住農業 都市・市場 消費地 情報・文化の発信 人口稠密	・定住農業地域支配，父系統合 ・国家による統括イデオロギー
海域世界 海・島 熱(亜熱)帯 モンスーン 多雨森林 多島海・珊瑚礁	多様で豊かな植生 森林資源 海底資源 海・移動 漁業・海運 人口疎	・母系・双系社会 ・移動人間を受け入れる緩やかな社会構造

＊南シナ海とベンガル湾の両海域の接点

図5　陸域・海域の自然生態系・生産物・社会・文化の差異と交流ネットワーク（模式図）

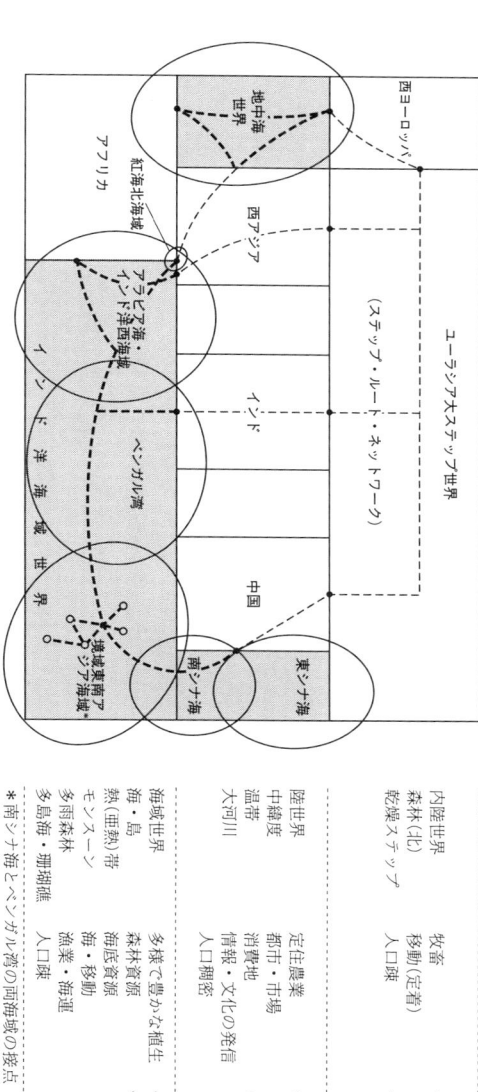

地中海の全体的な位置は、インド洋海域の北端部（スエズ湾とペルシャ湾の北端は、ほぼ北緯三〇度線上にある）より高緯度の三〇〜四五度の間にあり、夏季はサハラ砂漠の亜熱帯高気圧の影響を受けて非常に乾燥するが、冬季は大西洋からの西風と一部に寒冷な北風が卓越するため、降雨があり、概して温和な気候となる。地中海は大西洋から袋状に細長く入り込み、東西に四、〇〇〇キロメートルの長さと、南北に最大一、六〇〇キロメートルの幅を持ち、エジプト、シリアやギリシャなどの海岸地帯から北アフリカ、モロッコ、イベリア半島に至る、海と陸地や島嶼が無数に入り組んだ海域である。その形状は、とくに東側の海域ではきわめて不規則であって、エーゲ海、マルマラ海の奥には付属海としての黒海がある。また、地中海を東西に貫くように、キプロス、クレタ、シチリア、サルデーニァ、バレアレスなどの島々が帯状に位置しているので、その北側の南ヨーロッパの大陸・入江と島嶼群によってはさまれた部分（北地中海）と、南側の北アフリカの大陸と島嶼群（北側に比べると海岸線の出入りが少ない）によって挟まれた部分（南地中海）とに分かれる。さらに地中海世界は、東西軸のほぼ中央部に突き出たイタリアの半島、シチリア島、マルタ島とチュニジアのボン岬によって、東の地中海と西の地中海に分けることができる。地中海世界は、この東西と南北の線で区切られた四つの部分に分けて考えることができるが、本書では歴史的により大きな意味を持った南北の分割線を重視して、①東地中海・黒海世界、②西地中海世界、の二つの小海域世界に分けて考えることにする（図7参照）。それはまた、それぞれが一年のうちにラウンド・トリップの可能な航海の活動圏となっていたと思われる。東地中海・黒海世界は、西アジア地域、ナイル川、紅海、ティグリス・ユーフラテスの両河川を通じてインド洋海域世界と、また黒海を通じて内陸アジアとも密接な関係を持ったのに対して、西地中海世界は、西ヨーロッパ世界、イスラーム世界の西側地域（マグリブ・アンダルス）とサハラ砂漠に隣接し、西端は大西洋によって区切られる。[29] なお、ユーラシア大陸の西側の大西洋・北海・バルト海の海域については、「大海域世界」という枠組みから外れるために、本書では直接の考察対象とはしない。

このようにインド洋海域世界の五つの小海域世界と地中海世界の二つの小海域世界は、幾つもの重なり合う連鎖

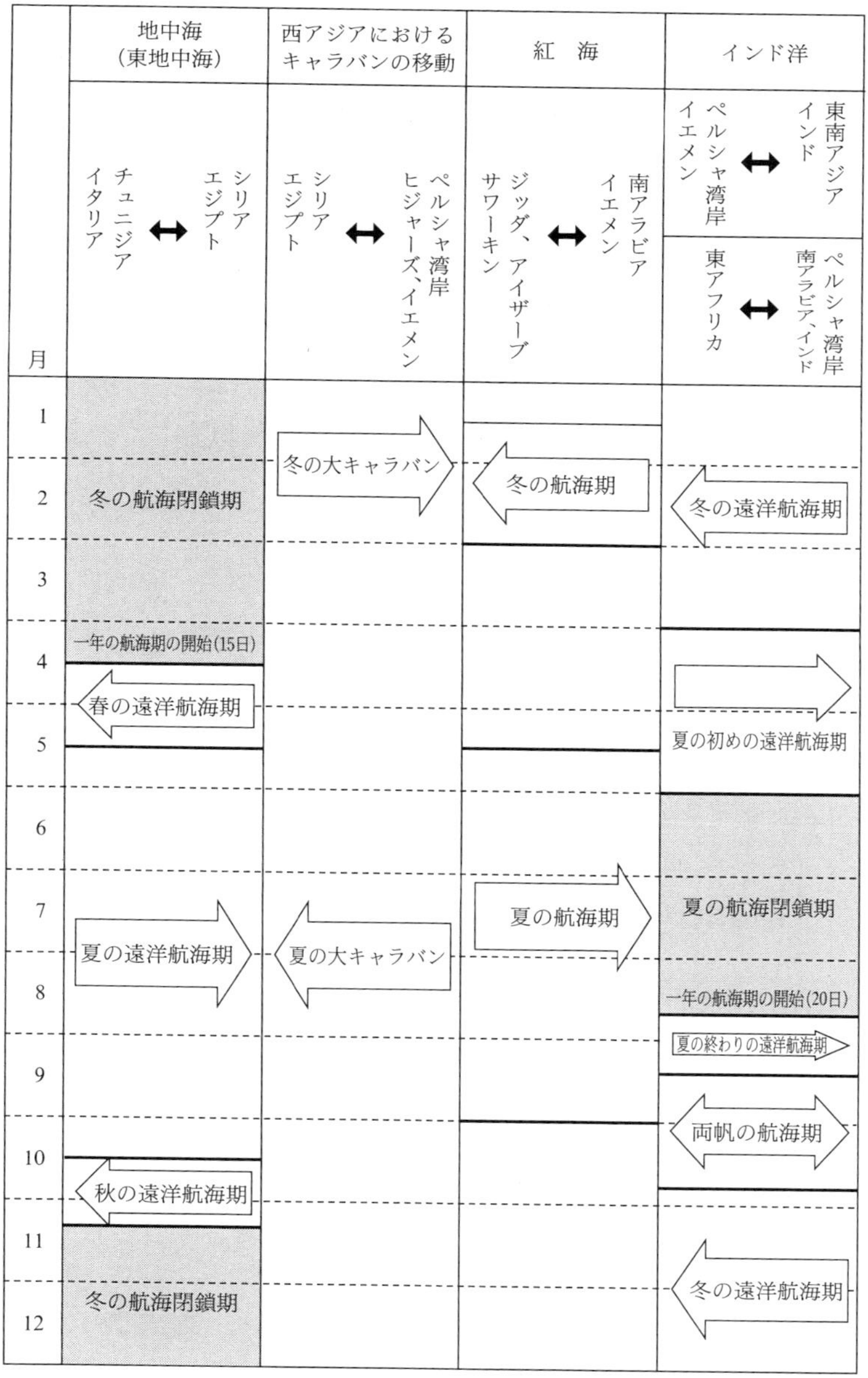
月
地中海
（東地中海）
西アジアにおける
キャラバンの移動
紅　海
インド洋
シリア
エジプト
チュニジア
イタリア
ペルシャ湾岸
ヒジャーズ、イエメン
シリア
エジプト
南アラビア
イエメン
ジッダ、アイザーブ
サワーキン
東南アジア
インド
ペルシャ湾岸
イエメン
ペルシャ湾岸
南アラビア、インド
東アフリカ
1
2
3
4
5
6
7
8
9
10
11
12
冬の航海閉鎖期
一年の航海期の開始（15日）
春の遠洋航海期
夏の遠洋航海期
秋の遠洋航海期
冬の航海閉鎖期
冬の大キャラバン
夏の大キャラバン
冬の航海期
夏の航海期
冬の遠洋航海期
夏の初めの遠洋航海期
夏の航海閉鎖期
一年の航海期の開始（20日）
夏の終わりの遠洋航海期
両帆の航海期
冬の遠洋航海期

図 6　海上航海期と陸上キャラバンとの連係（模式図）

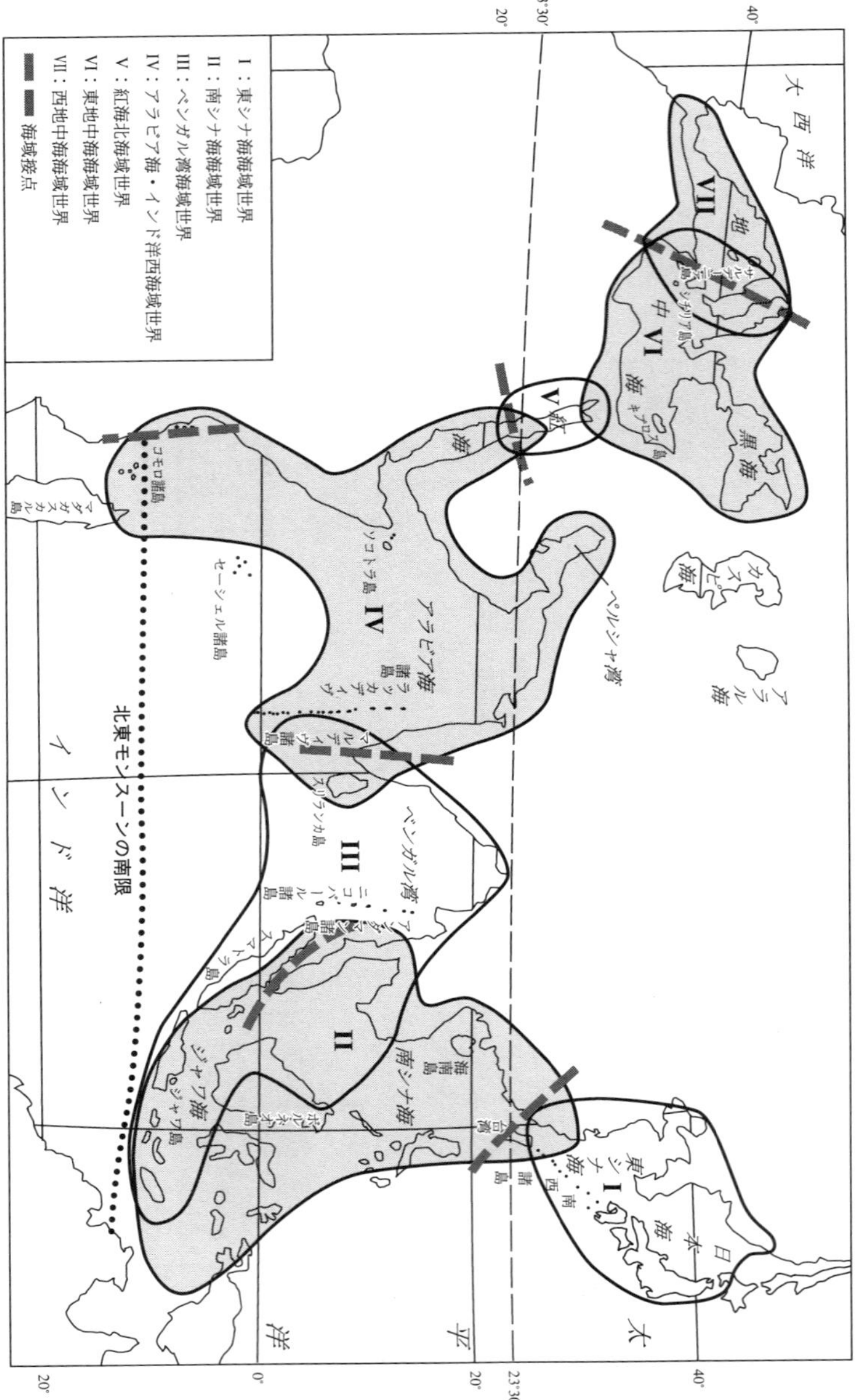

図7　インド洋と地中海の海域区分

でつながりながら、東側部分ではインド洋海域世界が、西側部分では地中海世界がそれぞれまとまりを持った海域世界を構成している。そして、そのうえで、これら東西に横たわる二つの海域世界――インド洋海域世界と地中海世界――は相互に切り離されて別個に機能するのではなく、西アジアを中間媒体として、人・モノ・情報が相互依存のかたちで交流し合い、一つの「大海域世界」を形づくっていたと考えられるのである。つまり、大海域世界は、東はジャワ海から西はジブラルタル海峡まで、北は日本海から南はマダガスカル島北部を含む南緯一〇度線～一二度線以北のインド洋海域まで――そこはアジア・モンスーンが卓越する海域である――を広く包摂し、必然的にアフロ・ユーラシア大陸の領域国家の歴史と同じ重みを持った歴史展開の場をなしていたと捉えられるのである。

このようにインド洋世界と地中海世界の二つの世界を、連続して一つに機能する歴史世界として捉えることによって、両世界の固有のあり方と歴史的性格(歴史相、または歴史態)、両世界相互間の関わり方や一つの全体としての成り立ちが分析・叙述されるばかりでなく、大海域世界と対等に存在したアフロ・ユーラシアの陸域世界に形成・展開した領域国家――近代国民国家を含む――とその文化・社会のあり方を逆照射して捉え、陸域と海域の相互の関係性や歴史的性格の差異を総合的に把握することも可能となるであろう。

六　大海域世界の結節点としての西アジア

さらに重要な点は、西アジアという地域が、いわば東西の両海域世界の大リングが重なり合う結節点に位置し、中間媒体をなしているということから、そこが国際的な交流ネットワークのうえで、どのような文化的・社会的・経済的な背景を持ち、どのような交流上の役割を果たしてきたか、また、どのような歴史的変化を経過したかを総合的に理解するうえでも、多くの新しい認識を得られるということである。

一般には、西アジアは、三つの大陸（アジア、アフリカ、ヨーロッパ）の接点に位置しているため、さまざまな人やモノの交流と情報の集積が起こり、他地域にさきがけて都市文明と流通経済を発達させ、多くの大文明が新しく創造された、と説明される。しかし、この理解の仕方には、明らかに海域の視点が欠落しているように思われる。すなわち、西アジアは三つの大陸の重なる陸域の接点にあると同時に、何よりもまずインド洋と地中海という二つの異なる海域世界の結節点に位置し、大海域世界の中間媒体をなしているという点が無視されているのである。

地中海という海域は、地中海性気候という言葉からも理解されるように、その自然生態系の諸条件は概して均質であり、歴史的には古くから海域内の交流ネットワークが縦横に張りめぐらされ、多くの人口を集めた都市（港市）が発達した。しかし、地中海世界はその均質性のゆえに、域内の交流関係が深まり、「通文化」化が進行して、文化の相互依存と共通化（平準化）が進むと、ネットワークの機能は減少することになった。そこでネットワークの機能の再生をはかるために、つねに異質な文化価値を持つ域外（外世界）との関係性を志向し、それによって地中海「世界」としての内的統合の継続と強化をおこなうという、長い「緩やかな歴史」の潮流があった。域外との関係性では、①アルプスを越えて西ヨーロッパの内陸部と大西洋岸地域、②サハラ砂漠を縦断してニジェール川流域や南部の森林地帯、③黒海を経由してユーラシア内陸部、④ナイル峡谷を通じてヌビアとエチオピア高原、⑤西アジアを経由してインド洋海域、の五方向がおもな対象とされたが、それらのなかでも、とくに最後にあげた西アジアを中間媒体としたインド洋海域世界との関係性が最も重要であった。

これに対して、インド洋海域は、熱帯・亜熱帯性気候とモンスーン圏を含む多様な自然生態系の諸条件と壮大な地理的広がりを持ち、さまざまな人間・社会と文化（文明）が分布する。したがって、その海域を中心として生成・展開した、多様な文化価値にもとづく関係性、すなわち交流ネットワークは域内関係において、文化交流↓相互依存↓同質化↓文化交流の循環過程を維持しつつ、ネットワークの再生機能を果たし続けたという点で、域内の

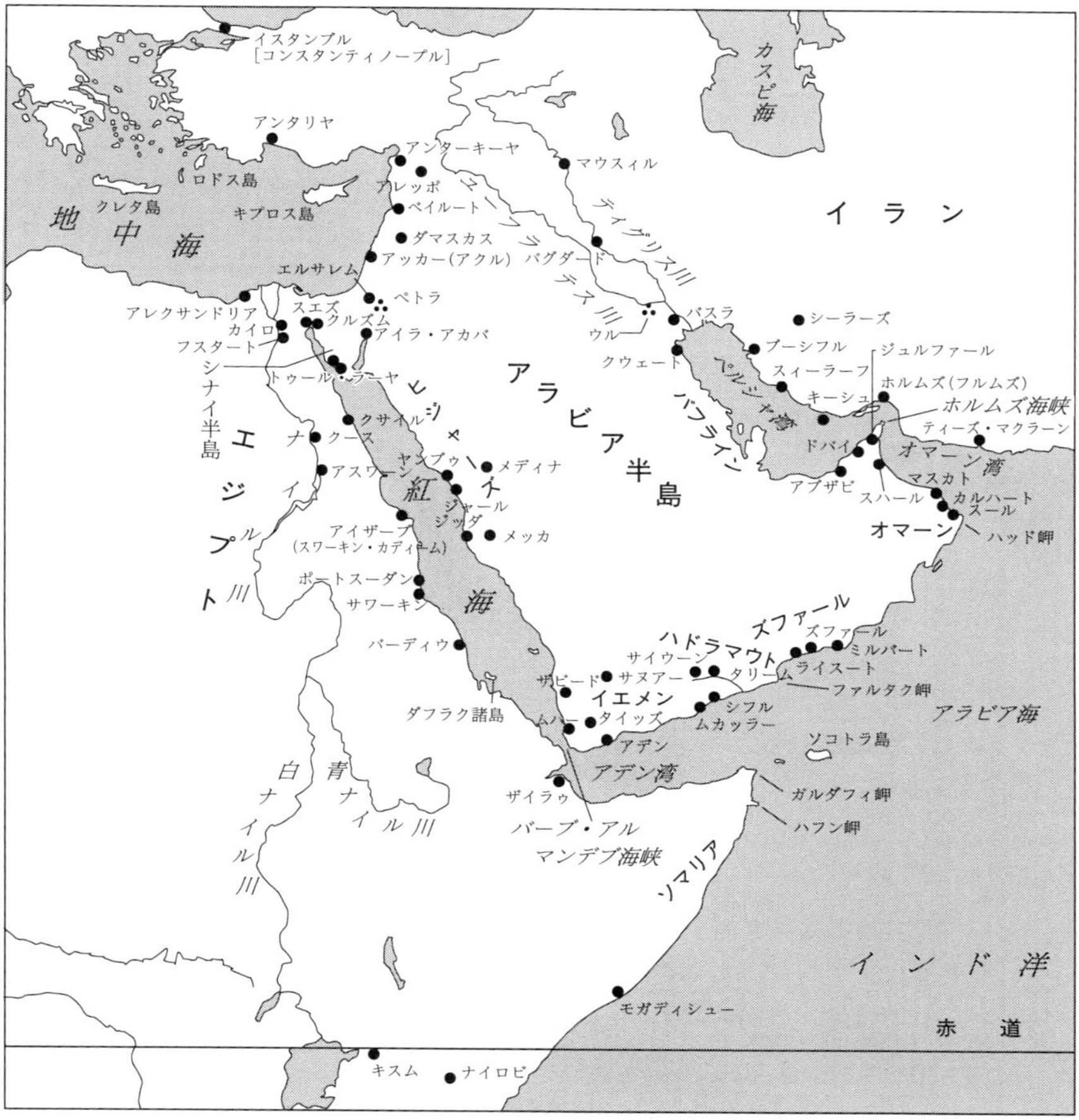

図8　インド洋と地中海をつなぐ二つの水道　紅海とペルシャ湾

完結度が高いといえる。

以上のことからも明らかなように、歴史的に見ると、均質な地中海世界が西アジアを中間媒体として、異質・多様な要素（文化価値）を持ったインド洋海域世界をつねに求め続けるという関係性のなかで、大海域世界を一つの全体としてまとめあげる国際交易ネットワークが生成→拡大→交易関係の深化→相互依存→生成の循環過程を繰り返してきたと捉えることができる。同時に、インド洋海域世界もまた、西アジアならびに地中海世界との関係性を維持することで、その内的統合を強化してきたのである。

そして西アジアは、大海域世界をまとめあげる国際交易ネットワークの結節点、両海域世界の軸心に位置し、そこに成立した陸の領域国家は、土地支配的な側面と交易（とくに海上交易）的な側面の両面をあわせ持っており、三つの大陸と両海域世界の架橋＝接点＝境域という地理的優位性を利用して、つねに国際交易ネットワークの流れを左右するような強大な領域支配権をおよぼし、さらには両海域世界にも陸域の支配システムを広く拡大しようと繰り返し試みてきたのである。[30]

つまり、ナイル峡谷沿いに興隆した領域国家は、大海域世界を成り立たせている架橋の一つ、紅海を中軸として、両海域世界に通じる交流ネットワークを制するために、紅海沿岸部、アラビア半島西岸部やイエメンだけでなく、時には地中海の要衝であるキプロス島、ロドス島、クレタ島などの島々、北シリア、アナトリア地方、さらにはペルシャ湾岸に至るまで軍事的・政治的支配権を伸長させた。一方、ティグリス・ユーフラテスの両河川地帯やイラン高原に興隆した領域国家は、ペルシャ湾を中軸として、両海域世界に通じる交流ネットワークを制御するために、ペルシャ湾岸地域やアラビア半島東岸部だけでなく、イエメンや紅海沿岸部、さらにはシリアやエジプトまで支配権を拡大したのである。そうすることによって、西アジアに成立した多くの領域国家は、両海域世界に進出し、国際交易における覇権を競った。そして、このような紅海軸ネットワークとペルシャ湾軸ネットワークを中心として、地中海とインド洋に広がる軍事的・政治的力学が西アジアの歴史展開に大きなダイナミズムを与えてきた

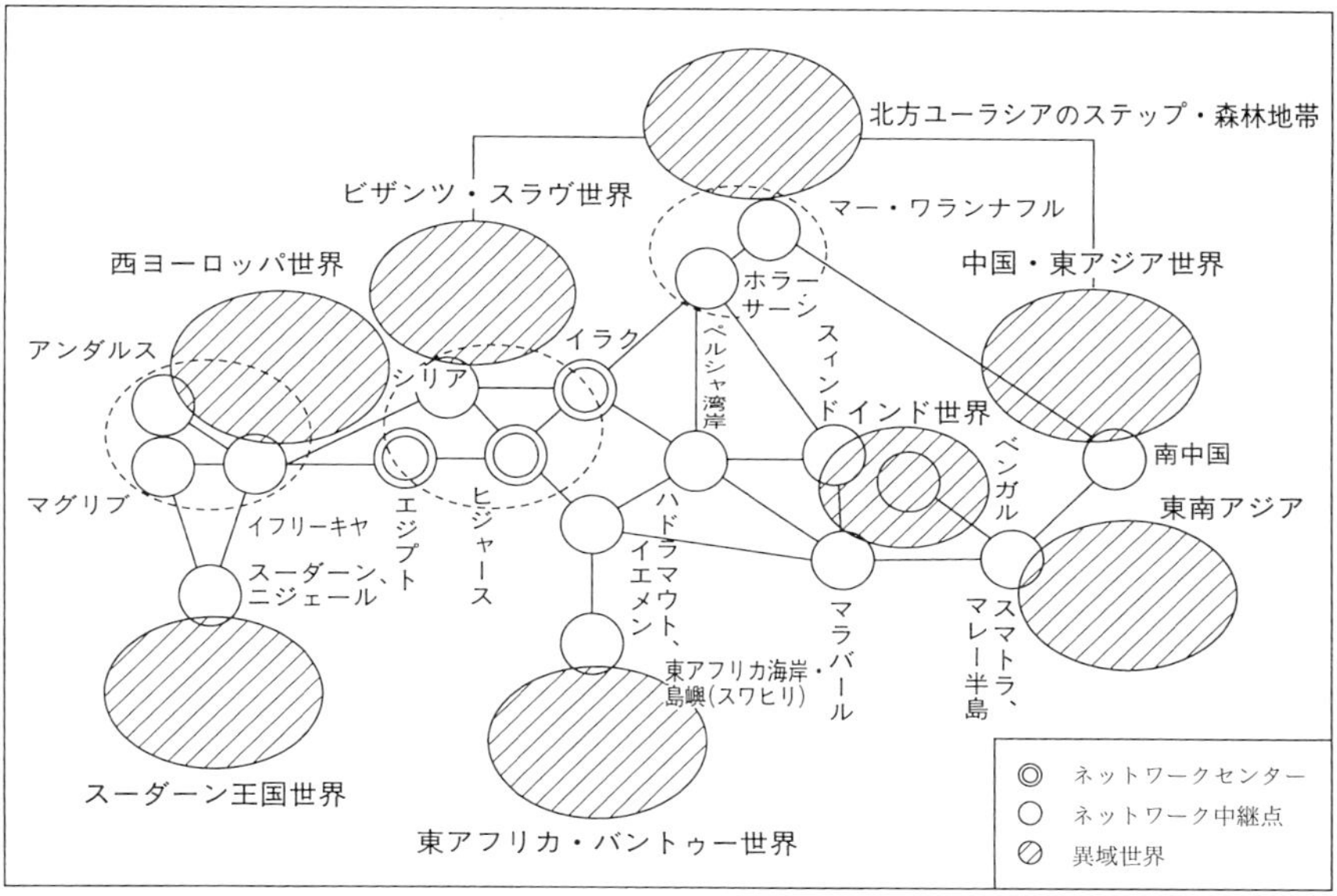

図 9　イスラーム世界をつなぐ交流ネットワーク（模式図）

イスラーム世界は，四方に配置された文化価値の異なる地域（海域）圏が交点となり，それらの地域（海域）圏の「差異」をつなぐネットワークが張りめぐらされることで，一つの全体を構成している。16 世紀以前のイスラーム世界は，ユーラシア大陸とアフリカ大陸の自然生態系の差異を最大限に生かすことで地域（海域）間のネットワークが生成していたと考えられる。

ということができる（第III部）。

すでに、インド洋と地中海の両海域間の交流関係は、古代エジプトの諸王朝、ローマ帝国やビザンツ帝国の時代にも見られたが、紀元後の七世紀末から八世紀半ばにかけてのイスラーム世界の形成期になって、両海域の各々がまとまりのある独自の価値を持った海域世界として、はっきりとした姿を現し、かつまた相互依存のかたちで交流し合い、一つの全体として機能する大海域世界を形づくるようになったと考えてよいであろう。

このように、大海域世界のルーツはイスラーム世界の形成期とほぼ一致しており、西アジアを縦断して両海域をつなぐペルシャ湾軸ネットワークと紅海軸ネットワークの二本の国際交易ネットワークが主軸となって、イスラーム世界が形成・展開の歴史過程をたどることになるのである。この点について、私は、すでに前著『イスラム世界の成立と国際商業──国際商業ネットワークの変動を中心に』において、インド洋と地中海をつなぐイラク・ペルシャ湾軸とエジプト・紅海軸の、二つのネットワークの歴史的推移に注目し、イスラーム世界を一つの全体として捉えようとする新たな枠組みを提示しておいた[31]。

西アジアを交流ネットワークの軸心として形成・展開したイスラーム世界では、陸域のみならず、インド洋世界と地中海世界の両海域世界にイスラーム都市のネットワークが広がるなかで、さまざまなアイデンティティを持った人々が移動し、モノの交換と情報・文化の交流が活発におこなわれていった。イスラーム都市のネットワークは、都市間にある自然生態系、人間・社会と文化の差異を相互の価値として認め、その価値を平準化するための運動＝交流の諸関係を繰り返し、異なる多様な人々の混住と巧みな住み分けによる共存・共生のコスモポリタンな都市文化を発達させた。そして、この交流ネットワークの結節点《ノード》であるイスラーム都市は、他ならぬ海域世界をまとめあげている海域ネットワークの結節点＝港市の基本的性格と合致しているため、陸と海にまたがるイスラーム交流ネットワークが急速に拡大・発展したのである（第I部第2章[32]）。

以上からも、本書で考察の対象とする時代は、大海域世界がその姿を具体的に現してきた七世紀後半にはじまるイスラーム世界の形成期から、西アジアを中間媒体としてダイナミックに機能していた大海域世界の全体が相互依存の形で交流する機能を徐々に失って、インド洋海域世界、地中海世界、さらにはそれぞれの小海域に分節する傾向を強める一方、西ヨーロッパ諸国を新たな軸心として、全世界の海域にまたがる西ヨーロッパの近代世界システム（陸域支配システム）が伸長していく一七世紀末までとする。

七　本書の内容構成

本書は、序章と七つの部からなる全二五章から構成されている。なかでも第Ⅰ部を構成する三つの章は、序章において提示された「大海域世界」の成り立ちを考えるうえで、ネットワークの構造部分となる船、港市、島嶼といった問題を中心に考察している。

第Ⅰ部の内容について、もう少し詳しく説明してみよう。第1章では、人々が海域を舞台に活動するうえで必要不可欠な足、交易の手段・道具となる船の文化について、総合的に検討する。インド洋と地中海の海域において、人々は比較的近距離の場所から調達可能な船材を使い、さまざまな用途や海の条件に適した造船方法と航海技術を発達させた。本書では、ペルシャ湾・アラビア海・インド洋西海域を中心に、現在もなお航海と交易活動を続けている木造型帆船ダウ（dhow）を取り上げて、船の構造と造船技術、航海術とその活動実態について考察する。私は、一九七四年以来、ダウの活動実態について、文献史料と現地調査の両面から研究を続けてきた。インド洋に卓越するモンスーンを最大限に利用して往復航海するダウの活動は、おそらく紀元前に溯る古い時代から現在に至るまでの二、〇〇〇年以上にわたって、それぞれの時代の変化と要求に応えつつ継続しており、アラビア海を中心に「ダウ・カルチャーの世界」と呼べるような交流圏を形成してきた。私の研究の主眼は、ダウ・カルチャーの世界のあり方を分析することで、歴史の視点を陸域から海域中心へ移し、海域世界とは何かについて検証することにある。

第2章では、海域世界の交流ネットワークの結節点となる港市について考察する。港市は、ちょうど人体に張りめぐらされた神経網の神経核（ノード）のように、人体にも譬《たと》えられる海域全体のなかの一つの要地であると同時に、陸域と海域をつなぐ接点でもあるため、両域の磁極から発せられた磁力が引きつけ合ったり、時に斥け合ったりする「せめぎ合いの場」「境域」に位置する。港市の基本的な性格と役割、港市が成立する「場」の条件、港市の支配のあり方、港市社会の特徴および内陸の都市社会との違い、他の港市や後背地《ヒンターランド》との関わり方、港市の歴史的変遷など、港市をめぐる問題は、じつに複雑多岐にわたっている。本章では、とりわけインド洋海域世界のおもな港市の立地条件を分析することで、港市の基本的な性格と役割、港市が成立する「場」の条件を分析し、さらに港市の類型化を試みて、第II部の続く章で具体的な事例をあげて議論していく問題を体系的・総合的に理解する一助としたい。

第3章では、港市とほぼ同じ性格と役割を持ったネットワークの要地、島（島嶼）の特性について分析する。一七世紀以前において、重要な港市の多くは、大陸から少し離れた小島の一角に成立した。その主たる理由として、島は自然の入江を利用して船を直接接岸させたり、沖合に停泊する本船と岸辺との間を艀船《はしけ》を使って連絡するのに都合のよい場所であること、また大陸から隔たった島は陸域の軍事的・政治的影響を比較的受けにくく、海域世界を中心としたネットワークの拠点として独立の政体が成立する好条件を提供したことなどが考えられる。ところが一七・一八世紀以後になると、大河川のデルタ地域が急速に農業開発されたこと、陸域主導による大規模な掘割工事と港湾施設の建設、陸域の交通体系（とくに鉄道・道路の敷設）と産業構造の変化、陸域の行政中心と港市との距離が狭まったことなどの理由によって、陸域と海域とをつなぐ接点は以前のような島や、内陸との直接的な交通連絡の難しい陸の孤島の港、つまり「島嶼的性格を持った港市」ではなく、陸域の懐深く抱かれた場所に新しく成立し、島の海域世界における独自の機能も失われることになった。(33) この章では、こうした近代と前近代における島嶼の果たす役割の違いに注目して考察を深めていく。

第II部から第VI部までは、序論と第I部で提示された見解を具体例に則して説明するための各論であって、叙述においては具体的史料にもとづく実証研究を第一義とし、あわせて実地調査にもとづく研究成果を盛り込むことにも努めている。私は、これまでに本書執筆の前提となるインド洋および地中海の海域交流史を研究するために、文献史料の蒐集だけでなく、インド洋と地中海の周縁・島嶼において、伝統的な木造帆船の航海・造船や海の生活文化についての調査・研究をおこなってきた。

第II部は四つの章から構成され、インド洋海域と地中海の両海域世界が陸上・海上（水上）をつなぐ主要な国際交易ルートによって相互にどのように連関していたか、それらのルート・拠点・経由地が各時代によって変遷していった過程など、国際的な交通体系の全体像を現地調査による新しい考古学的知見を加えながら提示する。第1章では、ムスリム（イスラーム教徒）たちにとっての宗教的義務の一つであるメッカ巡礼（ハッジ）のルートについて論じる。ハッジは、ムスリムにとっての五柱（信仰実践）の第五にあげられる宗教的義務であって、社会的・経済的条件が許す限り、イスラーム世界の辺境にある中国や中央アジアのムスリムも、サハラ砂漠以南のブラック・アフリカのムスリムも等しく、聖地メッカに詣でることが宗教的に義務づけられていた。ハッジがメッカを軸心とするイスラーム世界全体の交流ネットワークの発達を促したことは言うまでもない。この章では、西アジアを中軸とするインド洋と地中海の両海域世界をめぐる交流ネットワークを考察する作業の一環として、ハッジの交通史的意味について分析する。第2章と第3章は、両海域をつなぐ架橋ともいえるナイル川〜紅海ルート、イラン高原〜ペルシャ湾ルートの、二つの陸上と海上をつなぐ交通システムについて、ルート・拠点・経由地、ルートの成立と衰退の要因などを、文献史料と現地調査の両面から分析して実態を把握する。また第4章では、一三世紀後半、スリランカのシンハラ系王国の王ブヴァナイカ・バーフ一世（Bhuvaneika Bāh I, 在位一二七三―八四年）が外交使節団をマムルーク朝の首都カイロに向けて派遣したことを伝える貴重なアラビア語史料を取り上げ、その使節団がスリランカからペルシャ湾経由でカイロまで至ったルート・経由地の地名を解明することによって、この時、使節団が紅海経由のルートではなく、ペルシャ湾経由の迂回ルートを使ったのは、いかなる理由によるのかという問題について総合的に考察する。この問題の本質は、大海域世界をつなぐ二つのネットワーク軸、すなわちペルシャ湾軸ネットワークと紅海軸ネットワークの独占的支配をめぐる国家間の政治的・経済的な緊張関係に深く根ざしていると考えられる。

第III部では、陸域（陸の領域国家）の諸勢力が海域世界に対してどのような関心を抱き、どのように支配をおこなったかについて考察をする。陸域が海域に進出する場合の出口となる拠点は港市であり、また広大な海域を効果的に支配するための戦略上の要地となるのは両側から陸地や島嶼によって狭められた海域、すなわち海峡であった。第1章では、七世紀に入って、ムスリム勢力が地中海世界に広く進出することで、古代地中海世界はどのような変容を遂げたかという問題を考える。そこで、序章でも触れたピレンヌ・テーゼについて、イスラーム側の史料から再考することで、ムスリム勢力の地中海世界への進出にともなう問題の本質に迫ってみたい。また第2章と第3章ではインド洋のおもな海峡部をめぐって陸域による海域支配がどのようにおこなわれたかを、イエメン・ラスール朝（一二二九—一四五四年）によるアデン港およびバーブ・アルマンデブ海峡に対する管理・統治の状況を具体例として分析することで明らかにする。第4章は、紅海の中ほど、東北アフリカ側に位置する国際港アイザーブの盛衰の歴史を取り上げる。アイザーブは、一一世紀半ばから一三世紀半ばまでの二〇〇年にわたって、インド洋・地中海の両海域世界をつなぐ中軸上の中継拠点として繁栄した。しかし、その後、急速に衰退の道をたどり、やがて一五世紀前半には廃港となった。この章では、アイザーブ港の歴史の推移を考えることで、陸域の勢力である国家・遊牧民と港市・海上商人・海域世界との相互関係について分析する。

第IV部は、第III部とも共通する問題を含んでいるが、陸域と密接な関わりを持ちながら、同時に海域世界を舞台にして、たくましく生きる海上商人の経営戦略について、とくにカーリム（al-Kārim）、もしくはカーリミー（al-Kārimī）と呼ばれる大商人の活動を中心に論じる。カーリミー商人たちの交易ネットワークは、地中海の港アレクサンドリアからフスタート、カイロ、上エジプトのクース、アイザーブ、サワーキン、イエメンのアデン、そしてインド南西海岸のカーリクートにまたがり、まさに地中海世界とインド洋海域世界という異なる「文化価値」を持った世界を相互に結びつける国際的中継交易によって、一一世紀半ばから一五世紀半ばまでの四〇〇年という長期にわたり大きな経済的・文化的役割を果たしたのである。彼らがマムルーク朝、メッカのシャリーフ政権やラスール朝といった陸域とどのように関わったかを分析することは、国家・港市・商人・海域世界の相互関係を具体的に考察するうえで、好個の事例となるであろう。

第V部では、大海域世界を舞台に流通した主要な国際的商品について、地中海の特産品のベニサンゴ（第1章）、東南アジア産の白檀と沈香（第2章）、チベット産の麝香（第3章）、アラブ・ペルシャ産の馬（第4章）を事例として、それらの種類・品質・産地・流通経路を具体的史料に即して究明する。そもそも、物品の流通とは、単にモノの相互交換・取引という問題だけでなく、交通運輸、人の移動と情報コミュニケーション、国際金融、取引の安全性、社会的慣行、芸術文化や流行などが一体となった、「交流」によって成り立つものである。言うまでもなく、地球上に分布する資源の多様性・重層性、あるいは地域的・時間的な偏在性は、資源の採集・加工・生産地〜集荷・中継地〜国際市場〜消費地との間にさまざまな「交流」のネットワークを形成する基本要因となってきた。地中海世界の珊瑚、インド洋海域・アジアの白檀・沈香・麝香、そして西アジアの馬が海域世界を舞台として、どのように広域的に流通し、そのためにどのような交流ネットワークが成立したのか、そのとき海域世界はどのような交流上の役割を果たしたか、流通の担い手たち、そして地中海とインド洋の両世界の相互に異なる価値の交換関係が西アジア市場を中間媒体としてどのように機能したか、といった問題が第V部で追究されるべき主要な課題となる。

第VI部では、海域世界が一つの全体として、共通する文化や情報が交流する世界であることを証拠だてる具体的史料を提示する。第1章では、海を生活の場とする人々の移動、生きざまや文化のあり方を詳しく観察することで、彼らが歴史的にどのような役割を果たしたのかについて考えてみる。この問題を考察する際に、東の地中海と西の地中海のほぼ中央部に位置するチュニジアのガーベス湾とその周辺海域を舞台として活躍した漁民・船人の生活実態を示し、海産資源の多様性、あるいは地域的・時間的な「差異」が人々の広域的な移動や交易・流通のネットワークとも深く関わっていることを解明したい。第2章では、法や権威とか宗教の違いを超え、自然の脅威、海難事故、海賊や陸の領域国家による収奪など、つねに危難・恐怖や死と隣り合わせで海に生きる人々が、等しく心に抱いていた海（水）の信仰について考察する。さまざまな動機・目的で海に出た人々、そして海そのものを生活舞台とした漁民・船人たちは、宗教とか主義・主張の違いを超えて、海の守護聖人や海神に航海の無事・安全、商売繁盛や豊漁などを祈願した。とりわけ、インド洋世界と地中海世界に共通して、海域に生きる人々が信仰対象としたのは神の使徒、守護聖人ヒズル（al-Khiḍr, al-Khaḍir）——ヒズル・イリヤース（al-Khiḍr-Ilyās）とも呼ばれた——であった。そこでこの章では、ヒズル信仰を直接の研究対象とすることで、海域世界が緊張と対立の渦巻く抗争の海ではなく、「共有された場」として機能していたことを考えてみる。第3章では、海域を特徴づける情報世界の存在を浮かび上がらせるために、インド洋海域世界の各地で発見されるランプ文様の装飾レリーフを事例として、その素材・形態・特色・年代・分布などを分析する。「情報」とは、有形・無形のモノによって伝達される知識の総体であるが、そこには海域を共通舞台として移動・交流する人々が相互に判断を下したり、行動を起こしたりするための共通の知識、あるいは流行や風習といったものが深く関与していることは言うまでもない。明らかに同一の文化情報の影響を受けたと思われるランプ文様の装飾レリーフがインド洋海域の港市の建物の礎石および梁、門柱や墓石などに刻まれているのに注目することで、海域世界が広範な情報交流の場として機能していることが見えてくるであろう。

そして本書の最後に加えた第VII部は、いわば「付論」にあたる部分であり、海域交流史の研究を具体的・実証的に深めるうえで大きな進展をもたらした歴史資料のうちで、私の調査・研究によって新たに発見（発掘）された三種類のアラビア語史料について、写本発見の経緯、内容と史料価値の概要について説明する。

なお、本書の全体を通じて、とくにインド洋海域世界に関わる諸問題を詳しく取り扱ったのは、これまでの私の研究の重点がアラビア語史料に依拠して、とりわけアラビア海世界の実態を解明することに置かれてきたためである。しかし、あくまでも考察の対象を狭く限定せず、つねに地中海世界の問題とも比較して、インド洋と地中海の両海域世界の関係のあり方（関係性）や相互の特徴を識別することにより、両世界を連ねる大海域世界の実態および歴史的動向を把握することを試みる。

以上の考察を通じて、インド洋と地中海を結ぶ大海域世界という新たなパラダイムを設定することで水平線上に見えてくるアジア全体史とイスラーム世界史――モザイク的な地域・王朝の寄せ集めの歴史ではなく、全体史としてのイスラーム史――に関する新たな認識を得たいと思っている。したがって、私が本書において研究の主眼としたのは、海域に視点をおいた歴史を模索し、そのための新たな問題と課題を提起することにあるといえる。しかし、言うまでもないことだが、本書で十分に考察されなかったことがらや、検討の対象となっていない重要な問題は、他にも数多く残されている。とくに第VI部で言及する海域世界における文化・情報についての研究は、これまでほとんど進展していない未解明の分野であって、歴史学の分野だけでなく、人類学・考古学・言語学なども含めて学際的研究が是非とも必要であろう。さらに、交流（交通）の安全を保障するためのさまざまな国際的ルールやシステムの問題、人・モノ・情報の流れを左右する重要な要素となるカネ・ゼニをめぐる国際金融や価格に関わる大きな問題がある。一一～一三世紀を中心とする「カイロ・ゲニザ文書（Cairo Geniza documents）」を詳細に解読・分析したS・D・ゴイテイン（S. D. Goitein）が指摘しているように、当時の地中海世界はどこに逃げても借金取りが追いかけてくる世界であって、情報網と国際的な金融組織のネットワークが濃密に張りめぐらされていたことが理解される。[34] そのネットワークの世界は、地中海世界だけにとどまらず、西アジアを中間媒体として、インド洋海域世界にも広くおよんでいたと思われるが、そうした大海域世界を連ねる国際金融網の実態を把握するための実証的研究についても、今後、さらに詳細に究明すべきであると考えている。

第I部　海域世界の成り立ち

概観

第Ⅰ部は、序章において提示した海域を中心とする歴史観およびインド洋海域世界と地中海世界を一つの全体として捉える「大海域世界」論について、具体的・実証的に理解するうえで基本的な問題となる「船」、「港市」、「島(島嶼)」の三つを中心に考察する。

言うまでもなく、船は人間が海域で活動するために必要不可欠な「足」であり、移動・交易の「手段・道具」でもある。人が出港地と経由・目的地とを結ぶ遠距離間の往復航海を迅速・安全・確実におこなうためには、海を取り巻くさまざまな自然地理環境を理解し、造船と操船・航海術などの問題を解決しなければならない。インド洋と地中海において、人々は身近で入手可能な最良の船材を使い、しかも安定性を備えて、より大きな容積を持った船を造るために、つねに工夫と改良を重ねてきた。さらに、帆柱《マスト》、帆、オール、舵といった設備・装置を考案し、操船と航海などの特殊技術についても、さまざまな経験を重ね、失敗を繰り返すことで習熟し、積極的に大洋航海をおこなった。

インド洋に生きる人々は、古くから海で活動するための刳船《はぎぶね》、縫合船《ほうごうせん》(外板に孔穴をあけて、ココヤシの実を包む靭皮繊維の細紐で縫合した船)、アウトリガー式の船(張出し材付きの船)やその他の構造船を発達させ、現在でも時代遅れと思われるような伝統的木造帆船がアラビア海、インド洋の島嶼部、入江や湖沼などにわずかながら残されている。それらはインド洋海域を取り巻く自然地理環境の特性と社会・生活にも適応したなかで生まれ、長い間使用され続けてきた芸術品、あるいは洗練された完成品ともいえる船である。

第1章では、ペルシャ湾・アラビア海・インド洋西海域を中心に、現在もなお航海と交易活動を続けている三角帆を装備した木造型船ダウ（dhow）を取り上げて、その船の構造と造船技術、航海術、活動の実態などについて解明する。私は、一九七四年以来、ダウの活動実態について、文献史料と現地調査の両面から研究を継続してきた。そこでの最も重要な問題は、鋼鉄船が活動する現在においてもなお、木造型帆船ダウが実働の航海と交易活動を続けている根本的な理由は何か、二、〇〇〇年以上にわたるダウによる定期的な交流によって歴史的に築かれた「海域世界」とは何か、という問題である。

港市は、海域で生きる人々に必要な食料や水を得たり、陸域と交流するための要地であるため、時には陸域と海域の勢力の激しく確執する緊張の場ともなるが、その基本的性格は海域世界の全体を成り立たせている「交流ネットワーク」のノード（結節点）としての機能である。島嶼も同様に、陸域の視点から見れば、辺境・隔絶・孤立といったイメージが付きまとうが、陸域から海域に視点を移した場合には、そこは島と島、港と港をつなぐ海域ネットワークのノードであって、とくに大陸から少しばかり離れた小島は自然の良港を提供するだけでなく、陸域との一衣帯水の距離が自立した活動空間としての機能を高めた。第2章と第3章では、そうした港市と島嶼の持つ性格を分析することで、両者が海域世界のなかでの自立的・中立的な交流の場として、ほぼ共通の機能を果たしたことを明らかにし、そのことによって「海域」が「陸域」と同じ重さを持った独自の歴史的世界として位置づけられることを述べる。

第1章　船の文化——ダウ・カルチャーの世界

はじめに

船は、人間が海域で活動するために必要不可欠な「足」であり、交易の「手段・道具」でもあるから、造船、操船、航海などの技術に加えて、帆柱、帆、オール、舵といった航海に必要な設備・装置は海域世界の成り立ちを考えるうえで、最も重要な基本的問題であろう。したがって、それらの新しい技術の導入・改良や知識の普及は、人間の移動、モノの交換や情報・文化の交流史に一大革命をもたらしたといっても過言ではない(1)。本章では、まず最初に、交通手段としての海上（水上）の船と陸上のキャラバンとの比較を試み、船および海上交通の優位な点を明らかにするとともに、インド洋海域に発達した船の特徴について概観する。次に、船の文化を考える事例研究として、現在もアラビア海とインド洋西海域を舞台に広く交易活動を続けている、一本もしくは二本の帆柱に三角帆を装備した木造型構造船「ダウ（dhow）」の航海と貿易に関する問題を取り上げる(2)。

一　船――海域の足、交易の道具

前近代の交通運輸において、船（船団）による海運の優位性は、陸上を行く乗用・運搬用の役畜（駄獣）――とくに砂漠・ステップ地帯の長距離輸送ではラクダ、中・短距離では馬・ラバ・牛とロバが加わる――によるキャラバン輸送[3]と比較したとき、人間の活動の場を単に陸上から水上（海上）に広げたというだけではなく、とくにその速度、輸送能力と距離にあるといえる。例えば、ラクダ一頭の積載能力は平均二四〇～二五〇キログラム――これをアラビア語では「一荷（ḥiml, ḥaml）」と呼び[4]、三〇〇マン（mann）、六〇〇ラトル（raṭl）に等しい――、一日のキャラバン隊の移動距離（marḥala）は平均で四ファルサフ（farsakh）――一ファルサフを三アラビア・マイル（mīl）、六キロメートルとすると、二四キロメートルに相当する――である[5]。これに対して、現在、アラビア海を中心に活動する大型ダウの平均積載重量はナツメヤシの実（タムル）に換算して一、六〇〇～二、〇〇〇籠――一籠（zabīl）を六〇キログラムとすると、九六～一二〇トンに相当する――の積載能力があり、モンスーンを利用した一日の平均航行距離――一昼夜の平均航海距離を「一マジュラー（majrā）[6]」と呼ぶ――は約一〇〇アラビア・マイル、すなわち一六〇～二〇〇キロメートルにおよぶといわれる。したがって、海上航海における船の一日の航行距離は、陸上のキャラバン隊による一日の移動距離の七倍から八倍近くになる。なお、陸上のキャラバン輸送では、一説によれば、重量のある荷物が運ばれるのはラクダ全頭数の約三分の一――残りの三分の二が水・食料、乗用と休息のためのラクダ――であるといわれるので、例えば一、二〇〇頭編成のラクダ・キャラバンが実際に運ぶ荷物は四〇〇頭分、つまり九六～一〇〇トンとなるので、単純に計算すると、大型ダウ一艘と一、二〇〇頭編成のキャラバン隊の運ぶ積荷とがほぼ同じ輸送量ということになる[7]。

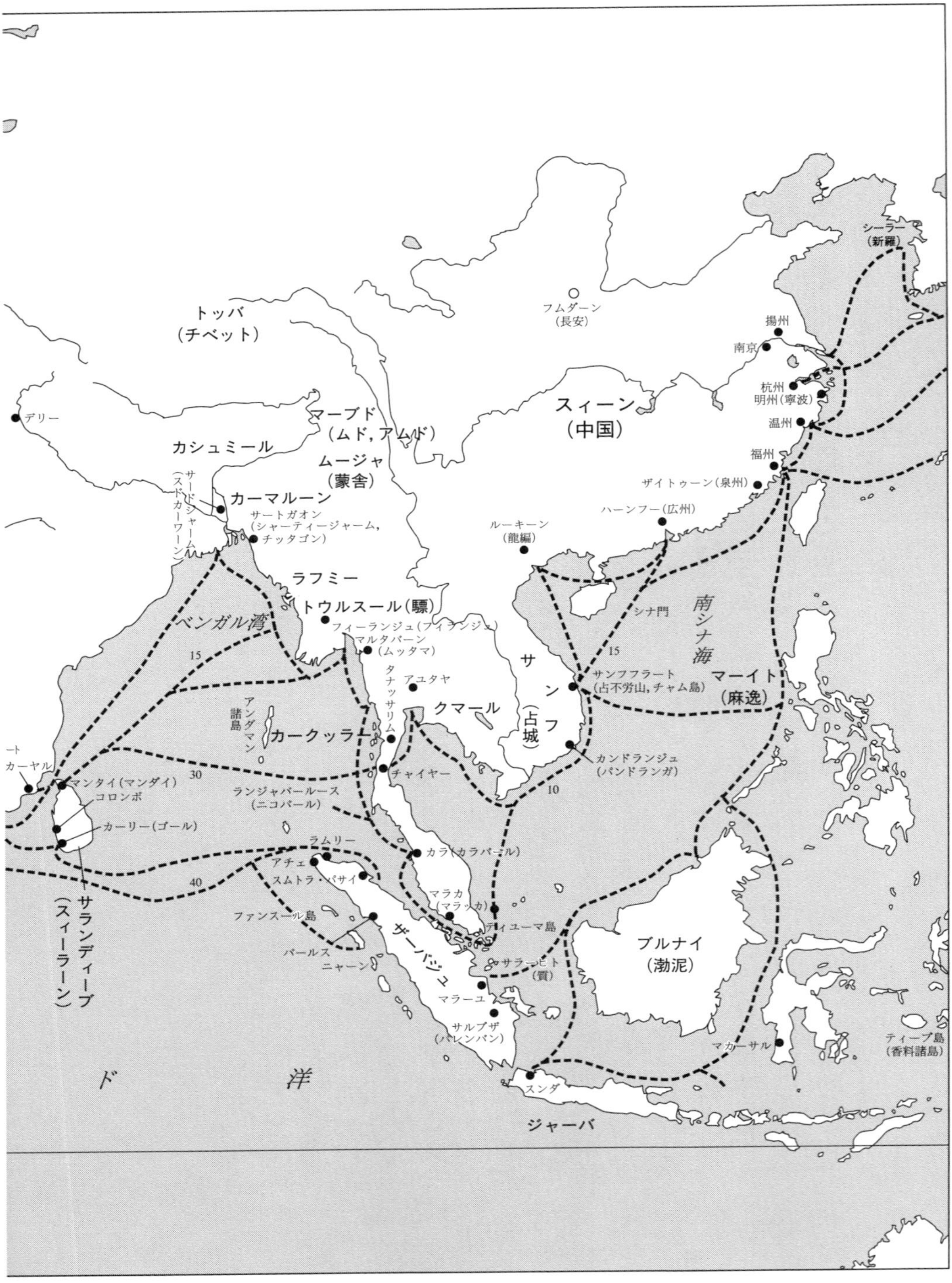

ド洋海域世界の主要航路（数字は航海日数）

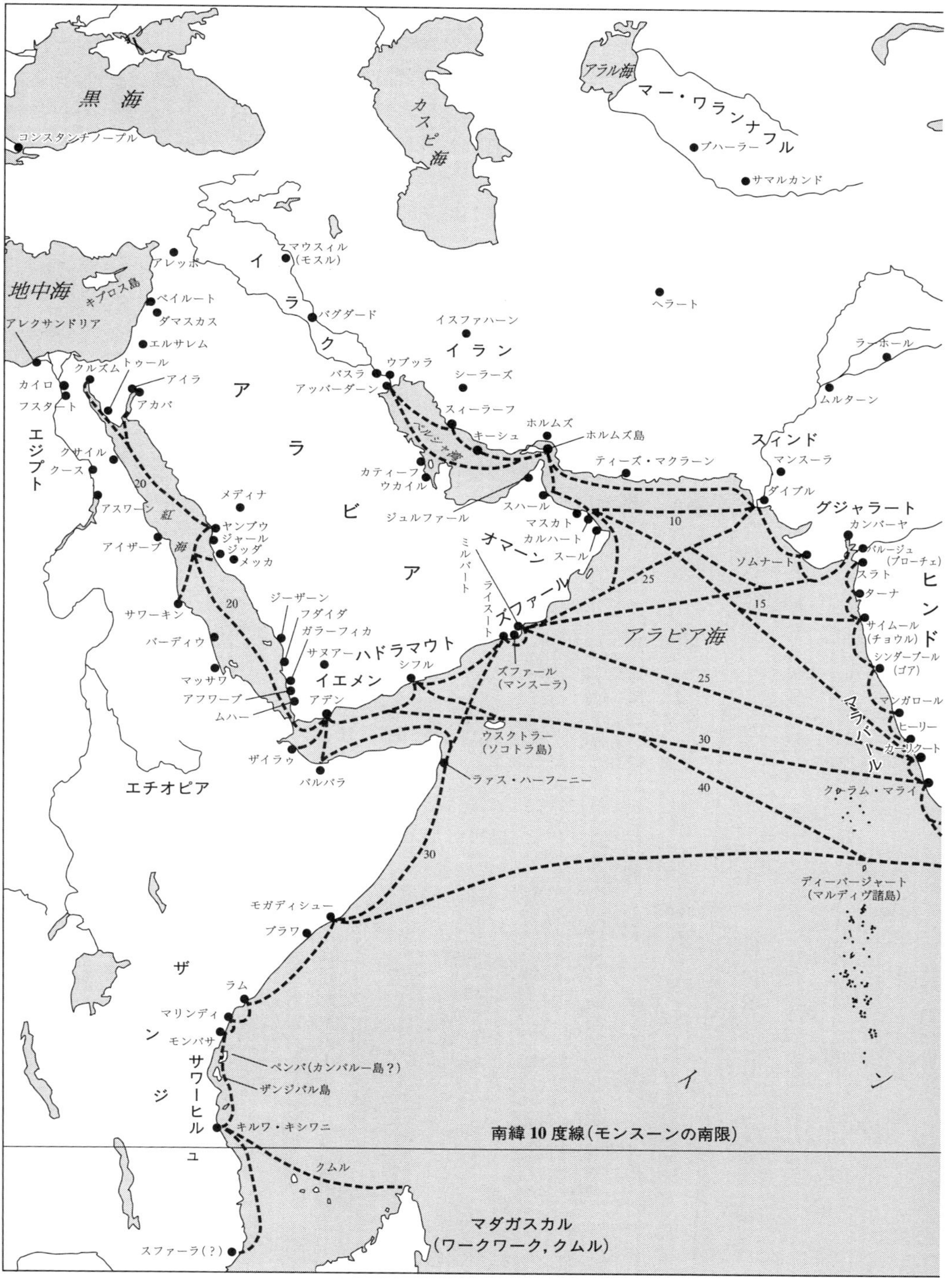

図1　8～15世紀のモンスーンを利用したイン

さらに、船の輸送の有利な点は、底荷《バラスト》商品として、石材・レンガ・瓦・木材などの建築資材、薪・燃料類、鉱物原料、油脂、飲料水、穀物類、塩、家畜、家畜飼料、香辛料・薬物・染料類、土器・陶磁器類、そして何よりも人間（奴隷）の輸送など、おもに重量のあるもの、かさのはるものを多量に、遠距離間、しかも積み替えなしでダイレクトに輸送が可能であり、したがってきわめて低コストの輸送手段であることである。そして、時として船は貯蔵倉庫としての役割を果たすこともあり、市場価格の変動に合わせて、積荷を長期間にわたって船艙に保存する重要な機能を持っていることにも注目すべきであろう。

歴史的に見ると、古くから世界の各々の海域において、比較的近距離から調達可能な船材——とくに優れた船材としては、チーク、ラワン、マンゴー、ジャックフルーツ、ココヤシ、松、杉、楠、樫などの巨木——を利用して、さまざまな構造・用途・目的を持った船が発達した。ペルシャ湾・紅海・アラビア海とインド洋西海域では、西暦紀元前に遡る時代から、三角帆を装備した縫合型構造のダウが広く利用された。(8) そして、七世紀末から八世紀初めに、ペルシャ湾岸のスィーラーフ（Sīrāf）やスハール（Ṣuḥār）などの港市を拠点としたイラン系・アラブ系の船主（ṣāḥib al-markab）、ナーフーザ（nākhūdha, nākhudhā）、ムアッリム（muʻallim）、ルッバーン（rubbān）たちの操るダウは、インド洋に卓越するモンスーンを最大限に利用して、南は東アフリカ海岸やコモロ諸島、マダガスカル島北部海岸に、東はアラビア海、ベンガル湾、マラッカ海峡と南シナ海を越えて、中国の海南島、広州、明州や揚州などの諸港市に達していた。(9) こうしたイスラーム時代以後のダウの交易活動によって、南シナ海、ベンガル湾とアラビア海・インド洋西海域の三つの小海域は相互に結ばれ、一つの全体として機能するインド洋海域世界が形成されたのである。(10)

その後、一〇世紀半ばになると、南中国の広州を拠点とした中国ジャンク（junk, zank）が徐々に南シナ海を南下して、マレー半島の南西部、マラッカ海峡に面した国際交易港カラ（Kalah, Kalahbār）——中国文献に現れる箇羅国——まで活動圏を広げ、さらに一二世紀前半から一五世紀前半までの三〇〇年間にわたって、ジャンク

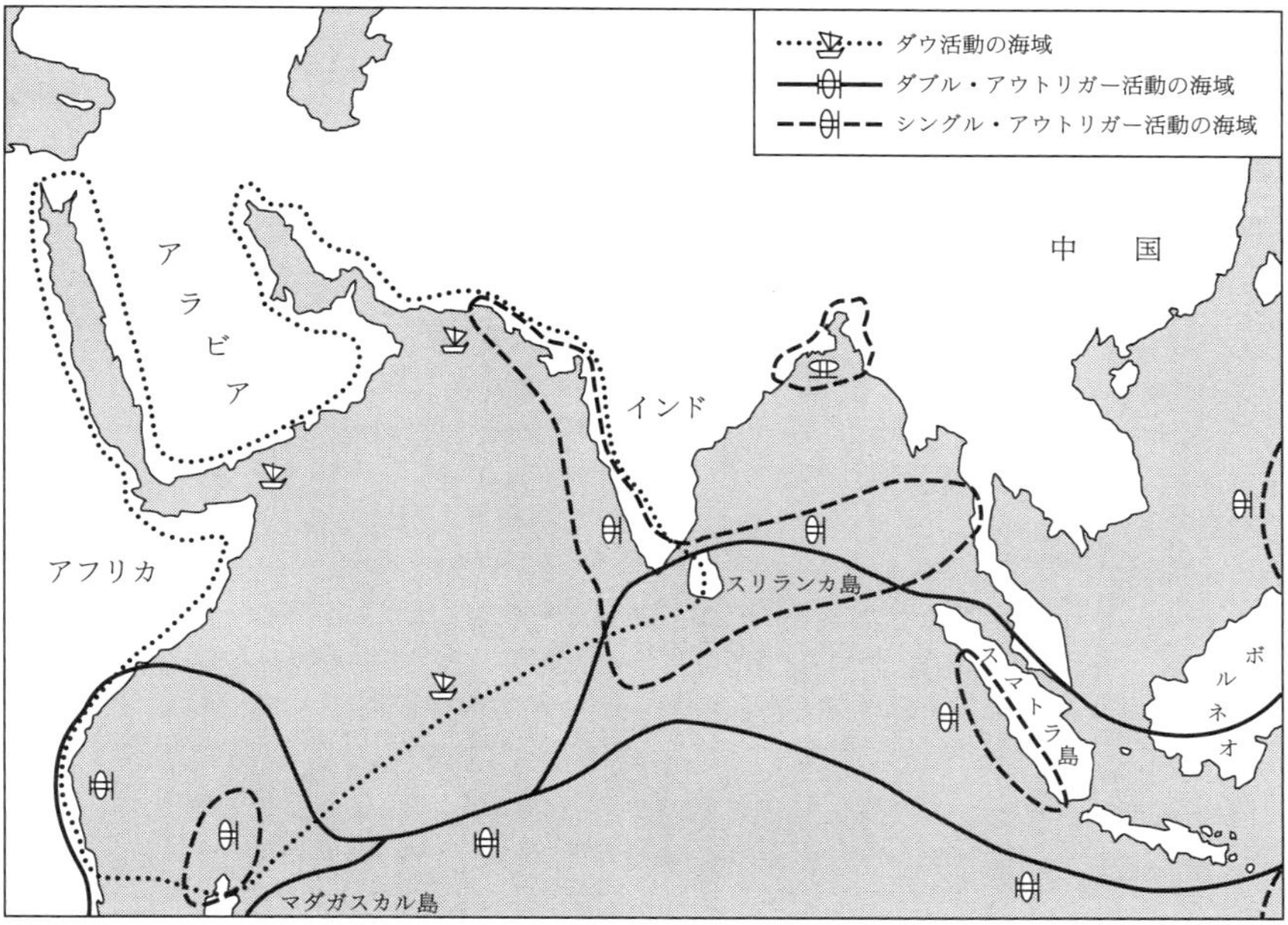

図2　インド洋におけるアウトリガー型カヌーの分布圏（1974-85年の調査による）
アウトリガー型カヌーの分布圏は，赤道に沿って，東南アジア地域，太平洋南西海域から西はマダガスカル島，東アフリカ海岸の海域まで，赤道に沿って東西に広がっている。アラビア海では，スリランカからインド南西海岸，インダス川河口，タンガ，ケニア海岸のヴァンガ，マリンディ，ラム群島におよんでいる。歴史的に見ると，フロート付きのカヌーが使用された海域は，イエメンのアデン付近まで達していたと考えられる。

(junk, zaww) の航跡は南シナ海、ベンガル湾、アラビア海とインド洋西海域にまでおよんだ。[11]

また赤道海域を中心として、アウトリガー型カヌーの活動圏が東南アジア島嶼部からスリランカ、南インド海岸、マダガスカル島北部海岸や東アフリカ海岸までのインド洋海域世界を東西に横断するように広がっていた。アウトリガー型カヌーは、船の舷側の片側（シングル・アウトリガー）または両側（ダブル・アウトリガー）にフロート（舷外浮材）を備えた船のことで、一説によると、少なくとも五世紀半ばから六世紀には、こうした船に乗ってオーストロネシア・マレー系の人々がマダガスカル島の北端やコモロ諸島に、さらには東アフリカ海岸の一部にも達していたといわれる。[12] 一〇世紀後

写真 1(1)　東アフリカ・ケニア海岸のダブル・アウトリガー型カヌー（1978 年，ヴァンガで撮影）

写真 1(2)　東アフリカ・ケニア海岸のダブル・アウトリガー型カヌー（1978 年，ヴァンガで撮影）

半に記録されたブズルク・ブン・シャフリヤール（Buzurk b. Shahriyār）『インドの驚異譚』や一三世紀初頭に記録されたイブン・アルムジャーウィル（Ibn al-Mujāwir）の報告によれば、彼らはクムル人（al-Qumr, al-Qumar）、またはワークワーク人（al-Wāqwāq, al-Wāq）と呼ばれ、フロートの付いた特殊構造の船——明らかにアウトリガー型カヌーを指している——を用いた高度の航海術と鉄加工の技術を持った専門の職人集団であり、一〇世紀前半から半ばと一二世紀前半のある時期にインド洋海域で広く海上活動をおこない、マダガスカル島、あるいはコモロ諸島から東アフリカ海岸沿いに北上した彼らの一部はアデン湾に沿った東北アフリカ海岸のバルバラ（Barbara）、ザイラゥ（Zayla'）やイエメンのアデンにまで達したという。[13] 現在もなお、彼らが過去において海上活動に用いたと思われる同型のアウトリガー型カヌーがアラビア海とインド洋西海域の一部でも見ることができる。私は、一九七四年以後、東アフリカ海岸とアラビア海周辺部におけるアウトリガー型カヌーの分布調査を継続してきた。図2は、現在に残るアウトリガー型カヌーの分布圏を示しており、東アフリカ海岸ではタンザニアのタンガ、ケニヤの

写真 1(3)　スリランカの南端マターラ海岸で使用されているシングル・アウトリガー型カヌー（1981 年撮影）

写真 1(4)　パキスタンのカラチに近いソンミアーニ漁港に放置されていたシングル・アウトリガー型カヌーの廃船（1983 年撮影）

ヴァンガ、マリンディ、スリランカの南西海岸、南インドのマラバール海岸、パキスタンのソンミヤーニやイブラーヒーム・ヘドリーなど、アラビア海とインド洋西海域に広がっていることが分かる。(14)

二　ダウとインド洋海域世界

現在でもなおインド洋西海域、アラビア海、ペルシャ湾と紅海を舞台に航海と貿易活動を続けているダウは、中型のもので五〇〜七〇、大型船は一〇〇〜一二〇トンに達するものもあって、一九五六年以後には次第にアクセル・エンジンを装備するものが多くなった。しかしながら、ダウの航海自体は、アラビア海とインド洋の西海域に卓越する冬の北東モンスーン、夏の南西モンスーン、そして海表面に起こる吹送流（モンスーン・カレント）という自然条件を最大限に利用した、船乗りの長年にわたる経験と勘にたよる昔ながらの航海技術によっておこなわれている。とくに、アデン湾からソマリア海岸、東アフリカ海岸にかけて活動しているソマリア船籍のジャハーズィー型ダウの多くは、無エンジンの帆走ダウであって、その航海シーズン、航路や寄港地は、一五世紀末から一六世紀初めのイブン・マージド（Ibn Mājid）やスライマーン・アルマフリー（Sulaymān al-Mahrī）の航海書に記録されたところとほぼ一致する。

では、木造帆船ダウが現在に至るまで、伝統的なモンスーン航海術を保持しながら、アラビア海とインド洋の西海域にまたがる航海と貿易活動を続けているのは、なぜであろうか。二、〇〇〇年以上の歴史を持っていると思われるダウの定期的な往還運動は、それによって結びつけられたインド洋海域世界にどのような交流の諸関係を創り上げてきたのであろうか。現在、インド洋西海域で活動中のダウのなかには、一五〇〜二〇〇馬力の強力なアクセル・エンジンを搭載し最大一〇〜一二ノットの速力で走ることができるので、姿こそ異なるが性能の点では近代的な鋼鉄船と何ら違いはないといえるものもある。そこで、私は、近代におけるダウを規定する条件として、①木造型構造であること、②インド洋の西海域、アラビア海、紅海とペルシャ湾をおもな活動圏とし、その沿岸・島嶼部を広くおおう地域社会・生活・文化・経済と密接な関連を持っていること、③モンスーンと吹送流（モンスーン・カレント）を最大限に利用した季節的な航海活動をおこなっていること、の三つを考え、それらすべての条件に合致した船を「ダウ」と呼ぶことにしたい。[15] したがって、ほとんど帆走をおこなわずにアクセル・エンジンだけを

写真 2(1)　東アフリカ・マンダ島沖を帆走中のダウ船（1978 年撮影）
ソマリア・ジャハーズィーと呼ばれるダウで，現在でも帆走のみで南アラビア，紅海沿岸，ソコトラ島，ソマリアとケニア海岸の間を航海している。

写真 2(2)　モンバサ港に停泊中のブーム型ダウ（1978 年撮影）
冬の北風に乗ってペルシャ湾のドバイから南アラビア海岸を経由して到着。マングローブ材を積載して，4 月半ばに吹き始める南風を利用して北上航海する。ブームと呼ばれる 150 トンの大型ダウで，アクセル・エンジンを搭載し，沖に出ると帆走航海する。

使って航海する船――とくに、湾内や珊瑚礁内の航行、逆風・凪のときにはもっぱらエンジンを使用する――であっても、以上の三つの条件を備えた船であれば、ダウと呼ぶことができる。

以下では、この条件にそくしてダウの船体構造、航海シーズン、活動圏、積荷、の四つの点を明らかにすることで、ダウが現在に生き続けている意味について考えてみよう。なお、これらの具体的な内容は、私が一九七四年から八四年までの間、五次にわたって実施したアラビア海とその沿岸部でのダウの実地調査の結果、ならびにケニアのモンバサ・ダウポートにおける「ダウ出入港記録」（以下は「ダウ・レコード」と略す）の資料分析にもとづくものである。[16]

（1）ダウの船体構造

英語でいうダウ（dhow）は、おもに東アフリカ海岸に近い海域とアラビア海で用いられていた木造の各種帆船の総称で、二、三本の帆柱に大三角帆とジブセール（船首三角帆）を装備した船を指している。[17] ただし、現在、アラビア海やペルシャ湾の漁民や船乗りたちは、こうした木造型帆船のことをブーム（būm）、サンブーク（sambūq, sunbūq）、ランチャ（lancha）、クーティーヤ（kūtīya）などの特殊な船種名で呼び、ダウという一般名称を使用することはほとんどない。しかし、一八一四年にサウジアラビアのジッダ港を訪れたJ・L・ブルクハルト（J. L. Burckhardt）は、その港内に停泊中の船二五〇艘について、セイ（say, shūʻay）、セウム（seume, zaʻīma）、メルケブ（merkeb, markab）、サムブーク（sambouk, sanbūq）、ドウ（dow, dhow）の五つに分類して、それらのなかでもドウが最大級の船でインドへの航海に使われている、と記録した。[18] ドウは、明らかにダウのことで、今から二〇〇年近く前にも、ダウという船種名が実際に使われていたことを示している。

また一八三一年、イギリス人キャプテン・オーエン（Owen）によって実施されたインド洋西海域周辺部の調査『アフリカ・アラビアとマダガスカルの海岸踏査紀行』には、東アフリカのパテ島の港で目撃したドウ（dhows）

と呼ばれる船の船体構造について、詳細な記録が残されている。その一部を引用すると、以下の通りである。

「彼ら［原住民］がドウと呼んでいる大型船は、おもに農産物を積んであらゆる方面に渡ったり、海岸に沿って航行する。ドウの風変わりな構造は異国人たるわれわれの注意をひかざるを得ない。ドウは一般に艇身六〇フィート、約一四フィート幅で、その船首は長く鋭い先端部で終わり、船尾は非常に高く突き出ている。また［船底部が］V字形に造られているので、浜にあげたときには、つねにその目的のために用意された小型の木製支柱で支えて垂直な位置を保つ必要がある。ドウの［側板の］板張りはほとんどの場合、釘とかボルトによらずにココヤシ皮の繊維を打ち叩いたものによって肋材に固定されており、［モザンビーク南端に近い］デラゴア（Delagoa）や［南インドの］マドラスのマッスラ（Massula）船のように、シートあるいはビーム（横梁）が舷側から少し飛び出ている部分がある。織布やマットでつくられたドウの巨大な四角帆は、上下の帆桁に巻き付けた紐（操桁索）と三本または四本のはらみ網に納められている。しかし不格好なその姿にもかかわらず、ドウは非常に船足が速く、他の多くの船よりもうまく逆風を斜めに受けて進むことができる。」[19]

図 3　ハリーリー『マカーマート集』の挿絵に描かれた縫合型ダウ（13 世紀初頭，フランス国立図書館蔵）

写真3(1)　南アラビア・ズファール海岸で使用されていた縫合型ダウ（1974年，ターカ海岸で撮影）

現在でも伝統的な縫合船がインド西海岸の内水湖（バック・ウォーター），ラッカディヴ諸島，スリランカや南アラビアの一部で見られる。オマーンのサラーラに近いターカの海岸で使われている縫合船は，サンブーク・ザファーリー（Sanbūq Ẓafārī, Sanbūq Kinbārī）と呼ばれて，おもに海岸近くの鰯漁で用いられる。

この記録によって、当時のダウ（ドウ）はインド洋の西海域を舞台に活動する艇身一八・三〇メートル、横幅四・二〇メートルにおよぶダブル・エンダー型の帆船で、船の側板はココヤシ繊維（kinbār, kanbār）の細紐で縛《しば》った縫合型構造の船であったことがわかる。こうした構造と規模を持った船は、九・一〇世紀の商人スライマーン（al-tājir Sulaymān）とスィーラーフの人アブー・ザイド（Abū Zayd al-Sīrāfī）による『中国とインドの諸事情 *Akhbār al-Ṣīn wa'l-Hind*』、一二世紀のイブン・ジュバイル（Ibn Jubayr）『メッカ巡礼記 *Riḥlat Ibn Jubayr*』などの記録やハリーリー（al-Ḥarīrī）『マカーマート集 *al-Maqāmāt*』に描かれた挿絵（一三世紀初頭、図3）に見られる紅海やインド洋で使用されたアラブ系・イラン系の船と一致すると思われる。[20]

七世紀後半から一〇世紀初めにかけて、ペルシャ湾のスィーラーフ、オマーンのスハールと南中国の交易の窓口ハーンフー（Khānfū）すなわち広東との間を往復航海していた「オマーン人とスィーラーフ人の船（marākib ahl 'Umān wa ahl Sīrāf）」は、中国側の記録には「索縄船」として伝えられた。索縄船とは、ココヤシの実を包む靭皮繊維の細紐で船板と肋材を縫い合わせた縫合型構造のダウを指したと考えて間違いない。[21]

さらに、一三世紀後半にホルムズ港（大陸側の旧ホルムズ）を訪問したマルコ・ポーロ（Marco Polo）は、そこで見た無釘装の貧弱な縫合船に驚いて、次のように報告している。

「彼らの船は、実に惨めなものであり、その多くは失われる。なぜならば、船に鉄の留め具を使わずに、インド・ナッツの外被でつくった縒《よ》り糸で縫い合わせただけのものだからである。彼らは、ナッツの外被をまるで馬の毛のようになるまで叩き、それで撚り糸を紡ぎ、船の側板を縫い合わせる。それはよく出来ていて、海水にも腐食することがないが、嵐に十分に耐えられるものではない。船［板］はピッチを塗らずに魚油を擦り込んだものであ

写真 3(2)　縫合型ダウの船尾部分

写真 3(3)　縫合型ダウの舵の部分

る。一本マスト、一枚帆、一枚舵で、甲板はなく、ただ積み荷を乗せたうえに覆いを広げるだけである。この覆いは、獣皮であって、そのうえにインド向けに売られる馬を置くのである。彼らには鉄釘をつくる鉄がないので、造船には木製の釘だけを使い、したがって、今述べたように、縒り糸で船板を縫い合わせるのである。それゆえに、こうした船で旅をするのは危険極まりないことであって、船の多くが失われる。インドの海では、激しい嵐になることが多いからである。[22]」

ヴェネツィア生まれのマルコ・ポーロが知っていた当時の地中海の船は、龍骨材と肋材を組み合わせたフレーム型の装釘船であったと考えられる。しかし、ホルムズで見たダウは、それとは異なる無釘装の平張り《ひらば》、シェル型の縫合船であったため、彼は大きな驚きをもって記録に留めたのであろう。一九二五年頃まで東アフリカ海岸で広く見られたムテペ（Mtepe）と呼ばれるダウ、[23]そして現在でも、南インドのマラバール地方の沿岸部や内水湖（バック・ウォーター）で使われているパテッラ（patilla）、マスーラ（masūla, massula）やヴァッラム（vallam）などの漁船・運搬船は、こうした縫合型構造である。[24]また、オマーンの北海岸のバーティナ地方で見られるバダン（badan）、ズファール地方のサンブーク（キンバーリー）、紅海のサワーキン、トリンキタートの近海で使われるザルーク（zarūq, zarrūq）などと呼ばれる漁船の船首・船尾部は、釘を用いずに縫合によって船体部分が固定されている。

鉄釘を使わず、側板を縫い合わせた構造の船は、インド洋西海域・アラビア海に限らず、古くからベンガル湾、東南アジア島嶼部、海南島の海岸、その他の湖沼や河川でも広く使われたと考えられる。私は、一九九五年の中国の海南島での調査において、トンキン湾の一部、とくに海南島北部の漁港の海口と南部の崖県海岸において縫合型漁船が使用されているのを目撃した。この漁船の船型は、紅海のトリンキタート、サワーキンなどで使用されているザルークと類似して、船首・船尾ともに鋭く尖ったダブル・エンダー、シェル型の船体であった。

現在、ペルシャ湾とアラビア海で活動するアラブ系・イラン系のダウのなかで、最もよく見かける船種はブームと呼ばれて、船首・船尾の両端が鋭く突き出たダブル・エンダーの船である。ブームの側板は平張り構造で、鉄釘によって肋骨部に固定されているが、その造船工程では龍骨材を用いず、肋骨材を組み立てる前に側板を張り、その後に肋骨材を挿入し、側板を臍《ほぞ》穴と鉄釘で締めつけていく伝統的なシェル型の造船工法を残している。

いずれにしても、モンスーンによる長距離の航海活動に大型のダブル・エンダー、シェル型の縫合ダウが、インド洋の西海域を中心として長く使用され続けてきたことは、とくに注目すべき事実であろう。

写真 4(1)　中国の海南島南部の崖県海岸で見られる縫合型漁船
縫合型漁船はダブル・エンダー型で，とくに船首部分が高く迫り上がり，鋭く尖っている。

写真 4(2)　縫合型漁船の船首部分

（2）航海シーズン

モンスーンは、その語源がアラビア語のマウスィム（mawsim）に由来する。そもそもマウスィムのアラビア語語根ＷＳＭは「ラクダに烙印を押す」「印を付ける」が原義であって、この動詞から派生した時・場所を示す名詞がマウスィムである。つまり、一年のうちの、限られた期間、季節、またはその期間内におこなわれる祭礼日、巡礼大祭、市日、大キャラバンを派遣する時期、果実や穀物の収穫期などの、いわば「ハレの行事」とそのための時・場所を意味する。したがって、ムスリムたちにとって重要なメッカ巡礼の大祭は、マウスィム・アルハッジュ（mawsim al-ḥajj）と呼ばれた[25]。要するに、この名称は日常的な日々とは区別された非日常的な聖なる時間と行為を示し、彼らが季節の移り変わりを正しく知り、生活のリズムを決めるうえで重要な意味を持っていたのである。

そして、ペルシャ湾、紅海、オマーンやイエメンなどのアラビア海沿岸部に住む人々、とくに船乗りや漁民たちは、マウスィムという名称を一年のうちで一定の期間と方向性を持って交替する季節の風、その風を利用する航海期、また、航海期に船の出入りで港が賑わう時期――「港が開かれた時期（waqt maftūḥ al-furḍa）」と呼ばれる――の意味として用いた。そしてインド洋の海上交通と交易活動は、このモンスーンと吹送流を最大限に利用し、迅速・安全・確実に、一年内に出港地と経由地・目的地との間を結ぶ遠距離間の往復・周遊航海（ラウンド・トリップ）によって成立していたのである。

アラビア海・ペルシャ湾・紅海を含むインド洋の西海域では、いつも一定の方向に流れる海流の顕著な発達は見られないが、その代わりに、夏季と冬季に卓越するモンスーンの影響を受けて、海表面に摩擦流が発生し、それが吹送流（モンスーン・カレント）となる。この吹送流は四月から九月末まで、南西モンスーンの発達にともない、南西から北東に向かって明確な流れをなし、とくに南赤道海流の西端が東アフリカ沿岸流（East African coastal current）となって、ケニア北部とソマリア海岸に沿って北上し、南アラビア地方のマフラ（Mahra）地方やズファール（Ẓufār, Ẓafār）海岸の近くに至る強い海流となる。さらに、その末端流はアラビア海を時計軸と同じ向きに迂回して、インド西海岸からマルディヴ諸島、スリランカに向かい、その一部はベンガル湾内にも流れ込む。また一一月から三月までの冬季には、北東モンスーンの影響によって、弱い流れではあるが、時計軸と逆方向の吹送流が発生し、アラビア海、ソコトラ諸島、東アフリカ海岸に沿って南下して、東方向に流れる南赤道反流に吸収される。[26]

このようなモンスーンと吹送流の存在が、紀元前に溯る時代から、アラビア・東アフリカ・インド間を結ぶダウの往来を支え、その海域世界を舞台とした人の移動、モノの交換関係や情報・文化の交流と融合のリズムを形づくり、全体が有機的に連動して一つの交流ネットワークの世界を形成する基本的な条件となったのである。インド洋のダウの航海期は、南西モンスーンが弱まり始める八月下旬——八月二〇日がインド洋における一年の航海期の開始日（futūḥ mawsim al-Baḥr al-Hindī）である——に開始されて、翌年五月末に終わるまでの九ヵ月間であって、その間に三回の航海期がある。

(1) 北東モンスーン航海期（Rīḥ al-Azyab / al-Ṣabā）　インド洋の北側をアジアの高山帯が取り巻いているため、冬季モンスーンのインド洋への吹き込みは弱い。南西モンスーンが弱まる九月下旬から翌年三月末までの長い航海期であって、この期間の海は比較的安定し、安全な航海がおこなわれる。東から西（東南アジア・インド～ペルシャ湾岸・南アラビア）、北から南（ペルシャ湾岸・南アラビア～東アフリカ）への航海活動の時期である。なお、九月下旬から一〇月半ばまでの時期は「二つ帆の風（rīḥ al-qilʽayn）」と呼ばれて、あらゆる方向への航海が可能となる。現在、ペルシャ湾岸や南アラビアを母港とするダウは、北東モンスーン航海期に南アラビア海岸に沿って南下し、東アフリカ海岸に向かう。

(2) 南西モンスーン前期の航海期（Rīḥ al-Kaws）　インド洋の南側には、南極大陸に至るまで陸地がないため、四月から八月までの期間、夏季の南西モンスーンが強く吹き込む。したがって、南西モンスーンの航海期はその前期（四月～五月末。Awwal al-Kaws）と後期（八月末～九月上旬。Damānī / Tīrmāh）の二つの時期に分かれる。五月末、六月上旬から八月半ば、後半にかけての約百日間は、南西風が強く卓越するために、インド西海岸、南アラビアやスリランカ西部などの、アラビア海の南側と西側に面した港は閉鎖《ガルク》（ghalq）される。とくに、南アラビアの一部、インド南西海岸ではモンスーン・バーストによる嵐・雷・豪雨や濃霧が発生するため、海難事故が多い。この遠洋航海が停止する時期には、ダウは浜にあげられて補修・塗装や改造がおこなわれる。また、ペルシャ湾の海域では、六月から九月までが真珠採集の最盛期となる。オマーンからカタール、バフライン島にかけての海域は、古くから天然真珠の世界的産地として知られ、アラブ系やイラン系の海上民たちが海士として活躍した。J・G・ロリマー（J. G. Lorimer）の報告によると、彼らの一部はインド南端のマンナール湾や紅海での真珠採集にも進出したという。[27] このように特殊漁を求めて季節移動する海上民たちは、インド洋を舞台に広域的な移動と地域形成を繰り返してきたのである。なお、高い山岳地帯があるために南風が遮られた北側の海岸や、インド亜大陸の南東海岸、スリランカの東側に面した海域は、南西モンスーンの影響が少ないために、強く卓越する時期であっても、沿岸航海や漁業が続けられる。また、ダウの積載する重要な商品の一つであるナツメヤシの実（タムル）は、六月から八月の盛夏に結実するので、ペルシャ湾の船乗りたちはこの時期に陸に上がって、ナツメ樹の下葉刈りや実の採集といった季節労働に従事することもある。

（3）南西モンスーン後期の航海期（Rīḥ al-Damānī, Rīḥ Tīrmāh）　南西モンスーンが弱まり始める八月後半から九月上旬までの短い航海期。現在のダウは、イエメンのアデンやムハーとインド亜大陸の南端との間を結ぶアラビア海横断の大洋航海をおこなっていないが、紀元前後の頃、紅海の中ほどに位置する港を出た船は、南西モンスーン後期の風を捉えてインド西海岸の諸港に渡った。すなわち、六月から七月にベルニケー（Bernice）を出港した船は、紅海の北風（al-Shamālī）を利用して、ムーザ（Muza, Mukhā）、ユウダエモン・アラビア（Eudaemon Arabia, アデン）に至る。そしてアデン湾では六～九月に西風が卓越するために、南アラビア海岸のカネー（Kane, Kana, Ḥisn al-Ghurāb）に向かい、さらに南西モンスーンを使ってアラビア海を横断し、バルバリコン（Barbarikon）、インド西海岸のバリュガーザ（Barygaza）やムジリス（Muziris）を目指して東に向かった。[28] 現在のダウの多くは、南西モンスーン前期の航海期に、東アフリカ海岸に沿って北上し、ハドラマウト地方のムカッラー、オマーン・ズファール地方のライスート、スールを経由、ペルシャ湾岸のバンダル・アッバースやドバイなどに入港し、そのあと、南西モンスーン後期の航海期にカラチやインドのグジャラート・コンカン地方の諸港に向かう。この時期には、西から東（ペルシャ湾岸・イエメン～インド・東南アジア）、南から北（東アフリカ～南アラビア・ペルシャ湾）への航海活動がおこなわれる。(29)

以上のモンスーンと吹送流を利用することによって、現在のソマリア・ジャハーズィー型の無エンジン帆走ダウでも時速一〇～一二ノット（約一八・五～二二キロメートル）の速力で移動が可能なこと、しかも一年内の往復・周遊航海（ラウンド・トリップ）によって、二、五〇〇～三、〇〇〇キロメートルを隔てた地域間――とくにソマリア・ジャハーズィーの活動圏は北はバルバラ、ジブチ、ソコトラ島、ムカッラー、バーブ・アルマンデブ海峡を越えてムハー、フダイダ（ホデイダ）、ダフラク諸島、トリンキタート、サワーキン、ポートスーダン、南はタンザニア海岸のタンガ、ダールエスサラーム、ペンバ島、ザンジバル島、マフィア島、ムトワラにおよぶ――の季節的航海がおこなわれることとの持つ意味はきわめて重要であると言わねばならない。(30)

モンスーンによるダウの活動は海域だけに限らず、陸上の交通運輸システム、市場、都市での商工業、農業やその他のさまざまな生活暦にも大きな影響力をおよぼしているといえる。すなわち、近代以前、西アジアを中軸とした内陸交通と都市の活動は、つねにインド洋のダウ航海期に合致させながらおこなわれていたといっても過言ではない。毎年、規則的にきわめて限られた期間、特定の方向に吹くモンスーンに乗ってインド洋を横断してきたダウが港に入ると、そこで初めて港が賑わい、市場が開催されて交易活動がおこなわれ、内陸に向けてキャラバン隊が組織された。またキャラバン隊の通過にともなって、内陸都市の経済活動が活発化した。内陸都市でおこなわれる年市は、こうしたキャラバン隊の通過と合わせておこなわれる場合が多かった。一方、陸上のキャラバン隊は船の出港日に合わせて、地中海沿岸や西アジアの諸都市から集結した。イスラーム教の聖典『クルアーン』にも記されているように、イスラーム以前の時代、おそらく六世紀半ばから後半の頃のことと思われるが、メッカのクライシュ族は夏季にはシリア、冬季にはイエメンに向けての、年二回の季節の旅（riḥlat al-shitāʾ waʾl-ṣayf）をおこなったという（第一〇六章第二節）。この旅《リフラ》は「マウスィム（モンスーン）のキャラバン隊（qāfilat al-mawsim）」とも呼ばれて、インド洋の冬季のモンスーン航海期にインド方面から運ばれてきた東方物産を受け取るために、イエメンやハドラマウト地方の定期市場（sūq）に向かった。また、その市場で購入された商品を持ってシリアの諸都市に至り、地中海の夏季の西風に乗って集まった船の積荷との交換取引をおこなったのである。[31]

現在においては、陸上の交通はトラック輸送に変わり、道路網も整備されたので、過去のこうした陸と海との有機的な連関体系を捉えることは難しい。しかし、ペルシャ湾岸の特産品であるナツメヤシの実（タムル）、真珠、南アラビア産の乳香、ソマリア産の没薬、家畜と岩塩、インド産の生姜、肉桂、胡椒などの採集・集荷・取引・輸送は、ダウの航海期との間に相互的な関係を持っていたことが認められる。

また、現在のダウの大部分は、エンジンを装備して、風・海流やその他の自然条件が異なっても次第に耐えられるようになった。例えば、本来は航海期ではなかった南西モンスーンの強く卓越する夏季（とくに五月末から八月半ばまでの一〇〇日間）にも航海と貿易活動が拡大し、また到着時期を遅らせることで港での滞在日数を短縮することも可能となった。しかし、モンスーンと吹送流を最大限に利用していること、したがって長距離間を安全で低廉な経費によって航海運輸をおこなうという原則は、ダウのエンジン化以前と以後とで大きな変化は認められない。近年におけるダウの航海期と活動圏の変化は、ダウのエンジン化によるだけでなく、むしろインド洋・ペルシャ湾をめぐる軍事的・政治的・経済的な諸問題とも深い関わりを持っている。[32]

（3）ダウの活動圏・母港・寄港地

近代のダウの活動圏は、インド洋西海域、アラビア海、ペルシャ湾と紅海を主舞台としており、その沿岸部のス

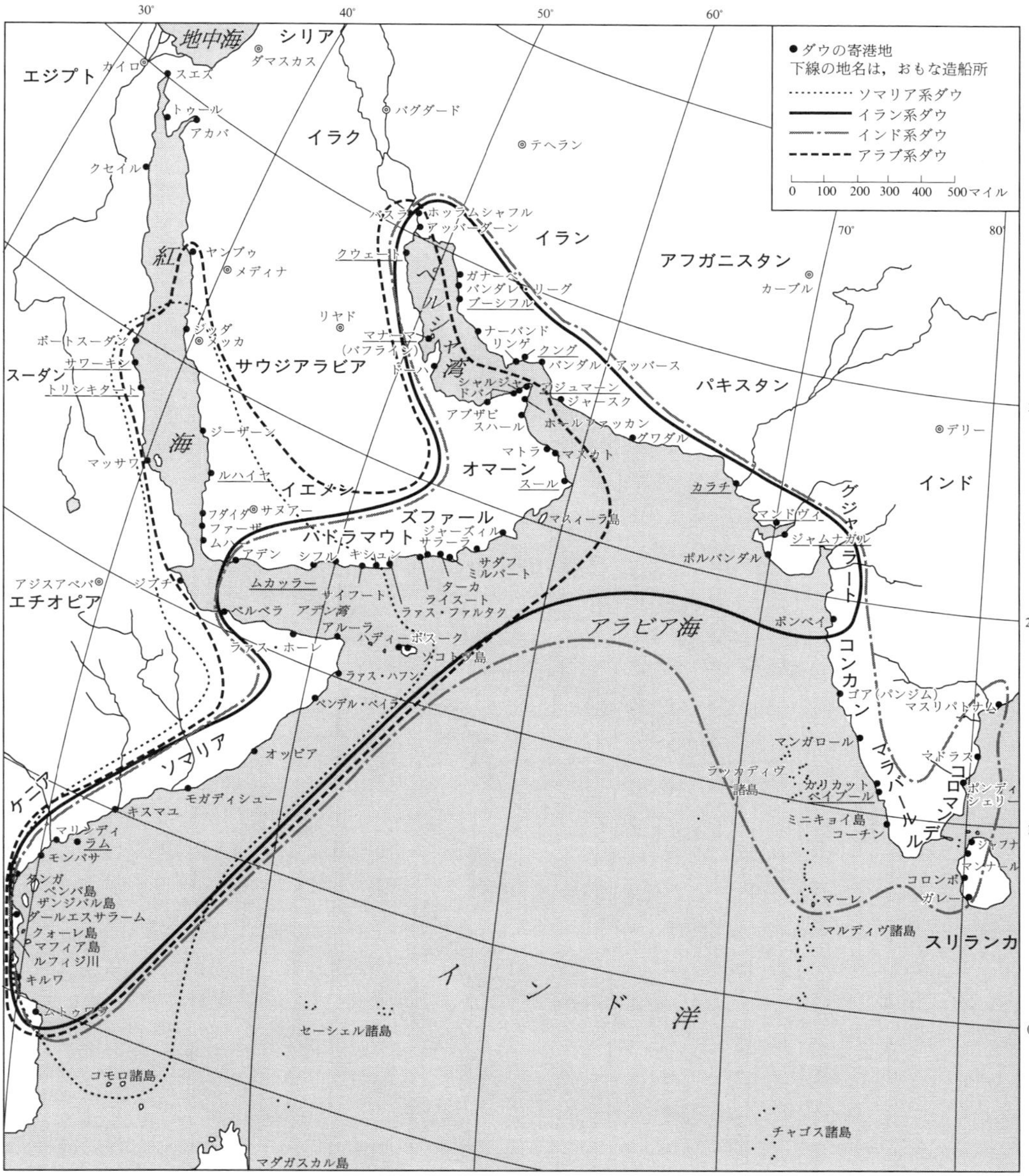

図 4　現在におけるダウの活動圏

ペルシャ湾，紅海，アラビア海を中心に，東はインド南端，スリランカ，南は東アフリカのデルガド岬やコモロ諸島までおよんでいる（1978-84 年の調査による）。

リランカ、インド西海岸、パキスタン、イラン、ペルシャ湾岸地域、南アラビア、紅海沿岸、ソマリア、東アフリカ海岸のケニア、タンザニア、ザンジバル、コモロ諸島などにおよんでいる。東アフリカ海岸南端の港は、モンスーンの卓越圏の南限（南緯一〇～一二度）、デルガド岬に近いタンザニアのムトワラ（Mtwara）である。

九～一〇世紀には、ペルシャ湾岸のスィーラーフやスハールを根拠地としたアラブ系・イラン系船乗りや商人たちはカンバルー（Qanbalū）やスファーラ（Ṣufāla）に最南端の居留地を設けて、金、奴隷、動物皮革や象牙、犀《さい》角《かく》、鼈甲《べっこう》などの取引をおこなった。カンバルーはマンダ島、ザンジバル島、あるいはペンバ島に、またスファーラはモザンビークからザンベジに至る海岸部に求められるが、その両地の正確な位置は明らかではない[33]。

A・H・J・プリンス（A. H. J. Prins）の報告によると、一九五七年に東アフリカのモンバサ港に来航していたペルシャ湾岸からのダウの総数は、九四艘――イラン系ダウ一八艘、アラブ系七六艘――であり、そのうちでイラン系ダウの一三艘とアラブ系の五三艘は、途中でインドのマンガロールとパキスタンのカラチを経由していること、また全体のうちの二〇艘がハドラマウト海岸のサイフートとムカッラーを、一一艘がマスカト、スール、四艘がアデンに寄港のあと、ソマリア海岸を南下してきたという[34]。このように、南アラビア海岸とソマリア海岸を南下して、モンバサ港に来航するインド洋航行のダウは、ペルシャ湾岸やインドの母港から直行するのではなく、時には大きく迂回してインド・グジャラート地方のマンドヴィ、ポルバンダル、ジャムナガル、マンガロールやカリカットなどに立ち寄ったり、南アラビア海岸やソマリア海岸の諸港を巡回する交易活動を続けながら航海する事例が多い。モンバサから北上する場合も、往路と同じく途中の港で積荷を売却したり、新たに荷を積み替えたりしながら航海した。図5に示したように、ペルシャ湾岸と東アフリカ海岸とを結ぶダウによる周期的な航海と交易の活動は、ペルシャ湾岸地域、インド、南アラビア、ソマリア、東アフリカのそれぞれの地域経済圏を包みこんで、一つの共通交流圏を形成するうえで重要な役割を果たしていることがわかる。

一九七八年、私はモンバサのオールド・ポートにあるダウ・ポート出入港管理事務所（Mombasa Dhow Port

Office）に所蔵されている「ダウ・レコード」を調査する機会を得た。[35] 一九六三年から七八年までの一六年間にモンバサのダウ・ポートを利用したインド洋航行のダウの総数は、一、二三〇艘、その内訳はイラン船籍三六〇艘（二九・二パーセント）、アラブ船籍二九〇艘（二三・六パーセント）、インド船籍三一六艘（二五・七パーセント）、ソマリア船籍二六四艘（二一・四パーセント）である。インド洋航行のダウとは、東アフリカ・スワヒリ地方を往来するケニア、タンザニア、ザンジバルなどの小型のローカル・ダウ（ジャハーズィー型が多い）を除く外国籍ダウ（foreign dhows）のことで、二・三月の北東モンスーン航海期にインド洋を越えて来航し、南東モンスーン航海期の四・五月および八月下旬～九月上旬に出港する。外国籍ダウは、イラン（ペルシャ）、アラブ（アラビア）、インド（ヒンド）、ソマリア（ソマリー）の四つに区別され、現在のような国別による船籍記録は一九七六年以後になって初めて採用された。私は、一六年間にわたる「ダウ・レコード」を使って、それぞれの船籍別にダウのトン数・船員数・船型・寄港地・母港・積荷などの諸

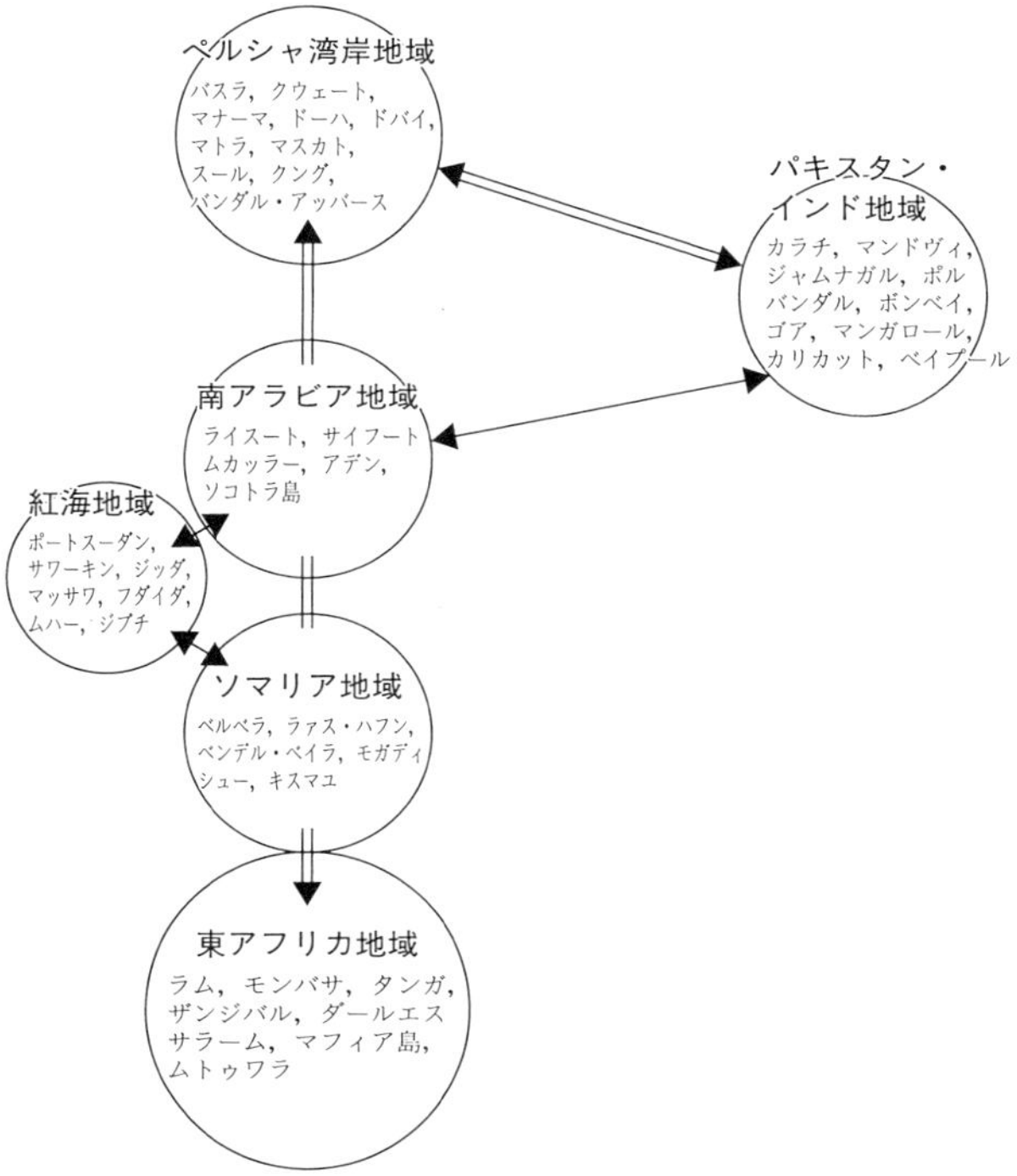

図5　ダウによる地域間交流の構造
ペルシャ湾～東アフリカ，ペルシャ湾～パキスタン・インドを結ぶ南北軸と東西軸が基軸となる。地名は，おもなダウ寄港地を示す。

点について比較・分析した。その結果、ダウは船籍別に異なった特徴があることが明らかとなったので、その分析結果を要約してみると、以下の通りである。[36]

(1) イラン系ダウ　イラン人の船主もしくはナーフーザに所属する船で、母港をペルシャ湾のイラン海岸のクング（コング）、バンダル・アッバースの他に、アラビア半島側のドバイ、ドーハ、クウェートなどに持つ。イラン系ダウの八〇パーセント以上が大型のブーム型船（一二〇～二〇〇重量トン）であり、船団編成（sanjala, silsila）による航海活動をおこなうこと、ペルシャ湾岸を出て南アラビアのムカッラーとアデンを主要経由地としてモンバサに入港する。その後、マングローブ材の伐採・集荷のためにタンザニアのルフィジ川デルタ地域に向かい、帰路に再びモンバサに寄港のあと、一気に北上航海する。

(2) アラブ系ダウ　七〇～一五〇トンの中型ダウが大部分を占めており、その母港がペルシャ湾岸地域にあるダウと、南アラビアのハドラマウト地域（とくにムカッラー、サイフート）およびイエメン・ティハーマ地域（アデン、フダイダ、ムハー）にあるダウの二種類に分かれる。ペルシャ湾岸からのアラブ系ダウは、ドバイ、マスカトとスールなどを母港とし、東アフリカに向けて南下する途中で、マスィーラ島、ジャーズィル（Jāzir）、サダフ（Sadaḥ）などで乾燥魚を積み込み、ソコトラ島、ソマリア海岸の諸港に寄港を続けながら、ラム、マリンディ、モンバサに至る。一部のダウはさらに南下してザンジバル島、クオーレ、リンディやムトゥワラに達する。南アラビアのズファール・マフラ地方は、その内陸部がルブゥ・アルハーリーの大砂漠によって他のアラビア地域から孤立・隔絶して陸上交通が困難なこと、またクーリア・ムーリア諸島やソコトラ島はアデン湾に浮かぶ孤島であることなどの理由で、現在でもダウによる海上交通が外界と接触する重要な足となっている。こうした陸上交通の不便な孤立した地域間や島嶼を結ぶ交通の足、交易の道具としても、ダウはインド洋海域の各地で現在でもなお欠かすことのできない役割を果たしている。モンバサに来航するアラブ系ダウの六〇～七〇パーセントは、これら南アラビアの諸港やイエメン・ティハーマ地方を母港とした七〇～一〇〇トンの中型ダウで、とくにムカッラー、アデンとルハイヤで建造されたザイーマ、ズーラクやサンブーク型のダウが多い。これらのダウは、アデン湾、バーブ・アルマンデブ海峡付近と紅海南部を広く活動圏としている。

(3) ソマリア系ダウ　ソマリア海岸は長く続く直線的な海岸線、浅瀬と珊瑚礁が多く、しかも海岸まで迫る砂漠と山岳などの自然地理的条件によって、ダウが重要な交通手段として生き続けている。ソマリア系ダウは五〇〜六〇トン以下の中型・小型ダウを使用し、無エンジンの帆走ダウが多いこと、船員数がきわめて多く、航海の活動期は伝統的なモンスーン航海のシステムを留めている。ソマリア系ダウの活動圏は、ソマリア海岸とソコトラ島を広く包み、北はアデン湾を隔てたマフラ地方のサイフート、キシュン (Kishn)、ラァス・ファルタク (Ra's Fartak) 付近まで、紅海ではムハー、フダイダ、ジブチ、ダフラク諸島やサワーキンまで広がる。モンバサ港を出たソマリア系ダウの一部は、南西モンスーンとソマリ・カレント (東アフリカ海岸流) に乗って北上し、ソコトラ島に直行する。これらのダウは、食用油脂、穀物、石油、茶、缶詰類、家電製品などをソコトラ島に運び、帰りには乳香、没薬、乾燥魚、家畜 (羊、山羊) などをもたらす。またザンジバル島、ペンバ島、マフィアやコモロ諸島などの東アフリカの島嶼部を結ぶ航海活動においても、ソマリア系ダウが重要な役割を果たしている。

(4) インド系ダウ　グジャラート地方のカッチ湾に臨むマンドヴィとジャムナガルを母港とするものが多く、一部にはカリカット (カーリクート)、ゴア (パンジム)、マンガロールなどが含まれる。インド系ダウは、インドの母港と東アフリカ海岸の間を往復航海する途中で、ペルシャ湾岸や南アラビア (とくにムカッラーとライスート) を経由する。しばしばイラン系ダウの船団と一緒にマングローブ貿易に参加することがあって、ペルシャ湾岸内の木材取引市場であるドーハ、ドバイやホッラムシャフルの諸港にも寄港する。また一部のダウは、夏季に東アフリカ海岸に留まってローカル貿易に参加する。

以上述べたように、モンバサのダウ・ポートにおいて記録される「ダウ・レコード」ではダウの船籍が国別ではなく、イラン (ペルシャ)、アラブ、ソマリア、インドおよび東アフリカ (ケニア、タンザニア、ザンジバル) の五つを基準としており、それぞれの船籍のダウには他と区別された活動圏・ルート・船型、貿易品目や規模の特徴が認められる。すなわち、それらのダウの船籍名は古くから広く使用されている「アラブ」に対する「非アラブ（イラン）」、「ヒンド（インド）」、また東アフリカ海岸については「バルバラ」、「スーマール（ソマリア）」、「サワーヒル（スワヒリ）」といった地域・人種・言語・文化などの曖昧な分類基準によっていることがわかる。この事実は、ダウの往来によって結びつけられたインド洋海域が、現在に至るまで国籍というレベルを越えた共通世界として機能していること、ダウの航海と交易活動に従事し、またそれを利用する人々にとっては、近代になって形成された国家とか国境といったアイデンティティはほとんど問題にされていないことを示している。そして、モンバサのダウ・ポートがダウに国別の登録を義務づけたのは、一九七六年以降のことである。

（4）ダウの積荷

アラビア半島からペルシャ湾岸地域、インダス川流域にかけての、いわばインド洋西海域・アラビア海の北辺とその内陸地域には、砂漠・山岳地帯、オアシスや限られた大河川とそれに沿って広がるわずかな農耕地、また古くから発達した高度文明の都市・国家群が分布する。他方、インド洋上の島嶼、インド南西部、スリランカ、東アフリカと東南アジアなどには、アジア・モンスーンの影響による熱帯雨林と湿潤地帯が広がっている。このようなインド洋海域の南北間の自然地理と生態環境の差異、人口密度や文化・文明の質の違いがあるために、船によるインド洋海域を舞台とした人・モノ・情報・文化の相互的・補完的な交流関係が歴史的に発達し、長期持続性をもって展開してきたものと考えられる。

とくに、西アジア地域は、ユーラシア大陸とアフリカの二つの陸域、そして地中海とインド洋の二つの海域世界をつなぐ十字の中間機能を果たしたことからも明らかなように、交通運輸と交易活動のうえで好位置にあるために、古代から人口を多く集めた都市と流通経済の発達が見られた。こうした西アジア都市の経済活動と文化的繁栄を支えた背景には、多様で異質な自然地理と生態環境の諸条件を持ったインド洋海域世界があったことに改めて注目すべきであろう。例えば、仏教、キリスト教、ヒンドゥー教やイスラーム教などの世界宗教の普及は、祭儀・神具・建築用材・美術用品などの面で熱帯産の諸物産の需要を高めたといえる。また都市の生活文化の発達と多様化にともなって、多くの商人たちは胡椒、生姜、肉桂、丁香、肉豆蔻の実、龍脳、蘇枋木などの熱帯産香辛料を求めてインド洋海域世界に進出した。香辛料・薬物類の場合、①生育地が限定された熱帯アジアに多く産したこと、②しかもそれらは同一地域に多種類が生育した、③一六世紀以前には大規模なプランテーション栽培のための移植や生産量の増大および質的な変化はほとんどなかった、④一方、中緯度文明圏の都市文明の発達がめざましかったこと、などによって香辛料・薬物類の生産地と集荷市場・モンスーン航海の寄港地・海上運輸の中継地と消費市場とを相互に結びつける交流ネットワークがインド洋海域に広く張りめぐらされて、海域を舞台とした文化的・経済的活動を著しく活発にしたのである。しかもこのネットワークをめぐって、さまざまな政治的・経済的勢力が競い合って、ネットワークの拠点には国家および地域社会の形成と展開を促した。

インド洋海域世界は、熱帯・亜熱帯の特産品（香辛料・薬物・染料類、木材、繊維、米、熱帯果実、動物皮革、象牙、犀角、宝石、貴金属など）を中緯度の諸都市に提供し続けた。それらを受け取る代価として、中緯度の諸都市は都市内で生産・加工や中継取引によって集められた各種の繊維加工品、敷物、土器、陶器、ガラス器具、装身具、油脂加工品、酒類、薬品、武器・金属用具、木工製品などの商品を輸出した。[37] これらの商品は、現在に至るまでダウの基本的な積載品目であって、ダウの活動が広く西アジア・地中海世界・東アジアやその他の中緯度の諸地域とインド洋海域世界との間の「文化価値」にもとづく相互補完関係によって成り立っていることを示している。

表1は、現在のダウによって運ばれるおもな積載品とその流れの方向を示したものである。これらのなかで、とくに重要な積載品について若干の説明を加えてみよう。

ペルシャ湾岸の重要なダウ・ポートのクウェート、ドーハ、マナーマ、アブザビ、ドバイは、国際的自由港であ

表1　ダウによるおもな積載品

地域	積載品
ペルシャ湾岸地域	ナツメヤシの実，家電製品，建築用材，中古自動車，古着，古紙，タバコ，嗜好品類，真鍮金属用品，石油燃料類，家具，雑貨品，絨毯，薬品類，貴金属，缶詰
南アラビア・イエメン	乳香，塩乾物魚，家畜，動物皮革，羊毛，乾燥果実，モロコシ，塩
ソマリア地域	家畜類，皮革，動物歯牙，果実類，没薬，貝殻，岩塩，薬草類
東アフリカ地域	マングローブ，木炭，茣蓙，バスケット，ココヤシ油・実，動物皮革・歯牙，クローブ，生薬原料
インド・パキスタン地域	穀物（米，小麦），豆類，茶，砂糖，スパイス類（生姜，胡椒，肉桂，ターメリック，カルダモン），木材（チーク，ラワン，ココヤシ），タイル，土製ポット，綿布，マット，サロン，ココヤシ・ロープ，油脂類，雑貨品類，タバコ

るため日本、台湾、香港、中国、西ヨーロッパやアメリカ合衆国からの中古自動車、家電製品を始めとする工業製品を安価に輸入し、インド洋海域の各地に再輸出する中継基地となっている。日本の人工真珠が世界市場を独占する一九四〇年までは、これらペルシャ湾岸の諸港は湾岸産真珠の採集基地として賑わい、ダウの船主は真珠採集の事業にも活躍した。紀元後一世紀半ばに著された『エリュトラー海案内記』にもすでに記録されているように、ペルシャ湾周辺の各地では真珠と並んで良質のナツメヤシの実（タムル）を産出し、ダウによって東アフリカやインドの各地に運ばれた[38]。タムルは、東アフリカ海岸のマングローブ材[39]、インド南西海岸の胡椒、生姜、カルダモン、肉桂などの香辛料と並んで、過去から現在に至るまでのダウの最も重要な積載品となっている。ティグリス川の河口に近いシャット・アルアラブ（川）に沿ったバスラ港には、毎年一一月から四月にかけて、前年度に収穫されたタムルを積み込むため、インド洋海域の各地から多くのダウが集結する。

ズファールからハドラマウトにかけての南アラビア地方は、前述したようにインド洋のモンスーン航海のうえでの重要な経由地であって、インド西海岸を出たダウは南アラビアのファス・ファルタクを目指して針路をとり、そこから北に向かってペルシャ湾に、南に下ってイエメン、紅海、ソマリアや東アフリカ海岸に達した。またこの地方は、乳香、没薬、龍涎香や乾燥魚の特産地としても知られる。モンバサのダウ・ポートに入港するオマーン系およびイエメン系ダウの多くは、オマーンのジャーズィル（Jāzir）を経由地としている。ジャーズィルは、イブン・マージドの航海書にはアッリック・ワ・アルジャーズィル（al-Riqq wa'l-Jāzir）とある。[40] また一九〇五年に作製されたロリマーによる「アラビア東部地図」を見ると、ジャーズィルはシャウキラ湾に面し、周囲はすべて砂漠に囲まれており、オマーン北部とズファール地方とを結ぶ砂漠道の中継デポである。[41] そこからミルバート、ターカにかけてのズファール海岸の近海には、夏季に東アフリカ海岸流に乗って鰯、鰹、鮪や鯛などの魚群が集まる。獲れた魚は天日乾燥され、それらの港からダウによって各地に運ばれる。表2は、外国籍ダウがモンバサのダウ・ポートに運んだ積荷（一九七〇年度）の一覧とその価格（ケニア・ポンド）を示したものである。それらの全品目の価格中、塩乾物魚は四三パーセント以上あり、積荷の第一位を占めている。

イエメンのアデンは、一九六四年以前にはアジア・ヨーロッパ航路の国際的中継港として繁栄し、欧米の工業製品が流入する自由港であったが、その後、一九九〇年の南北イエメン統一まで、社会主義政権のもとにあったため、自由主義圏からの物資の流入が途絶えた。しかし、ハドラマウト、ソコトラ島、ソマリア海岸と紅海の沿岸地域を結ぶアデン湾内のダウ交流圏から集まるダウの中継センターとして、アデンは重要な役割を果たし続けている。

ソマリア海岸からの主要な積荷としては、山羊・羊・牛などの家畜類、皮革、岩塩などがあって、古くは没薬、龍涎香、象牙、犀角、奴隷などの特産品が輸

表2　外国籍ダウによるモンバサ港への輸入品目（1970年度）

品目	価格（ケニア・ポンド）
塩乾物魚	32,748
塩	14,960
乾燥鮫	10,240
アンティク，木箱	8,000
絨毯	7,490
貝殻	780
水タバコ吸い口	740
ナツメヤシの実	255
ヘンナ	162
銅線	153
土器ポット	75
タバコ	55
真鍮製品	35
雑貨品類	273
総計	75,966

資料）E. B. Martin, *Cargoes of the East*, p. 51, Table 1.

出された。

インド洋の南側地域（とくにインド西海岸、ラクシャディーパ、マルディヴ諸島、東アフリカ海岸）がアラビア半島やペルシャ湾岸地域に提供した物産のなかでは、各種の熱帯・亜熱帯産の木材（マングローブ、チーク、ラワン、ココヤシ、マンゴーなど）がとくに重要であったと考えられる。前述したように、東アフリカ産マングローブはペルシャ湾岸から来るイラン系ダウによって、木材市場のあるドバイとドーハに運ばれる。

インドのポルバンダル、ボンベイ、マンガロール、カリカット（コズィキョード、カーリクート）は、綿布、レンガ、セメント、瓦、茶、煙草、香辛料、生薬類、米、砂糖、豆類などの積出し港であって、これらはペルシャ湾岸、南アラビア、イエメン、ソマリア、東アフリカの各地に運ばれる。

なお、以上の各地の特産品や中継品と並んで、ダウの積荷としても最も重要なものは乗客であることを忘れてはならない。人間は、それぞれの時代や状況のなかで海を越えて移動を繰り返してきた。人間の移動要因について考えてみると、自然生態条件の変化、社会経済変動、軍事的・政治的問題、宗教や商売、出稼ぎなどを目的とする移動が見られた。歴史的に見るならば、中緯度の都市・文明圏からインド洋海域世界の熱帯・亜熱帯圏への大きな人間移動があった。これらの人間移動を促す道具として、ダウは重要な役割を果たしてきたといえよう。現在では、パキスタン、インド、イエメン、東アフリカの諸国からペルシャ湾岸地域への出稼ぎ労働者がダウによって運ばれている。

結びに代えて

以上の事実によっても明らかなように、ダウが現代に残された理由としては、何よりもまず、インド洋を取り囲む自然地理と生態環境の諸条件が、ダウ型の船に適合していることが考えられる。ダウは、モンスーンと吹送流を最大限に利用して、遠距離のかつ低廉な経費での輸送が可能なこと、陸上の運輸が困難な砂漠、山岳やマングローブの密林が海岸の周辺部に多いこと、近代船の航行に不適当な浅瀬、岩礁、干潟、クリーク、島嶼や珊瑚礁があって良港が少ないこと、などの諸点で有利な運輸手段であることは言うまでもない。しかし確かに、インド洋とその周縁部の自然地理的条件がダウの活動に最適であって、そのことが近代船の進出を妨げてきた理由ともいえるが、ダウの数千年にわたる活動を考慮したとき、ダウが現在に生きる、さらに根本的理由が求められなければならない。つまり、ダウによる定期的な移動と交流のうえに成り立つ強固な広域社会＝ダウ・カルチャーの世界が、すなわち、いつの時代にもダウを必要とする、ある種の構造と機能を持った共通の交流ネットワークがそこに張りめぐらされていることを示しているのである(42)。

この「ダウ・カルチャーの世界」は、現在、世界でも有数の「密輸の海」といわれている。密輸が何故おこなわれるかについては、さまざまな理由が考えられる。しかし、根本的には、情報交流、人の流れ、金融・信用関係のネットワークが保たれることで歴史的に創り出された、有無相通じる共通世界が実態としてそこに存在することを示していると同時に、近代的な国づくり、あるいは軍事的・経済的な囲い込みなどのなかで、歴史的に形成されてきた「ダウ・カルチャーの世界」が分断されることによって、経済・社会・文化のバランスが失われつつあることを意味しているのではないだろうか。

第2章　港市——海域ネットワークの接点

はじめに

海域は単に陸域と陸域をつなぎ、その間を人が移動・往来したり、東西の文物が運ばれる「海の道」としての役割だけにとどまらず、海域そのものが複数の交流ネットワークによって相互に関係づけられた、一つの全体を構成する自立的な「世界」であって、そのネットワークの接点となるのが港市である。つまり、船による人の移動可能な海域のなかに点在するいくつもの勝手を知った港市が相互にゆるやかなネットワークによって結ばれることで広がる水域と水縁を中心とした人間の広域的活動空間が、すなわち「海域世界」であると規定される。

一〇世紀の地理学者イブン・ハウカルの報告によると、ペルシャ湾の最大の国際港スィーラーフ出身のある船乗りは、四〇年の間、港と港をめぐって航海を続け、生涯に一度も土を踏まなかったという。乗っている船が破損した時とか、入港して船を修理・補修する必要がある時でも、別の船に乗り換えて、なおも彼は海の生活を続けたというのである。(1) しかし、こうした事例はきわめて稀れであって、必要な食料や飲料水を得たり、人が実際に商売をおこなったりするのは陸地が中心であるから、漂海民とか家船で水上生活をおこなう特殊な海民集団も含めて、多くの人々にとって移動の出発点・経由地・目的地や、長期の居住空間となるのは、やはり港市や島嶼などの陸地であることは言うまでもない。

私は一九七四年の冬に、オマーンの南東部、アラビア海に臨むスール港を訪問した。その時の聞き取り調査において、毎年、ほとんど儲けのない、危険な海に出かけるのは何故か、という私の質問に対して、アラブ系ダウのナーフーザは、「アラビアのオマーンは、私が生まれ育った地、両親や同じ部族の住む故郷である。今のダウ貿易は、国家によるさまざまな規制やら、最も重要な積荷である東アフリカ産マングローブ材が伐採禁止になったことなどで、ほとんど儲けにならないが、船に乗るのは、商売のためだけではないのだ。私にとって、東アフリカ海岸のモンバサやペンバ島は若い頃からの憧れの地、砂漠の多いアラビア半島と違って、緑溢れる理想の大地であり、妻・子供たちや親類、そして古くからの多くの友人たちがそこに実際に住んでいる。モンスーンを利用して、初冬にオマーンを出ると、東アフリカで半年間を過ごし、翌年の夏の五月半ば、あるいは九月半ばに再び戻る、往復四、〇〇〇キロほどのアラビア海横断の旅こそが私の全人生なのだ」と答えた。

この話は、まさに海域世界の人々の生きざまを象徴しているように思える。海域世界の人たちにとって、「商売」はわれわれが考えるような一時的・短期的に終わるモノとモノの交換取引だけでなく、長期的なさまざまな「付き合い」、「関わり合い」を目的としたものであること、彼らはそうした広義の商売を通じて、人、モノや情報との出会い・交流を求め、まるで自分の庭を歩き回るように、勝手知ったいくつもの港市の間をめぐり、広く海域全体を舞台に生きていること、などの点が理解されるのである。

一　海域世界のなかの港市

このような海域世界の交流ネットワークの接点としての港市は、じつに多様な形態、役割と機能を持っている。またそれぞれの港市の起源・発展・衰退の歴史を瞥見《べっけん》しただけでも、われわれはさまざまな要因に直面する。上述したスィーラーフの船乗りのように、人は船に乗り、海に浮かんですべての人生を送る訳にはいかず、帰属感がいかに薄いといっても、どこかの港市を拠りどころとして生活や商売が成り立っている。港市は、人が海を渡る道具となり、移動したり商売をおこなう足ともなる船の建造と修理の場所であり、水・燃料や食料の補給地、商品の積み替えと市場、多くの異なる人々が出会い情報交換をおこなう場、そして何よりも自分の家族・血縁やその他の仲間たちと一緒に生活する休息・憩いの場、末期の地、墓のある場所でもある。また古くからの、海に生きる人たちにとっての一般的な慣行によれば、海上は無主の場、無所有の場であるため、航海中の一切の契約行為は無効であり、船上でのもめごとや殺傷事件は港内に着くまで「行為停止の状態」にとどめなければならないと規定されていた[2]。陸域の側から見れば、海域は陸域の支配・統治のおよばない無秩序・無法の異界であると考えられたので、必然的に港市は裁きの場、契約と取引の場、そして信仰の場、末期の場となったのである。そして何よりも、港市は陸域と海域の接点であることから、必然的に陸上の領域国家（陸域）の支配を直接受ける、権政と地政とが激しく角逐する場であり、同時に海域世界に組み込まれていく「境域」でもあるといえる。

港市のことをアラビア語では、「サグル（thaghr / thughūr）」、または「フルダ（furḍa）」と呼ぶ。サグルとフルダの本来の意味は、いずれも境界の場、門戸、辺境の砦、裂け目、河口、港、市場などの意味であるが、私はこの二つの語に「境域」という訳語をあてはめた[3]。つまり、境域とは「異界と接する境」、陸と海、内と外の間、自世界と他世界（異界）とをつなぐ「インター（間《あいだ》、中、相互）の場」、「境界面、接触面（interface）」のことで、まさに港市の基本的な性格と役割を適確に表象しているように思える。「インター」の意味には、「間をつなぐもの」、「つなぎ目」、「中継」、「関係」、「境界」などと並んで、その正反対に「間に入って両者を隔てるもの」、「阻止」、「干渉」、「禁止」などが含まれている。このように、港市は陸域と海域との境域に位置して、その両者をつなぐ接点、中心、中間の場となり、また時には両者を隔てる障壁、境界、辺境ともなるのである。

一般の理解では、交易センターとしての港市は、陸域と陸域とをつなぐための中継地とか、陸域の市場のために成立した集荷地である、と限定的な意味で捉えられることが多い。したがって、港市はしばしば集荷地（collecting port）、中継地（transit port）、大交易港（emporium）などのように分類されるが、こうした分類はあくまでも経済史的な観点に立った陸域中心の一方的な発想であるといえよう。そうした陸域中心の典型的な例は、ブローデルによる次のような考え方である。「すべての港は、定義からして、陸路と海路の交差するところにある。どの港も陸路ないし河川――とりわけ陸路――の終点である。というのは、地中海では、水の流れは、河川が潮の流れのない海につくる沖積層土のために、河口で危険が多いからである。そのうえ、地中海沿岸の後ろにある陸は、山の起伏がバリケードとなっている。したがって大陸側に出口のない港はほとんどない。[4]」

しかし、陸域中心に考える発想を変えて、海域中心に考えてみよう。すると、それぞれの港市はあくまでも自立した個性体であり、同時に海域ネットワークによって相互につながれていることで、海域世界全体を成り立たせている一つのアトム（核）、ネットワークのノード（結節点）として機能することが理解される。つまり、港市は陸域と海域の接点でありながら、同時にそれぞれの港市が独自の文化価値を持って自立し、しかも港市と港市との間が相互補完的に「インター（中間）機能」を果たしていると捉えることができる。

そして、中間機能を果たす「インターの場」の原理として、何よりも要求されるものは、「ニュートラル（中立）」ということであろう。すなわち、港市は海域を越えて外から来るさまざまな人々（異人）に対する身の安全、滞在の自由、自治的裁判権、モノの保管・貯蔵と交換の自由などを保障するための「中立的装置」を備えていることが必要であり、それによって港市にさまざまな人間を集合させ、モノ・情報を交換させることを可能にするのである。

港市を「インターの場」として維持する装置は、地中海とインド洋の海域世界のそれぞれの港市において異なっており、また時代によっても、陸域・港市・港市間の三者の関係にはさまざまな形態と「距離」が存在したことは言うまでもない。とりわけ、この問題は海域世界そのものがどのような秩序理念のもとに組織づけられ、実際にその理念がどのように機能していたか、陸域が港市や海域に対してどのような政治的・経済的な関心を持っていたかという問題とも深く関わっている。概して、地中海とインド洋に共通していえることは、一七世紀末までは、陸域が港市や海域を、その程度の差はあるにせよ、直接に政治的・経済的支配下に入れることが少なかったので、港市は陸域の影響を避けつつ、自立的・中立的な場として機能していたと思われる。しかし、一八世紀以後に成立する港市は、陸域の政治中心に近い大河川の河口デルタの頂点（デルタ港市）、もしくは河川を上流に溯った河岸（河岸港市）に位置し、しかも運河・掘割や鉄道・道路などによって内陸部の政治・経済中心や農業生産地と密接に結びつくことで、陸域との政治・軍事・経済の諸関係は一層深まり、インターの場としての港市の性格はそれ以前の時代とは大きく異なってしまったのである。(5)

一七世紀末以前においても、イタリア、南フランスやアラゴン海岸の諸港市に代表されるように、地中海北西側のキリスト教世界の港市では、それぞれが自治的な政治権力、軍事・経済力を蓄えて、海外居留地を拡大し、広く中継交易を独占的に支配する形態が見られた。(6) また、地中海南部および東部の海域では、七世紀半ばにアラブ・ムスリム軍がキプロス島、ロドス島やビザンツ帝国の首都コンスタンチノープルを包囲・攻略したことにより、ムスリム側の諸勢力とビザンツ帝国の両勢力による確執・抗争が激しかったこと、さらに続く一二世紀以後になると、イタリア諸都市と十字軍の諸勢力が加わり、海域支配をめぐって対立する抗争の海となったこと、西アジアのイスラーム系国家による軍事・政治支配が港市に強くおよんだことなどによって、インターの場としての港市のあり方にも閉鎖的・独占的な性格が強く見られたことは確かである。(7)

一方、インド洋海域世界では、東シナ海・南シナ海・ベンガル湾・アラビア海のそれぞれの小海域が適度の地理的広がりを持ち、そして相互の文化価値を生み出すのに十分な自然地理・生態系の諸条件や、社会的・文化的差異を備えていたこと、またアジアの領域国家が海域への政治的・軍事的進出にあまり強い関心を示さなかったことなどから、海に生きる人々は互いに敵対し合うことなく、価値あるモノ・情報を携えて来る者を拒まず、贈与と交易による平和的な交流関係を結び、港市は出身地・宗教・身分・権力などを異にしたさまざまな人々が価値を交換するための共有の場、コスモポリタンな交流の接点として機能していたのである。(8)

二　港市をめぐる議論と港市の分類

ところで最近、港市の成立（出現）条件、その構造や機能、港市と土地支配を基盤とした領域国家との関わり方、内陸都市と港市との違いなどを問題とした、いわゆる「港市論」が、とくに東南アジア史の研究分野で大きな問題とされている。

経済史の立場から、原初的社会（原始経済を除く非市場経済）における港市の成立について初めて本格的に論じたのは、おそらくカール・ポランニー（Karl Polanyi）であろう。彼は、港市を「交易港（port of trade）」と名づけているが、このような経済制度が国際市場《しじょう》の成立する以前の海外交易の一つの普遍的制度であったことを確認したうえで、そこに見られる権力関係、異なる人間相互の交流の場としての治安維持（平和）と安全の原理、中立性、聖域性、価格管理や対外関係のあり方などの諸問題について、幾つかの古代の交易港を具体例に比較・分析を試み

たのである。(9)

ポランニーにとっての「市場《しじょう》」とは、あくまでも売り手と買い手とが等しい（強制力をともなわない）身分・権威・権力の諸関係のうえに成り立つ、いわば競争的市場、物品の自由な交換取引が保証された「場」のことであって、近代における自由競争にもとづく市場関係を想定したものであるといえよう。彼の考えによれば、国家による強力な管理的方法を通じておこなわれる商取引は、あくまでも「物品の再分配」という枠内に留まるものであるから、必然的に彼の議論の目的は「完全に発展を遂げた市場交換のシステム」という基準に照らして、市場地としてのそれぞれの交易港が持っていた政治的・経済的性格を分析・解明することにあったのである。(10)

そこで、ポランニーは、北シリアの沿岸都市（アルミナー、ウガリット）、バビロニア、メキシコのアステカ・マヤ、西アフリカのギニア海岸、さらにインドのマラバール海岸など、時代と地域の著しく異なる交易港を具体例としてあげ、それらの交易港を古典期ギリシャの「交易者の会合場所」、すなわちエンポリウム（emporium）の性格と比較・分析することを試みた。そしてその結果として、古典期ギリシャに見られた市場交易文明に類するようなシステムは世界の他の地域の多くの交易港には認められない、と結論づけた。それに加えて、古典期ギリシャの市場交易文明の起源が何処にあり、その後、どのように伝播・発展することで、西ヨーロッパの市場交易へと移行したかを検証することの必要性を、強く主張している。

またポランニーは、海上交易と国家——すなわち、私のいう内陸の政治権力、王権、陸域を指す——との構造的結びつきという観点から、交易港を、①それ自体で独立の小国家の機関として機能するもの、②後背地の帝国（陸域）の所有になるもの、③海外交易を志向せず内陸交易だけにたずさわるもの、の三つの類型に分類した。(11)

おそらくこのポランニーによる交易港分類にもとづいたと思われるが、生田滋は歴史的に発達した東南アジア島嶼部の交易港（港市）を、次のように三つの類型に分類している。

第一の類型：港市自体に政治権力の場があって、港における物資供給の実権を握っているもの。インドネシアの香料諸島の例。

第二の類型：内陸部の国家権力の支配下にあって、その直接の窓口となるもの。マジャパヒト王国統治下のグリッシ（グリシク）、マタラム王国治下のヤパラなどの例。

第三の類型：港市が周囲を支配するもので、沿岸国家、通商国家として発展するもの。シュリーヴィジャヤ王国やマラッカ王国などの例[12]。

一方、J・カティリタンビ・ウェルズ（J. Kathirithamby-Wells）は、交易港と国家との両者の結合関係を「同心関係（concentricity）」と呼び、交易港を政治的・経済的存立基盤として不可分のものとする国家――港市と国家の二つの円が重なり合った国家――を、「港市型政体」とでも訳せる新しい造語（port polity）のもとに説明した[13]。

さらに石井米雄は、この同心関係の概念を用いて、一三五一年、インドシナ半島のチャオプラヤー・デルタ下流域に成立したアユタヤ王国が、従来まで考えられていたような内陸型農業国家ではなく、海外交易に強く依存した港市国家的性格を持っていたことを強調する新見解を提示した。すなわち、アユタヤ王国は、ベンガル湾とシャム湾を結ぶ東西の大動脈としての海上交通と貿易上の好位置を最大限に生かして、外国商人たちを積極的に招き入れて、輸出入貿易ならびに国内交易のあらゆる側面に介入していたこと、そして交易によって得られた利潤が王国の国庫の富裕化と王権の強化に大きく寄与していたことを具体的な史料分析によって明らかにした[14]。

安野眞幸もまた、近世における平戸、長崎、横瀬浦の港市機能を分析するにあたって、港市を「ネットワークの末端にあり、異域世界との接点」と位置づけることで、交易接点としての港市の性格や機能、国家・商人・海域の相互関係について総合的に分析することを試みた[15]。

しかし、これらの議論は、いずれも内陸部の領域国家（陸域）を中心に置いて、その周縁に位置する港市との間にどのような政治的・経済的関係――カティリタンビの主張する「同心関係」――が結ばれていたかという側面だけが問われているように思われる。先にも引用したブローデルの「すべての港は、定義からして陸路と海路の交差するところにある」とする主張は、まさにこの議論に同調している。確かに、港市の性格や機能、その成立と盛衰の要因等々の諸問題を考察する場合、陸域の諸国家による政治権力と経済的影響が港市に対してどの程度、どのような形でおよんだかを問うことが重要であることは言うまでもない。しかし、陸域を中心視点とする場合、港市はあくまでも「家」の中心から外れた門口、門戸、辺境であって、その先に広がる海域世界は「家」の中心に対する外の世界、「異界」として位置づけられるため、海域世界と港市の関係が直接の考察の対象とされる訳ではない。つまり、ここで強調しておきたい点は、陸域の視点のみでは、陸域の支配を避けるための自立的な動きのなかで、前近代において繁栄した港市の多くが陸域の影響を受けにくい島（島嶼）や陸域との交通が閉ざされた「陸の孤島」に成立したという事実や、港市と陸域の間に緊張・対立の関係が生まれたのは何故か、そして港市を中軸として海域世界に開かれたネットワークがどのようなものであったかといった問題は理解し難いということである。それに対して、私の主眼は、海域世界を中心に置き、そのなかで港市の性格や相互間の交易ネットワークを明らかにすることにあり、同時に港市は海域世界・港市・陸域という三者をつなぐ交易ネットワークの中核として位置づけられるべきことを示すことにある。

言うまでもなく、港市は、通常多かれ少なかれ陸域の窓口として従属しており、時には逆に港市が中心となって陸域に支配権をおよぼす場合もあった。しかし、港市は基本的には、港市の相互間が交流ネットワークで結ばれ、同時に陸域とも接続しながら、自立した中立的な「インター（中間）の機能」を果たした、と捉えられる。そして以上のような海域世界論の観点に立つとき、以下のように港市の類型を分類することができる（図1参照）。

I　海域独立型港市

陸域による政治的・経済的な影響をほとんど、もしくはまったく受けずに、海域世界のなかに成立する単独、もしくは複数の港市の連合体。海域独立型港市は、海域内と海域間をつなげる海上交通の要地に位置し、陸域からの分離機能を持ち、より自立性の高い島嶼（大陸から少し隔たった小島、ラグーンの一部、三角洲、珊瑚礁、半島部、河川の中洲などを含む）や、踏破困難な広大な砂漠、峻嶺な山岳や森林、低湿地、河川デルタ、半島などによって内陸部との陸路による交通が困難な場所に成立することが多い。しかし、陸域の影響をまったく受けずに自立した港市は、実際にはきわめて稀れであるといえる。

Ｉａ：単一独立型港市　＝一つの港市のみに支配権力の中心があるもの。生田滋の分類による第一の類型に属するもの。

Ｉｂ：連合型港市　＝複数の港市の同盟・連合体。生田滋の分類による第三類型に属するもので、一つの港市が周辺、あるいは複数の港市を支配し、Ｉｃの場合と同じく通商国家、沿岸国家として「港市国家」に発展する。

Ｉｃ：内陸一部支配型港市　＝海域世界の港市が複数の港市だけでなく、内陸の一部を支配下に入れて、陸と海にまたがる通商国家、沿岸国家として「港市国家」に発展する。港市の拡大は、人口の増加にともない水や食料の大量供給を必要とするため、隣接する沿岸地域に港市の支配がおよぶ場合がある。

II　陸域従属型港市

陸域に従属した港市であり、後背地である陸域の特産品、もしくは内陸交通路を通じて集荷された各地の物産を海外に運び出し、同時に国内市場向けの物産を海外から集荷する流通機能を分担するが、陸域による直接・間接の支配

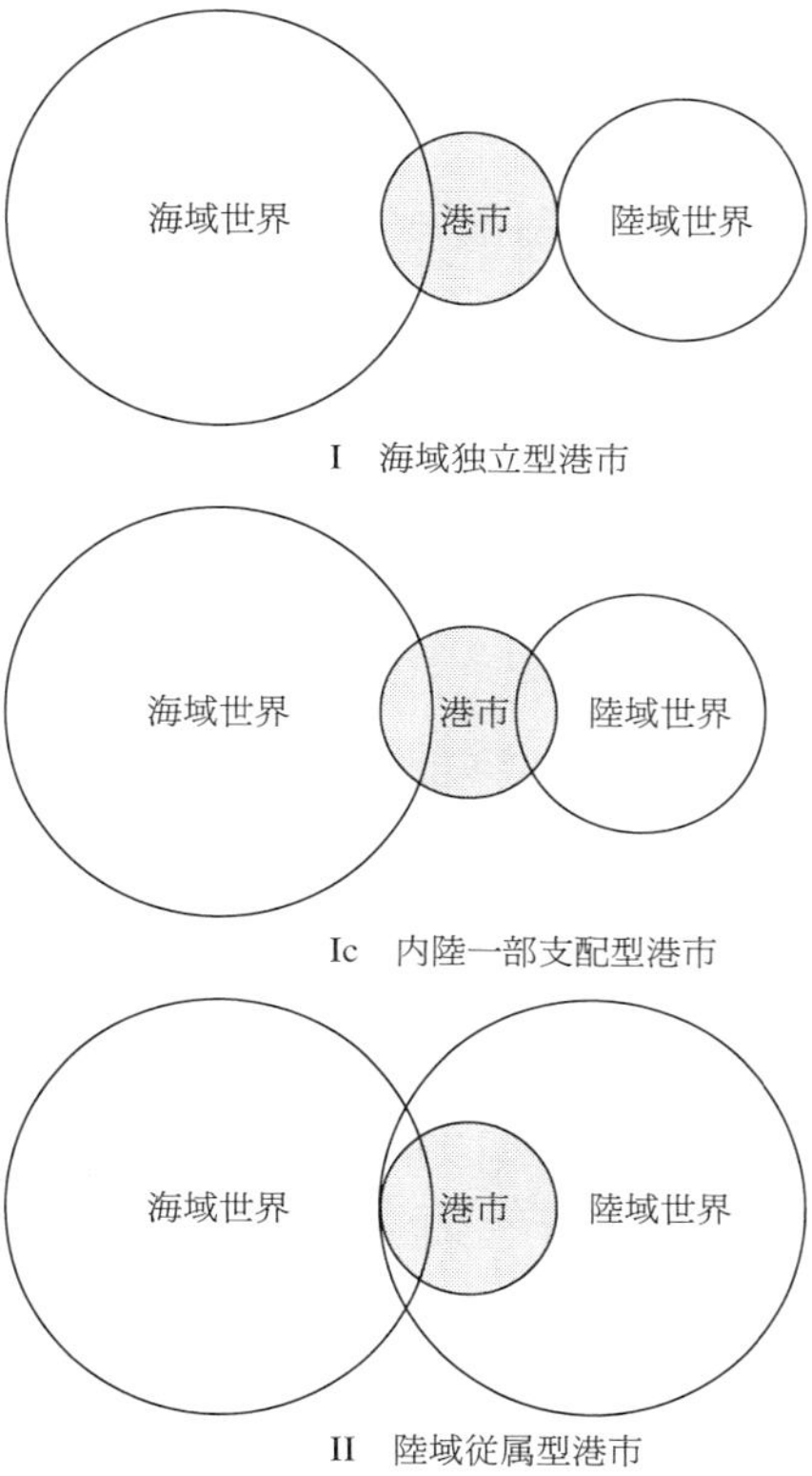

図1　港市をめぐる空間構造

下に置かれる。一方、陸域はその経済基盤を農業生産に依存しながらも、港市を通じて中継貿易による利潤の一部を獲得する。しかし、港市の本来の性格は、あくまでも自立した個性体であり、広く海域世界に開かれたコスモポリタンな交流の場であることから、陸域が港市を摂取・支配の直接の対象とする場合には、港市の海域世界に開かれた機能は失われる。陸域従属型港市であっても、その地理的位置が陸域による政体中心からある程度の距離を隔てている場合とか、自然の障害（海、海峡、砂漠、峻嶺な山岳、森林、低湿地、河川など）によって内陸部との交通が著しく困難な場合には、海域独立型港市に近い交易の自主性が発揮される。前近代において、インド洋海域世界に発達した港市の多くは、そうしたいわば海域半独立型港市であったと考えられる。

IIａ：河川型港市　＝海域世界と連絡する河川沿いの港市であり、陸域の政体中心となる場合もある。陸域は複数の河川の合流点やデルタにある交易上の要衝＝港市を抑えることで、自国の余剰生産物や上流部から集荷される特産品を輸出する能力を備える。港市は、国家管理のもとに集荷された輸出商品を海外諸国に販売・取引したり、国内需要に応じて海外物産を調達するための窓口として機能した。領域国家は港市を通じての海外交易を盛んにするため、外国商人の往来と居住の自由、輸出入実務を担当する公的機関や官職の整備に努めた。港市を通じて得られる貿易収入は、国庫財源の富裕化と国家・王権の支配権の強化に貢献した。生田滋による第二類型の港市、石井米雄によるアユタヤ王国の事例。一七世紀後半以後の港市の多くは陸域の政体と直接結びついた港市であって、西ヨーロッパの大西洋岸の港市や世界経済システムの機能するなかで新たに繁栄するインド洋海域の植民地型港市など。

IIｂ：非河川型港市　＝河川沿いではないが、内陸部との陸上交通と海上交通をつなぎ、ラクダ、ラバや馬から船に積荷を引き継ぐ「中断要衝」に位置し、内陸の政治権力のもとに置かれた港市。

IIｃ：複数国家従属型港市　＝一つの港市が内陸部の複数の国家支配のもとに置かれる場合であり、港市から得られる関税収入や商取引による利潤はそれぞれの国家に分割されて納められた。紅海の港市アイザーブの事例では、入港税はマムルーク朝と遊牧系ベジャ（ブージャ、ブジャー）族の首長との間で二分された（第III部第4章参照）。

III　内陸型港市

ポランニーが分類した交易港の第三類型に属するもので、海を持たないので、直接的な海外交易を志向せず、もっぱら内陸交易にたずさわる港市。内陸奥深くにある生産地から河川や湖沼を通じて森林生産物を集荷させる拠点となる港市。多くの場合、IIの陸域従属型港市と河川ネットワークを通じて関係づけられる。

IIIa：上流河川型港市　＝熱帯多雨林地帯では、河川交通が内陸部の森林地帯に通じる唯一の手段であり、上流河川の合流点には集荷市場としての港市が発達した。

IIIb：湖沼型港市　＝上流河川と同じく、湖沼もまた内陸部水上交通の重要な部分であり、その湖畔には海外交易に直接的に関わらない港市が発達し、湖沼から流れ出る河川を通じて下流の陸域従属型港市と連絡した。

以上、港市を海域独立型港市、陸域従属型港市と内陸型港市の三つに分類したが、港市の性格と機能は、時代により変化するものであり、また他の港市との交易ネットワークのあり方や内陸の領域国家との構造的な結合関係においても変化・変質が見られたので、このような港市の分類もまた刻々と変化する一面を捉えたものに過ぎないといえよう。

三　港市の成立——場の条件

次に、交流ネットワークの結節点としての港市が成立する「場」の基本的条件について考えてみよう。表1は、前近代のインド洋海域世界に成立したおもな港市一〇一地点をあげ、各々の港市の位置について、①島（島嶼）、

②ラグーン（潟、礁湖）、③半島・岬、④海峡、⑤河川の合流点、⑥砂漠や急峻な山岳によって内陸部と隔絶した場所、⑦内陸交通との接続地点、⑧風待ちの場所、⑨良質の飲料水の得られる場所、の九つに分類して、それらの立地条件のいずれに該当するかを分析したものである。

立地条件による港市の分類は、あくまでも大まかな目安となるものであり、実際には、一つの港市がラグーンの岸辺やそのなかの小島や半島部に位置するとか、海峡に沿った島や半島の一部などであったり、また時代による周囲の自然環境の変化も多く見られた。しかし、この表によって明らかな点は、島嶼と海峡部に多くの重要な港市が成立したことである。このことから考えても、港市は海域と陸域の「インターの場」であると同時に、海域内、海域間のネットワークのノードとして独自の役割を果たしてきたことを端的に示している。なお島嶼と海峡をめぐる問題については、第I部第3章と第IV部第1章において再び言及するので、ここでは重複を避けるため、簡単な説明にとどめたい。

まず島嶼は、半島、ラグーンの入江・浦や川の中洲と同じように、その周囲を水域で囲まれているため、「インターの場」としての港市機能を保つうえで理想的な場を提供している。大陸とわずかな水域を隔てて位置する小島は、内陸部に勢力を持つ領域国家・支配者（陸域）による軍事・政治・経済の直接的影響を回避できる場であるため、海域で活躍する外来商人たちや移住者が集まり、独自な港市社会をつくるのに好都合であること、周囲の海には十分な水深があって、大洋航行の大型船を接岸させるのに便利であること、亜熱帯・熱帯地域では潮流・海流の影響によって珊瑚礁の発達やマングローブの生育も比較的少なく、船の航行や停泊に便利なこと、島の北側は冬季のモンスーンの影響を受けて風通しが良く、有害な蚊・蠅などの飛来を防いで、比較的健康地であったことや、市場では買手と売手とが等距離で交換取引ができたことなどの立地上の利点を持っている。

図3に示したように、東アフリカ海岸沿いに発達した多くのスワヒリ都市、例えばキルワ・キシワニ、ザンジバル、ペンバ、モンバサ、ラム、マンダなどは、アフリカ大陸に近接した小島やラグーンのなかに位置している。初

表 1　インド洋海域のおもな港市とその地理的位置（立地条件）

図2の番号	港市名	島	ラグーン	半島・岬	海峡	河川合流点	砂漠・山による隔絶	内陸交通	風待ち	飲料水
	ペルシャ湾・ホルムズ海峡付近									
①	ハーラク	*								
②	バスラ					*		*		
③	ウブッラ		*			*		*		
④	リーシャフル（ブーシフル）		*	*			*	*		
⑤	スィーラーフ						*	*		
⑥	キーシュ	*					*			*
⑦	ホルムズ（旧）		*			*				*
⑧	ホルムズ（新）	*			*					
⑨	ティーズ・マクラーン		*	*	*		*	*	*	*
⑩	ファイラカ	*					*			*
⑪	ウワール（バフライン）	*								*
⑫	カティーフ		*	*				*		*
⑬	ジュルファール		*	*	*		*			*
⑭	ハウル・ファッカン		*	*	*		*		*	*
⑮	スハール		*		*			*	*	*
⑯	マスカト			*	*		*			*
⑰	カルハート		*		*		*			
⑱	スール		*		*			*		*
	南アラビア（ズファール，ハドラマウト）									
⑲	ミルバート			*			*		*	*
⑳	ズファール（マンスーラ）		*				*			*
㉑	ライスート			*			*			*
㉒	シフル						*			
㉓	カナー	*		*			*	*	*	*
	アデン湾・バーブ・アルマンデブ海峡付近									
㉔	アデン	*		*	*		*			
㉕	ムハー		*	*			*		*	
㉖	アフワーブ		*		*					
㉗	ガラーフィカ		*		*					*
㉘	フダイダ		*		*			*	*	
㉙	ルハイヤ		*	*	*				*	*
㉚	ダフラク	*			*		*		*	*
㉛	ザイラゥ	*	*		*			*		*
㉜	ベルベラ			*	*		*	*	*	*
	紅海沿岸地域									
㉝	ジッダ	*	*					*		
㉞	ヤンブゥ		*					*	*	

㉟	ジーザーン		*	*	*			*	*	*
㊱	ハルイ・ヤァクーブ		*					*	*	*
㊲	アイラ/アカバ							*		*
㊳	トゥール		*	*	*		*		*	*
㊴	スエズ/クルズム				*		*			
㊵	クサイル		*					*		
㊶	ベルニケー			*			*	*		
㊷	アイザーブ		*				*	*		*
㊸	サワーキン	*	*				*	*		*
㊹	バーディウ	*	*				*			*
㊺	マッサワ	*	*					*	*	*
	東アフリカ海岸									
㊻	ラァス・ハフン			*	*		*	*	*	
㊼	モガディシュー							*	*	*
㊽	ブラワ	*				*		*	*	*
㊾	ラム	*		*		*				
㊿	マンダ（シャンガ）	*					*		*	
(51)	マリンディ							*	*	
(52)	モンバサ	*	*				*			
(53)	キルワ	*						*	*	*
(54)	スファーラ	*						*	*	*
	インド西海岸（スィンド，グジャラート，マラバール）									
(55)	ダイブル		*			*		*		
(56)	スムナート			*			*		*	*
(57)	ディユ			*		*			*	*
(58)	カンバーヤ				*	*		*		
(59)	ゴーガ			*	*				*	*
(60)	バフルージュ				*	*		*		
(61)	スラト				*	*		*		
(62)	ターナ	*		*	*				*	*
(63)	ダボール		*			*		*		
(64)	スィンダーブール		*			*			*	*
(65)	ヒナウル		*						*	*
(66)	マンジャルール		*			*		*		
(67)	カーリクート				*			*		
(68)	クーラム・マライ				*			*	*	*
(69)	カーヤル		*		*			*		
	スリランカ，マルディヴ諸島									
(70)	マンタイ	*	*	*	*	*		*		
(71)	クルンブー（コロンボ）	*								
(72)	カウリー（ゴール）	*		*						*
(73)	マーレ	*							*	*

	ベンガル地方									
⑭	マンダル		*			*		*		
⑮	サードジャーム					*		*		
⑯	チッタゴン					*		*		
⑰	フグリー					*		*		
	マレー半島・マラッカ海峡									
⑱	マルタバーン			*		*		*		
⑲	シャフレナウ			*		*		*		
⑳	カークラー			*				*		
81	カラ			*	*	*		*		
82	マラカ（マラッカ）			*	*	*				
83	パタニ		*	*	*	*		*	*	*
84	ラムリー			*	*				*	*
85	バンダ・アチェ				*			*	*	*
86	スムトラ・パサイ				*				*	
87	バールス				*					
88	ファンスール	*			*				*	*
89	ペルラク				*	*		*		
90	スリブザ				*	*		*		
91	アルー		*		*				*	*
92	ジャムビ（マラユ）		*		*	*		*		
93	スィンガプーラ	*		*					*	*
94	ティユーマ	*							*	*
	ヴェトナム海岸部									
95	サンフフーラート（チャム島）	*							*	*
96	カンドランジュ		*					*		
97	ルーキーン（ハノイ）					*		*		
	中国沿岸部									
98	ハーンフー（広東）			*	*	*		*		
99	ヤーンフー（揚州）			*	*	*		*		
100	カーントゥー（杭州）			*	*	*		*		
101	ザイトゥーン（泉州）			*	*	*		*		

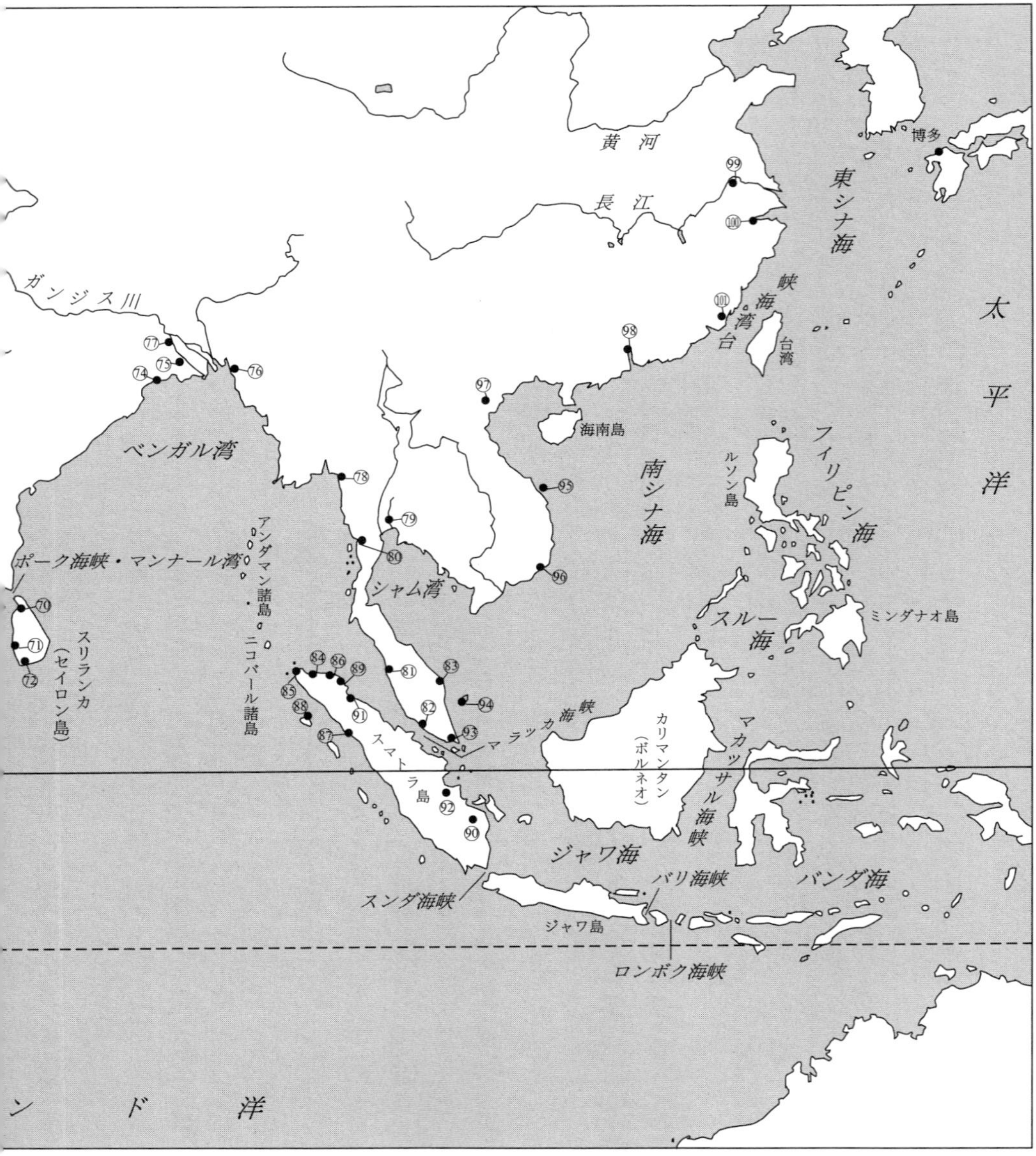
黄河
長江
博多
東シナ海
太平洋
台湾海峡
台湾
海南島
南シナ海
ルソン島
フィリピン海
ガンジス川
ベンガル湾
アンダマン諸島
ニコバール諸島
ポーク海峡・マンナール湾
シャム湾
スリランカ（セイロン島）
スルー海
ミンダナオ島
マラッカ海峡
スマトラ島
カリマンタン（ボルネオ）
マカッサル海峡
ジャワ海
バリ海峡
バンダ海
スンダ海峡
ジャワ島
ロンボク海峡
ンド洋
70 71 72 73 74 75 76 77 78 79 80 81 82 83 84 85 86 87 88 89 90 91 92 93 94 95 96 97 98 99 100 101

域のおもな港市

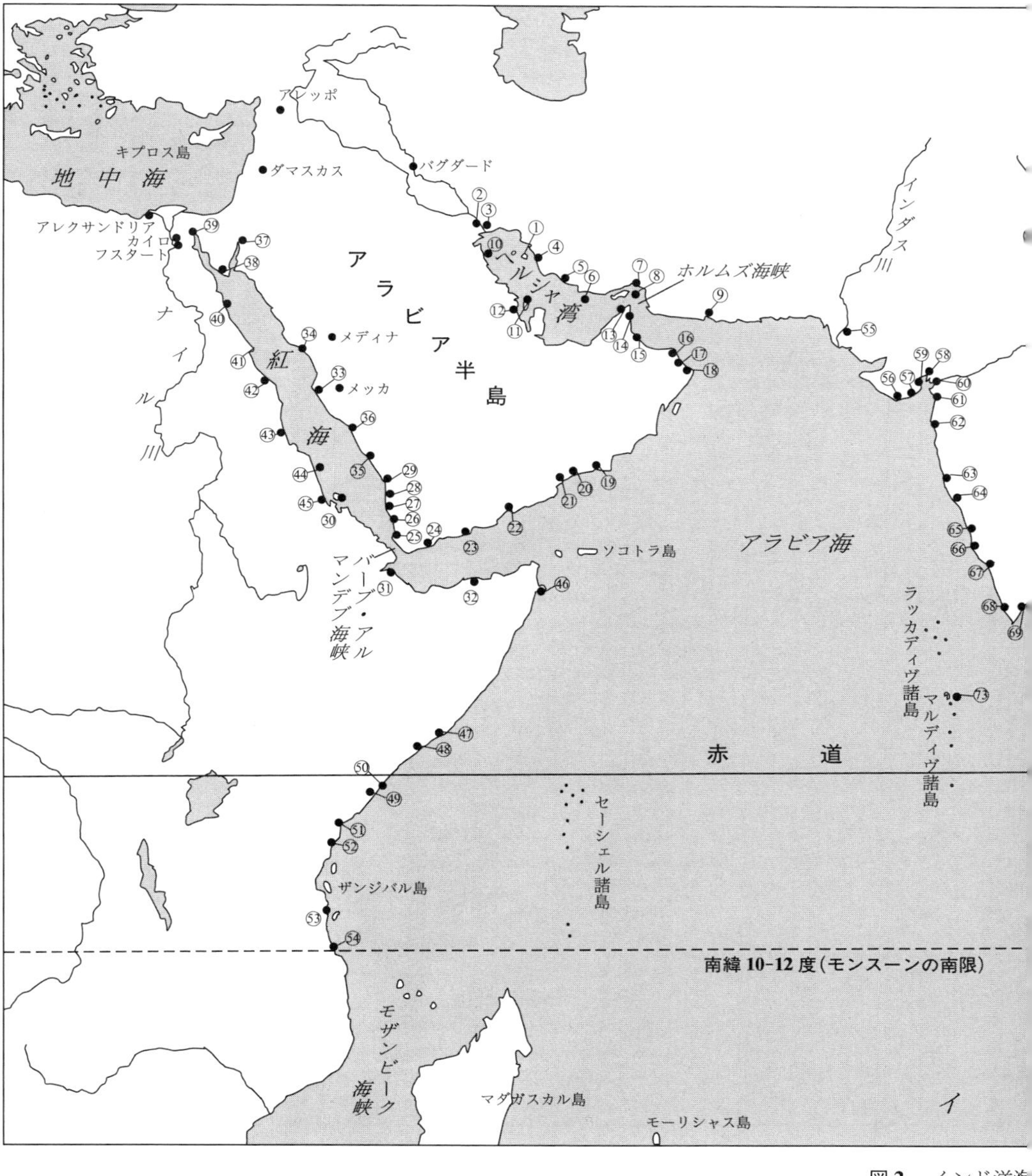
アレッポ
キプロス島
地中海
ダマスカス
バグダード
アレクサンドリア
カイロ
フスタート
アラビア半島
ペルシャ湾
ホルムズ海峡
インダス川
ナイル川
メディナ
メッカ
紅海
ソコトラ島
アラビア海
バーブ・アルマンデブ海峡
ラッカディヴ諸島
マルディヴ諸島
赤道
セーシェル諸島
ザンジバル島
南緯 10-12 度（モンスーンの南限）
モザンビーク海峡
マダガスカル島
モーリシャス島
イ

図 2　インド洋海

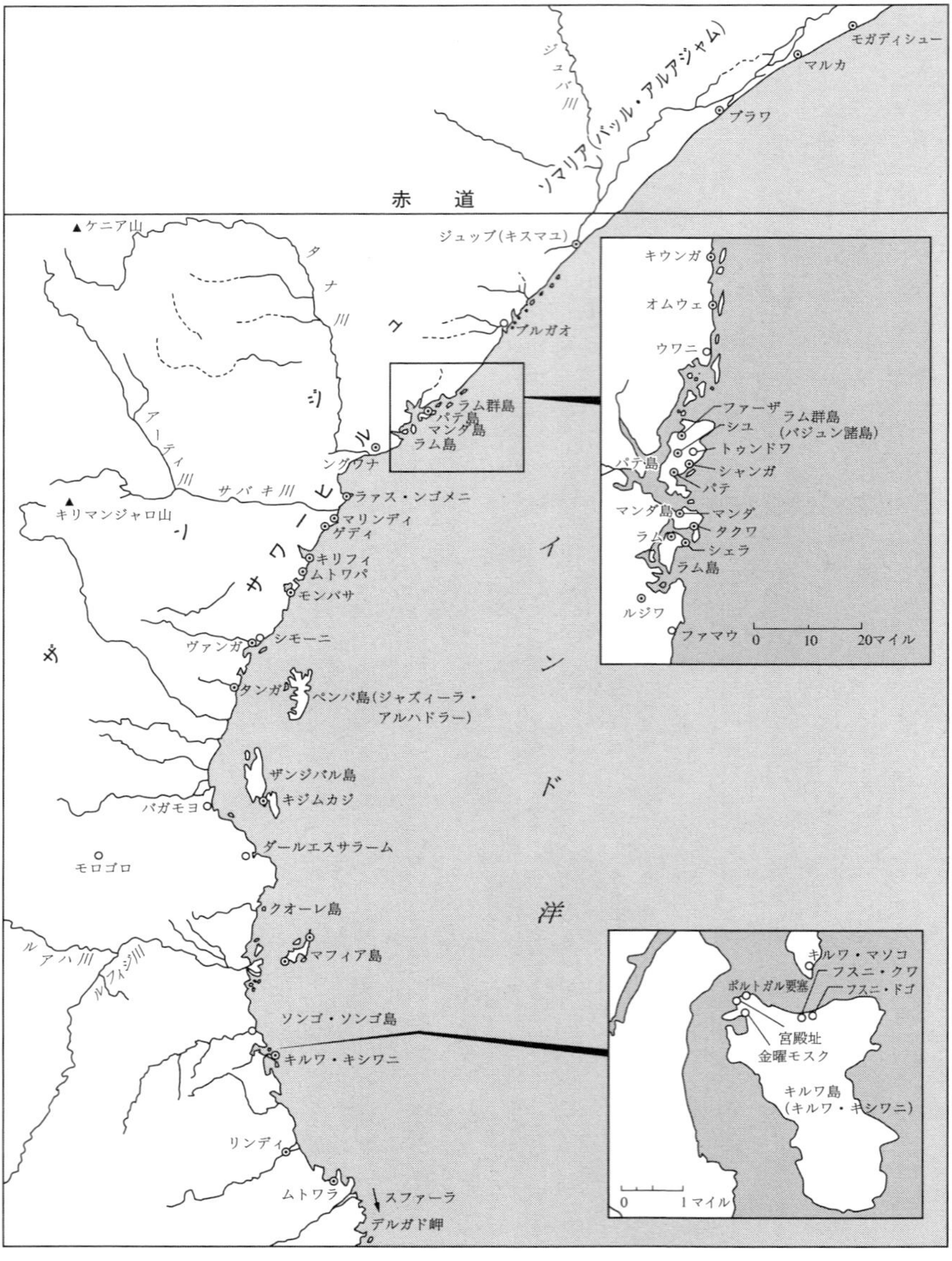

図3　東アフリカ海岸のイスラーム都市遺跡（⊙印）
スワヒリ・イスラーム都市の多くは大陸に近接した島嶼部に成立した。

期のスワヒリ文化圏は、こうした島嶼社会を連ねるネットワークのなかで発達し、内陸部のバントゥー文化圏とインド洋海域世界との境域、インターの場に位置していたのである。

紅海のサワーキン、バーディウ、マッサワやアデン、ペルシャ湾のファイラカ、ハーラク（カーグ）、キーシュ、ホルムズ（ジャルーン）などは、いずれも大陸に近接した円形状の小島であって、島のほぼ全域が港町となっている。写真1(1)は、一九三二年当時のサワーキン島を上空より撮影したもので、紅海のラグーンに浮かぶ周囲わずか

写真1(1)　1932年に撮影のサワーキン港（*Wester Arabia and Red Sea,* Naval Intelligence Division, p. 118より）
ラグーンにある円形の島にできた都市で，町の起源は少なくとも5世紀以前に遡ると思われる。18世紀から20世紀初頭まで，スーダン～サーヘル・ルートの終着点であり，ここからジッダに船で渡るメッカ巡礼者たちで賑わった。

写真1(2)　アデンの旧市街（*Ibid*., p. 142より）
火山島の東側，クレーターの一部に発達した町で，大陸部とは鑿道と砂洲によってつながっている。

四キロメートルの小島であるが、珊瑚石モルタル塗りの家屋がびっしりと立ち並び、その景観はまさに地中海のアルワード島やヴェネツィアの港町を彷彿させる。

島の対岸の大陸部には、内陸ルートにつながる渡船場が発達することがあって、陸域の門戸としての役割を果たした。ペルシャ湾のキーシュ島の対岸の港フズー（Huzū）、ホルムズ島の対岸のスールー・ゴムルーン（バンダル・アッバース）、紅海のサワーキンの対岸カッフ（al-Kaff）、アデンの対岸にあるラフジュ（Lahj）などはそうした大陸側に発達した渡船場の代表例としてあげられる。

ラグーン、大河川の河口デルタや河川合流点の中洲に発達した港市は、島嶼と同じように陸域との分離機能を持っている。南シナ海、ベンガル湾周辺やスマトラ島東海岸に発達した多くの港市は、河口から溯った複数の河川の合流する地点にできる中洲や自然堤防に成立した。そこは、上流からの生産物が水運によって集荷されること、人の往来や物流の制御が容易であること、熱帯・亜熱帯の多雨林地域では人力によって開発可能な耕地や居住地が河川沿いの岸辺や中洲に限られていたこと、海から攻撃を加える外敵の侵入を防ぐのに便利なことなどの利点があり、海域世界と内陸部とをつなぐ中継交易を経済基盤とした王権の成立を促すことがあった。マレー半島の南西海岸に近いカラの港市（Kalah）は、メルボク川（S. Merbok）支流のブジャン渓谷（Pengkalan Bujang）とムダ川（S. Muda）を少し溯った河岸に点在し、そこから東海岸のヤラン（Yalang）やパッタニ（Pattani）に出る半島越えの陸上交通ルートに接続しており、周辺から運ばれる錫、ラタン材、沈香、白檀、金などの集荷地・中継市場として知られた（スマトラ島東岸のマラユー・ジャンビ、パレンバンなどとも共通する）。紅海沿岸や南アラビアでは海に流入する大河川がほとんどなく、海岸と平行して珊瑚礁が発達している。そのため、港市はおもに島嶼、珊瑚礁の裂け目のクリークやラグーン（礁湖）などに成立した（アイザーブ、サワーキン、ザイラゥ、ライスートの事例）。

河口デルタ付近は土砂の堆積、浅瀬、複雑な渦巻きと潮流、大きな干満差があるため、大洋を行く喫水の深い大型船にとっては、きわめて危険な海域となった。また、そこはマングローブの密生林と高温・低湿地の不健康地、洪水の危険などで、港市の住環境にはあまり適さなかった。したがって、河口や河川沿いにある港市は、時間の経過とともに他の位置に港市が移動したり、消滅するなどの盛衰の歴史をたどることが多かった。インドのキャンベイ湾の例では、ナルマダー川、マヒー川、タープティ川などの河口部にバロダ、バフルージュ（ブロチェ）、カンバーヤなどの国際港が古くから発達したが、湾内に注ぐ大河川の運ぶ多量の土砂の堆積のせいで浅瀬や干潟が多いことや、湾の入口が狭く入江が複雑に入り組んでいるために激しい干満差が起こり潮流・渦巻きが発生したことによって、港市の機能が次第に低下した。そのために、キャンベイ湾の出口により近いゴーガ、ランデル、スラトや、コンカン海岸のダマン、ボンベイ、チョウル（サイムール）などへ港の繁栄中心が移動したと考えられる。なお、一七世紀後半以後、土木技術の改良によって、浅くなった海底を浚渫したり、運河や掘割の掘削、道路・鉄道の敷設などにより、河口付近や大河川を溯った中流域の河岸に大規模な河岸港市が生まれた。そうした港市は、国家・王権との結びつきを強め、陸域の勢力が海域に進出するための経由・通過地となった。

クリークは、ワーディー（涸谷）が海に達する河口部や地層のクラック（裂け目）にできた天然の入江・浦であり、その周囲に良港が発達した。しかも、そこが砂漠、密林や急峻な山岳などによって内陸部との交通が遮断されている場合、陸域の影響を受けない自立的な港市が発達した。オマーンのスール、カルハート、モスカ・リモン、ズファール（マンスーラ）、ペルシャ湾岸のドバイなどは、クリークに沿って発達した港市を代表する例であり、しかも海域ネットワークのノードとして重要な役割を果たした（写真2、3）。

南アラビアのハドラマウト・ズファール地方、東アラビア・バフライン地方、ザグロス山脈を越えた南イラン海岸部、東北アフリカの紅海沿岸やソマリア海岸などのように、周囲を広大な砂漠や急峻な山岳地によってさえぎられ内陸部との交通が困難な場所もまた、島嶼と同じような機能と利点を持っているため、陸域からの自立機能を持った港市が発達した。

台湾海峡付近、マラッカ海峡、インド亜大陸南端にあるマンナール湾・ポーク海峡、ペルシャ湾の出入口にあるホルムズ海峡、紅海の出入口にあるバーブ・アルマンデブ海峡の五つの海峡は、インド洋海域世界のなかの小海域世界のリングが相互に重なり合い、人・モノ・情報の交流する接点となること、モンスーン航海上の節目に位置すること、海峡付近は多くの小島、浅瀬、岩礁が分布し、複雑な海岸線が続くうえに、激しい潮流や逆風による航海上の難所であるため、風待ち・潮待ちの寄港地が必要なことなどの理由から、多くの重要な港市が発達したと考えられる。また、そこは陸域による政治的・軍事的支配の集中する拠点、戦略基地となることがあり、陸域はその狭い水道を通じて、より広い海域への政治的・経済的影響力の拡大を企てた（第3章参照）。

先にも述べたように、インド洋を横断する帆船はモンスーンと吹送流を最大限に利用して出港地と経由・目的地との間を直線的に進むために、航海目標となる特徴的な形状をした高山・岬・島・岩礁を見定めながら、迅速・安全・確実に船を進める必要があった。したがって、そうした自然景観や位置が港の成立にとって不可欠な条件の一つとなった。この点は地中海においても共通するが、多くの国際的な港市の近くにはきわめて特徴的な形状の山や岬・半島が見られる。例えば、インド西海岸からアラビア海を西に横断航海する船は、南アラビアのズファール地方の急峻なカラー山脈とカマル山脈の山並みやテーブル状の大地が急激に海に没するラァス・ファルタク（ファルタク岬）を目標に進んだ。そのため、カネー（紀元後一・二世紀に繁栄した香料貿易の中継港）、シフル、ムカッラー、ライスート、ミルバートなどが目標となる良港として重要な役割を果たしたと思われる。これらの港市は、アラビア半島の西側を南北に貫く高原キャラバン・ルートと接続すると同時に、北にペルシャ湾内へ、南に紅海沿岸、東アフリカ海岸へ向かうための沿岸航路とも連絡している。紅海のアイザーブの背後に聳えるエルバ山塊、ベルニケーに近いラァス・バナス（バナス半島）とハマーダ山塊、シナイ半島のシナイ山やトゥールのムーサ山、スリランカのアダムズ・ピーク（アダムの山）、マレー半島のグノン・ペラク、スマトラ島北端のアチェ山なども、インド洋航海のうえでの代表的な目標の山であって、いずれもその近くには国際港が成立・発達した。第VI部第2章でも述べるように、そうした目標の山には航海者や海上商人たちにとっての海の守護聖人ヒズル（ヒズル・イリヤース）の霊験あらたかな聖跡や霊泉があった。

船の長距離航海には飲料水の補給が必須であることから、良質な飲料水を得られることが港市、とくに島にある港市の成立と発達の必要条件の一つとなった。オマーンにあるスハール、マスカト、カルハートやスールなどの港市は、アフダル山脈によって強い南風を防ぐ安全な避難港であり、同時に良質の飲料水が得られることでも知られた。ペルシャ湾を出て、ホルムズ海峡を通過したあと、南西モンスーンを利用してインド西海岸のグジャラート地

写真 2　オマーンのスールのクリーク（khawr）に停泊中のダウ

外洋から陸地に深く入り込んだ弓状のクリーク（入江）は，ダウにとって絶好の停泊地となる。

写真 3　現在のドバイ港

スールと同じようなクリークの両岸が波止場となっている。

方やマラバール海岸を目指す船や、北東モンスーンを利用して南アラビア海岸を経由、東アフリカ海岸に向かって南下する船は、これらのオマーン海岸の諸港で飲料水を補給し、良風を捉えて一気にアラビア海を横断航海した。九・一〇世紀の船乗りたちは、航海に必要なモンスーンの順風を捉えて一気に大洋を横断することを彼らの俗語で「ハタファ（khaṭafa）」と呼んだ(16)。その原義は「ブッ飛ぶ」であり、飲料水を十分に補給したあと、順風に帆をあげて一気に出港することを指したと思われる。一説によると、オマーンのマスカトの地名の起こりは、アラビア語の原形サカタ（saqaṭa）の場所を表す受動名詞マスカト（masqaṭ）であり、「落とされる場所」「一時的に立ち寄る場所」「寄港地」という意味である。マスカトは、アラビア海を横断するための最後の給水地であり、風待ち港としても知られ、そこからアラビア海を横断してインド西海岸に向けて船がハタファしたのである(17)。

四　港市の歴史的変遷

港市が成立し、その繁栄を維持するための基本的条件は、自然地理的条件だけでなく、港市をサポートする内外の政治・経済・社会に関わるさまざまな条件が加わることは言うまでもない。港市は、出入りする船舶や居住する人々に提供する多量の飲料水、食料、燃料、建築資材や、船材・艤装材料などの継続的な調達が不可欠である。そうした船の運営と日常生活のうえでの必需品類や中継交易のための商品の多くは後背地の陸域から輸送されるため、それらの補給が断たれた場合、港市の存続自体が危ぶまれる場合も少なくなかった。ブローデルは、地中海の都市（港市）と陸域との関係について「都市の交通を妨害したり邪魔したり、また都市の複雑な経済の均衡を遠く隔てて危険にさらすことが思いのままにできるのは、豊かな空間を持つ領土国家の優越性である」と説明している(18)。

しかし、ペルシャ湾のスィーラーフ、南アラビアのミルバート、イエメンのアデン、紅海のジッダ、バーディウ、サワーキンやアイザーブなどの場合、急峻な山岳や広大な不毛の砂漠によって内陸部との交通・連絡がきわめて難しく、人間の生活環境についても飲料水・食料はまったくなく、しかもきわめて過酷な灼熱の砂漠地にあった。それにもかかわらず、国際的な交易港として多くの人口を集め、大都市として繁栄を続けたのは、それらの港市が陸域との関わりよりも、海域ネットワークのなかの中核としての役割を果たすうえで一層有利な条件を備えていたためであると考えられる。[19] 飲料水とか食料などの補給や船の修理に必要な材料については、いずれも海上輸送によって、かなり遠方から定期的に補給することができた。[20] このことは、重量のあるもの、かさの張るものを大量に遠隔地輸送することを可能にする船の利点と港市の成立とが密接な関係にあることを端的に示しているといえよう。

港市は、交流ネットワークのノードの一つであるから、その興亡の歴史もまた、海域内、海域間（国際間）に張りめぐらされたネットワークの推移と深く関わっている。さらに、海域世界・港市・陸域の三者関係のなかで見た場合、港市の成立と興亡は三者相互の共同および調和のうえに築かれるものであり、一方が他方を排除しないような相互の秩序と安全性の維持、外来の人・モノ・情報を積極的に受け入れるための各種施設——倉庫、商館、市場、金融機関、宿泊施設、街区、波止場、給水・貯水施設、船の修理場、見張り場、海の裁判所、宗教施設、聖廟や海の信仰に関わる祈願場所、墓地など——の提供や輸出入関税の軽減といった便宜性が必要となってくる。

とくに陸域との関係では、港市の後背地の諸条件——陸上ルートと海上ルートとの連関、港市社会と陸域の支配者との関係、後背地の資源の有無や相互の商取引と輸送のルール、関税の徴収など——が港市の成立と繁栄に深く関わっている。なお陸上と海上の両世界に広がる交通ルートの相互連関については本書の第II部、また陸域の支配者が港市を拠点として、その政治的・経済的勢力を海域世界に向けてどのように拡大しようとしたかについては第III部、国際間の運輸と交易に活躍する商人については第IV部、内陸の自然資源が集積され、陸域の支配者と港市を経由して海域世界や国際市場に流通する過程については第V部のそれぞれにおいて、具体的問題を取り上げて議論を深めたい。

それまで繁栄していた港市が突然使われなくなり、経済・文化活動が急速に衰退することもしばしば起こった。文献史料から知られる港市衰退の直接的な原因として、港市の火災や疫病の流行、地震、洪水や火山の爆発などの自然災害によって港町の機能が停止した時、土砂の堆積により港の水深が浅くなり船の航行が困難になった時、また、河川流の移動、水資源の枯渇、マングローブや珊瑚礁の発達、海賊や遊牧民などの外敵による放火・略奪による被害、交易の担い手と国際商品の変化、造船技術と航海術の発達、海上ルートに代わる陸上ルートの開発——近代になると、道路や鉄道の敷設、交通手段の変化や国内産業の問題がこれに加わる——などがあげられる。

このように、港市の盛衰の歴史を規定する要因として、海域・港市・陸域の相互の関係や港市をめぐる自然環境、社会・経済条件の変化などが考えられるが、さらに注目すべき点は、長期的な時代幅をもって、国際交流ネットワークと結ばれたいくつもの港市が連鎖的に衰退し、新たな交流ネットワークが成立することで、それと結びついた港市が成立・繁栄するといった大きな組み替えのサイクルが見られることである。例えば、八~一〇世紀にバグダードを軸心としてインド洋海域に広がる交流ネットワークの基軸と拠点となる港市は、ペルシャ湾を通じて、一つはバスラ、スィーラーフ、スハール、シフル、ラァス・ハフン（ハーフーニー）、マンダ（カンバルー?）、他はスィーラーフ、スハール、マスカト、ダイブル、サイムール、クーラム・マライ、マンタイ、カラ、サルブザ（シュリーヴィジャヤ）、サンフ、ハーンフー（広東）であった。ところが一一~一五世紀になると、カイロ・フスタートを軸心として、ナイル川を溯り、クース経由、アイザーブ、アデン、ミルバート、カーリクート、ラムリー、スムトラ・パサイ、パレンバン、泉州の軸線上に切り替えられた。こうした港市の長期変動の現象は、おおよそ一五〇〇年から二〇〇年の時代幅をもって起こっていると思われる。この一五〇~二〇〇年という時代幅は、インド洋海域世界と地中海世界とを結ぶ国際交流ネットワーク軸の変化や、中緯度にある人口を多く集めた陸域世界における政治・経済・文化の繁栄中心の移転という、より広域的なネットワーク構造の推移の問題と深く結びついていると考えられる。

こうした主要な港市の成立と衰退の歴史を分析することによって、イスラーム時代の開始する七世紀半ばから一七世紀末までのインド洋海域世界の歴史展開のサイクルは、次の四つの時期に分けることができる。[21]

(1) 七世紀後半〜一〇世紀前半　イスラーム時代以前には、一・二世紀の頃から七世紀半ばまで、地中海世界を基盤としたローマ帝国やビザンツ帝国は紅海経由、サーサン朝ペルシャ帝国はペルシャ湾経由で、それぞれにアラビア海とインド洋海域に向けて政治的・経済的関心を向けた。この時期には、東シナ海、南シナ海、ベンガル湾、アラビア海・インド洋西海域の、それぞれの小海域を中心とした分節的な航海と域内交易がおこなわれ、紅海沿岸、インダス（スィンド）、グジャラート・コンカン海岸、南インドのマラバール・コロマンデル海岸、マラッカ海峡周辺、南中国の各地に、小海域間をつなぐ中継港（emporium）が発達した。イスラーム時代以後の、とくに七世紀末から八世紀初頭になると、ペルシャ湾岸のスィーラーフとスハールを基点としたアラブ系・イラン系ダウが、南は東アフリカ海岸のカンバルー（マンダ島、もしくはペンバ島）、東はインド、東南アジアや南中国の諸港にまで進出し、インド洋海域世界は一つの全体として機能するようになった。[22] 広東の市場には、中国の特産品だけでなく、チベット産の麝香、東南アジア産の香辛料・薬物・芳香木・染料類、錫、その他の森林資源などが集荷され、アラブ系・イラン系のダウはそれらのアジア物産を購入する代価として東アフリカ産の歯牙類（象牙・犀角）、鼈甲、皮革類、龍涎香、南アラビア特産の乳香、没薬、龍血樹、西アジア・地中海産の陶器・ガラス・鉄・青銅などの容器・道具類、繊維・織物類（木綿・亜麻・毛織）、装身具（珊瑚・真珠）、香水（薔薇水）などの中継取引をおこなった（インド洋と地中海をつなぐ物品の流通については、第V部を参照）。

(2) 一〇世紀半ば〜一五世紀前半　スィーラーフ出身のアブー・ザイドやマスウーディー（al-Masʿūdī）の記録は、八七五〜八四年の一〇年間にわたり中国全土を戦乱に巻き込んだ黄巣の反乱――とくに八七八年もしくは八八九年、反乱軍はインド洋交易港の拠点、広東を陥れ、一二万人、もしくは二〇万人におよぶ外国人を殺害したという[23]——と南中国の政治的・経済的混乱の影響で、それまでペルシャ湾岸のスィーラーフやオマーンのスハールを母港としていたアラブ系・イラン系ダウ——「中国向けの船（marākib al-Ṣīn）」と呼ばれた——が中国から撤退し、同時にチャンパ（占城）、もしくはマレー半島南西岸のカラ（Kalah, Kalah-bār）を東端のターミナル港としたこと、西からに「中国人たちの船（marākib al-Ṣīnīyīn）」、すなわち中国ジャンクが南シナ海を南下してカラまで来航し、西から来たダウとの間で中継交易がおこなわれたことを伝えている。この記録は、ダウの中国と東南アジアの市場からの後退と中国ジャンクのインド洋進出という、インド洋海域史のうえで新しい時代への転換を示している。ただし、ダウが中国を直接訪問しなくなったのには、中国国内の政治的・経済的混乱による影響だけにとどまらず、ヒジュラ暦三六六（九七六／七七）年もしくは三六七（九七七／七八）年にスィーラーフを襲った大地震による壊滅的な被害、そして西アジアにおけるバグダード市場圏の後退、ザンジュの反乱とカルマト教団による南イラク・バフライン地方の社会的・経済的混乱などの理由で、ペルシャ湾を基軸としたネットワークの機能が著しく後退したこと[24]、またファーティマ朝のエジプト征服にともなってカイロ・フスタートが地中海とインド洋の両海域世界をつなぐ新しいネットワーク・センターとして成立したことなど、西アジア・イスラーム世界の構造変化も深く関連している。一〇世紀後半から一二世紀末の時代は南シナ海とベンガル湾からダウの活動が急速に撤退したため、ベンガル湾を挟んで南インドのチョーラ朝と東南アジアのシュリーヴィジャヤ朝との外交・貿易関係が深まったことが注目される。その後、一二世紀末から一三世紀に入ると、中国ジャンクはベンガル湾を越えて西に向かい、南インド・マラバール海岸のカウラム（クーラム、クーラム・マライ）、カーリクート、ファンダライナー（パンダライナ・クッラム）、ヒーリーの諸港に出入りするようになった。したがって、一三世紀初めから一四世紀半ばにかけてのインド洋海域世界をめぐる交易構造は、インドの南西海岸を中軸として、西側のアラビア海を渡ってきたダウと、東側の南シナ海・ベンガル湾から来航する中国ジャンクとが相互に出会うことで、インド洋海域が一つの全体として機能するというものであった。同時期、モンゴル帝国の成立にともなって、陸上の交易ネットワークとも連動して国際貿易がますます繁昌した。海運の発達は、重量もの・かさ張りもの・廉価商品の輸送・流通を盛んにし、陶器（土器）、陶磁器、銅銭、ガラス、絨毯、繊維織物、木材、米、熱帯産の香辛料・薬物・染料類が国際市場に多量に登場した。とくに、熱帯森林物産の豊かな生産地・集貨地であり、同時にモンスーンの交替する寄港地として東南アジア島嶼部、南インドのマラバール・コロマンデル海岸と東アフリカ海岸（ザンジュ海岸）の三つの海域接点が国際的中継港として発展することになり、こうした動きに連動して、ムラユー世界、マーピッラ世界、スワヒリ世界などの海域文化圏（共通語、交易、イスラーム教、コスモポリタンな港市社会を共通の特徴とする）の成立を促した。とくに東側と西側のインド洋海域をつなぐ交流上の結節点に位置するマラッカ海峡周辺部には、カラ（カラ・バール）とサルブザ（シュリーヴィジャヤ）の衰退後、ペルラク、スムトラ・パサイ、アルー、ラムリー、そして一四世紀末〜一五世紀にはマラカ、バンタムなどの港市が次々に活況を見せるようになった。これらの港市の支配者はスマトラ島、ジャワの島々、マレー半島や大陸部などからの熱帯の森林物産を効果的に集貨し、それを外来の商人に売り渡す仲介者であり、それによって得た富を基盤とした政治的統一を果たした。彼らは外来のムスリム商人やウラマー・知識人たちを国家の行政・通商・外交の職務に多く登用することにより、港市国家としての体制を整えるとともに、イスラームのスーフィズム（神秘主義）の呪術的要素を取り入れることで、神聖王としての権威の確立にも努めた。

(3) 一五世紀半ば〜一七世紀末　一五世紀初め、中国明朝の第三代皇帝永楽帝は、太監鄭和の指揮する大艦隊を東南アジア、インド、ペルシャ湾岸、南アラビア、東アフリカ海岸の周航に向けて派遣した。一四〇五年に開始されたこの大遠征事業は、続く宣徳帝によって引き継がれ、一四三三年までの約三〇年間、七回にわたって実行された。鄭和大遠征の事業は、一〇世紀半ば以降、中国ジャンクの海域ネットワークがマラッカ海峡を越えて、南西インドの諸港、さらにはアラビア海とインド洋西海域に向けて拡大しようとする膨張のエネルギーを利用して実現

された と考えられる。ほぼ同時期に、エジプト・マムルーク朝はジッダ、イエメンのラスール朝はアデン、イラク・イランのイル・ハーン朝とティームール朝はホルムズ——港市ホルムズの繁栄中心は一三〇〇年前後を境に、大陸側の旧ホルムズ(Hurmuz al-'Atīqa)からジャルーン島(Jazīrat Jarūn)の新ホルムズ(Hurmuz al-Jadīda)に移行した——をそれぞれの交易拠点として、インド洋海域へのネットワークの拡大を企てたので、中国ジャンクの来航を歓迎し、通交を望んだ。けれども、一四世紀半ば～一五世紀前半、アジアの全域を襲った天候異変、疫病の大流行やそれに付随する政治・経済・社会の諸変動が起こると、陸域によるインド洋海域への政治的・経済的な関心は急速に後退していった。しかし、陸域の海域に対する直接の影響力は後退したものの、陸域と港市との間の緊張と対立が高まったために——具体的には陸域による港市の交易活動への管理・統制と課税の強化など——、港市相互の間で船舶の入港、商品の集貨・販売・仲介・課税などの交易をめぐる対立が繰り返され、インド洋の海域ネットワークは多極化した(第IV部第2章～第4章参照)。この時代は同時に、陸域の支配・統制を嫌う人々、国境を超える人々、国家を形成していない海民たちなど、いわゆる「倭寇」に代表されるさまざまな人々が活躍した時代であり、日本列島・朝鮮半島から中国大陸沿岸部、東南アジア・インド・アラビア半島・東アフリカの各地に至るまで、彼らによる広域的な活動が展開された。したがって「交易の時代」は、①インド洋海域の交易ネットワークが日本列島から西は東アフリカに至るまでの史上最大の広がりを持った時代であったこと、②鄭和遠征以後、中国ジャンクがベンガル湾とアラビア海から突如として撤退したため、ベンガル湾と南シナ海に大きなパワー・ポリティクスの真空地帯が生じ、その影響を受けて東南アジアがインド洋海域を分かつ国際的な海域接点として新たに位置づけられるようになったこと、③ダウ改良型のグジャラート船やマラバール船、中国ジャンク改良型のスマトラ船やシャム船など、港市の支配者や富裕商人たちの資金投資によって建造された大型の交易船がインド洋で広く活動し、従来の主要交易品に加えて、スマトラ産の胡椒、タイ・ベトナム製陶磁器、インド産(グジャラート、コロマンデル、ベンガル)の綿布、アラビアのコーヒーなどの新たに登場した国際商品の取引がおこなわれたこと、

④交易ネットワークに沿って各地に繁栄する港市には各地から集まった雑多な人々が居住したが、新しい地域社会と文化の統合原理としてイスラーム教が広がり、預言者ムハンマドの後裔・子孫といわれるシャリーフやサイイド、ウラマー（イスラーム諸学を修めた学識者たち）、スーフィー・ファキール（修行者）、ワリー（聖者）たちの移動・交流が盛んになり、東南アジアのイスラーム化が新しい時代を迎えたこと、⑤一六・一七世紀、オスマン朝、サファヴィー朝、ムガル朝、さらには清朝などのアジアの大国の台頭はインド洋海域の特産品の需要・消費を高め、生産地、集貨・中継地、国際市場を結ぶ交易ネットワークの拡大が見られたこと、などの新しい時代潮流を通して位置づけられるであろう。

ヨーロッパの諸勢力が初めて進出した一五・一六世紀のインド洋は、東側は東シナ海・南シナ海から、西側はアラビア海・インド洋西海域までを含む人・モノ・情報の交流する壮大な一つの海域世界であった。アジアの海の世界は「よそ者」の参入を拒んだり、武力によって排除する独占・支配の海ではなく、価値のある新奇な商品を携え、対等な取引と贈与の関係を望む者であれば誰でも受け入れる「交易と契約の支配する海」であった。そうした緩やかな交易ネットワークの世界は、ポルトガル、スペイン、イギリス、オランダ、フランスなどの、武力によって独占的に海を支配・統制しようとした新参入者にとって格好の活動舞台を提供したといえる。インド洋海域の人々はマラッカ海峡のムラカ（マラカ）、ホルムズ海峡のホルムズ、インドのキャンベイ湾に近いディユなどがヨーロッパ勢力に奪われると、バンタム〜バンダ・アチェ〜マルディヴ諸島〜アデンを結ぶ新しい交易ネットワークを築いて対抗した。とくにハドラミー・アラブ商人、インドのボフラ商人、バーニヤ商人やチェッティー商人、スーリヤーン商人、南中国出身の華人、ムラユー世界の商人たちは、ヨーロッパ諸国間の対立を巧みに利用したり、彼らによる航路の支配や貿易統制によって生まれた安全・保護——運輸・交易を安全におこなうために必要な保護費用（protection rent）に相当する——の状況下で活動を続けた。[25] したがって、インド洋の小海域内、小海域と陸域間のネットワークは一七世紀半ば以後も衰えることなく機能し、その中間拠点としての港市は、引き続き活況を見せた。

結びに代えて

陸域の視点に立つならば、港市は陸域の辺境の海辺にある一都市であり、陸域と陸域をつなぐ海の道の中継地に過ぎない。しかし、海域という視点に立つならば、港市は陸域と海域の両方をつなぐ「インターの場」として独自の価値を持った個性体であり、しかも海域世界を成り立たせているネットワークの一つのノード（核、結節点）として重要な役割を果たしていることになる。イスラーム以後の時代にインド洋海域世界に発達した一〇一の港市を取り上げて、それらの立地条件を分析してみると、重要な港市の多くが大陸から少し離れた小島、ラグーンや半島、また内陸部との交通・連絡が困難な砂漠、急峻な山岳や密林などの自然の障害によって隔てられた、いわば陸域の僻地、孤島といえるような場所に成立したことが分かった。この事実は、陸域に属する港市というよりも、海域のなかの港市としての性格と機能を一層強く持っていたことを示していると考えられる。したがって、港市に関わる分析研究は、まさに海域から見た歴史を考察するうえでの中心的な課題であるといっても過言ではない。

第3章　島の機能——海域連関の接点

はじめに

島（島嶼）とは、不思議な魅力を持ったところである。大陸（本土）から見れば、そこは海に浮かぶちっぽけな点に過ぎず、国家・領域の外れに位置する僻地である。そして、孤立した島、隔絶した島、伝統の島、遠い離島としてのイメージが強い(1)。しかし、島を中心として見れば、そこは大陸とは一線を画し、島の先には別の島があり、さらに島づたいに遠い異世界につながっていく架橋ともなる。つまり、島は陸域と異世界とをつなぐ境域、海域と陸域の中間の拠点、接点に位置している。また海域を含めた外の世界にとって、島は大陸（陸域）に接近する絶好の前進基地、戦略拠点となり、外から来るさまざまな人々の出会いの場、物資の集散と市場、大陸へ開いた玄関でもある。

このように島と大陸との間には、遠くて近い不思議な「距離」が開いており、その間に横たわるわずかな「水域」の持つ意味はきわめて大きいといわねばならない。しかも、その水域の距離は、地理的に固定された距離ではなく、政治的に近くなったり遠くなったり、経済や文化の流れによっても伸び縮みする柔軟性を持っている。そうした島の運命が、現在におけるシンガポールや香港のような巨大都市を産み出したのであって、そこはさまざまな人・モノ・情報や金融の集積・中継地、交流上の一大センター、また新文明・文化の発進基地となり、さらには今後の世界の一つのあり方、すなわち島と島をつなぐようなネットワーク型社会を象徴する海域ネットワークのノードとしての性格と機能を備えている。

すでに前章で論じたように、前近代における主要な港市の多くは島の部分に成立した。したがって、島の特質と機能についても、港市のそれとほぼ一致したものと考えてよいであろう。そこで、前章の説明と重複する部分もあるが、島嶼性をめぐる過去と現在に共通する問題点を明らかにするために、まず初めにインド洋と地中海の両海域世界における島の地理的分布とそれぞれの歴史的役割、島と陸域との関わりについて考察をおこなったあと、シリアの東地中海に沿った港町タルトゥース（Ṭarṭūs）の沖合一・六キロメートルに浮かぶ小島、アルワード島における実地調査の概要を述べることで、島をめぐる歴史的、また現代的意味についても考察する。(2)

一　多様な島の分布とその役割

まず初めに、インド洋と地中海の両海域世界における島の地理的分布について考えてみよう。インド洋と地中海を含む地図を見れば明らかなように、一口に島といっても、地中海に浮かぶアルワード島のように大陸に近接した小さな島もあれば、ニコバール諸島、アンダマン諸島、ラクシャディーパ（ラッカディヴ諸島）やマルディヴ諸島などの、インド洋上に南北千キロメートル以上も細長く吊された鎖のように点々と連なった環礁（atoll）の島々、またココス諸島、サンポール島やロドリゲス島のように、インド洋のモンスーン圏から外れた大海中の孤島、さらにスマトラ島、ボルネオ島やマダガスカル島のように、一般には島と呼ばれるが、大陸に近いような大きな島もある。

島は地質学的特徴や自然的成因により、大陸部と共通の地質構造を持った大陸島（continental island）とか、大洋に浮かぶ火山島、珊瑚島などにも分類される。

前章でも言及したように、大陸部にあっても、湿地帯や珊瑚礁のなかにできるラグーン（潟）とクリークの突出部（島、半島）、内水湖なかの島、また大河川の河口デルタや川を溯り複数の河川の合流点にできる中洲などは、いずれも周囲を水域で囲まれて、水運を通じて広く海域世界につながっているという点では「島」として分類される場所である。歴史的に見ると、海域ネットワークの拠点となった島の多くは、こうした大陸部にあるラグーンやクリークに位置している。島は、内陸交通に通じる要地にありながら、陸域とは一衣帯水によって隔てられた、いわば権力の外の場所にあって、そこには漁撈に従事したり、水上交通や交易を担うさまざまな外部の人間が寄りつき、新しい住地世界を築く適地となった。

海に突き出た半島部もまた、周囲を海に囲まれ、しかもしばしば高山、森林、砂漠などの自然条件によって内陸部と隔てられていることから、島と共通する特性を持っている。ちなみに、アラビア語で「島」のことをジャズィーラ（jazīra）というが、「半島」、「川の中洲」を指す場合もある。[3] ペルシャ湾、アラビア海、紅海の三つの海に囲まれているアラビアの地は「アラビア半島（Jazīrat al-ʻArab, Shibh Jazīrat al-ʻArab）」と呼ばれ、同じように北側を地中海、南側を広大なサハラ砂漠で仕切られた細長い北アフリカ地域は「マグリブの島（Jazīrat al-Maghrib）」、地中海と大西洋に挟まれたヨーロッパ南端の半島は「アンダルスの島（Jazīrat al-Andalus）」と呼ばれた。

島と同じような特性を持つ半島は、大陸から連なってきた険しい山並みが急激に海に没することにより、複雑に屈曲する断崖の長い海岸線が続き、周囲の海には多くの岩礁や小島が分布するような地域で、その半島の先には別の陸地（島）が連なり、その間には狭い海峡部や複雑な入江を形づくる。そして海峡部が海域世界のネットワークの交差する要地であることは、第2章で述べた通りである。

インド洋海域（アジアの海）において、きわめて特徴的な点は、ユーラシア大陸の東側の外縁部に、サハリンに始まり、日本列島、南西諸島、台湾、東南アジア島嶼部、そしてオーストラリア大陸まで弧状に島々が点在していることである。このうち、樺太から台湾にかけての列島は花綵《はなづな》列島と呼ばれる。この列島によって囲まれるのが日本海と東シナ海である。田中耕司は、この列島の範囲を拡大して、ユーラシア大陸の周囲縁辺を帯状に連なる一連の海――オホーツク、日本海、東シナ海、南シナ海と続き、東南アジアへと連なって、マラッカ海峡やクラ地峡を経てインド洋へ、さらに西方のペルシャ湾や紅海、地中海、そして北海、バルト海までを含む――を総称して「環ユーラシア革帯状列島」と呼んだ[4]。そこに点在する無数の島々は、大陸との間に続く縁海や内海、湾、入江が帯のように連なって、人間の往来に適度な範囲の海の広がりと勝手を知った相通じる世界（小海域）を形づくっている。この島づたいに広がる海の回廊では、モンスーンの卓越することや、南から北上する強い黒潮の流れに助けられて、古くから海を舞台とする人々の移動、モノの流通や文化・情報の往来が賑やかにおこなわれた。濱下武志は、歴史的に見ると、いくつもの内海あるいは縁海によって構成される海域圏（小海域）が北東アジアから東アジア、さらに東南アジアからオセアニアに至るまで連続的に存在すること、その海域周縁に位置した領域国家や交易都市が密接に影響を与え合っていたこと、そして長期の歴史変動のなかで、海域圏の東アジア・東南アジアが持つ相互の地域的紐帯を解き明かすことの重要性を指摘した[5]（図1参照）。

ユーラシア大陸の東側外縁部の海域が無数の島・内海・海岸・半島によって複雑に入り組み、仕切られているのに比べると、インドシナ半島西岸からインド亜大陸、アラビア半島とアフリカ大陸東側に広がるベンガル湾、アラビア海、ペルシャ湾、紅海、オマーン湾、アデン湾、西インド洋などの周縁に広がるいくつもの小海域は、マクロに見れば、比較的単調な海岸線の入り組みであり、しかもインド洋の南には、南極大陸まで茫漠たる海が広がっている。歴史的なインド洋海域世界を仕切る南限は、モンスーンの卓越度六〇パーセント以上の、ほぼ南緯一〇度から一二度の海域に設定され、東側はパプア・ニューギニア島とオーストラリア大陸との間のサンゴ海、トレス海

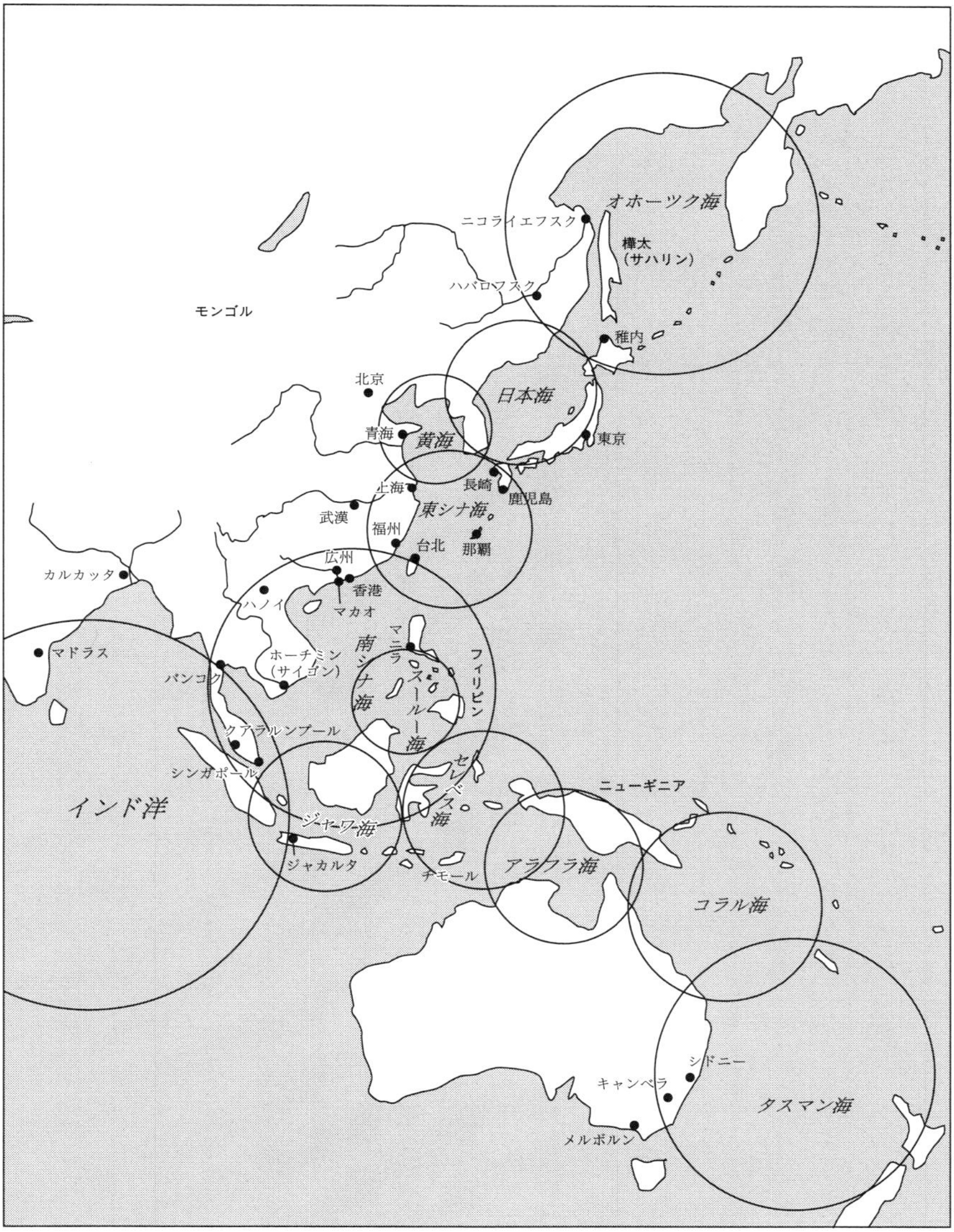

図 1　アジアの海域の交差（17〜19 世紀）
沿海・環海・連海の組み合わせとそれらの相互関係によって，海域に固有の交易・移民圏が形成された（濱下武志「東からみた海のアジア史——朝貢と倭寇」110 頁より）。

峡、アラフラ海、チモール海からジャワ島、スマトラ島の南を通り、西側はマダガスカル島北端、セーシェル諸島、コモロ諸島、東アフリカ海岸のデルガド岬付近までの海域が含まれる（インド洋海域世界の範囲については、序章一七―二一頁を参照）。これらの海域の島は、スリランカとマダガスカル島の二つの大島に代表されるが、その他には北から南にほぼ直線的に連なるアンダマン・ニコバール諸島とラクシャディーパ・マルディヴ諸島に注目すべきであろう。アンダマン・ニコバール諸島は、マレー半島と平行し、さらに半島の先の海を南に向かうと、スマトラ島、ジャワ、小スンダ列島へと連なっていて、いわば南シナ海海域世界とベンガル湾海域世界を仕切る東西の海上交流の接点に位置する。またラクシャディーパ・マルディヴ諸島は、あたかも大海中に霞網《かすみあみ》を張ったように二、〇〇〇キロメートル近くにおよぶリング状の環礁の大列島であって、東西に横断航海する船が飲料水や食料の補給で立ち寄る基地として、インド洋海域世界の長距離横断の海上交通を可能にする条件をもたらした。(6) マラヨ・ポリネシア系の人たちがスマトラ、ジャワ、カリマンタンなどの島々を出発し、マダガスカル島まで到達した経路は、インド洋をダイレクトに乗り切ったのではなく、おそらく赤道から北緯一〇度の線上に並ぶニコバール諸島、スリランカ、マルディヴ諸島、セーシェル諸島、コモロ諸島などのいくつもの島々を経由しながら、貿易風、南赤道海流とモンスーンなどの自然条件を最大限に利用しておこなわれたと考えられる。(7) 現在に残るアウトリガー型カヌーの分布圏は、まさに五世紀から一二世紀にまでわたる、彼らの継続的な移動と交流の経路を跡づけるものである。これらのインド洋上の諸島は、単に航海上の中継地としてだけでなく、子安貝、ココヤシ材、コイール（ココヤシの実を包む靭皮繊維によって造られたロープ）、ココヤシの油脂（コプラ）、龍涎香、鼈甲、乾燥魚、装身具用貝類などの他に、各種の香辛料・薬物・染料類や鉱物資源の特産地の島としても知られ、いずれも国際的な交易品として東西の遠隔地に運ばれた。(8) 島は、大陸とは異なる独自の地質・地塊構造と自然地理・生態環境を持っていることや、島が他世界から隔てられた環境であることによって、島とその周辺の海域だけに限られた、他地域にはほとんど成育しない珍しい動物相と植物相が広がり、また稀少な宝石・貴金属その他の鉱物類も採集・生産された。そうした島の特産品は、たとえ絶海の孤島といわれるような交通条件の悪い遠隔の島であっても、その島の個性を高め、他世界との活発な交流を生み出した。しかし反面、そうした島の特産品や特殊な自然生態系の諸条件などの「資源」は、外部の人間によって支配・占領・搾取されたり、商品作物の栽培地や動物の飼育場として利用されるなどの危険性を孕んでいた。インド洋海域の島々で栽培される熱帯・亜熱帯特産の香辛料・薬物類の作物栽培、地中海のキプロス島やジェルバ島に代表されるオリーブ、綿花、砂糖きび、ブドウなどの単一植物栽培がその例である。

ベンガル湾、アラビア海とインド洋の三つの海の交点に位置するスリランカは、「インド洋の宝石」「インド洋の真珠」とも呼ばれて、島の形もどことなくダイヤモンドやルビー、真珠のようにも見えるが、古来、ルビー、サファイア、孔雀石などの宝石類と並んで、真珠、沈香、肉桂、胡椒などの名産地として知られた。そこは、またインド洋の航路の拠点であり、島の第二の高峰アダムズ・ピーク（標高二、二三五メートル）は、モンスーンに乗って航海する船にとっての格好の目印となり、船乗りや海上商人たちの航海安全、商売の成功を祈願する信仰の霊山としても知られた。アダムズ・ピークの山頂近くには人類の祖アダムの足跡を残した聖石があって、仏教徒、キリスト教徒、ムスリムやヒンドゥー教徒たちに共有された聖地であった。[9] このように島嶼性のなかには、聖域、霊地、信仰と修行の場所、神秘の島としてのイメージが残されている。

ペルシャ湾では、ホルムズ、キーシュ、ハーラク（カーグ）、ファイラカ、バフライン（ウワール）などの島々が、インド洋を航行する喫水の深いダウとティグリス・ユーフラテスの両河川を往来する平底の川船とを乗り換える中継港として発達した。そうした島は、一方はザグロス山脈を南北に縦断して、イラン高原に至り、他方はアラビア半島を越えてシリア海岸に達する陸上ルートとも連絡した。[10] また、ペルシャ湾の島々は、真珠採集の基地としても重要な役割を果たし、すでにシュメール・アッカド時代からペルシャ湾産の高級真珠は「魚の目」として広く国際市場で知られていた。[11] 毎年、島の周辺の海域でおこなわれる真珠採集の時期（七〜九月上旬）には、島の港に大小のダウが集結し、海士、船乗り、真珠商人、仲買人たちの出入りで賑わった。

アデン湾の出入口に浮かぶソコトラ島は、インドと紅海、ペルシャ湾と東アフリカ海岸とを結ぶ航海上の十字の要地に位置し、すでに紀元前後の頃から海賊の拠点として知られ、おそらく六・七世紀以後になると、キリスト教徒が移り住み、独特の固有文化を伝える島として、また鼈甲、龍涎香、麒麟血《きりんけつ》、アロエ、没薬《もつやく》、乳香などの特産品の島としても重要な役割を果たした[12]。紅海では、バーブ・アルマンデブ海峡を通過すると、すぐにズカル、ダフラク、カマラーン、ファラサーンなどの小島が分布する。紅海沿岸のラグーンやクリークにも多くの砂洲や小島があって、とくにサワーキン、ザイラゥ、マッサワ、バーディウなどの島が港市として歴史的に重要な役割を果たした。これらの港市は、西に向かうと、東北アフリカ大陸を越えて、ナイル河畔、エチオピア高原、ヌビヤ（スーダン）、ダールフール、チャドやニジェールに通じる陸上交通の要地として、また東に向かうと、アラビア半島のメッカ、メディナに至り、さらにはネジド高原を越え、アラビア半島東岸のバフライン地方やイラク方面とも通じていた（陸上・海上のルートをつなぐうえでの紅海の重要性については、第II部第2章を参照）。

東アフリカ海岸に発達したスワヒリ都市の立地条件を見ると、その多くは大陸に接した小島やラグーンのなかに位置する。例えば、ラム諸島のパテ、マンダとラム、モンバサ、ペンバ、ザンジバル、キルワなどがその代表的な島としてあげられる。冬季の北東モンスーン航海期には、ダウに乗ってペルシャ湾とアラビア海を越えてきたアラブ系・イラン系やインド系の航海者や商人が到着し、アフリカ大陸側からはバントゥー系の人々が集まり、互いに個々のアイデンティティを捨てて、港市社会に住むスワヒリ文化圏の住民として交流関係を深めた[13]（第2章図3参照）。

地中海の島々については、ブローデルが『地中海』第一巻「環境の役割」第二章のなかで詳細な記述をおこなっており、また本書の第III部第1章でも取り上げるので、ここでは簡単な説明にとどめたい[14]。序章で述べたように、歴史的に見ると、地中海はキプロス～クレタ～シチリア～サルデーニァ～マヨルカ～バレアレスなどの列島状の島の連なりによって、北側海域と南側海域に、またイタリア半島〜シチリア島〜チュニジアをつなぐ南北の境界線によって、東側海域と西側海域に分かれる。北側海域の地中海は、南側海域に比べると複雑な海岸線の出入りが見られ、大陸部・半島部・島嶼部によって囲まれた海域（エーゲ海、アドリア海、イオニア海、ティレニア海）が重なり合っている。そして黒海もまた、エーゲ海、マルマラ海、ボスポラス海を通じて、北側海域の地中海と連続している。この北側海域は、前述したユーラシア大陸の東の外縁部に広がるアジア海域と比較すると、地理的規模においてはおよばないが、同じような連続した無数の島々、半島、内海と大陸の組み合わせが見られるため、海域を舞台とした緊密な人の移動やモノの交換、文化・情報の相互交流をもたらし、西アジア、内陸アジアや地中海全体の歴史展開にも多大な影響を及ぼした。

一一・一二世紀以後、ファーティマ朝による地中海進出に続いて、ノルマン王国の成立と隆盛、そしてイタリア諸都市の積極的な海上活動によって、東側海域と西側海域の地中海が一体化して機能するようになると、地中海を東西に連続する島々が隔ての機能ではなく、交流上の接点として一層重要な役割を果たすようになった。とくに、エルサレム、シナイ半島やメッカ・メディナなどの西アジアの聖地・聖跡を訪れる巡礼者・修行者たちが旅の途中で立ち寄ることで、地中海の島々は多元的な文化情報の集積するセンターとなった。そうした島々をめぐる旅は、古代人の名所・旧蹟を訪ね、聖人・使徒たちの修行の旅を追体験することでもあったので、単に通過地としての島の機能だけでなく、霊場・霊地としての島、教会、修道院、モスク、マドラサ、聖廟、宿泊所、市場などの施設を備えた島としての役割を果たした。スリランカの事例にあるように、島の持つ他世界から隔絶した孤立性・閉鎖性という側面が境域性・神秘性・聖域性を高める作用を及ぼすことは、東西の島に共通する特質の一つと考えてよいであろう。

以上、海域世界における多様な島の地理的分布と特性を見てきたが、それぞれの島に備わった特性、すなわち島嶼性は、単にそこが陸から距離的に離れて海域中に位置しているという地理的条件だけで決定されるのではなく、当然のことながら陸上の交通ルートとの連関を含めた海上ルート上の島の立地条件、生産地と消費地とを結ぶ市場関係、島の特産品、信仰上の聖地や霊地としての独自の価値と歴史、さらには外世界との関わりでは領域国家と島との政治・軍事・経済の諸関係や、世界戦略の展開などの諸要素によっても著しい差異が生じる。とくに海域史の視点に立つならば、われわれは国際的な歴史空間に浮かぶ「インターの場」としての島の役割を積極的に認めて、その歴史的意味を総合的に捉え直していく必要があろう。つまり島の持つ辺境・隔絶・孤立といった領域国家に囲まれた「陰」の特質を強調するのではなく、海域世界のなかの節目《ノード》、広域情報ネットワークの接点、自立した社会と文化、異人の交流地点、多元的な文化の出会いの場としての「陽」の特質が歴史的にどのように変化・変質したか、それらが海域世界の形成と展開のうえでどのような役割を果たしたかが具体的に問われなければならない。さらにもう一つ重要な点として、島を中心に成立する世界は、近代の国民国家の組織原理ではなく、対人（属人）主義的なネットワーク型社会であって、二一世紀の世界のあり方そのものを示唆する未来社会のパラダイムでもあることを指摘しておきたい。

二　陸域と島の関係

次に、大陸に成立した政治権力（陸域）と島の関係について考えてみよう。大陸側に強力な政治権力が成立すると、島は政治の中心から遠く隔たった周辺・辺境に位置づけられて、島の本来持っていた外に開かれた「つなぎの機能」を失い、辺境・孤立の島、流刑の島、砦の島、軍事基地の島、紛争の島、貧困の島、移民の島などように姿を変える。とくに近・現代のように、西ヨーロッパ流の文明システムが世界を制覇し、近代国民国家の成立と経済的囲い込みが進み、それぞれの国家が厳密な縄張り（領域）を主張し合うようになると、ますます大陸と島との距離は狭まり、島は国家の領域のなかに囲い込まれていった。その結果、それまでの長期の歴史過程において、海域世界のなかの交流ネットワークのノードとしてたくましく生き続けてきた島、さまざまな人々が寄りつき、共存・共有されていた島、国家と国家との狭間に位置して明確な領有権を主張せずに「ぼやけた存在」であった島は、大陸側のいずれかの勢力に帰属させられたり、その領有権をめぐって対立・衝突が起こり、さらには世界戦略の渦巻く拠点ともなった。例えば、米ソの世界戦略によって世界が二分されていた冷戦時代には、過去の歴史上にほとんど登場しなかった北極圏や南極圏にある島、太平洋やインド洋に浮かぶ孤島までもが、両勢力の対峙して緊張する軍事・戦略上の焦点となったことは記憶に新しい。

　南シナ海における南沙群島の領有権と海底資源の確保をめぐって、中国と東南アジア諸国との間で、緊張と対立が続いている。また最近では、周知の通り、先島《さきしま》諸島周辺の海域や日本海の竹島（独島）の領有問題では、日本、中国と韓国との間で政治的・経済的な緊張関係が高まっている。これらの問題は、まさに現代における島の運命を象徴しており、島がいずれかの領域国家の覇権の磁場のなかに吸収されていく過程を物語っているといえよう。中沙・西沙・南沙などの南海諸島は、九・一〇世紀に記録されたアラビア語史料によると、南シナ海（サンハイ Ṣan-khay, 漲海）を航行する船が中国に至るときに通過する暗礁・浅瀬の連なる海の難所として知られ、「シナ門（Bāb al-Ṣīn）」と呼ばれていた。インド洋や南シナ海の交易ネットワークに生きる人々にとって、南海諸島は、広州や泉州などの南中国の港を出て「南海」に向かうときに必ず通過する出立の門であり、「東洋」と「西洋」とを分かつ軸線上に位置する要地であった。一方、マラッカ海峡を通過して中国を目指すアラブ系・イラン系の船——中国側の史料では「大食船」「波斯船」、アラビア側の史料では「シナ船」と呼ばれた——やインドのタミル人の乗り組む天竺舶は、マレー半島南西の寄港地カラ（Kalah, Kalah-bār, 箇羅国）を出て、マラッカ海峡（Shalāhiṭ, 質硤）を通過、南シナ海に浮かぶティユーマ島（Tiyūma, ティヨマン・プラウ）で飲料水を補給のあと、インドシナ半島東岸沿いに一気に北上航海し、カンドランジュ（Kandlanj, パーンドゥランガ、奔陀浪洲）、サンフ（Ṣanf, チャンパ、占城）、サンダルフーラート（Ṣandarfūlāt, 占不勞山、Cham Plau, チャム島）を経由、やがて長い船旅の終わりを告げるように無数の岩礁が七日間にわたって点在する「シナ門」に至った。[15] そこを通過すると、船は淡水域の珠江に入り、南中国の最大の門戸、ハーンフー（Khānfū, 広府、広東）に入港した。[16] このような島や岩礁の領有権をめぐる紛争と対立は、現在における排他的経済水域の問題とも絡んで世界の各地で次々に引き起こされており、世界中のすべての島が明確な国家の領有権で色分けされた新しい世界地図が生まれつつある。

　歴史的に見ると、大陸側の巨大な陸域（領域国家）が政治・文化・経済の面で、外に開かれたコスモポリタンな性格を持って繁栄を享受する時期とか、逆に、複数の小国家が相互に対立したり、中国のように陸の北辺から夷狄が侵入し、内陸の国境に軍事力を集中したため、南辺の海に対する軍事的・政治的統制力が弱まった時期には、島は海域世界に浮かぶ自由な活動の場、さまざまな人々に共有された交流の接点となった。とくに、西ヨーロッパ諸国の勢力が進出してくる以前において、概してインド洋海域（アジアの海）には陸域の政治的・軍事的支配の明確な影響および統制力がおよんでいなかったので、海域世界に生きる人々はさまざまな島を拠点にして、海域ネットワークを舞台に自由に活動していたのである。

　アジアの土地支配を経済基盤とした陸の領域国家（陸域）にとって、海域は境界の定まらない、そして時には国家の政治体制や治安を乱すような危険な人・モノ・技術・思想などが流入して来る、またそれらが密かに出て行く、いわばコントロールの難しい厄介な存在であった。平時にも多数の船を建造し、それをつねに管理・維持し、しかも特殊な造船術と航海術を持った海の民を雇用しながら、どこが国境とも区別し難い茫漠と広がる水平線の彼方に支配権をおよぼすことは、膨大な国費を浪費することであり、陸上の辺境に砦を築き、歩兵隊や騎馬隊を駐屯させることよりも数段困難なことであった。したがって、海岸線で国境を区切り、海域を「国の外《そと》」や「海の外」の世界と位置づけることによって、はっきりとした領域観念を確立し、国家の支配体制を堅めていくことを領域国家の使命であると考えていたのである。また同時に、前近代におけるアジアの領域国家は、明確な国境意識と一つの国家アイデンティティを持った政体ではなく、漠然とした多くの「辺境」を抱え、支配・統治権の強弱を自然状況や社会・経済環境に応じて自由に伸縮させる柔軟な「世界」であったといえよう。[17] このような理由によって、国家という枠内に住む人々にとっての海域は、茫漠として広がり、恐怖・不安・危険が支配する国境線の果て、水平線の彼方として、しかし同時に南海の珍奇な宝物や高価な香料・薬物類などの舶来品がもたらされる「憧れの世界」、「未知の異界」としてイメージされていたのである。

一方、西ヨーロッパ諸国は、アジアの各地に進出すると、そうした陸域による領海意識の薄弱であったインド洋海域世界の交通上の要地となる島に軍事・交易・布教の拠点を次々と築いた。その代表例として、東アフリカのモンバサ、紅海のマッサワ、ペルシャ湾のホルムズ島、シンガポール、香港、廈門《アモイ》、マカオなどの島々があげられる。これらの島は、もともとインド洋海域世界の交易ネットワークを最大限に利用できる好都合な立地条件を持ち、すでに海域世界に生きる人々の拠点として重要な役割を果たしていた島であるとか、あるいはそうした伝統的な拠点に近接する島であった。

地中海世界の島についてはどうであろう。地中海世界は、周囲を大陸・半島・島・入江によって囲まれ、一年以内の往復・回遊の航海に好都合な距離内に広がっていたため、歴史の古い時代から多重・多層のネットワークが交錯し、かつまた陸上の領域国家は海へ向けて積極的に支配・領有権を拡大した。したがって、海域は絶え間ない交流運動によって政治・経済・文化・社会が相互に影響を与え合うと同時に、時には緊張・対立・紛争が渦巻く場所ともなった。とくにアルプス以北の中世西ヨーロッパ・キリスト教世界の人々にとっての地中海世界は、自然条件と文明において「憧れの世界」であって、ムスリム勢力が地中海に進出したことは、他ならぬ「われらの海」が野蛮な異教徒に奪われたことを意味した。そこで、彼らは地中海世界をキリスト教世界とイスラーム教世界の二つの異なる世界が対峙する「敵対の海」「危険な海」「境域の海」として強く意識すると同時に、その海を再び「われらの海」に戻すことを文明復興のための目標して掲げたのである。[18] やがて十字軍の時代に入ると、イタリアの諸都市や西ヨーロッパの十字軍は、地中海の中央部に鎖のように東西に連なるサルデーニァ、シチリア、クレタ、キプロス、ロドスなどの島々を足場に地中海の南と東に進出し、イスラームへの挑戦を試みた。その際に、アナトリアの大陸に隣接した小島ロドスは、アナトリア地方だけでなく、黒海と東地中海、さらにペルシャ湾に連なる要地であった。またシリア海岸から近いアルワード、キプロスなどのシリア境域の島々は、東地中海の要衝であるだけでなく、ティグリス・ユーフラテスの両河川を通ってペルシャ湾へ、さらにナイル川や紅海を経由してアラビア海とインド洋の海域世界へと通じる戦略上の回廊としての役割を果たした。一方、北アフリカ海岸に近いマルタ島やジェルバ島は、東と西の地中海を分かつ要衝の島であり、イフリーキヤ、エジプトやサハラ・スーダーン（黒人アフリカ）地域への進出の前哨基地となった。したがって、これらの島々は、一一世紀末から現代に至るまで東西の諸勢力が覇権を競い合う紛争の焦点となったのである。

三　島の事例研究——東地中海に浮かぶアルワード島

次に、島の具体的事例として地中海のアルワード島を取り上げ、島をめぐる歴史的・現代的意味について考えてみよう。[19] 私は、一九八四九月末から一一月中旬までの約二ヵ月間、シリアの東地中海の海岸沿いに、タルトゥース、バーニヤース、ジャバラ（ジャブレ）、ラーズィキーヤ（ラタキア）などの港町を訪れ、そのうちの一ヵ月間をタルトゥースの沖合一・六キロメートルに浮かぶ小島、アルワード（Arwād）で過ごした（写真1）。一般には、アルワード島はルアード（Ru'ād）、もしくはズィーレ（Zīreh）——アラビア語方言で「島（jazīra）」の意——と呼ばれ、古くはアラドス（Aradus）、アルヴァド（Arvad）の名で東西に広く知られていた。そこはレバノンのジュバイラ（ビブロス）、サイダー（シドン）、スール（トゥール、チューレ）などと並んで、地中海を舞台に広く活躍したフェニキヤ海民たちの根拠地の一つであって、現在の島民もまた、自らが古代フェニキア人の後裔であることを誇りに思っている。

アラドスの名は、すでに古代エジプト王トトメス三世（Thutmose III，紀元前一四九〇—一四三六年頃在位）の頃に現れ、ギリシャ、ローマ、ビザンツの各時代にロドス島やキプロス島と並んで、東地中海の要衝として重要な位置を占め[20]、地中海の諸勢力がエジプト、シリア、イラク、さらにはインド洋海域に向けて膨張・拡大していく前哨基

写真1　アルワード島の全景（1943年。H. Charles & ‘A. M. Solaÿmân, *Le Parler Arabe*, Illustration, p. 16 より）

アルワード島は，シリア海岸のタルトゥース港の沖合約 1.6 km に浮かぶ小島であり，その歴史はフェニキア時代以前に溯るといわれる。このように大陸に隣接した小島は船の寄港地としてだけでなく，外部から来たさまざまな人々が寄りつき，そこに居留地・市場などを築く拠点となり，陸域とは異なる独自の中間機能を果たした。

写真2　1942年頃のアルワード島における大型帆船の建造（*Ibid*., Illustration, p. 23 より）

地としての役割を果たした[21]。歴史家のワーキディーやタバリーが伝えるように、ヒジュラ暦五四（六七四）年、アラブ・ムスリム軍はアルワード島をビザンツ軍から奪うと、シリア・レバノン海岸の安全と秩序を確保し、そこを前進基地として、地中海に乗り出した[22]。ディマシュキーは、アルワード島について「アルワード島はアンタルトゥース（タルトゥース）の砦に近く、その周囲は六マイル、そこには要塞があり、［ウマイヤ朝のカリフ＝］ムアーウィヤ・ブン・アビー・スフヤーン（Muʿāwiya b. Abī Sufyān）がルームの海（地中海）への聖戦をおこなったとき、最初に征服された[23]」と、その戦略上の重要性を述べている。

一二世紀に入ると、アルワード島は十字軍の占領下に入って、彼らのシリア・レバノン海岸における最も重要な軍事拠点となった。マムルーク朝のスルタン＝バイバルス（al-Malik al-Ẓāhir Rukn al-Dīn Baybars I）は、西境はリビアのバルカ（Barqa）からエジプト・デルタ地域、パレスチナ海岸、そして東境はキリキア・アナトリア海岸に至るまでの東地中海沿岸部の軍事的・行政的支配を完成した。しかし、彼の死去した一二七七年になっても、アルワード島は引き続き十字軍の支配下にあって、シリアの海岸地域に大きな不安と脅威を与えた[24]。そして、一二九一年にシリア・パレスチナ海岸における十字軍の最後の砦アッカー（ʿAkkā）がマムルーク朝の手に落ちてから一一年後の一三〇二年、スルタン＝ナースィル（al-Malik al-Nāṣir）の治世の時、ようやく島はムスリム側に引き渡された。当時の歴史家アブー・アルフィダーゥ（Abū al-Fidāʾ）は、その時の状況を次のように説明している。「この年（ヒジュラ暦七〇二年）のムハッラム月（一三〇二年八月二六日〜九月二四日）に、アルワード島は征服された。そこはルームの海にあり、アンタルトゥースの向かい側、海岸近くに位置する。その島にはフィランジュ（十字軍）の大集団が集結し、いくつもの周壁を築き、島を要塞化した。彼らは、［しばしば］島から出て来て、この［シリアの］海岸地域を往来するムスリムたちに対して略奪行為をおこなった。その当時、この海岸部の［統治を任されたスルタンの］代理官《ナーイブ》は、サイフ・ウッディーン・イスンダムル・アルクルジー（Sayf al-Dīn Isundamr al-Kurjī）であった。そこで、彼はアルワード島への戦艦の派遣を要請した。かくして、シャワーニー船団が建造され、船はエ

図 2　シリア（シャーム）海岸とアルワード島の位置

ジプト地方からそこに向けてルームの海を進み、この年のムハッラム月、島に達した。両軍の間で激しい戦闘が起きたが、結局、アッラーはムスリムたちを勝利にお導きになれられた。ムスリムたちはこの島を支配し、島のすべての住民を殺したり［残りを］捕虜とし、島の周壁を破壊したあと、捕虜と戦利品を持って、エジプト地方に帰還したのである。[25]」

その後、アルワード島は一六・一七世紀に、イギリス、フランス、ヴェネツィアなどの支配権争いに巻き込まれ、一九一四年には、フランス海軍が島を占領して、大陸部のシリアへの本格的な進出の足掛かりとした。

このようにアルワード島の歴史をふりかえれば、地中海に浮かぶちっぽけな島をめぐって、東西の軍事・政治・経済の諸関係が複雑に絡み合い、それぞれの時代の潮流を決定づける重要な役割を果たしたことが理解されるのである。第二次大戦以前まで、その島は東地中海世界で活動する大型木造帆船、とくにスクーナ型帆船の造船基地として知られ、島民は船主、船員や漁民として、イスケンデルーン、メルセン、キプロス島、ベイルート、タラーブルス、スール、ディムヤート（ダミエッタ）、アレクサンドリア、そして遠くはトリポリ、ジェルバ、スファークスとの間の海運や漁業にも活躍した[26]（写真2、3）。現在（調査時点を示す。以下同様）でも、島の南東部の海岸にある造船所において、伝統的技術を受け継いだフルーカ型木造船が建造されている（写真4）。フルーカ（fulūka, flūka, fulucca, feluca）はレバノン、シリア、エジプト、リビアやチュニジアなどの海岸部、河川やラグーンなどに見られる艇身七〜一二メートルのダブル・エンダー型、船体はフレーム型、舷側板は平張りの、おもに漁業に使われる木造船である。また、かつてアルワード島近海からレバノン北部の海域では、スポンジ（海綿）の採集（ṣayd al-isfanj / ṣeyid el-esfonj）が盛んにおこなわれ、多くの島民は男海士《あま》として活躍していた。しかし、一九二六年以後になると、スポンジの世界的需要は減少して、価格が急落したことや、海綿動物に病気が発生して品質が著しく低下したことなどの理由から、その採集量は大幅に減少した。一九三八年の島の良質スポンジの採集量は三八万六、〇〇〇ポンドに達したが、現在ではほとんど採集がおこなわれていない。[27]

上述したように、私は島嶼性の文化・社会や史的認識を得るための具体的な調査・研究の対象地として、この歴史的なアルワード島を選び、①聞き取りと参与観察によるアルワード島の港、造船所、道路、要塞、周壁、街区、モスクとその他の宗教施設、市場、歴史的遺跡などの配置図の作成、②島の現状と問題点、③木造船フルーカの造船過程、型式、部称名、船大工集団、④漁業および漁獲物の加工と流通過程、⑤島と大陸部、とくにタルトゥース、バーニヤース、ラーズィキーヤ、タラーブルス、ベイルートとの歴史的・文化的関連、などの調査を実施し

写真 3　アルワード島沖を帆走中のスクーナ型木造船（1940 年代初頭に撮影されたと思われる。*Ibid*., Illustration, p. 32 より）

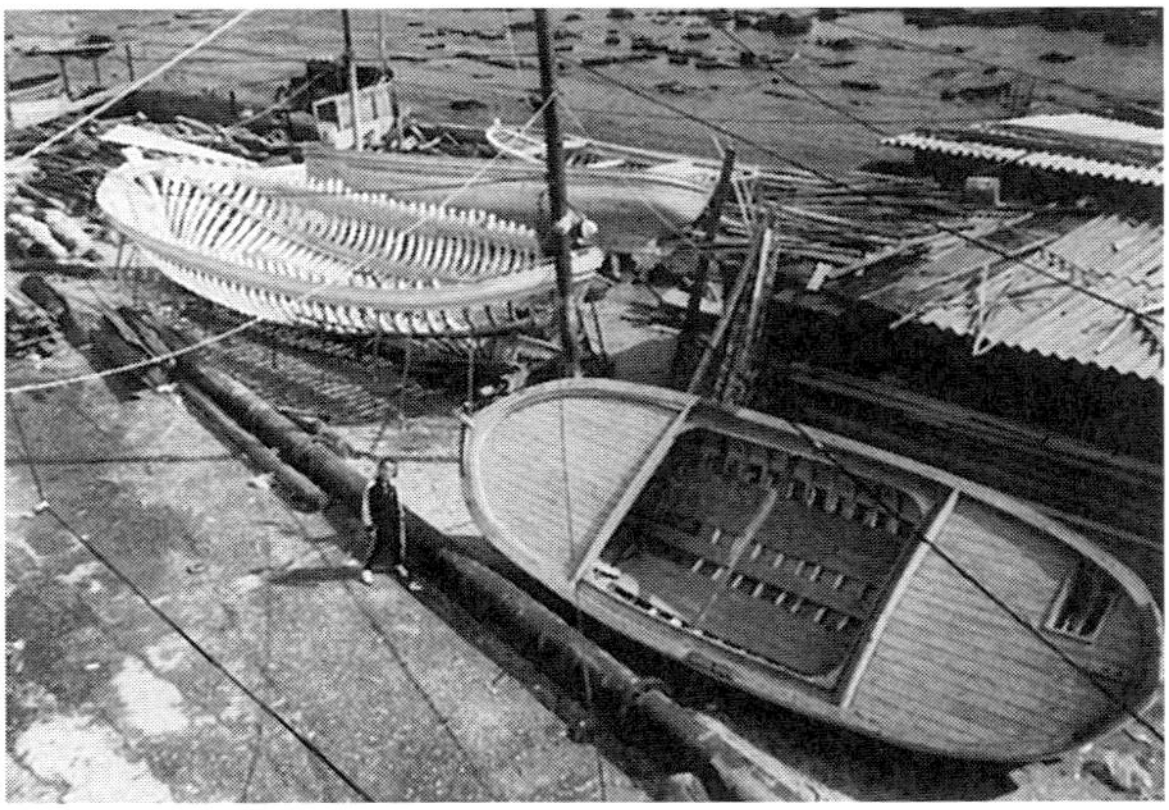

写真 4　フルーカ型木造船の建造（1984 年撮影）

た。そして、調査の結果を分析・研究することで、東地中海における戦略上、また人・モノ・文化の交流ネットワークのうえでも要地を占め、同時に海民の生活と文化の拠点となった島（島嶼）という「場」を理解したいと考えたのである。

アルワード島（北緯三四度五二分、東経三五度五一分）は、タルトゥースの南南西、約一・六キロメートルの沖合、フルーカ、またはランシャ（lansha, lancha）と呼ばれる小型の連絡船に乗って一五〜二〇分のところに位置する。島は、シリアからレバノンの国境に至るまでの南北の海岸線とほぼ平行して、おおよそ五キロメートルにわたって連なる岩礁（リーフ）の北端近くにある。この岩礁に沿って、「アルワードの娘たち（Banāt Arwād）」と呼ばれる、以下の五つの小島が分布する。

(1) ナムル島（Jazīrat al-Naml）　アルワード島の北に位置し、タルトゥースの町に近いバスィーラ海岸の沖合約二〇〇メートルにある。

(2) ハバース島（Jazīrat al-Ḥabās, Ḥabbās, Laḥbās）　アルワード島のすぐ南に位置する島。

(3) アブー・アリー島（Jazīrat Abū ʻAlī, Umm ʻAlī）　ハバース島の南に位置する。

(4) マハーリート岩礁（Jazāʼir al-Makhārīṭ, Makhrūṭ）　アブー・アリー島の南に位置し、いくつもの岩礁からなっている。

(5) ナッサーニーヤ島（Jazīrat al-Naṣṣānīya, En-Noṣṣānīyeh）　マハーリート岩礁の南にあって、アルワード島から最も遠い。

現在、アルワード島を除いて、他はいずれも無人島であるが、アブー・アリー島とマハーリート岩礁にはフェニキア時代のものと思われる、岩石に刻みつけた遺構、レンガや石組みの住居址が残されている。現在のアルワード漁民は、これらの島に漁の途中で立ち寄ったり、嵐（nawʼ）の時、一時的に避難することもあるという。

アルワード島は、これらの島嶼中の最大の島で、島の周囲はおよそ一、二〇〇メートル、長さ八〇〇メートル、幅五〇〇メートルのほぼ楕円形をなしている。[28] 島は平坦に近く、その中央の頂点でも標高二四メートルに過ぎない。港は島の北東部に位置し、「アルワード波止場旧蹟（aṭlāl marfaʾ Arwād）」と呼ばれる岬――「サンスール岬（Raʾs al-Sansūl）」ともいう――によって、東側の「市場の海（Baḥr al-Sūq）」と西側の「下港（al-Mīnā al-Taḥtawī）」の二つの部分に分かれる。アルワード波止場旧蹟は、その二つの港に面して、フェニキア時代以来の波止場、倉庫や住居址と思われる遺構が今でも累々と残され、岬の付け根にあたる島の正面にはアラブ砦（Burj al-ʿArabī）、もしくはフランク砦（Burj al-Firanjī）と呼ばれる堅固な要塞が建っている（図3参照）。

島の中央部には、十字軍時代の要塞（Qalʿat Arwād）がひときわ突出して聳えており、それを取り囲むように白亜の住居約八〇〇戸が全島をびっしりと埋めつくして、耕地といえるような間隙地はまったく見当たらない。現在、島民（el-Roadīyeh）のすべてはスンナ派のムスリムであり、一九七〇年に実施されたシリアの国勢調査によれば、島民人口は四、一三三人で、異常に高い人口密度となっている。[29]

このように島嶼性を特徴づけている重要な側面の一つは、きわめて限定された居住空間に人口が密集して住むことであり、それに付随してさまざまな社会的・経済的問題――貧困、不安定な生活、海外移住などの問題と並んで、日々の生活では食料・飲料水や燃料の調達、生活汚物・汚水、病虫害、疫病など――が生じる。アルワード島のあちこちに残された紀元前一〇世紀頃の遺構、巨大な岩石を積み上げた周壁と海面下に広がる無数の住居址などから推測すると、フェニキア時代の島がすでに現在より多くの人口を擁していたことは明らかである。[30] キリスト教の大司教ステファノ・アッドゥワイヒー（Stéphane al-Duwayhī, al-Baṭrīq Isṭifānūs al-Duwayhī）の記録によると、一三〇二年、マムルーク朝の軍隊は十字軍の立て籠もるアルワード島を奪回したとき、島内に残っていたフランク人およそ二、〇〇〇人を殺害し、さらに五〇〇人余りを捕虜としてダマスカスに運んだという。[31] この事実は、一四世紀初頭までのアルワード島には島民の他に、二、五〇〇人以上の十字軍兵士が居住していたことを示している。また、一六九七年にアレッポからエルサレムに向かったヘンリー・マンドレル（Henry Maundrell）は、旅の途中でアルワード島を訪れて、島の様子について、次のように記録した。「[トルトサ(Tortosa, Anṭarṭūs, Ṭarṭus)から]約半時間ほどで、海岸からおよそ一リーグ(約五キロ)の沖合にある小島に、われわれは[船で]一気に着いた。トルコ人たちは、これをルアド(Ru-ad)と呼んでいる。そこは、昔日のアルヴァド(Arvad)、アルファド(Arphad)、またはアルパド(Arpad)、ギリシャ・ローマ人たちのアラドス(Aradus)であると伝えられる。一見したところ、島は二〜三ファーロング(約四〇二〜六〇三メートル)ほどの長さに過ぎず、島全体がまるで城郭のようにびっしりと建物で埋めつくされている。この島の昔の人たちは航海に優れていたので、はるか遠くガファラ(Gafala)までの大陸部に支配権を持っていた。[32]」

ヒジュラ暦一三一六(一八九八/九九)年に編纂されたM・A・スッカリー(Muḥammad Amīn Ṣūfī al-Sukkarī)『タラーブルス史』には、一九世紀末のアルワード島について「アルワード島はタルトゥースの南西およそ三マイル、タラーブルスから三〇マイルの距離を隔てたところに位置し、島の周囲一、五〇〇歩ほどの小島である。フェニキア人の残した多くの要塞と周壁の遺跡が見られる。しかし、そこには雨水を溜めた井戸水(貯水槽)を除くと、他に飲料水は無い。島の人口は、約三、〇〇〇人である[33]」と記録されている。

一九一四年のフランス海軍によるアルワード占領から八年後(一九二二年)に開始された島の人口調査によると、島民人口は三、〇一三人(一九二二年)、三、〇四二人(一九二七年)、三、二七八人(一九二八年)、三、三〇七人(一九二九年)、三、三六四人(一九三〇年)、三、四七九人(一九三一年)、三、六二五人(一九三二年)、三、七五八人(一九三三年)、四、二三九人(一九三八年)であった。[34]そしてシリア独立後の一九七〇年に実施された国勢調査では、島民人口は四、一三三人となっているので、島はかなり古い時代から現在に至るまで一貫して三、〇〇〇〜四、〇〇〇人の人口を擁していたと考えて大過ないであろう。[35]

この一九七〇年のシリア国勢調査の資料にもとづき、アルワード島の人口構成について考えてみよう。一九七〇年におけるアルワード島の住民はシリア国籍(島民)が四、一三三人(男性二、一九三人、女性一、九四〇人)で、そ

①市場の海（Baḥr al-Sūq）。現在，タルトゥースとの間を往来する連絡船や多くの漁船は，この港を利用しているが，冬季に北風が強くなると，その西側の下港が使われる。以前には，マルバト・スィドヌース（Marbaṭ Sydnūs）と呼ばれていた。②下港（al-Mīnā al-Taḥtawī）。古くは聖ジャンヌ・ダルクの港（Marfa' Sainte Jeanne d'Arc）とも呼ばれた。③アルワードの旧港跡（aṭlāl Marfa' Arwād）。歴史的な遺丘が見られる。サンスール岬（Ra's al-Sansūl）とも呼ばれる。④防波堤。⑤発電所。⑥修理ドック（al-Bābūl）。1960年代以前には，この場所で大型のスクーナ型木造帆船が建造されていた。⑦桟橋。⑧モスク。⑨広場（al-sāḥa, al-maydān），中央市場（al-Sūq al-Ra'īsī）。⑩アラブ砦（Burj al-'Arabī）。またはフランク砦（Burj al-Firanjī）とも呼ばれる。⑪茶屋・レストラン（al-maqhā wa'-maṭ'am）。⑫聖者廟（al-zāwiya）。⑬以前にはここは入江（khor/khawr）であり，橋（jisr）が掛かっていた。1967年の大津波によって橋が流されると，入江は埋め立てられた。現在では船置き場，造船所の一部として利用されている。⑭以前には，ここに風車を利用した粉挽き小屋があったが，現在では船大工バフラワーン一家の建物がある。⑮フルーカ型木造船の建造所。船は，この小屋の周囲の空き地で組み立てられる。⑯堤防。1967年の津波によって島が大きな被害を受けたあと，島の東側海岸に沿ってコンクリート製の堤防が設置された。⑰水道局センター。250mの地下から塩分を含んだ地下水が大型ポンプによって汲み上げられ，島内で使用される生活用水は，すべてこの井戸にたよっている。⑱漁師小屋，茶屋。昼間や荒天の日には，島の漁師たちはここに集まり，網繕い，釣具の準備やトランプ遊びなどをおこなう。漁師小屋の裏には，旧発電所の後がある。⑲墓地。⑳小学校。㉑病院。㉒フェニキア時代の巨大な石組みの周壁（ṣuwar Arwād）。㉓洞窟群。㉔オスマン朝時代のハンマーム址（al-ḥammām al-'Arabī）。㉕モスク。㉖アルワード要塞（Qal'at Arwād）。現在，アルワード要塞博物館と中学校がある。㉗アルワードの娘（Bint Arwād）と呼ばれる小島。干潮時には，浜を歩いて渡ることができる。㉘修理ドック。㉙ラグーン，廃棄場（rāmat al-qaṣṣāb）。

図3　アルワード島市街図

表 1　アルワード島の年齢別人口構成

	1歳未満	1～4	5～9	10～14	15～19	20～24	25～29	30～34	35～39	40～44	45～49	50～54	55～59	60～64	65～69	70～74	75～79	80～84	85歳以上	記載なし	合計
男性	109	282	339	272	205	149	176	141	111	106	67	40	52	42	21	28	28	14	11	—	2,193 人
女性	91	297	317	236	164	144	104	96	92	77	59	50	41	47	42	34	20	14	14	1	1,940 人
合計	200	579	656	508	369	293	280	237	203	183	126	90	93	89	63	62	48	28	25	1	4,133 人

資料）*Natā'ij al-Ta'dād al-'Āmm li'l-Sukkān 1970*, Muḥāhaẓat Ṭarṭūs.

の他に外国籍の二三人（男性一〇人、女性一三人）を加えると総数四、一五六人である。総世帯数は七六六世帯、一世帯の平均家族数は五・四人、一〇歳以上の就労者は男性一、一四一人、女性一七人である。表1によって明らかなように、一五歳以下の人口は男性一、〇〇〇人、女性九四一人であり、全島民に対する割合は男性の四五・六九パーセント、女性の四八・五一パーセントであり、若年層の人口がきわめて高い比率を占めている。さらに、二〇歳までを含めると、男性一、二〇七人（五五・〇一パーセント）、女性一、一〇五人（五六・九五パーセント）にもおよぶ。この事実は、学業と兵役を終えるまで島に留まり、二〇〜二四歳以後になると、タルトゥースおよび他の諸都市、あるいは海外への急激な移動・移住が起こることを物語っている。

島内を歩いて、まず驚かされるのは、子供の数がきわめて多いことであり、比較的若い漁師でも五〜六人、四〇歳後半から五〇歳台では一〇〜一五人の子持ちの家族も珍しくない。現在、島には小学校と中学校がそれぞれ一校設置されているが、中学三年以上の生徒は、タルトゥースの中学に船で通学している。冬季に海が荒れて、連絡船が欠航すると、彼らはタルトゥースにある寄宿舎や近親の家族と一緒に生活することを余儀なくされる。このように、教育問題が契機となって、一五歳以上の人たちの離島化が進み、生活・文化・経済のすべての面で本土への依存性を高めているといえよう。

最近では、島内には港湾堤防、発電機、給水センター、病院、郵便局などの公共施設が整備されて、島の生活条件が徐々に改善されつつある。病院は、島の南西地区にあって、三人の巡回歯科医と一人の内科・外科医が治療にあたっている。内科・外科医は、アルワード島の出身者で、アレッポ大学医学部で博士号を取得したという。電気は、重油発電によって、毎日午前一一時～午後三時、五時～一〇時の定時発電をおこなっている。

島で使用する生活用水は、給水センターに設けられた大型ポンプによって、地下二五〇メートルから地下水を汲み上げて、地区の共同給水場と各戸（一部）に配られる。この井戸水は、少量の塩分を含むが良質で、毎月一戸当たり均一の四シリア・ポンド（約四〇〇円）の廉価な水道料金によって提供されている。この給水センターは、一九六九年に完成したもので、それ以前には畜力（ラクダ）によって島内の二本の井戸から地下水を汲み上げ、不足分は雨水を溜めたり、タルトゥースからの給水船によって補われていた。島の南西側の浜辺近くには、岩盤を削った天然の貯水槽（birka）跡があちこちに残されており、飲料水の有無が島の生活を左右する重要な要素の一つであることを示している。

アルワード島の生活物資や人を運ぶ生命線ともいえる本土との交通運輸は、タルトゥース港との間を結ぶフルーカ、またはランシャと呼ばれる艇身わずか七～一二メートルの連絡船だけにたよっている。タルトゥース港内の水深がきわめて浅く、干潮時には船の出入りがきわめて難しいこと、アルワード港外に係留中の大型船や廃船が近年の海運不況の影響でますますその数を増やしており、漁船や連絡船の往来に大きな障害となっていること、島の港湾施設の不備などの理由によって、島を中心とした中型・大型船の定期運航は不可能とされている。

島民の日常生活のうえで不可欠な日々の穀物、野菜、石油・プロパンなどの燃料類、衣料品・雑貨、建材、その他の生活必需品類のすべてに加えて、通勤・通学の人や島を訪れる商人、観光客などにとっての交通運輸の足として、島と本土（タルトゥース）との間のわずか一・六キロメートルの海を結ぶ船は、かけがえのない重要な役割を担っている。そして、この海の存在こそ、本土とは異なった島の史的役割、政治・経済のあり方や文化伝統・習俗の特性を創り上げるうえでも決定的な意味を持ったことが理解されるのである。一〇月半ばを過ぎると、南西風(labash, maltem）が強まり、島の周囲の海域は荒れて白波が立ち、タルトゥースとの連絡がしばしば途絶える。このような時、海が障壁となって、外界への道が閉ざされ、島のすべての生活は停止し、孤立感が増大するようになる。[36]

歴史的に見ると、島はその周囲四面に広がる世界との間で人、モノや情報の交流を維持することで、外来の勢力が接触する交差点となり、また島民の側も、海を渡って異域へ出る意欲や技術を持って、新しい生活・文化の基礎を築いてきた。しかし、近代における国家による政治・法律・経済・文化面での行政的統合や新しい地域編成、国際関係の緊張などの要因は、島を軸心として外世界に広がる多様・多元・複合のネットワークを断ち切り、本土への一元的な依存性を高めるとともに、歴史的な島の孤立化・僻地化をもたらす結果を招いたのである。

島嶼性の重要な側面の一つであり、島の経済・生活のうえでも見落とせない部分は、島民による積極的な外世界（異域）への「移動」のエネルギーである。言うまでもなく、島という限定された自世界に生き、またその生活・文化を維持していくためには、島のもつ限られた受容力（人口数、資源、生活必需物資）を超えた不足部分をすべて外世界に求めなければならない。この点は、過去とも共通する部分であり、現在の彼らは海を利用して生活の場を外世界に求めて、海運活動、商売、出稼ぎや海外移住をおこなっている。アルワード島の漁民の言葉を借りれば、島での漁業や家族との生活はいわば「休息の時（waqt al-rāḥa）」であり、船員として雇われたり、海外での出稼ぎや商売の時こそが本来の「働き（生活）の時間（waqt al-ḥayāt）」であるという。島の漁民の大部分は、ギリシャ系海運会社に雇われた経験があり、一九七〇年以降にはクウェート、バーレンやサウジアラビアなど湾岸諸国の石油タンカーで働くようになった。海外における彼らの船員生活の様子を聞き取っていて興味深かったのは、船に乗って世界の国々をめぐり、さまざまな見聞や経験によって新しい情報・文化を意欲的に吸収していたことである。とくに日本の横浜、神戸、呉、広島、門司などで滞在中に得た彼らの日本観は、各地の港社会を窓口として取得された特殊な知識ではあるが、多様な外世界を比較し、物事の本質や正確な情報をつかみとろうとする鋭い分析眼を備えている。そうした海外生活で得た国際的な情報は、当然、閉鎖性・孤立性を持った島の社会的・文化的アイデンティティとの間に葛藤・摩擦を増幅させていると考えられるが、同時に彼らの人間関係の結束の強さが外世界へ出るさまざまな移動のネットワークを生み出し、故郷を離れ海外社会で結成されるコミュニティにも投影されているといえよう。

一九六〇年代後半から七五年までの約一〇年間は、世界的な海運景気に沸いた時代であり、アルワード島民による出稼ぎ収入が島の経済を大いに潤わせたといわれる。しかし、その後、世界の海運は不況に転じ、また産油諸国の経済が停滞したこと、社会主義諸国の商船隊の進出やフィリピン船員の活動が拡大したこと、貨物船のコンテナ化などの理由によって、島民の海外での船員雇用の機会は急速に狭められた。最近では、海外出稼ぎ島民が次々に帰国して、島の定住人口はさらに増加し、失業、低所得や貧困が大きな問題となっている。

一方、一九七〇年代に入ると、美しい地中海に浮かぶこの歴史の島、アルワードを訪れる観光客は年々増加し、七六年には二万五、一〇〇人、七七年には二万七、一〇〇人に達した。[37] 島の観光事業を振興するため、またツーリストの関連産業——運輸、レストラン、ホテル、土産物販売、ガイドなど——への波及効果を考えて、一九八〇年にはアルワード要塞の内部に「アルワード要塞博物館（Matḥaf Qal'at Arwād）」が開設された。観光収入が島の将来の発展に大きな役割を果たすと思われるが、一時、島内に建設された唯一のホテルは現在では閉鎖されており、必ずしも島の観光事業が順調に発展しているとは言い難い。今後の課題として、港湾設備の整備・充実、連絡船の安全航行、島の海岸部に放棄されたゴミや汚水処理の問題、大量の飲料水の確保、島の漁業と観光事業の相互依存、対岸のタルトゥースとの競合関係など、解決すべき問題が山積している。

結びに代えて

以上、海域世界のなかの島の特性（島嶼性）について、さまざまな面から考察を進めてきた。またアルワード島の調査を通して、島社会の過去と現在に共通する実際の生活面での特徴、さらには現在の島社会が抱える社会的・経済的問題についても分析を試みた。

インド洋と地中海の両海域世界に分布するさまざまな島の位置（島と大陸との間の距離、島と島との間の距離、列島のように連なる島、大洋上の孤島など）や規模、生態系の諸条件、自然資源などの自然地理や生態環境を考慮しただけでも、島の特性は多様な側面を持っていることが分かる。島は、四方周囲が海洋（水域）であり、時にそれが巨大な障壁となって孤立性、閉鎖性を高めるが、またある時には海域ネットワークの一つのノードとして、外世界と結びついた交流上の接点ともなる。「孤立性」「閉鎖性」という点にもとづき、島の文化や社会を語るときには、その伝統性、後進性、排他性などの面が強調される。一方、外界に開けた交差点としての島では、海を利用してさまざまな人々が頻繁に出入りを繰り返すことでコスモポリタンな港市社会が誕生し、異なるモノの交換や文化が交錯することで、新情報の発信基地、海域世界の要所としての役割、すなわち「開放性」「国際性」の面が語られることになる。

そして陸域との関係を考慮するならば、島は、陸域の軍事・政治勢力の影響を強く受けると、辺境に位置づけられたり、また陸域が海域に進出するための軍事・戦略上の基地となる。また逆に、外界の勢力は島を足場として、その先に連なる陸域（本土）への進出をおこなうこともある。

島が外世界との交流を促進させる要素として、地理的位置に加えて、風、海流や潮流などの航海上の特殊条件があり、それによって島が海上交通上の交差点、経由の要地、風待ちや潮待ちのための寄港地、飲料水・薪・食料などの補給基地となることもある。さらに、特定の島だけに産出する動物・植物・鉱物資源をめぐる生産・採集・集荷・中継・輸送などの流通活動が島を介した海域世界の内的交流と外的関係を促進させる重要な要素となっていることにも注目すべきであろう。

第Ⅱ部　陸上ルートと海上ルートの連関

概観

西アジア地域の地理的位置は、ユーラシア・アフリカの両大陸の接点であると同時に、東側のインド洋、西側の地中海の「二つの海域の出会いの場所（majmaʿ al-baḥrayn）」でもある。前述したように、『クルアーン』には「二つの海を別々に放って、こちらは甘く、飲んでもうまく、あちらは塩辛くて、ぴりぴりさせ、両方の間に墻壁を置いて、［混ざり合うことを］絶対禁止にし給うたのもあのお方（アッラー）」（第二五章第五五節）、また「二つの海を解き放ってあい逢わせ、しかも間には障壁《へだて》を設けて互いに分を守らしめ給う」（第五五章第一九節—第二〇節）、「どちら［の海］からも真珠は取れる、珊瑚は取れる」（同章第二二節）と記されている。

このように『クルアーン』に記された「二つの海」とその中間にある「墻壁」が地理学上のどこを指したかについては、聖典註釈者、伝承学者や地理学者たちの間で異なる見解が提示されてきたが、大方の見解では、インド洋と地中海、その間にある墻壁（障壁）はアラビア半島を含む西アジア地域であると見なされた。この見解が正鵠を射たものとするならば、すでに六・七世紀より以前の時代から、西アジアに住む人々は、西アジア地域を東のインド洋と西の地中海の両海域世界の出会いの接点（聖域）、二つの海域世界のリングが重なりあう、まさに大海域世界の結節点であると捉える世界観を抱いていたことになる。

第II部の目的は、西アジア地域を軸心として、東のインド洋、西の地中海の両海域世界がどのような交通システムによって連結されていたかについて、具体的な事例に即して考察することにある。

まず第1章では、メッカ巡礼（ハッジ）が果たした「交通」の意味について分析する。ハッジは、信仰実践（五柱）の第五にあげられるムスリムたちにとっての宗教的義務であって、社会的・経済的条件が許す限り、西アジア地域から遠く隔たった、いわばイスラーム世界の辺境に位置する東側の中国、中央アジア、東南アジアや、西側の西アフリカのスーダーン・サーヘル地域に住むムスリムたちにも等しく、聖地メッカでの巡礼大祭（mawsim al-hajj）に参加することが一生の義務として課せられていた。したがって、ハッジはメッカを軸心とした海・陸にまたがるイスラーム世界を一つの全体としてまとめあげる壮大な交通システムの発達を促し、とくにインド洋と地中海の両海域世界を相互に結びつけるうえで重要な役割を果たしたといえよう。

西アジア地域を交差道路《クロス・ロード》として、ユーラシア大陸・インド洋海域世界・地中海世界・アフリカ大陸を包摂した、前近代における交通システムは、①インド洋・紅海・ナイル・地中海、②インド洋・ペルシャ湾・ティグリス・ユーフラテス・地中海、③中国・ユーラシア大陸（中央アジア、北方アジア）・イラン・シリア・地中海・マグリブ、の三本のメイン・ルートとそれらから分岐したさまざまな支線によって構成されていたと考えられる。それらのなかでも、紅海とペルシャ湾の二つの「水道」を使ってインド洋海域世界と地中海世界を結びつける①と②のルートがつねに、国際間の政治・経済・文化の流れを左右するほどの大きな影響をおよぼしてきた。したがって、ナイル峡谷を中心に興隆した領域国家は、インド洋と地中海に通じる交流ネットワークを制するために、①を中軸として軍事的・政治的支配権を拡大するだけでなく、②のルートに対しても強い影響力をおよぼそうとした。一方、ティグリス・ユーフラテスの両河川地帯やイラン高原に興隆した領域国家は、②のルートと並んで、①のルートに対しても軍事的・政治的支配権を伸長させたのである。このように、紅海軸の交通システムとペルシャ湾軸の交通システムの両軸が西アジア地域の歴史展開に大きなダイナミズムを与えてきたといってよい。そこで第2章と第3章では、地中海とインド洋をつなぐ二つの水道、紅海ルートとペルシャ湾ルートの交通史における役割を考察する。

そして広義の「交通」をめぐる問題には、交通ルート（道）やルートの起点・終点あるいは中間・通過点となる場所の施設、運輸の手段・道具・組織などのハードの面と、それらを実際に動かす、あるいは支配したり利用する国家、商人、旅行者、物品、金融と流通上のシステム、文化・情報などのソフトの面、の両面が関わっている。①のルートについては紅海〜東部砂漠〜ナイル川〜地中海、②のルートについてはペルシャ湾〜ザグロス山脈〜イラン高原、の異なる自然地理・生態系をつなぐ交通システムがどのような条件のなかで生成し、どのような歴史的変遷過程をたどったか、またインド洋と地中海の両海域世界をつなぐうえでどのような役割を果たしたかについても、文献史料だけでなく、実際に現地でのルート踏査の結果を踏まえて総合的に分析してみたい。

第4章では、ヒジュラ暦六八二（一二八三）年、エジプトのカイロに到着したスリランカ（セイロン）王の使節団に関するアラビア語写本を解読することで、当時の紅海軸とペルシャ湾軸の交通システムをめぐって生じていた国際間の政治的・経済的な緊張関係を分析する。この史料は、フランスのパリ国立図書館（Bibliothèque Nationale, Paris）所蔵のイブン・アブド・アッザーヒル（Ibn ʻAbd al-Ẓāhir）による『マリク・アルマンスール実録集 *Tashrīf al-Ayyām wa'l-ʻUṣūr fī Sīrat al-Malik al-Manṣūr*』に収められた記録で、マムルーク朝のスルタン＝アルマリク・アルマンスール（al-Malik al-Manṣūr Sayf al-Dīn Qalā'ūn al-Alfī, 在位一二八〇―九〇年）の治世三年目にスィーラーン島（Jazīrat Sīlān）すなわちスリランカの王が派遣した国家使節団がカイロに到着したことを伝えたものであり、その使節団が通常の紅海ルートではなく、ペルシャ湾経由のルートを通過して到着したこと、ペルシャ湾の出入口ホルムズからバグダードまでの四七地点の経由地が記されていること、使節団がカイロに派遣された目的が当時の紅海ルートをめぐってイエメン・ラスール朝とマムルーク朝との間の交易をめぐる問題にあったことなど、当時の国際関係を知るうえで、唯一無二ともいえる貴重な史料である。

これらの考察を通じて、西アジア地域に深く切り込んだ二つの入江（al-khalījān）である紅海とペルシャ湾は、インド洋と地中海の両海域世界をつなぐ架橋であること、しかも両者はそれぞれ別個に存在していたのではなく、国際的な交通・運輸・交易活動のうえから見ても、つねに相互に深い連関をもって機能していたこと、したがってそれぞれの時代の国際情勢を微妙に投影するバロメーターでもあったことが明らかとなる。

第1章　メッカ巡礼の道

はじめに

イスラーム世界は、ウンマ・ムハンマディーヤ（al-ummat al-Muḥammadīya, ムスリム共同体）のもとに統合された理念的な世界であると同時に、現実においても共通の文化・社会システムの機能する世界として、その世界内に住むムスリムだけでなく、ユダヤ教徒、キリスト教徒やゾロアスター教徒たちなどにも共有され、一つの全体として意識されていたと考えられる。したがって、その世界は個々の狭い血縁的・地域的なつながりや宗教諸集団によって結ばれた社会であると同時に、個人↓血縁↓地縁社会（社会集団）↓領域国家↓広域的地域↓イスラーム世界、の相互の間が吹き抜けたような「緩やかな諸関係」で結ばれており、個人のアイデンティティもまた、状況によってさまざまに変化・変質する複合的・重層的なものであったといえる。この意味において、とくに八世紀半ば以降、すなわちアッバース朝以後におけるイスラーム世界の形成は、それまでの人類文明史のうえでまったく例を見なかった「新しい歴史的世界の誕生」であって、それ以後の歴史は人・モノ・文化・情報の緊密なコミュニケーションによって結ばれたイスラーム・ネットワーク社会が形成・展開してゆく過程であった。

その世界は、すでに八世紀の半ばには、東は中央アジアのトランスオクサニア（マー・ワンランナフル地方）、現在のパキスタンのインダス川流域（スィンド地方）から、西は北アフリカ（イフリーキヤ・マグリブ地方）、ジブラルタル海峡を越えて、イベリア半島（アンダルス地方）のほぼ全域にまで広がっていた。さらにその外縁部には、とくに西アジアの商人たちの活躍する「経済的にイスラーム化された地域」と呼べるような「イスラーム境域地帯」があって、その世界は東はインド、東南アジア、中国から、西はサハラ砂漠南縁のスーダーン地方（ニジェール川とセネガル川流域の黒人王国）まで、北はヴォルガ川の中流域から南はインド洋のマダガスカル島北端や東アフリカ海岸のザンジュ・スファーラ地方まで拡大していた。したがって、八世紀以後のイスラーム史は、そうした「イスラーム境域地帯」を本格的に「イスラームの家（dār al-Islām）」に変えていく歴史的過程であった、と捉えることができる[1]。

イスラーム社会において、移動・旅といえば、メッカ巡礼（ハッジュ）に代表される。メッカ巡礼は、すべてのムスリムたちに課せられた宗教的義務であるが、単に宗教的目的だけでなく、政治・経済・社会・文化など、多様な目的と意図を持って、個人または集団が狭い地域社会や国家の枠を飛び出るための直接的な動機づけ、あるいは境界・領域を越えるための一つの口実を与えた。そして、メッカという「場《ば》」と巡礼大祭《マウスィム・アルハッジュ》（mawsim al-ḥajj）という「時《とき》」を同じくして、人・モノ・文化情報のつくり出す壮大な流れがメッカを軸心として四方に広がる陸と海の巡礼道、脇道、さらには国際交易道とも接続して、ムスリム世界全体の交流ネットワークを機能させていたのである[2]。

本章では、西アジアを中軸とするインド洋と地中海の両海域世界をめぐる交流ネットワークを考察する作業の一環として、一四世紀の半ばに記録されたイブン・バットゥータ（Ibn Baṭṭūṭa）による『大旅行記』を基本史料として、移動・交流という側面からメッカ巡礼の意味を総合的に分析してみたい。イブン・バットゥータは、一三二五年にメッカ巡礼を目的として故郷のタンジャ（タンジール）を出発し、足かけ三〇年間近くにわたって、当時知られていたユーラシア大陸とアフリカ大陸のほぼ全域を踏破した大旅行家（raḥḥāl）として知られている。イスラーム世界には、彼のように広く旅した数多くの人々が存在したと思われるので、彼はそうした旅人たちの代弁者であり、稀有なる旅の記録者の一人であるといえよう。彼の記録は、ムスリムたちにとっての移動・旅・巡礼に対する基本的認識を得るうえでの好個の史料であり、とくに一三・一四世紀における交流ネットワークで結ばれた壮大なイスラーム世界の状況を具体的に描き出している。(3)

一　メッカ巡礼と陸上・海上交通の発達

（1）巡礼の意味

巡礼とは、人間の本性である移動性、つまり放浪・漂泊・遊行などに代表されるような「旅」を宗教システムのなかに組み込んだものであると捉えられる。そして、共同体的に内向しようとする集団組織やその社会を解き放って、多くの境界を越え、言葉や習慣の違いを越えて、多様な人間・社会や異文化を一つに統合する働きをするのが巡礼という移動行為である。(4)

巡礼という社会的・宗教的現象は、古今東西、多くの宗教に見られ、とくに世界宗教といわれるような大宗教には、いずれも壮大な巡礼の世界がある。しかし、イスラーム教の場合、巡礼を宗教的義務の一つとした点で、他の大宗教に見られない特殊性がある。『クルアーン』は「人々のために［アッラーが］建てられた最初の聖殿はバッカ（メッカ）にあるあれ（カァバ神殿）だ。生きとし生けるものの祝福の場所として、また導きの場所として建てられたものじゃ」（第三章第九〇節）とあり、さらに続けて「誰でもここ（メッカ）まで旅してくる能力がある限り、この聖殿に巡礼することは、人間としてアッラーに対する［神聖な］義務なのじゃ」（第三章第九一節）と説いている。

以上の『クルアーン』の教えには、「旅してくる能力がある限り」という条件がついていても、肉体の条件、社会的・経済的な条件が許す限りにおいて、すべての人間にとって「メッカ巡礼は神アッラーに対する義務として課せられたもの」と明確に規定されている。巡礼は、イスラーム教の信仰を支える五つの柱（信仰実践）の一つであるが、他の四つの宗教的義務（ʻibādāt）、すなわち唯一神アッラーへの崇拝と服従のための信仰告白《シャハーダ》、礼拝《サラート》、喜捨《ザカート》、断食《サウム》とはまったく異質なものであり、何よりも格段に遂行が困難なものである。

預言者ムハンマドがメッカ巡礼を宗教的義務の一つとして決めたのは、おそらく六二四年の「バドルの戦い」の後、六三〇年のメッカ征服までの時期、つまり彼がメッカの中心性を強く意識していた頃のことと思われる。そして、ムハンマドが死の直前におこなった六三二年における「別離の巡礼（hijjat al-wadāʻ）」の所作や方法を追体験することがムスリムたちの正式の巡礼となり、現在に至るまでそのまま踏襲されている。(5)

当時のムハンマドが将来のイスラーム社会の発展をどのように描いていたかは明らかでないが、六三二年の彼の没後、イスラーム世界の急激な拡大にともなって、アラビア半島とその周辺地域に住むムスリムたちはともかく、その世界の地理的辺境に位置する東は中国、中央アジアや東南アジア、そして西はサハラ砂漠南縁部に広がるマリー、セネガルやナイジェリアなどの黒人ムスリムたちにも等しく、聖地メッカに詣でることが宗教的に義務づけられるようになったのである。しかも巡礼は、ヒジュラ暦の一二月七日から一〇日までの間に、集団で決められた順序と方法でおこなわなければならない。この期間以外の時に個人でおこなう巡礼も認められたが、これは正式の巡礼ではなく、あくまでも「聖所詣《ウムラ》（小巡礼）」に過ぎない。この意味において、メッカ巡礼はメッカの中心性とイスラーム世界の一体性、その社会の平等性を人々に強く意識させ、「イスラームの家（Dār al-Islām）」を創るための預言者ムハンマドの最大のストラテジィ（戦略）であったといえよう。

メッカ巡礼という巨大な移動システムを動かすためには、イスラーム世界の陸域と海域にまたがって、さまざまな人々が関わり、人が移動し、また膨大な量のモノや情報・文化が動くことは当然であろう。したがって、ムハンマドが「別離の巡礼」をおこなった六三二年から現在までの過去一、四〇〇年近くの間、メッカを中心とした人・モノ・文化・情報の壮大な交流運動がイスラーム世界を一つの全体としてまとめるうえで、きわめて重要な役割を果たしてきた。言い換えるならば、メッカはイスラーム世界の情報・文化センターとして、また商業活動のセンターとしても重要な役割を果たし、メッカを軸心として、四方に放射状に交通ネットワークと情報コミュニケーションの網が張りめぐらされていたのである。そして、その交通ネットワークの持つダイナミックな吸引力と拡散力の双方向的な運動こそがイスラーム世界を広げ、また相互的な交流と結びつきを与えてきた原動力である。

（2）メッカ巡礼者の数

メッカ巡礼が西アジアから遠い地域の人々にとって、より身近なものになるのは交通機関が飛躍的に発達した一九世紀半ばから二〇世紀初め以後のことである。サウジアラビア政府発表の巡礼者の統計資料によると、サウジアラビア人を除くメッカ巡礼者数は一九〇七年に一二万人、一九三〇年八万二、〇〇〇人、一九三五年三万四、〇〇〇人、一九五〇年一〇万八、〇〇〇人、一九六〇年二五万三、〇〇〇人、一九七四／七五年九一万九、〇〇〇人、一九七七年七三万九、〇〇〇人、そして一九八三年には一〇〇万四、〇〇〇人に達した（表1）。

では、イブン・バットゥータが旅した一三・一四世紀の時代に、どの程度の数の巡礼者たちがメッカを訪れていたのであろうか。イブン・バットゥータはメッカからバグダードに向けて戻るイラク巡礼キャラバン隊について、「われわれが別離のタワーフを済ませたあと、イラク人たち、ホラーサーン人たち、ファールス人たちとその他の非アラブ人たちが一団となって、バトン・マッルに向けて旅立った。彼らの数は数え切れないほどであり、大地は彼らによって怒濤の如く大波で打ち震え、彼ら［の隊列］は幾重もの雲群が空を流れて行くように進んだ」(6)と、凄まじい数の巡礼者たちが進んで行く様子を伝えている。

表1　メッカ巡礼者数の変遷

（単位：千人）

ヒジュラ暦/西暦	巡礼者数	ヒジュラ暦/西暦	巡礼者数	ヒジュラ暦/西暦	巡礼者数
1324/1907	120	1363/1944	38	1384/1965	283
1343/1925	25	1364/1945	38	1385/1966	294
1344/1926	—	1365/1946	61	1386/1967	316
1345/1927	191	1366/1947	55	1387/1968	319
1346/1928	96	1367/1948	76	1388/1969	375
1347/1929	91	1368/1949	90	1389/1970	406
1348/1930	82	1369/1950	108	1390/1971	431
1349/1931	39	1370/1951	101	1391/1972	479
1350/1932	29	1371/1952	149	1392/1973	645
1351/1933	20	1372/1953	150	1393/1973-74	608
1352/1934	25	1373/1954	164	1394/1974-75	919
1353/1935	34	1374/1955	233	1395/1975	895
1354/1936	34	1375/1956	221	1396/1976	719
1355/1937	50	1376/1957	216	1397/1977	739
1356/1938	67	1377/1958	209	1398/1978	830
1357/1939	60	1378/1959	207	1399/1979	863
1358/1940	32	1379/1960	253	1400/1980	813
1359/1941	9	1380/1961	286	1401/1981	879
1360/1942	24	1381/1962	216	1402/1982	854
1361/1942-43	25	1382/1963	197	1403/1983	1,004
1362/1943	63	1383/1964	267		

資料）*Encyclopaedia of Islam*, new edition, Vol. 6, p. 169.

多くの歴史資料では、メッカ巡礼者の数について「例年通り」、「かなり多数」とか「ほとんど無し」といったように述べて、実数を詳しく伝えた記録は皆無に等しい。(7) ジャズィーリー（al-Jazīrī）の『メッカ情報とメッカ路に関する書』によると、ヒジュラ暦六七七（一二七八／七九）年、シリア巡礼隊とイラク巡礼隊を除いて、エジプト巡礼隊だけの数で四万人に達したとある。(8) またマクリーズィー（al-Maqrīzī）は、七四四（一三四三／四四）年にエジプトを訪れたマグリブ巡礼者の数は一万人以上、さらにスーダーン（サハラ砂漠を越えた黒人王国の諸地域）のマリー・タクルール王国からの巡礼者約五、〇〇〇人がカイロに集結したと伝えている。(9)

毎年、エジプトの他にも、国家による公式の巡礼キャラバン隊（rakb）はシリア、イエメンとイラクから出ており、巡礼キャラバン隊の移動に合わせて数多くの商人・学者・修行者やその他の旅人たちがメッカに向かった。政治・経済な変動期には、政治的な亡命者や多くの移住者たちが巡礼キャラバン隊と一緒に移動することもあった。

あくまでも推測による概数に過ぎないが、一三・一四世紀の比較的政治・社会状況の安定した時期には西アジアを中心としたエジプト、シリア、イラクとイエメンの四つの方向から出る公式の巡礼キャラバン隊は、それぞれが一万五、〇〇〇人から二万人、全体で年間六万人から八万人のムスリムたちがメッカの巡礼大祭に集まったと考えられる。なお、イタリア人のヴァルテーマ(Varthema)の報告によれば、一五〇三年四月、彼が同行してダマスカス郊外のマザリーブ(Mezeribe, al-Mazarīb)を出発してメッカに向かった巡礼キャラバン隊には三万五、〇〇〇頭のラクダと四万の人々が含まれていた。そして彼がメッカで目撃したカイロから到着したキャラバン隊は、一〇〇人のマムルーク軍団によって護衛された六万四、〇〇〇頭のラクダで構成されていたという。[10] さらに一五八〇年頃の巡礼大祭の記録は、メッカに二〇万人以上の人々が滞在しているのを目撃したと報告しているが、[11] この数字には多少の誇張があるとも思われる。さらに巡礼大祭のとき以外にも、小巡礼('umra)のために、膨大な数の人々がメッカに集まったが、それらの数については、現在のサウジアラビア政府による公式の巡礼者数にも含まれていない。

一二・一三世紀以後になると、聖地メッカだけでなく、メディナの聖モスク内にある預言者ムハンマド廟や預言者の教友たちの墓地、シーア派の場合には第四代の正統カリフ=アリーの廟のあるナジャフやフサイン殉教の地カルバラーゥ、スーフィーたちの聖者廟などが聖蹟・霊場と見なされて、それらをメッカ巡礼の旅の往路と復路の途中で巡拝・参詣(ziyāra)することが一般的な風潮となった。

(3)「交通」と海・陸の運輸システム

メッカ巡礼は、大量の人々やモノを運び、旅の安全を保障する宿泊・貯蔵のシステム、海と陸にまたがる交通運輸の発達やその他のインフラストラクチャーが高度に発達しない限り機能しないことは言うまでもない。つまり、移動・旅・巡礼には、必ず「交通」という言葉が同居しているのである。前述したように「交通」とは、大量の人間やモノを運ぶ道具とそのシステムとしての道路・停泊地・水場、人を泊める宿泊施設、モノを保管・交換する場所などのハードの部分と、それらを動かす人・社会・国家、旅の安全性、情報交流のための通信ネットワーク、モノの生産・流通・消費、国際金融などのソフトの部分をすべて含んでいる。

メッカ巡礼は、イスラーム世界をめぐる「交通」の全般的な発達を促すうえで、限りない影響をおよぼした。一年の限られた時期に、メッカという一点に数万、あるいは数十万の人間が一時に集まるとすれば、当然、巡礼者たちを運ぶ陸上のキャラバンや海上の船団を巡礼の「時」とメッカの「場」に合わせて動かさなければならない。したがって、そのための運輸業にたずさわる遊牧民や船乗りたち、旅の者たちが宿泊する施設、食料や飲料水を調達する人たち、旅行を斡旋する人たち、巡礼産業や市場の人々など、諸々の関連する交通システムの担い手が相互に有機的に働いていたに違いない。

前述したように西アジア地域は、ユーラシアとアフリカの両大陸が交わる接点であり、同時に地中海とインド洋の二つの海域世界が紅海とペルシャ湾を架橋として相互に接近する交通上の要地に位置しているために、四方からさまざまな人々が流入・移動し、出会いと接触のなかで、緊張・対立・衝突を繰り返すことで、共同体的な結合の破壊と再編が引き起こされ、そして交流・融合によって新しい文明・文化が生成・発展した。そうした交通の結接点となるところが都市であって、西アジア地域は他の地域に先駆けて古くから都市文明と流通経済の発達が見られた。

その後、七世紀に始まるアラブ・ムスリム軍による大征服にともなって、新しい交通のあり方が出現した。さらに交通のあり方を規定する諸要素が相互に結びつき、連鎖的に変化が起こったのである。交通ネットワークは、海・陸の両道が有機的に結びつくことで、長距離間を安全・確実・迅速に、しかも定期的に、多くの人間・モノ・

文化・情報が移動し交流することを可能にした[12]。

陸上交通において、アラブ・ムスリム軍の東西への進出と移住は、アラブ・ラクダの飼育とその利用のための多様な技術、とくにキャラバン隊列による長距離間の輸送を可能にした。東は中央アジアから、イラン高原、アラビア半島、そして西はイフリーキヤ・マグリブ地方、アンダルスの中央高地とサハラ砂漠まで、ほぼ共通して砂漠・ステップ地帯が分布している。この広大な砂漠・ステップ地帯を結びつける最良の交通手段として、ラクダによるキャラバン運輸は画期的な変革をもたらし、イスラーム世界の東西を結ぶ交通関係に重大な影響をおよぼした。

インド洋においても、三角帆を装備した木造船ダウによる大規模な海上交通の発達が見られ、しかもその交通ネットワークが西アジア地域のキャラバン交通や地中海の海上交通とも連動して、有機的に機能した。アラビア海とインド洋では、アラブ系、イラン系、インド系やマレー系などの海民たちが古くからの経験と勘によって編み出したモンスーン航海術によって、大陸間を安全・確実・定期的に横断航海することができた（第I部第1章）。

イスラームの成立以後も、東地中海ではビザンツ海軍の活躍によって、ムスリムたちによる地中海への進出は困難を極めたものの、コプト系やシリア系のキリスト教徒、ユダヤ教徒との軍事的・商業的協力関係が成立するにつれて、地中海の海運は徐々に開かれていった。一一世紀末、十字軍運動の開始とともに、ジェノヴァ、ヴェネツィア、ピサ、アマルフィなどのイタリア都市国家は、船の大型化と船舶保有数を急激に拡大して、地中海の海運を独占しようとつとめた。一二世紀のイブン・ジュバイル（Ibn Jubayr）、一四世紀のイブン・バットゥータの時代には、ジェノヴァ、ヴェネツィアやカタロニアの船がアンダルスやマグリブ地方出身のムスリムたちをチュニス、アレクサンドリア、ベイルートやアッカーなどの港に運んでいた[13]。

以上に述べたような海と陸にわたる交通手段の変化だけでなく、アラビア語という共通国際語の普及、『クルアーン』、預言者の伝承（hadīth nabawī）、イスラーム法などによる、いわゆる知覚・感情・思考・情報の伝達が広域間のコミュニケーションを促し、イスラーム世界意識を高めていった。そしてアフリカ大陸とユーラシア大陸、インド洋海域世界と地中海世界を緩やかに包みこむコスモポリタンな交流の世界、すなわちイスラーム世界が形成され展開していったのである。

（4）道の接点としてのイスラーム都市の機能

交流ネットワークの革命的拡大を最も端的に示しているのがイスラーム都市の発達である。イスラーム世界が成立する八世紀の頃から、交通・運輸の結節点となる部分に都市が発展し、都市と都市とを結ぶネットワークがイスラーム世界全体を覆い、イスラーム世界を一つの有機的な情報世界として成り立たせた。[14]

都市は、雑多な外部の人・モノ・情報・文化が集積され、同時に拡散する接点であって、都市と都市との有機的な連関が相互の都市の繁栄をもたらした。新しく登場したイスラーム教とその社会・文化のシステムは、そうした都市文明のなかに生成・展開し、都市ネットワークを通じて広域的に拡大していったのである。

イスラーム都市の発展は、アッバース朝時代の著しい特徴の一つであり、アラブ軍営地（miṣr, amṣār）だけでなく、サーサン朝ペルシャ帝国時代から発達してきたイランとイラクの諸都市、中央アジアのオアシス都市、西アジア・地中海沿岸のオリエント・ローマ都市などが中核となって、市壁・城塞を拡大し、さらにモスク、マドラサ、常設市場、公共広場、街区、ラバド（rabaḍ, 拡大都市、郊外都市）などを新たに建設することによって、イスラーム都市としての基本的構造と機能を備えていった。

その結果、ネットワークの拠点、ノード（中核）となるイスラーム都市には、交流のための媒介機能を持ったさまざまなインフラストラクチャー、例えば礼拝と学術研究のためのモスク、マドラサ、一二・一三世紀以後にはザーウィヤ（zāwiya）、ハーンカー（khānqāh）、リバート（ribāṭ）、マシュハド（mashhad）といった学術・修行・礼拝・参拝のセンター、経済交換の場としてのスーク、カイサーリーヤ（qaysārīya）、両替商（ṣarrāf）、旅人・荷物・運搬用役畜のための宿泊と保管を兼ねた施設フンドゥク（funduq）、ハーン（khān）、キャラバンサライ（kārvansarāy）、人々が集まり情報コミュニケーションの場所となる公共の広場（maydān, sāḥa）、公共浴場（ḥammām）、水場（sāqiya）、病院（māristān, bīmāristān）、パン焼き釜（furn, afrān）などがあった。さらに、都市には旅人、学者、貧者、修行者、商人、職人、移動する人々の訪問を歓迎し支援する支配者や富裕者などのパトロンたちが住み、寄進財産（ワクフ）によって施設を運営し、宿舎や衣食を無償提供したほか、さまざまな中継ぎと仲介の人間（dalīl, wāsiṭa）が存在した。

また、外部の人間を一時的に同じ仲間の共同体の保護下におく隣人保護（jiwār）と互助制度（ḥimāya）が発達していたことも注目される。アラビア語によるムジャーウィルーン（al-mujāwirūn, 単数形はムジャーウィル al-mujāwir）というのは、「ジワールのもとにある人」の意味であって、「一時的な被保護者たち」「寄留者たち」「居候たち」を指した。ジワールという言葉は、遊牧社会でしばしば使われた言葉であり、道に迷った人や旅の者、あるいはたとえ政治的な亡命者や盗人であっても、一時的に自分のテント内に迎え入れ、飲料水と食事そして宿泊場所を提供し、滞在中はその部族の者と同じ条件のもとに身の安全と滞在を保障する、一種の社会慣行《アーダ》（ʻāda）を示す。また、集団を組んで移動するキャラバン隊や海上における船団航海（silsila, sanjar）においても、通過する途中の部族の領域、停泊・経由地や港との間でジワールの関係を結ぶことがあった[15]。

イブン・ジュバイルやイブン・バットゥータの記録によると、メッカ、カイロ、ダマスカスなどの町には、多くのムジャーウィルーンが滞在して、学問や修行に専念していた。彼らは、それぞれの都市内の街区（ḥāra, maḥalla）の人たちと同じ条件のもとで身の安全や滞在の自由が認められていた。彼らが長期滞在すれば、その都市の住民となることも多く、また彼らを仲介チャンネルとして、同郷者などの別の人間が新たに移住する例もあった。こうしたイスラーム都市の機能とネットワークが移動・交流の世界としてイスラーム世界を大きく広げ、相互の結びつきを強めていったのである。

二　巡礼キャラバン隊の組織と公式の巡礼道

（1）巡礼キャラバン隊の組織

国家によって編成される巡礼キャラバン隊は「ラクブ（al-rakb）」、その隊長は「アミール・アルハーッジュ（amīr al-ḥājj）」「アミール・アルハッジュ（amīr al-ḥajj）」「シャイフ・アッラクブ（shaykh al-rakb）」などと呼ばれて、名誉の高い地位と強い権限を持っていた。預言者ムハンマドは、初代の正統カリフ、アブー・バクル（在位六三二—三四年）に巡礼キャラバン隊の統率を命じたといわれる。したがってムハンマドの没後において、巡礼キャラバン隊の組織と運営は、最高権威者であるカリフたちの直接の管理下に置かれることになった。アッバース朝時代には、カリフ自らが隊長の役務を果たし、それが不可能な場合、カリフによって皇子などの皇室メンバーから代理人が任命された。

アミール・アルハーッジュは、巡礼キャラバン隊の組織・運営と旅の安全に関わるすべての統率権を持ち、しかもメッカにおける巡礼儀式を主宰した。マムルーク朝がシリアとエジプトを支配すると、スルタンは、国家のマムルーク高官たちのなかから毎年、ダマスカスとカイロから出る巡礼キャラバン隊の隊長——「アミール・アルハーッジュ（amīr al-ḥājj）」または「アミール・アッラクブ（amīr al-rakb）」「アミール・アルマフミル（amīr al-maḥmil）」など——を選んだ。

巡礼キャラバン隊は、アミール・アルハーッジュの指揮下に、いわば「動く国家」ともいえる司法・行政・軍事・財務を中心としたすべての組織を持ち、三、〇〇〇頭から五、〇〇〇頭におよぶ数のラクダが一団となって、数次にわたって出発した。毎年、最初に出発するのは、ラジャブ月（イスラーム暦の第七月）に出発する「ラジャビーヤ（al-Rajabīya）」と呼ばれるキャラバン隊である。次の一団はシャウワール月（第一〇月）に出発する二つの隊で、マフミル（maḥmil, maḥmal, 巡礼輿）を運ぶキャラバン隊（rakb al-maḥmil）と一般キャラバン隊のなかの先発隊（al-rakb al-awwal）であり、そのあとに一般キャラバン隊が続いた。イブン・バットゥータの時代には、マフミルはラジャビーヤのキャラバン隊によって運ばれる場合とシャウワール月初めに出発する先発キャラバン隊と一緒に運ばれる場合とがあった。後述するように、マフミルとはカァバ神殿の覆い布（kiswa）、カリフの書状とコーラン写本を納めた飾り輿のことで、ラクダに駕籠を背負わせて運ばれた。[16]

巡礼キャラバン隊が一日に移動する距離は、ほぼ二〇キロメートルから二五キロメートルであり、カイロ〜メッカ、ダマスカス〜メッカ、バグダード〜メッカ、タイッズ〜メッカのいずれも、ほぼ一致して四五日から五〇日を要した。その移動の途中で、一般の巡礼者、商人、学者、修行者やその他の旅人たちがキャラバン隊の列に加わり、その数は次第に増していった。ラクダの調達や賃料については、毎年、年の初めにアラブ遊牧民の長（シャイフ）と国家との間で基準額が決められたが、その賃料をめぐって紛争が起こる場合も多かった。

次に、一六世紀初めのジャズィーリーの報告にもとづいて、巡礼キャラバン隊の隊長（amīr al-ḥajj）のもとにある指揮官たちとその職務について概観してみよう。[17]

(1) アミール・アッラクブ・アルアウワル（amīr al-rakb al-awwal）　先行するキャラバン隊の長。

(2) カーディー・アッラカブ（qāḍī al-rakb）　キャラバン隊の法官。

(3) イマーム（imām）とムアッズィン（mu'adhdhin）　旅の間の礼拝の先導者と礼拝の呼び掛けをおこなう人。

(4) ナーズィル（nāẓir）　旅の途中で死亡した巡礼者の所持品や財産を管理する役割を果たした。病気、事故や盗賊などに襲われて死亡する巡礼者は多く、死者の遺産管理は巡礼キャラバン隊のナーズィルが一括しておこなった。

(5) ナーズィル・アッサビール (nāẓir al-sabīl)　巡礼者に乗り物や食料を補助・支援する職務を監督する。

(6) アティッバー (aṭibbāʼ)　医師団のことで、旅の途中で病気に罹る人たちを診るハーキム (ḥakīm)、手術医 (jarrāḥ, jarāʼiḥī)、眼科医 (kaḥḥāl) などで構成され、その他に医薬品類が用意された。

(7) アディッラーゥ (adillāʼ)　旅のガイドたち。とくに砂漠地帯の道に精通した案内役で、一部は旅の途中で遊牧民が雇われた。

(8) ムフタスィブ・アッラクブ (muḥtasib al-rakb)　ムフタスィブは市場監督官のことで、巡礼キャラバン隊が進行する途中で開かれる市場において、商取引と公的なモラルを監視する役割を果たした。

(9) ムバッシル・アルハッジュ (mubashshir al-ḥajj)　巡礼キャラバン隊の使者、通信係のことで、カイロに巡礼隊の動向を伝える重要な役割を果たした。

その他にも、アミール・アルアーフール (amīr al-ākhūr, 駝獣の管理をおこなう指揮官)、シャーッド・アッサニーフ (shādd al-sanīḥ, アミール・アルハーッジュや政府役人・軍隊・家来たちの食料供給を管理する指揮官)、シャーッド・アルマトバフ (shādd al-maṭbakh, 食事の準備と分配をおこなう指揮官)、シャーッド・アッサッカーイーン (shādd al-saqqāʼīn, 水運び人夫たちの指揮官)、シャーッド・アルマフミル (shādd al-maḥmil, 旅行中のマフミルの管理官)、ムカッダム・アッダウイーヤ・ワ・アルガッシャーマ (al-muqaddam al-dawʼīyat waʼl-ghashshāma, 夜間の松明・照明の監督官)、ムカッダム・アルハッジャーナ・ワ・アッシャアーラ (muqaddam al-hajjānat waʼl-shaʻāra, 馬具・鞍などの管理官)、ザルダカーシュ (al-zardakāsh, 武器、その他の戦闘用道具を管理する)、トゥブール・ハーナ (ṭubūl-khāna, アミール・アルハーッジュと巡礼輿に付き従う楽団)、マフバズィー (makhbazī, パンを用意する監督官)、ナッジャール・アッサニーフ (najjār al-sanīḥ, 旅の途中で壊れた梱包箱その他の容器を修理する大工) など、さまざまな職務を持った指揮官や監督官たちが公式に任命された[18]。

公式の巡礼キャラバン隊には、国家による護衛の軍隊が付き従ったので、一般のキャラバン隊に比べると、旅の途中での遊牧民や盗賊の襲撃による危険は比較的少なかった。またイブン・バットゥータが伝えているように、イル・ハーン朝のスルタン＝アブー・サイード（Abū Saʿīd）はメッカとイラン・イラクとの間を往来する巡礼キャラバン隊を保護するために、特別のラクダ隊を用意させ、飲料水を旅人たちに自由に提供し、食料・薬品・シャーベット・砂糖などを積み込んで、貧者や病人たちを助けたといわれる。したがって、多くの商人・学者・修行者たちは、自らの身を守り、商品や財産を安全に運ぶために、国家の編成する巡礼キャラバン隊の移動に合わせて一緒に旅を続けた[19]。

　巡礼キャラバン隊の移動に合わせて、地方の脇道を通ったりさらに遠隔地に達するローカルなキャラバン隊や国際間の貿易道と連絡した商業キャラバン隊もまた活動していた。イブン・バットゥータの記録によっても、イラク巡礼隊のナジャフ到着に合わせて、バスラ方面に移動する商業キャラバン隊があったことが分かる。

（2）メッカに至る公式の巡礼路

　西アジア地域に興隆したイスラーム系国家とその支配者は、正しいイスラーム法と敬虔な信仰心にもとづく正統なイスラーム統治国家であることをウラマーや一般民衆に示すうえでも、メッカ巡礼の活動を奨励して、メッカに至る海と陸の交通・運輸および通信網を充実させるための交通政策に配慮した。こうした国家による交通政策がメッカをネットワークの軸心とする、四つの巡礼街道（darb, durūb）を拡充させて、アラビア半島内に限らず、さらにはイスラーム世界全体に広がる人の移動やモノ・文化・情報などの全般的な交流を発展させたのである。

　その四つの街道とは、エジプトのフスタート・カイロを出発点とするエジプト道（al-darb al-Miṣrī）、シリアのダマスカスを起点とするシリア道（al-darb al-Shāmī）、イラクのバグダードを起点とするイラク道（al-darb al-ʿIrāqī）、そしてイエメンのタイッズ（もしくはザビードとサヌアー）を起点とするイエメン道（al-darb al-Yamānī）であって、その道の分岐または延長上に多くの脇道・横道があり、イスラーム世界全体に拡大してゆく交通ネットワークを構成していた[20]（図1）。次に、メッカを中心とするこの四街道について説明していこう。

（1）エジプト道　エジプトのフスタート・カイロとメッカとを結ぶ巡礼路には、大きく分けると三道があり、時代によりそれぞれの重要度は異なっていた。その第一道は、おもにイスラーム初期の時代から一〇世紀の頃まで使われたルートで、両聖地（メッカ、メディナ）で消費されるエジプト産の小麦や商人の荷物の輸送に使われた水上交通である。この道は、フスタートのナイル河畔の波止場を出て、カリフの運河《ハリージュ》（Khalīj amīr al-muʼminīn）——ミスル運河（al-Khalīj al-Miṣrī）とも呼ばれた——を通り、ビルバイス、ティムサーフ湖を経由、紅海の港クルズムに至る。そこから船でシナイ半島の西岸沿いにスエズ湾、紅海を南下し、ヒジャーズ地方の港ヤンブゥ（ヤンブーゥ）、ジャール、またはジッダに、順風であれば二〇日から二五日の航海で着いた。ジャールは正統カリフ時代の行政・統治の中心都市メディナの外港であり、この港でエジプトの積荷は降ろされ、陸路メディナに運ばれた[21]。また、ジッダからはラクダに乗って二、三日でメッカに至る。一四世紀後半に、後述するナイル川〜上エジプト経由のアイザーブ道が衰退した後、カイロからスエズ経由、シナイ半島西岸の陸路をトゥールまで至り、そこから船で紅海を進み、ジッダに出るルートが使用された。また一九世紀末に、巡礼者のための集団検疫所がトゥールに設置されると、カイロから陸路、スエズ港またはアレクサンドリアに出て、船でスエズ運河とトゥール経由ジッダに至るルートが巡礼者たちの往来で賑わった[22]。

第二道は、カイロからナイル川を溯り、上エジプトのクース、イドフー（アドフー）、アスワーン経由で東部砂漠を横断し、紅海沿岸の港クサイル、もしくはアイザーブに出て、船で海を横断、ジッダに着くと、ラクダに乗ってメッカに至る。イブン・ジュバイル、トゥジービー（al-Tujībī）やイブン・バットゥータが最初にメッカ巡礼を目指したのは、この上エジプト経由のアイザーブ道であり、イブン・バットゥータは一三三二年にもアイザーブから逆のルートでアトワーニー、イドフー経由でナイル川を下り、カイロに出た[23]。このルートについては、次の第2章および第III部第4章で詳しく説明することにしたい。

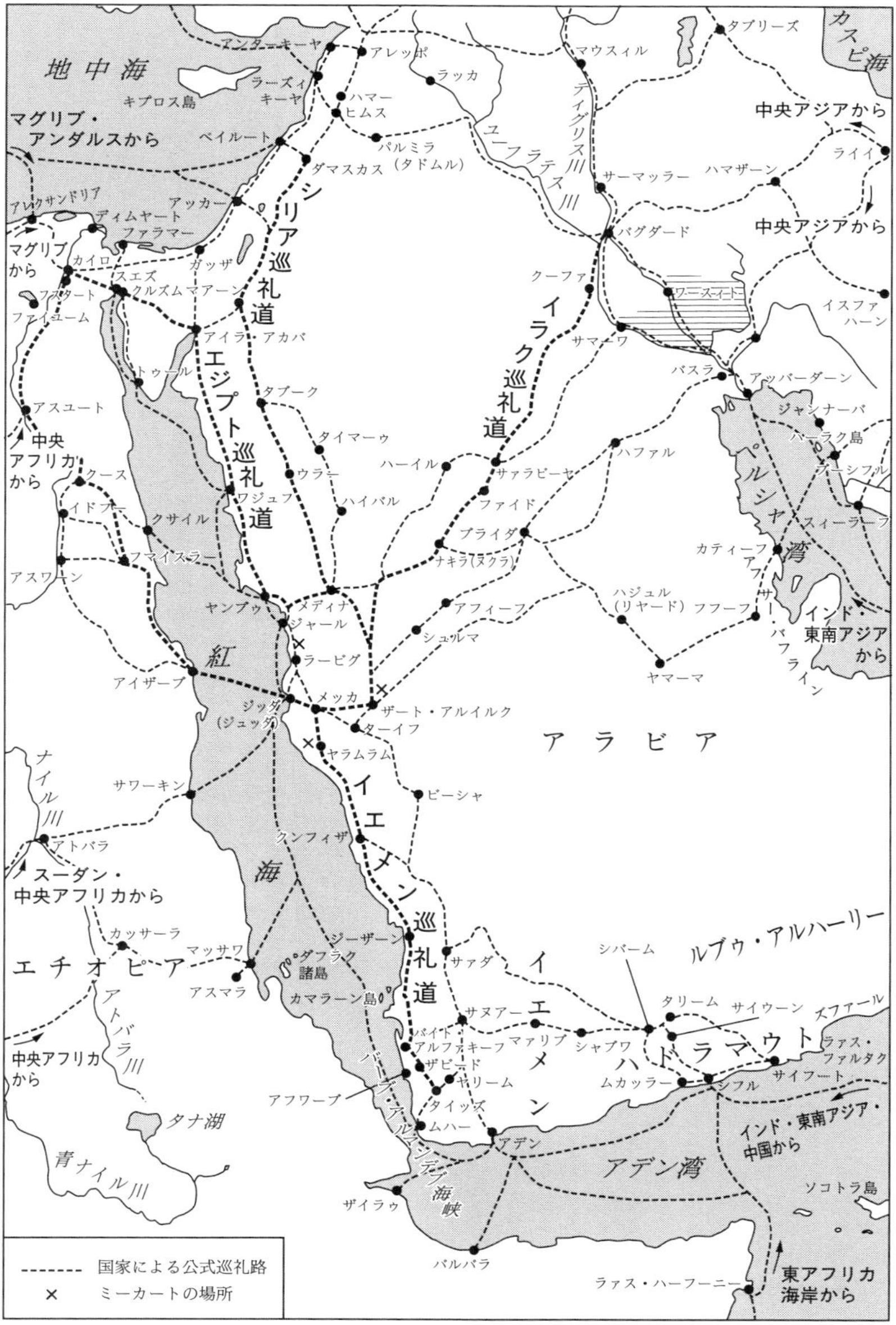

図 1　聖地メッカに通じる四つの公式巡礼道

第三道は、カイロからビルバイス、スエズ、アカバ経由、アラビア半島の西岸沿いに南に進み、ワジュフ、ヤンブゥ、ラービグ経由、メッカに向かう陸道である。この全行程は、普通四五日ほどであり、ヤンブゥからジッダに至る途中のジュフファにおいて、巡礼白衣（イフラーム）を着けて清浄な状態（ムフリム）になった。一二六六年、もしくは一二六八年に、スルタン=バイバルス一世（al-Ẓāhir Rukn al-Dīn Baybars I, 在位一二六〇—七七年）は、シリア・パレスチナの各地における十字軍の攻撃が沈静化すると、カイロからアカバ経由の陸道を整備させて、マムルーク朝下の巡礼者だけでなく、イフリーキヤ・マグリブ地方、サハラ砂漠オアシス地帯やスーダーン地方など、西方のイスラーム世界各地から集まる巡礼者たちの一大センターとしてカイロを発展させようと努めた。その後、一九世紀半ばに至るまで、このルートはエジプトとメッカを結ぶ幹線となった。[24]

一三・一四世紀のマグリブ地方では、チュニスとティリムサーン（トレムセン）において、「マグリブ人巡礼キャラバン隊（Rakb al-Maghāriba）」が編成され、サハラ砂漠オアシス地帯やスーダーン地方の巡礼者たちと北アフリカ海岸沿いにタラーブルス、アレクサンドリア、もしくは砂漠道（スィーワ経由）を経て、イスラーム暦の一〇月（シャウワール月）初めまでにはカイロに至った。[25] 一三二五年、イブン・バットゥータは、チュニスにおいて組織されたヒジャーズに向かう巡礼キャラバン隊の法官《カーディー》に任命され、巡礼旗をかざし、隊列の先頭に立ってアレクサンドリア経由カイロを目指した。[26] なお、イブン・ジュバイル、バラウィー（al-Barawī）やイブン・バットゥータが伝えているように、極西マグリブ（al-Maghrib al-Aqṣā）とアンダルス地方の巡礼者たちのなかには、往路または復路に、サブタ（セウタ）、マーラカ（マラガ）、ダーニヤ（デニア）などの港からジェノヴァ人やカタロニア人の船に便乗して地中海を越え、アレクサンドリアに到着する者も多く、またメッカからの復路にアッカーやベイルートの港からエルサレム巡礼のキリスト教徒たちと一緒に、船で地中海を西に向かって航海した。[27]

前述したように、巡礼キャラバン隊の本隊がカイロを出るのは、毎年、シャウワール月であったが、それに先立って第七月（ラジャブ月）には、カイロから「ラジャビーヤ」と呼ばれる巡礼キャラバン隊が出発した。ラジャブ月は、イスラーム以前の時代から聖なる月と見なされ、この巡礼隊には、メッカのカァバ神殿を覆う布（キスワ）と聖典『クルアーン』の写本（al-muṣḥaf）を納めたマフミル（飾り輿、巡礼輿）が同行した。イブン・バットゥータは、マフミルがカイロとフスタートの町を練り歩く祭日の様子を興味深く伝え、「その時は、まさに［人々がその年のメッカ巡礼に参加すべきかどうかの］決心に感情が高ぶって動揺し、行きたい気持ちに心沸き立ち、抑え難い衝動に動かされる時でもある」[28]と述べている。

覆い布は、一一世紀以前には特定の大商人によって寄贈されることもあり、またマムルーク朝時代には、一時的にイエメンのラスール朝スルタンによっても献納されたが、スルタン＝バイバルスの治世代以後になると、毎年、マムルーク朝スルタンたちはキスワと一緒に両聖地メッカとメディナを含むヒジャーズ地方の人々が必要とする穀物や浄財を自発的な喜捨（ṣadaqa）として供出した。メッカの聖殿カァバ神殿の覆い布を献納することは、まさにイスラーム世界の指導者としての威信を内外に誇示するための象徴的な慈善行為であった[29]。

(2) シリア道　ダマスカスで公式のシリア巡礼キャラバン隊（al-Rakb al-Shāmī）が編成された後、死海の東側を南下して、マアーン、タブークを経由、メディナに至る。この陸上ルートは、一九〇八年に開通したヒジャーズ鉄道の停泊駅とほぼ一致する。ダマスカス〜メディナ間は、ほぼ四〇日の行程であって、メディナで預言者の聖モスクを訪れた後、紅海沿岸に向けて西に進み、ジュフファでエジプト巡礼隊と合流して巡礼白衣（イフラーム）を着け、さらにラービグ経由メッカに至る。

一三二六年、イブン・バットゥータが最初にメッカ巡礼を果たしたのは、このシリア道であり、彼はその行程と停泊地の様子を詳しく記録している[30]。なお一二世紀以前には、タブークから東に向かい、タイマーゥ、ハイバルを経由するヒジャーズ地方の東側沿いの旧道が使われた。またオスマン朝時代には、イスタンブルを出た国家の巡礼隊は、中部アナトリアのコンヤー（コニア）、アダナ、イスケンデルーンを経由してダマスカスに集合した後、シリア道をメディナまで進み、そこからワディー・アルアキーク（Wādī al-ʿAqīq）沿いにまっすぐ南下してメッカに至った[31]。

シリア巡礼隊には、シリア、アナトリア、北部イランの人々だけでなく、船で地中海をキプロス島経由でアンターキーヤ（アンティオケイア）、ラーズィキーヤ（ラタキヤ）、ベイルートやアッカーなどに上陸したアナトリアや黒海の沿岸地方の人々もまた、メッカ巡礼の往路・復路にシリア道を利用した。とくに、オスマン朝時代に、マグリブ地方の巡礼者たちの多くは、往路にアレクサンドリア経由カイロに行き、エジプト道を通ってメッカに巡礼し、復路にはシリア道を通り、メディナ、ダマスカス経由、船で地中海を渡ってイスタンブルに出た後、再び船でイタリアを経由、マグリブ地方のアルジャザーイル（アルジェ）、ムスタガーニム、タナスなどに戻った[32]。

(3) イラク道　イブン・バットゥータは一三二六年の巡礼大祭に参加した後、イラク巡礼キャラバン隊と一緒にアラビア半島のほぼ中央部を横断して南イラクのクーファに向かった。この道は、一般には「ズバイダ巡礼道(Darb al-Zubayda)」と呼ばれ、アッバース朝のカリフ＝ハールーン・アッラシードの皇后ズバイダにより途中の道路標識（マイル石）、水場や停泊地が整備されたため、バグダードとメディナ、メッカをつなぐ安全な巡礼道として頻繁に使われた。

バグダードで公式の巡礼キャラバン隊（al-Rakb al-ʻIrāqī）が編成され、そこを出ると、ユーフラテス川の西岸沿いに南に下り、クーファ、ナジャフを経て、アラビア半島の中央部を西に向かい、サァラビーヤ、ファイド、ナキラ（ヌクラ）などのオアシスを経て、メディナに至る。そしてメディナからメッカまでは、前述のシリア道と合流する[33]。なお、途中のサァラビーヤではサマーワ経由でバスラ方面に出るサルマーン道（Darb al-Salmān）と分岐する。イランや中央アジア方面から来る巡礼者は、バスラからナキラ経由でメディナに至るナジド高原越えの巡礼道と、ブライダ、アフィーフ、シュルマ経由でメッカに直接至る「スルタン道（Darb al-Sulṭān）」の二つの道が利用された。この場合、メッカに入る手前のザート・アルイルクで巡礼白衣（イフラーム）を着けて清浄な状態（ムフリム）になった[34]。

アラビア海・ペルシャ湾を船で来た巡礼者やイラン高原を越えて来た中央アジア方面、ホラーサーン、キルマーンやファールスの巡礼者の一部は、カンダハール～バム～スィールジャーン～シーラーズを通過するイラン南道を経由してバスラまで行く場合と、ザグロス山脈を縦断してブーシフル（アブー・シフル）、キーシュ、ホルムズなどの港に出て、ペルシャ湾を渡り、東アラビアのハサー地方のカティーフで上陸、アフサー、ヤマーマ高原を越え、ザート・アルイルクのミーカート（巡礼の白衣を着ける場所）を通過して、メッカに着いた。また別の一部の巡礼者は、キーシュやホルムズ経由、アラビア海を船で航海し、アデン、ジッダに上陸後、メッカに向かった。歴史家イブン・アルアスィールによると、ヒジュラ暦四一九（一〇二八／二九）年、イラクを出発する巡礼キャラバン隊が中止されたため、ホラーサーン巡礼者の一部はキルマーン経由、海路ジッダに至り、巡礼を果たしたという。[35]当時のキルマーンの港はホルムズ（旧ホルムズ）であり、ホラーサーン地方のトゥース、ニーシャープールなどの町からキルマーン、スィールジャーン、タールム（ターロム）経由、もしくはジールフト経由の道でホルムズに至り、そこから船でアデン、バーブ・アルマンデブ海峡を通過して、ジッダに入港したのであろう。

(4) イエメン道　一三世紀半ば以後、イエメン・ラスール朝は、紅海の出入口のバーブ・アルマンデブ海峡周辺とハドラマウト・ズファール地方に拡大すると、その首都のタイッズ、もしくはザビードを起点として、メッカに至る公式のイエメン巡礼キャラバン隊（al-Rakb al-Yamānī）を組織し、国家によって途中の巡礼道・給水地・宿泊場所の整備・充実と道中の安全維持に力を注いだ。したがって、イエメン国内だけでなく、東北アフリカ、東アフリカ、さらにはインド、東南アジア、中国方面からインド洋を船で越えて来た巡礼者・学者・修行者・商人たちがミルバート、シフル、アデン、ムハー、アフワーブなどの港に集結し、そこからザビード、タイッズに至り、公式の巡礼キャラバン隊と一緒にメッカを目指した。[36]

メッカに至るイエメン巡礼道には、おもに二つの道があった。第一の道は、紅海沿岸に沿ってジーザーン、クンフィザを経由、メッカに入る手前のヤラムラムで巡礼衣に着替えて、清浄な状態（ムフリム）になった後、メッカに入った。第二の道は、タイッズからヤリーム、サヌアーに出て、サラート山脈沿いにサァダ、ターイフを経由、メッカに至る。後者の道は、ザイド派のイマーム政権が高地イエメンのサヌアーを中心にして堅固な勢力を持っていたので、後者の巡礼道の支配権をめぐって、ラスール朝との間でしばしば対立・紛争が起こった。サヌアー～メッカ間の巡礼道は、「四〇日ルート（darb al-arbaʿīn）」と呼ばれ、灼熱の海岸部を通過する第一道に較べると、高原の稜線を越える最短ルートとして、またハドラマウト地方のタリーム、シバームにも通じる巡礼道としても頻繁に利用された。インド洋・アラビア海を船に乗ってインド、東南アジア方面から集まる巡礼者たちは、シフル、ミルバート、アデン、ムハーなどの港で上陸し、イエメンの巡礼者たちと一緒に上述の二道を通ってメッカに向かう場合と、バーブ・アルマンデブ海峡を通過して、紅海を北上航海の後、ジッダ港に直接到着する場合とがあった。紅海には、特別の地方風、潮流があり、岩礁や浅瀬などによる航行上の危険も多かったので、この北上航海は、「ジラーブ」と呼ばれる平底の縫合型船を操る熟練の水先案内人（rubbān）の先導によっておこなわれた。

一九世紀以降になると、海上における蒸気船、陸上における鉄道と自動車、道路の整備、そして航空機などの交通機関が飛躍的に発達して、メッカ巡礼をめぐる交通システムにも革命的な変化が起こった。一八六九年には、地中海とインド洋を結ぶ要路としてのスエズ運河が開通し、地中海や黒海の諸港からも船で紅海に出てジッダに入港することができるようになった。インド洋では、オランダやイギリスの蒸気船によるシンガポール、ジャカルタ、ボンベイ、コロンボとアラビアのムカッラー、アデンやジッダとの間に定期航路が開かれて、インド系、東南アジア系の巡礼者・移住者・商人たちの数が激増した。一方で、コレラ、ペストや天然痘などの伝染病に対する研究が進んで、カマラーン島、トゥール、タブークとアレクサンドリアに巡礼者を一時的に隔離して検疫するための施設（カランティン・ステーション）が設けられ、旅の途中での悪疫の流行により多数の犠牲者を出すような悲惨な状況は少なくなった。

三　メッカ巡礼の経済的メカニズム

（1）巡礼隊の移動と地域経済

アラビア語の格言の一つに「アルハッジュ・ワル・ハージャ（al-hajj wa'l-hāja）」という言葉がある。直訳すれば「巡礼、すなわち必要」「巡礼は必要なり」となるが、これには複数の意味が含まれている。「メッカ巡礼は必要（宗教的な義務）である」という意味の他に、「巡礼の目的はさまざまな必要（モノや情報）を満たすものであり、同時に商売でもある」「巡礼に行くことは儲かること（商売）である」とも解釈でき、また「巡礼と商売は同等に必要なもの、神によって認められたもの」「商売は礼拝と同様に、神のご利益、ご褒美を得ることである」との意味にもなる。『クルアーン』のなかにも「お前たちが神様にお恵みをおねだりするのは別に罪ではない」（第二章第一九四節）とあって、巡礼の間に商売をして儲けても構わないと説かれている。つまり神聖なメッカ巡礼の行為と商売とが同等に位置づけられているのであり、古くからの西アジアの人々の商業観を適確に示した格言の一つであるといえよう。

メッカ巡礼における人・モノ・情報・文化の動きは、厖大である。巡礼に直接的に関わらなくとも、巡礼という大きな移動・旅の機会を利用して、さまざまなかたちで多くの人々が商売と情報の世界に生きていた。そして、巡礼が一つの起爆剤となって、イスラーム世界の経済メカニズムに強い刺激を与え、地域経済だけでなく、距離を隔てた国際間の交流を基本としたイスラーム商業の展開、両替・手形・為替・旅行小切手などの金融システムの発達、商業のための共同組織、仲介斡旋業、地域物産の生産、とくにインド洋海域を舞台とする熱帯・亜熱帯物産が国際市場に運ばれるまでの運輸・仲介・取引などもまた、すべて巡礼システムのなかに組み込まれて機能していたのである。[37] 以下では、まずメッカ巡礼とアラビア半島内の地域経済の関わりについて述べてみよう。

イブン・バットゥータは、一三二六年九月一日、シリアのダマスカスから巡礼キャラバン隊と一緒に、メッカに向かった。この巡礼隊には、多数のムスリム商人たち、キリスト教徒の商人や水売りたちが同行していた。彼らは、キャラバン隊が移動する道中や途中の停泊地で商売をおこなうことを目的としており、一部の人々は、ブスラーまで一緒に行き、その後、ダマスカスに引き返したが、キリスト教徒の商人のなかにはメディナからわずか三〇〇キロメートル北に位置するウラーの町まで同行する者もいた。

バットゥータは、「巡礼者たちは、ウラーで四夜にわたって滞在する。その間に彼らは食料を補給したり、彼らの衣服を洗濯し、また彼らの所持品のうちで余分なものをそこで保管し、必要最低限のものだけを持って行く。それは、そこの村人たちが信頼の置ける人たちだからである。そこの村までシリアのキリスト教徒の商人たちがやって来るが、それを越えて先に行くことはない。彼らは、その村で巡礼者たちに食料品やその他のものを売って取引をする」[38]と述べている。

また彼は、メッカからバグダードに戻るイラクの巡礼キャラバン隊について、「この［イラク］巡礼キャラバン隊には、活気に溢れたいくつもの市場があって、そこでは豊富に贅沢品類が備えられ、種々の食べ物や果物類がある」[39]と説明している。つまり、「キャラバン隊の市場」とは巡礼隊に随行する商人たちが開く移動市場のことで、彼らは商品を持参して、随時、巡礼隊の人たちに食料品類・飲料水・衣料品・薬品類などを売っていたのである。

巡礼キャラバン隊がメッカとの間を往復する一年の内の二回の時期に合わせて、アラビア半島の各地では年市（スーク）が開催された。[40] バットゥータの時代には、シリア巡礼道沿いのブスラー、マアーン、マダーイン・サーリフ、ウラーなどが年市の開催地として広く知られていた。彼は、ナジド高原にあるファイドの郊外都市《ラバド》について、「そこの住民は、アラブ遊牧民であり、巡礼者たちに物を売りつけたり、［他の物と］交換取引をおこなって生活している。……アラブ遊牧民たちがラクダと羊を［売るために］持ってくると、巡礼隊の人たちは可能な限りのものを彼らから買い入れた」と述べ、さらにサァラビーヤでも「アラブ遊牧民の大集団がこの場所に集まり、ラクダ、羊、バターと乳を売る」と記している[41]。この記事の一部は、バットゥータよりも一五〇年ほど前のイブン・ジュバイルの情報によっているが、巡礼キャラバン隊の通過がアラビア半島の遊牧民たちやオアシス社会の経済生活と密接に結びついていた状況を理解することができる。つまり遊牧民たちは、羊・山羊・ラクダなどの肉と乳製品、毛皮、織物、乗用の駄獣、採集された鉱物や宝石類などを提供し、時には飲料水の運搬と売却、道路の安全を守るための護衛や案内人としての役割を果たした。またオアシスの農民たちは、野菜・果物や穀物などと布地や衣服を提供した。巡礼隊に同行する商人や巡礼者たちは、これらの品々と持参した衣類、貴金属類や道具類などとの交換取引をおこなったのである。

(2) メッカの市場

メッカは、聖域であると同時に、消費と交換取引の市場でもあった。とくに、巡礼の時期に、数万におよぶ巡礼者たちが必要とする食料、その他の生活必需品や土産物に関わる取引が大規模におこなわれたことはいうまでもない。しかし、いわゆる「ハッジ(ハッジュ)市場」は、おもに巡礼者たちを商売相手としているので、巡礼月の一時期に限定された年市の性格を持った臨時の交易であり、しかも国際間の中継貿易と直接的に関わる紅海の港ジッダ、アデンやアイザーブなどと違って、食料品と土産物に集中した小規模の取引であった。

メッカは、ヒジャーズ地方の不毛な火山性砂礫丘陵をぬって複雑に交差するワーディーの谷間に位置しており、その周辺の山岳部やワーディーには農耕地はほとんどなかった。したがって、巡礼大祭に集まる厖大な数の巡礼者たちの消費する穀物類、果物や野菜類、また、犠牲祭のときの羊・山羊やラクダは、バトン・マッル、ターイフやその他の近郊のオアシス、あるいは周辺の遊牧民たちを通じて、さらに遠くは紅海を隔てた対岸のベジャ(ブージャ、ブジャー)やエチオピアの諸地方から運ばれた。またエジプトやイエメンからも、常時、メッカに多量の穀物、乾燥果実、油脂類、砂糖などが輸入された[42]。そしてエジプト、イエメンやイラクを領有した王朝・支配者たちは、敬虔なイスラーム教の信奉者であることを世間に知らしめ、また国家の威信を誇示するためにも、毎年、聖地メッカに自発的な喜捨（サダカ）として多量の穀物を提供した。メッカで消費する小麦の多くは、エジプト地方から船によって運ばれたので、エジプト～メッカ間の海上交通運輸を著しく発達させた。また、その輸送・運輸・仲介にたずさわるコプト系商人たちが穀物取引によって莫大な利益を得ていたといわれる[43]。

　メッカの巡礼大祭のうちで、ズー・アルヒッジャ月の一一日から一三日は「タシュリークの日々」と呼ばれて、聖から俗の状態に戻った人々がそれぞれの民族衣装を着て、ミナーの谷に集まり、人・モノ・文化・情報の交流を楽しむ社会的関係の日である。この時、ミナーの谷には何千何百という露店が現れて、一大市場となった。巡礼者たちは、それぞれの地方から持ち寄った商品を交換し合い、また専門的商人たちは臨時の店舗を立てて取引をおこなった。このときの様子をイブン・ジュバイルは、次のように伝えている。

「その町（メッカ）には、実り（利益）あるものがすべての場所から集められるので、そこは家畜類、果物類、生活必需品、家具類や交易品が最も豊富にあるところである。メッカにある交易品は、巡礼大祭の時期だけに限って見られるものであるが、その時には東方地域《マシュリク》と西方地域《マグリブ》の人々との一大集合の場所となって、たった一日のうちに売却されるのである。しかも、真珠、ダイヤモンド、その他諸々の宝石類、さらには麝香、樟脳、龍涎香、香木（沈香）、インド産の生薬類などといったさまざまな種類の香料類、その他にもインドやエチオピアよりの舶来品から、果てはイラク産やイエメン産の商品にいたるまで、さらにはホラーサーンの産物やマグリブの商品にいたるまで、貴重な財貨が次々に列挙されるほどである。したがって、もし、それらの品々すべてを諸国に分散し［て売却し］たとすれば、そこで繁盛する立派な市が立ち、そのすべての地に多大な利益をもたらすほどであり、それら［全体の］一つ一つを数えあげ、また正確に把握することはできないほどである。このすべて［の取引］は、巡礼の大祭後の八日間におこなわれるが、その期間中にイエメンやその他の地方から臨時にもたらされる物については除く。真に、この地上に存在するありとあらゆる商品類や財貨は、いずれも巡礼大祭のときに、メッカに存在するのであって、これぞ真に神がこの地に特別にお与えになられた明白なるご利益であり、数々の神兆の一つでもある。[44]」

イブン・バットゥータによれば、サァイ（早駆けの儀礼）をおこなうマルワとサファーの丘陵を結ぶ道（マスアー）のほぼ中間に位置するワーディーには、大規模な市場があって、穀物類、肉、ナツメヤシの実、精製バターや果実類が売られ、早駆けの儀礼の人たちと商売人、買手の人たちが入り乱れて大変な雑踏であったという。しかし彼の情報によると、メッカには薬種商と呉服商の常設市場があったが、それ以外の常設の市場がなかったことから考えて、メッカは恒常的な市場としてはあまり重要な役割を果たしていなかったことが分かる。[45]

（3）巡礼キャラバン隊と国際商業

巡礼キャラバン隊には、以上に述べたような巡礼隊に同行して商売をおこなう人たちの他に、国際間を移動する大商人たちの一団も多く含まれていた。彼らは巡礼キャラバン隊の移動時期に合わせて、一部の区間だけを一緒に旅することによって、商品輸送のうえで必要となる安全保障のための費用（protection rent）を大幅に軽減することができた。

上エジプトのクースは、ナイル川をくだってカイロ、フスタートにいたる水運と、東部砂漠を横断して紅海の港アイザーブに至るキャラバン輸送の交差する交通上の要地であり、同時に上エジプト産の農産物（おもに小麦、砂糖きび、綿花など）の集荷地としても重要であった。一一世紀半ばから一三世紀半ばまでの間、クース～アイザーブ道はエジプトおよびマグリブ地方からやって来る巡礼者たちの通過する巡礼道であり、同時にインド洋方面から来る香料商人たちが通過する商業道でもあった。イブン・ジュバイルは、一二世紀後半のクース～アイザーブ道の様子を次のように説明している。

「われわれは、この道中で、往来するキャラバン隊の数を知りたいと思ったが、それは不可能なことであった。とくに、インドの物産を運んでイエメンに到着し、次にイエメンからアイザーブに到着したキャラバン隊についてはなおさらである。われわれがそうしたなかで、最も多く目撃したものは、胡椒の荷物であって、われわれには、それがあまりに多いので、泥のはしくれに等しい値段に思われたほどであった。この砂漠地帯でわれわれが眼にしたことのなかで驚嘆すべきことの一つは、汝もそこに行けば実際に出会うであろうが、道端に胡椒、シナモンやその他の商品が監視人もなく堂々と放り出されていることである。それらは、この荷を積んできたラクダが弱ったり、あるいはそのほかの不都合な理由によって、往来におきざらしになったものであって、その荷の持ち主が運び去るまで、次から次へとたくさんの人々が通り過ぎて行くにもかかわらず、奪われてしまう心配もなく、安全にその場所に放置されたままになっているのである(46)。」

当時のクース〜アイザーブ道は、アイユーブ朝の統制下におかれて、メッカ巡礼者には巡礼税が軽減され、道路の安全が確保されていたので、インド洋の沿岸地域とエジプトや地中海地域とを往来する多くの国際商人たちもまた、このルートを利用していた。

先にも述べたように、インド洋の横断航海は夏季の南西モンスーンと冬季の北東モンスーン、それに海表面に起こる吹送流（モンスーン・カレント）を最大限に利用しておこなわれたので、長年の経験と勘によって、毎年、港と港との間には厳密に規定された出港と入港の日程、すなわちモンスーン航海のダイアグラムが確立していた。インド洋のモンスーン航海期がメッカの巡礼大祭の時期と都合よく連動する場合には、インド洋の周辺地域から多くの商人や巡礼者たちが集まり、彼らのもたらす熱帯・亜熱帯物産の諸物産は、ジッダやメッカの市場に溢れたといわれる。そしてエジプトやシリアの巡礼者たちはメッカ巡礼の義務を無事に果たした後に、メッカの市場でそれらの物産を購入し、カイロやダマスカスに持ち帰った。そのために、カイロやアレクサンドリアの香料市場では香料価格が下落し、その影響は広く地中海世界にもおよんだ。反対に、メッカの巡礼大祭の時期がインド洋のモンスーン航海の季節をずれた場合には、インド洋の周辺地域からの巡礼者の数も少なく、ジッダとメッカに集まる胡椒・肉桂・生姜・肉豆蔻・丁字・乳香・没薬・象牙・犀角・皮革・染料類・宝石類などの諸物産の入荷量も減って、西アジア・地中海世界に流れる物産も不足し、市場での価格高騰をもたらした。

このように多くの巡礼者たちは旅の携帯品の一部に、旅の途中で売却する商品を持っており、旅に必要な経費にあてる場合が多かった。個々の人が所持する商品は少量であっても、多くの巡礼者たちのもたらす総量は莫大なものであり、また巡礼隊の移動の機会を利用して旅商人たちがさまざまな地域間の交易活動に参加していたのである。

結びに代えて

以上述べてきたように、メッカ巡礼は「交通」のさまざまな分野に刺激を与え、地域間・国際間の人の移動と経済交換を著しく活性化させていただけでなく、情報や文化の接触と交流をもたらす手段としても、大きな役割を果たした。メッカから遠く隔たった地域の人々は、さまざまな目的を持って巡礼の旅に出た。イブン・バットゥータの場合は、敬虔な信仰心に加えて、青春の抑え難い未知の世界への憧れ、そして何よりもメッカとの往路・復路の途中にある東方イスラーム世界（マシュリク）の大都市に滞在して、著名な学者や聖者たちと会い、新しい学問を習得し、精神的修行を積み、神による数々の御利益を得ることに無上の喜びを感じていた。つまり彼が旅に出た最大の動機は、イスラーム世界の各地の新しい情報や文化を獲得することであって、旅は学問の旅（al-riḥlat al-ʻilmīya）、修行の旅、神に近づくためのイスラーム信仰の道（sabīl Allāh）であった。イスラーム世界には、こうした同じような目的を持って旅する多くの人々がおり、また旅人たちを客人として受け入れる開かれた社会や旅の施設があった。

イブン・バットゥータが伝えるように、両聖地メッカ、メディナはイスラーム世界の各地から集まった多くのムジャーウィルーンたち（隣人愛《ジワール》のもとにおかれた人たち、寄留者たち）が住んでいた。彼らは、巡礼を果たした後も居残って学問や修行に専念する人々であって、彼らが滞在するためのリバート、ダール、ザーウィヤ、ハーンカーなどと呼ばれる修行・礼拝と宿泊の場所を兼ねた施設があった。これらの施設は、特定のスーフィー・タリーカに所属する修道所であったり、四大法学派の教育施設や同郷の人たちによって建設された旅の施設、大商人による寄付金や自発的な寄進財産によって運営された慈善施設など、さまざまな由来にもとづき建設されたものであった(47)。

イスラーム世界から集まる巡礼者、修行者や学者たちは、これらの施設に一時的に留まり、ときには二〇年、三〇年の長期間にわたって滞在し、学問の交流と情報の交換をおこなった。こうしてメッカは、イスラーム世界の人的交流と情報発信の基地としての性格を持ち、東西から集まる異なるイスラームの諸宗派・教団の人たちがメッカという場と巡礼の移動システムを通じて共通の情報を交流し合っていた。またメッカ巡礼によって、新しい思想運動や政治改革運動が東西のイスラーム世界に広く伝播し、イスラーム世界の統合性を創り上げるうえで一つの重要な要因となっていたのである。

第2章　ナイル峡谷と紅海を結ぶ国際交易ルート

はじめに

一〇世紀後半から一一世紀後半にかけての一〇〇年間は、三世紀末から五世紀末までの「時代転換期」に続く世界史的規模での転換期にあたっており、イスラーム世界における国家権力の交替、統治体系や社会・経済秩序の変化など、政治・経済・社会の根底を揺るがすような諸変化が各方面に顕在化した。この時期を境とする最も明確な変化の一つは、イスラーム世界を構成するネットワークの重心が、それまでのイラクのバグダードを軸心とするイラク・ペルシャ湾軸ネットワークから、エジプトのカイロ・フスタートを軸心とするエジプト・紅海軸ネットワークに移行したことにある(1)。

そこで本章では、インド洋と地中海の両世界を結びつける国際交通の基軸の一つ、エジプト・紅海軸ネットワークについて、とくに一〇世紀半ば以降、徐々にその重要性を増すことになるナイル川と紅海の二つの水運と、上エジプト～紅海を結ぶ東部砂漠越えの陸上のキャラバン運輸とを相互に組み合わせた、いわば河川・砂漠・海の三つの異なる自然生態系をつなぐ交通システムが、国際交易のうえで重要な役割を果たしたのは何故か、一一世紀半ば

〜一三世紀半ばの約二〇〇年にわたって国際交通運輸に最も多く利用されたナイル河畔のクース、もしくはイドフー（アドフー）と紅海沿岸の交易港アイザーブを結ぶキャラバン・ルートの起点・中継の宿駅地・水場について、おもにメッカ巡礼に関わる記録史料と実地調査にもとづき考察を試みる。

一　海・砂漠・河川をつなぐ交通システム

エジプトを中心として成立したイスラーム国家・王権は、ナイル川のもたらす豊かな農業生産と水運を基礎としたこと、高度な古代都市文明の遺産を引き継いだこと、シリア・アラビア半島とアフリカ大陸とを結ぶ陸上交通の要地にあること、そして何よりも、そこが地中海世界とインド洋とを結ぶエジプト・紅海軸ネットワークの軸心に位置することにより国際交通ルートの流れを左右したことによって、つねに政治・経済・文化のうえで重要な主導的役割を果たした。[2]

このエジプトを中間媒体として地中海と紅海・インド洋を結びつけた主要な交通ルートは、おおまかに分けると、①パレスチナ海岸〜アカバ道、②ファラマー〜クルズム（スエズ）道、[3]③アレクサンドリアもしくはディムヤート（ダミエッタ）〜カイロ、フスタート〜クルズム（スエズ）〜シナイ半島道、④ナイル〜東部砂漠道、の四つのルートであった。イスラーム初期の時代には、①〜③のルートがもっとも多く利用されたが、一一世紀末から一三世紀初頭までの二〇〇年間続いた十字軍勢力によるシリア・パレスチナ海岸への攻撃・支配と植民活動によって、とくに①と②の陸上交通が困難な状態に陥った。そこで、エジプトとシリアを中心に政権を樹立したアイユーブ朝とマムルーク朝は、④のナイル川〜上エジプト〜東部砂漠〜紅海沿岸という新しいルートの開発と周辺地域の治安維持によって、メッカ巡礼路の安全確保、ならびにイエメンとインド洋海域世界への軍事的・経済的進出をおこなったのである。したがって、この時期に④のルートを利用して、多くの国家使者・商人・巡礼者・学者・苦行者・移住者などが往来し、メッカのカァバ神殿を覆う布（キスワ）を納めたマフミル（巡礼輿）が運ばれたり、またインド洋海域世界の各地から集められた多種類の特産品がエジプト市場にもたらされ、その見返りとして地中海世界から集められた商品がエジプト市場で仲介・取引・加工された後、ヒジャーズ地方、イエメンやインド洋海域世界の各地に向かった。

一一八三年五月一九日に、上エジプトのクースを出発して、紅海の交易港アイザーブに向かったイブン・ジュバイルが、東部砂漠越えルートの安全なことや、多量の胡椒、肉桂などのインド産商品がラクダに積まれて運ばれた様子を記録していることは、前章でも引いた通りである[4]。

紅海は、東北アフリカとアラビア半島西岸の間をアデン湾からスエズ湾およびアカバ湾に向かって、二、〇〇〇キロメートル以上も深く入り込んだ細長い海である。また紅海とほぼ平行するように、ナイル川とその支流のアトバラ川が東部砂漠およびヌビア砂漠を挟んで北流し、地中海に注いでいる。以上のように、ほぼ平行して紅海とナイル川の二つの水域が連なっているため、アラビア海・紅海・東部砂漠・ナイル川を貫く交通システムが紀元前に溯る古い時代からつくり出され、それぞれの時代に重要な役割を果たすこととなった。ナイル峡谷に発達したエジプトの古王国時代（紀元前二六〇〇―二二〇〇年頃）には、すでにこの交通システムを通じて、シリア、シナイ半島、紅海、イエメン、エチオピアや東アフリカ海岸との頻繁な経済交流がおこなわれた。

図1に示したように、古王国時代からイスラーム以前の時代までに利用された、ナイル峡谷と紅海をつなぐ東部砂漠越えの主要なルートとして、①ベニー・スエーフ（Benī Suēf）、アンティノエ（Antinoë）～ハドリアナ（Hadriana）～ラァス・エッディーブ（Ra's al-Dīb）、ミヨスホルモス（Myoshormos, Safāga）、②カイノポリス（Kainopolis, Qinā）～ミヨスホルモス、③コプトス（Koptos, Qifṭ）～ラキータ（Laqīṭa, Lageta）～レウコス・リメン（Leucos Limen, al-Quṣayr）、④コプトス～ラキータ～ベルニケー（Bernice）、⑤アポッロノポリス・マグナ

(Apollonopolis Magna, Idfū) ～ベルニケー、⑥セーネ（Cyene, Awsān）～ワーディー・アルアッラーキー（Wādī al-ʿAllāqī）～ベルニケーなどが知られていた[5]（併せて後掲図2参照）。

そしてイスラームの時代に入ると、これらのなかで、③はクース、キフト～クサイル道、④はクース～フマイスラー（シャーズィリー）～アイザーブ道、⑤はイドフー～フマイスラー（シャーズィリー）～アイザーブ道、⑥はアスワーン～ワーディー・アルアッラーキー～アイザーブ道、もしくはサワーキン道として再利用、一部延長されて、引き続きインド洋と地中海の両世界をつなぐ交通システムにおいて重要な役割を果たしていった[6]。

では、東部砂漠ルートがイスラーム時代の以前と以後をとおして、長期・継続的に利用されたのは、何故であろうか。とりわけ一一世紀半ばから一三世紀半ばまでの二〇〇年間にわたって、このルートがイスラーム世界のネットワークの中軸として、各地からの人・モノ・文化・情報が行き交った理由は何であったのか。次に、東部砂漠ルートが発達した主な理由を考えてみよう。

(1) 紅海の航行条件の特殊性　先にも述べたように、ナイル川は紅海とほぼ平行して流れており、紅海・東部砂漠・ナイル川・地中海の、海・砂漠・川をつなぐ交通システムが国家の支援を得て安全に機能した。インド洋・アラビア海を航行する大型船が出入した港は、①南アラビア・ハドラマウト・ズファール海岸の港（カナー、シフル、ライスート、ミルバート）、(2)バーブ・アルマンデブ海峡周辺の港（アデン、ザイラゥ、ムハー、アフワーブ、ガラーフィカ、フダイダ）、③紅海の中ほどに位置する港（バーディウ、ジッダ、ヤンブゥ、ジャール、サワーキン、アイザーブ、ベルニケー）であり、紅海の最奥部（北回帰線以北の海域）に位置するクサイル、トゥール、クルズム（スワイス）、またはアイラ・アカバなどを利用することはほとんどなかった。その理由は、紅海の北部海域ではアラビア海とインド洋に卓越するモンスーンの影響がおよばないため、船が紅海～アラビア海・インド洋を一年のうちにラウンド・トリップ航海することが難しかったためである[7]。したがって、①～③のいずれかの港で荷降ろしされた積荷は、陸上を行くキャラバン隊、もしくは紅海で使用する特殊な平底の縫合船（jilba / jilāb）[8]に積み替えられ

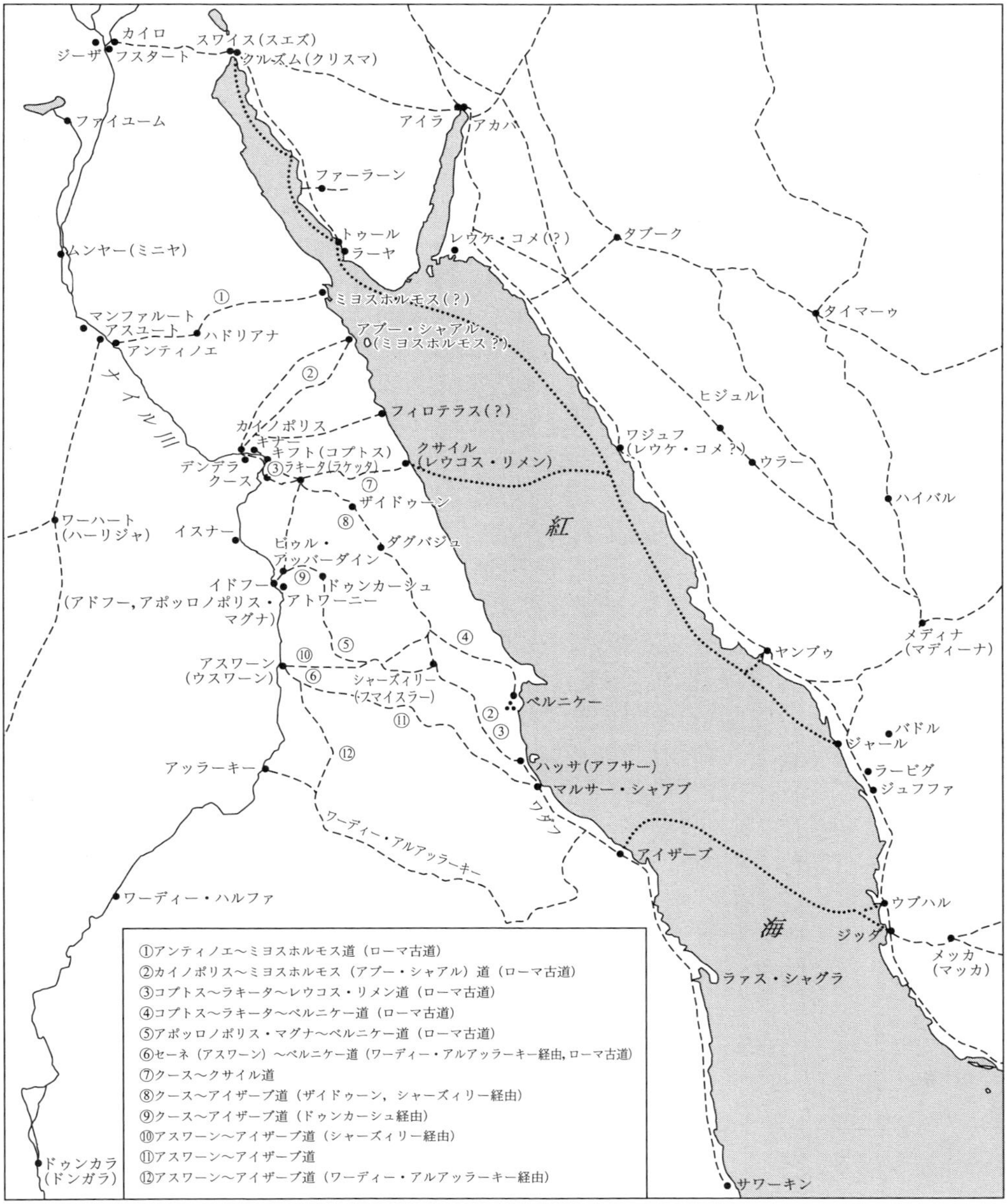
カイロ
ジーザ
フスタート
スワイス(スエズ)
クルズム(クリスマ)
ファイユーム
アイラ
アカバ
ファーラーン
トゥール
ラーヤ
レウケ・コメ(?)
タブーク
ムンヤー(ミニヤ)
ミヨスホルモス(?)
タイマーゥ
マンファルート
アスユート
ハドリアナ
アンティノエ
アブー・シャアル
(ミヨスホルモス?)
ナイル川
ヒジュル
カイノポリス
キナー
キフト(コプトス)
フィロテラス(?)
ワジュフ
(レウケ・コメ?)
ウラー
デンデラ
クース
ラキータ(ラケッタ)
クサイル
(レウコス・リメン)
ザイドゥーン
ハイバル
ワーハート
(ハーリジャ)
イスナー
紅
ダグバジュ
ビゥル・
アッバーダイン
イドフー
ドゥンカーシュ
アトワーニー
(アドフー,アポッロノポリス・
マグナ)
メディナ
(マディーナ)
アスワーン
(ウスワーン)
シャーズィリー
(スマイスラー)
ヤンブゥ
ベルニケー
バドル
ジャール
アッラーキー
ハッサ(アフサー)
ラービグ
マルサー・シャアブ
ジュフファ
ワディー・アルアッラーキー
アイザーブ
ワーディー・ハルファ
ウブハル
海
ジッダ
メッカ
(マッカ)
ラァス・シャグラ
ドゥンカラ
(ドンガラ)
サワーキン
①アンティノエ〜ミヨスホルモス道(ローマ古道)
②カイノポリス〜ミヨスホルモス(アブー・シャアル)道(ローマ古道)
③コプトス〜ラキータ〜レウコス・リメン道(ローマ古道)
④コプトス〜ラキータ〜ベルニケー道(ローマ古道)
⑤アポッロノポリス・マグナ〜ベルニケー道(ローマ古道)
⑥セーネ(アスワーン)〜ベルニケー道(ワーディー・アルアッラーキー経由,ローマ古道)
⑦クース〜クサイル道
⑧クース〜アイザーブ道(ザイドゥーン,シャーズィリー経由)
⑨クース〜アイザーブ道(ドゥンカーシュ経由)
⑩アスワーン〜アイザーブ道(シャーズィリー経由)
⑪アスワーン〜アイザーブ道
⑫アスワーン〜アイザーブ道(ワーディー・アルアッラーキー経由)

図 1　ナイル峡谷と紅海をつなぐ東部砂漠越えのキャラバン道

て、エジプト、シリアの諸都市や地中海世界に向かった。紅海の中ほどに位置するジッダ、ジャール、サワーキン、アイザーブ、ベルニケーなどの港は、インド洋航行の大型船と紅海で使用する小型船――クルズム船（markab al-Qulzum）とも呼ばれた[9]――とが出会う港であり、同時に陸路、メッカ、メディナ経由でシリアへ、また東部砂漠越えのキャラバンで横断してナイル河畔に出るための、海上と陸上の交通ルートの交差する港でもあった。陸路、東部砂漠を越えてナイル河畔に出ると、そこからナイルの川船によって、一気に川を下ってエジプト文明の中心地、デルタ地域、地中海世界へと到達した。ナイル川の水運は、近代になっても過去と同じように、引き続き重要な役割を果たしている。それは、船が重量のある、かさの張る荷物を多量に輸送できることによっている。八月半ばから一〇月半ばまでのナイル川の増水期には、アスワーンから切り出した石材や、上エジプトの河川沿いの肥沃な農耕地で生産された多量の穀類や牧草類を満載した帆船が下流のデルタ地方に向かって川を下り、船荷の一部は、そのまま東地中海を経て、レバノンやシリア、あるいはイフリーキヤ海岸の諸港まで直接搬送することが可能であった。さらにナイルの河川交通の最大の利点は、冬の北風を利用して、帆船がナイル川を溯上することも可能なことである。

(2) 東部砂漠の鉱物資源　東部砂漠は、古代のエジプト王国時代以来のエメラルド、金、銅などの鉱山が分布することで知られ、鉱山開発のために多くの人々が移住した。厳しい自然条件のなかで生活する鉱山労働者たちに多量の食料をナイル峡谷から提供し、同時に採掘された鉱物資源を外の世界に運びだすために、東部砂漠を縦横に通る交通ルートが利用された[10]。

(3) メッカ巡礼のルート　前章で見たように、イスラーム時代以後になると、東部砂漠の鉱山ルートの一部はエジプト、マグリブ地方、サハラ砂漠周辺やスーダーン（黒人アフリカ）の諸地域から来たムスリムたちがメッカ巡礼のために往来するルートとして大いに利用された。後述するように、イブン・ジュバイル、トゥジービーやイブン・バットゥータなどのマグリブ・アンダルス人たちは、いずれも上エジプト・ルートを利用してメッカ巡礼をおこなった。

(4) 聖地・聖廟の分布　スーフィー教団のシャーズィリー派の開祖アブー・アルハサン・アッシャーズィリー(Abū al-Ḥasan al-Shādhilī) は、一二五八年、メッカ巡礼に赴く途中の東部砂漠中のオアシス、フマイスラーの井戸(biʾr Ḥumaythrā) で死亡し、その地に埋葬された。それ以後、彼の墓がシャーズィリー派の人々にとっての聖墓となり、現在に至るまで参詣の霊地となっている。[11] メッカ巡礼のために往還するシャーズィリー教団の人々、とくにイフリーキヤ・マグリブ地方の出身者たちは、シャーズィリーの聖墓を参拝するために東部砂漠ルートを選んだ。後述するように、二〇〇〇年に実施した東部砂漠越えのルート調査において、私は、ルート沿いに部族の祖、奇跡を起こした聖人、霊泉や山の聖地などが多く分布していること、それらが参詣者たちの移動・往来を促し、東部砂漠をめぐる交通システムを一層活性化させていることを確認した。

(5) 上エジプト産農作物の輸送ルート　ナイル峡谷沿いには、上エジプトからデルタ地域まで肥沃な農耕地が連続している。アラブ・ムスリム軍によるエジプト征服以後、エジプト産の穀物類が毎年、ヒジャーズ地方に輸送されたが、その輸送ルートはフスタートから「カリフの運河」を利用して、ビルバイス、クルズム経由スエズ湾を南下してジャールまで水上輸送された。一〇世紀以後になると、ムンヤー(ミニヤー)、アスユート、マンファルートなどの上エジプト地方で生産された良質の小麦や砂糖、綿花などがクース経由で東部砂漠を横断し、紅海経由でジッダに運ばれるようになった。[12]

(6) パレスチナ・シリア海岸の軍事・政治情勢との関連　前述したように、一一〜一三世紀末、十字軍勢力によってエジプト・デルタ地域が攻撃され、またパレスチナ・シリア海岸が直接占拠されたことによって、クルズム・ルートやアカバ・アイラ経由のヒジャーズ・ルートが危険になると、東部砂漠ルートがヒジャーズ、イエメンやインドとエジプトとを結びつける唯一の国際交易ルートとして重要な役割を果たすようになった。[13]

(7) アラブ系諸部族の移動とベジャ系・ヌビア系遊牧民のアラブ化とイスラーム化運動の展開　古くから東部

砂漠とアトバラ川流域、ナイル本流、南はエリトリア・ダナーキル地方にかけて広く遊牧生活をおこなったのはベシャ（ブージャ、ブジャー）と呼ばれた民族（部族集団）であった。彼らはラクダ飼育を中心とした遊牧民であるが、キャラバン運輸の担い手として、またアイザーブやサワーキンの港に強い支配権を及ぼして、入港関税や商品の一部を得ていた。アッバース朝のカリフ＝ムタワッキルの治世代にあたる九世紀半ば以後、アッバース朝政権は東部砂漠を生活圏とするベジャ族の勢力に弾圧を加え、また彼らのイスラーム化を促す目的で、ヒジャーズ地方に住む多くのアラブ系諸集団を恣意的に移住させた。その後、ファーティマ朝もまた、アラブ遊牧民対策の一環として、再び上エジプトへのアラブ人移住策を進めた。クース〜アイザーブ道が国際交易ルートとして繁栄した一一〜一三世紀には、アラブ系とベジャ系の諸集団が輸送用のラクダの提供、キャラバン隊の編成や護衛などに重要な役割を果たした。しかし、一三世紀後半以後、マムルーク朝の支配権が後退するにつれて、アラブ系とベジャ系の諸部族間の対立・抗争が激化して、キャラバン隊に対する襲撃や交通路の寸断が起こった。アラブ系諸集団は、ベジャ族との混血化と南部への移住拡大によって、アトバラ、ドンガラ、さらにはコルダフォン高地やダールフール地方へのアラブ・イスラーム化運動を推し進めた[14]。

(8) スーダーン・サーヒル世界の一部として機能　サハラ砂漠南縁部のチャド湖やニジェール川流域に広がるスーダーン地域（bilād al-Sūdān, 黒人系王国の支配地域）を通過して東に進み、ナイル河畔、さらに東部砂漠を越えて紅海沿岸のサワーキン、トーカル、マッサワなどの港に達する、いわゆるスーダーン・サーヒル・ベルトに沿って、アフリカ大陸を横断する東西ルートが、いつ頃から利用されるようになったかは明らかでない。このキャラバン・ルートは、ニジェール川流域のスーダーン地域やハウサ族居住地域（ハウサランド）の人々がメッカ巡礼をおこなうルートとして、またエジプトを訪れるジャッラービーヤ商人（al-Jallābīya）——スーダーン・サーヘル・ルートの「四〇日ルート（Darb al-Arbaʿīn）」を通ってアスユート経由、エジプトのカイロを訪れるマグリブ人、およびスーダーン・マグリブ系商人——によって、すでに一五世紀半ば以前から利用されていたと考えられる。一八世紀半ば以降になると、センナール（Sennār）～ガンダル（Gandar）～マッサワ路、エル・オベイド（El Obeid）からナイル川を少し下り、シェンディー（Shendi）、ベルベル（Berber）～サワーキンに至るルートが、地中海経由のルートよりも重要性を増した。そして、そのルート沿いにフング王国やセンナール王国などのスーダン（ヌビア）系の諸王国が成立し、ジャッラービーヤ商人、西スーダーン系ムスリムたちのメッカ巡礼と移民運動を促した。西アフリカにおける奴隷狩りから逃避しようとする人々やマフディー思想を信ずる集団、スーダン・ナイル峡谷における綿花栽培の普及などの要因によっても、彼らの移動は大きく誘発された[15]。

以上のように、東部砂漠ルートが発達した理由、その使われ方や重要度は各々の時代で異なっているが、紅海・東部砂漠・ナイル川の三つの異なる生態系を結ぶ交通システムがイスラーム期以前に遡る時代から発達し、とくに一一世紀半ばから一三世紀後半にはインド洋と地中海の両海域世界をつなぐエジプト・紅海軸ネットワークの中軸としての役割を果たしていたことが分かる。

二　東部砂漠のキャラバン・ルート

マムルーク朝時代の歴史家マクリーズィーは、その著書『エジプト地誌 *al-Khiṭaṭ*』のなかで、ナイル河畔の町クースから紅海の交易港アイザーブに至る東部砂漠越えのキャラバン・ルートの歴史的変遷過程を四つの時期に分類している[16]。その内容を一部補足して説明するならば、次の通りである。

(1) ヒジュラ暦四五〇―六六六（一〇五八／五九―一二六七／六八）年　ファーティマ朝のカリフ＝ムスタンスィル（al-Mustanṣir, 治世一〇三六―九四年）の治世半ばからマムルーク朝のスルタン＝バイバルス（al-Ẓāhir Rukn al-Dīn Baybars I, 在位一二六〇―七七年）の時代までの約二〇〇年間であり、東部砂漠越えルートの全盛期。

(2) 六六六―七六〇（一二六七／六八―一三五八／五九）年　バイバルスの時代から大疫病（一三五〇年前後のペストの大流行）の直後までの約一〇〇年間。マムルーク朝の軍事的・外交的な努力にもかかわらず、上エジプト、紅海の西岸地区やヌビア地方におけるコプト教徒、アラブ系・ベジャ系遊牧民やヌビア族による反乱が頻発して、東部砂漠ルートはしばしば途絶し、巡礼者たちの往来が減少した。ただし、イエメン経由のインド洋の諸物産は引き続き、このルートを使ってエジプトに運ばれた。

(3) 七六〇―八二〇（一三五八／五九―一四一七／一八）年　インドやイエメンからの商船の来航が途絶えて、アイザーブは急速に衰退し、代わってアデンが繁栄するようになった。

(4) 八二〇（一四一七／一八）年以降　アデンに代わって、ジッダが国際交易の一大センターとして発展する時期。マムルーク朝はヒジャーズ地方に軍隊を派遣し、ジッダ経由のインド洋交易に本格的に介入するようになった。

これによって明らかなように、ナイル峡谷と紅海を結ぶ東部砂漠越えのキャラバン・ルートが最も繁栄した時期は、一一世紀半ばから一三世紀半ばまでのほぼ二〇〇年間であった。この時期には、商人、巡礼者、学者・知識人や修行者などが往来し、インド洋海域世界から集められた熱帯・亜熱帯の特産品と、地中海世界や西アジアの市場で仲介・取引された商品とが相互に行き交うことで、東部砂漠ルートは国際交易ネットワークの幹道としての役割を果たした。この時期の東部砂漠ルートのおもな水場・宿泊地、分岐のルートや運輸の担い手、運ばれた積荷などについて詳しく伝えた記録史料はきわめて少ないが、そのなかではイブン・ジュバイルとトゥジービーの二人の巡礼者が貴重な記録を残している。

イブン・ジュバイルは、一一四五年、アンダルス地方のバレンシアに生まれ、当時、モロッコとアンダルス地方を領有していたベルベル系王朝、ムワッヒド朝のグラナダの地方総督《ワーリー》のもとで書記を務めた。彼は、メッカに三回の巡礼を果たしたといわれ、その最後の巡礼の帰途、一二一七年にアレクサンドリアで没した。詩文・散文など文学の優れた才能を持ち、第一回目の巡礼旅行を美文体で日記風に記録したものが『イブン・ジュバイルの巡礼記 *Riḥlat Ibn Jubayr*』である。この巡礼記は、後の時代のアラビア語修辞学の手本となり、「メッカ巡礼記」――「リフラ (al-Riḥlat)」、「メッカのリフラ (al-Riḥlat al-Makkīya)」、もしくは「ヒジャーズのリフラ (al-Riḥlat al-Ḥijāzīya)」と呼ばれた――という新しい紀行文学の基礎となった[17]。彼は、一一八三年二月にグラナダを出発し、サブタ(セウタ)からジェノヴァのキリスト教徒の船に便乗してアレクサンドリアに入港すると、そこからカイロ経由で上エジプトのクースに至り、さらに東部砂漠を横断、紅海沿岸のアイザーブに出ると、船でジッダに到着、陸路メッカに達して、巡礼の義務を果たした。彼がクースを出発したのは、ヒジュラ暦五七八年サファル月一三日(一一八二年六月一八日)のことで、クースからアイザーブまでの一四ヵ所の停泊地を経て、第一ラビーゥ月二日(同年七月六日)、アイザーブに到着した[18]。

一方、トゥジービーについては、イブン・ハジャル (Ibn Ḥajar al-ʻAsqalānī) の人名録『秘められたる大真珠 *al-Durar al-Kāmina*』によると、ヒジュラ暦六七〇(一二七一/七二)年頃、モロッコのサブタに生まれた人で、故郷で学んだ後、メッカ巡礼を志して出発し、途中のアレクサンドリア、メッカ、ダマスカスなどで多くの学者たちと会って研鑽を積み、三巻の旅行記『巡礼と旅への門出による神の恩恵 *Mustafād al-Riḥlat wa'l-Ightirāb*』を著した[19]。三巻のうちの現存する写本は、第二巻に相当する部分のみであり、現在、チュニジアのチュニス国民図書館 (Dār al-Kutub al-Qawmīyat bi-Ṭūnis, Ms. No. 6451) に所蔵されている。第二巻の内容は、カイロの町の記述に始まり、六九六年ズー・アルカァダ月二七日(一二九七年九月一六日)、巡礼儀式をおこなうためにメッカを離れてミナーに滞在、さらにアラファァートをめぐるために出発するまでを含む記録であって、それに続く部分は失われている[20]。彼は、一二九七年三月二日、カイロに到着の後、三月一二日にギザ(ジーザ)を経由、船でナイル川を南に遡り、四月九日にクースに到着した。そして同年の四月二九日、クースを出発すると、東部砂漠に入り、二八ヵ所の経由・宿泊地を三二日間をかけて、五月三一日、アイザーブに到着した[21]。

トゥジービーによる東部砂漠ルート、すなわちクース～アイザーブ道に関する記録は、イブン・ジュバイルから一〇〇年以上もあとのものであるが、出発と到着地を含めて二八地点が記録されており、しかもルート沿いの地理情報についてもかなり詳細に伝えている。そこで以下では、トゥジービーの記録を中心に、一部をイブン・ジュバイルの情報と同ルートの踏査記録で補いながら、クース～アイザーブ道を復元してみたい。

(1) クース（Qūṣ）　トゥジービーは、フスタート（ミスル）を出発してから二三日間の川旅を楽しんだ後に、クースに到着した。クースは、ファーティマ朝のカリフ＝ムスタンスィルの治世半ば以後に、アスワーン、キフト、ウシュムーナインなどに代わって、上エジプトの軍事戦略と行政上のセンターとしての機能を果たすようになった[22]。クースの交通上の位置は、ナイル川が大湾曲する要地にあるだけでなく、東には紅海と平行する東部砂漠——当時は「アイザーブ砂漠（Ṣaḥrā' 'Aydhāb）」と呼ばれた——が広がり、ラクダ飼育をおもな生活基盤とするアラブ系やベジャ系の遊牧諸部族が居住したこと、砂漠中にはエメラルド、金、銅などの鉱山が分布すること、紅海沿岸のアイザーブ、サワーキンに出ると、船でヒジャーズ地方、エチオピア、イエメンやインド方面とも連絡したこと、また南に向かってアスワーンを越えるとアルワ、ヌーバ（ヌビア）の世界が広がり、西にはハルガ（ハーリジャ）とダーヒラのオアシス地帯、さらにはスーダーン・サーヘルにまたがる中央アフリカ横断の東西ルートが伸びていた。トゥジービーは、当時のクースの町について、上エジプトで見た最大の都市で、多数の人口を擁し、フスタートより町並みが整い、「アカーリム（al-Akārim）」と呼ばれるイエメン・インドやエチオピアから来る商人たち、カイロ・フスタートの人やアレクサンドリアの人々が集まってくるところであり、他の大都市も比較できないほど豊富にインド産商品があること、またナツメヤシの実（デイツ）、ブドウ、その他の果実類が豊富に収穫されることなどを記述している[23]。クースがアカーリム、すなわちカーリミー商人たちの中継運輸・取引と情報収集の拠点となったのは、おそらくアイユーブ朝のスルタン＝サラーフ・ウッディーン（Ṣalāḥ al-Dīn, 在位一一六九—九三年）の治世代以後のことであろう[24]。すなわち、ファーティマ朝の政治・経済政策を受け継いだアイユーブ朝は、エジプトを地中海とインド洋の両海域世界を結ぶ国際交通と貿易活動の中心とすることによって、両世界の富を集め、国家財政の再建を図ろうとした。そのための貿易政策の一つとして、海上・陸上の交通運輸の安全を保ち、通行関税の軽減、宿泊と商品倉庫・市場の建設、メッカ巡礼者の保護などを実施し、とくにカーリミー商人によるインド洋交易の活動を支援した。そして、アレクサンドリア、フスタート、クース、アイザーブ、サワーキンなどの交通拠点は、国家の強力な支援を得て、カーリミー商人のための宿舎や商品倉庫が建設された。トゥジービーの記録によると、クースとアイザーブにカーリミー商人たちが使用する専用の宿泊施設があって、彼自身もそれを利用することができたという。クースでの宿泊先について、トゥジービーは「われわれのこの町での滞在は、フンドゥク・ムカッラム（al-Funduq al-Mukarram）という名で知られた大規模なハーン（隊商宿）であった。そこには、アカーリムと称せられる商人たちが宿泊する。かつて、ある高潔な富裕商人の一人がわれわれのために幾つかの地方で宿泊できるようにと手配をしてくれたので、このハーンに滞在することがわれわれにとって好都合であり、また道路の状況の把握にも最適であり、そこにはラクダ引きたちや砂漠地帯に踏み入ろうとする人々などが集まると考えたのである。われわれは、かつてこれほどの大規模なハーンを見たことがなく、まるで一種の要塞のようであり、宿泊に必要なすべてのものが自給できるので、何も他に必要なものはない。そのハーンの中央には、［一日］五回の礼拝をおこなうマスジドがあり、専属のイマームがいる」[25]と伝えている。フンドゥク・ムカッラムは、おそらく一二一〇年に、クースの地方総督に任命されたアイユーブ朝のアミール＝ムカッラム・イスマーイール・ブン・アッラマティー（al-Mukarram Ismāʿīl b. al-Lamaṭī）によって建設されたフンドゥクの一つで、一般には「スルタンの隊商宿（Khān al-Sulṭān）」と呼ばれた。このハーンは、一二二〇年に火災に遭って、総額五〇万ディーナールにおよぶ商品が消失したといわれる。[26]ヌワイリーの記録によると、このハーンは道路運輸の仲間たち、とくにアレクサンドリアのカーリミーの「休息の場」であり、「旅人たちの帰り着くところ」であった。[27]トゥジービーが宿泊したハーンは、火災のあとに再建された施設であると考えられる。

(2) アッバーサ（al-ʿAbbāsa）　クースから約三マイル（約六キロメートル）離れた村である。ここで東部砂漠に踏み入る前に、道中の必需品や食料が整えられ、輸送業者たちによる積荷の計量がおこなわれた。トゥジービーの一行は、純白の小麦粉と粗挽きの小麦を購入し、シャイフ＝アブー・アルカースィム（Abū al-Qāsim）の好意によってイエメン製乗用籠を利用する権利を得た。これは明らかに現在のアヤーイシャ村（al-ʿAyāyisha）のことで、クースの南約七キロメートル、アスワーンに至る街道沿いにある。当時、ここにクース〜アイザーブ道の警察監視所が置かれていた。イブン・ジュバイルによると、クースを出発した後、マブラズ（al-Mabraz）という場所に向かい[28]、そこで旅に必要な準備が整えられると、巡礼者や商人たちのすべての荷物はまとめられ、ラクダの背に縛りつけられ、計量が必要なものについてはラクダ引きらによって調べられた。現在の地図には、アヤーイシャ村に着く手前六〇〇メートルほどのところに、ムファッラジーヤ（al-Mufarrajīya）という村があるので、この村がマブラズに比定される。

(3) マスィード・アンナビー（Masīd al-Nabī）　聖者廟のある村で、現在のクースの町の東約六・五キロメートルにあるマスィード村（al-Masīd）のこと。

(4) ダイル（al-Dayr）　現在のヒジャーザ（Hijāza, Hagāza）村の東側外れに位置するキリスト教コプト教派の修道院（Deir Hagāza）、マリー・ブクトゥル修道院（Marī Buqtur Monastery）のこと。クースの南東一〇キロメートル、マスィード村から約三キロメートル東に位置する。イブン・ジュバイルは、ヒジャーザ村をハージル（al-Hājir）と呼んだ[29]。

(5) ワーディー・アリー（Wādī ʿAlī）　クース・アイザーブ道は、ヒジャーザの河床に沿って東に向かい、砂漠地帯に入る。ワーディー・アリーは、マスィード村の方向に流れるワーディーの一つ。イブン・ジュバイルは、ハージルに続いて、キラー・アッディヤー（Qilāʿ al-Ḍiyāʾ）と呼ばれる場所に滞在した[30]。

(6) ワーディー・ハンマード（Wādī Ḥammād）　ウンム・ザアーリート山（Jabal Umm Zaʿālīt）から流れ出る

ワーディーの一つ。そのワーディーには、ビゥル・カター（Bi'r Qatā）と呼ばれる井戸（bi'r）があり、近くには有名なラキータの水場があることで知られた。ラキータは、現在のラケータ（Laqēta, La Guitta）、ローマ時代のフォエニコン（Phoenicon）であり、キナー～クサイル道と、キフト（コプトス）・クース～クサイル道との合流点にあり、また南に向かうと、ザイドゥーン、フマイスラー経由でアイザーブに達する分岐道の交差点に位置する。カルカシャンディー（al-Qalqashandī）の伝えるライタ（Layṭa）は、明らかにラキータのことである。(31) トゥジービーの

写真 1　ラキータの井戸

ラキータはキフト（コプトス），クースとクサイルを結ぶキャラバン道の要地に位置し，またラキータから南に向かうとベルニケー，アイザーブに至るルートの分岐点にある。ここでは豊富な水が得られたので，東部砂漠に踏み入る最後の泉地として，多くの旅行者に利用された。

写真 2　ザイドゥーンの井戸（Bi'r Zaydūn）

井戸の脇に石を積み上げげた２本の支柱があり，そこに丸材を横にわたし，ロープを垂らして約 15m 下の水を汲む。コンクリートで固めた２槽の石組みは，家畜用の水溜め。

一行は、ラキータで革袋に水を満たした後、クース〜クサイル道を離れて、ワーディー・ザイドゥーンの広い河床に沿って南に向かい、次のザイドゥーンの井戸（Biʾr Zaydūn）を目ざした。イブン・ジュバイルは、この水場をマハッタ・アッラキータ（Maḥaṭṭat al-Laqīṭa）、すなわち「ラキータの停泊地」と呼び、そこからワーディー・アルミシャーシュ（Wādī al-Mishāsh）に沿って南下して、アブダイン（al-ʿAbdayn）の水場を経由、ドゥンカーシュ（Dunqāsh）を目指した。[32] ドゥンカーシュは、ハジャル・ドゥンカーシュ山（Jabal Ḥajar Dunqāsh）の山麓に位置する有名な水場である。イブン・ジュバイルは「クースからアイザーブに向かう道は、二つある。その一方はアブダイン道と呼ばれて、われわれがたどった、より直線的な道である。他の道は、ナイル河畔の町キナー経由の道である。この二つの道の合流点は、前述したドゥンカーシュの水場近くにある。さらにシャーギブ（Shāghib）と呼ばれる、ドゥンカーシュの水場から一日行程先の水場でも合流する」[33]と説明している。シャーギブはイドフーの町の近くでナイル川に注ぐワーディー・シャギーブ（Wādī Shaghīb）のことであるから、キナー道はナイル川沿いにクース、イドフー経由でドゥンカーシュに出る道のことをいう。なおイブン・バットゥータは、一三二六年、三二年と四六年に、このイドフー〜アイザーブ道を通過した。[34]

(7) ワーディー・ダンダーン（Wādī Dandān）　ワーディー・ザイドゥーンとワーディー・マニーフ（Wādī Manīf）との合流点にあるダイダムースの井戸（Biʾr Daʿidamūs）、ローマ時代の水場ディディィム（Didyme, Dydymos）のこと。[35] 現在、ここには正四方形の外壁をめぐらした壮大な石造りの城塞跡が残されており、その内部には井戸がある。カイロ・フランス考古研究所（IFAOC）のアダム・ビュロウ博士（Adam Bulow）とエレーヌ・エヴィニー博士（Hélène Evigny）が中心となって、この遺跡の発掘・調査が続けられている。

(8) ファドル・アルヒヤーム（Faḍl al-Khiyām）　この地名は不詳。ローマ古道は、ディディィムからワーディー・マニーフに沿って南東に進むが、トゥジービーの一行はザイドゥーンの水場を目指して、ワーディー・ザイドゥーンの河床に沿って東に進んだ。

(9) マフダス（al-Maḥdath） ワーディー・ザイドゥーンに注ぐワーディーの一つで、現在のワーディー・マフダフ（Wādī Maḥdaf）の合流点に比定される。

(10) ミーラード（Mīrād） この水場は、道路沿いのミーラードという場所から約六マイル（約一〇キロメートル）離れたところにあった。ここでラクダ引きたちは革袋に水を満たし、ラクダに水を飲ませた。現在のザイドゥーンの井戸（Bi'r Zaydūn）のことで、アンディーヤ山（Jabal 'Andīya）から流れ出るワーディー・ザイドゥーンの水源に近い重要な水場である[36]。

(11) マアーサル（al-Ma'āṣar） ワーディー・ザイドゥーンに合流するワーディーの一つで、現在のワーディー・マァサル（Wādī Ma'ṣar）のこと。停泊地は、その合流点近くにあったと思われる。道は、東側にハダルバ山（Jabal Hadarba）とシャギート山（Jabal Shaghīt）の高い山稜を目印に、平坦な砂漠地帯を南に進む。

(12) ダグバジュ（al-Daghbaj） 現在のダグバグの井戸（Bi'r Daghbagh）、アントニン『道理記』のコムパシ（Compasi）のこと。カルカシャンディーは、ここをダリージュ（al-Darīj, al-Daryaj）と記す。ここを過ぎると、道は急に険しい山岳地帯に入る。トゥジービーの一行は、この井戸で久しぶりに少量の水を得て、二日間滞在した[37]。

(13) ジハンディー（al-Jihandī） ダグバジュからキフト（コプトス）〜ベルニケーのローマ古道に沿って少し南に進むと、ジンディーの井戸（Bi'r al-Jindī）に達する。ワーディー・アルジンディーに沿った水場の一つ。ジハンディーとは、明らかに現在のジンディーの井戸と同じである[38]。

(14) ジャリーファーゥ（al-Jarīfā'） 写本ではハリーファーゥ（al-Ḥarīfā'）と読めるが、ジャリーファーゥの誤りで、現在のガリーフ（Jarīf, Garīf）に比定すべきであろう。ウンム・フワイタート山（Jabal Umm Huwaitāt）の麓に位置し、これより道は急峻な山岳部と平原の境をほぼ真南に進む。アントニン『道理記』のアリストニス（Aristonis）にあたる[39]。

(15) シゥターン（Shi'ṭān） 現在のワーディー・シゥト（Wādī Shi't）に沿った水場で、ドゥワイク山（Jabal

Duwayq）の麓に近い。アントニン『道理記』のファラクロ（Phalacro, Falacro, Philacon）にあたる。[40] これより道は、ローマ古道と別れて、ワーディー・ウンム・ハルガブ（Wādī Umm Hargab）沿いに南西に進み、ワーディー・ナターシュ（Wādī Natāsh）を渡って、次のアブー・ジブラーンの井戸（Biʾr Abī Jibrān）に向かった。

(16) カブターン（Qabṭān）　現在の地図には、この地名の水場を見いだせないが、おそらくビゥル・アビー・ジブラーン（Biʾr Abī Jibrān）のことであろう。トゥジービーの一行は、ここでも水を得られずに、キャラバン隊の全員が渇きと不安で危機的状態に陥った。ラクダ引きたちは、キャラバン隊を残して先に進み、別の水場を探しに出たが、一昼夜を過ぎても戻らなかった。トゥジービーは、激しい渇きと恐怖のなかで生死の境をさまよった状況を詳しく記録している。

(17) ハシャブ・アルワァル（Khashab al-Waʿr）　ワーディー・ハシャブ（Wādī Khashab）の河床にある水場の一つで、現在のハシャブの井戸（Biʾr Khashab）に比定される。写本は、おそらくハシャブ・アルワァス（Khashab al-Waʿs）と改めるべきであろう。ワァスは「砂質の平原」の意である。[41]

(18) フマイスラー（al-Ḥumaythrā）　一二世紀の地理学者イドリースィーは、「フマイラの深井戸（Jubb Ḥumayra）」と呼んだ。クース～ドゥンカーシュ経由のアイザーブ・ルートと、イドフー～アイザーブ・ルートとの合流点にある。前述のように一二五八年、シャーズィリー派の開祖アブー・アルハサン・アッシャーズィリーは、メッカ巡礼に向かう途中、この地で死去し、墓地がつくられた。その後、シャーズィリー派のアラブ遊牧民やマグリブ出身の人々は、メッカ巡礼の往路復路にこの聖墓を参拝したため、「シャーズィリーの井戸（Biʾr al-Shādhirī）」の名でも知られるようになった。一九〇六年、東部砂漠の地質調査をおこなったJ・ボール（J. Ball）は、シャーズィリーの聖墓は白亜のドーム型の建物で、一人の番人によって守られていたこと、とくにアバーブダ系アラブ・ベジャ遊牧民はシャーズィリーを聖者として深く崇拝し、毎年、この墓地を参拝することを報告している。[42] 現在、マルサー・アラム（Marsā ʿAlam）からシャーズィリーまで、立派な舗装道路が通じて、上エジプト、リビアやチュニジアの各地から多数のシャーズィリー派の信者たちが聖墓参拝（ziyāra）のために集まる。

(19) マドスース（Madsūs）　フマイスラーを出て、右側にカフファ山（Jabal Kaḥfa）、左側にマドスース山とアブー・アルクーブ山（Jabal Abī ʻArqūb）の二つの山を望みながら峠を越える。道は、ワーディー・マドスースの深い渓谷沿いに急坂を下り、ワーディー・ハリート（Wādī al-Kharīt）に向かってなだらかな砂地の平原に出る。マドスースの井戸は、峠の急坂を下り、平原に出た最初の地点にある。

写真 3　ベルニケーに至るローマ時代の古道

古道は，シャーズィリーに向かうアスファルト道から分岐してワーディー・ハファーフィート（Wādī Khafāfīt）の平原を南東に進む。

写真 4　シャーズィリーの水場（Bi'r al-Shādhilī）

13 世紀以前にはフマイスラーの井戸（Bi'r Ḥumaythrā）と呼ばれて，ワーディーの窪地（baṭn）に位置した。現在，ここにモスク，聖者シャーズィリーの霊廟，宿舎などの建物がある。モスクの裏手の山は，参詣の信者たちが登る霊山として知られる。現在，上エジプトの諸都市・農村部だけでなく，遠くはリビアやチュニジアの各地から多くのシャーズィリー派の信者たちが集まってくる。

写真 5　シャーズィリー・モスクの入口に掲げられた標識

写真 6　シャーズィリー・モスクの前でズィクル（神への念誦）をおこなう信者たち
背後の山は，聖者シャーズィリーの霊山で，信者たちはズィクルを唱えながら山頂を目指す。

(20) スィライア（Ṣilay'a）　現在のスィラーイー（Ṣilā'ī）のこと。マドスースからワーディー・ハリートに沿って東に進むと、右手に釣り鐘を伏せた形のスィラーイー山（標高七八三メートル）が見えてくる。この山は、花崗岩の巨大な岩塊であり、キャラバン隊が通過する時の絶好の目標となった。ボールは、この山の近くにメガル・エッセライア（Megal el-Selai'a）と呼ばれる水場があり、良質の飲料水が得られたと報告している。[43]

(21) アムターンの井戸（Bi'r Amtān）　トゥジービーは、「ここの［井戸］水は良質で淡水、この炎熱の砂漠中では稀れにみるうまい水」と述べて、キャラバン隊の一行は久しぶりに飲料水を得た。イブン・ジュバイルは、ドゥンカーシュ、シャーギブ経由で、アムターンの水場に到着し、「水の湧き出る井戸であり、神は特別にこの井戸に恩寵を賜われたのである。この水こそは、街道中、最も良質で美味なる水場である。到着した人の革袋が［水を汲み上げるため］数えられないほど多く井戸に投げ入れられる。その井戸は、立ち寄る隊商たちがどんなに沢山であろうとも、彼らの喉を潤す」と伝えている。(44) G・W・マリー（G. W. Murray）がすでに指摘したように、アムターンは現在のビーターンの井戸（Bi'r Bītān）のことで、ワーディー・ビーターンの水源近くに位置する。(45) この井戸の南二キロメートルに、有名なウンム・イライジャの大金鉱跡（Aṭlāl Umm ʻIlayja）がある（写真8、9）。

写真7　スィラーイーの大山塊（Jabal Ṣilāʾī, Ṣilayʻ）
巨大な一枚岩の山で，突き出た岩の高さだけでも300m以上はあると思われる。シャーズィリーからアイザーブに向かう途中の重要な道標となる特異な形状の山である。

(22) ティウィーナーン（Tiwīnān）　険しいアブー・ダハル山（Jabal Abī Dahar）を右に見ながら南東に向かうと、道はワーディー・サリーブ・アズラク（Wādī al-Salīb al-Azraq）の深い渓谷に出る。このワーディーとワーディー・ティーターイ・アルアブヤド（Wādī Tītāy al-Abyaḍ）との合流点近くにビゥル・ラハバ（Bi'r Raḥaba）という水場がある。ティウィーナーンはティウィーターン（Tiwītān）と読み、おそらくティーターイのことであろう。

(23) バリーダーン（Barīdān）　ビゥル・ラハバの少し南で、道はワーディー・ウンム・バラート（Wādī Umm Barāt）とワーディー・アビー・ハイル（Wādī Abī Khayl）の二つのワーディーと出会う。その合流点近くにビゥル・アビー・ハイルとビゥル・バラートの二つの井戸がある。バリーダーンは、バラートの地名を伝えたものであろう。イブン・ジュバイルはアムターンを出た後、マジャージュ（Majāj）という水場に着いた。[46] マジャージュは、明らかにマジャー（Majāh, Megā）と改めるべきであり、現在のワーディー・マジャー（Wādī Majāh）にあるジャフリーヤの井戸（Biʾr al-Jahlīya）を指している。[47]

(24) アフサー（al-Aḥsāʾ）　トゥジービーの一行は、アフサーで初めて紅海（Baḥr al-Qulzum）の岸辺に出た。その水場において、砂地を人の身長もしくはそれ以上の深さに掘り下げると、水が湧き出たという。アフサーは明らかに現在のハッサー（Ḥassāh）のことで、マルサー・アビー・トゥワイナ（Marsā Abī Tuwaynah）の入江に面した港である。アフサーからアイザーブまでは、一二〇キロメートルにわたって平坦な砂丘地帯が続く。イブン・ジュバイルは、この砂丘地帯をワダフ（al-Waḍaḥ）と呼び、「ワダフはジッダの海（紅海）の海辺に接する［砂丘のように］柔らかい砂地で、そこを通過してアイザーブに至る。そこは、視界の限り、広漠たる大地である[48]」と説明している。

(25) シャハーブ（Shahāb）　現在のマルサー・シャアブ（Marsā Shaʿb）、つまりシャアブ港に比定される。一行は、ここでも飲料水を得ることができず、同行者シャイフ＝アブー・アルカースィムの女召使が死亡し、その場所に埋葬されたと述べている。

(26) ディーファーン（Ḍīfān）　現在のマルサー・シャアブからマルサー・アビー・アルカースィム（Marsā Abī al-Qāsim）に向かって南東方向に進み、海岸近くにアダル・ディーブの井戸（Biʾr Adal Dīb）がある。ディーファーンは、おそらくアダル・ディーブの水場を指している。イブン・ジュバイルは、アイザーブから三日行程離れたウシャルという灌木の茂る地点にある水場ウシャラーゥ（al-ʿUsharāʾ）に停泊した。[49] ウシャルとは、アカシア樹（sanṭ）の一種で、この灌木の生えた場所はウシャラーゥと呼ばれた。ボールによると、この地点はシャクラ・アッディラム（al-Shakrat al-Dilam）と呼ばれ、かなり遠方からも目印となるアカシア灌木で覆われた場所（mugh-

attat ashjār al-sant）であった。[50] アダル・ディーブとウシャラーゥとは、同じ水場のことであろう。

(27) ファンカラ（al-Fankalat）　海岸沿いの砂丘地帯から約一一キロメートル内陸に入ると、標高一三六メートルのアイヌワーイ山（Jabal ʻAynuwāy）、一一七メートルのアンカリーダ山（Jabal Ankalīda）などの黒い一群の山塊が現れる。[51] ファンカラは、おそらくアンカリーダのことで、この山の麓にある水場である。トゥジービーの一行は、ここでも水を得ることができなかった。

写真 8　ウンム・イライジャ（Umm Ilayja, Umm Eleiga）のローマ時代の広大な集落址

写真 9　ウンム・イライジャの金鉱跡のぼた山

(28) ジャニーブ（Janīb）　トゥジービーによると、ジャニーブからアイザーブまでの距離は約三マイル（六キロメートル）、肉眼でアイザーブを遠望できたという。イブン・ジュバイルによるハビーブ（al-Khabīb）、ズフリーのビゥル・アルジーブ（Bi'r al-Jīb）、イブン・バットゥータのジャニーブなど、いずれも同じ地名を指す。[52] トゥジービーは「そこの水は飲むと熱かったが、往来するキャラバン隊と土地の住民を潤すに十分なほど豊かな水量があった」と述べている。また彼は、アイザーブの町の説明のなかでも、「この小規模な町（al-bulayda）［アイザーブ］には、土地に成育するものはまったくない。このジャニーブという名で知られた水場の周辺で耕作されるものを除き、付近には何もなく、飲料水に至るまですべてのものが外部から運ばれてきたものである」と語っている。アイザーブに近い有名な水場はビゥル・アビー・ラマド（Bi'r Abī Ramad）であり、そこに近いワーディー・ジャウダ（Wādī Jawda）に沿った井戸（Bi'r Jawda）、あるいはビゥル・ジリード（Bi'r Jirīd）のことと思われるが、明らかでない。

(29) アイザーブ（'Aydhāb）　現在、アイザーブの港市遺跡はスアーキン・アルカディーム（Suākin al-Qadīm）、すなわち「古サワーキン」の名で知られ、ハラーイブ（Ḥalāyb）の港の北西二三キロメートル、紅海の岸辺の荒涼とした原野のなかに、東西約二キロメートル、海岸から内陸に約七〇〇メートルにわたって広がる。[53] トゥジービーの一行は、クースから三二日間を費やして苦難の末、アイザーブに到着した。アイザーブの町について、トゥジービーは「この小規模な町（al-bulayda）はクルズム海（紅海）の岸辺にあり、広さは大きくなく、人口は稠密でもない。そこの住民は、肌色の黒いブジャ（ベジャ）の人種である。……アイザーブの家屋の多くはあばら屋である。そこには簡単な石膏モルタルのブロック建ての家があって、〈アカーリム（al-Akārim）〉と呼ばれる商人たちが、アデンからそこに到着した時、またクース、もしくはそれ以外の地方から到着した時に、宿泊するために建設したものである。時として、そこに彼らが不在で空きがあれば、巡礼者の一部もそこに宿泊することができる」と説明している。トゥジービー自身も、大モスクに近い、このカーリミーたちのブロック建て宿舎に泊まった。また、彼はアイザーブの港が発達した理由として、「以上に加えて、そこは［周囲が］砂漠中にあり、どの方向とも居住区と隣接していないが、ただそこは風を遮るのに最もすばらしい良港であるために、船の出入りが頻繁にあり、船の仲間たちはアデンやその他からインド産商品を持って、この港を目指してやってくる」と説明している(54)。

写真 10　アイザーブの港市遺跡

アイザーブ遺跡は，現在，スアーキン・アルカディーム（Suākin al-Qadīm）と呼ばれて，ハラーイブの北 23 ㎞のところにある。建物は，珊瑚ブロックを石灰モルタルで固めた，いわゆるスィーラーフ式建造物であり，市場と思われる部分を中心に堅固な建物址が残されている。

写真 11　アイザーブ遺跡に残る地下貯水槽（birka）

三つの大型の地下貯水槽址が確認されており，いずれも珊瑚ブロックを石灰モルタルで固めた半円形のドームが見られる。

三　ナイル峡谷と紅海を結ぶルート調査

私は、二〇〇〇年一月二二日から二月五日までの約二週間にわたって、前節で述べたナイル峡谷と紅海沿岸との間に横たわる東部砂漠越えのキャラバン・ルートに関する歴史考古学的踏査を実施した。この調査は、図2に示したように、上エジプト・ナイル川河畔のクースとイドフー（アドフー）を起点に、一三世紀前半以前には「フマイスラーの井戸（Bi'r Ḥumaythrā）」と呼ばれた、現在のシャーズィリー（al-Shādhilī）を中間拠点として経由し、紅海に沿ったアイザーブに至るまでのルートについての現地踏査、現地での遊牧民からの聞き取り調査、遺跡と遺物の表面採集による考古学的調査のそれぞれの結果を、文献史料による研究をふまえて総合的に分析することを目的とした。この調査の対象地域は、エジプトとスーダンとの国境地帯に位置しており、しかも自然環境の厳しい広大な砂漠と険阻な山岳地帯であるため、現在でもなお地質・地理学のうえで「未踏査地（unsurvey area）」とされ、考古学や民族学の分野ではまったくの調査上の秘境地帯となっている。

（1）調査ルートの選定と調査対象

調査を実施する前に、現地情報の蒐集と調査ルートの選定のために、①関連する文献記録・資料（とくにアラビア語による地理書、メッカ巡礼記やヨーロッパ探検家による旅行記、踏査記録、古地図など）の蒐集と資料分析、②エジプト政府および欧米で発行された地図の蒐集、③東部砂漠地域に関する地質学・地理学踏査の記録および報告書の蒐集と資料分析、④東部砂漠を生活圏とするアラブ系とスーダン系の人々——彼らの一部は、現在、カイロ、アスワーン、ルクソールなどで門番や使用人として生活する——やベジャ系遊牧民からの聞き取り調査などをおこなっ

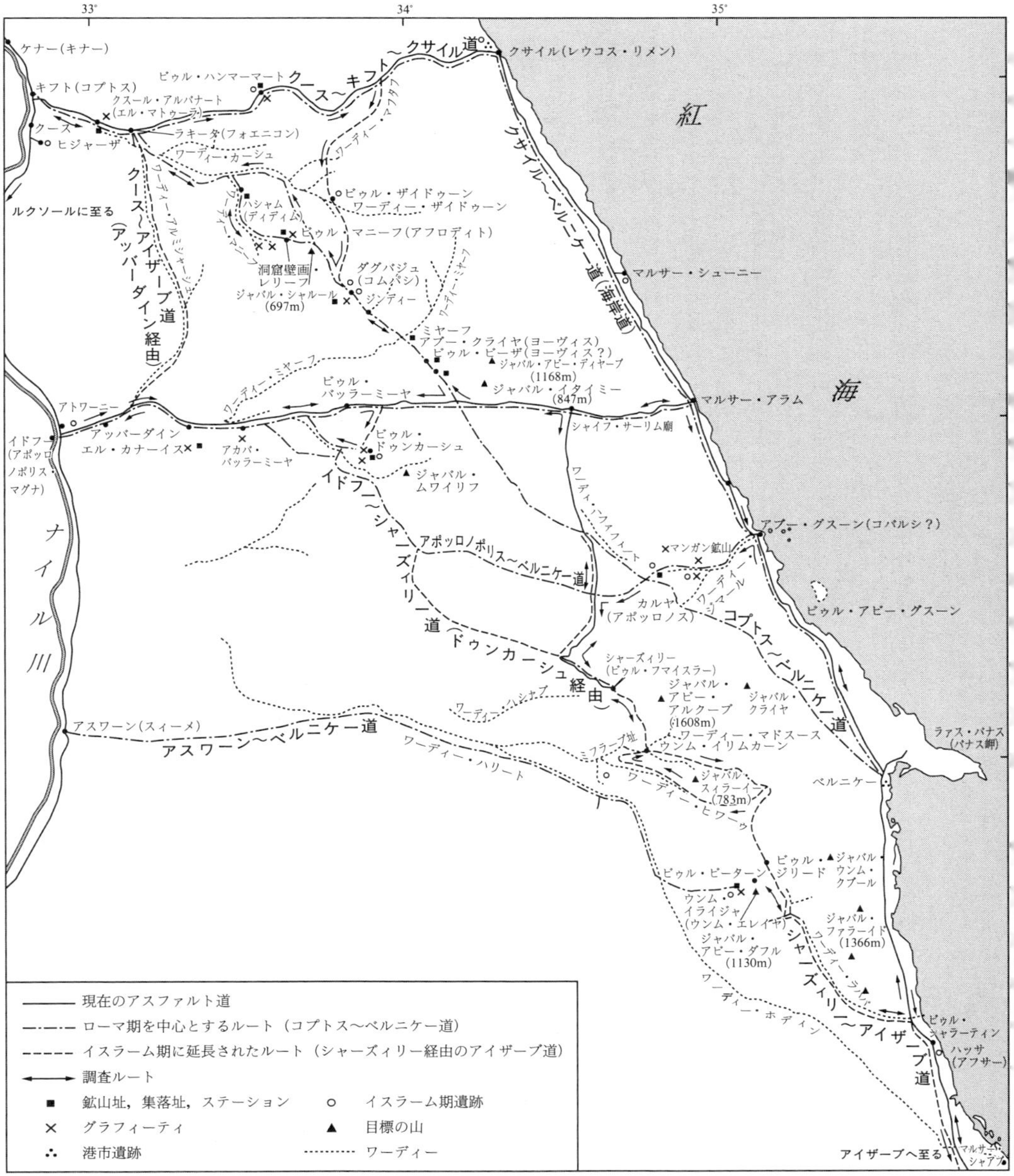

図 2　ナイル峡谷と紅海をつなぐ東部砂漠越えのキャラバン道（2000 年の調査による）

た。

東部砂漠ルートに関する一〇～一五世紀のアラビア語文献史料については、前述した通り一二世紀後半のイブン・ジュバイルと一三世紀後半のトゥジービーによる記録史料が最も詳細である。前節でおこなったように、これらの記録に残る地名・部族名（ルート上の停泊地、水場、山、ワーディー、遊牧部族）をアリー・ムバーラク（'Alī Mubārak）の『エジプト地理辞典』やボールの踏査記録、エジプト地理院発行（Egyptian General Survey Authority, First Edition 1991）の五万分の一地図などを用いて検索・同定し、歴史的に使われたと考えられるいくつかの東部砂漠越えのキャラバン・ルートをあらかじめ推定した。歴史文献史料に残る地名のなかには、現在の地名と合致しないものも多く、正確なルートを決めることは難しかったが、五万分の一地図上には住居址、城壁址や鉱山採掘の跡などの遺跡の所在を示すマークや聖者廟の所在地が明記されているので、それらの情報と総合的につき合わせながら、次のような踏査ルートを決定した。なお、調査中の宿泊地、飲料水・食料や車のガソリン補給、道路条件などから、調査基地をルクソールとイドフーのホテル、シャーズィリー廟付属の宿泊施設、エジプトの陸軍基地のあるシャラーティン（Shalātein）の四地点に定め、これらを出発・帰着地とする一日の行動範囲を調査地として日程を組んだ。砂漠地帯を車で踏破する場合、時速一五キロメートル前後で進み、また道を誤る危険も多いため、調査基地から片道五時間以内に一日の調査地を限定した。したがって、そうした行動範囲を越えた遠方の地点や険しい高山については、未踏査のままに残した。

（2）実地調査の順路

実地調査では、次のように四地点を調査基地として、その周辺地域のルートおよび考古学的遺跡・遺構の踏査をおこなった。

(1) ルクソールを調査基地とする調査　クースおよびキフトの市内とその周辺地域、クースからクサイルに至る沿道とその周辺にある遺跡、ラキータ～ワーディー・マニーフ～ワーディー・ザイドゥーン～ダグバジュ間のルートと遺跡の調査。

(2) イドフーを調査基地とする調査　イドフーからナイル川を渡って対岸のアトワーニー村（Naj‘ al-‘Aṭwānī）に出た後、紅海沿いのマルサー・アラム（Marsa ‘Alam）に至るルートに沿って、バッラーミーヤ渓谷（‘Aqaba Barrāmīya）、ドゥンカーシュを中心とするルートと遺跡の調査。

(3) シャーズィリーを調査基地とする調査　シャーズィリー周辺の聖者廟の調査、シャーズィリーから南下してウンム・イリムカーン（Umm ‘Ilimkān）、ジャバル・スィラーイーに至るルートの調査。なおワーディー・シュルク（Wādī Shulq）とワーディー・ヒワーゥ（Wādī al-Khiwā’）に沿ってビゥル・ビーターンに至るルートは砂が深く、車の乗り入れが不可能であることや険阻な山々が続くことから踏査を断念せざるを得なかった。

(4) シャラーティンを調査基地とする調査　紅海の海岸沿いに北上してベルニケー、ビゥル・アビー・グスーン（Bi’r Abī Ghusūn）まで、また南下してシャラーティンからアイザーブに至るルート、さらに内陸部に入ってワーディー・ラハバ沿いに北西に向かい、ビゥル・ビーターンとローマ時代の鉱山跡ウンム・イライジャ（Aṭlāl Umm ‘Ilayja）に至るルートと遺跡の調査。

（3）調査の方法と対象

現地での調査では、ルートに沿った目標となる山やワーディーの名称について、文献史料に残された記録との照合を試み、井戸、貯水槽、墓地、鉱山跡、住居址などの考古学的遺跡・遺構の確認、それらの位置と形状の記録（GPSによる測定、写真撮影、測量）、遺物（土器、陶器、陶磁器、ガラス、碑文、レリーフ、グラフィーティなど）の採集と記録、聖者廟の所在とその由来についての聞き取り調査、遊牧系部族の名称、居住領域と生活実態の調査・記録などを実施した。

東部砂漠ルートの調査は、古くは、一九一二年のボールの調査隊による地理・地質調査、一九二五年のマリーによるローマ時代の駅逓址の調査、最近では一九九五―九九年のE・サイドボーサム（S. E. Sidebotham）によるベルニケー遺跡の発掘とその周辺の遺跡調査、S・アダム（S. Adam）夫妻のディディム・ローマン・ステーションの遺跡調査などがあるが、これらはいずれもイスラーム期以前の、とくに古典ローマ時代やビザンツ時代を調査対象としたものであり、イスラーム時代のルート調査についてはこれまでまったく試みられていない。したがって、私の調査ではイスラーム時代のルート遺跡の調査を中心とし、七世紀以前と以後における交通ルートの比較と変化の諸相を解明することに調査の重点を置いた。

（4）重要な遺跡の所在地

この調査を通じて、とくに重要と認められた注目すべき調査地と遺跡の分布は、以下の通りである（詳しくは前掲図2および写真1～19を参照）。

(1) クース～アイザーブ・ルートの主な調査地と遺跡　ヒジャーザのコプト系キリスト教修道院、クスール・アルバナート（Quṣūr al-Banāt）の巨大岩塊の上に残る南イエメン碑文、ラキータの井戸、ワカーラ址と聖者廟、ワーディー・マニーフ沿いの岩壁レリーフ、とくにビゥル・マニーフの岩壁に残る南イエメン碑文、ワーディー・ザイドゥーン沿いの井戸、ローマ時代の鉱山村址と岩壁レリーフ、ビゥル・ダグバジュの岩壁レリーフ。

(2) イドフー～アイザーブ・ルートの調査地と遺跡　アトワーニー村の聖者廟と中世都市址、エル・カナーイス（El Kanā'is）の岩壁レリーフとローマ時代の城塞址、バッラーミーヤ渓谷の岩壁レリーフ群、ビゥル・ドゥンカーシュの岩壁レリーフと井戸址、ビィル・ビーザ（Bi'r Bīza）とアブー・クライヤ（Abū Qurayya）のキャラバン・ステーション址、ジュンディーの井戸、シャーズィリー・モスクと聖者廟、ウンム・イリムカーン、ジャバル・スィラーイー、ウンム・イライジャの鉱山跡と墓地、ビゥル・ビーターン、シャラーティン、ラアス・ファーティマ、アイザーブの港市遺跡。

（5）調査結果の概要

調査を通して、ナイル川と紅海を結ぶ東部砂漠越えのキャラバン・ルートが紀元前三〇〇〇年以前に溯る時代から利用され、各時代に多様な機能と役割を果たしてきたことが明らかとなった。調査によって判明した東部砂漠ルートの時代層を大きく分類すると、以下の通りである。

(1) 前ファラオ期（古代エジプト王朝時代以前の先史時代）
(2) ファラオ期（初期王朝の成立した紀元前三〇〇〇年期〜後期王朝期）
(3) プトレマイオス期（紀元前四〜三世紀）
(4) 古典ローマ期（紀元前二〜紀元後三世紀）
(5) ビザンツ期（四〜七世紀初め）
(6) イスラーム期（七世紀半ば〜現在）

さらにイスラーム期を大まかに分類すると、第一期［前ファーティマ朝期およびファーティマ前半期（七世紀半ば〜一一世紀前半）］、第二期［ファーティマ朝半ば、アイユーブ朝、マムルーク前期（一一世紀半ば〜一三世紀半ば）］、第三期［マムルーク後期（一四世紀後半〜現在）］の三期に分かれる。第一節で述べたように、第二期はこのルートの全盛期であって、インド洋海域世界と地中海世界を結ぶ国際交通のメイン・ルートとして利用された。この時期には毎年、エジプトの公式巡礼キャラバン隊（al-Rakb al-Miṣrī）と巡礼輿（maḥmil）が、クース〜アイザーブ・ルートもしくはイドフー〜アイザーブ・ルートを通過したと考えられる。私の調査においても、巡礼者たちが書き残したと思われる巡礼輿《マフミル》を描いたグラフィーティ、人名や絵文字・記号などがビゥル・マニーフ、バッラーミーヤやビゥル・ドゥンカーシュの峡谷岩壁《アカバ》に残されているのが発見された。

イスラーム期におけるクース〜アイザーブ・ルートとイドフー〜アイザーブ・ルートについて、調査で解明された重要点を要約してあげてみたい。

(1) イスラーム期の第二期に隆盛したクース〜アイザーブ・ルートは、古典ローマ期のアントンの『道里記』に記されたコプトス〜ベルニケー・ルートの延長上に建設されたもので、コプトス(キフト)からハファーフィート(Ḥafāfīt)まではローマン・ステーションのルートと完全に一致する。アイザーブ・ルートは、ハファーフィートからさらに南に向かい、フマイスラー(シャーズィリー)を経由、ワーディー・マドスース、ウンム・イリムカーン、ジャバル・スィラーイー、ビゥル・ジリード(Bi'r Jirid)などの停泊地を通過、ワーディー・ラハバの渓谷沿いに南下して、シャラーティンで紅海に出ると、海岸沿いに進み、アイザーブに達する(第二節で説明したトゥジービーの通過したルートと一致する)。

(2) イスラーム期のイドフー〜アイザーブ・ルートは、途中のイドフー〜ドゥンカーシュまではビザンツ期のマグナ(Magna, Idfū)〜ベルニケー・ルートとほぼ一致する。

(3) アスワーン〜アイザーブ・ルートは、ファラオ期と古典ローマ期のアスワーン〜ベルニケー・ルートの延長上に建設されたもので、中間拠点のウンム・イライジャ、ビゥル・ビーターンを経由する鉱山ルートとして重要な役割を果たしたと考えられる。

(4) 紅海の主要交易港としてイスラーム期には、古典ローマ期に繁栄した交易港ベルニケーに代わってアイザーブが発達した。そのおもな理由として、①アイザーブがジッダのほぼ対岸に位置し、メッカ巡礼ルートの通過拠点となったこと、②フマイスラー(シャーズィリー)の水場が新たに発見されたこと、③一三世紀前半にシャーズィリー派の教祖アブー・アルハサン・アッシャーズィリーがフマイスラーで死亡し、そこが参拝の霊地となったこと、④インド洋交易の発達にともなって、ベルニケーよりもさらに南に紅海のターミナル港を置く必要が生じたこと(インド洋のモンスーン航海をより安全におこなうためには、港の位置が紅海の南側、バーブ・アルマンデブ海峡に近い方が望ましかった)、などが考えられる(第III部第4章参照)。

(5) 東部砂漠では、アバーブダ・ベジャ系やヌーバ(ヌビア)系の遊牧民が北上移動し、またイスラーム期以後になると、ヒジャーズ地方のアラブ系諸部族(ヒラール、ジュハイナ、バリーなどの主要部族)がナイル・デルタ経由のルートと紅海横断ルートの二方向から移住した。それによって、アラブとベジャとの間の対立・緊張・混血・統合の諸関係が東部砂漠を舞台に展開した。そうした遊牧系諸部族が刻んだと思われる多くのグラフィーティやレリーフが交通ルートの要地にあたるワーディーの分岐点とその頭部(ra's al-wādī)、峡谷('aqaba)などの岩壁・洞窟・岩塊などに残されている。これらは、彼らの過去における生活と文化の跡を残す貴重な記録資料として、今後の詳細な研究が待たれる。

(6) 古代ファラオ期のヒエログリフ、ギリシャ語、ナバテア語、南アラビア語などのグラフィーティやレリーフが交通ルート沿いに多数残存することが確認された。この事実は、東部砂漠ルートが古くから外世界と密接な関係を持っていたことを端的に物語っている。とくに興味深い点は、ルート沿いの四地点において古代南アラビア語の碑文が確認されたことである。ビゥル・マニーフの岩肌に刻まれた南アラビア語碑文はマイーン王国のニスバ(由来名)を表しており、またクスール・アルバナートの倒壊岩壁上の碑文に刻まれた不鮮明な南アラビア文字のグラフィーティは、古代イエメン人が上エジプト・ルートを通過してエジプトに至ったことを示している。多数のグラフィーティの中には、いつの時代に、誰によって刻まれたか明確でない刻線文、キリン、ガゼル、山羊、ラクダの動物画、人物像などの岩壁画が多く見られる。これらが現在の遊牧民たちが描いたものか、あるいは紀元前三〇〇〇年期以前の古代人によってに描かれたものかを判定することは難しく、今後の調査が待たれる点である。グラフィーティの多くが峡谷《アカバ》と呼ばれる道の狭まった峡谷の岩壁、ワーディーの合流点や頭部(水源)にある岩肌・洞窟・岩塊などに刻まれていることは、それらが道標、宗教的儀礼や旅の安全祈願などと関連しているのではないかと推論させる。いずれにしても、何故グラフィーティが刻まれたのか、刻むことの意味は何かについて、さらに詳細な考察が必要であろう。道とイニシャルとの関わりは、とくに興味深い研究課題であり、他の地域との比較研究が試みられなければならない。

(7) この調査の最大の成果は、文献史料に記された地名（ワーディーや井戸の名前、山の名称など）や遺跡について、現在もなお東部砂漠を生活圏としている遊牧系諸部族——とくにアバーブダ系遊牧民——との現地での面接聞き取りをおこない、同時に実際に現場を訪れて確認したことである。それによって、イスラーム期のクース～アイザーブ・ルートとイドフー～アイザーブ・ルートをほぼ確定することができた。前節で明らかにしたような、今から八〇〇～九〇〇年前のルート沿いの古い地名が、現在に至るまでほとんど変わることなく残されていたことは、きわめて注目すべき点であろう。次章で述べるように、南イランのザグロス山脈越えルートの場合、九～一〇世紀のイスラーム地理書に現れる地名と、現在の地名とは大きく異なっていた。南イランの場合、一〇～一二世紀のブワイフ朝からセルジューク朝の時代に、地方に対する中央政府の国家支配権が強力に伸長したこと、イクター制（軍事封土制）による土地改革が地方へも浸透したことなどのために、新しい行政地区による区分、村や町の建設と耕地改革が断行されて、サーサン朝ペルシャ時代から続いてきた地名が大きく変更され、古い地名の多くが消滅したと考えられる。これに対して、東部砂漠ルートでは、アイユーブ朝とマムルーク朝国家の東部砂漠地域に対する支配や統治権が弱かったため、ベジャ系とアラブ系遊牧諸部族による伝統的な生活圏が引き続き維持されたことにより、諸部族が用いていた水場、山、ワーディーなどの地名は変更されることなく残り、現在まで継承されたのではないか、と推論される。一方、イスラーム期以前においては、例えばローマ期やビザンツ期には、東部砂漠の鉱山開発と経営、交通ルートの支配が国家の管理下に置かれて、防御・要塞型の堅固なキャラバン・ステーションが建設され、また国家資本による大規模な鉱山経営がおこなわれた。以上の点から考えると、イスラーム期の以前と以後において、東部砂漠ルートのあり方や使われ方には大きな変化が見られ、一〇世紀前半に金鉱山が枯渇して、鉱山開発に対する国家の支配権が弱まることで、国家の東部砂漠地域に対する支配権が著しく後退したと推断された。

(8) ローマ期の鉱山町やいわゆるローマン・ステーションは、石組みの堅固な遺跡（貯水槽、井戸、住居址、作業場、周壁、望楼など）が今に至るまで明確に遺跡として残されているが、イスラーム期のものと同定できる遺跡としては、ビゥル・ビーターンの西にあるウンム・イライジャの遺跡——ローマ期の大鉱山跡と集落群であり、ボタ山および坑道跡と一緒にイスラーム期の墓地群が残されている——が唯一のものである（前掲写真8、9）。

写真 12　ワーディー・マニーフ（Wādī Manīf）の第二岩壁に描かれたグラフィーティ

キリン，ガゼル，角牛，人物像，船などさまざまな文様が刻まれている。船の絵は，おそらく古代エジプト・ファラオ期のものであろう。

写真 13　ワーディー・マニーフ（Wādī Manīf）の第二岩壁に描かれたグラフィーティ

おそらくメッカ巡礼の輿（マフミル）を示すグラフィーティであると思われる。

写真 14　ワーディー・ジマール（Wadi Jimāl）に沿ったローマン・ステーション址

おそらくアポッロノス（Apollonos）のステーションに比定される。銅鉱山の町としても栄え，邸宅跡，公共施設や市場などの石組みの遺構が見られる。

(9) 東部砂漠に残る遺跡・遺構の多くは、イスラーム期以前のもので、それ以後の遺跡はほとんど発見されなかった。トゥジービーの記録によると、キャラバン隊の停泊地の井戸はしばしば干上がったり、洪水によって埋まることが多く、水場を探すのに非常に苦労したという。おそらくキャラバン隊の停泊地や井戸の周辺には恒久的な建物がなく、キャンプを設営するための広場だけがあったと考えられる。またワーディーの洪水によって、遺跡が流失したり、井戸が埋没して、停泊地が他に移されることも起こった。

(10) メッカに運ばれる巡礼輿《マフミル》を乗せたグラフィーティがビゥル・マニーフ、バッラーミーヤ峡谷とビゥル・ドゥンカーシュの三地点で発見された。エジプトの巡礼輿がクース～アイザーブ・ルートおよびイドフー～アイザーブ・ルートを通ってメッカに運ばれたのは、マムルーク朝時代の一三世紀半ばから一四世紀前半までのきわめて限られた時期である。したがって、調査で発見された巡礼輿のグラフィーティは、その時期のものと考えられ、東部砂漠ルートをメッカ巡礼のキャラバン隊が実際に通過したことを明確に証拠立ててくれる。

(11) 東部砂漠ルートに沿って、特徴的な形状の山が等間隔に見られ、山が道標として重要な役割を果たしていたことが分かる。現地踏査によって、とくに重要な目標の山はムワイリフ山（Jabal Muwayliḥ）、スィヤーイー山、ファラーイド山（Jabal Furāyd）やエルバ山（Jabal Elba）であることが確認された（写真17、18）。

(12) 東部砂漠ルートに沿って多くの聖者廟が確認された（写真19）。この事実は、東部砂漠地帯の歴史的・文化的役割を考える上で注目すべき点であろう。シャーズィリーの聖者廟についてはすでに知られているが、その他にもアラブ系遊牧民によって崇拝されている小規模な聖者廟――その多くがマカーム（maqām）、すなわち〈聖なるお立ち所〉や参拝地（mazār）と呼ばれる白亜のドーム屋根付きの祠堂や石を積み上げた小丘で、緑色の旗が立つ――がある。その由来について、近くに住む遊牧民からの聞き取り調査では、部族の祖先の墓、奇跡を起こした女

写真 15　ビゥル・ドゥンカーシュ（Bi'r Dunqāsh）に近い岩壁に描かれたメッカ巡礼の輿（マフミル）を乗せたラクダのグラフィーティ

写真 16　ビゥル・ドゥンカーシュ（Bi'r Dunqāsh）に近い岩壁に描かれたメッカ巡礼の輿（マフミル）を乗せたラクダのグラフィーティ

巡礼輿の前後には，柱のように立てられた二本の鞍棒があり，おそらく巡礼旗がここに掲げられたものと思われる。11～14 世紀に，巡礼輿がアイザーブ・ルートを通過したことを示す貴重な史料といえよう。

性の墓、マグリブ地方から来た参拝者の墓など、さまざまな聖者像が現れてくる。そうした聖者廟には、東部砂漠の遊牧民だけでなく、ナイル峡谷の農民たちや遠くチュニジアやモロッコなどのマグリブの人々が集まり、彼らによる移動と往来が現在に至るまで連続していることが分かった。「五万分の一地図」のなかにも、「シャイフ某の墓」「ワリー（聖者）某のマカーム」と呼ばれる霊地がワーディーの合流点とその頭部、山の頂上などに記入されている。こうした聖廟やマカームをめぐる問題は、東部砂漠地域の地域的特徴を理解するうえで、きわめて重要で

写真 17　ファラーイド山系の主峰ファラーイド山（Jabal Farā'id 1366m）

頂上部が円柱状に鋭く尖っており，キャラバン隊や海上を航行する船にとって格好の道標となった。

写真 18　エルバ山遠望

アイザーブに向かう船は，鋸状のエルバ山を目指して航海を続けた。また内陸を行くキャラバン隊にとっても，この山を見て，終着地アイザーブが近いことを知った。

あることが理解された。

結びに代えて

本章では、川（ナイル川）・砂漠（東部砂漠）・海（地中海、紅海、アデン湾、アラビア海、インド洋）という三つの異なる自然生態系をつないで、交通ルートがどのように相互に連関し合い、エジプト・紅海軸の国際交易ネットワークのなかで、いつ、どのような役割を果たしたかについて考察を進めてきた。現在では、文明の道から取り残された不毛の東部砂漠越えのキャラバン・ルートは、かつてはインド洋と地中海の二つの世界をつなぐ大動脈の一部として機能し、各地からの人々が巡礼・商売・移住・旅などの目的で賑やかに行き交い、またインドの香辛料・薬物・染料類、地中海世界からの珊瑚・亜麻布・ガラス・金属製品などの物品が仲介取引・交換され、さらに有形・無形の文化・情報が伝達されたのである。

写真 19　ラキータの井戸近くにあるシャイフ=アブド・アッラー・サァド・アリー・カルバーウィー（ʻAbd Allāh Saʻad ʻAlī al-Qarbāwī）の聖者廟（マカーム）

クース～アイザーブ・ルートに沿って，白亜のドーム付きのマカームが点在しており，メッカを軸心として同心円状に参拝の霊地が広がっていたことが分かる。

第3章　イラン高原とペルシャ湾を結ぶ国際交易ルート

はじめに

前章では、インド洋から地中海に向かって伸ばされた二つの腕、すなわち紅海とペルシャ湾のうちの紅海について、とりわけ紅海から東部砂漠を越えると、ナイル河畔に出て、そこからナイル川を下り、地中海に通じる、海・砂漠・河川の異なる自然生態系をつなぐ交通システムについて分析をおこなった。

そこで本章では、もう一つの腕、ペルシャ湾を交流上の大回廊として、地中海世界に通じるルートについて、とりわけザグロス山脈とイラン高原を経由するルートの重要性について考察を試みてみたい。歴史的に見て、インド洋・ペルシャ湾と地中海を結ぶ国際交易ルートとして、おおまかに分類すると、①アラビア半島東岸・シリア砂漠ルート、②ティグリス・ユーフラテス・ルート、③ザグロス山脈・イラン高原ルート、の三本のルートが利用された。アラビア半島東岸・シリア砂漠ルートは、アラビア半島東岸部のバフライン・ハサー地方の諸港（ウワール、カティーフ、ウカイル、ジュルファールなど）からラクダ・キャラバンでユーフラテス川西岸沿いにシリア砂漠を北上し、ラッカ、ハマー、アレッポ経由、地中海東岸のアンターキーヤ（アンティオケイア）、ラーザキーヤ（ラタキヤ）、タラーブルス（トリポリ）などに至るルートである。ティグリス・ユーフラテス・ルートは、ペルシャ湾頭のスィーラーフ、バスラ、ウブッラなどの諸港に到着、そこから川船に乗り換えてマダーイン・キスラー、バグダードに、さらにイーサー運河を通過後、ユーフラテス川に出て北上し、ラッカに至り、そこからキャラバンによってアレッポ経由、地中海の諸港に達する。また、バグダードからティグリス川をマウスィル（モスル）まで溯り、そこからラクダ・キャラバンに乗り換えて、ヌサイビーン、ディヤール・バクルを経てアレッポもしくはアンターキーヤに出るルートも利用された。(1)

そして、本章で直接の考察の対象とするのは、③のザグロス山脈・イラン高原ルートである。このルートは、ペルシャ湾のイラン海岸に沿った交易港（とくにスィーラーフ、キーシュ、ホルムズ）で上陸後、ラクダ・キャラバンによって急峻なザグロス山脈を南から北に縦断して、イラン高原の諸都市（シーラーズ、イスファハーン、ヤズド、ライイなど）を経由、東に向かうと、ホラーサーンやマー・ワランナフル地方の諸都市、内陸アジアを経由して中国へ、西に向かうと、カスピ海、黒海、アナトリア高原、そして地中海などの各方面に通じた。この陸上ルートは、すでに四・五世紀のサーサン朝ペルシャ時代に、ペルシャ湾に出て、対岸のアラビア半島東岸地域、オマーン、南アラビア、スリランカやインド西海岸に通じる海上ルートと連関して活発な機能を果たし(2)、イスラーム時代に入ると、内陸アジアのソグド系やホラーサーン系などイラン商人たちがインド洋に進出する際には、このルートが重要な意味を持ったという構図が描き出される。(3)

本章では、第一に、ザグロス山脈・イラン高原ルートが海上と陸上の両ルートをつなぐうえで、とくに重要な役割を果たしたのは何故かについて概括する。第二に、ペルシャ湾岸からザグロス山脈を越えてイラン高原に通じる交易ルートにはどのようなルートがあり、どの時代に使われたのかを分析することを試みたい。そして第三に、とくにスィーラーフとシーラーズとの間を結ぶザグロス山脈越えのルートの始点・中継地・終点と、ルートの変化の問題について、記録史料と現地調査の両面から明らかにされた点を総合して分析してみたい。私は一九八六年、八七年と一九九八年の三次にわたり、ザグロス山脈越えルートの総合調査を実施した。とくに一九九八年二―三月の調査では、ジュール（フィールーザーバード）～スィーラーフ道を踏破することに成功し、これまで外国調査隊が未踏査であったザグロス山脈を越えるキャラバン・ルートの正確な同定、サーサン朝ペルシャ期とイスラーム初期の拝火神殿址、キャラバンサライ址、貯水槽址や要塞址などを多数発見し、スィーラーフ道の全体像が初めて明らかにされた。(4)

一　交通路としてのザグロス山脈越えルートの重要性

ザグロス山脈は、イラン高原の南と南西の縁辺部を形づくる大褶曲山系であり、北西から南東の方向に数条の並走する山脈群がペルシャ湾、オマーン湾、アラビア海に迫り、そして南西斜面にはメソポタミア平原が広がる。北側斜面は一、〇〇〇～一、二〇〇メートルの高度差を持って起伏の多いイラン高原に続き、さらにダシュテ・ルート（Dasht-i Lūt）とダシュテ・ケビール（Dasht-i Kevīr）という二つの大砂漠に向かって、徐々に傾斜している。北西部のザグロス山脈は、断層運動による複雑な地形をしており、ルーリスターン、クルディスターンなどの急峻な山岳地帯を経て、その先はトロス（タウロス）山脈に連なっている。ザグロス山脈の山間部には、ほぼ東西方向に細長い峡谷と、その狭い峡谷の間を北から南に向かって縫うように、左に右に激しく蛇行しながら流れるマンド川とその支流が複雑に入り組んでいる。

山脈・渓谷部の自然生態系は、ほぼ北緯二九度線を境に、以北の「寒地域（sardsīr）」と以南の「暖地域（garmsīr）」の二地域に分かれる。シーラーズ、イスファハーン、ヤズドや高山地帯などの寒地域では、おもに小麦、ピスタチオ、クルミ、ザクロ、リンゴなどの栽培がおこなわれた。暖地域では、ナツメヤシとモロコシ（ズッラ）を中心とする農業栽培がおこなわれ、一〇世紀以後になると、新たに柑橘類、綿花、米、バナナなどの熱帯産の栽培植物が導入された[5]。山岳・山間・傾斜地域には、クルド系、バルチー系、一〇世紀半ば以後になると、トルコ系、さらに一三世紀に入ると、モンゴル系などの外来の諸集団が次々に移り住み、暖地域と寒地域との自然生態系の違いや、山頂と山麓・峡谷の間の高度差を利用して活発な遊牧移動生活を繰り広げた。

イラン高原の、とりわけ南部に位置するファールス地方は、古代のペルシス（Persis）、パールサ（Pārsa）、すなわちアケメネス朝やサーサン朝を興したペルシス族の祖地であり、同時にペルシャ文明の揺籃の地としても知られ、イスラーム時代にはシーラーズやイスファハーンなどの世界に輝ける高度な都市文明を発達させた。

イラン高原に強大な領域国家の興隆と華やかな都市文明の発展をもたらしたおもな要因として、①峡谷部の肥沃な耕地と高原の牧草地からもたらされる豊富な農牧生産物を基盤としたこと、②ザグロス山脈を東西に走る峡谷部に沿って、東は中国を起点として、内陸アジア、マー・ワランナフル、ホラーサーン、スィースターン、イラク、シリア、そして地中海世界に至る東西軸の交通ルート、そのなかのホラーサーン街道（イラン北道）とイラン南道に沿っていること、③ザグロス山脈の急峻な峰々を縫ってペルシャ（アラビア）湾岸の港市に至る南北軸の交通ルートが通過していること、④東西軸と南北軸の両軸の交通ルートが交差し、その相互作用によって一層ダイナミックなものとなったこと、の四点が考えられる（図1参照）。

歴史的に見ると、インド洋と地中海の両世界をつなぐイラク・ペルシャ湾軸ネットワークが創出する政治・経済・文化のベクトルは、一つはティグリス・ユーフラテスの両河川流域に広がる「低地世界（フージスターン、イラーク・アルアラブ、ジャズィーラ、ジバール）」と、もう一つはザグロス山脈およびイラン高原を含む「高地世界（イラーク・アルアジャム、ファールス、キルマーン、ホラーサーン）」の、おおむね二つの世界に分かれて、時には両ベクトルが緊張と対立の諸関係を生じた。したがって、高地世界を南北に貫くペルシャ湾とザグロス山脈越えの交通ルートは、低地世界のティグリス・ユーフラテスの両河川交通ルートに対して、脇道の役割にとどまらず、時に

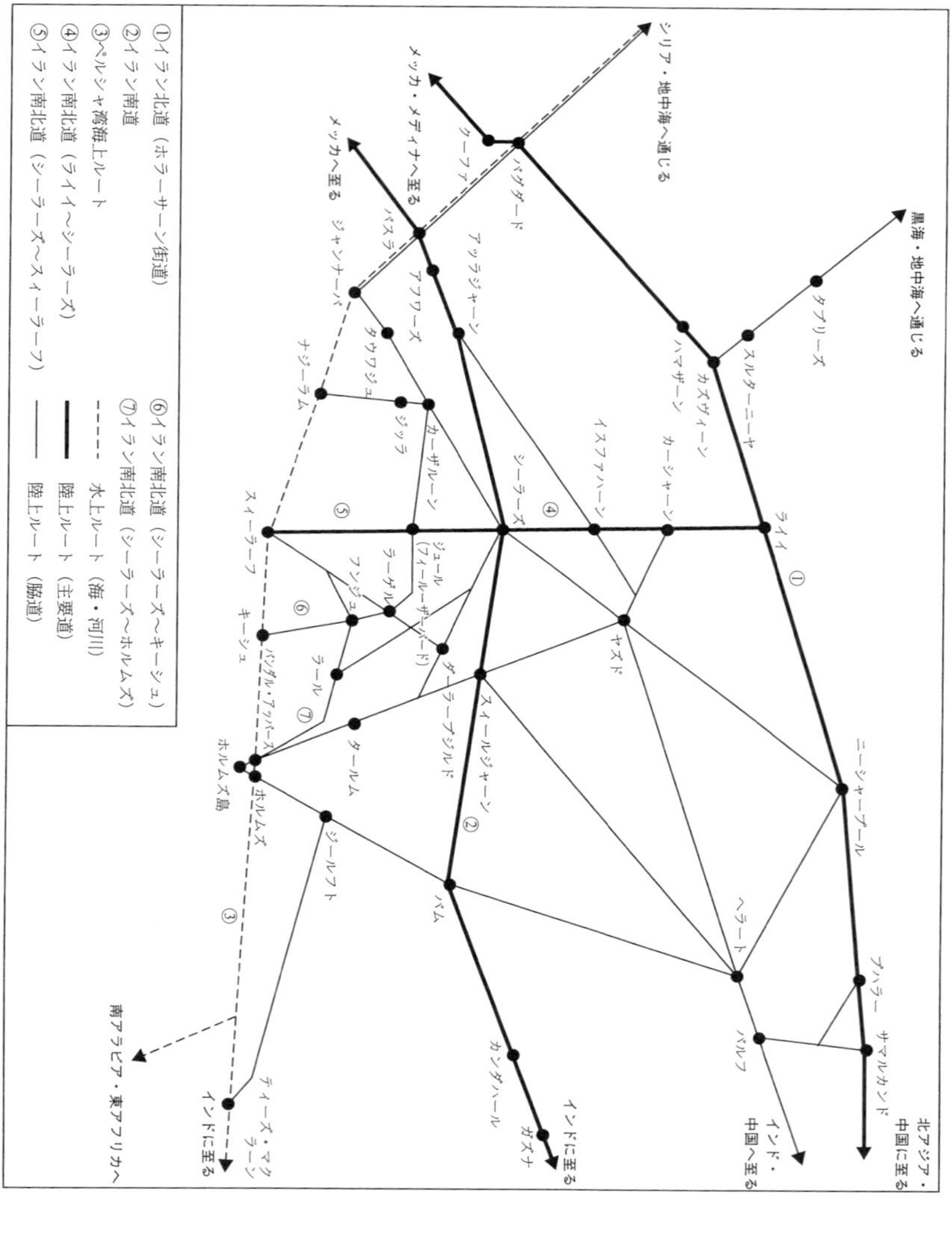

図1　イラン地方を中心とする縦軸と横軸の交通ルート

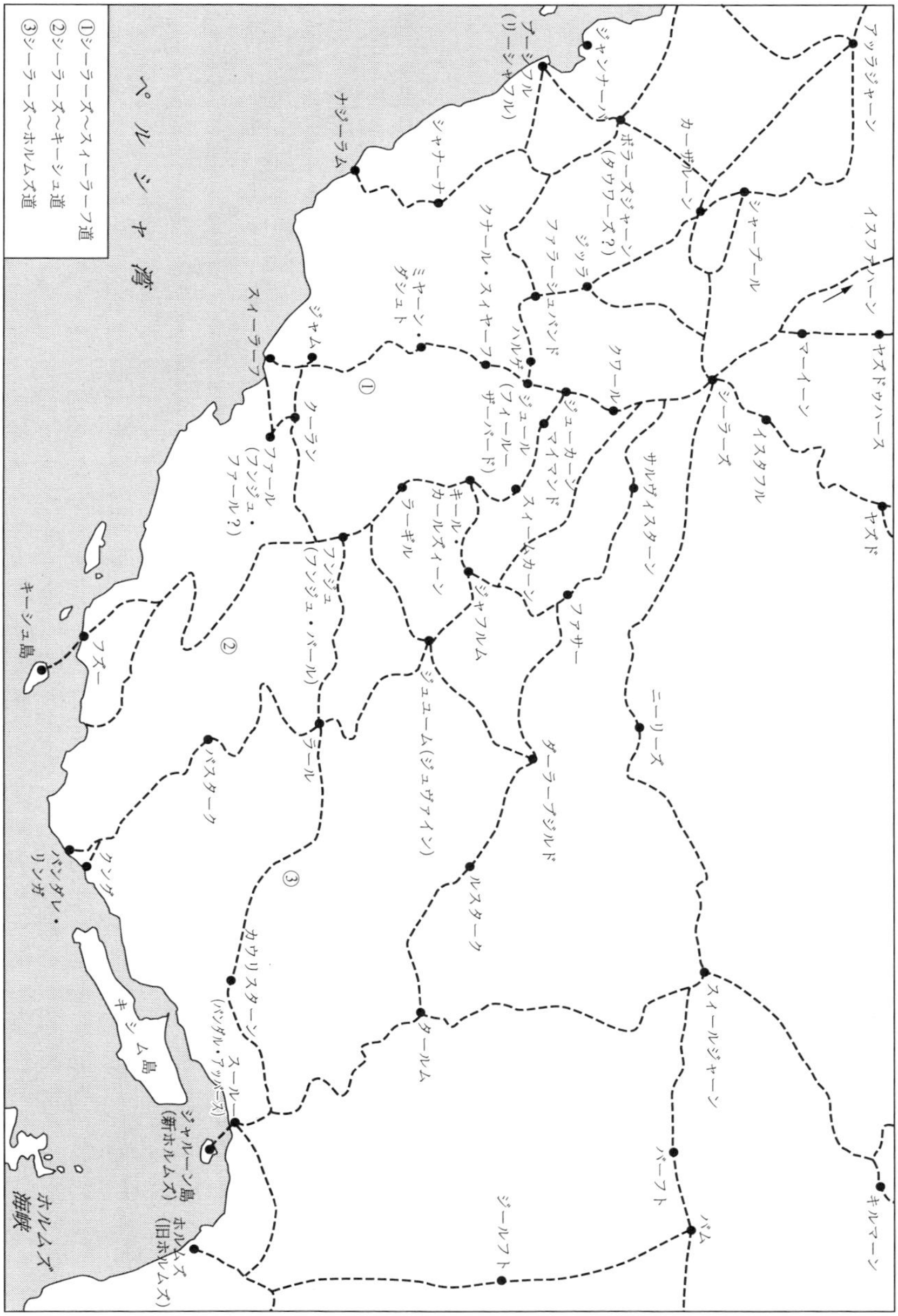

図2　ザグロス山脈越えのキャラバン道

は国際的交通ルートの主軸として独自の機能を果たすこともあった。アケメネス朝ペルシャ帝国やサーサン朝ペルシャ帝国、そしてイスラームの時代以後のアッバース朝時代に成立・展開した広大な帝国の建設と経済・文化の繁栄は、他ならぬ低地世界と高地世界の二つベクトルを一つに統合することによって達成されたと考えられる。

では、イラン高原とペルシャ湾を結ぶザグロス山脈越えの南北ルートは、いつごろから国際交易ルートに組み込まれたのであろうか。九・一〇世紀に著されたアラビア語地理書によると、ファールス地方に興隆したサーサン朝ペルシャ帝国は、ファールス地方の行政区を五つの地区（khurrah, kūra）に区分し、[6] その中心をアルダシール地区（Ardashir Khurrah）、中心都市をジュール（Jūr）——ブワイフ朝期以後にはフィールーザーバード（Fīrūzābād）と改名された——とした。[7] アルダシールは、二二六年、パルティア王国を滅ぼしてサーサン朝ペルシャ帝国を創始した初代王のことで、彼の名を冠したアルダシール地区の行政範囲は、イスタフル（Iṣṭakhr）以南のすべての地域、すなわちカヴァール（Kavār）、マイマンド（Maymand）、ハブル（Khabr）、キール（Qīr）、カールズィーン（Kārzīn）、サルヴィスターン（Sarvistān）、スィームカーン（Ṣīmkān）、マンディスターン（Mandistān）、スィーラーフ（Sīrāf）、湾岸（Sīf）地域、ラール（ペルシャ湾）の島々——ラーフト（Lāft）、バルカーワーン（Barkāwān, キシム）、ウワール（Uwāl, バフライン）、ハーラク（Khārak）など——であった。[8] すなわち、現在のイランのファールス州、ホルムズガーン州の全域とザグロス山脈を越えたペルシャ湾岸・島嶼地域までがすべてサーサン朝ペルシャ帝国の時代——実際には、おそらくシャープール二世（在位三〇九—七九年）治世代のことと思われる——において、アルダシール地区の行政組織のなかで一つに統轄されていたのである。このことを裏づける確かな証拠の一つは、イギリスの考古学者デヴィド・ホワイトハウス（David Whitehouse）を隊長とするスィーラーフ港市遺跡の発掘調査（一九六六—七三年の八年間、七次にわたる調査）によって得られた成果である。ホワイトハウスは、①スィーラーフ遺跡の中心部の大モスク址の基層部から発見された城塞址、遺跡の東端に位置する要塞と周壁址は、いずれもシャープール二世の治世代に建造された遺構である、②スィーラーフはサーサン朝ペルシャ帝国によるアラビア半島進出の前哨基地であり、さらにオマーンやイエメンへの海上進出のための港であった、という結論を下した(9)。アラビア語史料によると、スィーラーフは、八世紀から一〇世紀までの約二〇〇年間にわたって、インド洋海域世界の最大の国際交易港として繁栄し、南は南アラビア、紅海地域、東アフリカ海岸と、東はインド、東南アジア、中国と、イラク、イランの市場とを結ぶ交易ネットワークを張りめぐらしていた(10)。ホワイトハウスによるスィーラーフ遺跡の発掘は、海（インド洋）と陸（ザグロス山脈越えの南北キャラバン・ルート）をつなぐ交易ネットワークの軸心としてのスィーラーフの活動がイスラーム時代以前の、古くは四世紀前半まで溯ることを考古学的に実証したのである。

写真 1　スィーラーフ遺跡
船着き場付近と思われる。

スィーラーフ遺跡の発掘より以前の一九五九―六〇年に、ベルギーの考古学者L・ヴァンデン・ベルグ（L. Vanden Berghe）は、シーラーズの南方二二〇キロメートルに位置するジュール（フィールーザーバード）からスィーラーフに至るキャラバン・ルートの考古学的遺跡踏査をおこなった(11)。彼による踏査の結果、ザグロス山脈を南北に縦断する交易ルート沿いにキャラバンサライ、舗装路、貯水槽、ダム、ゾロアスター教の拝火神殿址（チャハールターク、アーテシュガー）などの遺跡群が続々と発見された。ヴァンデン・ベルグによる最大の発見は、フィールーザーバードの南西二三キロメートルに位置するクナール・スィヤーフ（Kunār Siyāh）の壮大な複合遺跡であり、その遺跡にはサーサン朝ペルシャ期に遡ると思われるゾロアスター教の拝火神殿、僧院、僧坊、倉庫、キャラバンサライなどが含まれる。この遺跡は、明らかにゾロアスター教のバフラーム（bahrām）の聖火を保持し、神官（mōbedhān）たちによる拝火の神儀がおこなわれた信仰の一大センターであった。[12] クナール・スィヤーフの聖なる神域は、人の近づき難いザグロス山中の奥の院に密かに設置されたものではなく、ジュールからスィーラーフに通じる交通の幹道上の要地に位置して、そのルートを利用する多くの旅人、商人や巡礼・参拝者たちによって崇拝され、長い間大切に保持されてきた聖域なのである。ヴァンデン・ベルグがすでに説明していたように、クナール・スィヤーフの宗教施設はサーサン朝ペルシャ後期（五・六世紀）からイスラーム時代前半期（七〜一〇世紀半ば）までのほぼ五〇〇年間にわたって利用されたと考えられ、まさにペルシャ湾の国際交易港スィーラーフのインド洋における交易活動が開始され、最盛期に達するまでの時期と符合していることに注目すべきであろう。[13]

ザグロス山脈を越える交通ルートが発達した別の理由として、ペルシャ湾内とその周辺地域の自然地理的条件にもとづいていることが考えられる。すでに前章でも説明したように、紅海では、インド洋に卓越するモンスーンの影響がおよぶ範囲はバーブ・アルマンデブ海峡から紅海の中ほど（ほぼ北回帰線と一致する）までの南半分の海域に限定されていて、それより以北の海域は含まれない。そのために、モンスーンを最大限に利用してインド洋・アラビア海を航行する帆船ダウ——とくに一年間で出港・帰港するラウンド・トリップの交易船——は、ジッダ、サワーキン、アイザーブ、そしてイスラーム期以前にはベルニケーの港を発着地とした。一方、ペルシャ湾は、その奥行が紅海の半分以下の八〇〇キロメートルであるため、インド洋・アラビア海に卓越するモンスーンの影響がその海のほぼ全域におよぶ。しかし、東アラビア海岸（バフライン・ハサー地方）側の海は砂洲や浅瀬が多く、平均水深はわずか四〇メートル前後にすぎないため、喫水の深い大型船の航行に適さない。さらにペルシャ湾の最奥では、ティグリス・ユーフラテスの両河川が合流し、シャット・アルアラブ（川）となって海に注ぐ。その河口付近では、干満の差が大きく、河川の運ぶ泥砂の堆積作用によって、多くの砂洲、干潟やラグーンが形成され、また河川流と潮流との混じり合いによる複雑な渦巻きが発生するため、航海の最も危険な海域として知られた。[14] 一方、イラン海岸側の海は、陸地近くでもかなり水深があり、大型船の航行が可能な水域も多く、しかも接岸に好都合な島嶼や深い入江がある。このような自然地理的条件によって、インド洋・アラビア海を航行する大型船は、ペルシャ湾最奥での座礁や航行上の事故を避けて、ホルムズ海峡付近をターミナル港とするか、あるいはイラン寄りの海域を通過して、湾内の中央部の水深のある島嶼やイラン海岸の港を利用した。ペルシャ湾内において、歴史的に発達した重要な島嶼としてハーラク（カーグ）、バーレン（ウワール）、キーシュ、キシム、ホルムズなどがあげられるが、それらの島嶼は同時に真珠採集の基地としても利用された。すでに第Ⅰ部第2章で説明したように、前近代において、重要な港市の多くは、大陸に近接した小島に成立した。そのおもな理由として、島の周囲が喫水の深い外洋船を岸に近づけるために好都合であること、内陸の領域国家による軍事的・政治的な直接の干渉を防ぎ、外来者の訪問を柔軟に受け入れる中立的装置が働いたことがあげられる。

イラン海岸のスィーラーフ、キーシュ島、ホルムズ海峡に近い旧ホルムズ（イラン大陸側のミーナブ川の河口に近い港で、一三世紀末まで国際交易港として利用された）、新ホルムズ（ジャルーン）島、スールー・ゴムルーン（ホルムズ島の対岸にある大陸側の港、サファヴィー朝時代にはバンダル・アッバースの一部となった）、アラビア半島側のマスカト、スハール、ジュルファール、ズバーなどの港は、いずれもインド洋交易の国際中継港として重要な役割を果たした。[15] これらの港は、インド洋航行の大型ダウとティグリス・ユーフラテスの両河川を往来する平底船とが出会い、国際的商品の積み降ろしと交換取引がおこなわれる中継市場としての機能を果たした。そして、平底船に積み替えられた商品は、バスラ、バグダード、そして地中海世界に運ばれた。また一部の積荷は、イラン海岸に近い島嶼や港に陸揚げされた後、キャラバンによってザグロス山脈を南北に貫く交通ルートを通過して、イラン高原の諸都市、ホラーサーン地方、そして遠くは中央アジア、カスピ海や黒海、さらには地中海世界の各地に転送された。また、イラク地方の政治・経済情勢が悪化した場合には、多くの積荷はイラク・ルートではなく、ザグロス山脈越えのルートが選ばれたのである。

二　記録史料に現れたシーラーズ〜スィーラーフ道

九世紀半ば以降に記録されたアラビア語およびペルシャ語の文献史料によると、イスラームの時代以後のザグロス山脈越えの主要な南北ルートは、①シーラーズ〜スィーラーフ道、②シーラーズ〜キーシュ道、③シーラーズ〜ホルムズ道、の三つがあった（前掲図2参照）。以上の三つのルートは、それぞれに利用された時代や重要度が異なっており、①は四世紀半ば〜一〇世紀後半、②は一一世紀〜一三世紀末、③は一四〜一七世紀、のそれぞれの時代に国際交易ルートの一部に組み込まれて機能していた。そして、南北ルートはおおむねザグロス山脈の西から東に徐々に幹道が移行していったことが分かる。[16]

これまでのザグロス山脈越えの交易道に関する研究において、三つのルートの出発点・経由地・終点について、ルートの成立・発達・衰退などの歴史的変遷過程や、幹道が変化したことの理由、幹道と脇道の関係、海上ルートと陸上ルートの相互の関わり、交通施設としての道路、橋梁、給水・貯水施設、望楼・保安施設、停泊地の構造と形態（停泊港、キャラバンサライ、宗教・信仰上の施設、市場、関所、居住区、墓地）、道の担い手、輸送手段・方法、人の移動やモノ・情報の交流実態、国家による交通政策、国際交通のなかの位置と役割など、具体的な道の状況についてはほとんど研究の対象とされてこなかった。前述したように、ホワイトハウスによるスィーラーフの港市遺跡の発掘調査、ヴァンデン・ベルグによるジュール（フィールーザーバード）からスィーラーフに至る南北道の踏査などは、とくにシーラーズ〜スィーラーフ道についての多くの新知見をわれわれに提供した。その他にも、R・ポハンカ（R. Pohanka）、H・ガオベ（H. Gaube）などの考古学者たちは、南イランのルート沿いに分布する拝火神殿址の広域的な踏査を試みたが、彼らの調査の第一の目的は未踏査地での遺跡・遺物の発見というきわめて狭い視野のうちにとどまっていた。そのため、それらの遺跡がザグロス山脈越えのルートとどのように関わっていたかという視点は見られず、ルートの全体像をつかむことを本来の目的としたものではなかった[17]。

表1(1)は、アラビア語とペルシャ語史料に記録されたザグロス山脈越えの南北ルートのうちの「シーラーズ〜スィーラーフ道」の宿駅名を示している。最も古い記録は、一〇世紀初めのイスタフリー（al-Iṣṭakhrī）が伝えるもので、同じ情報はイブン・ハウカルとイドリースィー（al-Idrīsī）によっても踏襲された。イスタフリーは、シーラーズとスィーラーフの間の全行程を六〇ファルサフ（約三六〇キロメートル）とし、次の一五ヵ所の宿駅があったと記している[18]。なお、［ ］は二地点間の距離を示す。

シーラーズ→［五ファルサフ］カフラ村（Kafrah）→［五ファルサフ］ナフズ村（Nakhdh, Bakhr）→［五ファルサフ］クワールの町の飲料水の分水口、クワール・ガルワ（Kuwār Ghalwa）→［四ファルサフ］ビーマジャーン村（al-Bīmajān, al-Banjamān）→［六ファルサフ］ジュール（Jūr, Fīrūzābād）→［五ファルサフ］ダシュト・シューラーブ（Dasht Shūrāb）→［六ファルサフ］砂漠中の隊商宿ハーン・アーザードマルド（Khān Āzādmard）→［六ファルサフ］キーランド村（Kīrand）→［六ファルサフ］マイイ（May）→［六ファルサフ］渓谷の入口、バーダルカーン隊商宿《ハーン》（ra’s al-‘aqaba Bādarkān Khān）→［四ファルサフ］バルカーナ隊商宿《ハーン》（Barkāna Khān）→［約七ファルサフ］スィーラーフ

一方、一〇世紀後半の地理学者ムカッダスィー（al-Muqaddasī）は、スィーラーフを起点として、ジャム（Jam）経由ジュールまでの南から北に向かって進む八地点の宿駅名、さらにスィーラーフの港からペルシャ湾を船でオマーン、バスラとバフライン（東アラビア海岸）に向かう航路があることを記している[19]。また彼は、シーラーズ〜スィーラーフ道の他に、ダーラーブジルド（Dārābjird）を起点として、ジュユーム（Juyūm）、カーリヤーン（Kāriyān）、バーラーブ（Bārāb, Fārāb）、クラーン（Kurān）などを経由、スィーラーフに至る別のルートを伝えている[20]。

表1　文献史料によるイラン・ザグロス山脈越えの南北ルート

(1) シーラーズ〜スィーラーフ道

イスタフリー/イブン・ハウカル(10世紀前半/半ば)	ムカッダスィー(10世紀後半)	イブン・アルバルヒー 12世紀	イドリースィー 12世紀初頭	E・ブラウン 1747年	ダンヴィユ 1794年	現在の地名
シーラーズ	シーラーズ	シーラーズ	シーラーズ	シラ	シラス	シーラーズ
カフラ	カフラ	カフラ	カフラ			カフリー
ナフズ（バフル）			ナフズ			
クワール・ガルワ	クール	クワール	クワール	クアン		クワール
ビーマジャーン	ビーマハーン	フナイフカーン	ビーマジャーン		サネムキアン	ブーラズカーン（ハニーファカーン）
ジュール	ジュール	フィールーザーバード	ジュール	ギオヴァル	フィルザバド/ジアル	フィールーザーバード
ダシュト・シューラーブ	バヤーブ・シューラーブ	スィームカーン	ルスターク・ダシュト・シューラーブ		ダスト・サラブ	クナール・スィヤーフ
ハーン・アーザードマルド	バルザラ	ハブラク	ハーン・アーザードマルド	カン・アレドメルド		アーザーディガーン
キーランド	キーランド	カールズィーン	キーランド		カブレンド	アフマダーバード(?)
マイイ	マフ	ラーギル	マイイ	マイ	マイイ	ミアーン・ダシュト
ラァス・アルアカバ（バーダルカーン・ハーン）	ラーイカーン		ラァス・アルアカバ（アザルカーン）	アデスカン		ディーズガ（ダウラターバード?）
バルカーナ・ハーン			ハーン・バルカーナ			バーリガーン
クライン（?）		クラーン				ファール
ジャム	ジャム					ジャム
スィーラーフ	スィーラーフ	スィーラーフ	スィーラーフ	チル/シラフ	シラフ	スィーラーフ（バンダレ・ターヘリー）
全行程60ファルサフ		全行程86ファルサフ	全行程180マイル			

(2) イブン・アルバルヒーによるシーラーズ〜ナジーラム道

シーラーズ〜マーサラム（モスカーン）〜シッタジャーン（セリズジャーン）〜ジッラ（ジャッレ）〜グンディジャーン（ファラーシュバンド?）〜ブーシュタカーン（ブーシュガーン）〜ブーシュカナート〜シャナーナー（セナー）〜マンディスターン〜ナジーラム（バンダル・ダイイル?）

(3) シーラーズ〜キーシュ道

ムスタウフィー・カズウィーニー (740/1340)	イブン・バットゥータ (14世紀前半)
シーラーズ	シーラーズ
シャフラク	バッサー
クヴァール	
ギリーヴァ・ザンジーラーン	
リバート・ジャムカーン	
マイマンド	マイマン
スィームカーン	ジャムカーン（スィームカーン）
サレ・サフィード	
カールズィーン	カールズィー
ラーゲル	
ファーリヤーブ	
フンジュ	フンジュ・ファール
アーベ・アンバール・クナール	ファール
フルムズ（バイラム）	
ダールーク	
マーハーン	
ラルダク（タンゲ）	
フズー	フズー
キーシュ	キーシュ（スィーラーフ？）

(4) シーラーズ〜ホルムズ道

①スィールジャーン・ジールフト経由	②ダーラーブ・タールム経由	③フンジュ・ラール経由	④ジャフルム・ラール経由
シーラーズ	シーラーズ	シーラーズ	シーラーズ
ニールーズ	サルヴィスターン	ジャフラム	アースマンジルド ─┐
スィールジャーン	ダーラーブジルド	キール・カールズィーン	ジュユーム　ダーラーブジルド
バフト	フルグ	フンジュ	バリーズ ─┘
ジールフト	タールム	ラール	ラール
マヌージャーン	スールー	カフリスターン（カウリスターン）	カフリスターン（カウリスターン）
ホルムズ（旧）	ホルムズ（旧）（新）	ホルムズ（新）	バンダル・アッバース

(5) シーラーズ〜バンダレ・クング/バンダレ・リンガ道

シーラーズ
ジャフルーム
キール・カールズィーン
フンジュ
エヴァズ
ラール
バスタク ─┐
バンダレ・クング　バンダレ・リンガ

(6) シーラーズ〜ジャンナーバ道

シーラーズ	シーラーズ
ジッラ	カーザルーン
ダシュト・バーリク	シャープール（ビーシャープール）
タウワジュ	タウワジュ
ジャンナーバ	ジャンナーバ

また一二世紀初頭のシーラーズ〜スィーラーフ道を伝える重要な史料に、次の二つの記録がある。その一つは、イブン・ハウカルの地理書『大地の姿 *Ṣūrat al-Arḍ*』の「イスタンブル写本（Old Saray Library, Arabic Ms. No. 3346）」一九九頁欄外に残された書き込みである。[21] この書き込みは、写本を書き写した人物とは異なる不鮮明な筆跡で記されており、おそらくヒジュラ暦五三四―八〇（一一三九―八四）年の間に挿入されたものと思われる。そこには、「バーグ・スーラーブ（Bāgh Sūrāb）からハーン・アーザードマルド（アーザードマルドの隊商宿）までは五ファルサフ、そこからマイイ村までは三ファルサフ、マイイから渓谷の入口（ra's al-'aqaba）バーダルカーンとバルカーン隊商宿《ハーン》（Barkān Khān）までは［いずれも］四ファルサフ、[22] そこからクライン（Kurayn）までは四ファルサフ、クラインからジャムまでは一五ファルサフ、ジャムからスィーラーフまでは五ファルサフ」と書かれている。もう一つの史料は、イブン・アルバルヒー（Ibn al-Balkhī）によるペルシャ語の地誌『ファールス誌 *Fārs Namāh*』であり、シーラーズを起点として、フィールーザーバード（ジュール）から東に分岐して、スィームカーン（Ṣīmkān, Ṣīmakān）、カールズィーン、ラーギル（Lāghir）、クラーン（Kurān）――おそらく上述のクラーン、クラインに同じ――経由でスィーラーフに至る別道である。イブン・アルバルヒーの伝えるシーラーズ〜スィーラーフ道は、ムカッダスィーのダーラーブジルド〜スィーラーフ道の一部とも一致する。[23] 上述したように、ザグロス山脈越えのキャラバン・ルートの主軸は、一〇世紀後半から一二世紀半ばの間に、シーラーズ〜ジュール（フィールーザーバード）〜スィーラーフ道から、シーラーズ〜ラーギル〜キーシュ道に移行した。その移行の過渡期ともいえる時期のシーラーズ〜スィーラーフ道を伝えた貴重な記録が上述のムカッダスィー、イブン・ハウカルの地理書の欄外に書き込まれた逸文、およびイブン・アルバルヒーによるものと考えられる。

シーラーズ〜スィーラーフ道を伝えた、さらに興味深い記録が一八世紀のヨーロッパ人によって製作された地図のなかに残されている。それはE・ブラウン（Emanuel Brown）とダンヴィユ（Monseur D'Anville）の描いた二枚の「ペルシャ帝国地図」である。ブラウンの地図（図3）は、一七四七年に製作された「ペルシャとその近隣諸国

図 3　エマヌエル・ブラウンによる「ペルシャ最新詳細地図」(1747 年製作)

この地図には，当時の最新の地理的知識と並んで，10〜12 世紀のイスラーム地理書によったと思われる古い地名が混在している。とくにシラ（Chira)，すなわちシーラーズからペルシャ湾岸には向けて南下するシーラーズ〜スィーラーフ道が示され，途中経由のステーションとして，クアン(Kuan)，ギオヴァル（Giovar)，カン・アレドメルド（Kan-aredmerd)，マイ（May)，アデスカン(Adescan)，チルもしくはシラフ（Chir or Siraf）が挙げられている。これらの地名は，いずれもイスタフリー，イブン・ハウカルやイドリースィーの伝えるシーラーズ〜スィーラーフ道と一致する。

を含む最新詳細地図」であり、そのなかにシラ（Chira）からペルシャ湾岸のチル（Chir）、もしくはシラフ（Siraf）まで二重線で道路が明記されている。そして、その道路の途中の宿駅地として、クアン（Kuan）、ギオヴァル（Giovar）、カン・アレドメルド（Kan-aredmerd）、マイ（May）、アデスカン（Adescan）の五つの都市名が記入されている。シラがシーラーズ、チルがスィーラーフに相当することは明白であり、途中の宿駅地として記入されたクアンはクワール、ギオヴァルはジュール、カン・アレドメルドはハーン・アーザードマルド（アーザードマルドの隊商宿）、マイはマイイ、アデスカンはバーダルカーンをそれぞれ指している。つまり、ブラウンの地図はイスタフリーの伝えるシーラーズ〜スィーラーフ道と完全に一致することが分かる。(24)

一方、ダンヴィユの地図は、「ペルシャ帝国新地図」と呼ばれる一七九四年に製作されたイラン全土を示す地図である。その地図には、シラス（Shiras）からシラフに至るまでの宿駅地として、サネムキアン（Sanemkian）、フィルザバド（Firuzabad）、ダスト・サラブ（Dast Sarab）、ジアル（Giar）、カブレンド（Kabrend）、マイイ（Maii）の六地点があげられており、相互をつなぐルートが明記されている。サネムキアンは、イブン・アルバルヒーによるフナイフカーン、フィルザバドはフィールーザーバード、ダスト・サラブはイスタフリーによるダシュト・シューラーブ、ジアルはジュール、カブレンドはキーランドにそれぞれ対応している。

しかし、サファヴィー朝時代の末期にあたる一八世紀に、一〇世紀半ば以前のシーラーズ〜スィーラーフ道と同じ経路・停泊地が存在していたとはとうてい考えられない。おそらく、二人のヨーロッパ人は地図の製作にあたって、イスタフリーの地理書、もしくはイスタフリーの地理情報を受け継いだ一二世紀のイドリースィーによる地理書と地図を利用して、シーラーズ〜スィーラーフ道の情報を得たのであろう。なおシチリア島のノルマン人の宮廷に仕えた地理学者イドリースィーは、一一五四年に『世界各地を深く知ることを望む者の慰みの書 *Kitāb Nuzhat al-Mushtāq fī Ikhtirāq al-Āfāq*』を純銀の円盤上に描かれた世界図と一緒に完成した。その地理書は、一五世紀前半にはラテン語やイタリア語に翻訳されて、西ヨーロッパに広く伝わった。そこで、ヨーロッパの地図製作者たちは、一八世紀になってもアフリカ内陸部やアジア大陸の未踏査地域の地理情報について、もっぱらイドリースィーの地理書に依拠したのである。

次に、シーラーズを起点にしてスィーラーフに至るまでのザグロス山脈越えのキャラバン・ルートとその宿駅名について、文献史料と実地調査の成果とを合わせて説明してみたい。(25)

(1) シーラーズ　六九三年、ハッジャージュ・ブン・ユースフの従弟ムハンマド・ブン・アルカースィム (Muḥammad b. al-Qāsim) がファールス地方の総督として任命された時、イスタフル (Iṣṭakhr) に代わる軍事・行政上の中心都市として建設された町。(26) 一〇世紀のブワイフ朝統治時代のシーラーズはダイラム軍の駐留地となり、彼らがスィーラーフから湾岸地域、とくにオマーンに進出するための軍事拠点として重要な役割を果たした。また、一〇世紀後半以後に国際的な交易港としてのスィーラーフの中継機能が衰退したあとも、ザグロス山脈越えのキャラバン・ルートの起点として、一三・一四世紀にはキーシュ道、一四〜一七世紀にはホルムズ道やバンダル・アッバース道に通じ、さらにインド洋海域世界に広がるネットワークが存在していた。

(2) カフラ　シーラーズとフィールーザーバードを結ぶ幹道は、シーラーズを出てから南に一八キロメートルほど進むと、プレ・ファサー (Pul-i Fasā) の分岐点に達する。東に向かう道は、サルヴィスターン、ファサー、ダーラーブジルドへ、南への道はクワール、フィールーザーバードへと通じる。この分岐点よりさらに南に一四キロメートル進むと、東にハフル、ジャフルムへ向かう道がある。カフラは現在のカフリー (Kafrī) に比定されるので、道は現在のようにプレ・ファサー経由ではなく、さらに西側のサブズ・プーシャーン山の麓沿いにシャーブールジャーン (Shābūrjān)、ザファル・アーバード (Ẓafar Ābād) とカフリーを経由し、バーバー・ハージー (Bābā Ḥājī) でフィールーザーバード道と合流したものと考えられる。一四世紀のムスタウフィーの記録によると、カフラではなく、代わりにシャフラク (Shahrak) が中継地としてあげられている。(27) 現在のカフリーには城塞址が残されており、一九九八年二月の現地調査において、南宋・元代の中国製青磁片数点をその周辺地域で表面採集した。

(3) ナフズ　写本間でナフル（Nakhr）、バフル（Bakhr）、ナジュド（Najd）などの異同がある。現在のジャフルム方面に通じる分岐点のバーバー・ハージー付近を指したと考えられる。ここは、街道上の重要な中継点であり、カージャール朝初期にあたる一一七六（一七六二／六三）年の銘文を刻んだキャラバンサライ址が残されている。

(4) クワール・ガルワ　イドリースィーとイブン・アルバルヒーの記録にはクワール（Kuwār, Kuvār）とあり、[28] 現在のカヴァール（Kavār）の町に比定される。シーラーズから三九キロメートル、フィールーザーバード街道に沿った町。クワール・ガルワとは、カヴァールから至近距離（ガルワ）にある飲料水の取入れ口（分水地）のことである。[29]

(5) ビーマジャーン　ムカッダスィーには、ビーマハーン（Bīmaḥān）とある。[30] カラ・アーガージュ川（Rūd-i Qara Āqāj）を渡り、ムーク渓谷（Tang-i Mūk）を過ぎると、ブラーズカーン（Burāzkān）、もしくはハニーファカーン村（Dih-i Khanīfaqān, Khanīfgān）に達する。イブン・アルバルヒーによると、クワールとフィールーザーバードとの中間の宿営地はフナイフカーン（Khunayfqān, Khunayfghān）であり、そこはシーラーズ〜フィールーザーバード道の街道沿いの村で、付近の道は険しい山岳地帯で追剝ぎに遭う危険があること、近くにブラーズ川（Rud-i Burāz）の水源があってフィールーザーバード方向に流れていること、そこの住民は山岳民のように凶暴な性格であるがセルジューク朝の統治下にあること、などを伝えている。[31] フナイフカーンは、現在のハニーファカーンと同一地名であることは間違いなく、そこはムーク渓谷（Tang-i Mūk）を抜け、フィールーザーバードの平原に出る地点にある。村に近い街道の東側、ザンジーラーン川の畔に二基のキャラバンサライ址——一基はサファヴィー朝末期からカージャール朝初期のもので、別の一基は破壊がひどいが、セルジューク朝期以前に溯ると思われる——が残されている。ムスタウフィーは、クワールとフィールーザーバードとの中間に位置する宿駅地として、ギリーヴァ・ザンジーラーン（Ġirīvah-i Zanjīrān）、すなわち「ザンジーラーン渓谷」という地名をあげている。[32] ザンジーラーンは、現在もムーク渓谷に近い村の名前であり、そこを流れる川をルーデ・ザンジーラーン（Rūd-i Zanjīrān）と呼ぶ。なお、ムーク渓谷は、フィールーザーバードに入るための自然の要害地として、また古くからの交通上の大関門として知られ、垂直に切り立った断崖がブラーズ川（Rūd-i Burāz, Rūd-i Tangāb）沿いに延々と連なり、断崖の頂上には「乙女の要塞（Qal'at-i Dokhtar）」と呼ばれるサーサン朝ペルシャ期の砦跡が残されている。また、渓谷沿いに流れる川の対岸の岩壁には、アルダシール王（Ardashīr Bābakān）を描いたレリーフと橋梁址が残されている。したがって、この渓谷を通過する道はすでにサーサン朝ペルシャ期の交通路としてきわめて重要な役割を果たしていたことが分かる。[33]

写真 2　カスレ・サーサーン（Qaṣr-i Sāsān），もしくはカスレ・アルダシール・バーバカーン（Qaṣr-i Ardashīr Bābakān）と呼ばれるサーサン朝の宮殿址

(6) ジュール　サーサン朝の創始者アルダシール王の命令によって建設された円形都市で、その帝国の栄光と権威を象徴する文化および経済の中心地として繁栄した。イスタフリーは、アルダシール王がジュールを建設した由来とその町の様子について、次のように説明している。「伝えられるところでは、ジュールの場所は、かつては湖のように水が溜まっていた。そこで、アルダシールは、敵と戦って勝った場所に都市を創り、そこに拝火神殿を建てることを［神に］誓った。そして、実際にそこでの戦いで勝利を収めると、彼は開鑿した排水溝によってその場所の水を抜くことを試み、その場所

にジュール［の町］を建設したのである。その町は規模において、イスタフル、サーブール、ダーラーブジルドに匹敵するほどであった。町の周囲には、粘土でつくった華麗な周壁と堀をめぐらし、四つの門があった。すなわち、東側に臨む門はミフラ門と呼ばれ、西側に臨む門はバフラーム門、北側に臨む門はホルムズ門、南側に臨む門はアルダシール門と呼ばれた。町の中央部には、ティルバール（tirbāl）と呼ばれる高壇（dakka）のような建物があった[34]。」現在、フィールーザーバードの街の北西、平原のなかにジュールの円形都市址、周壁、城門、メナーラ（Menārah, Manārah）と呼ばれる高塔の址が残されている[35]。イスラーム時代に入って、ペルシャ湾の国際交易港スィーラーフが繁栄すると、ジュールはスィーラーフと結ばれたキャラバン交易の起点として栄えた。ブワイフ朝のアドゥド・アッダウラ（ʻAḍud al-Dawlat）は、ジュールを現在の名前と同じフィールーザーバードと改め、強力な軍事力によってファールス地方から湾岸地域への軍事的進出をおこなった[36]。しかし、ブワイフ朝の強力な統制下に置かれたフィールーザーバード〜スィーラーフ道の活動は徐々に衰え、またスィーラーフの町が九七六年もしくは七七年の大地震によって壊滅的な被害を受けたことによって[37]、ジュールの町と湾岸に出る交易ルートの活動は急速に衰退し、やがてザグロス山脈越えの幹道は、ジュールを中継地とせずに、シーラーズ〜ラーギル経由キーシュに至るルートに重心が移行した。

(7) ダシュト・シューラーブ　ダシュトは「水なき平原」「砂漠」、シューラーブはシューブ・アーブ（shūb-ab）すなわち「塩水」「塩を含んだ水」を意味する。イブン・ハウカルの「イスタンブル写本」の欄外に書かれた記録には、バーグ・スーラーブ（シューラーブ）とある[38]。バーグはペルシャ語の「庭園」の意であり、「シューラーブの庭園」のこと。ムカッダスィーには、バヤーブとあるが、ビー・アーブ（bī-āb）、またはビーヤバーン（bīyabān）と読めば、「水無し」「砂漠」となり、ダシュトと意味が一致する[39]。またイドリースィーは、ルスターク・ダシュト・シューラーブと記している[40]。ルスタークは「市場町」「いくつもの村や家屋を含む地域」「停泊地」の意味であるから、「塩水を含んだ水（川）に沿った平原の村」のこと。シューラーブは、明らかに現在のシュール川（Rūd-i Shūr）を指しており、アースィヤーブ・バーディー山（Kūh-i Āsiyāb Bādī）とラシュトナウ山（Kūh-i Rashtnaw）の間から流れ出て、ガルダーナ・サルヴァヒーの峡谷（Tanġ-i Gardānah Salvakhī）沿いに流れ下り、クナール・スィヤーフ平原でハーナ・シュール川（Rūd-i Khānah Shūr）と合流、やがてマンド川に注ぐ。道は、平坦なジュール盆地からガルダナ・サルヴァヒーの急峻な峠道を一気に登り、右側にシュール川が刻んだ深い谷を見ながら、起伏に富んだ隘路をしばらく進むと、急に前方が開けて、カシュカーイー（ガシュガーイー）・トルコ遊牧民の半定住テントと家畜囲いの点在する峠の広場に出る。この広場の小高い丘の上に、アーテシュカダ（āteshkadh, āteshgāh, ゾロアスター教の神殿・宿坊）とチャハール・ターク（chahar-ṭāq,「四本柱」の意味で、聖火を捧げるための神殿）を含む壮大な複合拝火神殿址が残されている。また、峠道を五〇メートルほど下ったところに、一基のキャラバンサライ址と崩れた四方形の周壁址がある。クナール・スィヤーフの位置は、フィールーザーバードの町の南西約二五キロメートル、平原を見下ろす急斜面の峠の上にあって、明らかにスィーラーフに通じる交通上の要地である。[41]

写真3　アースィヤーブ・バーディー山脈（Kūh-i Āsiyāb Bādī）

スィーラーフに通じる道は，フィールーザーバードの盆地を通過すると，サルヴァヒー渓谷（Tanġ-i Gardāneh Sarvakhī）に向かい，鋭く刀剣のように尖った断崖絶壁の連なる険しい山道を上る。

ダシュト・シューラーブの宿駅地は、峠から三キロメートルほど急な坂道を下った現在のバーグ村（Deh-i Bāgh）付近と考えられる。ここには、保存状態の良好なキャラバンサライ址、貯水槽と税関址と思われる複合遺跡が残されている。私は、一九八七年一・二月の調査において、フィー

写真 4 (1)　クナール・スィヤーフ（Kunār Siyāh）の拝火神殿コンプレックス

アーティシュガー（僧院）とチャハール・タークを含む壮大な拝火神殿址であり，現在，最も完全な形で残されたサーサン朝期からイスラーム前期（10 世紀）にまたがる神殿址の一つ。

写真 4 (2)　クナール・スィヤーフの拝火神殿コンプレックスの全景

ルーザーバードからナウダラーン（Nawdarān）、ガルダナ・サルヴァヒーを越えてシュール川沿いに下り、クナール・スィヤーフの拝火神殿とキャラバンサライを含む大遺跡の踏査を、九八年にはさらに南に坂を下り、クナール・スィヤーフ平原、アーザーディガーン平原を越えて、アフマダーバードまでのルート調査をおこなった。

(8)　ハーン・アーザードマルド　「気高い隊商宿」の意。イスタフリーによると、ハーン・アーザードマルド（アーザードマルドの隊商宿）はダシュト・シューラーブからさらに六ファルサフ（二四キロメートル）進むと、三ファルサフにわたって広がる砂漠があり、その中に位置するとある。[42] この地名は、ムカッダスィーのバルザラ(Barzarat)、ブラウンの地図のカン・アレドメルドと同一地名であると考えられる。[43] イドリースィーには「そこ(ルスターク・ダシュト・シューラーブ)から砂漠中の村ハーン・アーザードマルドまでは九マイルの距離。この砂漠すべてにわたって水仙が密生している。ハール(Ḥār)からハーン・アーザードマルド村までは一八マイル[44]」とある。ヴァンデン・ベルグは、クナール・スィヤーフから二四キロメートル隔たったガルダナ・ジュフヌー

写真 5(1)　クナール・スィヤーフの平原にあるキャラバンサライ址

この平原は，10 世紀の記録には，ダシュト・シューラーブ（Dasht Shūrāb），つまり「塩水の平原（現在のルーデ・シュール Rūd-i Shūr)」とある。キャラバンサライは，比較的保存状態が良く，一辺 32.00m の四方形で小規模のもの。

写真 5(2)　キャラバンサライの隣接する貯水槽址

(Ġardanah Juhunū) の峠近くで一基のキャラバンサライ址を、続いてアーザーディガーン平原のシーシュ・クナール (Shīsh Kunār) において別の一基のキャラバンサライ址を発見した(45)。私は、一九九八年の踏査において、ハーナ・シュール川 (Rūd-i Khānah Shūr) とシュール川とが合流して、マンド川に向けて流れ下る地点にあるアーザーディガーン平原で、二基のキャラバンサライを調査した。一基はかなり崩壊が激しいが、一〇世紀以前に遡る古いもので、他の一基はサファヴィー朝初期の保存状態の良いキャラバンサライであった。ハーン・アーザードマルドは、明らかにアーザーディガーンのキャラバンサライを指している。なお、イドリースィーの伝えるハールは、おそらくシュール川を渡った対岸にあるフーラーブ (Khūrāb) 村のことであろう。

(9) キーランド　ハーン・アーザードマルドから六ファルサフ離れた村。ダンヴィユの地図には、カブレンドとある。この地名は現在の地図には見当たらないが、スィーラーフに向かう交通ルートはシュール川に沿って南下したと考えられるので、その位置はアフマダーバード付近にある。アフマダーバードは、クナール・スィヤーフから南に三六キロメートル、肥沃な平原のなかにある村である。現在の道は、シュール川を渡り、北に向かうと、シャヒード (Shahīd)、ローニー (Lōnī) を経てファラーシュバンド (Farāshband) に出る。アフマダーバード村の北西端にあるヒンガーン (Hingān) 地区には、古い周壁址とイマーム・ザーデ (イマーム廟) が残されている。このイマーム・ザーデは、古いチャハール・タークを改修したもので、少なくとも一〇世紀以前に溯るものと考えられる。さらにスィーラーフへの道は、東側にシャムシャリー山 (Kūh-i Shamshalī) の険しい山塊がシュール川に迫っているため、大きく西に迂回しながら狭い山道を登る。

(10) マイイ　シャムシャリー山の峠近くに、キャラバンサライ址と貯水槽址が残されている。さらに道は、ミアーン・ダシュト (Mi'ān Dasht) に向けて急坂を下る。マイイ、マ (Mah)、メ (Meh) は、おそらくミアーン・ダシュトのミアーン (Mi'ān, Miyān) を指したものと考えられる。現在、この平原にはカシュカーウィー遊牧民のテントが点在するのみで、村落はないが、古い城塞址が残されている。

(11) バーダルカーン　イブン・ハウカルとイドリースィーには「アザルカーンとして知られる宿泊地にあるラファス・アルアカバ（峡谷の頭、先端部）[46]」「マイイからラファス・アルアカバ——そこにはアザルカーンと呼ばれる宿泊地がある——までは一八マイル」とある。ムカッダスィーは同じ場所をラーイカーン（Rāykān，Zāykān）、ブラウンの地図はアデスカン（Adescan）と記している。平坦なミアーン・ダシュトの平原を過ぎると、再び険しく荒々しい山稜が迫り、岩石の連なる坂道を下ると、はるか彼方前方にマンド川が望まれる。マンド川の平原に出る

写真 6　アーザーディガーン（Āzādigān）の平原
眼下には 2 基のキャラバンサライ址が見える。ルーデ・シュールの支流は西側から流れ，本流と合流してマンド川となる。

写真 7　アーザーディガーンのキャラバンサライ址
保存状態は良好で，サファヴィー朝期のものと思われる。

写真 8　アフマダーバード（Aḥmadābād）の平原とカシュカーウィー遊牧民のテント

写真 9　マンド川（Rūd-i Mand）の河畔に至る

マンド川は，急峻なザグロス山脈の山ひだに深く刻まれた谷間を左に右に縫い，無数の支流を集めつつ南に向かって流れ下り，やがてズィールー（Zīrū）の近くでペルシャ湾に注ぐ。スィーラーフ道もまた，マンド川の流れに沿うように南に進む。

手前の峡谷にある村は、サヴァール・ガイブ（Savār Ghayb）であり、現在でも「渓谷の頭（Ra'ʾs al-'Aqaba）」の別名でも知られている。ヴァンデン・ベルグは、この村の北側で、サーサン朝期の「乙女の墓（Gabr-i Dokhtar）」と呼ばれる要塞址を、さらに手前に進んだガブル（Gabr, Gaurī, Kūrī）村の北一キロメートルのところで巨大な遺丘《テペ》（Tell-i Gabri）を発見した。[47] 私が一九八八年におこなった調査においても、この二つの遺跡を確認することができた（写真10）。

(12) バルカーナ隊商宿《ハーン》　マンド川を越えて、アラーエ・マルヴダシュト川（Rūd-i ʻAlā'-i Marvdasht）に沿って南下すると、ジャム高原の北端に位置するバーリカーン（Bārikān, Bārghān）村に達する。バルカーナ隊商宿、もしくはバルカーン隊商宿は、おそらく現在のバーリカーンのことと思われる。ここからペルシャ湾岸のスィーラーフまでの距離は、七ファルサフ（四二キロメートル）であった。[48]

(13) クライン　イブン・ハウカルの「イスタンブル写本」欄外に付された書き込みには、バルカーン隊商宿か

写真 10　ダウラターバード（Dawlatābād）の村の近くに残る巨大なテペ

このテペに上には，キャラバンサライ址と思われる遺構がある。割石を石灰モルタルで固めた頑丈な建造物，ドーム状の倉庫のような建物があるが，建造年代については不詳。

写真 11　スィーラーフからザグロス山脈の急坂を上り，ジャム（Jam）に至る途中の渓谷沿いに残るダム址と思われる遺構

建造年代は，スィーラーフが最も繁栄していた 8〜10 世紀頃であろう。割石を整然と組み合わせ，堅固に築かれている。

らクラインとジャムを経てスィーラーフに至る別道が記されている。[49] クラインは、おそらくイブン・アルバルヒーがラーギル、ファーリヤーブを経てスィーラーフに至る中間拠点としてあげたクラーンと同じ地名であろう。[50] 現在のガッレ・ダール（Galleh Dār）、もしくはファール（Fāl）を指したと思われるが、明らかではない。一九七七年、H・ガウベによるファール遺跡の調査によると、一〇世紀後半から一二世紀にかけて、スィーラーフ住民の一部がファールに移り住み、多くの墓碑を残したという。ガウベは、その他にもマルヴダシュト渓谷に沿って民族学・考古学の調査をおこない、スィーラーフ式の建築・工芸技術を継承したと思われる記念碑・墓誌・住居址などを多数発見した。[51]

(14) ジャム　現在のバンダレ・ターヘリー（Bandar-i Ṭāhirī）から北に三〇キロメートル、急峻な山を越えた高原にあるジャム地区の町。ヤークート（Yāqūt al-Ḥamawī）によると、スィーラーフの住民にとって必要な飲料水や果物類は、スィーラーフの背後に聳えるジャムという山から得られたという。[52] 一〇世紀後半に記された匿名の地理書『世界の境域 *Ḥudūd al-ʿĀlam*』は、スィーラーフの周辺部で、人口が多く、富裕な集落はジャム、クラーン（Kurān）とフルマク（Khurmak）などであったと伝えている。[53] クラーンは、前述のクラインのことであろう。スィーラーフの富裕商人たちは、海上貿易によって得た巨万の富の一部をこうした村々の灌漑、農耕地や避暑のための別荘地などの事業に投資していたと思われる。そして、一〇世紀後半になってスィーラーフの経済的衰退が始まると、スィーラーフ住民の一部はジャム、ガッレ・ダールやファールなどの内陸の村に移り住んだ。[54]

(15) スィーラーフ　スィーラーフの港市遺跡は、現在のカンガーン（Kangān）の町の東二五キロメートル、バンダレ・ターヘリーという寒村の北西側に隣接して位置し、海岸線から急峻な山の稜線に向かって壮大な遺跡群が広がっている。イスタフリーとイブン・ハウカルによると、シーラーズからスィーラーフまでは一五の宿駅、全行程六〇ファルサフ（約三六〇キロメートル）、イドリースィーは宿駅間の距離をマイル数で記し、全行程を一八〇マイル（一マグリブ・マイルを二キロメートルとすると、三六〇キロメートル）と算定した。[55] 現在、シーラーズ〜フィールーザーバード間の道路距離は一二〇キロメートル、またヴァンデン・ベルグの踏査によると、フィールーザーバードとスィーラーフとの間は二二〇キロメートルであり、全行程は三四〇キロメートルとなるので、記録史料の伝えるところと実際の距離数はほぼ一致している。[56] 宿駅間の平均距離は五～五・四ファルサフであり、これは平地におけるキャラバン隊の一日の平均移動距離五～六ファルサフとも一致する。しかし、急峻なザグロス山脈越えの山道を、おもにラクダとラバによって編成されたキャラバン隊が一日三〇～三六キロメートルの速度で進むことは

写真 12(1)　スィーラーフの港市遺跡と現在のバンダレ・ターヘリー（Bandar-i Ṭāherī）の町

写真 12(2)　スィーラーフの大モスク址

スィーラーフの町の中央部，波止場から上がり，市場に通じる道に隣接して位置する。大モスクの遺構の最下層には，サーサン朝期の要塞址が残されている。珊瑚石と石灰モルタルで築いたスィーラーフ様式の建造物を代表するものである。

写真 12 (3)　スィーラーフのマドラサ址
この写真は，1977 年に訪問の時に撮影されたもので，現在，このマドラサの壁面は完全に倒壊している。

写真 12 (4)　スィーラーフの街中を通る街道
四角や長方形の割石，珊瑚石などが丁寧に並べられている。

非常に困難なことであろう。しかも、このルートは冬季には降雪と凍結のために通行が難しくなり、夏季には過酷なギャルムスィール（暖地域）を通過するなどの天候の季節変化、険しい山岳地形、渓谷を流れる多くの河川などの条件によって、大キャラバン隊の通行可能な時期は、一年のうちの春季と秋季のわずか三ヵ月に過ぎなかったといわれる。

シーラーズ～スィーラーフ道の盛衰の歴史は、海上・陸上ルートの接点スィーラーフの歴史と一致していた。下イラク地方の社会・経済的混乱、ダイラム系ブワイフ朝の軍隊によるイランとイラクへの進出と支配、九七六と七七年にスィーラーフを襲った大地震、中国南部における黄巣の乱の被害によるペルシャ湾・中国間のダウ貿易の中断、ファーティマ朝政権によるカイロの建設と紅海貿易の隆盛などの、九世紀後半から一〇世紀半ばにかけての政治・経済の各方面で起こった急激な変化の影響を受けて、バグダードを軸心としたイラク・ペルシャ湾軸ネットワークの吸引力は急速に衰え、それに代わってカイロを軸心としたエジプト・紅海軸ネットワークがイスラーム世界をつなぐネットワークの基幹となった。[57]

写真 12 (5)　スィーラーフの都市遺跡の背後にある渓谷（Wādī Shilaw）に広がる墓域
自然石を削った石棺型の窪みが急斜面の岩盤に累々と並ぶ。石切り場としても使われたと思われる。

そうした時代変革期において、スィーラーフを起点としてシーラーズに至るザグロス山脈越えのキャラバン道の交通・運輸にも、さまざまな変化が生じた。一〇世紀後半になると、シーラーズ〜ジュール（フィールーザーバード）〜スィーラーフを結んでいたザグロス山脈越えのキャラバン・ルートは徐々に衰え、新たに①シーラーズを出て、ジュールを経由せずに、マイマンド、スィームカーン、キール・カールズィーン、ラーギル、ファーリヤーブ、クラーン、ジャムを経てスィーラーフに至る道、②ダーラーブジルドを起点として、ジュユーム、カーリヤーン、ファーリヤーブ、クラーン、ジャムを経てスィーラーフに至る道、③シーラーズを出て、西にジッラ（Jirra）、ファラーシュバンド経由、マンド川の河口に近いナジーラム（Najīram）に至る道、の三本の南北ルートに交通体系が分極化するようになったのである。[58] これらの分岐道についての説明は省くことにするが、ナジーラムについてのみ少し付け加えておきたい。

イスタフリーとイブン・ハウカルによると、スィーラーフから一二ファルサフ（七二キロメートル）離れたペルシャ湾の岸辺にナジーラム（Najīram）と呼ばれる港町があった[59]。イブン・アルバルヒーは、ナジーラムとフーラーシー（Hūrāshī）はスィーラーフの属領であること、ナジーラムとスィーラーフとの間でサカーン（Thakān, Sakān）川、すなわちマンド川が海に注いでいることなどを説明している[60]。ムカッダスィーやヤークートなどによると、一〇世紀後半のナジーラムには、二つの大モスク、市場、貯水池と井戸があって、スィーラーフと深い交易関係を持った重要な寄港地であった[61]。ナジーラムの地名は、現在の地図に残されていないため、その正確な位置を定めることは難しい。G・ル・ストレンジ（G. Le Strange）は、その位置を現在のバンダル・ダイイル（Bandar Dayyir）としたが[62]、現在のマンド川の河口はバンダル・ダイイルより北側のカブカーン（Kabkān）村の南側で沼沢地をつくり、海に注いでいる。もしもナジーラムをル・ストレンジが比定したように、バンダル・ダイイルとするならば、一、〇〇〇年前のマンド川はカンガーン付近で海に流入していたと考えなければならない。

シーラーズからペルシャ湾岸に出る最短の道として、このシーラーズ〜ナジーラム道がかなり古くから利用されていたと考えられる。K・ミラー（Konrad Miller）の『アラビア地図 *Mappai Arabicae*』所収のイブン・ハウカル「ベルリン写本（2）」と「ライデン写本（2）」による「ファールス地方図」（図4）では、シーラーズ〜ジュール〜ナジーラム道、シーラーズ〜ジッラ〜カーザルーン〜ナジーラム道の二つが記されている[63]。一〇世紀後半以後のシーラーズ〜スィーラーフ道の衰退は、一時的にシーラーズ〜ナジーラム道の利用度を高めたと考えられる。イブン・アルバクヒーによると、シーラーズからナジーラムまでは六五ファルサフ（二六〇キロメートル）、その間に九ヵ所の宿駅地があった[64]。

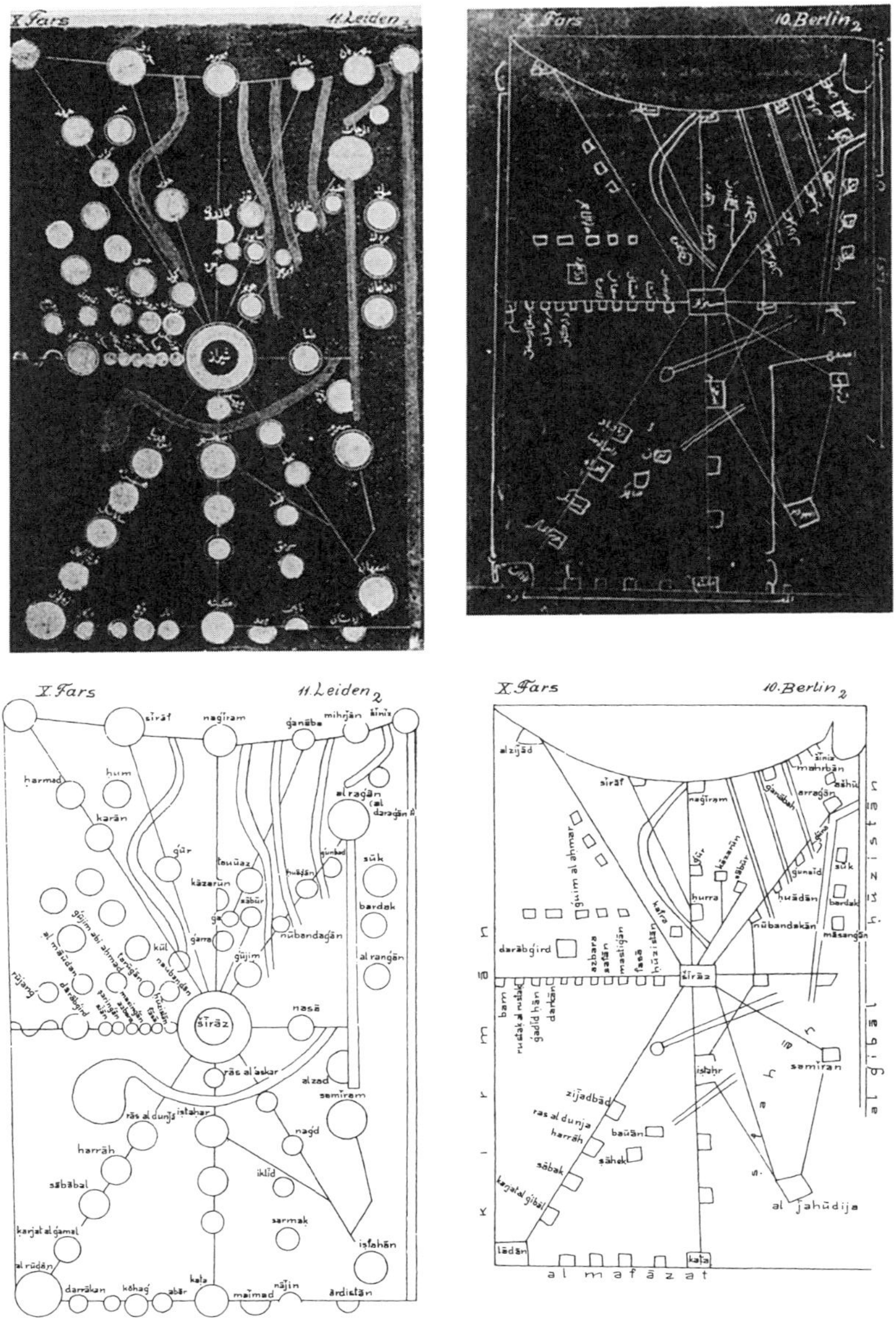

図4　イブン・ハウカルの地理書による「ファールス地方図」　右：ベルリン写本　左：ライデン写本

三　ルート調査の結果

一九九八年一月下旬から二月半までの約三週間にわたって、私は「南イラン・ザグロス山脈越えのキャラバン・ルート」の調査を実施し、研究協力者として上岡弘二（言語学、考古学）、山内和也（考古学）、西山伸一（考古学）の参加・協力を得た[65]。

現地調査に先立って、テヘランとシーラーズの図書館、博物館、研究所、大学を訪問して、調査に必要なアラビア語、ペルシャ語と欧米語による史料・記録類、地図、文書や関連する研究書・論文などの蒐集と分析をおこなった。また、イラン人研究者とも意見交換をおこなって、最新の考古学情報を得ることに努めた。シーラーズ～スィーラーフ道の調査にあたって、一番の問題は諸史料に記録された地名の多くが現在の地図のなかに見いだせないため、踏査の順路と調査地をどのように選定するかという点にあった。五〇万分の一、一五万分の一、一〇万分の一の縮尺地図にもとづき、ザグロス山脈を横断する幾つかの道路を選び、類似する地名の選択、遺跡の分布と史料の記述内容とを相互に照合・比較し、同時に車による通行が可能な道路についての最新情報を集めるなどの準備のあと、踏査予定のルートと日程を決定した。

研究計画の詳しい方法・内容や日程については省くが、現地調査の手順として、踏査の基地を、一つはフィールーザーバードに置き、そこからマンド川（Rūd-i Mand）の支流の一つ、シュール川（Rūd-i Shūr）沿いに南下するルート、もう一つはペルシャ湾岸のカンガーン（Kangān）に置き、スィーラーフ、ジャム（Jam）を経由、マンド川に近いダウラターバード（Dawlatābād）に向けて北上するルートの、南北の二方向からのアプローチを考えた。踏査の結果、ザグロス山脈を越える急峻なルート沿いに、未登録の新しい考古学的遺跡が分布すること、そうした遺跡の位置と分布状況、遺跡の推定年代、規模や形態などのデータの総合的な蒐集・分析を通じて、これまでの文献研究のみでは不明確であったシーラーズ〜スィーラーフ道の全貌をほぼ解明することができた。この踏査に関する詳しい報告は、『イラン・ザグロス山脈越えのキャラバン・ルート』(Iranian Studies I)と『イスラム圏における交通システムの歴史的変容に関する総合的研究』(平成一〇年度〜平成一二年度研究費補助金(基盤研究(A)(2))研究成果報告書、二〇〇一年四月)にゆずるとして、ここでは本章に関わる調査結果だけを紹介しておくと、以下の諸点に要約される。

(1) 九・一〇世紀に記録されたシーラーズ〜スィーラーフ道の全域を踏査し、図5に示したように、記録史料との比較・考証によって、そのルートを確定した。

(2) キャラバンサライ、拝火神殿、貯水槽、水路、道路、墓地、周壁、テペ(遺丘)など、従来の研究者が未調査であった考古学的遺跡が多数発見され、それらの概略図を作成した。とくに注目すべき重要な遺跡の所在地として、ガルダネ・サルヴァキー(Ġardaneh Saravakhī)、クナール・スィヤーフ、ガルダネ・ジュフヌー(Ġardanah Juhunū)、アーザーディガーン(Āzadigān)、デヘガーン(Dehgān)、アフマダーバード(Aḥmadābād)、クーヘ・シャムシャリー(Kūh-i Shamshalī)、ディーズガー(Dīzgāh)、グーリー(Ghūrī, Kūrī)、ダウラターバード、ハルゲ(Khargeh)、バーチューン(Bāchūn)、ローハーニー(Lōhanī, Lōnī)などがあげられる。

(3) 重要なキャラバン宿駅地は、ルート沿いにほぼ二〇〜二五キロメートルの間隔で設置されていることが判明した。宿駅地は、タンゲ(隘路、峡谷)、峠、平原や砂漠の出入口、河川の合流点、渡河地点、水源地などに位置した。

(4) フィールーザーバードからアフマダーバード〜マンド河畔までのルートは、フィールーザーバード〜ガルダーネ・サルヴァヒー〜シュール川経由のルートと並んで、文献史料には現れないハルゲ〜ファラーシュバンド(Fārāshband, Ferāshband)経由のルートも重要であることが判明した。後者のルートは、ファラーシュバンド平原

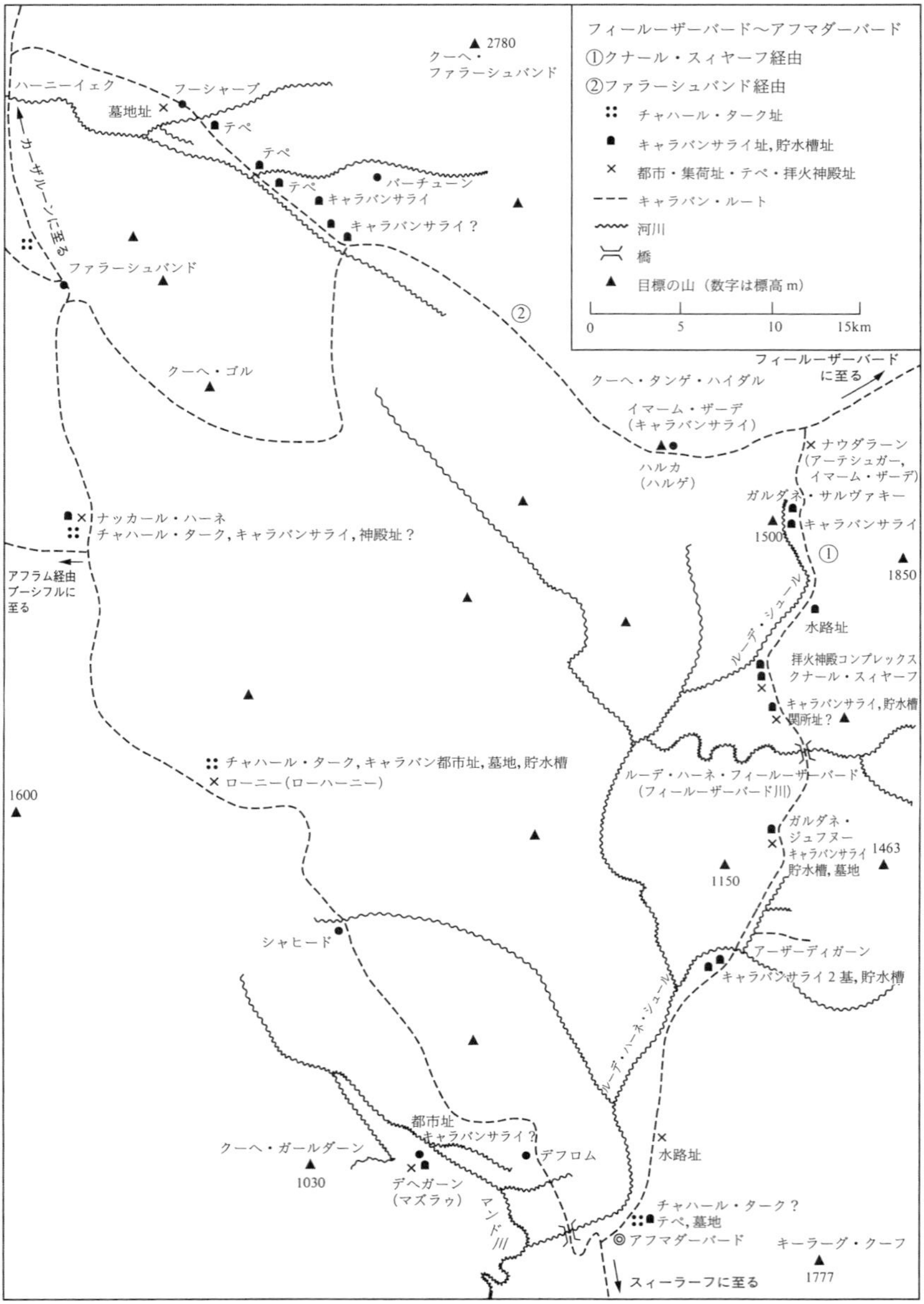

図 5　シーラーズ～スィーラーフ道（1986-87 年と 1998 年の調査による）

にサーサン朝ペルシャ時代の拝火神殿址が多数分布することからもその重要性は明らかであって、フィールーザーバード（ジュール）とカーザルーン（Kāzarūn, Kazērūn）をつなぐ要路であり、さらにその先は南に向かうとビーシャープール（Bīshāpūr）〜リーシャフル（Rīshahr, Būshihr）に、また南西に向かうとアフラム（Ahram）〜リーシャフル〜スィーラーフに通じた。また、ガルダーネ・サルヴァキーを越えたシュール川（Rūd-i Shūr）沿いのルートが洪水によって通行不可の場合、その迂回路として、ハルゲ〜バーチューン〜ファラーシュバンド経由

写真 13　ハルゲ（Khargheh/Kharqah）の聖者廟
この聖者廟は，キャラバンサライ址の中央部に造られたもので，周囲には四角形の外壁と部屋の遺構が残されている。

写真 14　バーチューン（Bāchūn）の平原にあるキャラバンサライ址
遠くから見ると，テペ状の盛り上がりだが，近づいてみると，保存状態の良い二階建てのキャラバンサライ址であることが分かる。おそらくサファヴィー朝期のものと考えられる。現在，カシュカーウィー（Qashqāwī/Gashgāwī）遊牧民の一家族がここを冬季の停泊地としている。

写真 15 ナッカール・ハーネ (Naqqāl-Khāneh) のチャハール・ターク址

ファラーシュバンドの平原からローハーニーに向かう峠道に位置する。チャハール・タークに隣接して，キャラバンサライ址が残されている。

スィーラーフに下る脇道が使われたことも考えられる。これらのルート沿いには、いずれも大規模なキャラバンサライ址が確認された。

(5) ローハーニー (Rōhānī, Rōnī) 遺跡は、ファラーシュバンド〜スィーラーフ道をつなぐキャラバン宿駅の一つであり、拝火神殿、道路、水路、貯水槽、墓地、聖者廟、ワカーラ (税関、関所、市場)、住居などの遺構が複合的に配置された壮大な遺跡である。この遺跡については、すでにヴァンデン・ベルグ、W・クラウス (Wölfram Kraüs)、H・ガオベ、M・キヤーニー (Muhammad Kiyānī)、R・ポハンカなどによる予備的調査がおこなわれているが、サーサン朝ペルシャ時代の拝火神殿とチャハール・タークのみに調査が限定されていた。そのため、遺跡の周囲に分布する道路、貯水槽、水路、墓地、隊商宿、税関や住居などのキャラバン都市としての複合構造の実態については、まったく無視されていたのである。私たちの調査では、道の拠点、ネットワークのノード (中核) としてのキャラバン宿駅の基本構造を総合的に解明しようとする視点を重視することで多くの新しい成果を得た。

(6) ローハーニー遺跡の墓地で、ヒジュラ暦八〇六年第一ジュマーダー月一日 (一四〇三年一一月一六日) の日付を刻んだ一基の墓誌銘が発見された。その墓誌に刻まれた銘文には「この墓は、故ファフル・ウッディーン・アフマド・アイユーブ・ジブライール・ブン・ルスタム・ブン・ムハンマド・ブン・ユースフ・ガイカーン (Fakhr al-

Dīn Aḥmad Ayyūb Jibla'īl b. Rustam b. Muḥammad b. Yūsuf Ġaykān / Kaykān)、一般にはシャバンカーラ・バンジーリー（Shabankārah Banjīrī）として知られた人物で、バヌー・バンジャーン地方（balad Banū Banjān）の出身、サフィード要塞（Qal'at Safīd）の町の在住者で、八〇六年第一ジュマーダー月初日の年号に死去」とあった。この碑文に登場する人物については、今後の研究に待つが、おそらく一四・一五世紀にホラーサーン地方を中心に興隆したサルバダール王朝期のもので、クルド系シャバンカーラの族長の墓であると推測された。

写真 16（1） ローハーニー遺跡の拝火神殿とチャハール・ターク址

この遺跡は，拝火神殿，貯水槽，墓地，聖者廟，ワカーラ（税関，関所，市場），住居などの遺構が複合的に配置されたキャラバン・ステーションの一大コンプレックスである。

写真 16（2） ローハーニー遺跡に隣接した墓地内に残された墓石

墓石には，ヒジュラ暦 806 年第 1 ジュマーダー月 1 日（1403 年 11 月 16 日）の日付が刻まれている。シャバンカーラ族のバンジーリー（Shabankārah Banjīrī）なる人物の墓碑。

(7) キャラバン宿駅地は、おおまかに分類すると、①大拠点としての宿駅(キャラバン都市)、②比較的小規模の宿駅(峠、隘路、河川合流点などの通過点)、の二つであった。①の施設は、キャラバンサライ、税関、役所、門、防壁、望楼、要塞、水場(貯水槽、水路、泉)、広場、街路、市場、宗教施設、大商人の邸宅、駝獣置場、牧草地、キャンプ地、墓地などを含み、一つのまとまった町としての複合体であり、②の主要な施設は、キャラバンサライ、水場(貯水槽)、望楼、要塞、墓地、宗教施設など、小規模な一時的な停泊地である。

(8) キャラバン宿駅の規模は時代により拡大と縮小の変化が見られ、規模の変化は道の使われ方や輸送商品、規模の変化とも関わっている。

(9) キャラバンサライは、サーサン朝ペルシャ後期からイスラーム時代の一〇世紀半ばまでは縦横三〇メートル前後の小規模のものが多い。この時期の代表的なキャラバンサライは、クナール・スィヤーフ平原にあるもので、それに付設する貯水槽は縦幅一五メートル、横幅七メートルであった。

私たちの踏査によって、おもに以上のような新知見が得られたが、今後に残された研究課題として、①シーラーズ~スィーラーフ道の開始と終焉は、いつの時代か、②ゾロアスター教の拝火神殿(チャハール・ターク、アーテシュカデ)の建設された時期と使用された時期は、いつの時代か、また使われなくなった時代はいつのことか、その理由は何か、③一一・一二世紀頃、ザグロス山系に西からクルド系、北からトルコ系遊牧民の大移動が見られ、彼らは、おそらくキャラバン運輸の担い手として活躍したと思われるが、その移動と新しいキャラバン運輸の担い手の登場がザグロス山脈ルートの機能にどのような影響をおよぼしたのか、彼らの移住以前には誰がキャラバン運輸の担い手であったのか、などの諸点が考えられよう。

結びに代えて

本章では、イラン高原とペルシャ湾を結ぶザグロス山脈越えのキャラバン・ルートがイラク・ペルシャ湾軸の交流ネットワークの一部として、歴史的に重要な役割を果たしたことを文献史料による研究と実地踏査の両面から明らかにした。

これまでの歴史学におけるルート（道）の研究は、多くの場合、交通史の範疇に含まれ、国家行政史の付属部分として、また対外関係史、外交史や運輸・技術史としてのみ取り扱われてきた。しかし、ルートは狭い地域や国家という枠内にとどまらず、国際的な人の移動、モノの流通や文化・情報の伝達に関わる総合的な交流媒体であって、ルートの繁栄と衰退の歴史、ルートの起点・経由拠点・終点、他のルートとの競合や接続の関係、ルートの担い手、利用したり支配する人々、運ばれる有形無形のモノと伝達される知識（文化・情報）などは、ルートを軸とする交流ネットワークの変化・変質を示すバロメーターとして捉えられる。

このような考え方に立つならば、インド洋と地中海をつなぐ国際交流上の掛け橋として、ペルシャ湾ルートにはどのようなルートがあり、どの時代に、どのように使われたかを総合的に分析することは、両海域世界の相互のあり方や西アジアを含むイスラーム世界全体の交流ネットワークの変化の諸相を理解することにも通じていると考えられる。

第4章　スリランカ王の外交使節団がたどった道

はじめに

第2章と第3章では、インド洋と地中海の両海域世界をつなぐ二つの国際的な交流軸、紅海軸ネットワークとペルシャ湾軸ネットワークの成り立ちおよび役割について検討してきたが、本章ではこの二つの基幹ネットワークをめぐって東西の陸域の諸勢力が具体的にどのように関わったかを考察していきたい。そのための基本史料として、一二八三年に、マムルーク朝のスルタン＝マンスール（al-Manṣūr Sayf al-Dīn Qalāʾūn al-Alfī, 在位一二八〇—九〇年）のもとに来朝したスリランカのシンハラ王ブヴァネカ・バーフ一世（Bhuvaneka Bāhu I, 在位一二七三—八四年）の使節団に関する記録を取り上げ、その史料の分析を通じて、マムルーク朝、イエメンのラスール朝とスリランカのシンハラ王国の三者が国際交易にどのように関わっていたか、どのように支配しようとしたかを考える。

一　スリランカ王の使節に関するマムルーク朝側の記録

フランスのパリ国立図書館（Bibliothèque Nationale, Paris）所蔵のアラビア語写本のなかに、ムフイー・ウッディーン・イブン・アブド・アッザーヒル（Muḥyī al-Dīn Ibn ʻAbd al-Ẓāhir）編纂の『マリク・アルマンスール実録集 *Tashrīf al-Ayyām wa'l-'Uṣūr fī Sīrat al-Malik al-Manṣūr*』（Paris, Ms. Arabe, 1704）がある。その内容の一部に「われらが主スルタン［＝マンスール］のお膝元にインド使者らが来朝したことの記述（Dhikr ḥuḍūr rusul al-Hind ilā abwāb mawlānā al-sulṭān）」（ff. 101a–104a）という一節が含まれている。[1]

この記録は、マムルーク朝スルタン＝マンスールの治世三年目のヒジュラ暦六八二（一二八三）年、エジプトのカイロに到着したスィーラーン（Sīlān）すなわちスリランカ（セイロン島）のシンハラ王ブヴァネカ・バーフ一世[2]の派遣した国家使節が王の書簡を持参してカイロの王宮に到着したことを伝えたもので、その内容には使節団がスリランカを出発して、アラビア海を横断、ペルシャ湾の諸港を歴訪したあと、ティグリス川河口に近いアッバーダーン、バスラ、そしてバグダードを経由して、カイロに到着するまでの詳しい道筋と書簡の概要が書き残されている。とくに注目すべき点は、アラビア海とペルシャ湾の出入口に位置する交易港ホルムズ（Bandar Hurmūz, Hurmuz）に続いて、南イランの海岸に沿った経由・寄港地二三地点と、ティグリス川を溯りバグダードに至る二四地点の、計四七地点におよぶ詳細な地名が列挙されていることである。それらの地名のなかには、写本の筆写が不明確で判読の難しい部分もあるが、一三世紀のイラン海岸の港市を研究するうえで、またモンゴル軍によるバグダード陥落（一二五八年）からわずか二五年後のティグリス川下流域の諸都市と河川交通の状況を具体的に知るうえでも、唯一無二のきわめて貴重な史料といえる。

このときのスリランカの使節団によるマムルーク朝の首都カイロへの到着は、当時の歴史著述家たちにとってもきわめて特筆すべき出来事であったので、イブン・アブド・アッザーヒルの他に、イブン・アルフラート（Ibn al-Furāt）、バイバルス・マンスーリー（Baybars al-Manṣūrī）、マクリーズィー、ヌワイリー（al-Nuwayrī）、カルカシャンディーといった著名な歴史家たちがいずれもほぼ同じ内容の記録を伝えている。[3] それらのなかでも、イブン・アブド・アッザーヒルの記録が最も根本史料に近く、使節団がたどった詳しい旅程やスリランカ王の書簡内容についても、ほぼ完全な形で伝えている。

そこでまず、上述のパリ写本にもとづいて、その内容の全文を訳出し、そこに見られる四七地点の地名について考証を試みたい。なお文中の［ ］は、私が達意のために加えた補足部分であり、原文にはない。写本を二つ折りにした表と裏の葉数（folio）は、［f. 101a］［f. 101b］のように示した。また、訳文のなかでは、原則としてアラビア語の定冠詞アル（al-）は省かれている。

［訳文］

［f. 101a］われらが主スルタン［＝マンスール］のお膝元にインド使者らが来朝したことの記述

そして、この年［ヒジュラ暦六八二（一二八三）年］に、インド王、スィーラーン（セイロン）の支配者アブーバクバーゥ（Abūbakbāʼ＝Bhuvaneka Bāhu I）からの使者が来朝した。その使者の名前はハーッジュ（メッカ巡礼の経験者）アブー・ウスマーン（al-ḥājj Abū ʻUthmān）であり、彼の随行者たちと一緒であった。そして、彼らは以下のことを語った。そもそも彼らの支配者［スィーラーン王］は、彼らをスィーラーンに［準備のため］呼び寄せたあと、フルムズ・ルート（ṭarīq Hurmuz）を経て、スィーラーン所属の一艘の船（markab al-Sīlānī）に乗り、バンダル・フルムーズ（ホルムズ港）に向けて派遣した。［f. 10b］そこで、彼らは［そこに］一〇日間滞在し、さらにジャーシク島に、アスナースに、そしてそこからクルドスターンに、そこからターワーナに、そこからカイス、そこからフズワーに、そこからサブルに、そこからアーラーゥに、そこからインドラーワーに、そこからアフマド・ナクルの要塞に、そこからズィンジュの要塞に、そこからナヒールワーに、そこからナーバンドに、そこからスィーラーフに、[f. 102a] そこからバルダースターンに、そこからナイラムに、そこからアブー・サフルに、そこからハウル・アッサダフに、そこからハーラク島に、そこからジャンナーバに、そこからマフルワーンに、そこからアッバーダーンの地に、そこからマフザリーに、そこからウブッラに、そこからバスラに、そこからジャビーラに、そこからダイル・アッディールに、そこからマターラに、そしてマターラから [f. 102b] バリーヤに、そこからジャワーヒルに、そしてジャワーヒルからウンム・アブヤダに、バルン・マルヤに、そこからファールートに、そこからアブド・アッラー村に、そこからワースィトに、そこからアブー・ムアイトに、そこからムバーラカに、そこからハイズラーナに、そこからサービスに、そこからジャバルに、そこからナゥマーニーヤに、そこからファム・アッダルブに、[f. 103a] そこからジュダイダに、そこからカイルに、そこからマダーインに、そこからバグダードに至った。

この使者は、われらが主スルタン [=マンスール] の御前で謁見すると、早速、彼ら [使者たち] は黄金製の小箱に納められた一通の書簡を取り出した。なお、その小箱のなかには、[長い] 水差しに似たもの (巻物) が納められていた。伝えられるところでは、その書簡はココヤシの皮 (貝葉) であるという。彼らは、語って曰く。この書簡は、[スィーラーン] 王の直筆によるものである、と。そこで、[王宮内で] その書簡をよく読める者が求められたが、誰一人として見つからなかった。彼らが語るには、その書簡には、[f. 103b] 以下のことが記されているという。「スィーラーンは、すなわちエジプト (ミスル) にして (等しく)、エジプトはスィーラーンなり (共に兄弟に等しい関係にあります)。そもそもスィーラーンは、すでに一度、イエメン [・ラスール朝] の支配者との親交を絶っています。そのことは、他ならぬわれらが主 [マムルーク朝の] スルタン [=マンスール] への親愛によるものです。」さらに、そのなかには次のことが記されていた。「われ [スィーラーン王] は、[汝のもとに遣わした] わが使者と一緒に、わがもとに来朝する使者を、そしてまた、アデンにいる使者とも、［わがもとを訪れることを］欲しております。わがもとには、宝石類は多数あり、ルビーもわがもとにあり、真珠も船もわがもとにあります。また、象はわがもとにあり、［f. 104a］衣布やその他の織物類もわがもとにあります。蘇枋木や肉桂、そしてカーリム［商人たち］が購入するすべてのものがわれのもとにあります。槍とその［柄の］若竹は、わがもとにあります。もし、われらが主、スルタン［＝マンスール］様が、毎年、わがもとにある二〇艘の船をお望みとあらば、われはそれをスルタン様のもとにお遣い申すでありましょう。もし、われらが主、スルタン様が商人たちを［スィーラーン］国に遣わされるならば、たとえイエメンの支配者の使者がわがもとに来ても、スルタン様に対する親愛のゆえに、われはその使者を追い返すでありましょう。［f. 104b］このわれは、二七の要塞を所有し、そこの宝蔵のすべては宝石類やルビーで満杯です。また、わがもとには真珠採集場があり、そこから採れたものは、すべて他ならぬこのわれのものであります。」すると、われらが主スルタン［＝マンスール］は、この使者を丁重に処遇し、歓待したあとで、スルタンの返書を記し、彼（使者）の［ために帰国の］準備をさせた。

［地名考証］

(1) バンダル・フルムーズ（Bandar Hurmūz）　バンダルはペルシャ語で「港」の意。当時のフルムズ港は、島のホルムズ（ジャルーン島）ではなく、大陸側の旧ホルムズ（Hurmuz al-'Atīqa）のことと考えられる。そこは、ミーナブ川の河口に近いクリーク（khawr）の一部にあった。(4)

(2) ジャーシク島（Jazīrat al-Jāshik）　現在のイランのキシム島（Qishm）のこと。

(3) アスナース（Asnās）　アシュナース（Ashnās）、シュナース（Shunās）とも呼ばれ、現在のシナース（Shinās）のこと。バンダレ・リンゲ（Bandar-i Lingeh）の西九キロメートルに位置する。

(4) クルドスターン（Kurdstān）　おそらくカドレ・ブスターン（Kadr-i Bustān）を訛ったもので、現在のラァ

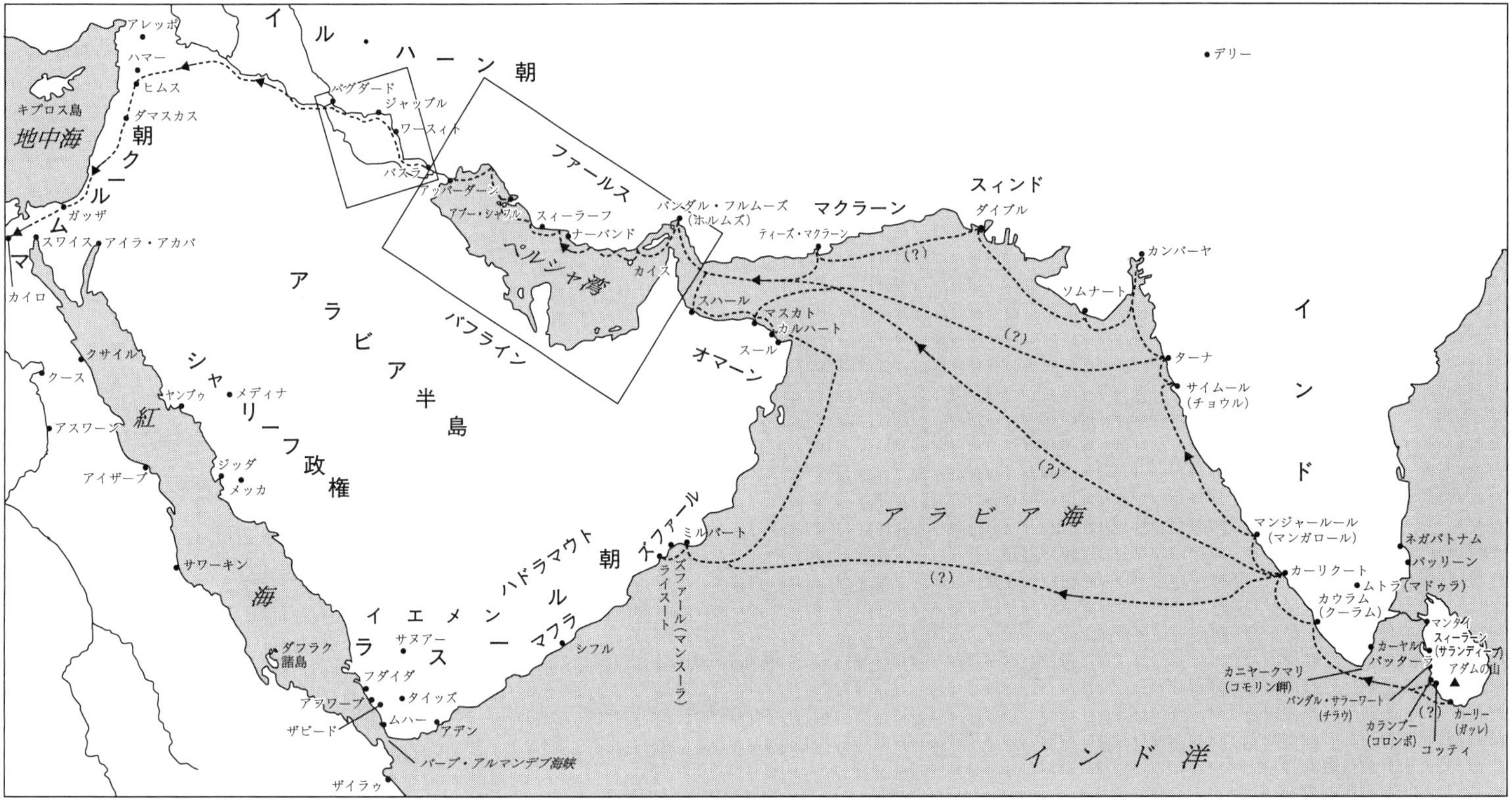

図1 セイロン使節団の通過したルートおよび経由・寄港地

ス・ブスターン（Ra's Bustān）付近に比定される。

(5) ターワーナ（Tāwānah）　サーワーヤ（Sāwāya）、ターウーナ（Tāwūnah）、ターバト（Tābat）なども記され、現在の南イラン海岸のバンダレ・チャーラク（Bandar-i Chārak）の西五キロメートルに位置するターウーナ（Ṭāwūnah, Ṭāvneh）に比定される。後述のフズワーと並んで、イラン高原の町シーラーズに至るザグロス山脈越えのキャラバン・ルートの起点となる港。カイス島と往来する船の発着場として利用された。

(6) カイス（Qays）　一般にはキーシュ（Kīsh）と呼ばれ、イランの大陸側のバンダレ・チャーラクから海上三二キロメートル、後述のバンダレ・チールーから二三キロメートルに位置する小島。中国側の史料には記施国とあり、真珠と馬の輸出港として一二～一四世紀に繁栄した。現在、カイス島の北西海岸のハリーレ（Kharīreh）遺跡には旧カイスの港市遺跡が残されている。遺跡の中心部にカイスの要塞、北側の海岸部には税関跡と思われる建物と倉庫跡、その周囲に多くの商人の邸宅跡が残されている。スィーラーフ遺跡より規模が小さく、東西二キロ、南北一キロに都市遺構が広がる。

(7) フズワー（Huzwā）　ヤークートにはフズー（Huzū）とある[5]。カイス（キーシュ）島と向かい合ったイラン海岸の渡船場であるが、現在の地名には残されていない。ル・ストレンジ（Le Strange）は、フズーを現在のバンダレ・チールー（Bandar-i Chīrū）と比定したが[6]、後述のスィールをチールーとすると、これを現在のグールザ（Ghūrzah）付近とすべきであろう。グールザはターワーナとチールーのちょうど中間にあり、カイス島の真向かいに位置する。私は一九九八年の冬、南イラン海岸の遺跡調査で、グールザ付近に多くの港市遺跡が残されていることを確認した。

(8) サブル（al-Ṣabr）　正しくはスィール（al-Ṣīr）と読むべきであろう。初期のアラビア語地理書にはスィールー（Sīrū, Sārū, Sūrū, Shahrū, al-Ṣīr）とあり[7]、現在のバンダレ・チールーに比定される。

(9) アーラーゥ（al-Ālā'）　明らかに現在のラーワーン島（Jazīrat-i Lāwān, Lāvān）のこと。ラーン（Lān）、

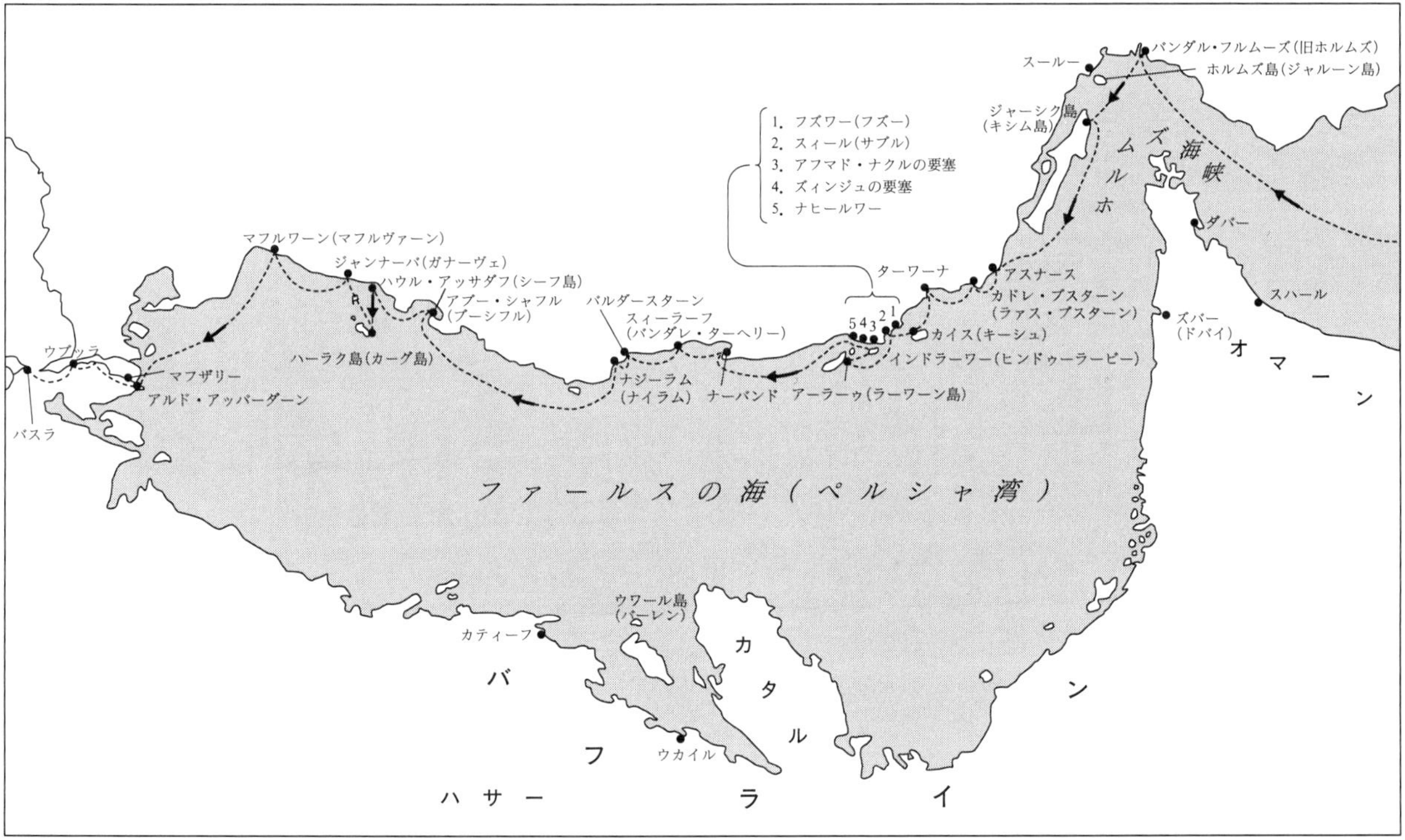

図2　使節団のルートと経由地（1）イラン海岸

アッラーン（Allān）、アーン（Ān）とも呼ばれた。[8]

(10) インドラーワー（al-Indrāwā）　現在の地図ではヒンドラーン（al-Hindrān）、もしくはヒンドゥーラビー（Hindūrabī）と呼ばれる島で、カイス島の西に位置する細長い島。しかし、スィーラーンの使節団がカイス島から西に向かって航海したとすると、アーラーゥ、すなわちラーワーン島はヒンドゥーラービー島の後に到着する島であるから、記録の誤りか、もしくは実際にラーワーン島から少しホルムズに向かって引き返したものと思われる。なお、この島は古くはアブルーン（Abrūn）とも呼ばれた。[9]

(11) アフマド・ナクルの要塞（Qal'at Aḥmad Nakr）　この地名は不詳。次のズィンジュの要塞とともに、現在のどこに比定すべきかは明らかでないが、その位置は、おそらくバンダレ・チールーからナヒールーに至る途中の海岸にあった。この海岸——海岸地域、海浜は湾岸および南アラビア地域ではスィーフ（sīf）と呼ばれた——は、スィーフ・ウマーラ（Sīf 'Umāra）、スィーフ・ズハイル（Sīf Zuhayr）と呼ばれて、いくつもの要塞があることで知られた。[10]

(12) ズィンジュの要塞（Qal'at al-Zinj）　あるいはアッザンジュの要塞（Qal'at al-Zanj）と読む。ナヒールワーに近い海岸の要塞。現在の正確な場所は明らかでない。

(13) ナヒールワー（Nakhīlwā）　明らかに現在のナヒールーに同じで、アンヒールーフ（Ankhīlūh）とも呼ばれ、バンダレ・マカーム（Bandar-i Maqām）の南、ラーワーン島の向かいにあったイランの大陸側の港。

(14) ナーバンド（Nāband）　現在のナーバンド湾に臨む漁村ナーバンド（Nāband）のこと。一〇世紀後半、スィーラーフ港が荒廃した後、一時、ここが交易港として利用された。[11]

(15) スィーラーフ（Sīrāf）　写本では、サラーフ（Sarāf）とも読めるが、明らかに八〜一〇世紀にインド洋の国際港として繁栄したスィーラーフのこと。これは、一三世紀のスィーラーフについて伝える貴重な史料の一つといえる。[12] 現在のバンダレ・ターへリー（Bandar-i Ṭāherī）から二三キロメートル東の海岸に、スィーラーフの壮大な港市遺跡が残されている。

(16) バルダースターン (Bardāstān) 南イラン海岸のカンガーン (Kangān) の西に位置するバルダースターン地方の名前を伝えたもので、実際にはバンダレ・ダイイル (Bandar-i Dayir) 付近を指したと考えられる。

(17) ナイラム (Nayram) おそらくナジーラム (Najīram) と読むべきであろう。ナジーラムは、スィーラーフ港の活動を補助する役割を果たし、九七〇年代にスィーラーフの町が大地震の被害を受けて荒廃したあとも、ナジーラム港の活動は続いた。現在のナジーラム半島の東側の入江、マンド川の河口付近にあった。[13]

(18) アブー・サフル (Abū Sahr) もしくはアブー・シャフル (Abū Shahr) と読む。現在のブーシフル (Būshihr) のこと。この地名は、すでに一三世紀前半のヤークートによる地理辞典『諸国集成』に見えるが、[14] ブーシフルの地名を伝えた最古の記録の一つといえる。

(19) ハウル・アッサダフ (Khawr al-Sadaf) ハウルは天然の入江、クリークのこと。おそらく正しくはハウル・アッシーフ (Khawr Shīf) と読むべきであろう。ブーシフルの北側のハウル・スルターニー (Khawr Sulṭānī) と呼ばれる入江に浮かぶシーフ島を指す。

(20) ハーラク島 (Jazīrat-i Khārak) 現在のカーグ島のこと。

(21) ジャンナーバ (Jannābah) 現在のイラン海岸の港ガナーヴェ (Ganāveh) のこと。

(22) マフルワーン (Mahrwān) バスラとジャンナーバとの中間に位置する寄港地。現在ではマフルヴァーン (Mahrvān) と呼ばれる。古くから莫蓙、麻織物、木綿織物などの名産地として知られた。一九九〇年、マフルヴァーンの町中の住宅街で、一三・一四世紀の中国陶磁器が多数発掘されており、かつて対中国貿易の船がここの港を利用していたことが明らかとなった。

(23) アッバーダーンの地 (arḍ ʻAbbādān) 現在のアバダーンのこと。アッバーダーンは一〇世紀の頃まで、ペルシャ湾に直接臨む港であったが、その後、ティグリス川の運ぶ土砂の堆積作用によって海岸から離れ、一四世紀にイブン・バットゥータが訪問した頃には、海から三マイル（約六キロメートル）離れた一村落となっていた。[15]

(24) マフザリー（al-Maḥzarī） ヤークートには、ムフリザ（al-Muḥriza）とあり、アッバーダーン島の端に位置した。ティグリス川はバスラ方面から南東に流れて、このムフリザという小村を通過する地点で二つに分流する。なお、一六世紀の半ばに、オスマン帝国の海軍提督として知られたスィディー・アリー・レイス（Sīdī Alī Reïs）は、ペルシャ湾とインド洋に向けて船出する前に、マフザリーの近くにあった海の守護聖者ヒズルの墓地を訪れた。[16]

(25) ウブッラ（al-Ubullah） 現在のバスラ郊外にあるウブッラ村のこと。サーサン朝ペルシャ時代からイスラーム初期にかけて、ペルシャ湾頭の国際交易港として繁昌した。中国唐代の賈耽による記録には没羅国とあり、アラビア海の東岸ルートと西岸ルートとが合流する要地として知られた。六三八年、近くにアラブ軍営地のバスラが建設されると、それ以後、ウブッラの港としての活動は次第に衰退に向かった。

(26) バスラ（al-Baṣrah） 現在の南イラクの町バスラのこと。

(27) ジャビーラ（al-Jabīlah） ティグリス川とユーフラテス川が合流してペルシャ湾に注ぐ河口部分のシャット・アルアラブ（川）——かつてはウブッラ運河（Nahr al-Ubullah）と呼ばれた——沿いにあるバスラ近郊の町。

(28) ダイル・アッディヤル（Dayr al-Diyar） おそらくヤークートによるダイル・アッディフダール（Dayr al-Dihdār）と同一の地名であり、[17] ダイル運河（Nahr al-Dayr）に沿った町。ダイル（dayr）はキリスト教修道院のことで、当時、バスラ近郊には多くのキリスト教の修道院があった。

(29) マターラ（al-Maṭārah） あるいはマッターラ（al-Maṭṭāra）と読む。ティグリス川に沿ったバスラ近郊の村。当時、この付近でティグリス川とユーフラテス川とが合流していた。一四世紀のムスタウフィー（al-Mustawfī）の記録では、デヘ・マターラ（Deh-i Maṭāra）、すなわちマターラ村と記されている。[18]

(30) バリーヤ（al-Barīyah） おそらくヤークートの地理事典に記されたバッリート（al-Barrīt）と一致する。バスラ地方に属する一村。バスラの南東に位置した。[19]

(31) ジャワーヒル (al-Jawāhir)　ワースィトから南に沼沢地を進み、リファーイー教団の聖祖アフマド・リファーイー (Aḥmad b. Abī al-Ḥasan al-Rifāʿī) の聖廟を参詣する人たちが立ち寄る逗留地として知られた。

(32) ウンム・アブヤダ (Umm ʿAbydah)　正しくはウンム・ウバイダ (Umm ʿUbaydah) と読み、アフマド・リファーイーの聖廟のある場所。一四世紀前半、イブン・バットゥータはワースィトの南一日行程のところにあるウンム・ウバイダの聖廟を訪れた。[20]

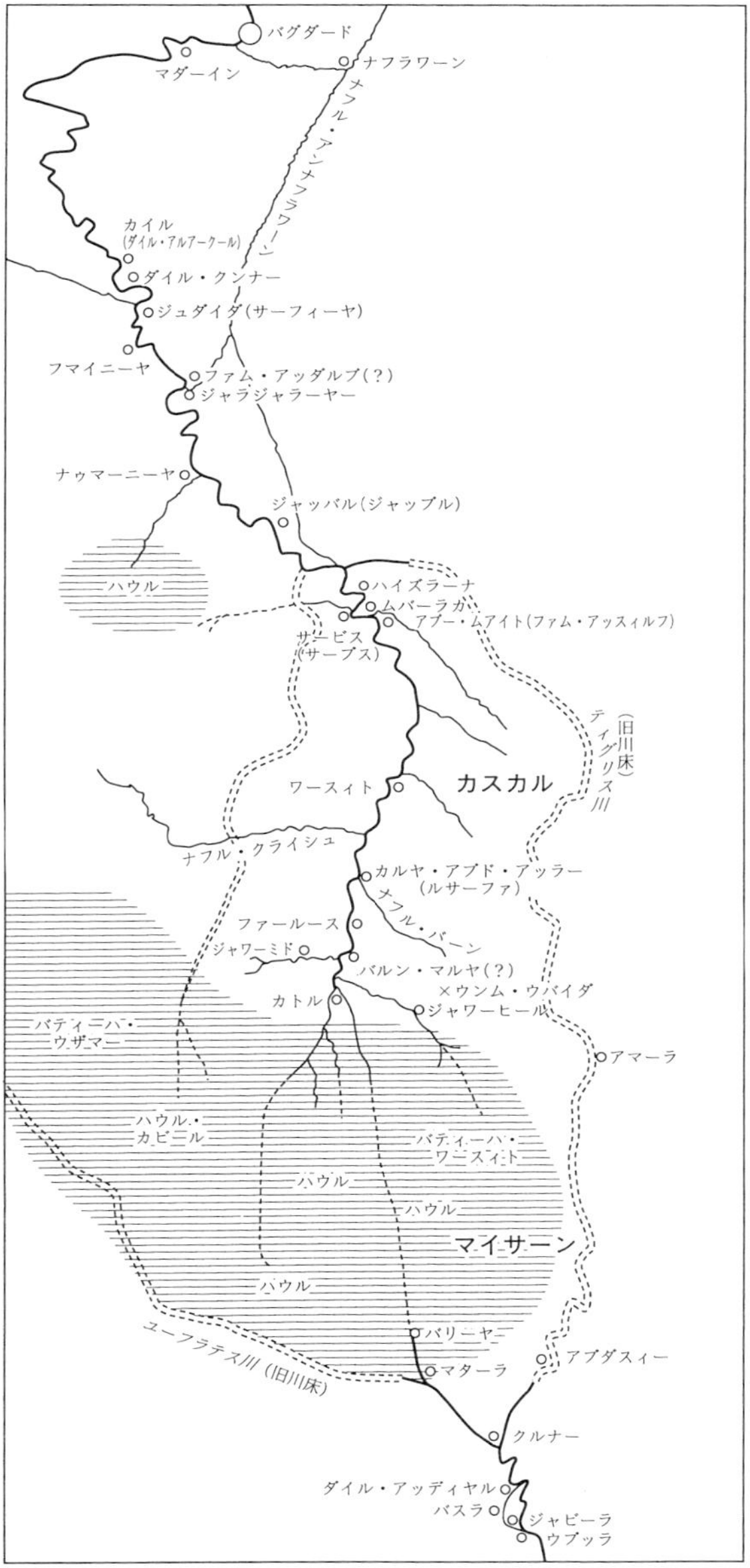

図3　使節団のルートと経由地 (2)　ティグリス川流域

(33)　バルン・マルヤ（Barn Maryah）　この地名の判読は、難しい。前述のウンム・ウバイダとファールートとの中間に位置するティグリス川沿いの一村。おそらくシャディーダ（al-Shadīdah）という村の近くにあった。

(34)　ファールート（al-Fālūt）　正しくはファールース（al-Fālūth）という。ワースィトに近いティグリス川沿いの町として有名。ヤークートによると、この町の住民はすべて異端のラーフィダ派の人々であった[21]。

(35)　アブド・アッラー村（Qaryat ʿAbd Allāh）　一般にはルサーファ（al-Ruṣāfa）と呼ばれ、ワースィトに近い規模の小さな町。

(36)　ワースィト（Wāsiṭ）　七〇三年、ウマイヤ朝のイラク総督ハッジャージュ・ブン・ユースフによって建設された軍営地の一つ。バグダードとバスラを結ぶ中間の交通要地に位置し、サワード地方の穀物集散地として栄えた。イブン・バットゥータによると、ワースィトは果樹園や樹木の多い美しい町で、マドラサがあり、多くの学徒たちが住んだ。当時のワースィトは、ティグリス川の西岸に広がっていた[22]。

(37)　アブー・ムアイト（Abū Muʿayṭ）　ワースィトの北側郊外、ファム・アッスィルフ（Fam al-Ṣilḥ）にあり、この地名は、部族名のバヌー・ムアイヤト（Banū Muʿayyaṭ）に由来する。

(38)　ムバーラカ（al-Mubārakah）　ヤークートの地理辞典には、ムバーラク（al-Mubārak）とある。ワースィトから三ファルサフ（約一八キロメートル）北、ティグリス川東岸に位置した村[23]。

(39)　ハイズラーナ（Khayzurānah）　ハイズラーン（al-Khayzurān）、ハイズラーニーヤ（al-Khayzurānīya）とも呼ばれた。ハイズラーンの地名は、アッバース朝第五代目のカリフ＝ハールーン・アッラシード（在位七八六―八〇九年）の母堂ハイズラーン（al-Khayzurān bint ʿAṭāʾ al-Jurashīya）に由来する地名と伝えられる。ファム・アッスィルフ運河の上流、ティグリス川の東側に位置した。

(40)　サービス（Sābis）　ティグリス川とサーブス運河（Nahr Sābus）との合流点の南側に位置した町。スリランカの使節団は、ハイズラーナからティグリス川の西側に渡るために、少し南に戻ってサービスを訪れたのであろう。

(41) ジャバル (Jabal)　正しくはジャッバル (Jabbal)、またはジュッバル (Jubbal) と読む。ティグリス川東岸に位置する小さな町。ワースィトとナゥマーニーヤとのほぼ中間にあった。

(42) ナゥマーニーヤ (al-Na'mānīya)　バグダートとワースィトとのほぼ中間に位置し、ティグリス川の西岸にあった小都市。古くから絨毯の生産地として知られた。

(43) ファム・アッダルブ (Fam al-Darb)　「隘路の口」の意味で、上ザーブ運河 (Nahr al-Zāb al-A'lā) とティグリス川との合流点付近に位置した。

(44) ジュダイダ (al-Judayda)　後の時代にはサーフィーヤ (al-Sāfīya) と呼ばれ、ナゥマーニーヤより上流、ティグリス川の岸辺に位置した。

(45) カイル (al-Kayl)　一般にはアークール (al-'Āqūl)、またはダイル・アルアークール (Dayr al-'Āqūl) と呼ばれた。そこは、バグダードから一五ファルサフ (六〇キロメートル)、マダーインの南八ファルサフ (三二キロメートル) にあった。ティグリス川が大きく蛇行する地点にあり、川を上り下りする船舶を監視し、通行関税を徴収する関所 (ma'sir, ma'āṣir) があった。

(46) マダーイン (al-Madā'in)　マダーイン・キスラー (Madā'in Kisrā) とも呼ばれて、サーサン朝ペルシャ帝国の首都クテシフォン (Ctesiphon) があった町として有名。一三・一四世紀のマダーインは、ティグリス川の西岸にあって、ヤークートによると、そこはバグダードから六ファルサフ、シーア派の農民が居住していたという。[24]

(47) バグダード (Baghdād)　現在のイラクの首都バグダードのこと。スィーラーンの使節団が通過した当時のバグダードは、ティグリス川の東側に広がり、モンゴル軍による破壊のあと都市機能が回復し、かつての繁栄をしだいに取り戻していた。[25]

イブン・アブド・アッザーヒルの記録には、スリランカの使節団がたどった往路について、バグダードまでは詳細に述べられているが、バグダードを通過後、カイロに到着するまで、どのような道筋を通過したかはまったく触れていない。当時のイラク地方はイル・ハーン朝モンゴルの政権下にあり、イル・ハーン朝とマムルーク朝とは政治・軍事面でヒジャーズ地方やシリア地方の領有をめぐって激しく対立していたので、使節団が国境地帯をどのように旅し続けたかは明らかでない。バイバルス・アルマンスーリーによると、「その後、彼ら［使節団］は、可能なかぎりの速さで進み（salakū al-ḥāddat al-maslūk）、シリア、そしてエジプト（カイロ）に達した」と記されている。[26] 通常のルートであれば、バグダードからユーフラテス川東岸のアンバールに出たあと、北上してラフバ、タドムル経由でダマスカスに至る。このユーフラテス・ルートは、六七九（一二八〇／八一）年に、マムルーク朝スルタン＝マンスールとシリア砂漠のアラブ遊牧民アール・ファドル（Āl Faḍl）との間に友好条約（hudna）が成立して、旅行の安全が保障されていたこと、[27] またイル・ハーン朝のスルタン＝アフマド・テグデル（Aḥmad Tegüder, 在位一二八二―八四年）のイスラーム教改宗とマムルーク朝との友好書簡の交換が続けられたことなどによって、スリランカの使節団もまた、安全・無事に通過できたと考えられる。[28] そして、ダマスカスからカイロまでは、マムルーク朝の駅逓《バリード》制度を利用して、ガッザ、カトヤー、ビルバイス経由、カイロに達したと思われる。マムルーク朝の年代記史家のマクリーズィーやイブン・アルフラートは、六八二年ムハッラム月（一二八三年四月一～三〇日）の最初の記事として、シリアのハマーのアイユーブ家後裔のマンスール王（al-Malik al-Manṣūr）が随行者らと来朝し、それに続いて同月一四日（四月一四日）にスリランカの支配者アブー・ナクバー（Abū Nakbā）――ブヴァネカ・バーフ一世のこと――の使節団が書簡を携えて到着したと伝えている。[29] したがって、マンスール王の一行とスリランカの使節団は同じキャラバン隊で、ダマスカスからカイロまで旅したと考えられる。

スリランカの使節団が、スルタン＝マンスールとの謁見のあと、いつ、どの復路を通過して、故国に戻ったかを伝えた記録史料は残されていない。一つの推論であるが、同年のサファル月四日（五月四日）、おそらく往路と同じく、ハマーのマンスール王のキャラバン隊と一緒に、シリアに行き、その後、バグダード経由、ペルシャ湾〜アラビア海のルートで帰国したのではないだろうか。なぜならば、後述するように、その頃、紅海経由、アデンからアラビア海を横断する通常のルートは、ラスール朝スルタン＝ムザッファル（在位一二五〇—九五年）による強い統制下に置かれていたからである（第IV部第4章）。

二　ペルシャ湾と紅海のルート支配をめぐる問題

以上の史料を通じて、次の三つの問題点が浮かび上がってくる。

(1) スリランカのシンハラ王国の支配者ブヴァネカ・バーフ一世は、エジプトのカイロに使節団を派遣し、マムルーク朝のスルタン＝マンスールのもとに書簡を届けた。そのことは、当時の国際交易の趨勢から考えてどのような意味を持っていたのか。

(2) 一一〜一三世紀、スリランカや南西インドのマラバール海岸からカイロに至る通常の国際交易ルートは、アラビア海を渡り、イエメンのアデン経由、紅海を北上、アイザーブで上陸のあと、東部砂漠を横断してナイル河畔のクース、もしくはイドフー（アドフー）に出て、さらにナイル川を船で下り、カイロに至る道であった（第2章および第III部第4章）。ところが、使節団はこの通常のルートを使わずに、アラビア海を横断すると、ペルシャ湾の出入口にある国際港ホルムズ（バンダル・フルムーズ、フルムズ）に達し、そこから湾岸沿いにアッバーダーンに至り、バスラからティグリス川を北上、バグダードを経由する迂回ルートを選んだ。これは、どのような理由によったのか。

(3) 使節団一行が、ホルムズに一〇日間滞在のあと、ペルシャ湾頭のアッバーダーン、バスラまで直行するのではなく、南イラン海岸の寄港地二三地点を経由する沿岸ルートをとった理由は何か。

これらの問題は、相互に絡まり合っており、一三世紀後半の紅海経由とペルシャ湾経由の二つのルートをめぐる複雑・微妙な国際関係がそこに大きく投影されていると考えられる。

（1）スリランカの政治・経済状況

そこで、まずスリランカのシンハラ王国の支配者ブヴァネカ・バーフ一世の治世代の政治・経済状況について概観してみよう。一二一二年から一五年にかけて、南インドのパーンドゥヤ朝の王パラークラマ・パーンドゥヤ（Parākrama Pāṇḍya）は大軍を率いて、マンナール湾とポーク海峡を仕切るアダムズ・ブリッジを越えてマンタイ（Mantai, Mandai, Mantota）に上陸した。そして、スリランカ北部を制圧のあと、しだいに南部に向かって支配権を拡大した。それによって、中部・南部を支配していたシンハラ系王家の勢力は衝撃を受け、国内の治安は大きく乱れた。続いて、ベンガル湾に面した東部インドのカリンガ地方の軍隊を集めたマーガ（Māgha）がスリランカ中部の中心都市ポロンナルワ（Polonnaruwa）を侵掠したため、シンハラ王家は南に逃れ、一時、ダムバデニヤ（Dambadeniya）に都を移した。マーガは、ポロンナルワを一二一五年から三五年までの二〇年間、支配し続けたが、パラークラマ・バーフ二世（Parākrama Bāhu II, 在位一二三六—七一年）によって撃退された。そして、シンハラ王家の中心は再びポロンナルワに移され、パラークラマ・バーフ二世の息子ヴィジャヤ・バーフ四世（Vijaya Bāhu IV, 在位一二七一—七三年）とブヴァネカ・バーフ一世が相次いで即位した。その後、ブヴァネカ・バーフ一世は、首都をダムバデニヤ、次にヤパフ（Yapahu）へ移した。ブヴァネカ・バーフ一世の没後、ヴィジャヤ・バーフの息子パラークラマ・バーフ三世（Parākrama Bāhu III, 在位一二八四—九五年）が王位に即くが、南インドから移住したタミル系部族との対立はますます激化し、再びパーンドゥヤ朝の王クラセハラ・パーンドゥヤ（Kulasekhara Pāṇḍya, 在位一二六八—一三一〇年）の軍隊による侵掠を受けた。[30] ちょうど、パラークラマ・バーフ三世時代のスリランカの事情を伝えるマルコ・ポーロは「セイラン（Seilan, Zeilan）にはセンデマン（Sendeman, Sendernam, Senderain）という王が統治している。住民は仏教徒で、外国のどの国にも隷属していない。……この島の住民は戦士などとはおよそ縁の遠い、いたって惰弱な者たちである。したがって傭兵の必要が起これば他国人、とくにサラセン人（ムスリム）を傭兵とするのである」と説明している。[31] センデマンは、おそらく王の尊称の一つで「高徳者」を意味するシャッダルマ・ラーンカーラ（Śaddharmma-lānkāra）を音写したものと考えられる。

このように、ブヴァネカ・バーフ一世の治世前後の時代には、外来勢力の島内移住や侵掠による脅威と混乱が高まっていたが、彼は一二七三年以後、ラージプート傭兵隊とムスリム商人たちの支援を得て、シンハラ系王朝の政治・経済・文化の再興に努めた。それによって、シンハラ系王族による支配権は一時的に復活して、スリランカ国内の治安は維持された。上述したスリランカ使節団の書簡内容を通じて、ブヴァネカ・バーフ一世は自己の船を使ってラスール朝やマムルーク朝などのイスラーム諸国との積極的な外交と経済の交流をおこない、島の特産品――ルビー・サファイア・真珠などの宝石類、香辛料・薬物・染料類、象牙など――の輸出による国家財政の立て直しを強く望んでいたことが分かる。そして、王による外国貿易の主目的は、パーンドゥヤ王国の勢力がスリランカ北部に拡大したため、財源を確保して、軍事力の増強をおこなうことにあったと考えて間違いない。

また、マムルーク朝に向けて派遣されたスリランカ側の使節団の代表がメッカ巡礼の経験者（ハーッジュ）のアブー・ウスマーンであったことにも注目すべきであろう。当時のスリランカの対外交易、とくに特産のルビー・サファイア・真珠などの宝石類、蘇芳木や肉桂などの仲介取引には、ムスリム商人が深く関わっていた。一三・一四世紀には、①中国ジャンク船団が南西インド・マラバール海岸の諸港へ来航したこと、②船の大型化にともなって、従来のポーク海峡、マンナール湾経由のルートに代わって、スリランカ南端回りのルートが利用され、スリランカ西岸にコロンボ（Qalanbū）、カーリー（Qālī, Ghaul）、バンダル・サラーワート（Bandar Salāwāt）、バッターラ（Battāla, Pattalam）などの新しい寄港地が発達したこと、③南アラビアやペルシャ湾岸地域との馬貿易が隆盛したこと、④南インド地方とスリランカの特産品、とくに各種香辛料・薬物類の取引量が増大して、東は中国に、西は西アジアや地中海世界の市場に輸出されたこと、⑤すでに九・一〇世紀の頃から、多くのアラブ系やイラン系のムスリム商人がスリランカや南インドの諸港に来航し、港市にはムスリム・コミュニティが次第に拡大していたこと、などによって、マラバール海岸のカーリクート、カウラム、カーヤルなどの港市が中国ジャンクとダウとが出会う、いわばインド洋海域世界の東西を二分する一大交流接点として繁栄するようになっていた。[32]

スリランカ使節の書簡のなかに記された「カーリム［商人たち］が購入するすべてのもの……」とあるカーリム（al-Kārim）とは、当時、エジプト〜イエメン〜南インドを結ぶエジプト・紅海軸ネットワークの国際交易に活躍したカーリミー商人（tājir al-Kārimī, al-tujjār al-Kārimīya）のことである。そして、この史料は彼らの交易ネットワークがすでにスリランカのシンハラ王朝とも密接な関係を持っていたことを証拠だてている。エジプト・紅海軸ネットワークを利用したカーリミー商人の活動状況については、第IV部第3章で詳しく論じるが、彼らのなかにはユダヤ教からの改宗者も一部含まれていたものの、大部分がムスリムたちであった。[33] 以上のことからも、スリランカ王ブヴァネカ・バーフ一世がムスリムのアブー・ウスマーンを国家使節団の代表として、マムルーク朝との外交交渉を進めようとした理由が理解されるのである。

（2）ブヴァネカ・バーフ王がラスール朝との外交関係を断った理由

ブヴァネカ・バーフ王の書簡によると、王はマムルーク朝との経済交流を求める以前に、イエメン・ラスール朝との外交関係があったが、何らかの理由によってその親交を断ち、新たにマムルーク朝との経済関係を推進したいと考えていた。そして、「われらが主、スルタン［＝マンスール］様が商人たちを［スィーラーン］国に遣わされるならば、たとえイエメン［・ラスール朝］の支配者の使者がわがもとに来ても、スルタン様に対する親愛のゆえに、われはその使者を追い返すでありましょう」と記されている。このことは、スリランカとラスール朝との間に貿易上のトラブルが起こったため、王はラスール朝の国家使者の受け入れを拒否し、交易関係を中止するという宣言であった。そして、スリランカはマムルーク朝との直接交流をおこなうためには、通常のルートであるイエメンの代表的な交易港アデンを経由、紅海を北上してアイザーブで上陸後、東部砂漠〜ナイル川を通ってカイロに至るルートではなく、別のルート、すなわちペルシャ湾経由のルートを探らなければならなかったのである。第V部第4章でも言及するように、ラスール朝はインド洋から来航するすべての外国船をアデンに一時入港させ、イエメン船団（marākib al-Yaman）と一緒にバーブ・アルマンデブ海峡を通過して、紅海に向かわせた。そして、海峡付近を巡回・監視するシャワーニー船（al-shawānī、国家派遣の保安・監視船）——あるいはディーワーン船（markab al-dīwān）と呼ばれた——は、アデンに入港せずに紅海に直航しようとする船を違犯船（marākib al-mujawwarīn）と見なして捕え、イエメンのムハーやアデンに連行した。以上のことから、この時、スリランカの使節団があえてペルシャ湾経由のルートを選んだ一つの理由がラスール朝側による外国商人や使節に対する不当な弾圧にあったと理解されるのである[34]。

ブヴァネカ・バーフ王の治世代は、ちょうどラスール朝の第二代目スルタン＝ムザッファルの時代に相当する。第III部第3章で説明するように、ムザッファルは、四五年間という長い治世において、ラスール朝のイエメン・ハドラマウト地方における長期政権の基礎をつくり、経済・文化の繁栄を築いた英王として知られた。彼は、高地イエメンのサヌアーを中心とするザイド派イマーム政権の勢力を撃退し、さらには両聖地（メッカとメディナ）のあるヒジャーズ地方まで軍隊を派遣して統制下に入れた。また、バーブ・アルマンデブ海峡を越えて対岸の東北アフリカ海岸の港ザイラゥやダフラク諸島を制圧することで、アラビア海と紅海との間を往来する船舶の通行権を掌握した。そして何よりも一二七八年には、海と陸の両面から遠征軍を南アラビアのハドラマウトとズファールの両地方に送って、翌七九年にはハブーディー朝の支配者スルタン＝サーリム・ブン・イドリースを殺害し、首都のズファール（マンスーラ）を占領した。ラスール朝の歴史家ハズラジー（al-Khazrajī）は、「スルタン［＝ムザッファル」がズファールの町を征服し、サーリム・ブン・イドリースを殺すと、遠方の諸地域でもスルタンへの恐怖に震え、［とくに］ファールス（南イラン、ペルシャ湾岸地域）の王たち、インドと中国の支配者たちの心は、スルタンを畏怖する気持ちでいっぱいになった。そこで、オマーンの支配者は贈物として馬二頭と槍二棹を、その頃、ズファールに滞在中のアミール＝シャムス・ウッディーン・イズダムル（Shams al-Dīn Idhdamr）のもとに贈った。中国の支配者の贈物も届けられ、またバフラインの支配者は［自ら出向き、ラスール朝の首都］ザビードに着いた」と伝えている。[35] この引用の「インドの支配者たち」のなかには、おそらくスリランカの王も含まれていたであろう。インド洋海域世界の王侯・支配者や商人たちは、スルタン＝ムザッファルによって紅海に通じる要路バーブ・アルマンデブ海峡周辺が強い統制下に置かれたうえに、南アラビアのハドラマウトとズファールまでが征服されたことで、ラスール朝国家による政治的・経済的影響力が一層強まることに深い懸念を抱いていた。ラスール朝は、シャワーニー船団を派遣し、国家指定の主要な交易港——ライスート、シフル、アデン、ムハー、アフワーブ——に入港することなくバーブ・アルマンデブ海峡を通過しようとする違犯船を厳しく取り締まり、規定の関税の他に新奇な品々の贈物を要求した。そして、アデン港では不当に高率の入港関税の徴収や商人の積荷・財産の強制没収によって、外国諸国・商人たちとラスール朝の地方総督（wālī）や貿易監督官（nāẓir）との間に、たびたび対立と騒動が発生した。ヒジュラ暦七三〇（一三二九／三〇）年もしくはその前年の二九（一三二八／二九）年に起こった事例では、ラスール朝のスルタン＝ムジャーヒド（al-Mujāhid, 在位一三二二—六三年）はインドの王、すなわちトゥグルク朝の第二代目スルタン＝ムハンマド・シャー二世（Ghiyāth al-Dīn Muḥammad Shāh II, 在位一三二五—五一年）がマムルーク朝のスルタン＝ナースィル（al-Nāṣir, Nāṣir al-Dīn Muḥammad）に向けて派遣した使者を殺害し、すべての贈物を没収した。[36] この事件は、トゥグルク朝がイエメンを経由・中継せずにマムルーク朝との直接の経済・文化交流をおこなっていることに対して、ラスール朝側が警戒心を深めていた時に発生した。このため、翌年の七三一年ラジャブ月（一三三一年四／五月）にカイロに到着したトゥグルク朝の使者は、イエメン〜紅海ルートではなく、ペルシャ湾〜バグダードの別ルートを選んで、カイロに到着した。そしてマムルーク朝側もまた、ラスール朝側のインド使節への不当な扱い対する対抗措置として、ちょうどその頃、カイロの宮廷に滞在していたラスール朝の使者を捕えて投獄した。[37]

このようなラスール朝を取り巻く内外の状況について、スリランカの王がどの程度の情報を把握していたかは明らかでない。おそらく、交易活動を仲介していたムスリム商人からの情報と助言によると考えられるが、王はラスール朝国家による不当な関税とバーブ・アルマンデブ海峡の通行制限とを嫌って、ペルシャ湾ルートによるマムルーク朝との直接交流を望んだのである。

(3) スリランカの使節団によるエジプトまでの道程

イブン・アブド・アッザーヒルの記録は、スリランカの使節団がバグダードに至るまでのアラビア海〜ペルシャ湾〜ティグリス川を通過する水運に沿った寄港地・経由地について詳しく伝えているが、使節団がスリランカのどの港を、いつ出航したのか、また各港の滞在期間や航海の日数については記録されていない。当時、ブヴァネカ・バーフ王が首都を置いていたと思われるダムバデニヤから比較的近いスリランカ西海岸の港は、コロンボ近郊のコッティ (Kotti) であった。[38] イブン・バットゥータが伝えているように、一四世紀になって、カランブー (コロンボ) やバンダル・サラーワート、カーリーなどの新しい港が相次いで登場してくるので、[39] 使節団一行はこれらの港のいずれかを利用したことも考えられる。彼らは、一艘の「スィーラーン所属の船 (markab al-Sīlānī)」——王の所有する御用船のことと思われる——に乗ってスリランカの港を出航したあと、「フルムズ (ホルムズ) 道 (ṭarīq Hurmuz)」を経由してホルムズ港に着いたが、その途中の経由・寄港地および航海日数については明らかでない。スリランカの港を出たあと、インド南西海岸を経由しペルシャ湾に向かう航海ルートとして、①カウラム (クーラム、クーラム・マライ) 〜カーリクート〜サイムール (チョウル) 〜ダイブル〜ティーズ・マクラーン〜マスカト～スハール、そしてホルムズ海峡を越えてペルシャ湾に入る東岸ルート（沿岸道）、②カウラム～カーリクートから、一気にアラビア半島のラァス・アルハッド、もしくはラァス・ファルタクに向けてアラビア海を渡り、ズファール（ザファーリ）海岸のミルバート、カルハート経由でホルムズ海峡に入る西岸ルート（横断ルート）の二つが知られていた[40]。

アラビア海を北上航海、もしくは南東から西、もしくは北に向けて航海する季節は、南東モンスーン航海期が終わり、北東モンスーン航海期が始まる頃――「両帆の航海期（mawsim al-qil'ayn）」――、すなわち九月半ばから一〇月初旬の頃が最良の時期とされたので、使節団の船は一二八二年の秋にスリランカ西海岸、もしくはマラバール海岸を離れて、②の西岸ルートを通ってホルムズに向かったと考えられる[41]。

イブン・バットゥータによると、カーリクートから南アラビアのザファーリまでの順風による航海日数は二八昼夜であった[42]。すると、アラビア海の横断に必要な日数は、三週間から一ヵ月前後と見られるので、ホルムズ到着の時期は、一〇月半ばから一一月初旬であろう。ホルムズで使節団が一〇日間滞在したことから考えると、そこで大洋航海用のスィーラーン船を降りて、ペルシャ湾の航行に適した小型の船に乗り換え、イラン海岸沿いに寄港しながら進んだと考えられる。ペルシャ湾は、その北西端の湾頭部とアラビア半島東側のバフライン地方の海域では水深がきわめて浅く、イラン側でも水深五〇～一〇〇メートルにすぎない。前述のように、ティグリス川とユーフラテス川は、合流してシャット・アルアラブ（川）となってペルシャ湾に流入するが、その湾頭部では、河川による多量の土砂が運ばれるため、浅瀬や泥沼が多く、しかも干満と河川流による激しい潮流や渦巻きが発生するため、航海者たちの間では航海難所の海域として知られていた。そこで、アラビア海やインド洋を航行する喫水の深い大型船は、ホルムズ海峡に近いオマーン側のスハールやマスカト、イラン側のホルムズ――一四世紀になると、ホルムズ島に港の中心が移された――やキーシュ島に入港した。そこからは平底の小船によって、イラン海岸沿いの港や島に寄港しながら、湾頭部にあるアッバーダーンに、さらにシャット・アルアラブに入り、バスラに至り、引き続き同じ船でバグダードまで川を溯上した。

ペルシャ湾内で一ヵ月半から二ヵ月間の航海のあと、アッバーダーンからバグダードまでの河川ルートを三週間～一ヵ月、バグダードからダマスカス経由でカイロまでの道程を二ヵ月かけて進んだとすると、ヒジュラ暦六八二年のムハッラム月一四日、すなわち一二八三年四月一四日には、カイロに到着することができたであろう。

（4）ペルシャ湾の二大交易港ホルムズとキーシュの対立

ここでもう一つ重要な問題として、使節団の一行がアラビア海を横断するルートが「フルムズ道（ṭarīq Hurmūz）」と呼ばれ、しかも最初に到着した港がホルムズ（フルムーズ）であったことに注目したい。

ヴェネツィア出身のマルコ・ポーロは、スリランカの使節団がホルムズを訪問したのとほぼ前後する頃に、コルモス（Cormos）、すなわち使節団の入港したのと同じ大陸側のホルムズの港町に滞在して、次のような記録を残している。

「コルモス平野を二日間の行程で突っきると初めて外洋に達するが、この海岸地区に海港都市コルモスがある。この港には、各種の香料・宝石・真珠・絹布・金襴織・象牙・その他の商品を船舶に満載した商人がインドからやってきて、コルモス市内でこれを売却するのだが、彼ら海商から直接に買い入れた商人はさらにこれを第三の商人に転売し、かくしてこれら商品が世界各地に出回るわけである。実際、コルモス市は貿易の殷盛な都市である。この地方にはなお多くの都邑・町村があるが、いずれもコルモス市の管轄下に属している。コルモス市はこの王国の首都で、王の名はマイモディ・アコマト（Maimodi Acomat）という。……彼らの船はとても造りが粗末で、難破するものが少なくない。その理由は、造船に際して鉄釘で組み合わせもせず、もっぱらインドクルミ（ココヤシ）の皮で製した糸で縫い合わすだけだからである。……彼らの船は舵一つの一本マスト、一枚帆で、甲板はない。これらの船は積み荷を終わると、荷の上に皮革を覆い、その上にインドに売り込む馬匹を載せる。[43]」

コルモス王のマイモディ・アコマトとは、ルクン・ウッディーン・マフムーデ・アフマド（Rukn al-Dīn Maḥmūd-i Aḥmad）のうちの、宗教的雅名ルクン・ウッディーンを除いたマフムーデ・アフマドを音写したものと考えて間違いない。この王の在位は一二四二—七七年であり、マルコ・ポーロが中国元朝を目指した往路にホルムズの町を通過したのは、一二七二年から七三年のことである。この王の後を継いだのは、サイフ・ウッディーン・アバー・ナダル（Sayf al-Dīn Abā [bā] Naḍar, 在位一二七七—九〇年）であった。マルコ・ポーロが元朝での滞在一七年のあと、泉州を出帆し、海路インド経由でホルムズを再訪したのは一二九三年の初め、もしくはその一年後の九四年であるから、この時の王はサイフ・ウッディーンであり、スリランカの使節団が通過した時も、同じ王の治世代にあたると考えられる。[44]

一三世紀半ばから一四世紀前半にかけて、ペルシャ湾の二大交易港、ホルムズとキーシュ（カイス）は、ペルシャ湾軸ネットワークを中心とした国際交易の覇権をめぐって激しく争っていた。それは、紅海軸ネットワークをめぐるラスール朝とマムルーク朝の両国家の抗争の図式ともきわめて類似していた。

ナサウィー（Muḥammad b. Aḥmad al-Nasawī）による『スルタン＝ジャラール・ウッディーン・マングビリティー伝』とイブン・アルアスィール（Ibn al-Athīr）『完史』によると、ホラズム・シャー王朝のスルタン＝アラー・ウッディーン・ムハンマド（ʻAlāʼ al-Dīn Muḥammad, 在位一二〇〇—一二〇年）は、マクラーン、スィンドを制圧のあと、ホルムズの町に至り、そこの支配者マランク（Malank）を服従させて、アラビア海とインド洋海域にも支配権を拡大したという。[45] イブン・アルアスィールは、ヒジュラ暦六一一（一二一四／一五）年の記録のなかで、ホルムズの支配者がホラズム・シャーの名を唱え、さらにホルムズの属国であるカルハートやオマーンの一部でも、ホラズム・シャーの支配に服従した直接の理由として、「スルタンに服従して頼ってくることで、彼ら［ホルムズとその属国であるカルハート、オマーンの一部など］のところに来航する［インド洋の］船の仲間たち（aṣḥāb al-marākib）に安全が保障されたためである。なぜならば、当時、ホルムズは、大規模な寄港地であり、インド極遠の地、中国、イエメン、その他の諸国からの商人が殷集するところであった。しかし、ホルムズの支配者とキーシュの支配者との間でたびたび戦争と攻撃があり、両支配者は互いに船の仲間たちに敵側の町に入港することを禁じた。彼らは、このようにして現在（一二三一年頃）まで至っている」と述べている。[46] すなわち、ホルムズの支配者マランクは、商敵の港市キーシュと対抗し、加えてインド洋の航海者たちに航海と滞在の安全（amān）を約束して、交易船の出入りを盛んにするためにも、ホラズム・シャー王朝のスルタンによる強力な軍事力と政治権力を後ろ盾とする必要があると考えたのである。

しかし、一三世紀後半に、ホラズム・シャー王朝の勢力が衰退したあと、モンゴル軍によるイラン南部のファールス、キルマーン地方への進出が続き、とくにキルマーン地方の治安が乱れて、内陸交通の寸断と掠奪事件が頻発した。[47] ホルムズの住民の多くは、掠奪の被害を避けるために、ホルムズ海峡を越えたオマーン地方のカルハート、スハール、あるいはキーシュの支配下にあるウワール島（バフライン島）、カティーフなどに移住した。

一方、ほぼ同時期のキーシュについて、ヤークートは「キーシュ王は多数の［大型］船舶と小型船（dūnij／dawānīj）を所有することで、インドの王たちに脅威と［強力な］権力をおよぼしていた。彼はペルシャ人で、その容姿と服装はダイラム人に似ていた。王のもとには、多数の純粋アラブ種の馬（al-khuyūl al-ʿirāb）と神による顕著な自然の恩恵があった。［つまり］その島には真珠採集場があり、その周囲の多くの島々はすべてキーシュの支配者の所有であった」[48] と述べており、キーシュの支配者は強力な艦隊を建造して、商敵の港や船舶を襲撃して、インド洋海域の人々を恐怖に陥れていたのである。

一三世紀半ばになって、キーシュ島の支配者がカイサル家（Banū Qayṣar）からサワーミリー家（al-Sawāmilī al-Ṭībī）出身のジャマール・ウッディーン・イブラーヒーム（Jamāl al-Dīn Ibrāhīm, 在位一二三二／三三―一三〇六／〇七年）に替わった。[49] 彼は、兄弟と息子たちを南西インドのマラバール海岸のヒーリー、ジュルファッタン、ファンダライナー、カーリクート、カウラム、カーヤルなどの交易港に代理官（marzubān）として派遣し、インド内陸部を支配するヒンドゥー系王朝との間で馬取引に関する交易関係を結んだ。これらのマラバール海岸の諸港は、いずれも中国ジャンクが入港して賑わい、またアデンやミルバートから来航したイエメン系商人たちの船が頻繁に出入りしていた。したがって、キーシュの支配者は、マラバール海岸の諸港を中軸にして、東は中国、西はイエメンや紅海につながるインド洋の交易ネットワークを張りめぐらすことで、商敵ホルムズを凌駕する経済的繁栄を築いたのである。

前述したように、スリランカの使節団がホルムズ港に到着した頃の支配者はサイフ・ウッディーン・アバー・ナダルであったが、実際の統治権はキーシュの王ジャマール・ウッディーン・イブラーヒームの息子ファフル・ウッディーン・アフマド（Fakhr al-Dīn Aḥmad）が握っていたと思われる。当時、ファフル・ウッディーンは、インド・マラバール海岸の港市カウラムの統治者を兼ねていた。彼は一二九七年、イル・ハーン朝モンゴルのスルタン＝マフムード・ガーザーン（Maḥmūd Ghāzān，在位一二九五―一三〇四年）の派遣した中国元朝に向けた使節団の代表として、艦隊を率いてインド洋と南シナ海を航海し、元朝の首都、大都（ハーン・バーリク）まで至った。しかし、復路、南インドのコロマンデル海岸の沖合で遭難し、そこで水死したといわれる[50]。モンゴル軍の南イラン進出のとき、キーシュのサワーミリー家はモンゴル軍による軍事支配を避け、同時にインド洋交易での権益を維持するために、モンゴル軍との積極的な和平と懐柔策に努め、莫大な量の贈物を届けた。ファフル・ウッディーンによる元朝の都への使節団の派遣もまた、おそらくモンゴル勢力との和平を目的としたものであり、イル・ハーン朝との対立を避けるためでもあったと考えられる。しかし、一三〇六／〇七年、モンゴル軍はキーシュの支配者ジャマール・ウッディーン・イブラーヒームを殺害し、彼の全財産を没収した。これによって、キーシュのインド洋交易における地位は、急激に崩れた。このとき明らかに、イル・ハーン朝は、ペルシャ湾からアラビア海・インド洋に広がる交易ネットワークの拠点をキーシュではなく、ホルムズに移すことを決めたのである。一方、サイフ・ウッディーン・アバー・ナダルのあとを継いだホルムズの新王クトブ・ウッディーン・タハムタン（Quṭb al-Dīn Tahamtan）

は、現在のバンダル・アッバース沖合に浮かぶ小島、ジャルーン島（Jarūn, Jaruwn）をキーシュの支配者から譲り受けると、そこを新ホルムズ（Hurmuz Jadīda）と呼び、新しい拠点とした。さらに、タハムタンは、ホルムズ海峡を隔てた対岸のカルハートやズファール地方まで進出し、かつてキーシュのサワーミリー家が所有していたマラバール海岸やスリランカの交易港との運輸・貿易にも進出した。こうして一三三二年に、タハムタンはそれまでの商敵キーシュを征服するとともに、ウワール島やカティーフなどのバフライン地方およびその周辺海域の真珠採集場を支配したのである。[51]

このように一三世紀後半におけるペルシャ湾の政治・経済情勢を総合的に分析することによって、①スリランカの使節団がホルムズを通過した時期に、ペルシャ湾〜アラビア海の海運と貿易の主導権を握っていたのは、ホルムズよりもキーシュの支配者であったこと、②その頃のホルムズの実権はサイフ・ウッディーン・アバー・ナダルではなく、キーシュのサワーミリー家のジャマール・ウッディーン・イブラーヒームの息子ファフル・ウッディーン・アフマドであったこと、③ファフル・ウッディーンは南インドの諸港を支配・統治する代理官であり、スリランカの使節団は、おそらくキーシュの船と一緒にホルムズに到着したこと、④ホルムズに入港のあと、キーシュの小船に便乗して、ペルシャ湾内のキーシュの統制下におかれた南イラン海岸に近い沿岸ルートと諸港を経由、さらにティグリス川を溯ってバグダードまで至ったこと、などの諸点が推論されるのである。

結びに代えて

スリランカ使節団の派遣以後の状況について考えてみよう。イブン・アブド・アッザーヒルは、スリランカの使節団が来朝したことに対して、マムルーク朝のスルタン＝マンスールが使節の代表者アブー・ウスマーンを丁重に処遇し、返書を記したこと、そして使者らは旅の準備を整えた後、帰国したことを伝えている。スリランカの王ブヴァネカ・バーフ王の書簡に記されたように、王はラスール朝との外交的・経済的関係を断ち切って、マムルーク朝との直接交流を求めた。このことは、インド洋海域世界との交易関係を積極的に推進しようとしていたスルタン゠マンスールにとっても、歓迎すべきことであった。というのも、スルタンはヒジュラ暦六八〇(一二八一/八二)年、パレスチナ・シリア海岸およびキリキア・アナトリア地方の諸都市と和平通商条約(hudna)を締結し[52]、またユーフラテス川西岸からネジト高原におよぶ勢力圏を持ったアラブ系遊牧民のアール・ファドル(Āl Faḍl)、アール・ムハンナー(Āl Muhannā)やアール・ミラー(Āl Mirā)などの諸部族に対する懐柔策を積極的に進めるなど、シリア~アナトリア~ユーフラテス川~バグダード~ペルシャ湾を通る交易ルートの開発に努めていたのである[53]。また、スリランカ使節団の来朝から五年後のヒジュラ暦六八七年第二ラビーゥ月(一二八八年五/六月)に、スルタンはインド、スィンド、イエメンと中国の支配者・有力者たちに宛てて、商人たちの旅の安全・滞在と商売の安全を保障するマムルーク朝国家の詔書(ṣūrat amān)を発布した。この文書の全文の写しは、イブン・アブド・アッザーヒル編纂の『マリク・アルマンスール実録集』のなかに伝えられており、その内容は、スルタン゠マンスールの貿易振興についての基本的態度を明らかにするとともに、国家と商人の関わり方、貿易振興のための国家の役割と任務を説明したものであって、スリランカ王の書翰に対する具体的な返答とも考えられる[54]。なお、その後、別のスリランカの使節団の来朝やマムルーク朝側からの答礼使節団の派遣に関連した記録は、いっさい伝わっていない。

第III部　国家・港市・海域世界

概観

陸の領域国家（陸域）は、強制力を行使できる政治的権力の境界にある港市、その外界にある海域、さらにはその海域を越えた海外の他の陸域に対して、どのような政治的・経済的な影響力をおよぼしたのだろうか。陸域は港市や海域を支配するために、自国内の土地・地域支配とは違った政治的・経済的政策を施していたのだろうか。海域の安全と秩序の維持ために、陸域はどの程度の積極的な目的と意思を持っていたのだろうか。また、国家と港市の商業共同体（海外から来た商人たちの居留地）との関係はどのようなものであったのか、海外の船舶や商人を保護したり、また逆に管理・統制を目指して、支配権をどのように拡大したのだろうか。

陸域は、外国から到着する船舶の出入港に対して、人の往来や物品の中継・取引にともなう通行税・商品関税・取引仲介税・さまざまな物品の売買収入などによって国家の財政や地域経済が潤うことや、海域からもたらされる新奇な船来物産の獲得、そして船乗り・商人やその他の旅人がもたらす海外の新しい文化・情報にも強い期待を持っていたであろう。そうしたさまざまな人・モノ・情報の交流によってこそ国家・都市・地域の経済が活性化するとともに、陸域に新しい文化の創造と繁栄が期待できるということを、陸域は十分に認識していたと考えられる。しかし同時に、境域や異域世界との自由な交流は、陸域の支配と秩序・安定に障害となるような人・モノ・情報に関わる素因をもたらす危険も孕んでいた。

すでに第I部第2章でも述べたように、港市は、いわば陸域と海域の接点であるから、必然的に陸域の直接支配を受ける、権政と地政とが激しく角逐する場である一方、海域世界に組み込まれていく「境域」でもあると捉えられる。陸域の政治権力が港市を管理下に置き、そこにある商業共同体の自由な商活動や自治・安全を無視して、陸域の支配論理のもとに完全統治をおこなおうとすれば、港市の外に開けた基本的な性格と機能は失われてしまうだろう。なぜならば、港市は海域世界に向かって広がるネットワークの接点であって、そこに成立する商業共同体は自治権を認められたコスモポリタンな活動舞台であることを必要条件としているからである。

第III部では、国家・港市・海域世界の相互の間の、実に多様で複雑な政治的・経済的力学のバランスを直接的な考察の対象としている。第1章では、七世紀半ば以降、イスラームの政治・宗教・文化の影響が急速に地中海世界に拡大していったことにより、それまでのギリシャ・ローマ的地中海世界はどのような変容をとげたのか、そのことが周辺諸国にどのような副次的影響をおよぼしたのか、地中海という海域世界そのものの交流構造にどのような変化・変質が現れたのかといったことが問題となっている。これらの問題に関連して、まず研究上の出発点としなければならないのは、ベルギーの中世ヨーロッパ経済史の研究者アンリ・ピレンヌが提唱したテーゼについての検討である。この問題は、当然、イスラーム史、ビザンツ史と西ヨーロッパ史の三方面からの多角的・総合的な議論が必要となるが、さらに海域史を中心とする視点を加えるならば、地中海だけでなく、インド洋を含めた大海域世界史からの検討という大きな研究課題が残されていることを指摘しなければならない。

さて陸域の政治的・経済的権力が海域の支配に直接介入していく戦略拠点となるのは、とくに港市、島（島嶼）および海峡の三つの「場」である。第2章では、インド洋海域の主要な海峡、とくにマラッカ海峡、マンナール湾・ポーク海峡、ホルムズ海峡とバーブ・アルマンデブ海峡を取り上げて、これらの海峡をめぐって陸域の政治権力がどのような影響をおよぼしたかについて考察する。第3章では、一三～一五世紀の二〇〇年間にわたってインド洋と地中海をつなぐ二本の腕の一本、紅海の出入口と南アラビア地方に政治・支配権を確立したイエメン・ラスール朝による紅海、バーブ・アルマンデブ海域とインド洋に対する支配のあり方について、とくに第二代目のスルタン＝ムザッファルによる諸政策を具体的に取り上げて分析の対象とする。そして第4章では、紅海の代表的な国際交易港アイザーブの問題に焦点をあてるが、そのおもな理由は、アイザーブがマムルーク朝、東北アフリカのベジャ（ブージャ、ブジャー）系遊牧民、メッカ・シャリーフ政権、さらにはイエメン・ラスール朝の、四方向から陸域の影響を受けた境域市場であったこと、その廃港の原因がマムルーク朝のインド洋海域に対する経済政策の変更と深く関わっていたこと、の二点にある。

以上のような分析の結果として、陸域と陸域の境域にある「ぼやけた自由空間」としての海域世界は、時には陸域の一部に組み込まれ、政治的支配に従うかたちで組織的な影響のもとに置かれたり、陸域と陸域の政治権力が通行権や経済的な利権をめぐって激しく確執する「競合の場」ともなるが、その基本的性格である「隔ての機能」と「結びつきの機能」を併せ持つことによって、陸域と陸域の直接的な対立を防止する緩衝地帯として、また異なる陸域をつなぐ「共通分母」「中間体」としての役割を果たしてきたこと、そして何よりも如何なる陸域にも明確な帰属意識を持たずに、海域世界を主舞台として生きる人々にとって共有された独自の世界であったことが指摘される。このように考えると、海域世界は、さまざまな人・モノ・文化・情報の間の「差異」を「価値」として認め合い、その異なる価値を相互に交流させる強力な交流媒体として機能していたことが結論として導き出されるのである。

第1章　ムスリム勢力の地中海進出とその影響

――ピレンヌ・テーゼをめぐる議論を中心に――

はじめに

すでに本書の序章で説明したように、陸域から海域へと歴史の視点を移した場合、インド洋と地中海の二つの海域世界は、相互に切り離されて別個に機能するのではなく、西アジアを中間媒体として、人・モノ・情報が相互依存のかたちで交流し合い、一つの大海域世界を形づくっていたと捉えられる。二つの海域世界のうちの地中海、とくに東地中海の海域に、ムスリムの軍事的・政治的勢力が本格的に進出したのは、六五五年、ザート・アッサワーリー（Dhāt al-Sawārī）の海戦においてビザンツ艦隊に勝利したあとのことである。[1] そして、ムスリム勢力の地中海進出とその影響を考える際に、最初に研究上の出発点としなければならない問題は、ピレンヌ・テーゼであろう。

ピレンヌ・テーゼとは、古代地中海の終焉と北西ヨーロッパを中心とした中世荘園制の確立とを因果連関のもとに捉えた、ベルギーの歴史家アンリ・ピレンヌ（Henri Pirenne）が提唱したテーゼのことである。[2] ピレンヌ・テーゼについては、すでに多くの研究者たちによって、その理論構成および史実の細部にわたる矛盾と批判点が指摘されている。しかし、彼による新たなテーゼの提唱は、①学界での論争を広く喚起し、おびただしい数にのぼる賛同と批判の論文によって、中世ヨーロッパ社会経済史の研究を大きく進展させたこと、②西ヨーロッパ・キリスト教世界のみならず、ビザンツ帝国とイスラーム世界を含む壮大な歴史的世界、それに加えて多角的視野に立つ歴史研究の必要性をわれわれに強く認識させたこと、の二点から見ても大きな学問的功績を果たしたということができる。

そこで本章では、イスラーム史を専門とする研究者によって提示されたピレンヌ・テーゼに対する諸見解を紹介し、そこで議論された問題を手がかりとして、ムスリム勢力による地中海進出がもたらした影響について考察することにする。

一 ピレンヌ・テーゼをめぐる議論

ピレンヌ・テーゼの詳しい内容については、ここで改めて述べるまでもないだろうが、要するにその論点の中心は、メロヴィング朝時代（四八一—七五一年）の商業は、古代ローマ帝国時代から引き継いだ地中海を舞台とする大商業の性格を強く持っていたのに対して、八世紀、カロリング朝成立以後になると、地中海の組織的な運輸交通と恒常的な輸出入貿易は終息し、流通経済や商工業の衰退、都市人口の減少などによって、西ヨーロッパ北部および西部の内陸地方を中心とする販路のない農村経済が広く展開していったが、その変化の根本原因はアラブ（ムスリム勢力）の地中海進出にともなう「地中海的統一世界」の破壊である、と結論づけたことにある。[3]

このテーゼをめぐって、これまでに西ヨーロッパ中世史家たちの間から多くの批判論文が提出されてきたが、ここではそれらを一つひとつ取り上げて検討・批判することはしない。ただし、われわれが彼のテーゼの是非を問う前に、次の三点については明確な歴史的事実として認める必要があろう。

(1) 原因は何であれ、八世紀に入ると、西ヨーロッパ・キリスト教世界の政治的・経済的活動の中心は地中海とその沿岸部ではなく、ロワール川からライン川の地域をおおうカロリング朝の領有下に移り、まさにこの地方に現代の西ヨーロッパ文明が呱々の声をあげた。

(2) 五〜一一世紀に、西ヨーロッパ世界の経済活動は極端に乏しく、とくにアラブ・ムスリム軍による地中海進出が開始されたのとほぼ同時期およびそれ以後において、ますますその孤立化と農業化への道を歩んでいった。一方、イスラーム世界では、これとは対照的に都市の著しい発達、流通経済と商業の広域的活動が華々しく展開し、東は中国から、西はマグリブ・アンダルス地方、さらにサハラ砂漠南縁の黒人地域（bilād al-Sūdān）までをおおう一つの壮大な交流圏が形成された。

(3) 八世紀初頭になると、アラブ・ムスリム軍はピレネー山脈を越えて、ゴール地方に進出し、地中海の東側（シャーム〔大シリア〕およびエジプトを含む地域）、南側（イフリーキヤ・マグリブ地方）と西側（アンダルス地方）の、三つの陸域がいずれもアラブ・イスラーム帝国、ウマイヤ朝による政治的・軍事的領有下に入った。

では、以上のような歴史的事実を相互にどのように関連づけるべきか、果たしてピレンヌの主張するようにアラブ（ムスリム勢力）による地中海進出がその交流構造に根本的な変化を引き起こしたのか、そのことと西ヨーロッパ世界で起きた諸現象とをどのように連関させて考えるべきか。さらに重要な点として、共通の歴史舞台となる海域、すなわち「地中海世界」をどのように捉えたらよいのか。そして、七〜一〇世紀におけるビザンツ帝国の地中海世界での軍事的・経済的役割をどのように位置づけるのか。——こうしたピレンヌ・テーゼを考えていくうえでの基本的問題を一つひとつ検討することが必要になる。

これらの問題について、イスラーム研究者側の見解を述べる前に、まず最初にビザンツ帝国時代の海上史を専門とするA・R・ルイス（Archibald R. Lewis）の主張を紹介しなければならない。ルイスの主張によると、地中海の古典的統一世界を破壊したのは、アラブではなく、ビザンツ帝国であった。すなわち、アラブ・ムスリムの勢力が本格的に地中海の交通運輸と貿易活動に進出したのは九世紀半ば以後のことであり、それ以前の、とくに八世紀初めから後半にかけての時期、ちょうどメロヴィング朝からカロリング朝への移行期に地中海を支配していた最大の勢力は、他ならぬビザンツ帝国であった。ビザンツ帝国はその強大な軍事力と経済的手段とを使って、ウマイヤ朝の軍隊による地中海進出を阻止したが、このことが契機となって伝統的な地中海の経済交流のパターンであったシリア・エジプトと西ヨーロッパとの間の東西軸の交易構造を破壊に導いた。そして、ウマイヤ朝の衰亡の一因もまた、ビザンツ海軍による地中海封鎖によって引き起こされた、というのである。(4) ルイスの説は、ビザンツ帝国の地中海――とくに東地中海を指している――における軍事的・経済的支配権とその影響を重視して、地中海の西側におけるメロヴィング朝の衰退と関連づけると同時に、その東側のウマイヤ朝の衰亡とも関連づけた点できわめてユニークな見解であり、今後、さらにこの説の是非をめぐって、ビザンツ側とイスラーム側の両史料を十分に精査・検討していく必要があるだろう。

次に、イスラーム史を専門とする研究者たちは、ピレンヌ・テーゼについて、どのように考えたであろうか。これまでのイスラーム史側の地中海についての研究関心は、アラビア語地理書・歴史書に残された記録史料を蒐集・分析することで、アラブ・ムスリム軍の地中海進出の歴史過程を解明することにあった。(5) しかし、イスラーム史だけでなく、ビザンツ帝国史や西ヨーロッパ史を含めた広い視野に立って、地中海の海域史を全体的に捉えようとする積極的な研究関心は薄く、したがって、ピレンヌ・テーゼの内容をイスラーム側の史料にもとづいて詳しく検討し、また批判しようとする積極的な試みもまた、ほとんど見られなかったといえよう。

そうしたなかでE・アシュトール（Eliyahu Ashtor）は、『中世における近東の社会経済史』および「ピレンヌ・テーゼに関するオリエンタリストからの若干の見解」のなかで、ピレンヌ・テーゼについて、次のように評価している。イスラーム史料を検討した結果、地中海における「定期的で大規模な交易」はアラブの地中海進出によって停滞・断絶したと考えられるので、ピレンヌの主張は十分に支持することができる。すなわち、それ以後一〇世紀半ば以前において、西アジアのムスリムたちと西ヨーロッパ・キリスト教諸国との間には偶発的な交易しか存在しなかった。ヨーロッパ史家のなかには、アラブ・ムスリム軍による地中海征服が原因で、西アジアと西ヨーロッパとの間の通商関係は完全に中断したと捉えるピレンヌ・テーゼを短絡的で誤りとする研究者もいるが、同時代のアラブ著述家たちの記録史料によって判断する限り、ムスリムとビザンツ帝国の両勢力は地中海の東部と中央部の海岸部や都市を侵掠して争い、戦利品を奪うなどの激しい戦闘状態が続いた。したがって西アジア・南ヨーロッパ間の定期的な交易はほぼ二五〇年間にわたって不可能な状態にあった。このような停滞状態は九世紀後半になっても続き、ビザンツ海軍の反撃が東地中海の重要な拠点であるシリア海岸のタラーブルス（トリポリ）、エジプト・デルタのディムヤート（ダミエッタ）、キプロス島などにおいて繰り返された。九・一〇世紀に著されたアラビア語地理書のなかに、西ヨーロッパ・キリスト教世界に関する地理的知識が著しく乏しいのは、両地域間に直接的交流がなかった一つの証拠である、などの諸点を指摘した。さらに、ピレンヌ・テーゼ批判者のなかには、ムスリム側と西ヨーロッパ側との交易関係は断絶したのではなく、交易ルートが変化したのであり、とくに北方ルート――ホラーサーン、ホラズム（フワーリズム）、カスピ海北岸を経て、ヴォルガ川を北上、バルト海、北海に至る内陸ルート――を通過するようになったとの別の主張をする者があるが、アシュトールはこれにも反論して、奴隷（スラブ系、トルコ系奴隷）と毛皮（貂、銀狐のほかに、琥珀、動物歯牙を含む）などの取引を中心とする北方貿易は、西ヨーロッパとの直接的な関係ではないため、交易ルートが移動することで交易が継続したと考えることは難しい、と説明している(6)。

一方、D・C・デネト（Daniel C. Denneth）は、この説とは正反対に、地中海の東西間の経済関係はムスリム勢力の地中海進出以後も断絶することなく継続した、と強く主張した。デネトは、その論文「ピレンヌとムハンマド」のなかで、アラブ人を中心とするムスリム勢力の地中海進出が古代末期の頽廃した地中海世界に新しい活力を与え、創造力に富む文化的・経済的発展をもたらしたと指摘して、その肯定的役割を強調し、「七世紀にも、八世紀にも、アラブ人が西方の商業に対して地中海を閉鎖することを欲したり、あるいは現実に閉鎖したりしたことを証明する証拠は、何もない。イスラーム教は、キリスト教に対して、完全に異質の信仰としてではなく、好敵手として、対していたのである。そして回教徒（ムスリム）は、常にキリスト教徒よりも寛容であった。……西方の衰頽——いわゆる中世——は、多くは内的な、そして社会的・経済的諸制度と著しい関連のある、諸原因の複合体に由るものであった」と結論づけたのである。[7] デネトが明快に下した結論の核心は、ピレンヌだけでなく、多くの西ヨーロッパ研究者たちがそれまで考えていたように、アラブ人を野蛮な遊牧集団と見なすのではなく、彼らが文化的・経済的活動に積極的な関心を抱いており、地中海の支配と独占を意図していなかったと捉え、西ヨーロッパ・キリスト教世界の衰頽原因は、むしろそれ自体の社会内部に問題があった、という主張にある。

デネトの見解は、次に述べるC・カーエン（Claude Cahen）によってほぼ完全に受け継がれることとなった。カーエンのピレンヌ・テーゼに対する論点は、とくに重要であると思われるので、少し詳しくその内容を整理して紹介してみたい。[8]

(1) アラブ人の征服にともなって、地中海が政治的に二分され、略奪と海賊行為が一時的に商人たちの活動を奪ったとしても、それが原因となって交易関係が決定的な打撃を被ったとは言い難い。むしろ重大な点は、エジプト産の穀物の流れの方向がそれまでのようにコンスタンチノープル（ビザンティウム）ではなく、アラビア半島の両聖地（メッカ、メディナ）に向けられたことに付随して起こった、地中海の交易構造の本質的な変化である。

(2) ルイスの主張するように、確かにビザンツ帝国の経済戦略が地中海の軍事的・経済的緊張を高めたのは事実であろう。

(3) 八・九世紀にわたって、ビザンツ帝国は地中海の中心部で戦略的に重要な地位を占めていたが、アラブの勢力が拡大するにつれて、東西間の交易関係は徐々に進展した。こうした状況のなかにあっても、西側の市場的生産活動は乏しく、アラブ側に対する見返りの商品としては奴隷（とくにスラブ系奴隷）が唯一のものであった。両世界を結ぶ国際交易を担っていた代表的商人として、ユダヤ系商人ラーザーニーヤ（al-Rādhānīya）とルース商人（al-Rūsī）が活躍したが、それ以外の商人たちの活動実態については明らかでない。

(4) アラブ地理学者たちは、南イタリア地方を除いて、西ヨーロッパ内陸部の地理的知識に乏しかったことは確かである。しかし、この事実だけをもって両者間に交渉関係が途絶えていた証拠であると断定することは難しい。一方、国家使節の交流やイフリーキヤ・チュニジア地方とイタリアとの間の緊密な交流が続いていたという事実がある。

(5) M・ロンバール（Maurice Lombard）やS・ボーリン（Sture Bolin）は、ピレンヌ・テーゼに反論して、西ヨーロッパとイスラーム世界との間には活発な貿易関係があったことを貨幣の交換関係の面から立証しようとした。[9] その際に、カロリング朝のマンクス貨（ディーナール）の存在をもって、イスラーム世界と西ヨーロッパとの間に活発な経済交流があったことの証拠とした。しかし、これらの貨幣は必ずしも健全な交易取引の結果として西ヨーロッパにもたらされたのではなく、おもに戦利品として集められ、退蔵されたものが多いと考えられる。

(6) ボーリンは、カロリング朝のディナリウス銀貨とアラブ貨幣の価値変動の相関関係を詳細に分析することで、東西間の密接な交易関係を解明したが、貨幣分布圏は政治的・宗教的領域とは必ずしも一致しない。また、貨幣交換率の変動は東西間の経済交流の存在を直接的に反映するものでもない。

以上のようにピレンヌ・テーゼに対する賛否両論を指摘したあとに、カーエンはこの問題について、次のように結論を下している。地中海の内的交流関係は、アラブ人の進出によっても決して完全に途絶したわけではなかった。しかし、二〜三世紀間（八〜一〇世紀）にわたって、同時期のムスリムたちの商業拡大がもっぱら東の方向（とりわけインド洋海域世界）に向けられたことと比較すると、地中海では明らかに「断絶」といえるような現象が見られた。そして一〇世紀以降、とくに一一世紀になると、本物の交流関係が直接的に、しかもより緊密に展開するようになり、それはイスラーム世界の経済的隆盛と深い関連があることは疑いの余地がない。こうした状況のなかで、かねてからイスラーム諸国家に煩わされずに、より遠東への経済的進出を目指していたイタリア商人たちが地中海における積極的な活動を開始した、と。

このほか、A・S・エーレンクロイツ（Andrew Ehrenkreutz）は、ピレンヌ・テーゼについて、カーエンとは別の観点から検討しようと試みた。彼は、その論文「ピレンヌ・テーゼに関するもう一人のオリエンタリストの意見」のなかで、①ピレンヌ・テーゼを検討する前に、まずアラブ人支配下における西アジアの経済発展の性格とその結果について、十分に研究を深める必要があること、②アラブ・イスラーム経済のなかで、地中海はもはや国際的な経済交流の主舞台として、古代のそれと同じような役割を果たさなくなっていたこと、の二点を指摘している。つまり、アラブ人がビザンツ帝国とサーサン朝ペルシャ帝国の政治的版図を統合して、西アジアを広くおおう国際市場をつくり上げたこと、さらにイスラーム都市の発達やカリフの積極的な経済政策が遠隔地交易の発展を促したことなどの理由から、西ヨーロッパ市場や地中海を必要としない、新しい交易構造が成立したと主張したのである。(10)

すでに指摘したように、ピレンヌ・テーゼに対するイスラーム研究者たちの関心は、概して薄く、未だ十分に論議が尽くされているとは言い難い。今後、さらにイスラーム史側からの研究を積み重ね、地中海史を単に征服史としたり、陸域を中心とした軍事的・政治的な諸関係だけから見るのではなく、イスラーム世界全体、さらに西ヨーロッパ、ビザンツ帝国、黒海やユーラシア・北欧などの諸地域、そして何よりもインド洋海域世界を含めた広域的・多角的な視野から究明していく必要があるだろう。

二　イスラーム世界のなかの地中海

そのとき最初に考察の対象とすべき点は、共通の舞台となる総体としての地中海世界とは何か、また海上交通を媒介として成り立つ「海域」という歴史展開の場をどのように捉えたらよいのか、陸域による権力や支配あるいは秩序が海域に対してどこまで、どのような形でおよんだのか、といった問題である。

この点、古典ギリシャ・ローマ史を専門とする研究者たちは、古代ローマ帝国の崩壊とともに地中海世界は消滅した、と強く主張する。[11] また、ビザンツ史の研究者たちは五・六世紀を、十字軍史の研究者たちは一一～一三世紀を、さらにイタリア史やスペイン史の研究者たちは一四～一六世紀を中心とする地中海商業をおもな研究対象としており、肝心のピレンヌ・テーゼとの関わりで最も問題とすべき七～一〇世紀を中心とする地中海史研究にはほとんど関心を示してこなかったといえる。しかし、地中海そのものは、古代から現代まで、地中海を包摂する自然地理・生態系の一つの単位として、またさまざまな人間に共有された移動・交流の主舞台として、そのあり方を多様に変化させながらも存在し続けてきたことはまごうことない事実であろう。したがって、古代ローマ帝国の崩壊以後も、さまざまな時代の変化、陸域の興亡、文明・文化の興隆と移転などの内的・外的な刺激を受けながらも、地中海という交流媒体はその独自の構造と機能を持ち続けることで、他の世界に対して大きな役割を果たしてきたと捉えるべきであろう。そして、連続して機能する一つの統合体としての地中海の性格と機能を積極的に意味づけることによって、「西ヨーロッパ」「ビザンツ」「イスラーム」（もしくは「アラブ」）という異なる政治・宗教・経済の枠内でのみ歴史を解釈しようとする既存の国家史や狭い地域史——つまり、そこでの西ヨーロッパとはローマ時代から連続する西ヨーロッパ・キリスト教世界、ビザンツとはコンスタンチノープル（ビザンティウム）に政権の中心を持ったギリシャ正教の世界、そしてイスラームもしくはアラブとは西アジアの好戦的なアラブ戦士によるアラブ・イスラーム帝国としてのみ短絡的に理解されている――に対する新たな挑戦が可能となるのではないだろうか。ピレンヌ・テーゼの持つ最大の功績もまた、本来はこの点に対する一つの警告であったと解釈すべきである、と私は考えている。

では、地中海とその周縁部を一つの統一体として機能する首尾一貫した歴史的世界として捉えた場合、その世界を成り立たせている基本的要因と特徴は何か。その世界としての指標となるものは何か。

これについてブローデルは、「地中海に統一性があるのは、もっぱら人間たちの移動、その移動が前提とするつながり、移動を可能にする交通路によってである。リュシアン・フェーヴルは『地中海とはさまざまな交通路のことだ』と書いたことがある。つまり陸路と海路、河川交通路、定期的および偶発的な巨大な連絡網、地中海という命の絶えざる流通、生体的循環・交通……。重要なのは、そのような交通網がどれほど人々の接近や首尾一貫した歴史を前提としているか、船や駄獣や馬車や人々の移動が地中海をいかなる点でひとつにしているか、またある観点からすれば、その土地固有のさまざまな抵抗があったにもかかわらず地中海をどれほど均一なものにしているかを見ることである。地中海という集合はそうした動く空間である。地中海に入ってくるもの、つまりさまざまな戦争、戦争の影、流行、技術、疫病、重量のある資材ないし軽量資材、貴重品、日用品などすべてが地中海の血液の流れに取り込まれ、遠方に運ばれ、預けられ、ふたたび運ばれて、果てしなく輸送され、ついには地中海の境界の外にまで持って行かれる……[12]」(傍線は引用者による)と述べている。つまり彼は、ヴィダル・ド・ラブラッシュによる人文地理学の基本的な考え方にもとづいて、地中海という自然の単位は永遠不変に存在しているが、その自然に積極的な働きかけをおこなう主体はあくまでも人間であり、人間が海に乗り出すことで、人間と歴史が構成する地中海という緊密な統合体がつくりだされた、と理解したのである。ただし一方で、彼は「八・九世紀に［地中海が］イスラム世界に仕えるとき、地中海の力の場全体はただちに移動して、キリスト教西欧世界を海路の中心的交通網からはずした[13]」と主張して、明らかにピレンヌによる次の言葉をそのまま踏襲していることを付け加えておかねばならない。「八世紀の幕が開く頃には東西間の海運はすでに完全に過去のものとなってしまっていた。ビザンツ沿岸の交通を別とすると、地中海からはもはや交通と言えるものはすべて姿を消してしまった。……地中海は爾《じ》後サラセン海賊の跳梁に委ねられていった。九世紀に入ると、彼らは処々の島々を占領し、方々の港を破壊し、至るところで略奪を繰り返した。かつて西方世界の対レヴァント貿易の第一の根拠地であった大港マルセイユもさびれてしまった。それまで続いた地中海の経済的統一はこのとき砕け去り、その恢復には十字軍の時代をまたねばならなかった[14]。」

次に、すでに序章で紹介したフィリップ・カーティンの主張を参考にして、地中海世界の成り立ちについて考えていこう。統一体として機能する海域世界の成り立ちについてカーティンは次のように捉えていた。すなわち、人の移動を前提とするモノの交換と文化・情報の交流の諸関係（relations）をネットワークという言葉で言い換えるならば、ネットワークは距離を隔てた海域間に見られるさまざまな「差異」を平準化する運動として生成・展開・消滅の変遷過程をたどる。そして、海域世界におけるネットワーク（交通）の結節点となるのは港市であって、複数の港市が航行可能な水域のなかに散在していることで成立する歴史展開の場が海域世界である、と規定することができる。このときの「差異」とはあくまでもネットワーク生成の基礎となる条件であって、さらにネットワークが実際に機能するための基本的条件（要因）としては、大きく分けて①自然生態系の諸条件、②人間の移動のダイナミズム、③文化・情報の交流、の三つを総合的・複合的に考慮すべきである（序章九頁参照[15]）。——そこでこの三つの条件を地中海世界について考えてみよう。

（1）地中海の自然地理・生態系の諸条件

周知のとおり、地中海は袋状に東西に細長く、四、〇〇〇キロメートルの長さがある。これに対して南北の最大幅は一、六〇〇キロメートルであり、その北側には山岳部が海を縁取るように迫り、不規則に出入りする半島・海峡や島嶼が多い。この山岳部は、東はアルタイ山脈に発し、ヒンドゥクシュ、エルブルズ、コーカサス、トロス(タウロス)を通過し、西はアルプス、イベリア半島のピレネー、シエラネバダまで連続するユーラシア大陸横断の山脈の一部を構成している。この大陸を横断する山岳部を軸として、山岳・牧畜文化が四方に広がり、古くはインド・アーリア系、そしてトルコ系、モンゴル系などの人々による西進移動が繰り返された。地中海の東側は、北側と同じく幾筋もの山岳が海に迫っているが、海岸は直線的に北から南に向かって伸びている。パレスチナ・シリア海岸には、ナイル川の運んだ泥砂が地中海の西風を受けて沖積され、肥沃な土壌と夏季の亜熱帯性の気候を利用したアジア原産の砂糖きび、米、里芋、バナナ、柑橘類(レモン、ライム、オレンジ)、綿花などの有用植物の栽培が九世紀半ば以後に広まった[16]。南側のエジプトからリビア、チュニジアに至る海岸は概して直線的で、砂漠と海とが接しているが、西に向かうにつれ、アトラス山脈が海とサハラ砂漠とを縁取るように平行に連なっているため、複雑な海岸線の出入りがあり、やがてジブラルタル海峡に至る。

地中海沿岸部の気象条件は、全域的に似通っており、夏季にはサハラ地域から北上する亜熱帯高気圧の影響を受けて、サハラ砂漠と同じ厳しい高温・乾燥が海の全域を包み込み、ナツメヤシ、ブドウ、イチジク、アーモンドなどの乾燥に強い果樹類が古くから栽培され、九・一〇世紀以後になると、上述したアジアの熱帯・亜熱帯原産の新しい有用植物が加わって、地中海沿岸部の生態系や農業の生産性に大きな変革が見られた。現在、われわれが見慣れている地中海沿岸・島嶼部の原風景は、実は九〜一一世紀を中心とする時期に形づくられたといえる。この時期には、地中海沿岸地域の丘陵部のテラス式灌漑、河川流域の灌漑と地下水路による農業開発がおこなわれ、夏作農業の普及にともなう農業生産量と種類の増加、そして人間移動と地域再編運動の時期として注目される。地中海の冬季、より正確には秋分から春分までは、大西洋からの西風の流入によって、山岳・丘陵地帯に雨が多く、天水を利用した穀物耕作がおこなわれた。とくに、チュニジア北部、エジプトのナイル流域やシリアなどでは、小麦の大

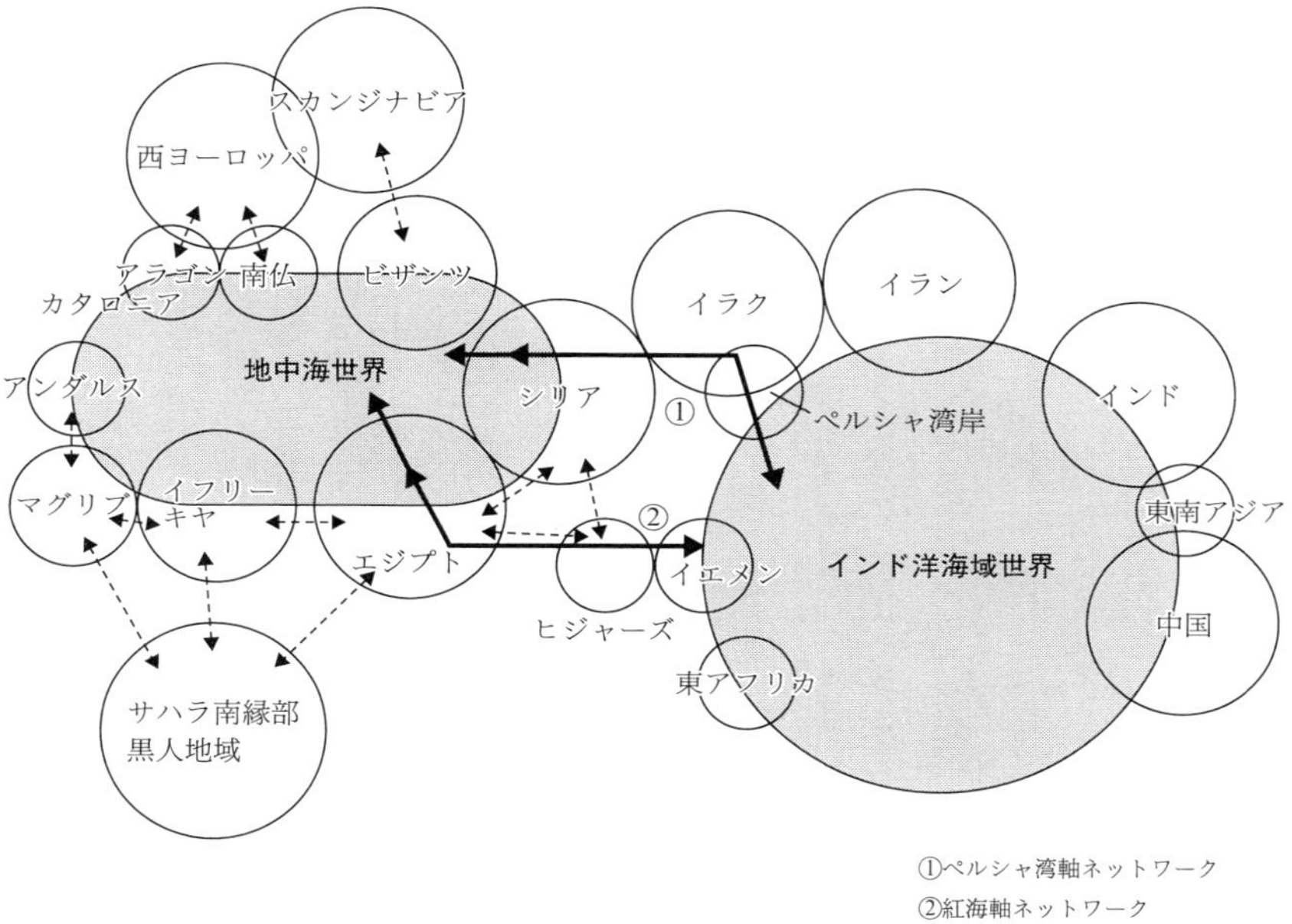

図1　インド洋海域世界と地中海世界を中心とするネットワークの広がり（模式図）

規模生産がおこなわれて、地中海沿岸部の多数の消費人口を擁する都市文明を支え、また時には国家による積極的な海域支配を促した。周知のように、古代ローマ帝国の地中海制覇は、この三つの穀倉地帯と海運の経営・支配のうえに築かれたといえる。カーエンがすでに主張したように、古代ローマ帝国時代の地中海の海運活動の中心であった国家経営による大規模な穀物交易は、七世紀半ば以後、チュニジア、エジプトとシリアの各地がいずれもムスリム勢力のもとに入ったことで終息した[17]。しかし、イフリーキヤ地方〜エジプト〜シリア間の伝統的な交易ネットワークは、東地中海世界を東西に結びつけるうえで重要な機能を果たし続け、さらに一〇世紀半ば〜一五世紀には、エジプト・紅海軸ネットワークと結ばれて、インド洋海域世界とも密接に連係するようになったのである。

このように地中海世界は、その自然地理・生態系の諸条件が概して均質な世界であって、そのことが人間生活・習慣や文化、生産諸力などの諸方面にも大きく影響をおよぼして、一つの統合体としての地中海世界の基本的性格が形成された。そして同時に、均質な条件を持った世界であるからこそ、より強く他の異質世界との広域的交流を求める強いエネルギーを持ち、その外的発展——とくに、インド洋海域世界への拡大と相互連関——が地中海世界の再生を支えた、ということができる。後述するように、イスラーム時代に入ってからの地中海世界は、一つにはサハラ砂漠を越えてニジェール川流域、もう一つはインド洋海域世界という異質世界との結びつきを強化することによって、地中海の内的交流がより一層活性化されたのである。

(2) 人の移動と海上交通の諸条件

アラブ・ムスリム軍によるマグリブ・アンダルス地方と地中海の沿岸・島嶼部への征服活動が進むにつれて、戦士(muqātila)として参加したアラビア半島内のアラブ系諸部族だけでなく、イラン系やベルベル系など、さまざまな人々による大きな移動と地域社会の再編運動が起こり、軍人や物資が集まる拠点都市や商人居留地が各地に建設されると、それらの都市の間を結ぶ新しいイスラーム・ネットワークが形成された。そして、八世紀以降になると、すでに古代ローマ帝国とそれ以前の時代から地中海交易の拠点として活動していた港市の多くは、そうしたイスラーム・ネットワークのなかで海上・陸上交通が相互有機的に機能する、交易・文化・情報と信仰活動の拠点として新たな発展を遂げることとなったのである。

人々のダイナミックな移動を可能にしたこの地中海の海上交通について考えてみよう。まず、帆船による航海で基本条件となる風向は、一年のうちの大半の時期を通じて西風が卓越し、とくに夏季三ヵ月(六〜八月)の乾燥した西風は地中海の西から東への遠洋航海に利用され、海上交通の絶好の季節となった。これに対して、東風による東から西への遠洋航海は春季と秋季のわずかな時期を選んでおこなわれた。[18]「カイロ・ゲニザ文書」によると、アレクサンドリア港を出る東風による航海期は、四月半ばから五月初めの時期で、チュニジア、シチリア、アンダルス地方の諸港へ向けていっせいに船が出港し、またこれより少し早い時期にシリア・パレスチナ海岸のスール、タラーブルス、アッカー、アスカラーンなどを出帆した船は東風に乗って最初にディムヤート、アレクサンドリアに向かい、そこを経由して、リビア海岸に沿って西方に航海を続けたという。[19] こうした地中海の一年の航海期について、一二世紀後半のイブン・ジュバイルは、次のように伝えている。「この方面（シリア・パレスチナ海岸）の風の吹き方には、驚くべき秘密がある。すなわち、ここでは東風は春と秋の二つの季節しか吹かないので、［西に向けての船］旅はこの二つの季節に限っておこなわれる。そこで、商人たちが［陸路運んできた］商品をアッカ（アッカー）に荷降ろしするのはこの両季節だけとなる。春季の旅（西方航海）は四月半ば［以降］におこなわれるが、その頃に東風が吹き始め、五月末まで続く。もっとも、風が吹く期間の長短は至高なるアッラーがお定めになることである。秋季の旅（西方航海）は一〇月半ばに始まり、この頃に東風が吹き出すが、その継続期間は春季のそれより短い。人々にとって、この期間は慌ただしいものであり、一五日間前後に過ぎない。それ以外の時期において風向きは一定しないが、なかでも［東方航海のための］西風の吹く期間が一番長い。こういう次第で、マグリブやシチリアやルーム（イタリア）人の国々へ旅立つ人たちはこの［春季と秋季の］両季節にこの東風を、まるで誠実な人の約束事がなされるのを待ち焦がれるように、待つのである。[20]」

このイブン・ジュバイルが伝えるように、西から東に向かう夏季の西風航海に比べると、東から西への東風航海は、きわめて難しく、島づたいの近距離航海、そして逆風の時は島影に待機するか、櫂《かい》を使った人力航海が主流となった。表1は、「カイロ・ゲニザ文書」によって、一一～一三世紀の地中海における主要な交易港の間の航海日数を示したものである。[21] これによって明らかなように、例えばチュニジアのマフディーヤからアレクサンドリアまでが一三日から三〇日であるのに対して、アレクサンドリアからマフディーヤまでが四〇日、アマルフィまでが七二日、アルメリアまでが六五日とあって、東風航海には多くの日数がかかっていたことが分かる。

なお冬季には、大西洋で発生した低気圧が周期的に西から東に移動して、地中海の各地に強風と豪雨をもたら

表 1　「カイロ・ゲニザ文書」による地中海の航海日数

出港		到着	航海日数（日）
アレクサンドリア	→	アルメリア（アンダルス）	65
マルセイユ	→	アレクサンドリア	25
アレクサンドリア	→	アマルフィ	72
パレルモ	→	アレクサンドリア	29
パレルモ	→	アレクサンドリア	50
カナーイス（アレクサンドリア）	→	パレルモ	25
マーザラ（シチリア）	→	アレクサンドリア	17
マフディーヤ，パレルモ	→	アレクサンドリア	13
マフディーヤ	→	アレクサンドリア	35
マフディーヤ	→	アレクサンドリア	25
マフディーヤ	→	アレクサンドリア，カイロ	30
アレクサンドリア	→	トリポリ	40
トリポリ	→	アレクサンドリア	25
アレクサンドリア	→	トリポリ	40
アレクサンドリア	→	コンスタンチノープル	18
トリポリ	→	セビリア	8

資料）S. D. Goitein, *A Mediterranean Society*, Vol. 1, pp. 325-326.

す。そうした不安定な気候のため、ローマ時代には一〇月から四月まで、一四世紀半ば頃でも一一月半ばから三月初めまでは、地中海の遠洋航海が停止された。そして一九世紀初め頃でも、ヴェネツィアや黒海のオデッサでは、一〇月頃には出航の回数が大幅に減少したという[22]。なお、冬季の地中海において遠距離間の航海活動が停止されたのとは正反対に、インド洋海域では夏季（五月末から八月中旬まで）の約九〇日から一〇〇日の間、インド洋の南側から激しい南西風が吹き上げてくるために、南アラビア海岸、インド西部海岸やスリランカ南西部の各地で嵐・豪雨・霧・雷や高波が起こり、航海活動は停止され、西側に面した港は閉鎖《ガルク》された（第I部第1章参照）。このようなインド洋と地中海との間の航海活動の時期――それは人の移動や交易活動の時期でもある――の時間的な「差異」こそが、他ならぬ西アジアを中間媒体とする連続した「大海域世界」の交流構造をつくり上げていた基本原理の一つであることを強調しておきたい[23]。

　さらに地中海の海上交通のうえで、島嶼の分布がきわめて重要な意味を持っており、そのためしばしば要路上に位置する島の領有をめぐって軍事的・政治的紛争が発生し、アルワード、キプロス、ロドス、マルタ、ジェルバなどのように一つの小島の支配が国際情勢の方向を左右することもあった。地中海の東西に連なる比較的大きな島嶼の連鎖——キプロス、クレタ、シチリア、サルデーニァ、バレアレス諸島のマヨルカなど——は、一一世紀以前の造船・航海技術では必須の寄港地であり、それ以後も引き続き文明移転と戦略上の重要な場であったり、地中海世界の東西を結びつけるネットワークの結節点となった。[24]これらの島嶼は、古くから鉄・銅・石材などの鉱物資源の産地として、また中継市場としても重要な役割を果たした。

そして、この地中海の島嶼を連ねる東西軸のネットワークは、北側の地中海と南側の地中海とを隔てる重要な境域線ともなっていたのである。北側の地中海にあるエーゲ海、イオニア海、アドリア海、ティレニア海は、複雑な入江・半島と海峡、無数の島嶼が分布し、古くからギリシャ系海民やローマ人の活躍した世界であり、四世紀末から一〇世紀までの長期にわたってビザンツ帝国の軍事・政治権力と宗教的権威が大きな影響力を持ち続け、一一世紀以後になると、イタリア系都市商人たちの活動する主舞台となった。とりわけジェノヴァ商人の交易ネットワークは、コンスタンチノープルを中継基地に、黒海の北側のクリミア半島周辺のカッファ、カルシュ、ターナなどの諸港まで伸びていた。[25]

このように地中海は、①東西に四、〇〇〇キロメートの長さがあるにもかかわらず、西風航海に比べて東風航海がきわめて限定された時期にしかおこなわれなかったこと、②荒天が続く冬季には四～五ヵ月の長期にわたって遠洋航海が中止されたこと、③しかし、東西に連鎖のように島嶼が配置されて交通上の飛び地として好都合な立地になっていること、などの交通条件に加えて、地中海のほぼ中央部に、イタリアの半島～シチリア島～マルタ島～ジェルバ島を結んで北から南に向けていくつかの狭い海峡と入江が連なる複雑な自然地形をつくり出している。そのため、地中海の東西軸のネットワークが南北の分割線で区切られ、東の地中海（東地中海・黒海世界）と西の地中海（西地中海世界）の小海域世界が一年のうちにラウンド・トリップの可能な航海の活動圏となって、それぞれが独自の歴史的役割を果たすことになった。そして、この南北軸と東西軸の二つの分割線が交わる「境域」には、チュニス、スース、マフディーヤ、パレルモ、シラクサ、アマルフィ、ナポリ、メッシーナなどの数多くの重要な港市が発達し、そこが地中海の四方に広がるさまざまな交流ネットワークの交差する結節点として機能した。イブン・ハウカルやムカッダスィーは、一〇世紀半ばのシチリア島のパレルモが地中海の海運と交易活動の中心地となって、商人たちが集まり、商業市場・手工業生産と文化活動が躍進しつつあった状況を伝えている[26]。先にも述べたように、このようなネットワークの交点には、さまざまな民族の移動と交易のための居留地が発達し、多様な信仰と文化の交流拠点となり、時に政治的・軍事的な緊張関係が高まって覇権を争う場ともなり、時にまた新しい歴史の動きを示す原点ともなったのである。一〇・一一世紀において、イフリーキア地方にファーティマ朝の政治権力が台頭し、地中海の海運と交易活動の中枢シチリア島の征服を完了して、東西の地中海世界の支配と秩序化に乗り出した。続いて、北方から進出したノルマン人が一〇七二年、パレルモを征服し、またヴェネツィア、アマルフィ、ピサなどのイタリア諸都市、南フランスのマルセイユやカタロニア地方の諸港を拠点とした新しい海上勢力が相次いで東西地中海の制覇をめぐって激しく争うようになった（第VI部第1章参照）。

イスラーム時代以降の地中海は、とくにこの南北線で区切られる東と西の二つの地中海世界が大きな歴史的意味を持ったと考えられる。そのうちまず、黒海・東地中海圏について見てみよう。七世紀半ば、ウマイヤ朝の政治勢力が勃興し、アレクサンドリア、ディムヤート、アスカラーン（アスケロン）、スール（チュール）、サイダー、ベイルートなどを基地としてビザンツ帝国の首都コンスタンチノープルを攻撃した。これに対してビザンツ艦隊は、激しく抵抗し、ロドス島からアドリア海、イタリア南部、シチリア島に至る東地中海圏に広く海上権を保持した。しかし、そうした陸域による海域支配がたびたび企てられたとしても、ギリシャ系、レバノン・シリア系アラブ人やナイルの河川民（とくにコプト教徒）がつくり出す古くからの交流ネットワークは日常的な交流を可能にしていた。この海域で注目すべき点は、ナイル川を航行する川船がフスタート、ディムヤート、アレクサンドリアを経由し、シリア海岸のスールやリビアのバルカなどの諸港に至るまで、東地中海圏を広く往来していたことである。九世紀の歴史家キンディー（al-Kindī）は「エジプトのすべての都市には、食料・財産・道具類を積んだ船で到達し、その各船は五〇〇頭分のラクダの荷物が積載可能」であって、こうしたナイルの川船がフスタートとバルカとの間を海運で結んでいたと述べている。[27] また「カイロ・ゲニザ文書」に記録された若干の史料によっても、一一・一二

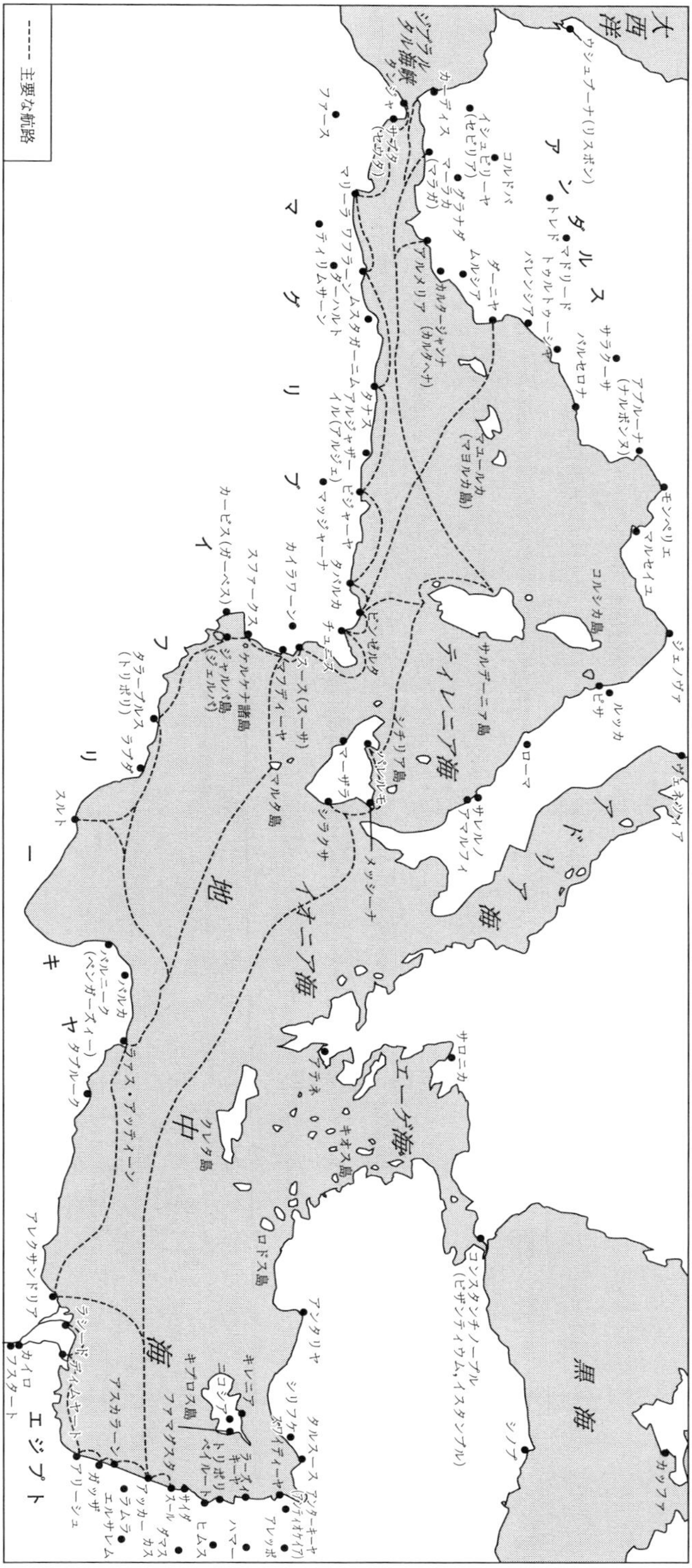

図2 「カイロ・ゲニザ文書」による地中海世界

世紀頃、ハルビー（al-ḥarbī）と呼ばれる船——本来の意味は〈戦艦〉であるが、ナイル川と東地中海を往来する平底船を指したと思われる——が春先にシリア海岸の諸港、とくにスールやアッカーを出港すると、海岸沿いにディムヤートに達し、そこからナイル川の東支流（al-Sharqī）を溯ってフスタートに至り、その後、ナイル川の西支流（al-Gharbī）をラシード（ロゼッタ）まで下り、地中海に出るとアレクサンドリア、タラーブルス、マフディーヤに向けて西方航海を続けていたことが分かる。(28) そして、九世紀半ば以後に、ペルシャ湾・インド洋から伝播したと思われるアラブ型三角帆を装備した大型船がこの海域を中心に活躍するようになると、エジプト・シリア〜チュニジア・マグリブ間を基幹とした遠洋航海と貿易活動の黄金時代をつくり上げた。(29) そして、一〇世紀後半から一三世紀、東地中海の交易ネットワークは、紅海やアラビア海・インド洋とも結ばれたイスラーム世界交流圏の基軸を占めるようになったのである。この時期の地中海の航海と貿易活動については、S・D・ゴイテインの「カイロ・ゲニザ文書」にもとづく研究『地中海社会——カイロ・ゲニザ文書に描かれたアラブ世界のなかのユダヤ人コミュニティ』に詳しい。(30)

チュニジア、シチリア島、ティレニア海、サルデーニァ島、南仏、アラゴン・カタロニア、アンダルス地方の東海岸、マグリブ地方などによって囲まれた西地中海圏もまた、一つの交流圏として独自の性格と機能を果たした。この一部、とくにアンダルス東海岸からバレアレス諸島にまたがる海域では冬季の北風と西風の吹き込みが弱いため、南北航海が比較的容易であって、東西間の遠距離航海が中止される冬季であっても、アンダルス東海岸とバレアレス諸島や北アフリカの沿岸地域との間の航海は続けられた。アンダルスの東海岸の港市、とりわけダーニヤ（デニア）、アルマリーヤ（アルメリア）とマラガは内陸部から豊富な農産物・畜産物・鉱物・織物・皮革製品などが集まる交易都市として、また造船と海運活動の中心としても知られ、タナス（テネース）、アルジェなどマグリブ海岸の諸港だけでなく、チュニスやシチリア島を経由して、東地中海のタラーブルス、アレクサンドリアやシリア海岸のスールなどの諸港との遠隔地交易もおこなわれた。(31) 一〇世紀初頭のラーズィー（al-Rāzī）は、アルメリアは造船と絹織物業の中心として繁栄していたと伝えており、また地理学者ウズリー（al-'Udhrī）は「アルマリーヤ（アルメリア）の港には船が到着し、またそこからマグリブや他の［すべての］世界に向けて出港する」と述べている。[32] この海域は、東地中海とは違ってギリシャ系やビザンツ勢力の影響が薄かったため、八世紀前半以後、ユダヤ系商人やムスリムの海運業者・商人による海上活動が盛んにおこなわれ、アンダルス東海岸からバレアレス諸島やジブラルタル海峡を経て北アフリカ海岸にかけて人・モノ・文化の交流の舞台が広がっていた。さらにユダヤ系商人の交易ネットワークは、バルセロナ、サラクーサ（サラゴサ）などの境域市場を越えて、西ヨーロッパ各地の内陸都市にまでおよんだ。[33] しかし、一〇・一一世紀以降になると、南仏、ジェノヴァやカタロニアといったキリスト教商人たちの進出が見られ、アラゴン・カタロニア地方、南フランス、サルデーニア、イタリア西海岸、シチリア、チュニジアを結ぶ新しい交易ルートが開かれた。とりわけ一二・一三世紀にジェノヴァとカタロニア出身の商人たちの活躍がめざましく、アンダルスやマグリブ地方出身のメッカ巡礼者・学者・旅人やユダヤ系商人は、ジェノヴァ船に乗ってチュニス、アレクサンドリアやアッカーとの間を往来している。[34] 聖地エルサレムの支配をめぐって十字軍とアイユーブ朝の両勢力が激しく争奪戦を繰り広げていた一一八三—八五年に、メッカ巡礼のために故郷の町バレンシアを旅立ったイブン・ジュバイルは、地中海を横断するためセウタへ向かい、そこでジェノヴァのルーム（イタリア）人たちの船に乗ってアレクサンドリアに至り、メッカ巡礼の後、復路はアッカーでエルサレム巡礼のキリスト教徒たちと一緒に、再びジェノヴァ人所有の船でシチリア経由、カルタージャンナ（カルタヘナ）に上陸すると、約二年三ヵ月ぶりにグラナダに帰還した。こうした事実によっても、十字軍時代の地中海世界の多元的な相互依存の一面が窺われる。[35]

（3）ムスリム勢力の地中海進出

次に「差異」によるネットワーク形成の第三の基本的条件「文化・情報の交流」について、ムスリム勢力の地中海進出という側面から考えてみよう。先に述べたように、地中海世界は、その周囲を多様な自然地形と生態系条件を持った陸地で囲まれ、異なる人々の流入と活動の場として適度な広がり（分離と融合の両面）があり、しかも航海に好都合な島嶼の分布、温暖な気候などの諸条件を備えている。そうしたことによって、地中海は世界史的に見て、他の海域、とくにインド洋海域世界より一層密度の濃厚な人の移動、物品の交換関係や文化・情報の交流を可能にし、活発な「平準化の運動」と同時に多元的で相互依存的な諸関係が生成してきたのである。古代ローマ帝国の政治・軍事力による地中海の統合と古代地中海世界の形成、そしてビザンツ帝国の軍事的・経済的勢力による東地中海の支配に続いて、七世紀半ば以降に勃興したムスリム勢力、ウマイヤ朝政権（六六一―七五〇年）は、たちまちにしてシリア、エジプトからマグリブ・アンダルスにまたがる地中海沿岸の東・南・西の三面をおさえた。もちろん、この軍事・政治・宗教面での新しい勢力の登場は、地中海世界のあり方に多大な影響を与えたと考えて間違いないであろう。しかし、「ムスリム勢力」による地中海進出とは何かについて、あらためて問い直してみなければならない。すなわち、それがムスリム政権による陸域（陸の領域国家）の海域支配とその秩序がつくり出す世界であるのか、またムスリム商人・学者・巡礼者などがさまざまな他の宗教の人々と一緒につくり出す海域ネットワークの世界であるのか、という問題であって、その両者の世界は決して等質・同一ではない。しかも、地中海の三面を支配下におさめた強大なウマイヤ朝政権といえども、八世紀半ばになると、国内の各地で反乱と部族間抗争が続いて瓦解し、マグリブ地方にはイドリース朝（七八九―九二六年）とルスタム朝（七七七―九〇九年）、さらにイベリア半島にはアンダルス・ウマイヤ朝（七五六―一〇三一年）といった異なるムスリム系独立政権が成立して、地中海を取り囲む政治地図に複雑な展開が見られた。

一方、地中海の北側に位置する西ヨーロッパ・カトリック圏とビザンツ・ギリシャ正教圏の二つの陸域では、「ムスリム勢力」について、どのようにイメージし、そのイメージによって現実にどのような行動をとったのか、とくに一〇世紀後半以後の彼らの活動にどのような影響があったのか、などについて十分に分析してみる必要があろう。私の推論では、七〜一〇世紀、地中海の北側のキリスト教世界がイメージしていたムスリム勢力とは、まさにピレンヌが考えたように、砂漠の好戦的・狂信的なアラブ人というものであり、したがって彼らによる地中海進出によって、「嘗てのローマの海（地中海）は、イスラーム圏とキリスト教圏の間の境界となってしまった。回教徒（ムスリム）によって征服された嘗ての地中海沿岸の帝国諸属州のすべては、それ以後バグダッド（バグダード）を生活の回転の中心とするようになった」[36]と考えていたのである。すなわち、地中海の三面がムスリムの軍事・政治・宗教・文化の世界に組み込まれると、カトリック圏に住む人々は、地中海を自世界（地中海の北側のキリスト教世界）と他世界（好戦的・狂信的なアラブ人の世界）とを隔てる越えがたい危険に満ちた境界として強く意識するようになった。しかし、彼らにとっての境界は、異なる軍事・政治・宗教・思想がつねに対立・緊張・衝突を続ける越えがたい危険な場としてのみあったわけではなく、同時にそこはイスラーム世界の先進文化・文明の流入する窓口でもあった。したがって、その境界＝境域には教会・修道院、あるいは巡礼・参拝の聖地や名蹟といった宗教・文化・情報のセンターや交易居留地・市場などが配置された。そして、西ヨーロッパ・カトリック圏の陸域勢力がこの境域を越えて本格的にイスラーム世界への拡大を開始したのは一一世紀後半以後のことであって、そうした動きは、地中海の東・南・西に広がるムスリムの陸域およびイスラームの文化に対する恐怖と劣等の意識が、激しい敵対と反発の意識へと一八〇度イメージ転換をしていく過程で起こった、と考えられるのである。

さて、先にも述べたように、陸域による海域の支配のあり方はきわめて多面的であり、国家・港市・海域世界の相互の関係にも多様で複雑な政治的・経済的な力学が働いている。陸域によるさまざまな海域支配のあり方については、次章と第3章で具体的な事例研究を通して議論する。ここでは、七世紀後半から八世紀半ばまでの約九〇年間にわたって、西はイベリア半島から、東は西北インドに至る広大な版図を支配したウマイヤ朝の場合、その政権による地中海進出の主要な目的は何であったのかを見ておくことにしたい。

シリア総督のムアーウィヤ（Muʿāwiya b. Abī Sufyān, カリフ在位六六一—八〇年）は、新しい政権の中心をそれまでのヒジャーズ地方ではなく、ウマイヤ家が多年にわたって勢力を維持してきたシリアの地に移した。そして、まさに古代ローマ帝国が達成したのと同じように、ムアーウィヤによって樹立されたウマイヤ朝政権もまた、地中海という海域を主舞台として、地中海沿岸の三面にまたがるアラブ・イスラーム帝国を築こうと努めたのである。したがって、ウマイヤ朝海軍によるビザンツ帝国の首都コンスタンチノープルへの数次にわたる攻撃の主目的もまた、政権の中心のあるシリア・レバノン海岸を軸心として、エジプト〜イフリーキヤ〜マグリブ〜アンダルスに広がる海域ネットワークの秩序と安定にあったと考えられる。しかし、ウマイヤ朝は、ビザンツ帝国との東地中海の海域支配をめぐる攻防戦において決定的な勝利を収めることができなかった。したがって、A・ルイスの主張したように、このことがウマイヤ朝衰亡の原因の一つとなり、伝統的な地中海の交流ネットワークの基幹である東西軸の交流構造を破壊に導き、その結果としてマグリブ・アンダルス地方の各地での部族反乱と抗争を一層激化させたと考えられるのである。[37]

三　ピレンヌ・テーゼ再考

以上、地中海世界をめぐる基本的性格の説明に紙数を費し過ぎたが、本章の目的であるピレンヌ・テーゼに対する反論ともいうべき私見をまとめてみると、以下のようになる。

(1) すでに序章でも述べたが、海域の基本的性格は、陸域とは異なって強制力をともなう国家的権力、集団、宗教、イデオロギー、法、言語などの差異と対立を超えて、ニュートラルな交流を可能にする共通媒体として機能することである。つまり、海域ネットワークによって結びつけられた活動空間は、陸域で問題となるような領有・支配・独占といった明確な領域支配の観念が適用しにくい、いわば自由交流圏として、歴史的に重要な役割を果たしてきた点が十分に考慮されるべきであろう。確かに、インド洋海域世界と比較した場合、地中海世界はその地理的広がりが狭いこと、地中海性気候という言葉から理解されるように、概してその自然地理・生態系の諸条件が均質であること、七世紀半ば以降にイスラーム、ビザンツ、西ヨーロッパの三つの異なる陸域の政治的・宗教的勢力が激しく確執する緊張と対立の場となって、陸域の支配原理が海域世界にも強くおよんでいたこと、などが特徴となっている。しかし、国家間の軍事的・政治的対立は、むしろ両者間に経済・文化・情報などの面で「差異」を拡大させて、海域を舞台とする商人・工人や海民の活動には好都合な条件を提供していたのでもある。この点を考えても、ピレンヌがアラブ人の地中海進出をもって「地中海的統一世界」の破壊であると結論づけたことは、一面的な見方であるといえよう。

(2) 地中海世界は一つの全体として機能する海域ネットワークの世界であるが、同時にその内部の構造および機能面では、イタリア半島〜シチリア〜チュニジアの南北軸によって区分される東側と西側の地中海と、キプロス〜クレタ〜シチリア〜サルデーニァ〜バレアレス諸島などの島嶼を貫く東西の横軸によって区分される南側と北側の地中海があり、四つのそれぞれの小海域はイスラーム、ビザンツ、西ヨーロッパの三つの世界との関わり方にも地域的・時代的な違いが見られるので、地中海世界を単純一律に取り扱うことはできない。しかし、とくに七世紀以降になると、東地中海圏と西地中海圏の二つの区分が歴史的に見て、より重要な意味を持つようになったことが指摘される。また、このような地中海世界内部の各々の小海域の持つ異なる歴史的役割=差異こそが、その一つの世界としての内的交流と統合を支える一要因でもあったと考えられる。

(3) 八世紀以後のイスラーム世界は、西ヨーロッパ・カトリック圏やビザンツ・ギリシャ正教圏の状況と比較した場合、都市文化のめざましい発達と経済的・文化的繁栄を大きく享受していた。その原因として、歴史的に「通文化」化の進んでいた地中海世界が、壮大なイスラーム・ネットワークのなかに組み込まれることによって、その域内ネットワークの機能が著しく活性化したことが考えられる。九・一〇世紀に著されたアラビア語地理書を見ても明らかなように、地中海周辺・島嶼部には多くの港市が形成・繁栄し、海運と交易が盛んにおこなわれていた。また、それらの港市は陸上のキャラバン隊による輸送とも連繫して、陸揚げ後に積荷が内陸の都市に運ばれ、同時に内陸の都市・農村・牧地で生産・加工・仲介されたさまざまな物品が港に運びこまれ海運によって地中海のさまざまな港市に輸送されていた。例えば、北アフリカ海岸の諸港からサハラ砂漠を縦断する長距離の陸上運輸は定期的にニジェール川流域の境域市場と結ばれており、セネガル高地や南部の森林地帯で産出する多量の金地金を地中海世界にもたらしていた。さらに地中海世界を通過した金は、アッバース朝時代の首都バグダードに運ばれて、東方のマー・ワランナフル地方やチベットから運ばれた銀地金とともに、イスラーム世界の金融市場を左右する重要な役割を果たしたのである。[38] 一一・一二世紀になると、ムラービト朝とムワッヒド朝によるアンダルス〜マグリブ〜サハラ地域にまたがる広大な領域支配のもとで、さまざまな仲介者がサハラ交易ルートを通じてニジェール川流域の境域市場から金・奴隷・熱帯物産などを地中海沿岸の諸都市にもたらし、国家によって鋳造された金貨は地中海の国際通貨として経済活動を著しく活性化した。[39]

(4) A・M・ワトソン（A. M. Watson）は、その著書『初期イスラム世界における農業革新』のなかで、八世紀から一二世紀にかけての西アジアおよび地中海沿岸・島嶼部で見られた農業革新が、経済のさまざまな分野、例えば交易の発展、貨幣経済の拡大、生産の専門化、人口増加と都市化などの諸現象と密接な関係にあることを明らかにしている。かつ小麦と大麦を主体とする西アジア地域と地中海沿岸部の農業経営では、夏季は高温と乾燥のために休耕期にあたっていた。しかし、イスラーム時代以降、湿地帯や大河川の周辺地域では排水と各種の灌漑設備を整え、休耕地で夏の裏作をおこなうことにより、とくに工業用の植物の亜麻・綿花・桑の他に、稲米・砂糖きび・バナナ・柑橘類などの有用作物を栽培することが可能となった。[40] これらの新しい有用作物はいずれもインド洋海域世界から持ち込まれたものであり、その栽培がシチリア島やアンダルス東海岸で開始された時期は、極西マグリブ地方のモロッコよりも早く、一〇世紀初めにはすでにおこなわれていたと考えられる。夏作農業の新しい展開は、地中海世界の農業地図を大きく塗り替えるとともに、都市と農村のあり方や交易活動にも影響をおよぼし、地中海都市の消費人口を支え、同時に商品作物の売買や産業を活発にして、地中海世界の機能再生が一段と加速化したのである。

(5) 八〜一〇世紀、ムスリムの陸域勢力の東地中海進出に対するビザンツ海軍の反撃は激しく、シリア海岸やナイル・デルタ地域まで彼らによる攻撃と侵掠を受けた。このためにアッバース朝政権は、ウマイヤ朝政権のようにビザンツ帝国の海軍と正面から対抗して積極的に地中海進出を企てるのではなく、首都バグダードからティグリス川を下り、バスラを基地としてペルシャ湾・アラビア海、そしてインド洋海域に広がる海域ネットワークの拡大に強い関心を向けるようになった。[41] その後、西アジアに成立したアイユーブ朝やマムルーク朝においても、地中海世界に対する対外政策のあり方は、これと共通していたと思われる。すなわち、彼らは、①ナイル川〜紅海〜インド洋を結ぶ交通ルート、②シリア〜ティグリス・ユーフラテス川〜ペルシャ湾〜インド洋を結ぶ交通ルート、の二つを軍事的・政治的に掌握することで、インド洋海域世界と地中海世界とを結ぶ国際商業の流れを左右する大きな影響力を維持することに最大の関心を向けたのである。

結びに代えて

ピレンヌ・テーゼが最初に提示された一九二〇年代から、すでに八〇年以上が経過したことになる。最近の研究において、ピレンヌがアラブ側の文献史料のなかで最も重要な典拠とした九世紀半ばの地理学者イブン・フルダーズベ (Ibn Khurrdādhbeh) による記録「ラーザーニーヤ・ユダヤ商人たちの道程 (Maslak al-tujjār al-Yahūd al-Rādhānīya)」の時代考証をめぐって新たな議論が出されている。[42] すなわち、①ラーザーニーヤ商人たちのたどった国際交易ルートのなかで、その経由地としてあげられたシリアのジャービヤ（al-Jabiya）と紅海の港ジャール（al-Jār）は、イスラーム時代の初期もしくはそれ以前からの古い地名であること、②地中海と紅海とを結ぶ交通ルートがアレクサンドリア〜フスタート〜「カリフの運河」〜クルズムの水上ルートではなく、ビザンツ時代に頻繁に使われたファラマー〜クルズム（クリスマ）経由の陸上ルートであること、の二点から判断して、この記録は七世紀以前、おそらくはメロヴィング朝時代の状況を伝えたものではないか、という主張である。その説が正鵠を射たものだとすると、ピレンヌがイブン・フルダーズベの記録にもとづいて、メロヴィング朝時代に繁栄した地中海の東西間の大交易が途絶えたあと、カロリング朝下のユダヤ人がイスパニア（スペイン）を介して、北アフリカのムスリム勢力およびバグダードと連絡し、東方世界との大規模な商業を展開したと説明したことにも大きな疑義が生じてくる。今後、さらにピレンヌ・テーゼに対する、とくにイスラーム研究者側からの十分な検討が加えられなければならないが、同時にイスラーム史、ビザンツ史と西ヨーロッパ史といった狭い地域枠を超えた地中海世界史や大海域世界の歴史の視点から、このテーゼについて総合的に究明していかなければならないであろう。

第2章　海峡をめぐる攻防

はじめに

一三世紀半ばから一五世紀半ばにかけての二世紀間は、インド洋海域をめぐる人々の移動、物品の交換や文化・情報の交流が大きな流動性をもって展開した時期として注目される。すなわち、①モンゴル帝国の成立にともなって、ユーラシア大陸を貫く内陸交通ルートが東西に拡大しただけでなく、インド洋の海上ルートと相互に連関する一つの国際的循環ルートとして機能するようになったこと、②中国ジャンクがインド南西部のマラバール海岸へ進出したこと、③西アジアにおいてはマムルーク朝を中心とする国際秩序が成立して、地中海〜エジプト〜紅海〜イエメン〜インド洋を結ぶエジプト・紅海軸ネットワークが繁栄したこと、④イスラームという「中心文明」の影響が広くインド洋海域世界の周縁部にまでおよび、インド洋海域世界をめぐる交流関係が著しく促進されたこと、⑤東アフリカ海岸、南インド、東南アジア島嶼部と南中国に新しい交易都市と特色ある地域文化・社会圏の成立がみられたこと、などの諸現象が現れてきた。また、この時期には、南中国の港市、泉州を軸心とするブルネイ以東のスルー海、バンダ海の海域や、琉球を中間媒体とする東シナ海の海域までがインド洋海域世界に統合されて、一つの海域ネットワークとして機能するようになったことも、特筆すべき現象といえるだろう。

さらに、この時期を特徴づける著しい現象として、インド洋海域の主要な海峡、とくにマラッカ海峡、マンナール湾・ポーク海峡、ホルムズ海峡とバーブ・アルマンデブ海峡の交通管理と統制権をめぐって、さまざまな陸域の権力が介入して勢力を競い合い、緊張が高まったことがあげられる。これらの海峡は、インド洋海域世界を相互につなぐ海運と交易の要地であり、またユーラシア大陸の中緯度・温帯圏に発達した都市文明圏（中国、インド、西アジア、地中海世界）に通じる重要な関門でもあった。つまり、陸域の諸力は、海峡付近にある港市に軍事・行政・経済面での支配・統制を伸長し、さらにはそこを拠点として海峡の通航権を掌握することで、より広い海域に対して影響力をおよぼそうとしたのである。(1)

本章の目的は、陸域による海峡部への進出と支配に関わる問題について、とくにインド洋と地中海の両世界をつなぐ二本の腕の一つ、紅海の出入口に位置するバーブ・アルマンデブ海峡の事例を中心に、具体的な考察を試みることにある。すなわち、アラビア半島の南西部に位置するイエメン海岸部とハドラマウト・ズファール地方の陸域に広く政治的支配権を確立したラスール朝（一二二九―一四五四年）が、バーブ・アルマンデブ海峡とその周辺海域に対してどのような統制権をおよぼし、紅海、アデン湾、アラビア海とインド洋海域世界にまたがる海域の支配にどのように取り組んだのかについて明らかにする。

一　インド洋海域世界の海峡

ラスール朝のバーブ・アルマンデブ海峡支配について検討する前に、まずインド洋海域の主要な海域について概観しておこう。図1に示したように、インド洋海域世界はマラッカ海峡、マンナール湾・ポーク海峡、ホルムズ海

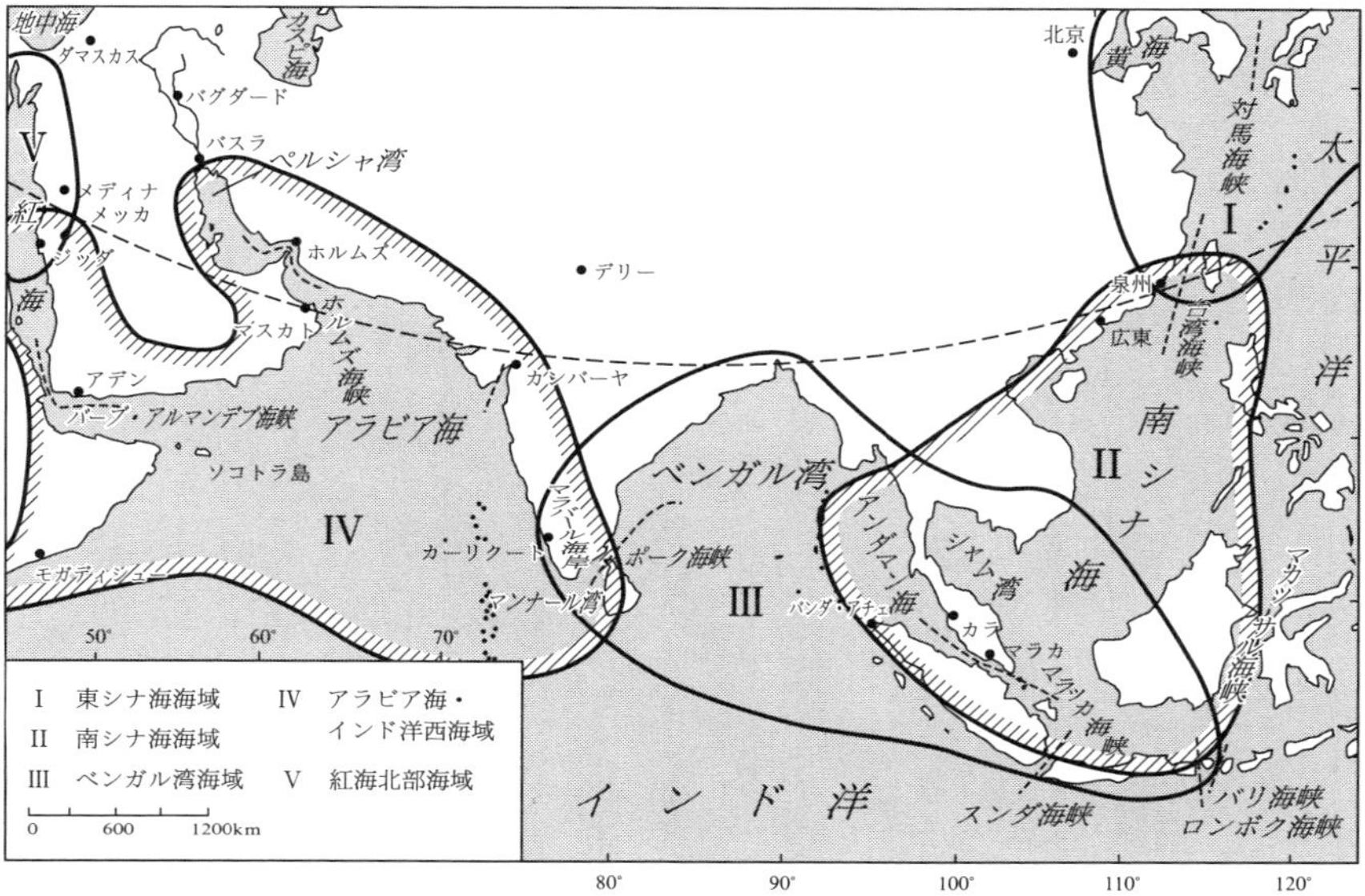

図 1 インド洋海域世界のおもな海峡と海域区分

峡とバーブ・アルマンデブ海峡の、四つの主要な海峡によって、南シナ海海域、ベンガル湾海域、アラビア海海域、ペルシャ湾海域と紅海海域の、五つの海域に仕切られており、したがって海峡はそれらの海域間をつなぐ多様なネットワークが結節・交差する要地に位置しているといえる。海峡部にはいずれも、無数の島嶼、半島、切り立った海岸と複雑な入り江、そして浅瀬と岩礁が点在するために、そこを通過する船は強い潮流と逆風を避け、狭く曲がりくねった水路を選びながら進まなければならない。しかも、そこはモンスーンの交代する海上交通の要衝地にあって、モンスーンを利用して航海する帆船は、次のモンスーンの到来を待って海峡部に三ヵ月間から長期の場合は六ヵ月間以上、時には一年間の停泊が必要なこともあった。したがって、海峡付近には航路が集中して、モンスーン航海のうえで不可欠の多くの停泊港や風待ち港が発達した。このような諸条件の重なるなか、海峡部には海に生きるさまざまな人々が集まり、物資の交換・流通がおこなわれ、文化・情報が交流する「境域の場」としての特徴を持ったのである。

(1) マラッカ海峡　インド洋の主要な海峡をめぐる政治・経済情勢は、とくに一三・一四世紀を軸として大きな変革がみられた。まずマラッカ海峡の場合を考えてみると、そこが南シナ海、東アジア世界とインド、西アジア、地中海世界とを結びつける東西交通と流通の最大の関門であることは今も昔も変わらない。しかも、マラッカ海峡周辺の交易港は、スマトラ島、ジャワ島、モルッカ諸島やバンダ諸島などから集まる豊富な熱帯産品の重要な集荷市場と中継地であった(2)。

一〇世紀半ば以後、古代シュリーヴィジャヤ王国をついで成立したシュリーヴィジャヤ・パレンバン王国（三佛齊国）は、マラッカ海峡とシャム（タイランド）湾周辺部への影響力を復活して、中国ジャンクに提供する東南アジア熱帯産品の集荷と輸送を独占するが、一四世紀半ばには急速に消滅した。それに代わって、東からはジャワのマジャパヒト王国、また北からはマレー半島とマラッカ海峡に対する政治的支配を獲得しようとする南タイのアユタヤ王国が勢力を拡大しつつあった。さらに注目すべき現象は、スマトラ島北東部にイスラーム教を信奉する最初のスルタン＝マリク・アッサーリフ（al-Malik al-Ṣāliḥ）がスムトラ・パサイ王国（蘇木都剌国、蘇木答剌国）を建設して、マラッカ海峡の情勢に新たな波乱を巻き起こしたことである。マラッカ海峡の要衝地にイスラーム系国家が成立したことは、それまでのヒンドゥー・仏教文化の影響力が後退して、イスラーム世界をつなぐ文化的・経済的ネットワークのなかに東南アジア島嶼部が本格的に組み込まれていく重要な転機となったといえる。そして一四世紀末から一五世紀初頭にかけて、海峡付近にはペルラク、ペディル、アルー、マラッカなどのイスラーム系の港市国家が相ついで成立した(3)。

(2) マンナール湾・ポーク海峡　インド亜大陸が大きく南に突き出ているために、インド洋には東にベンガル湾と西にアラビア海という深い入江が形成され、その二つの海の交点に位置するのがコロマンデル、マラバールとスリランカ島によって囲まれたマンナール湾・ポーク海峡である。この海峡は、ユーラシア大陸の中緯度と直接結びつく関門ではないが、インド洋海域の東西をつなぐ海上交通と貿易の要衝地であり、同時にスリランカ、マルディヴ諸島や南インド内陸部から集まる胡椒、生姜、肉桂、カルダモン、白檀、沈香、宝貝、乾燥魚、龍涎香、ココヤシ油脂《コプラ》・繊維、宝石などの特産品の集荷市場でもあった。また海峡付近には、ペルシャ湾と並ぶ有数の真珠採集地があって、その採集と真珠取引をめぐって、各地から海に生きる人々が集まった。

一〇世紀半ば、チョーラ王朝の勢力がスリランカ島北部に拡大すると、マンナール湾に面した最大の交易港マンタイ（マンダイ）の機能に大きな変化が起こった。[4] すなわち、それまではインド洋を横断する商船の多くはマンタイを経由してマンナール湾・ポーク海峡を横断したが、一〇世紀半ば以後になるとマラバール海岸からスリランカ西側の諸港市、バンダル・サラーワート、カランブー（コロンボ）、カーリー（ゴール）、ディーナワルなどを経由してスリランカ島の南端を迂回するルートが、もっぱら利用されるようになった。これはチョーラ朝の政治的・軍事的勢力がスリランカにおよんだこと、それにともなってシンハラ系王族の勢力が南に移動して、西海岸の諸港市を対外交易の拠点とするようになったこと、マンナール湾の水深が海流の変化によってしだいに浅くなり、とくに中国ジャンクのような大型船にとっては海峡部の航行が危険であったこと、などの理由によっていると考えられる。[5]

一三世紀の前半になると、パーンドゥヤ朝のパラークラマ・パーンドゥヤ王（Parākrama Pāṇḍya）が大軍を率いてマンナール湾を渡り、スリランカ北部と中部を制圧し、タミル系の人々の流入が増大した。またペルシャ湾の第一の交易港として繁栄したキーシュ（カイス）島の支配者サワーミリー家（Banū al-Sawāmilī）は、マンナール湾・ポーク海峡周辺の代表的港市、とくにカーヤル、カウラム（クーラム・マライ）、カーリクート、ファンダライナー（パンダライニ・クッラム）などに商業居留地を築いて、交易港における外国居留民の統治、商船と貿易商人の出入港管理についての権限を内陸国家のパーンドゥヤ朝から委託された。さらに一四世紀に入ると、ホルムズ商人たちがキーシュ商人に代わって海峡付近の諸港市に進出して、ヒンドゥー系王侯・支配者たちとの馬貿易を独占するとともに、来航する中国ジャンクとの交易関係を強化した。中国ジャンクは、すでに一二世紀半ばにはマラバール海岸のカウラム、カーリクート、ファンダライナー、ヒーリーといった港市を訪問して、中国・インド間の定期交易をおこなっていた(6)。

(3) ホルムズ海峡

アラビア海とペルシャ湾をつなぐ海峡、ホルムズ海峡は紅海の出口のバーブ・アルマンデブ海峡と並んで、インド洋と地中海の両海域世界を結ぶ東西交流上の重要な関門であった。したがって、古来、西アジア地域に成立した諸国家・政治権力は、この二つの関門を同時に統制・支配することによって、国際的交通・運輸と貿易活動に大きな影響力をおよぼそうとしたのである。つまり、イランやティグリス・ユーフラテスの両河流域に成立した諸国家は、ペルシャ湾からホルムズ海峡を通過してアラビア海に出るルートと同時に、紅海とその出口のバーブ・アルマンデブ海峡周辺にも軍事遠征を繰り返し、紅海を通過して地中海に通じる国際的交通・貿易ルートの活動に管理と統制を加えた。一方、エジプト・シリア地方に成立した諸国家は、ヒジャーズ地方とイエメン地方に勢力を拡大するとともに、ホルムズ海峡とペルシャ湾岸の諸地域に対して政治的・経済的統制力をおよぼすための積極的な外交および軍事上の諸政策を展開したのである。

一三世紀半ばから一四世紀前半にかけて、ペルシャ湾ではキーシュとホルムズの二つの交易港がインド洋貿易の覇権をめぐって激しく争った。一〇世紀後半に国際港スィーラーフの衰退以後、キーシュを拠点としたイラン系カイサル家（Banū Qaysar）の支配者たちは強力な戦艦を建造して、ホルムズ海峡付近を巡視するとともに、商敵の港市や船舶を襲撃し、さらにはウワール（バフライン）島やハーラク（カーグ）島の近海に分布する真珠採集地を支配して交易を独占した。一二世紀初めにキーシュの艦隊はバーブ・アルマンデブ海峡に近いアデン港を侵略して、その町の一部を占拠した。その後、この艦隊は撃退されたが、おそらくこの時にアデン港の一角に建設されたキーシュ王統に属するカイサル家の商業居留地は、一三世紀前半にラスール朝がイエメン支配を確立するまでの約一〇〇年間にわたって維持されたと考えられる。前述したように、一三世紀半ば、キーシュ支配者の王統がカイサル家からサワーミリー家に移行すると、サワーミリー家出身の支配者層や海民たちはインド西南海岸やマンナール

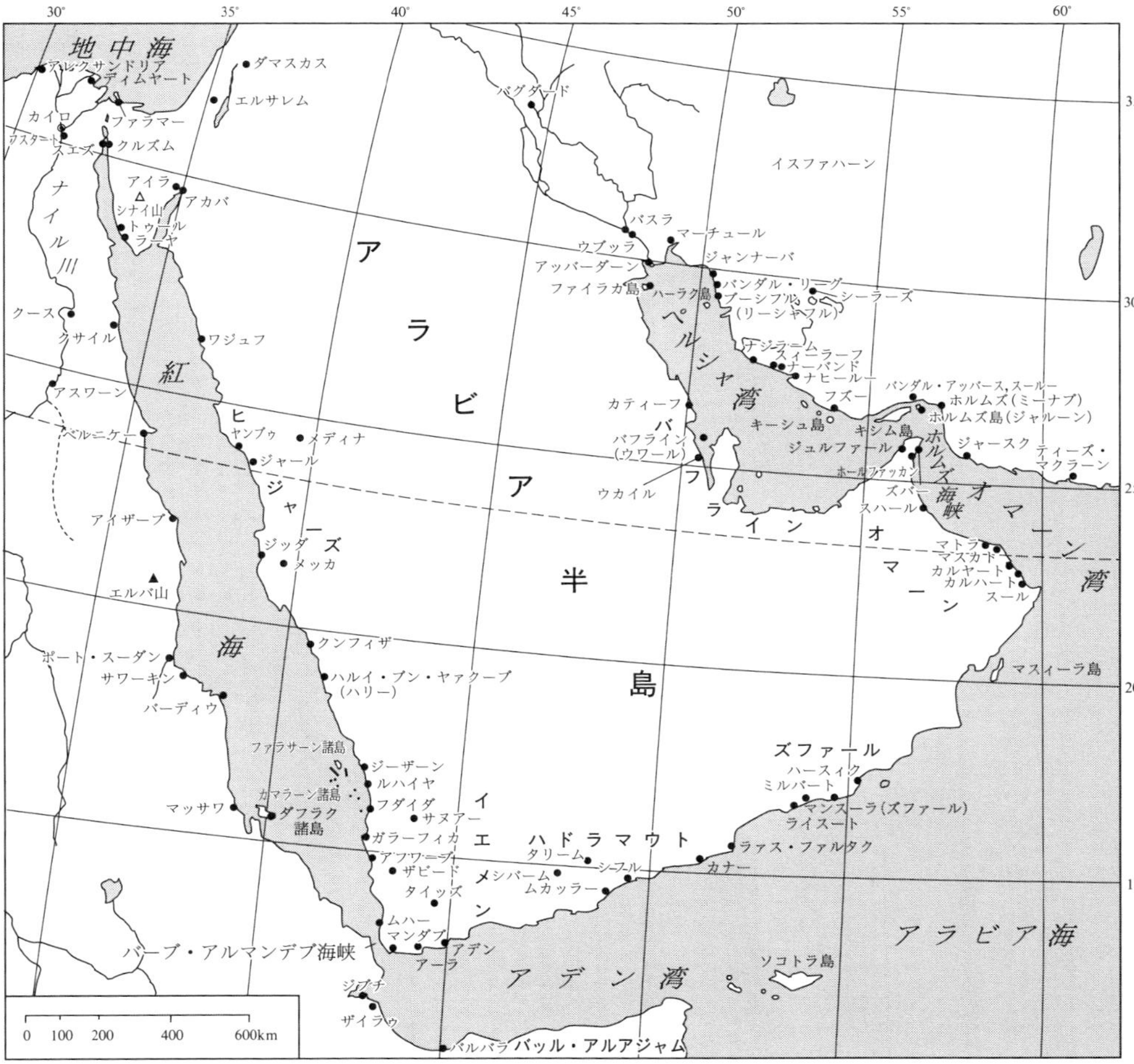

図2　ホルムズ海峡とバーブ・アルマンデブ海峡付近のおもな交易港

湾・ポーク海峡に面したカーヤル、カウラムなどに貿易代表者《マルズバーン》を派遣して、パーンドゥヤ朝の支配者と馬取引に関する通商関係を結んだ。[7]

一方、ホルムズ海峡に近いホルムズを拠点とした支配者たちは、オマーン、ズファール、マクラーン、スィンドやインドのコンカン・マラバール海岸に進出して、キーシュと海上勢力を競った。一三〇六／〇七年、モンゴル軍がイラン南部を侵略したとき、キーシュの支配者はその財産のすべてをモンゴル軍によって没収された。そのために、キーシュのインド洋貿易における卓越した役割は急速に消滅していった。ホルムズ王のタハムタン（Malik Qutb al-Dīn Tahamtan）はキルマーン地方の治安状況が悪化すると、大陸部のホルムズを放棄した。そして、前述のように一三〇〇年頃には現在のバンダル・アッバースの南、約一七キロメートルに浮かぶジャルーン（ホルムズ）島に移動し、そこに新ホルムズの港市を再建した。ホルムズ島を拠点とした支配者と海上商人たちは、ホルムズ海峡に近い要衝地を占めることで、海峡を通過する船舶の監視と通航関税の徴収、ペルシャ湾産真珠の取引の独占、内陸を支配するイル・ハーン朝モンゴルやティームール朝などの大国家との友好関係を維持し、さらにはインドとの馬貿易を独占することによって、一六世紀初めのポルトガル艦隊によるホルムズ制圧まで、ペルシャ湾〜アラビア海を基軸とする海上交易のネットワークを掌握したのである。[8]

そしてインド洋海域の主要な海峡の四番目がバーブ・アルマンデブ海峡であるが、これについては節をあらためて、ラスール朝の海域支配との関係でアデン港を中心に詳しく論じていくことにしたい。

二　バーブ・アルマンデブ海峡とイエメン・ラスール朝

(1)「港市国家」ラスール朝の成立

一〇世紀後半になると、イスラーム世界を構成する文化的・経済的ネットワークの重心はそれまでのバグダードをセンターとするイラク・ペルシャ湾軸ネットワークから、カイロをセンターとするエジプト・紅海軸ネットワークへと移行した。それにともなって、インド洋と地中海の両海域世界をつなぐ国際交通ルートもまた、エジプト〜紅海〜イエメン〜インド洋の軸線上に置かれるようになった。

こうした影響を受けて、インド洋と紅海の関門にあるバーブ・アルマンデブ海峡に位置したイエメンの諸港市、なかでもアデンが国際交易の一大中心地として急速な隆盛をとげた。一三世紀前半のイブン・アルムジャーウィルの記録によれば、アイユーブ朝（アイユーブ朝のイエメン支配は一一七四—一二二九年）支配下のアデン港には毎年、七〇〜八〇艘前後の商船が入港し、それによって得られる貿易関税は四つの収納箱《ヒザーナ》——インドから来航した商船の入港関税、茜《あかね》染料の輸入関税、インド向け馬の輸出関税、インドに向かう商船に対する出港税、の四種の税収入をそれぞれ箱に収めたもので、その一つは総額一五万ディーナール以上におよんだ——にまとめられて、アデンから王都のタイッズに運ばれたという。[9]

一二二九年、アイユーブ朝のイエメン地方に対する支配権が衰えた機会をとらえて、同地方のイクター保有者（muqtaʿ）の一人であったマンスール王ヌール・ウッディーン・ウマル（al-Malik al-Manṣūr Nūr al-Dīn ʿUmar I, 在位一二二九—五〇年）はタイッズ、ジャナド、スラー、アデンなどの拠点都市を次々に支配下に入れて独立し、ラスール朝を建設した。[10] ラスール朝は、第二代スルタン＝ムザッファル（al-Malik al-Muẓaffar, 在位一二五〇—九五年）

表1　イエメン・ラスール朝の対外関係

アデン，アフワーブ，シフル，ライスート，ズファール（マンスーラ），ミルバート	ラスール朝直轄支配の港市。ナーズィル，ワーリーによる直接支配
ザイラゥ，ダフラク，サワーキン，ヤンブゥ，ジーザーン，ハリー（ハルイ・ブン・ヤァクーブ）	ラスール朝の強い影響下にある港市。イエメン船の入港，関税収入の一部を納入
ヒジャーズ地方（メッカ，メディナ，ジッダ）	マムルーク朝勢力の後退の時には軍隊を派遣。メッカ・アミール権の争いに介入
エジプト・マムルーク朝	2〜3年ごとに使節と贈呈品の交換，貢納金の支払い
インド洋海域諸国：カンバーヤ，ターナ，カーリクート，スリランカ，ベンガル，ホルムズ，バフライン，イラク，オマーン，中国，エチピア，バルバラ，キルワ，ザンジュ	使節と贈呈品の交換，安全・保護契約

の治世代に、ハドラマウト・ズファール地方を併合し、さらにバーブ・アルマンデブ海峡の対岸にある東北アフリカの交易港、とくにザイラゥ、ダフラク、ジャバルトなどにも支配権をおよぼした。またアイユーブ朝のあとに成立したマムルーク朝がモンゴル軍や十字軍との戦闘にすべての勢力を集中しているときに、ラスール朝の軍隊はヒジャーズ地方まで進出して、メッカのシャリーフたち（預言者ムハンマドと血縁関係にある名門の子孫たち、アシュラーフ）のアミール権をめぐる抗争にも介入した（第3章参照）。

ラスール朝国家の経済的基盤について、地理学者ウマリー（al-ʿUmarī）は、「イエメンの諸地方は肥沃な地ではなく、その国家収入の大部分は陸上・海上の商人たちと貿易・運搬船《ジッラーバ》の収入に頼っている」、「アデンはイエメン最大の寄港地。そこはタイッズ、ザビードに継いで第三に有名なほどであり、難攻不落で知られたサマダーン（サムラーン）の要塞がある。また、そこはイエメン地方の王侯たちの収入の宝蔵庫《ヒザーナ》」、「イエメンの国家財産の大部分は、その国内からもたらされるものとともに、インド、エジプト、エチオピアから来航する商人たちの大波《マウジャート》（多数）［がもたらすもの］」、「アデンは旅の仲間たちの会同の場所。そこを取り囲む遠隔の地の中国《スィーン》、インド、スィンド、イラク、オマーン、バフライン（東アラビア地域）、エジプト、ザンジュ（東アフリカ海岸）やエチオピアへの旅立ちの場所。そこでは多数の商人、船舶、来訪者、多種多様な商品や物産が一週間たりとも途切れることがない」、「彼らのもとでは商人たちが世間的に高い尊敬を集めている。なぜならばイエメン［・ラスール朝の国家］歳入の大部分は彼らから徴収され、また彼らが存在するために獲得されるからである」などと説明している[11]。つまり、ラスール朝国家はタイッズとザビードの二つを首都として、イエメンの海岸部（al-Yaman al-Akhḍar, Tihāma）と港市に政治的・軍事的支配権を確立したことによって、その国家の経済的繁栄の基礎を築いたのである。このように、ラスール朝は海上交易によって得られる財政収入（関税、船舶の出入港税、国家による商品の専売、各種の仲介税）と大商人や外国使節のもたらす寄贈品などに依拠する、いわば「港市国家」としての性格をそなえていたのに対して、イエメンの内陸・高地を中心として成立したザイド派イマーム政権は、農業生産の収入に大きく依拠する内陸領域型国家であった。

インド洋海域周縁部には、海上貿易に依存する多くの港市国家が成立したが、それらをおおまかに分類すると、①海域独立型港市国家、②陸域従属型港市国家、の二つがあった。前者はマラッカ、シュリーヴィジャヤ、カーリクート、ホルムズ、キーシュ、キルワなど、後者はアチェ王国、マジャパヒト王国、グジャラート・スルタン国、オマーンのヤァルーブ朝とブー・サイード朝、そしてイエメンのラスール朝やターヒル朝などに代表される（詳しくは第I部第2章を参照）。

ラスール朝の支配領域は、アデン、アフワーブ、シフル、ライスート、ズファール（マンスーラ）、ミルバートの、六つの直轄統治の港市を含む海岸部であって、これに加えてティハーマ地方やズファール地方の農耕地でバナナ、レモン、シトロン、マンゴー、ココヤシの実などの熱帯産果実、砂糖きび、ナツメヤシの実、米、モロコシ（ズッラ）、胡麻などが栽培された。しかし、イブン・アルムジャーウィルやウマリーが伝えているように、アデンやミルバートをはじめとして港市の住民が消費する食料はつねに不足していたので、インドからの米の他に、スィンド、エチオピアやエジプトなどに食料品（穀物、家畜、油脂など）の供給をあおいでいた[12]。

（2）ラスール朝の海峡支配

ラスール朝が国際的海運と中継商業のうえで、決定的な影響力を持つためには、紅海とバーブ・アルマンデブ海峡の領海支配を確立することが必要であった。すでにアイユーブ朝のサラーフ・ウッディーン（サラディン al-Malik al-Nāṣir Ṣalāḥ al-Dīn, 在位一一六九—九三年）の時代、十字軍の勢力は東地中海、ナイル・デルタ地域とパレスチナ海岸を侵略・占領し、さらに紅海を経由して、インド洋海域への進出を企てていた。そこでサラーフ・ウッディーンは両聖地（メッカ、メディナ）を異教徒の侵入から防衛すること、メッカ巡礼者たちの通行の自由と安全保護《ヒマーヤ》、インド洋交易の振興、カーリム商船団に代表される海運組織の育成と保護、などの目的を達成するために、ヒジャーズ地方とイエメンへの軍隊の派遣をおこなった。

　こうした意図を受けて一一七四年には、サラーフ・ウッディーンの弟トゥーラーン・シャー（al-Malik al-Muʿaẓẓam Shams al-Dīn Tūrān Shāh, イエメンにおける在位一一七四—八一年）がイエメンを征服し、その後もアイユーブ家の支配者たちは、一二二九年までの五五年間にわたってイエメンの統治を続けた。[13] アイユーブ朝がイエメン統治において最も重視した政策の一つは、バーブ・アルマンデブ海峡を通過する船舶を監視して、海賊の襲撃から商人を守り、商船を安全航行させるために、シャワーニー船団を組織・運営することにあった。シャワーニー船団とは、監視・護衛のための武装船のことで、アイユーブ朝統治末期のアデン港では、商人たちに課せられる関税《ウシュール》の一〇パーセントがシャワーニー税に割り当てられ、船団はその費用によって組織・運営されていた。[14]

　シャワーニー船団の組織は、ラスール朝になっても継承され、海域支配のための重要な役割を果たした。とくにスルタン＝ムザッファルによって挙行されたズファール遠征のとき、陸軍の二隊と並んで、アデンから出航したシャワーニー船団はシフルとライスートの港市を攻撃した。これによってハブーディー朝の軍隊は窮地におちいり、一二七九年にはズファール地方は完全にラスール朝支配下におかれた（第3章参照）。またバーブ・アルマンデブ海峡付近には、常時、シャワーニー船団が警戒して、ラスール朝発行の通過証《ジャワーズ》を持たずに通過しようとする違反船を厳しく取り締まった。ラスール朝の海の慣行《アーダ》にもとづいて、海峡を通過する商船は、かならず一度はアデンに入港し、そこでイエメン船団と一緒に紅海に向かうことが義務づけられていた。(15)

こうしてマムルーク朝の歴史家マクリーズィーが伝えるように、一二六一／六二年の頃、紅海の国際港アイザーブの活動がアラブ遊牧民の侵略によって停滞すると、アデンがインド洋を航行する船舶の第一のターミナル港として急速に繁栄するようになった。(16)ラスール朝のスルタンたちがシャワーニー船団を具体的にどのように組織・運営したかについては明らかでない。ラスール朝の王朝年代記には、その船団が「アシュラフィー船団（スルタン＝マリク・アシュラフによって編成された船団）」、「ナースィリー船団（スルタン＝マリク・ナースィルの船団）」または「ディーワーン船（政庁の船）」などと記録されていることから、シャワーニー船団はスルタン直属の船団、もしくは軍務庁（ディーワーン・アルジュンド）に所属する海軍であったと考えられる。(17)

（3）アデンの港市社会とラスール朝

次に、ラスール時代のアデンの状況について見てみよう。アラビア半島の西南端に位置するアデンは、東北アフリカ海岸と向かい合い、その西一六〇キロメートルほどのところにバーブ・アルマンデブ海峡がある。海峡の細い水路を通過すると、紅海に入り、さらにヒジャーズ、エジプト、シリア、そして地中海世界へと続く。また、アラビア半島の西岸沿いには、南北に連なるサラート山脈があって、アデンを出発点として、サヌアー、サアダ、ナジュラーン、ターイフ、メッカ、メディナなどを経て、シリアに達する高原キャラバン・ルート、紅海沿いにルハイヤ、ジーザーン、ハリー（ハルイ・ブン・ヤァクーブ）、クンフィザ、ジッダ（ジュッダ）などを経由して北上する海岸沿いのキャラバン・ルートがあった。そして何よりも、アデンはインドの西海岸のグジャラート地方やマラバール海岸に達するインド洋横断航海の要衝地に位置していることによって、古くから東西を結ぶ国際交通・運輸と貿易上の重要な中継地、また領海支配の戦略的拠点となったのである。アデン湾を取り囲むソコトラ島、ハドラマウト・ズファール、バルバラ海岸（バッル・アルアジャム Barr al-'Ajam）やエチオピアの局地市場圏からは乳香、没薬《もつやく》、龍涎香、金、鼈甲《べっこう》、奴隷、各種動物の皮革類、ラクダや羊・山羊などの家畜類、象牙、犀角などの諸物産がアデンに集荷された(18)。

アデンの市街は、切り立った岩山に囲まれた休火山のクレーター部分に発達し、一本の隧道と砂州によって内陸部と連絡していた。イブン・アルムジャーウィルは、「アデンの町の住民の多くはアレクサンドリア、エジプト（カイロ、フスタート）、リーフ（上エジプトや紅海の沿岸の地方都市・田舎）から集まったアラブ人たち、非アラブ《アジャム》（バルバラ海岸）の人々、ペルシャ《フルス》人、ハドラマウト人、モガディシュー人、イエメン山岳地《ジバーリーヤ》の人々、ザブハーン人、ザイラゥ人、リヤーブ人、エチオピア人たち」などであると説明している。また一四世紀前半にアデンを訪問したイブン・バットゥータは「そこ（アデン）はインド人たちの港であって、クンバーヤト（カンバーヤ）、ターナ、カウラム、カーリクート、ファンダラーヤナ（ファンダライナー、パンダライニ・クッラム）、シャーリヤート（チャーリヤム）、マンジャルール（マンガロール）、ファーカヌール、ヒナウル、スインダーブールなどから大型船がそこにやって来る。インド商人たちは、エジプトの商人ちと同様にそこの居留民である。アデンの住民［の職業］は、商人たち、荷担ぎ人たち、あるいは魚を捕る漁師たちのいずれかである。彼らのなかには、非常に富裕な商人たちがいて、時には彼らの所有している財産があまりに多いので、他人と共同契約することなく、単独で積荷を占有する大船を持っている商人もいる。そうした点で、商人たちは互いに自負心が強く、しかも傲慢である」と述べている(19)。つまり、アデンはインド洋海域世界の各地から集まった海に生きる人々の多重多層の社会構成と、海運・流通活動のために国際的に開かれた交易都市としての性格を持っていたことが分かる。

タイッズとザビードに首都をおいたラスール朝は、直接統轄する交易港として、このアデンの他に、シフル、アフワーブ、ムハー、ライスート、ズファール（マンスーラ）、ミルバートなどを所有していた。アフワーブは首都ザビードに近い外港であったが、アデンがラスール朝にとって第一の港市の役割を果したことは言うまでもない。したがって、その港市に対する国家権力の関わり方は、他ならぬ港市国家としてのラスール朝の基本的性格を表しているといえよう。ラスール朝の王朝年代記であるハズラジーによる『ラスール朝史に関する真珠の首飾りの書』および匿名の著者による『イエメン年代記』によると、スルタンは新しく即位したときに、またイスラムの祭礼日《イード》やモンスーン航海期の開始の季節（maḥṭūh al-mawsim）にはアデンを訪れて、船着き場《フルダ》で富豪商人、船舶経営者《ナーフーザ》や外国商人たちと会見し、彼らの来航を歓迎するとともに、記念の礼服《ヒルア》を下賜し、関税率の引き下げと公正・正義《アドル》にもとづく統治を約束したという[20]。

一般に、インド洋海域において広く認められた海上慣習《アーダ》によると、港は「安全で囲まれた場所《ハウタ》（聖域）」、「神によって保護された場所（maḥrūs）」、「市場《スーク》」、「秩序の保たれた場所」、「特定の所有権の設定された場所」、「裁きの場所」であって、漂着物、難破船や乗員はその正当なもとの所有者に返還され、所持品や乗員の生命の安全が保障されるべきところであると見なされた。このように港が、いわば明確に領域の設定された空間であったのに対して、それ以外の公海や海岸（浜）は、所有権の確定していない「自由な空間」であって、嵐の時の投荷、船の乗員、海産物、とくに龍涎香や真珠などは自然取得物として、その発見者、または土地の権力者に所有権が属した（ただし、荷主の名前を明記した漂流貨物は除く）。したがって、スルタンによるアデン港への巡幸は、いわばラスール朝の海域支配のシンボリックな行動であったと考えられる。つまり、スルタンの目的は、各地から集まる商人やその他の海で活動する人々にラスール朝の権威を認めさせ、また彼が海の安全の保護者であることを強く印象づけることで、海外諸国からの商人や使節の訪問を促そうとすることにあったのである。

（4）ラスール朝によるアデン港の管理

一五世紀初めに編纂されたアルハサン・ブン・アリー・アルフサイニー（al-Ḥasan b. ʻAlī al-Ḥusaynī）による『アデン港関税帳簿 *Kitāb Mulakhkhaṣ al-Fiṭan*』は、スルタン＝ナースィル（al-Malik al-Nāṣir Aḥmad, 在位一四〇〇

—二四年）の治世代に当たる一四一二年に編纂されたものであるが、その記録内容の多くがスルタン＝ムザッファルからスルタン＝ムアイヤド（al-Malik al-Mu’ayyad Dā’ūd, 在位一二九六—一三二二年）にわたるものであって、アデン港におけるラスール朝政府の行政官とその権限、港湾の保安と貿易管理の仕方、主要な輸出入品目と関税率などについて詳細に記録している。[21] また最近になって新たに発見された重要な史料『実務諸般の光 *Nūr al-Ma‘ārif*』は、スルタン＝ムザッファル時代のイエメンの租税・行政上の一大法令集といえる貴重な史料である。この二つの史料に見られるアデン港に関する記録内容は、イブン・アルムジャーウィル、ウマリーやアブー・マフラマ（Abū Makhramah）などの伝える記録とも一致する点が多く、ラスール朝が海域を通じて集まる富（商船、商人、物産など）をどのように支配・管理しようとしていたかを解明するには恰好の史料であるといえよう。

　これらの史料を通じて明らかにされる点は、アデンの国家行政管理が、政府によって任命された知事《ワーリー》（wālī）、貿易業務の最高長官《ナーズィル》（nāẓir）、港湾軍務を管轄する総督《アミール》（amīr al-baḥr）、そして海事裁判所（bayt al-baḥr）の法官《カーディー》の四者を基軸として運営されていたことである。知事は、アデンにおける軍事・行政・徴税を職務とする最高の司令官であって、ほかの三者はすべて彼の監督下に置かれた。アデンの城門（Bāb ‘Adan）と波止場に通じる門（Bāb al-Furḍa）を開閉する重要な鍵は、つねに知事の家に保管・管理されて、必要な時に政府の担当役人が知事から直接受けとった。[22]

　港の貿易業務監督局（dīwān al-naẓr bi’l-thaghr）を統轄する重要な任務はナーズィル（貿易業務を司る最高長官・監督官）であって、この役職はしばしばフライス家（Ibn al-Hulays）、フッビー家（Ibn al-Hubbī）やファーリキー家（Ibn al-Fāriqī）などの信頼のおける大商人たち（a‘yān al-tujjār）から選出された（詳しくは第IV部第3章を参照）。しかもそれらの商人たちのなかには、カーリム（al-Kārim）、もしくはカーリミー（al-Kārimī, al-Akārim）と呼ばれる国際的商人の仲間たちが含まれていた。例えば、ファーリキー家のアリー・アブー・アルフサイン（一三四六年没）は、スルタン＝ムジャーヒド（al-Malik al-Mujāhid ‘Alī, 在位一三二一—六三年）の治世代にエジプトから移ってきて、アデン港のナーズィル職に任命された。また彼の息子フサイン・シャラフ・ウッディーンは、イエメンの大商人として著名であり、スルタン＝アシュラフ一世（al-Malik al-Ashraf Ismāʿīl I, 在位一三七七―一四〇〇年）の時、アデン港のナーズィル職を二回と中央政府の大宰相《ワズィール》の職にも就任している。スルタン＝アシュラフ一世の時代は、ラスール朝の国家経済がもっとも安定し、中国、インド、ペルシャ湾岸地域やエジプトとの海上貿易が盛んにおこなわれて、文化・文芸も繁栄した。大商人の仲間たちは、共同と合資によって海運業や貿易を営み、また互いに婚姻関係を結ぶことで団結し、ますます経済力を拡大していった。ラスール朝は彼らに貿易資金《マトジャル》を貸し付け、それによって海外における商品の購入と売却をおこなわせて貿易利潤を得た。また国家財政の窮乏の時には、彼らから強制的に資金調達や財産没収《ムサーダラ》がおこなわれた。

アデン港が最も賑わう季節は、モンスーン航海期に、インド、東アフリカ、ペルシャ湾岸や紅海沿岸の諸地域から商船が入港してくる時（一二月半ば～翌年の三月）と、港内から船が出航していく時（四～五月、八月末～九月初め）であった。アデンの町の背後にあるアフダル山（Jabal al-Akhḍar）の監視所がインド洋を航行してきた商船をキャッチすると、その報告は連絡網によってアデンの知事《ワーリー》、町の名士《マシャーイフ》たち、そして一般住民の順で知らされた。船が港に近づいてくると、アデンの港湾検査官が乗り組む小舟《サンブーク》が出て、その船内の立入り検査をおこなう。検査官は船のナーフーザと乗船している商人たちの名前を記録する。ナーフーザの船舶書記《カッラーニー》は、求めに応じて船倉の積荷やその他の必要事項を記した入国申請書《サトミー》（saṭmī, ruqʿat al-karrānī）を検査官に提出する。船がいよいよ港内に停泊すると、スルタンの代理官の立ち会いのなかで、検閲官《ムファッティシュ》が船の乗員すべての身体検査をおこない、小間物については翌日、衣類や商品については三日後に船からおろさせる。積荷のうちで、とくに香料類については天秤で厳密にその重量が計られ、疑わしい品物については封印される。こうして陸揚げされた商品は、まずスルタン用の買上品が倉庫に入れられ、他の商品については市場で売却される。アデンの市場は、毎週金曜日に開かれ、海岸沿いに商品が並べられて、さまざまな人々が集まって賑やかな取引がおこなわれた。[23]

商船の出港の時にも、入港の時と同じように港の検閲官が厳しい検査をおこなう。船のナーフーザが出港を望む時、自分の船に特別の旗《バランク》を立てて目印とし、商人たちや一般の人々に知らせる。すると、取引を望む人々、委託荷物や乗客たちが集まってくる。船の出港の直前には、鐘を持った人が町中をふれ回り、波止場では太鼓や笛などの楽器が奏《かな》でられたという(24)。

ラスール朝時代、対インド貿易において最も利潤率の高い輸出品は馬であった。一三世紀以後、ペルシャ湾の国際港キーシュやホルムズと並んで、ラスール朝統治下のアデン、ライスートやミルバートなどから積み出されるアラブ馬は、インド洋を西から東に流れる主要商品となった。馬は、インドのカンバーヤ、バトカル、ダボール、マンジャルール、クーラム（カウラム）やカーヤルなどの港に運ばれた後、内陸部のイスラーム系の諸王朝、ヒンドゥー系のパーンドゥヤ朝やヴィジャヤナガル王国にも輸出された。

ラスール朝政府が馬貿易と深く関わっていたことは明らかであって、とくにイエメンの山岳部を領有するザイド派のイマーム政権やアラブ遊牧民との戦闘および贈与によって獲得された馬は、馬仲介商人によって公設市場に集められ、そこで競売にかけられた。さらに、アデン港では馬の積出しに高額な輸出関税が課せられた。前述したスルタン＝ムザッファルの治世代の行政記録『実務諸般の光』やアルハサン・ブン・アリー・アルフサイニーの『アデン港関税帳簿』には、アデン港における馬取引、課税率や死亡の場合の課税の方法について、詳しい記録が残されている（以上については第V部第4章を参照）。

商品に対する課税率は、ラスール朝の財政状態やスルタンたちの交易に対する取り組み方によっても多少の変動があったが、とくに奴隷、馬、家畜、香辛料・薬物、染料類、各種の繊維・織物類や宝石類には高率の関税が課せられた。一方、エジプトから輸入される小麦（粉）、砂糖、米、オリーブ油、亜麻仁油や、インドからの安物の香辛料、豆類、ココヤシ繊維などの一般消費の商品については無関税とされた。なお、外国商人たちは規定の関税を徴収される他に、スルタンへの新奇な贈与品《ハディーヤ》を提供しなければならなかった。一四〇〇年頃の記録によると、ラスール朝が直接支配する港市からの関税収入の総額は、二三二万五〇〇ディーナールであった。そのうちアデンからは一四七万ディーナール、ズファールからは四二万ディーナール、シフルからは二〇万ディーナール、アフワーブ（ザビードの外港）からは五万ディーナール、その他は一八万五〇〇ディーナールであって、アデンが全体の五分の三以上を占めていたことがわかる。[25]

(5) カーリミー商人の活躍とエジプト・マムルーク朝との関係

ラスール朝の財政機構、対外関係やアデンにおける貿易業務などに重要な役割を果たしていたのは、カーリミーと呼ばれる一種の商人グループであった。カーリミー商人の活動については、第IV部第2章において詳しく述べるので、ここでは簡単な説明にとどめたい。

カーリムの輸送船団を国家の保護下におき、しかも国家財政の安定と対外貿易の振興策に着手したのはアイユーブ朝のサラーフ・ウッディーンであった。しだいにカーリム船団を利用する海上商人たちのなかから特定の商人グループ（カーリミー）が財力を蓄え、国際間の外交・貿易と私貿易の両面に活躍するようになった。彼らは「胡椒と香料の商人」とも呼ばれ、おもにインド産の香料と薬物類を取り扱い、一五世紀半ば頃までのほぼ四〇〇年間にわたって、インド洋と地中海の両世界を繋ぐ主要な交通ルート、すなわちインド～イエメン～エジプト間の国際交易にめざましい活躍をした。カーリミー商人たちは、当時のラスール朝とマムルーク朝との間の軍事的・経済的緊張と対立の関係を巧みに利用して、時には対立と抗争を煽動し、また時には情報の提供と調停・仲裁役を果たした。こうして彼らは、両国から有利な貿易特権と交通・運輸の保護を獲得することで、国際間の商業活動を有利に展開していたのである。

ラスール朝とマムルーク朝とは、インド洋海域世界からもたらされるさまざまな商品の集荷と取引を独占するために、絶えず抗争を繰り返し、時にはメッカ・シャリーフのアミール権をめぐって対立することもあった。ラスール朝は、その政治支配の領域が海運上の好位置を占めて、バーブ・アルマンデブ海峡の通航権を握っていたので、マムルーク朝支配下のエジプト、シリアなどに運ばれる商品の流通や商人たちの行動につねに抑制を加えることができた。彼らは、時には専横な貿易政策を実施したり、またインド、スリランカからマムルーク朝に向かう外交使節団の通行を妨害して献上品を没収するなどの強硬な手段をとることもあった（第II部第4章）。さらに、ラスール朝軍隊はしばしばヒジャーズ地方に進出して、ジーザーン、ジッダやヤンブゥなどの諸港とメッカにも支配権を拡大した。これに対して、マムルーク朝はその外交と軍事の両面の手段を使って、ラスール朝勢力の拡大を押さえ、イスラーム世界の政治・文化・経済の最大のセンターとしての地位を守ろうと努めたのである。

マムルーク朝はラスール朝に対する宗主国としての地位を保ち、同時に両国間の友好関係を維持するために、①国家使節を相互に派遣して友好関係を維持する、②インド洋海域からの新奇な物産を贈る、③貿易関税の一部を納付金として支払う、④商人や国家使節の安全通行と保護を約束する、などをラスール朝に義務として課した。ラスール朝側がマムルーク朝を宗主国とし、このような屈辱的な外交上の慣行を認めていたのは、何よりもまずマムルーク朝が西アジアのイスラーム系諸国家のなかでも最大の政治・軍事・経済上の勢力であったこと、スンナ派政権としてカイロにいるアッバース朝カリフの神政権を認めていたこと、カーリミー商人らによる巧みな政治的・経済的圧力があったこと、などの理由によると考えられる。

しかし、ラスール朝はその政治的・経済的な力を強大化すると、マムルーク朝を宗主国として認めず、しかも旧来の慣行を守らないこともあった。これに対してマムルーク朝は外交使者を通じてラスール朝の反逆的態度を強く非難するとともに、イエメンへマムルーク軍を派遣すると警告を発して脅した。マムルーク朝が実際にイエメンへの派兵を正式決定したのは一二九三年と一三〇七／〇八年の二回であったが、いずれも実行段階までは至らなかった。[26] なお、一三五一年、ラスール朝のスルタン＝ムジャーヒドが率いる軍隊がメッカを占拠しているとき、マムルーク軍がこれを急襲して彼を捕虜とした。マムルーク朝は、彼をエジプトに護送するとともに、身代金として四〇万ディーナールを要求した。ラスール朝側は、カーリミー商人からの借入金によって、四〇万ディーナールをマムルーク朝側に渡し、スルタン＝ムジャーヒドをイエメンに連れ戻すことができた。(27)

いずれにしても、マムルーク朝が紅海を、またラスール朝がバーブ・アルマンデブ海峡の海域支配を平和的に相互分担する限りにおいて、インド洋と地中海の両世界を結ぶ国際的交通運輸と交易のネットワークは順調に機能していたのである。そのことは、同時に国家間の狭間を自由に往来するカーリミー商人をはじめとする海に生きる人々の活躍と繁栄の時でもあった。

結びに代えて

一五世紀に入ると、バーブ・アルマンデブ海峡を取り巻く情勢に新たな緊張が高まった。エジプトとシリアを領有していたマムルーク朝は、財政危機と通貨不安を打開するために、紅海とインド洋を東西交易上の唯一の回廊とすることで、インド洋海域の熱帯・亜熱帯の特産品、とくに香辛料の集荷と取引・販売をすべて国家の専売とする政策に着手したのである。その直接の目的は、マムルーク朝がイフランジュ（フランク）の商人たち、すなわちイタリア都市商人側に売却する香辛料を仕入れる代価として、金貨と銀貨を確保するためであったと考えられる。スルタン＝バルスバイ（al-Ashraf Sayf al-Dīn Barsbay, 在位一四二二―三七年）は、ラスール朝とメッカ・シャリーフたちという二つの勢力圏を仲介としたそれまでのインド洋海域世界との間接的な交易関係ではなく、エジプトとインドの直接交流のネットワークを築くために、一四二四／二五年、メッカとジッダにマムルーク軍団を派遣したのだった。(28)

一方のラスール朝もまた、インド洋と紅海の中継貿易によって得られる貿易関税および商品取引を国家の重要な経済基盤としていたので、従来の海の慣行を破ろうとする違反船やマムルーク朝による新しいインド洋貿易政策に対抗して、バーブ・アルマンデブ海峡の監視をいちだんと強化した。イエメン側の史料によると、アデンに入港することなくバーブ・アルマンデブ海峡を無許可で突破しようとする商船は、「港に立ち寄ることなく通過する人々の船（marākib al-mujawwarīn）」と呼ばれ、ラスール朝にとっては「侵犯船」とでも訳せる存在と見なされた。侵犯船は、ある特定の港市や国家に所属する商船ではなく、とくにインドのカーリクート、カンバーヤ、ターナ、クーラムの諸港市、ペルシャ湾のホルムズなどから来航した船舶を漠然と含むものであり、遠くはスムトラ・パサイ王国の派遣した商船までがラスール朝の諸港を経由せずにバーブ・アルマンデブ海峡を突破して、ジッダとの直接的通商関係を結びたいと望んでいた。

四〇〇年以上にわたってインド洋の香料貿易によって莫大な利潤と社会的地位を得てきたカーリミー商人たちは、このようなスルタン゠バルスバイによる専売政策、それと同時にラスール朝側の対抗策の両方からの影響を受けて、彼らの自由な商活動に厳しい制限や弾圧が加えられるようになった。財産没収、高額な入港税や取引税などに耐えられなくなった彼らのある者はエチオピアへ、ある者はインド方面の商業居留地へ避難・移住した。彼らの没落がもたらした最大の影響は、ラスール朝、メッカ・シャリーフたちとマムルーク朝との間の政治的・経済的対立を尖鋭化させ、バーブ・アルマンデブ海峡の通過権をめぐる緊張と対立がいちだんと高まったことであり、ひいてはマムルーク朝を中心とする西アジア諸国およびイスラーム世界の国際秩序が流動化する端緒となった。

このように、海峡は時代変革期の国際関係に最も鋭敏に反応する、いわばバロメーターのような役割も果たしていたと考えられるのである。

第3章　国家による海域支配の構図——イエメン・ラスール朝の事例

はじめに

一三世紀半ば、中国に元朝（一二六〇—一三六七年）が成立した頃、イランとイラクにイル・ハーン朝（一二五六—一三五三年）、イエメンにラスール朝（一二二九—一四五四年）、そしてエジプトとシリアにバフリー・マムルーク朝（一二五〇—一三九〇年）と、ほぼ時代を同じくして西アジアに大国が成立し、相互に軍事・政治・経済・文化の覇権を競った。とくに注目すべき点は、これらの陸上の領域国家がいずれもインド洋海域世界に政治的・経済的な影響力を拡大して、海上交易のうえでも主導的な立場を確立しようと努めていたことである。

本章では、とくにイエメン・ラスール朝時代の歴史資料にもとづいて、同朝の第二代目のスルタン＝ムザッファル（al-Malik al-Muẓaffar Shams al-Dīn Yūsuf I, 在位六四七—九四（一二五〇—九五）年）によって挙行されたハドラマウト・ズファール遠征が持つ意味を多面的に分析することで、インド洋交易をめぐる陸域・港市・商人・海域世界の相互の関係を具体的に分析してみたい。[1]

一　ハドラマウト・ズファール遠征の背景

イエメン・ラスール朝の創始者スルタン＝マンスール・ウマル（al-Malik al-Manṣūr 'Umar, 在位一二二九―五〇年）の後を継いだ第二代目のスルタン＝ムザッファルは、低地イエメン（ヤマン・アフダル、ティハーマ）とヒジャーズの諸地域だけでなく、ハドラマウト・ズファール地方やバーブ・アルマンデブ海峡を隔てた東北アフリカの海岸地帯――「アジャム（非アラブ）の大陸（Barr al-'Ajam）」と呼ばれた――とダフラク諸島にも勢力を拡大して、広くインド洋海域と紅海沿岸部への影響力の強化に努めた。ムザッファルによるこうした積極的な領土拡大政策によって、陸域だけでなく海域にも強い支配権をおよぼしたラスール朝は、一五世紀半ばまでの二〇〇年間という長期にわたる政権維持の基礎を築くこととなった。(2)

とくに、一二七九年に彼によって挙行されたハドラマウト・ズファール地方への大遠征は、ラスール朝が陸上の領域国家として、ヒジャーズ地方からハドラマウト地方までのアラビア半島南西部を広くおおう政治支配網をつくり出し、さらにはバーブ・アルマンデブ海峡とアデン湾周辺部の重要な港市、とくにアフワーブ、アデン、ザイラゥ、シフル、ライスート、ズファール（マンスーラ）、ミルバートなどを国家の支配・統制下に置くことで、地中海～エジプト～ヒジャーズ～インドを結ぶ、いわゆるエジプト・紅海軸ネットワークの軸心としての位置を確保したのである。そこで以下では、ラスール朝時代の歴史資料にもとづいて、スルタン＝ムザッファルによるハドラマウト・ズファール遠征がいかなる理由で実行されたかについて考察してみよう。

ラスール朝時代の歴史家ハズラジーは、ムザッファルがハドラマウト・ズファール地方に遠征軍を派遣するに至った背景について、次のように説明している。「[六] 七八（一二七九／八〇）年に、ハブーディー［朝］のズファール（Ẓufār al-Ḥabuḍī）の町が征服され、そこの支配者サーリム・ブン・イドリース（Sālim b. Idrīs）が殺された。その時、彼と一緒に約三〇〇人が殺され、［その他にも］多数の人々が捕虜となった。そもそものこと（ラスール朝によるズファール征服）の［発端となった］理由は、ハドラマウト地方を襲った大飢饉と激しい旱魃の発生にあった。つまり、［旱魃に襲われた］そこ（ハドラマウト地方）の支配者はサーリム・ブン・イドリースのもとに赴き、同年の苦境から彼ら（ハドラマウトの住民）を救うもの（経済的支援）を彼に求め、［その代償として］ハドラマウトの複数の要塞を彼に譲る（売り渡す）という条件を出し、それによって彼の関心を引いて、懇願したのである。すると、サーリムは彼らの求めに応じた。そして、すでに彼らがあらかじめ提示した条件を完璧なものにするため、彼は彼らとハドラマウトまで同行した。しかし、それはサーリムの先代の誰一人としておこなわなかったことであり、サーリムは彼ら（ハドラマウトの人々）がいかに悪賢く、策略に長けているかを知らなかった。彼らは、要請した［支援のもの］すべてを彼から受けとると、彼に［約束の］要塞を譲った。そこで、それらを取ると、彼はズファールに戻った。それは実際に有利な取引であり、首尾よくことが運んだので、これによってハドラマウトは［戦わずして］彼の支配下に入り、掌握できたと、彼は考えたのである。ところが、彼がズファールに引き返すと、たちまちハドラマウトの住民は彼らの要塞について思いを一つにして、まるで彼らと要塞との間を隔てる障害は何もないかのごとく、有無を言わせずそれを奪ってしまった。したがって、サーリムは金も土地もなく、またその場所を得ることもなく、金だけを無駄に使ったことを深く後悔して、死に値する苦しみを感じた。たまたま、その頃、不可避の運命のめぐり合わせによって、以下の出来事が起こった。つまり、われらが主スルタン、［ラスール朝の］ムザッファル王――スルタンに神の祝福あれ！――は高価な贈物を持参した外交使者をファーリス（ペルシャ）の諸王のもとに派遣し、商人の一団もそれに同行した。ところが、彼らの［航海の］途中、嵐が襲い、風が彼らをズファールの海岸に漂着させた。すると、サーリム・ブン・イドリースは彼らを捕らえ、彼らの所持していた贈物、金品と商品を奪った。そして、これこそはハドラマウトで自分が失ったものの代償であるとの身勝手な考えを抱いた。スルタン［＝ムザッファル］は、その件でサーリムのもとに使者を送り、手紙で彼に伝えて『そのような処置は、汝の住民の慣行《アーダ》としても決してあり得ぬことだ。したがって、われらの方としても、汝のそうした略奪行為を絶対に許さぬぞ。われと汝の父君との関係、またわれと汝との関係については、汝も知っての通りだ。……』と言った。……しかしサーリムは、その後もますます傲慢・無礼な態度を続け、スルタン＝ムザッファルに対して『ここに使者がいるが、懲戒とは何処に！』と返答し、その他にも横柄な態度でふるまった[3]。」

このハズラジーによる文章のなかで、とくに注目すべき点は、沈船や漂着物に対する当時の海上慣習の一つが示されていることである。船の積荷は、嵐による風・波や座礁・沈没などによって海上に投げ出され、漂流物となって海を漂ったり、岩礁や海岸に漂着することがたびたびあった。アラビア語の旅行記や地理書に見られる若干の事例から判断すると、インド洋西海域に共通する海上慣習《アーダ》によれば、海上に浮かぶ漂流物や海岸・岩礁に打ち寄せられた漂着物は所有権が放棄された「無主の対象物」と見なされ、漂流・漂着者の場合であれば、奴隷にされることもしばしば起こった。一方、荷主の名前を明記した漂流貨物、あるいは一定の法的秩序の保たれた港市（furḍa）および海浜（saḥil, sawāḥil）に漂着した人や物品については、「本来の所有者に返還すべきもの」と見なされて、所有者が現れるまで管理・保管された[4]。したがって上述の場合も同じように、ラスール朝の派遣した船がズファールの海岸に漂着した際に、そこに乗り組む使節団、乗員が捕らえられ、積荷のすべてが没収されたことに対して、ラスール朝側は当時の海上慣習に違反する不当行為であると主張して、ハブーディー朝の支配者サーリムに強く抗議したのである。

ハズラジーの記録では、ラスール朝が外交使節団を派遣した相手側として、「ファーリス（ペルシャ）の諸王」とだけあって、具体的な国名は明記されていない。この事件に関連するムハンマド・ブン・ハーティム（Muḥammad b. Ḥātim）の記録では、ラスール朝の使節団はアデンの商人たちも同行して、「アジャム（非アラブ、ペルシャ）の地方（bilād al-ʿajam）」に派遣されたとある。当時のファーリスの諸王、もしくはアジャムの地方として想定されるのは、イランとイラクを広く領有したイル・ハーン朝、もしくはペルシャ湾岸のホルムズやキーシュなどの主要港市である。[5] ムザッファルによるファーリスの諸王への外交使節の派遣は、おそらくズファール遠征がおこなわれた前年の一二七七／七八年のことであるから、イル・ハーン朝はスルタン＝アバカ（Abaqa-khān, 在位一二六五—八四年）の治世代にあたる。当時のイル・ハーン朝とマムルーク朝とは北イラクとシリアの領土をめぐって敵対関係にあり、[6] 一方、ラスール朝とマムルーク朝の間ではヒジャーズ地方の支配権と紅海の交易活動をめぐって対立・緊張を続けていた。このような状況から判断すると、マムルーク朝を共通の敵としたラスール朝とイル・ハーン朝の両国がアラビア海・ペルシャ湾経由の海上ルートを通じて使節団を交換し、友好関係を深めようとしていたことは十分に首肯し得ることである。

　また、この時期のペルシャ湾では、キーシュとホルムズの二つの港市がアラビア海・インド洋西海域における商権をめぐって激しく対立していた。キーシュは、一二二九年に重要な海外居留地であったアデンをラスール朝軍隊の征服によって失い、南イランでは徐々にイル・ハーン朝モンゴル軍による軍事的圧力を受けていた。一方、ホルムズはオマーンのカルハート、東アラビア（バフライン）地方のカティーフ、ウワール（バーレン）島やペルシャ湾頭のバンダレ・マーチュールなどに商業拠点を拡大し、六五七（一二五八）年にはホルムズ王ルクン・ウッディーン・マフムード（Rukn al-Dīn Maḥmūd b. Aḥmad al-Kāshī）がカルハートからズファールまで艦隊を進めて、その海岸地域の港市で略奪・破壊をおこなった。[7] これに対して、ズファール地方を領有していたハブーディー朝は、ムハンマド・アブー・バクル（Muḥammad Abū Bakr）の率いる軍隊を派遣して、ホルムズの侵略を阻止したということがあった。[8]

　以上のような歴史的事実から、①イエメン商人を含むラスール朝外交使節団の乗り組んだ船が派遣された先は、おそらくイル・ハーン朝、とくにその直接影響下にある港市ホルムズであったと思われる。また、②ムザッファルは商港キーシュに代わって経済的勢力を拡大しつつあるホルムズとの通商関係を深めて、ホルムズ海峡経由でペルシャ湾とアラビア海・インド洋を結ぶ海上ルートへの影響力を強めようとしていたこと、③これに対して、ハブーディー朝はラスール朝とホルムズとの外交・通商関係が深まることに強い危機感を抱いていたこと、などの点が考えられるのである。

なおムザッファルによるズファール遠征については、ムハンマド・ブン・ハーティム、アブド・アルマジード・アルヤマーニー（'Abd al-Majīd al-Yamānī）、イブン・アッダイバゥ（Ibn al-Dayba'）やアブー・マフラマなどの歴史家による記録の他にも、ハドラマウトの歴史書として有名なシャンブル（al-Sayyid Shanbul al-'Alawī）による『シャンブルの歴史 *Ta'rīkh al-Sayyid Shanbul al-'Alawī*』に、ほぼ同様の内容が伝えられている。[9] すでにサーリフ・アルハーミド・アルアラウィー（Ṣāliḥ al-Ḥāmid al-'Alawī）がその著書『ハドラマウト史 *Ta'rīkh Ḥaḍramawt*』のなかで指摘したように、ハズラジーの記録のなかで、ハブーディー朝のサーリムがハドラマウトの支配者――アミール＝イブン・マスウード（Ibn Mas'ūd b. Yamānī）を指す――の要請に応じて軍隊を派遣し資金を提供することにより、代償としてハドラマウトの要塞を獲得したと記された部分は、ムザッファルによるズファール征服より五〇年前の史実を伝えたもので、ラスール朝の使節団の乗った船を拿捕した事件との直接的な関係はないと考えられるが、[10] シャンブルの年代記のなかの六二三（一二二六）年の記事は、ハブーディー朝の辺境防備のための兵士団（rābiṭa）がアミール＝イブン・マスウードの誘いによりハドラマウトのシバーム（Shibām）に駐留し、その後、マスウードはシャアバーン月五日にハブーディー軍をタリームに移し、自らはシバームを支配した、また同年に洪水があり、複数の船、家屋、財産や土地が水没した、と伝えている。[11]

いずれにしても、こうした当時の状況から総合的に判断すると、①一三世紀前半から半ばになると、ズファール地方を中心としたハブーディー朝は勢力を拡大し、その後背地のハドラマウト地方にも領土を広げたこと、②ラスール朝はムザッファルの治世に、ヒジャーズ地方、内陸部のイエメンやバーブ・アルマンデブ海峡の周辺部を広く領有し、さらにはハドラマウト地方にも勢力の拡大を求めていたこと、③したがって、一二七〇年代に入ると、両国の軍事・政治・経済の諸関係は緊張・対立の状況をむかえていたこと、などの諸点が指摘されるのである。

二　ズファール地方の国際交易上の位置

次に、ハブーディー朝（al-Ḥabūẓīyūn / al-Ḥabūḍīyūn）が政権を築いたズファール地方について考えてみたい(12)。ズファール地方は、南アラビア海岸の南東部に位置し、現在のオマーン共和国の南西端にあり、北側をルブゥ・アルハーリーの大砂漠、南側はアラビア海、西側はマフラ地方とハドラマウトの海岸部に接している。歴史的にみると、ズファール地方とその西側のマフラ地方は、いずれもハドラマウト地方の一部に含まれたが、狭義のズファール（ザファール、ザファーリ）地方は、ラァス・サージル（Ra's Sājir）からラァス・ミルバート（Ra's Mirbāṭ）までのカマル湾に囲まれた海岸部とその周辺の山岳地帯を指した。一三・一四世紀におけるズファール地方の主要な港市として、ライスートとミルバート、また現在のサラーラの海岸部に残る港市遺跡バリード――後述するように、おそらくハブーディー朝時代に建設されたマンスーラ港のことで、その建設者の名前にちなんでアフマッディーヤ（al-Aḥmadīya）とも呼ばれた――の三つがあげられる。

ルブゥ・アルハーリーの大砂漠とズファールの海岸の間には、標高一、〇〇〇～一、五〇〇メートルのカラー山脈（Jabal al-Qarā）とカマル山脈（Jabal al-Qamar）の幅広い幾筋もの山稜が弓状に並んでいる。そのために、夏季の南西モンスーンによる雨雲が山岳・丘陵地帯にぶつかって豊富な降雨があり、平野部には湿潤な可耕地帯が広がる。

ズファール地方には、九・一〇世紀以後になると、砂糖きび、バナナ、稲米、ココヤシ、檳榔子《びんろうじ》などの熱帯原産の有用作物がインド方面から移植・栽培され、また山岳部は特産の乳香樹が繁茂することで知られた(13)。南宋時代の趙如适による『諸蕃誌』の下巻「志物」の記録中には、「乳香は、別名を薫陸香といい、大食の麻囉拔《ミルバート》（Mirbāṭ）、

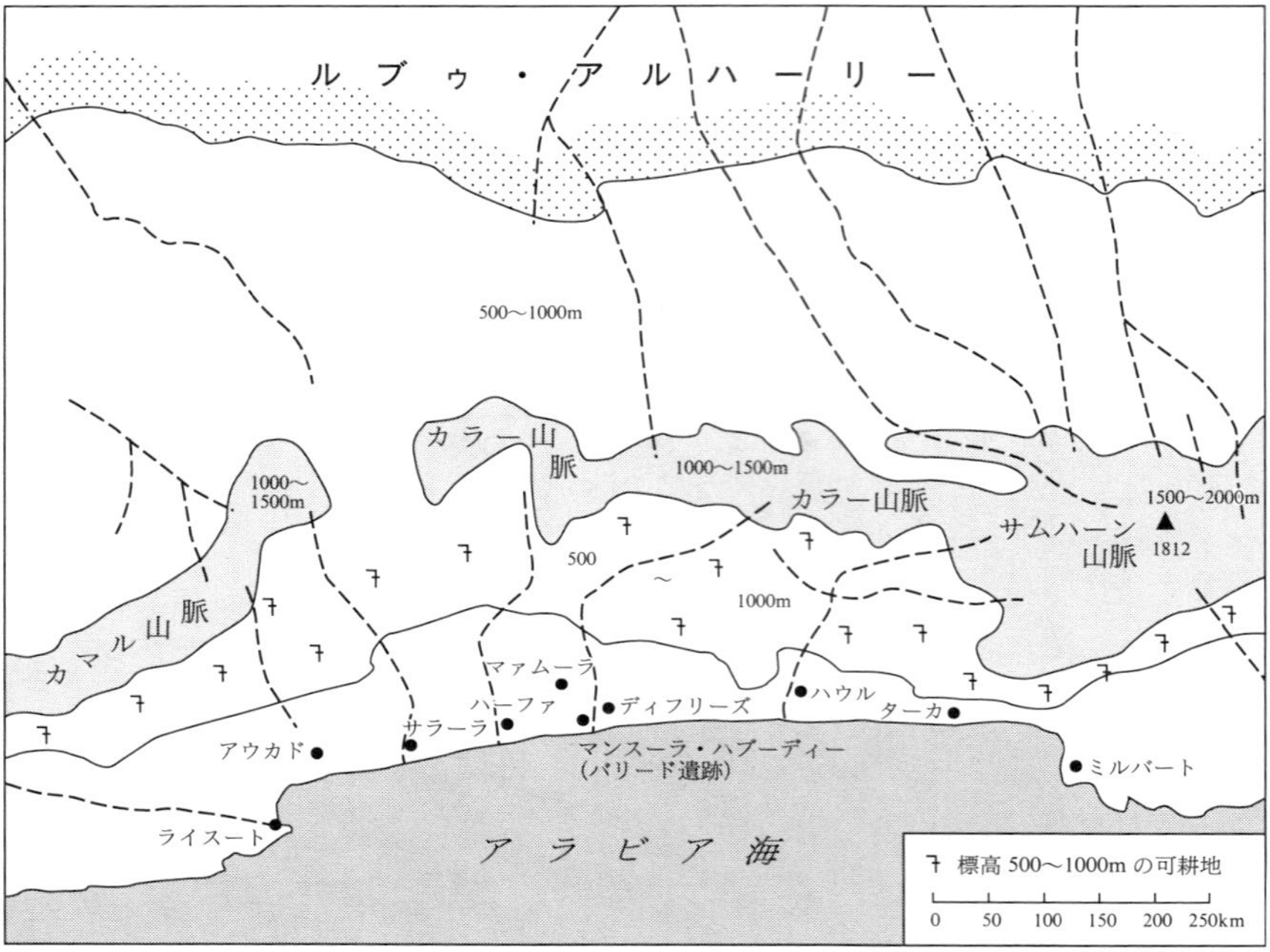

図1　ズファール地方図

施曷《シフル》（al-Shihr）、奴発《ズファール》の三国の深山幽谷中から産出する。乳香樹はだいたい榕（ガジュマル）に似通っており、斧で株を斫《き》ると樹脂が外へ溢れ出し、固まって乳香ができ、これを聚《あつ》めて塊にし、象に輦《の》せて大食へ運ぶ。大食（人）は舟に載《つ》みこみ、［スマトラ島の］三佛齋（シュリーヴィジャヤ・パレンバン王国）に来て他の貨物と交換する」[14]とある。中国の諸文献史料のなかでも、この記録がズファールの乳香について最も正確な情報を伝えたものであろう。また、これより約五〇年前の周去非『嶺外代答』では、麻離抜《ミルバート》国（麻囉抜）で取引される交易品として、乳香、龍涎香、真珠、琉離、犀角、象牙、木香、没薬、血竭《けっかつ》などがあげられている。龍涎香（アンバー香）は、おもにズファールからマフラ地方に至る海岸地帯やソコトラ島近海で採集・集荷された。真珠はペルシャ湾と紅海産の真珠、琉離はハドラマウト産の紅玉髄、血竭はソコトラ島特産の麒麟血（dragon's blood／*Dracaena cinnabari*）、また犀角、象牙、木香と没薬はいずれも東北アフリカと東アフリカから集荷・船載されたものと考えられる。[15]

このように、ズファール地方はその周囲に産する特産品だけでなく、ペルシャ湾岸や東アフリカ海岸から船載された交易品を集荷・取引する重要な市場としても知られた。その理由は、ズファール地方がペルシャ湾と東アフリカ海岸を結ぶ南北航海上の重要な中継地に位置したこと、またインド西海岸のグジャラート地方、マラバール地方、さらには東南アジアの諸港市ともモンスーン航海によってダイレクトに結ばれたアラビア海・インド洋西海域の航海上の要衝に位置したことである。とくに、ソコトラ島、ソマリア海岸（Barr al-ʻAjam）と東アフリカのザンジュ地方に向かう航海は、現在のダウの航海ルートと同じく、ズファール、もしくはマフラの諸港、例えばシフル——一七・一八世紀以後にはムカッラー——を経由しておこなわれた。

以上のように、南アラビアのなかでも特殊な自然地理・生態系、経済および航海上の好条件をそなえたズファール地方は、アラビア海とインド洋西海域を結びつける海域ネットワークの結節点にあること、またアラビア半島の北側はルブゥ・アルハーリーの大砂漠、南側はアラビア海によって隔てられた、いわば「陸の孤島」であること、強大な陸域の政治中心から遠く距離を隔てた場所にあったことなどの理由によって、港市を政治権力の中心とし、海上交易を経済基盤とした海域独立型港市国家の出現を可能にしたのである。

三　ラスール朝征服以前のズファール

ラスール朝によるズファール征服以前のズファールの状況を伝えた記録史料は、ほとんど残されていない。一一世紀末まで、ズファール地方はオマーン系アラブ族ジュランダー（Āl al-Julandā）の支配下にあり、その後、南イランのスィーラーフ出身のマンジューの人々（al-Manjawīyūn）、あるいはマンジュー家（Āl Manjūh, Āl Manjawayh）と呼ばれる集団が移り住み、この地方に支配権を確立した。南アラビアの歴史・地誌に詳しい一三世紀初めのイブン・アルムジャーウィルは、ミルバートの地名の由来について「マンスーラからミルバートまでは四ファルサフ。［ミルバートは］ペルシャ人の建設。伝えられるところによれば、町が建設され、その名前がミルバートと呼ばれたのは、以下の理由によるという。かつてそこにはスィーラーフ家出身（Ahl Sīrāf）のペルシャ人の所有する馬の囲い場（murābiṭ al-khayl）があった。そこを支配した最後の人物は、ペルシャ人の後裔マンジューの子孫たち（nasl al-Furs awlād Manjū）であった。そして、町は［その後、］ハブーディー朝のアフマド・ブン・ムハンマド・ブン・アブド・アッラー・ブン・マズルーゥ（Aḥmad b. Muḥammad b. ʻAbd Allāh b. Mazrūʻ al-Ḥabūḍī）の手によって破壊された」と述べている。⒃

この記録によって、一三・一四世紀に最も繁栄したズファール地方第一の港市ミルバートは、もともとスィーラーフ出身者の交易拠点であり、そこがインドに売却するアラブ馬の集荷場――ミルバートは「馬の囲い場《ムラービト》」に由来する――として建設されたと考えられる。⒄ ペルシャ湾のイラン海岸の港市スィーラーフは、八世紀半ばから一〇世紀の半ばの、ほぼ二〇〇年間にわたって、インド洋海域世界における国際的中継港として繁栄し、スィーラーフ系の船乗りや海上商人たちがインド洋海域に広く交易ネットワークを広げて活躍した。すでに論文「インド洋通商とイエメン――南アラビアのSīrāf居留地」のなかで究明したように、一〇世紀半ば以後、バグダードを起点にペルシャ湾岸～インド洋海域世界に通じる経済的・文化的ネットワークが衰退すると、スィーラーフ系商人の多くは、南アラビア、紅海沿岸やインド洋海域の各地に設置された商業居留地に移動し、同時に、エジプト・紅海軸ネットワークが新たに形成されるなかで、積極的な市場開拓をおこなった。⒅ おそらく一〇世紀後半から一一世紀以後になると、スィーラーフ商人たちはそれまで海外の商業居留地であったミルバートに本格的に移り住み、同郷・同族のマンジュー家《アール》の人々が町の支配権を確立するようになった。イブン・ハウカルの「パリ写本（Epitome Parisiensis）」の欄外に書き残された記録によると、パリ写本の写筆者は五四〇（一一四五／四六）年にズファール地方

マンジュー朝

(al-Manjawīyūn, Āl al-Manjawī, al-Manjawayh, al-Manjūh, A.H.500?–600/A.D.1106–1204)

マンジュー
｜
アフマド・アルマンジャウィー
｜
ムハンマド・アルアクハル（+600/1203）
＝イブン・ハーリサ（+605/1208/09）？

ハブーディー朝

(al-Ḥabūḍīyūn, al-Ḥabūẓī, A.H.600–678/1203–1280)

アフマド・マズルーゥ
｜
ムハンマド（+620/1223）
｜
ナーフーダ・アフマド（+678/1279）
｜
マフムード・アルヒムヤリー？
｜
イドリース（+670/1271）
｜
サーリム・アブー・ムハンマド（+678/1279）
⇩
ラスール朝のズファール支配

図2　ズファールにおけるマンジュー朝とハブーディー朝の系譜

を訪れた時、ハドラマウト地方の支配者はアフマド・ブン・マンジャワイフ（Aḥmad b. Manjawayh）と呼ばれ、彼の王宮は海辺にあるミルバートという小規模な町にあって、そこから一日半行程のところにズファールの町があり、そこもまた彼の所有であったという(19)。この記録から推断すると、ミルバートに王居を置いたスィーラーフ系マンジュー（マンジャワイフ）家のズファール支配は、少なくとも一二世紀初め頃に開始されたと見てよいであろう。

さらに、マンジュー家のアフマドの後継王ムハンマドについて、アブー・マフラマは、次のような興味深い記録を残している。「ムハンマド・ブン・アフマド・アルアクハル（Muḥammad b. Aḥmad al-Akhal）ミルバートの支配者。そもそも［彼のあだ名］アクハルは、彼の両眼の［周囲に塗られた］カハル（黒色粉の軟膏）に由来すると伝えられる。彼は、マンジューの人々（al-Manjawīyūn）

と呼ばれる族的血縁集団（qawm）に属し、ブルフ家（Āl Bulukh）という家系（bayt）の出身であった。彼は寛大で物惜しみせず、雅量のある当代随一の人物であった。……したがって、ハドラマウトの名士・顔役たちは挙ってこのマンジューに贈物を持参して［親交を求め］集まってきた。……ムハンマド・ブン・アフマド・アルアクハルはマンジューの人たちに属するミルバートの王たちの最後であり、その後、ミルバート［の支配権］は彼からハブーディーの人々（al-Habūḍīyūn, ハブーディー朝）に移った。なぜならば、ムハンマドは子孫を残さず、また彼の家族のなかに王権を継ぐ者が誰もいなかったからである。ハブーディー朝のムハンマド・ブン・アフマド（Muḥammad b. Aḥmad al-Ḥabūḍī）は、もともと［マンジューの王］ムハンマド・アルアクハルのために［代理］交易をおこなっていたが、彼の［亡き］後に支配権を握った。最初、ハブーディー朝のムハンマド・ブン・アフマドはマンジューの人々の王たちに信任された腹心として、ただただ羊を追う遊牧民のごとく従順に仕え、また［他の］ハブーディーの人々も農業と商売だけに専念し［国家の］徴税業務には手を出さなかった。それはまさに今日、グッズ（トルコ族出身のイエメン・ラスール朝）が町に入って［征服した］以後の状況と同じである。上述の［マンジュー朝の］スルタン＝［ムハンマド・ブン・アフマド・アル］アクハルは、ヒジュラ暦六〇〇（一二〇三／〇四）年に死亡した。彼の墓は、ミルバートとズファールとの中間にある。[20]」

また、北アフリカのチュニスに生まれた著名な歴史家イブン・ハルドゥーン（Ibn Khaldūn）は、ハブーディー朝のアフマドによるミルバートの町の破壊と新都アフマディーヤの建設について、次の記録を残している。「ミルバートは、シフルの海浜にある。すでに、［現在では］この二つの町［つまりミルバートとディファーン（Ḍifān）］は破壊された。ムハンマド・ブン・マフムード・アルヒムヤリーの子息アフマド（Aḥmad b. Muḥammad b. Maḥmūd al-Ḥimyarī）という人物は、尊称《ラカブ》をナーフーダ（nākhūdah）と呼ばれ、商売のためにミルバートの支配者のもとに来た富裕な商人であった。その後、その支配者はアフマドを宰相職に任命し、亡くなった。そこで、ナーフーダのアフマドは王権を握ると、その町を破壊し、さらに六一九（一二二二／二三）年にはディファーンを壊して、そこの海岸沿いにドゥファー（Ḍufā）の町を新たに建設し、彼の名前にちなんでアフマディーヤ（al-Aḥmadīya）と名づけた。彼が旧市を破壊したのは、そこには停泊港がなかったためである。[21]」

一方、イブン・アルアスィールの『完史』には、次のようにある。すなわち、六〇〇（一二〇三／〇四）年にムハンマド・アルヒムヤリーの子マフムード（Maḥmūd b. Muḥammad al-Ḥimyarī）がミルバートの町とハドラマウトの諸地方を征服した。もともとマフムードは、自己の船を所有し、商人たちに貸す海運業を営んでいたが、寛大さ、勇気と善行があったので、ミルバートの支配者に抜擢されて宰相となった。ミルバートの支配者が没すると、支配権を継いだマフムードはその町を所有し、彼の寛大さと善行の多さゆえに、多くの人々の支持を得て、しばらく統治を続けた。そして六一九（一二二二／二三）年になると、彼はミルバートとズファールを破壊して、ミルバートから近い海浜に新都市アフマディーヤ（al-Aḥmadīya）を建設し、周壁と外堀を築いて守りを固めたという。[22]

つまり、イブン・アルアスィールは、マンジュー朝に替わったハブーディー朝の支配者をムハンマド・アルヒムヤリーの子マフムードであり、またミルバートを破壊した後にアフマディーヤを建設した人物もまた同じ名のマフムードであったとしている。一方、イブン・ハルドゥーンによれば、ミルバートに新しく支配権を確立した人物はマフムードの孫のアフマドであり、彼はディファーン（Ḍifān）を破壊して新都アフマディーヤを建設したという。イブン・アルアスィールとイブン・ハルドゥーンの二人の記録は、ハブーディー朝の新王都の建設者がアフマドであるかマフムードであるかの点で一致しないが、さらにイブン・アルムジャーウィルの記録を検討することで、イブン・アルアスィールの伝えるマフムードの名前はアフマドと改めるのが正しいことが分かる。

すなわち、イブン・アルムジャーウィルは、「六一八（一二二一／二二）年、ハブーディー王朝のアブド・アッラー（ムハンマド）・ブン・マズルーゥの子息アフマド（Aḥmad b. ʻAbd Allāh b. Mazruʻ al-Ḥabuḍī）はアイユーブ朝の［イエメンの］マスウード王アブー・アルムザッファル・ユースフ・ブン・ムハンマド・ブン・アビー・バクル・ブン・アイユーブ（al-Malik al-Masʻūd Abū al-Muẓaffar Yūsuf b. Muḥammad b. Abī Bakr b. Ayyūb）［によるハドラマウト侵攻］を恐れて、ズファールを破壊した。そして、彼はマンスーラ（al-Manṣūra）を建設し、そこをカーヒラ（al-Kāhira）と呼び、六二〇（一二二三／二四）年に人が居住するようになった。そこの一般的な名前はズファール（Ẓufār, Ẓafār）であり、海浜に位置した」と述べ、さらに石と漆喰でつくった市壁がその町を取り囲み、海に通じる海門（Bāb al-Baḥr）、海浜門（Bāb al-Sāḥil）、ハルカ門（Bāb al-Ḥarqa）、ハルジャーゥ門（Bāb al-Ḥarjā'）の四つの門があり、良質の水が得られ、清浄な空気があり、各地から輸入された果物、とくにインドから輸入された果物類が豊富で、地元の海岸部では砂糖きびとバナナが栽培され、魚も豊富に捕れたこと、町の住民の大部分は、ハドラマウトから移住させられたハドラミーたち（al-Ḥaḍārim）であったこと、などの点を指摘している。なお、アラビア語のカーヒル（al-Qāhir）は「勝利者」「火星」の意味であり、おそらくズファールの語根動詞ザフィラ（ẓafira）――「勝利する」の意――にちなんで名づけられたと考えられる。[23]

ここで問題となるのは、①スィーラーフの人々によって建設されたミルバート、②紀元前後の頃から存在していたモスカ・リマーン（Muscha Limen）、③六一八（一二二一／二二）年、もしくは六一九（一二二二／二三）年にハブーディー朝によって新たに建設されたアフマディーヤ――新都［ジャディーダ］、マンスーラ、カーヒラなどの別名でも呼ばれた――の町、④多くの地理書や旅行記に記された、いわゆるズファールの町（madīnat Ẓufār）、もしくはズファール地方の町（madīnat min Ẓufār）、のそれぞれを現在のどこに同定すべきか、という点である。

オマーン・ズファール地方のライスートからミルバートにかけての海岸部には、いくつもの入江（khawr）があり、それらの入江に沿って考古学的に重要な多くの港市遺跡が分布している。[24] 西暦紀元前後のローマ時代に繁栄し「乳香の港」として知られたモスカ・リマーンの位置については、すでにW・ショフ（W. Schoff）が主張しているように、最も可能性の高いのはハウル・ルーリー（Khawr Rūrī）付近と思われる。[25] また、スィーラーフ出身の人々が乳香と馬の集荷・交易地として建設した町ミルバートは、サラーラから東へ七四キロメートルほど離れた海岸にある現在のミルバートの町と考えて間違いないであろう。

さらに、サラーラの町の東側郊外三キロメートルほど離れた海岸近くに、ほぼ東西一、六〇〇メートル、内陸側の南北四〇〇メートルにわたってバリード（al-Balīd）と呼ばれる港市遺跡と広大な墓地が残されている。P・S・コスタ（P. S. Costa）による予備的な考古学調査によって明らかにされたように、バリードは周囲に二重の堀をめぐらした堅固な長方形の城塞都市で、その中央部に珊瑚石を漆喰でとめた一際高い城閣址が見られる。[26] この港市遺跡について、多くの中世文献に記されたズファールの町とする説、ハブーディー朝のアフマド・ブン・アブド・アッラー・ブン・マズルーゥによって建設された新都マンスーラとする説の二つの対立する意見があって、これまで一致を見るに至っていない。あえて私見を述べるならば、イブン・アルムジャーウィルに付された「ズファール地方図」（図3）を見れば明らかなように、ハブーディー朝のアフマドによって建設されたマンスーラは、他ならぬ現在のバリード遺跡のことで、旧ズファール（Ẓufār al-aṣl al-qadīma）は、それより山沿いの内陸部にあったと思われる。[27] このことは、一三世紀の地理学者ヤークートが「ミルバートに投錨地があるが、［旧］ザファール（ズファール）には投錨地がない」[28] と説明したこととも一致する。なお、G・R・スミス（G. Rex Smith）は、バリード遺跡を旧ズファールと比定しているが、この説は受け入れ難い。[29]

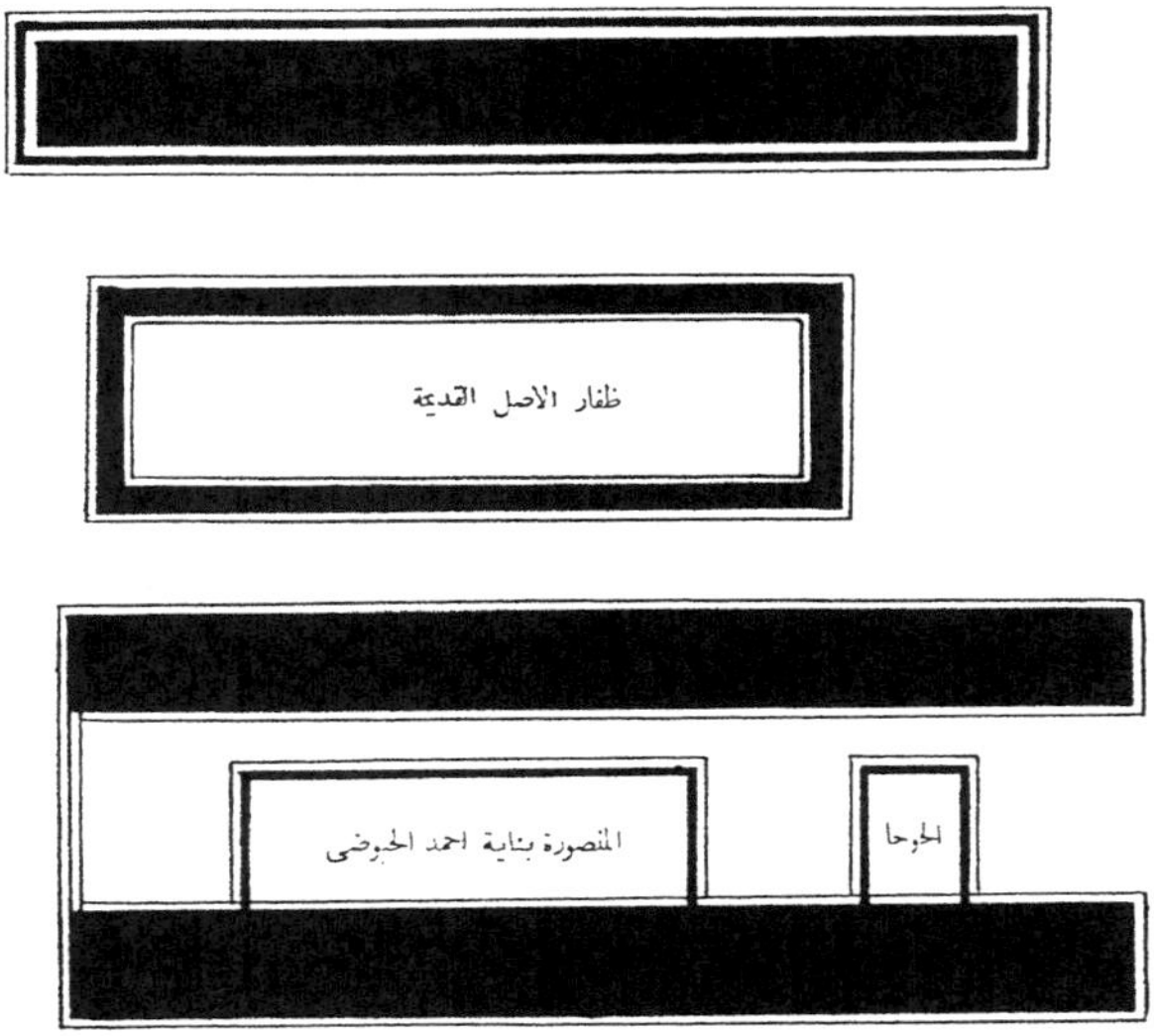

図3　イブン・アルムジャーウィルによる「ズファール地方図」

では、マンジュー朝とハブーディー朝は、どのような国家組織と財政基盤を持っていたのであろうか。この点を詳しく伝えた記録史料はないが、マンジュー朝がペルシャ湾の国際的港市スィーラーフからの移住者によって建設されたこと、またそれに続いて成立したハブーディー朝の創始者のスルタン＝アフマドがナーフーダとも呼ばれて、もとは海運業を営んでいたことなどから判断して、両王朝がミルバートの港市を支配拠点として、積極的に海運と貿易を振興することで国家財源の確保に努める海域独立型港市国家の性格を持っていたことは想像に難くない。そのことを物語る具体的な史料として、とくに地理学者ヤークートとイブン・サイード・アルマグリビーによる二つの記録があげられる。

ヤークートは、一二二〇年代にペルシャ湾岸を旅行中、キーシュ（カイス）島に立ち寄った時、その島を訪れていた多数のミルバート人と出会った。[30] そして彼の地理辞典『諸国集成 *Muʿjam al-Buldān*』の「ザファール（ズファール）」の項目のなかで、彼らから直接蒐集したミルバートの最新状況について、次の記録を残している。「ミルバート出身の一人が語ったところによると、ミルバートには投錨地《マルサー》があるが、ザファール（ズファール）には投錨地がない。その人は、私に以下のことを語った。乳香は世界中でザファールの山々を除いて、他に存在しない。それは、そこのスルタン専用の財源（ghalla）であり、三日行程にわたって広がるその地方全域に成育する樹木である。それがある近くに大遊牧民［集団］が天幕を張っており、その遊牧民家族が乳香を次のようにして採集する。彼らはその樹木のもとに至り、ナイフでそれに傷をつけると、そこから地面に乳香が流れ出る。彼らはそれを集めて、ザファールに持って行く。するとスルタンは、自分の取り分を取り、彼らに残りの分を与える。しかし、彼らがズファール以外の所にそれを運んで行くことは決してできない。もしも彼らの一人がそれを彼の国以外の所に持って行ったことがスルタンに伝われば、スルタンはその者を殺させる。[31]」「ミルバートはザファールの町の停泊港《フルダ》。そこの住民の一人が［キーシュに滞在している］私に語ったところによると、そことザファールの間は五ファルサフの距離。ザファールには投錨地がないため、［大型］船はそこ（ミルバート）に投錨する。ミルバートには良港があり、商人たちの間でもたびたびその評判が話題にのぼる。そこは、ハドラマウトとオマーンとを［相互に」隔てる境界の町で、海岸沿いにある。町には決して他人に服従しない主権を持った支配者がいる。その支配者の町の近くに、ほぼ三日行程に［わたって広がる］山があり、その行程全域に乳香樹が成育する。乳香は樹脂であり、その樹木［の幹］から出たものを採集し、世界中に輸出される。すでに『ザファール』の項目でも説明したように、それは王の財源であり、王は乳香［の分配権］をその採集者たちと共有している。町の住民はアラブ人であり、彼らの服装は古いアラブ人風の服装である。……私は、かつてキーシュ［滞在中］において、彼ら［ミルバート人の］多くの集団と会ったが、その一人の男は理性と教養を備え、多くのことを記憶しており、私にいくつもの詩を吟じてくれたほどであった。[32]」

このヤークートの記録のなかで注目すべき点は、ズファール特産の乳香をハブーディー朝のスルタンが山岳部の遊牧民から独占的に集荷していたこと、また多数のミルバートの人々がペルシャ湾の港市キーシュに来航していたことである。ヤークートがキーシュ島を訪れたのは一二二〇年前半のことであり、ちょうどマンジュー朝の最後の支配者ムハンマド・ブン・アフマド・アルアクハルが死亡して、ハブーディー朝のスルタン＝アフマド・ブン・ムハンマドによる新王朝が成立した直後の頃と考えられる。そして、アフマドは以前にはナーフーダ（ナーフーザ）として活躍したことから、インド洋海域の多くの交易商人や海運業者たちとも密接な関係にあり、彼らを通じて乳香をミルバート港からインド洋海域の各地に輸出していた。また、ミルバート出身の商人たちがホルムズではなく、キーシュ島を訪れていたことは、一〇世紀末にスィーラーフが衰退した後、多くのスィーラーフ出身者がキーシュ島やミルバートに移り住んだため、キーシュ島とミルバートとの相互の人的交流や交易のネットワークが引き続き維持されていたことを端的に物語っている。[33]

一方、イブン・サイード・アルマグリビーの記録は、ヤークートよりやや遅れて一二五〇年から六〇年の頃と思われるが、ミルバートの町について、次のように伝えている。「ミルバート［の町］は、北に向かって入り込む湾に沿って位置し、やがてその町に至る。そこは緯度六四度、経度一四度三〇分にあり、町の東側、上述の湾に沿って新しいズファール［の町］（Ẓufār al-muḥdatha）がある。そこは、現在、シフル地方の主都（qā'idat bilād al-Shiḥr）であり、そこの有名な港市（furḍat-hā mashhūra）。港市にはアラブ馬が集荷され、そこからインド地方に輸出される。その町の支配者であるナーフーザの息子（Ibn Nākhūdha）によって、馬に［各種の］税（ḍarā'ib）が課せられる。この町の土地には、ココヤシ、檳榔子、キンマ、マンゴ［など］のインド産の芳香生薬類が多くあるといわれる。……船は、陸からの風を受けなければ出港することができない。そしてインドからアデンまで船で航海する旅行者たちを無事安全に送り届けるもの（モンスーン）が、多くの場合、［船を］この湾に吹き寄せる。[34]」

ミルバートの支配者であるナーフーザの息子とは、明らかにハブーディー朝のスルタン＝アフマド・ブン・ムハンマドを指しており、彼はインド方面に輸出されるアラブ馬に課税することで、国家の財源を得ていた。またイブン・アルムジャーウィルによると、スルタン＝アフマド・ブン・ムハンマドの治世代に、ソコトラ島民たちはハブーディー朝に対して税（qiṭ'a）を支払っていたという。[35] この場合の税とはソコトラ島特産の龍涎香、鼈甲、没薬、麒麟血、蘆薈《ろかい》のことで、スルタンはこれらの特産品を独占的に獲得し、馬や乳香と一緒にミルバート経由でインド洋海域の各地に輸出していたのであろう。

ほぼ同時期に、ペルシャ湾海域においては、キーシュとホルムズの二大交易港が海運と貿易の覇権を競い合い、また南西インドのマラバール海岸ではカウラム（クーラム）に代わって新しく台頭したカーリクートとグジャラート地方のカンバーヤとがインド洋海域の商圏の拡大を競い合っていた。中国の南宋時代、とくに一二世紀に入り、泉州と広州（広東）を出帆したジャンク船団が南インドのマラバール海岸のカウラム、カーリクート、ファンダライナー、ヒーリーといった諸港を訪問するようになると、その影響を受けて、インド洋西海域とアラビア海におけるダウの海運活動もまた一層活発になり、港市や商人間の競合、陸域の領域国家や権力者たちによる交易品の集荷・課税や海上ルートの支配への直接介入が激化したのである。一二五〇年になると、バフリー・マムルーク朝がエジプトとシリアに国家体制を確立し、メッカ、メディナや紅海方面にも支配領域を拡大したこと、公式のメッカ巡礼道の整備と巡礼熱が民衆の間にも高まったこと、さらにはカーリミー商人によるエジプト〜イエメン〜インド間の国際交易の隆盛などによって、地中海世界やエジプトの諸都市とインド洋海域世界のインド・マラバール海岸の諸港とを結ぶ東西間の海上交易がイスラーム世界の主軸ネットワークとしてますます重要な役割を果たすようになった。この時期のハブーディー朝の支配領域であるズファール地方は、まさに地中海〜紅海〜インド洋をつなぐ交流ネットワークの結節点に位置したため、一層の繁栄を築いたのである。

四　ムザッファルによるズファール遠征の直接的原因

上述したように、ラスール朝の使節団の乗った船がズファール海岸に漂着し、その船の積載品がハブーディー朝側によって没収されると、早速スルタン＝ムザッファルは抗議の使者を送ったが、その使者は追い返された。その後、ラスール朝側を一層刺激するような重大な事件が発生した。そのことについてハズラジーは、次のように述べている。「その後、こともあろうに、彼（ハブーディー朝のスルタン＝サーリム・ブン・イドリース）はシフルの支配者ラーシド・ブン・シュジャイア（Rāshid b. Shujay'a）を唆《そそのか》して、［ラスール朝に対して］謀反を起こすよう働きかけたのである。すると、ラーシドは、イエメンの支配者［スルタン＝マリク・ムザッファル］により課せられていた租税《ハラージュ》［の支払い］を免れたいがために、サーリム側に寝返った。つまり、それまでラーシドは、毎年、一定額の貢納金を彼（イエメンの支配者）の国庫に納めることを義務として課せられていたのである。[36]」

ハブーディー朝のスルタン＝サーリムの誘いに乗って、マフラ地方の重要な港市シフルの支配者ラーシドがラスール朝側に反旗を翻し、年貢の支払いを拒否したことによって、ラスール朝とハブーディー朝との軍事衝突は決定的なものとなった。スルタン＝ムザッファルは、アデンの知事《ワーリー》アミール＝シハーブ・ウッディーン・ガーズィー・

イブン・アルマァマール（Shihāb al-Dīn Ghāzī b. al-Ma'mār）に命じて、シャワーニー船（国家の保安艦隊）に多数の部隊を乗り込ませてズファール海岸に向かわせた。その艦隊はズファールに着くが、長期の戦闘に至らずに、ひとまずアミール＝シハーブ・ウッディーンはアデンに引き返した。一方、サーリムは、アミールの艦隊が撤退した後、シフルの支配者の支援を得て反撃に出、海路、アデン海岸を侵攻した。この時のサーリムによる大胆不敵な行動について、ハズラジーは「インドの支配者、中国やファーリスの諸王でさえ、あえてそのようなことを為《な》し得なかったので、人々はサーリム・ブン・イドリースによるそうしたことを、実際には有り得ぬこととして、信じようとしなかった」と記述している[37]。

サーリムによる予想外の軍事行動に激怒したスルタン＝ムザッファルは、シャワーニー船、大型船、兵糧と軍隊を運ぶ輸送船《タッリーダ》、その他のさまざまな種類の小型船を建造するよう指令を下し、最高司令官をアデン港に向かわせ、指揮官、兵隊、馬と武器などに無制限の資金を投入して、十分な戦闘準備を進めさせた[38]。ハズラジーと匿名の『イエメン年代記』によると、ズファール遠征隊の準備は六七八年第一ラビーゥ月（一二七八年八月一一日〜九月八日）に完了し、南西モンスーンが弱まる八月末から九月初旬のころに海上軍が、さらに陸上の二隊――海岸道を行く一隊とシャブワ・ハドラマウト経由の内陸道を行く別動隊――のそれぞれがズファール地方を目指して進軍した[39]。ラスール朝の三軍によるズファールに至る経路、停泊地については、ムハンマド・ブン・ハーティムが最も詳細な記録を残している。三軍は同年のラジャブ月一六日（一二七九年一一月二二日）、ライスート港（Bandar Raysūt）で合流し、その規模は騎馬兵五〇〇名と歩兵七、〇〇〇名に達したという[40]。

一方、サーリムの率いるズファール軍は、急遽、ハドラマウト地方やバフラインなどの各地から軍馬を集めて戦ったが、ラスール朝軍の猛攻により敗北した。そしてサーリムは殺され、ズファールの人たちの戦死者は約三〇〇人、捕虜は一、〇〇〇人以上におよび、その他はすべて奴隷とされた。ラスール朝軍の司令官シャムス・ウッディーン・イズダムル（Shams al-Dīn Idhdamr）はズファールの住民に庇護《ズィンマ》を与えて生命と財産の安全を保障した。

同年ラジャブ月二八日（一二七九年一二月四日）、軍はズファールの町――おそらくマンスーラの町を指す――に入城し、シャアバーン月三日（一二月九日）の金曜日には大モスクの礼拝宣誓《フトゥバ》において、ラスール朝スルタンの名前が唱えられた。これによってハブーディー朝は滅亡したが、ラスール朝軍は、さらに内陸部に軍を進め、ハドラマウトの中心都市シバーム（Shibām）を征服した。こうして、ズファール・ハドラマウト地方はラスール朝の直接

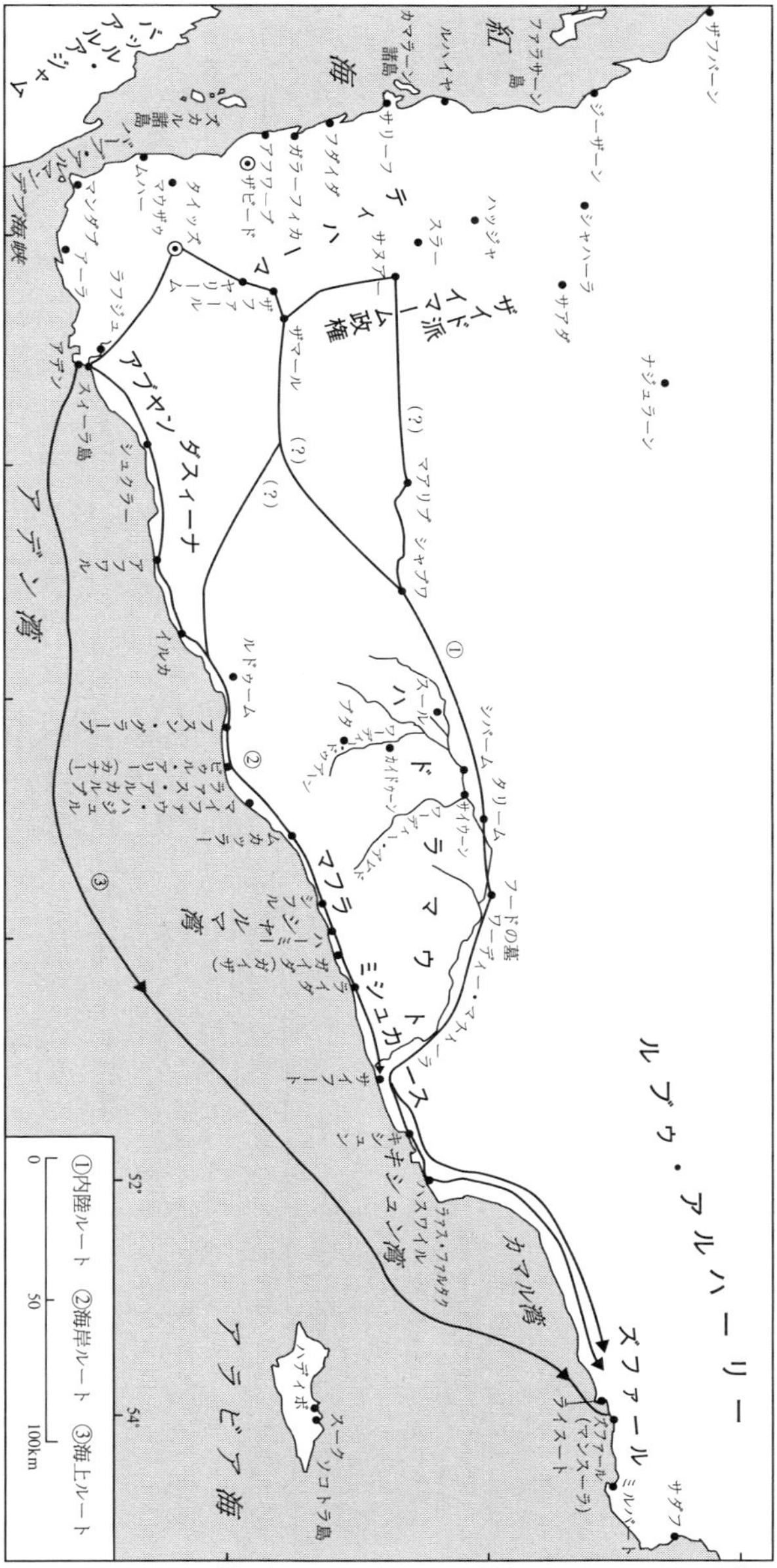

図4　スルタン＝ムザッファルの軍隊によるズファール遠征の経路

統治下に置かれ、一二七九年には、スルタン゠マリク・ムザッファルの息子ワースィク（al-Wāthiq Ibrāhīm b. Yūsuf al-Malik al-Muẓaffar）がズファール地方をイクター地として分与された。(41)

以上がムザッファルによるズファール遠征の直接的な原因とその過程であるが、ここで確認しておきたいのは、ハドラマウト・ズファール地方をめぐるラスール朝とハブーディー朝との間の激しい政治的・軍事的対立は、そもそもそこがアラビア海とインド洋の海上交通と貿易の要地であることによっているということである。

五　港市・海域支配の構図

さて、スルタン゠マリク・ムザッファルによるハドラマウト・ズファール征服がインド洋海域の周辺諸国に与えた影響について、ハズラジーは次のように述べている。「以上のように、上述の年（六七八年）にスルタン［゠マリク・ムザッファル］——彼に神の祝福あれ！——がズファールの町を征服し、サーリム・ブン・イドリースを処刑すると、遠方の諸地方はスルタンへの畏怖心を募らせ、このスルタンの権威がますます高まった。［命令に背けば］ひどい懲罰を受けることを知り、ファーリスの諸王、インドや中国《スィーン》の支配者たちの心は、彼への恐怖で満たされた。そこでオマーンの支配者は、贈呈品として雌馬二頭と二棹の槍を、その当時、ズファールにいた［ラスール朝の代理官《ナーイブ》］アミール゠シャムス・ウッディーン・イズダムルのもとに送った。また、中国の支配者から複数の贈物が到着した。バフラインの支配者は、［贈物を持参してラスール朝の首都］ザビードに来着した。(42)」

上述したように、この記録に見える「ファーリスの諸王」とはイラン・イラクを支配したイル・ハーン朝のアバカ、もしくはペルシャ湾の港市ホルムズの王たちを、インドの支配者はデリー・サルタナ王朝の王——ギヤース・ウッディーン・バルバン（Ghiyāth al-Dīn Balban, 在位一二六六—八七年）の治世代に当たる——を、また中国は元朝の皇帝クビライ（Qubilay, 在位一二六〇—九四年）をそれぞれ指したと思われるが、正確なことは明らかでない。いずれにせよ、ラスール朝によるハドラマウト・ズファール遠征がインド洋の海運と貿易に関わりのある領域国家、港市や商人たちに多大な脅威を与えたことは事実であろう。なお、ラスール朝の海域支配に対するインド洋海域の諸地域の反発については、次節で述べたい。

このようにして、ラスール朝のスルタン＝ムザッファルはヒジャーズ、バーブ・アルマンデブ海峡周辺部からハドラマウト・ズファール地方に至る地域に支配権を拡大し、しかもアデン、アフワーブ、ザイラゥ、ダフラク諸島、シフル、ライスート、マンスーラやミルバートなどの主要港市をすべて直接統治下に置くこととなった。ラスール朝の支配領域は、当時のインド洋海域の交易ネットワークの集中する要地にあり、同時に紅海を経由してエジプト、シリアや地中海世界にも通じていたので、国際的な交流関係にも大きな影響力をおよぼしたことは言うまでもない。

前章で述べたことだが、ラスール朝が「陸域による海域支配（陸域従属）型港市国家」として、海域の支配と交易独占のために施行した具体的な政策を要約しておくと、以下の通りである。

(1) シャワーニー船団によるバーブ・アルマンデブ海峡の監視　すでに前章で説明したように、シャワーニー船団は、国家による武装艦隊のことで、国家間の戦闘に限らず、常時、海賊や敵の襲撃から商船の安全航行を守り、積荷や商人たちを保護するために、バーブ・アルマンデブ海峡、ソコトラ島周辺の海域や主要港を巡回することを任務としていた。スルタン＝ムザッファルのズファール遠征において、アデン港から出航したシャワーニー船団は海陸の三軍の主力部隊となり、いちはやくライスートに上陸して、ハブーディー朝の軍隊を窮地に陥れた。スルタン＝ムザッファルの治世代に編纂された商品課税帳簿『実務諸般の光』やアルハサン・ブン・アリー・アルフサイニーによる『アデン港関税帳簿』によると、シャワーニー税は商人たちに課せられる入港関税（ʻushūr）のうちの一〇分の一相当であり、例えば、ウシュール税が一〇〇ディーナールであれば、商人はそれに加えて一〇ディーナールを余計に支払うことを義務づけられた(43)。スルタン=ムザッファル以後のシャワーニー船団は、アシュラフィー船団（スルタン=アシュラフの命によって編成された船団）、ナースィリー船団（スルタン=ナースィルによって編成された船団）などのように歴代スルタンの名前を冠したり、またディーワーン船団と呼ばれることもあって、スルタン直属の船団、もしくは軍務庁（dīwān al-jund）に所属する海軍であったと考えられる(44)。

(2) 主要な港市の支配と出入港管理　アルハサン・ブン・アリー・アルフサイニーによると、タイッズとザビードに首都を置いたラスール朝が直接統轄する交易港は、ズファール港（Bandar Ẓufār al-Ḥabuḍī）、シフル港（Bandar al-Shiḥr）、アデン港（Bandar Sunbla Thaghr ʻAdan）、アフワーブ新港のブクア（Bandar al-Buqʻat li-Zabīd）、北部の諸港市（al-banādir al-Shāmīya）、ダフラク港（Bandar Dahlak）、ハルイ港（Bandar Ḥaly b. Yaʻqūb）、ジッダ港（Judda, Bandar Makkat al-Musharrafa）であった(45)。海外との外交・通商関係の最も重要な窓口は、アデン港であり、出入りする船舶や商人を厳しく監視し、関税対象となる輸出入の商品の品目や関税率は細かく規定されていた。港市の管理と貿易を円滑におこなうために、「港湾貿易業務監督局（dīwān al-naẓr bi-thaghr）」を設け、とくにカーリミー商人をはじめとして国際的に活躍する大商人たちを貿易監督官《ナーズィル》（nāẓir）に任命した(46)。

(3) 大商人たち、とくにカーリミー商人を利用した国際外交と海外貿易の推進　スルタン=ムザッファルによるズファール遠征以後、海上交易におけるラスール朝の影響力が強まるにつれて、インド洋海域周辺の国家・港市から多くの使者や商人たちが来航し、友好関係と通商を求めるようになった。一方、ラスール朝は、国家の外交使者（safīr）をカーリミー商人やイエメンの大商人（aʻyān al-tujjār）と一緒に、マムルーク朝、メッカ・シャリーフ政権、インドのデリー・サルタナ王朝、カーリクートやホルムズなどの港市に派遣し、スルタン書簡と贈物を送付した。また、来航する外国使者にタイッズとザビードの王宮でスルタンとの謁見を許し、彼らの帰国に際して、答礼使者を派遣した。ラスール朝がとくに重視したのは、宗主国であるマムルーク朝との外交関係であった。

(4) 国内の特産品の集荷と輸出に対する統制　ラスール朝は、内陸部の領域支配によって国内の馬、乳香、没薬、龍涎香などの多種多様な特産品に厳しい統制をおこない、集荷・輸送・取引を監視した。公設市（ḥalqa）、波止場、岸壁倉庫では品目・品質・数量・価格ごとに細かい規定を設け、それぞれに取引仲介税、倉庫税、通過税などの名目で課税をおこなった。ハドラマウト・ズファール地方の丘陵地帯やソコトラ島で産する乳香と龍涎香は国際市場において高値で取引され、中国市場では東アフリカ産の象牙と並んで、インド洋西海域からもたらされる最も貴重な商品であった。アルハサン・ブン・アリー・アルフサイニーがあげている関税率表によると、その他にも奴隷、香辛料・薬物・染料類、繊維・織物類や宝石類はとくに高率の関税が課せられ国家の統制下に置かれた指定商品であった[47]。

六　ラスール朝国家の海域支配に対する反発

ラスール朝による高率の関税、商品・財産の不当没収や高額な贈呈品の要求などを恐れたインド洋の海上商人たちは、①紅海ルートを避けてペルシャ湾ルート経由による西アジア諸都市との交易を求める、②マムルーク朝の軍事的・外交的制裁措置に訴える、の二つの方法によって問題を打開し、国際交易において有利な立場を維持しようと努めた。

ズファール地方がラスール朝の支配領域となってから三年五ヵ月後の六八二年ムハッラム月一四日（一二八三年四月一四日）、スリランカのシンハラ王ブヴァネカ・バーフ一世（Bhuvaneka Bāhu I, 在位一二七三―八四年）はマムルーク朝のスルタン＝マンスール（al-Manṣūr Qalā'ūn, 在位一二八〇―九〇年）のもとに使節団を派遣し、スリランカとマムルーク朝との間の通商関係を盛んにするよう要請した。この時の使節団が、イエメン・紅海経由のルートではなく、ペルシャ湾・イラク経由の迂回ルートを選んだ理由は、ラスール朝による不当な貿易介入を恐れて、マムルーク朝との直接交流を望んでいたためと考えられる（第II部第4章参照）。また、第IV部第2章で述べる中国元朝から来航したカーリミー商人イッズ・ウッディーンの場合、ラスール朝による不当に高率な関税の状況をマムルーク朝に訴えて、イエメンに対する政治的・軍事的圧力を求めた(48)。

さらに、インドのトゥグルク朝は、スルタン＝ムハンマド・シャー二世（Ghiyāth al-Dīn Muḥammad Shāh II, 在位一三二五―五一年）の治世代に、イエメン経由でマムルーク朝との外交・通商関係を進めようとした。しかし、ラスール朝スルタン＝ムジャーヒド（al-Malik al-Mujāhid Sayf al-Dīn ʻAlī, 在位一三二二―六三年）はトゥグルク朝とマムルーク朝とがイエメンを経由せずに直接交流をおこなうことを危惧して、トゥグルク朝の使者を捕らえて殺害し、マムルーク朝に届ける贈物をすべて没収した。そこで、スルタン＝ムハンマド・シャー二世は、七三一（一三三〇／三一）年、別の使節団をペルシャ湾経由のルートでカイロに向かわせ、ラスール朝の不当行為を訴えた(49)。

ラスール朝による海域支配と貿易統制に最も脅威を感じていたのは、エジプトとシリアを領有したマムルーク朝であった。マムルーク朝のスルタン＝バイバルスからスルタン＝ナースィルに至る交易政策の基本は、ファーティマ朝以来の政策を踏襲して、地中海世界とインド洋海域世界とを結ぶ国際的中継交易の流れを左右することにより、おもにインド産商品とその取引にともなう関税と売買の利潤、とくに西ヨーロッパ商人に売り渡すインド物産を通じて得られる収益を獲得することにあった。具体的には、ラスール朝国家の場合と同じように、国際的大商人カーリミーたちの交易活動を積極的に支援してインド産香辛料・薬物類を獲得すると同時に、彼らから多額な財政援助を得ることであった。またスルタン＝マンスール・ブン・カラーウーンの商業政策に見られたように、中国、スィンドやインドの支配者・有力者たちと自由貿易、商人の身の安全、滞在と通行の自由を保障する同盟契約（amān, hudna）を交わして、インド洋海域世界との積極的な通商関係を推進することにあった(50)。

エジプトの歴史家マクリーズィーが述べているように、七〇七（一三〇七／〇八）年、ラスール朝のスルタン＝ムザッファルの二代あとに即位したスルタン＝ムアイヤド（al-Malik al-Muʼayyad Hizabr al-Dīn Dāʼūd, 在位一二九六―一三二二年）は外国商人たちの積荷と財産の没収や不当な関税の徴収をおこない、しかもマムルーク朝に納めるべき贈物と貢納金の納付を中止した。前章でもふれたとおり、本来、ラスール朝はマムルーク朝との間で統治委任の契約（バイア）を結んでマムルーク朝を正当な統治者として認証しており、そのためにラスール朝側には毎年、友好使節の派遣と贈物の納付の他に、一定額の貢納金《ハラージュ》を支払うことが義務づけられていた。ところが、ラスール朝は、政治的支配と国際交易における影響力が高まるにつれて、マムルーク朝に対する貢納金の送付をしばしば遅延させ、時には拒否することもあった。これに対して、マムルーク朝側は外交交渉と軍事的圧力の両面を使って、ラスール朝側にバイアの確認を迫り、マムルーク朝支配から離反しようとする動きに歯止めをかけた。それは、マムルーク朝が西アジアにおける最も強大なスンナ派を代表する領域国家としての威信を陸域・海域に示し、インド洋海域世界の人々のラスール朝による海域支配への不安と恐怖を軽減するために不可欠な措置であった。

　こうした両国間の外交関係を円滑に進め、軍事的・経済的緊張を和らげる任務を担っていたのは、カーリミー商人を始めとする国際的大商人たちであった。ラスール朝は、カーリミー商人たちによる外交交渉を活用することで、マムルーク朝との軍事衝突を巧みに防ぎ、紅海とインド洋における海上支配と交易に有利な立場を維持しようとした。一方、マムルーク朝側は軍事力によってラスール朝に圧力を加えるため、イエメン派兵を決定し、遠征の準備を進めた。マムルーク軍によるイエメン遠征は、六九二（一二九二／九三）年と七〇七（一三〇七／〇八）年に計画されたが、いずれも実行段階までいたらずに中止されたことは前述の通りである。[51]

結びに代えて

ラスール朝は、第二代スルタン＝ムザッファルの治世代に、インド洋と地中海の両海域世界をつなぐ国際交通上の回廊、紅海の出入口に位置するバーブ・アルマンデブ海峡周辺からハドラマウト・ズファール地方にまたがる領域支配を完成させ、アデン、アフワーブ、シフル、ライスートやミルバートなどの主要な港市に対する管理・統制を加えることによって、海域世界への支配権の拡大に努めた。さらに貿易関税の一部をシャワーニー税と呼ばれる保安税に割り当てることで、その資金を使ってシャワーニー船団が組織・運営され、国家によるバーブ・アルマンデブ海峡付近の海域支配と秩序維持に大きな力を発揮した。もともとハドラマウト・ズファール地方に発達したシフル、ミルバート、ライスートなどの港市は、険しい山岳や広大な砂漠のために陸路による交通が困難であり、しかも陸域の政治中心から遠く距離が隔たっていたこと、乳香や龍涎香などの特産品を産出したことなどの条件が重なって、陸域による政治的・経済的な影響をほとんど受けない「単一独立型港市」として発達したのであった。しかし、一二七九年に、スルタン＝ムザッファルによって挙行されたハドラマウト・ズファール遠征によって、ラスール朝による陸域支配の強い影響下に置かれることになったのである。

このようにラスール朝のスルタン＝ムザッファルによって断行されたさまざまな国家政策は、陸域による海域支配（陸域従属）型港市国家による典型的な海域支配のあり方であったといえる。

第4章　紅海の国際交易港アイザーブの廃港年次

はじめに

スーダン共和国の紅海に沿った第一の港ポートスーダン（Port Sudan）の北三五〇キロメートルのところに「旧サワーキン（Suwākin el-Qadīm）」と呼ばれる港市遺跡が残されている。この遺跡がアラビア語の歴史書、地理書や旅行記などにしばしば登場する有名な国際交易港アイザーブ（'Aydhāb）にあたることは、すでに一八九五年、J・T・ベント（J. Theodore Bent）によって確認された[1]。それ以来、一九二六年にG・W・マリー、一九五五年にA・ポール（A. Paul）、そして一九六六年三月には三上次男を団長とする「第二次出光中東調査隊」がアイザーブ遺跡を訪れた[2]。その後、一九七七年、一九七九年、一九八一年の三次にわたるハルトゥーム大学とフランスのリヨン大学との合同による「紅海地区総合調査（Multi-Disciplinary Mission of the Joint Sudanese-French Expedition to the Red Sea Region）」、一九九一と九三年の財団法人中近東文化センターの川床睦夫率いるアイザーブ考古調査隊によって、同遺跡の予備的発掘とその周辺の考古学的踏査が続けられた[3]。しかし、現在に至るまで本格的な考古学的調査はまだ着手されておらず、したがってアイザーブ遺跡の起源から廃港にいたる詳しい歴史の変遷過程、港市としての構造、出土品目の総数や特徴などについては、ほとんど明らかにされていない。

多くの記録史料が伝えているように、アイザーブは一一世紀半ばから一三世紀半ばまでの約二〇〇年間にわたって、地中海~西アジア~紅海~アラビア海・インド洋を結ぶ国際的な交通・運輸と中継交易の要地として、きわめて重要な役割を果たしたと考えられる。(4) ペルシャ湾のイラン海岸にあるスィーラーフが八世紀半ばから一〇世紀半ばまでの間、アッバース朝の首都バグダードに結びつくインド洋交易の国際中継港であったのと同じように、アイザーブはファーティマ朝、アイユーブ朝とバフリー・マムルーク朝の各時代のカイロおよびフスタートを軸心として結ばれたエジプト・紅海軸ネットワークの重要な中継港として繁栄した。すなわち、一〇・一一世紀を境とする世界史的規模での「時代転換期」に、国際交通・運輸と交易活動の主軸がイラク・ペルシャ湾軸ネットワークからエジプト・紅海軸ネットワークに移行したことにともなって、それまでのスィーラーフに替わって、アイザーブがインド洋と地中海の両海域世界をつなぐ軸心としての重要性を急激に増大させたのである。

すでに「インド洋通商とイエメン――南アラビアのSīrāf居留地」「インド洋におけるシーラーフ系商人の交易ネットワークと物品の流通」などの論文において、私はスィーラーフの歴史的発展過程やスィーラーフ系船乗り・商人たちのインド洋海域を舞台とした広範な交易活動について考察を試みている。(5) そこで、本章では、港市研究の一つとして、アイザーブが廃港となった年次をめぐる諸問題を中心に考察を加えてみたい。この問題を取り上げる理由は、国際中継港としてのアイザーブ港の機能が衰退し、その港が使用されなくなったことは、他ならぬ一〇世紀半ば以降のイスラーム世界をつなぐネットワークの基軸であったエジプト・紅海軸ネットワークに本質的な構造的変化が起こったことを示していると推論されるからである。

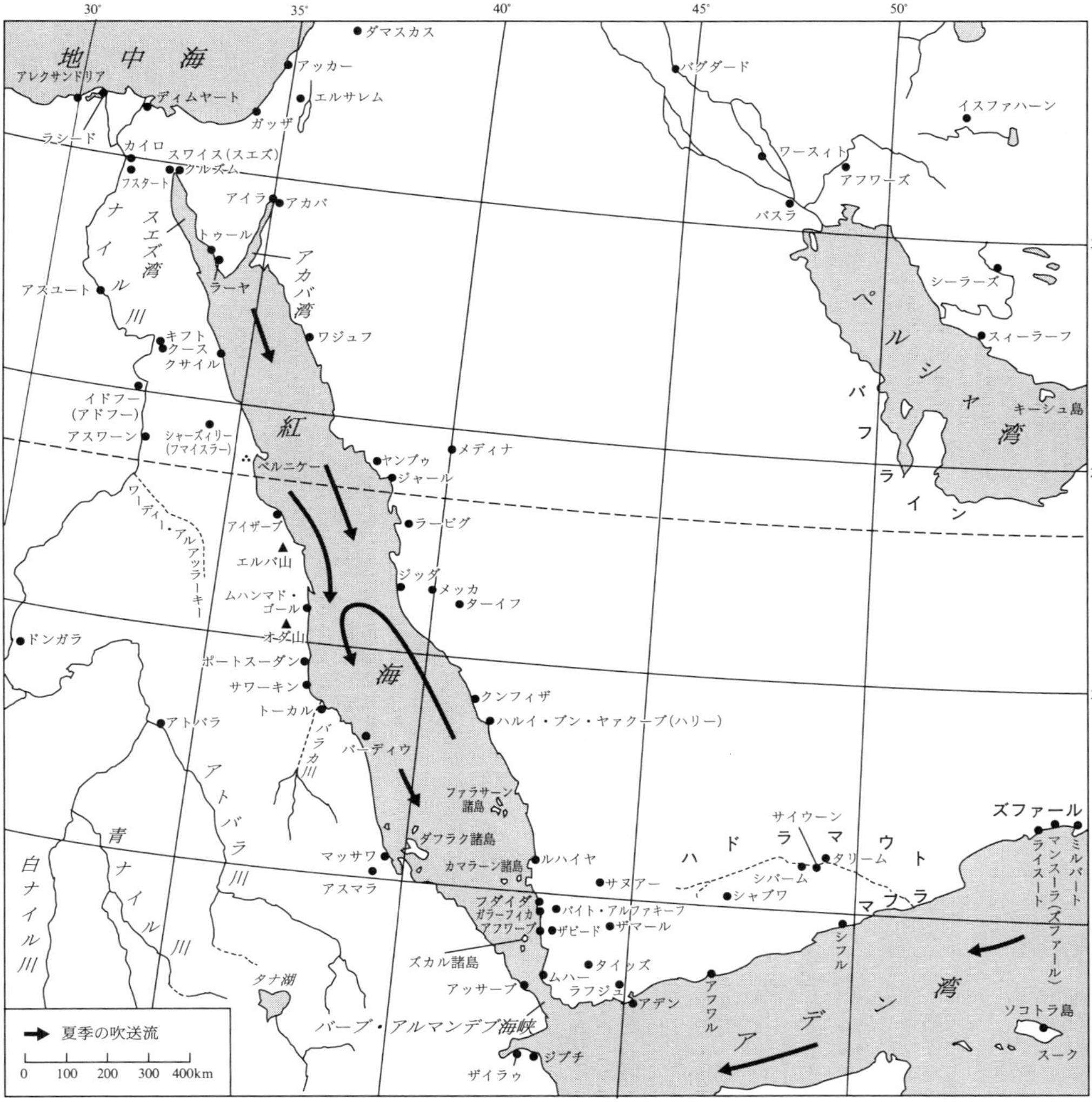

図1　紅海沿岸部およびバーブ・アルマンデブ海峡付近のおもな交易港

一　アイザーブの成立・発展・衰退

アイザーブは港市として、いつ頃から、いかなる事情によって成立したのか。インド洋と地中海の両世界をつなぐ中継港として、どのような発展過程をたどり、いつ頃まで利用され、そして廃港となったのは、いつ頃のことであろうか。

アイザーブの名前を伝えたもっとも古い記録は、『コプト教会司教伝 *Synaxare*』であろう。それによると、紀元後七〇〇年にコプト教会の大司教バルナバス（Barnabas, Anbā Nabas）が船乗りや商人たちに奉仕をおこなうためアイザーブに任命された、とある。この大司教は、それ以前にはナイル河畔のキフト（Qifṭ）の町に住み、時おり司祭と助祭をアイザーブに派遣していたという。[6] またイブン・アルアスィールによると、ヒジュラ暦二五九（八七二／七三）年、イブン・アッスゥーフィー・アルアラウィー（Ibn al-Ṣūfī al-ʿAlawī）なる人物は、トゥールーン朝の創始者アフマド・ブン・トゥールーン（Aḥmad b. al-Ṭūlūn, 在位八六八―八八四年）の派遣した軍隊による追撃を逃れて、アスワーン経由でアイザーブに至り、そこから船で紅海を渡ってメッカに向かったという。[7]

以上の二つの記録を通じて、すでに八・九世紀の頃、アイザーブにはコプト教徒の教会があり、船乗り、商人や巡礼者たちの訪れる渡海の港として、またナイル河畔から東部砂漠（アイザーブ砂漠）越えて紅海の沿岸に出る陸上交通の拠点となっていたことが理解される。

九世紀末から一〇世紀になると、アイザーブは対岸のヒジャーズ地方のジッダ、ヤンブゥ、ジャールやイエメンの諸港に向かう商人や巡礼者たちが往来し、またおもにベジャ系諸部族（Beja, Būja, Bujā）の生活・移動圏であるアトバラ川、東部砂漠やエチオピア北部の山岳地帯で産出する金、銅やエメラルドなどの鉱物資源を積み出す港として利用された。一〇世紀前半のイスタフリーの記録、またそのすぐ後に描かれたイブン・ハウカルによる「ファールスの海（インド洋）の地図」（図2）には、紅海西側の海岸部にアイザーブの地名が記されて、そこが海辺の要塞（ḥiṣn）であることを伝えている。[8]

マクリーズィーが説明しているように、アイザーブが交易港として最も繁栄した時代は、ファーティマ朝のカリフ＝ムスタンスィル（al-Mustanṣir, 在位一〇三六—九四年）の治世半ば、すなわち一〇五〇年前後からマムルーク朝の第五代目のスルタン＝バイバルス一世（al-Malik al-Ẓāhir Rukn al-Dīn Baybars I, 在位一二六〇—七七年）までの約二〇〇年間であった。[9] この時期には、西側は東部砂漠を横断してクースに出ると、そこから川船でナイル川を下ってフスタート、カイロに、さらにアレクサンドリア経由で地中海世界に、東側は紅海を船で渡り、ヒジャーズ地方、イエメンやインド洋海域の各方面につながるエジプト・紅海軸ネットワークのなかで、最も重要な中継地としての役割を果たしていた（第II部第2章）。

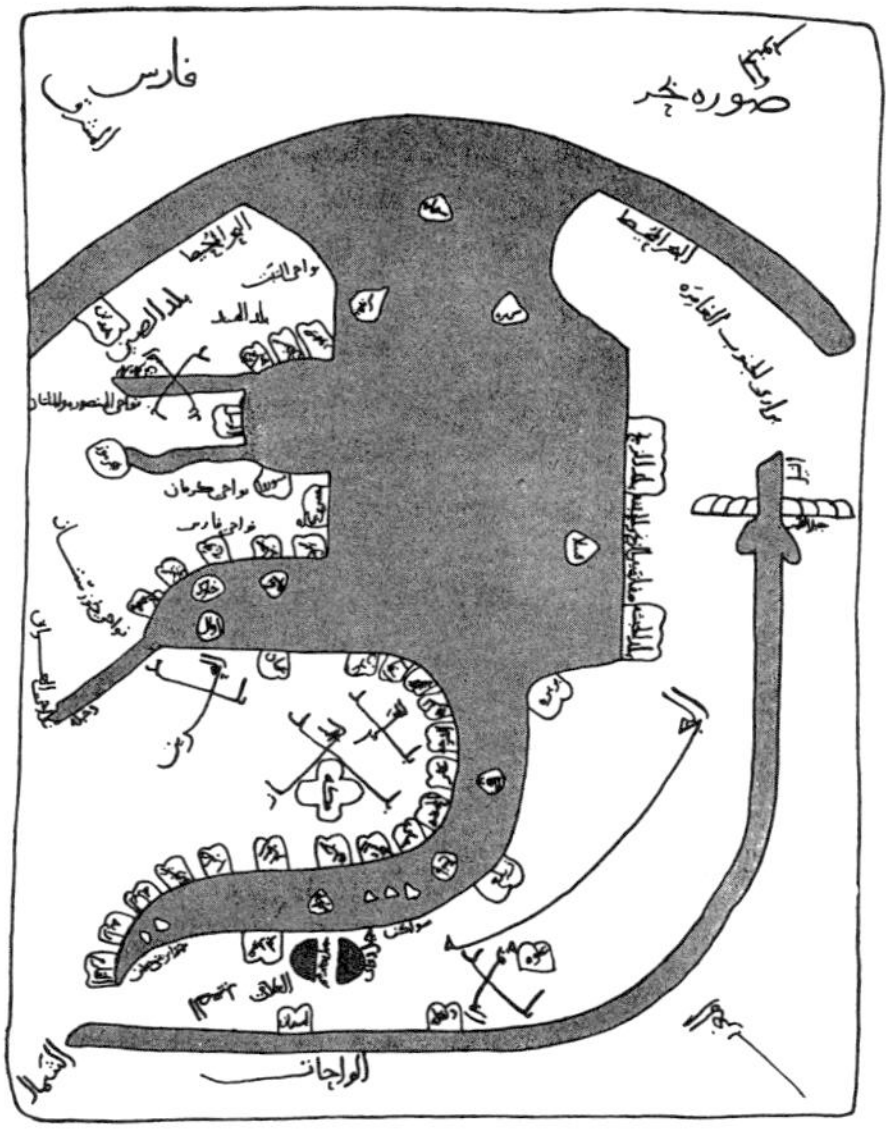

図2　イブン・ハウカルによる「ファールスの海の地図」（トプカピ博物館図書館所蔵本〔Arab MS. 3346〕）
上が東，下が西を示す。

一四世紀の前半から半ばにかけて、上エジプト地方と東部砂漠の一帯では、アラブ系およびベジャ系遊牧民による反乱と都市・農村部への侵入が続いた。また、とくに一四世紀半ば前後に猛威をふるった疫病の流行や支配体制の弱体化などによって、マムルーク朝国家がクース〜アイザーブ道の安全と秩序を保つことは困難な状況になっていた。七一五年第二ジュマーダー月（一三一五年九／一〇月）、マムルーク朝のスルタン＝ナースィルは、アラブ遊牧民がアイザーブ砂漠（東部砂漠）でラスール朝の国家使節団を襲撃し、贈呈品を奪ったことへの対抗措置として、討伐のためのマムルーク軍をアトバラ川流域とヌビアのドンガラ（Dunqala, Dongala）方面に派遣した。[10] しかし、その翌年の七一六年にもアラブ遊牧民による同様の事件が起こったので、再度、一七年ムハッラム月（一三一七年三／四月）に、五〇〇騎のマムルーク軍がアイザーブ砂漠を越えてサワーキンに入り、さらにアトバラ川を溯ってアブワーブ（al-Abwab）に達し、ドンガラを回って、同年第二ジュマーダー月（八／九月）、カイロに帰還した。[11] さらに二年後の七一九（一三一九／二〇）年、アラブ遊牧民がアイザーブを襲撃して、そこの駐在官《シャーッド》を殺害する事件が起こった。そこで、スルタンはアミール＝アークーシュ・アルマンスーリー（Āqūsh al-Manṣūrī）を軍隊と一緒にアイザーブに駐在させ、彼にアスワーン境域（Thaghr Aswān）をイクター地として分与した。[12] このように、スルタン＝ナースィルの治世代においては、曲がりなりにも港市アイザーブおよびクース～アイザーブ道の安全性はマムルーク軍と地方官によって維持されていたのである。

七二六（一三二六）年、イブン・バットゥータが上エジプト経由でアイザーブを訪れた時、町の三分の一はスルタン＝ナースィルの所有、残りの三分の二はハドラビー（al-Ḥaḍrabī, al-Ḥaḍāriba）と呼ばれるブジャー（ベジャ）族の王の所有であったという。その頃、ブジャー族とマムルーク軍との間は戦争状態にあり、マムルーク軍は町から敗走して、ブジャーの王が港に停泊中の船に穴をあけて沈没させていた。そのために、イブン・バットゥータはジッダに向かう船に乗ることができず、再び同じ道を通ってクース経由カイロまで引き返した。当時のアイザーブの町について、彼は以下のように報告している。「アイザーブは規模の大きな町で、魚とミルクは十分に供給されるが、穀物とナツメヤシの実については上エジプトから運ばれる。その町の住民は、肌色の黒いブジャー［族］であって、黄色の毛布を身に纏い、頭部には横幅が一本の指ほどの革紐バンドをしっかりと結んでいる。彼らは、娘（女子）の相続権を認めていない。彼らの食事は、ラクダの乳であり、マフラ種の［一瘤］ラクダに乗っており、そのラクダのことを彼らは〈スフブ〉と呼んでいる。[13]」

イブン・バットゥータは、一三三二年八月三〇日～九月五日の巡礼大祭に参加した後、ジッダ港からアイザーブに向けてスンブーク（サンブーク）と呼ばれる船に乗ったが、途中で逆風に遭ってサワーキンに近いダワーイル岬（Ra's Dawāyr）に近い停泊地に押し流された。その後、彼はブジャー族の案内で砂漠地帯を九日間かかってアイザーブまで行き、食料や水を得た後、ダギーム・アラブ族の一団と一緒に東部砂漠を越えてナイル河畔のアトワーニー村に戻った。[14] さらに一三四八年秋にも、カイロから上エジプト経由、アイザーブから船でジッダに渡ったが、その時のアイザーブの具体的な状況について、彼は何も記録を残していない。[15]

その後のアイザーブの状況について、マクリーズィーは、バイバルス一世がエジプトの公式巡礼キャラバン隊（rakb）のルートをそれまでの上エジプト～アイザーブ道ではなく、シナイ半島東側の付け根にある要地アカバ（'Aqaba）を経由してアラビア半島西岸沿いに進みメッカに至る陸路に変更させたことによって、アイザーブ砂漠を通過する巡礼者の数が減少したこと、ただし、インド洋の海上商人たちの積荷については、引き続き七六〇（一三五八／五九）年までアイザーブ経由でクースに向けて運ばれていたことを指摘している。しかし「インドとイエメンの船がアイザーブに来航するのが途絶えると、イエメン地方のアデンが大港市となった。そして八二〇（一四一七／一八）年頃になると、ジッダが［ペルシャ湾の］ホルムズと並んで世界最大の港となった。なぜならば、ジッダは良港であるから」と、紅海の交易港が時代とともに大きく変遷していった過程を説明している。[16]

また、マクリーズィーは別の著書『諸王朝の知識の足跡の書 ***Kitāb al-Sulūk li-Ma'rifat Duwal al-Mulūk***』において、アイザーブの地名を伝える最後の記録として、七六七（一三六五／六六）年の項目中で、紅海とナイル峡谷の間に囲まれたアイザーブ砂漠を東西に貫くキャラバン道の活動が危険な状態に陥った状況を、次のように説明している。「アスワーンとサワーキンでカンズ［族］の子孫たち（awlād al-Kanz）とアカーリマ［族］の集団（ṭā'ifat al-Akārima）による不当行為が頻発するようになったとの報告が届けられた。すなわち、彼らは道路を寸断したり、人々から金品を奪って、商人などの人々による旅を妨害した。また、カンズの子孫たちは、すでにアスワーン境域（Thaghr Aswān）、アイザーブ砂漠と内陸オアシスの砂漠地帯（barrīyat al-wāḥāt al-dākhirīya）［など］を制圧し、さらにヌーバ（ヌビア）の諸王やアカーリマ［族］の支配者たちとも婚姻関係を結び、ますます彼らの勢力は強大化した[17]。」

マムルーク朝のカルカシャンディーは、その著書『黎明 *Ṣubḥ al-Aʻshā*』のなかで、ヒジャーズ地方、イエメン、さらにその遠方から来るカーリミー商人たちの持参する商品に対する特別の関税港（mā yu'khadhu 'alā waṣl al-tujjār al-Kārimīya min al-baḍā'i' fī Baḥr al-Qulzum min jihat al-Ḥijāz wa'l-Yaman wa-mā walā-humā）として、紅海沿岸のアイザーブ、クサイル、トゥールとスワイス（スエズ）の四つの海浜（sāḥil, sawāḥil）をあげている。なお、サーヒル（海浜）とは港市に隣接する海辺の浜、狭い入江（khawr）、浦や津のことであって、そこでは艀舟が沖待ちの船（本船）から荷降ろししたり、また浜から本船に積み出す積荷が置かれたりした。とくに第三の海浜としてあげられたトゥールの状況について、カルカシャンディーは、次のように説明している。「トゥール――そこはアカバ・アイラ（'Aqaba Ayla）とエジプト地方の陸地との間のクルズム海（Baḥr al-Qulzum）を奥に入った［シナイ半島の］岬側にある海浜。すでに昔日にも、この海浜は、［紅海を航行する］船にとってヒジャーズの陸地から至近の距離にあるため、船頭たちのうちにはそこに進路を向けたいと望む者があり、多くの［船の］到着があった。つまり、そこは［ヒジャーズの］陸の影が［いつも］航海者の視界から見失われないこと、またその陸地に投錨地《マルサー》が多いこと［など］のおかげで、もしも海上での天候が変わっても、船主は［避難のために］入るべき投錨地を［容易に］見つけることができたためである。しかし、その後、この海浜を目指すことも、そこから出港することもなくなった……。しかも旅行者たちは、［近くの海に］暗礁があって、船を恐怖に陥れ、そのためそこでの航海は昼間だけしかできないので、そこに向けて航海することを嫌った。こうした状況がそのまま七八〇年末（一三七九年四月一八日）まで続いた。なぜならば、当時、エジプト地方の大侍従官（ḥājib al-ḥujjāb）であったアミール＝サラーフ・

ウッディーン［・ハリール］・イブン・アッラーム（Ṣalāḥ al-Dīn［Khalīl］b. Arrām）——彼に神のご慈悲あれ！——はトゥールにおいて船を建造して、出航させ、他の船もそれに従わせようとしたのである。そこで、人々はあえて航海事業に乗り出そうと、船を造り、またイエメンの複数の船も商品を積んでそこに来航するようになった。そして、［それまで繁栄していた］アイザーブとクサイル［での交易活動］は衰退した。こうして、そこ（トゥール）を中継にしてヒジャーズに向けての穀物輸送がおこなわれ、そこに向かう小麦輸送によって、商人たちの利潤は増大したのである。(18)」

この記録からも、一四世紀後半になってアイザーブやクサイルに代わって、シナイ半島の西側先端に近いトゥール港が急速に発展し、かつて正統カリフの時代におこなわれていたと同じように、再び、エジプト産小麦がスワイス（クルズム）から船でシナイ半島沿いに南下し、トゥール経由でアラビア半島西岸をジッダまで運ばれるようになったことが理解できる。

さて、アイザーブの衰退原因とその衰退年次を考えるうえで、一つの重要な記録が残されている。それは、アンダルス地方のグラナダ生まれでラテン名をレオ・アフリカヌス（Leo-Africanus）、本名をハサン・ブン・ムハンマド・アルワッザーン・アッザイヤーティー（al-Ḥasan b. Muḥammad al-Wazzān al-Zayyātī）という地理学者が『アフリカ誌 *Descrittione delle' Africa*』のなかの「ヌビアの王国」のなかで伝える次の情報である。「紅海沿いにズィビド（Zibid）と呼ばれる大規模な町があった。そこには一つの港があり、メッカにほど近い四〇マイルの［距離を隔てた］ズィデム（Zidem）のそれ（港）とちょうど向かい合って位置していた。しかし、この時点で一〇〇年来（da cento anni in qua per cagione）、そこ［ブギア（Bugia）］の人々はメッカ向けの食糧やその他を運ぶキャラバン隊を襲い略奪したため、ソウダン（soudan, マムルーク朝のスルタン）は策をめぐらした結果、そこに紅海を通じて軍隊を派遣し、この町の前に停泊し、その港を壊して廃墟にした。さらに、毎年二〇万サラッフィ（saraffi, Ashrafī dīnār）の貢納金を課した。そこから逃れた［ブギアの］人々はダンガラ（Dangala, Dunqala, Dongola）とスアチン

(Suachin, Sawākin) へ向かい、いつも［通行する人々から］物品を奪った。しかし、その後、スアチンの支配者は、弓と火器で武装したトルコ人（マムルーク軍団）の支援を得て［攻撃を加え］、彼らに一回の戦闘で決定的な打撃を与え、裸同然で生活するこのならず者連中の四、〇〇〇人以上を殺害した。さらに一、〇〇〇人以上を捕虜にして、スアチンに連れ戻したが、彼らは女や子供たちによって虐殺された。[19]」

マリーは、この引用文のなかの、ズィデム（ジッダ）の港とちょうど向かい合って位置する規模の大きな港ズィビド（Zibid）は、イエメンのザビード（Zabīd）ではなく、アイザーブを指していると断定した上で、レオ・アフリカヌスの記録は彼の時代――『アフリカ誌』は一五二六年三月に完成――より一〇〇年前の一四二六年、すなわちブルジー・マムルーク朝のスルタン＝バルスバイ（al-Ashraf Sayf al-Dīn Barsbay, 在位一四二二―三八年）によっておこなわれたアイザーブ港破壊事件を直接伝えたものである、と主張した。[20] この説は、その後、M・A・カンメレル（M. Albrt Kammerer）やA・ダッラーグ（Ahmad Darrag）らの学者によっても引き継がれた。[21] すなわち、カンメレルは、音声学的にもアイザーブがズィビドと誤って伝えられた可能性が高いと考えた。一方、ダッラーグの説明は、カンメレルの議論をさらに展開して、マムルーク朝にとって紅海沿岸の商業基地は原則的には四つの主要港――アイザーブ、クサイル、トゥール、スワイス（スエズ）――であったが、スルタン＝バルスバイはジッダを交易活動の唯一の中心とするため、他の交易港、なかでもアイザーブの活動を低下させる諸政策を実行し、そこにいっさいの船が寄港することを禁止した。それによって、地方部族の反乱が起こり、また密輸や海賊行為が激しくなると、スルタンは彼らを討伐するために、アイザーブの町を一四二六年に破壊した、というものである。

一二九〇年から一三〇〇年代に入ると、上エジプトやヌビア方面においてアラブ系やベジャ系の遊牧諸部族の反乱が頻発したこと、[22] ワーディー・アッラーキーの金鉱山の枯渇、シナイ半島経由のメッカ巡礼道の復活などによって、クース～アイザーブ道が危険な状態に陥り、そうした状況に対応して、七八〇（一三七八）年末にはカーリミー商人たちの税関がアイザーブからトゥールに移され、さらにはマクリーズィーが伝えるように八二八（一四二四／二五）年以後、アデンからジッダにインド洋交易の繁栄中心が移ったという歴史的事実は、レオ・アフリカヌスの記載内容を間接的に裏づけていると考えられる。

マクリーズィーが伝えるように、八二八（一四二四／二五）年、スルタン＝バルスバイはイエメン・ラスール朝のヒジャーズ地方への統制力が弱まった機会を捉えて、メッカとジッダにマムルーク軍を派遣して支配を確立し、併せてジッダをインド洋交易の最大の拠点とした。スルタンの目的は、国家財政の再建のためにジッダに来航する貿易船の入港関税を得ること、またインド産商品をアレクサンドリア市場で西ヨーロッパの人々（イフランジュ）に販売する、とくにイタリア商人たちに売却する胡椒の専売をおこなうことにあった（第IV部第3章参照）。そして次年のムハッラム月（一四二五年一一／一二月）には、シリアの巡礼者たちがヒジャーズ地方で購入したインド商品に対する税金をカイロで支払うことを義務づけた。さらに八三二（一四二八／二九）年の布告では、香料などのインド産商品の他にも、シリア産綿布、砂糖、上エジプト産薪材と穀物などが国家の専売品に指定された。[23]

J・C・ガルサン（Jean-Claude Garcin）はその論文「アフリカ人ジャン・レオンとアイザーブ」のなかで、マムルーク朝史料にはスルタン＝バルスバイの軍隊がアイザーブを破壊したことを伝える確実な記録が残されていないため、レオ・アフリカヌスに記されたズィビド（Zibid）を無批判にアイザーブと同定し、しかもその記載内容のすべてについてスルタン＝バルスバイの統治時代に起こった事件であると早急に判断することは誤りであると主張して、次のような新見解を提示した。「アフリカ人ジャン・レオン（レオ・アフリカヌス）のテキストは、アイザーブの歴史を書くうえでは役立たない。そこに含まれている要素は、必ずしもバルスバイの時代に繰り広げられた遠征の報告であると解釈し得ないからである。というのも歴史的状況が、この解釈に合致しない。［著者レオ・アフリカヌスが所持していた］アラビア語の覚え書をイタリア語の本に編纂する過程で起こった数々の混乱に加えて、テキストのもともとの意味も、紅海のアフリカ側にあるベジャ［族］の港（アイザーブ）の破壊とその反対側の別の港のそれを結びつけてわれわれに理解させようとしているのだが、われわれの見るところ、それ［後者］は一五〇〇五年のアミール＝フサイン（Ḥusayn）の艦隊によるヤンボゥ（Yambo'，Yanbu'）破壊の一挿話としてしか理解できないものである。しかし、この記録はそのなかの場所と時代が混乱していたとしても、以下のような理由から考えて非常に重要であるといえる。すなわち、オスマン朝の征服直前における紅海の状況についての、あまり明瞭でない情報カードの利用［による叙述］とは違ったものがそこに含まれているのが確かだということである。したがって、ひとりの旅行者であり、急を要する外交官（レオ・アフリカヌス）は、マクリーズィーの説明にあるように、大商業がアイザーブの寄港地を利用しなくなったあの時代から一世紀も後に複数の要素（歴史事実）を投影したことになる。……もしわれわれの分析が正しいとすれば、その時、アイザーブの投錨地は放棄され、ローカルな商業活動にのみ委ねられたということを示している訳ではない。なぜならば、一四二六年に、アイザーブの組織的な破壊はなかったからである。ただし別の問題として、考古学的な調査の結果こそが完全にこの問題を解決することになるであろう。(24)」

このように、ガルサンの結論は、レオ・アフリカヌスによるズィビドの町の記録は、一五〇五年のアミール＝フサインの艦隊によるヤンブゥ港破壊を伝えるものであり、同時に、それより一〇〇年前のアイザーブの衰退過程の歴史的事実をそこに一部投影したものである、というものである。

二　アイザーブの衰退過程に関する史料

三上次男は、一九六六年三月にエジプトのクサイル経由でアイザーブ遺跡を訪れ、考古学的予備調査を実施した。とくに中国陶磁片九九九点を採集して、それらの種類と時代の分類を試みた結果として、「アイザーブから発見される染付が一四世紀のものに限られ、一五世紀の製品を含んでいないことは、アイザーブ廃港の年代を示唆するものとして重要である」と述べている。また染付だけでなく、青磁、白磁や黒褐釉磁についても、一一〜一四世紀にまたがるものは採集されたが、一五世紀およびそれ以降の製品はほとんど発見されなかったと述べている。(25) したがって、アイザーブで採集された貿易陶磁の研究から判断しても、マクリーズィーやカルカシャンディーによるのと同じく、その国際的交易港としての機能は一四世紀末までであり、一五世紀に至って衰退、もしくは廃港となったと考えられる。

では、一四世紀後半から一五世紀にかけて、アイザーブはどのような衰退過程をたどったのであろうか。また前節で引用したレオ・アフリカヌスの記録内容をどのように解釈したらよいだろうか。そこで以下では、一三五〇年以後のアイザーブの状況を伝える具体的な記録史料を一つひとつあげて、それぞれの内容を分析することで、その衰退過程を考えてみたい。

(1) 七五二(一三五一/五二)年、イエメン・ラスール朝スルタン=マリク・ムジャーヒド(al-Malik al-Mujāhid ʿAlī)はカラクの牢獄から釈放されて、カイロに護送された後、アイザーブ・ルートを経由して、イエメンに帰国した。(26)

(2) 七五三(一三五二/五三)年、ラスール朝の使者ニザーム・ウッディーン・フダイル(Niẓām al-Dīn Khuḍayr)はアイザーブで亡くなり、その地に埋葬された。(27)

(3) 七五四(一三五三/五四)年、スルタン=マリク・ムジャーヒドの保釈金と贈物を持参したラスール朝の使節団がアイザーブに到着した。(28)

(4) マクリーズィーによると、七六〇(一三五八/五九)年以後、クース〜アイザーブ道による大商業は終息し、クースの繁栄もまた終わった。インドやイエメンの船舶がアイザーブに寄港しなくなると、代わってアデンが大港市となった。(29)

(5) カーリミー商人ザキー・ウッディーン・アブー・バクル・アリー・アルハッルービー(Zakī al-Dīn Abū Bakr

'Alī al-Kharrūbī, 七八七年ムハッラム月〔一三八五年二月〕にカイロで死去）は、叔父のバドル・ウッディーン・ムハンマド（Badr al-Dīn Muḥammad）の没後（七六二／一三六一年）、アイザーブ・ルート（ṭarīq 'Aydhāb）を通ってイエメンに商業旅行をおこなった(30)。

(6) 七六七（一三六五／六六）年、カンズ族やアカーリマの集団がアスワーンとサワーキンで反乱を起こした。その影響で商人や旅行者たちの通行は途絶した。彼らによってアスワーン境域、アイザーブ砂漠とオアシス地帯が支配された(31)。

(7) カーリミー商人イブン・アルムサッラム（Ibn al-Musallam, Nāṣir al-Dīn Muḥammad b. al-Musallam）は、七七〇年シャアバーン月（一三六八年三／四月）に、インドから到着した商品を受け取るためにクースに出発した。おそらく、この商品はアイザーブ港で荷揚げされた後、東部砂漠をとおってクースに運ばれたと考えられる(32)。

(8) マクリーズィーは、アイザーブの町を説明したなかで、「アイザーブの住民はブジャ族出身であり、彼ら出身の王がいる。またそこにはエジプト・スルタンの地方総督（wālī）が滞在する。私（マクリーズィー）は、カイロのわれわれのもとで、そこの法官を偶然の機会に見かけたが、彼の肌色は黒かった」と記している(33)。マクリーズィーは、一三六四年頃にカイロで生まれ、一四四二年に没したといわれているので、少なくとも彼がアイザーブの法官と出会ったのは一三八〇年以後のことであろう。

(9) 七七二年シャアバーン月（一三七一年二／三月）、マムルーク朝のアミール＝アクブガー・アルユースフ（Aqbughā al-Yūsuf）は上エジプトのマンファルートで死去した。それは彼がラスール朝のスルタン＝マリク・アフダル（al-Malik al-Afḍal, 在位一三六三—七七年）から遣わされた贈物を受け取るため、クースに赴く途中のことであった(34)。この記事によって、(7)の例と同じく、ラスール朝からの贈物は引き続きアイザーブ～クース道経由でカイロに運ばれていたことが分かる。

(10) 一四世紀半ばにスペイン・フランシスコ派のある人物によって著された『認知の書 *Libre de la Connaissance*

表1　ポルトラノ地図とカタロニア地図に記されたアイザーブの地名

（　）内は製作年・出版年を示す

ジョヴァンニ・ダ・カリニャーノ（14世紀）	アイディプ
ダラルトのアンジェリーノ（1325）	アイデブ/アイデブ
ヴェネツィア・ポルトラノ図（14世紀初頭）	アイダバ/アイデベ
メディセオとロレンツィーノによるポルトラノ図（1351）	アイディボ
『認知の書』（14世紀半ば）	リデボ
シャルル5世の世界図（1375）	アイディプ/レデボ
ナポリ・ポルトラノ図（1400年頃）	リデボ
ヴィラデステスのメシア（1413）	アイデブ/リデボ
ヤッフーダ・クレスク（1416）	アイディプ/リデボ
ヴィラデステスのヨハンナ（1428）	リデボ
フロレンス・ポルトラノ図（1433）	アイディプ/リデボ
レオナルド・ジョヴァンニ（1452/53）	アイディプ
フレドゥッチ（1497）	アイディプ

（*Libro del Conoscimien*）』に付された地図には、紅海沿岸の地名として、コス（Chos / al-Quṣayr）、リデボ（Lidebo）、マデ（Made / al-Madā'in al-Ṣāliḥ）、アヒオゲベル／エジオンガベル（Axiongebel, Eziongaber / 'Aqaba-Jabal）、ギデ（Gide / Judda）、セライン／サカン（Serayn, Sacan / Sawākin）、ユデ（Yude / 'Adan）、アドロマル（Adromar / Ḥaḍramawt）などの地名が記されている。これらのうちでリデボ（Lidebo）は明らかにアイザーブを指している。この著者は不詳であるが、おそらくアンダルスのムスリムたちからこれらの地理的知識を得たものと思われる。(35)

(11) 一三七五年のカタロニア地図の一つ、「シャルル五世の世界図 *Atlas de Charles V*」には、紅海のアフリカ側の一地名としてアイディプ（Aidip / 'Aydhāb）が記されている。この地図はマヨルカ島出身のユダヤ人アブラハム・クレスク（Abraham Crêsques）によって製作された。地図にはクサイルとクースとが混同されてコス（Chos）と記され、「このコスの町で、インドから運ばれた香料を受け取り、それをバビロネ（Babylone）とアレクサンドリアに運ぶ」との説明文がある。なおバビロネは、フスタートを指している。(36) 表1は、一三世紀から一五世紀に描かれたポルトラノ地図（海図）およびカタロニア地図に記されたアイザーブの地名を一覧表にして示したものである。これによって明らかなように、アイザーブを指したと思われるアイディプ（Aydip）の地名が最初に登場するのは一四世紀初めに書かれたジョヴァンニ・ダ・カリニャーノ（Giovanni da Carignano）のポルトラノ地図である。この地図はポルトラノ地図としてかなり完成度の高いものであり、地中海や黒海の部分についてはほぼ同時代の「ピサ図 *Carte Pisane*」やさらに以前のポルトラノ地図を踏襲したものと思われる。しかし、エジプト、ヌビアとアラビア半島の部分については、それ以前のポルトラノ地図にない新しい情報が追加されている。[37] ジョヴァンニのポルトラノ地図は、以後の地図学者たちが地図を製作するときに基本図として利用された。一三二五年製作のアンジェリーノ（Angelino de Dalorto）製作のポルトラノ地図では、**Aydeb** と **Aideb** が別の地名として記され、それ以後の地図でも同じ誤りが受け継がれた。前述した一四世紀半ばに著された『認知の書』に付された地図では、アイザーブは誤ってリデボ（Lidebo）と写されたため、その後の地図学者たちはアンジェリーノの地図に見られる類似の二つの地名 Aydeb と Aideb をアイディブ（Aidib）とリデボ（Lidebo）と改めることになった。[38]

(12) イブン・ハルドゥーン（Ibn Khaldūn）は、七八九（一三八七）年にカイロを出発、シナイ半島のトゥール港から乗船してヤンブゥ港に達すると、そこから陸路を進み、メッカ巡礼を果たした後、再びヤンブゥ港経由でトゥールに向かった。しかし、その航海の途中で風に流されて、クサイルの海岸に着いた。[39] 彼は、スエズの海（Baḥr al-Suways）――クルズムの海（Baḥr al-Qulzum）に同じで、スエズ湾と紅海を指す――について、その海岸はアイザーブに達するまで、上エジプト地方やブージャ（ベジャ）の地方が広がっている、と説明している。[40] その頃、すでにマグリブ地方やエジプトの各地から来たメッカ巡礼者たちは、クース～アイザーブ道ではなく、トゥール～ヤンブゥ道――カイロからトゥールまでは陸路、トゥールから船でヤンブゥに至り、そこからメディナもしくはラービグ経由で陸路メッカに向かうルート――を利用した。マクリーズィーによると、ヒジュラ暦八〇二（一四〇〇）年、マムルーク朝国家が派遣した巡礼輿《マフミル》は、メッカからカイロに向かう復路で、ヤンブゥ～トゥール道を通過した。[41]

(13) 七九二（一三八九／九〇）年に筆写されたイドリースィー写本（Oxford, Pokock, No. 375）には、写筆者自らの経験によった註釈として、何度かアイザーブ地方（bilād ʻAydhāb）を訪れて、海亀の肉を食べたこと、その海亀はクルズムの海（紅海）の海岸で捕獲されること、亀の甲羅で女性の腕輪や印鑑（指輪）を作ること、またアイザーブの町では海亀がカイラの単位（kayla）で売られていたことなど、実際に旅の途中で目撃・経験した情報を加えている。(42) この匿名の写筆者は、同年に、カイロで当代著名なカーリミー商人ブルハーン・ウッディーン・イブラーヒーム・ブン・ウマル・アルマハッリー（Burhān al-Dīn Ibrāhīm b. ʻUmar al-Maḥallī）と出会い、その商人がブルジー・マムルーク朝のスルタン＝バルクーク（Ẓāhir Sayf al-Dīn Barqūq）のためにインドからもたらしたジルコン石製のすばらしい刀剣の柄を見たという。(43)

(14) イエメン・ラスール朝の年代記『七つの運行する星座表 *Taqwīn al-Kawākib al-Sabʻat al-Sayyāra*』には、「大流星が南の方向から西（シャーム）の方向に落下した。それは海上で起こったが、二時間にわたって雷鳴のような大音響が聞こえた。伝えられたところでは、それは、アイザーブの海（Baḥr ʻAydhāb）を航行中のエジプトの大型船の上で起こったという。その船には多量の食料品や多くの商人たちが乗っており、ちょうど月曜日の夕方の祈りの前の時刻であった。ヒジュラ暦七九二年シャウワール月九日（一三九〇年九月八日）のこと」と記されている。(44) この年代記の写本は、カイロの国立図書館タイムール文庫（al-Khizanāt al-Taymūrīya, Ms. No. 274）に所蔵されており、フランスのパリ国立図書館所蔵の匿名のイエメン写本『イエメン・ラスール朝史』とは別の稿本である。この記録によって一三九〇年代に、アイザーブに近い海域が「アイザーブの海」の名称で呼ばれていたことが分かる。

(15) 一四〇〇年頃の記録『ヴェネツィアからインド（エチオピア）までの道里 *Iter de Venetiis ad Indiam*』（Ms, Biblioteca Nazionale, Florence, Miscellanea II）に記されたアイザーブ道。このラテン語テキストには、カロ（Caro / Cairo）から伝説の王プレスター・ジョンの住むエチオピア国の都ショア（Sciahua, Choa）までの道筋が記録されている。それによると、カロ～リッフィ（Riffi, Riffim / al-Rīf）一五日行程～アイダブ（Aidab /ʻAydhāb）一五日の砂漠道～ソアッキン（Soacchin / Sawākin）一八日行程～アダ（Ada, Adam / Massawa）一二日の砂漠道～マリア山

（Monte Maria）一〇日の砂漠道〜ギアンガリ（Gianghari）二日行程〜アスマラ（Asmara, Asmaram / Asmara）四日行程〜トアイタ（Tuoaita）二日行程〜ドゥベブ（Dubeb）二日行程〜アンティシメント（Antisiment）二日行程〜リガクソン（Ligaxon）一日行程〜トゥラト（Turat）一日行程〜カクスム（Chaxum / Axsum）二日行程〜アングダ（Anghuda, Anghudam）一〇日行程〜カアメラム（Chaameram / Amhara）二〇日行程〜ショア（Sciahua, Shoa）三日行程となっている。[45] 後述するように、一四世紀後半から一五世紀初めにかけて、イタリア商人たちはインドに達する新ルート発見のために、さまざまな方面に進出した。当時、彼らの考えるエチオピアはインドの一部であり、そこに住む伝説上のキリスト教修道王プレスター・ジョン（Prester John）を求めてナイル川を溯り、東部砂漠を越えて、エチオピア高原に踏み入るルートが探査された。上述のルートは、おそらくカイロ、エルサレムやシナイ山のセント・カテリーヌ修道院を巡拝するエチオピア・キリスト教会の修道士や巡礼者、商人たちから得られた新情報をもとに記録されたものと考えられる。[46]

(16) 一四五二／五三年製作のレオナルド・ジョヴァンニ（Leonardo Giovanni）によるカタロニア地図『平面地球図 *Planisphere*』には、アフリカ東部の紅海沿岸の一地名としてアイディプ（Aydip）が記されている。レオナルドは、マルコ・ポーロの旅行記、「シャルル五世のカタロニア地図」（一三七五年製作）やイタリアのモデナ（Modena）にあるエステ図書館（Biblioteca Estense）所蔵のカタロニア地図「エステの平面地球図 *Este Planisphere*」（一四五〇年製作）などを参考にしている。[47]

(17) 『ゾルズィ道里 I *Zorzi Iter I*』のなかの「アクスム〜カイロ道里」は、アレッサンドロ・ゾルズィ（Alessandro Zorzi）が一四七〇年頃に蒐集した複数の資料の一つで、おそらくエチオピアから帰還したイタリア修道士がもたらした新情報によっている。[48] この記録は、上述の『ヴェネツィアからインド（エチオピア）までの道里』とほぼ同時期のエチオピア王ダヴィド一世の治世代（David I, 一三八二―一四一一年）の状況を伝えており、両者の内容についても一致する部分が多い。この道里は、エチオピア王国の都アクソン（Axon / Aksum）を起点として、アスマラム、アラル（Alal／Ḥalāl）、バガラ（Bagala）、シア（Cia／Gianghari ?）、ソアケン（Soachen／Sawākin）を経て、紅海の沿岸部を北上し、イダブ地方（la provinca Idab）とボルガン（Borgan）の大砂漠地帯（東部砂漠）を通過後、ナイル河畔の町アセネ（Asene／Isnā）、そしてカイロに至るルートを記録する。イダブ地方とは、アイダブ（Aidab）、アイザーブに同じで、ソアケン（サワーキン）からアイザーブまでの部分については、「いわゆるソアケンは、一五マイル四方の、普通の大きさのモーロ人（mori）の島である。その町は［同じく］ソアケンと呼ばれて、このモーロ人が治め、その王に従属して貢納金を支払っている。そこは、すべてが砂地である。そして、ここからキリスト教徒の巡礼者たちがアラビア海（mare arabico）を通ってアラビア砂漠にあるシナイ山（monte Sinai）に、また海路を通ってコセル（Coser／al-Quṣayr）と呼ばれるカイロのスルタンに属する要塞、さらにはエルサレム（Hierusalem）まで行く。ソアケンからコセルまでは、三〇日行程。このソアケンから陸路、カイロまで行くこともできる。すなわち、まずエムブラン（Embran／Mt. Elba）地方を通って、その地域の端までの八日行程。そしてこのエムブラン地方の端からイダブ地方に入り、そこを越えて八日行程でボルガンに至る。そして、イダブの端から大きな砂漠とすべてが砂地のボルガンを通過して、アンダ（Anda／Wādī Antar ?）地方に行く。そして、ボルガン地方の端でアンダ地方に入り、さらにそこを経てナイル川沿いのアセネ（Asene／Asnā, Isnā）の町があるリフ（Rīf／al-Rīf）の地に三〇日行程でたどり着く[49]」との説明文が挿入されている。なお、アレッサンドロ・ゾルズィが残した「付記 *Zorzi note*」には、さらに修道士トマスからの新情報を加えて「修道士トマスは、次のように語る。メッソア（Messoa／Massawa）からソアケンまで、そしてソアケンからボルガン地方の端までの間、日ごとに停泊する場所を見つけることができない。なぜならば、そうした荒廃した地域には牧夫たちだけが住み、時には二〜三日、四日にもわたって宿泊するところがなく、食料や水もないので、彼らはそれらを持参し、ラクダを購入して運ばせなければならないので、大変な苦しみがあり、それに加えてさまざまな動物により生命の危険を脅かされる。たとえ、途中で、そうした動物が人間から逃れて樹木のなかに退散している時であっても同じである。なお、ここの牧夫たちは、なかなか善良な人たちである。だが、途中のナイル川を越えてヌビアの地方（provica di nubi）に行くと、彼らは悪辣で、盗賊や殺人者たちである。ヌビア地方は、すべてそうした状態にある。したがって、最良で、しかも最も安全な道は、たとえ長距離であっても、リスボンに行き、（そこから）船で喜望峰とグァルダフミ岬（Cao Guarda fumi / Cap Guardafui）を経由してメッソアの港、さらに陸路でバララ（Barara）まで行くことであり、それが一番良い」と記されている。[50] アレッサンドロ・ゾルズィは、一四七〇年以前にヴェネツィアに生まれ、一五三八年まで仕事を続けたといわれるが、詳細については不明である。彼は、エチオピア人、イタリア人の修道士、商人や巡礼者たちから蒐集したさまざまな情報をもとに、ナイル川源流についての情報、カイロ～エチオピア、エルサレム～エチオピアの間の道里などを記録した。[51] ゾルズィの「付記」は、一五二四年、修道士トマスから得たエチオピアの新情報であり、喜望峰経由の海上ルートの方がより安全であることを伝えている。[52] なお、修道士トマスの記録には、イダブ（アイザーブ）の地名は見られない。

(18)『修道士ニコラによるエチオピアおよびヌビア情報 *Aviso di Fra Nicola in Scrip' Fra di S. Michiel di Muran*』には、アイザーブが「アイダブの町（Aidab cita）」として記されている。[53] この資料もまた、ゾルズィ蒐集本の一部に含まれるもので、明らかに「フラ・モーラ（Fra Maura）の地図」にもとづいており、一四六〇年以前の情報を伝えている。上エジプト（Saito / al-Saʻīd）からヌビア（Nuba）地方に至る都市名として、マベン（Maben）、アゲリニン（Agernin）、アビビナ（Abibina）、フエス（Fues）、カルセネヌス（Carchenenusu）、イッサ（Issa）、ガンボ（Ganbo）、アイダブ、コムラ（Comula）、サバディオイア（Sabadioia）、スアン（Suan / Sawakin）などが見られる。しかし、それらのなかで、アイダブとスアン以外の地名については明らかでない。[54] なお、同じゾルズィ資料に含まれる、イタリア人フランチェスコ・スリアノ（Francesco Suriano）によって記録された一四八二年製作の「カイロからエチオピアのバララまでの道里」には、アイザーブの地名は見られない。そのルートは、カイロからナイル川を溯って、アシェルマン（Acherman / Ikhmīn, Ushmūnayn）の町に至り、そこから東部砂漠を越えてコサイロ

(Chosairo / al-Quṣayr) に出る。さらに、そこから船で紅海を南に下り、スアセム (Seuachem / Sawākin) に上陸した後、陸路をエチオピアに向かったという。

(19) 一五世紀の後半に著されたイブン・アルジィアーン (Ibn al-Ji'ān, Sharaf al-Dīn Yaḥyā Ibn Ji'ān) による『エジプト地方の地名についての素晴らしき贈物の書 *Kitab al-Tuḥfat al-Sanīya bi Asmā' al-Bilād al-Miṣrīya*』には、「アイダーブ港 (thaghr 'Aydāb) は、かつてはクブリー地方 (南部エジプト、上エジプト) の代理官 (nā'ib) のためにあったが、現在ではアミール=イェシュベク・アッダワーダール (Yeshbek al-Dawādār) のためにある」と記されている。[55]

(20) マムルーク朝後期に活躍した学者スユーティー (al-Suyūṭī) は『ミスルとカイロの歴史に関する講話の美質 *Ḥusn al-Muḥāḍara fī Ta'rīkh Miṣr wa'l-Qāhira*』のなかで、「アイザーブはクルズムの海の岸辺にあり、そこにクサイルと呼ばれる港 (furḍa) がある」と説明している。[56] これはアイザーブとクサイルを混同して、あたかも同一地名であるかのように誤解していたと思われる。一五世紀後半の人々にとって、アイザーブはわずかに記憶にのみ残されていたのであろう。

(21) 八九七 (一四九一/九二) 年、ヒジャーズ地方の支配者バラカート・ブン・ハサン・ブン・アジュラーンの子息ルマイサ (Rumaytha b. Barakāt b. Ḥasan b. 'Ajlān al-Ḥusaynī) は、彼の兄ジャマーリー・ムハンマド (al-Jamālī Muḥammad) との争いに敗れて、一度はジャーザーン (Jāzān, Jīzān) に逃れ、そしてイエメンのターヒル朝のスルタン=アーミル・ブン・ターヒル ('Āmir b. Ṭāhir) のもとに身を寄せた。その後、彼は、紅海をジラーブ船でアイザーブに渡ろうとしたが、失敗したという。[57]

(22) 表2は、一六世紀以後のヨーロッパの地図製作者と彼らによる地図のなかに記されたアイザーブの地名を列挙したものである。[58] これらの地図には、表1のポルトラノ地図およびカタロニア地図に見られたアイディプ (Aydip)、アイデブ (Aydeb)、リデボ (Lidebo) の地名は消えて、同じ位置にズィビト (Zibit)、ズィビティ

表2　16世紀以後のヨーロッパ地図に現れたアイザーブ

（　）内は地図の製作年を示す

パウロ・フォルラニ（1562/66）	ズィビト
フィリッポ・ピガフェッタ（1578）	ズィビティ（Zibithi）
ペトロス・プラニシウス（1596）	ズィビド
サンソン・ダヴェヴィユ（1655）	ズィビト（Zibith）/ズィビド
I. ブラウ（1658）	ズィビド
J. ヤンソニウス（1658）	アイダブ
ヤコブ・ファン・ミュール（1668）	ズィビド
P. ドゥヴァル（1672）	ズィビド
コロネッリ（1689）	ポルト・ゲビド
N. ド・フェール（1698）	ズィビド
ジョヴァンニ・ドリゼル（1707）	ポール・ド・ギビド
N. ド・フェール（1720）	ポール・ド・ギビド
ダンヴィユ（1765）	ラス・イッギディド，アイダブもしくはギディド
クルエ（1787）	ラス・イッギディド
J. レンネル（1799）	アイザブ・ジディド
ヨマール（1822）	ラス・エルゲディド
ラピエ（1829）	ラス・エルギディド
イェロム・セガト（1830）	ラス・ディディド

(Zibithi)、ズィビド (Zibid) やギディド (Gidid) が記入されている。先に述べたように、レオ・アフリカヌスは『アフリカ誌』のなかで、アイザーブの代わりにズィビドの地名を使っているので、一六世紀以後の地図製作者たちは彼の影響を直接受けたものと考えられるが、それ以外にも複数の情報を利用したと思われる。例えば、一五六二年にヴェネツィアで出版されたパウロ・フォルラニ (Paulo Forlani) による「アフリカ・アラビア地図」には、紅海の西側のアフリカ海岸の地名として、コスィエ (Cosie / al-Quṣayr)、ズィビト港 (Zibit P.)、ブジェ (Buge / al-Buja)、スル (Sur)、イアカル (Iacar)、スアケン (Suachen / Sawākin)、マズア (Mazua / Massawa)、デラカ (Delacha / Dahlak) などがあげられている。[59] これらの地名のなかで、ズィビト、ブジェ、スアケンの三つはレオ・アフリカヌスと一致するが、その他については対応しない。レオ・アフリカヌスによるズィビドは、パウロの地図ではズィビト港と、ブッギア (Buggia) はブジェと表記するなどの違いも見られる。[60] とくに重要な点は、一七世紀後半になると、ヨーロッパ人による紅海沿岸地域の情報が明らかにされるにつれて、ズィビド、ズィビドの地名がゲビド

(Gebid)、ギビド(Gibid)、ギディド(Gidid)と変更されたことである。すなわち、コロネッリ(Coronelli)の「アフリカ地図」ではポルト・ゲビド(P. Gebid)となり、[61] またN・ド・フェール(N. De Fer)はポール・ド・ギビド(Port de Gibid)と記している。そして、ダンヴィユは、ラス・イッギディド(Ra's Iggidid)と並んで、[62] アイダブもしくはギディド(Aidab ou Gidid)と両方の地名を併記している。[63] なお、ゲビド、ギビドは、明らかに現在の地図によるマルサー・ゲリード(Marsā Gerīd, Marsā Jarīd)を指しており、アイザーブ遺跡の北西一〇キロメートルにある紅海の入江である。ラス・イッギディド、もしくはラス・エルゲディド(Ras Gedyd)はマルサー・ゲリードの北にあるラァス・ゲリード(ゲリード岬)のことで、ラァス・アブー・ファーティマ(Ra's Abū Fāṭima)の別名でも呼ばれる。ちなみに、ラスはアラビア語のラァス(ra's)、すなわち岬を意味しており、イッギディドはアルジャディード、もしくはアルゲリードを音写したものであろう。

三　史料の分析

(1)〜(3)および(7)と(9)から読みとれるように、クース〜アイザーブ道に沿った東部砂漠一帯では、アラブ系やベジャ系遊牧民の反乱が相次いで起こり、通過するキャラバン隊は彼らの襲撃を受けて、殺害や積荷を略奪されるなどの被害を受けていた。しかしそれにもかかわらず、一三世紀後半から一四世紀後半までの一〇〇年間近くを、ラスール朝の国家使節やカーリミー商人たちが引き続き同じルートを利用していたことに注目しなければならない。カーリミー商人たちは、サラーフ・ウッディーンの統治したアイユーブ朝時代と同じく、マムルーク朝においても、国家の軍事・行政面での支援を得ることによって、クース〜アイザーブ道を使ってエジプト〜イエメン〜インド間の中継交易、外交活動と情報蒐集で大いに活躍したのである。ラスール朝もまた、カーリミー商人を仲介とし

てマムルーク朝、ヒジャーズのシャリーフ政権やインドのデリー諸王朝との外交・経済政策を積極的に進めた。(64)

クース～アイザーブ道と紅海・アラビア海の海上ルートを結ぶ交通システムを維持していくためには、マムルーク朝とラスール朝の両国からの支援だけでなく、カーリミー商人たちによって設置され維持・管理された宿舎、倉庫、水場、監視・保安のための望楼や通信施設などの国際間の交通・運輸に必要不可欠なさまざまな施設、その他にもルート沿いの遊牧民や海民との通行安全と保護ための契約、キャラバン隊を組織するのに必要な多数のラクダの貸与契約、道案内と護衛、通信システムなどが円滑に機能・運営されなければならなかった。とくにマムルーク朝、メッカ・シャリーフ政権やラスール朝といった陸域の諸勢力と海域の接点・境域にある中継港アイザーブは、カーリミー商人たちの国際交易ネットワークを維持していくうえで、最も重要な位置にあった。第II部第2章で言及したように、カーリミー商人たちは、カイロ、アレクサンドリア、クース、アイザーブ、サワーキンなどにフンドゥク、ハーンと呼ばれる宿泊と倉庫を兼ねた施設を所有していた。一三世紀末のトゥジービーの記録によると、アイザーブには、石灰モルタル塗りのブロック建ての家があり、アデンとクースの両方向から到着したアカーリム(al-Akārim)、すなわちカーリミー商人たちが宿泊のための施設として利用していた。(65) またイブン・アルムジャーウィルによると、アイユーブ朝のイエメン統治時代(一一七四―一二二九年)、イエメンのアデン港には、エジプトから到着するカーリミーたちの船の到着情報をキャッチするための望楼(manẓar)が設置されていた。(66)

(8)のマクリーズィーは、一三七〇年以後もアイザーブにはマムルーク朝派遣の地方官が駐在していたと伝えている。また、(19)のイブン・アルジィアーンの記録が正しいとするならば、一五世紀半ばに、アスワーンとアイザーブ港は、アミール=イェシュベク・アッダワーダールのイクター管轄地に属していた。

(13)に挙げた、イドリースィーのオックスフォード写本欄外に残された書き込みは、一四世紀後半のアイザーブの様子を伝える最も重要な史料の一つであろうが、この書き込みの筆者は、アイザーブを訪れた正確な年号は明記していない。しかし、カーリミー商人イブラーヒーム・ブン・アルマハッリーがスルタン＝バルクークのために、インドからジルコン石製の刀剣の柄をもたらした日付をヒジュラ暦七九二（一三八九／九〇）年としていることから判断して、筆者はおそらく同年、もしくはそれより数年前にアイザーブに滞在したと思われる。

カーリミー商人イブラーヒーム・ブン・アルマハッリーは、正しくはブルハーン・ウッディーン・イブラーヒーム・ブン・ウマル・アルマハッリー（Burhān al-Dīn Ibrāhīm b. ʿUmar al-Maḥallī）と呼ばれ、ラスール朝の派遣した外交使節団の一員として、一三八〇年から九〇年代にかけて、イエメンとエジプトの間を数度にわたって往来した。[67] イエメン側の史料であるハズラジーの記録によると、商人イブラーヒームは七九〇年シャァバーン月一六日（一三八八年八月二〇日）にマムルーク朝からの多数の贈呈品をイエメンに届けた。また、七九八年第一ジュマーダー月五日（一三九六年二月一五日）、彼はマムルーク朝スルタン＝バルクークに対するラスール朝側からの答礼使節団の一員として、贈物を持参してエジプトに向かった。[68] 一方、マムルーク朝側の記録によると、このラスール朝使節団は、その翌年の九九年第一ラビーゥ月二一日（一三九六年一二月二三日）にエジプトに到着したが、この時もおそらくクース〜アイザーブ道を通過したものと思われる。[69]

(14)に挙げたイエメン・ラスール朝の史料『七つの運行する星座表』や(17)の『ゾルズィ道里Ⅰ』によれば、一四世紀九〇年代のアイザーブは町の名前ではなく、アイザーブの海（Baḥr ʿAydhāb）、アイザーブ砂漠（Ṣaḥrāʾ ʿAydhāb）やアイザーブ地方（la provincia Idab）などと呼ばれていた。この事実は、すでにアイザーブが交易港としての機能を失っており、広域的な地域名としてのみ残されていたことを示している。なお、前述したように現在のアイザーブの港市遺跡は、旧スワーキン（Suwākin al-Qadīm, Sawākin al-Qadīm）の名で知られるが、遺跡の西側にあるワーディーをワーディー・アイザーブ（Wādī ʿAydhāb）と呼ぶので、今もなお古いアイザーブの地名が残されている。

また、一四世紀後半から一五世紀前半にかけて、エチオピア地方のキリスト教巡礼者たちは、アレクサンドリア、シナイ山のセント・カテリーナ教会やエルサレムの聖地・修道院・教会などを巡拝する際に、一般にはマッサワ〜トゥールの海上ルートを利用した。しかし、一部の人々は、サワーキン〜アイザーブ〜東部砂漠〜ナイル河畔のイドフー（アドフー）、もしくはクース経由でナイル川を下ってカイロ、アレクサンドリアに至る旧ルートを使った。

一三・一四世紀、ユーラシア大陸に大版図を築いたモンゴル帝国の崩壊後、イタリア商人たちは、それ以前に利用した①アナトリア〜イラク〜ペルシャ湾ルート、②黒海〜カスピ海北岸〜中央アジア経由の二方面のルートではなく、さらに別のルートを使ってインドに達する新しい道を求めていた。そのために、彼らはエルサレムやシナイ半島のセント・カテリーナ教会を訪れる聖地巡礼やメッカ巡礼のキャラバン隊に紛れて東方に通じる道を探る一方、エジプト、スーダンやエチオピアの諸地方に住むコプト教派キリスト教の人々、さらにギリシャ正教の修道院との情報連絡に努めたのである。エチオピアのキリスト教王プレスター・ジョンの王国は、彼らにとって憧れのインドの一部、「小インド（India Minor）」であり、イスラーム教国の背後にある強力な味方となる国であると考えられた。このようにして各方面から得られた情報にもとづいて、多くのイタリア商人たちは上エジプトと紅海沿岸地域を通って、エチオピアを目指すようになった。とくに、ヴェネツィア商人はロドス島、キプロス島、パレスチナのラムラやエルサレムを経て、一つにはカイロ〜上エジプト〜東部砂漠〜アイザーブ、サワーキン〜エリトリア〜エチオピアに至る道、もう一つにはシナイ半島〜紅海〜サワーキン、マッサワ〜エリトリア〜エチオピアに至る道を踏破して、エチオピアのキリスト教国との積極的な交流をおこなった。一四〇〇年頃に製作された(15)『ヴェネツィアからインド（エチオピア）までの道里』や(17)『ゾルズィ道里Ⅰ』の「アクスム〜カイロ道里」は、こうした状況のなかで蒐集された情報であって、いずれもエチオピア王国の皇帝ダヴィド一世の頃のものである。[70]

⑾⒃で見たように、一四世紀初頭から一五世紀末までの間に製作・出版されたポルトラノ地図およびカタロニア地図には、紅海の西岸側、東北アフリカにアイディプ（Aydip, Aidip）、アイディボ（Aydibo）、リデボ（Lidebo）の地名が記され、そこに城塞の絵が描かれている。また、アイデプとアイデブ、アイダバとアイデベ、アイディプとリデボのように、二つの地名を併記した地図も見られる。では、同一の場所に二つの地名が併記されたのは、何故だろうか。おそらく地図製作者たちは、さまざまな地図を利用し、情報収集をおこなう過程で、これらの地名が別の場所を指していると考えたのであろう。

一五世紀末のアイザーブを伝える最も確実な史料は、サハーウィー（al-Sakhāwī）による『ヒジュラ暦九世紀の人々のための輝く光 *al-Ḍaw' al-Lāmi' li-Ahl al-Qarn al-Tāsi'*』のなかに記録されたメッカのシャリーフ（預言者ムハンマドの子孫）の一人、ルマイサ・ブン・バラカート・ブン・アジュラーンに関連する記録である。(21)で紹介したように、ヒジャーズ地方の支配者ルマイサ・ブン・バラカートは兄ジャマーリー・ムハンマドとの抗争に敗れて、一度はイエメンに逃れた後、紅海を越えてアイザーブに渡ろうと試みたが、その目的を果たすことができなかった。[71] この記録を通じて、一五世紀末にアイザーブという地名、もしくはその町が確実に存在していたと思われるが、ルマイサがアイザーブを亡命先と決めて到着してみると、すでにその町は荒廃していたというのが事実ではなかろうか。この点についてのサハーウィーの具体的な説明は見られない。

メッカの支配者《アミール》である預言者ムハンマドの血縁子孫のシャリーフ家の人々は、一二世紀以前から紅海を隔てたジッダの対岸にある東北アフリカ海岸の二つの交易港アイザーブとサワーキンに対して宗教的・政治的支配権を拡大し、また東部砂漠に居住するアラブ系諸部族——彼らのもともとの出身地は、ヒジャーズ地方にあった——と深い交流関係を維持していた。ジャズィーリー（al-Jazīrī, 'Abd al-Qādir b. Muḥammad）によると、五七二（一一一八／一九）年、メッカのアミール＝カースィム・ブン・ハーシム・アルフサイニー（al-Qāsim b. Ḥāshim al-Ḥusaynī）は戦艦に軍隊を乗せてアイザーブを侵掠し、そこの港に停泊中の商人船を襲撃すると、すべての商人を虐殺した。[72] この事件は、エジプト地方から東部砂漠を越えてアイザーブ経由でメッカに集まる巡礼者に課せられる通行税の配分をめぐって、ファーティマ朝とメッカ・シャリーフとの間に存在した対立が主因であったと考えられる。すなわち、メッカのアミール＝カースィムは、ジッダ港において巡礼者から通行税を徴収しようとしたが、ファーティマ朝政権がそれより先にアイザーブで徴収したことを不満として、アイザーブを占拠、そこにアミールによる直接の支配権をおよぼそうとした。これに対するファーティマ朝側の対抗措置として、宰相アフダル（Afḍal）はメッカ巡礼を中止させ、巡礼者への食料提供を禁止するよう命令を下した。[73] また、一三二九／三〇年、イブン・バットゥータがサワーキンを訪れた時、その島の統治者（sulṭān jazīrat Sawākin）は、メッカのアミール＝アブー・ヌマイイの子息シャリーフ＝ザイド（al-sharīf Zayd b. Abī Numay）あった。[74]

このように、メッカの支配者たちは紅海の対岸にあるアイザーブやサワーキンに支配・行政権をおよぼして、メッカに運ばれる上エジプト産穀物の輸送路の確保や、商人と巡礼者たちからの通行税および商品税の徴収など、クース～アイザーブ道への影響力を強化することに努めていたのである。サハーウィーが伝えたように、一五世紀末、メッカの支配権をめぐる争いに敗れたシャリーフ＝ルマイサがアイザーブを亡命先としたことも、そこが彼の影響下にあったことを端的に示している。

(22)で見たように、一六世紀半ば以後にヨーロッパで製作された各種地図には、それ以前のポルトラノ地図やカタロニア地図に記されていた、アイディブ、アイデブ、リデボといった地名が消えて、代わりにズィビト、ズィビト、ズィビド、ジビド、ゲビド、ゲディド、ジディドが登場してくる。なお、ダンヴィユの地図では、アイダブとギディドの両地名が併記されている。ズィビドは、明らかにイエメンのティハーマ地方の町ザビードを指した地名であり、またゲディドとジディドはアラビア語のジャディード（jadīd）――〈新しい〉の意――であり、ポール・ド・ギディド（port de Gidid）は〈新港〉を意味している。おそらくザビードがイエメンの地名であることが判明したため、ズィビドがギディドと改められたものと考えられる。なお、一三世紀末のトゥジービーや一四世紀半ばのイブン・バットゥータの記録には、アイザーブに近い泉地の名前としてジャディード、もしくはジャニーブ（al-Janīb）が登場する。[75] このギディド、ジャディード、ジャニーブは、いずれも現在のマルサー・ジャリード（Marsā Jarīd）を指したもので、その位置はアイザーブの港市遺跡の北西一〇キロメートルにある（第II部第3章参照）。

では、レオ・アフリカヌスがアイザーブの地をズィビド（Zibid）と呼んだのは、なぜであろうか。その理由は、おそらくアイザーブの町の荒廃に代わる新しい港としてジャリードが発達し、その地名がイエメンの有名な町ザビードと類似していたため、両者を混同したのであろう。先にも引用したように、レオ・アフリカヌスの伝えるズィビドに関する記載はきわめて詳しく、スルタン（soudan）の軍隊によるズィビド攻撃によって、ブジャ族がダンガラ（Dangala, Dunqala）とスアチン（Souachin, Sawākin）へ逃亡したことや、スアチンの支配者がトルコ人（マムルーク軍団）の支援を得てブジャ族に追撃を加え、四、〇〇〇人以上を殺戮し、さらに一、〇〇〇人を捕虜としたことなどを記録していた。そしてガルサンは、こうした記録内容の一部は他ならぬ一五〇五年にアミール＝フサインによるヤンブゥ港破壊の史実を間接的に投影したもの、と推論したのであった。しかし、この説には多少の無理があるように思える。

そこで、私見を述べるならば、以下の三点が考えられるであろう。すなわち、それは、①マクリーズィーが伝える七一五（一三一五）年と七一七（一三一七）年のマムルーク軍によるヌビア遠征の史実は、他ならぬレオ・アフリカヌスのズィビドに関する記録ときわめてよく一致すること、②ヌビア遠征が実行された時から約一〇〇年後に、スルタン＝バルスバイはマムルーク軍をメッカおよびジッダに派遣し、強制力を行使して聖地を支配下に置いたこと、③ジッダ港を占領することによって、そこを拠点として新たなインド洋貿易政策を展開したことは、紅海を隔てたその対岸にあるアイザーブの交易活動に決定的な影響を与え、ひいてはその廃港への道を早めたこと、である。

結びに代えて

カルカシャンディーの記録によると、七八一（一三八〇）年以後になると、イエメンからエジプトに来航したカーリミー商人の船団は、アイザーブに寄港することなく、シナイ半島の南西端に近いトゥール港を目指した。そして、多くの記録史料のなかに、一四世紀七〇年代以降のアイザーブの交易活動を伝えた記録はほとんど見いだせない。また同時期に、トゥールやジッダと並んで、クサイル、サワーキン、ダフラク、マッサワなどの諸港もまた、境域の交易港として新たな発展を見たので、そのことがアイザーブの衰退に拍車をかけたものと考えられる。イブン・サイード・アルマグリビー（Ibn Sa'īd al-Maghribī）が述べているように、一三世紀のサワーキンは、すでにアイザーブと並んでカーリミー商人たちが頻繁に利用する専用の港として知られていた。[76]

一四世紀後半から一五世紀初めに、カーリミー商人の自由な交易活動を弾圧したり、行政管理を強化しようとする動きがマムルーク朝、メッカ・シャリーフ政権とラスール朝の三方面の陸域から相次いで現れた。そこで、彼らは政治的中立性を保持するために活動の中心をエチオピアやインドの各方面に移した。サワーキンとダフラクの発展は、明らかに彼らによるエチオピア交易が活発化したことと、エチオピア・キリスト王国による紅海貿易への進出が彼らの支援のもとにおこなわれたことによるものであろう。こうした紅海をめぐる政治・経済状況の急変するなかで、一四世紀末のアイザーブは時代の流れに取り残されたローカルな港となり、過去の栄光の時代の名前のみが人々の記憶に留められるだけになったのである。

以上の考察を通じて明らかにされたように、レオ・アフリカヌスによるズィビドの記録内容は、彼の時代より二〇〇年前の一四世紀前半のアイザーブで起こった歴史的事件を一部に投影しており、さらには一〇〇年前のスルタン=バルスバイによるジッダ港を中心とする新しいインド洋貿易政策の展開を伝えたものといえる。M・クーエ（M. Couyet）は、レオ・アフリカヌスの記録にもとづいて、アイザーブはスルタン=バルスバイの派遣したマムルーク軍によって破壊されたと結論づけたが、このような結論が誤っているとするならば、その港は一五世紀半ば以後も完全に廃港となったのではなく、ローカル港として一部使用され続けたと考えられる。ただし、クレタ島のピロティ（Piloti）の記録（一四二〇年）、一四八二―八三年のファン・クリステル（Joos van Christèle）や一五世紀末に活躍した著名なアラブ航海者（al-mu'allim）イブン・マージドの記録などにも、もはやアイザーブの名は見つけられない。[77]

第Ⅳ部　国際間に生きる海上商人の活動

概観

海域を主要な活動舞台とする多くの商人たちは、つねに陸域（陸の領域国家）との密接な関わりを持ち続けながら、同時に国家という枠を離れて利あるところを求め、自由奔放に活躍していた。彼らは、広大な海域を自由に移動し、ある時は各国の強い国家規制を受けながらも、巧みにそれを回避し、またある時には特別の関税を支払い、各種の贈与品を提供することで国家による安全保障・管理と保護・特権を受け、そして国家間・地域間を結ぶ人やモノの輸送・中継・交易上の役割を担い、大きな利潤を得たのである。さらに、国家間の情報交換や外交関係のうえでも実質的な役割を演じていたのは、他ならぬそうした国家間を広域的に移動する国際商人たちであって、時には国家間の軍事的・政治的な緊張を高めたり、逆に調停や和平の交渉を積極的におこなった。つまり、国際関係を巧みに操ることで、国家間・地域間の軍事・政治・経済・社会など、さまざまな面での「差異」をつくり出すことが彼らの経営戦略であったと考えられるのである。

エジプト、シリア地方を支配下に収めたファーティマ、アイユーブやマムルークの各王朝下において、カーリム（al-Kārim）、もしくはカーリミー（al-Kārimī）と呼ばれる大商人たちは、インドのクーラム、カーリクート、イエメンのアデン、紅海沿岸のサワーキン、アイザーブ、そしてエジプトのクース、フスタート、カイロとアレクサンドリアなどに運輸・貯蔵・交易・宿泊・通信のための拠点を設置して、インド洋海域世界と地中海世界の諸物産の中継交易をおこなった。彼らの組織・形態、活動の実態・規模、国家や生産者との関係などは、時代によってかなり違いがあるので、彼らを一定・不変の組織体として認めるわけにはいかないが、一一〜一五世紀のほぼ四〇〇年間にわたって、他の人々や国家・支配者によって認識されるような大規模な国際的組織体が存在し、エジプト・紅海軸ネットワークを活発に機能させていたことは疑いのない事実であろう。彼らがこのように長期にわたって国際交易のうえで主導的な役割を果たし得たのは、何よりもまず、彼らがマムルーク朝、メッカのシャリーフ政権とイエメン・ラスール朝の三者の「陸域」の軍事・政治・経済の諸関係を巧みに操り、その国際間を結びつける外交的・経済的役割を担う核となったことが考えられる。

この第IV部では、海に生きる国際商人の類型を三つに分けて、それぞれの歴史的な役割、国家との関係について考える。第一の類型は、八〜一〇世紀、イラク・ペルシャ湾軸ネットワークの中核として繁栄したスィーラーフ商人である。彼らは、アッバース朝国家による商業への介入を嫌って、ザグロス山脈とペルシャ湾とによって陸域の支配から隔てられたスィーラーフに拠点を置き、さらに東アフリカ、インド、東南アジア、中国などのインド洋海域世界の諸港に広く交易ネットワークを拡大させた。第二の類型は、カーリム、もしくはカーリミー商人に代表される国際商人であり、スィーラーフ系商人とは違って、彼らはすでにその初期の段階から、国家との関係を排除せずに、むしろ強い管理と統制下に置かれることで、交易を有利に展開していた。そして国際的に活動するにあたって、マムルーク朝、メッカのシャリーフ政権およびイエメン・ラスール朝との関係を維持し、政治・経済面における相互の微妙な緊張と対立の諸関係を最大限に利用した。しかし、一五世紀二〇年代に入ると、彼らの経済的位置は大きく変容し、活動の範囲が狭められていった。すなわちマムルーク朝とラスール朝のいずれの国家も経済政策を転換して、商人に対して自由な活動を制限し、過酷な関税を課しただけでなく、海域に国家権力を介在させるようになったのである。第三の類型は、軍人、法官、地方総督、外交使者を務めるなど、国家の行政官でありながら、同時に国際商人としても活躍した人々である。この第三類型については第3章で、イエメン・ラスール朝政権のスルタン＝ナースィルの治世代に外交面で活躍したアミーン・ウッディーン・ムフリフ・アットゥルキーなる人物に焦点をあてることで、国家と商人との関係のあり方、また海域に介在した国家権力のあり方について具体的に分析したい。

これらを通して、海域を舞台にたくましく生きようとする人間にとって国家と国家の狭間にある海域世界とはどのような舞台か、そこに活動する商人は時代の変化とともに、どのような生き方をしたのか、国家の政策として彼らを陸域内にとどめようとする権力との間で、どのような相互関係が保たれていたのか、といった点が具体的・実証的な考察のなかで明らかにされていく。

第1章　海域世界を股にかける海上商人たち

はじめに

海上商人たちは、西アジア地域から遠く離れた異国の港に停泊し、現地の言葉、商習慣や市場の動向が十分に分からず、しかも安全な宿泊場所や商品の貯蔵所を持たないような場合、いったいどのようなやり方で現地の人たちと接触し、交易取引をおこなっていたのであろうか。次章で述べるように、カーリミー商人たちの例では、共同で交易事業をすすめる仲間同志が一緒になって自前の船を建造したり、各地に商業居留地を持ち倉庫も備えて、現地の事情に精通した代理人（wakīl）との間で商品の需要状況や価格の変動・輸送路の状況などについて緊密な通信連絡を取りながら、さらには西アジアの政治・経済の動向についても十分に把握しながら有利に国際交易を営んでいた。しかし、カーリミー商人といえども、彼らが交易と情報のネットワークを張りめぐらしていた範囲は、多くの場合、アラビア海、ペルシャ湾と紅海を中心とする海域内に限られており、アラビア海域を越えたインド洋海域、とくに東アフリカ海岸、ベンガル湾、東南アジア、中国などにおける境域交易にはあまり深く関わっていなかったものと思われる。したがって、カーリミー商人の一部は、自らの商品を携えて旅する商人（tājir al-safar, rakkād）として、またさまざまな港市で現地の仲介商人や代理人とその都度パートナー契約を結びながら、新しい市場開拓に努めていた。

こうした西アジアの商人にとって比較的馴染みの薄かった境域地帯における基本的な交易類型の一つとして、持参した商品を現地の取引相手や市場に売却したり、また希望する商品を入手するために、商人（売り手）はそこの市場で買い手と直接商売するのではなく、船宿兼仲介商人（主人）のもとに客商となって滞在し、その間に全面的に売買委託された主人が現地の市場や公的な交易所において商品の販売と購入をおこなうという方式があった。この方式では、外来の商人は現地の市場に直接参加せず、船宿の主人が、現地の言語を自由に解し市況にも精通していることから、そこの市場の商人や仲介者（dallāl）との間で価格交渉と交換取引を有利なかたちでおこなった。

本章では、このような冒険的な旅する商人が海外の境域市場に進出し、現地商人との間でどのように交易をおこなったかを、とくに典型的な境域交易の一類型といえる「客商（ḍayf）と現地の主人（ṣāḥib）との契約関係」や商業上の代理人・パートナーに注目して考察してみたい。

一　境域市場における交易取引の一類型——主人と客商の関係

インド洋海域世界の諸港市は、外来の商人や船舶の来航に対して、おおむね自由・開放的であって、一定の船舶入港税および商品税を支払い、また慣行として支配者へ新奇な贈与品（hadīya）をもたらすことで、取引は友好的におこなわれた。[1] 各々の港市は互いに競争関係にあり、つねに他の港市より多くの船舶の入港を促し、外来商人の来着を期待していたので、一つの港市が商人の身の安全と滞在を保障せず、強制的に積荷や財産を没収したり、不当に高率の関税を課すことがあれば、直ちに船舶の入港や商人の往来が途絶えて、別の港市に交易活動の中心が移るおそれがあった。そうした理由によって、国家と港市の支配者は、国庫の財政収入を増やし、都市の文化的・経済的繁栄に貢献するためにも、外国船や商人の継続的な来航を歓迎し、関税率を引き下げる努力をおこなったのである。[2]

イブン・バットゥータは、一三三一年の南西モンスーン航海前期（三月末から五月末まで）に、東アフリカのクルワー（キルワ）王国から船で北上航海して、南アラビア海岸の港ザファーリ・フムード（Ẓafārī al-Ḥumūḍ）に到着した。ザファーリ・フムードとは、ハブーディー朝のスルタン＝アフマドによって新しく建設されたズファール地方の町のことで、別名アフマディーヤ（Aḥmadīya）、マンスーラ（al-Manṣūra）、あるいはカーヒル（al-Qāhir）とも呼ばれ、おそらく現在のオマーン南西部のサラーラ郊外にあるバリード（al-Barīd）遺跡を指したと思われる（第III部第3章参照）。そこは、インドに輸出される馬や乳香の積出し港として知られ、イブン・バットゥータによると、夏季の南西モンスーンを利用すると、アラビア海を横断してカーリクートまでは二八日間の航海であった。彼は、そこの住民のすべては商業の民で、交易活動を除くと、生活の糧は他に無いことを指摘したあと、さらに彼らの慣行について、次の点を述べている。「インド地方、あるいはそれ以外の地方から［商］船が着くと、そこのスルタンの奴隷《アビード》［軍人］の代理人《ワキール》たちが海岸に出て、スンブーク（サンブーク、艀舟）に乗り、その［到着した商］船に乗り込む。その際に、彼ら奴隷たちは船主（ṣāḥib al-markab）、あるいは船主の代理人（wakīl-hu）のために、さらに船長（raʾīs）であるルッバーン（rubbān）と船舶書記（kātib al-markab）のカッラーニー（karrānī）のために衣服一着分の布地（al-kiswat al-kāmila）を贈物として持参する。[3] 船の人たちが［上陸した時］乗るための馬三頭が用意されて、海岸からスルタンの館（dār al-sulṭān）までの間、行列の前方で太鼓を打ち、ラッパが鳴らされて出迎えられる。そして［スルタンの館に到着すると］彼らは宰相に、次にアミール・ジャンダール（amīr jandār, 警備隊長）に挨拶する。船に乗っていた人たちの各自には、三日間にわたって歓迎の食事（ḍiyāfa）がもたらされる。三日後に、彼らはスルタンの館で食事をする。彼ら［ズファールの人たち］は、このようにして外国の船の仲間たち

(aṣḥāb al-marākib) を呼び込もうと努めているのである。[4]」

国家・支配者から贈られる布地《キスワ》一式は、いわば国家における高貴な人から臣下の者に下《くだ》し賜《たまわ》る権威の象徴として、相手に対する最大の敬意の表現であり、また太鼓《タブル》とラッパ《ブーク》もまた高位高官の地位に応じて使用された。スルタンが外来の商人を招待して、饗宴《ディヤーファ》をおこなったこともまた、多くの外来商人を呼び込もうとする当時のズファールの商業振興策にもとづいたものであろう。そして外来の商人が迎賓館 (dār al-diyāfa) に滞在している間に、船載の商品は町の郊外に設置された公設市場 (ḥarjā') で競売に付されたと考えられる。[5]

こうした状況をさらに詳しく伝えた記録は、次のモガディシュー（マクダシャウ）における交易の形態である。ふたたび、イブン・バットゥータの記録を引用してみよう。「［外国の商］船がその港に着くと、小型の艀舟《カーリブ》であるスンブークが数艘、その船に近づいて来る。各々のスンブークには、町の若者たちの一団が乗り込み、各自食物を盛った蓋付の皿を持って来る。そして、船に乗った商人たちの一人に、その皿を差し出して『この御方は、私のお客様だ！』と言い、それぞれの若者たちも同じようにおこなう。すると、この地をたびたび訪れる馴染みの人（商人）は別として、船に乗っていた［すべての］商人たちは必ずこうした若者たちの接待する家 (dār nazīl-hi) に滞在することになっている。そうして一度《ひとたび》、そこの家の人と知り合いになれば、その商人は好きなだけそこに滞在することができる。商人が、接待された家に滞在している時、客をもてなす側の家の主人はその商人の持参した物（商品）を売り捌《さば》いたり、また彼のために［望む物を］仕入れたりする。もし［町の］誰かが相場より安く値切った価格 (bakhs / bakhsh) でその商人から物を買うとか、接待側の家の主人が居ない間に、［密かに別の商人に］物を売るようなことがあれば、彼らにとって、そうした取引は不正行為 (mardūd) と見なされる。したがって、そのやり方で、モガディシューの住民はいつも割のいい商売をおこなっている。[6]」

地理学者ヤークートは、イブン・バットゥータより一〇〇年ほど前の一三世紀前半のモガディシューの状況について、「マクダシューはザンジュ地方の最初の町で、そこはイエメンの南、バルバルの陸地にある彼らの地域の中央部に位置する。……そこの住民には王は居らず、彼らの諸事を彼らの慣行《イスラーフ》にしたがって長老《ムタカッディムーン》たちが決めるだけである。ある［外国の］商人が彼らのもとに着くと、必ず彼らの一人のもとに滞在して庇護を求めなければならない。すると相手（現地商人）は［外国商人に代わって］商売をおこなう。その町からは、蘇枋木、黒檀、龍涎香と象牙が輸出される」[7]と、ほぼ同じような状況を記録している。

　モガディシューは、現在のソマリア共和国の首都モガディシオのことで、一二世紀後半から一三世紀初め以後に、アデンからキルワ（クルワー）王国に至る航海上の寄港地として急速に発達し、また象牙、動物皮革、家畜、黒檀、龍涎香、没薬、織物などの特産品の輸出港としても知られた。ヤークートとイブン・バットゥータの記録は、ズファールやモガディシューの港の支配者および地元の商人たちが、来航する商人（客商）を歓待して招き入れ、継続的に交易関係を維持するためにさまざまな努力をしていたこと、また商人は港の仲介者（地元の主人、船宿の所有者）と接触したことを伝えている。すなわち来航した客商は、土着の商人・仲介者である主人のところ（船宿）に居住し、すべての商品を主人のもと（倉庫）に貯蔵するよう強制され、現地における商取引はすべて主人を通じておこなわれる、いわゆる「客商と地元主人との契約関係」であると考えられる。この場合、客人である外来の商人は現地人との関係をもたず、言葉、商習慣や宿泊場所、市場の状況などについて、まったく無知であっても身の安全と滞在、商品の保管が保障されて、帰国の時まで長期間滞在し、しかも商品の売却と購入をおこなうことができた。一方、主人である現地在住の仲介者は、客商の滞在中の身の安全を保証し、宿舎を提供する保護者（wakīl）で、客商によってもたらされた商品の貯蔵と販売を請け負い、現地の市場で有利な価格で売却し、また指定された商品を廉価に購入する役割を担った。したがって、現地の市場に外来の商人はまったく登場せずに、港市内の現地商人同士、あるいは現地商人・仲介人と内陸から来た人たちとの間で競争的な価格で交換取引がおこなわれたのである。この主人が港市の支配者により任命された役人か、またはその管理下に置かれた契約商人や商人たちから認定された代理人（商人代表）である場合には、商取引はすべて公設の入札場（dār al-wakāla, qaysārīya）でおこなわれた可能性が考えられる。こうした客商と主人との契約関係によって成立する交易関係は、売手と買手との直接的な接触が回避・禁忌された「沈黙交易」[8]と、政体による組織化された管理交易との中間にある、境域貿易の一類型であって、イスラーム世界の周縁部だけでなく、世界の各地に広く見られた原初的な商業形態であった。

一〇世紀前半にアッバース朝の首都バグダードからヴォルガ川中流のカマ川との合流点近くを領有したヴォルガ・ブルガール王国まで、国家使節団の一員として旅したイブン・ファドラーン（Ibn Faḍlān）は、カスピ海とアラル海の中間に広がる大砂漠を横断して、グズ・トルコ族の支配領域を通過した時の経験を、次のように記録している。「彼ら［グズ・トルコ族］の地を通過するムスリム［商人］たちは誰もが皆、彼らの一人を親友（ṣadīq）とし、そのトルコ人のもとに泊まり、イスラームの国から持ってきた衣服を彼（主人）に、彼の妻には婦人用のヴェール、若干の胡椒、粟、干しぶどうとクルミをもたらさない限り、けっして通過できない。一方、ムスリムがその親友［関係を結んだトルコ人］のもとに行くと、当のトルコ人は彼のためにテントを張り、可能な限りの羊を彼にもたらす。……彼ら［ムスリム商人］のある者が、出発しようと望んだ時、自分のラクダや馬の一部に障害（病気などの不都合）が生じ、しかも資金が不足しているような場合には、彼の親友であるトルコ人のもとに問題となったもの（病気で弱ったラクダや馬）を残し、代わりにトルコ人の所有するラクダ、馬および必要とする金を受け取って出発する。そして、目的とした商業地（wajh）から戻った時、彼はその借金を返済し、ラクダと馬を返却するのである。また、一面識もない人（以前に親友契約のない初めてのムスリムの商人）がトルコ人のもとを通過して『わたしはお前の客（ḍayf-ka）だ。お前のラクダ、馬とディルハム貨幣が欲しいのだ』と言えば、そのトルコ人は要求通りのものを彼に差し出す。……これもまたトルコ人の一般的なやり方である。あるトルコ人が［フワーリズム（ホラズム）地方の主邑］ジュルジャーニーヤ（Jurjānīya）に入ると、その［以前に親友関係を結んだムスリム商人である］客を訪ねて、そのもとに投宿し、旅立つまで［勝手に］滞在する。また、もしもトルコ人がその親友であるムスリムのもとで［滞在中に］死亡した場合、トルコ人たちはその親友であるムスリムの同行するキャラバン隊が［グズ・トルコの居住する場所を］通過した時、そのムスリムを殺し、『お前は、彼を閉じ込めて殺した。もしもお前が彼を閉じ込めなかったならば、彼は死ななかっただろう』と告げる。酒を飲ませたために、トルコ人が［城］壁から転落した場合でも同じように、トルコ人は相手のムスリムをそれによって殺す。殺そうとする相手が［グズ・トルコの居住する場所を通過する］キャラバン隊のなかに見いだせなければ、彼らはそのキャラバン隊のなかの一番の有力者のもとに進み出て、その者を殺す……。[9]」

この記録は、カスピ海北岸のハザール王国やヴォルガ・ブルガール王国の境域市場において、北方地域で産出する貂や銀狐などの毛皮類、獣骨、琥珀などの交易取引をおこなうフワーリズム地方出身のムスリム商人が旅の途中のグズ・トルコ族の領域内において、「客と主人との契約関係」を結んだとき、①客人であるムスリム商人は布地、胡椒、穀物、装身具などを贈与品として提供し、代わりに主人（保護者）のトルコ族は安全な通過・滞在と宿泊を保障し、滞在中の食料、ラクダ、馬や金などの自由提供をおこなったこと、②トルコ人と馴染みのない新来のムスリム商人の場合には、客と主人の契約関係を結ぶことが義務づけられたこと、③逆に、トルコ人がイスラーム世界の境域都市フワーリズムを訪れた時、トルコ人が客人となり、主人であるムスリム商人のもとに滞在し、安全な滞在と宿泊、食料の提供が保障されたこと、④もしも滞在中に身の安全が保障されなかった場合、相手（主人）ならびに相手の属する集団に同等の責任が課せられたこと、などの契約内容を伝えている。こうした契約関係は、いわば贈与（hadīya）にもとづく一種の相互扶助（ḥimāya）、および互酬の関係であり、南アラビアのズファールや東アフリカ海岸のモガディシューの場合と同じように、境域における基本的な交易の一類型であったと考えられる。なお、イブン・ファドラーンの記録には、ムスリム商人とグズ・トルコ族の人たちの間の関係について、贈与・互酬という面のみが強調されて、具体的な交易のあり方については何も言及されていないが、相互間では代理人による交易関係、すなわち商品の委託販売と購入を本来の目的としていたと思われる。

次に、客商と主人との契約関係と同じような交易関係が一六世紀のポルトガル人来航以前のマラカ（マラッカ）

においてもおこなわれていたことを紹介してみたい。トメ・ピレス（Tomé Pires）は、外来商人がもたらす商品に対するマラカ市場での価格決定の方法について、次のように説明している。「マラカの古い方法（慣行）では、次の通りである。［外来の］商人が到着して積荷を陸揚げし、早速、別に述べるように［規定の］税金を支払ったり贈物を差し出すと、次に一〇ないし二〇人の［地元の］商人がその商品の所有者（外来の商人）のところに集まってきて、［地元商人同士で］協議する。そしてこれら［地元］の商人によって価格が決定されると、商品はすべて彼らの間でそれぞれ［の割合］に応じて分配される。そして、短時間のうちに多量の商品が引き渡されてしまうと、［外来の］商人は港を離れる。一方、マラカの［地元］商人は商品を自分たちの船に移し、随意に［国内の］市場で売り捌く。［後になって］こうして取引者（商品の販売を依頼した外来の商人、商品の所有者）は元手と儲けとを受け取り、地元の商人も自分たちの利益を得る。そして［マラカの］国はこうした［商］習慣によって、秩序が保たれ、また元手を回収していたのである。これは秩序正しくおこなわれていたので、船《ナウ》の商人（外来の商人）を喜ばせないということも、いざこざを起こして仲違いをするということもなかった。これは、マラカの商品に関する法律と価格とがよくいきとどいていたからである[10]。」

この、マラカにおける外来の商人と地元商人との間の交易取引に関するトメ・ピレスの記録は、やや説明不足であるため、不明確な部分を補った部分も多いが、要点をまとめてみると以下の通りである。①モンスーンの航海シーズンに合わせて来航した外来の商人は、限られた期間内に積荷を早急に売却する必要があった。②そのため積荷はひとまず買い手である地元商人たちに引き渡された。③商品の価格決定は入札場での地元商人同士の協議による競り売りで決定された。④地元商人は競り落とした商品を国内市場で自由に売却した。⑤その後で、売却による利益は商品の元手価格にプラスして、再訪した外来の商人に渡され、相互に利得をあげていた。⑥こうした外来商人と地元商人との商慣行は秩序だっておこなわれたため、マラカの港市は繁栄を享受した。これと同じような交易形態は、日本においては寛永時代の長崎の出島貿易において見られた。すでに安野眞幸が指摘したように、オランダ船の船載した商品の販売はすべて「唐人屋敷」と「新地蔵所」に移され、そこの入札場で指定された仲介者（地元商人）が請け負っていた。なお出島貿易の場合、幕府側は、外国の商人が指定地以外の場所で上陸して、舶来の文物を持ち込んだり、地元の人々と勝手に接触することを禁ずるための行政上の措置として、こうした交易をおこなわせていたことは言うまでもない[11]。

さらに注目すべき点は、こうした境域貿易における船宿の主人は、単に交易の仲介者であるばかりか、客人の言語と現地の言語の両方を理解する通訳者として、また外来文化・宗教の積極的な受容者としても重要な役割を担ったことである。東アフリカ海岸におけるスワヒリ社会の形成は、まず最初にこうした客商と船宿との交流関係のなかで進展していったものと考えられる[12]。船宿の主人は、おそらく海を渡ってきたアラブ系・イラン系などの商人・移住者とバントゥー系の住民との間に生まれた混血の人たちであり、彼らは大陸に接した島嶼内に長期にわたって居住し、現地の事情にも精通していた。島嶼は、大陸部からの外敵に対する安全な保護地となり、海を通じて次々に流れ込んできた外来者にとっては、そこに別個の住地世界をつくる好条件を提供した。そして大陸の内部には別の交易システムがあって、マサイランド、タンガニーカ湖、ジンバブエなどの方面に通じる長距離キャバラン・ルートが発達していた。島嶼に設定された境域市場には、海岸部からのマングローブ材、鼈甲や龍涎香の他に、内陸部からは金、鉄、象牙、犀角、豹皮、蜜蠟、奴隷などが集荷された。そして、これらの物産は、島嶼に定住する船宿の主人を通じて、ダウに乗って来航する商人に売り渡されたのである。こうした同じような生活・経済環境によって生まれた仲介者の存在と彼らによる経済的・文化的活動は、インドの海岸部、東南アジア島嶼部や南中国の諸都市などにおいても広く共通して見られたと考えられる[13]。

二　海域世界を旅する商人とワキールの役割

繰り返し述べてきたように、インド洋海域と地中海の二つの海域世界をつなぐ国際交流上の大回廊が、ペルシャ湾と紅海の「水道」であり、一方のペルシャ湾の出入口にあるのがオマーンのスハール（Ṣuḥār）、他方の紅海の出入口にあるのがイエメンのアデンという重要な港市である。この二つの港市はいずれも、西アジアの企業心に富んだ商人たちがインド洋海域に設置された境域市場に向かう、いわば前哨基地のような役割を果たしており、東はインドの南西海岸の諸港を経由して東南アジアや中国に、南は東アフリカ海岸にある境域市場に通じる「回廊」、「階段」あるいは「控えの間」として広く知られていた。

ムカッダスィーは、一〇世紀半ばのスハールについて「そこは、オマーンの中心都市（qaṣba）である。現在、中国の海（Baḥr al-Ṣīn, インド洋海域）に沿った町のなかで、そこほど重要な町は他に見られない。繁栄し、人口多く、美しく、心地好く、喜びに溢れた場所。豊富な富があり、商人たちが住み、果物類と自然の恵みがあり、［イエメンの］ザビードやサヌアーより一段と豊かであり、素晴らしい市場。……中国の（に通じる）回廊（dihlīz al-Ṣīn）、東方諸国《マシュリク》とイラクの宝蔵《ヒザーナ》、イエメンの支柱《マグーサ》。かつてペルシャ人はそこを支配したことがある」[14]と記している。

一方、アデンについては、九世紀半ば頃のイブン・フルダーズベが「そこは［海外の諸地域に通じる］大規模な階段（al-marāqī al-ʻiẓām）の一つ。そこには農業も牧畜業もないが、龍涎香、沈香、麝香、スィンド、インド、中国、ザンジュ、エチオピア、ファールス、バスラ、ジッダとクルズム［などから輸入］の商品がある」[15]と、インド洋海域の境域市場との交易活動が盛んで、各地の新奇な特産品に満ちていたことを伝えている。またイブン・フルダーズベとほぼ同時代の地理学者ヤァクービー（al-Yaʻqūbī）は、アデンがインド洋海域の諸港を結ぶ船舶の集結する基地であることを描写して「アデンはサヌアーの海浜（外港）。そこは中国、サラーヒト（マラッカ海峡周辺）、［バーブ・アル］マンダ（デ）ブ、ガラーフィカ、ヒルダ（al-Ḥirda）、シャルジャ（al-Sharja）――シャルジャ・クライス（Sharjat al-Qurayṣ）のこと――、アスル（ʻAthr）、ハサバ（al-Ḥasaba）、スィッライン（al-Sirrayn）、ジッダ［などから来航］の船の投錨地（marfaʼ）」(16)と記述した。

一〇世紀の後半におけるイエメンのアデン港の繁栄について、ムカッダスィーは「アデンは、輝かしく、繁栄して、人口も多く、守りに堅く、活気のある町。中国の（に通じる）回廊（dihlīz al-Ṣīn）。イエメンの海港《フルダ》。マグリブ［地方へ］の豊かな［物資の］供給地《ヒザーナ》。さまざまな種類の商品の鉱山《マアディン》（集積地）。多くの大邸宅があり、そこを訪れる人には神の祝福（商売による利益）が与えられ、そこに居住する人には豊かさがある」(17)と説明した後に、彼自身が実際にアデンを訪れた時、そこを拠点として活躍した多くの商人たちが海上交易によって巨万の富を獲得したこと、そのために彼も東アフリカ海岸の境域市場ザンジュでの交易に乗り出す決心を固めた経緯を、次のように述べている。「かつて私はイエメンの海を［ジッダからアデンに向かって］航海した時、たまたまそのジルバ（jilba／jilāb, 紅海で使う平底構造の縫合型船）のなかで、アブー・アリー・アルハーフィズ・アルマルワズィー（Abū ʻAlī al-Ḥāfiẓ al-Marwazī）と出会った。われわれが本音を語り合うほど親密な付き合いになった時、彼は『実は、あなたのことで少し気にかかることがあるのだが』と私に向かって言ったので、『一体、何についてですか』と私は訊いた。すると、彼は『お見かけしたところ、あなたは、［イスラームの］正しい道に従い、善行ならびに善行の仲間たちを愛するお方であり、しかも諸学を集める（求める）ことを望まれておられるようだ。ところが、今、あなたが目指している地方は、多くの人々を欺き、人を信心と知足安心の道から誤らせる所だ。そして、私が何よりも心配し、危惧していることは、あなたがアデンに入った際に、ある者は一、〇〇〇ディルハムを持って［アデンを］出航し、一、〇〇〇ディーナールを持って戻ったとか、また別の人は一〇〇［ディルハム］を持って入海し、五〇

○［ディーナール］を持って帰還したとか、さらに別の者は乳香を持って出て、それと同量の樟脳香《カーフール》を持ち帰ったといった［大儲けの］話を聞いて、あなたも同じように金儲けをしたいという凡欲が出るのではないかということです』と答えた。そこで、私は『願わくば、神が私をお護りになられますように』と言った。私がそこに着き、彼が語った以上のことを実際に聞いた時、他の人たちを［欲に陥れ］騙したと同じように、この私もすっかり心惑わされてしまったのである。そして、早速、私は［商売のために東アフリカ海岸の］ザンジュ地方に向かう準備をして、購入すべきもの（必要なすべての商品）を買い入れ、そのものを［船舶運輸の］代理人《ワキール》たち（wukalā'）に委託した。ところが、神――その御名を一層偉大になし給え！――は、私がすでに契約を終えていた共同事業の相手（sharīk）を［突然］死に至らしめたので、私は亡き人や後のことをあれやこれやと思案した末に、結局、その事業を中止することにした。かくの如く、知れよ！ 以上のわれわれの説明は、すべての儲けには危険が付きものであり、儲け話には必ずや賭博的な要素がともなうということをあなたに悟らしめるであろう。したがって、理性ある人はそのようなことに惑わされるべきではないのだ。[18]」

この記録を通じて、冒険的な商人たちはアデン港を出航する時の出資金一、〇〇〇ディルハムをその一〇倍以上の一、〇〇〇ディーナールに、また別の人の例では一〇〇ディルハムを五〇倍以上の五〇〇ディーナールにして戻ってきたこと、海上交易は危険率がきわめて高い代わりに、一度成功すれば莫大な利潤を手にすることができたため、投機の対象としてかなり一般化していたことなどが理解される。そして、とくに興味深い点は、ムカッダスィー自身が、このような大規模な投資と貿易取引に参加して、巨万の富を獲得しようと決断した時、どのような手順で海上貿易に乗り出したかについて、具体的に説明していることである。それによると、①ザンジュとの交易に必要な商品を仕入れ、②それらの商品を船のワキールたち（wakīl, wukalā'）に委託して、③共同で事業をすすめるために、一人のパートナーを選び、共同契約（sharīk）を結んだが、④そのパートナーの死去によって事業は中止された、ということである。

ムカッダスィーが指摘したように、海上交易においては遠隔地にある境域市場に進出し、交易をおこなう場合、とくに重要な役割を担うのはワキールと共同契約のパートナーの二人であった。ワキールは、商活動だけに限らず、裁判や仲裁・仲介・仲立ちなどの業務に関わるさまざまな分野で使われる言葉で、広義の代理人、世話人、保護者、監督者を意味する。(19)『クルアーン』にも、ワキールの言葉はしばしば用いられており、例えば、第四章第一六九節には「神に息子があるとは何事ぞ。天にあるもの、地にあるものすべてを所有し給うお方ではないか。保護者《ワキール》はアッラーお独りで沢山ではないか（wa-kafā bi'llāhi wakīlan）」と説かれている。

交易は、基本的には個人間のインフォーマルな関係によって成立するが、経済活動の発展にともなう交易関係の複雑化、規模の拡大や遠隔地化などに対応して、当然のこととしてさまざまな相互関係のあり方と役割が必要とされてくる。遠隔地での境域交易では、異なる出身地・言語・宗教の商人たちの相互間を結ぶ専門的なワキール・アットゥッジャール（wakīl al-tujjār）、ヘブライ語でペキード・ハ・ソーハリーム（peqīd ha-sōḥarīm）と呼ばれる交易の仲介者が重要な役割を担うことになる。(20)インド洋の海上交易におけるワキールには、さまざまなタイプと役割があるが、大略以下の二つに分類されるであろう。

(1) 海上輸送を担う船のワキール（wakīl al-markab, mushrif ʻalā al-markab）　船舶の建造には、遠隔地からの希少な船材（とくにチーク材）の調達と莫大な資金が必要であり、実際の航海においては熟練した技術と豊富な経験を持った船舶経営者（nākhūdha, nākhdhā, rubbān）、書記（karrānī）、操舵長、船員や保安のための多数の武装要員などを雇用しなければならない。それに加えて、船の定期的な修理・補修、海上航海での嵐や凪による難破・漂流、異なる風向により目的地以外の港への到着や遅延、海賊による略奪など、また船の破損・沈没や投荷による損失・被害および人命の危険などの多くの問題があった。ナーフーザ（ナーフザー、ナーホダー）は、船の航海と積荷の輸送・販売・購入を委託された船の実質的な全経営者であり、船員雇用の権限や航海中の事故などについても、すべて彼の監督・責任のもとに処理された。したがって、船主がナーフーザを兼ねることも多く、複数の船主の代表がナーフーザを務めたり、単にワキールとして船の輸送を任される場合も多かった。国家の支配者・高官・貴族や富裕商人たちが海上経営に乗り出す場合、可能な限りの自己資金で船舶を建造し、優秀な船舶経営者をワキールとして雇用し、売却する商品を積み込み、しかも海外に設置した代理店の専属のワキール（後述）に販売と購入を委託するなど、すべて個人の資本と判断による大規模な多角経営をおこなうことが可能となった。例えば、一二世紀の大商人として知られたアブー・アルアッバース・アルヒジャーズィー（Abū al-ʻAbbās al-Ḥijāzī）は中国とインドに四〇年間滞在して商売を続け、やがて一〇艘におよぶ自己の船を所有するようになり、七人の子供はいずれもさまざまな言語を喋ることで代理業務を分担した。[21]しかし、このような自己の船とワキールを持った富裕な大商人はきわめて例外的な存在であり、多くの旅する商人は、①一人の商人が持ち込み可能な積荷と一緒に、しかるべき他人の船に便乗し、商売に出かける、②個人またはパートナーが輸送代理業者に荷物の輸送を委託して、海外の目的地で単独、または共同で商売をおこなう、③数人の商人がローン合資によって、共同で商品を購入し、船艙の一部または船全体を貸し切り、海外で貿易経営をおこなう、④キラード（相互貸付）によって出資者（出資者が船主と同一である場合と、船主への投資者となる場合があった）から多額の資金提供を受け、船舶の建造と海上交易を単独または共同でおこなう、⑤自らは船に乗り込まずに、船舶経営者（ナーフーザ）や他の商人・運送業者を代理人として、購入資金もしくは商品を提供し、海外で貿易経営をおこなわせ、一定率の利潤を得たり、必要な商品を購入する、などの方式をとった。上述のムカッダスィーが伝える船のワキールとは、船主から船の経営を委託された船の監督者のことで、乗客と積荷について全責任を負った。このワキールはナーフーザ、あるいはルッバーンと同意に用いられることもあり、時には海外市場での商品の販売と購入の業務を代行することもあった。[22]

(2) 各港に置かれた商業居留地もしくは代理店のワキール　このようなワキールとして指名されるのは、①兄弟、親類縁者や奴隷（ʻabd, ghulām, khādim）など、資本主である大商人から派遣され、現地に長期滞在する代理人、②現地在住の信頼のおける大商人や長老で、同一の宗教・宗派や同じ出身地、または個人的な信頼関係などで結ばれた人物、③さまざまな外来商人の住む現地の商業居留地の商人代表（raʾīs al-tujjār）であり、時には現地社会・支配者による任命を受けた代理人、などであった。周知の通り、③の商人代表は一三世紀以後になると、商人たちの王（malik al-tujjār）、商人頭（shaykh al-tujjār, raʾīs al-tujjār）、シャー・バンダル（shāh-bandar）などの名称で呼ばれた(23)。

一方、地中海世界の場合は、どうであろうか。次に、一一・一二世紀を中心とした地中海の交易活動におけるワキールの役割について、S・D・ゴイテインの「カイロ・ゲニザ文書」を利用した分析研究によって考えてみよう(24)。

(1) 外国商人の法的代理人としての役割　他国で、本人（外国商人）の代わりに代理人が、債務者に対する訴訟のため、法廷に出席して問題を処理し、法官としての役割を果たす。したがって、ワキールは現地での商品の売買、金銭の貸借の他、国家の支配者や地元商人と外国商人との間のいざこざ、盗難・窃盗・殺人・遺産処分の問題に関わる。

(2) 積荷の貯蔵・保管に関わる任務　外国商人が代理人の倉庫に商品を預ける。また代理人は商人に倉庫・オフィス・住居のために家のフロアーや貯蔵庫（makhzan al-tujjār, kārvansarāy）などを提供する。商人が不在の時、あるいはパートナーがいない場合には、ワキールが市場価格を見計らって商品を売却し、貯蔵と市場売買の二重の役割を果たす。ワキールはいわば倉庫の主人（ṣāḥib al-dār）であり、商人たちを代表する総代理店ともなる。

(3) 複数の外国商人たちの出会いの場所、交易取引所、公的市場（dār al-wakāla, qaysārīya）、通信連絡所や金融機関としての役割　(2)よりも一層、複合的な役割を担い、商品の保管者、受託者、貯蔵と売買業務、商業パートナーとしての役割の他に、公的市場、通信連絡や金融業務などを総合的に代行する。

こうした地中海におけるワキールの任務・あり方は、インド洋海域のワキールとも共通する部分が多く、また第一節で述べた境域交易の一類型である「客商（ḍayf）と現地の主人（ṣāḥib）との契約関係」とも重なり合う部分が見られるので、今後の分析研究を進めるうえで多くの示唆に富んでいる。

さて、海上交易では、船舶の建造、船員の雇い入れ、船客（商人）の呼び込み、船団の組織、寄港地の選択、海外での商品売買と代理店経営などがおこなわれる諸過程で、資本主・船主・船舶経営者・商人・代理人を相互に結びつけるさまざまな組織形態と合資・共同の契約関係が生まれた。ムカッダスィーの述べているシルカとは、商人仲間の合資（相互貸付）による共同運営（shirka）のことであり、共同経営のパートナーのことをシャーリク（shārik, sharīk）と呼んだ。パートナーは一人、もしくは複数の場合があり、出資額に応じて利益の配分を受け、損失の出た場合にも相互に負担し合うことをあらかじめ契約によって決めたので、不足した資本を補い、より大きな海外事業をおこなうための企業形態の一つとして、相互貸付《キラード》や相互参与《ムダーラバ》と並んで、広範な人々が海上貿易、とくに境域市場に参加する機会をもたらした。

三　境域市場に通じる中間の接点

前述の通り、インド洋を横断する帆船による遠洋航海は、モンスーンと海表面に起こる吹送流（モンスーン流 Monsoon currents）とを最大限に利用しておこなわれるため、船が出港地と目的地との間を一年内にラウンド・トリップ可能な海域が一つの移動交流圏として機能していた。第I部第1章で説明したように、現在、アラビア海・ペルシャ湾を主舞台に航海と貿易を続けている木造帆船ダウの活動圏は、モンスーンの出現度が一年のうちの六〇パーセント以上の卓越度をもって広がるアラビア海とインド洋西海域にまたがっており、同時にダウが一年内にラウンド・トリップ可能な海域ともほぼ一致している。

インド洋海域世界は、①東シナ海、②南シナ海、③ベンガル湾、④アラビア海・インド洋西海域（ペルシャ湾、紅海南海域を含む）、⑤紅海北海域の五つの小海域に分類されるが、その一つひとつの海域は商人たちがモンスーンを使って一年以内に港と港をめぐり、活動する範囲であった。地中海世界の場合は、インド洋のような明確な季節風や吹送流（摩擦流）の存在が認められないが、イタリア半島南端、シチリア島とチュニジアをつなぐ南北線が東の地中海世界と西の地中海世界の仕切りとなり、それぞれが一年内にラウンド・トリップ可能な航海の活動圏となっていたと思われる。

エジプト、イエメン、ペルシャ湾岸地域、イラクなどに中心市場を持った西アジア商人たちがインド洋海域世界においておもな活動舞台とした海域は、このうちの④アラビア海・インド洋西海域と⑤紅海北海域に限定されていたので、それを越えた東アフリカ海岸のほぼ南緯一〇〜一二度以南の海域や、南東インドのコロマンデル海岸およびスリランカ以東のベンガル湾海域、東南アジア島嶼部、さらに中国などの交易活動に彼らが直接参加する機会は稀れであった。また、各地でさまざまな生産物を採取・捕獲・収穫して中継地や港に輸送・中継・集荷・取引するまでの時期と、モンスーンによって定期的に移動・往来する船の到着・出港の時期との間には時間差があるため、商人たちは目的とする寄港地の市場で商品を購入してから、出港するまでに港で長期間の滞在をよぎなくされたり、反対に、入港してから積荷を売却し、必要とする商品を購入して出港するまでを短期間のうちにおこなわねばならない場合もあった。そこで、交易の目的地において、限られた一定期間内に商品の売買を迅速・効率的におこなうためには、現地の仲介・代理の商人（ワキール）に通信・販売・貯蔵・集荷・購入・集金などの業務を代行・委託する必要があり、さらに船の年間ラウンド・トリップが可能な限界を超えた海域の境域市場に進出しようとする場合には、商人自らが別の海運業者の仕立てる船に乗り継ぐか、代理の商人に境域市場での販売と集荷を全面的に委託しなければならなかった。一一世紀のディマシュキー（al-Dimashqī）は、その著作『商業礼讃のための提要書』のなかで、そうした遠距離交易に従事した旅商人（rakkāḍ）にとって、最も重要なことは交易のための要地に信頼のおける代理人《ワキール》を持つこと、商品の安全な卸し場所を確保すること、の二点を強調している。[25]

さてインド洋海域世界におけるモンスーン航海と通商上の要地であり、同時に年間ラウンド・トリップの限界となった場所は、上述の五つの小海域が相互に交わる海域、すなわち、①紅海の北海域と南海域の二つの小海域を隔てるヒジャーズ海岸とアイザーブ、サワーキンの海岸周辺、②アラビア海とベンガル湾の二つの小海域世界を隔てるインド亜大陸の西海岸（マラバール海岸～グジャラート海岸）、③ベンガル湾と南シナ海を隔てるマラッカ海峡周辺、④南シナ海と東シナ海を隔てる中国の福建・広東の海岸部であり、さらに北のモンスーンのおよぶ限界線となる東アフリカ海岸のデルガド岬付近に至る海岸・島嶼部であった。

七世紀後半から一〇世紀半ばまで、ペルシャ湾の海港スィーラーフを拠点とした商人や船主たちは、相互貸付《キラード》や相互参与《ムダーラバ》によって投機性の高い造船・海運業と遠隔地貿易に巨額な資金を積極的に投資して、イエメンのアデン、紅海のジッダ、東アフリカのカンバルー、インドのサイムールとクーラム、マレー半島のカラや中国南部の交易の窓口、広東などに航海と交易取引のための海外居留地を設けた[26]。これらの居留地と境域市場のある港市は、いずれもモンスーン航海の要地にあり、一年周期で小海域内をラウンド・トリップする船どうしの接点でもあるため、倉庫、宿泊や船の修理のための施設を備え、現地に長期間滞在する代理人が仲介の役割を果たし、同時にスィーラーフ・コミュニティの形成と拡大を促したのである。

一〇世紀初めのスィーラーフ出身者アブー・ザイドの記録によれば、紅海の中ほどにあるアラビア半島西岸の交易港ジッダは、スィーラーフを母港とする船が到達する最終の港であり、船に積み込まれたエジプト向け商品はそこでスィーラーフ船とは別のクルズム船（marākib al-Qulzum）に積み替えられたという[27]。その港町にはスィーラーフ出身の商人の海外居留地が築かれ、商人頭（raʾīs al-tujjār）または商人元老（shaykh al-tujjār）と呼ばれる彼らのコミュニティの統率者によって、争議の裁定や治安問題の解決、その他の商業上の重要問題が決定された[28]。

また、インドの西海岸のコンカン地方にあるサイムール（Ṣaymūr, Choul）とマラバール海岸のクーラム・マライ（Kūlam-Malay, Kawlam）の二つの港は、東南アジアや中国の市場に進出するスィーラーフ商人にとって重要な拠点であり、彼らはそこで航海・運輸の状況把握、商品の購入・貯蔵・販売、仲介者・代理人の決定、また派遣した代理人との通信連絡による市況や政情などの情報収集をしていたと思われる。[29] ヒジュラ暦三〇四（九一六／一七）年にサイムールを訪れた地理学者マスウーディーは、次のように述べている。すなわち、その町にはスィーラーフ、オマーン、バスラ、バグダードなどの地域から集まった約一万人におよぶムスリムたちが居住し、そのなかには地元の女性との間に生まれたバヤースィラ（baysara / bayāsira）と呼ばれる混血の人たちが含まれていた。そして、フナルマ（ḥunarmah / ḥunarmān）という居留民たちの代表である統率者が住み、そこの王の信任を得て、法的な裁判権を持っていた。[30] ブズルク・ブン・シャフリヤールの説明によると、サイムールにある外国人居留地の統率者（フナルマン）はスィーラーフの出身者マーハーンの子息アッバース（al-ʻAbbās b. Māhān）という、町の顔役であり、ムスリム居留民に対する紛争と犯罪の懲罰を裁定・処理する責務を果たし、信望と地位の高い人物であったという。[31]

フナルマ、またはフナルマンは、交易のために来着し、現地に長期滞在する富裕商人たちのうちでもとくに信望の厚く、敬虔な人物と認められた商人たちから選ばれた代表者、居留民のなかの代理人のことである。こうした代理人の役割についてはすでに前節でも述べたが、到着・出港する船の積荷の保管・管理、地元市場での商品の売却と購入の代理・仲介の業務に加えて、他の外国商人との交流、地元の統治者への贈与品の提供、税の支払い、商業取引上の紛争、刑事上のトラブルの仲裁・裁決など、多面的な役割と任務を果たしていた。したがって、一〇世紀のフナルマは、一三・一四世紀以後になって登場するシャー・バンダル（shāh-bandar）とほぼ共通する役割を果たしていたと考えられる。イブン・バットゥータによると、一四世紀の前半、マラバール海岸の国際港カーリクートにいる商人たちの長（amīr al-tujjār）であり同時にシャー・バンダルの地位にあった人物はペルシャ湾岸のバフライン出身のイブラーヒームであり、優れて雅量のある人物として知られていたので、商人たちは彼のもとに集まり、彼の食卓を囲んで饗宴をおこなうのが習わしであったという。[32]

一二・一三世紀以後、中国のジャンク船団が南西インドのマラバール海岸に設けられた境域市場へ進出するようになると、カウラム（クーラム、クーラム・マライ）、カーリクート、ファンダライナー（パンダライナ・クッラム）、ヒーリー（エリー）などの港市が、アラビア海を渡ってきたアラブ系・イラン系ダウと中国のジャンク船団とが出会う東西交易の一大中継地となった。したがって、エジプト、イエメン、ペルシャ湾岸から来航する商人たちは、往路には地中海・西アジア地域や東アフリカ海岸から仕入れた商品をダウに積み込んでマラバール海岸の境域市場にもたらし、復路にはインド産商品と一緒に、ジャンク船団によって積載された東南アジアや中国の商品を購入し、それらを西アジアの市場に供給していたのである。[33] そうした当時のインド洋の交易システムについては、次に引用する中国宋代の史料、周去非『嶺外代答』「海外諸蕃国」の故臨国（カウラム）条のなかに伝えられている。

「故臨国は、大食国（西アジア・イスラーム世界）と相近い。広舶（広東のジャンク）は四〇日で藍里（スマトラ島北端のラムリー）に到り、そこで冬を越し、次年に再び舶（ジャンク）を出航させて、約一ヵ月間かかってやっと到達する。……中国の舶商（海上商人）のなかで、もし大食に往くことを望むならば、必ずや故臨から小舟（ダウ）に乗り換えて往く［必要がある］。一ヵ月間の南風（北風の誤りか？）を使ってそこに至るが、［中国との］往復路には二年間を要することになる。[34]」

少し後の時代のことになるが、一六世紀のポルトガル人のトメ・ピレスは、グジャラート地方の港市カンバーヤ（Kanbāya）が東のインド洋（ベンガル湾海域）と西のインド洋（アラビア海・西インド洋海域）の東西インド洋を結び付ける軸心に位置したことについて、「カンバヤ（カンバーヤ）に住んでいるグザラテ（グジャラート）と居留民とは、多くの船をあらゆる地域に航海させている。すなわちアデン、オルムズ（ホルムズ）、ダケン（デカン）王国、ゴア、バティカラ、マラバル全土、セイラン（スリランカ）、ベンガラ（ベンガル）、ペグー、シアン（シャム、タイ）、ペディル、パセー（スムトラ・パサイ）、マラカに向けてであって、そこに多くの商品を運んで行って、他の［商品を］持ち帰る。したがって、彼らはカンバヤを豊かに、また立派なものにしている。とくにカンバヤは二本の腕をのばし、右手でアデンを握り、一方の手でマラカを握っている。これは重要な航路であって、他の場所への航路はそれほど重要ではない[35]」と記述している。さらに、マレー半島の南西海岸の国際交易港マラカと西アジア地域や地中海世界との間の交易関係がもっぱらグジャラート出身の海運業者や仲介商人によっておこなわれていたことについても、次の点を指摘している。「カイロ、メッカ、アデンの人々は一回の季節風［を使った一年のラウンド・トリップ］ではマラカに到着することができない。またペルシャ人、オルムズ（ホルムズ）人、ルーム人、トルコ人、およびアルメニア人のようなこれと同類の人々は、［（ペルシャ湾経由のモンスーン航海に）都合のよい］季節にグザラテの王国に多量の商品を携えて来る。彼らはグザラテ王国に来てから、この国の船に仲間を集めて乗り込む。彼らはこのような仲間を大勢集める。彼らは上記の諸王国からカンバヤ［市］にグザラテで価値のある多量の商品を携えて来る。人々はそれによって大きな利益をあげる。カイロの人々は商品をトロ（シナイ半島のトゥール）に運び、トロからジュダ（ジッダ）へ、ジュダからアデンへ、アデンからカンバヤに運び、同地で価値のある［商品を］売り捌き、すでに述べたような仲間たちを集めて他の［商品を］マラカに運ぶ[36]。」「このカンバヤ王国は、マラカと取引を行なっていたので、次のような国の商人が同地［マラカ］に向かう船にグザラテ人を仲間に加えるためにやって来ていた。彼らの一部は自分の商品［の輸送と販売］を［グザラテ人に］委託して［派遣し、自分たちは］当地（カンバヤ）に滞在していた。またある人々は自ら出かけて行った。［彼らは］マサリ（ズファール）人、カイロの人々およびアデンから来た多くのアラビア人がおもであって、彼らと共にアビシニア人、オルムズ人、キロワ（キルワ）、メリンディ（マリンディ）、マガデショ（モガディシュー）、モンバサの人々、およびペルシャ人、すなわち、ルーム人、トルクマン人、アルメニア人、ギラン（ギーラーン）人、シラス（シーラーズ）のコラサン（ホラーサーン）人などであった。彼らは、マラカにたくさん住んでいる。……カンバヤの取引は大きく、多くの種類の織物、粗質の衣服、種子、すなわち胡椒草《アリピウリ》（実を調味料とする）、ひめういきょう《コミニヨ》、アメオ、ころは《アルフォルア》、蕪のような根――彼らはそれをプショと呼ぶ――、ラックのような土――彼らはそれをカショと呼ぶ――、蘇合香およびその他の品物を運んで行って、マルコ（ムラク）、バンダン（バンダ）、シナ（中国）のあらゆる高価な商品を積んで帰って来た。[37]」

なお、カイロ、アデンやメッカから来航した人々がグジャラートに運んで来た商品については、「カイロの人々はヴェネザ（ヴェネツィア）の［地中海で］ガレア（ガレー）船が運んで来る商品を携えて来る。それらは多くの武器、臙脂（ムスタカー）、各種の毛織物、珊瑚、銅、水銀、辰砂、釘、銀、数珠玉、水晶玉、金（エナメル）メッキされたガラス器である。アデンの人々はグザラテに多量の阿片、乾ぶどう、洋茜、インディゴ、薔薇水、銀、真珠母およびカンバヤで珍重される染料を携えて来る[38]」とあって、その他にも黄金、馬、ラクダの毛で織った織物などの商品が含まれていた。[39]メッカの人々は多量の阿片、薔薇水およびこれらとほぼ同様の商品、多量の蘇合香を携えて来る。すなわち、グジャラートの市場は、地中海世界や西アジアから運ばれた商品の集荷センターでもあったことが理解される。

グジャラート商人は、マラバール海岸やベンガル湾周辺のすべての港に進出し、代理人や商館を設けて、インド洋海域世界の東西をつなぐ仲介貿易を有利に展開していた。トメ・ピレスは、次のように報告している。「［グジャラート商人は、］ダケン（デカン）王国、ゴア、マラバルとは代理人をそれぞれの地域に置いて取引をしている。彼らは、ジェノア（ジェノヴァ）人がわれわれの地域で行なっているように生活し、定住している。これはベンガラ、ペグー、シアン・ペディル、パセー、ケダについても同様である。彼らはそれらの国の商品を持ち帰り、またそれぞれの国で珍重される［カンバヤの］商品を携えて行く。したがって、グザラテ人の商人が訪れたことのない場所はない。これらの王国には、毎年グザラテ人の船が赴く。それぞれの場所に一艘ずつの船が直航する。むかしグザラテ人はカレクト（カーリクート）に大きな商館を持っていた。[40]」

グジャラートの商人たちにとって、インド洋海域世界における最大の交易市場は、マラカであった。すなわち、グジャラート地方の商人たちのなかでも、とくにカンバヤを拠点とした商人によるマラカとの取引について、「カンバヤの商人は、他のどの地域よりもしっかりとした根拠地をマラカに置いている。昔はマラカには一千人ものグザラテ人がおり、その他に、常に往来しているグザラテ人の水夫が四、五千人もいた。マラカはカンバヤなくしては生きて行かれず、カンバヤもマラカなくしては豊かに繁栄することはできない。……もしカンバヤにとってマラカとの取引が妨げられたとしたら、カンバヤは生きてゆくことはできない。それは他に彼らの商品を送り出す場所がないからである」[41]と記録している。さらに、マラカの町に関する記載中でも、「ディオゴ・ロペス・デ・セケイラがマラカの港の前面に到着した時（一五〇九年八月一五日）には、マラカには千人ものグザラテ人の商人がいた。彼らの間には大資本を持った豊かな人々がたくさんいた。そうでない人々は他人の代理として居留している人々であった。同様に、当地にはペルシャ人、ベンガラ人、アラビア人が四千人以上もいて、彼らの間にも豊かな商人がおり、それ以外の人々は他の人々の代理人であったということである」と同じ内容が繰り返されている。グジャラートからマラカに向かう船の航海期、航路と毎年の船の数については、「三月にそこ（グザラテ）を出港してマラカへの航路を直行する。帰路に際しては、［マル］ディヴ諸島に立ち寄って行く[42]。グザラテからマラカには毎年四艘の船《ナオ》が来る。それぞれの船の商品は一万五千、二万、三万クルサドの価値があり、最低のものでも一万五千［クルサド］である。またカンバヤ市からは毎年一艘が来るが、それは疑いもなく七、八万クルサドの価値がある」[43]と説明されている。

以上のトメ・ピレスによる記録を通じて、①グジャラート地方はモンスーンを利用して一年の内にラウンド・トリップ可能なアラビア海とベンガル湾という二つの異なる小海域の交わる海域間接点に位置したこと、②そのためにグジャラート商人は地中海世界、西アジアや東アフリカの各地から来た商人たちと商品をマラカに運ぶ海運業者、代理人としての重要な役割を果たしたこと、③グジャラート商人はマラカの市場で東南アジア・中国の商品を購入し、西アジア商人にもたらしたこと、④当時のマラカは東南アジア島嶼部の市場センターであると同時に、南シナ海とベンガル湾の小海域をつなぐ海域間接点であり、東からの中国商人と西からのグジャラート商人が出会う境域市場のセンターとして繁栄していたこと、などの事実を窺い知ることができる。

結びに代えて

十字軍の閉幕に前後する一三世紀半ば以降になると、イタリア商人たちはそれまでのように未知の市場を開拓するため、積極的に西アジア、さらには内陸アジアの諸地域に向けて進出しようとする冒険的な活力を失った。彼らの多くは本拠地に留まり、各地に設けた代理人や支店と通信連絡によって取引する、いわゆる定着型商業が基本的な形態となったのである。[44] 定着型商業は、目的地の代理人との間の通信によって市況を知り、商品の売却・購入を指示し、専門の輸送業者に商品の受け渡しを全面的に委託するため、商人は複数の海外市場と多角的な取引を同時におこなうことができるという利点があった。

一方、それに対して、本章で述べてきた旅商人（tājir al-safar）、もしくは遍歴移動商人（rakkāḍ）の場合、商人自ら、もしくは商業パートナー（sharīk）を同伴して輸送業者の船に乗り込み、商品を携えて目的の港に行き、そこにしばらく滞在して、市場で商品を販売し、その利益をもとに商品を購入して、ふたたび船で戻る移動型商業であった。その際に、境域の港では来航する客商と地元主人との間で契約が結ばれ、地元の事情に精通した船宿の主人に商品の販売と購入を委託したり、あるいはさまざまな任務・役割を持った代理人・仲介者を利用することもあった。もちろん、移動型商業でありながら、通信によって各地の情報を収集したり、代理人を使って必要な指示をおこない、輸送業者に商品の輸送を委託する場合も多かったと思われる。また、モンスーン航海によって一年内にラウンド・トリップのできる活動海域を越えた境域市場については、自らが目的の市場まで旅するのではなく、拠点の港に滞在（定着）して、そこから各地に派遣される代理人や海陸の輸送業者と通信連絡を取りながら商品の売買取引をおこなった。

なお、地中海世界において定着型商業が広くおこなわれて、遍歴・移動型商業が多様な発展をとげなかった理由としては、①地中海世界は北側にビザンツ帝国、イタリア諸都市と西ヨーロッパのキリスト教世界が、南側と東側にイスラーム世界が広がり、相互間で宗教的・政治的・軍事的な緊張と対立が続いたことで、冒険的な商人たちの自由な市場開拓を阻害していたこと、②特定の都市商人や輸送業者による交易ネットワークが張りめぐらされて、人の移動、モノの交換関係や情報交流がシステム化されていたので、通信組織によっておこなわれる定着商業の発展には好都合であり、さらには大商社の成立をも可能にしたこと、③インド洋海域世界に比べると地理的広がりと自然生態系の多様性に乏しく、地域間の差異と時間差を利用して活動する移動型商人には魅力が乏しく、逆に組織化された商業都市やその商人組合は市場・輸送・情報などの独占と支配による利潤追求をおこないやすかったこと、などの点が考えられる。

第2章　カーリミー商人による海上交易

はじめに

ジャネット・L・アブー=ルゴド（J. L. Abu-Lughod）は、その著書『ヨーロッパ覇権以前』のなかで、七世紀前半に始まるイスラーム勃興以後の、地中海とインド洋という二つの海域世界の本質的な性質の違いについて、次のような指摘をおこなっている。「[地中海世界を舞台に]中東（西アジア）で交易したヨーロッパ商人は、ムスリムの港で基本的には隔離され、受容性の低いムスリム社会の文化に対してはほとんど影響を与えなかった。他方で、ムスリム商人は、[インド洋海域世界を舞台に]アジアじゅうに居留地を建設し、交易品だけでなく、彼らの文化や宗教をもたらした。これらを通じて、イスラム（イスラーム）はインド、セイロン島、マレーシアやインドネシアにもたらされた。そこでは、インドや中国から同じルートで拡大していたヒンドゥーや仏教文化と共存していた。この混淆と共存が、インド洋という舞台《アリーナ》に、イスラム勃興以降の地中海に欠けていた持続性と一体性を与えたのである。このことは、つなげる役割よりもへだてる役割をすることが多かった地中海の交流と交易の変遷のありようは、インド洋におけるそれとは異なり、後者では全く違った歴史的周期が展開していたことを示している。(1)」

この説明からは、インド洋海域で活躍した商人の全員がムスリム商人であったかのような印象を受けるが、ムスリムの他にもユダヤ教・キリスト教・ヒンドゥー教・ゾロアスター教など、異なる宗教・文化を持った商人が活躍しており、その相互補完的な関係と柔軟な交流こそが、インド洋海域の特徴的なありようとして指摘されなければならないであろう。そのうえで、ムスリム商人たちが遠距離交易の最も重要な担い手であったことは間違いない。つまり、インド洋海域世界における交易活動は、地中海世界とは違って、おおむね開放的であって、一定の関税および市場税を支払い、また港市もしくは内陸の支配者への贈呈品をもたらすことによって、外国商人たちは国境や宗教を超えて自由に移動し、交易活動をおこなうことができた。一方、陸の領域国家は、国家の支配に必要な物資や支配・官僚層の消費する奢侈品類を獲得するために、あるいはまた都市の文化的・社会的繁栄に貢献するためにも、外来の商人の来航を積極的に歓迎したのである。

本章では、一一世紀から一五世紀までの四〇〇年以上にわたって地中海世界とインド洋海域世界の中間媒体であった西アジア地域をつなぐ国際交易において最も華々しく活躍したムスリム商人の集団、カーリミー商人（al-Kārimī, al-tujjār al-Kārimīya）をめぐる問題、とくに一三世紀末から一四世紀初めにかけてのラスール朝政権のもとで外交と交易活動に大きな役割を果たしたカーリミー商人を含むイエメンの有力商人たち（a'yān al-tujjār）の家系について、また中国との交易活動をおこなったカーリミー商人アブド・アルアズィーズ・ブン・マンスール・アルカウラミー（'Abd 'Azīz b. Manṣūr al-Kawlamī）の活動に焦点をあてて考えてみたい。

一　カーリミー商人の登場と彼らのおもな活動圏

（1）国際間に生きるスィーラーフ商人とカーリミー商人

八世紀半ばから一〇世紀半ばまでの約二〇〇年間は、地中海〜バグダード〜ティグリス・ユーフラテスの両河川〜ペルシャ湾〜インド洋をつなぐ海域ネットワークがアッバース朝の経済的・文化的繁栄を支える基軸であって、バグダードがそのネットワークの軸心として、いわばイスラーム世界の文化的連帯のシンボルとしての役割を果たし、また富と繁栄の源泉として、その周縁地域に強く意識されていたといえよう。(2)

この海域ネットワークの最も重要な国際中継交易港として栄えたのは、南イランのファールス地方にあった港市スィーラーフであった。そこを根拠地とした海上商人たちは、生まれ故郷を同じくするスィーラーフ出身者——スィーラーフ人（al-Sīrāfī, al-Sīrāfiyūn）、スィーラーフ住民（ahl al-Sīrāf）とも呼ばれた——としての強固な協力関係、キラード（qirāḍ）、ムダーラバ（muḍarāba）、シャリーク（sharīk, Shirka）などのさまざまな共同出資による経営形態と輸送・商業の運営によって、オマーンのスハール、アデン、紅海沿岸のガラーフィカ、ジッダ、インド西海岸の諸港——とくにサイムールとクーラム・マライはベンガル湾、南シナ海に通じる中間拠点でもあった——だけでなく、遠くは、東南アジア、中国や東アフリカ海岸などに張りめぐらされた境域の交易拠点との間を商業旅行したり、また時に一時的に住み着いたりしていた（図1参照）。

しかし、一〇世紀半ば以降になり、アッバース朝の衰退による政治的混乱、南イラク・サワード地方を中心としたザンジュの反乱（八六九—八三年）とそれに続くシーア・イスマーイール派のカルマト教団の台頭などによる社会的・経済的な衰退要因などが重なって、バグダードを軸心とした交易ネットワークに大きな構造的変化が見えてきた。そして、バグダードの衰退と歩調を合わせるように、スィーラーフ商人の活動もまた急速に後退していったのである。[3]

すでに述べたように、それまでのイラク・ペルシャ湾軸ネットワークに代わって、インド洋海域世界と地中海世界を結びつける国際交易の主軸となったのは、インド洋〜紅海〜エジプトという新しいネットワークであった。一〇世紀後半にはファーティマ朝（九〇九—一一七一年）が新都カイロを建設し、エジプトだけでなく、シリア、ヒジャーズ、イエメンにまたがる、いわば地中海・インド洋の両海域世界を結ぶ回廊にあたる地域を広く領有した。[4]そして、ファーティマ朝中期以降、アイユーブ朝とマムルーク朝時代後期までの約四〇〇年にわたってカイロを軸心とするエジプト・紅海軸ネットワークを舞台に活躍した国際商人が「カーリミー」呼ばれるムスリムの商人集団——一部にユダヤ教やキリスト教からの改宗者も含まれた——であった。[5]

スィーラーフ商人はバグダードを、カーリミー商人はカイロとフスタートをネットワーク・センターとして、いずれもインド洋海域世界に広くまたがる交易ネットワークを張りめぐらしたが、次の点において両者は異なっていた。

(1) スィーラーフ商人の根拠地である港市スィーラーフの地理的な位置は、アッバース朝政権の中心であるバグダードから遠く離れたペルシャ湾岸にあり、しかも内陸部は険しいザグロス山脈によってイラン高原とも隔てられていた。そのために陸の領域国家による政治的・経済的な影響を比較的受けにくかったこと、したがって彼らスィーラーフ商人は特定の国家・支配者による管理・統制・保護の関係を嫌い、むしろ国際間に市場や供給源を求めて自由に競い合うことを特徴とした。これに対して、カーリミー商人はエジプト、メッカ・メディナ、イエメンの間の政治的・経済的対立と緊張関係を巧みに利用しながら中継交易に幅広く活躍すると同時に、エジプトやイエメンの政権による外交政策や対外貿易と深く関わっていた。[6]すなわち、彼らは陸域（領域国家）による船舶の護衛、商品の輸送・貯蔵・販売上の保護や滞在の安全を受けて、半独占的な商業をおこなうことで財力を獲得し、一

-フ商人の交易ネットワーク

ガル湾，南シナ海の三層構造を最初に統合する役割を果たした。

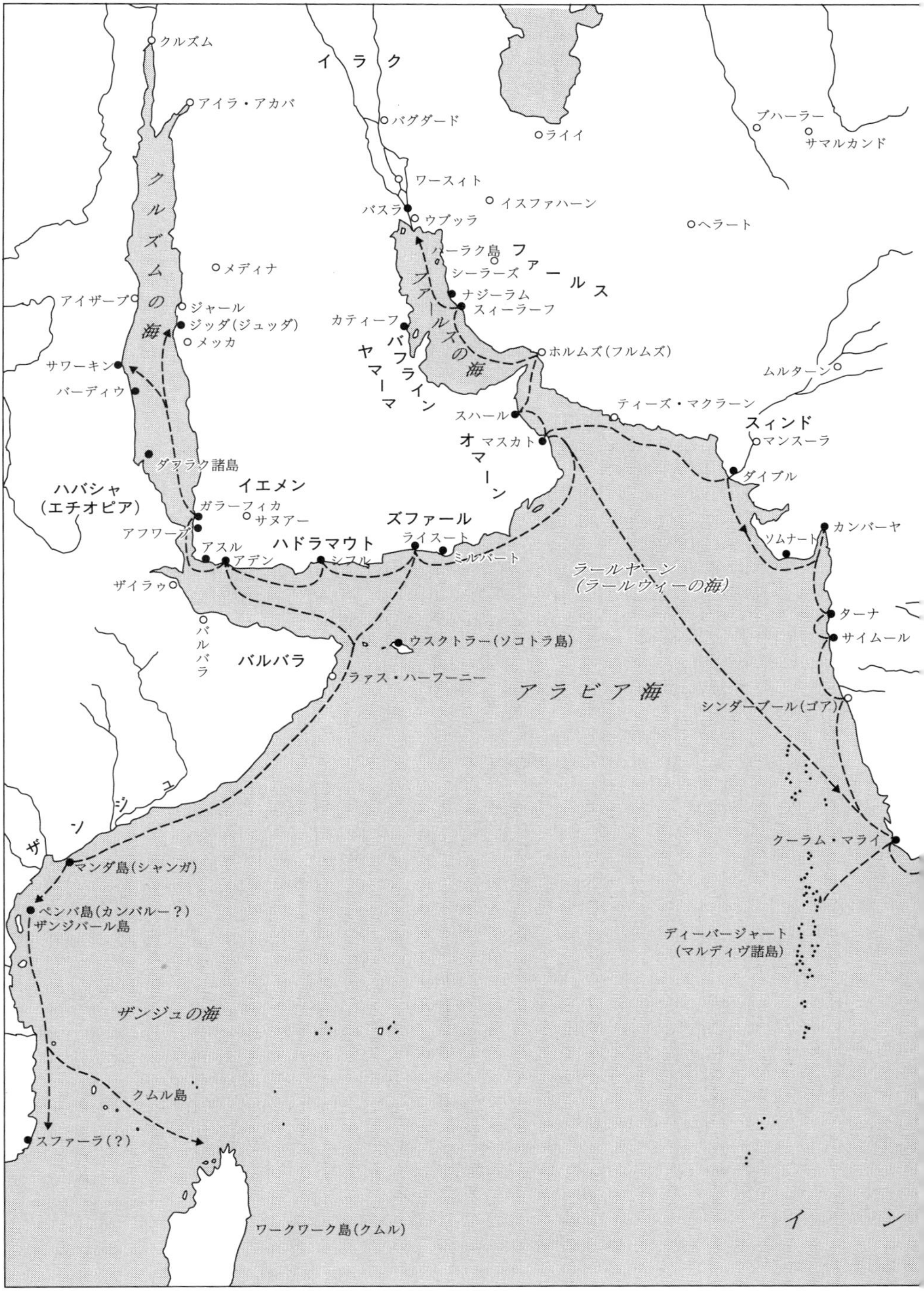

図1　インド洋におけるスィ

スィーラーフ商人のネットワークは，8〜10世紀においてインド洋海域世界の基本構造であるアラビア海・西インド

方、国家による軍事的な安全・保護の見返りとして、政府へのザカート（宗教的喜捨税）、ウシュール関税や保安税などの支払いと、資金貸付や国家の緊急事には必要に応じてさまざまな財政的援助をおこなった。彼らはイエメンのラスール朝政権との経済関係を深め、アデン港における船舶の出入港の管理、関税の徴収などの輸出入業務をラスール朝から委託され、すべて取り仕切っていた。またラスール朝政権は、エジプトのマムルーク朝との外交関係を全面的にカーリミー商人に代行させて、両国間の緊張・対立の関係を解決することで、両聖地のあるヒジャーズ地方に対する政治的・経済的な支配権を拡大しようとしていた。(7)

(2) スィーラーフ商人とカーリミー商人の活動の地理的広がりは、いずれもアラビア海を主舞台としており、インド洋海域の諸物産を西アジア市場にもたらし、その代価として西アジア・地中海の諸物産をインド洋海域に運ぶという仲介貿易を通じて莫大な利潤を得ていたという点では共通していた。そして、彼らの一部商人の経済活動はインドだけでなく、その東端は中国の沿岸地方にも達した。しかし、スィーラーフ商人の活動は、中国と並んで、東アフリカ海岸にも重要な商業拠点を築いていたのに対して、カーリミー商人による東アフリカ貿易との関わりはほとんど見られず、必要とする東アフリカ物産をアデンで、東南アジアと中国物産についてもインドの市場で得ることがほとんどであった。

(3) もともとは、スィーラーフとカーリミー、もしくはその前身となるカーリムのいずれの商人も、インド洋のモンスーン航海によって設定された時期と目的地、取扱商品などをほぼ同じくした商人たちの参加する船団組織の一部から発達したと思われる。スィーラーフ商人の場合、船舶を建造し、船団を編成して、海外での商品売買と代理店経営などをおこなう過程で、根拠地スィーラーフ出身の資本主・船主・船舶経営者・一般船員・商人・代理人《ワキール》を相互に結びつける多様な組織形態と連帯意識が生まれ、年一回、あるいは数年に一回とはいえ、一定した時期に根拠地に帰ることで、郷土意識や親族関係を強化していた。また、海外居留地においては、スィーラーフ出身の長老《シャイフ》、大元老とか信頼のおける大商人の代表がコミュニティ内の秩序と安全を守るための努力をおこなった。一方、S・D・ゴイテインによる「カイロ・ゲニザ文書」の研究が明らかにしたように、カーリム（al-Kārim）もしくはカーリム商人（tājir al-Kārim）と呼ばれる初期の商人集団は、紅海〜アラビア海をつなぐモンスーン航海のために組織された運輸船団《コンボイ》、いわば廻船に参加する人々であった可能性が高い。(8) そしてカーリミー商人が最も活発に交易活動を展開した一三世紀後半から一四世紀後半までの時期において、彼らの出身地はエジプト、シリア、イエメン、イラクやイランなどの諸都市に広くまたがっており、内部組織についての詳細は不明であるが、スィーラーフ商人のような同郷意識は薄く、インド洋貿易に参画するさまざまな小資本家たちが集まって、彼らの資本の相互提供、協同運営、宿泊・貯蔵施設の共用とか情報交換がおこなわれ、やがて大商人間の婚姻関係、饗宴・祭り、文化的・宗教的寄進や慈善事業などをはじめとする各種の相互扶助と集団行事をおこなうことで、集団・組織としての再編強化に努めたものと思われる。(9) ただし、イブン・バットゥータが述べているように、カーリム、またはその複数形のアカーリム（Akārim）の名称は国際交易に活躍する大商人の代名詞として曖昧に使われる場合があって、必ずしも一つの連帯意識を持った商人集団や特定の家系を指したものではなかったと思われる。(10)

（2）カーリミー商人の登場

カーリミーの名称のもととなったカーリム、またはカーリミーの語源については諸説があって、いまだに一致していない。これについてフランスの東洋学者E・M・カトルメール（E. M. Quatremère）は、カルカシャンディーの記録にもとづき、その語源は中央アフリカ・スーダーンのチャド湖北東の地域名カーニム（Kānim）にあり、それがカーリムと訛ったものであると主張した。(11) H・リットマン（H. Littman）は、カーリミー商人の別称が「胡椒と香料の商人」であったことから、アムハラ語のクアラリーマ（Kuararīma）――「カーリミーによってエチオピアに輸入された香料」の意味――であると考えた。(12) 一方、アブー＝ルゴドは、「しかし私は、その概念や名前は、よりありふれた現象に関係していると信じている。カーリムとは〈偉大な〉という意味で、大規模な卸売り商人を、その相手である最終販売地点で少量商う小売人から区別する指標として、用いられたのである。それはフランス語で卸売商 marchand en gros と商人 commerçant とを区別するやり方と同じである」[13]としている。その他にも、タミル語で商売とか事務を意味するカールヤム（Kāryam）と関係させて、南インドの商人ギルドとの結びつきが見られるとする主張、また琥珀（karim, kahraman）と関連づけるべきであるとの異説もある。[14]

カーリムなる名称が初めて文献史料のなかに登場するのは、次にあげるダワーダリー（al-Dawādarī）による年代記『真珠の宝庫 *Kanz al-Durar wa Jāmiʻ al-Ghurar*』の記事であろう。それには、ファーティマ朝のカリフ＝ムスタンスィルの治世代にあたるヒジュラ暦四五六（一〇六四）年に「商人たちの到着が遅延し、カーリム（al-Kārim）が途絶えた」[15]とある。また、ゴイテインによる「カイロ・ゲニザ文書」の研究が明らかにしたように、一一四〇年前後に記録された若干の文書のなかに、紅海〜アラビア海を舞台に活動する「ナーホダ（ナーフーザ）、もしくは船主の輸送船団、あるいはその集団（a convoy or group of nakhodas, or shipowner）」として、カーリム（al-Kārim）なる特殊名称が登場する。[16]

実は、ファーティマ朝時代のカーリムと、その後のアイユーブ朝やマムルーク朝期にインド洋交易の主役を演じたカーリミー（al-Kārimī）、もしくはカーリミー商人（tājir al-Kārimī, al-tujjār al-Kārimīya）とを直接的に結びつける明確な証拠を見いだすことは難しいのだが、しかし少なくとも、①ファーティマ朝時代のカーリム、またアイユーブ朝以後のカーリミー商人も同じように、エジプト〜紅海〜イエメン〜インド間の交易ネットワークを結ぶ運輸・仲介・取引のうえで重要な役割を果たしたこと、②ファーティマ朝政権はエジプトの支配とそれに続く紅海における積極的な軍事行動の展開において、すでに東地中海の守備のために用いていたシャワーニー船団（marākib al-shawānī）と同じ組織を紅海に配備し、[17]同時にカーリムの輸送船団を海賊から守ろうとしたが、アイユーブ朝とマムルーク朝もまたファーティマ朝の政策を引き継いで、カーリミー商人の航海運輸と交易活動を支援するために、海軍による商船の保護、ルートの警備と軍事・連絡拠点の設置などをおこなったこと、などの点において相互

に共通性が認められる。(18)

カルカシャンディーの説明によれば、ファーティマ朝は「さらに［紅海の国際港］アイザーブにも艦隊《ウストゥール》を配備し、そこでカーリムはアイザーブとサワーキンとの間、およびその周辺域において、その艦隊［によるファーティマ朝の警備］のもとに従った。なぜならば、クルズム海（紅海）の島々に根城をもつ集団《カウム》（海賊）がいつもカーリム船団（marākib al-Kārim）に脅威を与えて、そこでの船舶の通行を阻止していたからであり、艦隊はカーリムたちを彼らから守ることが目的であった。この艦隊の数は［最初は］五艘であったが、その後、三艘になった。クースの地方総督《ワーリー》が他ならぬこの艦隊の指揮・監督をする代理官となり、時にはカリフの膝元［カイロ］から直接派遣された統治者《アミール》がその艦隊を監督することもあって、武器庫から必要なもの［すべて］が彼のもとに運ばれた」(19)という。

アイユーブ朝時代になると、カーリムに対する国家の保護は一層明確なものとなった。歴史家マクリーズィーは、サラーフ・ウッディーンの治世代にあたるヒジュラ暦五七七年第一ラビーゥ月（一一八一年八／九月）の記録で、十字軍が下エジプト《デルタ》地方のティンニース（Tinnīs）海岸に達し、商船を奪ったことを伝えるとともに、「アデンからカーリム商人たち（tujjār al-Kārim）が到着し、彼らの四年分のザカート（喜捨税）が請求された」ことを指摘している。この記事は、「年代記」史料が伝える「カーリム」と「商人」の二つの言葉が合わさった、最も古い確かな記録であると考えられる。(20)

アイユーブ朝にとって、軍事・戦略上から見た紅海地域の重要性は、①ヒジャーズとイエメン地方への軍事遠征および地域支配の確立のために大規模な軍隊と多量の食料を定期的に輸送すること、②十字軍のシナイ半島、ヒジャーズと紅海沿岸への進出を食い止めること、の二つにあって、そのために国家の保安船を配備し、専用の中継基地を各地に設置することで紅海全体の安全網を維持しようと努めたのであった。そして、そのことは同時にカーリミー商人たちの商船を保護して、彼らのインド貿易を飛躍的に増大させることにもつながり、彼らから多額のザカートの他に、ウシュール関税、シャワーニー税やその他の雑税を徴収することで、財政的な補塡が期待できた。

以上から考えて、①もともとはインド洋のモンスーンを利用して航海する大小さまざまな輸送船団に対する呼称であったカーリム——なぜ、その輸送船団を指す言葉としてカーリムなる名称が付されたかは明らかでない——は、ファーティマ朝の海軍（シャワーニー船団）が紅海ルートの支配のために配備されたことが契機となって、国家の保護・管理下に置かれるようになった、②ファーティマ朝はカーリム船団から一定の保護税（シャワーニー税）を徴収した、③カーリムに所属して貿易と運輸の采配を振るう大商人の間で協業関係が生まれて、カーリムの新しい組織化が進み、やがて彼らを総称して「カーリム商人たち（tujār al-Kārim）」と呼ぶようになった、④アイユーブ朝の紅海地域ならびにイエメンに対する軍事・経済政策がカーリミー商人の組織ならびに活動に新たな展開をもたらした、と結論づけることができよう。そして、マムルーク朝時代のエジプトとシリアを中心とする西アジアの都市文化と市場経済の発展、ヴェネツィアやジェノヴァなどの海上勢力による地中海の海運と交易の隆盛は、香辛料・薬物類を中心とするインド洋の諸物産の需要を高めることになり、カーリミー商人たちによるインド洋・紅海を舞台とした交易活動の重要性をますます増大させたのである。

(3) カーリミー商人のおもな活動圏と取扱い商品

このように、カーリミー商人の歴史はファーティマ朝時代中期からマムルーク朝時代の後期までの四〇〇年にわたっているが、その間に彼らの活動の拡大・隆盛と停滞には大小の波があり、同時に組織・形態や経営のあり方にもかなりの違いが見られた。さらに、彼らとマムルーク朝の初期（バフリー・マムルーク朝、一二五〇—一三八二年）および後期（ブルジー・マムルーク朝、一三八二—一五一七年）、ラスール朝のそれぞれの国家・支配者との関わり方にも大きな違いがあったと思われる。しかし注目すべき点は、一貫して彼らの商業ネットワークの基軸と拠点が、地中海の港アレクサンドリアからカイロ、フスタート、そしてナイル川を溯って上エジプトのクースを経由し、東

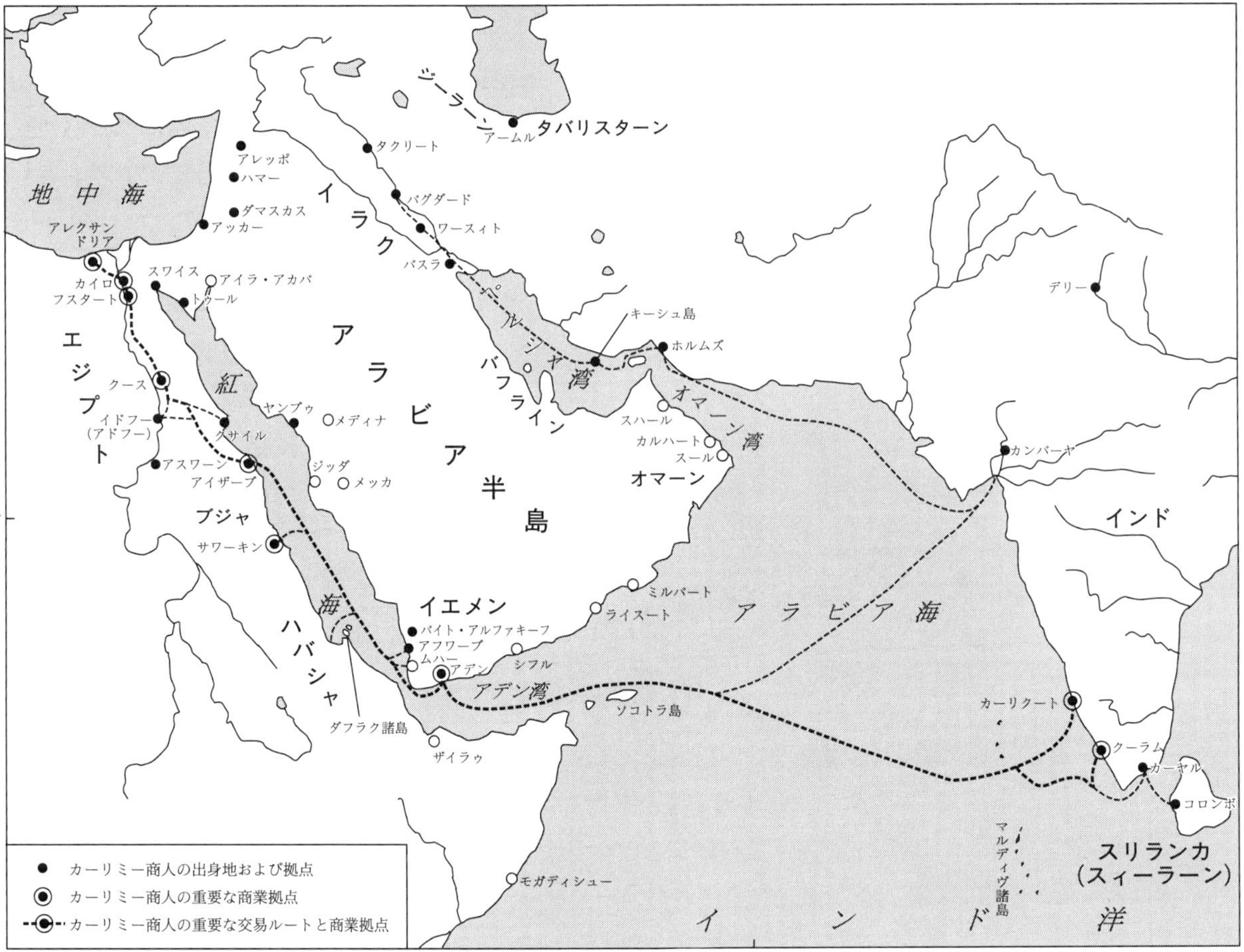

図2　カーリミー商人のおもな活動拠点と交易ルート

部砂漠を横断して紅海沿岸のアイザーブ、サワーキンに達し、紅海を下ってイエメンのアデン、そしてインド南西海岸のカーリクートに至るエジプト・紅海軸ネットワークであったことである。ちなみにG・ヴィエ（G. Wiet）が挙げる四六名のカーリミー商人たちの家族を含む出身地と出生地はシャーティバ（アンダルス）、アレッポ、タクリート（イラク）、ワースィト、アレクサンドリア、エチオピア、ジーラーン（ギーラーン）、バイト・アルファキーフ（イエメン）などの地域的なばらつきが見られるが、彼らの主な活動拠点は上述したアレクサンドリア～カイロ、フスタート～クース～アイザーブ～サワーキン～アデン～カーリクートの軸線上にあって、その副次的ネットワークはダマスカス～アレッポ～バグダード～バスラ～キーシュ～ホルムズを経由してインド西海岸に至り、そこでエジプト・紅海軸ネットワークと合流したと思われる。(21)

そうした地中海とエジプトとインド洋をつなぐカーリミー商人の交易ネットワークの軸心として最も重要な位置にあったのは、他ならぬイエメンであった。彼らは、イエメンを拠点として、右手をインドに、左手をエジプトに伸ばすことで、両地から集まる政治・経済・社会に関する最新情報を得て、国際的中継交易を有利に展開していたのである。彼らの取扱い商品のなかで最も重要な香辛料類は、マラバール海岸にある市場から直接買い付けたり、インド商人がアデンに持ち込むものを買い入れて、それをエジプトやシリア方面に転送した。また東アフリカ産の象牙、犀角、各種の動物皮革類については、アデン、ザイラゥとダフラクの市場で買い入れたものをサワーキンおよびアイザーブ経由でエジプトに転送する仲介貿易をおこなった。(22)

なおラスール朝のスルタン＝ムザッファルの治世代に記録された財務・行政の記録『実務諸般の光』には、「インド向けに積み出されるカーリミーの商品類（al-baḍāʾiʿ al-Kārimīyat al-musaffarat ilā bilād al-Hind）」として、金属製品（銅・錫・鉄器類）、研磨用石、マフラブ（芳香植物の種子・表皮）、クミン、没薬、ムスタカー、ナツメヤシの実（デイツ）とその加工品（酒）、象牙、絹、金、銀、木綿、鉄製品、亜麻織物、皮革類、コフル、硫黄、茜染料などがあげられている。反対に、彼らがインド方面からエジプト地方とそこのカーリミー商人にもたらす商品（albadā'i' al-musaffarat ilā al-diyār al-Miṣrīyat wa'l-Kārim）として、胡椒、ラック染料、ウコン、乾燥した芳香性の花（丁子、肉豆蔻）、生姜、甘松香、ミロバラン染料（タンニン）、藍染料、ブラジル蘇木、白檀、米、胡麻、小麦などがあった。[23] これらの商品を見ると、①カーリミー商人たちは高価な奢侈品類だけでなく、重量があり、しかもかさ張りのある日常消費の商品についても多種類・多品目に取り扱っていたこと、②地中海・西アジア世界からもたらされた商品とインド洋世界の商品とを仲介する役割を果たしていたこと、の二点が理解されるのである。

二　イエメン・ラスール朝体制とカーリミー商人の関係

カーリミー商人に関するこれまでの研究は、主としてエジプトを中心とするものであり、イエメンが彼らの活動のうえでどのような意味と役割を持っていたかについての詳しい研究はほとんど見られない。第III部第3章において説明したように、イエメンはアラビア半島の南西端に位置して、紅海とアデン湾・アラビア海の出入口バーブ・アルマンデブ海峡に面していること、またその対岸には東北アフリカが控えていることによって、地中海世界とインド洋海域世界をつなぐ東西交流上の要地を占めている。エジプトのカイロにマムルーク朝が成立する二〇年前の一二二九年に、イエメンの海岸部、ティハーマ地方を中心として、スンナ派の王朝ラスール朝が成立した。初代スルタン＝マンスール・ウマル一世（al-Malik al-Manṣūr 'Umar）は、アイユーブ朝がパレスチナ・シリア海岸とエジプト・デルタ地域での十字軍との戦闘にすべての軍事力を集中している間に、イエメン地方に起こった内乱に乗じて独立をはかり、さらに彼の軍隊をヒジャーズ地方に派遣した。そして一二四一／四二年には、アイユーブ朝勢力をメッカから完全に撃退することに成功し、またメディナの外港ヤンブゥの支配権を獲得した。第二代スルタン＝マリク・ムザッファルは、ハドラマウト・ズファール地方の遠征を挙行し、イエメン内陸部だけでなく、インド洋からヒジャーズ、エジプト、地中海世界に向かう東西交流上の要地を広く支配することで、国際交易を左右するような大きな影響力をおよぼしたのである。[24]

ラスール朝はそうした国家による積極的な交易政策を実現するために、新しく台頭しつつあったカーリミー商人と緊密な連携をはかり、彼らの交易船の安全航行のための保安税（al-shawānī）を徴収する代わりに、国内の主要港アデン、アフワーブ、シフル、ズファール（ライスート、マンスーラ、ミルバート）における貿易・通関業務を円滑に維持・運営するべく、彼らの代表者を港市の警備・監督官（wālī）および貿易と徴税業務の長官（nāẓir）に任命し、あるいは国家の重職であるワズィール職（wazīra）にも登用した。またラスール朝は、彼らの有力商人に国家資金（matjar）を貸し付けて、珍重される高価な商品を購入させたり、特産品（とくに馬、乳香、龍涎香など）を海外に販売する業務を委託することで、大きな利潤を国家にもたらした。一方、カーリミー商人たちは、次第に資本の合資、商業の協同や婚姻関係などによって結びつき、ますます彼らの経済力と発言力を伸長させ、ラスール朝国家の政治・経済面で重要な役割を果たすようになったのである。

イエメンの第一の窓口アデン港は、すでにズライゥ朝およびアイユーブ朝治下においてヒジャーズ、インド、中国、エチオピアなどの諸国から集まる貿易船で賑わい、船舶の入港の際に課せられた税収入は、イエメン地方を統治する国家の重要財源になっていた。[25] ハズラジーによると、ラスール朝の第四代目のスルタン＝ムアイヤドは、スルタン＝ムザッファル時代の高率の関税や外国商人の積荷の強制的没収などをやめて、アデン港における国家の貿易業務（amr al-matjar al-sulṭānī, ḥukm al-tijāra）をエジプトから到着したカーリミー商人ムフイー・ウッディーン・ヤフヤー・ブン・アブド・アッラティーフ・アッタクリーティー（Muḥyī al-Dīn Yaḥyā b. ʻAbd al-Laṭīf al-Takrītī）に一任して、交易活動を活発にすると同時に、関税徴収の円滑化をはかった。[26] このようにラスール朝が国家の経済基盤を海外交易に依存していく基礎は、すでにスルタン＝ムアイヤド（在位一二九六―一三二二年）の治世代に始まり、続くスルタン＝ムジャーヒド（一三二二―六三年）、スルタン＝アフダル（一三六三―七七年）、スルタン＝アシュラフ（一三七七―一四〇〇年）の各時代を通じて、海外交易・商人・国家の相互関係は一層緊密なものとなった。そして一三世紀末から一四世紀末までのほぼ一〇〇年間は、他ならぬカーリミー商人によるエジプト～イエメン～インド間の交易活動が最盛期を迎えた時期であり、同時にラスール朝の国家経済が最も安定した時期でもあった。ハズラジーによる七七〇（一三六八／六九）年の記録では、同年の第一ジュマーダー月に「スルタン［＝アフダル］は守備されたる［町］ダムルア（al-maḥrūsat al-Daml'a）に向かった。その時、彼はアデンとティハーマ［地方］の収納金《ヒザーナ》とカーリム商人たちのすべての贈呈品を持参し、それらを指定の収蔵庫に納めた。同年のシャウワール月には、エチオピアの外交使者らが贈物と奢侈品を持って到着した。また同年［の同月］には、カーリクートの長から贈物が届き、新奇な［香］木と［珍］鳥［など］の多数のものが着いた」[27]とあって、インド洋海域からカーリミー商人や外交使者たちが次々に到着していた状況が理解される。

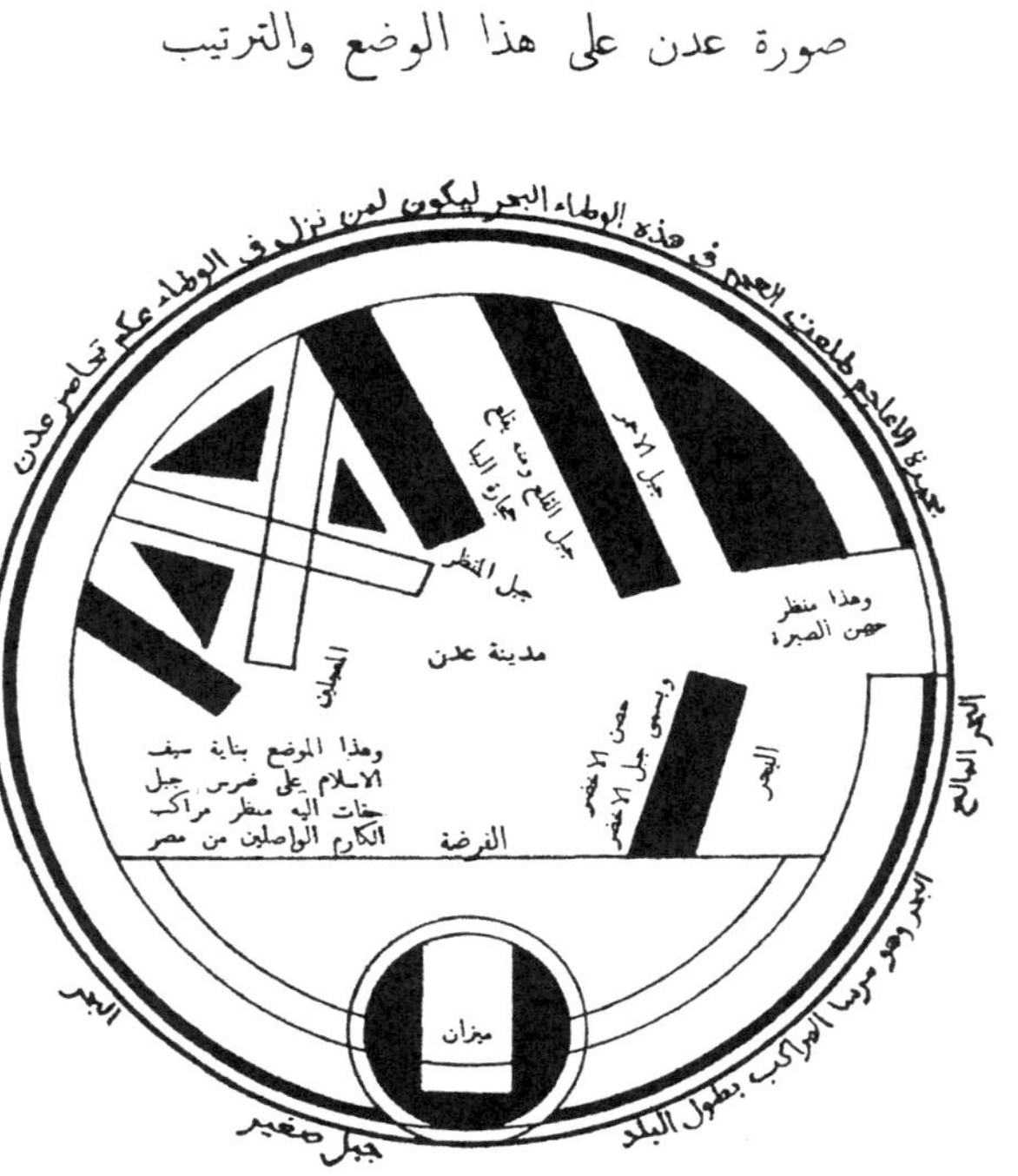

図3　イブン・アルムジャーウィルによる「アデンの図」
地図内のアデン市街（madīnat ‘Adan）の左下の部分に「この場所には，［アイユーブ朝のスルタン＝］サイフ・アルイスラームの建物があり，フッカート山（Jabal Ḥuqqāt）の麓に位置して，ここはエジプトから到着するカーリムたちの船（marākib al-Kārim）を監視する場所（manẓar）」との書き込みがある。

そこで次に、ラスール朝史に

関連する史書と人名録を詳しく検索することによって、この時期のラスール朝政権の政治・外交・経済の各分野で活躍したファーリキー家（Ibn al-Fāriqī）、フライス家（Ibn al-Hulays）、フッビー家（Ibn al-Hubbī）、ジュマイゥ家（Ibn Jumay'）の四つの代表的な家系を取り上げ、彼らがカーリミー商人とどのような関係にあったのか、またラスール朝国家との間にどのような政治的・経済的関わりを持ったかについて分析してみよう。

(1) ファーリキー家　ファーリキー家の子息や親族は、スルタン＝アシュラフの治世末までの、いわゆるラスール朝前期一五〇年間にわたって、イエメンを足場としてメッカ・シャリーフ政権とエジプト・マムルーク朝との間を頻繁に往来することで、ラスール朝政権の財政・外交面で大きな影響力を持っていた。図4に示したように、アブー・バクルの子息たちはいずれも海外貿易に活躍した大商人（a'yān al-tujjār）であり、とくにアブー・アルハサン・アリー（Abū al-Ḥasan 'Alī, Nūr al-Dīn）はカーリミー商人（al-tājir al-Kārimī）に属していた。アブー・マフラマによると、アリーはスルタン＝ムジャーヒドの治世代にエジプト地方からイエメンに到着し、スルタンの寵愛を受けると、諸政庁のムシッド（mushidd al-dawāwīn, 監督長官）に任命された。その後、他の側近から中傷を受けて、逮捕令が出された彼は首都ザビードからバイト・アルファキーフに逃れたが、捕らえられて全財産を没収され、七四七（一三四七）年末に死亡した。[28] アリーの二人の子息フサイン（Ḥusayn, Sharaf al-Dīn' Nāṣir al-Dīn）とムハンマド（Muḥammad, Shihāb al-Dīn, Jamāl al-Dīn）は、いずれもスルタン＝アフダルとスルタン＝アシュラフの治世代に国家の外交使者として、また商業旅行のため、頻繁にマムルーク朝との間を往来した大商人として知られた。[29] フサインは当代著名な大商人の一人であって、父アリーとともにエジプトとの間を往復するカーリミー商人に所属しただけでなく、七八五（一三八三）年にはアデン港のナーズィル（貿易監督官）として、また七八七年第二ジュマーダー月（一三八五年七月）にはヌール・ウッディーン・アリー・ムアイビド（Nūr al-Dīn 'Alī Mu'aybid）の死去にともない宰相職に就任した。[30] 七八九年シャウワール月初め（一三八七年一〇月）、彼は再びアデン港のナーズィル職に復帰し、七九〇年ラマダーン月（一三八八年九月）までの一年間を務めた。[31] まさに彼が宰相職とアデン港の

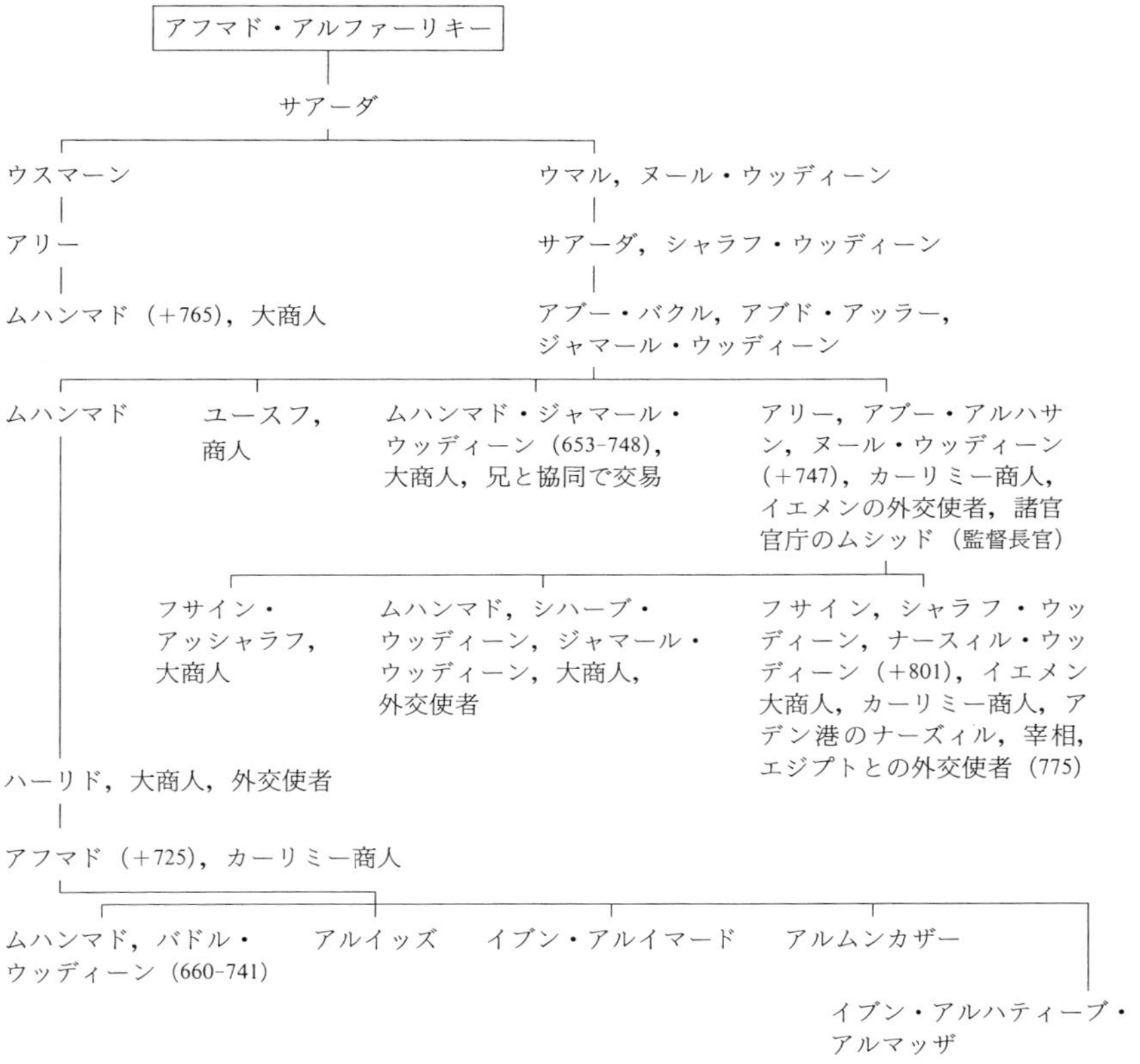

図 4　ラスール朝とカーリミー商人の関係(1)　ファーリキー家（Ibn al-Faariqī）

ナーズィル職を務めていた時期に、エジプトから次々に多くの著名なカーリミー商人たちがイエメンに来着し、またマムルーク朝、メッカ・シャリーフとラスール朝の三国間の外交関係が良好に進展した。このことは、彼の優れた外交手腕とカーリミー商人相互の協業による結果として注目すべきであろう。(32) ちなみに、イブン・ハジャルがその『年代記』の七七六年の記事で説明しているように、マムルーク朝スルタン＝ナースィルの治世代、エジプトには二〇〇人以上のカーリミー商人が住み、彼らの代理人として遠隔地交易をおこなう奴隷たちの数は一〇〇人以上にもおよんだ。(33) また、カーリミー商人たちは、海上交易による利潤追求という共通の目的を持ち、しかも国際間の緊張関係を巧みに利用して協同しあうという面だけでなく、時として彼らの間で商売の独占や権益をめぐる激しい反目もあった。七八六年の事例では、著名なカーリミー商人ザキー・ウッディーン・アルハッルービー（Zakī al-Dīn al-Kharrūbī）と前述のフサイン・シャラフ・ウッディーンの兄弟の一人、大商人のムハンマド・シハーブ・ウッディーン（Muḥammad Shihāb al-Dīn al-Fāriqī）との間に商売をめぐる対立が起こり、両者の裁定がマムルーク朝のスルタン＝ナースィルに託されることになった。ムハンマドがザキー・ウッディーンを貶《おとし》めるための証拠を示すと、これに対抗してザキー・ウッディーンはファーリキー（ムハンマド）がイエメンのスルタン＝アシュラフに提出したエジプトの支配者を非難する内容の書簡をスルタンの前に暴露した。これにより、スルタンはこの年以後のラスール朝への贈物の送付を停止して、ファーリキーを処刑する一方、ザキー・ウッディーンには立派な礼服を進呈したことにより、彼の大商人としての地位が確立した[34]。なお、ファーリキー家のアブー・バクルの孫にあたるハーリド（Khārid）は大商人として、またエジプトに遣いした外交使者として活躍し、その子息アフマド（Aḥmad）は、カーリミー商人の一人として知られた[35]。

(2) フライス家　フライス家出身の子息と親族たちは、スルタン＝アシュラフの治世代に大商人として活躍した。アブド・アッラー・アルクラシー（ʻAbd Allāh al-Qurashī）はイエメン北部の紅海に近い町マフジャム（al-Mahjam）の出身でイエメン大商人（aʻyān tujjār al-Yaman）の一人であり、その子息ウマルとイーサーの二人もまた、父の遺産を引き継いで、商業を営み、大商人となった[36]。とくにイーサーはメッカの住民として約一五年間滞在した後、七九〇（一三八八）年初め、イエメンに戻ると、スルタン＝アシュラフによりアデン港のナーズィル職に任ぜられた[37]。彼は数年後に解任され、代わりにジュマイウ家のアリー（Nūr al-Dīn ʻAlī b. Yaḥyā）が同職に就いた。またアフマドの子息アブー・バクル（Zakī al-Dīn Abū Bakr）は七七五（一三七三）年、エジプトに生まれ、カーリミー商人の一人として知られ、メッカ、エルサレムとダマスカスなどで学んだ後、八〇〇（一三九七／九八）年、イエメンに着くと、アデンとマフジャムで商売を営み、エジプトに戻った[38]。

フライス

ヤフヤー，アルハッターブ

アブド・アッラー，アルクラシー，アルマフズーミー，
アルイマード（+772），イエメン大商人

ウマル（+773），
イエメン大商人

イーサー（+802），フサーム・
ウッディーン，法官，大商人，
アデン港のナーズィル

アフマド

アブー・バクル，ザキー・
ウッディーン（775-838），
カーリミー商人

図5　ラスール朝とカーリミー商人の関係(2)　フライス家（Ibn al-Hulays）

(3) フッビー家

フッビー、もしくはヒッビー（al-Hibbī）、ヒッバー（al-Hibbā）とも読む。一三三〇年末に、イブン・バットゥータはサワーキンからハリー経由でティハーマ地方の港アフワーブ（al-Ahwāb）に向かったが、その途中、サルジャに寄港した。そこは規模の小さな町で、イエメン商人たちの一集団《ターイファ》ヒッバー家の人たち（awlād al-Hibbā）が居住していたという。[39] この「ヒッバー家の人たち」とは、明らかにフッビー家に同じで、彼らはスルタン＝アシュラフの治世末からスルタン＝ナースィル（一四〇〇―二四年）の治世初めに、カイロ、メッカ、アデン、シフルなどを拠点に交易を営み、大商人（aʻyān al-tujjār）として知られた。アブド・アッラー・アルアフィーフ（ʻAbd Allāh al-ʻAfīf）はアデンの大商人であり、七九〇（一三八八）年、ファーリキー家のシャラフ・ウッディーン・フサインに代わって、アデン港のナーズィル職に就任した。[40] 彼はしばしばメッカとの間を商業旅行で往復し、イエメンの経済的混乱期には家族ともにメッカに移住して、メッカの支配者たちとも親交が深かった。[41] 彼の二人の子息、ラシードとアフマドもまた大商人として活躍し、とくにラシードはカーリミー大商人の一人（min akābir al-Kārim）、あるいは大ハワージャー商人（al-khawāja al-kabīr）として広く知られた。[42] またアフマドは、アデンで生まれ育った後、父親と一緒にメッカに移住し、イエメンとの間の交易活動をおこなった。彼はジュマイウ家のムーサー（Mūsā Kamāl al-Dīn b. Nūr al-Dīn b. Jumayʻ）の娘と結婚し、その子はムハンマド・アブド・アッラー（Muḥammad ʻAbd Allāh al-Jamāl）であった。[43] なお後述するように、ジュ

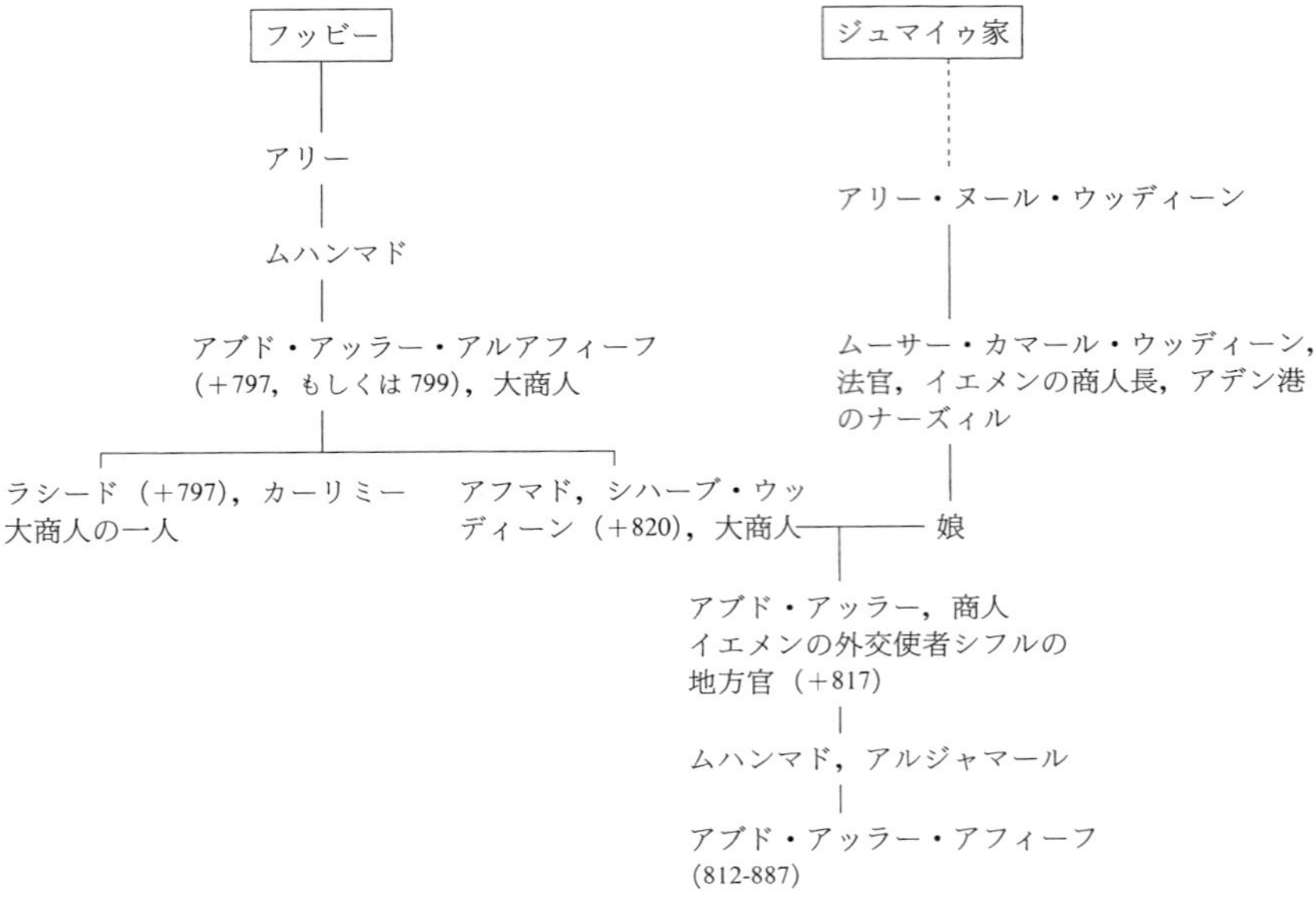

図 6　ラスール朝とカーリミー商人の関係 (3)　フッビー家（Ibn al-Hubbī）

マイゥ家のムーサーは法官《カーディー》、イエメンの商人長（muqaddam al-tujjār al-Yaman）であり、アデン港のナーズィル職を務めた。ムハンマド・アブド・アッラーもまたメッカとの交易をおこなう商人であったが、しばしばメッカのアミール＝ハサンによる財産没収の被害に遭い、それが原因でラスール朝とメッカとの政治的対立を招いた[44]。彼の子息ムハンマド・アブド・アッラーはシフルの地方官を務めたが、内部勢力の対立に巻き込まれたため、すべての財産を没収されて、メッカで八三一（一四二七／二八）年に死亡した[45]。

(4) ジュマイゥ家　文献史料のなかに、ジュマイゥ家出身のカーリミー商人は見当たらないが、この家系の子孫や親族たちはスルタン＝アシュラフからスルタン＝ザーヒル（在位一四二八—三九年）の治世代の長期にわたり、大商人（a'yān al-tujjār）、商人長（ra'īs al-tujjār）として活躍し、またアデン港のナーズィルを務めることで、ラスール朝の国家経済とも深く関わった。前述したように、イエメンの商人長ムーサー・カマール・ウッディーンのように、娘をフッビー家の大商人シハーブ・ウッディーン・アフマド

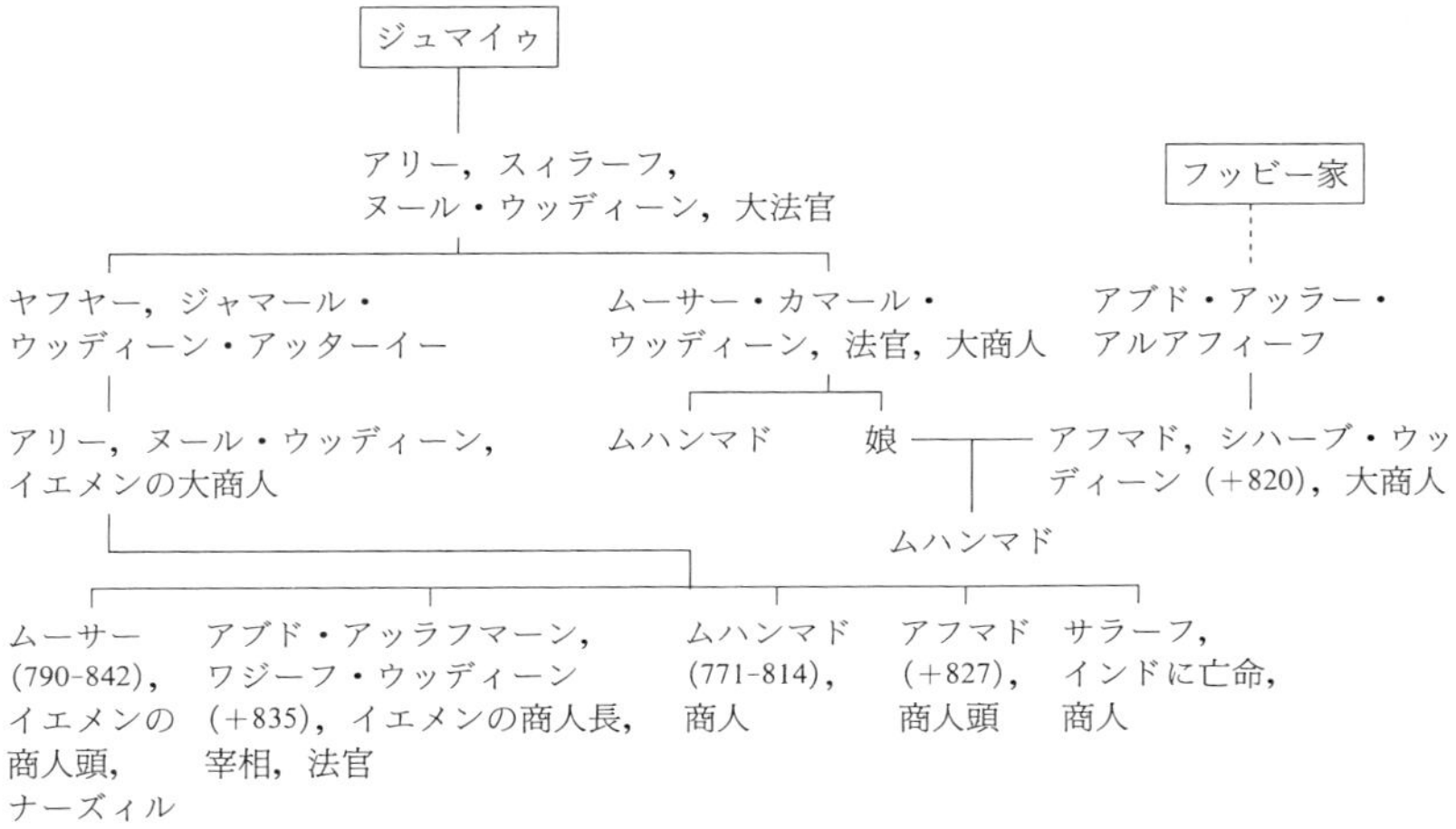

図7 ラスール朝とカーリミー商人の関係(4) ジュマイゥ家（Ibn Jumay')

——別説ではアフマドの子息アブド・アッラー——のもとに嫁がせることで、両家は商業上の強固な協力関係を形づくっていたと思われる。アリー・ヌール・ウッディーンは、イエメンの大商人の一人で、スルタン＝アシュラフが八〇三（一三〇〇／〇一）年、彼にアデンの財務行政（amr al-matjar bi-ʻAdan）を全面的に委任すると、アミールとナーズィルはアリーの指揮下に置かれた。彼は、外国人を好んで厚遇し、また臣民を愛して善政を敷いたという。[46] アリーの子息たち、ムーサー、アブド・アッラフマーン、ムハンマド、アフマドは、いずれも大商人として知られた。ムーサーはアデンに生まれ、父を引き継いで「国家による商人たちと貿易財務の指揮・監督（al-riyāsat al-al-tujjār wa'l-matjar al-sulṭānī）」の職務に任用され、才能・知見に優れ、雄弁をもって名高かった。[47] 彼の兄弟の法官アブド・アッラフマーンは、イエメン商人たちを乗せた商船の代表（ra'īs, muqaddam al-marākib）・商人長としてしばしばジッダに赴き、メッカのシャリーフ＝ハサン・ブン・アジュラーンがイエメン船に対する不当に高額な関税を課した場合には、すべての船をジッダの北のヤンブゥ（Yanbu'）に向けさせる指揮をおこなった。これによってイエメンからの商船が途絶えると、七九九（一三九六／九七）年、ハサンは関税率を三分の一に引き下げて、イエメン商船の来航を促した。そして、この情報を得ると、メッカに向かうイエメン商人の乗り組む船団は再びジッダを目指すようになった。[48] なお、アデンの有名な屋敷の一つにダール・サラーフ（Dār Ṣalāḥ）があったが、サラーフとは、ジュマイゥ家のアリー・ブン・ヤフヤー・アッターイーの子息で、アデンの商人であった。スルタン=ナースィルの治世代に、財産没収と不正行為が起こると、商人たちはアデンからジッダ、インドやマニーバール（ムライバール、マラバール海岸）の各地に逃亡した。そして、彼もまたマニーバール海岸に逃避した。[49]

以上の四つの家系に属する子息・親族の多くは大商人であり、彼らの一部にはカーリミー商人に属するといわれる人たちも含まれ、しかも宰相職やアデン港のナーズィル職を務める者もあって、ラスール朝政権の行政を統轄する中心的な役割を果たしていたことが分かる。

国際交易の世界に生きた熟練の大商人をアデン港のナーズィルに取り立てることは、ラスール朝政権にとって、交易を含む外交業務、船舶の出入港や貿易業務の把握、各種交易品の評価とそれらに対する関税の徴収、スルタンの投資による海外交易、新奇な奢侈品類の購入、国内物産の輸出などを円滑に運ぶうえできわめて好都合であった。また、ナーズィルはそうした面での特権的地位を利用して、親族や関連の大商人たちに有利な交易活動を営ませることができたと思われる。しかし、大商人出身のナーズィルや宰相の地位はラスール朝の官僚機構のなかではきわめて弱く、他の官僚との対立による職務の解任、処刑や財産没収の危険をつねに孕んでいたことも事実であろう。

ナーズィルの最も重要な役割は、何よりも商人間のネットワークを通じて多くの外国商人・船舶をアデン港に招き入れ、交易活動を盛んにすることにあった。海域世界の港市は、共通の人・モノ・情報のネットワークの諸関係で結ばれていると同時に、港市と他の港市は互いに激しい競争関係にあって、多くの船舶や商人を招き入れることは港市の経済的・文化的な繁栄、ひいては国家の経済振興をもたらすことにつながった。反対に、官の統制を強め、不当に高率な関税を課したり、「強制購入権（rimāya）」[50] を行使して一方的な低価格で船載されてきた商品を買いたたいたりすれば、商人たちは来航をためらい、他の安全で有利な港市に交易船を向けた。一四〇〇年、ラスール朝のスルタン＝アシュラフの死去にともない、新しく即位したスルタン＝ナースィルはそれまでの商業振興策を改めて、ナーズィル職に商人ではなく軍閥出身者を就け、高率の関税と外国商人への圧迫を強めると、外国商船のアデン入港は急激に減少し、ラスール朝の国家経済は一層危機に陥った。[51]

アデン港のナーズィルに付与された特別の任務は、インド洋各地から集まる交易船・商人たちのうちで、バーブ・アルマンデブ海峡を越えて紅海方面に赴く交易船を監視して、アデン港に入港することを促し、通過関税と保安税の徴収をおこなうこと、また彼らを「イエメン船団（marākib al-Yaman）」として一括して管理・統制して、ジッダ、ヤンブゥ、サワーキンやアイザーブなどの紅海沿岸の諸港に向かわせることにあった。そしてイエメン船団は、アデン港のナーズィルによって任命されたイエメンの商人長（muqaddam al-tujjār al-Yaman）が指揮し、船団は保安船（marākib al-dīwān）によって護衛されていた。メッカのシャリーフたちがジッダ港とメッカにおいてイエメン船や商人に不当な関税を課したり、積荷・財産の没収をおこなった場合、ラスール朝側はイエメンの商船のジッダ入港を禁止し、ヤンブゥ港に向かわせる指令を下した。これに対して、シャリーフ側はメッカ所属の交易船がアデン港で不当な扱いを受けた場合には、ラスール朝政権を非難・抗議するなど、交易をめぐって両勢力の間で激しい抗争が起こり、マムルーク朝による紅海方面での権力の維持と拡大に関わる問題とも絡まって、一四・一五世紀における大きな政治・経済問題となったのである。[52]

以上のように、一三世紀末から一四世紀末までのほぼ一〇〇年間におけるラスール朝経済の急激な躍進と国際交易の隆盛は、特定の大商人層がアデン港の交易業務を通じて国家経済と密接に結びついていたことに一つの理由が求められる。しかし、ここで最初の問題に立ち戻って、大商人層のなかでも、とくに「カーリミー商人」と別称される人たちとは何者であるのか、また彼らはラスール朝の国家財政にどのような影響力をおよぼしていたのか、について少し考えてみよう。最も疑問とすべき点は、前掲の有力商人の家系図のなかで、ファーリキー家の子孫のなかのアリー・アブー・アルハサンとその子息フサイン・シャラフ・ウッディーン、ハーリドの子息アフマドの三人はカーリミー商人と呼ばれ、またフライス家のアブー・バクル、フッビー家のラシードもまた、カーリミー商人であるとされているのに、他の者はそう呼ばれていないことである。同一家系と家族に属しながら、一方がカーリミー商人で、他方がカーリミー商人と呼ばれなかったのは、何故であろうか。家族関係を越えた別の組織、商売上の契約、経営形態、特殊な取扱い商品や輸送形態などがカーリミー商人としての集団的なまとまりや一定の呼称を与えていたのか、あるいは一定の施設・拠点・交通路・輸送方法を利用する大商人のうちで、国家・支配者側から特別に指定された集団や個人に対する呼称であったのか、あるいは一定の規模と資産額を持った商人たちに対する呼称であったのか、などさまざまな可能性が考えられるが、今のところこれ以上詳しいことは明らかでない。これらについては、今後追究すべき課題として、残しておきたいと思う。

三　中国を訪れたカーリミー商人

先にも述べたように、カーリミー商人たちの主な活動圏は、アラビア海と紅海にまたがる海域であったが、彼らの一部はさらにベンガル湾、南シナ海を越えて中国まで進出することによって、新奇な中国物産を西アジア地域に直接もたらしていた。そこで次に、中国貿易によって巨万の富を得た後、イエメンを経由してエジプトに向かい、一三一三年、アレクサンドリアで死亡した著名なカーリミー商人イッズ・ウッディーン［・ブン］・アブド・アルアズィーズ・ブン・マンスール・アルカウラミー（ʿIzz al-Dīn b. ʿAbd al-ʿAzīz b. Manṣūr al-Kawlamī）について紹介してみたい。ヌワイリーは、カーリミー商人イッズ・ウッディーンについて、次のように伝えている。「［ヒジュラ暦七一三年］ラマダーン月（一三一三年一二月—一四年一月）に、カーリミー商人イッズ・ウッディーン［・ブン］・

アブド・アルアズィーズ・ブン・マンスール・アルカウラミーがアレクサンドリア港で死亡した。彼の父親は、もとはアレッポのユダヤ教徒の出身であり、〈ハマー生まれ（al-Ḥamawī）〉の名で知られた。彼の父親は、その兄弟たちと一緒に、［マムルーク朝のスルタン=］ザーヒル（al-Ẓahir Rukn al-Dīn Baybars, 一二六〇―七七年）の治世代の初めに［イスラーム教に］改宗し、［スルタン=］マンスールの治世代（一二八〇―九〇年）の初めに死亡した。そこで、このイッズ・ウッディーンは所有していた財産のすべてをまとめて、バグダードに向かった。伝えられるところでは、彼の所持した［資産の］総額は一万五、〇〇〇ディルハム前後であったという。彼は、バグダードからバスラまで［船で］川を下り、さらにキーシュ［島］に向かい、そこから中国地方（bilād al-Ṣīn）までザウウ（zaww）に乗り、中国を出入りすること五回におよんだ。そして［中国から］インドに至った彼は、自分でそこ（中国）において実際に見聞きしたことであると言明していつも数多くの不可思議な経験の事実を語っていた。その一部については譬え話としても到底真実のこととしては受け入れ難いものであるが、われわれはその話および明らかに嘘言であると疑われるようなことも［ここでは］一応不問に付すとしよう。その後、彼はインドのザウウ（al-zaww al-Hindī）に乗ってインドからイエメン地方のアデンに戻った。ところがイエメンの支配者は、彼の所持金のすべてと彼が実際にもたらした中国の奢侈品類および陶磁器について、彼ら（国家の支配者たち）がそれまでに慣行とした規定の額以上のものを［入港関税として］徴収した。その後、七〇四（一三〇四／〇五）年の頃と思うが、彼は推定額四〇万ディーナールにおよぶ現金を持って、エジプト地方に到着した。そして彼は死亡した時、莫大な遺産を残し、しかも多くの自発的喜捨、施し物と慈善行為をおこなった。[53]」

同時代のイエメン側の史料、イブン・アブド・アルマジード・アルヤマーニーの『イエメン史に関する時代の栄光 *Bahjat al-Zamān fī Ta'rīkh al-Yaman*』には、この人物について、さらに詳しい記述がなされている。それによると、アレッポ生まれの商人イッズ・ウッディーンは、ヒター（al-Khiṭā）地方（北部中国）から南中国（al-Ṣīn）のナンサー（al-Nansā）――おそらく南昌のこと――を経由してザイトゥーン（泉州）の海浜（sāḥil al-Zaytūn）に出ると、そこからザウウ船団（marākib al-zaww）と一緒に南インド・マラバール海岸の港カウラム（Kawlam）に渡り、七〇四（一三〇四／〇五）年、莫大な量の中国物産（絹織物、銅壺に容れた麝香、陶磁器、香炉、各種織物、男女奴隷など）を携えてアデン港に到着した。その後、メッカで中国人から預かった代理巡礼の贈物を届けたあと、アレクサンドリアに至ると、そこに一つのマドラサを建設し、潤沢なワクフ財産を設定してそれを維持させ、同時にシャーフィイー派法学のマドラサとマーリク派法学のマドラサの二つを整備したという。(54) なお、この商人のイエメン到着の年次について、イエメン史料のアルハサン・ブン・アルフサイニー『アデン港関税帳簿』は七〇一（一三〇一／〇二）年、ハズラジー『年代記』は七〇三（一三〇三／〇四）年のこととしているので、多少の違いが見られる。(55)

以上の記録の他にも、マムルーク朝時代のイブン・タグリー・ビルディー（Ibn Taghrī Birdī）やマクリーズィーなどの年代記史料にも、イッズ・ウッディーンの記録が散見されるので、同時代のカーリミー商人のなかでも特別に際だった存在であったことが分かっている。すなわち、①彼の父親がユダヤ教からの改宗者であったこと、②活動圏はペルシャ湾、アラビア海だけでなく、ザウウ（zaww）に乗って中国にまでおよび、当時の元朝統治下の中国を拠点に少なくとも二〇年近く、五回にわたって出入りを繰り返して交易活動をおこない、大きな利潤を得たこと、③その後、莫大な量の中国物産を持ってインドのカウラム経由でアデンに至ると、ラスール朝政府は三〇万ディーナールにおよぶ多額な入港関税を課したこと、④カイロに到着したイッズ・ウッディーンはラスール朝政府によって財産を没収され、不当に高率な入港関税を徴収されたことをマムルーク朝政府に訴えたこと、そのことがきっかけで、両政府間の政治・経済問題にまで発展したこと、⑤アレクサンドリアに宗教・文化施設を建設したことなど、彼には特筆すべき多くの点があったのである。イッズ・ウッディーンが他のカーリミー商人たちとどのような協同関係にあったかについては、文献史料は何も伝えていないが、西アジアと中国との間を移動する過程で経由したり拠点とした港市がバスラ、キーシュ、ホルムズ、カウラムやアデンであったこと、また彼が最終目的地としマドラサの建設や宗教的な喜捨・慈善行為をおこなった町がアレクサンドリアであったことなどは、他の多くのカーリミー商人たちの行動パターンとも一致している。

彼の名前に由来名として付されたカウラミー（al-Kawlamī）――〈カウラム出身者〉〈カウラム滞在者〉の意――は、南西インドの港市カウラム（クーラム、クーラム・マライ）のことであり、そこは一三・一四世紀、カーリクートと並んで中国ジャンクが出入りする主要港として賑わっていた。上述したように、彼は泉州港から「中国のザウウ船団（marākib al-zaww）」と一緒にカウラムに到着しているが、ザウウ、あるいはザウ（zaw）とはイブン・バットゥータが説明しているように、南西インドのマラバール（ムライバール）海岸の諸港を頻繁に訪れる中国船のなかのジャンク（junk, junūk）に次ぐ規模を持った「中型の中国船」のことである。[56] 一三世紀半ばの記録を伝える地理学者イブン・サイード・アルマグリビーは、「中国人による［言葉で］船の名称はザウウであり、それは人々（船の乗員たち）の幾つもの部屋（船室）を持つ大規模なもので、その船の下（船艙）には船荷のための倉庫が備えられている。……この時代に、すでに彼らの船はアデンまで到着するようになった」[57]と述べている。この記録によれば、一部の中国ザウウの活動圏は、すでにアラビア海を横断してアデンやホルムズにまでおよんでいたことになる。なおヤークートによれば、ザウは大型船を指す一般名称であり、[58]したがって「インドのザウウ（al-zaww al-Hindī）」とはアラビア海で使用された大型ダウのことも考えられるが、もしイブン・サイード・アルマグリビーの記録が正鵠を射たものとするならば、これを「インド洋およびアラビア海で使用された中国船ザウウ」と解釈することも可能であろう。

カウラムは、カーリクートとともにエジプト〜イエメン〜インドの交易ネットワークの東端の拠点にあり、カーリミー商人たちにとって、インド、東南アジアや中国の諸物産を調達するための重要な境域市場であった。このことからイッズ・ウッディーンがインド洋交易において果たしていた役割は、他のカーリミー商人の代理人《ワキール》として、東南アジアと中国の市場からアジア商品を調達してザウウに積み込み、カウラムにもたらす委託貿易をおこなうことにあったといえよう。

結びに代えて

以上、「カーリミー商人」を中心に、海域世界における商人の活動についてさまざまな角度から考察を試みた。八～一〇世紀、アッバース朝の繁栄した時代に、バグダードをネットワークの軸心とするペルシャ湾・インド洋交易に活躍したスィーラーフ商人と、一一世紀半ば～一五世紀、カイロ・フスタートを軸心とする紅海・アラビア海・インド洋の海上交易で主役を演じた、いわゆる「カーリミー商人」と呼ばれる商人集団とを比較した場合、①インド洋・地中海の両海域世界を結ぶ中継交易のうえに成り立っていたこと、②インド洋のモンスーン航海を利用した海上輸送の協同組織であったこと、の二点において、きわめて類似した活動基盤を持っていたといえよう。しかし、政治権力と商人との関係という点では、カーリミー商人や同時代の大商人たちは、政治権力および国王・支配者の権力と対立・逃避するのではなく、国際交易上の利潤を相互に分け合う関係にあったのである。国家は、商船の護衛、陸上・海上ルートの安全警備と拠点の確保、交易市場や倉庫など、いわゆる「保護費用（protection rent）」[59]を提供することで、商人が国際交易を安全・円滑に運営していく好機を与えていた。とくに注目に値する点は、ラスール朝において、カーリミー商人を含む有力な大商人たちがアデン港のナーズィルと呼ばれる貿易監督官に任命されて、輸出入貿易の業務に介入し、それによって一層の利益を得ていたことである。ラスール朝政権にとっても、こうした大商人を貿易業務、国家の財務や外交活動の中心に置くことは、エジプト～ヒジャーズ～インド間を結ぶ中継交易のセンターとしての有利な地位を確保するうえで必要不可欠であり、ラスール朝国家の政治的・経済的安定を築くことでもあった。

カーリミー商人の起源・組織・活動については、これまでにも多くの研究者が種々の角度から検討してきたが、依然としてその実態がすべて解明されたとはいえない。本章において明らかにしたように、同一の有力家系の大商人のなかでも、一方がカーリミー商人と呼ばれ、他方がそのように呼ばれないのは、血縁・婚姻関係で結ばれた内的集団の総称ではないことを示しており、またギルド的な結合集団としての組織的性格を示す積極的な史料を見いだすことも難しい。「カーリミー商人」を商業集団と見なすならば、その集団の成立を促し、それを構成している要素は何かについて、「海域世界」を舞台として生み出された商人集団であるという視点に立って、再考することが必要であろう。

第3章　イエメン・ラスール朝商人の一類型

はじめに

本章では、イエメン・ラスール朝第八代目のスルタン＝ナースィル・サラーフ・ウッディーン・アフマド（al-Malik al-Nāṣir Ṣalāḥ al-Dīn Aḥmad, 在位一四〇〇―一四二四年）の治世代に活躍した代表的な商人の一人、アミーン・ウッディーン・ムフリフ・アットゥルキー（Amīn al-Dīn Mufliḥ al-Turkī）――以下では文献史料を引用する場合を除き、アミーン・ウッディーンと略す――なる人物に焦点をあてて、彼の活動の実態を明らかにしていく。彼は、法官《カーディー》、地方総督《アミール》、外交使者《サフィール》を務め、同時にナーフーザ（船舶経営者）(1)および国家を代表する商人（al-tājir al-malikī al-Nāṣirī）として活躍して、スルタン＝ナースィル時代の衰退しつつあるラスール朝の対外貿易を復活させ、国家の財政基盤であった関税と中継交易による歳入を増加させるうえで中心的な役割を担った。すでに述べたように、海域世界を舞台に活動する商人として、①国家権力による商業への介在を嫌って、あくまでも資源・市場・消費や文化・情報などのさまざまな「差異」にもとづく国際間の運輸・仲介・取引をおこなうタイプ、②国家による管理・統制・保護を受けると同時に国家間の政治的・経済的対立と緊張関係を巧みに利用しながら国際交易をおこなうタイプ、③国家による軍事・外交・貿易の諸政策と深く関わる公的な役割を果たし、その地位を有することで時には私的な国際交易をおこなうタイプ、の三つの類型が浮かび上がってくる。本章で取り上げるラスール朝の外交官のような存在であるアミーン・ウッディーンは、③の類型に属する代表的な人物であると考えられる。

一五世紀に入ると、ラスール朝政権は国家による貿易統制を強化して、関税率を引き上げ、外国商人に法外な贈物を要求したり、イエメンに寄港せずにバーブ・アルマンデブ海峡を通過する違反船（marākib al-mujawwarīn）に対して監視を強化したり、またカーリミー商人に代表される有力商人の交易活動を制限するなどの諸政策を打ち出した。スルタン=ナースィルは、イエメンの国内ではアラブ系遊牧民の反乱や高地イエメンを中心とするザイド派勢力との対立が激化するなかで、低地イエメン・ティハーマ地方の諸都市や農村地帯の治安と秩序の確立に努力するとともに、対外関係ではアミーン・ウッディーンをメッカのシャリーフ政権やマムルーク朝のもとに外交使者として遣わすことで、国際間の政治・軍事・経済上の諸問題を解決しようと努めた。そこで本章では、当時のアラビア語文献史料中に登場するアミーン・ウッディーンに関連する断片的な記録を蒐集・分析することで、行政・軍事・外交などの多方面に活躍する商人の一類型を考える具体的な材料を提供することにしたい。

一　人物と経歴

文献史料のなかに、アミーン・ウッディーンの名前が最初に登場するのは、著名なイエメンの歴史家ハズラジーによる『ラスール朝史に関する真珠の首飾りの書』のなかのヒジュラ暦八〇二年シャァバーン月七日金曜日（一四〇〇年四月三日）の次の記録である。「その月の第七日金曜日に、インドの支配者（ṣāḥib al-Hind）から素晴らしい贈物が届き、スルタンの外交使者（safīr al-sulṭān）、つまりムフリフ・アットゥルキー（Mufliḥ al-Turkī）と呼ばれる人物が到着した[2]。」

このハズラジーの記録で問題となるのは、「スルタンの外交使者」がその当時のラスール朝のスルタン＝アシュラフ（al-Malik al-Ashraf Mumahhid al-Dīn Ismāʿīl I, 在位一三七七―一四〇〇年）によってインドに派遣された外交使者を指すのか、あるいはインドのスルタンがイエメンに向けて派遣した使者であるのか、そして後者の場合、インドのスルタンとは誰を指したのか、などの点である。これらの問題を明らかにするために、同じハズラジーによる二年前の八〇〇年シャァバーン月二五日（一三九八年五月一三日）の記録を見てみよう。「[同年の]シャァバーン月第二五日目に、スルタン[＝アシュラフ]は[アデンに近い]ナフル（al-Nakhl）に滞在し、この年のラマダーン[月]の断食[の義務]をナフルで務めた。[ラマダーン月明けを祝う]慶賀の宴席には、多くの国家役人の重臣たちが出席し、またすべての方面から[来着]の外交使者たち、[例えば]エジプトの支配者の外交使者（safīr ṣāḥib Miṣr）、インドの支配者の外交使者（safīr ṣāḥib al-Hind）、メッカの支配者の外交使者（safīr ṣāḥib Makka）である[シャリーフ＝]ムハンマド・ブン・アジュラーン（Muhammad b. ʿAjlān）の兄弟や[イエメンの]北部地域の支配者[ザイド派の]シャリーフたち[など]……が臨席した[3]。」

ここに記された「支配者の外交使者」は、エジプト、インドとメッカのそれぞれの国家のスルタンたちが派遣した公式の外交使節団の団長を指したと考えて間違いない。したがって、上述の八〇二年シャァバアーン月七日の場合も、アミーン・ウッディーンはインド側のスルタンが派遣した外交使者であり、おそらく二年前の八〇〇年にも同じ使命を帯びてイエメンを訪れたのであろう。

では、この時のインド側のスルタンとは誰か。ラスール朝の諸史料中に記録された「インド（al-Hind）」の地名は、デリーを王都としたイスラーム系諸王朝（デリー・サルタナト）だけでなく、グジャラート地方やマラバール海岸の諸港市、さらにはスリランカ、マルディヴ諸島やベンガル地方もまたその一部に含まれていた。そしてマムルーク朝時代の歴史家イブン・ハジャルの記録によると、トゥグルク朝の第二代スルタン＝ムハンマド・シャー・

トゥグルク二世（Muḥammad Shāh Tughluq II, 在位一三二五―五一年）が、スィンド、マクラーン、マァバールの諸地方を属領としていたので、東アフリカのマクダシューフ（モガディシュー）、サランディーブ（スリランカ）その他のイスラーム諸国において毎週金曜日のフトゥバ（説教）の時、彼の名前が唱えられたという。[4]

そこで、もう一度、ハズラジーの記録に戻り、ヒジュラ暦七九八年のラマダーン月（一三九六年六／七月）の記事を見てみよう。「この年のラマダーン月中に、スルタン［＝アシュラフ］のもとにデリーのスルタンの一皇子が来朝した。そこで、スルタンは彼を華麗なる寛大さをもって迎え、立派な礼服を着せ、同時に馬具一揃いを装着した駿馬に乗せて案内した。……彼の名前はインドのスルタン＝トゥグルク［ク］[5]・ハーン・ブン・フィールーズ・シャーの子息クージャル・シャー（Kūjar Shāh b. Tughr Khān［Tughluqkhān］b. Fīrūz Shāh）であった。なおこのフィールーズ・シャーには数人の皇子がいて、彼の没後、子息たちの一人、この前述の皇子［クージャル・シャー］の父君にあたるトゥグル［ク］・ハーンが支配権を得た。しかしトゥグル［ク］・ハーンは数日間、王位に即いただけで、次にトゥグル［ク］・ハーンの兄弟の一人［アブー・バクル・シャー］が反旗を翻してトゥグル［ク］・ハーンを殺害し、同時にその皇子たちの多くを殺して王位に即いた。［ラスール朝のもとに来朝した］この皇子は、当時、まだ年少であった。彼の叔父［アブー・バクル・シャー］は、彼［が生存していること］を知らなかった。成人になると、この皇子は身の危険を感じてインドおよびその諸地方を［めぐり逃れると、］出国してイエメンに至ったのである。[6]」

インドの歴史家フェリシュタ（Ferishta, Muḥammad Qāsim）によると、トゥグルク朝の第四代スルタン＝フィールーズ・シャー三世（Fīrūz Shāh III, 在位一三五一―八八年）の没後、スルタン位を継いだのはファトフ・ハーンの子息ギヤース・ウッディーン・トゥグルク（Ghiyāth al-Dīn Tughluq b. Fatḥ Khān, 在位一三八八―八九年）であった。トゥグルクはわずか五ヵ月と数日の治世の後に暗殺されて、フィールーズ・シャー三世の第三子ザファル・ハーン（Ẓafar Khān）の子息にあたるアブー・バクル・シャー（Abū Bakr Shāh, 在位一三八九―九〇年）が即位した。[7] ハズラジーの記録は、フィールーズ・シャー以後の王統史についてのいくつかの史実に混同と誤りが見られるが、いずれにしてもスルタン＝フィールーズ・シャー没後のスルタン位をめぐって、フィールーズ家の皇子およびその子孫たち、それを取り巻く諸勢力の間に激しい対立と混乱が起こるなかで、フィールーズの孫クージャル・シャー――クージャル、クーチェル（kūcher）はトルコ語で「放浪者、遊牧民、亡命者」のことで、クージャル・シャーは〈インドを追われて放浪・亡命する王〉の意と思われる[8]――がイエメンに亡命してきたことを伝えたものである。イエメン側の史料によると、一四〇〇年前後に、インドの使者たちが頻繁にイエメンを訪問しているが、これはイエメンに亡命したクージャル・シャーとそれを支援するインド側の勢力との間で、アラビア海を挟んで引き続き活発な人の移動と情報交流がおこなわれたことを物語っている[9]。さて、ヴァチカン図書館所蔵のハズラジーによる別の史書『充足と神兆の書 *Kitāb al-Kifāyat wa'l-A'lām*』によると、上述の八〇二年シャアバーン月の記事は「……スルタンの外交使者、ナーフーザ（nākhūdha）のアミーン・ウッディーン・ムフリフ・アットゥルキーが到着した[10]」となっている。ナーフーザは、ペルシャ語のナーホダー（nākhodā）に由来し、商船を所有する船主（ṣāḥib al-markab）および船舶経営者のことである。後に述べる史料からも明らかなように、アミーン・ウッディーンは、商船を経営するナーフーザであり、同時に国家の組織する艦隊の司令官の役割を果たしていたと考えられる。また彼の名前に付けられた由来名（ニスバ）のアットゥルキーは、トルコ人、もしくはトルコ出身者のことで、トゥグルク朝政権によって中央アジア方面から購入された奴隷軍人《マムルーク》を指している。これらの諸点から推論すると、アミーン・ウッディーンは元来、トゥグルク朝のスルタン＝フィールーズ・シャーおよびそれ以後のスルタンたちに仕官していたトルコ系マムルーク軍人の一人であった可能性が高い[11]。この点については、さらに同時代のインド側の歴史資料を詳しく検証する必要があるが、いずれにしても彼の生立ち、出身地、およびイエメンに来航するまでの来歴を伝えるこれ以上の詳しい史料は、今のところ見つかっていない。

二　シフルの地方官として赴任

アミーン・ウッディーンがイエメンに到着してから八ヵ月後の八〇三年第一ラビーゥ月一八日（一四〇〇年一一月六日）、スルタン＝アシュラフは逝去し、後継のスルタン＝ナースィルが即位した。[12] アミーン・ウッディーンは一四〇〇年四月三日、イエメンに到着し、その直後にラスール朝のもとに亡命したと思われる。そして彼は、新しくスルタン位に即いたナースィルに仕えて法官《カーディー》となり、一四〇六年にはシフルの地方官に任命された。[13] スルタン＝ザーヒルの書記官の一人によって記録された匿名の歴史書『イエメン・ラスール朝年代記』（以下では『年代記』と略す）には、次のような短い記録が残されている。「八〇九年第一ジュマーダー月八日（一四〇六年六月二一日）、法官アミーン・ウッディーン・ムフリフ・アットゥルキーはシフルに任ぜられ、出発した。[14]」

シフルは、アデンから北東に約五三〇キロメートルのところに位置し、ローマ時代に栄えた交易港カナー（Kana, Kane）が衰退した六・七世紀以後に登場し、ムカッラー港が急激に発達する一八世紀半ばまでの間、ハドラマウト・マフラ地方の主要港として栄えた。とくにシフルから海外に輸出される乳香、龍涎香、馬や明礬は、いずれも「シフリー（シフル産）」の銘柄品として広く知られた。また、その港はソコトラ島、インドのグジャラート、マラバール海岸、東アフリカ海岸やマルディヴ諸島、遠くは東南アジアの諸港に至るインド洋横断の航海上の要地に位置して、ラスール朝時代にはアデン、アフワーブ、ダフラク諸島、ライスート、ミルバートと並んで、国家が管理・統制するインド洋交易の主要な交易港の一つとなった。[15]

では、この時、アミーン・ウッディーンがシフルの地方官に任ぜられた理由は、何であったのか。『イエメン年代記』やヤフヤー・ブン・アルフサイン（Yaḥyā b. al-Ḥusayn）による『イエメン地方の情報に関する究極の願い

Ghāyat al-Amānī fī Akhbār al-Quṭr al-Yamānī』が伝えているように、スルタン＝アシュラフの病死後、スルタン＝ナースィルが即位した直後の一四〇三年から〇六年にかけて、ラスール朝政権の中枢部にあるティハーマ地方――低地イエメン地方のことで、タイッズ、ザビードやアフワーブなどの主要都市があり、モロコシや米などの農業生産の中心地であった――において住民による反乱・放火が連続して起こり、またアラブ遊牧民のジャファーフィル（Jafāfil, Jafāful）、マアーズィバ（Maʻāziba）、ヤーフィウ（Yāfiʻ）、ワサーブ（Waṣāb）、バヌー・ウバイダ（Banū ʻUbayda）などの諸部族による侵掠・略奪が頻発し、さらにザイド派イマームの率いる軍隊によるザビードとアデンへの侵攻などによって、国内の主要陸道の交通が各地で分断され、インド方面からアデン港に来航する外国の商船が途絶えた(16)。

　アデンに入港する商船から得られる新奇な商品とそれに課せられる関税はラスール朝国家にとって最も重要な財源であったため、同港への外国商船の来航が途絶したことは、多額の軍事費を必要としていた新スルタン、ナースィルにとって大きな痛手となった(17)。そこで、スルタンは軍事費の獲得を、アデンやアフワーブ――ザビードの外港であり、ティハーマ地方の主要港の一つ――に来航する商船と外国商人に対する苛酷な関税や積荷の没収などの強硬措置に求めた。そうしたスルタンの強制的な貿易統制策は、カーリミー商人に代表される大商人（aʻyān al-tujjār）をアデンの貿易監督官（nāẓir）に登用して外国商人を積極的に迎え入れようとした従来の国家の貿易振興策を大きく転換させることとなった(18)。

　イエメンの歴史家にとどまらず、マクリーズィー、イブン・タグリー・ビルディー、カルカシャンディーなどの当時の著名なエジプトの歴史家たちや(19)、クレタ島出身の商人ピロティ（Piloti）は、いずれもスルタン＝ナースィルによる外国商人への不当な弾圧や苛酷な関税を非難すると同時に、イエメン国内の政情不安の状況を伝えている。一四二〇年に記録されたピロティの報告では「この［アデム（Adem / Aden）の］領主（ラスール朝のスルタン＝ナースィル）［の権力］は強大であり、すべての［インド洋海域の］島々の香料類はまず最初に彼のもとに差し出されなければ、決して通過することは許されない。そのため［もし、そのようにおこなわれなければ、］彼は［外国商人を］不当に扱い、香料船［の通過］を常に妨害し、その船の人たちは強制的に要求されて、彼らの［積荷の］香料の半分を［税として］提供させられるほどであった」と記されている。[20]

スルタン＝ナースィルは、バーブ・アルマンデブ海峡を通過する外国商船を監視する目的で、ザビードの外港アフワーブに代わる新港（Bandar Jadīd）――ナースィルの港（Bandar al-Nāṣirī）、ブクア港（Bandar al-Buqʿa）とも呼ばれた――を建設し、併せてアデン港とシフルに来航する外国船に対する管理・統制を強化した。『イエメン年代記』およびターヒル朝の歴史家イブン・アッダイバゥによると、新港建設の命令は八二二年第一ジュマーダー月一八日（一四一九年六月一二日）に発せられた。[21] そのような当時の状況から考えて、マムルーク軍人出身で、同時に法官およびナーフーザとしても知られたアミーン・ウッディーンをシフルの地方総督に任命したスルタンの意図は、アデンに代わる交易港としてシフルの役割を重視したためと考えられる。

アミーン・ウッディーンがいつまでシフルの地方総督を務めたかは不明であるが、『年代記』が伝える次の二つの記事は、彼がティハーマ地方の反乱を鎮圧するためにスルタンの率いる軍隊と一緒に出陣し、同時に高地イエメンに政治・宗教の拠点を置いたザイド派イマーム政権との和平交渉を進める外交使者の任務に就いたことを示している。「わが主マリク・ナースィルは［アラブ族のバヌー・］ウバイダ［族］と対抗するため、再度、軍事拠点（maḥaṭṭa）に戻り、そして彼ら（ウバイダ）の領地から彼らを追放し、ハナカ（al-Ḥanaka）を力づくで奪った。［これに対して、敵軍の］ウバイダはスルタンの軍団に反撃を加えたが、［逆に］彼らのうちの三人が殺害された。八一一（一四〇八）年、ナーフーダ（ナーフーザ）の［アミーン・ウッディーン・］ムフリフ・アットゥルキーの所属するスルタンの軍団が出撃した［からである］。八一一年、聖なるシャアバーン月の四日（一四〇八年一二月二三日）、［バヌー・］ウバイダは彼らの居住地および彼らの領地から四散させられた。その後、わが主スルタン＝マリク・ナースィルは、その軍事拠点から［首都］ザビードに戻った。[22]」「八一三年、神聖なるズー・アルカァダ月初日

（一四一一年二月二五日）に、法官アミーン・ウッディーン・ムフリフ・アットゥルキーは、［高地イエメンのザイド派］イマームからわが主スルタン＝マリク・ナースィルに宛てた贈物として、馬匹を持参して到着した。(23)」なお、前述したハズラジーの「ヴァチカン写本」に見られたように、この『年代記』の記事は、アミーン・ウッディーンがナーフーダであったことを明記している。(24)

三　メッカとの外交・通商関係

八一五（一四一二／一三）年以後のアミーン・ウッディーンは、ヒジャーズ地方の港、ジッダとヤンブゥに向かうイエメンの貿易船団の提督（mutawallī al-marākib al-Yamanīya）およびメッカ巡礼隊の指揮官（amīr al-ḥajj）として、またエジプトのマムルーク朝に派遣されたラスール朝の王の外交使者（al-safīr al-malikī al-Nāṣirī）として活躍し、スルタン＝ナースィル時代の衰退しつつある国家経済の再建と外交関係の強化のために奮戦した。(25)

本節では、とくに一四一二／一三年から一六年までの約三年間にわたるアミーン・ウッディーンの具体的な行動について考えてみたい。紅海の中ほど、アラビア半島の西寄りに位置するヒジャーズ地方は、①エジプト・紅海軸ネットワークに沿い、マムルーク朝とラスール朝の拡大する政治的・軍事的勢力のぶつかりあう狭間にあった、②両聖地メッカとメディナに加えて、海上交通の拠点としてのジッダやヤンブゥのような重要な港市が含まれた、③メッカとメディナのシャリーフ（預言者ムハンマドの血縁子孫）たちは宗教的権威をもって、各地のムスリム社会に強い影響力をおよぼしていた、④メッカ巡礼によって、毎年、多くの巡礼者・商人・ウラマーやスーフィーたちが集まり、人・モノ・情報の移動・交流がおこなわれた、などの特殊な役割を担っていた。マムルーク朝とラスール朝との軍事的・政治的影響がヒジャーズ地方に拡大するなかで、メッカのシャリーフ政権——とくにアジュラーンの子息ハサン（al-Ḥasan）とルマイサ（Rumaytha）の両勢力を中心とする――は、自らの政治的・経済的自立を果たすために、イエメン、エジプトやシリアからヒジャーズ地方に通じる海・陸の交通路に対する管理権の強化に努め、独自の課税費目と税率を設定し、商人に対する不当な課税をおこなった。そのため、シャリーフ政権とラスール朝およびマムルーク朝との間に、紅海の海上交通の要衝にあるジッダとヤンブゥの港湾の管理の権限と税率をめぐって激しい競合が生まれた。

以下にあげる史料は、メッカのシャリーフ＝ハサンのイエメン商人への不当な課税と財産没収がおこなわれたことに対するラスール朝側の対応の過程を示している。ファースィー・アルマッキー（al-Fāsī al-Makkī）によって著された『安全の保たれた町［メッカ］の歴史に関する価値ある首飾り *al-'Iqd al-Thamīn fī Ta'rīkh al-Balad al-Amīn*』（以下では書名を『首飾り』と略す）は、アミーン・ウッディーンの率いるイエメンの船団が久しぶりにジッダに入港したことを伝えて、次のように説明している。「［八］一五年の間に、［メッカのアミール、］サイイド＝ハサン［・ブン・アジュラーン］は、［イエメンの大商人］イブン・ジュマイゥから奪ったうちの三万ミスカール分をイエメンの支配者［スルタン＝ナースィル］に返済し、その返済にあたって毎年一万［ミスカールずつ三年間］の分割にしたいとの回答をおこなった。……同年中に、ハサンのマウラー（庇護民）、司令官ザイン・ウッディーン・シュクルは、イエメンの支配者から身の安全保障の許可が下った後、イエメンに向かった。彼はイエメンの支配者と会見すると、［イエメンの］ジラーブ（船）[26]をメッカ［の港ジッダ］に向けるよう許しを求めた。これに対して、スルタンは『あくまでもその金を［全額］返済してからのことだ』と返答した。そして結局、シュクルとスルタンとの間で前述の金額［を返済すること］で一致した。スルタンはそのことに満足し、シュクルはメッカに戻ることになり、ラマダーン月の下旬（一四一二年一二月一五日―一三年一月三日）にそこ［メッカ］に到着して、彼の主［ハサン］にそのことを伝えた。ハサンは、それに同意せざるを得なかった。そして、シュクルはその金額［一万ミスカール］に相当する織物と絹布の総額を査定した後、シャウワール月の初め（一四一三年一月四日）にメッカを離れた。そして彼が［船で］カマラーン島[27]に至った時、メッカに向かう数艘の［イエメンの］ジラーブ（船）が近づいてきた。なぜならば、［イエメンの］スルタン［=ナースィル］は彼ら［ジラーブの乗員たち］に向かって、『お前らのもとにシュクルが［返済金を持参して］到着したならば、メッカに行け！』とあらかじめ指令していたからである。そこで彼らは、ヤンブゥに投錨する予定で、しばらくの間、カマラーンに留まっていた。その時の［イエメン側の］ジラーブの司令官（muqaddam）[28]は、［スルタン=］マリク・ナースィルに仕官するアミーン・ウッディーン・ムフリフ・アットゥルキーであった。彼は、ズー・アルカァダ月中旬、一〇日の初め（一〇―一五日の間）にメッカ（ジッダ）に着き、ジラーブ船団はジッダ［港］に投錨した。そしてアミーン・ウッディーンはメッカ巡礼の後、イエメンに戻った。それに先立って、メッカの住民のなかの名士たちやメッカの寄留者たちは、［巡礼大祭《マウスィム》を祝って］夜に聖モスクにおいて崇高なるコーラン全章の朗唱をおこなった。[29]」

またファースィーは、別のメッカに関する著書『聖都の情報に関する燃える情熱の癒し *Shifā' al-Gharām bi-Akhbār al-Balad al-Ḥarām*』の「高貴なるメッカにおける穀物価格の高騰・下落と伝染病に関する説明」のなかで、ヒジュラ暦八一五（一四一二／一三）年、アミーン・ウッディーンの率いるイエメン船団が久しぶりにジッダに入港したことで、メッカで取引される穀物価格が一時的に下がったことを伝えて、「この年のズー・アルカァダ［月］（一四一三年二／三月）には、小麦粒［四分の一マンの価格］は二七マスウーディー［・ディルハム］にも達した。[30]ところがこの年の同じズー・アルカァダ［月］、小麦粒四分の一［マンの価格］は、［イエメンの］船団がイエメンからメッカ［の外港ジッダ］に到着した際に、一八以下の安値で取引された。しかし、そうした状況はわずか数日しか続かず、価格はやがて［もとの］一八に戻り、さらにそれ以上になった。その［ように一時的に小麦価格が下がった］理由は、以下の通りである。つまり［ラスール朝の］スルタン=マリク・ナースィルに仕える（al-Malikī al-Nāṣirī）、イエメン船団の総指揮官（mutawallī amr al-marākib al-Yamānīya）、法官のアミーン・ウッディーン・ムフリフ・アットゥルキー――高みにおられるアッラーよ、彼に名誉を授け給え！――は、自ら所持していた食料を売却して販売価格を下げ、同時にその一部を自発的喜捨（サダカ）として、「メッカの住民に」提供するように命じたからである」と述べている。[31]

両聖地メッカとメディナでの穀物貿易は、イエメン、エジプトやシリアの商人たちにとってだけでなく、ラスール朝とマムルーク朝の両国家にとっても莫大な利潤が得られた。両聖地で取引される良質の小麦の生産地として、ジッダの対岸にあるサワーキンやバラカ川下流地域、イエメンのティハーマ地方、上エジプトやパレスチナなどの各地が知られていた。それらは紅海特有の平底船ジラーブ（jilāb / jilbat）に積み込まれて、ジッダ（メッカの外港）とヤンブゥ（メディナの外港）に運ばれ、穀物価格が最も高騰する巡礼月（ズー・アルヒッジャ）を待って、メッカとメディナで売却された。一方、メッカやメディナのシャリーフたちにとっても、こうした穀物取引をおこなう商人や貿易船に苛酷な税（入港関税、取引仲介税、輸送税、贈与品）を課し、時にはその積荷を没収・転売するなどして、多額の収入を得ていたのである。[32]

上の記録からも明らかなように、ラスール朝の大商人として名高いイブン・ジュマイゥがメッカを訪れた際、メッカのアミール＝ハサンは、総額三万ミスカールと見積もられた彼の所持品を没収した。彼の強制的な措置に憤慨したスルタン＝ナースィルはイエメンの商船がジッダに入港することを禁じて、メッカとの貿易関係を絶つよう指令を出すと同時に、ハサンの横暴なメッカ支配に反対して、彼のアミール権を簒奪しようと画策していたハサンの弟ルマイサ・ブン・アジュラーン（Rumaytha b. ʻAjlān）によるクーデター計画を軍事・経済の両面で支援した。ファースィーによると、スルタンはイエメンを訪れたルマイサと会見すると、旅の滞在費用として食料（穀物四袋）と五〇ディーナールを与えて歓迎し、ハサンとの戦闘を支援した。ルマイサは、スルタンと一緒にタイッズとザビードを旅行の後、一時的にメッカに戻った。[33]

そして、メッカのアミール＝ハサン・ブン・アジュラーンが大商人イブン・ジュマイゥから奪った金額のうちの三万ミスカール分をスルタン＝ナースィルに返済するとの決定を下したのは、ルマイサがメッカに戻った直後のことであった。匿名の『イエメン年代記』は、その後の経過について、「法官アミーン・ウディーン・ムフリフ・アットゥルキーは、商人たちを引き連れ、また［メッカの］シャリーフ＝ハサン・ブン・アジュラーンがかつて法官ワジーフ・ウッディーン・ブン・ジュマイゥから奪った金［三万ミスカールのうちの一万ミスカール］を持参して、高貴なるメッカから到着した。それは真に慶賀されるべき到着であった。そしてスルタン＝マリク・ナースィルは彼（アミーン・ウッディーン）を最大限に厚遇し、同行して到着した商人たちも同様に処遇した。さらにわが主スルタンは、到着した商人たちに課せられるその年の［規定の］関税（ʻushūr）を免除した。また、わが主スルタンは海港（banādir）と海浜（sawāḥil）を統治するすべての地方長官たち（mutaṣarrifūn）に命じて、あらゆる［外国の］大商人と小売商人たち（mutasabbibūn）に公正さと温情をもって接するようにさせた。それは八一六年第一ラビーゥ月（一四一三年六月）のことであった[34]」と述べている。

そして同年に再び、アミーン・ウッディーンは、イエメン巡礼隊の司令官（muqaddam）としてメッカに旅立った。ファースィーは「この同じ年（八一六年）、多くの商品を携えたイエメンからのメッカ巡礼者たちの数は多かった。彼らの司令官は法官アミーン・ウッディーン・ムフリフであった。ところが、［メッカのシャリーフ＝］サイイド［・ハサン・ブン・アジュラーン］のグラーム集団（マムルーク軍団）は彼らから不当な税を徴収し、手荒く処遇した。彼ら［イエメンの巡礼者たち］は、そうした［不当な］負担を軽減するよう彼［アミーン・ウッディーン］に支援を求めた。そこでアミーン・ウッディーンは、彼らグラーム集団と［和平のための］折衝をした。しかし、その話し合いはうまく行かず、問題を［未解決のまま］残して、彼はイエメンに向かったところ、［その途中の港］ハルイ（ハリー・ブン・ヤァクーブ）でルマイサと出会った[35]。」

さらにアミーン・ウッディーンは、ルマイサをともなってイエメンに戻った。彼のイエメン帰還は八一七年第一ラビーゥ月九日（一四一四年五月二九日）のことであり、『年代記』は、その時の状況について「法官アミーン・ウッディーン・ムフリフ・アットゥルキーは、高貴なるメッカから到着した。彼と同行して大商人の一団が着いた。彼は、贈物として四〇人のマムルーク奴隷、［エジプト土産の］駿馬（akādīsh）、ラバ、アレクサンドリア産の高級織物、ガラス製の壺（瓶）、その他の多くの奢侈品類を持参した」[36]と述べている。その後、『年代記』およびファースィーの記録によると、ルマイサはスルタンと会見し、メッカの支配権を奪還するための支持の約束を取り付けた後、帰還の際に三〇頭の馬、三〇〇頭のラクダと二〇〇袋の食料などの供与を得て、同年ラジャブ月にメッカに向かった。[37]

ルマイサは、同年のラマダーン月（一四一四年一一／一二月）にメッカに近いワーディー・アルアブヤール（Wādī al-Abyār）に着き、ザウー・フマイダ（Dhawū Ḥumayda）の支援を得ると、ハサン側の軍隊と和平協定を結ぶことになった。その和平の条件は、①ハサンは二〇万ディルハムをルマイサに渡す、②この年に到着のジラーブから得られる関税収入はハサンのものとする、③両軍の和平期限は八一八年ムハッラム月の最初の一〇日（一四一五年三月一三―二二日）までとする、の諸点であった。[38]しかし、ハサンは①の約束を履行せず、しかも和平期限の切れたムハッラム月一四日（三月二六日）に、早速、イエメンの法官、大商人のカマール・ウッディーン・ムーサー・ブン・ジュマイゥ（Kamāl al-Dīn Mūsā b. Jumayʻ）、マムルーク朝の御用商人バドル・ウッディーン・アルムザッラク（Khawāja Badr al-Dīn al-Muzallaq）、そして御用商人ブルハーン・ウッディーン・ブン・ムバーラク・シャー（khawāja Burhān al-Dīn Mubārak Shāh）の貿易委託人《ワキール》アッシハーブ・アフマド・アルアイニー（wakīl al-khawāja al-Shihāb Aḥmad al-ʻAynī, Shihāb al-Dīn al-Dhahabī al-ʻAynī）らの大商人を拘束して、金品を奪った。[39]ファースィーは、この時に「ハサンはイブン・ジュマイゥから七、〇〇〇ミスカール相当のものを、イブン・アルムザッラクから三万三、〇〇〇イフランティー相当のものを、[40]アイニーからは委託人（ブルハーン・ウッディーン）から預かった資金の全額を没収した。その後、彼は彼らを一人ひとり釈放した。つまり、最初にイブン・ジュマイゥをサファル月初日に、イブン・アルムザッラクをその月末に、そして彼に続いてアイニーの順であった」[41]と説明している。こうした状況のなかで、同年、メッカに向かった巡礼者および商人たちは、ハサンによる不当な商品没収を恐れ、また交通と治安の状況が著しく悪化したため、旅の途中で引き返さざるを得なかった。

ハサンとルマイサとの間の和平期限が切れてから半月後のムハッラム月の末もしくはサファル月に、アミーン・ウッディーンは複数の大型のカーリム船（marākib al-Kārim）、軍船（ṭarārīd）、監視船（mu'allifāt）とイエメンの商船（jilāb）から編成された大船団を率いてジッダに着いた[42]。彼の目的は、先にスルタン＝ナースィルが約束したように、再びルマイサを軍事的に支援するとともに、ハサンからメッカのアミール権を奪うことにあったと思われる。しかし、彼の船団はジッダで十分な飲料水を補給することができずに、ひとまずヤンブゥに向かった[43]。この時にアミーン・ウッディーンの取った軍事的威嚇は、ハサン側に一層の反発と略奪行為を起こさせた[44]。なお、メディナの外港ヤンブゥは、ジッダの北二九〇キロメートルに位置し、メディナのシャリーフたちによる統治下に置かれていたため、ジッダ入港を嫌ったイエメンの巡礼者や商人たちは頻繁にヤンブゥ港を利用した[45]。またラスール朝スルタンは、ハサンとの政治的・経済的な対立が激しくなると、イエメン船にジッダではなくヤンブゥや対岸のサワーキンに向かうよう指令を出した[46]。

大船団を率いてヤンブゥに入港した後、アミーン・ウッディーンがどのような行動を取ったかは明らかでない。『年代記』は、同年末の状況について「高貴なるメッカに向かった巡礼者や小売商人たち［など］の旅行者たちのすべては、その地方の治安・秩序が失われたとの情報が伝わるや、途中から引き返した。彼らは、身の安全と財産が失われる危険を恐れて戻ったのである。そして八一八年の巡礼月（一四一六年二月一一二九日）に、イエメン人のうちでほんのわずかな人たちを除いて巡礼を果たすことができなかった[47]」と述べている。この時、アミーン・ウッディーンもまたメッカ巡礼をおこなわずに、商人や巡礼者たちと一緒にイエメンに戻ったと考えられる。

四　エジプト・マムルーク朝との外交交渉に活躍

翌年の八一九年（一四一六年三月一日）に入ると、アミーン・ウッディーンは、急遽、エジプトのカイロを訪問することになった。マムルーク朝の著名な歴史家マクリーズィーはその著書『諸王朝の知識の足跡の書』の八一九年の記事のなかで、次のように説明している。なお、アミーン・ウッディーンの宗教雅名（ラカブ）アミーン・ウッディーンは、エジプト側の史料では、ザイン・ウッディーン（Zayn al-Dīn）と記されている。[48]「〔八一九年ムハッラム月の〕一九日目（一四一六年三月一九日）に、〔マムルーク朝の〕スルタン〔＝ムアイヤド・サイフ・ウッディーン〕は〔カイロの〕城塞《カルア》にある公正の間（Dār al-ʻAdl）に着座され、イエメン〔・ラスール朝〕の統治者マリク〔・アンナースィル〕・アフマド・ブン・アルアシュラフ・イスマーイールの使者ザイン・ウッディーン・ムフリフを面前に召された。その時、使者はターバン用の布地、反物、高級絹織物、中国陶磁器、沈香、乳香、白檀、その他〔総量〕二〇〇荷を上回るもの――それらのなかには黄金を縁取りした紅玉髄の馬の鞍、麝香が採れる数匹の猫（麝香猫）が含まれていた――を持参した。その贈物は受理され、彼の書簡は読み上げられた。スルタンは、その使者を〔厚遇して、しかるべき場所に〕泊め、彼の地位にふさわしい処遇が施され〔るように命じられ〕た。」

この時、アミーン・ウッディーンが外交使者としてカイロを訪問し、時のマムルーク朝のスルタン＝ムアイヤドにラスール朝のスルタン＝ナースィルの書簡と贈物を届けたことの目的は何であったのか。この点を明らかにするためには、少なくとも一〇年ほど時代を溯り、八一三（一四一〇）年以後のマムルーク朝とラスール朝との間の外交・通商関係の流れを見る必要があろう。

一四一〇年から一三年にかけて、イエメンのスルタン＝ナースィルとメッカのアミール＝ハサンとの対立、メッカのアミール権をめぐるアジュラーンの二人の兄弟ハサンとルマイサの抗争とそれにともなうヒジャーズ地方の治安の乱れなどによって、メッカ巡礼の旅行者や商人たちは頻繁に略奪・襲撃の被害を受けた。とくにジッダ港では、ハサンに荷担するマムルーク軍団によって入港する外国商船が襲撃を受けたり、積荷・財産の略奪および不当に高率な関税の徴収を強要されるなどの事件が発生すると、こうした危険と被害を恐れて巡礼者の数が激減し、商船の入港が途絶えた。またエジプト・インド間の香料貿易に活躍したカーリミー商人やイエメン商人たちはメッカのアミール＝ハサンによるジッダ港での積荷の没収と高額な関税の徴収を回避するため、彼らの商船と積荷をヤンブゥに向けたり、商業活動を手控えるようになった。上述したように、スルタン＝ナースィルもまた、アデン港でのカーリミー商人の活動に制限を加えて、国家による貿易統制を強化する諸政策を打ち出したことも、一五世紀以後のカーリミー商人による国際交易上の役割を急速に後退させた要因の一つとなった。それらの結果として、エジプトに運ばれるインド産の香料類、とくに胡椒の輸入量が減少して、市場では極端な品不足となり、価格の高騰を招いた[49]。このことを具体的に伝えるイブン・ハジャルによる八一五（一四一二／一三）年の記録を見てみよう。「同年に、胡椒の価格は、極端に高騰した。フィランジュ人（フランク人、とくにイタリア商人）は、慣例通りに［胡椒の買付けのためにエジプトに］到着した。しかしムスリム商人たちは、［一〇〇マンの重量につき］二四〇［ディーナール］の価格でなければ彼らに胡椒を売却しない、と拒否した。そこで彼らは［折衝の末、一時は］二二〇ディーナールで彼ら［ムスリム商人］と手を打とうとしたが、斥けられると［取引を中止し］、何も購入せずに帰国した。それは、［八］一五（一四一二／一三）年のことである。そして［八］一六年になっても、状況は依然として変わらなかった。一方、［マムルーク朝の］スルタン＝ムアイヤド［・サイフ・ウッディーン］は、先に、商人たちの一人のシャイフ＝アリー・アルキーラーニー（ʻAlī al-Kīlānī）に［総額］五、〇〇〇ディーナールを貸し付けて、商業目的でその資金を使って胡椒を買い付けさせた[50]。ちょうどその時期に、イエメンの支配者［スルタン＝ナースィル］は、過剰と思えるほどの分量の胡椒をメッカ（ジッダ）に送付し、その支配者の特使（qāṣid-hu）に命じて、シャイフ＝

アリー［・アルキーラーニー］が提示したもの（希望買入れ価格）で折り合いをつけるようにと指令を出した。シャイフ＝アリーはその値段を一〇〇マン当たり二五［ディーナール］まで値切り、特使からこの価格でスルタン［＝ムアイヤド］の投資金五、〇〇〇［ディーナール分の胡椒］を購入した。それは、その特使が所持していた大部分の量であったが、その他にも特使自らが所持していた余りの分すべてを三五［ディーナール］の価格で、［他の］商人たちに売却した。［シャイフ＝アリーによって］スルタン［＝ムアイヤド］のために購入されたもの（胡椒）が［エジプトに］到着すると、早速、それは［ムスリム商人たちに］一万二、〇〇〇ディーナールで売却されたので、スルタンのもとでのシャイフ＝アリーの評価は、非常に高まった。[51]」

スルタン＝ムアイヤドは、エジプト国内における胡椒価格が高騰すると、ハワージャ（khawāja）と呼ばれた国家の御用商人たちにスルタン資金を貸し付けて、メッカ（ジッダ）やイエメンの市場で多量の胡椒を購入させた。このことは、従来のようにカーリーミー商人たちの仲介によってのみエジプトにもたらされていたインド産香料類を国家の管理・統制下に置くことを意味していたのである。シャイフ＝アリーがメッカで購入した胡椒は、エジプト市場においてスルタンの投資額五、〇〇〇ディーナールの二・四倍にあたる一万二、〇〇〇ディーナールの価格で売却されたので、スルタンに大きな利潤がもたらされた。なお、上の文中にある「イエメンの支配者の特使」とは、明らかにアミーン・ウッディーンを指している。すなわち、先にも引用したファースィーの『情熱の癒し』の一節「高貴なるメッカにおける穀物価格の高騰・下落と伝染病に関する説明」のなかで、この時、ジッダに入港したイエメンの船団の総督（mutawallī amr［amīr］al-marākib al-Yamanīya）はラスール朝のスルタン＝ナースィルに仕官した法官、アミーン・ウッディーン・ムフリフ・アットゥルキーであったと伝えられている。[52]

スルタン＝ムアイヤドは、シャイフ＝アリーに投資金五、〇〇〇ディーナールを貸し付けてメッカに向けたのとほぼ同時期に、別のダマスカス出身の御用商人アフマド・ブン・アルジューバーン（Aḥmd b. al-Jūbān al-Dimashqī）——別名シハーブ・ウッディーン・アッザハビー・アルアイニー（Shihāb al-Dīn al-Dhahabī al-ʻAynī）と呼ばれた[53]

——をラスール朝のスルタン＝ナースィルのもとに派遣した。メッカ側の史料であるファースィーの記録には「八一六年に、アフマド・ブン・アルジューバーンは、イエメンに入った。それは［彼自身の］商売のためであり、また彼の仲間の一人［ブルハーン・ウッディーン・ブン・ムバーラク・シャー］に代わる代理委託商売《ワカーラ》のためであった。それと同時に、彼は［胡椒を積んだ］カーリム［船］をエジプトに遣わすようにと［要請する内容］のエジプトの支配者［スルタン＝ムアイヤド］からイエメンの支配者に宛てた書簡を持参した。しかし、思っていた通りに事態が進展せず、彼は［ひとまず］メッカに戻った」[54]と記されている。イエメン側の史料によると、この時、御用商人アフマド・ブン・アルジューバーンを含めた多数の商人たちをイエメンに送り届けたのは、他ならぬアミーン・ウッディーンの率いるイエメン船団であった。[55]

以上のような状況のなかで、アミーン・ウッディーンはマムルーク朝とラスール朝との間の友好関係を築き、両国間の香料貿易を推進する使命を帯びて、エジプトを訪問したのである。したがって、前述したマクリーズィーの伝える八一九年ムハッラム月一九日、スルタン＝ムアイヤドに謁見した時に読み上げられたスルタン＝ナースィルの書簡の内容は、メッカのアミール＝ハサンの不法行為を停止させて、ジッダ港での貿易活動を円滑におこなうこと、また両国間の経済関係を緊密することを望んでいる、といったものであったろう。[56]

アミーン・ウッディーンのエジプト滞在は、一年三ヵ月近くの長期にわたった。そして八二〇年第二ラビーゥ月二五日（一四一七年六月一一日）、彼はスルタン＝ムアイヤドの書簡と贈物を持参した答礼使節団の代表バクタムル・アッサァディー（Baktamr al-Sa'dī）をともない、イエメンに旅立った。[57]イエメン側の史料、匿名の『イエメン年代記』は、「法官アミーン・ウッディーン・ムフリフ・アットゥルキーがエジプト地方から豪華な贈物を持参して到着した。彼と一緒に、商人たちの一団が、八二〇年ズー・アルカァダ月二二日（一四一七年一二月二日）、［王都の］守備されたる［町］タイッズのスルタンの御前に到着した」と伝えている。[58]

そして翌年の八二一年には、アミーン・ウッディーンはエジプトの使者バクタムル・アッサァディーと一緒に、再びエジプトに向かうことになった。ファースィーの記録によれば、「その年（八二一年）、［スルタン＝］マリク・ナースィルはエジプトの支配者マリク・アルムアイヤドのもとに書簡を送って、［メッカのシャリーフ＝］ハサン・ブン・アジュラーンの状況について説明した。なぜならば、マリク・アルムアイヤドは先に［スルタン＝］マリク・アンナースィルのもとに彼（ナースィル）の使者、法官アミーン・ウッディーン・ムフリフ・アットゥルキーを通じて書簡を送り、ハサンに対抗するために友好の支援を求め、彼の状況について説明したからである[59]」という。そしてエジプト側の史料のイブン・ハジャルは「［八二二年ムハッラム月、］バクタムル・アッサアディーは、イエメンの支配者［スルタン＝ナースィル］への使節の任務を終えて、イエメンの支配者ナースィルの書簡と彼の贈物を持参して［カイロに］到着した」と伝えている[60]。

このように、ラスール朝とマムルーク朝との間で直接の外交交渉が進められていることを知ったメッカのアミール＝ハサンは、メッカに戻ったルマイサおよび他のシャリーフたちと和平協議を進めた結果、八二一年ムハッラム月一〇日（一四一八年二月一七日）には一時的な和平締結に至った。ファースィーは、その直後のジッダ港の状況を次のように記録している。「元来、［イエメン］商人たちがジッダに入港することは、あくまでもスルタン［＝ナースィル］の許可のもとにおこなわれていたが、そのことに躊躇することなく、例年より多くの商人たちがイエメンから到着した。すなわち、この年（八二一年）のサファル［月］（一四一八年三月一〇日—四月七日）の［イエメン］商人たちによるジッダ入港は、［慣例に反して］イエメンにいるスルタンの許可なしに実行されたのである。そのことは、彼らがジッダに寄港せずにヤンブゥに直行することができなくなったため、船の諸事を指揮する人たちの独自の判断で実行された。本来であれば、彼らがジッダに寄港せずに通過することについては、あくまでもイエメンの支配者に選択決定権があった。［こうした偶然の事情で］実際に彼らがジッダに入港してみると、［メッカの］シャリーフ［・アミール＝ハサン］の代理官たちは彼らを妨害しなかった。またシャリーフは、［イエメンの］スルタンの積荷に通常課せられる雑税《マクス》を軽減し、その一部を免除したうえで、シャリーフに必要な先買商品についても、それを［低価格で買い］取ることを詫びた。［以上のようなジッダからの報告を受けると、イエメンの］スルタンはそうした［ハサンによる厚遇］処置に驚嘆して喜び、商人たちが［自由に］ジッダに向かうよう指令を出した。その結果、上述のように、彼らは再度、そこを目指し、メッカ巡礼の後も略奪に遭うことなく、無事に彼らの国に戻ったのである。(61)」

しかし、同年の第一ラビーゥ月（一四一八年四／五月）に、マムルーク朝側が支援したバラカート（ハサンの子息）がカイロからメッカに戻ると、メッカの住民の間に彼をハサンに代わる新しいアミールとして認めようとする機運が高まった。一方、ハサンの子息アフマドは同じ兄弟のバラカートが先にアミール権を獲得することに満足せず、仲間を集めてジッダを襲撃・略奪した。このようにメッカのアミール権をめぐって、ハサン、ルマイサと彼らの子息たちの間で権力闘争が続けられた。(62)

またハサンは、一四一八年二月一七日の和平協議にもとづき、ジッダに来航する商船とイエメン商人たちを一時的に厚遇したが、カーリム所属の船団に対しては不当な収奪を続けた。ファースィーは八二二─二三（一四一九─二〇）年、ジッダに入港したカーリム船団に関わる状況を次のように伝えている。「［八二二年］シャウワール［月］（一四一九年一〇─一一月）に、ハサンのもとにイエメン方面から複数のジラーブ（貿易船）が来た。それらの船には、同年のサファル月（二月二七日～三月二七日）に［イエメンの］ラァス・アルミフラーフ（Ra's al-Mikhlāf）で救助されたカーリム船団（marākib al-Kārim）から取り出された積荷が含まれていた。したがって、それにより彼に大変な利益が得られた。続いて［同年の］ズー・アルカァダ月の末（一二月一八日）にも、カーリム所属の船団（al-marākib al-Kārimīya）がジッダに到着した。その時、ハサンはちょうどジッダに居合わせたので、それらの船に乗り組んでいた商人たちは、［やむなく］彼に一万イフランティーを贈って、和議の契約を結んだ。それに先立ち、彼は巡礼者たちを出迎えるためにメッカに着き、巡礼者のなかの名士たちのもとを幾度も訪ね、［いろいろと］世話をして、互いに贈物の交換をおこなった。［巡礼の］人々は、アッラーのお蔭により無事安泰に巡礼を果たすことができた。さらに［八］二三年の初め（一四二〇年一月一七日）、ジッダにおいてカーリム船団の一艘に騒動が発生した。それは、彼ら［船団の乗員たち］がジッダからヤンブゥに向かおうとした時のことであった。その時、シャリーフ＝ハサンは、彼ら［全員］に下船を命じた。そこで、彼らはその件で二、〇〇〇イフランティーの金をハサンに支払って和解した。その後、カーリム船団のなかのこの船と別の一艘、そして彼らの複数の［イエメンの］ジラーブはヤンブゥに向かい、その地で下船した[63]。」

さらに、この事件に関連して、同年のサファル月第一四日目（一四二〇年二月二九日）に、エジプトの支配者スルタン＝マリク・ムアイヤドからシャリーフ＝ハサンのもとに書簡が届き、ハサンの専横な行動を厳しく非難した。その具体的な非難の対象として指摘された点は、①エジプトの支配者に所有権のある積荷——明らかに上述のカーリム船団の積荷を指している——に対して不当な課税がおこなわれたこと、②過年度、ジッダに着いた穀物とナツメヤシの実を強制的に買い入れて貯蔵し、しかもそれを人々（巡礼者たち）に不当な高値で売却したこと、③八一九（一四一六／一七）年、メッカのアミール権をハサンに委譲した際に義務として課したスルタン＝ムアイヤドの国庫に支払うべき総額三万ミスカールのうち、一万ミスカールの支払いが未納であること、などであった[64]。しかし、同年の末（一四二一年一月五日）になっても、以上の書簡についてのハサンからの回答はなかった[65]。

なお、ファースィーは、ジッダ港でハサン側の勢力によって略奪と不当な課税の被害を受けた外国商船として、「船団（al-marākib）」のほかに、「ジラーブ（al-jilāb）」、「イエメンのジラーブ（al-jilāb al-Yamanīya）」、「カーリム所属の船団（al-marākib al-Kārimīya）」、「カーリム船（marākib al-Kārim）」などをあげている。これらの船がどのように区別されていたかについて、詳しい史料を一つひとつあげて検証すべきであるが、紙数の都合もあるので、ここでは結論のみを指摘しておきたい。

「船団」「ジラーブ」と「イエメンのジラーブ」は、いずれも同一の船を指し、アデン、アフワーブ（ブクア港、バンダル・アルブクア）、ムハーなどのイエメンの諸港で編成されたラスール朝の船団のことであろう。船団を統率するのはラスール朝政権によって任命を受けた船団長（mutawallī al-marākib, muqaddam al-marākib）、すなわち提督のことであり、インド洋・アラビア海を横断してきた外国船もまた、イエメンの諸港に一時入港し、そこでイエメン船団と一緒に紅海を北上して、ジッダ、もしくはヤンブゥに向かった。前述したように、アデンに入港せず、バーブ・アルマンデブ海峡を通過してジッダに直行しようとする外国船は「違犯船（markab al-mujawwarīn）」と呼ばれて[66]、イエメンの監視船によって拿捕された。ジラーブ（jilba / jilāb）とは、紅海航行用の平底型縫合船のことで、ラスール朝によって管理・運営されたイエメン専属の船を意味した。イエメンの港に寄港した外国船は、ラスール朝政府発行の通行許可証（jawāz）を受け取った後、イエメンの船団と一緒に航行するか、積荷の一部をイエメン船に積み替えることを義務づけられた。ほぼ同時期の八二五（一四二一／二二）年、インドのナーフーザ、イブラーヒームは、カーリクートの港を出ると、アラビア海を横断の後、バーブ・アルマンデブ海峡を突破して、彼の船団をジッダに向けた。それは、スルタン＝ナースィルが商人たちに対して数々の不正行為をおこなうことを恐れたからであったが、イエメンに寄港せずにジッダに直行することは従来の慣行を破る大事件であった。

では、カーリム所属の船団、もしくはカーリム船団とは、何を指したのか。ここでのカーリムとは、一二～一四世紀に活躍したカーリミー商人の経営する船団のことではなく、マムルーク朝スルタンたちの投資によってインド産香辛料類の買付けを委託されたハワージャ（khawāja）と呼ばれる大商人たちが運営する船団のことであろう[67]。先に引用したファースィーによる記録では、エジプトにおける胡椒の不足を補うため、スルタン＝ムアイヤドはハワージャの商人のシャイフ＝アリー・アルキーラーニーやダマスカス出身の大商人アフマド・ブン・アルジューバーンに買付け資金を提供して、胡椒の購入をおこなわせていた。ジッダやイエメンに向かった彼らの船は、マムルーク朝によって派遣された船であり、それを総称してカーリム船と呼んだのであろう。

その後、マムルーク朝は、ハサンの子息バラカート（Zayn al-Dīn Barakāt）を積極的に支援して、ハサンを政権から失墜させようとした。バラカートは、八二四年第一ラビーゥ月一二日（一四二一年三月一七日）に、スルタン＝

ムアイヤドとの約束を果たすためカイロからメッカに戻り、本格的なメッカ支配に乗り出した。[68] 一方、ラスール朝はハサンの政敵ルマイサを引き続き支援したため、マムルーク朝とラスール朝との間にメッカのアミール権をめぐって亀裂が生じ、両国間の外交関係もまた途絶することとなった。そして、スルタン＝ナースィルが八二七年第二ジュマーダー月一六日（一四二四年五月一六日）に死去したが、[69] スルタンの死とともに、それまでイエメン・メッカ・エジプト間の外交の舞台で華々しく活躍したアミーン・ウッディーンに関する記録もまた、史料中から姿を消すこととなったのである。

インド洋貿易を推進し、インド産胡椒を安定的に獲得しようとしていたマムルーク朝にとって、メッカのアミール＝ハサンとその兄弟たちによる権力争いや治安の混乱は大きな障害であった。八二四年ムハッラム月八日（一四二一年一月一三日）、今度はスルタン＝ムアイヤドが逝去すると、幼少のスルタン＝ムザッファルが即位するが、宮廷内でスルタン権をめぐる混乱は続き、結局、八二五年第二ラビーゥ月八日（一四二二年四月一日）、スルタン＝バルスバイ（al-Ashraf Sayf al-Dīn Barsbay, 在位一四二二―三七年）が政治の実権を掌握した。[70] そして二年後の八二八（一四二四／二五）年、この新スルタンは、ラスール朝政権においてスルタン＝ナースィル没後のマムルーク軍閥の抗争と国内混乱によってヒジャーズ地方への統制権が緩んだ機会をとらえて、メッカへマムルーク軍を派遣して支配下に置くとともに、ジッダをインド洋貿易の最大の拠点とした。マクリーズィーは、その間の事情を次のように説明している。「ヒジュラ暦八二八年第一ラビーゥ月七日（一四二五年一月二七日）、一〇人長のアミールたちの一人アラム・ブガーは一〇〇人のマムルーク軍を率いてメッカに向けて出陣した。また、サアド・ウッディーン・イブラーヒーム・ブン・アルムッラなる書記の一人は、インドからジッダに来航する船舶の税を徴収するため［ジッダ港］に向かった。古くからの慣行によれば、インド商人たちの船はアデンに寄港するのが常であり、アデン港（bandar ʻAdan）を通過するということはけっしてなかったことである。ところが、八二五（一四二二／二二）年になって、ナーフザーフ（ナーフーザ）のイブラーヒームは、カーリクートの町から出航したが、イエメンの支配者の商人に対する不当な処遇に腹を立てていたので、［アデンに入港せずに直接］バーブ・アルマンデブ［海峡］を通過すると、彼の船団とともにジッダに着いた。ところが［メッカのアミール、］シャリーフ＝ハサン・ブン・アジュラーンは彼が所持した商品を没収し、それをメッカにいた他の商人たちに恣意的に決めた値段で売却した。このイブラーヒームは、二六年にも、［バーブ・アル］マンデブ［海峡］を突破し、アデンに寄らず、ジッダも通過して、サワーキンの町、次にダフラク島に投錨した。しかし、そこの支配者は彼を不当に処遇した。そこで二七年にも戻って来て、アデンに立ち寄らず、ジッダを通過してヤンブゥに向かおうとした。ちょうどその時、メッカにはアミール＝カラクマースが滞在していた。そのアミールは、イブラーヒームをひたすら友好的に処遇したので、やがてイブラーヒームは二艘の船を率いてジッダに投錨した。アミールは彼を礼儀の限りを尽くして丁重に取り扱ったので、イブラーヒームの方も大いに勇気づけられ、繰り返し礼を言って去った。二八年にも、イブラーヒームは一四艘の船に商品を満載して再び来航した。スルタンは、その報告を受け取ると、その商品税を自らのものとしたいと望み、その目的のためにイブン・アルムッラを派遣した。このようにして、その時以来、ジッダはきわめて大きな港市となり、一方［それまで繁栄を続けてきたラスール朝の主要港］アデンはわずかな部分を除いて衰退した。[71]」さらに翌年の八二九（一四二五）年に、バルスバイはジッダに来航する船舶、商人や巡礼者たちから税を効果的に徴収するとともに、インド物産、とくに胡椒の購入・販売をすべて国家による専売制とすることに着手した。[72]

イエメンでの政情不安とアデン港における外国商人に対する不当関税を嫌って、インド洋の船舶・商人の多くはアデン港に寄港せず、バーブ・アルマンデブ海峡を通過してジッダを目指すようになった。マクリーズィーは、八三五年シャッワール月二二日（一四三二年六月二二日）の記録で「メッカから次のような知らせがきた。数艘のジャンク（zunūk）がスィーン（中国）からインドの海岸地帯に達し、[73]さらにそのなかの二艘はアデン海岸に投錨した。しかしイエメンの状況が混乱していたので、彼らの［積載してきた］商品である陶磁器、絹織物、麝香などの取引ができなかった。そこでその二艘のジャンクの長はメッカのアミール、シャリーフ＝バラカート・ブン・ハサン・ブン・アジュラーンとジッダの港湾監督官（ナーズィル＝）サァド・ウッディーン・イブラーヒーム・ブン・アルムッラのもとに書状を送付して、彼ら［のジャンク］がジッダに向かう許可を求めた。そこで、バラカートとサァド・ウッディーンの二人は、スルタン＝バルスバイにこの件に関する許可を願い、彼らが到来した時に得られる利潤がいかに大きいかを説明して、スルタンの関心を高めようとした。すると、スルタンは彼らがジッダに来航するように、また丁重にもてなすようにと返答した(74)」と述べている。この記録は、中国の明朝が派遣した鄭和遠征の一分隊がバーブ・アルマンデブ海峡を通過してジッダに入港する許可をマムルーク朝側に求めたことを伝えたものである。

結びに代えて

以上がアミーン・ウッディーン・ムフリフ・アットゥルキーに関する記録のすべてである。それらの断片的な記事を通じて、ラスール朝時代に生きた商人の一類型を示す一人の人物像を描くならば、次の諸点を指摘することができよう。

(1) イエメンに到着するまでのアミーン・ウッディーンの経歴と行動については不明な点が多いが、おそらくもとはインド・トゥグルク朝に仕えたトルコ系のマムルーク軍人の出身であったと思われる。

(2) 彼がナーフーザ（船舶経営者、船団長）と呼ばれたのは、アラビア海と紅海を結ぶ航海術に優れ、船団の司令官（提督）であったからである可能性が高い。インド・トゥグルク朝の派遣した公式の使者となったのは、彼のそうした司令官としての手腕に負うところが大きかった。

(3) 何故、彼がラスール朝のスルタン＝ナースィルのもとに仕えることになったかは明らかでないが、ほぼ同時期にトゥグルク朝のスルタン＝フィールーズ・シャー直系の子孫の一人、クージャル・シャー（Kūjar Shāh）がイエメンに亡命したことで、彼も一緒に亡命したことが考えられる。

(4) イエメンでは、シフルの地方総督として赴任し、時にはスルタンの軍隊と一緒に国内の騒乱を鎮圧するための戦闘に参加した。

(5) 外交的手腕に優れ、スルタン＝ナースィルの使者として、高地イエメンのザイド派イマーム政権との和平交渉、メッカのアミール＝ハサンやマムルーク朝との外交・通商交渉などに幅広く活躍した。とくに一四一六年から二〇年にかけて、マムルーク朝のスルタン＝ムアイヤドとの間の外交・貿易の交渉に大きな役割を果たし、ここからは、それまで国家間の外交・通商関係を担っていたカーリミー商人たちに代わる新しいタイプの人物像が浮かび上がってくる。

(6) イエメンの船団の総指揮官および巡礼の司令官として、商人や巡礼者と一緒にジッダ、ヤンブゥとメッカにしばしば赴いた。

(7) イエメンの穀物をメッカに輸送・売却する国家の商人である。また、彼はインド産の胡椒をマムルーク朝側に売却する仲介者としての役割も果たした。こうして彼は、ラスール朝の対外貿易を再建して、国家の財政基盤の重要な部分を占める国際商品の輸出入・仲介・販売や関税による国家収入を増加させるために積極的に活動した。

(8) 一四二四年、スルタン＝ナースィルの死去とともに、彼に関する記録もまた、史料中から姿を消すこととなった。

なお、マムルーク朝のスルタン＝バルスバイは、胡椒の専売制を実施するために、ヒジャーズ地方の軍事的・政治的支配権を掌握し、エジプトとインドとの間の直接的な交易を推進する政策をとった。このことは他ならぬカーリミー商人が長期にわたって維持していたエジプト〜イエメン〜インド間に張りめぐらされた交易ネットワークを破壊し、同時にアミーン＝ウッディーンの外交的努力によって築かれたマムルーク朝・ラスール朝間の友好関係に終止符を打つことを意味し、ひいては国際交易を財政基盤としていたラスール朝にも大きな打撃を与えることとなった。

第Ⅴ部　海域世界における物品の流通

概観

地球上に分布する資源の多様性、重層性、あるいは地域的・時間的な遍在性が、資源の採集・生産地・集荷地・中継地・国際市場・消費地の間にさまざまな物品の流通と経済機構にかかわる交流ネットワークを形成する要因となったことは言うまでもない。そして資源の生産地から消費地までの流通機構のなかで、物品の売買取引、中継・運輸・貯蔵・加工などに携わった人々、生産地と消費とをつなぐ人々などが複雑に介在し、さらには物品の所有と消費にかかわる多様な国家・社会・文化の形成と展開を促したのである。

第V部では、インド洋海域世界と地中海世界を共通の舞台として広く流通・取引された国際商品のなかでも、とくに珊瑚、沈香、白檀、麝香と馬を取り上げて考察してみたい。珊瑚は、とくに地中海産のベニサンゴが有史以前から交易品として大いに利用され、その流通範囲は地中海世界にとどまらず、紀元前後には西アジア、インド、中国へ広く輸出されていた。一一・一二世紀の頃の記録「カイロ・ゲニザ文書」には、地中海からエジプトを経由し、インド洋の諸地域に運ばれた最も重要な商品として、地中海沿岸で採集されたベニサンゴがしばしば登場してくる。また中国の諸文献史料中に見られる「西海の珊瑚」とは、明らかに地中海で随一の品質を誇った珊瑚、とくに現在のチュニジアとアルジェリアとの国境に近い海域から採集された宝石珊瑚、すなわちベニサンゴのことであろう。この意味において、珊瑚は地中海とインド洋の両海域世界を貫く国際的な交易ネットワークを通じて諸外国に流通していた代表的な商品であったことになる。

沈香と白檀は植物系統の香料、麝香は動物系統の香料を代表するものであり、いずれも「アジアの稀少な特産品」として各地で珍重され、流通・消費・文化のうえで重要な位置を占めていた。沈香と白檀の主要な産地は、インドと東南アジアに分布する亜熱帯・熱帯の森林地帯にあって、一方、麝香といえばチベット高原奥地の秘境で採集されたジャコウジカが最高品質として世界市場で高価で取引された。これらの香料類は、内陸アジア経由だけでなく、インド洋海域を舞台として広く流通し、西アジアと地中海世界の諸外国へも輸出された。

人類史のうえで、馬に限らず、牛・ラクダ・ロバなどの畜力を農業技術として利用することで生産力が飛躍的にあがったことは言うまでもないが、馬の特殊性は単に運搬力という点だけでなく、優れた軍事・支配・統治・儀礼のための技術として、また道具としても非常に強力な作用をおよぼしたことに注目すべきであろう。周知の通り、中国漢代にはペルシャ馬は「西域駿馬」として珍重され、また一二世紀以後のインド亜大陸の諸王国ではアラビア海を船で運ばれたイエメンや南アラビア産のアラブ馬がそれまで広く使われていた象に代わって、戦闘用騎馬として、また王権を象徴する儀礼・儀式用に多用された。このように陸域支配の技術・道具である馬は、おもに海域を舞台として活動する商人たちを介して流通・取引されたのである。

以上のように物品の流通をめぐる問題は、単にモノとモノの交換という側面だけでなく、モノの交換には交通・運輸や人の移動と出会い、長い付き合いによる相互信頼の交流が必要であること、そして人の移動とモノの交換の前提条件となる情報伝達に関わる問題が含まれていること、つまり広い意味での「相互の多様な異なる価値の交換」「相互補完の関係」を基礎とした「交流ネットワーク」の諸関係のなかで初めて成立することが理解されるのである。

第1章　地中海産ベニサンゴの流通ネットワーク

はじめに

海産資源のなかでも、インド洋の真珠と地中海の珊瑚（宝石珊瑚）の二つは、いずれも有史以前の時代から近代に至るまでの人類の文化史のうえで、きわめて類似した運命をたどったという点で、とくに注目すべきであろう。人々は、早くから真珠と珊瑚の持つ不思議な美しさに価値を見いだして、時に装身具として身を飾り、これを身に着けたり所有・保持することで信仰と権威の象徴としたり、魔除けの効果を期待し、まじないに役立て、時にまた医薬品としても効用を期待してきたのである。

それだけの大きな魅力と経済的・精神的な価値を持っていたからこそ、真珠と珊瑚は西アジア、アフリカ、西ヨーロッパ、インド、チベット、中央アジア、中国や日本などで広く利用され、生産地と中継・消費地とを結ぶ「真珠の道」と「珊瑚の道」といえるような歴史的持続性を持った交流ネットワークが形成されたのである。そして、両者は宗教的・儀礼的な宝装品・宝物として併せて用いられた場合が多いので、二つの道もまた、相互に折り重なるように複雑に絡まりあって広がっていた(1)。

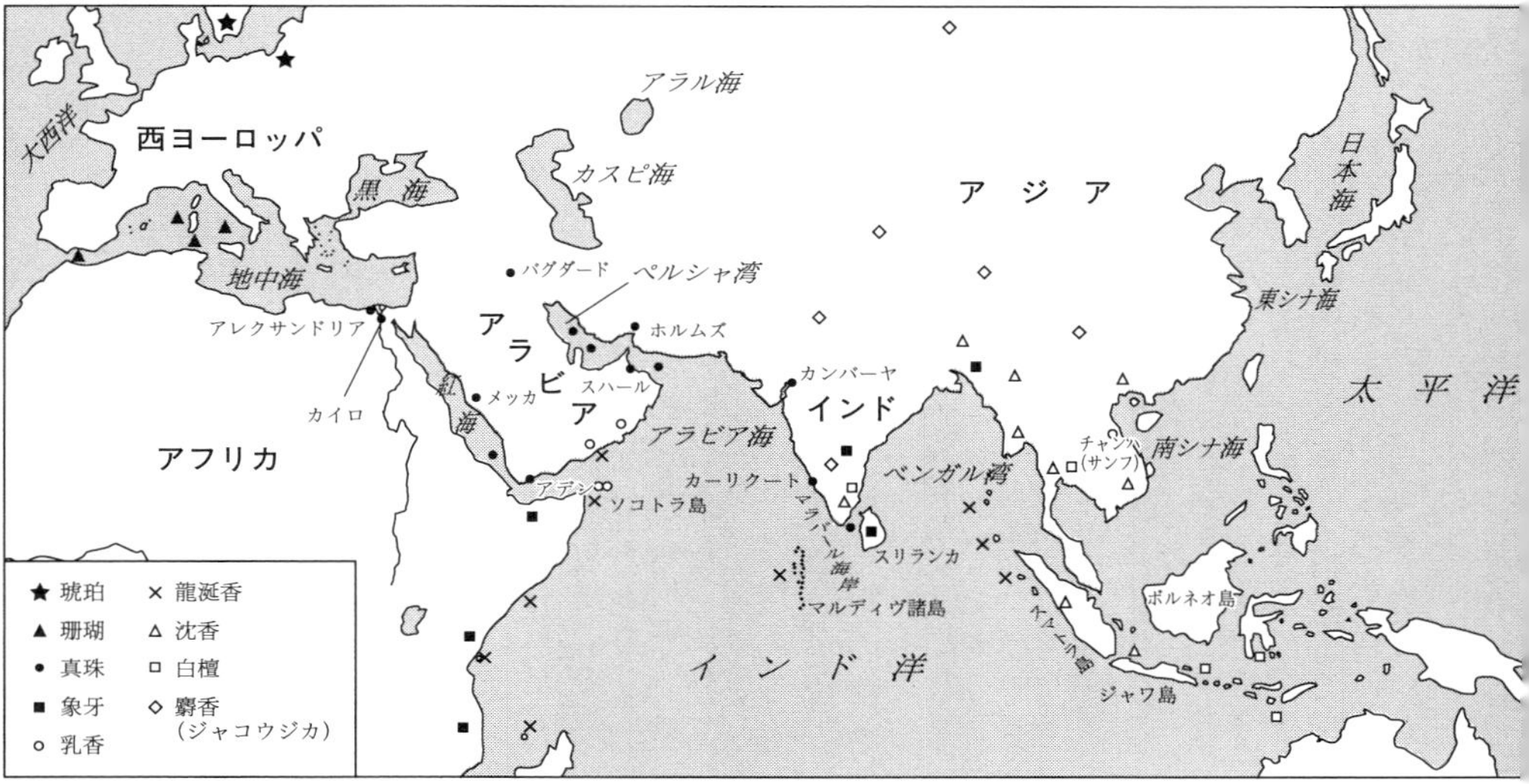

図1　主要商品の生産地

真珠についていうと、世界的な真珠採集地は、古くからペルシャ（アラビア）湾、インド南端とスリランカとの間の海峡部（アダムズ・ブリッジ周辺の海域）、紅海の一部などが知られていた。メソポタミアのウル出土の粘土板に書かれた楔形文字には、デルムーン（Delmun）特産の「魚の目」[2]のことが記されているが、デルムーンはおそらく現在のバーレン島を指しており、魚の目はペルシャ湾で採れる真珠のことであるから、紀元前二〇〇〇年紀の頃からそこの真珠がインドや西アジアの各地に流通・取引されていたことを示している。アラビア語文献史料によっても、イスラーム時代以降、ペルシャ湾の天然真珠がその量と質において他の地域を圧倒していたことが分かる。そして、その採集の歴史は四、〇〇〇年以上にもわたり、ペルシャ湾岸地域の人々だけでなく、広く西アジアやインドの商人たちにとっての重要な経済活動の一つとなっていた。しかし、一九三〇年代に入ると、日本の養殖真珠産業が発達し、人工真珠が世界市場に登場するようになったため、ペルシャ湾の天然真珠産業は壊滅的な打撃を受けた。さらに、ほぼ同時期に起こった世界大恐慌や、一九五〇年代に湾岸地域において

石油資源が相次いで開発されたことなどによって、現在では細々と採集が続けられているに過ぎない。(3)

一方、宝石珊瑚については、ほとんどすべてが地中海原産のベニサンゴ（*Corallium rubrum*）であり、しかもその採集地は北アフリカのアルジェリアとチュニジアの国境に近い海域、サルデーニァ島とシチリア島の周辺海域、ジブラルタル海峡のサブタ（セウタ）の近海に限られていた。鈴木克美は、その著書『珊瑚（さんご）』のなかで、地中海のベニサンゴは宝石珊瑚としては例外的に、生息水深範囲（垂直分布）の広い、しかも、人が潜って採取できるような水深三、四〇メートルの浅い海にも生息する、ほとんど唯一の宝石珊瑚であること、(4)したがって幕末から明治に入って、日本近海の深海で良質の宝石珊瑚が豊富に採れるようになり、日本が世界一の宝石珊瑚の産出・輸出国となるまでの間、地中海産ベニサンゴただ一種類が世界の市場に流通していたことを指摘している。(5)

本章では、有史以前から近世まで、東西の多くの人々の間で装飾に使われていた、地中海産ベニサンゴをめぐる問題を考察することで、その他の海産資源、例えば真珠、龍涎香、海綿、子安貝などとも類似する、物品の生産（採集）・流通・加工・消費の間に築かれる流通機構の実態を解明したい。具体的な方法としては、地中海世界からは遠く隔たった中国の文献史料のなかに記録された珊瑚の情報について、イスラームの諸文献史料に見られる珊瑚の情報と相互に対比・分析することで、地中海世界からインド洋海域世界にまたがる国際交流ネットワークを明らかにしていく。

一　宝石珊瑚の道

ガズナ朝時代に活躍した著名な博物学者ビールーニー（Abū Rayḥān Muḥammad b. Aḥmad al-Bīrūnī, 973–1050）は『薬物学精選 *Kitāb al-Ṣaydanat fī al-Ṭibb*』のなかで、珊瑚（bussad）の呼称について、次のように説明している。
「ギリシャ語（al-Rūmīya）ではクーラリユーン（qūraliyūn）。その名称は、水中に生える樹木であるために、〈石のような樹木〉に由来する。潜水夫がそれを摘み採り、空気に晒《さら》すと、それは硬くなり、一部は赤く、一部は黒くなる。それは、細さと太さの違った赤い枝の付いた石の集合体であるともいう。また別説では、それは他ならぬ［アラビア語でいう］マルジャーン（marjān）であるというが、これこそが最も一般的な呼称である。……またウッサド（wussad）とも称するが、これがアラビア語化するとブッサド、つまりマルジャーンの意味となる。また、フルーハク（khurūhak）は珊瑚の一種で、アラビア語化するとフラーハク（khurāhak）となる。さらに別の一説では、その樹木が大きく成長すると、そこを通過する船は［ぶつかって船底を］破損してしまうほどであるという。なぜならば、それは空気に触れる前にも、堅くなる性質があるからだ[6]。」

現在、珊瑚のことを英名では、コーラル（coral）と呼ぶが、ビールーニーが説いたように、その語源はギリシャ語のコーラリオーン（korallion）、ラテン語のコラーッリウム（corallium）、ヘブライ語のゴーラール（goral）と一致する。なお、コーラリオーンはコラーッル（korall）に接尾語のイオン（ion）が付いた言葉、〈小石〉の意味であって、本来は加工された〈小さい粒の珊瑚玉〉〈珊瑚のビーズ玉〉を指したと思われる。

一方、アラビア語による珊瑚の一般名称はマルジャーンであり、ペルシャ語のブッサドの借用語ブッサズ（bussadh）がしばしば併用された。ペルシャ語の珊瑚はブッサド、マルジャーン、もしくはフルーハクとも呼ばれるが、アラビア語からの借用語マルジャーンが最も一般的な呼称である。しかし、ペルシャ語によるマルジャーンは珊瑚だけでなく、真珠（lu'lu'）、もしくは宝石（jawhar）を指す一般名称でもあるため、それらは相互に混同されることも多い[7]。

では、中国の珊瑚の語源は何か。瑠璃（la'l）、璧瑠璃（vaizulia）、玻璃（ballūr）、琥珀（kahrupai）などとともに、珊瑚の字もまた玉偏の付いた言葉で、それぞれの外来語の音に近い漢字をあてたため、いずれも玉偏のあるこうした字が生まれたと考えて間違いない。(8) 珊瑚の中国標準語の発音はシャンフ（shanhu）であるが、日本語および呉音ではサンゴ（sango, sang）となる。(9) そこで、私の考えている一つの仮説であるが、珊瑚は中期および現代ペルシャ語で〈石、岩〉を指す言葉のサング（saṅg, saṅga, saṅgī）、ソグド語のサング（snġ, saṅg）の音写であり、ペルシャ語の方はギリシャ語の「石（コラーッル）」をそのままペルシャ語に翻訳したものであろう。すなわち、西アジア、インドや中国の都市を中心に普及してきた宝石珊瑚は、近世に至るまで、ただ一種、地中海沿岸で採取されたベニサンゴであって、ビーズ玉に加工されたものが「小石」と呼ばれたのである。そして、内陸ルートと海上ルートを通して、おもにイラン系商人たちのもたらす加工珊瑚が、中世ペルシャ語のサングの名称とともに、はるばる東の果ての中国や日本にも伝わったものと考えられる。『唐本草』に「珊瑚は南海に生ず。波斯国（ペルシャ）および師子国（スリランカ）より来る」(10) とあり、また『本草衍義』（巻五）にも「波斯国海中に珊瑚洲あり。海人は大舶に乗り、鉄の網を水底の珊瑚の生ずる所の盤石の上に墮す」(11) とあるので、中国に運ばれた珊瑚がおもにイラン（ペルシャ）経由であったことが推察される。

南に向かった「珊瑚の道」は、サハラ砂漠を越えてニジェール川流域に達し、ガーナ、マリ（マーリー、マーリー・タクルール）やベニンなどの黒人王国（bilād al-Sūdān）の市場を経て、南の森林地帯でもベニサンゴは広く珍重された。(12)

海の珊瑚ならば、当然、手近な港から積み出され、海路を通じて地中海世界の各地に運ばれたことは言うまでもない。そして、西アジアの諸都市やインド洋海域世界を越えて、インドや中国に陸揚げされた一部の珊瑚は、イラン、チベット、中央アジア、モンゴルなどの内陸の諸地域にも中継・取引されて運ばれたのである。

一世紀半ば頃に記録された『エリュトラー海案内記』によると、インド洋の主要港のうちのカネー（Cane, 南アラビアのヒスン・グラーブ Hiṣn Ghurāb）、インド西海岸のバルバリコン（Barbaricon, インダス川下流の港）、バリュガーザ（Barugaza, キャンベイ湾のブローチ Broce）、ムーズィリス（Muziris, クランガノール Cranganore）などの輸入品のなかに珊瑚が含まれていた。これらの港市は、他ならぬ地中海産珊瑚がエジプトのアレクサンドリア経由で、紅海〜イエメン〜アラビア海〜インドを運ばれて行く道筋をそのまま示していると考えられる。[13]

『エリュトラー海案内記』や『プリニウスの博物誌』が記録された西暦一・二世紀は、中国では後漢王朝（西暦二五—二二〇年）の時代に相当する。この時期は、内陸アジア・ルートとインド洋の海上ルートの交通が盛んになり、人や文物の往来が頻繁におこなわれるようになった。『エリュトラー海案内記』の時代からほぼ一〇〇年後の一六六年（後漢の延熹九年）に、大秦国王安敦、すなわちローマ帝国の皇帝マルクス・アウレリウス・アントニウス（Marcos Aurerius Antonius）の使者がインド洋ルートを通り、日南（ヴェトナム）の徼外《きょうがい》（国境の外）を経由して中国に来着した。この時に使者のもたらした献納品は象牙、犀角、鼊甲など、インド洋海域の特産品のみであって、珊瑚は含まれていないが、『後漢書』には大秦国の財宝として、夜光璧《へき》、明月珠、琅玕《ろうかん》、朱丹などと並んで、珊瑚があげられている。[14]

イスラーム史料に見られる珊瑚の記録については、後に詳しく述べるが、S・D・ゴイテインによる「カイロ・ゲニザ文書」の研究によれば、一一・一二世紀に地中海世界からアレクサンドリア経由でインド洋海域に運ばれる主要商品の一つとして珊瑚があげられている。[15]

日本では、明治維新以後になって、日本近海で採れる深海珊瑚が国内だけでなく、広く国際市場に出回るようになったが、それ以前の日本人が珍重していたのは「胡渡り珊瑚」と呼ばれる地中海産の舶来のベニサンゴであった。正倉院御物のなかに、奈良時代の珊瑚が納められているので、珊瑚の道は、すでに七・八世紀の頃から、地中海、西アジア、インド洋もしくはユーラシア大陸を縦断して中国を経由、はるばる極東の日本まで通じていたことになる。[16]

二　『諸蕃志』などに記録された珊瑚の主産地

中国からインド洋を経由し、イエメン〜紅海〜エジプト、さらに広く地中海世界までの間で人の移動や、モノ・情報の相互交流が盛んになったのは、とくに一〇世紀後半以後のことである。すなわち、それまでに商工業の中心として繁栄を続けていたエジプトのフスタートに加えて、九六九年、ファーティマ朝の軍営都市、政治中心としてカイロが建設され、この二つの都市を軸心として、地中海とインド洋の両海域世界をつなぐ東西交流のネットワークが活発に機能するようになった。[17] 中国側史料の『諸蕃志』は、著者の趙如适が泉州の提挙市舶司という海外諸国の貿易監督官を勤めていた頃に、そこに来航する外国商人たちから情報を蒐集して撰述した書物であり、南宋の理宗の寶慶元年（一二二五年）に完成した。[18] この書は、『通典』（巻一九三）や周去非による『嶺外代答』などの記事に加えて、最新の海外事情を含んだ詳細な記録である。[19] この書の内容の最大の特色は、『嶺外代答』の内容と比較すると、エジプト・紅海軸の交易ネットワークを通じて獲得されたと思われる、地中海世界の諸地域に関する情報が飛躍的に詳しくなっている点にある。藤善真澄が『諸蕃志』の邦訳の巻末解説「諸蕃志の世界」で指摘したように、『諸蕃志』の諸国の叙述配列が類似の他書と大いに異なる点は、交趾に始まり、南シナ海からインド洋、地中海をめぐり、再び南シナ海に回帰し、さらに東シナ海に至るという循環経路をとっていること、[20] また勿斯里国（ミスル、エジプト）、遏根陀国（アレクサンドリア）、斯加里野国（シキッリーヤ、シチリア島）、默伽獵（マグリブ）などについては、『嶺外代答』やその他の以前の史料にはほとんど見えない詳しい記録を含んでいることである。[21] そうした記録のなかでも、とくに注目すべき記録は『諸蕃志』の第二部（下巻）「志物」に含まれる、次の「珊瑚樹」の項であろう。

「珊瑚樹は大食の毗喏耶国に産出する。樹は海中のとても深いところに生えており、生えたては白色であるが、成長するにつれて甲が破れ（枝が分かれ出て）、一年ほどたつと黄色まじりに変色する。交錯しあう枝は三・四尺の高さにまで達する。大きなものは胴まわり一尺ほどになる。土人（現地の人々）は絲縄に五つカギの鉄錨をつなぎ、鳥鉛をおもりにして海中に投げ込み珊瑚樹の根をかき取ると、ロープで舟上の絞車（巻き上げ車）につないで巻き上げるが、いつも引っ掛かってくるとは限らない。採取したての枝は肌理《きめ》がとてもなめらかであるが、風にあたると乾いて硬くなり乾紅色（ぼけ色）に変化する。最も高さのあるのが高価である。もし加工に時を逸すると虫《むし》敗《くい》にかかってしまう。[22]」

以上の珊瑚樹の説明の一部は、『後漢書』（巻一一八）『唐本草』『本草衍義』（巻五）や『新唐書』（巻二二一下「拂菻傳」）などに含まれる古い記録と一部類似するが、珊瑚の名産地が毗喏耶国にあるとの情報は、他の記録にまったく見られない。なお、毗喏耶国の名は、同じ『諸蕃志』の「大食国」条の諸属国の一つとしてあげられている。[23]また、大食国の珊瑚樹の産地としては、同書の「黙伽獵国」条のなかに「海は水深二〇丈で珊瑚樹がとれる」とも記されている。[24]黙伽獵国は、アラビア語のマグリブ（al-Maghrib）の対音で、「日没の地」、現在のチュニジア、アルジェリア、モロッコなどの北アフリカ地域のことである。

では、毗喏耶国とは、どこを指しているのか。F・ヒルト（Fridrich Hirth）は『諸蕃志』の英訳本のなかで、この国名について「毗喏耶はアモイ方言ではP'i-lok-yaと発音し、アラビア語のイフリキヤ（Ifrikya）、アフリカの転写であるが、アラブ人たちにより、そのうちの現在のチュニスとトリポリを含む部分に使われた」と註釈している。[25]

しかし毗喏耶を、果たしてヒルトが説明するようにイフリキヤ、イフリーキヤ（Ifrīqiya, Ifrīqīya）の音写とするのが妥当な見解であるかどうかについて、私はこれを大いに疑問に思っている。その理由の一つは、毗の音はp'i, vi, bjiなどであり、また喏字の古音はziak, ziaであって、和音のジャクに近いと思われる。もう一つの理由は、アラビア語史料のなかに、イフリーキヤ地方（東部チュニジア、タラーブルスとバルカを含むマグリブ東部地方）に珊瑚の採集地があることを伝える記録がまったく見られないことである。私の考えでは、毗喏耶（Vi-ziak-ia, Bi-zia-ya）は現在のアルジェの東一七五キロメートルほどにある港町ビジャーヤ（Bijāya）に比定する方が音写としても適切であるし、またこの地が珊瑚の当時の集荷市場として有名であったことからも、『諸蕃志』の記載とうまく合致するように思えるのである。この点については、後にさらに詳しく述べてみたい[26]。

ここではまず、珊瑚の産地について伝えた若干のアラビア語史料を見てみよう。『諸蕃志』とほぼ同時代のアイユーブ朝時代のエジプトの学者ティーファーシー（al-Tīfāshī, Sharaf al-Dīn Abū al-ʻAbbās Aḥmad b. Yūsuf al-Qaysī, 1184–1253）による『奇石の書 *Kitāb al-Azhār al-Afkār fī Jawāhir al-Aḥjār*』には、次のような記録が見える。

「珊瑚は、イフリーキヤの海（東地中海）のマルサー・アルハラズ（Marsā al-Kharaz）と呼ばれる場所にあり、またイフランジャの海（西地中海）にもあるが、大部分はマルサー・アルハラズにあるものである。そこから珊瑚は、東方［イスラーム］地域（al-Sharq）、イエメン、インド、中国《スィーン》やその他の地方に輸出される。産出量、大きさや質という点で、これ［に匹敵するものはここ］以外の場所には存在しない[27]。」

また、『諸蕃志』とほぼ同時代の一二五六年にダマスカスで生まれた地理学者ディマシュキーは、『陸と海の驚異に関する時代精選 *Nukhbat al-Dahr fī ʻAjāʼib al-Barr waʼl-Baḥr*』のなかで「珊瑚樹は、ルームの海（地中海）の海底の三ヵ所、つまりシチリア島、マルサー・アルハラズとマルサー・サブタ（サブタ港）にある」と説明している[28]。

マルサー・アルハラズが地中海における珊瑚の名産地であったことは、すでに一〇世紀半ばの地理学者イブン・ハウカルやムカッダスィー、一二世紀のイドリースィーなどが詳しく伝えている[29]。イブン・ハウカルは、九七七年頃に増補改訂した地理書『大地の姿 *Ṣūrat al-Arḍ*』——イスタンブルのトプカピ・サライ所蔵写本（Topkapı Sarayi, MS. No. 3346）——のなかで、タバルカ（Ṭabarqa）の村を説明した後、そこから海岸沿いに約一日行程のとこ

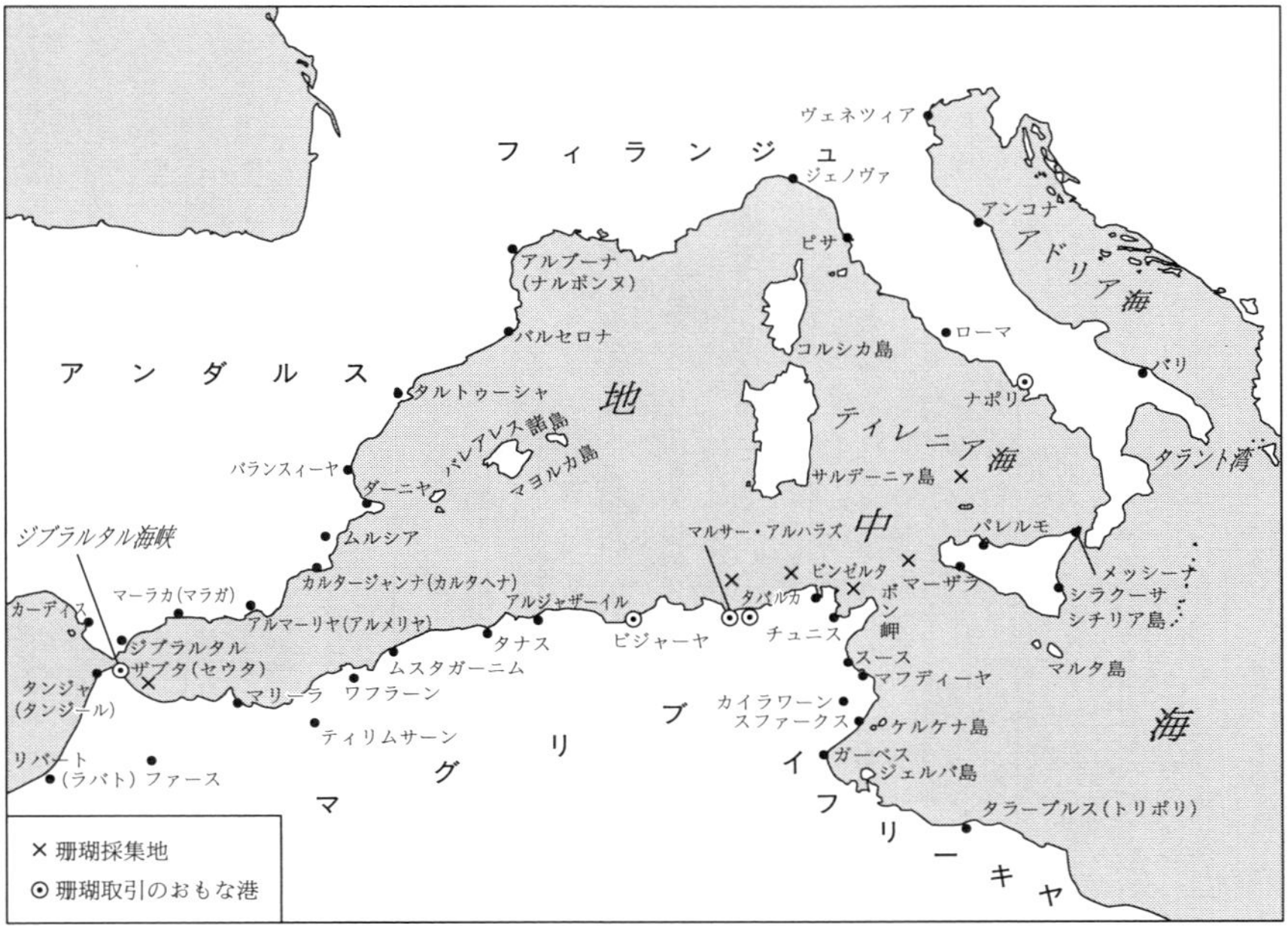

図 2　地中海の主要なベニサンゴの採集地と珊瑚取引の港

ろにあるマルサー・アルハラズについて述べ、そこの海に珊瑚の採集場があることを指摘している。

「マルサー・アルハラズもまた［タバルカと同じく規模の小さな］村であるが、そこは珊瑚採集場のために、また商人たちが集まる場所としても優れた位置にある。数ある［世界の］海のなかで、良質さの点でそこのもの（珊瑚）と比べられるものを私も知らないし、マルサー・アルハラズと呼ばれるこの村以外の場所では、［ターナス（タナス）の町と］アルジャズィーラ・アルハドラー（アルヘシラス）の名で知られたジャバル・ターリク（ジブラルタル）の町のあるアンダルス対岸のサブタの町を除くと、珊瑚は他に存在しない。サブタの珊瑚は、マルサー・アルハラズで採れるものと比べると、宝石としての価値は低く、産出量もわずかである。マグリブのスルタン［＝マンスール］はそこで採れるもの（珊瑚）に課税するために代理人たち（umanā'）を、またそこでの礼拝と治安の維持をおこない、この採集地で採れるもの（すべての珊瑚）の規制をおこなうために一人の調査・監督官（nāẓir）を配置した。この町の商人たちは、珊瑚の売買に立ち会う仲買人《スィムサール》たちのもとで［の取引の時に］、各地方から集まって大商いをおこなう。その町における珊瑚採集の最盛期には、おおかた五〇艘、もしくはそれ以上の船が出漁するが、一艘の大船（qārib）に二〇人前後の男たちが乗り組む。ところで、珊瑚は水中に樹木のように生える植物で、［成長すると］しだいに、巨大な二つの岩礁の間の水中で石のように硬くなる。[30]」

マルサー・アルハラズは、現在のアルジェリアのラ・カール（La Calle, Kaleh）のことで、チュニジアとの国境近くに位置する。また、この文中の「マグリブのスルタン［＝マンスール］」とは、現在のチュニジアのマフディーヤに都したファーティマ朝の第三代目のカリフ＝イスマーイール・アルマンスール（Ismāʿīl al-Manṣūr, 在位九四六―五三年）を指すと思われる。マンスールの名前はイブン・ハウカルの「ド・フーユ校訂本」（*BGA*, Vol.2）による『諸道と諸国の書 ***Kitāb al-Masālik wa'l-Mamālik***』にのみ記録されており、マンスールの没後に増補改訂されたトプカピ・サライ所蔵のイブン・ハウカル写本（九七七年頃の改訂本）ではこの名前を省き、代わりに「マグリブのスルタン（sulṭān al-Maghrib）」と改められている。[31]

マルサー・アルハラズの珊瑚については、イブン・ハウカルとほぼ同時代のエルサレム生まれの地理学者ムカッダスィーの記録にも見られる。彼は、その地理書『諸地方の知識に関する最良の区分 *Aḥsan al-Taqāsīm fī Maʿrifat al-Aqālīm*』のなかで、マグリブ地方の特産品について言及し、マルサー・アルハラズが珊瑚の唯一の産地であることやその採集方法を詳細に伝えている。それによると、そこの人々は海底の珊瑚を採るために複数の大船（qawārib）[32]を仕立てて出発し、木製の十字鉤に亜麻布をほどいたものを巻きつけ、それぞれの十字鉤には二本の綱を結ぶが、これは二人の男が持つためである。この十字鉤を二人の男が水中に投げ入れ、水夫たち（nawātī）が船を漕ぐ。鉤が珊瑚の枝に引っ掛かると、彼らはそれを引っ張り上げるが、一万から一〇ディルハムの重量までいろいろな珊瑚が採れる。珊瑚は彼らの専用の市場で磨かれ、安価にどんどんと売り捌《さば》かれる。それは磨き上げる前には、光沢も色彩もない、などの点を述べている。[33]

さらに、オスマン朝の海軍指揮ピーリー・レイス（Pīrī Reis）の記録『海洋の書 *Kitabı Bahriye*』もまた、マルサー・アルハラズにおける珊瑚採集の方法について、ムカッダスィーとほぼ同様の説明をおこなっている。[34]

これらの記録によって、マルサー・アルハラズがマグリブ地方唯一の珊瑚の産地であり、そこには専用の加工工場と市場があったこと、国家の管理・統制下に置かれていたことなどが知られる。とくに興味深い点は、そこでの採集方法が『諸蕃志』に伝えられた大食毗喏耶国におけるものと、ほぼ一致することである。ただし『諸蕃志』の説明では、五つ鉤の鉄錨を縄でつないだもので海底の珊瑚を引っ掛けるとあるが、ムカッダスィーによれば木製の十字架形の鉤を使うとされ、また後述するように、現在、チュニジアのタバルカでおこなわれている珊瑚の採集方法でも「聖アンドレ（Saint André）の鉤」と呼ばれる十字形の鉤が使われており、[35]この点はやや異にしている。しかし、同じく宋代の文献で『事林広記』のなかに収録された『島夷雑誌』によると、「黙伽譪（臘）国」、すなわちマグリブ地方の章では「海には珊瑚を出だす。国人これを取るに索を用いて十字木に縛し、麻線をもって乱絞し、十字の上に置く。石墜（石錘）を用いて水中に入れ、訌に棹さし、索を引いて扼いて其樹を割き取る」[36]とあって、この採集法はムカッダスィーの伝えるところとよく符合している。またムカッダスィーの所伝のなかで、十字鉤には二本の綱を縛りつけ、これを二人の男が引っ張り上げると述べられているが、この点については中国元朝の末期にインド洋方面を広く航海して帰り『島夷誌畧』を著した汪大淵が「哩伽塔国」——明らかに『諸蕃志』の黙伽獵国、『島夷雑誌』の黙伽譪国、『大徳南海志』の黒加魯（嘿加魯）に同じで、哩は黙、塔は獵の誤写であり、三者はいずれもマグリブ（al-Maghrib）のこと——のなかで「国［の王］居は遼西（極西）の界（果て）、すなわち国王海（地中海）の［海］濱にある。……その［珊瑚］樹は、或るものは長さ一丈有余、或るものは七、八尺ばかり、一尺有余のものもある。秋と冬に民間［人］みな船を用いて採取するが、横木を用い、破れた網や［薄い］紗の［糸］線をその上に繋ぐ。よって索（太綱）で木に縛り、両頭人（二人の男）が船の上においてこれを引けば、すなわち珊瑚樹の枝の部分やゴツゴツした部分が引っ掛けられ、引っ張られて、上がってくる」[37]と説明していることと一致する。

地中海の第一の珊瑚の採集地をマルサー・アルハラズではなく、タバルカ（Tabarqa）付近にあるとする別の史料が残されている。それは、著者不詳であるが、ムカッダスィーとほぼ同時代の人によるもので、九八二年にサーマン朝の一地方長官に献納されたペルシャ語の地理書『世界の境域地帯』のなかに見られる。つまり「タバルカは、ルームの海（地中海）の岸辺にある町で、その近くの海中にはきわめて多数の珊瑚があるが、世界中でそれほどの地は他にない」[38]と記されている。タバルカの珊瑚については、イブン・ハウカルとほぼ同時代、もしくはそれより少し前の人、イスタフリーもすでに言及している。[39]現在のタバルカは、チュニス市の西北西一七〇キロメートル、アルジェリア国境の東一七キロメートル、ウエド・エルケビール（Oued-el-Kebīr）河口にある漁港で、海岸近くにはタバルカ島があって、最近はリゾート地として知られている。ローマ、ビザンツ時代にはタバルカ（Thabarqa）と呼ばれて、内陸部から運ばれた小麦、オリーブ油、木材、鉱物などが輸出される港町として繁栄したが、一〇世紀後半から一五世紀には港町の活動は衰退に向かい、[40]ムカッダスィーは、タバルカの城はすでに廃墟になっていて、住民はその郊外の居住地《ラバド》に住んでいると記録している。[41]一六世紀の記録で、ピーリー・レイスは当時のタバルカについて、マルサー・アルハラズの北東三〇マイル、古い廃墟になった城塞があり、その前の港は一般の船や軍船のための良港となっているとだけ説明して、[42]珊瑚に関しては言及していない。しかし一七世紀以降に、タバルカの近海に珊瑚採集場が発見されたことから、そこの港には多くの珊瑚採集船が出入りして、加工産業も発達し、イタリア商人たちが珊瑚の買入れに集まるようになった。[43]

このように、タバルカの地が珊瑚の産地であるとする若干の記録が残されているにもかかわらず、何故、イブン・ハウカルをはじめとして、ムカッダスィー、イドリースィー、バクリー（al-Bakrī）、アブー・アルフィダーゥなどのおもな地理学者たちはいずれも、タバルカの珊瑚について沈黙しているのであろうか。イブン・ハウカルやイドリースィーによると、タバルカからマルサー・アルハラズまでの距離は一日行程、ピーリー・レイスでは三〇マイル（約六〇キロメートル）とある。このことから考えて、マルサー・アルハラズを基地とした珊瑚採集場とタバルカのものとは、実は同じ海の採集場であり、珊瑚船が基地とした港の違いに過ぎないと考えられる。一二世紀の匿名の地理学者による『諸都市の驚異に関する洞察の書 *Kitāb al-Istibṣār fī ʻAjāʼib al-Amṣār*』は、タバルカの町について、次のような詳しい記録を残している。

写真1　タバルカ産のベニサンゴ

「そこは海に近い大河の辺りにあり、船が市門のところまで航行可能である。なお、その町の近くに、マルサー・アルハラズがある。タバルカ（島）は古くからの町で、わずかな通路を除いて各々の方向とも海が取り囲んでいるため、冬季には海が［荒れて］その通路を寸断することもある。町の周囲に旧い城壁があって、かつてそこではルーム国（ビザンツ帝国）との聖戦《ガズワ》のため、船の建造がおこなわれていた。また、そこでは珊瑚が採れ、そこから世界中に輸出されている。そこには海底の珊瑚を採取することだけを職業とする一集団（qawm）がいて、彼らは幾艘もの［大］船と小船（zūraq, zawāriq）を所有している。それ（珊瑚）は、複数の枝木のある草木のことで、海から珊瑚を採集する状況は、以下の通りである。彼らは部分部分を相互に十字に組み合わせた木を用意し、それに亜麻布もしくは大麻のロープを縛り、きっちりと固定する。そして、彼らは海にそれを投げ入れ、小船を走らせると、この亜麻布が海底を引きずられ、珊瑚が砕けて、亜麻布に引っ掛かる。そこで、彼らはそれを調べて、引っ掛かったもの（珊瑚）を取る。伝えられるところによると、珊瑚は海底ではただの柔らかく湿った状態のものであるが、空気に触れると硬くなるという。毎年、その海では数キンタールの量のものが採集されるが、それは世界でも最も高価な珊瑚であり、とくにインドと中国において最も珍重されているものである。［その他に、］サブタの村々のなかの一つ、バルユーナシュ（Balyūnash）村の海浜に近い［ジブラルタル海峡の］瀬戸の海（Baḥr al-Zuqaq）で採集されるものなどもあるが、それらは、このタバルカのものと同品質のものもあれば、それを上回るものもある。また、それはアンダルスの海（Baḥr al-Andalus）でも採れるし、緑海（al-Baḥr al-Akhḍar, アラビア海）の一部の島にもあるが、ここ（マルサー・アルハラズ）産のものがそうした他のもののなかでも一番価値の高いものである。[44]」

三　珊瑚の集荷市場ビジャーヤ

それでは、趙如适が珊瑚の主産地として特記した大食毗喏耶国とは、何処を指しているのだろうか。前述したようにヒルトはこれをイフリーキヤの音写としたのに対して、私は現在のアルジェリアの港町ビジャーヤ（Bijāya, Bougie）に違いないと考えた。

ビジャーヤは、アルジェ市の東一七五キロメートルにあって、グラーヤ山（Jabal Gurāya）の麓に発達した町で、その前面には風波を避ける深い入江を控えている。その入江の一部に古代のサルダエ（Saldae）の港町があり、ローマやカルタゴの貿易船の出入りで賑わった。この町がとくに重要な役割を果たすのは、一一世紀半ば以降のことである。[45] 一一世紀の地理学者バクリーによると、そこは古い町で、冬の快適なリゾート地として知られ、アンダルス人が多く移り住んでいるという。この頃から、先住民のベルベル系ビジャーヤ族とイベリア半島（アンダルス地方）から移住したムスリムたちとが一緒に、それまでの要塞《カルア》（Qal'a）とは別の居住区を築いて居住するようになり、その町の名前も先住民の名前にちなんでビジャーヤと呼ばれるようになった。[46]

一〇六七年、ハンマード朝のスルタン＝ナースィルは、ビジャーヤ地方を奪うと、そこを同王朝の首都とし、「ナースィルのビジャーヤ（Bijāyat al-Nāṣirīya）」の名で呼んだ。しかし、一一五二年に、ムワッヒド朝のアブド・アルムゥミン（'Abd al-Mu'min）がビジャーヤを占領し、そのためハンマード朝最後の王はシチリア島に亡命した。一一五四年、サブタ生まれの地理学者イドリースィーは、海峡を隔てた対岸のシチリア島にあるノルマン王朝の都パレルモに滞在して、その王ルッジェーロ二世に仕え、有名な地理書『世界の極遠の各地を踏破することを望む者の慰みの書 *Kitāb Nuzhat al-Mushtāq fī Ikhtirāq al-Āfāq*』を編述した。彼は、その書のなかで、当時のビジャーヤについて、次のように記している。

「このわれわれの時代において、ビジャーヤの町は中部マグリブ地方（al-Gharb al-Awsaṭ）の都会、ハンマード朝（Banū Ḥammād）の諸都市の目玉《アイン》（中心）、そこをめざして船が集まり来る所であり、またそこはキャラバン隊の碇泊する所、陸上と海上からの商品が輸入される所である。そこでの売り物は市場価格が高く、そこの住民は富裕な商人たちである。そこには、多くの他の国々ではけっして見つからない生産物があり、職人たちが住む。そこの住民は極西マグリブの商人、サハラの商人たちや東方イスラーム世界の商人たちと互いに親しく付き合い、そこでは［多くの］積荷の縄が解かれ、商品は途方もない価格で取引されている。……そこの山岳地に木材があるため、町には艦隊、船舶や戦艦を建造する造船所がある。[47]」

さらに、イドリースィーとほぼ同時代の匿名の地理学者による『諸都市の驚異に関する洞察の書』には、以上のイドリースィーの説明に加えて、「そこ［ビジャーヤ］は、シリアおよびそれ以外のルーム地方の果てから来たルーム人の船（sufun al-Rūm）、エジプト地方の一部のアレクサンドリア、イエメン地方、インドや中国などからのムスリムたちの船（sufun al-muslimīn）が碇泊する大規模な投錨地（marsā ʿaẓīma）である[48]」と述べられている。上記の文中のルーム人の船とは、ヴェネツィア、ピサ、ジェノヴァ、マルセイユやカタロニア地方から来た商人たちの船を指しており、ビジャーヤの港で鉄、鉛、明礬、干しブドウ、乾燥果実、ワックスなどの商品を購入した。ここで、とくに注目すべき点は、ムスリムたちの船には、はるばるイエメン、インドや中国などのインド洋海域世界から来航した人々が乗り組み、ビジャーヤの港町を訪れていたと記録されていることである。また、一四世紀の地理学者アブー・アルフィダーゥはイブン・サイード・アルマグリビーの情報にもとづいてビジャーヤの町を説明したなかで、「ビジャーヤは中央マグリブの首邑。……ビジャーヤ王国（Mamlakat Bijāya）の東国境の外れ、クスティーナ（Qusṭīna, コンスタンチーヌ）の東には、珊瑚の特産地マルサー・アルハラズがある。また、このビジャーヤの投錨地の手前［の海］にはサルダーニヤ（サルデーニア）島がある[49]」と伝えている。ここでのビジャーヤ王国とは、明らかにビジャーヤに都するハンマード朝のことであり、その領土の東の外れに珊瑚の名産地マルサー・アルハラズが含まれていたことを具体的に示している。

以上のような記録資料を通じて、次の点が結論づけられるであろう。

(1) ハンマード朝時代（一〇一五―一一五二年）のビジャーヤはその王都として、中部マグリブ地方で最も栄えた町であり、各地から来航する貿易船で賑わっていた。

(2) ハンマード朝の領土の東端には、珊瑚の世界的産地として有名なマルサー・アルハラズがあった。そのことからすると、タバルカやマルサー・アルハラズで産した珊瑚は、ハンマード朝の都であり当時の中部マグリブ地域の一大商業中心地であったビジャーヤに運ばれ、そこで売り捌《さば》かれていたと見るのが自然であろう。

(3) マルサー・アルハラズの珊瑚は、世界でも最も高価な珊瑚であり、とくにインドと中国において一番珍重されていた。

(4) ビジャーヤ港を訪れる外国船のなかには、イエメン、インドや中国などの商人たちが含まれていた。彼らの目的は、マルサー・アルハラズの珊瑚を購入することであった。

したがって、『諸蕃志』の著者、趙如适が一二二四年に提挙福建路市舶という要職に就いた頃、泉州の港に来航するムスリム商人たちによって、地中海の珊瑚のことが伝えられ、その産地は実際の採集地の場所ではなく、当時の中部マグリブ地方に政権を築いたハンマード朝、つまりビジャーヤ王国のビジャーヤの名前をもって知られており、珊瑚の採集法についてはマルサー・アルハラズ、またはその近くのタバルカでおこなわれていた方法が情報として伝わったのであろう。

結びに代えて

私は、一九七〇年一一月、七九年一一月と九一年一二月の三度、北チュニジアのタバルカの町を訪れ、現在における珊瑚採集の状況を実地に調査した。(50) 一九七〇年一一月に初めて訪れた時には、チュニスから古ぼけた三両連結のディーゼル電車に乗ってタバルカまで行ったが、その後、鉄道の一部が廃止されたので、現在では途中のマートゥール（Mātour）駅でバスに乗り換えなければならない。町の背後には、緑豊かな山が迫り、冬でもミモザの黄色い花が咲き、前面にはジェノヴァ人の築いた要塞をいただく小島、そして波静かな入江には点々と漁船やレジャーボートが浮かんでいる。

一九七〇年一一月のこと、私はタバルカ港に向かうと、埠頭の隅に二〇〜三〇艘の小型漁船が繋泊しているのを見た。そのなかに舷側に巻揚げ機を備えた船が何艘かあったので、近くで魚網の繕い作業をしていた数人の漁師に訊いてみると、珊瑚採集用の船であるという。そこで早速、彼らにタバルカの珊瑚について、いろいろと質問してみた。

珊瑚採集用のボートは、艇身九メートル、四トンほどの二人乗り小型ボートで、船首近くの右舷側に一基の巻揚機《ウィンチ》が付いている。彼らの話によると、八月のイセエビ漁が終わった後の九月から一〇月、時には一二月に入る頃まで、一部の船が珊瑚採集を続けているという。珊瑚の採集は、朝の夜明け前に港を出て、陸から五、六マイル離れた水深六〇〜一〇〇メートルの岩場でおこない、夕方六時には港に戻る。珊瑚の採集には「聖アンドレの十字架」と呼ばれる道具が用いられるが、これは二本の角材を十字型に組み合わせて中央部をボルトで留めるが、縦軸となる二メートルの長い角材に、横軸となるそれぞれ五〇センチメートルの二本の腕が出ている。両腕の先端部には一〜二メートルの使い古しの漁網の束と石の重りを結びつける。十字の交わる中央部のところに、柔らかくほぐした麻布が巻きつけられ、縦軸の長い方の角材の先端部から六〇〜一〇〇メートルの綱が伸びて、これが船の巻揚機に繋げられている。珊瑚を採集する場所に着くと、十字架は船縁から垂直に水中に投げ入れられ、岩場に達すると、船にエンジンを掛けて左右に走らせる。一五年から二〇年ほど前までは、帆曳き船であったという。しばらく船を走らせると、十字架が岩場に生えた珊瑚にぶつかって、麻布と古網にその破片が絡みつくので、十字架を巻揚機で巻き揚げる。こうして一日一〇時間以上におよぶ厳しい作業を何度も繰り返して、わずか一・五〜三キログラムの珊瑚片を採集する。しかも、しばしば十字架が岩に引っ掛かって動かなくなり、強風や激しい潮流のなかで、太い鉄輪や鉤を使って岩を砕き、十字架を引き上げるといった危険で困難な仕事を続ける。そのために、最近の若い漁師たちは珊瑚漁を敬遠して、サーディンやイセエビ漁をおこなっているという。採集された珊瑚は、タバルカの町の工場で加工され、その多くは観光客用の土産物として売られているが、かつてはイタリア商人によって買い取られ、シチリア島の珊瑚加工工場に集められた。タバルカの珊瑚採集は、一九〇〇年以後、急速に衰退したが、一八〇〇年代の後半には二〇〇〜三〇〇艘の大型珊瑚船（艇身一三メートル、幅三メートル、二つの帆とジブセールを装備した一〇〜一六トンの帆船で、八〜一〇人が乗り組んだ）と小型船（六、七メートル、一〜五トン、五人が乗り組む）が船団を組んで大規模におこない、そのころの珊瑚採集場は西はアルジェリア国境の沖合からビンゼンルタに近いセッラ岬やネグロ岬の沖まで広がっていたという。

一九七九年一一月、タバルカ港を再訪した時、私は珊瑚採集船の甲板上でおこなわれる「黒牡牛の供犠（dhabī-hat al-baqar）」と呼ばれる儀礼を目撃する機会に恵まれた。イスラーム暦のズー・アルヒッジャ月（一二月）二九日金曜日のこと、翌日はヒジュラ暦一四〇〇年ムハッラム月の元旦（ra's al-sana）である。港は防波堤に囲まれ、埠頭の隅には二〇〜三〇艘の珊瑚採集船が一かたまりになって繋泊していた。その一艘に目を止めると、真黒な子牛一頭が舟上に立ち、他の舟にも同じような黒牛、あるいは黒山羊が乗っている。しばらくすると、四、五人の漁師たちが舟に乗り込み、黒牛の足を細紐で縛って押し倒した。長老らしき一人が小刀を持って牛の頸部を切ると、別の男が流れ出る血を洗面器に受けた。まず、舳先のところに進み、右手で掬うようにして血を注ぎ掛け、次に珊瑚採りの曳廻網の道具「聖アンドレの十字架」の上、巻揚機、操舵・運転室、船尾、舵、舷側、舟の周囲の海面、などを赤い血で染めていった。隣の船では、黒山羊が屠られて、同じように船の各部に血が注がれていく。船の上で牛の供犠を見ながら、私は一人の若い漁師から次のような説明を受けた。この儀礼は、スィディー・ムーサー（聖者モーセ）に捧げられる「黒牡牛の供儀」と呼ばれる。儀礼の順序は、まず明け方の暗いうちに港から近いところにあるマラブー（ムラービト）[51]の聖者スィディー・ムーサーのザーウィヤ（霊廟）の前に、船主と漁夫が黒牡牛を連れて一緒に集まり、念誦（ズィクル）をおこなう。その後、太陽が昇り、九時頃になって、行列を組んで埠頭に行くが、この時、船主は参加せず、漁師仲間だけでおこなう。連れていった黒牡牛を甲板にあげ、その上で屠る。それは牛の血を船の各部に注ぎ掛けることで航海安全と豊漁を祈願するためであり、血によって海は鎮まり、また沢山の珊瑚が茂るようになると信じられているという。

最後に、ゆっくりと一艘の船が港から出ていった。防波堤の外で、円を描くように一回、二回と船は回りながら、洗面器の血を海に少しずつ注ぎ、周囲の海水が赤く染まっていくのがよく見えた。

このような珊瑚をめぐる宗教儀礼がおこなわれ、昔ながらの珊瑚採集船が現在もなお、わずかではあるが活動している状況を知ったとき、私は、過去の時代から続いてきたタバルカ珊瑚の生きた歴史に直接触れたような深い感動を覚えたのである。

第2章　沈香・白檀の産地とイラン系商人の活動

はじめに

奈良の法隆寺献納宝物の一部に、沈香一点と白檀二点の香木が伝わっている。そして、そのうちの白檀二点に刻書と焼印があることは、すでに古くから知られていた。献納宝物の総合的な調査・研究をおこなった東野治之によれば、白檀二点は東大寺の『正倉院御物棚別目録』に蘭奢待《らんじゃたい》（黄熟香）や全浅香（紅沈香）と記された沈香木と並んで、天下の名香に数えられてきた品であり、明治初年に法隆寺から皇室に献上され、いわゆる法隆寺献納宝物として、現在では東京国立博物館に所蔵されている(1)。

江戸時代から長い間、謎とされていた、この白檀にある刻銘と焼印の意味を解明するために、東野はイラン系および中央アジア系諸言語の専門家である上岡弘二、熊本裕、吉田豊の三氏の協力を仰いで研究を続けてきた。その調査・研究の結果として、この白檀についての注目すべき新事実が明らかにされた。本章の目的は、法隆寺献納宝物の香木についてのこの新しい研究をもとに、香木をめぐる生産地・中継取引・商人・集荷市場から消費に至る流通機構と、それに関わるインド洋海域の交易ネットワークを明らかにすることにある。

一　白檀に残された刻銘と焼印の謎

白檀の二点は、いずれも六〇センチメートルほどのごつごつとした丸太に過ぎないが、その端に近いところに、長さ二〇センチメートルほどにわたって荒っぽい刻みがあり、二つの白檀ともにほぼ類似の刻み方である。焼印は、この刻みの端近くに押されて、二個とも一部しか印影が出ていないが、二つを合わせると、完全な一つの印影を復原することができる[2]（写真1）。

また、白檀には表面にいくつかの墨書があって、東野によれば、そのなかの「字五年」は「天平宝字五年」（七六一年）と解釈されるので、この年以前に日本に舶載のあと、他の正倉院宝物と同じ頃、法隆寺の所有になったと考えられる。

以上の事実のもとづいて、白檀の表面に見られる刻みと焼印は、何らかの必要があって刻入・押捺された、漢字以外の文字であり、しかも八世紀半ば頃にはすでに法隆寺にもたらされたことが推測されてきたのである。そして、上岡、熊本と吉田の共同研究によって、①刻銘の文字はパフラヴィー文字で、銘の内容は「ボーフトーイ」(bwhtwdy) という人名であること、②焼印の文字はソグド文字のニーム (nym) とスィール (syr)、その意味は〈二分の一シール（重さおよび貨幣の単位）〉であることが判明した[3]。

周知の通り、パフラヴィー語はサーサン朝ペルシャ時代に使われた中期ペルシャ語であり、一〇世紀以後になって近世ペルシャ語が登場してくるまで、イラン系の人々によって広く使用されていた。また、ソグド語は、現在の中央アジアのウズベキスタン共和国内のサマルカンドを中心とするイラン系原住民ソグド人が用いた言語であり、彼らの文字とマニ教文化もまた、中央アジアのみならず、中国やモンゴルの各地に大きな影響を残した。とくに

(1) 白檀の香木（法 112 号）

(2) 香木の焼印（法 112 号）
下の図は，もう一つの香木（法 113 号）にある焼印と合わせ，復元した印影

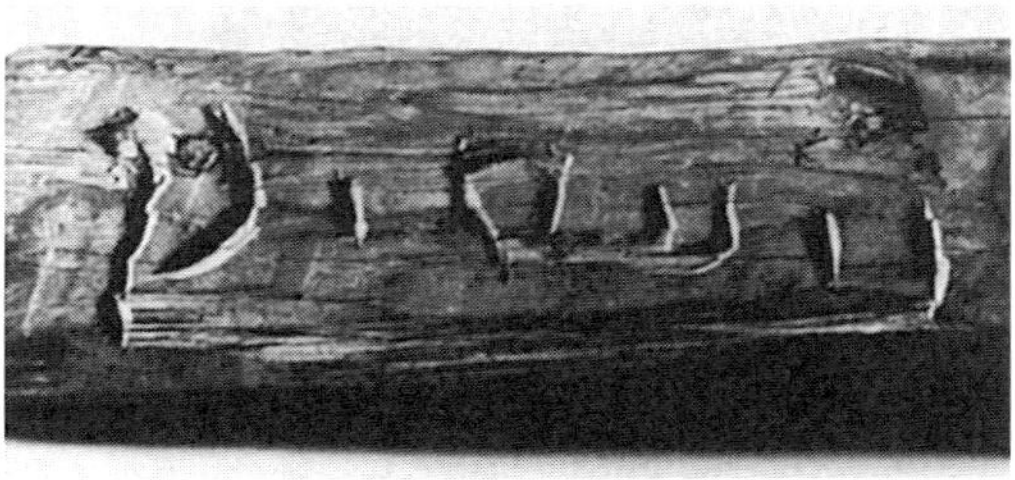

(3) 香木の刻銘（113 号）

写真 1 法隆寺献納宝物の白檀香木と刻銘（東京国立博物館蔵，東野治之『正倉院』岩波新書，87，92-93 頁より）

七・八世紀において、ソグド出身の商人の活躍はめざましく、東は中国、南はインドやスリランカの各地に至り、国際交易に広く活躍したことで知られた(4)。

では、なぜ、白檀にパフラヴィー文字の刻印やソグド文字の焼印が残されたのか。後述するように、檀香類（白檀、紫檀、黄檀、沙檀）や沈香などの香木類の原産地は、いずれも東南アジアとインドの僻地の熱帯森林および高地に限定されていた。したがって、白檀と沈香は、原産地で採集されたものが、集荷・取引・中継された後、内陸アジア、もしくはインド洋海域を経由する交易ルートを経て中国市場に転送され、さらに船で日本の博多（大宰博多津）やその他の港に陸揚げされて、奈良に運ばれたものであって、その集荷・輸送、もしくは中継取引の過程で、ソグド商人を含むイラン系商人の介在があった、と推測されるのである。

二　アラビア語史料による沈香と白檀の産地

九一〇年前後にスィーラーフの人、アブー・ザイドは『中国とインドの諸情報』のなかで、インド洋海域世界は西アジア、地中海世界、インドや中国などの、いわゆる中緯度の都市文明圏で消費される新奇な物産の豊富な生産地であることを指摘して、「インドと中国の海《スィーン》（インド洋海域）のように、その海底に真珠や龍涎香があり、その[島の]山々に宝石、金鉱山があり、そこの獣口に象牙があり、そこに生育する植物に黒檀、蘇枋木、藤・竹、沈香と龍脳の樹木、肉豆蔻《にくずく》の種子、丁字、白檀、その他の良質の香気強い芳香類があり、またそこの鳥類にはファファーギー、つまり鸚鵡《おうむ》と孔雀があり、そこの地で狩猟の対象とするものには麝香猫、麝香鹿がある等々、あまりにも[神の]恵みが多過ぎて、誰一人として数えられないほどである」と述べている。(5)

これらのインド洋海域の特産品のなかでも、とくに香料類が量・質・取引額のいずれにおいても、最も重要な位置を占めていたと考えられる。趙如适による『諸蕃志』の第二部（下巻）「志物」は、東南アジアやインド洋方面から中国に輸入されていた四三品目の物産を挙げているが、そのうちの三一品目は香料薬品類によって占められ、沈香は五品目、檀香類についても同じく五品目（黄檀、紫檀、沙檀、點星香、破漏香）をあげている。(6)

沈香は東アジア文化圏の香料を代表するものであり、香木、香り、焚香料といえば、まず沈香を意味しており、ついでは白檀を指した。(7) アラビア語によっても、古くからウード（ʻūd）といえば香木、とくに沈香のことであった。沈香と白檀の多くは、焚香料としてそのまま利用されたが、蒸留して油を取り出し、香粧料や医薬品としても珍重された。また、白檀を素材として仏像を彫刻したものも少なくなかった。この二つが、中国をはじめとして朝鮮や日本でとくに注目されるようになったのは、六・七世紀以後のことと思われる。すなわち、東アジア文化圏における律令制国家の形成と仏教文化の拡大にともなって、国家による祭儀・式典の挙行の際の焚香料として、また仏教建築と神仏具の材料としてのみならず、高級官僚や貴族階級の生活文化のなかにも深く香木の使用が浸透したことによって需要と消費が急増したこと、それと同時に、南シナ海や東シナ海を舞台とした船の往来や、とくに新羅商人の活躍によって、海上交易が著しく活発化したことなどによると考えられる。(8)

六世紀から八世紀にかけて、中国は、インドシナ半島や東南アジア島嶼部で産出する沈香と檀香類の最大の集散地および取引市場であり、同時に消費地でもあった。また中国市場に集められた一部のものは仲介・取引されて、他の東アジア文化圏だけでなく、さらに遠くはインド、西アジアや地中海世界の各地にも転送された。

六世紀前半のネストリウス派の修道士コスマス (Cosmas Indicopleustes) は、西アジア・地中海世界に運ばれる沈香、白檀と丁字 (丁香) は絹織物と一緒に、中国 (Tzinista) 市場などを経て、スリランカで集荷・取引されたと記している。また、プロコピウス (Procopius) の記録によれば、これらの東方から運ばれた香木類や絹織物は、おもにイラン系商人たちによって購入された後、ペルシャ湾経由、西アジアの市場に搬入された。当時、サーサン朝ペルシャ帝国の軍事的・経済的支援を得たイラン系商人たちは、ペルシャ湾岸だけでなく、アラビア海を越えてインドやスリランカ、イエメンの諸港を訪れていた。(9)

シリアのダマスカスに都したウマイヤ朝時代 (六六一—七五〇年) に、オマーン出身のハワーリジュ派イバーディー教派商人の一人、アブー・ウバイダ (Abu 'Ubayda) は、海路を通って中国を訪れ、沈香を購入したという。(10)また少し後の時代の記録ではあるが、イブン・フルダーズベ (Ibn Khurrdādhbeh) によると、八・九世紀に活躍した国際商人、ラーザーニーヤ系ユダヤ商人 (al-tujjār al-Yahūd al-Rādhānīya) は、中国の市場で麝香、沈香、樟脳、肉桂などを購入して、西アジアや地中海世界にもたらした。(11)

西アジアのアラビア語文献中に、沈香と白檀に関する詳しい記録が現れるのは、九世紀半ば以後のことである。

そこで次に、アラビア語によって記録された文献史料にもとづいて、沈香と白檀のおもな生産地と集荷市場・積出し港や搬送ルートなどの流通経路を明らかにしてみたい。

（1）沈香

山田憲太郎によれば、沈香を生じる植物はジンチョウゲ科（*Thymelaeaceae*）の *Aquilaria* 属の数種の植物であるが、その他に *Gonostylus* 属の数種がある。この植物の材、とくにその枯乾した木質の部分などに樹脂が沈着凝集した部分だけを採集したものが沈香木であり、代表的なものはインド、ミャンマーとカンボジアなどで産する *Aquilaria agallocha* である。中国では、その沈着凝集している樹脂分が重くて水中に沈むことから、「沈む香木」、すなわち沈香の名が生じたという[12]。一三世紀の地理学者イブン・サイード・アルマグリビー（Ibn Saʿīd al-Maghribī）もまた、ジャワ産の沈香について、「その沈香［の木質部の色］は黒く硬質で、まるで［船の船艙に積む］重し（バラスト）のように水に沈む」と説明している[13]。アラビア語諸文献に記録された沈香のおもな種類と産地を説明すると、以下の通りである[14]。

(1) マンダル産沈香（al-Mandalī, al-ʿūd al-Mandalī）　イブン・アルバイタール（Ibn al-Bayṭār）は、イブン・スィーナー（Ibn Sīnā, 980-1038）による『医学宝典 *Qānūn al-Ṭibb*』を引用して、沈香の主要な産地と品質および効能について詳しく説明している。それによると、最高品質の沈香は、インドの中部地域からもたらされるマンダル産沈香である。マンダル産沈香については、ヤアクービー、アブー・ドゥラフ（Abū Dulaf al-Muhalhil）、一〇世紀後半に著された匿名の地理書『世界の境域地帯 *Ḥudūd al-ʿĀlam*』、ヤークートやアブー・アルフィダーゥなどの地理学者たちにも同じような説明が見られる[15]。それらのなかでも、とくに注目すべき記録は、一〇世紀前半にインド北東部の山麓地帯とアッサム地方を旅行したといわれるアブー・ドゥラフによるものであり、その地方で産出する沈香は「カーマルーンのマンダル（al-Madal al-Qāmarūnī）」と呼ばれたという。カーマルーン（Qāmarūn, Kāma-

rūn）とは、唐の玄奘の時代の迦摩縷波国（Kamarūpa）に同じで、アッサム地方を指した思われる。八〇〇年から一〇〇〇年にかけて、そこはプラランバム（Pralambham, Salambha）王国の支配領域となり、王都はブラマプートラ川に沿ったハルッペスヴァラ（Haruppesvara）に置かれた。[16]『世界の境域地帯』によると、マンダルはカーマルーン王国に属する小都市（shahr）の一つで、この王国にはアッサム高地の森林地帯で産する黒檀、沈香、犀角、金があった。[17]マンダルは、おそらく後述するサムンダル（Samundar, Samandur, Samandarum）と並んで、ガンジス・デルタ付近に位置した沈香の積出港と考えられる。V・ミノルスキー（V. Minorsky）の説によると、マンダルはガンジス川河口に近いヴィヤーグラタチ・マンダラ（Vyāghratati Mandala）に比定される。[18]なお、ビールーニーは、ベンガル地方から積み出される沈香を「ベンガリー（al-Bankālī）」と総称している。[19]

(2) ヒンディー（al-Hindī）、山岳産《ジャバリー》（al-Jabalī）もしくはカーマルーン産（al-Qāmarūnī）と呼ばれる沈香　イブン・スィーナーによると、ヒンディー（インド産）、もしくはジャバリー（山岳産）と呼ばれる沈香は衣服に潜む蚤を取り除くのに優れた効き目があるため、マンダル産のものより上等であるという。[20]マンダル産沈香と同じように、アッサム高地の森林地帯からもたらされる沈香は、一般にはカーマルーニー（カーマルーン産）、またはヒンディー、ジャバリーなどの名で呼ばれた。[21]アブー・ザイドによると、スィンド地方のマンスーラに近いムールターン[22]の偶像（寺院）のもとに、カーマルーン産のインド沈香（al-'ūd al-Hindī al-Qāmarūnī）が数ヵ月をかけて運ばれ、「こうした沈香のなかには、一マン（二ラトル、約九〇〇グラム）の重さが二〇〇ディーナールに達するものもある。しばしばこの沈香木は押印されている。なぜなら、沈香の材質が柔らかいため、刻印者が形押ししたものが残ってしまうためである。商人たちは、［ムールターンの偶像の］管理人たちから沈香木を購入する」という。[23]

(3) サムンダル産沈香（al-Samundarī, al-Sumundurī, al-Samundukī, Sawandurī, al-Samudrī）　イブン・フルダーズベは、スリランカ（Sarandīb）からコロマンデル海岸に沿ってベンガル湾の奥に至るインド東岸の地域について説明したなかで、カンジャ（Kanjah）、つまりオリッサ地方のガンジャム（Ganjam）の後に「そこからサムンダルまでは、一〇ファルサフ（約六〇キロメートル）。サムンダルには、米［の産］がある。沈香木は、そこから一五もしくは二〇日行程離れたカーマルーン、その他から淡水の川を通って運ばれてくる」と述べている。[24] 一二世紀のシチリア島でノルマン人の宮廷に仕えた地理学者イドリースィーは、上述のイブン・フルダーズベの記録を一部踏襲しながら、さらに詳しく当時のサムンダルの町の状況を、次のように伝えている。「カンジャからサムンダルの町までは、三〇［アラビア・］マイル（約六〇キロメートル）である。サムンダルは、広大な取引場と商品の溢れる町で、そこの住民は多くの財貨を所有し、そこでの船の出港と入港は頻繁にある。そこは、これらの地方の王、カンヌージュ（al-Qannūj）に所属する諸地方の一つであり、またカシュミールの町［の方向］からそこに至る入江《ハウル》の岸辺にある。[25] この町には穀類と米が豊富にあり、小麦も手に入る。そして町には、沈香がカーラムート（Kāramūt）地方から淡水の川を通って一五日行程をかけて運ばれてくる。そこ［カーラムート］には良質で香りの良い沈香木の生育地があり、カーマルーン山脈（Jibāl Qāmarūn）からそこに運ばれる。この［サムンダルの］町の向かい側には、海路一マジュラー（majrā）の距離を隔てたところに一つの大島がある。この島には、遠方の各地から来た人々や商人たちが居住している。そこからサランディーブ（スリランカ）までは四マジュラーの距離である。サムンダルの町の北に、内陸カシュミール（Qashmīr al-dākhira）の町がある。両地の間は、七日行程。カシュミールの町はカンヌージュ王の従属下にあるインド地方でも有名な町［の一つ］である。同じように、カシュミールからカールムートまでは四日行程である。」[26] この記録によって、サムンダルがマンダルと同じく、ガンジス・デルタ付近に位置し、アッサム高地で産出する良質の沈香の積出港であったことが分かる。言語学的には、サムンダルはサンスクリット語のサムドラ（Samudra）、すなわち〈海〉〈大洋〉のことであるが、私はこの地を玄奘の伝える三摩《サマ》呾吒《タタ》国（Samatata）と同一地名ではないかと考えている。サマタタは、ベンガル湾に面した七世紀のグプタ王朝に所属する東方諸国のなかで最も重要な国の一つであった。なお、S・M・アフマド（S. Maqbul Ahmad）は、イドリースィーの伝えるサムンダルをマハナティー川の河口付近に、また外来商人たちの住む大島をチルカ湖（Chilka

Lake）に浮かぶパリクド島（Parikud Island）であると比定した。[27]

（4）ラフマー産沈香（al-Raḥmī, al-ʻūd al-Raḥmī）　イブン・フルダーズベ、スライマーン、マスウーディーと『世界の境域地帯』は、カーマルーンに隣接するラフマー国の物産として、ラフマー産インド沈香をあげている。[28]『世界の境域地帯』は、「ヒンドスターンの場所で、湿気を含んだ［柔軟で刺激性のある良質の］沈香（ʻūd tār）を産するのは、カーマルーンとダフム（Daḥum）の王によって所有されたものを除いて、他にない」と述べている。[29] ダフム、ラフマー、ルフマー（Ruḥmā）は、いずれも同一の地名と思われるが、その語源や位置については諸説があっていまだに決め難い。私は、これをパーラ朝の王ダルマパーラ（Dharma-Pāra, 在位七六九―八一五年）のダルマ（Dharma）に由来するもので、東ベンガル地方を指したものと考えている。[30] ラフマー産沈香もまた、カーマルーン産沈香と同じアッサム高地で産出したものであろう。スライマーンの記録によると、九世紀前半のラフマー国の王は、隣国のジュルザ（Jurza）の王［カンヌージュ］やバラフラー（Balahrā, Brahma）の王とも戦闘状態にあり、五万頭の象を出陣させるほどの兵力を有していた。また、その国には他に類を見ない優れた木綿の布地があり、その他に金、銀、沈香、蝿払いのサマール（samār）や犀角などを産し、国の通貨として子安貝が使われていた。[31] 一四世紀の旅行家イブン・バットゥータが伝えているように、ベンガル・アッサム地方で通貨として使われた子安貝は、マルディヴ諸島から運ばれたものであり、ベンガル産の米と子安貝との相互交換の貿易は、一九世紀まで継続していた。[32]

（5）クムル産沈香（al-Qumrī, al-ʻūd al-Qumrī, al-Qumārī, al-Qumārī al-Hindī）　アラビア語史料によるクムル、クマールは、モン・クメール語族に属する民族、もしくは彼らの居住するインドシナ半島の南東部を指した。[33] それと同時に、東アフリカのコモロ諸島とマダガスカル島（jazīrat al-Qumr）、時にそうした島々に住むオーストロネシア・マレー系語族の人々を意味することもあり、また時にはワークワーク（Wāq-Wāq）人とも混同された。[34] イブン・スィーナーによると、クムル産沈香の品質はサムンダル産沈香に次ぐもので、最高品質のインド南部産沈香

(al-Sufālī) に属する一種であるという。[35] インドシナ半島のクメールはその北側のチャンパ（占城）と並んで、古くから沈香の名産地として知られ、イスラーム側の史料ではイブン・フルダーズベ、スィーラーフ出身のアブー・ザイド、ヤアクービー、ビールーニー、ヤークート、イブン・サイード・アルマグリビーやカルカシャンディーなどに詳細な記録が見られる。[36]『諸蕃志』には中国市場に運ばれる沈香の産地と品質について、真臘（クメール産）を最上、占城産がこれに次ぎ、三佛齊（Sarbuza）や闍婆（Jawah）などのものが最も質が落ちること、また海南（島）も沈香を産出するが、その香気は清らかで長持ちがして、これを「蓬萊沈」と呼ぶことを説明している。[37]

(6) カークラー産沈香（al-Qāqulī, al-ʿūd al-Qāqulī）　カークラー（Qāqula）、またはカークッラ（Qāqulla）という国が九世紀から一四世紀に、ミャンマー南部からマレー半島北部にかけて存在し、そこで産する沈香はカークリー（カークラー産沈香）として広く知られた。[38] アラビア語史料に見えるカークラーは、唐代の賈耽が『皇華四達記（道里記）』の「広州通海夷道」のなかで、「箇羅（アラビア語史料によるカラ Kalah, Kalahbār）の西、則ち哥谷羅国」と説明した哥谷羅に同じであるが、[39] その位置については明らかでない。イブン・バットゥータによると、沈香の名産地のカークラーはマレー半島の東岸、もしくはスマトラ島の東のジャワ島にあった。[40]

(7) サンフ産沈香（al-Ṣanfī, al-ʿūd al-Ṣanfī, al-Ṣanfīrī）　アラビア語史料によるサンフ（Ṣanf）は、インドシナ半島東岸の狭長な海岸部、現在のヴェトナムを中心とする地域を指し、古くからチャム人によるチャンパー王国（Champa）の興亡があり、中国ではこれを占城、アラビア語でサンフと音写した。[41] チャンパは、その位置が南シナ海を南北に縦断するモンスーン航海の要地にあり、またチャンパ産沈香の生産と輸出地、インドと中国の両文化圏の境域地帯に位置したことから、海上交易を経済基盤とした港市――とくに占城の港としてインドラプラ（Indrapura）、ヴィジャヤ（Vijaya）、カンドランジュ（Kandlanj, Panduranga）などが知られた――の発達が見られた。そこは中国市場に近いために、すでに五・六世紀の頃から、良質のチャンパ産沈香が中国に輸出され、さらに東アジア文化圏内でも広く取引・消費された。九世紀後半から一〇世紀前半にかけて、中国国内が政情不安となり、とくに南海貿易の最大の窓口、広州（広東）に黄巣の反乱軍が侵掠し、一二万人以上——一説では二〇万人——の外国人居留民を殺戮した。(42) その影響を受けて、それまでのペルシャ湾岸の諸港と中国とを結ぶイラン系・アラブ系ダウによるインド洋交易が一時的に停滞した。一〇世紀後半になると、広州からチャンパの諸港に移住したアラブ系・イラン系商人の活躍に加えて、中国ジャンクの南海進出によって、チャンパの沈香貿易は急速に復活したと考えられる。(43)

(8) キター産、もしくは中国産沈香（al-Qiṭāʾī, al-Ṣīnī, al-ʿūd al-Qiṭaʾī, al-ʿūd al-Ṣīnī）　アラビア語史料では、中国はスィーン（al-Ṣīn）、キター（al-Qiṭā, al-Qiṭāy, al-Khitān）、またはハター（al-Khaṭā, al-Khaṭāy）と呼ばれた。キターは、契丹を音写した名で、とくに一〇世紀に勃興した契丹国、つまり中国の遼王朝が北部中国を広く領有し、さらには中央アジアにカラ＝キタイ（西遼）王国が成立したことによって、キター、ヒタイ、ハターの名が西アジア地域にも知られた。(44) キター産沈香は、「中国産（al-Ṣīnī）」、「内陸産（al-Barrī）」とも呼ばれて、中国南部の海岸に近い南嶺山脈一帯や海南島の森林地帯に産するもので、サンフ（チャンパ）産のものよりも品質が劣るといわれた。(45) なおカルカシャンディーは、中国産沈香の他に、中国で産するイトリー（al-ʾItlī）とアフリーク（al-Aflīq）の二種類の沈香をあげ、サンフ産（al-Ṣanfī）とカークラ産（al-Qāqulī）の中間の品質であると述べている。(46)

(9) ルーキーン産沈香（al-Lawāqīnī, al-Lawāqī, al-Lawālī, al-ʿūd al-Lawāqīnī）　ヤアクービーとイブン・アルバイタールによると、ラワーキー、ラワーリーと呼ばれる沈香があった。(47) これは、おそらくルーキーン産沈香（al-Lūqīnī）のことであろう。ルーキーン（Lūqīn）とは後漢の時代に北部ヴェトナムの交趾郡、または交州にあった龍編城の名を音写したもので、イブン・フルダーズベによると、サンフ（占城）からルーキーンまでは陸上路・海上路ともに一〇〇ファルサフ（約六〇〇キロメートル）で、広州に至る途中に位置した。(48) ヴェトナムのハノイ（交趾）近郊で沈香を産することは、宋の范成大《はんせいだい》撰による『桂海虞衡志《けいかいぐこうし》』（一一七五年序）に「其の海北に出るものは交趾に生ずるものである。交［趾］の人はこれを得て、海外の蕃舶に及び、欽州に聚《あつま》る。これを欽香という。質重実し、多く大塊」とあり、また『嶺外代答』（巻七）に「沈香は諸蕃国より来る。真臘［産のもの］を上となし、占城これに次ぐ。真臘の種類、固《まこと》に多し。……交趾は占城と鄰境する。凡そ交趾の沈香は、欽［州］に至る。すべて占城［産のもので］ある」と記されていることからも明らかである。

(10) カシュミール産沈香（al-Qashmīrī, al-Qashmūrī, al-ʿūd al-Qashmīrī）　ヤァクービーとイブン・スィーナーは、カシュミーリー、またはカシュムーリーと呼ばれる沈香をあげている。これは、北西インドの山岳地帯、カシュミール地方で産出する沈香木のことであろう。[49] 山田憲太郎の説明によると、現在でも、ブータンやカシュミールの山岳森林地帯では沈香木が見つかり、アフガニスタンのカーブルの市場でも沈香が現れるという。[50] ヤァクービーによると、そこの沈香は湿気を含む青色のもので、キターイー（中国産）のものよりも純度が高く、芳香が強い。[51] またイブン・フルダーズベは、アフガニスタンのカーブルでは品質の悪い沈香木を産すると述べているが、一方、イドリースィーによると、そこの山岳部の沈香は良質であるという。ビールーニーは、カーブルは沈香の集荷地であると記している。おそらくカシュミール産とカーブル産の沈香はいずれもヒンドゥークシュの山中や北部インドの各地から集められたもので、カーブルが沈香の集荷市場として重要であったと思われる。[52]

(11) マンタイ産、もしくはスリランカ産沈香（al-Mānṭāī, al-Manṭawī, al-Sīlānī, al-ʿūd al-Saradībī）　ヤァクービーによると、マーンターイー（マンタイ産沈香）は一片が大塊で、節目がなく、柔らかであること、そのうえに芳香にも優れているため、薬剤、化粧粉末や焚香としても適している。[53] マーンターイ（Mānṭāy）は、スリランカ北西海岸のマンナール湾に面したマンタイのことで、古くはマハーティート（Mahāṭīth）、マントタム（Manṭotam）、マトータ（Maṭōhṭa）などとも呼ばれて、すでに一・二世紀のローマ人によるインド洋交易の拠点として重要な港であった。その後、一一世紀後半に衰退するまでの約一〇〇〇年以上にわたって、インド洋海域の東西を結びつける国際的交易と運輸にかかわっていた。現在、ここに広大な古代港の遺跡が残されており、スリランカ考古局とJ・カースウェル（J. Carswell）、M・E・プリンケット（M. E. Princkett）らによる発掘調査が続けられている。[54] イブン・フルダーズベには、サランディーブ島の山（Adam's Peak, スリランカのアダム山）の周囲では沈香、胡椒、芳香類、麝香鹿と麝香猫などを産するとあり、またイブン・サイードは、スィーラーニー（al-Sīlānī, セイロン産）と呼ばれる沈香は、高級品ではないと述べている。(55) こうしたスリランカの山岳森林地帯で産出する香辛料や芳香・薬物類は、一〇世紀後半までは都のアヌダラプーラ（Anudarapula）を経て北部の港マンタイに集荷された後、「マンタイの特産品」の名のもとに西アジア商人たちによってインド、中国や西アジアの市場に運ばれた。しかし、スリランカ産沈香はあまり良質ではなく、また中国市場から遠かったため、東アジア文化圏での流通・消費量は少なかったものと思われる。山田憲太郎の主張によれば、『諸蕃志』のなかの細蘭島（スィーラーン、スリランカ）の物産の一つとしてあげられた沈香の下級品の一種、麁細香《そさいこう》は、野生アギラを指しているという。(56)

(12) カラ産沈香（al-Kalahī, al-Kalāhī, al-ʻud al-Kalahī, al-Jalalī, al-Jalaʼī） ヤァクービーは、マンタイ産沈香に次ぐ沈香の種類として、ジャラーリー（ジャラール産沈香）をあげている。このジャラーリー（Jalālī）は、おそらくカラーキー（Kalākī, Kalāhī, Kalahī）の誤写であると考えられる。これは、ヤークートのカルイー（al-Qalʻī）、イブン・サイードのカラヒー（al-Kalahī）、カルヒー（al-Kalhī）に同じで、カラ（Kalah, Qalah）、カラバール（Kalah-bār）で産出する沈香を指している。(57) カラは、マラッカ海峡に近いマレー半島南西岸の港で、現在のマレーシアのケダ州ブジャン渓谷に港市遺跡が残されている。(58) スィーラーフの人、アブー・ザイドによると、一〇世紀初めの頃の「カラ島の王国（mamlakat jazīrat Kalah）」は、中国とアラブの地を結ぶインド洋航海の中間地点にあり、沈香、龍脳木、白檀、象牙、錫、黒檀、蘇枋木、その他の多くの薬味料の集散地であって、オマーンとの間の航海がおこなわれていた。(59) カラは、すでにイスラームの時代以前から西アジアの人々の間にＱＬＨの名で知られ、マレー半島で産出する錫、藤竹、樟脳、沈香などは、いずれもカルヒー（al-Qalhī, al-Qalahī）、つまり「カラの特産品」と呼ばれた。(60) カラの沈香や白檀のなかには、マレー半島だけでなく、スマトラ島、ジャワ島やティモール諸島から運ばれてきた舶来品も含まれていたと思われるが、そこが西アジア、インドや中国の市場に運ばれる東南アジアの各地で産出する香辛料薬物および染料類の一大集散地であった。[61] 中国や日本においては、良質の沈香のことを迦闌香、迦羅木、伽藍木、伽楠木、奇南香などの品名で呼び、山田憲太郎は、この名称の語源について「宋末から元初にかけて占城にある特定の地域に出る黒色の潤沢な香木を、現地で kalambak（「黒い木」の意味）と通称するようになったもの」[62] と解釈したが、迦藍、迦羅、伽楠の名は他ならぬカラを音写したものであり、カラが東南アジア産の沈香の集散地であったことから、その名が由来づけられたと、私は考えている。

(13) ティユーマ産沈香（al-Tiyūmī, al-ʿūd al-Tiyūmī）　アラビア語史料によるティユーマは、マレー半島の南西海上に浮かぶ小島、ティヨマン島（Tioman Pulau）のこと。スライマーンの記録によると、カラ・バールから一〇日の航海でティユーマに至り、さらにそこから一〇日でカンドランジュ（Kandranj）と呼ばれる場所に達するという。[63] カンドランジュは、チャンパー王国の首都であったパンドランガ（Pandulanga）で、現在のヴェトナムのファンランの近くに遺跡が残されている。また賈耽の『皇華四達記』は、チャンパからマラッカ海峡に至る航路について「半日行にして奔陀浪州に至る。また両日行にして軍突弄山に至り、また五日行で海硤。蕃人これを質と謂う」と記しているが、この文中の奔陀浪はパンドランガ、軍突弄山はコンソン島（プロコンドル）、あるいはティヨマン島のことである。イブン・フルダーズベとイドリースィーは、この島ではインド沈香（al-ʿūd al-Hindī）と樟脳を産すると伝えている。[64] なお当時、マラッカ海峡はシャラーヒト（Shalāhiṭ）と呼ばれた。上述の「蕃人これを質と謂う」の「質」とは、明らかにシャラーヒトの「シャ（sha）」の部分の音写であり、マレー語のセラテ（selate）、すなわち〈海峡〉を意味している。[65]

(14) サンダフーラート産沈香（al-Ṣandafūlātī, al-Ṣandafūlī, al-ʿūd al-Ṣanfalūlātī）　ヤァクービーは、サンダフーリーと呼ばれる沈香の種類を挙げている。[66] サンダフール（Ṣandafūl）とは、スライマーンによるサンダル・フーラート（Ṣadar-Fūlāt）、サンフ・フーラート（Ṣanf-Fūlāt）、またはサンフ・フーラーウ（Ṣanf-Fūlāw）に同じで、正しくはサン・フラウ（Ṣan-Fulaw）、つまりチャム島（Cham-pulau）、現在のヴェトナムのチャム島のことである。[67] 賈耽は、これを占不勞山と記し、広州からインドシナ半島の東岸沿いに南下してマラッカ海峡に至る航路上の要地であった。チャム島は、占城や真臘で産出した沈香の積出し港、あるいは航海上の寄港地であった。

(15) マルバターン産、もしくはマルタバーン産沈香（al-Marbatānī, al-Martabānī）　イブン・アルバイタールは、マルバターニー、あるいはルバターニー（al-Rubatānī）と呼ばれる沈香をあげている。[68] この沈香を伝えた他の史料は見当たらず、また写本間の異同が多いため、その正確な読みを確定することは難しい。マルタバーニーと読めば、マルタバン産の沈香のこと。マルタバーンは、現在のミャンマーのサルウィン川の右岸、マルタバン湾に臨む港マルタバンの地名に由来し、一四世紀以後になると、大型の陶磁壺、マルタバーニーの生産地として知られた。この沈香は、アラカン半島や東ベンガル地方の山中で採集されたものと考えられる。[69]

(16) ジャワ産沈香（al-Jāwī, al-ʻūd al-Jāwī）　イブン・サイードは、ジャワ産沈香をあげて、「このジャーワの町に由来するジャワ沈香（al-ʻūd al-Jāwī）がある。［その色は］黒く硬質で、まるで［船の船艙に積む］重し（バラスト）のように水に沈む。それは、沈香木の樹液であるともいわれる」と説明している。[70] 前述したように、趙如适『諸蕃志』には「沈香の産地は一箇處にとどまらない。眞臘（クメール）国のものが最上、占城（チャンパ）産がこれに次ぎ、三佛齋（スマトラ島シュリーヴィジャヤ）や闍婆（ジャワ）などのものが最も質が落ちる」とあり、ジャワ産沈香の品質はスマトラ産のものと並んで、最下級品であったことが分かる。

ビールーニーは、以上の沈香の他に、クマール沈香より劣るというジャンダラーン産沈香（al-Jandarānī, al-Chandarānī）、色が黒いが香りの少ないアシュバーフ沈香（al-Ashubāh）や、ラジュラーブ沈香（al-Lajrābī）と呼ばれる質の劣る沈香などをあげているが、[71] それらの産地については明らかでない。

（2）白檀

白檀は、檀香、すなわちサンタル樹（*Santalum album*）の一種であるが、檀香を代表することから、一般には檀香の総称となった。檀香のうちで、樹心と根部の黄褐色に近いものが黄檀、材の白色のものが白檀である。山田憲太郎によれば、白檀という名称は陶弘景が「白檀、風熱を消す種」としてあげ、また八世紀前半の陳蔵器が「白檀樹は檀の如く、海南に出る」と伝えているのが最も古い記録であるという(72)。

また熱帯の森林地帯に多く産する紫檀樹（*Pterocarpus santalinus*）の心材が紫赤色で、とくに香気のあるものは赤栴檀《しゃくせんだん》香、紅木紫檀と呼ばれた。サンタル樹と紫檀樹とはまったくの別種であるが、古くから中国人は、本来の檀香である黄檀と白檀に加えて、紫（赤）栴檀香もまた、一括して檀香の一種であると解釈した(73)。この点は、イスラーム医学・薬学の分野でも共通しており、イブン・アルバイタールは、イスハーク・ブン・イムラーン（Isḥāq b. ʿImrān）の説を引用して、「サンダル（ṣandal）は中国からもたらされる［香］木であり、それには白、黄と赤の三種類があって、そのすべては［さまざまな用途に］利用される(74)」と説明している。なお、檀香を意味するアラビア語およびペルシャ語のサンダル（ṣandal, ṣantal）は、サンスクリット語のチャンダーナ（chandāna）に由来する。ちなみに中国や日本で用いられる栴檀（chan-tʻan）の名称は、サンスクリット語のチャンダーナ、チャンダナーネヴァ（chandanāneva）、もしくはアラビア語およびペルシャ語のサンダルからの音写であると考えられる(75)。

イブン・アルバイタールの説明で注目される点は、サンダル（三種類の檀香類）がいずれも中国から西アジア諸国への輸出品であるとの指摘である。後述するように、東南アジアのフローレス諸島とティモール島を主産地とした良質の檀香（とくに白檀）の多くは、一〇世紀以前においては、沈香と同じように中国市場を経由して、西アジアに転送されたと考えられる。ところが、ムガル時代のアブー・アルファドル・アッラーミー（Abū al-Faḍl al-ʿAllāmī）によれば、「本来、サンダルは中国で生育するが、現治世のインドではその移植に成功しており、白檀・黄檀・赤檀の三種類がある(76)」という。すなわち一六世紀のインドでは、自国産の赤檀香（紫栴檀）――古くから南インドのマイソール地方やスリランカに産出した――に加えて、それまでは中国経由で輸入されていた東南アジア産の黄檀と白檀についても、すべて国内で生産されるようになったことを示している。

マムルーク朝時代のエジプトの百科全書家カルカシャンディーは、サンダル樹を七種に分類して、それらすべてが「インド低地（sufālat al-Hind）」で産出するとし、また次にその概要を示すように、品質の上位にあるものから順に性質・効能・用途について説明している。なお、インド低地とは、北インドのヒマラヤ山系に近い高地地域に対して、インド亜大陸の南部地方とスリランカだけでなく、時には東アフリカ海岸（al-Zanj, al-Zanj al-Sufāla）や東南アジアの大陸部と島嶼部――とくにインドシナ半島、スマトラ島（al-Zābaj）やジャワ島（Jāwa）などのインド化された王国（mamalik al-Maharāja）――を指す言葉として用いられた[77]。

(1) マカースィール産黄檀香（al-Maqāṣīrī）　檀香木の内側（芯）の部分。油湿性・芳香性が強い。マカースィールという町（balad）に由来する名称。

(2) マカースィール産白檀香（al-Maqāṣīrī al-abyaḍ）　同じ檀香木の外側（外皮）の白い部分で、芳香性が強い。黄檀香に次ぐ品質。

(3) ジャウズ産白檀香（al-Jawzī）　白檀の芯の部分で、少し褐色がかった白檀香。ジャウズという地名に由来する。芳香性が強いが、上述の二種より劣る。カルカシャンディーでは、ジャウズィーはジューリー（al-Jūrī, al-Jawrī, al-Juwrī）とあり、インド辺境（aṭrāf al-Hind）のジュール（al-Jūr）から輸入され、芯の部分に赤みを帯びた白檀香で、木質が堅く、前者のものより香りが弱いという。

(4) サーウィス（al-Sāwis）、またはカーウィス（al-Kāwis）と呼ばれる白檀香　芳香性に劣るが、化粧用の粉末、薬用や薫香として使われる。ヌワイリーによれば、サーウィスとカーウィスは別種の白檀香である。

(5) 赤味がかったやや劣る檀香（赤檀香）

(6) 調髪に用いる檀香（油）

(7) 赤檀香　軽く、香りがほとんどないが、色調に優れているので木彫、将棋の駒、インク壺の素材などに用いる。

一一世紀の人ディマシュキーは、その著書『商業礼讃のための提要書』のなかで、サンダルの種類とその産地について、「サンダルは、白檀と赤檀の二種類があって、そのうちの赤檀は薬剤として［のみ］調合されるが、白檀は薬剤と薫香の両方に用いられる。その最高品質のものは、マカースィール産（al-Maqāṣirī）で、芳香と色において際立っている。その下級品は、ハウル産（al-Ḥawrī）のものである」[78]と説明している。

最高品質の檀香がマカースィール産のものであることは、ビールーニー、イブン・アルバイタールやイブン・バットゥータ、ヌワイリーなどの記録にも等しく伝えられている。イブン・バットゥータによると、インドでは祭礼や儀式のときに好んでマカースィル産白檀が使われ、説教壇《ミンバル》などの家具材や、身体に塗布する油香、薫香などに用いられたという。ガズナ朝で活躍した博物学者ビールーニーは医学者ザンジャーニー（al-Zanjānī）の説にもとづき、マカーサル（サマースィル）の位置について、簡略ではあるが、次のような注目すべき説明をおこなっている。

「汝がジャンビール（Janbīr）とトゥーマク（Tūmak）の境を越えると、ジャーワ（Jāwa）の端（ḥadd al-Jāwa）に達する。そこからはサンダルが採れる。[79]」

ジャンビールは、中部ジャワ北岸のチサンガルン河口のジャパラ（Japara）、トゥーマクはデマク（Demak）のことであるから、「ジャーワの端」とはジャワ島の南東に位置するすべての島々を指したと思われる。[80]

一五・一六世紀のイブン・マージドやスライマーン・アルマフリーの記録では、ジャワ島東端の島々を総称してティームール（Tīmūr）、別名「サンダル（白檀）の島々（juzur al-Ṣandal）」と呼んでいる。そして、ティームール（ティモール）は北ティームール（Jahī Tīmūr, Tīmūr Lūr）と南ティームール（Ṣuḥaylī Tīmūr, Tīmūr Kidul）の二つに分けられている。[81]おそらく前者はフロレス諸島、後者はティモール本島を中心とした島々のことと考えられる。さらに、スライマーン・アルマフリーは「ジャーワの南（東？）には、ティームール（Tīmūr）と呼ばれる多くの島々が見られる。ティームールの東にあるのがバーンダン（Bāndan）の島々。これもまた多くの島々である。後者は白檀、沈香と肉豆蔲の種子の産地。これらの島々は、〈丁香の島々（Juzur al-Qaranful）〉とも呼ばれ、つまりジャーワの東に位置するマルークー（Malūkū）諸島のことである[82]」と、ジャワ島の東の香料諸島およびティモール諸島について、かなり正確な地理的知識を伝えている。

スライマーン・アルマフリーとほぼ同時代のポルトガル人トメ・ピレスは、ティモールの白檀がジャワやマラッカ（マラカ）に運ばれることについて、次のように報告している。「［スンバワ島東北部の］ビマ島とソロル島（フロレス）の間には大きな水路があって、人々はそこを通って白檀のある島々に行く。ジャオア（ジャワ島）から先のすべての島はティモルと呼ばれるが、これは土地の言葉で東という意味で、つまり〈東の島々〉ということである。そして主として白檀の出る二つの島を〈ティモル諸島〉と呼ぶ。ティモル諸島は異教徒の王のものである。この二つの島には非常に多量の白檀があり、値段もたいへん安い。これは森のなかにはこれ以外の木がないからである。マラヨ（マレー）商人は、神はティモルを白檀のために、バンダンを荳蔲花《マーサ》（メース）のために、マルコ（マルク）を丁字のために創られたので、これらの島々を別にすると、この商品のある所は世界のどこにもないと語っている。……この島にはマラカとジャオアから毎年［船が］行く。そして白檀がマラカへ来る[83]」

では、マカースィールとは、どこのことを指したのであろうか。私は、これはスライマーン・アルマフリーの航海書に記されたマカーサル（Maqāsar）に同じで、明らかにマカッサル——スラウェシ（セレベス）島全体およびその島の南に位置するマカッサル港——を指していると考える。しかし、白檀の主産地はマカッサルではなく、ティモール諸島にあった。したがって、ティモール産白檀はマルク諸島の丁字と肉豆蔲、スラウェシ島の米、奴隷などと一緒に、マカッサルとジャワ島を経由、マラッカ海峡沿岸の交易港に運ばれ、そのために中継地マカッサルの名前が産地名として伝わったと推測されるのである。トメ・ピレスには、「［マカサル（Macasar）の］人々はすべて異教徒である。ここには五〇人以上の王がいるということである。これらの島はマラカやジャオア、ブルネイ、シアン（シャム）およびパハンからシアンまでの間にあるあらゆる場所と取引をする。……これらの島の人々は世界中で誰よりも強い盗賊であり、有力で、たくさんのパラオ（小船）を持ち、自分の国からペグーまで、自分の国からマルコやバンダンまでのあらゆる島々とジャオアとに航海して行って略奪をはたらく。彼らは婦人を海に連れて行く。彼らは定期市を開き、そこでは盗んだ商品を処分したり、捕らえた奴隷を売り払う。彼らはソモトラ（スマトラ）島の周囲のいたる所を徘徊する。彼らは主たる海賊である。ジャオア人は彼らをバジュ（ブギ、バジュン）と呼び、マラヨ人もそう呼び、またサラテ（セラテ）とも呼ぶ[84]」とあるので、マカッサルの漂海民がジャワ海からマラッカ海峡に至る海域を舞台に広く交易と海賊行為をおこなっていたことが分かる。マカッサルを根拠地としてブギ人の活動が一五世紀末、あるいは一六世紀より四〇〇年近く前の一一・一二世紀においても同じように行われていたと推断することは難しいが、アラビア側の史料にマカーサル、もしくはマカースィールという地名が伝わっていたことは、マカッサル人――あるいはマカッサル島（港）――を仲介に、ティモール産の白檀がマラッカ海峡の諸港を経由して中国市場に集められ、そこを通じて西アジアに運ばれたことを物語っている。

次にディマシュキーやヌワイリーが下級品の檀香としてあげたハウル産（al-Ḥawrī）とは、何だろうか。ハウル産檀香は、おそらくビールーニーのハウズ産（al-Khawzī）、カルカシャンディーのジャウズ産（al-Jawzī）と同じであり、正しくはジャワ産（al-Jāwī, al-Jawwī, al-Jāwawī）と読み、ジャワ島産の檀香類を指したのであろう。ビールーニーは、ハウズィー、すなわちジャワ産の檀香についてザンジャーニーを引用して、「[マカーサリー（al-maqāsarī）に次ぐ品種は]ハウズィーであり、それは大きく太い木片で、白い。水を吸収したものは赤味をおびている。触った感じはザラザラしている。薬種商が使用している大部分がそれである[85]」と説明している。なおジャワ産の檀香については、すでに一〇世紀前半のイブン・アルファキーフ（Ibn al-Faqīh）やマスウーディーなどの記録にも同様のことが伝えられている[86]。『諸蕃志』には、檀香類の産地として闍婆（ジャワ）の打綱（Toban）、底勿（チモール）に加えて、三佛齋（パレンバン）、占城（チャンパ）、佛羅安（マレー半島のブラナン）、細蘭（スリランカ）、蘇吉丹（スカダナ、もしくはマドライ島）、南毗（ラムリー、スマトラ島の北端の港）、渤泥（ブルネイ）などをあげており、これらの産地についてはアラビア語史料ともおおむね一致している。

ビールーニーは以上の他にも、ザンジュのスファーラ地方（Sufālat al-Zanj）で産出するワークワーク産白檀（al-Wāqwāqī）、ザンジュ産赤梅檀（al-Zanjī, al-Najārī, al-Bajīrī, 将棋の駒に使用）などの種類をあげている。(87)

三　七・八世紀の南海交易とイラン系商人

それでは、法隆寺伝来宝物の香木は、生産地から法隆寺に献納されるまでの、どの段階で刻銘、押印されたのであろうか。前節で明らかにしたように、アラビア語史料によると、沈香と白檀（檀香）の産地・集荷地・積出港は、おおむね重複しているが、①アッサム高地、カシュミール、アラカン半島、②インドシナ半島のヴェトナム、カンボジア、マレー半島部のカークラー、カラとその周辺の島々（ファンスール、ティオマン）、③スリランカ、④中国南部、海南島、⑤スマトラ島、⑥ジャワ島、⑦チモール諸島、⑧スラウェシ（マカッサル）島とボルネオ島など、いずれも東南アジアとインドの熱帯・亜熱帯の、モンスーンによる降雨の影響を強く受ける高山・森林地帯にあって、とくに積出港はインド洋の主要な交易ルート沿いにあったと結論づけられる。したがって、辺境の高山・森林地帯で採集された香木は、地方の集荷市場→インド洋の交易ルート沿いの港市→運輸・交易ルート→中継地→中緯度の国際市場を経た後、消費地に搬入されたと考えられる。それらの過程では、伐採者、仲買人、陸上と海上の運輸業者・商人、国際的な仲介商人や国家・権力者などの担い手が介在した。したがって、集荷・運輸・貯蔵・仲介交易などに関わった担い手たちは、何らかの必要上――例えば、香木の所有者・荷主による重量・品目・品質などの記録、あるいは国家・権力者・税関の官吏などによる通関・課税・保管・管理などの記録――、香木に刻銘や焼印を付けたと推測することができる。

すでに東野治之も指摘しているように、白檀の場合、現在でも輸出を管理するインドのマドラス州政府の刻印がその木口に打たれるという。[88] 沈香木に刻印を打つことは、若干のアラビア語史料にも見えている。カーマルーン産沈香はマンスーラに近いムールターンの寺院に運ばれて、一部を商人が買い付けると、その沈香には押印が打たれた。[89] 一三世紀の地理学者ヤークートもまた、「カーマルーンはインドの一地域であり、最高品質の沈香の産地として知られる。人々が語るところによると、そこの沈香木には押印が打たれており、その跡が残されている」と述べている。[90]

沈香や白檀などの香木類に限らず、チークやココヤシなどの木材が海上輸送される場合、荷主の名前を木口に刻印することが広く慣行となっていたと思われる。これは、商人が輸送業者に委託したとき、あるいは嵐や時化の際に投荷や船の沈没によって積荷が海上に流失・漂流したとき、荷主が自らの木材を確認・認定するためであった。

南イランのラーム・フルムーズ出身のナーフーザの一人で、ペルシャ湾の国際交易港スィーラーフを舞台に活躍したブズルク・ブン・シャフリヤールの報告によると、インドのある荷主は自分の交易代理人（wakīl）に一本の長いチーク材の販売を委託した。チーク材を積んだ船は、インドからオマーンに無事到着したが、積荷を浜にあげる時に大暴風が襲ったため、木材は海に押し流され、やがて荷主のいるインドに漂着した。その荷主は、自分の名前を刻んだチーク材を見て、彼の代理人の船がきっと沈没したに違いないと思った。あちこち手配して情報を集め、代理人の消息を探したところ、その者は残った積荷をオマーンで売却したことが分かり、その後、インドに無事に戻ったという。[91]

近年、中国泉州后緒港の埋没船や韓国木浦沖の沈没船の考古学的発掘調査によって、墨書された多数の木簡が発見されたが、それらには商品の種類・数量・日付・荷主名などが銘記されていた。また梱包した積荷に荷主の印や、他と区別するための特殊な記号や象形文字を付けることは、海上と陸上の輸送に共通する古くからの慣行の一つであった。[92] 上述したブズルク・ブン・シャフリヤールの記録では、バスラのある商人がオマーンからジッダに向かったが、途中のシフル沖で時化に遭ったため、積荷の一部を海中に投げ捨てた。その後、繰り綿を詰めた五個の梱包物が海岸に打ち上げられたのが見つかった。それには、船の持主の印が付けてあったので、彼の所有物であることがすぐに判明したという。こうした事例は、船主（ṣāḥib al-markab）の印や符号が積荷に付けられていたことをはっきりと示している。(93)

地中海の海運輸送においても、積荷に荷主の特殊な印とか略号を銘記したことが「カイロ・ゲニザ文書」によって分かる。それによると、積荷の刻銘にはさまざまな種類があって、送り主が書いた受取人の名前とか、送り主と受取人の両名をアラビア語とヘブライ語の文字で併記したものがあった。また、朱色の泥土（粘土）やインディゴ（藍染料）などを用いて、荷主の名前を梱包物に直接銘記することもあった。木簡の荷札を梱包物の上面、側面や突出部分などに縛りつけたり、皮革製の荷札を梱包物にくくりつけることもあった。「神よ、その保管者であれ！」とか「神の祝福あれ！」といった決まり文句を荷物に記すこともあった。多くの荷運び人夫は文字が読めないので、三日月、真珠とかナツメヤシの実の房といった、はっきりと他と区別できるような文様の刻印も用いられたという。(94)

さて、法隆寺伝来の白檀二点に記された焼印・刻銘がソグド語とパフラヴィー語の文字であったことは、他ならぬ白檀の原産地から日本への流通および輸送の過程において、イラン系商人が深く介在していたことを証拠だてている。七・八世紀のインド洋交易におけるイラン系商人の活動については、若干のギリシャ語やシリア語の史料、また中国側の「波斯」「波斯人」「波斯舶」に関連する記録史料を通じて明らかにすることができる。(95)

先にも引いたネストリウス派の修道士コスマスやプロコピウスなどの記録によると、サーサン朝ペルシャ帝国時代におけるイラン系商人の海上活動は、ペルシャ湾岸、インド西海岸とスリランカを中継基地として、アラビア海とインド洋海域に広く拡大していた。(96) 彼らは、ペルシャ湾のウブッラ、スィーラーフ、ハーラク島、リーシャフル、オマーンのマズーン（Mazūn）――スハール（Ṣuḥār）の古名で、唐代の記録、賈耽『皇華四達記』には没巽国とある――などの諸港を交易拠点に、西はアデン、東はダイブル、クーラム・マライ、スリランカ北部のマンタイ、マレー半島南西岸のカラなどの主要港を結ぶ交易ネットワークを張りめぐらしていた。ネストリウス派のシリア語史料によると、サーサン朝末期にペルシャ湾岸のレヴ・アルダシール（Rev Ardashīr, Rīshahr）に本拠のあったネストリウス派キリスト教会は、その遠東の活動拠点をＱＬＨに置いた(97)。もし、このシリア語のＱＬＨを九・一〇世紀のアラビア語史料に見えるカルフ（Qalh）、カラ（Kalah）、またはカラバール（Kalah-bār）と同一地名であるとするならば、すでに七世紀以前に、ネストリウス派キリスト教徒たちの交易活動はベンガル湾を越えてマレー半島西岸の交易港カラまで達していたと考えられる。この事実を裏づける具体的な考古学的史料の一つとして、マレー半島中部のタクワパ遺跡やブジャン渓谷に点在するカラの港市遺跡での近年の発掘調査において、数点のサーサン朝期の銀貨が出土していることがあげられる(98)。

イラン系商人のインド洋における商業交易ネットワークは、サーサン朝の崩壊後、さらに一層強化されたものと思われる。六四二年、アラブ・ムスリム軍がニハーワンドの戦においてペルシャ軍を破ったことにより、サーサン朝の国家体制は崩壊した。その直接の影響によると思われるが、サーサン朝の貴族、ゾロアスター教僧侶やイラン系商人たちによるディアスポラ（移動・離散・亡命）が、一方は内陸アジア・ルートを経て中国の各地へ、他方はペルシャ湾岸から海上ルートを経てインド洋海域の各地へと拡大した(99)。とくに、インド洋海域への彼らのディアスポラは、七世紀後半から八世紀前半までのウマイヤ朝末期の時代に起こった。アラブ・ムスリム軍によるホラーサーン、マー・ワランナフル地方の征服とトルコ系遊牧民の西進移動、唐末の中央アジア諸地域の政情不安と七五一年のタラス河畔の戦いの影響などのせいで、内陸アジア・ルートによる交通と貿易が停滞したことにともない、ソグド系を含むイラン商人たちの活動は、しだいにインド、イラクやペルシャ湾岸、そしてインド洋海域に方向転換を余儀なくされたと考えられる(100)。

この時期に、波斯人、すなわちペルシャ（イラン）系商人たちは、彼らの経営する商船（波斯舶）に乗って、アラビア海からインド洋を越えて中国の諸港に至り、盛んに交易活動をおこなった。そのことを伝える最も古い記録は、唐の僧義浄による『南海寄帰内法伝』であろう。義浄は、唐の咸亨二年（六七一年）一一月、広州で「波斯の船主」と出会い、その船に便乗して出航し、仏逝（室利仏逝、シュリーヴィジャヤ）、すなわち現在のスマトラ島東岸に近いパレンバン港まで乗船した。また八世紀前半の僧慧超《えちょう》の『往五天竺国傳』には、イラン商人の海上活動を

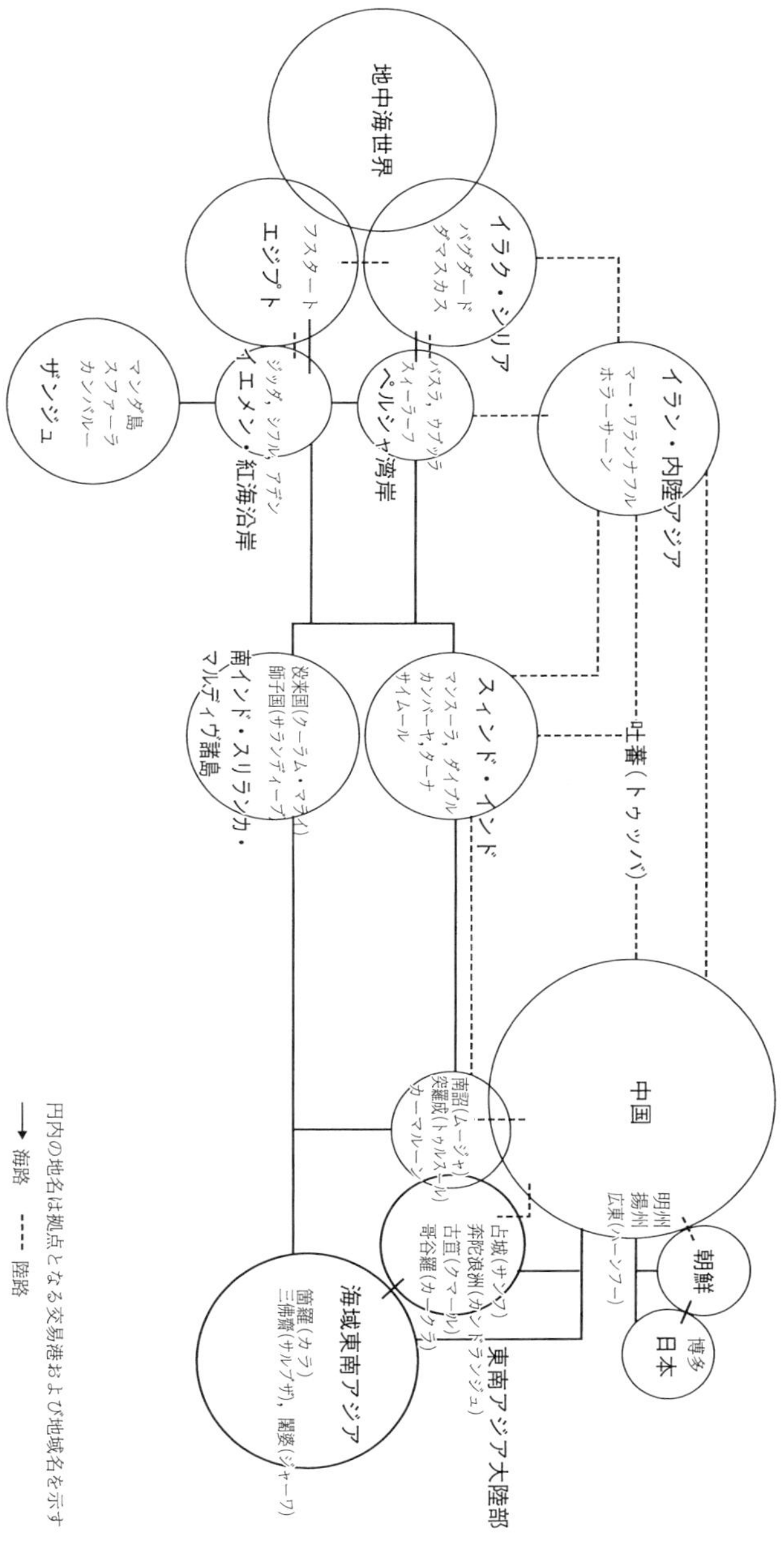

図1　7〜10世紀のインド洋の交易構造

示す、次のような興味深い記録が残されている。

「また吐火羅国（トハーリスターン）より西に一ヵ月行くと、波斯（ペルシャ）に至る。この王は以前には大寔（大食）を管理（支配）していた。……この地の人は生まれつき興易（交易）を好む。常に西海（アラビア海）に舶を汎《うか》べ、南海（インド洋）に入る。獅子国（スリランカ）に向かい、諸々の宝物を入手する。その国（獅子国）が宝物を産するためであるという。さらに崑崙国では金を入手する。さらに舶を漢地（中国本土）へも汎べ（航海し）、直接広州に到達して綾絹・生絲・真綿などを入手する。[101]」

『往五天竺国傳』とほぼ同時代の『過海大師東征傳（唐大和上東征傳）』にも、「江中（揚子江もしくは珠江中部）に婆羅門、波斯、崑崙などの舶があり、その数を知らず。また、香薬珍宝を［舶］載し、積載すること山の如し。その舶の深さは六、七丈。師子（獅子）国、大石（大食）国、骨唐（Khuttal, Khuttalān）国、白蠻、赤蠻など、往来居住する種類は極めて多い」とある。[102]

その他にも『新唐書』巻一四四所収の「田神功伝記」によって、イラン系の人々の居留地が揚州にあったことが分かる。[103]

中国の文献史料では、中国の港に来航する外国船は「舶」と呼ばれ、七・八世紀には崑崙舶、南海舶、天竺舶、波斯舶、大食舶などの舶があったという。波斯舶をイラン系の商人もしくは船主（舶商）の船であると考えると、七世紀後半から八世紀半ばまでの頃――これはちょうど、法隆寺に白檀と沈香が納められた時期と一致する――、彼らの船はウブッラ、リーシャフル、スィーラーフ、スハールといったペルシャ湾の交易港を出て、インド、スリランカ、東南アジアの諸港を経由、中国の広州（広東）、海南島、明州（寧波）や揚州に入港していたことになる。そして、唐代の賈耽の記録する中国から四方の諸外国に向かう七つの主要ルートのなかの「広州、海夷に通じる道」は、他ならぬイラン船（波斯舶）のたどった航路と寄港地を直接伝えたものと考えられる。[104] 賈耽は、唐の徳宗（在位七七九―八〇五年）の治世代に宰相職を務め、地理学にも精通し、諸国の地図や地理に関する多くの著述が

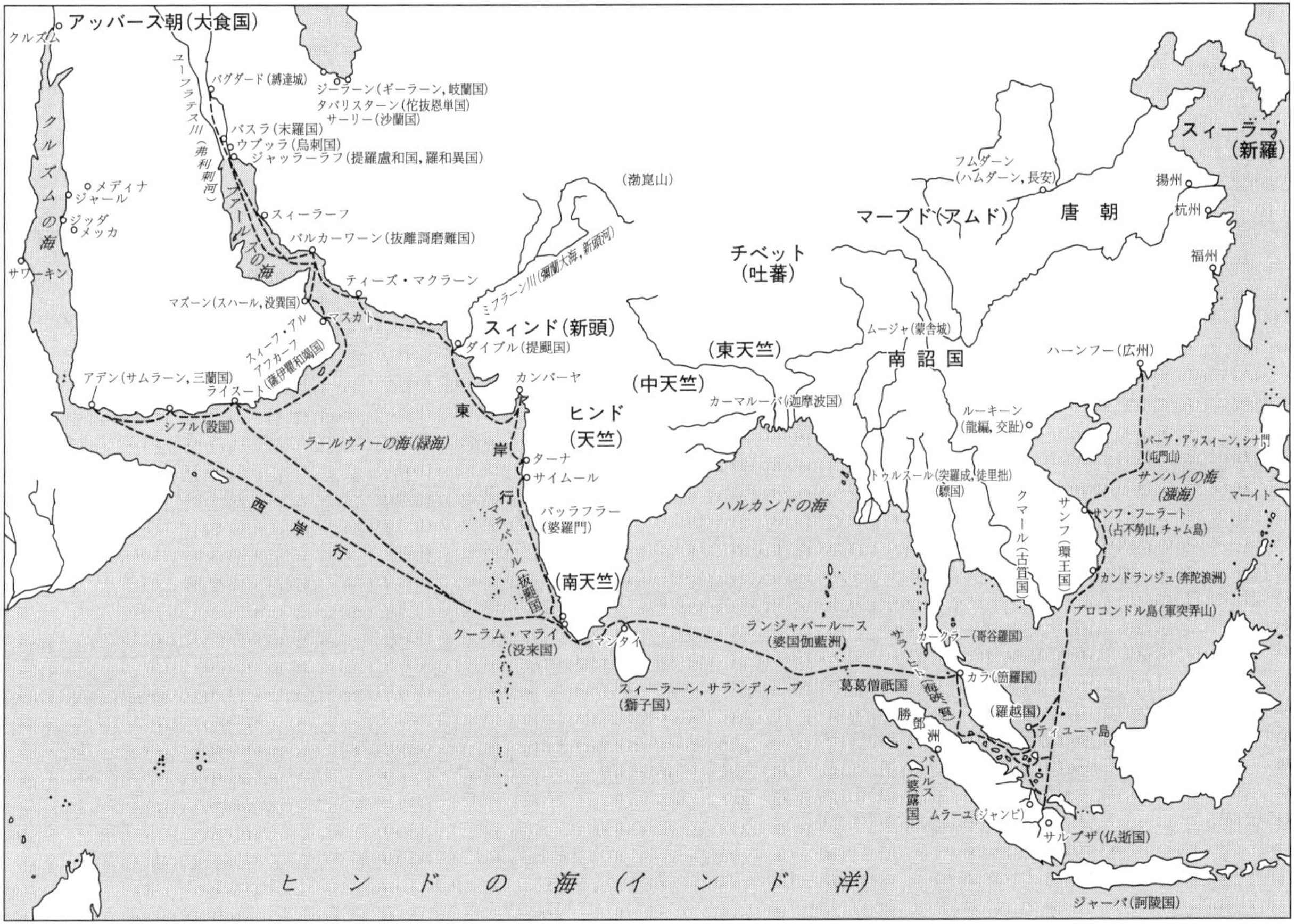

図2　賈耽『皇華四達記』とイスラーム地理書による 8〜10 世紀のインド洋ルートと寄港地（(　)内は賈耽による）

あった。『皇華四達記』は現在、『新唐書』巻四三下「地理志」末尾に一部が残るのみであるが、その内容のうちの「広州、海夷に通じる道」は、広州からアッバース朝の首都バグダード（縛達）に至るまでのインド洋ルートの寄港地・里程・方位などを簡潔に記録している。バグダードは、アッバース朝の第二代カリフのマンスール（al-Manṣūr, 在位七五四―七四年）が七六二年から四年間をかけて、ティグリス川西岸に建設した新都である。したがって、賈耽による「広州、海夷に通じる道」の記録は、バグダードの建設が完成した七六六年以後、八〇〇年の初め頃までの状況を伝えたものと考えてよいであろう。なお、マスウーディーの記録によって、「中国人たちの船（marākib al-Ṣīnīyīn）」、すなわち中国ジャンクが南シナ海を南下して、マレー半島の南西の港カラ――賈耽にいう箇羅国――を訪れるようになったのは、一〇世紀半ば以降のことである。

結びに代えて

以上の考察を通じて、①アラビア語史料は、中国側の史料と一致して、沈香と白檀の生育・生産地が東南アジア島嶼部・大陸部や南アジアの高地・森林地帯にあると伝えている、②七・八世紀のインド洋交易の担い手として、イラン（ペルシャ）系商人の進出がめざましかった、③したがって沈香と白檀は、その産地である東南アジアの積出港から、中国の広州や揚州などの市場を経て、日本の港、おそらく博多（大宰博多津）に搬送されたと思われるので、その仲介取引と搬送の過程で、荷物の同定の必要があって刻銘と焼印が付けられたらしい、などの点が明らかにされた。

しかし、九世紀半ば以前に記録されたアラビア語による地理書・旅行記は、現在ほとんど伝わっていないため、七・八世紀のインド洋交易史についてはまだまだ未解決の問題が数多く残されている。

第3章　チベット産麝香の流通ネットワーク

はじめに

動物性の香料には、麝香（ジャコウジカ）、霊猫香（シベット、ジャコウネコ）と龍涎香（アンバー・グリス）の三種がある。一方、植物系統の香料は多種多品目であり、それを代表するものとして、第2章で言及した沈香と白檀の他に、乳香、胡椒、丁字、肉豆蔲、生姜などがある。これらの香料はいずれも芳香性を持つだけでなく、消毒・防腐・浸透・刺激の効能を利用した薬剤や、邪気・霊力・汚穢《おわい》を浄化するための祈禱・修法・供養・儀式・祭典などの諸行事の道具だてとして、さらには建物の建築、彫刻や室内の器用・調度品としても、歴史上、東西の諸民族の間で広く使用されてきた。そして香料の使用が普及・拡大するにつれて、その利用法にも多様性が生まれ、それぞれの時代・地域・社会・国家において独特の香料文化の発達を促したのである。

東アジア世界では、中国人に代表されるように、香料といえば沈香、白檀、乳香など、ほとんど植物系統のものが注目され、従来の研究でも、植物性香料の研究に重きがおかれてきたように思われる。しかし、西アジア・地中海世界の人々の間では、植物性香料だけでなく、動物性香料の龍涎香と麝香もまた、流通・消費・文化のうえで重要な位置を占め、時には植物性香料より高価・稀少な価値を持っていた。[1] そこで本章では、動物性の香料の代表格ともいえる麝香、とくに険阻なヒマラヤの高山地帯で産する麝香、いわゆる「チベット産麝香（al-misk al-tubbatī）」の生産と流通、そこに生成した海と陸にまたがる壮大な交流ネットワークに関わる問題を考えてみたい。

一　麝香の種類と効用

麝香といえば、ジャコウジカ（*Moschus moschiferus*）の雄の腹部にある麝香嚢（包皮腺）の分泌物から採取した香料のことであるが、ジャコウネコもまた生殖器の近くに麝香腺をもち、特殊な香りの分泌物（シベット）を出す。ジャコウジカのおもな生息地は、中国の雲南、チベット、ネパール、カシュミール、アッサム北部などのヒマラヤ高地一帯にあり、とくに最高品質の麝香といえばチベット高原奥地の秘境で採集されたものが広く東西の各地で珍重された。

一方、ジャコウネコは東南アジアから東アフリカ、ヨーロッパにかけて数種が生息しているが、香料として麝香を採集するのは、東南アジアのマレー半島、スマトラやモルッカの山岳地帯にかけて生息するマレー・ジャコウネコ（*Viverra tangalunga*）とエチオピアの高地のジャコウネコの二種であって、とくに前者のものが古来、インド社会では好まれたようである。

西アジア地域では、ジャコウネコの麝香（zabād al-sinnūr, zuhm）は、船でイラクの港に運ばれる間に腐敗して芳香を放ち、本物のジャコウジカの麝香（ẓibā' al-misk）と見分けがつかなくなるため、しばしば偽麝香として売られた。また、エチオピア産麝香については高価なチベット産の代用品やガーリヤ（ghāliya）と呼ばれる「練りもの香料」として使われた。[2] ディマシュキーは、東南アジアの蛇島（Jazīrat al-Tinnīn）と呼ばれる島（おそらくスマトラ島の西海域に浮かぶニヤスやバトゥの島々）にはエチオピアのものと同じ種類のジャコウネコ（qiṭaṭ al-zabād）が生息するが、エチオピア産麝香がインド（東南アジア島嶼部）産のものよりも上質である、と伝えている。[3] またビールーニーは、ジャコウネコ（sinnūr al-misk）から採った麝香（zuhm）は「スィンド、ダイブル、スィンダーン（Sindān）［などのインド西海岸の港］からもたらされるが、アラブ人はそれ（インドや東南アジアのジャコウネコ）の実態についてよく知らない。それは、他ならぬ麝香猫の睾丸のことで、イラクに［海上路で］もたらされる間に、その房の部分を丸く切り取り、偽物として加工される」[4] と述べている。一方、アブー・アルファドル・アッラーミーには、一六世紀のインド・ムガル王朝の宮廷で使用されるジャコウネコの麝香（zabād）について「それはシャーフ（shākh）とも呼ばれる。ネコに似た、しかしネコよりも大きな顔と口を持った動物による、交尾期の湿った陰部のことである。アチェの領域、スムトラ［・パサイ］の港市からもたらされるジャコウネコの麝香は〈スムトラ麝香〉の名で呼ばれて、これがずばぬけて最高級のものである。その湿気を含んだ部分そのもの（麝香嚢）は黄白色で、その動物の尾の下側（肛門と生殖口の間）に小粒のハシバミの実ほどの袋を持ち、さらにその中に五、六個の［小袋の］穴［状の粒］がある……」[5] とあるので、スマトラ島特産のジャコウネコが好まれて使われていたことが分かる。

麝香の用途から見ると、麝香嚢を乾燥させて精製し黒褐色の粉末にした焚香料（incense）、他の油脂（龍脳、甘松香、薔薇水、スミレ油など）と合わせた塗布剤、薬料、清涼飲料、その他にも香気を安定・結合させ、長く保つための保香剤として利用された。[6] その効能についてイブン・アルバイタールは、イブン・マーサ（Ibn Māsa）、ラーズィー（al-Rāzī）やタバリー（al-Ṭabarī）などの過去の名医たちの諸説を引用して、麝香は熱性であるため、発汗を促し、心臓の働きを強化して、鬱病者の気力の回復に薬効があり、他の薬と混ぜると、その効能は一段と高まる。体の外部器官にそれを塗ると、温熱効果があり、内服すれば、内臓器官を強化する。さらにイランのアフワーズやファールスの人たちの言説にもとづいて、麝香の湿性（粘着性）が男女の交わりを円滑にし、強壮剤として優れ、恍惚の佳境に誘う秘薬である、とも説明している。[7]

二　ジャコウジカの産地

六世紀半ばに著されたコスマスの記録には、「この小さな動物（麝香鹿）は［ギリシャ語の］モスクス（moschus／muschos）であり、土着の人の言葉（サンスクリット語）でカストリ（kastouri）と呼ばれる。彼らはそれを狩り立てて弓矢を射る。臍の辺りに固まった血をしっかり結び、これを切り離す。これがまさにその甘い香りの部分であり、われわれが麝香の名で呼んでいるもの[8]」とあって、すでに西アジア・地中海世界の人々の間で、インド経由、アラビア海と紅海を越えてきた麝香について、かなり正確な情報が得られていたと思われる。また、ほぼ同時期にあたるイスラーム以前のジャーヒリーヤの時代（五世紀末〜六世紀末）に、アラビア半島の半島内に発達した年市（スーク）のネットワークにおいて、真珠、絹織物、龍涎香、乳香などと並んで、麝香が重要な交易品の一つとなっていた。[9]

イスラームの時代に入り、西アジア世界における都市の発達と消費文化の拡大にともない、さまざまな香料・薬物類の需要もまた急増した。なかでも麝香は万薬にすぐる最高の秘薬として珍重され、その市場価値が高まると、西アジアの商人・旅行者たちは麝香鹿を求めて、アフガニスタン、ネパール、チベットや中国の雲南などの険阻な高山地帯に踏み入った。麝香のなかでも最高の品質と価格で知られたものは、チベット産麝香（al-misk al-Tubbatī）であった。九八〇年代に著された匿名の地理書『世界の境域地帯』によると、その頃のチベットのラサ（Lahāsā, Lhasa）にはすでに一つのモスク（mazġit）が建てられ、数人のムスリムたちが居住していたという。[10] おそらく、彼らはチベットの金、銀、動物皮革、ヤクの毛・尾、羊毛、馬などと一緒に、麝香を取引・購入することが目的であったと考えられる。[11]

九〜一一世紀に記録された地理書、旅行記や医学・薬物書のなかには、ジャコウジカの成育する地域、麝香の採集方法、種類、品質、等級や流通経路、医学・薬学面での効能と調剤法などを伝えたものが散見される。そこで次に、おもにヤァクービーとビールーニーの記録にもとづき、麝香の種類・特徴と産地について考えてみたい。なお、ヤァクービーの記録は、ヌワイリーとカルカシャンディーによって引用されたものだけが伝わっており、現存するヤァクービーの地理書『諸国の書 *Kitāb al-Buldān*』には含まれていない。[12]

ヤァクービーは、ムハンマド・ブン・アフマド・ブン・アルハリール・ブン・サイード・アッタミーミー・アルムカッダスィー（Muḥammad b. Aḥmad b. al-Khalīl b. Saʻīd al-Tamīmī al-Muqaddasī）なる人物による書『花婿の浮き立つ気持ちと人々の芳香に関する解釈 *al-Mutarjam bi-Jayb al-ʻArūs wa-Rayḥān al-Nufūs*』を引用して、麝香の種類と性質について、次の一〇種の等級に分類して説明している。

(1) チベット産麝香（al-Tubbatī）　最高の品質で、最も価値のあるもの。チベットから隔たること二ヵ月のズー・サムト（Dhū Samt）と呼ばれる場所からもたらされる。さらにそこからチベット［のラサ］に行き、そしてホラーサーンに運ばれる。交易業者たち（al-jallābūn）は、チベット麝香の採集される場所に高さ一ズィラーゥ（約六六・五センチメートル）の尖塔のような構築物を設置する。臍（鞘）［の生殖腺］に麝香を満たしたこの動物（ジャコウジカ）がやってきて、その尖塔に臍をこすりつける。すると、臍が落ちる。そのことに精通した交易業者たちは一年のうちの決まった時期に、そこに来て勝手にそれを採集する。そして彼らはそれを持ってチベット（ラサ）に至り、そこで課税を受ける。最高品質の麝香は、カダフムス（kadahmus）と呼ばれる草を食べるジャコウジカから採集されるもので、その草はチベットとカシュミール地方、あるいはいずれかの一方にだけ生えるという。このズー・サムトの地で採れる麝香は、ビールーニーがトゥーマスト産麝香（al-Ṭūmastī）と呼んでいるものの

表1　チベット産麝香の名産地

ズー・サムト（Dhū Samt）	ヤアクービー，ヌワイリー，カルカシャンディー
トゥースマト（Tūsmat, Twsmt）	『世界の境域地帯』，マルワズィー
トゥーマスト（Ṭūmast）	ビールーニー
ラーシュト（Rāsht, Rāsmat）	イドリースィー

と同一のものであろう。彼によると、トゥーマスト産麝香は、中国産、チベット産に次ぐ第三番目の品質であるという[13]。さらに、ズー・サムト、もしくはトゥーマストは、匿名の地理書『世界の境域地帯』でチベットに属する町の一つとしたあげられたトゥースマト（Twsm.t, Tūsmat）とも共通する地名で、「そこはかつて中国人によって領有されていたが、今ではチベット人たちの町（shahr）であり、トゥッバ・ハーカーン（Tubbat-khāqān）に所属する軍隊（'askar）が駐留する」[14]との説明が付されている。V・ミノルスキーは、チベット史研究者F・W・トマス（F. W. Thomas）の見解を引用して、Twsm.t（Tūsm.t）の名はチベット語のムド・スマト（'Mdo-smat）、つまり低地アムド（Lower Amdo）のことである、と説明した。アムドはココノール（青海湖）の南に広がる高原のことで、チベットの東北端の高地を指している。しかし、私は、これをウー・スマト（dBus-smat, Tū-smat, Dū-smad）と読み、ラサを中心とする中央チベットのことであると考えたい[15]。なぜならば、東北チベットの呼称は、九世紀半ばの商人スライマーンの記録にあるマーブド（al-Mābud, al-Mādbud）、アブー・ザイドのムドゥー（Mudū, Mudhū, Bmdhū）、ヤアクービーのマーヤド（al-Māyad）、マスウーディーのマーブド（al-Mābud）あるいはマンド（Mand）、『世界の境域地帯』およびマルワズィー（al-Marwazī）のマーンク（al-Mānk, al-Mānak）とみな同一であって、明らかにそれらは等しくアムド（Amdo, Mdo）を指している[16]。後述するように、九世紀半ばのスライマーンによると、マーブドは麝香を産するムージャ（al-Mūja）——南詔六国の一つで、蒙舍の音写——の先（北側）に位置し、町の数が多く、人口はムージャよりも多い。中国と隣接し、使節を送り、和平を保っているが、従属しているわけではない。両国の間には、山々とそこを通過する山道があるという[17]。

(2) ソグド産麝香（al-Sughdī）　イランのホラーサーン商人たちがチベットで購入する麝香のことで、彼らはそれを背に担いでホラーサーンに、さらにそこから各方面に運んだ。ソグドは、中央アジアのサマルカンド、ブハーラーなどのオアシス都市を含むマー・ワランナフル地方、つまりイスラーム化以前のソグドの故地を指した。第2章で述べたように、とくに七・八世紀に、イラン系ソグド商人は北アジア、中国、イラン、イラク、インドなどの各地で国際交易に活躍し、彼らの一部はスリランカやマレー半島まで進出していた。[18] そして、彼らの取り扱った主要な商品のなかに、チベット、ワッハーン、バダフシャーンやカーシュガルなどで集荷した麝香が含まれていたことから、ソグド産麝香の名前が付けられたと考えられる。

(3) 中国産麝香（al-Ṣīnī）　ヤァクービーによると、ソグド産に次ぐ麝香は中国産のもので、そのなかの最高のものはハーンフー（Khānfū, 広府、広州、広東）を経て海路、ペルシャ湾の最奥部の港ウブッラに運ばれた。ハーンフーは大都会、ムスリム商人たちの船が投錨する中国の停泊港（marfa'）であり、麝香はそこから遠隔の諸地域に船で運ばれた。ウブッラの町に近づくころには、麝香の強烈な匂いが立ちのぼってくるので、商人たちはその積荷を徴税官たち（al-'ushshārūn）から隠すことができないほどであった。船から荷揚げされると、麝香はその匂いがさらに発散するので、海上を運ばれる途中で付着した塩の匂いが抜けて消えた、などの点が指摘されている。[19] ビールーニーは、麝香が中国から海路で運ばれるとき、壺（中国陶磁器）の中に麝香嚢を入れて蓋を密封するので、その麝香は「壺入りもの（al-qārūrī, al-qārrūrī）」と呼ばれたこと、麝香のなかで最良品は中国産であり、それはきわめて稀少なもので、麝香嚢の重さは二〇ディルハム（約六〇グラム）もしくはそれ以上で、大粒なうえに表皮がごく薄いため、［内側の］幾つもの色の異なる層が透けて見え、毛一本の幅もない薄い隙間（被膜）に包まれていること、その嚢を切り裂いた人は強烈な匂いによって鼻血が出るほどで、その匂いは四〇年間もそのまま残っていること、などを伝えている。[20] またアブー・ザイドとマスウーディーによると、中国のジャコウジカとチベットのジャコウジカが成育する場所は両国の隣接した同じ場所であるが、チベット産麝香が中国産のものより優れている理由として、一つにはチベットのジャコウジカが良質の芳香のある甘松を食べるが、中国の方は普通の草を食べること、他にチベット人は麝香嚢を採集されたままの状態にしておくが、中国人は麝香嚢を取り出して、血液とかその他の混ぜものを加えて品質を悪くすることによる。そこで、彼らがごまかしの手を加えないように、麝香をガラス製や土器の容器に入れ、それに組み紐をきちっと掛け、荷造りをして運ばれるが、中国の港からファールス、オマーンやイラクといったイスラームの諸地域に運ばれるまでの航海距離が長く、途中の湿度や空気（温度）の状態が違っているなどの理由から、中国産麝香の品質は劣ることになるという。[21] この中国産麝香とは、おもに雲南、青海や東北チベットで産出したもので、一部は北方のトルコやモンゴルの各方面からも集荷された。

(4) インド産麝香（al-Hindī）　チベットからインドにもたらされ、さらにダイブル（al-Daybul）経由で、船に積載されたもので、一級品ではない。ビールーニーによると、インド産麝香のなかで最良品質のものはニーバール産（al-Nībālī）と呼ばれ、チベット産（al-Tubbatī）に次ぐ良品質で、ニーバール産より劣るものはカシュミール産（al-Kashmīrī）であるという。[22] ニーバールがネパールを指すことは明らかであり、その名はすでに一〇世紀後半の記録『世界の境域地帯』にも「ニーバール（Nībāl, Baytāl）はタイサール（Ṭaythāl, Ṭythāl）に隣接し、商人たちが世界中から集まる場所であり、多くの麝香がそこからもたらされる[23]」と記されている。ニーバールに隣接したタイサールとは、おそらくラダク（Ladakh）付近を指したと思われる。[24]

(5) カンバール産（al-Qanbārī, al-Qinbārī）　インド産のものに次ぐ品質で、良質のものだが、価格、中身、色と香りなどの点で、チベット産麝香より劣る。中国とチベットの中間にあるカンバールという町からもたらされるもので、しばしば本物のチベット産麝香であると偽って売られる。ビールーニーがあげる麝香のなかのカナー産（al-Qanāyī, al-Qināyī）は、このカンバール産と同一のものであり、単にアラビア文字の写筆上の違いによると考えられる。[25] カンバール、もしくはカナーがどこを指したかは難しいが、おそらく雲南および四川地方、もしくはその省都の成都を指したものであろう。[26]

(6) トゥグズグズ産麝香（al-Tughzghzī）　黒ずんだ色の麝香で、トゥグズグズ・トルコの地からもたらされる。商人たちは、それを輸入して、良質のものと偽るが、値打ちはほとんどなく、色も悪い。また、それを細かく粉末にするのに時間がかかるので、どうしても粒が荒っぽくなる欠点がある。周知の通り、トゥグズグズはトルコ族の種族名トグズ・オグズ（Tughz-Oghuz, Toquz-Oghuz）のことで、唐代の漢文史料には九姓鉄勒、鉄勒九姓とある。[27] その部族の領域について、『世界の境域地帯』には「その東は中国、その南はチベットの一部とハッルフ（カルルク）、その西はヒルヒーズ（キルギーズ）の一部、その北もまたトゥグズグズの全域に沿って広がるヒルヒーズであり、トルコ諸国のなかでも最大の国[28]」とであるので、現在の天山北部からバルハシュ湖の南側、イリ川とその支流域を中心とする領域を占めていたと考えられる。

(7) クサーリー産麝香（al-Quṣārī）　インドと中国との間にあるクサール（Quṣār）という町（balad）からもたらされる麝香。中国産麝香（al-Ṣīnī）と同等に見なされることもあるが、価格、値打ちと匂いの点でそれより劣る。クサールは、おそらく四川から雲南に至る道中の都市名を写したと思われるが明らかではない。カイダール（Qaydār）、あるいはカイダード（Qaydād）と読めば、建都、すなわち後述するマルコ・ポーロによるガイドゥと同一地名となる。[29]

(8) ヒルヒーズ産（al-Khirkhīzi）　カルカシャンディーにはジャズィーリー（al-Jazīrī）、ヌワイリーにはジャルジーリー（al-Jarjīrī）とあるが、ビールーニーによってヒルヒーズィー、すなわちヒルヒーズ産と正しく改めるべきであろう。[30] その麝香の形状はチベット産のものに似ているが、より黄色味を帯び、粗悪な匂いである。ヒルヒーズは、古くから北方アジアのエニセイ川上流域からバイカル湖の南西に居住したキルギーズ族のことで、「突厥碑文」にはキルキズ（Qyrqyz）、中国唐代の記録には黠戛斯《きかつす》とあり、『世界の境域地帯』によると、一〇世紀の後半頃のヒルヒーズ族の居住地は、東は中国と東方の海（日本海とオホーツク海を指したと思われる）、南はトゥグズグズとハルルフの一部、西はキーマークの国、北は無住地帯であり、その地の物産として多量の麝香、毛皮、ハダングの木、ハランジュの木、獣骨（フットゥー）製ナイフの柄などがあった。[31] おそらくアルタイ山脈に住むジャコウジカから採集された麝香であると考えられる。

(9) イスマール産（al-'Iṣmārī）　カルカシャンディーは九番目の麝香を山岳産（al-Jabalī）、一〇番目をイスマール産とする。すべての麝香の中で最下級で、価格も一番安い。イスマールは、おそらくインド西海岸のサイムール（Ṣaymur, Chaymūl, Chaul）[32]、もしくはナルマダー川流域のバッラハーリー（Ballahārī, B.lhārī）のことで、『世界の境域地帯』にも「バッラハーリーは規模が大きく、人口の多い町で、インド、ホラーサーン、イラクからの商人たちの居住地。そこでは、多量の麝香を産する」[33]とある。この麝香は、西ガーツ山脈や東南アジア方面からもたらされた偽麝香（ジャコウネコの麝香）であると考えられる。

(10) 山岳産（al-Jabalī）　スィンド地方のムールターン（Mūltān）[34]からもたらされるもので、インド産麝香（al-misk al-Hindī）の一種。それは、麝香嚢が大きく、色も良いが、匂いは弱い。ムールターンは、インダス川の支流の一つチュナーブ河畔近くにある古くからの町ムルターン（Multān）のことで、ムラスタナ（Mukasthana）が訛った地名。その町は、スィンド、アフガニスタンとインド中部、またインダス川上流からカラコルム山脈に通じる交通の要地に位置していたので、巡礼と交易の中心地として栄えた。おそらくインド北部の山岳地帯から集まる麝香を、ムルターンでは「山岳産麝香」と呼んだのであろう。

以上は、ヤアクービーがあげる麝香の種類であるが、ビールーニーはその他にも次のような五種類の麝香について言及している。[35]

(1) カシュミール産（al-Kashmīrī, al-Qashmīrī）　ネパール産麝香に次ぐ品質で、インドでは珍重される。カシュミールは、インド北西部の地名。パキスタン、中国の新疆ウイグル自治区とアフガニスタンとも隣接する険阻な山岳地帯で、古来、東西交通の要地であった。ボロール（Bolōr）、バダフシャーン、チベット、カラコルムなどで採集された麝香はカシュミールの中心都市スリナガル（Srinagar）に集荷された。なお『世界の境域地帯』によると、インダス川とカーブル川とが合流する近くのヴァイヒンド（Vayhind）の町には、インド地方からの麝香、宝石、高価な物品類の多くが集まるという。[36]

(2) アウディヤーフ産（al-Awdiyākhī）　カシュミール産麝香とほぼ似るが、形が悪く、より黒みがかっている。注意深く観察すると、その中に白い砂のようなものが見られるという。アウディヤーフは、明らかに『世界の境域地帯』に見えるワジャーフ（Wajākh, Vajākh, V.jkhyān）と同一地名で、現在の中国新疆ウイグル自治区のホータン川上流からカラコルム峠にかけての崑崙山脈の一地域を指している。[37]

(3) ヒター産（al-Khiṭāʾī）　本来は契丹族の勃興によって形成されたキタイ帝国、つまり遼王朝に由来する名前であるが、一〇世紀から二〇〇年以上にわたって北中国を広く領有したことから、西アジア地域では揚子江より北の中国および中国人と同意に解釈された。なお、江南地域については、一般にスィーン（al-Ṣīn）、元代にはマハー・スィーン（Mahāṣīn, Mahachīn, Mangi）、スィーン・アッスィーン（Ṣīn al-Ṣīn）、つまり大シナ（大中国）と呼ばれた。[38] 中国産麝香（al-Ṣīnī）についてはすでに言及されているので、ここでのヒター産麝香とはトルコ系やモンゴル系民族を通じて北方アジアのバルハシ湖周辺や興安嶺の山岳部からもたらされたものと考えられる。一二世紀のイドリースィーによると、トルコ人たちのもとで産する物産の多くは中国に輸入されるが、それらのなかに麝香が含まれ、とくにトルコ系キーマク・ハーカーンの地方には多くの麝香動物（dawābb al-misk, ジャコウジカ）がいること、ただしチベット産麝香の方がインド産や中国産、その他のいずれのものよりも上質であるという。[39]

(4) タタール産（al-Tatārī）　ビールーニーの時代（一〇世紀末から一一世紀初頭）におけるタタールがモンゴル系部族に属するのか、あるいはトゥグズグズ、キーマークやハルルフと同じように、天山山脈北辺で遊牧生活を送るトルコ系部族の一氏族であるのかは明らかでない。一〇世紀後半の北方部族を詳細に伝えた『世界の境域地帯』には「[トゥグズグズのなかで] 最も富裕なのはトゥルカーン（Turkān）であり、タータール（タタール）もまたトゥグズグズの一種族（jinsī）[40]」との説明があるので、九姓鉄勒のなかのトルコ系部族に所属すると見なされていたと思われる。すると、タタール産麝香とは前述したトゥグズグズ産麝香と同一のものであろう。

(5) 海上ルートで運ばれた麝香（al-Baḥrī） 中国から海路、壺に容れて運ばれたもので、「壺入りもの（al-Qārūrī, al-Qārūratī）」とも呼ばれた。その麝香は、おそらく前述した中国産麝香（al-misk al-Ṣīnī）のことで、おもに中国の南西部の雲南、四川、青海や東部チベット方面から運ばれ、広州に集められた後、インド洋を船載されて、バスラ、アデンなどに陸揚げされた。

さらに別の記録によって、麝香の産地を考えてみよう。麝香に関する最も重要な記録は、八五一／五二年に書かれた商人スライマーンによる『中国とインドの諸情報』である。そこでは、現在のミャンマー南部にあったピュー国（Pyū, 驃国）の都邑プローム（Prome）――アラビア語史料では、これをフィーランジュ（Fīranj, Fayranj, Farami, Qīranj）と音写した(41)――からイラワディ川上流と雲南を抜けて北上する山岳ルートを説明したなかで、ムージャ（al-Mūjah）とマーブド（Mābud）という中国に隣接する二つの国をあげている。その一つのムージャについては「その住民は肌色が白く、衣服は中国人に似ている。そこでは多くの麝香が採れる。この国には、高峰として他に類を見ない［雪をいただく］白い山々があり、住民は、その周辺のおおかたの王たちと戦っている。この国で採れる麝香は、良質で値段も高い」と説明している(42)。マスウーディーによると、ムージャ特産の麝香はムージャヒー（al-Mūjahī）、つまり「ムージャ産」と呼ばれた(43)。後述するように、ムージャは唐代に四川省西部から雲南省にかけて強大な勢力をふるったチベット・ビルマ系の王国、南詔六国の一つの蒙舎（蒙舎詔）を音写したと見て間違いない(44)。

三　チベット産麝香の流通経路

さて、前節ではアラビア語諸文献に記録された麝香の産地、その種類と等級について説明したが、これらの記録資料を分析することによって、麝香が産地から集荷され、取引・仲介・転送されて西アジア市場にもたらされるまでの、おおよその流通経路として、次の六つのルートが考えられる。

(1) 東北チベット→四川→広州（広東）に集荷のあと、インド洋の海上ルートを経由、西アジア市場に至る。

(2) 南東チベット→雲南（南詔）→驃→ベンガル、もしくはイラワディ川下流のペグーに集荷のあと、ベンガル湾、インド洋の海上ルートを経由、西アジア市場に至る。

(3) 中央および西部チベット→ホータン→カーシュガル→フェルガーナ、マー・ワランナフル地方、もしくはチベット・ボロール→ワッハーン→バダフシャーン→マー・ワランナフル地方の市場に集荷のあと、ホラーサーン街道を経て西アジア市場に至る。

(4) 中央および西部チベット→ネパール、もしくはカシュミール→スィンドの諸都市（ムルターン、ダイブルなど）に集荷のあと、アラビア海の海上ルートを経由、西アジア市場に至る。

(5) 北方アジアのエニセイ川上流域からバイカル湖の南西に居住したキルギズ族や天山と崑崙北麓付近に居住したトゥグズグズ・トルコ族の地から出たあと、マー・ワランナフルの市場に集荷、ホラーサーン街道を経て運ばれる。また一部についてはカーシュガルから東に向かい、中国市場に運ばれ、さらにインド洋の海上ルートを経由、西アジア市場に至る。

(6) インド西部、西ガーツ山脈からナルマダー川流域のバッラハーリー（Ballahārī, B.lhari, Balahrā）→サイムールやシィンダーンの港に集荷のあと、アラビア海の海上ルートを経由、西アジア市場に至る。

以上の六つの流通経路について、それぞれ若干の説明を加えてみたい。

まず(1)について、一三世紀末のマルコ・ポーロの記録は、中国のシリンジュ(Silinju)地方(青海省西寧)は世界きっての良質の麝香を産すると述べ、さらにシンドゥフ(Sindufu, 四川省成都)に近い平原では麝香の採れる小動物が多く、シンドゥフを経由してチベット地方に至るルートがあって、そこではグッデリ(gudderi)と呼ばれる動物——ジャコウジカのこと——が多く住み、多量の麝香が採取されることを伝えている。[45]

ポルトガル史料のトメ・ピレスの記録には、シナ(中国)からマレー半島の交易国家マラカ(マラッカ)に運ばれてくる商品の一つとして麝香があげられ、次のような説明がある。「麝香は粉末のものも袋状のものもきわめて豊富で、たしかに品質も良く、[イラワディ川下流の]ペグーのそれに劣る点は全くない。……シナから運ばれて来るこれらの品物は、あるものはシナ本土に産し、あるものは国外で産する。またあるものは他の場所よりも[その産地として]有名な場所に産する。このような商品のなかで、好きなものに金を費やすことができる。ただし麝香だけは別で、あまりたくさんはない。あらゆるジュンコ(ジャンク)全部を集めても、シナからは毎年一バール(バハール)しか来ないであろうということである。シナの国には多量の砂糖があり、それは良質である。同国にはシャンシ(陝西、もしくは四川)と呼ばれる場所があり、そこでは麝香を産するが、少量で良質である。麝香が出荷される都市はシャンプ(西安府、もしくは西寧府)と呼ばれ、それはシナにある。シャンシにはある動物がいて、それから麝香をとるということである。[46]」

この文中の「ペグーのそれ……」とは、後述するように、いわゆる雲南~ビルマ・ルートを経由して運ばれた雲南・青海もしくは東北部チベット産の麝香を指したと考えられる。[47]

またゴンザレス・デ・メンドーサによる『シナ大王国誌』(ローマ、一五八五年刊)には、「[シナには]麝香も大量に産する。これは、彼らがカマルス(前述のヤァクービーによるカダフムスに同じ)と呼ぶ一デド(約一・八センチ)

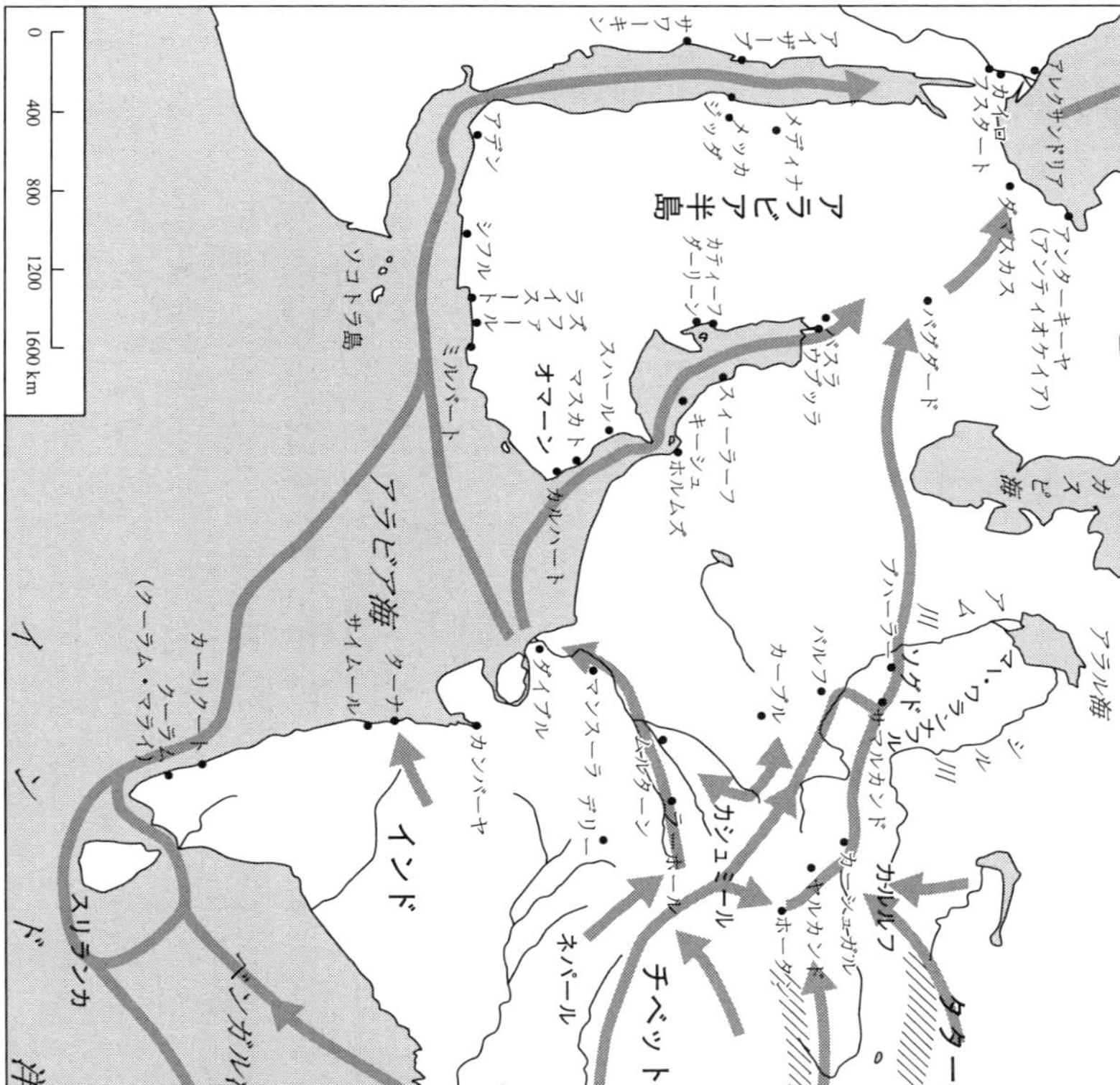

図1　チベット産麝香が西アジアに運ばれたおもな経路

ほどの太さの、非常に芳香の強い草しか食べない、小狐に似た動物から製造するのである。彼らはこの動物を捕らえると、さんざんになぐって殺してしまう。それから、血が流れ出るような個所をまずきつく縛り、骨を十分に打ち砕いて血にまぜ、もっとも迅速に腐敗するような場所にこれを置いておく」とある。(48)

イギリスの女性旅行家イザベラ・バード（Isabella L. Bird）は、一八九五年末から九六年六月末にかけておこなった旅行の記録『中国奥地紀行』のなかで、チベット高原に成育するジャコウジカから採集された麝香が他の交易品と一緒に、四川の国境地帯を経て中国市場に流通した状況について、次のような興味深い報告を伝えている。すなわち、イザベラは雲南の成都平原の北西端に位置する灌県《かんけん》について「北チベットとの交易の一大中心地としてよく知られている。冬季、交易の最盛期には、五〇〇人ものチベット人がヤク（旄牛）に乗って訪れ、城壁の外に野営する。チベット人は羊毛、毛皮、獣皮、麝香や雄鹿の角、大黄、そのほか多種類の薬種を、茶や真鍮製品、少量の絹織物や綿織物と交換する。チベットの薬種は中国じゅうで有名だ……。麝香は輸入品のうちで一番値がはる。麝香を分泌する小型の鹿は、ココノール（ツァイダム盆地とチーリェン山脈の間）周辺の平原一帯に大群をなして生息しているといわれている。一頭の鹿から採れる麝香はわずか三分の一オンス（約九・五グラム）であるが、重慶では重量当たり、銀の一八倍の値段で取引される。大半が密輸品である。成都にはこの刺激性の強い匂いが立ちこめている」と述べており、成都についても「茶、絹、アヘンそして四川省内の他地域から移入される綿花と並んで、大黄などの薬種や毛皮、なかでも麝香のようなチベットの山野で採れる豊富な産物の、盛んな取引の中核に成都はなっている」(49)とある。さらに西に進んだチベット国境に近い馬塘の集落では「七、八月ともなれば風景は一変し、馬塘は国をまたぐ大きな市場となる。すると……草の生えた傾斜地もヤクやチベット人のテントで埋めつくされる。また山では中国人が薬草の根を掘るほか、チベット人からも信じられないくらいたくさんの薬草が運ばれてくる。そして主にイスラーム（ムスリム）商人によって買い上げられる。……中国商人とチベット商人は、二ヵ月にわたって牛や馬、毛織物、獣皮、羊、麝香、大黄や雄鹿のほか、多くの商品を多量に取引する」と報告している。[50]

ポルトガル人の記録やイザベラによる報告は、前節で利用したアラビア語史料、マルコ・ポーロの記録などとはそれぞれに数百年の隔たりがあるので、一概にそれらすべての情報を同列に議論することは避けなければならないが、東北チベットと雲南・四川における麝香交易の状況は時代を隔てて基本的にはほとんど変わりがなかったものと考えてよいであろう。以上の若干の記録からも明らかなように、(1)の流通経路において、東北部チベット、青海や雲南の各地で採れた麝香が中国に運ばれる集荷中心地の一つは四川の成都であったと思われる。そこから南海交易の窓口、広州（広東）に至るには、成都から渝州に出て、揚子江を下り、岳州から南に向かい広州に達するか、揚子江をそのまま下り、杭州に、また西江を通じて広州に出るルートのいずれかが使われたと思われる。唐代には、イラン系やアラブ系のダウ、すなわち中国史料の伝える波斯舶や大食舶が広州、揚州や海南島などの港に来航していたので、麝香はそれらの港から舶載されて、インド洋・アラビア海を横断し、オマーンのスハール、ペルシャ湾内のスィーラーフ、バスラ、ウブッラなどを経てバグダードの市場に運ばれた。[51]アッバース朝初期のバグダードと広州とを結ぶインド洋の海上ルートについては、前章でみたように唐代の賈耽による地理書『皇華四達記』のなかの「広州海夷に通じるの道」およびアラビア語史料のイブン・フルダーズベ、スライマーンとアブーザイド、マスウーディーなどの記録に詳しい（第2章図2を参照）。[52]

また、中国の諸港から舶載された麝香の一部は、アラビア海を横断の後、アデン、ガラーフィカ、ジッダ、ジャールを経由して、メッカやエジプト、シリア方面の市場にも運ばれた。[53]イドリースィーは、九世紀半ばに著されたイブン・フルダーズベの記録に基づいて、アデンの町には中国からの代表的な輸入商品として、沈香、刀剣、獣皮、乗馬用の鞍、胡椒（航海の途中、南西インドのクーラム・マライで積まれたもの）などと並んで、麝香を挙げている。[54]中国明代には、雲南〜ビルマ・ルートを通過して、ベンガル湾、アラビア海を横断、紅海経由でメッカに至るメッカ巡礼ルートが知られていた。明代の記録、汪大淵『島夷誌略』によると、「雲南には通過可能な路が有り、一年以上かけて、その地［天堂（メッカ）］に至ることができる」とある。

さらに、マスウーディーによると、アンダルス地方ではインドおよびその近隣地方から運ばれる諸物産、例えば麝香、樟脳、沈香、龍涎香、サフランが珍重されていた。[55]「カイロ・ゲニザ文書」のなかの一一一〇年頃の文書には、フスタートからアレクサンドリア経由、アンダルスに送られる交易品のなかに、チベット産の麝香が含まれていた。[56]さらに一六世紀の人、マッカリー（al-Maqqarī）は、アンダルス地方に輸入されるインドの主要物産として、麝香、樟脳、アロエ、龍涎香とサフランの五種類をあげている。これらの断片的な史料によっても明らかなように、麝香は西アジアだけでなく、地中海を越えて、遠くは極西マグリブやアンダルスの市場にも広く流通していたのである。[57]

次に(2)の流通経路は、雲南の大理盆地の中心都市永昌（保山）および大和城（大理市南隣）からイラワディ川沿いに南下してプローム、ペグー、アラカン、もしくはベンガル地方に至るルート、いわゆる雲南～ビルマ・ルートである。唐代に雲南・昆明地方に台頭した大きな政治勢力として、南詔王国（六四九？―九〇二年）があった。南詔王国は六詔とも呼ばれるように、六つの詔（王の意）の部族連合であったが、そのなかでも南部に位置する蒙舎詔が最大の支配権を握り、南進する唐朝と東進すると吐蕃（チベット）の両勢力の狭間にあって巧みに勢力圏を拡大し、独立を保った。[58]九・一〇世紀のアラビア語史料中に、ムージャ（al-Mūjah）、もしくはムーシャ（al-Mūshah, al-Mūsah）の地名で記録された国は、他ならぬ蒙舎詔の蒙舎を音写したものであって、南詔王国の別称とされた。[59]南詔王国の人々が東チベットと雲南地方で採集される麝香取引を独占的に掌握し、海外諸国との交易をおこなっていたことは、唐の樊綽《はんしゃく》『蕃書』に伝えられた次の記録からも明らかであろう。「また［南詔の］南に婆羅門（バラフラー、もしくはブラフマンのことでインド・ヒンドゥー世界を指す）、波斯（ペルシャ）、闍婆（ジャワ、スマトラ）、勃泥（ブルネイ）、崑崙（インドシナ半島）［など］の数種の外［国に通じる］道がある。そこは交易の処にして、もろもろの珍宝が多く、黄金、麝香をもって貴貨となす。……陸路で永昌を去ること一〇日行程、さらに水路（イラ

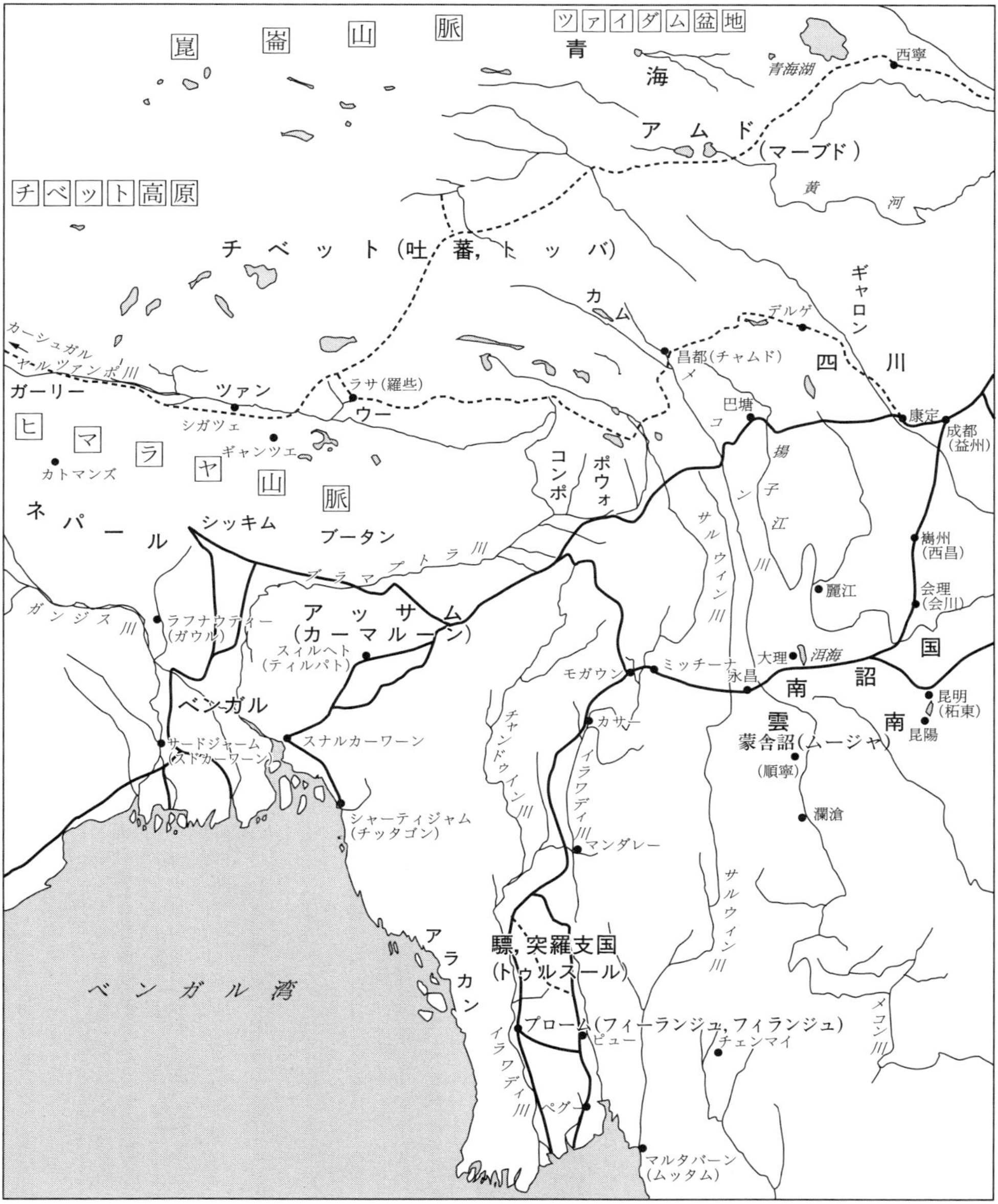

図 2　チベット産麝香が運ばれた経路(2)　雲南〜ビルマ・ルート

ワディ川）を下り、彌臣国（アラカン）に三〇日行程で、南は南海（ベンガル湾）に至る。崑崙国（雲南からヴェトナムの交阯）を去ること三日行程。[60]」「麝香は永昌および南詔諸山に出る。土人は皆、交易に貨幣をもってする。[61]」

この文中に出てくる波斯がペルシャ（イラン）であるか、いわゆる南海の波斯――一説によると、スマトラ島の北東岸パサイ（Pasai, Pase）に比定される[62]――であるかは決め難いが、次に述べるように、ムスリム商人たちが八世紀半ばに、すでにアラカン、ピュー（驃、突羅支）を経由して南詔に至っていた事実から判断しても、これをファールス（Fārs, Pars）、すなわちペルシャ（イラン）と考えるべきであろう。なおスマトラ島にパサイ王国が成立するのは、すくなくとも一三世紀の九〇年代になってのことであり、それ以前にパサイの呼称を伝えた記録史料は見いだせない[63]。

スライマーン、マスウーディー『世界の境域地帯』とマルワズィーの記録には、ベンガル湾の東岸から上陸し、北に向かってバラフラー（Balahrā, Burahman）～ラフマー（ダフマー、ベンガル）～フィーランジュ（Fīranj, プローム Prome のこと）～トゥルスール（Ṭursūl, 驃、突羅支国）～ムージャ（蒙舎＝南詔）～マーブド（東部チベット）～中国《スィーン》（al-Ṣīn）に至る雲南～ビルマ・ルートに沿った諸地域のことが伝えられている[64]。九世紀半ばの記録である商人スライマーンの情報として、フィーランジュ、すなわちプロームから内陸に続くルートについて、先にも引用したが、次のように記録されている。

「フーランジュの向こうには多数の王たちがいるが、その数については、至高なるアッラー以外には誰にも分からない。その一つにムージャがあり、その住民は肌色が白く、衣服は中国人に似ている。そこでは多くの麝香が採れる。この国には、高峰として他に類を見ない［雪をいただく］白い山々があり、住民は、その周辺のおおかたの王たちと戦っている。この国で採れる麝香は、良質で値段も高い[65]。」

アブー・ザイドは、このスライマーンの記録に補足を加えて、このルートで運ばれる雲南・チベット産麝香は中国を経由しないため、混ぜもののない良質な麝香として珍重されていると述べている。

この麝香の積出港はアラカン海岸やベンガル地方にあったと思われるが[66]、一部はマレー半島を南下して、インド洋ルートの要地カラ（Kalah，箇羅国）に運ばれて、さらに西に向かったことも考えられる[67]。前章でも引いたように、アブー・ザイドによると、一〇世紀初めのカラは中国とアラブの地との中間にあり、「沈香、龍脳、白檀、象牙、錫、黒檀、蘇枋木、あらゆる種類の薬味料、その他列挙すればあまりに長くなりすぎるほどの多くの商品の集積地」として繁昌し、そこからオマーン（スハール港）に至る航海がおこなわれたという[68]。

(3)のチベットとソグドの故地マー・ワランナフル地方とを結ぶルートについて考えてみよう。チベットから中央アジアの交通幹線の一つ（西域南道）に出るルートは、一つは東北チベットのココノールから青海地方を通って河西、ロプノール地方に至る道、もう一つはカラコルム・パミールの高地を越えてホータン、ヤルカンド、カーシュガルに向かう道、の二つがあった。また西部チベットから出たルートはアム川の上流に至り、ワッハーン渓谷沿いに西に向かうと、バダフシャーン、フッタル（Khuttal）、ワフシュ（Wakhsh）を越え、マー・ワランナフル地方に達した。このルートは、険阻な山越えの道であったが、チベットとマー・ワランナフル地方を結ぶ最短のルートとして利用された。イスタフリーは、バダフシャーンについて「そこにはトッバ（Tubbat）からワッハーン経由で、麝香が到着する[69]」「マー・ワランナフルでは、彼らのもとにトッバとヒルヒーズ（キルギス）から輸入された麝香があって、そこからすべての町々（miṣr / amṣār）に運ばれる[70]」と記している。さらにイドリースィーには、バダフシャーンとワッハーンの町を説明したなかで、「バダフシャーンの町には、ワッハーン（Wakhkhān）経由で、トッバの地から麝香がもたらされる。このバダフシャーンの町はインドのカンヌージュ地方と隣接する[71]」とあり、また「ワッハーンとトッバとの間は一八日行程。ワッハーンにはその豊富さと良質さにおいて他に比較できないほどの銀鉱山がある。……その町から麝香と奴隷がもたらされる。シャキーナ（al-Shaqīna）はハルルフ・トルコ族のいくつもの町の一つであり、そことワッハーンとの間は五日行程[72]」とあって、チベット産麝香の運ばれた経路を伝えている。なお、シャキーナはワッハーンの町からアム川上流を下った、ワッハーン地方西端のイシュカーシム

(Ishkāshim) のことで、フェルガーナ、マー・ワランナフル地方に達する街道上の要地に位置した[73]。ワッハーンは、パミールの南、アム川上流とワッカーン川との間に挟まれた細長い峡谷地帯で、チベットとバダフシャーン、フッタルを結ぶ回廊ともいわれた[74]。

イドリースィーによる次の記録は、おそらくチベットのラサの町について伝えたものであり、ワッハーンやフェルガーナの人々がその町を訪れ、鉄、銀、貴石やチベット産麝香などを購入していたことが分かる。

「トッバ (al-Tubbat) の町 (ラサ) は規模が大きく、その土地もまた同じくトッバと呼ばれて、トッバ・トルコの地方にある。このトッバの住民はフェルガーナ、ブッタム (Buttam, Buttaman)、ワッハーンの土地 [など] の人々と緊密な関係を持っている部族である。彼らトッバ人はこの地の大部分を旅して、鉄、銀、色のついた石、ヒョウ皮、トッバの名に由来するチベット産麝香を供給する。そこは高く聳える高台の上にある町で、町の一番下にはバルワーン湖に向かって南 (西) 流する川 (ヤルツァンポの支流キチュ川) がある。町には、険しい周壁があり、町の王はその内部に住む。……奴隷や麝香の多くをフェルガーナ地方やインド地方に交易品として提供している[75]。」

またラサの南西に位置するシガツェ (Shigatse) の町と思われる説明のなかでも、イドリースィーは「トッバのスィーンフ (Thīnkh) と呼ばれる町は、中規模の大きさで、険阻な山の頂上にある。……彼らのもとに、カーブルの地、ワッハーンの地、フッタルの地、ワフシュの地から、またラーシュト (al-Rāsht, Dhū Smat) の地方からやってきて、町からトッバ特産の鉄と麝香を輸入する[76]」と説明している。すでに述べたように、一〇世紀後半のラサには、すでにイスラーム教のモスクが一つあって、ムスリムたちが居住していた。なお、ラーシュトはワフシュ川沿いの町ラーシュト、もしくはヤアクービーによるズー・サムト、ビールーニーによるトゥーマスト、もしくはトゥーサムトなどと同一の地名と考えられる。そこは、最高品質のチベット産麝香の産地 (集荷地?) であった[77] (前掲表1参照)。

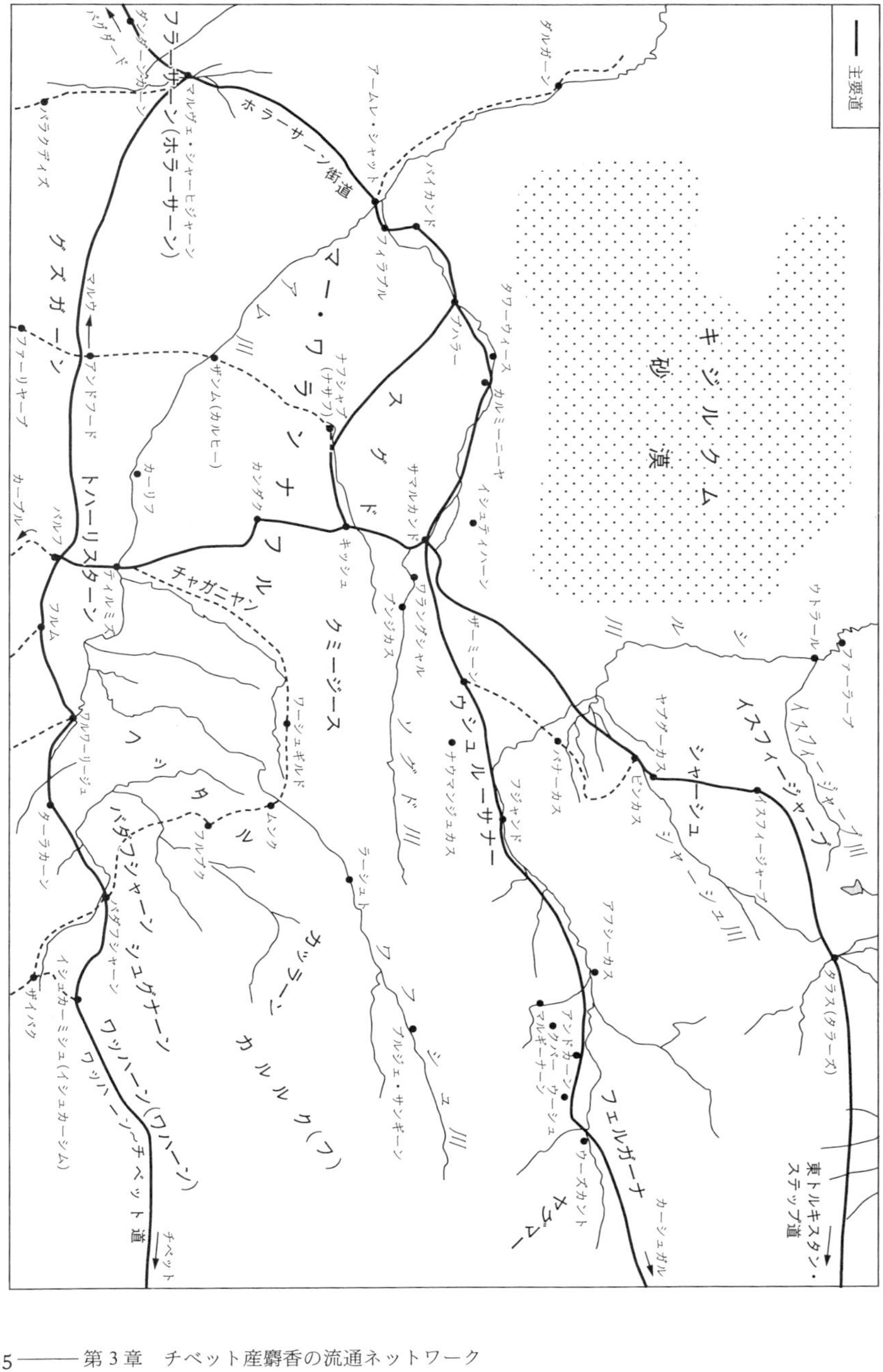

図3　チベット産麝香が運ばれた経路(3)　ワッハーン〜ソグド・ルート

(4)のルートは、ボロールからカシュミールを越えて南に向かうと、チェナーブ川に出て、スィンド地方に通じる。スィンド地方とインドの市場には、チベット、カシュミールやネパールなどで産する麝香が集荷されて、ダイブル、カンバーヤなどの港から船載され、アラビア海を渡った。[78]

(5)のルートについて、ハルルフ、トゥグズグズやキーマークなどのトルコ系遊牧民の領地から集められた麝香は、おもにカーシュガルの市場に集められた。[79]カーシュガルは、西域南北道の合流する要地であり、同時に中央チベットからの道が通じており、イスタフリーやイブン・ハウカルが述べているように、西に向かうと、ワッハーン道を経由してソグドの故地マー・ワランナフル地方のサマルカンドやブハーラーに至る。

(6)のルートを伝えるのは、一〇世紀後半の史料『世界の境域地帯』である。それによると、インドのバッラハーリーという人口の多い町は、バッラフラーイ（Ballah-Rāy）という王国に所属して、ホラーサーンやイラクの商人が集まり、多量の麝香を産するとある。[80] V・ミノルスキーの説明によると、バッラフラーイはビールーニーの伝えるヴァッラバ（Vallabha）に同じで、インド西海岸に近いコンカン地方に支配権をもったヴァッラバ・ラージャ（Vallabha-rāja）の王国のことであるという。[81] バッラハーリーという町の位置については不明であるが、コンカン地方の東には急俊な西ガーツ山脈が迫っているので、この山中に成育するジャコウジカ（あるいはジャコウネコかと思われる）から採った麝香がその町に集荷されたのであろう。[82] コンカン地方の主要港はサイムールとスィンダーンであり、そこからアラビア海を船載された麝香は、ペルシャ湾岸の諸港に運ばれた。[83]

結びに代えて

麝香は稀少品であるため、王や貴族・富裕者たちがイスラームの祝祭日や割礼などの記念日に贈呈する品として、また外交使節や大商人たちのもたらす献納品としても、とくに珍重された。そのことを示す具体的な史料を最後にあげておこう。ヒジュラ暦七〇四（一三〇四／〇五）年、イエメン・ラスール朝の使節団の一人、アミール＝アサド・ウッディーン・イブン・ヌール（Asad al-Dīn Ibn Nūr）はマムルーク朝のスルタン＝マリク・ナースィルのもとに遣いし、贈呈品として白檀、沈香木、龍涎香大塊、香炉、麝香嚢、高級麝香をつめた箱、茶などを持参した。(84) それらは、いずれも中国からラスール朝に、さらにラスール朝からマムルーク朝に贈られた品々であった。

また、イエメン側の史料によると、中国明朝の派遣した鄭和遠征分隊は、一四一八年、一四二三年と一四三二年にアデン港に到着し、その使者は上陸後、ラスール朝の首都タイッズまで至った。そのとき明朝からラスール朝への贈呈品として、ジャコウジカの麝香、霊猫の麝香練りもの（fatīr al-zibād）、真珠、香木、陶磁器、錦織物などがもたらされており、とくに麝香が陶磁器と並んで貴貨・貴品として最も重要な役割を担っていたと思われる。(85)

このように麝香は、採集地が西アジア市場から遠いヒマラヤ高地の辺境にあったこと、したがって稀少価値が高く交易取引によって莫大な利益が得られたこと、偽物、類似品や混ぜものが多かったこと、強烈な香気を発することや別物の混入を防ぐために取引・梱包・輸送には専門の商人が介在したこと、王や貴族・富裕者たちの贈呈品として好まれたことなどの理由によって、その交易取引・仲介・輸送をめぐって、専門化された人々の移動と情報交流の広域ネットワークの形成を促したのである。

第4章　インド洋を渡る馬の交易

はじめに

『クルアーン』（第一六章第五節―第八節）に「それに家畜類、これはとくにお前たちのために創り給うたもの。それでお前たちは温くもできれば（毛や皮革で着物や天幕をつくる）、［他にも］いろいろに使い途があり、食用にもする。夕べ、小屋に連れ戻すにつけ、朝《あした》に牧場に連れ出すにつけ、その美しさが目を奪う。その上、お前たちのために重い荷を負って、ひどく苦しい思いをしなくては行きつけないような［遠い］国まで運んでくれもする。考えてみれば、神様はまことに気のおやさしい、慈悲深いお方。馬にせよ、騾馬にせよ、驢馬にせよ、みなこれと同じ、みなお前たちの乗用に、また飾りにとて［創って下さったもの］」とある。神のご慈悲によって、人間にはラクダ、馬、ラバ、ロバなどの有用な駄獣が授けられ、それによって日々の食料と生活だけでなく、他の地域への移動やモノの交流にも大きな変革をもたらした、と説明されている(1)。

とくに、馬の飼育と使用が民族の移動、国家・王朝の興亡や文化の交流に果たした影響はきわめて大きく、さまざまな歴史や文化・文明の進展は、馬の背と肢に大きく依存してなされたといっても過言ではあるまい。また、他の駄獣類と異なる馬の特別の価値は、貴重な財物として、王や特定の支配者にとっては権威の象徴となり、北アジアや東アジアでは、古くから神々が奉献を望む「貢馬」「献馬」として、あるいは呪術の対象としても馬が捧げられた点にある。[2] アラビア人の伝承によっても、アラビアの地で最初に馬に乗ったのはイブラーヒーム（アブラハム）の子イシュマーイール（イシュマエル）であり、イシュマーイールはまた、初めてメッカのカァバ神殿を建てた人ともいわれている。そして、預言者ムハンマドは、天馬ブラーク（al-Burāq）に乗ってカァバ神殿の上空を飛んだ後、夜の旅（イスラー）によってエルサレムの聖域アクサー・モスクに至り、やがて天使ジブリール（ガブリエル）に導かれて七つの天を昇ったと伝えられる。[3]

広く知られている事実であるが、中央アジア、イランからアラビア半島に至る地域では、古くから大形の型格・資質に優れた駿馬が飼育・使用された。そのため、西域地方で産した良馬は、小形・中形の二型馬しか産しない中国やインドの諸地域で珍重され、毎年、多数が輸出された。[4] またイスラーム時代以後になると、アラブ馬がラクダとともに、イフリーキヤ・マグリブ地方に伝えられ、アトラス山中で飼育された馬が高価な交易品としてサハラ砂漠を越えて、ニジェール川流域の黒人王国（スーダーン地域）にまで運ばれた。黒人系諸王国では、馬は王権の象徴として祭典・儀礼において重要な役割を果たした。[5]

インドでは、おもに象を戦闘や駄載に使役したが、一二・一三世紀以後になると、馬の需要が急激に高まり、毎年、多くの良馬が陸路、中央アジア方面から運ばれ、またイラン、ペルシャ湾岸、南アラビアやイエメンの諸港から船に積載されてアラビア海を渡り、インドの各地に運ばれた。このようなアラビア海を越えるアラブ馬の交易は、今から百年足らず以前、二〇世紀前半に至るまで途絶えることなく継続したので、海上交易において、西側（湾岸地域、アラビア半島）から東側（インド亜大陸、東南アジア、中国）に流れる代表的な交易品の一つとして馬が重要な役割を果たした。[6] そこで本章では、ペルシャ湾岸とアラビア半島からインドに運ばれる馬取引と輸送が最も盛んにおこなわれた一三〜一五世紀を中心とした馬の海上交易の実態について考え、さらには海域という場が陸域支配の道具である馬の交流媒体であったことの意義についても検討してみたい。

一 インドにおける馬需要の高まり

六世紀のコスマスの『キリスト教地誌』には、インドの各地の諸王、例えばオッロタ（Orrhotha）、カッリアナ（Calliana）、スィンドゥ（Sindu）、スィボル（Sibor）やマレ（Male）などのインド西海岸の王たちは、いずれも五〇〇頭から六〇〇頭の象を所有しており、スィレディバ（Sielediba）――サランディーブ（Sarandīb）、スィーラーン（Sīlān）に同じで、現在のスリランカのこと――の王は象と馬を高値で入手し、「馬は、ペルシャから彼（スリランカの王）のもとにもたらされ、馬の輸入業者に課せられる関税を免除して購入される。一方、［インド亜］大陸の王たちは、野生の象を捕まえ、彼らの象として買い馴らし、それを戦闘に使う」と述べられている。[7]

九世紀半ばの商人スライマーンの情報によると、インド西部のコンカン海岸の近くを領有したバルハラー（Balharā）王国の王は馬と象を所有し、財産も豊富であること、またバルハラーの北側、グジャラート地方を支配するジュルズ（Jurz）の王は大軍を擁し、彼に匹敵するほどの馬を持つ者はインドにいないと伝えている。[8]

こうした若干の記録を通じて、イスラーム時代以前からスリランカではサーサン朝ペルシャ帝国を通じて輸入された良馬（Pārasika）が使用されていたこと、[9]またインドは馬の頭数が少なく、戦闘用にはおもに象が使われたが、インド西海岸に沿ったグジャラートやコンカンなどの地域では、軍団編成の一部に象と並んで馬が使われていたことが明らかとなる。[10]

インドにおいて馬の需要が急激に高まったのは、ガズナ朝に続くゴール朝の軍隊によるインド亜大陸への進出が大きな契機となったと考えられる。ゴール朝はガズナ朝政権が衰退する一二世紀後半以後、本格的にインドへの侵入を繰り返し、その後、北インドにムスリムたちの支配権が確立する基礎を築いた。そしてデリーに首都を置くアフガン系やトルコ・モンゴル系部族出身のスルタンたちは、引き続きデカン高原、南インドやベンガル地方に軍事遠征《ガズワ》を繰り返し、支配領域を拡大していった。これに対抗するため、ヒンドゥー系やその他のムスリム支配に反対するインドの諸勢力は、従来の象と歩兵を主体とした戦術を転換して、騎乗馬による弓矢を使った奇襲戦や機動力に富んだ騎馬編成隊を採用するようになった。[11] とくにデカン高原や北部インドなどの乾燥・ステップ地帯の戦闘では、ラクダと馬を組み合わせた遊牧系諸集団の用いる騎乗弓軍が象軍よりも持久力と機動力という点では、はるかに優位であった。歴史家バラニー（Baranī）が伝えているように、インドにおいて象軍から騎馬軍へ戦術が転換した直接の契機は、デリー王朝のスルタン＝ギヤース・ウッディーン・バルバン（Ghiyāth al-Dīn Balban, 在位一二六六―八七年）の率いる六、〇〇〇から七、〇〇〇の騎馬隊がヒンドゥー王の一万の強力な歩兵と弓術隊を撃破した事件であった。[12]

スインド・ラージェスターン地方、北部インドやデカン高原に広がる乾燥地帯を除いて、南インドと東インド・ベンガル地方などのアジア・モンスーンの卓越する地域では、密林、湿地帯や人口稠密な米作地帯が広く分布しているため、馬の飼育・増殖に必要な広大な牧場や牧草地を確保することは難しかった。また、熱帯・亜熱帯の高温・多湿の気候・風土は、馬の飼育・管理や増殖に適さなかった。若干の記録史料によると、馬貿易を仲介するムスリム商人たちが、インドにおいて正しい馬の飼育管理と増殖法を秘密にしたり、偽の獣医を派遣したために、輸入された馬は減少し、年ごとに不足した部分を補給しなければならなかったという。[13]

こうした説明のすべてが事実であるとは認め難いが、一三世紀後半のマルコ・ポーロは、インド南東端のコロマンデル海岸を領有した大マアバール（Maabar）王国のもとに毎年、多数の馬が海を越えて輸入されていた理由について、次の説明をおこなっている。「この［マアバール］王国は馬を産しない。したがって年々の税収で流れこむ金銭の全部もしくは大部分をもって、王は馬匹を購入するのであるが、その次第はこうである。コルモス（ホルムズ〕、キシ（キーシュ）、デュファール（ズファール）、エシェフル（シフル）、アデンの商人たちは――これらの地方はどこでも各種の馬に富んでいる――最良の馬を買い入れ、海船に積み込んで、この王ならびにその兄弟たる他の四王のもとにもってくる。商人は、これらの馬を一頭につき黄金五〇〇サッジ前後で売却するが、それは銀貨一〇〇マルク以上に相当する。それでもこの王は年に二、〇〇〇頭は優に買い付けるし、兄弟の四王も同じくらい買っている。しかるに一年もたつと、各王の手持ちの馬は一〇〇頭ばかりに減ってしまう。それというのも、この地には獣医もいないし、土人も馬の世話に慣れていないから、どんどん死亡してゆくのである。確かにその通り、馬は世話の不行き届きで死んでしまうのである。にもかかわらず、この王国に馬を売り込みに来る商人たちは、王の馬がこのようにして死んでしまうのをむしろ望んでいるから、誰一人として獣医を連れてくる者もいないし、また行かせようともしない。[14]」「ここ〔カラツ＝オマーンのカルハート〕やその他の町からインドに輸出される馬の数は実に驚くほどである。その一つの理由は、そこ（インド）では馬が飼育・繁殖されていないこと、もう一つは彼ら（インド人たち）は馬の取り扱い方を知らないので、それを入手してもすぐに死なせてしまうためである。なぜならば、そこの人々はどうやって馬を世話するのか分からないので、自分たちの〔飼っている〕馬に〔人間と同じ〕料理した食物、さまざまな種類の切りくずを与えてしまうからである。そうしたことに加えて、彼らには馬医者がいない。[15]」

イブン・バットゥータは、北アジア・キプチャク草原のトルコ族のもとで育てられた馬がはるばるインド地方まで運ばれること、また、馬は草原で自然の牧草を食べさせて育てられるが、スィンドでは糧秣（ふすま）が与えられるので、多くの馬が死亡することを述べている。[16] また、イブン・バットゥータとほぼ同時代のウマリーにも、「〔インドでは〕馬の多くが丁寧に取り扱われておらず、このため隣接するトルコ地方のあらゆるところからインドに輸入しなければならない。またバフライン、イエメン地方やイラクからアラブ種の馬（al-ʻirāb）が持ち込まれるのだが、インド内陸部ではアラブ馬はきわめて貴重なため、その値段も高く、その数は少ない。しかも馬はインドで長く飼っていると、［次第に］弱ってしまう」とあって、継続的にアラブ馬を補給することが必要であると述べられている。(17)

一五世紀末のロシア人ニキーチン（Nikitin）の記録では、ホルムズからインドへ向かう船には馬が乗せられ、インドでは馬の餌として豆の他に、砂糖と油で煮たキシリ（kichiris, kushārī）と呼ばれるものが与えられていたという。(18) 一六世紀のD・バルボサ（D. Barbosa）の記録にも「馬は、この国（ヴィジャヤナガル王国）では丈夫に育たず、生きていても短かい間だけである」と記されている。(19)

マルコ・ポーロやイブン・バットゥータが伝えているように、ペルシャ産とアラブ産の良馬の産地および積出港は、おもに南アラビアのハドラマウト地方、イエメン、ペルシャ湾岸などにあったので、それらの港から船に乗せられた馬は、アラビア海を渡ってインド西海岸やスリランカの諸港に着き、そこからさらに内陸部の諸地域、とくにチョーラ朝、パーンドゥヤ朝、その他のヒンドゥー系諸王国に運ばれた。ここにおいて馬貿易を仲介し、その集荷・販売・仲介・輸送を担うアラブ系・イラン系商人、インドの海岸部に居住するインド・ムスリムたちやヒンドゥー系の馬取引の仲介商人たち（Hedabukas, Kudircetti）の活躍する場が開かれたのである。(20) ヒンドゥー王侯たちにとって、北から侵入してきたムスリムたちから武器や馬を直接購入することは難しく、それに加えて、デリー・スルタンたちと馬の売買契約をおこなう商人たちは、ヒンドゥー教徒の支配地域で馬を売却することを堅く禁じられていた。イブン・バットゥータは、キプチャク草原の馬がスィンド地方の主都ムルターンに集荷され、そこで課税されること、商人たちが買った良馬はインドでは五〇〇ディーナールかそれ以上、普通の馬でも一〇〇ディーナールとか、さらに二倍三倍で売却され、とくにイエメン、オマーンとファールスから輸入される競走用の馬については、一、〇〇〇から四、〇〇〇ディーナールの高額で取引されると述べている。(21)

このように、①アフガン系やモンゴル・トルコ系のムスリム軍がインドに侵入して彼らによる国家形成と領土の拡大が続き、ヒンドゥー系諸勢力との間に戦闘が激化したこと、②旧来の象戦から騎馬戦へ戦術が転換されたこと、③戦乱によって多数の馬が死亡したこと、④インドの自然環境が馬の飼育・利用に適さなかったこと、などの諸事情がインドにおける馬需要を急激に高め、一三〜一五世紀におけるアラビア海を舞台とした馬貿易の隆盛をもたらしたと考えられるのである。そうした時期の馬貿易の具体的状況については、次節で詳しく述べるとして、次にムガル期以降のインドにおける馬の需要と飼育について述べておこう。

ムガル宮廷の史料、アブー・アルファドル・アッラーミーによる『アクバル大典 *Āʾīn-i Akbarī*』によると、商人たちは、ムガル朝のアクバル大帝（Jalāl al-Dīn Akbar I, 在位一五五六―一六〇五年）の宮廷にイラク・アラブ（ティグリス・ユーフラテスの両河に挟まれた地域）、イラク・アジャム（東部イラン地域）、トルコ、トゥルキスターン、バダフシャーン、シールワーン、キルギーズ、チベット、カシュミール、その他の地域から良馬をもたらし、当時、一万二、〇〇〇頭もの馬が宮廷の厩舎に飼われていたという。ここで注目すべき点は、ムガル時代になって、インド地方における馬の飼育・育成技術が急速に進歩して、輸入馬を改良した優秀な資質を持つインド産の馬が飼育されるようになったことである。アブー・アルファドルは、インドの各地でアラブやイラク産の馬と区別がつかないほどの良馬が飼育されていること、グジャラート地方のカッチ産の馬は、言い伝えによると、かつて座礁したアラブの船が積んでいた良馬を改良・育成した品種で、アラブ馬に匹敵するほどの優秀馬であること、パンジャーブ地方の馬はイラク産のものと類似し、パティー・ハイバトプール（Paṭī Haybatpūr）、バジュワーラル（Bajwār-al）、アーグラ（Āgra）やアージュミール（Ājmīr）などの地方で良馬（pachwariya）を産出すること、インド北部地方は小形であるが強力なグート（gūṭ）と呼ばれる馬を産すること、ベンガル地方国境近くのクーチュ（Kūch, Kūch-Bahār）の近くで産するターンガン（tānghan）と呼ばれる強靭な山岳馬があること、などを伝えている。[22] このように、ムガル時代になってインド国内の各地で良馬が飼育・増殖されるようになったことは、宮廷が馬の特別保護・管理と育成の施策を積極的に進めたことによるものと考えられる。

しかし、王侯・貴族たちの乗る馬、祭礼・儀式や贈答用に用いる馬、競走馬などの型格・資質に秀でた、とくにアラブ駿馬は、引き続きペルシャ湾・アラビア海の諸国から多数輸入されていた。C・ベルグラヴ（Sir Charles Belgrave）による一九世紀初頭の記録では、バスラからインドに向けて毎年一、五〇〇頭の軍用のアラブ馬が輸出されること、ボンベイ（ムンバイ）向けの馬の価格は三〇〇ルピーで、その他に運賃、さらに途中の飼育・管理料および積み降ろし料金が四〇〇ルピーであり、合計で八〇〇ルピーもの高値で売却されること、最優良種のアラブ馬はベンガル地方に送られ、バスラでの売却価格は一、〇〇〇ルピーにもおよび、馬取引による莫大な利益はイギリス政庁にもたらされたという。とくに貴種のアラブ馬は、メソポタミア平原のユーフラテス川の両岸およびシリアの平原で育成されたが、オスマン・トルコ支配下での馬の輸出は厳禁されていたので、バスラでの馬の取引は、イギリスの商人に多大な利益をもたらした。(23)

二　一三・一四世紀におけるインド洋の馬貿易

イブン・バットゥータは、インドのトゥグルク朝では馬が四つの等級に分類され、その最優良のものが宮廷に仕官する者に贈られたと述べているが、その四等級についての具体的な説明はない。これに対して、ほぼ同時代のインドの歴史家バラニーは、インドで使用される馬を、同じように四等級（種類）に分けて説明している。(24)

(1) バフリー（Baḥrī）　アラビアやイランから海上路（バフリー）でもたらされる馬。ペルシャ湾とアラビア海を越えてインドに運ばれる馬については、後に詳しく述べたい。

(2) タータリー（Tātārī）　南ロシアのキプチャク大草原からもたらされるタタール産（モンゴル・タタール系）の馬。イブン・バットゥータによると、タタール産の馬はスィンド州の主都ムルターンに集められ、そこの税関で課税された後、インド国内に運ばれた。ムガル時代に、中央アジアから輸入された馬は、インダス川の支流の一つ、サトレジゥ川上流ラヒー地方の高原・森林地帯に集められ、そこからパンジャブ、ラヒーカンド、アワド、ベナレスやビハールの馬市場に運ばれた。パンジャーブ地方の北東部にあるラヒー地方は、ガズナ朝のスルタン＝マフムードの時代に、バッティーと呼ばれるラージプート系部族（Bhattī-Rājīpūt）がイスラーム化して移住した場所であり、彼らは馬の飼育と販売をおこなった。(25)

(3) クーヒー（Kūhī）　北東インド、チベットや雲南など、ヒマラヤ山岳地帯の周辺からもたらされる小形の馬、ポニーのことを指している。クーヒーとは、おそらくペルシャ語のクーフ（kūh）、すなわち「山」に由来する言葉で、ブータンやチベットなどの山岳地帯からもたらされる馬のことであろう。クーヒー、すなわち山岳産の馬は一般にはターンガン（tānghan, tangān）(26)とも呼ばれ、小形であるが強靭な馬として知られた。ネパールと並んで、ベンガル地方は、アッサム高地、チベットや雲南で産する馬の中継取引の中心地であって、デリー王朝時代のベンガル地方の統治者たちは馬を獲得して軍事力を増強するため、アッサム地方を経てチベットに向けてたびたび遠征をおこなった。ミンハージュ・ウッディーン（Minhāj al-Dīn）によると、チベット・中国の国境近くのカルバッタン（Kar-battan, Kar-paṭṭan）という町には家畜市場があり、毎日一、五〇〇頭のターンガンが取引され、そこで購入された馬は三五の峠を越えて、カームルプ（Kāmrup, Kāmarūpa, Assam）と西ベンガルのラフナウティー（Lakhnawtī）に運ばれた。(27)マルコ・ポーロは、雲南地方の首府昆明を中心としたヤチ（Yachi）王国では良種の馬が多数飼養され、また同じ雲南地方の大理を中心としたカラジャン地方（Carajan）でも非常に多数の馬が育成されているが、そのすべてはインドに売り出されると説明している。(28)こうした馬は、インドではクーヒー、もしくはターンガンの名称で知られていたのである。

(4) バーラダスティー（Bāladastī）　バーラダストは、デリーの北西、ヤムナー川の西に広がるパンジャブの東部地方を指す言葉であり、バーラダスト産の馬とはインド在来種のタットゥー（taṭṭū, tatū）と呼ばれる馬のことで、最下級の小形馬。イブン・バットゥータは、タットゥーは役畜馬のことで、支配者にとっては卑しい乗物であると説明している。[29]

多くの記録史料に伝えられているように、インドの各地に輸入された最高種の馬はバフリーと呼ばれるアラビアとイランで産出するもので、その名称は海路（al-baḥrī）を通じて運ばれたことに由来する。では、そうしたインド向けの馬は、どこの港から積み出され、インドのどこに運ばれたのであろうか。次に、馬貿易がおこなわれたおもな港を取り上げて、そこでの取引の実態について考えてみよう。

（1）馬の交易港

(1) ジッダ（Judda）　紅海の中ほど、アラビア半島の西海岸に位置する港で、ナジド産の純粋サラブレット馬やエジプトの馬の集荷地として知られた。イブン・マージドの記録によれば、一五世紀半ば、ジッダのトルコ人知事スードゥーン（Sūdūn）の治世代、エジプト産の黒い肌色で尾の白い馬一頭がダーブールのインド商人たち（al-Dawābilat al-Hunūd）に五〇〇アシュラフィー・ディーナールの価格で売られた。[30] なお、ダーブール（Dābūl, Dab-hōl）はインド西海岸のコンカン地方の主要港で、サイムール（Ṣaymūr, Choul）と並んで、ペルシャ湾岸やアラビア海岸との交易で栄えた。一四七五年頃のニキーチンの記録には「ダビル（Dabyl）はまた、非常に大規模な海港で、そこには多数の馬がミソル（Mysore）［ミスル、すなわちエジプトのこと］、ラバスト（Rabast, ʻArabistān）、ホラッサン（Khorassan, Khūrāsān）、トゥルキスタン、ネゴスタン（Neghostan）からもたらされる」[31]とある。バルボサは「このダブル（Dabul）はきわめて良港であるため、異なった土地、すなわちメカ（Meca, メッカのことで、実際にはジッタ港を指す）、アデム（アデン）とオルムス（ホルムズ）［など］からモール人たちの多数の船がここへ向けて出帆する。それらの船は、ここ（ダブル）に多くの馬をもたらす」と説明している。[32]

(2) アデン（ʻAdan）　イエメン・ラスール朝のスルタン＝ムザッファルの時代の財務に関する法令・慣習法を収めた『実務諸般の光』によると、アデンから輸出される馬はインドのマンジャルール（マンガロール）、ファーカヌール、ジュルバッタン（Jurbattan, Jurfaṭṭan）、ヒーリー（Hīlī）などの港に運ばれたという。[33] マルコ・ポーロは、アデン港からインドに向かう商人は、高値を呼ぶアラブの軍馬、二つの重い鞍を着けても平気な駿馬を多数輸出して、非常な儲けをあげていること、商人が良馬一頭をインドで売却する値段は実に銀一〇〇マルクもしくはそれ以上にものぼること、そこのスルタンはインド向けの船と商人に重税を課し、莫大な税収入を得て、世界で最も富裕な王者の一人であること、などの点を述べている。[34] イブン・バットゥータによると、アデンはまさにインド人たちの港であり、クンバーヤト（カンバーヤ）、ターナ、カウラム（クーラム）、カーリクート、ファンダラーヤナ（ファンダライナー）、シャーリヤート、マンジャルール（マンガロール）、ファーカーヌール、ヒナウル、スィンダーブールなどから大型船がそこにやって来るという。こうした船がアデンから積み出されるアラブ馬をインドに運んだと考えられるが、[35] ラスール朝国家がインドに輸出される馬貿易とどのように関わっていたかについては、次節で説明したい。

(3) シフル（al-Shiḥr）　アデンの北東約五三〇キロメートルの港。ハドラマウト地方で産出する乳香と良馬の積出港として有名であり、マルコ・ポーロは「エッシェル（Escier）の町には立派な港があり、多数の商船や商人が多量の商貨をもたらしてインドからここにやってくるし、一方この都邑からも多くの商人が莫大な商品を積載してインドに航海する。……立派な軍馬や鞍を二つ着けることのできる駿馬を数多くインドへ輸出するのはこの地の商人である。これらの馬はとても名馬であるから、それだけに値も高く、したがって商人たちは馬貿易で巨大な利益を収めている」と述べている。[36] またバルボサには、シフル（Xaer）はオルムズ（ホルムズ）より大形の良馬が得られ、インドでは五〇〇〜六〇〇クルーザトの高値で取引される、とある。[37]

(4) ズファール（Ẓufār, Ẓafār, Ẓafārī）　ズファールと南西インドの諸港との距離は、モンスーンで一ヵ月の航海であった。その地方のカラー山脈、カマル山脈の周辺部には広大な丘陵地と牧草地があるため、馬の飼育地として知られていた。ハブーディー朝の支配者は、インド向けに輸出される馬に取引税を課した。ラスール朝時代に繁栄

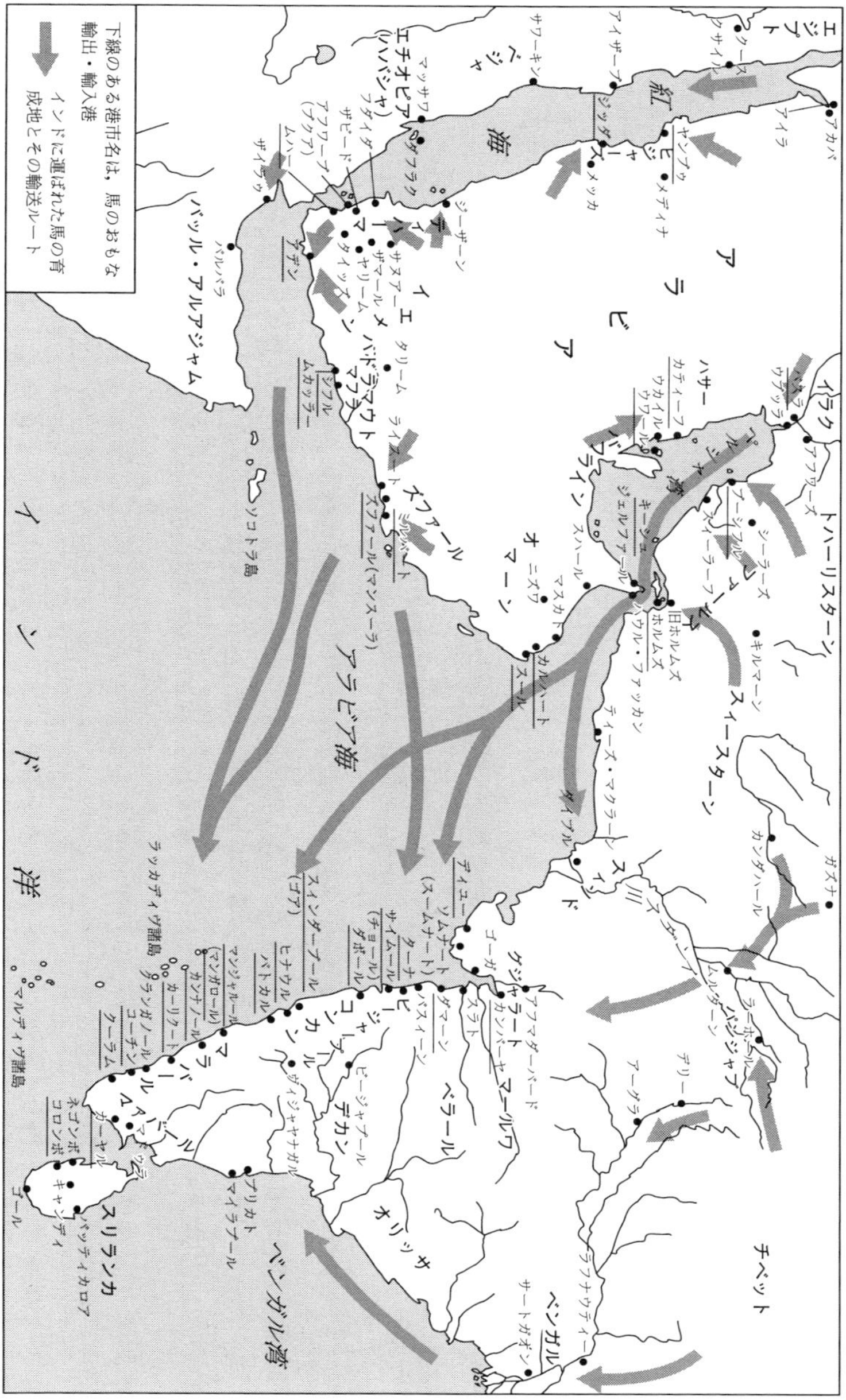

図1　インド亜大陸に運ばれた馬の生産地と交易港・輸送ルート

したズファール地方の主要港はライスート、ミルバート、ズファール新港（Ẓufār al-Muḥaddatha, al-Manṣūra）であり、いずれもインド向けの純血アラブ馬の積出港として知られた[38]。アラウィー・ブン・ターヒル（'Alawī b. Ṭāhir）は、ズファールの周囲はインドと同じく年間三ヵ月にわたって降雨があり、飼料（牧草）が豊富にあって多くの馬が飼育されること、インド向けの馬貿易の中心地であり、インドやスィンドからの馬の定期的な貿易船が来て、大量の馬を飼い付けること、一頭が一〇〇～二〇〇アシュラフィー金貨にも達したことを述べている[39]。

(5) カルハート（Qalhāt）　マルコ・ポーロにはカラトゥ（Calatu, Calaiati）とあり、『諸蕃志』は伽力吉として示している[40]。現在のオマーンのスールの北東にある港。ホルムズ海峡の出入口に位置し、しかもインド洋のモンスーン航海の要地にあるために、この町の支配をめぐってブワイフ朝、セルジューク朝やフワーリズム朝の勢力が争った。一三世紀末から一五世紀に、対岸のイラン海岸に近いホルムズ島の支配者がここを統治下に収めて、ペルシャ湾経由のインド洋交易の覇権を握った[41]。マルコ・ポーロも、「この地はコルモス（ホルムズ）国に属していて、コルモスのメリック（マリク、王）が自分よりも有力な相手と戦うような場合には、いつでもその避難地となる場所である。……この都市にはりっぱな港があって、多数の海船が物資を満載してインドからやってくる。この港から内陸の諸都市に向けて貨物、香料が輸出されるため、この地はこれら商人にとってとても有利な市場をなしている。なおこの都市から多数の良馬がインドに送り出されており、商人たちはこの馬匹貿易で巨大な利潤をあげている。この地方および上記の［シフルやズファールなどの南アラビアの］諸地方からインドに輸出される良馬の数は大変なもので、実に信じかねるくらいの数量にのぼっている[42]」とある。また、バルボサによれば、クリアテ（Curiate）、すなわちカルハートは良馬の産地で、オルムズのムーア人（ムスリム）たちがそこで馬を購入し、それをインドに送るという。カルハートの港から積み出される良馬は、オマーンのシャルキーヤ地方のアフダル山中にある放牧地で飼育されたものであろう[43]。

(6) マスカト（Musqaṭ）　趙如适『諸蕃志』の甕蠻（オマーン）条には「土産の千年棗（ナツメヤシの実）甚だ

多し。沿海真珠を出し、山では馬を畜牧す。他国［の商人］がここと貿易取引をおこなう場合、ただ馬、真珠、千年棗（ナツメヤシの実）を買い入れ、交換の対価として丁香、荳蔲（カルダモンの種）を提供する」[44]とある。この記事は、イブン・マージドがマスカトからインドに向けて輸出される主要な商品は、乾燥果実、ナツメヤシの実と馬であったと述べていることと一致する。[45]

(7) ホルムズ（Hurmuz）　前述したように、ホルムズには大陸側のホルムズ（旧ホルムズ）とジャルーンと呼ばれる島のホルムズ（新ホルムズ）との二つがあるが、マルコ・ポーロが伝えるコルモス（Cormos）はミーナブ川の河口に近い旧ホルムズのことである。彼は、ペルシャの八つの王国、カスヴィン（Casvin / Qazwīn）、クルディスタン（Curdistan / Kurdistān）、ロール（Lor / Lūristān）、スーリスタン（Suristan, Cielstan / Shūristān）、イスファアン（Isfaan / Iṣfahān）、セラジ（Serazi / Shīrāz）、ソンカラ（Soncara / Shawānkāra）、トゥノカイン（Tunocain / Tūn-Qā'in / Kūhistān）がいずれも良種の馬匹を多く産し、莫大な数がインド向けに輸出されること、インドでは一頭当たりトゥール銀貨二〇〇リーヴルもの高値で売られること、これら諸王国の住民はこうした馬匹を連れてインドの海に臨むキシ（キーシュ）やコルモス（ホルムズ）の町まで出かけて、馬を取り扱う業者に手渡すこと、業者はこれを買い込んでインドに運び、そこで高値で売却すること、などを伝えている。[46] 一四世紀初頭、ホルムズがキーシュを凌いでペルシャ湾第一の交易港として繁栄する契機となったのは、南インドのヒンドゥー系国家ヴィジャヤナガル王国がデリー・スルタンの南部ドラヴィダ地域への侵掠を食い止めるために、ホルムズとの交易関係を強化したことであった。ヴィジャヤナガル王国は、マンガロール、カンナノール、ホナヴァル、バトカル（Bhatkal）などの港を経由して、ホルムズからもたらされる馬と武器を入手し、その見返りとして米を輸出した。このホルムズとヴィジャヤナガル王国との間の馬貿易は、カンナノールの名士のコーラチリ（Kōlaṭhiri）、カーリクートのマーピラ（Māppiḷa）、ナーヴァヤト（Nāvayat, Nātuvāri）などが仲介したと考えられる。[47] また、中国明朝の永楽帝が派遣した鄭和遠征隊は、一四二一年、ホルムズ（忽魯謨斯国）からペルシャ馬（大西馬）を贈られた。[48] バルボサの記録によると、ホルムズの船はバトカルに馬を運び、そこから馬は内陸の王国ナルシンガナ（Narsyngana）に送られたという。[49]

(8) キーシュ（Kīsh, Qays）　一三世紀、キーシュ王、サワーミリー家のマリク・アルイスラーム・ジャマール・ウッディーン・アッティービー（Malik al-Islām Jamāl al-Dīn al-Ṭībī）は南インド・マァバール地方のファッタン、マリー・ファッタン、カーヤルなどの港を支配下に入れて、毎年一、四〇〇頭の馬を輸出した。馬一頭の価格は二二〇ディーナールにおよび、莫大な利益を得た。これらの馬は、ペルシャ湾岸のカティーフ、ハサー、バフライン、ホルムズ、カルハートなどで獲得された。[50] 趙如适『諸蕃志』は、キーシュ（記施国）の特産として真珠と好馬（良馬）を挙げている。[51] 馬はファールス地方やイラン高原から集められたと思われるが、その他にバスラやオマーンのマスカトから集荷した馬をインドに輸出した。

(9) バフライン（カティーフ、ハサー）地方（al-Baḥrayn, al-Qaṭīf, al-Ḥasā）　マクリーズィーによると、マムルーク朝のスルタン＝ナースィルは、アラブ馬を好み、高価な値段で良馬を購入したので、多くの馬商人たちがイラク、ハサー、カティーフ、ヒジャーズなどから馬を集めて、一頭一万〜二万ディルハムで売却した。バフライン地方やナジドの馬は、アール・ファドル（Āl Faḍl）やアール・マラー（Āl Marā）といったアラブ遊牧民が飼育した。[52]

(10) バスラ（al-Baṣrah）　イラクのティグリス・ユーフラテスの両河地帯には、良馬の生産地が多く、アクール、ハーブーラの諸地方で育成された馬は各地に輸出された。[53] バスラは、イラク地方やイラン高地のルーリスターン、クルディスターン地方で生産された馬がインドに積み出される港であった。一三・一四世紀には、バスラで集められた多くの馬は、キーシュ、もしくはホルムズに運ばれ、そこの馬取引業者によって船に船載されて、インドに向かった。[54]

（2）馬船（marākib al-khayl）

では、馬をペルシャ湾岸や南アラビアの諸港からインドまで運ぶために、どのような船が使用されていたのか。マルコ・ポーロは、インド向けの馬が乗せられる船について、次のように伝えている。「彼ら（ホルムズ）の船はとても造りが粗末で、難破するものが少なくない。その理由は、造船に際して鉄釘で組み合わせもせず、もっぱらインドクルミの皮を水に浸し、それが馬のたてがみ状になると、これをより合わせて糸を作り、この糸を用いて船を縫い合わす。この糸は海水の塩分を被っても腐らないから、十分に堅牢で長持ちするわけである。彼らの船は舵一つの一本マスト、一枚帆で、甲板はない。これらの船は荷積みを終えると、荷の上に皮革を掛け、その上にインド向けに売り込む馬匹を載せる。この地方には釘の材料となる鉄がないから、やむなく木釘を使用したり糸で縫い合わせたりする方法をとるのだが、しかしそのために、こうした船で航海する場合、少なからぬ危険が伴なうわけなのである。インド海ではしばしば暴風に見舞われるものだから、この種の船がそれに遭って難破した例は実際のところすこぶる多かったのである。[55]」

マルコ・ポーロとほぼ一致する記録が中国明代の汪大淵による『島夷誌略』「甘埋里」すなわちホルムズ国条のなかに見えている。「その国は南馮（Lāft, ラーフト島）に邇《ちか》く、佛朗（Firanj, 東地中海地域、とくにイタリアの諸都市）とも近い。［季節］風に乗り帆を張ると、二ヵ月で［南西インドの］小倶喃（カウラム）に至ることができる。その地の船、名づけて馬船という。大型の商舶では釘灰（火で熱して黒くなった釘）を使わず、椰子の糸を撚って［船］板片にしたものを用いる。それぞれの［商］舶は二層から三層［の船室］を持っており、……［船の］下（船艙）には乳香を積んでバラストとし、上（甲板）には馬数百匹（頭）を載せる。馬は頭が小さく、尾が軽い。鹿の身体のように腹部はきりりと引き締まり、四本の脚足に蹄鉄を付けている。高さは七尺余りで、［伝えられるところでは］日夜千里を行くことができるという。[56]」また同書の「小倶喃（クーラム、カウラム）」条を見ると「毎年、八・九月が過ぎる頃を待って、馬船が再び来航すると、その船を古里佛（カーリクート）に移して、そこで互市をおこなう」とある。[57]

マルコ・ポーロと汪大淵の伝えるホルムズの馬船は、ペルシャ湾、アラビア海とインド洋の西海域で広く用いられた縫合型のダウのことである。前述のように、縫合船は、鉄釘を使わずにココヤシの実を包む靭皮繊維を縒り合わせた細糸（キンバール）で船板を縫合し、縫合部分に石油ピッチや鯨油を充填し、水漏れを防ぐ。現在、オマーンのズファール地方のターカ海岸に残るサンブーク・ザファーリー（al-sanbūk al-Ẓafārī）、もしくはキンバーリー（al-kinbārī）と呼ばれる艇身一〇～一二メートルほどのダウは、そうした伝統的な縫合型工法で作られている。[58] また紅海で使用された縫合船は、ジルバ（jilba）、もしくはジラーブ（jilāb）と呼ばれ、一二世紀後半のアンダルス地方出身のイブン・ジュバイルによると、以下の通りである。

「このファラオの海（紅海）において、彼らが広く用いているジルバ［と呼ばれる船］は、釘をいっさい使わない縫合構造であり、キンバール――ココヤシ樹の実（ココナッツ）の外皮のこと――の細紐で縫い合わせただけのものである。彼らは、このキンバールを［穀物を脱穀するように］竿で打ち砕き、細糸にして縫えるほどに［細く］して、その糸を紡ぎ、これで船［の側板］を縫い合わせ、その隙間にナツメ椰子の幹［の外側を覆う髭］をほぐしたものを詰める。このような方法でジルバを建造した後、彼らは油脂もしくはヒルワゥ（ヤシ）油、あるいは食肉魚（鮫、鯨）の油を船材に染み込ませる。なお食肉魚の油は、その船にとって最良のものである。この食肉魚は、溺れた人が飲み込まれるほどの海の大魚である。ジルバに油脂を塗ることの意味は、この海では船が座礁する危険な暗礁が多いので、船材を滑らかに、しかも柔軟性を保たせるためである。そうしたことから、彼らは釘を使った船（装釘船）をこの海では使用しないのである。このジルバの船材は、インドとイエメンから輸入されたもので、この点は上述のキンバールについても同じである。このジルバに関する最も驚嘆すべきことの一つは、その帆がムクルの木（アラビアゴムの木の一種）の樹葉から織られたものだということである。これらの材料で組み立てられたジルバは構造的に欠陥があり、脆《もろ》い造りである。[59]」

当時、地中海で広く使用された装釘船を見慣れているマルコ・ポーロとイブン・ジュバイルは、紅海やアラビア海の船が釘を使用せず、ココヤシの靭皮繊維の撚糸で縫い合わせただけの脆い構造なのを見て、大いに驚いたのであろう。

一五世紀のロシアの旅行家ニキーチンは、インドに輸出される馬を運搬するインドの縫合船（またはインド向けの船）のことをタヴァ（tava）と呼んだ。タヴァは、おそらくザウ（zaw, zaww, dhaww）のことであり、現在のダウの起源となった名称であると考えられる。[60]

（3）馬船の航海期（mawsim al-khayl）

ペルシャ湾岸、南アラビアやイエメンの諸港から馬の専用船（marākib al-khayl）に乗せられ、スリランカやインドのマラバール海岸とマァバール（コロマンデル）海岸に積み出される最適の航海期は、「馬のモンスーン（mawsim al-khayl）」と呼ばれた。[61] アデンからインドへの航海期は、南西モンスーンの弱まるティールマーフ（Tīrmāh）と呼ばれる時期、すなわち八月二一日—九月一〇日と決められていた。ティールマーフとは、ペルシャ語で「夏季（tīr-māh, tīr-māhī）」を意味するが、ここでは夏季後期の南西モンスーン航海期を指しており、同時に、その時期にアデンを出港し翌春にインドからアデンに戻る馬船のことである。[62]

ラスール朝時代の『歳時記』によれば、アデンと南インドおよびスリランカの諸港との間の航海は、(1)サヤラーン（Sayalān）、(2)スーリヤーン（Ṣūliyān）、(3)ティーマルーフの三つに区分されていた。[63]

(1) サヤラーン　スィーラーン（Sīlān）とも読む。すなわちイエメンからスリランカに向かう船の航海期。インド南東海岸のマァバール向けの船と同じ時期で、八月二〇日の一年の航海開始日（futūḥ mawāsim al-Baḥr al-Hind）とともにアデンを出港する。イエメンからの馬の見返り商品として、スリランカから真珠、宝石類、象牙、絹織物類、肉桂やココナッツ繊維（kinbār）などが輸入される。

(2) スーリヤーン　マァバール海岸やマラバール海岸の諸港に向けて船が出港する航海期。またアデンへ向かう帰りの航海期は、三月一六日と決められていた。後述するように、スーリヤーンは、シューリヤーン(Shūliyān)、サウマーニー（Ṣawmānī）とも呼ばれて、南インドのコモリン岬からクリシュナ川およびゴーダヴァリ川の河口地帯、すなわちマァバール海岸を指すと同時に、それらの地域を拠点に馬貿易に活躍するアラブ系・イラン系のムスリム商人たち、その他のタミル系ヒンドゥー教徒やシンハラ系仏教徒の商人などを含んでいた。馬の対価として、象、サファイア、月長石、真珠、ルビー、ダイヤモンド、エメラルド、珊瑚、カルダモン、丁香、白檀、真珠、樟脳油、麝香などが輸入された。

(3) ティールマーフ　上述したように、アデンからインドへの航海は八月二一日に開始する。そして、インドからアデンへ帰還するティーマルーフ船の最後は六月五日であった[64]。

イブン・マージドによる航海詩の一つ『馬の長詩 *Qaṣīdat al-Khayl*』のなかに、アラビア半島から南インドのマラバール海岸に向かう馬を運ぶ専用船の航海シーズンを謳った長詩（Qaṣīdat marākib al-khayl min barr al-ʿArab li-Mulaybār）が含まれていた。しかし、この長詩は現在では散逸して伝わっていないため、その詳しい内容は明らかでない。彼による別の航海書『海洋学便覧』によると、『馬の長詩』はアデン、シフルやズファールの諸港からアラビア海を横断して南インドに向かう馬船の出港時期とインド側の港への到着時期および馬船の帰港の日時を詩に謳《うた》ったもので[65]、上述したラスール朝時代の『歳時記』が伝える内容とほぼ一致すると考えられる。なお汪大淵『島夷誌略』によると、ホルムズからの馬船が南西インドのカウラム港（クーラム、小倶喃）に到着するのは、八月から九月であった[66]。

（4）馬貿易を仲介する海上商人たち

一三〜一五世紀におけるインド西海岸と南東海岸、スリランカ、ベンガル地方における馬の仲介貿易では、ペルシャ湾のキーシュとホルムズに拠点をおくアラブ系やイラン系の商人、ラスール朝の国家的支援を得たイエメン商人、そしてインド側ではグジャラート地方のハワージャ・ブフラ（Khawāja Buhrah）、マラバール海岸のマッピラ（Mappiḷa, Māppiḷa）、ヒンドゥー系商人のコーラチリ（Kōlaṭhiri）、サーミリー（Sāmirī, Zamorin）、そして南インド・マァバール（コロマンデル）海岸の諸港を拠点としたスーリヤーンと呼ばれる海上商人などが主要な役割を果たした。

かつて「モンゴル帝国時代のインド洋貿易――特にKīsh商人の貿易活動をめぐって」という論文において述べたように、一三世紀半ばから一四世紀前半にかけて、ペルシャ湾の二大交易港キーシュとホルムズはアラビア海の海運と貿易の主導権をめぐって激しく対立した。そしてキーシュとホルムズが対インド向け商品として最も重視したのが、他ならぬ馬であった。キーシュの支配層であるサワーミリー家（Āl al-Ṣawāmilī）は、南インドのマラバールとマァバールの諸港（ファンダライナー、ヒーリー、カーリクート、カウラム、カーヤル、ファッタン、マリーファッタン）に商業居留地を築き、中国ジャンクがもたらす中国および東南アジアからの交易品を独占することに努めた。一方、ホルムズは、グジャラートからコンカン海岸のターナ、マンジャルール、ヒナウル（ホナヴァル）に達する海上路を確保して、商敵キーシュによる馬貿易の独占を阻もうとした。一四世紀に入ると、ホルムズはキーシュの支配下にあったジャルーン島に拠点を移し、そこに新ホルムズを建設した。新ホルムズは次第にキーシュを凌ぐ発展を遂げ、ついにヒジュラ暦七二三（一三二三／二四）年、ホルムズ王クトゥブ・ウッディーン・タハムタン・トゥーラーン・シャー（Quṭb al-Dīn Tahamtan Tūrān Shāh）がキーシュを破り、併合することに成功した。こうして、ホルムズは、一四～一六世紀の約二〇〇年間にわたって、イラクやイランの内陸部、ペルシャ湾岸や南アラビアの諸地域から集めた馬をインドの西海岸の諸港に運ぶ交易を独占し、その繁栄の経済的基盤を築いたのである。(67)

次に、イエメンの馬を南インドやスリランカに向けて輸送・取引するうえで重要な役割を担ったスーリヤーンの商人について少し説明してみたい[68]。ラスール朝の財務・行政資料『実務諸般の光』によると、イエメンで馬を競って購入した商人はスーリヤーンと呼ばれる南インドから来航した人たちであった。彼らの仕立てた船は中国から銀の地金（al-fiḍḍat al-liymās）[69]を積載して、アデンやズファール、シフルなどの港——いずれもイエメンの馬の積出港として有名——に達し、ラスール朝の銀不足を補っていた。このことは、彼らがイエメンで購入する馬の代価として、中国銀をもたらしたことを示していると考えられる[70]。イブン・バットゥータは、カーリクートの南に位置するカウラム（クーラム）の港町を説明したなかで「そこはムライバール（マラバール）地方の最も華麗な町の一つ。そこの幾つもの市場は見事なもので、町の商人たちは〈スーリーの人たち（al-Ṣūliyūn）〉という名で知られ、莫大な財産を持ち、彼らのある者は備えるべきものを完備した船を購入し、その船に自分の倉庫から持ってきた商品を積み込むほどである」と述べている[71]。またマルコ・ポーロは、マァバール地方の一王国としてソリー（Soli）の名前をあげ、そこが最良の真珠の採集地であるため、インドきっての富裕国であると言っている[72]。『諸蕃志』には「注輦《ちゅうれん》国は西天の南印度である。東は海から五里、西は西天竺まで千五百里、南は羅（悉）蘭（Sīlān, スリランカ）まで二千五百里、北は頓田（マドゥライ？）まで三千里である。古来、［中国と］通商したことはない。泉州までは海路約四十一萬千四百餘里である。注輦国に往こうとすれば、故臨国（Kulam, Kawlam）から舟を乗り換えて行くほかはない。ある人は蒲甘国（Pagan）からも［注輦国へ］行くことができるという」[73]とある。ソリーおよび注輦は、アラビア語史料によるスーリヤーンと一致し、そこに至るには中国ジャンクの出入りするインド南西海岸のクーラム（カウラム）から別の船に乗り換え、マンナール・ポーク海峡を通って、インド南東部のマァバール（コロマンデル）海岸の港市に向かった。

なお、スーリヤーンの名前の起源および彼らの商業集団の実態については、不明な点が多いが、一説ではサンスクリット語のチューダー（chūḍā）に由来するという。チューダーはヒンドゥー教徒がつけている頭の髷《まげ》のことで、髷を切ってムスリムに改宗した人たちを指した。M・フサイン（M. Husain）によれば、彼らはシーア派ムスリムのボフラー・ホージャ（Bohra-Khōja, Khawāja Buhrah）に属するという。さらに別説では、その名前はチョーラ朝（Chōla）のチョーラに由来し、南インドの人々のことであるという[74]。いずれにしても彼らを通じて運ばれたイエメン産のアラブ馬は、カーリクート、カウラム、カーヤル、ファッタン（マスリパトナム）やスリランカのバッターラ、バンダル・サラーワート、コロンボなどで荷降ろしされて、内陸部に運ばれたのであろう。

（5）インド側の馬の輸入港

マルコ・ポーロが「インド向けの商船で、馬を積み込まないものはほとんどない[75]」と述べているように、アラビア海を航海するいずれの商船も馬を積載して、インドの諸港を目指した。彼によると、湾岸地域やアラビアの諸港から輸出された馬は、とくに大マアバール地方（コロマンデル海岸）、カイル（カーヤル）、コンカン海岸のターナ王国などに運ばれた[76]。

先にもふれたように、『実務諸般の光』にはインド側の馬の主要な輸入港として、マンジャルール、ファーカヌール、ジュルファッタン、ヒーリーなどがあげられている[77]。ヴァルテーマは、ナルシンガ（Narsinga, ヴィジャヤナガル王国）の首都ビシネガル（Bisinegar, Vijayanagar）の王は四万の騎馬を所有し、一頭の価格が三〇〇～五〇〇パルダイ（pardai）、なかには八〇〇パルダイにもなったこと、それらの馬はペルシャ（おそらくホルムズを指す）からカノノル（Canonor, Cannanor）港に運ばれ、そこで一頭当たり二五ドゥーカの関税がかけられ、他人への転売は一切許されず、ヴィジャヤナガル王国に運ばれたことを述べている[78]。またバルボサによれば、南アラビアのシフルの馬は、カンバーヤ、コンカン海岸のチョール（Chaul, Ṣaymūr）、ダボール（Dabul, Dabhōl）、バティカラ（Baticala, Bhatkal）やマラバールから来航したムスリム商人たちによって購入され、ゴア（Goa, Sindābūr）では毎年、ホルムズからの船が馬を積んで入港し、インド内陸部のナルシンガやデカンから来た仲介商人がその馬を購入したという[79]。

インドでは一四世紀半ば以後、トゥグルク朝のスルタン＝ギヤース・ウッディーン・ムハンマド・ブン・トゥグルクによる統治の後半期に入ると、王朝の各地で反乱が続発し、とくに南部の周辺地域での分裂と反乱が激しくなった。ヴィジャヤナガル（サンガマ）王国は、デカン高原の南部から南東インドに支配領域を拡大し、ヴィジャヤナガルに首都を建設した。一方、デカン高原の北部からインドの西海岸のコンカン地方に勢力を広げたのはイスラーム系王朝のバフマーン王国（一三四七―一五二七年）であった。この二つの王朝は二〇〇年以上にわたって南インドに安定した政治権力を確立し、文化・商業のみならず工業にも大きな発展をもたらした。彼らはデリーの政権と対立しただけでなく、相互に戦闘を交え、またマドゥライのムスリム支配者たちやホイサラ王国とも戦闘を続けた。そのために、これらの支配者たちはいずれも機動力に富む騎馬隊を編成することに努めた。一六世紀に入ると、西ヨーロッパ人によってもたらされた鉄砲が使用されるようになったが、それでも引き続きコンカンやマラバール海岸の諸港を経由して輸入されるアラブ・ペルシャ馬が軍事的な優位性を確保するうえで重要な役割を担ったのである。(80)

三　イエメン・ラスール朝政権による対インド向け馬貿易

アイユーブ朝によるイエメン支配の時代（一一七四―一二二九年）に、多数の種付け用の良馬がエジプト、シリア、ヒジャーズやナジド高原などからイエメンにもたらされ、その後のイエメンにおける馬の品種改良・育成と訓練に大きな影響を与えたといわれる。(81)それに続くラスール朝の歴代のスルタンたちは、馬が国家の軍事力と権威の大黒柱であり、同時にアデン港からインドの南西海岸のマラバール、スリランカやマァバールの諸港に向けて輸出される主要な品目の一つであったことから、馬の獲得・取引には重大な関心を寄せていた。(82)高地イエメンのサヌア一周辺とその南に位置するザマール（Dhamār）は名馬の産地として知られ、またイエメン東部の砂漠地帯に近いジャウフ（Jawf）、マアリブ（Ma'rib）、バイハーン（Bayḥān, Beihan）、紅海の海岸部のティハーマ地方の丘陵地マアーフィル（Ma'āfir）、ズー・アルカラー（Dhu'l-Kalā）には良馬の放牧場と育成地があった。[83] また、前述のように、ハドラマウト・ズファール地方では、ワーディー・ハドラマウト周辺、カラー山（Jabal al-Qarā）やカマル山（Jabal al-Qamar）の丘陵地などが馬の飼育場として適していた。そして、これらの地域で育成されたアラブ良馬（khayl al-'Arab）は、アデン、シフル、ズファール（ライスート、マンスーラ、ミルバート）などの交易港から馬船に乗せて、馬の輸送に最適のモンスーン航海期（ティーマルーフ）に、コンカン海岸のチョール、ダボール、ゴア、マラバール海岸のマンガロール、カンナノール、カーリクート、スリランカの諸港、マァバール海岸のカーヤル、マスリパトナム（ファッタン）やベンガル地方に輸出された。[84] ラスール朝政権は、高地イエメンのザイド派勢力との戦闘や和平関係によって多数の馬を獲得すると同時に、公設の競り市場（ḥalqa）で馬商人や仲介人たちに馬の取引税を課し、またアデンやシフルなど、インド向けの馬が積み出される主要港ではナーフーザと取引代理人（wakīl, ghulām）から各種の特別関税（保安船税 ḍarībat al-shawānī、仲介税、受け渡し税、倉庫税、出港税）を徴収した。[85]

次に、ラスール朝の第二代目のスルタン＝ムザッファルの治世代（在位一二四九—九五年）の財務・行政資料を収めた『実務諸般の光』に見られる、インド向け輸出馬の競売に関する国家の規定と徴税方法の記録を引用してみよう。[86]

［馬についての最新情報］

［ラスール朝のスルタン＝ムザッファルによってインドの諸地方の王侯の］厩舎《イスタブル》用ならびにインド［の王侯］への贈呈品《ハディーヤ》として買い上げられる馬《ハイル》は、［競り市での］購入代金は［原則として、］絹布ではなく、一〇〇［ディルハム相

当の価格の馬］につき、八〇、九〇、九五［などのそれぞれ］の現金で、アデンにある所轄官庁（al-dīwān）に［税として］納めなければならない。なぜならば、ナーフーザたち（nawākhidha）は、［一般商品の購入については］絹布とディルハム銀貨［のいずれかで］で購入するが、この場合［すなわち公式の馬の買い上げ代金］については、すべて所轄官庁による現金払いによって決済されるからである。また、アデンの商人たちおよびナーフーザたちの誰一人として、［直接に］ティハーマの諸地域、サヌアー、タイッズ、その他から馬を買い付けることや、ナーフーザたちがアデンで、公設の競り市（ḥalqa, ḥalaqa）を通さずに馬を購入することは決して許されない。そのようなことをおこなった者は、戒めとして、もしくは法に背いたため、その馬［すべて］を所轄政庁によって没収される。寛大な処置が下された場合、取引は競り市でおこなうようにとの戒告を受けるだけにとどまるが、もし厳しい処置が下された場合、その者が［不法に得た］馬は競り市で取引されず、また［購入した馬を船でインドに］運び出すこともできずに、アデンから他に移されてしまう。アデン商人のなかで、馬を［競り市で］購入し、それをインドに輸送したいと望む者は——もちろん、そのことは許されるのであるが——ウシュール税（出荷税）を支払った後であれば、積み出すことができる。つまり、ウシュール税を支払って義務を果たせば、自由に出港ができる。なお、毎年、［継続的に］馬を積載し、インドその他に船を向ける［馬］商人たちは、［アデン］港に引き続き滞在することを妨げられない。なぜならば、そのことのために港湾の［特別の］宿泊所（ʻimārat li-ʼl-bandar）が用意されているからである。慣行として、次のことがおこなわれる。馬が売却された時、その売却価格は二等分、つまり［例えば］一〇〇［ディルハム］と一〇〇［ディルハム］に分けられる。ナーフーザが課税を受ける所轄政庁によって規定されたウシュール税（ʻushūr al-dīwān al-muʻtāda）は、一〇〇ディルハム分を現金で、残りの半分を絹布で決済される。絹布の決済の場合、一〇〇［ディルハム相当の価格の絹布］を九〇［ディルハム］の価格の絹布として低く見積もられることになる。なお、絹布は買付け価格が彼らに対して設定され、売手と買手は、［馬］市場《ハルカ》での競売がおこなわれる前に、絹布の現物とその価格評価についてあらかじめ合意し、その価格を紙面に書き、市場監督官《ムフタスィブ》のサインをもらっておき、そして絹布の現物を受け取り、売買の終了の時まで公営倉庫（al-mikhzān al-sulṭānī）に保管し、買手が所轄政庁のもとに渡した現物の絹布そのものについて一切の変更ができないようにする……。公設の馬市場での馬の売却の順序については、次のとおりである。まず最初に、スルタンの［所有する］馬、次にサヌアーのイクター保有者の馬、サヌアーの［馬］商人、ザマールの商人、ハスィーの商人、その次に諸王侯、諸地方の勢力のある人たち、その他の一般の人たちの順である。慣行として、次のことがおこなわれる。サヌアーからサヌアー人たちの馬がもたらされ、スルタンの王宮（al-bāb al-sharīf）に到着すると、選ばれるべきもの（良馬）はスルタンの面前でパレードをおこなって披露される。スルタンは、個々の馬それぞれについて、その馬の特性、馬主の名前——ただし馬の所有者の名前は事前には知らされていない——を覚え書きに記録する。スルタンはその覚え書きを［アデンの］ワーリー（総督）のもとに送り、その購入すべき馬について彼に委託する。もしスルタンが他の仕事に忙しく、馬のパレードの会に出席できなかった場合、アデンのワーリーのもとに書簡で、「サヌアーの馬商人のもたらした馬が競売にかけられた場合、それをできる限り正当な値で買え！」と指令する。そこでワーリーは、そのお目当ての馬を［アデン郊外の］フッカート（Ḥuqqāt）(87)に連れて行き、それを実際に眼で見て調べ、確かに素晴らしいものかどうかを決めて、人前で試乗させる。そして競売が開始され、サヌアーの馬商人の馬が実際に競売にかけられると、ワーリーはお目当ての馬を十分に観察する。展示された馬について呼び掛け人が値段をつり上げていって、ついに二五ディーナールにまでなると、そこで競売は停止される。ナーフーザたちの誰一人として、馬の価格がつり上げられた後には、それ以上つり上げることができない。かくして、所轄政庁によって買い取られる。誰もワーリーがつり上げた以上の価格を提示することはできない……。また慣行として、次のことがおこなわれる。もし信頼のおけるナーフーザの一人が彼らの商品を売却した代金と引き換えで馬のウシュール税の支払いをおこなうことを、彼の代理人たち（ghilmān）(88)に託して猶予を願い出た場合、そのインド人の出港後、一ヵ月間の支払い猶予期間がその代理人たちに認められる。それは、ちょうどエジプト［商］人の到着の時期と一致する。なぜならば、エジプト人はインド人の出港［の一ヵ月］後に到着し、そこにあるインド人の商品を購入するからである。したがって、彼らエジプト人たちが購入するまでの一ヵ月間はインド人の代理人たちに支払いが猶予されるのである。

　この記録をまとめると、次のようになる。①ラスール朝のスルタンは馬の売却と購入に優先権を持っており、所有する馬を競売で売却すると同時に、私用に供するため、またインドの諸地方の王侯たちに贈るために優良馬を購入した。②アデンの所属政庁（al-dīwān）は馬の競り市場（ḥalqa）を開設することで、その取引すべてを厳しく管理・規制して、それ以外の場所での馬の売買取引を厳禁した。③したがって、サヌアーやザマールの馬商人がもたらす馬のすべては一度、市場で競売にかけられた後、外国商人たちに売却された。そして馬の売買税、仲介税、イエメンやインドの馬商人（ナーフーザ）たちが買い入れる馬の購入税などが徴収された。④アデン港では、ワーリーとナーズィルが船舶の出入り、取引商品を監視し、港湾施設の使用税、船舶の出入港税、保安船税などが徴収された。⑤インドの諸地方から来航するナーフーザたちはアデンの公設馬市場で馬を購入し、その代金と関税を支払った後、船に乗せて、インドに帰還することが許された。関税は、現金払い、もしくは現金と絹布の半々で支払うことを義務づけられた。現金による関税の支払いについては、ナーフーザは馬と一緒に出港するが、彼の他の商品はアデンにいる彼の貿易代理人のもとに残されて売却を委託された。エジプト商人が一ヵ月後に到着すると、貿易代理人はその商品をエジプト商人に売却し、その取引代金の一部で馬の関税（ʿushūr al-khayl）を決済することも許された。これによって、アデン港の統治者たちは、インドとエジプトの商人から中間取引による関税収入を得ることができた。

　またウマリーは、ラスール朝のスルタン＝ムアイヤド（在位一二九六―一三二二年）からスルタン＝ムジャーヒド（在位一三二二―六三年）の治世代の国家歳入がインド洋と紅海の海上交易に大きく依存していたこと、インド、エチオピア、エジプト方面から多くの貿易船が来航したこと、交易に従事するイエメン商人層が社会的に高い地位を占めていたこと、[89] またインド南部における馬の需要についてもアラブ種（ʿIrāb）と非アラブ種（Barādhīn）の二種類の馬が用いられ、とくにバフライン地方、イエメン地方とイラクから輸入されるアラブ馬は優良種であり、高価格であったことを述べている。[90]

さらに表1は、匿名の『イエメン・ラスール朝年代記 *al-Taʾrīkh*』にもとづいて、ラスール朝の軍隊によるアラブ馬獲得に関連する記事を列挙したものである。この表を通じて、次の諸点が明らかとなる。①ラスール朝の軍隊は、サヌアーのザイド派イマーム政権に対抗して、戦闘を交え、戦利品として多数の馬を獲得した。したがって、イエメン山岳部への度重なる遠征と戦闘の主目的は、高地イエメンの良馬を獲得することにあったと考えられる。また、イマーム政権との和平や親交関係を維持する場合にも、多数の馬が贈与品として贈られた。②アラブ遊牧民はハラージュ税として、毎年一定数の馬をラスール朝に提供することが義務づけられていた。③西北イエメン・シャーム地方に住むアラブ遊牧民に対する攻撃・制圧によって、毎年多数の馬を獲得した。マァーズィバ、マフジャム、カドラー、ハンカ、アルヤーブ、ワーイザートなどは、いずれも名馬の産地として知られた。

このような手段・方法によってラスール朝国家のもとに獲得された良馬は、王室御用の馬として、また騎馬軍を編成するために使われた。また一部はアデンの馬市場で競売にかけられ、イエメン商人やインドのナーフーザたちによって購入された。

ラスール朝時代に記録されたアブー・アルウクール（Abū al-ʿUqūl）の『歳時記 *Jadwal al-Yawāqīt fī Maʿrifat al-Mawāqit*』によれば、高地イエメン（al-Yaman al-ʿUliyā）で飼育された馬がアデン港に集められ、インドに輸出される日程は、次の通りである。七月二一日、サヌアーからジャナド（al-Janad）へ、同月二六日、ジャナドからアデンに到着。そしてアデンで商人たちに馬が競売される時期は、八月一三日に始まる。なお別の『歳時記』によれば、アデンにおける馬の競売日は、八月一五日と決められていた。[91] この時の公設の馬市場での馬の競売には、イ

表 1　ラスール朝国家によるアラブ馬の獲得（『ラスール朝年代記』による）

年号（西暦年/月）	記　　事
1369	スルタン軍，アンス地方を攻め，馬を獲得
1372	スライマーニー地方の住民ら，スルタンに帰順し，馬，財宝と捕虜を引き渡す
1383/8	大宰相アリーら，アラブ馬を獲得するためシャーム地方に向け出発
1384/9-10	大宰相アリー，アラブ馬とハラージュ税徴収のためシャーム地方に向け出発，同年に，マアーズィバの馬 30 頭を持って帰着
1385/1	スルタン軍，マフジャムのアラブ族から馬を得るために出発
1386/5	アミール=バハー・ウッディーン，シャームから馬を得て，帰る
1387/7	アミール=バハー・ウッディーン，多数の馬をともなって，タイッズに帰着
1388/8	アミール=ギヤース・ウッディーン，シャーム地方から馬をともなって帰着
1389/5	アミール=バハー・ウッディーンら，馬を持ってスルタンのもとに帰着
1390/1	アミール=バハー・ウッディーン，高地イエメンを攻め，馬多数とともに帰還
1391/3	法官ワジーフ・ウッディーン，シャーム地方から馬をともなって帰着
1392/4	法官ワジーフ・ウッディーン，シャーム地方から多数の馬をともなって帰着
1392/6-7	アミール=バハー・ウッディーン，ハンカの住民から馬を得るため出発
1394/2	スルタン軍，ハンカの住民から馬を得るため出発
1394/3	スルタン=アシュラフ，カーイド地方の諸侯を捕らえ，馬その他を得る
1394/5	スルタン軍，馬その他を持って，ザビードに帰着
1394/10-11	宰相シハーブ・ウッディーン，シャーム地方から多数の馬を持って帰還
1396/10-11	使者イフティヤール・ウッディーン，エジプトから進物，馬を持って帰国
1403/12	アミール=バドル・ウッディーン，アラブ族マアーズィバを制圧し，馬を獲得
1410/1	スルタン=ナースィル，シャーム地方を攻め，すべての馬を獲得し，帰還
1410/11	シャリーフ=アリー，メッカからの進物として馬その他をもたらす
1415/5	エジプト王からの進物（馬，マムルーク，織物など）到着
1423/5	シャリーフ=バドル・ウッディーン，ザイド派イマームから馬を得て，帰還
1423/2	アラブ族マアーズィバを攻め，馬を獲得
1429/9	アラブ族マアーズィバを攻撃し，馬を獲得
1429/10	アミール=サイフ・ウッディーン，ハンカを攻め，馬を獲得
1430/3	スルタン=ザーヒル，マアーズィバのアラブ馬を得て，ザビードに帰還
1430/5	ハンカの反乱を鎮圧し，馬を獲得し，ザビードに帰還
1430/12	スルタン=ザーヒル，アラブ族マアーズィバの所有するすべての馬を獲得した後，バイト・アルファキーフを経由，シャーム地方に向かう
1431/2	ダンムーン（キンダ族），スルタン=ザーヒルへの帰順と馬の供出を約束
	アミール=サイフ・ウッディーン，ザイド派イマームからの進物として，馬 5 頭を贈られた後，帰還
1432/3	アミール=バドル・ウッディーン，アフヤーク地方のアラブ族を攻撃し，馬 50 頭を獲得して帰還
1432/6	アミール=バドル・ウッディーン，ザイド派イマームの支配領域から馬その他を獲得して，帰着
1432/12	スルタン=ザーヒル，クラシー・アラブ族を攻撃し，彼らの所有する馬の多くを得て，ザビードに帰着
1433/3	アラブ族の反乱を鎮圧し，彼らの所有した馬をスルタン側に引き渡させた

1433/3	スルタン=ザーヒル，カドラーからマフジャムに向かい，アラブ族カフラーの所有する馬を獲得
1433/4	アミール=ファフル・ウッディーン，アラブ族マアーズィバの馬を得て，バイト・アルファキーフから帰還
1433/5	法官ラディー・ウッディーン，馬を持参してハラドから帰還
1433/6	アミールたち，アラブ族ワーイザートの長老，ならびに馬 10 頭をともなって帰着
1433/10	アミール=ファフル・ウッディーンら，シャーム地方でアラブ馬を得て，帰着
1433/10	アミール=サーリム，ザイド派イマームとの和平成立後，イマームからの進物として馬その他をもたらす
1434/1	宰相シハーブ・ウッディーン，シャーム地方から帰還し，馬 5 頭その他をもたらす
1434/2	ザイド派の軍隊を破り，馬 10 頭を獲得
1434/3	ザイド派イマーム軍，所有する馬を引き渡し，スルタンに帰順
1434/5	スルタン軍，アラブ族マアーズィバを撃破し，彼らの馬を獲得
1434/6	アミール=サイフ・ウッディーン，マアーズィバのアラブ馬を得て，シャーム地方から帰還
1434/7	ザイド派イマームから進物として 23 頭の駿馬を贈られる
1434/10	法官シュジャー・ウッディーン，カドラーから馬 5 頭その他を得て，帰還
1434/11	アミール=サイフ・ウッディーン，アルヤーブ地方で駿馬 18 頭を得て，帰還
1435/2	スルタン=ザーヒル，マフジャム地方のアラブ族から馬を得る
1435/3	宰相シャムス・ウッディーンら，アラブ族ワーイザートを制圧し，馬を獲得
1435/4	シャイフ=アリー，馬を持参してスルタンのもとに到着
1435/11	スルタン=ザーヒル，アラブ族マアーズィバを攻め，馬を獲得
1436/8	スルタン=ザーヒル，アラブ族マアーズィバの馬を得て，ザビードに帰還

エメン商人やインドのナーフーザたちが参加したことは、上述した通りである。

結びに代えて

荒松雄は、その著書『ヒンドゥー教とイスラーム教——南アジア史における宗教と社会』のなかで、インドへのイスラームの波及と伝播の歴史を、およそ次の三つの契機、あるいは歴史的背景に整理することができると述べている。その第一は、アラブ人やトルコ系・アフガーン系民族からなる軍事集団によるインド侵入と征服、およびその結果としての、いわゆるムスリムたちによる王権支配の成立である。この場合、時期的・地域的にほぼ二つのケースに分かれる。その第一は、八世紀初め、アラブ軍隊のインダス川下流域への侵入によるもので、第二のケースは、一〇世紀後半以後に見られた北西インドへのトルコ系民族の侵攻である。そしてデリーを中心とするイスラーム政権、いわゆるデリー・サルタナ諸王朝の成立は、ガズナおよびグール（ゴール）両朝の度重なる侵入の結果として成立したものである。インド史のなかに見られたイスラーム教・文化の浸透の他の二つの契機は、いずれも非軍事的なものであって、その一つはインドの各地、とくにアラビア海沿岸の漁村や港町へやってきた、アラブ系・ペルシャ系のムスリム商人や船員たちの滞留の結果によるムスリム・コミュニティの形成とその範囲内でのイスラームの浸透、もう一つはイスラームの宗教者、とくにスーフィーの活動とスーフィー的環境の影響である(92)。

以上の三つの契機のなかでも、一二・一三世紀以後、アフガーン系やトルコ系軍事集団によるインド亜大陸への進出、そして地域支配の確立は、インドの政治・経済地図を大きく塗り替える結果をもたらしたといえよう。なぜならば、彼らが新しく持ち込んだ騎乗馬による弓を使った奇襲戦や騎馬編成における機動力に富む戦術が、それまでの象軍と歩兵を中心とした戦闘方法に取って替わり、インドの地域支配を強固なものにしたからである。一四世紀前半から後半までの半世紀近くにわたって、デリーを中心とするトゥグルク王朝から独立した、マドゥライ・イスラーム王朝がインド南東部のマァバール（コロマンデル）海岸に成立した。この王朝はトゥグルク朝の軍隊と衝突しただけでなく、ヒンドゥー系のホイサラ王国やヴィジャヤナガル王国に対する軍事遠征を繰り返した。ヒンドゥー系王朝もまた、ムスリム軍と対抗するために騎馬軍団の編成を急いだ。一方、スリランカでは、シンハラ王家が南インドから移住したタミル系勢力の脅威に絶えずさらされていた。一四世紀半ば以降、トゥグルク王朝の勢力が後退すると、デカン高原でバフマーン王朝やビージャープール王朝が独立した。

このようなインド亜大陸をめぐる激動する政治・軍事情勢のなかで、多くの馬が戦闘用に使われ、また国家・王権の権威の象徴としても重要な役割を果たすようになると、馬の需要が一層高まった。インドの南部地域とスリランカでは良馬を産しなかったことや、陸路を通じて中央アジア、イランやアラビアから馬を輸入することが困難であったことによって、毎年、アラビア海を横断する海路によって湾岸地域、南アラビアやイエメンの各地から多数のアラブ馬を輸入せざるを得なかったのである。

グジャラート地方、マラバール海岸やスリランカの諸港市では、古くから移住したムスリムたちの他にも、ゾロアスター教徒、キリスト教徒、ユダヤ教徒などの交易業者・商人たちが居住しており、彼らがいずれも地元のヒンドゥー教の権力者および有力な商人層との間で政治・経済面での利害関係を深めていたことも、馬の取引を拡大させることになったと推定される。

第Ⅵ部　海域世界における文化・情報の交流

概観

海域世界には、人類の歴史上、陸域の文明や歴史の影響をさまざまなかたちで受けた人やモノ・情報が流れ込み、行きかってきた。また、海上商人・船乗り・廻船業者・水先案内人・船大工・漁民・採集民・海賊などの多義的性格を持った人々は、海域世界を中心とした活動をなりわいとする存在、すなわち海民であった。しかし、海民といえども、まったく陸域との関わり合いなしに生存することは不可能であるから、海域を活動と生活の主舞台としながら、同時に海域と陸域の狭間に生きる人々であるといえる。それでは、彼らは、海域世界においてどのような役割を果たしてきたのか、またどのような文化や社会的・歴史的な背景を持っていたのであろうか。

第1章では、チュニジアの南部、ガーベス湾を中心に展開する伝統的な漁撈文化や海をなりわいの場とする人々の生活を見つめることで、海域世界の基本的性格を考えてみる。チュニジア・イフリーキヤ（西部イフリーキヤ）地方は、東の地中海と西の地中海を分かつ境域に位置しているので、ガーベス湾を舞台に生きる人々の生活・文化を考えることは、他ならぬ地中海世界に共通する海民のあり方や役割を考えるうえでも大きな示唆を与えてくれるであろう。

第2章では、海に活動の舞台を求めた東西の人々の間に共通して見られる、航海の安全、商売繁盛、豊漁祈願などに関わる海上信仰をおもな考察の対象とする。それらを通して陸域による支配・秩序の希薄な、いわば境域の生活世界である海域において、海という人間にとって制御し難い大自然を舞台に生きる人々は、出身地・宗教・民族・文化などの違いやそれらに起因する対立・緊張の諸関係を超えて、どのように相互に結びついていたのか、海域がさまざまな人間に共有された世界として機能するためにはどのような秩序や慣行があったのか、が問われることになる。

海域世界に生きる人々は、海との関わりを深め、海を知れば知るほど、人間の力の限界と弱さを知り、さまざまな信仰や習俗への傾斜を強めていった。とりわけ、インド洋と地中海の海域世界に生きた人々に広く共通した海の信仰は、ヒズル（al-Khiḍr, al-Khaḍir）、もしくはヒズル・イリヤース（Khiḍr-Ilyās）と呼ばれた神の使徒、海の守護聖者であった。第2章では、ヒズル信仰の起源・性格と広がりについて文献史料を分析して実証するとともに、現在の人々の生活・文化・慣行のなかにさまざまな形で生き続けていることを実地調査によって明らかにする。そして結論として、ヒズル信仰は、地中海ではユダヤ教のエリヤ、キリスト教の聖マリア、聖ゲオルギス、聖ニコラスなどの信仰と密接に結びついていること、またインド洋ではヒンドゥー教の水の神キダール（Raja Kidar）、ジャワ島のニャイ・ロロ・キドゥル（Nyai Loro Kidul）、その他の聖水信仰とも密接に結びついていると考えられることを述べる。

また第3章では、海域世界における人の移動と有形・無形のモノ・文化の伝達に関わる問題に検討を加えるために、モスク内のミフラーブ、墓石、門柱や建物の礎石および梁などに刻まれたランプ文の装飾レリーフ（浮き彫り細工）の類品がインド洋海域の各地で発見されることに注目し、そのレリーフが見られる場所や素材・装飾意匠・年代などを総合的に比較・検討する。そして、これらの類品の分布・共通性および影響関係を総合的に分析することによって、海域世界が一つの共通する文化・情報の交流する世界であったことを確認したい。

第1章　チュニジア・ガーベス湾の漁撈文化

はじめに

地中海の地図を開いてみると、北アフリカの海岸線はチュニジアのところで急に複雑な入江をつくって、北から南に走り、再び東に大きく迂回しながらリビアのシドラ（スルト）湾のところで湾曲し、そしてエジプト地方へと向かっている。

そのチュニジアの南東部の隅にある入江をガーベス湾と呼び、陸にしがみついた形で位置するジェルバ島、ケルケナ（ケルケンナ）諸島――東島（シャルギー）、西島（ガルビー）と五つの無人島――やクネイス島などがある。湾内の水深は五〇メートル以内と比較的浅く、とくにケルケナ諸島の周辺海域では四、五メートルの浅瀬が広がる。ガーベス湾は、北部チュニジアの山岳地帯やナーブル半島、カブーディャ岬が自然の障壁になって、地中海の荒れる冬季でも北風の吹き込みが少ないために、周年にわたり海は穏やかである。(1)

一九七九年の一〇月から翌年の一月にかけて約三ヵ月間、私は、チュニジアの海岸部を北のアルジェリア国境に近いタバルカから順に、ビンゼルタ、ナーブル、スース、スファークス、ガーベス、ジェルバなどの港町を訪ねて回り、とくにガーベス湾に残るフルーカ（flūka, feluca, fulak）、もしくはルード（lūd）と呼ばれる帆走漁船や漁具・漁法などの伝統的漁撈文化について調査した。また、一九八七年一〇—一二月には、ジェルバ島を中心とする定期市（週市）の総合調査を実施した[2]。

本章は、ガーベス湾の海民たちの活動実態を調査するなかで、地中海世界のほぼ中央部に位置し、しかもサハラ砂漠縦断のキャラバン・ルートの始点・終点にあるチュニジア・イフリーキヤ地方の歴史的・地域的な特殊性とは何か、地中海とその全体を一つのまとまりとして捉えた場合、この地方をどのように位置づけたらよいのか、について考えたことを述べてみたい。

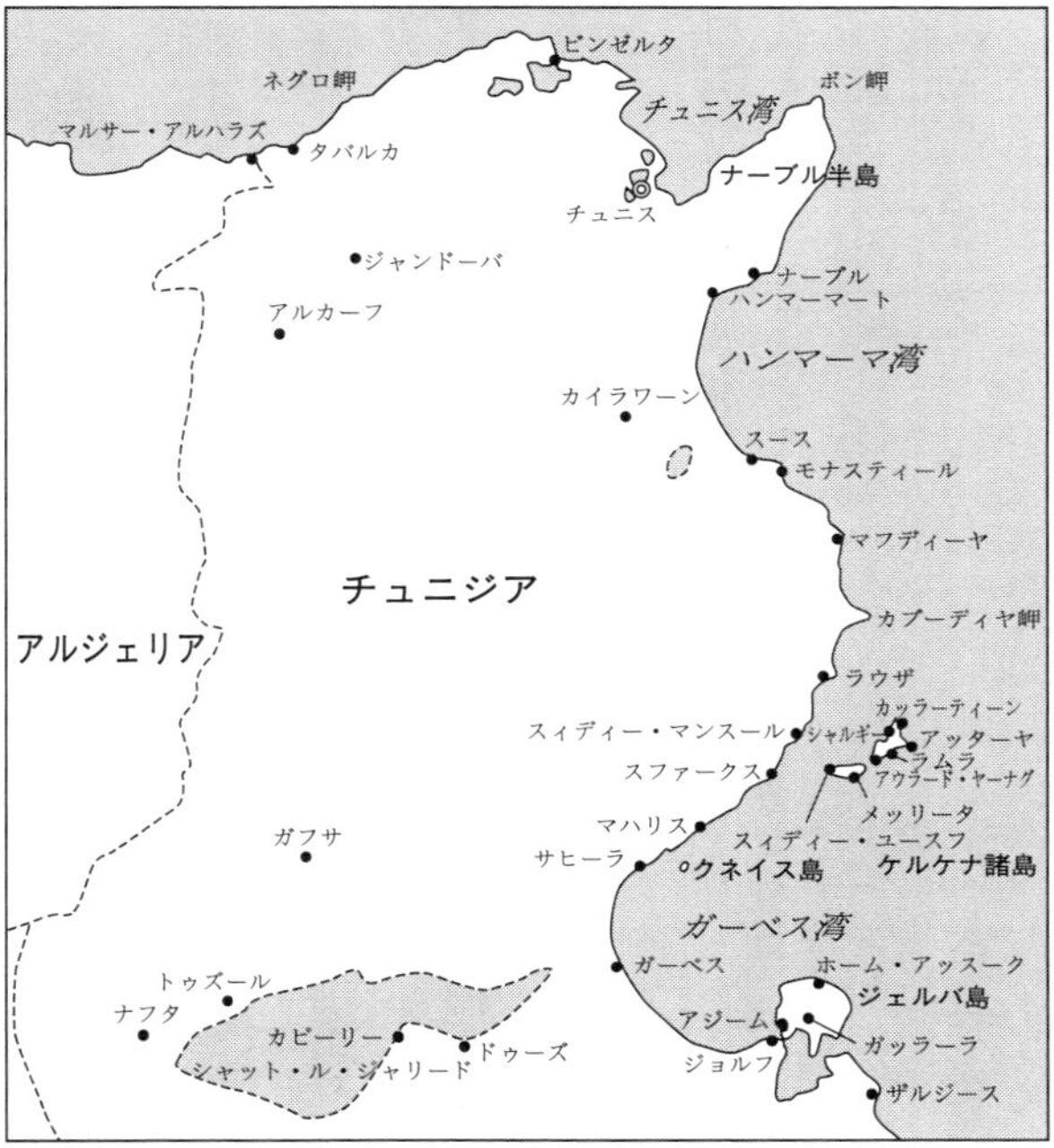

図1　チュニジア海岸

一　タコ壺漁

一九七九年の秋に、私はケルケナ西島の端に位置する漁村スィディー・ユースフ（Sidī Yūsuf）を訪れた。ちょうど金曜日の休日、午前一〇時頃のことで、遠浅の海辺はすっかり干上がり、ところどころに岩や海藻が露出して潮だまりをつくっていた。まるで陽光まぶしい日本の初夏の潮干狩りを見ているように、海辺にはたくさんの人々が群がっていた。若者たちは曲がりヤスを持ち、女たちはスカートの裾をまくり上げ、喜びはしゃぐ子供たちの手を引きながら横列をつくって浜を歩き回っていた。よく見ると、彼らは岩の破れ目、海藻や流木をさがして、そのかげに潜むタコを捕っているのである。このように、女や子供たちまでもが海と親しみ、しかも食用とするタコを捕っている光景を見て、私は大きな感激をおぼえた。

これまでに私は、幾度かインド洋の島々、ペルシャ湾、南アラビアや東アフリカの沿岸部を回って、漁撈文化の調査を続けてきた。そして、漁撈文化の特徴なり漁村社会の変化の過程を捉える、一つのメルクマールとして、タコ、イカなどの軟体動物、貝、エビやカニなどの甲殻類、そしてサメ、エイなどの特定魚種について、①好んでつねに食用とする、②禁忌の対象として特定の日のほかは食べない、③都市・農村社会に塩乾加工品として出荷する、の三つの類型を設定した。現在（調査時点を示す。以下に同じ）のケルケナ諸島の人々は、タコを食用とするのみならず、乾ダコに加工してスファークスやジェルバ島のホーム・アッスークにある乾物市場に出荷している。また、かつてはラマダーン月（断食月）の特別食として、イカとタコが尊ばれていた。おそらく彼らは、古くから幅広い魚食の習慣に親しみ、また海を活動と生産の場としてきた海民系統の血をひいているのではないか、と推察された(3)。

少し、ガーベス湾でおこなわれているタコ漁の様子を眺めてみよう。秋から冬にかけて、寒さが加わってくると、深場にいたタコは、だんだんに海岸に近い浅瀬に集まってきて、海藻や岩の穴を見つけて一時の住み処とする。この時期に、岩礁の周囲を游泳したり、穴に潜むタコをガラス箱を覗いて、曲がりヤスで突く方法のほかに、タコの習性を利用したタコ壺が最も有力な漁法として残っている。昼間、どこの海辺の砂浜や港の岸壁でも、二、三人の漁師が素焼きのタコ壺に一本の長い縄を結びつけて、それを何十も何百もつなぐ作業に忙しい。このタコ壺は、ケルケナ東島のシャルギー、西島のメッリータの他に、スファークス郊外やジェルバ島のガッラーラなどの窯業地で、またガーベスや内陸部のオアシス都市、ガフサ、トゥズールなどの各地で焼かれたもので、一個が七〇ミッリーム（三二円）ほどで購入される。これをフルーカと呼ばれる艇身五〜六メートルの三角帆をつけた木造船に積みこむと、夕方から夜間近く、陸風にのって沖に出て、二〇メートル前後の海底に沈めておく。二日から三日後に、幹縄を引き上げると、大体八〜一〇個の壺に一匹の割合で三キロほどの大きさのタコが入っている。捕ったタコは浜では一キロ当たり二五〇から三〇〇ミッリーム、スファークスの魚市場では五〇〇ミッリーム（三〇〇円）で取引される。最近では、各漁村に共同の冷蔵庫が備えられて、漁民たちが捕った魚の大部分は、ここで買い取られる。そして毎日昼前と夕方には、国営漁業局の冷凍トラックが回ってきて、スファークスやザルジースにある市場や大型冷凍倉庫に納められる。一部のタコは家に持ち帰られ、漁師の妻、娘や子供たちが墨まみれになりながら、木製の台の上に乗せたタコを大きなシャモジ状のナツメヤシの葉（jarīda）の太枝（kaff）で打ちたたいて柔らかくする。それを家の軒下や漁具納屋、庭木などに張った縄にかけて乾燥させる。乾ダコは足を整えて折りたたみ、一〇枚ずつ束にして紐で結び、スファークスの乾物問屋に売る（一キロ当たり一・五ディーナール＝九〇〇円）。かつて、乾ダコはスポンジ（海綿）やカラスミ（būtarga）——とくに、ビンゼルタ湖の特産品として珍重された——などとともに、大型木造帆船スクーナ（skūna, goletta）やシュッバーク（shubbāk）に積まれ、ジェルバ島、マルタ島、トリポリ（タラーブルス）を経由して、エジプトのアレクサンドリアに輸送された。アレクサンドリアは、広く東地中海で漁獲される海産物、とくにカラスミ、乾ダコ、真珠母貝、スポンジや珊

写真 1　ケルケナ東島（シャルギー）の北端カッラーティーンの浜辺に積みあげられたタコ壺

瑚などの一大集散市場として重要な機能を果たしてきた。そして、乾ダコは、現在でもギリシャ、フランスやイタリア方面に多量に輸出されている。(4)

二　漁具と漁法

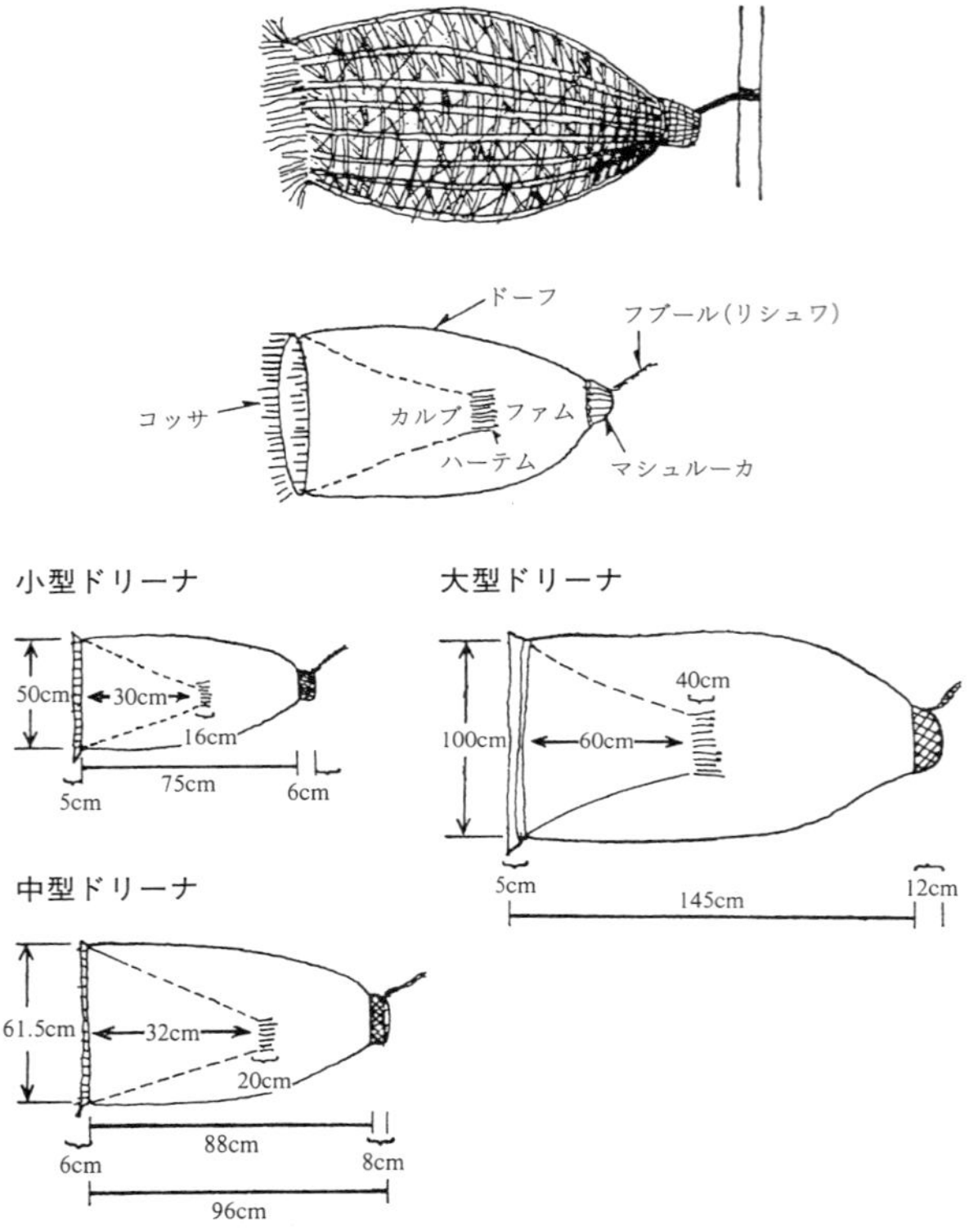

図2　ケルケナ島メッリータ製ドリーナ

タコを捕るもう一つの伝統的漁法として、ドリーナ (dorīna) と呼ばれる筌《うけ》が使われる。これはナツメヤシの葉の太枝を竹ひごのように細長く切って、それを釣鐘状に編んだもので、大型のものは長さが一・六メートル、底辺が一メートルにも達する。図2に示したように、底辺は漏斗《ろうと》状をなして、六センチメートルほどハルファ (khalfa) と呼ばれるアフリカ・ハヤガネ草の茎で編んだ部分が付き、続いて内部に向かい天辺口――ファム (fam) またはカルブ (kalb) と呼ばれる――には、内部に入った魚が出られないようにナツメヤシのマシー（mashī）という部分（ナツメヤシの実がつく細く幾重にも曲がった細い枝）で作った入口がある。釣鐘の先端部はマシュルーカ（mashrūka）と呼ばれて、ハヤガネ草で作った網状の袋があり、その部分から魚を外に取り出す。ドリーナは、おもにケルケナ諸島の内陸村のメッリータとシャルギーで製造され、大型のものは一個四～五ディーナール（約二、四〇〇～三、〇〇〇円）で売られる。なお、チュニジア北部、とくにビンゼルタでは、エビやカニを捕るのに釣金製のドリーナが使われ、四角型や円筒型が多い。

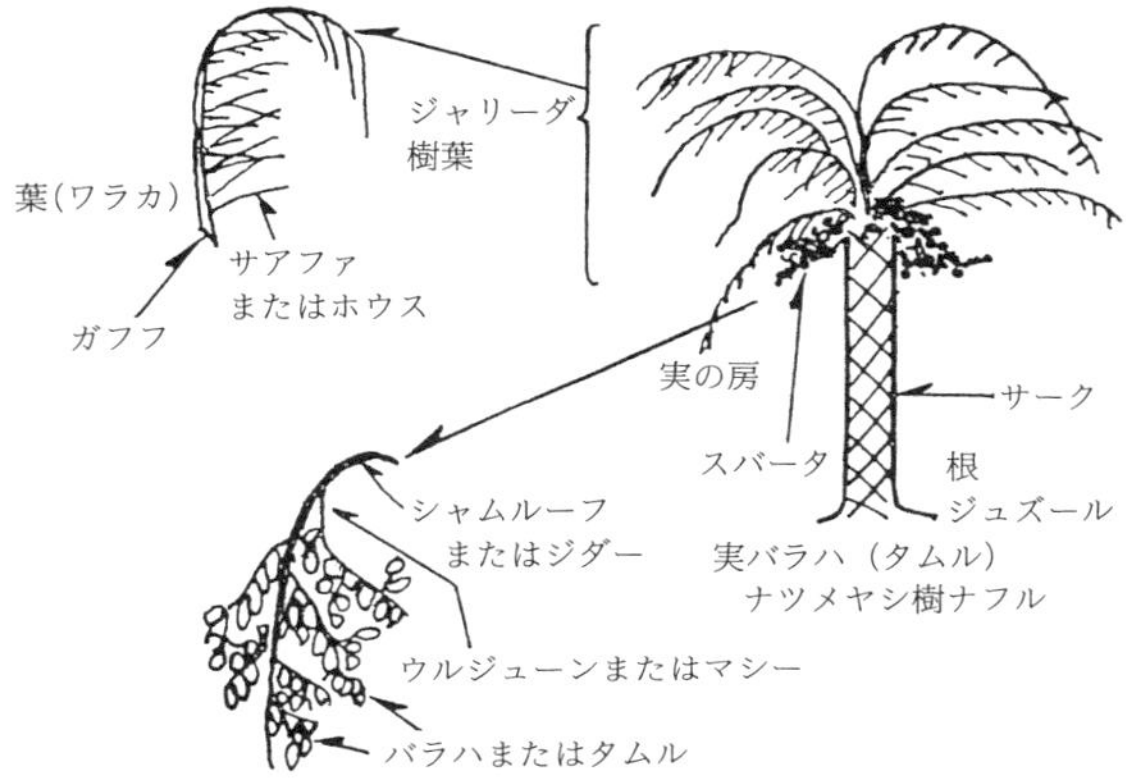

図3　ナツメヤシの部称名

写真2　ドリーナ（ケルケナ島ラムラの波止場）

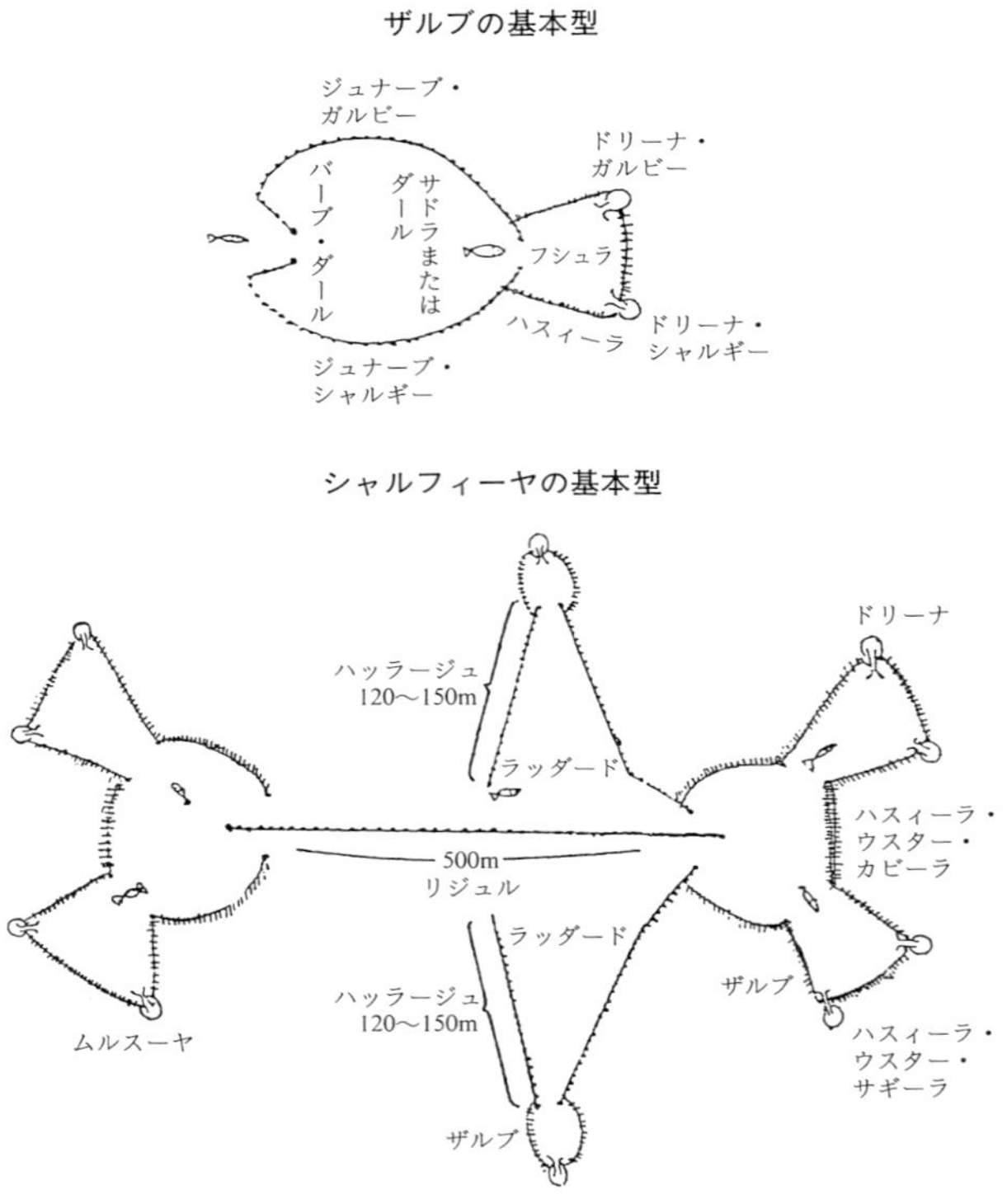

図4　ザルブとシャルフィーヤの基本型

ドリーナの内部に死魚と重しの石を入れて深場に沈めておくこともあるが、四~五メートルの浅場の海では、ドリーナの周囲をハスィーラ（ḥaṣīra）と呼ばれるナツメヤシの葉の太枝とハルファの細紐で編んだすだれ状の茣蓙で囲い、さらにナツメヤシの葉を袖垣――ハッラージュ（kharrāj）もしくはリジュル（rijl）と呼ばれる――として左右に大きく張り出した、魞《えり》の捕魚部としても使う。この漁柵と筌の組合わせをザルブ（zarb, zarbīya）という。ザルブは、干満による潮流とか、狭い海峡部、複雑な海底地形などで起こる水流に乗って回游してきた魚を巧みに誘って、捕魚部のドリーナに入り込ませるように工夫した漁具であって、タコだけでなく、スパルス、ベラ、ボラ、サメ、イカ、マンクース、ミーラなど多種の磯魚が採捕される。

ザルブの形状と大きさは千差万別であり、袖垣の長さも五〇~六〇メートル、一〇〇メートルなどと異なっている。ザルブを二組以上組み合わせて、回游してきた魚をより完全に誘導路に入れて、大量の魚を捕らえようとする大規模な仕掛けをシャルフィーヤ（sharfīya）と呼ぶ。図4に示したように、主袖垣の部分が五〇〇メートル、脇袖垣が一五〇メートルにおよぶものがあり、ザルブを縦に組み合わせ場合には一・五〜二キロメートルの長さにもなる。満潮時には、袖垣のナツメヤシの葉の先が海面下に少し沈んで、ほとんど見えないが、干潮時には、黒々としたナツメヤシの葉が〇・五〜一メートルほど海面上に連なって、複雑な幾何学文様をつくっているさまは、秋から冬にかけての、ガーベス湾独特の印象的な光景となっている。なお、袖垣となるナツメヤシの葉はガーベス産のものが最良とされ、軸茎部も太くて強く、葉の茂りもよく、長さは三〜五メートルになるが、ケルケナ諸島やスファークス産のものはガーベス産に較べて劣り、長さも二〜四メートルと短い（ガーベス産ナツメヤシの葉は三〇〜四〇ミッリーム、その他は二五〜三〇ミッリーム）。樹葉の軸茎部を尖らせて海底の砂に突き刺すために、より強く長いものが必要となり、また葉の濃く茂ったものほど魚の集まりが良いといわれている。

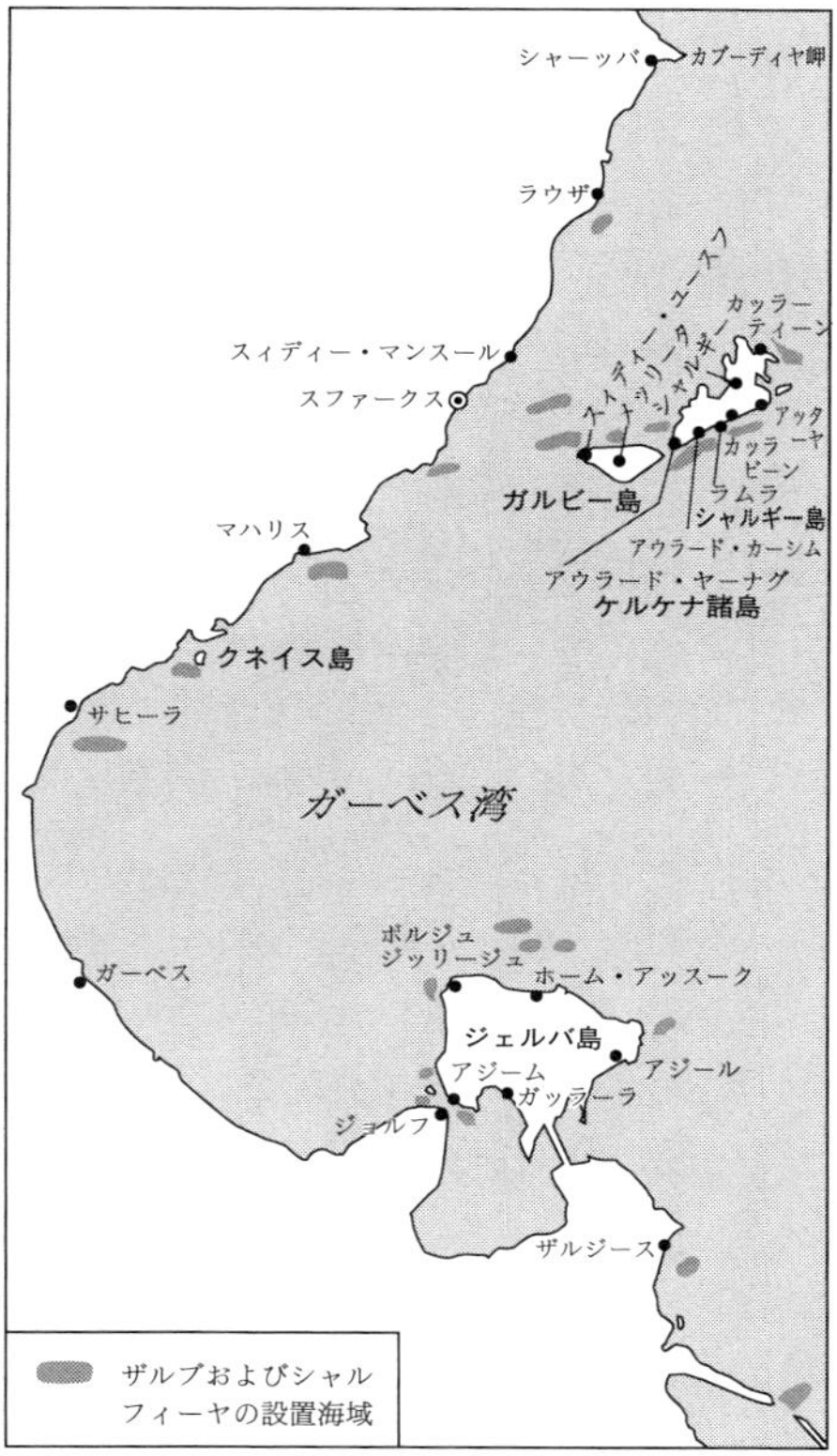

図 5　ガーベス湾におけるザルブとシャルフィーヤの設置海域（1979 年 10–11 月調査）

一組のシャルフィーヤを設置するのに、一万本以上のナツメヤシの葉と一〇〜二〇個のドリーナが必要だといわれているので、その全体の価格は三〇〇〜五〇〇ディーナールにおよぶ。シャルフィーヤのような大規模な漁法には、このように巨額な資金が必要なこと、また遠浅の地先海岸を数キロにわたって利用することから、一漁村や特定の宗

写真3　ケルケナ西島（ガルビー）沖合に仕掛けられたシャルフィーヤ

教・教団組織が共同で作業をおこなう場合が多い。ケルケナ東島の漁村アウラード・ヤーナグ、アウラード・カースィムやアウラード・ビー・アリーなどでは、それらの名前が示すように、村が血縁、もしくは同族関係で結ばれた一つの共同体的結合意識を強く持ち、地先海岸の漁場を共同利用してシャルフィーヤによる漁をおこなっている。シャルフィーヤ漁法は、彼らによって発明・工夫され、彼らの移動とともに広く各地に普及したといわれている(5)。

　ガーベス湾の沿岸部や島々の漁村を訪れて驚くことは、素手捕り、釣漁、タコ壺、魞、筌などの他にも、複雑で多様な形態と構造を持った漁具や漁法が見られることで、まさに地中海の漁撈文化のセンターとしての位置にあることを暗示している。西村朝日太郎は、『海洋民族学――陸の文化から海の文化へ』のなかで、自然環境と漁具の関係について、①水深、②海流・潮流、あるいは水流、③底質、の三つの条件をあげている(6)。ガーベス湾を含めて、チュニジアの沿岸部はきわめて変化に富んだ海岸地形・底質をつくり、豊かな漁場と多くの漁種が見られるから、さまざまな機能と形態を持った漁具・漁法が古くから発達をとげたことは十分理解できる。西村があげた条件の他にも、①特殊漁業のあること、②漁獲物を取引・消費する後背地や市場の状況、の二点を加えることによって、ガーベス湾をめぐる漁具・漁法の複雑な発達、さらには漁撈文化の全般的な特徴を捉えることができよう。

　チュニジア海岸の特殊漁として、北チュニジア地方のタバルカとネグロ岬沖の珊瑚採り、ビンゼルタ、チュニスのラグーン（潟湖）でのボラ漁、マフディーヤ沖のイワシとマグロ漁、ガーベス湾のタコ、スポンジ（海綿）漁などがあり、古くはジェルバ島のアジーム沖の真珠母貝採りと亀漁、ガーベス川河口のボラ漁などが重要であった。(7) これらの特定種の、しかも限られた漁場でのみ漁獲される海の資源をめぐって、遠くはマルタ島の漁民たち、また

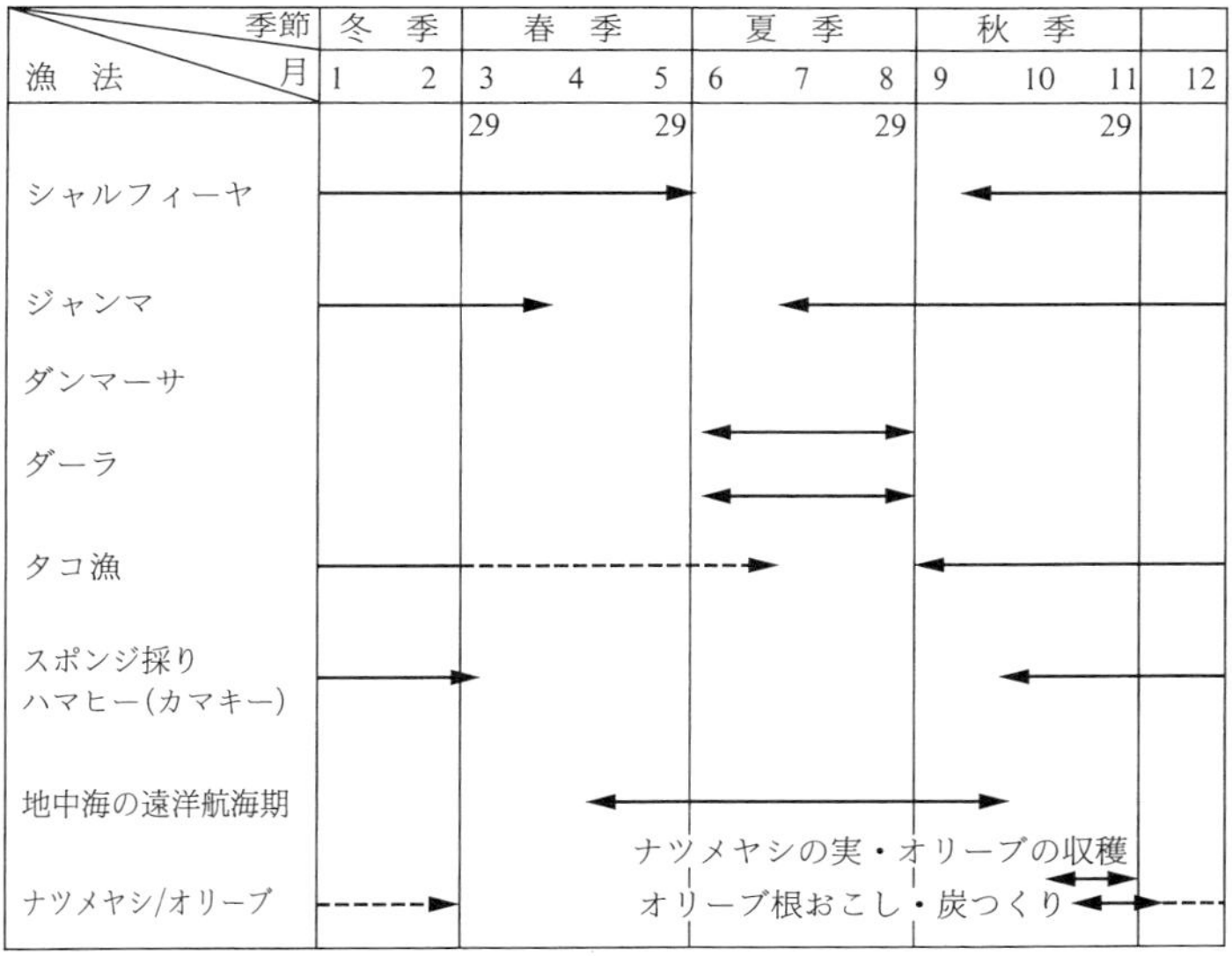

図6　ガーベス湾をめぐる1年の漁獲周期

シチリア島やイタリア、ギリシャの漁民たちが集まってきた。彼らは異なった漁具と漁法を持ち込んで、少しでも有利に漁獲をあげようと競い合った。このように、限られた漁場をめぐって展開する特殊漁、遠方の各地から集まる漁民集団、そして新しい技術と文化を積極的に受け入れようとする先取的な漁民気質など、が漁撈文化の複雑な発達と広範な広がり、そしてモノと情報や人間移動のネットワークを形成してきたのである。

また、スファークス、カイラワーン、チュニスなどの経済的・文化的センターの存在がチュニジアの、とくにガーベス湾漁民たちの生業として漁業を成り立たせ、高度な漁撈文化を育ててきたことは言うまでもない。オリーブとナツメヤシの栽培を中心とした周辺の農村社会が、漁具と造船（とくにオリーブ樹とイチジク樹はフルーカの建造に使用）に欠かせない材料を提供し、漁獲物の加工と消費、そして漁村と農村との季節労働による相互依存の関係など、多方面にわたって大きな影響をおよぼ

していることも見逃すことはできない。

ガーベス湾で用いられる伝統的漁法は、だいたい二つの種類に分かれる。第一は移動漁法で、夏季に浅場でおこなわれるジャンマ（jamma）、ダンマーサ（dammāsa）、ダーラ（dāra）などである。第二は定置漁法に属するもので、先に説明したドリーナ、ザルブ、シャルフィーヤである。第一の漁法の場合、ジャンマは数十艘のフルーカ、またタバルバ（ṭabarba）と呼ばれる小舟を操って内湾や海岸の近くに魚群を追いたてながら、しだいに円陣の輪を小さくして、一地点に集めて魚網で捕える。魚の追い込みには、ナツメヤシの葉やハスィーラ（莫蓙状の網）を使って、水中に柵のように突き立てたり、水面を強く打ちながら魚群の分散を防ぎ、巧みに誘導していく。ダンマーサの場合、ボラのように驚くと水面に跳ね上がる習性をもった魚を海面上に張った網、または手に持ったハスィーラで受け止めたり被せ取ったりする仕組みの漁法であり、沖合でおこなうダンマーサ・アルバフル（dammāsat al-baḥr）と、一・五メートルほどの浅瀬で漁民たちが水中に入って追い立てるダンマーサ・アルバッル（dammāsat al-barr）との二種がある。ダーラは、さらに原始的な漁法の一つで、浅瀬に仕掛けたザルブにナツメヤシの葉で水面を打ちながら魚群を集めたり、クンビーラ（kunbīra, kumbīra）と呼ばれる莫蓙むしろ（ハスィーラの一種）を使って、数十人の漁民たちがいっせいに魚を包囲して捕らえる。(8)

次々に新しい漁具・漁法や技術が開発されるなかで、このような固有の漁具・漁法が、ガーベス湾の自然環境と生態条件を最大限に生かしながら、現在にいたるまで根強く使用されていることは、漁撈文化の基本的性格を明らかにするうえからも興味深い事実といえよう。モリやヤスなどの突具、釣具（sinnāra）、袋網（qaraqara）、曳廻網（kīs）、刺網（shubbāk）などの種々の漁具もまた、ガーベス湾の各地で使用されているが、これらの説明は省略したい。

三　スポンジ（海綿）採り

タコ漁と並んで、スポンジ採りはガーベス湾の零細漁民たちの生計を支える重要な収入源である。しかも、古くからスファークスやジェルバ島の有力統治者や富裕商人たちが、財政と商業取引の重要性から、スポンジ採りの漁民たちの保護、漁獲の奨励と集荷の管理などをおこなっていた。[9]

ガーベス湾で採れるスポンジの種類と品質は、①ジェルビー（ジェルバ島産）、②ケルケンニー（ケルケナ産）、③ザルジスィー（ザルジース産）、④ハジャミー（ハジャム産）、の四種がある。これらは、いずれもスポンジ採集地に近い地域名を冠した分類であって、軽くて根もとの部分に赤みを帯びたジェルバ島産のスポンジが最良の品質とされている。[10]

スポンジの採集法は、第一はハマヒー（khamakhī, カマキー）法である。これには、ハマヒーと呼ばれる磯舟を使い、その舷側からガラスの方形箱で海底を透視して、五〜六本の鉄鉤のついたモリでスポンジを採る。とくに冬季になると、海藻が海水の対流現象のためにちぎれて浮かび上がるので、その若芽がまだ出てこない状態の時、この方法で海底のスポンジを採ることが容易になる。この時期

写真 4　ケルケナ島シャルギー海岸でのスポンジ漁
船から下ろされたスポンジが，浜辺に山積みにされている。

（一一月〜三月）に、五〜八メートルの比較的浅い海域で、漕手と鉄銛を持つ人の二人が一組となって操業をおこなう。第二は、ガンガーバ（ghanghāba）と呼ばれる曳廻網の一種を使った採集法である。伝えられるところでは、ガンガーバは一八七五年にギリシャ人によりマルタ島に持ち込まれた技法で、その後、ガーベス湾のスポンジ採りにも導入されたという。これは、綱の先端部に鉄製の櫛型突刺物と袋網がつけられ、舷側から四〇メートルにおよぶ長い縄を垂らしながら、帆を張った船で引いて進む。風力によって船を走らせる曳廻網の一種は、古くから北チュニジアのタバルカで知られており、それは「聖《サン》アンドレの十字架」と呼ばれて、サンゴ採りに使われてきた。(11) おそらく、この同じ技法がガーベス湾のスポンジ採りに影響したとも考えられる。ガンガーバは、ハマヒーと較べると熟練を必要とせず、しかも水深四〇〜五〇メートルの海底でも採集が可能となるが、若いスポンジまでも乱獲するおそれがある。第三は、潜水によるスポンジ採集法で、夏季にのみおこなう。かつては、裸で重しとする石を抱いて水中に潜り、ハマヒーやガンガーバでとどかない深い海底の岩陰にくっついたスポンジを採集した。現在、ジェルバ島のジッリージュ岬の沖合では、アクアラングを装備して、五〇メートル前後の海底でスポンジの採集をおこなっている。ガーベス湾の潜水漁は、スポンジ採りの他にも、古くは真珠母貝、亀漁や各種の追込み漁などの漁撈を対象として、広くおこなわれていたといわれる。

四　三角帆の浮かぶ世界

ガーベス湾の漁撈活動の一つの特徴は、現在もなお三角帆を付けた五トン未満の無動力木造帆船フルーカが根強く使われていることである。海底が浅く、海藻が繁茂していること、穏やかな海、そして漁獲の主な対象となるタコ壺漁、スポンジ採りなどの諸条件が、平底で軽く操縦しやすいフルーカの利用を支えてきたのであろう。ス

表1　スファークス地区漁港における帆船およびエンジン船保有量（1976-78年）

漁港名	1976年			1977年			1978年		
	フルーカ帆船	運搬船[1)]	遠洋漁船[2)]	フルーカ帆船	運搬船	遠洋漁船	フルーカ帆船	運搬船	遠洋漁船
スファークス	321	180	120	332	196	124	337	211	130
スィディー・マンスール	99	10	—	102	16	—	107	22	—
マハリス	118	27	—	122	32	—	124	44	—
サヒーラ	19	14	—	20	28	—	22	34	—
ラウザ	125	26	—	129	38	—	131	48	—
ケルケナ諸島	1,765	117	—	1,807	133	—	1,815	143	—
合　計	2,447	374	120	2,512	443	124	2,536	502	130

注1）ルート型帆船を含む小型のもの。2）バランシー型のもの。
資料）スファークス商業海運局資料による。

ファークス商業海運局の統計資料によれば、スファークス地区の主要漁港における漁船保有数は近年、急速な増加を見せ、とくにケルケナ諸島の帆走漁船フルーカの数は他の漁港のそれに比較して圧倒的に多いことが分かる（表1参照）[12]。純白の帆を張った無数のフルーカが小波一つ立たない穏やかな水面を左に右に滑るように帆走している風景は、悠久の過去から繰り返されてきたガーベス湾に生きる漁民・船人たちの、変わることのない生活の姿であろう。

一九二八年から三四年までの七年間、チュニジアに滞在したアルベール・ガトー（Albert Ghateau）は、ビンゼルタ、スース、ケルケナ諸島とジェルバ島にまたがるチュニジアの海洋文化に関する言語学的・民族誌的研究をおこない、その後も数回にわたって調査・研究を継続した。彼の収集した木造帆船の造船と航海活動の実態、漁具・漁法についての資料は、その後、アンリ・シャルル（Henri Charles）によって整理され、『チュニジアの航海に関する図解および語彙集』と題して二冊にまとめて出版された[13]。この報告資料を通じて、一九三七年頃まで、スファークス〜タラーブルス〜ベンガジを結ぶ長距離間の海運と交易活動をおこなう大型帆船、とくにスクーナ、シュッバーク、ランシャ（lansha, lancha）、ルード（lūd）などと呼ばれる二本、もしくは三本マストの木造帆船が一〇〜一二艘ほど稼働していたことが分かる。しかし当時、すでにチュニジアからリビアに至る海岸線と平行するトラック交通網の発達と汽船による定期航路の開設などの影響を受けて、伝統的帆船の数は急速に減少しつつあった。東地中海世界に生活する人々の足として、また商売の道具として、遠い過去の時代より生き続けてきた、この大型木造帆船の往来、航海と造船の技術、またその担い手たちは、その後四〇年を経た現在、どのように変わったのか。完全に過去の闇のなかに消滅してしまったのか。私は、これらの問題に関心を抱きながら、スファークス、ジェルバ島とケルケナ諸島の港、造船所や海浜などを訪ね歩いた。

写真 5 (1)　ガーベス湾のスファークス港内を帆走中のフルーカ型帆船

写真 5 (2)　ガーベス湾で漁をおこなっているフルーカ型帆船

そして、ジェルバ島の北西端に位置するアジームの港で私が見たものは、海の浅瀬に船体を傾けて半分沈んだり、あるいは海岸の近くに肋材と帆柱だけを残す哀れな大型帆船の姿であった。赤茶けた船体と帆柱の一部にわずかに残る白いペンキからは、白亜に輝いていたであろう過去の雄姿を想像することは難しかった。スファークスの湾内でも、廃船となって沈んでいる幾つもの帆船の残骸を見た。結局、表2に示したように、スファークス、ホーム・アッスークとアジームの港で一五艘の、廃船となった大型帆船を確認した。その数は、約四〇年前に、アル

表 2　大型帆船スクーナとシュッバークの状況調査（1979 年 10-11 月）

港	船の状況	艘　数
スファークス	沈没船	1
	廃　船	2
ホーム・アッスーク	稼働中の船（スクーナ型）	2
	外国人所有（シュッバーク型）	1
アジーム	廃　船	
	比較的完全	1
	沈没船	3
	浜に放置，半壊	5
合　　計		15

写真 6　ジェルバ島の北西端アジーム沖に放置されたスクーナ型帆船（1981 年撮影）
1963 年以前には，こうした大型帆船が東地中海を舞台に広く使われていた。とくに，チュニジアのスファークス，ジェルバ島のホーム・アッスーク，タラーブルス（トリポリ），アレクサンドリアの間の輸送・運輸に使われた。

ベール・ガトーがジェルバ島で調査した当時、稼働中の帆船の数ともほぼ一致する。とすると、現在では大型帆船は完全に姿を消したのであろうか。

四〇〜五〇トンから一〇〇トン級の漁船がぎっしり舳先を並べて、船体を押し合うスファークス港の岸壁をながめていると、二本の細長いマストを立てた灰色のスクーナ型帆船一艘が目にとまった。エンジンを装備しているらしいが、畳みかけの帆布を甲板にたらしているので、港外では帆走してきたに違いない。早速、この船の船長《ライース》（ザルジース出身、父親はケルケナ東島のシャルギー生まれ）を通じて、積荷、目的、寄港地、船員構成、航海の周期など、活動状況について訊いた。船名は「ジャリーラ号」といい、一五〇トン、五〇馬力エンジンを備えたスクーナ型木造帆船、「ケルケナ諸島動力会社（SOMVIK）」所属、船員は七名（積荷の多い時は九名）、月に三回、スファークスとジェルバ島のホーム・アッスークとの間を穀物、塩、砂糖、建築資材、セメント、清涼飲料、乾魚、果実などを積んで往来しているという。スファークス商業海運局の局長ムハンマド・ヤンギー（ケルケナ東島アウラード・ヤーナグ出身）の説明によれば、現在使用できる大型木造帆船は三艘残っていて、そのなかでシュッバーク型の一艘は数年前までスースとマフディーヤの間を観光用に往来していたが、今はフランス人の所有であり、他の二艘（スクーナ型のジャリーラ号とアズィーマ号）は、今もジェルバ島とスファークス間の航海を続けている、とのことである。また、チュニジアの大型帆船は約一九年前（一九六〇年）から急速に消滅していったが、七年前（一九七二年）にはジェルバ島に七〜八艘、スファークスに二艘（一艘はスース所属）が活動を続けていたという。

一九六〇年前後といえば、船舶用の小型・中型アクセル・エンジンが改良・開発された時期と一致し、前述したように、インド洋西海域、アラビア海で活動していた木造帆船ダウは、競ってアクセル・エンジンを搭載して近年の急速な変化に対応していった。その結果、ダウは現在でもなおインド西海岸、ペルシャ湾岸、南アラビアと東アフリカの沿岸地方を結ぶ海運と交易活動を続けている。[14] ムハンマド・ヤンギーの説明によれば、スファークスを拠点とする大型木造帆船の消滅した理由として、①中・小型エンジンの発達にともなうバランシー型木造漁船の普及、②ガーベス、ザルジース、ジョルフ間の道路および鉄道網の整備、③最近のリビアとの政治問題、などがあげられるという。

東地中海における最後の大型木造帆船は、もう一つレバノン、シリア、キプロス島を結ぶ海域を舞台に今も海運活動を続けているが、いずれもその長い歴史の幕を閉じようとしている[15]。

では、この大型帆船による海運業、船主として、また船長、船員や造船の分野に活躍したケルケナ諸島の人々は、現在では何に生活を転換したのか。かつて、大型帆船を建造したスファークス、ザルジースやアジームの造船所を訪れると、四〇〜五〇トン級のバランシー型木造船が次々に造り出されていた。船大工たちの出身地を訊いてみると、シャルギー、ナジャート、アッターヤなど、いずれもケルケナ東島の村の名をあげた。同じく、スィディー・マンスール、マハリス、ホーム・アッスークなどにあるフルーカを造る小さな作業場でも、圧倒的に多いのはケルケナ東島出身の船大工たちであった。それらの作業場では、造船と修理だけでなく、家の窓枠や家具の製造もおこなわれていた[16]。

スファークスとケルケナ西島のスィディー・ユースフとを結ぶ連絡船のなかで、イスラームの犠牲祭(イード・アルアドハー)の前に郷里に帰るケルケナ出身の人々と出会った。一人は、船員として世界各地をめぐり、呉、神戸、横浜などの日本の港を知っていた。もう一人は、リビアのトリポリに

写真 7　ジェルバ島のホーム・アッスークに停泊中のスクーナ型帆船

現在，こうしたスクーナ型帆船は 3 艘残されており，そのうち 2 艘は今でもスファークスとジェルバ島のホーム・アッスークとの間で定期的な輸送活動を続けている。

出稼ぎに行き、かなりの金を貯めたという。その他、ビンゼルタの漁業訓練学校に在学中の若者、軍人、ホテルのクローク係、チュニスに出たが仕事が見つからず再び父親のもとで漁業をやろうとする人など、多様な生き方のなかに、時代の潮流を乗り越えようとする気概と、島から出てどこにでも生活の場を求める漁民・船人たちの伝統的気質が強く感じられた。

五　多彩な魚食文化

大小の漁船がぎっしり詰まっている埠頭のすぐ横に、スファークスの魚市場がある。重々しい魚臭がただよう建物の内部には、ボラ、エビ、カレイ、アジ、メルーサ、タコ、イカ、サメ、キントキダイなど、各種各様の魚を仕分けした長台が何列も並び、一キロごとの価格がついている。水をうったコンクリートのうえに雑魚が散乱し、それを拾って新聞紙の袋に詰めようと子供たちが群がる。市場の事務所にある大きな黒板には、ここで取引される七一種の魚名と価格が記されている。漁船が接岸するたびに、次々に運び込まれてくる大小の魚、その種類の豊富さには驚くばかりである。市場の前の埠頭では、あっちこっちで自由市場が開かれており、買物かごをぶらさげた男たちがコンクリートの上に置かれたスパルス、タコ、ボラ、イカなどの磯魚の山を囲んで、激しいやりとりを始めた。スファークスの人々は魚食料理に対して、深い親しみを持っている。焼魚《マシュウィー》、油あげ《ムクリー》、ムルカと呼ばれるスパルスの魚スープ、煮込み、などの多彩な料理法、また保存・加工食としては乾燥魚《ホート・ムジャッファフ》、塩漬《マーリフ》、オリーブ油漬などがあって、あらゆる魚を積極的に利用し、加工・調理する文化が古くから高度に発達していたことをうかがわせる。

金曜日の魚料理には、特別の工夫をこらすので、魚市場は普段より一層、盛況である。季節ごとに水揚げされる異なった種類の魚貝類にも強い関心を持っているようで、四月の一週間だけしか捕れないホッディール（khoddēr）と呼ばれるベラの一種を「春を告げる魚」として珍重する。[17]

漁獲量と魚種が減る冬季には、塩漬や乾魚を調理する。乾魚の皮をはぎ、少し水でもどして焼いた料理をムラージュ（murāj）と呼ぶ。乾タコは、十分に水でもどし、さらに棒でたたいて柔らかくしたあとで焼いたり、揚げものに使う。

魚を「なまぐさもの」といって、季節の祝いの日に食べる習慣は、日本に限らず地中海世界でも広く見られる。エジプトでは、シャンム・アンナスィーム（shamm al-nasīm）の祝いに、イワシ、ボラ、スズキなどの、半分腐りかけた塩漬魚を食べる。ガーベス湾沿岸の都市や村々では、ラマダーン明け第一日の祝いには、シャルムーラ（sharmūra）と呼ばれるスープ（オリーブ油で玉葱を十分に炒め、トマト、乾ブドウ、また香料としてクローブ、肉桂、バラの花びらなどを加えて煮込んだもの）を一品と塩漬魚の一品を用意する。魚を細かくほぐし、小麦パンをスープに漬けながら食べる。また、スファークスの人々はラマダーン中は獣肉を摂らず、血の出ないイカやタコの類を好んで食べる習慣があるという。これは、ギリシャ正教における断食日におこなう食習慣とも、よく一致する。一九〇三年に出版された『チュニジアの海洋漁業』という報告書によっても、乾ダコは貧しい人々にとっての貴重な食物であるばかりか、ギリシャに輸出されて、四旬節の断食期間中、ギリシャの庶民の唯一の栄養補給源となっている、と記されている。[18] このように、タコに限らず共通の魚食習慣を持った人々は、国、人種や宗教の違いを超えて思わぬ遠方の地域に見いだされたり、また広範に分布していることがある。とくに、東地中海をめぐる世界は、古くからさまざまな社会構成、発展段階や思想などを持った異なる人々、国家、支配者が流れ込み、ぶつかり合いと交流の諸関係を続けることで、そこに住む人々の生活様式や生活のリズム、衣食住のあり方、流行などにも相互に深い影響を及ぼし、一定の共通性を持った「人間生態」を生み出してきた。魚食文化の共通性と違い、それをタコの問題に限って考えても、そこには地中海をめぐる広い交流関係によって結ばれた共通の世界が浮かび上がってくるように思える。

六　マラブーの信仰と漁撈文化の関わり

生産と生活の場をもっぱら海に求めた海民たちにとって、海は親しみの世界であるが、同時に「板子一枚下は地獄」といわれるように、突如として襲ってくる暴風、大波、豪雨、渦巻や暗礁などによって座礁、転覆、漂流する危険な死と隣り合わせの世界でもある。海との関わり合いを深め、海を知れば知るほど、彼らは人間の力の限界に気づいて、縁起を担いだり、超自然的な神々への帰依、あるいは民俗信仰への傾斜を強めていくものである。(19) ガーベス湾沿岸の漁民にとって、イスラーム教はどのような形で日常生活のなかに生き続けているのか。私は、漁村を回り、漁民たちの行動を見聞きし、またモスク以外に信仰の対象となっている場所が何処かを調べた。チュニジア滞在中には、ちょうど、イード・アルアドハー（犠牲祭）、イスラーム暦の一四〇〇年の新年（ra's al-sanat）、そしてムハッラム月一〇日のアーシューラー（yawm ʻāshūrāʼ, シーア派の第三代イマーム＝フサイン殉教の日）、の三つの祭日が含まれていた。これらの日々に彼らは何をおこない、何処を訪れるのであろうか。漁撈活動と直接結びつくような特別な儀礼行為があるのだろうか。私は以上のような問題関心を持ち、未知の世界を知ろうとする期待に胸を膨らませながら、これらの日が来るのを待った。

ガーベス湾の沿岸部に限らず、チュニジアのどこの海岸部を訪ねても気づくことであるが、村はずれの小高い砂丘の上、埠頭から少し奥に入った路地裏、モスクの横、岬の突端部などに、高さ一・五メートルぐらいの純白の円い屋根の祠堂が建っている。土地の人々は、これをザーウィヤ（zāwiya）とか、「マラブーの家（bayt al-marabūṭ）」、あるいは「海岸のワリーの家（dār walī al-sāḥil）」と呼んでいる。近づいて円天井の周囲に刻まれたアラビア文字を読んでみると、「故、聖者にして、善行に勤んだ人、わが主ムーサー（al-marḥūm al-walī al-ṣāliḥ sidī Mūsā）」とある。スファークスに近いスィディー・マンスール、ケルケナ西島のスィディー・ユースフ、東島のアウラード・ヤーナグにあるスィディー・サーリム、ラムラのスィディー・ビー・アリー、カッラーティーンのスィディー・ダーウード、スィディー・ハーッジュ・イブラーヒーム、アッターヤのスィディー・マスウードなどと、数えきれないほどのザーウィヤが見られる。これらは、いずれもマラブーの聖者《ワリー》（walī）を埋葬した墓廟であるという。

　マラブーの信仰は、チュニジアに限らず、マグリブ地方全域、サハラ・オアシス地域とそれ以南の西アフリカまでを広くおおうベルベル・イスラーム社会の形成と展開に限りなく大きな影響をおよぼしてきた。[20] マラブーとは、本来、アラビア語のムラービト（murābiṭ,〈リバートの構成員、教団員〉の意）に由来する言葉で、とくにスーフィー教団の修道所（リバート、もしくはザーウィヤ）で修行を積んだ聖者のことであり、ワリー（walī）、スィディー（sidī）、ムーライ（mūlay, mawlāya, mawlānā）、サイイド（sayyid）、サーリフ（ṣāliḥ）などのさまざまな名称でも呼ばれた。修行・苦行によって神に近づこうと特別の習練を重ねた敬虔なるマラブーの聖者には、神によってバラカ（恩寵・霊験）が授けられ、その人の印《しるし》（ʻalāma, ʻalāmāt）、もしくは証拠（burhān）として、数々の奇跡（karāmāt）を起こしたり、常人には達し得ない超能力を備えていると信じられた。そして、神のバラカはマラブーを通じて一般の人々にも伝達されると考えられたので、旅の安全、商売繁盛を願う者、不幸・貧困を逃れたい者、災難に遭った者、難病に罹った者など、その他に良縁・子授け・安産・子育てを願う女性の間にもマラブー信仰が広がった。多くの場合、マラブーたちはすでに死んでいることから、彼らの遺体を納めた墓廟（ḍarīḥ）や奇跡を起こした場所が人々の参拝（ziyāra）と祈願・願かけ（duʻāʼ, nadhr）の場所となった。こうしたマラブー信仰を核として、マグリブ地方の都市・農村・遊牧・漁村などの民衆社会や国家政体が再編され、新たな地域統合を形づくるようになったのは、とくに一二・一三世紀以降のことである、と考えられる。それは、マラブーが同時にスーフィー・タリーカ（イスラム神秘主義による教団組織）の聖者（walī）および導師（mūlay, mawlāya, sidī, ṣāliḥ, imām）

を意味するようになった時期とも一致した。

内陸部にあるザーウィヤは、しばしば村のはずれとかナツメヤシの林のなかにある共同墓地に隣接して位置していることが多いが、海岸に近いそれは一人のマラブーを埋葬し、しかも海に向かって立っている。また、海岸に近いモスクと隣り合わせに位置することも多く、スィディー・マンスール（Sīdī Manṣūr）のザーウィヤは古代遺跡とモスクに挟まれた隅にある。近くで見ると、あまり目立たないが、フルーカに乗って少し沖に出てから、陸地をふりかえると、オリーブ畑、ナツメヤシやイチジクの茂みが並んだ、ほとんど起伏のない海岸地形のなかに白い半円型のザーウィヤがひときわ目立って望める。明らかに、漁民たちにとってザーウィヤは船の位置を定め、漁場の目印となっているのである。また、毎日の安全操業と大漁祈願をおこなう対象としても、漁民の深い尊崇を受けている。

ケルケナ諸島の周辺、ジェルバ島北部の海域には、浅瀬が多く、干潮の時には砂洲が現れるので、外海から入ってきた大型の船舶は深場を選んで慎重に細い水路を進む。一一世紀の頃のバクリーによる地理書『諸道と諸国の書』に、「スファークスとケルケナ諸島を含むガーベス湾の状況を説明したなかで、「スファークスは、オリーブが最も美味な生産中心地にある。ここのオリーブ油をエジプト人、マグリブ人、シチリアやルーム（ビザンツ帝国）の人々はとても高価なものとして珍重している。……そこは船の停泊地。干潮になると、船は海底（干潟）に取り残されてしまい、潮が満ちてくると再び動くことができる。［外国］商人たちは商品やオリーブ油を購入するために莫大な資金を持って、遠方の地域から町を目指して集まる。……スファークスの向かい合わせの海に、カルカンナ（ケルケナ）と呼ばれる島がある。この島は浅い海《クサイル》のなかにあり、スファークスとの間には、こうした〈死んだように動かない浅瀬の海（baḥr al-mayyit）〉の海底が約一〇マイル（二〇キロメートル）にわたって続く。その場所の海は、一定の時刻に、まったく動きがなくなる。この場所の向かい側、浅瀬の先端にあたる海には、高く聳える一つの建てられた家がある。この家と本土との間の距離は、約四〇マイル（八〇キロメートル）。アレクサンドリア、シリア、バルカ（Barqa）から来航した船の仲間たちは、この家の中心部《カルブ》（御神体？）を見る（拝む）と、船を目的とする正しい場所（方向）に安全無事に向けることができる［という］。なお、このカルカンナ島には、幾つもの建物の遺跡や貯水槽がある。島は肥沃な土地であるため、スファークスの住民はその島に［放牧する］彼らの駄獣や家畜を［放牧させるために］入れる」[21]とあり、またジェルバ島を説明したなかでも、「ジェルバ島は人の居住する島で、ハワーリジュ派のベルベルの一部族が住む。そこには多量の金がある。島と大陸側との間には海峡があり、島は東に伸びる浅瀬《クサイル》の端に位置する。島の住民は、人を欺き信頼できず、悪意に満ちた連中であり、［外の］人はそこではまったく安心できない。この海の浅瀬は約五〇マイルの長さにわたっており、海の浅瀬のなかの海中には、古代の建物の一つがあって、〈家の浅瀬（quṣayr al-bayt）〉と呼ばれている。その家の浅瀬から北に進むと、約五〇マイルでナムーシャト島（Namūshat）とアンバドゥーシャト（Anbadūshat）島に至る」[22]とある。このように、ガーベス湾の浅場を通過する船の道しるべとして、ところどころに目標となる建物が古くから設置されていたことが分かる。この建物が単に安全航行のための監視塔や灯台だったのか、それとも現在に残るマラブーの墓廟のように、漁民・船人たちにとって神聖な場所として尊崇を受けていたかは一概には決め難いが、後者である可能性の方が高いと思われる。

インド南西海岸の古い港カーリクートの沖合に位置する「犠牲岩礁（Sacrificed Rocks）」、ペルシャ湾の出口、ホルムズ海峡のサラーム島（Jazīrat Salām）、イエメンのアデン旧港のスィーラ島、ソコトラ島とソマリアとの海峡部（al-fawla）、ティグリス川の河口に近いアッバーダーン付近など、航海難所の岩礁地帯や海峡部、河口付近の浅場、港の出入口にある岬・岩礁などの近くには、古い時代から航海の安全・守護と航路の目印をかねたヒズル廟、高塔や祠堂などが設置されていたことが知られている。[23]これらの事例から推断しても、バクリーの報告するケルケナ島やジェルバ島沖合の浅場（砂洲）に建てられた家、建造物とは、おそらく漁民・船人たちの信仰対象としての祠堂のことであって、その後になって、マラブーのザーウィヤに変わることで、同じ信仰上の機能を果たし続けたのではなかろうか。

私は、各地のザーウィヤに祠られたマラブーたちの来歴について、漁民たちに訊いてみた。彼らの返事はいずれも、「むかし遠くから来た聖者を祠った墓であって、村の老人たちが時々集まって、ズィクル（神の名の連誦）をおこなう場所だ」と言うだけで、具体的な説明を避けているようであった。そこで私は、チュニスに戻ってから、チュニジア国立図書館（al-Maktabat al-Waṭanīyat al-Tūnisīya）に所蔵されているマラブーに関わる聖者伝の写本史料を探した。そのなかで、一八世紀のマフムード・マクディーシュ（Maḥmūd Maqdīsh, 1742-1813）による『スファークスの歴史・地誌要覧 *Nuzhat al-Anẓār fī 'Ajā'ib al-Tawārīkh wa'l-Akhbār*』のなかに、スファークス、ガーベスおよびジェルバ島に関係の深いマラブーたちの事歴、師弟関係のこと、講話と教育の内容などを詳しく記録した部分を見つけた。それによると、ガーベス湾周辺の海岸部には多数の参詣廟《ズィヤーラ》があって、「海岸の家族仲間たち（ahl al-sāḥil）」――ここでは明らかにガーベス湾を生活の舞台として生きる漁民や船人たちを指している――は、こうした廟を船旅、漁の安全や豊漁を祈願する信仰の対象としていた。その一つ、有名なマラブーの一人で、ヒジュラ暦一一九九年第二ジュマーダー月（西暦一七八五年四／五月）に死去したスィディー・サイード・フライズ（Sīdī Sa'īd Ḥurayz）の弟子の一人、聖者アブー・アルハサン・スィディー・アリー・アルジィラーヤ（al-walī Abū al-Ḥasan Sīdī 'Alī al-Jirāya）なる人物の来歴と彼の廟を説明して、次のような興味深い記事があった。

「アブー・アルハサン・スィディー・アリーは、幼い頃に、彼の父と漁師の仕事をやっていた。彼の母親は語った。いつもの彼と同じように、その町（al-balad）の西の海にあるカナーイス（クネイス）島で魚を捕るため、父と一緒に出かけ、［他の漁師たちが錨を下ろしたので、］このシャイフ［＝アリー］も彼らと一緒に船を停めて、魚を捕るための仕掛けを急いで準備しました。彼らが漁をしている間、このシャイフは、彼ら［漁民たち］がいつも潜り漁をするよりずっと深く、へとへとに疲れるほど［深く］海底に潜って行きました。そのため、父親には、［海底に住む水神、］海からの人（rajul min al-baḥr）がこのシャイフ［の体］を招き入れたのだな、と遠くから見ても分かりました。シャイフは、［父のいる船に］戻ると、何かにとり憑かれた人のように、いつもの状態とは違った様子になり、訳の分からないことを喋り、興奮したラクダのように口から泡をふきました。漁のもの［捕った魚や漁具、水など］を運ぶ大型船《カーリブ》のもとに着くと、父親はその船に息子のシャイフを乗せたいと思ったので、『彼らと一緒に仕事をするのだ。喚いたり、馬鹿なことをせずに、さあ！　そんなことをしたら、皆に迷惑を掛けるだけだ』と告げました。父は、このシャイフに嫌気を感じて、激怒しました。すると、シャイフ［がますます大暴れしたので、ついに彼］の頭で船の帆桁が壊れてしまいました。恐れおののき、憑かれた状態から平常に戻ると、シャイフは神に許しを乞い、罪を悔いたのです。船人たちが町に帰ると、早速、［噂を聞いて聖者］シャイフ＝スィディー・サイード・フライズ——彼に、いと高き神のご慈悲あれ！——は、その男（シャイフ＝アリー）と会いたいと思いました。そしてサイードは、アリーを連れて、ハルワ（宗教上のお籠りの場所）のなかに入れて、五年近くそこに籠らせました。その後、アリーを外に出して、緑色の着衣《ジュッバ》を着せたのです。」漁師アリーは、マラブーの導師《イマーム》スィディー・サイードのもとで、断食と礼拝、そしてお籠りを続けた。やがて、彼は数々の予言と奇蹟を起こすことで、人々の間に知れわたった。しかし、三度目のお籠りの途中に彼は死んだ。彼の墓廟は、海岸の人々のみならず、チュニスに住む敬虔な人たちも参詣する霊所として知られたという。(24)

　このように、水神に感じて、狂気した漁師がマラブーとなって、人々の尊崇を受け、死後にその墓廟が広く信仰の対象とされるようになった、という話は、マラブー信仰と漁撈文化との関わりを考えるうえで、とくに興味深いと思われる。

　さて、イスラームの巡礼月一〇日におこなわれるイード・アルアドハー前後の頃、私はケルケナ東島のほぼ中央に位置する漁村ラムラに滞在していた。イードが始まる前日、夜半近くなって、ズィクルを唱える声が高く低く波のうねりのように、遠くの闇のなかから聞こえてきた。その声はザーウィヤ・スィディー・ビー・アリーに隣接する村のモスクからのものと思われる。ザーウィヤの円蓋《クッバ》とモスクのミナレット（光塔）は、イードのためのイルミネーションで飾られ、赤、青、黄色のランプで輝いている。そして翌日（イードの当日）の早朝、海岸に出てみると、砂浜や小さな漁港内には、ぎっしりとフルーカが並べられ、沖には一つの帆姿もなかった。九時頃、悲しげに泣く羊を引いて、村の子供たちが浜に集まってきた。続いてやってきた大人たちは、小刀を手に持ち、手荒に羊を横倒しにした。羊の頸部に小刀をあてると、たちまち流れる鮮血が砂のなかに吸い込まれていった。周囲で泣いていた羊たちの声も、やがて風の音のなかに消えた。一瞬のうちに羊の解体作業が始められ、皮を剥くと胃袋、腸、肝臓、横隔膜などの内臓が取り出され、海水で丁寧に洗われていった。

私は、海岸でおこなわれる羊の犠牲が漁民たちのイスラーム信仰と具体的にどのような関わりを持っているのかを判断できなかった。漁民たち自身も、浜で羊を殺す方が血を流したり、内臓や毛皮を洗うのに便利だからというだけで、それ以上の詳しい説明は拒んだ。その後、私は北チュニジアのタバルカ滞在中に「黒牡牛の供犠」に出会い、そこに共通する一つの漁民・船人たちの文化を見いだし、それが豊漁への期待と航海の安泰・安全を願う信仰と深く結びついていることを理解したのである。[25]

この「黒牡牛の供犠」については、すでに第V部第1章で説明したが、地中海産のベニサンゴの名産地として知られたタバルカ港では、イスラーム暦の第一二月（ズー・アルヒッジャ月）二九日から翌日の第一月（ムハッラム月）一日にかけて、マラブーのスィディー・ムーサー（Sidī Mūsā, 聖者モーセ）に捧げる黒牡牛の血の供儀がおこなわれる。サンゴ採集船の甲板で黒牡牛を屠り、その血を船の各部に注ぎ掛けることで、航海の安全と豊漁を祈願するものである。

黒牡牛は呪力の対象として、また犠牲に供せられる神聖動物として、古今東西広く漁民・船人たちに重要な宗教的意義を認められてきた。ペルシャ湾のカタール、バーレン島や東アフリカ・ケニア海岸では、牡牛の角を木造帆船ダウのマストのてっぺん《クッバ》にぶらさげて、呪力のシンボルとしている。また、ケニアのバジュン諸島で造られるジャハーズィー（jahāzī）と呼ばれるダウの建造過程では、船底材が置かれた時、中棚ができた時、そして進水式の三回の儀礼で、いずれも黒牡牛——現在では、多くの場合、黒山羊を使う——の供犠がおこなわれる。さらに一二・一三世紀の頃、イエメンのアデン旧港に近いスィーラ島（Jazīrat Sīrat）では、インド洋を横断してくる商船の入港が著しく遅れた場合、船の安全到着を祈願して、「[スィーラ]山の供犠（ḍaḥīyat al-jabal）」と呼ばれる儀礼がおこなわれた。この儀礼では、日没のとき、七頭の牡牛をスィーラ山に集めて、そのまま夜半まで留めておき、真夜中を過ぎると、六頭の牛はそこからアデンに連れ戻されるが、残る一頭だけはその場所において、翌朝、犠牲に供せられた[26]。

漁民・船人たちは、唯一神アッラーへの帰依、一日五回の礼拝、断食などを厳格に遵守する敬虔なイスラーム教の信徒としてつねにふるまっている。しかし他方、聖者崇拝、聖者廟、神の使者ヒズルやモーセ（次章参照）、呪物、禁忌、護符、アッラー以外の超自然物に対する尊崇など、数えきれないほどの俗信的な信仰への強い傾斜を持っていることも指摘されよう。漁民・船人たちの生活と活動の舞台は海の上にあるから、当然、人間にとって予測不可能な自然現象、気象変化や異常体験、驚異《アジャーイブ》の出来事などと出会うことも多く、また理由も分からずに急に不漁の日々が続くこともある。こうしたことから、人々は精神的・心理的な動揺、不安、恐怖、また危険、死などのなかで、一方では人間の能力をはるかに凌駕する絶対神アッラーへの積極的な信仰・帰依を求めるものの、同時に自然界に精霊を認めたり、奇蹟、呪力、霊力を持った事物、特別な儀礼、霊界との関係を持つことのできる特殊能力を備えた人物＝聖人への崇敬を強めたのではなかろうか。

しかも、彼らの活動する範囲は、一つの狭い地域や一国内に限られるのではなく、頻繁な移動によって広い世界、さまざまな人間、社会、文化、情報と接することができた。こうした理由から、異なった思想体系、信仰や思考様式をもった世界を知り、そこから彼らの精神的・心理的生活に何ほどかの安堵感を得ようと努めた。私は、漁民・船人たちが新しい宗教、思想体系の伝達者として、歴史の上で大きな役割を果たしてきた、と想定している。とくに、インド洋でのイスラーム教の伝播と彼らの役割については、今後もさらに深く検討されなければならない大きな問題であろう。またマラブー信仰の発祥地であり、その信仰活動の中心であったのがスース、マフディーヤ、モナスティールなど、ガーベス湾に近いチュニジアの海岸沿いの諸都市であったことは、マラブーと漁民・船人との間に何らかの深い関わりがあったことを物語っているのではないだろうか。

結びに代えて

タコ壺漁の話に始まって、漁撈文化の問題はさらに視野を広げて地中海世界全体との関わり合いのなかで考えねばならなくなってきた。

地中海のほぼ中央部に位置するチュニジアは、第III部第1章で述べたように、東の地中海と西の地中海を分かつ境域に位置し、またキプロス島、ロドス島、クレタ島、シチリア島、サルデーニァ島、バレアレス諸島など、地中海を東西に鎖のように連なる島々を結ぶ横断航路の要衝にあり、同時に、シチリア島、イタリア半島を通じてヨーロッパ大陸へ、北アフリカ海岸沿いに東に進めばエジプト、シリアへ、西側にはアトラス山脈を縫うように走る三本の陸路を通じてマグリブ地方の中部、極西部へ、さらにサハラ砂漠のキャラバン・ルートを南に下れば黒人地域(bilād al-Sūdān)へ達するなど、まさに国際交通・運輸と交易活動の一大センターに位置していた。したがって、古来、そこは人間移動、物資の交換、情報・技術の伝達などのうえで、きわめて重要な役割を果たしてきたと考えられる。

チュニジアを含むイフリーキヤ地方(現在のチュニジアとリビア西部を含む地域で、マグリブ地方の東部にあたる)において展開したイスラーム史の流れを通時的にながめてみると、そこがさまざまな人々の衝突・対立と交流・融合の場であり、同時に政治・文化と思想の混じり合いによる新しい時代潮流の生まれる場として、つねに他の地域

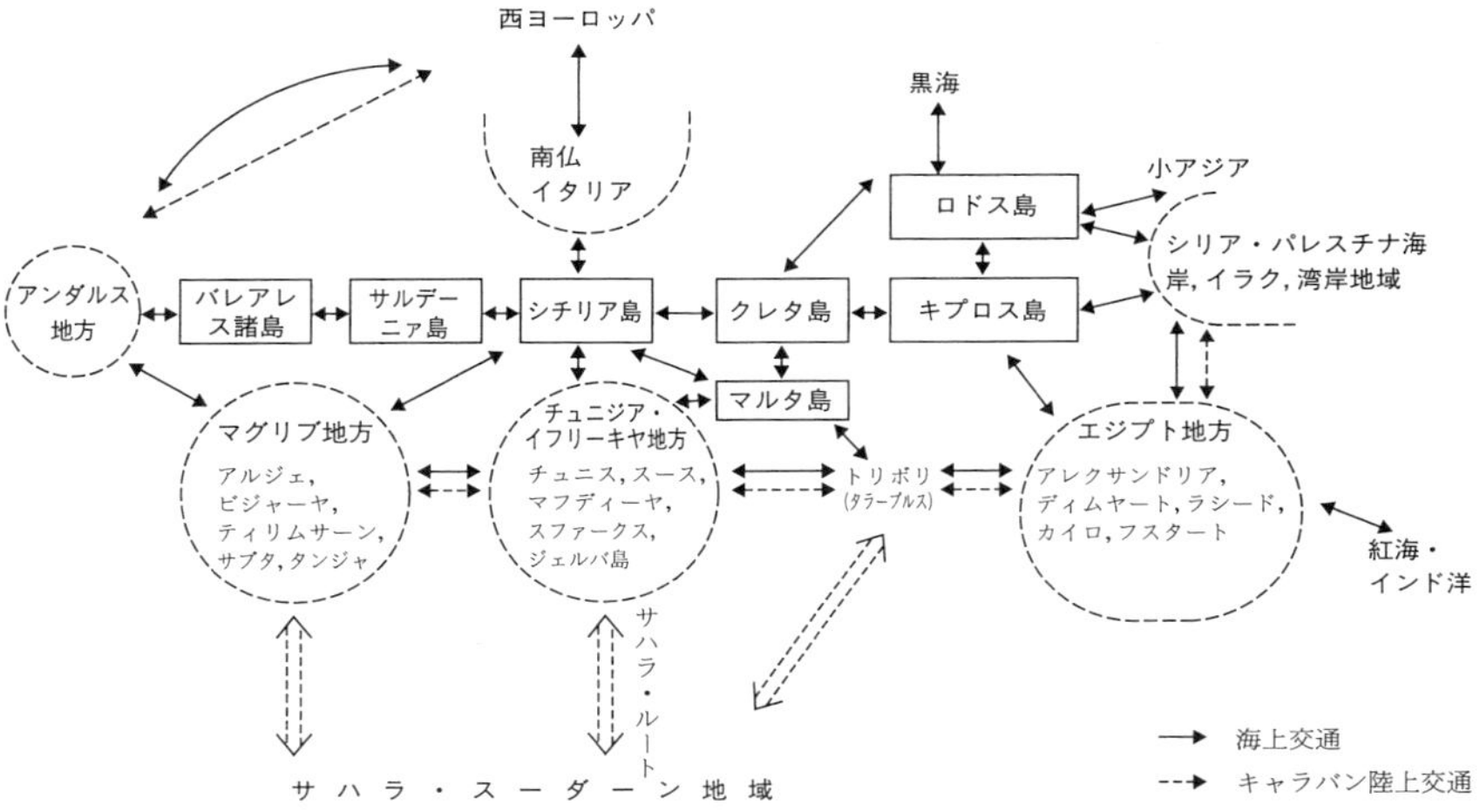

図 7　チュニジアを中軸とする地中海世界の交流構造

に先がけて鋭敏に反応を示す地域的特質を持っていたことが理解されてくる。

マグリブ地方のアラブ軍営地（ミスル）であり、同時に宗教活動の拠点であったカイラワーンの建設、イラン系の人々の移住、ハワーリジュ派イバーディーやイスマーイール派シーア運動の展開、ムスリムによるシチリア島やマルタ島などの地中海への進出、アラブ系遊牧民ヒラール族やスライマ族の移住とサハラ地域への進出、マラブー信仰の発祥と拡大の拠点、アンダルス移住民の逃避・定住、オスマン帝国によるマグリブ統治の拠点、地中海海賊の根拠地、イタリアやフランスの北アフリカへの侵攻ポイントなど、チュニジア・イフリーキヤ地方を中心とした大きな歴史展開は枚挙にいとまがないほどである[27]。

広いイスラーム世界のなかには、チュニジア・イフリーキヤ地方の他にも、人・モノ・情報が重層的に混じり合う境域地域《スグール》、また時代転換期にはつねに先進的運動を展開する流動性の激しい地域を幾つかあげることができる。北シリアからイラク北部にまたがる境域地域、ティグリス川河口付近のフージスターン、ペルシャ湾岸地域、インダス河口、グジャラート地方、マラバール地方、イエメン・ハドラマウト地方、中央アジアのマー・ワランナフル地方などである[28]。私は、これらが共通に持っている特殊性は何か、地域の歴史を動かした担い手としての遊牧民、海民、都市民や農民たちの役割は何か、について考えてみた。その一つの結論として、一定地域内に自然生態系の諸条件（山岳・河川・海・砂漠・耕地などの分布）が複雑に交錯・重層する、いわば「境域の地」であること、いま一つは、海民や遊牧民など「移動の民」が集まり、ぶつかり合いと交流を繰り返すネットワークの接点であること、の二つの特殊条件が指摘できるように思う。これらの条件は、以上あげた、いずれの地方にも共通して見られる「場の性格」であるといえよう。とくに、チュニジア・イフリーキヤ地方の歴史展開の特殊性を考えるうえで、また地中海世界とその全体的としてのまとまりを捉えるうえからも、ガーベス湾をめぐって展開されてきた海民たちの活動実態、彼らが長い歴史過程のなかで演じてきた諸々の役割の解明が大きな鍵となるように思われる。

漁民・船人など、広く海民たちの運輸と交易活動、漁撈活動を通じた移動、拠点とネットワークの形成、漁場をめぐる対立と抗争、文化・情報と思想の伝達者としての役割、国家の支配者や商人たちとの関係、農民や遊牧民との関わり方など、海域の視点に立って追究すべき課題は数多くある。

海民を陸上から追われた漂海民、あるいは海賊の集団と捉えたり、その文化と歴史的役割を陸域の文化とは何の関わりも持たない、未発達の文化、原始的で野蛮な狩猟・採集民の文化、などと見なす限りにおいて、イスラーム世界の東西にわたるグローバルな広がりと結びつき、その社会の流動性、七世紀前半に始まる歴史展開の過程で形成・展開されていった共通文化圏としてのまとまり、などの構造と機能を十分に理解することはできないであろう。

ガーベス湾をめぐる漁撈文化の豊かさは、自然環境と生態条件との関わりのなかで、最高度にまで発達してきた技術と物質文化の水準を物語っており、漁を求めて集まる地中海漁民・船人の永年にわたる文化接触のなかから生まれた、大きな遺産ではなかろうか。

第2章　インド洋と地中海を結ぶ海の守護聖者ヒズル

はじめに

海域世界は、陸域を中心とした領域国家や狭い地域社会の枠組みを超えて、異なる民族・言語・宗教を持ったさまざまな人々が移動し、同時に船による交通運輸、流通取引、契約や金融の諸関係、文化・情報の交流などの実際の活動のなかで、異民族・文化間の矛盾と対立・緊張を常に孕《はら》みつつも、一つの共通文化交流圏として機能していた。

また海域ネットワークの交点、港市は陸の国家から強い規制を受けることもあり、ある場合には国家による交易支配の拠点ともなったが、多種・多様な目的を持った人々が各地から集まって生活を営み、信仰のための祈りがおこなわれ、時には末期の場ともなり、そして異郷の人々とそこに住む人々との間での日常的な異文化接触や交流がおこなわれた(1)。

本章の目的は、そうした民族・言語・宗教の多重性と異質性を一つの大きな特徴とする海域世界と港市について、対立・摩擦・緊張・排除という「負の側面」ではなく、むしろ多様・異質・重層であることを「正の条件」として最大限に生かすことで、活発な異文化交流と接触の機会が生まれたことを指摘することにある。多様・異質・重層のなかで生まれる「異文化接触と交流のメカニズム」とは、他者を異質なものとして排除するのではなく、他者を他者として、異質なものを異質なものとして認め合い、相互に価値あるものとして尊重し合うなかで生まれる補完関係、つまり相互の持つ異なる価値を交換することによって、より一層の社会的・文化的活力を期待しようとするコスモポリタンな社会環境と、そうした環境を積極的に作り出し、維持していくための「装置」ないし「秩序」のことである。そもそも文化・文明とは、異なる多様な他者との接触と交流によって生まれるものである。

本章において、異文化接触と交流のメカニズムの一つとして取り上げる具体的問題は、海（海域）に生きる人々の間に共通して見られる航海の安全、商売繁盛、豊漁祈願などに関わる海上信仰である。海域世界や港市に生きる人々は、海との関わりを深め、海を知れば知るほど、人間の力の限界と弱さに気づき、さまざまな信仰や習俗への傾斜を強めていった。したがって、宗教・民族・文化の違いを越えて、人々は海の大自然に対する畏怖の念を抱き、人間の能力をはるかに凌駕する絶対神・預言者・聖者に積極的な救済・援助を求めたり、また呪力や霊感を持った事物に祈願したりするための信仰・祭礼・儀式や独特な習俗を生み出し、それらがおこなわれる信仰・祈願のための各種施設を設けた。とりわけインド洋と地中海の海域世界に生きた人々に広く共通する海（水）の信仰は、ヒズル（al-Khiḍr, al-Khaḍir, al-Khizr）、もしくはヒズル・イリヤース（Khiḍr-Ilyās）と呼ばれた神の使徒、海（水）の守護聖者であった。(2) ヒズルやイリヤースの信仰がイスラーム教、キリスト教、ユダヤ教やヒンドゥー教などの異なる宗教を持った人々の間で共通の信仰対象とされたことは、多重性と異質性を持った海域世界ならびに港市社会に、ある種の共同体的な統合意識が生み出されたことを示している。

そこで本章では、ヒズル信仰の内容、その歴史的展開と地理的分布、そして現在におけるヒズル信仰の状況について、文献史料と現地調査をもとに考察を進めたい。(3)

一　ヒズル信仰の起源

『クルアーン』の第一八章「洞窟（Sūrat al-Kahf）」（メッカ啓示、全一一〇節）には、イスラーム以前に溯ると思われる、アラブの古い伝説・民間伝承が含まれている。すなわち、その章の冒頭部分で、山のなかの洞窟で眠り込んでしまった七人の若者の伝説を述べたあと、旅を続けるムーサー（モーセ）とその小姓の前に現れ、ムーサーの辛抱強さを試す不思議な力を持つ人物の逸話、そして二本角の持ち主《ズルカルナイン》（Dhu'l-Qarnayn）すなわちアレクサンドロス大王の生涯を綴った冒険譚など、大略三つの伝承的な物語が登場する。

『クルアーン』のなかに伝えられた、これらの伝承は、六世紀頃の東方キリスト教世界やアラビア半島を取り巻くセム語の世界に広く伝播し、多くの人々の間で共通に理解されていたと考えられる。とくに、岩のところに住む男について、『クルアーン』は「そこで［岩のところまで戻ってくると、ムーサーとその小姓の］両人は一人の男に出逢うた。これはもともと我ら（アッラー）の僕《しもべ》の一人（ʻabd min ʻibādi-nā）で、我らが特別の恩寵を授け、じきじきに知識（不可視界の知識）を教えておいた者じゃ」（第六四節）と記しているが、「我ら（アッラー）の僕の一人」が具体的に誰かについては明示されていない。『クルアーン』の多くの註釈学者や伝承学者たちは、この男が神の遣わした使者の一人、ハディル、あるいはヒズルとする点では大方一致しており、アラビア語では「緑色の人」と訳された。[4]『クルアーン』がここで男の名前を明らかにしていないのは、何故だろうか。おそらく、あえて名前を出さなくても誰もが理解できたためか、あるいはヒズルの名前を唱えることをタブー視していたためとも考えられる。そしてイスラーム以後になると、ヒズルは、神から特別に遣わされた水を司る守護聖者、生命の泉を飲んだ不死の人として、また死・再生＝復活の主人公としても、多くの人々に崇拝されるようになった。

ヒズルと同様に、『クルアーン』のなかで、敬虔な預言者として現れるのがイリヤース（Ilyās）である。イリヤースは、イスラームの民間信仰によれば、ヒズルが海や川の守護聖者であるのに対して、陸上を旅する人々の守護聖者として広く崇拝された。イリヤースは、もともと『旧約聖書』「列王紀略」に出てくるエリヤ（Eliya）を指し、『クルアーン』のなかでは「まことに、イリヤースも使徒の一人であった。あれが自分の一族の者にこう言った時のこと、『お前たち神を恐れるということを知らんのか。邪神《バアル》に祈って最高の創造主に見むきもしないとは何事だ。お前らの主、父祖伝来の神アッラーを』と」（第三七章第一二三節―第一三〇節）とある。すなわち、イリヤースは人々の邪神崇拝に対する警告と絶対神アッラーへの帰依を呼びかけた敬虔な預言者（『クルアーン』第六章第八五章）として現れるが、その詳しい性格については明らかではない。民間伝承では、イリヤースはヒズルやイドリース（Idrīs）と混同されることが多く、とくにイリヤースとヒズルとは相同の関係（homology）にあると信じられ、しばしば併せてヒズル・イリヤース（Khiḍr-Ilyās）とも呼ばれた。したがって、イリヤースはヒズルと同様に、永遠不滅の生命と特殊な超力を備えた守護聖者であって、海に生きる人々にとっては両者が合体した「海の守護聖者」「水の守り神」として篤く信仰の対象とされたのである。[5]

A・J・ヴェンシンク（A. J. Wensinck）は、上述した『クルアーン』の一節およびそれに関連するヒズル伝承《ハディース》の起源を、①ギルガメシュ叙事詩、②アレクサンドロス伝承の生命の泉、③ユダヤ教の伝説エリヤ（Elijah）とラビ・ヨシュア・ベン・レヴィ（Rabbi Joshua ben Levi）、の三つにあると主張した。[6] 私が『クルアーン』第一八章「洞窟（Sūrat al-Kahf）」に含まれるヒズル伝承にとくに注目する理由は、一二・一三世紀になってイスラームの地域的・文化的な拡大と深化が進むと、各地の文化・伝統に含まれているさまざまな非イスラーム的要素が、イスラーム的コンセプトによって語られ、解釈されていくいわゆる「イスラーム化現象」のなかで、第一八章「洞窟」に含まれたイスラーム以前の伝説や民間伝承的な要素——巨石崇拝、聖水信仰、洞窟信仰や不死再生思想といったもの——が非常に重要な役割を担ったのではないか、と考えているからである。

当然のことではあるが、イスラーム教・文化は、その地域的な拡大と社会的・文化的な深化の過程で、多様な非イスラーム的要素との出会いを経験し、接触・交錯・融合・緊張・対立・反発などの異文化接触の「運動」を引き起こした。そうした運動の過程で、人々は自文化・社会をどのようなイスラーム的コンセプトによって理解し、語り、受容したか、そしてイスラームもまた、「多様なイスラーム」としてどのように変化・変質したかを考察することは、イスラーム史研究の重要な課題の一つである、と私は考えている。とくに一二・一三世紀を中心とする時代には、さまざまな非イスラーム的要素がイスラーム的コンセプトによって理解され、取り込まれていくイスラーム化（Islamization）、イスラーム的受容・同化（assimilation）という点で、きわめて大きな変化・変動が見られた。

図 1　イスタフリーの「カスピ海」地図に描かれた馬に跨がるヒズル（オーストリア国立図書館蔵，al-Iṣṭakhrī, *Ṣuwar al-Aqārīm*, Ms. Mixt. 344）
水の守護聖人ヒズルは，二つの海の交わるところ（majma' al-baḥrayn），河口や島の岩礁などに現れるという。この絵は，ヴォルガ川（Nahr Itil）がカスピ海に注ぐ河口付近を馬に乗って旅するヒズルの姿を描いている。写本は，13 世紀頃のペルシャ語訳本による。

メッカ巡礼に象徴されるような人々の移動・旅や、文化・情報交流の広域化、トルコ系・モンゴル系・ベルベル系などの遊牧系諸集団の移動、十字軍の西アジア地域への侵攻などによって、さまざまな人々による固有の文化・情報、世界観や信仰・習俗が相互に接触することで、時に緊張・対立・衝突・反発し、時にまた交錯・融合・変化・変質するなどの「出会いの運動」が大きく展開したのである。

そうした異文化接触を重ねるなかで、イスラーム的コンセプトによって多くの非イスラーム的要素が再解釈され、それと同時にイスラーム社会・文化は複合的な文化要素を孕みつつ、さらに新しい形態と解釈を確立していった。西アジア社会では、ようやくムスリムたちが社会のマジョリティを占めるようになったこと、またインド、東南アジア、中国、中央アジア、アナトリア（小アジア）、東アフリカ海岸やサハラ砂漠南縁部の黒人地域（スーダーン地域）など、西アジアから距離的に隔たった周縁地域にも徐々にイスラームが拡大したこと、メッカ巡礼が国家と民衆の支援を得て、顕著な社会運動となったこと、預言者ムハンマドの生誕祭《マウリド》（mawlid al-Nabī）、メディナにあるムハンマドの聖墓参拝《ズィヤーラ》、その他の各地にある聖地・聖墓への参詣・参拝の運動、スーフィー聖者たちが演じる奇跡《カラーマート》や儀礼・修行のための行為、スーフィズムの教団（タリーカ）化などの諸現象がイスラームの深化・拡大、多様化と地方化に大きな役割を果たしたことは明らかである[7]。注目すべき点は、このように多様化・地方化したイスラームは、他ならぬ異なる民族・言語・宗教・習俗を持った人々との間に異文化接触と交流の幅を広げ加速化させたことである。そして、ヒズル、もしくはヒズル・イリヤースと呼ばれる海（水）の守護聖者は、地中海世界ではキリスト教徒やユダヤ教徒たちの信仰であるエリヤ（イリヤース）、アンドレ（イドリース）、ゲオルギス、マリア、トマス、ニコラス、ミカエルなどの聖人たちの伝承・民間信仰と交流・融合し、一方、インド洋海域世界では、ゾロアスター教やヒンドゥー教、各地のアミニズム信仰のなかに見られるさまざまな聖跡・精霊・聖水などの信仰とも融合して、参詣・巡礼の道、霊地、宗教施設や儀式・儀礼・習俗を共有するようになったのである[8]。

二　ヒズルの属性と信仰の諸形態

次に『クルアーン』や預言者の伝承集などに説かれたヒズルの基本的な性格をまとめて、適宜解釈を加えながら、紹介してみよう。

(1) モーセの神性を試すために神による特別の恩寵を授けられ（不死の水を飲んだ）、不可視界の知識を持つ　↓旅する人の前に現れて辛抱強さを試し、善行に勤しむ者には神のご褒美を授ける。旅人・移動の民に付き従い、導き手、助っ人となる。シリア語による「アレクサンドロス伝承」によれば、ヒズルはアレクサンドロスに置き換えられ、その小姓は料理人アンドレアス（Andreas）――『クルアーン』におけるイドリース（Idrīs）のこと――で、この料理人が泉水で塩漬けの魚を洗ったところ、魚は生き返った。そこで料理人はその泉に飛び込み、不死の人となった。また、ヒズルはイリヤースをともなって旅に出て、泉に至り、二人ともその水を飲み、不死の命を得たとの説もある。ユダヤ教の伝説でも、ラビ・ヨシュアに付き従って旅に出たのはエリヤ（イリヤース）となっている。なおスーフィズムでは、ヒズルは庭園と牧場を、イリヤースは砂漠に支配をおよぼしていたという。エチオピアに伝わる別系統の「アレクサンドロス伝承」では、アレクサンドロスは生命の泉に飛び込み、緑色に変わったので、「緑色の男」と呼ばれた。イランやインドのイスラーム世界に広がる民間伝承では、水を司るヒズルは川の神、泉や水源のスピリット（神霊）と見なされ、緑色の衣をまとった老人として表された[9]。

(2) 苦難の旅の果てにたどり着く目的地は二つの海（水）の出会うところ（majmaʿ al-bahrayn）であり、そこにはヒズルが住む　↓ヒズルは川の中洲、川の合流点、海と川の交わる河口、海峡に現れる。「二つの海」については、『クルアーン』第五五章第一九／二〇節に「二つの海を解き放って、あい逢わせ、しかも間には障壁を設けて互いに分を守らせ給う」とある。また第二五章第五五節によれば、二つの海とは塩水と淡水であるというが、具体的にそれが何を指すかは明らかでない。一説では、二つの海はペルシャの海（インド洋）とルームの海（地中海）のことで、両海はスエズ湾で出会ったという。またルームの海と周海（大西洋に続く大地を取り巻く海、環海）の二つの海が出会うジブラルタル海峡を指したとも解釈された。「ギルガメシュ叙事詩」では、ギルガメシュの先祖ウトナピシュティム（Utnapishtim）はイナ・ピ・ナラティ（ina pi narati）、つまり「川の河口」に住んでいた。極西の地は、すべての水流の源泉であり、海と天国とが出会う場所であると考えられた[10]。

(3) 水際の岩（ṣakhra）に住み、水を司る　→泉、井戸、滝、川、海、岩礁、洞窟、島、山、巨石、大樹などの近くに住み、水の守護者となる。岩は、生命の泉の所在を示す神徴《アラーマ》（印）であり、「油の川（nahr al-zayt）」もしくは「生命の泉」の前に位置する。油の川は天国の川のこと。また、岩は、海の岩礁、海底の岩、珊瑚礁や島を示すので、ヒズルはそうした海のなかに住み、神を崇拝していた。

(4) 海で働く人々の船に同乗することで、試練を積ませる　→船もまた、魚と同じく方向、道筋、季節（maw-sim）を示す導きの役割を果たした。

(5) 死んだ魚を生き返らせる　→不死・再生の奇跡の能力を持ち、また時や季節の移り変わりを司ると言われた。魚（ḥūt）は方向、道筋、時を示し、インドのムスリムたちの民間伝承では、ヒズルは魚（鯨）に乗り、その化身であるとも信じられた。ヒズルが不死・再生の力を持つことから、彼が皮革（大地）に座ると、その皮革は緑色に変わった（植物の再生）とか、彼が触れたり、立ったり、祈りをおこなうと、大地は緑色になった、そして冬（死）から春（再生、緑）への季節の移り変わりを司ると考えられた。

以上にあげたヒズルの属性からも明らかなように、ヒズルは、多くの地域・民族の基層文化のなかに普遍的に見られる聖水・霊水信仰、岩石・洞窟信仰、不死・神仙思想、豊饒祈願、雨乞い、旅の安全祈願、商売繁盛や豊漁への祈願、農耕儀礼、季節祭、病気治し、子授け・安産と子育ての祈願などに関わるものである。したがって、『クルアーン』に説かれたヒズルとそれにもとづいた信仰の形態は、イスラーム教の信仰だけに限定されずに、非イスラーム的な民間信仰の諸要素ともきわめて融合しやすかったものと考えられる。そして、このようないわば「非イスラーム的な民間信仰」は、「イスラーム的な衣《ころも》」をまとうことで、より広く民衆の心を捕らえ、それと同時に、イスラーム教徒以外のキリスト教徒、ユダヤ教徒やヒンドゥー教徒とも心を通わせる異文化交流と融合のための「装置」として重要な役割を果たしたのである。

三　ヒズル信仰の伝播

ヒズル、もしくはヒズル・イリヤースの信仰については、『クルアーン』の註釈書（タフスィール）や預言者の伝承集（ハディース）だけでなく、各種の辞典類、聖者伝、歴史書、地理書、旅行記、航海書、文学書、医学本草書などの文献史料にも記録されており、さまざまな解釈がなされている。さらにまた、現在もなおヒズルに関する民間伝承や民話が各地に伝えられ、祭礼や習俗・習慣として残っている。こうした多くの資史料を利用することによって、われわれはヒズルに備わった属性と信仰の諸形態がどのように変化・変質したか、どのような地域・人々の間に、いつの時代に、どのような契機で拡大したか、またその信仰が土着の信仰・宗教・習俗との間にどのように「異文化接触」の諸現象を引き起こしたか、などの諸問題を明らかにすることができるであろう。次節でも述べるように、ヒズル信仰の研究は、地名学や民話・伝承学、人類学などの研究成果を利用した、学際的な調査・研究によって、現在の人々の間に習俗や口頭伝承として実際に生きている状況についても十分に整理・集成し、比較研究への視点を持って全体像をつかむことが重要であると考えられる。

ここでは、アラビア語の歴史・地理文献のなかから、ヒズル、もしくはヒズル・イリヤースの信仰に関わる若干の記録史料を選び出し、それらの記録内容を分析することで、ヒズル信仰の地理的な広がりと信仰の諸形態について考えてみたい。

(1) 紅海の港ジッダ（ジュッダ）のヒズルのモスクとエバ（ハウワー）の聖墓

ジッダは、紅海の中ほど、アラビア半島の西岸に位置し、一一・一二世紀以後になると、紅海を隔てた対岸のアイザーブやサワーキンとともに、聖地メッカに至る巡礼港として栄え、またイエメン、インド、東アフリカ方面と結びついた国際交易港として、現在に至るまで重要な役割を果たしている。一九世紀初めにジッダを訪れたJ・L・ブルクハルトは、その町にはインド、エチオピア、トルコ、エジプトなどのさまざまな地方から来たムスリムたちが住み、キリスト教徒やユダヤ教徒たちも訪れたと伝えている。[11]

また、一六世紀のジッダの説教師《ハティーブ》、シャーフィイー派法学と伝承学の研究者としても知られたアブド・アルカーディル・ブン・アフマド（‘Abd al-Qādir b. Aḥmad）は、ジッダの地誌・歴史・社会に関する書『ジッダ港の歴史に関する武器と道具 *al-Silāḥ wa'l-'Uddat fī Ta'rīkh Bandar Judda*』を著しているが、この書のなかで、ジッダにあるヒズルに由来するモスクについて、「そこのモスクの一つに、海から近い［町の］北側に、霊験あらたかなことで知られたヒズルのモスク（masjid al-Khiḍr）があり、お祈りする多くの人々が集まっていつもいっぱいである。そこが〈ヒズルのモスク〉と呼ばれるようになったのは、ヒズルがたびたびそこに顕《あら》われるからであるという」[12]と説明されている。このヒズルのモスクのすぐ近くには、シャイフ＝アフィーフ・ウッディーン・アブド・アッラー・アルマズルーム（‘Afīf al-Dīn ‘Abd Allāh al-Maẓlūm）の墓があった。そこは数々の超自然的な奇跡が起こり、多くの地方にもその超越性について知られていたので、このシャイフの墓のもとには願掛《ナズル》けをおこなうため、多くの人が集まり、寄進の品々が届けられた。そして「インド、シリア、イエメンやアジャムの海（Baḥr al-‘Ajam, インド洋）から来航する船はすべて、各々の船がマズルームの名前を唱えて願掛けをおこなわないと、船人たちに究極の危難と酷く悲しむべき事柄が起こった。また、彼の墓のもとで偽りの誓いをした者は、破滅と病いに苦しめられた[13]」とある。ヒズルのモスクとマズルームの墓とがどのように相互に関わっていたかは明らかでないが、いずれもジッダの町の北側の海浜に近く、ほぼ同じ位置にあったこと、またインド洋で活動する船人たちの海上信仰の対象とされたこと、などの点から考えて、マズルームの墓もまた、ヒズル信仰に関わる祈願の霊地であったと見て間違いないであろう。

ジッダは、神が創造した人類最初の母エバ（ハウワー）の聖墓の所在地としても知られていた。すでに一一世紀の地理学者イドリースィーは、エバが天国から降り立ったのはジッダであり、そこに彼女の墓があると伝えた[14]。また一二世紀のアンダルス出身のイブン・ジュバイルは、アイザーブから船出し、紅海を苦難の末に渡ってジッダ港に到着し、「この［ジッダの］村には、昔は町であったことを物語るいくつもの古跡がある。また村を取り囲む市壁の跡は、今でもそこに残されている。そこには、古くて高く聳える円蓋堂の建つ場所があり、人類の母エバ――神の祝福あれ！――がメッカに向かった際に滞在したところであり、その建物は［神が］その祝福と超越性を世間に広く知らせようとして、そこに築かれたものと伝えられている。だが、その真相については、神のみがご存じである[15]」と述べている。その後、この場所がエバの聖墓の所在地であって、数々の奇跡を起こす霊験の地として知られ、とくに船乗りたちは航海の安全をエバに祈願した。アブド・アルカーディルの記録によると、エバの墓は、ヒズルのモスクと同じくジッダの町の北側、市壁の外側に位置して、数々の奇跡が墓を通じて起こったという[16]。その奇跡の一つとして「毎年、インドの地から到着する船のなかで、もしも到着が遅れた船があり、その船がどうなったのか消息がつかめないような時に、彼らは船乗りたちのなかの一人を選んで、その者に太鼓とか笛を持たせ、町なかからこのエバの墓のところまで歩かせた。彼らがそのところに着くと、船乗りの男はそこで失神して倒れ、その情報、つまり遅れた船がどうなったかと訊かれる。すると、男は彼らに現在の船の状況について、今どこにいるのか、とくにその船が安全なのか、座礁したかについて伝える。やがて、いと高きアッラーのお許しによって、彼らはその男の喋ったことが真実であったことを知るのである。そして、各方面からの参拝者たちがその墓で祈願をおこなうために集まって来る」[17]とある。ブルクハルトによると、エバの墓は町の北方二マイルほどのところにあり、長さ四フィート、高さ二フィートまたは三フィートの粗末な石造りの建物であったという。[18]

(2) ホルムズ島のヒズル・イリヤースの参拝廟《マザール》

ペルシャ湾の出入口、ホルムズ海峡の要衝に位置するホルムズ島は、バンダル・アッバースから南に六キロメートルほどの沖合に浮かぶ島で、古くはジャルーン（Jarūn）もしくはジラウン（Jirawn）とも呼ばれ、大陸側の旧ホルムズ（Hurmuz ʻAtīqa）と区別するために、新ホルムズ（Hurmuz Jadīda）の名で知られた。[19]ホルムズ島の町は、島の北側にあり、一四世紀の三〇年代以後には商敵の港キーシュ（カイス）を凌ぐペルシャ湾第一の交易港として繁栄をとげた。一五〇七年に、ポルトガルの第二代インド総督アルブケルケ（Affonso d'Arbuquerque）の率いる艦隊がホルムズ島を占領して強固な要塞を築いた。後述するように、現在、このポルトガル要塞から南東二・五キロメートルほどの岬の先端部にヒズル・イリヤースの廟がある。一四世紀前半にホルムズ島を訪れたイブン・バットゥータは、この廟に参拝し、次のように述べている。「この［ホルムズの］町から六マイルのところに、ヒズルとイリヤースに由来する参拝廟（mazār）がある。伝え聞くところでは、この二人はその地で祈禱をしたところ、神の霊験《バラカ》と御利益《ブルハーン》の証が顕れたという。それと同じところに一つの［スーフィズムの］修道場《ザーウィヤ》があって、長老たちの一人が住んで、旅の人たちに奉仕をおこなっている。[20]」

ホルムズ島は、ペルシャ湾とアラビア海の二つの海を結ぶ要地にあり、しかも付近の海域には岩礁が点在し、潮流が激しい。ホルムズ島にあるヒズル・イリヤースの参拝地は、そうしたホルムズ海峡を往来する航海業者、商人、漁民たちに海上保護と航海守護のために篤く信仰されていた。しかも、その参拝地がスーフィーたちの修行所を兼ねていたことは、海の守護聖者ヒズル・イリヤースとスーフィーの長老とが一体化した役割を果たしていたと考えられる。

(3) ティグリス川河口のバスラ付近のヒズル廟

イブン・バットゥータによると、バスラに近いアッバーダーンの海辺には、ヒズル・イリヤースに由来する庵室《ラービタ》があり、その庵室の向かい側には修道場《ザーウィヤ》があって、四人の修行者たちが息子たちと一緒に住み、庵室の管理をしていた[21]。彼らは、参拝に訪れる人々から数々の寄進物を受け取って生活していたという。ティグリス川がペルシャ湾に注ぐバスラからアッバーダーンにかけての地域は、二つの水（ティグリス川とユーフラテス川、ティグリス川とペルシャ湾）の「出会いの聖地（majmaʿ al-baḥrayn）」として知られ、ヒズル、もしくはヒズル・イリヤースの祀堂や善行に勤しむ人たちのための修道場が川沿いに点在していた[22]。バスラとウブッラとの中間には、スーフィー聖者サフル・ブン・アブド・アッラー・アットゥスタリー（Sahl b. ʿAbd Allāh al-Tustarī）の礼拝堂（mutaʿabbad, maʿbad）があり、船で旅する人たちはその堂の前を通過する時、正面向かい側の小川（ワーディー）の水を飲み、聖者の霊験を得るために、祈禱をささげたという[23]。

オスマン帝国の海軍提督として知られたスィディー・アリー・レイス（Sidi Ali Reïs［Raʾīs］）は、その著書『国々の鏡 *Mirʾāt al-Mamālik*』のなかで、彼自らが一五五三年から五六年までの四年間にわたって、ペルシャ湾、アラビア海、インドのグジャラート、中央アジア、イラン、イラクを歴訪した時の記録を残している。スィディー・アリーがティグリス川を下ってバスラ港を出て、いよいよペルシャ湾に入る時、マフザリー（Maḥzarī）付近でヒズルの墓を訪れた[24]。このヒズルの墓は、おそらくイブン・バットゥータの伝えるヒズル・イリヤースの庵室のことであり、オスマン艦隊がペルシャ湾に入る前に、航海と旅の安全を祈願して、そこに参拝したと考えられる。また、前述したように、一三世紀末にスリランカの使節団がペルシャ湾経由エジプトのカイロに向かう途中で、マフザリー（マフザラ）に立ち寄っている[25]。

(4) アンターキーヤ近郊にあるヒズル・イリヤースの霊廟

一〇世紀の地理学者イスタフリーは、アンターキーヤ（Anṭākīya）の町を説明したなかで、アンターキーヤを取り囲む岩の周壁は「ムーサーの岩（ṣakhrat Mūsā）」として知られ、伝えられるところでは、ムーサーはこの場所でヒズルと出会ったという。[26] アンターキーヤは現在のトルコ南部の主要都市の一つで、古代の町アンティオケイア（Antiocheia）のことであり、地中海からオロンテス（アースィー）川を三二キロメートルほど溯った渓谷沿いに位置する。町の周囲には、伝承学者たちの説明する名所旧跡が多く残されて、現在でも各地から集まる参詣者たちで賑わっている。ヤークートによれば、アンターキーヤの町にある大工ハビーブ（『クルアーン』第三六章第一二―二四節に述べられた伝説的な殉教者）の墓には、遠方から人々が参拝に集まったという。[27] なお大工ハビーブに由来するモスクは、現在もアンターキーヤの町なかに残されている。後述するように、オロンテス川が海に注ぐ河口の北側、マアラチュク（Magaracık）の村に向かって三キロメートルほど離れた海浜に、円錐型の石灰の巨岩を納めたヒズルの霊廟があって、各地から多くの参拝者が集まる。[28]

(5) アレクサンドリアにあるヒズルに由来するモスク

マムルーク朝末期に活躍した学者スユーティーは、地理学者イブン・アッザヒーラ（Ibn al-Ẓahīra）の記録にもとづいて、アレクサンドリアにはヒズルに由来する二つのモスクがあったことを伝えている。[29] 一つは、カイサーリーヤのところ、他は市門の脇にあるズルカルナイン（アレクサンドロス大王）の名で知られたモスクである。

(6) ナイル・デルタ地域にあるヒズルに由来するモスク

ティグリス・ユーフラテスの両河川がペルシャ湾に流入する地域と同じように、ナイル・デルタ地域は川・入江・泥海・湖沼・吃水湿地などが複雑に入り組む「水の出会いの場所」であり、さまざまな人・モノが交錯する「境域」であった。そうした場所には、ヒズルの霊地が発達した。中国南宋代の記録『諸蕃志』のなかの「勿斯里《ミスル》国」（エジプト）条には「この江水（ナイル川）のすぐ近くに憩野という州があり、二年ないし三年ごとに必ず一老人が江水のすぐ近くのなかから姿を現す。頭髪は黒くて短く、鬚鬢は真っ白で、水中にある石の上に坐って半身を現し、水を啜って顔を洗い爪を切るだけ。老人を見て、ただ者でないことが分かったこの国の人々は、老人の前に近づき、恭しく訊ねる。……老人はかなり長い間坐った後、また水中に没して見えなくなる[30]」とあり、この老人伝説は明らかに水の聖人ヒズルのことを伝えたものと考えられる。なお、文中の憩野はカーヒラ（al-Qāhira）、すなわちカイロを指す。またイブン・アッザヒーラによると、ナイル・デルタのマヌーフィーヤ（al-Manūfiya）に近いナトゥーハ（Natūha, Antūhī）には、ヒズルのモスクがあった[31]。

(7) キャンベイ湾の西岸クーガにあるヒズル・イリヤースのモスク

イブン・バットゥータは、インドのキャンベイ湾の最奥の港カンバーヤ（キンバーヤ）を出て、その湾の東岸沿いにカーウィー（Kāwī, Kāwā）、カンダハール（Qandahār, Gandhār）を通過後、西に海を横断してビーラム島（Jazīrat Bīram）、すなわち現在のピラム島（Piram Is.）を経由、カーティヤーワール半島の停泊港クーカ（Qūqa）を訪れた。クーカは、明らかに現在のゴーガ（Gōgha）のことで、バウナガル（Bhaunagar）の南西一三キロメートル、キャンベイ湾の出入口付近にある。キャンベイ湾は、タープティー、ナルマダー、ダーダル、マヒー・サーガルなどの大河川が流入し土砂の沖積作用による浅瀬が多く、しかも出入口付近が狭くて奥深い湾であるため、潮の干満差が大きく、しばしば巨大な潮津波と渦巻きが発生して、漁民や船乗りたちの間で危険な海として知られていた。イブン・バットゥータは、「そこ［カンバーヤ］はまるで峡谷《ワーディー》のように見える入江《ハウル》に面している。船はその入江を入ってくるが、入江には干満があり、干潮時には泥の上に停泊し、潮が満ちてくると再び水に浮かぶ。……クーガの町に着いた。そこは、実に規模の大きな壮麗な町で、いくつもの市場がある。干潮のため、われわれは町から四マイル（約八キロメートル）のところで錨をおろした[32]」と湾内の様子を説明している。そして、イブン・バットゥータは従者を連れて、ウシャーリー（ʻushārī）という小型の艀舟《はしけぶね》に乗り換えたが、町の沖合一マイルほどのところで泥にはまったため、泥海のなかを歩いて町まで行った。そして町でヒズルとイリヤースを奉ったモスクを見つけて、日没の礼拝をおこなった。また、そのモスクにおいて、スーフィー教団のハイダル派の修行者たちが長老《シャイフ》と一緒にいるのを見かけたという。イブン・バットゥータが危険を冒してクーカの町を訪れた理由は、町にあるヒズルとイリヤースを奉ったモスクに行き、アラビア海とインド洋の航海安全を祈願するためであったと思われる。クーカは川水と海水、カンバーヤ湾とアラビア海の、二つの海（水）の出会う場所にあって、海民たちが航海安全を祈願するインドの聖地の一つとして古くから知られていた。ムスリム海民たちのインド洋進出にともなって、航海上の要地や海難の多い海峡部にはヒズル・イリヤースに由来するモスク、祠堂（rābiṭa）、参拝の霊地（mazār）やスーフィーたちによる修行場（zāwiya）が建てられた。クーカのヒズル・イリヤースのモスクにハイダル派スーフィー教団（ṭarīqat al-Khayḍarīya）が集まっていたことは、彼らとヒズル信仰および航海安全の祈願との密接な結びつきを示している。一三・一四世紀以後、ハイダル派教団の他にも、カーザルーン教団（al-Kāzarūnīya, al-Aḥmadīya）やカーディリー教団（al-Qādirīya）などのスーフィー教団の活動がインド洋海域世界に広がり、海民たちの航海安全と水難を防ぐ海上儀礼や習俗にも大きな影響を与えるようになった。スーフィーの聖者は、海での神の後継者ヒズルと同一人物であると見なされ、大嵐によって漂流中の船を救ったり、大漁をもたらすなどの奇跡は、聖者の霊験によるものであり、同時にヒズルの助けによると信じられた[33]。

(8) スリランカのアダムズ・ピークにあるヒズルの霊泉

スリランカの南西部に聳える高山アダムズ・ピークは、仏教、ヒンドゥー教、キリスト教やイスラーム教など、さまざまな宗教による巡礼・参拝者たちが訪れる共通の聖山として広く知られていた。また、イブン・バットゥータが伝えるように、この山は九日行程の遠く離れた海上からも遠望できるため、インド洋を航海する人々にとっての方位・目標となる山であり、航海の安全を祈る霊山奉祀の聖地であった。そして、アダムズ・ピークの中腹にはヒズルに由来する洞窟と泉があり、「ヒズルの洞窟は広い場所になっている。その傍らには同じくヒズルに由来する泉があって、魚がいっぱい棲んでいるが、誰一人として、その泉の魚を捕る者はいない。……参拝者たちはヒズルの洞窟のもとに荷物を置いて、さらにそこから二マイル登って、［アダムの］足跡のある山頂に達する」[34]という。不死の放浪する水の守護聖者ヒズルの伝承がアダムズ・ピークの霊山奉祀や聖足信仰と結びついたのがいつ頃のことかは明らかでない。

(9) ジブラルタル海峡に面したハドラーゥ（アルヘシラス）とターリク山（ジブラルタルの岩山）

ギリシャ時代に、ジブラルタル海峡の東の入口にある二つの岬は、「ヘラクレスの柱」と呼ばれ、アトラス神はこれを支柱として天を支えていると信じられた。ジブラルタル海峡は、地中海の極西端に位置し、しかも地中海と大西洋の二つの海が出会う場所（majmaʻ al-baḥrayn）であることから、「アレクサンドロス伝承」、エリア（イリヤース）やヒズルに由来する霊地として知られた。現在でも、モロッコ側の山をムーサー山と呼び、一方、ジブラルタル海峡を渡ったイベリア半島側のターリク山（ジブラルタルの岩山）の中腹にはヒズル・イリヤースに由来する洞窟と泉がある。ズフリー（Abū ʻAbd Allāh Muḥammad al-Zuhrī）の『地理学の書 *Kitāb al-Jaʻrāfīya*』によると、タリーフ（Ṭarīf, Ṭarīfa）の東側、ハドラーゥ（アルジャズィーラ・アルハドラーゥ、現在のスペインのアルヘシラス）の町はムーサーとヒズルとが出会った場所と伝えられた。『クルアーン』「洞窟章」（第一八章第七六節）には「そこで［ムーサーと小姓の］二人は旅を続け、やがてさる都のところに行きついた。その都の人たちになんぞ食べものをと請うたが、こころようもてなしてはくれぬ。さて、そこに、いまにも崩れ落ちそうな塀があったのを見つけて、男（ヒズル）はそれを修理してやった」とある。この説話中の「ある町」については諸説があるが、一つの民間伝承においては、ジブラルタル海峡に面したハドラーゥであるとされている。ヒムヤリーによると、ヒズルが塀を立て直し、船底に穴を開け、またジュランディー（カルタゴの王）がどんな船でも力づくで強奪した（「洞窟章」第七八節）のは他ならぬハドラーゥの地であって、この故事にならって町の住民はヒズルとムーサーをもてなすことを拒否したという。[35]

(10) 黒海沿岸のシノプとアザーク（アゾフ）にあるヒズルとイリヤースの廟

北部トルコの黒海沿岸にある町シノプ（Sinūb, Sinop）は、トレビゾンドと並んで、黒海の海上交通と陸上交通の交差する軍事・経済上の拠点として古くから重要な役割を果たしてきた。そこはボズテペ・アダスィの半島と大陸との間の狭隘部に発達した町で、外港と内港の二つの港を持つ。黒海に突き出た岬の山頂近くには、ヒズルとイリヤースに由来する霊地があって、黒海を航行する船乗りや漁民たちを守護する力があると伝えられた。イブン・バットゥータによると、「その山頂には、ヒズルとイリヤース——二人に平安あれ！——に由来する祠堂《ラービタ》があって、敬虔な信者の信仰を一身に集めている。その祠堂の傍らには水の流れ出る泉があり、そこでの祈願は必ず成就する。またこの山の麓には、聖者、善行に勤しんだ信者、預言者［ムハンマド］の教友ビラール・アルハバシー（Bilāl al-Ḥabashī）の墓があり、その傍らにスーフィーの修道場《ザーウィヤ》が建ち、往来する旅人のために［無料で］食料が提供される」[36]という。現在でも、ボズテペ・アダスィ山頂近くには霊泉の湧き出るヒズルの祠堂があり、またその山麓近くにはビラール・アルハバシーのモスクが残されている。なお、ビラール・アルハバシーは、もとはエチオピア出身の奴隷で、預言者ムハンマドのもとで最初のムアッズィンを勤めたことで知られ、アナトリア地方では正統カリフのアブー・バクルに継ぐ人物として篤く崇敬された[37]。

(11) カスピ海のシルワーンの岩

『クルアーン』「洞窟章」（第一八章第六一節）に見える二人（ムーサーと小姓）が一人の男（ヒズル）と出会った岩は、他ならぬシルワーンにある岩（ṣakhrat Shirwān）、魚が逃げた海とはジーラーンの海（Baḥr Jīlān, Baḥr Gīlān）、すなわちカスピ海を指しており、また「わし（ムーサー）は、〈二つの海〉の出逢うところへ行きつくまで」（第一八章第五九章）とある二つの海はルームの海とファールスの海であるとする説があった。ヤークートとヒムヤリー（al-Ḥimyarī）の伝える説によると、シルワーンの近くには「ムーサーの岩」があり、そのところでムーサーは魚を置き忘れたという。ハーフィズ・アブルー（Ḥāfiẓ Abrū）の地理書『七つのイクリーム *Haft Iqlīm*』では、シルワーンはカスピ海とヴォルガ川（海）との二つの海が合流するところに近く、ヒズルが現れる霊地として知られた（前掲図1参照）[38]。

(12) チュニスに近いタンバダ（Tanbada, Tanbadha）村にあるヒズル由来の霊地

ヒズルがムーサーと小姓の乗った船に穴を開けた（『クルアーン』第一八章第七〇節）という海は、チュニスに近

いラーディス湖（Bahr Rādis）であり、ヒズルはその小姓をタンバダ（Ṭanbada, Ṭanbadha）の村で殺し、その場所からムーサーはヒズルと別れて、一人旅立ったと伝えられた。現在に伝わる民間伝承によれば、ヒズルはアンターキーヤの海岸を旅立ったあと、地中海を越えてチュニジアのこの地に達したという。[39]

(13) ヒズルの現れる伝説のサンダルーサ島

サルダルーサ島（Jazīrat Sandarūsa）は、大西洋（al-Bahr al-Muḥīṭ）にある伝説の島の一つ。この海を航海していた時、大嵐で波が荒れた。見ると、毛髪が白く髭のある一人の老人が緑色の衣を羽織って、海のなかにすっくと立っていた。船の人々はその老人の導きによってサンダルーサ島に至り、そこの住民の持っていた金の延べ棒を手に入れて、無事帰国したという。サンダルーサ島はヒズルの住む島で、大海中にあると伝えられた。[40]

以上の他にも、パレスチナやシリアの地には、ヒズル、もしくはヒズル・イリヤースに由来する多くの場所が伝えられており、ユダヤ教徒にはエリヤ、キリスト教徒には聖ゲオルギスの聖所として共通の信仰上の霊地とされた。例えば、①ナーブルスの近郊にあるヒズルの泉、[41]②エルサレムにあるヒズルの門、ヒズルの祈りの場（muṣallā）、ヒズルのお立場《マカーム》、[42]③シリアのダマスカス近郊のカースィユーン山にあるヒズルの祈りの家、[43]④ダマスカスにある大モスク内のヒズルの修道場《ザーウィヤ》、⑤アレッポ要塞（Ḥiṣn Ḥalab）内にあるヒズルの井戸、などがとくに有名であった。[44]

四　現在におけるヒズル・イリヤース信仰の広がりと変容

私は、以上のようにアラビア語の歴史・地理文献によってヒズル、もしくはヒズル・イリヤース信仰に関する記録内容を整理・分析するだけでなく、民話・伝承・習俗として現在まで残され、また人々の生活・文化のなかに実

表1　ヒズルとイリヤースの霊廟の所在地（イブン・バットゥータの記録による）

所在地	聖地の名称	隣接する施設	場所の特徴
アッバーダーン	ヒズルとイリヤースの庵（rābiṭa）	ザーウィヤと4人の隠遁者	ティグリス川河口，航海難所
ホルムズ	ヒズルとイリヤースの参拝廟（mazār）	ザーウィヤが隣接	ホルムズ島，ペルシャ湾最大の交易港
クーカ（ゴーガ）	ヒズルとイリヤースのモスク（masjid）	モスクにはスーフィー・シャイフと修行者が住む	キャンベイ湾の入口，海難の場所
アダムズ・ピーク	ヒズルの池と洞窟	魚の住む泉，貯水池	聖山アダムの山頂に近い，船乗りの目標の山，仏教徒・ムスリムに共有の聖地
アザーク（アゾフ）	ヒズルとイリヤースに由来する庵	アザークの郊外	アゾフ海の要地，内陸に向かうキャラバンの出発地
サヌーブ（シノプ）	ヒズルとイリヤースの庵（rābiṭa）	泉，ザーウィヤ，海を望む山	黒海の要地，半島の山上に建つ
ダマスカス	ヒズルを奉る家	洞窟，モスク，イエスとマリアの聖地	カシオン山の丘（al-rabwa）

際に生き続けているヒズル信仰に関する実地調査を試みることの必要性を強く感じていた。そこで、一九九五年一二月、一九九七年一―三月に南イラン・ペルシャ湾岸地域、一九九四年九―一一月、一九九六年一―二月と一九九七年七―八月にはトルコ、ギリシャ、キプロス島などの東地中海・黒海地域において、関連するモスク、教会、参拝地、霊廟や聖跡を踏査して、ヒズル信仰の現状を知るための調査・研究を続けた。実地調査を進める際に、最初に私が手掛かりとしたのは、一四世紀半ばのイブン・バットゥータ『大旅行記』のなかに記録されたヒズル信仰に関する情報であった（表1）。彼による記録にもとづいて同じ現場を訪れ、現在の状況との比較・調査をおこなうことで、彼の記録内容の信憑性を確認するとともに、現在における変化・変質の状況を把握しようとしたのである。

しかし、実際に各地を訪れ、調査を進めてみると、ヒズル信仰は、初めに考えていたよりも大きな地域的広がりを持ち、現在もなお、イブン・バットゥータの記録した場所以外にもさまざまな形でヒズルに関わる祭礼・習俗・習慣・民話・伝承が分布していること、またヒズル信仰と他の信仰・習俗との複雑な混淆が見られることなどによって、短期間の滞在調査と表面的な参与観察だけでは全体像をつかむのは到底不可能であることが分かった。そこでひとまず以下では、私が実際に現地を訪れ、ヒズル信仰に関連した場所として確認・調査した事柄の一部を報告することで、今後のヒズル研究のために新しい研究事例を示しておくことにしたい。

（1）南イラン・ペルシャ湾岸におけるヒズル廟の分布調査

南イラン・ペルシャ湾岸に分布するヒズル廟、もしくはヒズル・イリヤース廟は、ブクアテ・ヒズル（Buq'at-i Khiḍr, Buq'at-i Khidhr, Buq'at-i Khizr）、ズィヤーラテ・ヒズル（Ziyārat-i Khiḍr）、ズィヤーラトガー・ヒズル・ヴァイリヤース（Ziyāratgāh Khiḍr wa'liyās）、ゴンバデ・ズィヤーレト・ヒズル（Ġumbad-i Ziyārat-i Khizr）などと呼ばれる。(45) 基本的には、廟の内部および周囲に棺・墓地は見られないという点で、同じ民間信仰の場であるイマーム・ザーデ（imāmzādeh, emāmzādeh）、すなわち「イマームの子孫を祀った廟」とは異なっている。建物の形や規模はイマーム・ザーデのそれと似通っており、外観を見ただけでは両者を区別することは難しい。ヒズル廟は白亜の四角い壁と部屋にドームを戴く建築で、ドームの部分を緑色に塗ったり、その頂部に緑色の旗が掲げられることが多い。緑色はヒズルを象徴する不死・再生の色であり、天国の庭園を示すとも伝えられる。内部の様子はイマーム・ザーデと違って、棺の安置や柵・格子などはなく、またキブラ方向を示すアーチ形のミフラーブ（壁龕）も見られない。しばしば緑色の布が内壁に掲げられたり、カァバ神殿の絵、アリーやフサインの肖像絵などが張られ、白い壁面にはヒズルの恩寵と救済を呼び掛ける言葉「おおヒズルよ！（yā Khiḍr［Khizr］）」と祈願者の名前が墨書される。床には、燭台、ローソク、『クルアーン』、水壺、食器、毛布などが置かれて、念唱祈願のために個人または集団で夜間に滞在することを示している。

(1) バンダル・アッバースのヒズル廟（Buq'at-i Khiḍr Bandar-i 'Abbās）　バンダル・アッバースは、南イラン、

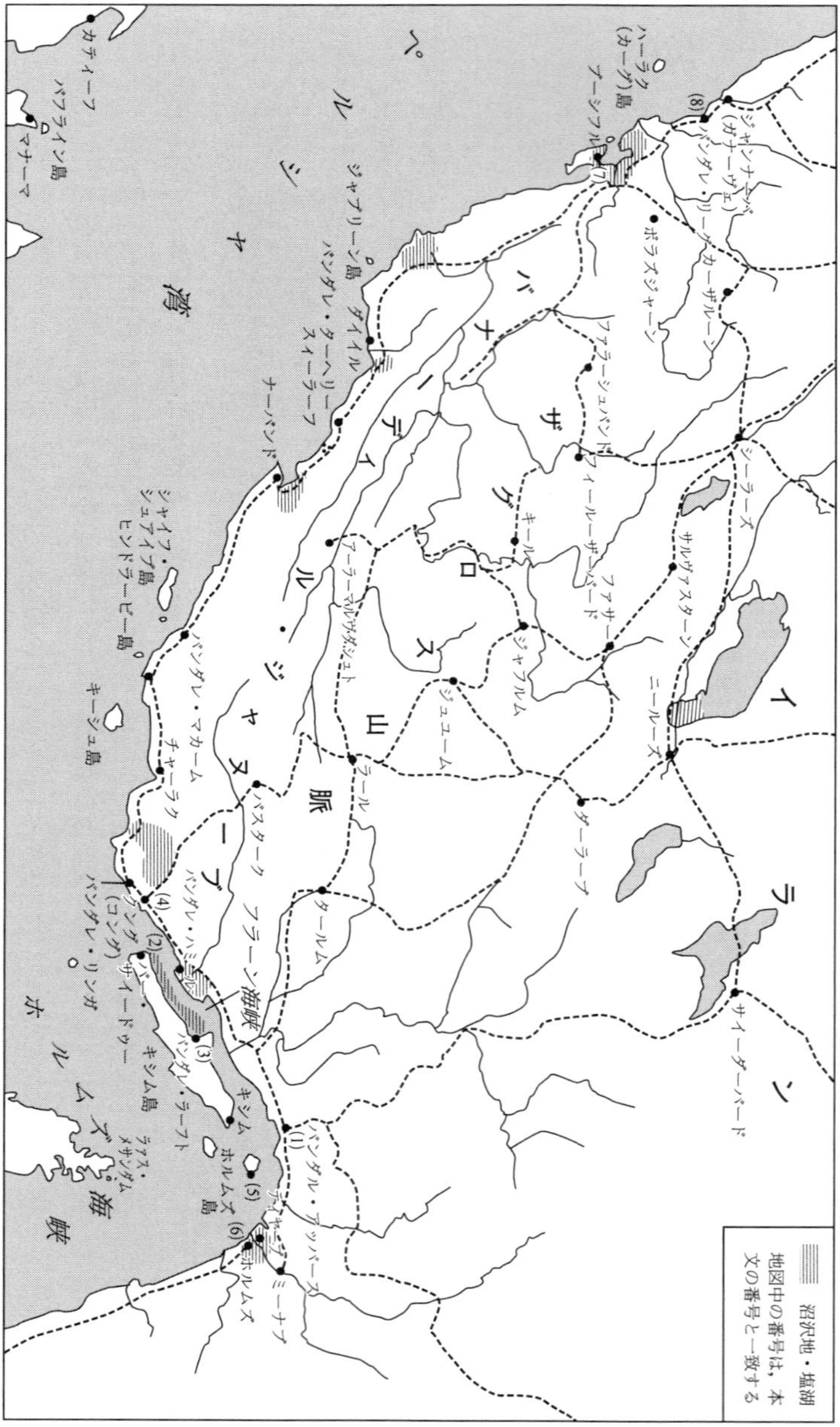

図2　南イラン・ペルシャ湾岸におけるヒズル廟の所在地

ホルムズ海峡に臨む港町で、ヒズル廟は、その市街地の西外れ、旧港のあったスールー地区の海辺近くに位置する。現在のヒズル廟はホマー・ガームルーン・ホテルの庭園内にあり、一九九四年に新しくモスクとして改修された。壁面の一部に古い廟の珊瑚石が残されているが、建築の様式は石膏モルタルとセメントで全体をがっしりと塗り固めた四角い部屋と緑色のドームを戴くものである。内部にはミフラーブがあり、その横には灯明台が置かれ、一メートル四方の緑色の布が壁に掛けられて、棺は安置されていない。聞くところによると、一年のうちに決まった縁日はないが、木曜日と金曜日には、多くの女性の参拝者が縁結びと安産を祈願するという。結婚したばかりの若い男女が母親をともなって訪れるので、おそらく子授けを祈願するためと思われる。A・H・イクティダーリー（A. H. Iqtidārī）の報告によると、かつてのヒズル廟（現在とほぼ同位置にあったと思われる）は海岸近くの急斜面の崖上にあり、石灰モルタル塗りの珊瑚石で四角の基台を階段状に四層に積み上げ、頂部は円錐型ドームを戴く建物であった[46]。近くに住む漁民の間では、この廟は「ハディル・ヤー・ヒズル・ヤー・ハヴァージァエ・ヒズル（Khaḍir yā Khiḍr yā Khvājah-i Khiḍr）」と呼ばれて崇拝され、古くから海上安全と豊漁祈願の対象とされた。漁民からの聞き取り調査によると、ハディル（ヒズル）は霊験（バラカ）を授けるため、ある時突然に現れ、そして消える放浪のハヴァージャ（守護聖人）で、廟の改修工事の時、地下五〇センチメートルのところに木棺を埋め込んだ遺構が見つかったが、誰の遺体を葬ったものかは不詳とのことである。廟の正面の海岸から三〇～四〇メートル沖合の海底か

写真1　バンダル・アッバースのヒズル廟

写真 2　キシム島西北端に近いバー・サイードゥーのヒズル廟

ら真水が湧き出し、ヒズルの霊泉と呼ばれている。現在でも、夏季の渇水期には海底から真水を汲み出し、水壺に容れて、船で海岸の堰堤まで運び、荷車で町に運び出している。約一五キロメートル沖合にはフーラーン海峡（Tanġ-i Khūrān）を隔ててキシム島があり、島の東端のキシムの町にあるヒズル廟と並んで、二つのヒズル廟が海峡の安全を守護していると信じられている。

(2)　キシム島のバー・サイードゥーのヒズル・イリヤース参拝廟（Ziyāratġāh-i Khiḍr wa'Ilyās dar Bā Sa'īdū）　キシム島は、南イラン、ホルムズ海峡に沿って東西一一二キロメートル、南北五～二〇キロメートルの細長い島で、「長島（Jazīrat Ṭawīlah）」とも呼ばれる。紀元前三二六年、アレクサンドロス大王の随員ネアルコス（Nearchus）がインダス地方からユーフラテス川まで艦隊を率いて航海の途中、この島に立ち寄ったと伝えられる。[47] 島には三つのヒズル廟の他に、イマーム＝ザイン・アルアービディーン参拝廟（Ziyāretġāh-i Imām Zayn al-'Ābidīn）、シャイフ・アフマデ・ラフバル参拝廟（Ziyāretġāh-i Shaykh Aḥmad-i Rahbar）、シャイフ・ハサン参拝廟（Ziyāretġāh-i Shaykh Ḥasan）、ビービー・マルヤム廟（Buq'at-i Bībī Maryam dar Ṭūriyān）など、多くの守護聖者の参拝廟があることが知られている。ヒズル廟は、島の東端のキシム港近くのポルトガル要塞の脇に一ヵ所——現在ではシャー・シャヒード廟（Ziyārat-i Shāh Shahīd）と名前を改めた——の他に、島のほぼ中央部北側のラーフトと西端のバー・サイードゥーにあるが、ここでは後者の二ヵ所について説明したい。バー・サイードゥーは、島の西北端に位置するナツメヤシ林に囲まれた七、八戸ほどの小さな村

写真3　キシム島のバンダレ・ラーフトのヒズル廟

で、漁港はさらに五〇〇メートルほど急坂を下ったところにある。村を通り抜け、さらに西に二〇〇メートルほど進むと、西端の岬を見下ろす広い平坦な丘陵部に出る。道の進行方向左側の灌木のなかに、緑色のドーム屋根の二基の建物が見える。手前の一つはシャイフ＝ハサン廟、奥はヒズル・イリヤース参拝廟である。ヒズル・イリヤースの参拝廟は、眼下に潮流の激しいフーラーン海峡と対岸のバンダレ・ハミール（Bandar-i Khamīr）の山並みを望む好位置にあり、古くから海民の信仰と結びついた霊地であると伝えられてきた。現在、廟の参拝者はキシム島の漁師の他に、毎週月・木・金曜日にはバンダル・アッバースから訪れる女性の参拝者が多く、良縁・子授け・子育て・病気治しなど、ヒズル・イリヤースの霊験を祈願するという。なお、廟の内部には二基の棺が置かれ、キブラ方向にミフラーブが見られる。その周囲には無数の墓石が立ち並び、イギリス人の墓地もある。珊瑚石の建物遺構や崩れた周壁が草むらの間に累々と連なり、かつてはかなりの規模の建物があったと推測される。

（3）キシム島のバンダレ・ラーフトのヒズル廟（Ziyāratgāh-i Khiḍr dar Bandar-i Lāft）　バンダレ・ラーフトは、キシムの町から西に四九・五キロメートル、島のほぼ中央部の北端、マングローブの密林の茂るズムッラド島（Jazīrat-i Zumurrad）との間の沼沢地を貫く入江（khawr）の最奥にある港で、ヒズル廟は、この港を見下ろす小高い砂丘の一角にあり、白亜の漆喰塗りの四方形の建物で、円錐型のドームがある。廟のすぐ横には、アカシアの老木と周囲二〇メートルほどの小さな池があって、たくさんの魚が住み、澄んだ泉水が湧いている。漁民たちは、この泉水を壺に容れ、船に積んで海の平安と豊漁を祈願するという。

(4) クングのヒズル・イリヤース参拝廟（Ziyārat-i Khiḍr wa'Ilyās）　クング（Kung, Bandar-i Kung）は、バンダル・アッバースから西に二六〇キロメートル、バンダレ・リンガ（Bandar-i Lingah）の東一三キロメートルに位置する漁村で、かつてのリンガ旧港のことである。ポルトガルはホルムズ島を失った後、このクングに軍事拠点を移して、一七一一年までペルシャ湾の支配をおこなった[48]。一九・二〇世紀には、ダウの建造と真珠採集の基地として栄え、また著名なナーフーザ（船長兼船舶経営者）たちを多く輩出した船乗りの町として知られた。彼らの率いるダウ船団は、南アラビア、ソコトラ島、東アフリカのモンバサやザンジバルまで進出して、オマーンやクウェートのアラブ系ナーフーザたちとダウ貿易を競ったという[49]。そこは、イラン内陸部のバスターク経由でラールに通じるザグロス山脈越えルートとバンダル・アッバース～バンダレ・リンガの海岸道との交差点に位置する。クングのヒズル・イリヤース参拝廟は、海岸道とバスターク～ラール道とが交差する地点、クング港を一望のもとに見渡せる高台の上にあって、道路を挟んで東側一五〇メートルほど離れた別の丘陵の上にはイマーム・ザーデのドームが見える。イマーム・ザーデの周辺には多数の墓地が並んでいるが、ヒズル・イリヤース廟の近くにはまったく墓地が見られない。ヒズル・イリヤース廟は白亜の周壁に囲まれ、北側の木造の扉を開けると、右側に中庭があり、左奥

写真 4(1)　クング（コング）のヒズル・イリヤース参拝廟
この参拝廟は，バンダル・アッバースとバンダレ・リンガ（リンゲ）を結ぶ海岸道とバスタークに向かう山越えの道との交差する地点，眼下にペルシャ湾を望む小高い丘の上にある。

の北側の隅に二階に通じる狭い階段がある。階段を上ると、一・五×三メートルの細長い屋上に出て、左側に進むと、緑色のドームを戴く四角い部屋が西側の隅にある。部屋の内部は、小さな馬蹄形の明かり取り窓が四つの方向についているが、ミフラーブの壁龕はない。床には、一片の長さ四〇～五〇センチメートルほどのコンクリート・ブロックを使って三方向を囲い、その上に緑色の布を覆い、布の周囲に小石が並べられている。小石の下には、二、三枚の一、〇〇〇リヤル紙幣が布のあいだに挟み込むように納められていた。ブロックで囲まれた石枠の内部

写真 4(2)　廟の内部

床にコンクリート・ブロックの囲みがあり，その上部は緑色の布で覆われている。床にヒズルの聖なる足跡が残されていると伝えられる。

写真 4(3)　廟内部の壁面

「おお，ハワージャ・ヒズルよ！（Yā khawājah Khidhr）」の祈願の言葉が墨で書かれている。M-Mの文字は祈願者のイニシャルを示す。

写真5　ホルムズ島の港

には二〇センチメートルほど掘り下げた穴があり、何かを燃やしたと思われる黒い燃え滓が見られた。ドーム内部の白く塗った壁のあちこちには、ヤー・ハワージャ・ヒズル（Yā khawājah Khidhr）、ヤー・アッラー（yā Allāh）、ヤー・アリー（yā ʿAlī）といった呼び掛けの言葉や、参拝・祈願者の名前を記した文字が残されているので、かなり多くの人々が頻繁に祈願のために訪れていると思われる。なお、クングから西にあるバンダレ・リンガの近くにもハワージェ・ヒズル廟（Buqʿat-i Khawājaʾi Khiḍr Mahān）があると言われるが、調査では確認していない。

(5) ホルムズ島のヒズル・イリヤース参拝堂（Ġumbad-i Ziyārat-i Khiḍr waʾIlyās）　前節でも述べたように、ホルムズ島はバンダル・アッバースの南、海上六キロメートルに浮かぶ、ほぼ円形の島であり、現在、島のポルトガル要塞から南東二・五キロメートルの岬の先端部、海浜の小高い丘の上にヒズル・イリヤース参拝廟が残されている。この参拝廟は、イブン・バットゥータが伝えたものと同一のものと考えて間違いない(50)。その参拝廟のある海岸の沖合五〇メートルほどのところには、「ヒズルの岩礁」と「イリヤースの岩礁」と呼ばれる二つの岩が突き出ている。島に住む漁民によると、ヒズルとイリヤースの二人は海上から現れ、その岩の間を通って海岸に至り、数々の霊験を示したあと、再び海の彼方に去ったという。また一人の話では、ある時、見知らぬ老人が現れて、人に物を乞い、断ると、その老人は去って行き、かわりに不幸が訪れたという。一方、その老人をもてなし、施し物《サダカ》を与えると、そのあとで幸運が訪れたので、その老人はヒズルであると人々に信じられている。廟の建物は、珊瑚石、石膏モルタルとセメントで塗り固めた、堂々たる緑色のドームを戴く墓建築で、周囲に一・五メートルほどの高さの白亜の壁をめぐらし、入口は海側にあって、階段を降りると、白い砂浜に出る。廟の内部には、床に葦を編んだ莫蓙と絨毯が敷かれ、『クルアーン』、緑色の布切れ、シーシャ（水煙草）、水壺、皿、毛布、灯明台、ローソクなどが雑然と置かれ、キブラ方向を示すミフラーブや棺は見られない。建物の裏の草むらには、珊瑚石を積み上げた遺構址が累々と連なっており、バットゥータが伝えるように、かつて

写真 6 (1)　ホルムズ島のヒズル廟

14 世紀前半に，イブン・バットゥータはホルムズ島を訪れ，このヒズル廟を参拝している。

写真 6 (2)　ヒズル廟の正面の海浜に突き出た二つの岩礁

春になると，ヒズルはこの岩礁の間から浜に上がり，廟を訪れた後，再び岩礁を通ってどこともなく旅立って行くと伝えられる。岩の上には，海鵜が 1 羽ずつ留まっている。一方の岩礁はすでに崩れている。

かなりの規模の修道場《ザーウィヤ》があったものと推察される。浜辺に通じる崖縁には枯れたタマリスクの巨木が残っており、崖の割れ目からは少量の泉水が湧き出て、浜辺に滴り落ち、水流となった海に向かっている。木曜日の夜、漁民たちは廟に集まって念唱を続けて豊漁を祈願し、また毎週木曜日と金曜日にはバンダル・アッバースやその他の近郊の村から女性たちが四、五人のグループで参拝に訪れ、子育てと安産を祈願するという。

(6) ティヤーブのヒズル廟（Ziyāratgāh-i Khwājeh Khezr）　私は、一九九七年二月下旬、大陸側の旧ホルムズの港市遺跡の残るティヤーブ（Bandar-i Ṭiyāb）を訪れた。現在のティヤーブは、バンダル・アッバースの東七一キロメートルにあるミーナブ（Mīnab）を経由し、さらに二三キロメートルほど荒涼とした砂礫地帯を南西に進んだ、ミーナブ川の河口付近にある漁村である。ホルムズ海峡の海に通じる細い入江の最奥に位置し、多数のダウが狭い入江にひしめいている。干潮時には、入江の海水はすべて干上がり、あちこちの泥沼に繋留されたダウが傾いている。ここには税関と海上警察の建物があり、漁民たちのナツメの樹葉や葦で組んだ納屋が点在する。漁民の話によると、入江（khawr）を船で海に向かって一・五キロメートルほど下ると、二基の小規模のヒズル廟があり、漁民たちによって海上安全の祈願の対象として篤く尊崇されているというが、私は現地を実際に訪れて確認をしていない。

(7) ブーシフル（ブシール）のハワージャ・ヒズル廟（Ziyāratgāh-i Khwājeh Khezr）　このヒズル廟は、一九九五—九六年、ブーシフル市内の区画整理によって、住民の反対にもかかわらず完全に破壊されたという[51]。私は一九九七年の二月、ブーシフルを訪問した際にヒズル廟についての聞き取り調査をおこなった。それによると、かつてヒズル廟は町の中心部ズィーレ・ターク（Zīr-i Ṭāq）地区の穀物倉庫と税関（gomluk）が立ち並ぶ路地横に位置していた。緑色のドーム付きの廟、高さ二・五メートルほどの低い建物で、正面右側に古木が立ち、枝には祈願の布切れ（nadhr）が無数に垂れ下がっていた。毎木曜日の夜には、参拝者で賑わい、とくにブーシフルの多くの女性が集まり、ローソクを点して子授け・子育てや良縁をヒズルの霊験に祈った。漁師の話によれば、廟は港から近く、以前にはダウの船乗りや漁民が集まり、海上航海の庇護を祈願する対象であったという。

(8) バンダレ・リーグのヒズル廟 (Ziyāratgāh-i Khiḍr dar Bandar-i-Rīgh) バンダレ・リーグはブーシフルの北一二八キロメートル、ガナーヴェ (Ganāveh, Jannāba) の南東二三キロメートルに位置し、その港の西海上約三〇キロメートルにハーラク島 (Jazīreh Khāragh, Khārak) がある。[52] ダウの停泊する港は、海から約一・五二キロメートル入った細長い水路 (khawr) の一番奥にある。ヒズル廟は、その水路に沿った港に至る海岸道の途中に位置し、石膏モルタルとセメントで全体を塗り固めた、堂々たる緑色のドームを戴く墓建築である。内部にはミフラーブはなく、灯明台、ローソク、『クルアーン』、緑色の布切れ、水壺や茶碗などが雑然と置かれている。夜には、漁民たちが集まり、念唱祈願をおこなったと思われる。ブーシフルからガナーヴェに至る海域は古くから「泥沼の入江 (Khawr Jannāba)」として知られ、ペルシャ湾内でも海難の多い危険な海とされた。

写真 7　バンダレ・リーグのヒズル廟

以上は、おもにバンダル・アッバースとブーシフルを中心とした地域に分布するヒズル廟およびヒズル・イリヤース廟の調査結果であるが、イラン海岸にはその他にもペルシャ湾頭のフージスターン州に属するアッバーダーン、バンダレ・マーチュール、ラーム・フルムズ、アフワーズ、シュシュタル (トゥスタル) の各地にヒズル廟があるといわれる。これらの地域は、ティグリス川、カールーン川、カールシュ川やドジャイル川などの多くの水系が集中してペルシャ湾内に注ぐ吃水湿地帯であって、浅海ないしは泥海・干潟・湖沼が発達してい

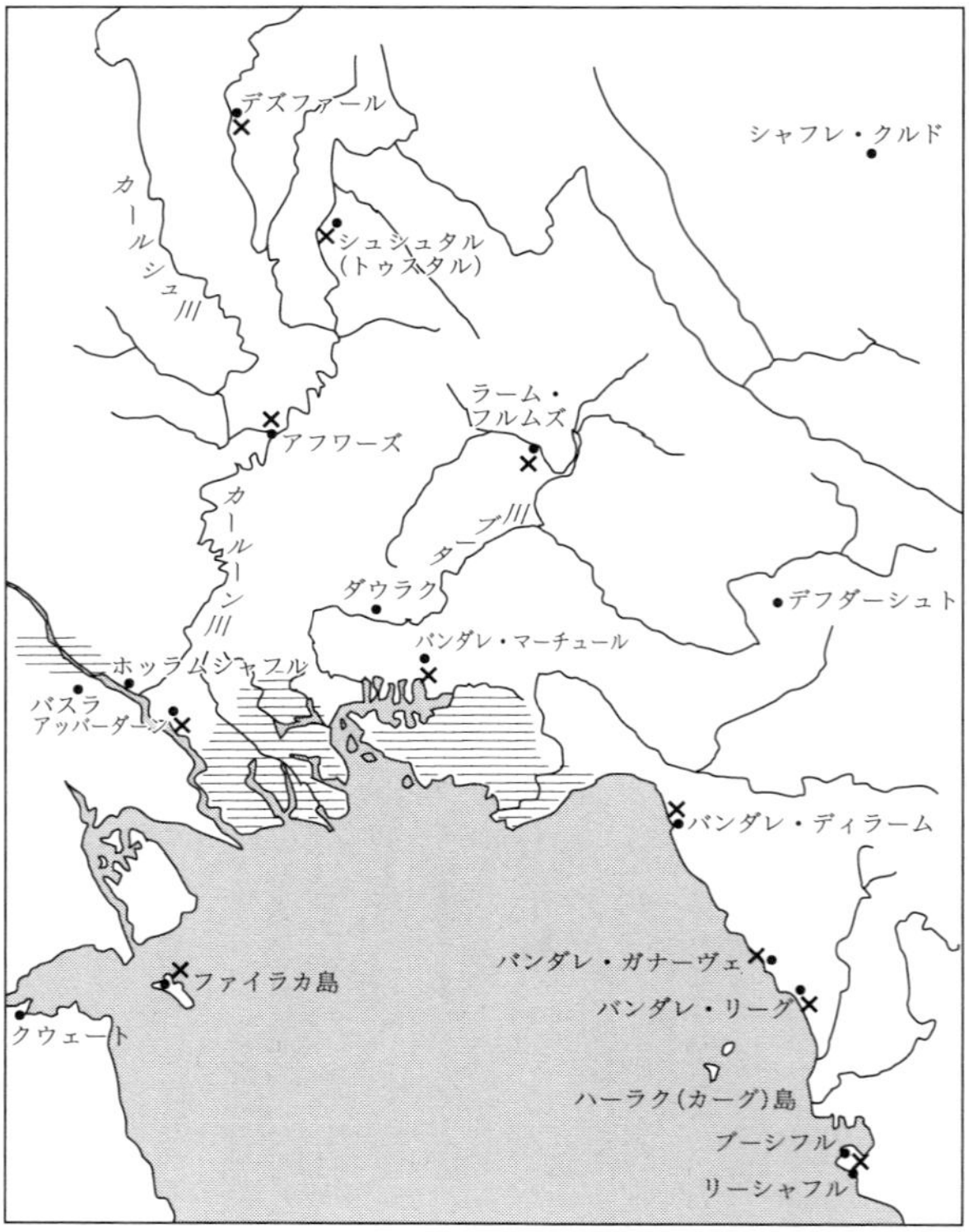

図3 ペルシャ湾頭のヒズル・イリヤース廟の所在地（1997-98年の聞き取り調査による。×印は廟の所在地を示す）

ること、冬季の豪雨による河川の増水と洪水があり、雨のまったくない乾季の夏季には泥海が干上がり、河川水位の季節変動が大きいこと、日々の干満差が四〜五メートルを越えて、複雑な潮流や渦巻きが起こることなどによって、昔から航海上の難所として知られていた。現在の漁民や船を操る船乗りたちの間でも、この海域は恐れられ、無事に通過することが難しいといわれる。ヒズル廟は、こうした海難事故の多い川の河口部や湿地帯での船の安全航行を願って設置され、漁民、商人や旅の人たちの信仰対象とされたと考えられる。なお、ヒズルに由来する廟はペルシャ湾の海岸部だけでなく、シーラーズ、カーザルーン、キルマーン、カーシャーン、ハマザーン、ナタンズ、サミーラムなどの内陸部にも分布することがイランでの聞き取り調査によって明らかとなった。これらの実態についても、今後さらに調査を継続する必要があるだろう。

（2）東地中海におけるヒズル・イリヤース廟の調査

これまでの文献研究や地名調査および現地での聞き取り調査によって、東地中海、エーゲ海、黒海南部、キプロス島やロドス島などの各地には、フズル（Hızır）、フドゥル（Hıdır）、フドゥルレル（Hıdrler）、フドレッレズ（Hıdrellez）、フズル・イリヤース（Hızır-Ilyas）、イリヤス（Ilyas）、エリア（Elia）などの地名を付けた島、岬、山、村、モスク、教会、墓地、廟などが見られること、またキリスト教徒たちの間では、聖ニコラス、聖ゲオルギス、聖パウロなどの預言者・聖者にまつわる民間伝承がヒズル（フズル）およびヒズル・イリヤース（フドレッレズ）伝説と相互に結びついていることが明らかとなった。[53] 一九七一年度版のトルコ共和国における『国内地名表（町、村、山、岬、河川を含む）』によると、トルコにおけるフドゥルとフドゥレルの地名を付けた場所は三三ヵ所、イリヤースは二八ヵ所、フドレッレスは五ヵ所ある。これらの地名は、トルコ周辺の海岸や島と並んで、内陸部の河川沿いにも多く分布しているので、どのような理由で、いつ頃、これらの地名が付けられたのか、ヒズルの伝承・民話および信仰との関わり、民間伝承の有無などついて、個々の実地調査が必要であろう。いずれにしても、ヒズルの名前がトルコの各地に広く分布しており、しかもヒズル信仰とも何らかの関連を持っていると考えてよいであろう。

トルコ語のフドゥルルク、ヘドレッレス、フドレッレズは、明らかに二人の守護聖人フズル（ヒズル）とイリヤス（イリヤース）が一緒に合わさって通俗化したトルコ語（Khiḍr-Iliyās → Hedrellez）であり、また太陽暦に従って毎年五月六日におこなわれる春の大祭（クルバン・バイラム）を意味している。なお「ヒズルの日（rūz-i Khiḍr）」といえば、四月二三日の聖ゲオルギスの祝祭日のことである。現在、アラウィー（ヌサイリー）派ムスリムたちの多く住むトルコの南東部からエーゲ海周辺部と黒海沿岸部、さらにはバルカン半島のブルガリア、ルーマニアなどの黒海沿岸およびドナウ川流域に広がる民間伝承では、フズルは白く長い髪と髭をもった老人で、白馬に乗って突然に姿を現し、不思議な霊力によって人々を正しい道に導いたり、救済するといわれており、海の嵐を静め、難破しかかった船を救ったり、また春になって牧場や山を緑色に変えたり、その他にも日常生活のさまざまな部分——とくに動物の乳汁を乳酸菌によって熟成させ、チーズに変えるのはヒズルの力であるという——で祈願の対象とされている。また船乗り、漁民、商人や海・河川沿岸の住民の間では、航海の安全と商売繁盛をもたらしたり、困った時に呼べば、いつでも助けに来てくれる全智万能の守護聖人であると信じられている。しかも、とくに興味深い点は、これらの地域のヒズル信仰はキリスト教の聖ゲオルギスの信仰とも密接に結びついていることである。聖ゲオルギスは悪龍を退治し、偶像教徒をキリスト教徒に改宗させた守護聖人として、おそらくアナトリア地方にイスラーム化とトルコ化の影響がおよぶ一一世紀半ば以前の時代から、すでに広く知られていたと考えられる。それ以後、ルーム・セルジューク朝やトルコ系諸公国の成立にともなって、悪竜退治の聖ゲオルギス=緑色のゲオルギス=緑色の聖人ヒズルとイリヤース（フドレッレス）を相同の関係と見なして、春の大祭（クルバン・バイラム）をムスリムとキリスト教徒が一緒に祝うようになった。また、現在のブルガリアやルーマニアのムスリムたちの間に伝わる民間伝承によると、聖ゲオルギス、ヒズル（フドゥルルク）とバーバー・サルトゥーク（Bābā Sartūq）の三者は同一人物であるという。バーバー・サルトゥークは一四世紀の頃、バルカン半島のドナウ下流域のドブルジャ地方の開拓・入植とイスラーム化運動に大きな足跡を残した伝説的な聖者として知られる。オスマン帝国時代に書かれた旅行記や聖者伝に記録された民間伝承によると、彼は、同時に聖水信仰と結びついたヒズルや聖ニコラスとして、またある時には悪龍を退治する聖ゲオルギスとしても伝えられている。(54)

(1) アンターキーヤ（アンティオケイア）近郊のシャイフ=フドゥルの墓（Seyhhıdır Turbesı）　オロンテス川が海に注ぐ河口近くの港町は、古くはスワイディーヤ（al-Suwaydīya）と呼ばれた。その河口から北にマアラチュク（Mağaracık）に向かって三キロメートルほど離れた海浜には、円錐型の石灰の巨岩を納めたヒズルの白い霊廟がある。民間伝承によると、ムーサーがヒズルと出会ったのは、まさにこの巨岩であり、シーア派の一分派ヌサイリー（アラウィー）教団の人たちは、数々の神の霊験（バラカ）がこの岩で顕現したことから、岩を覆う廟を建立したと伝えられる。現在、この廟は「シャイフ=フドゥルの墓（Şeyhıdır Turbesı）」と呼ばれている。私は、一九九二年一月に、この廟を訪れる機会に恵まれた。廟は、円形の白亜の建物で、海辺の平坦な砂浜に建ち、北側には標高一、二八〇メートルのムーサー山が聳えている。したがって、ここでもヒズル廟とムーサー山とが相互に密接な関連を持っていると推測された。入口は海側の反対方向にあり、入口扉横に立てられた看板には、ここが「ヒズルのお立場（maqām al-Khiḍr）」であること、建物の改修者の名前、そして『クルアーン』「洞窟章」のムーサーとの出会いの部分が引用・記入されている。一・五メートルほどの低い入口の扉をくぐって内部に入ると、線香の煙がたちこめる建物の中央部に純白の巨岩が聳え立っている。巨岩は、おそらく石灰岩と思われるが、高さは三〜四メートルほどで、その頂部は鍾乳石が上から垂れ下がったようにドーム状に盛り上がり、光沢のある岩の表面は滑らかであるが、ところどころに波紋のような凸凹の起伏が見られる。岩の周囲は、床面から一・七メートルほど、よく磨かれた大理石板で囲まれている。女性の参拝者は、入口を通ると、右側に歩み、大理石の壁面に接吻を繰り返しながら時計の針と逆方向に七回、岩の周囲を回る。六〇歳前後の男の参拝者に聞くと、昔、ここに一人の聖人が現れて、人々に多くの恩恵を施したあと、大船に乗って海を渡り、チュニジア方面に向かった、と教えてくれた。参拝者や内部でくつろいでいる人たちの多くは若い女性と老婆であり、子宝、安産と子育て、病気の快癒などを祈願する目的で訪れたという。車で訪れる参拝者には、廟の周囲の砂浜を車で七回右回りに回り、廟内に入らずにそのまま戻って行く者もいる。廟

写真 8(1)　アンターキーヤ（アンティオケイア）近郊のシャイフ=フドゥルの墓廟

の内部および周囲には漁師や船人など、海に関係する人たちの姿がまったく見られなかったので、この廟への参拝は航海の安全や豊漁祈願を直接の目的としたものではないと推察された。しかし、この場所は、かつて古代のアンティオケイア旧港址に近く、しかもオロンティス川の河口に位置することから判断すると、元来、地中海の交通と海上貿易に関係が深い航海安全を祈願する場所であったと考えられる。

(2) アンタリアのフドルルクの塔（Hidirlik Kulesi）

アンタリア（アンタルヤ）は、現在の南トルコの良港の一

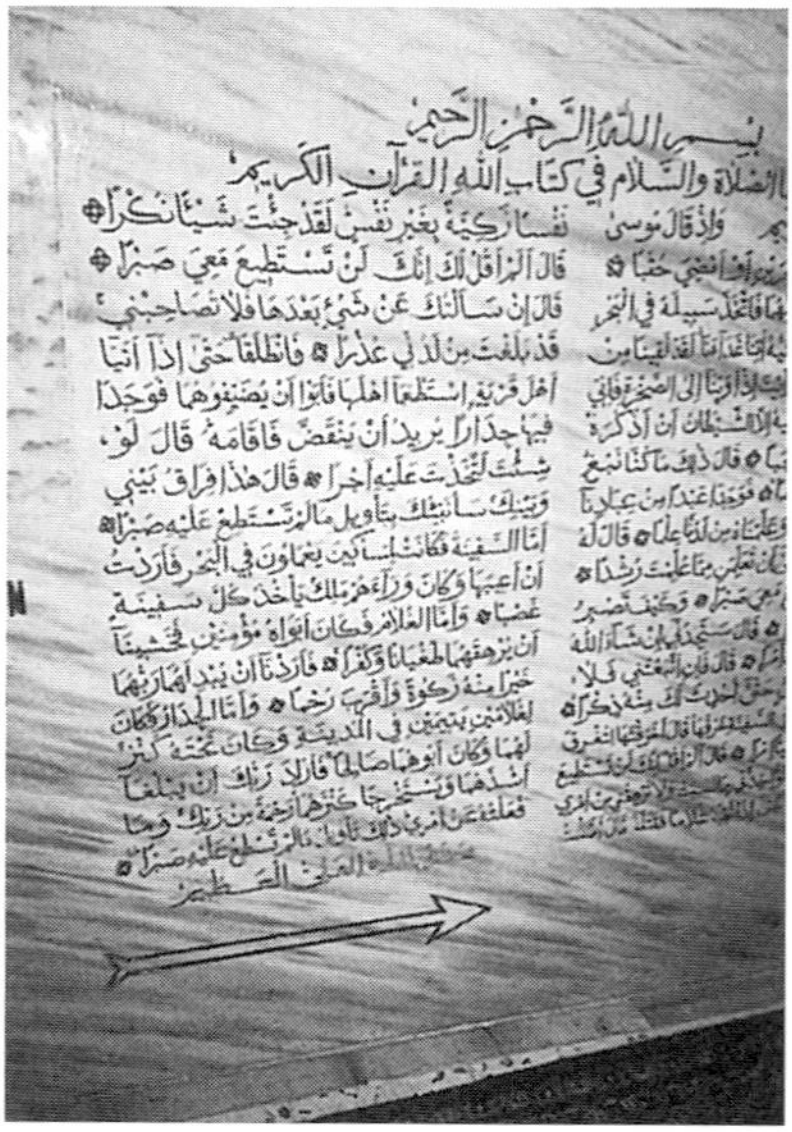

写真 8 (2)　正面入口にある守護聖人ヒズルについての説明書き

『クルアーン』の第 18 章「洞窟」（第 64–75 章）を引用して，この地でムーサーとヒズルとが出会ったことを説明している。

写真 8 (3)　建物の内部中央に鎮座する白亜の巨大な石灰岩

つで、古くから地中海交通の要衝にあり、古代のアッタレイア（Attaleia）、すなわち紀元前二世紀頃、ペルガモンのアッタロス二世（Attalus II）により建設された町である。町の旧市街とその近郊にはギリシャ・ローマ・ビザンツの各時代の遺跡が多く残されている。一二〇七年にルーム・セルジューク朝のスルタン＝ギヤース・ウッディーン・カイフスラウ（Ghiyāth al-Dīn Kaykhusraw）によって町が征服された後、カラマーン侯国のトゥルクマーンたちによる支配下に置かれた。[55] イブン・バットゥータは、アンタリアの街がアナトリア地方でも最も素敵であり、建物の多さと整然とした街のたたずまいという点では他に類がないほどであると述べている。[56] 現在のアンタリア旧市街にある港（ミーナー）は、規模は小さいが袋状の良港で、漁船、観光船やレジャー用のヨットで溢れている。港を出ると、左側の海浜には白波の打ち寄せる岩礁と険しい崖が連なっている。海に迫った崖の上に、どっしりした白亜の円形建築物が見える。この塔は「フドルルクの塔（Hidırlık Kulesi）」と呼ばれ、もとは紀元前二世紀頃に建てられたローマ時代の霊廟、もしくは灯台と伝えられる。現在のものは花こう岩を積み上げ、壁面に石膏モルタルを塗った高さ一四メートルほどの建造物である。トルコ語のフドルルクは、ヘドレッレス、フドレッレズに同じで、毎年五月六日に、この塔を中心とする公園で春の大祭がおこなわれるという。海とは逆方向の東側にある木製の扉戸を開けて内部に入ると、円形状の広間があり、北側、南側と西側の三方向の壁近くには祭壇と思われる五段の石の階段が円形に迫り上がっている。階段には葦を編んだ茣蓙が敷かれ、十字架状に細い木材と藁を組み合わせて束

写真 9(1)　アンタリア港とフドルルクの塔

ねた数体の人形が置かれている。近くの人に聞くと、大祭の時に内部でドラマが演じられるということだが、詳しい説明はなかった。建物の西側は、海を見下ろす険しい崖で、崖の途中に洞窟と滝があり、滝口からは水が激しく岩礁の上に流れ落ちている。フドルルクの塔と滝および洞窟が相互にどのような関係にあるかについては不明であるが、ヒズルの属性である港（川）と海の出会うところ、岩礁、泉、滝などの立地条件を備えた場所であることが分かった。

写真 9(2)　フドルルクの塔

写真 9(3)　木組みの人形

塔の内部には木組みの数体の人形が置かれていた。その人形を取り出し，塔の入口横で撮影。

(3) ボズジャアダ島（Jazīrat Bozcaada）の聖フドルの墓（Seyhıdır Turbesı）　ボズジャアダ島は、エーゲ海とマルマラ海とを結ぶ狭いチャナッカレ海峡（ダーダネルズ海峡）の出入口近くの海上交通の要衝に位置する小島で、古くはテネドス（Tenedos）と呼ばれた。港に入る手前の右側、丘の上にはヴェネツィア人によって建設された城塞――現在ではイェニカレ（Yenikale）、つまり「新城塞」と呼ばれる――がある。港は奥行きのある、波静かな良港で、チャナッカレと並ぶ漁業基地として、多くの漁船が停泊し、船着き場のあちこちには魚網が広げられている。城のある丘とは反対側、港に入る左側の岬の先端部に緑色の旗をひらめかせた白いドーム建築が見える。これが聖フドルの墓廟と呼ばれる建物で、漁民たちの間では航海安全と豊漁祈願の霊験が得られる場所であると信じられている。

写真 10(1)　キプロス島の預言者エリアス教会
教会正面にあるオリーブの古木には，願掛け（nadhr）のための布切れや紙片が無数に吊り下げられている。

(4) キプロス島の預言者エリアス教会（Agios Prophitis Elias）
預言者エリアス教会は、南キプロス共和国のラルナカから東六〇キロメートルのグレコ岬に近いプロタラス（Protaras）という村にある。古くは、ここにレヴコラ（Levcola）として知られた都市国家のペルメラ（Permera）という港があった。この港は、グレコ岬によって北風から守られたコンノス湾（Konnos Bay）にある風待ち港として知られていた。ラルナカからアヤ・ナパ（Ayia Napa）を経由、さらにプロタラスに向かって北西に二三キロメートルほど進むと、平原のなかに突如として奇妙な形で聳える石灰岩が現れる。そして、その岩の上に守護聖人エリヤ（イリヤース）に由来する褐色の教会が建っている。最近、改築されたと思われる教会の建物はレンガ造りで、天井のドームは木材の梁で支えられ、屋根には白亜の漆喰塗りが使われている。公園に続く階段を上ると、眼下にはグレコ岬からファマグスタ方面に続く海岸線が一望のもとに見渡せる。教会の扉を開けて内部に入ると、左側に祭壇があり、教会ドームの壁にキリスト、天使長ダニエル、天使ミカエルなどのイコン画が数点掛けられている。祭壇横には、人類の母エバの姿を模した一・五メートルほどの蠟人形が立て掛けてあり、祭礼の式典で使われたものと思われる。建物の裏庭と崖下には幾つもの石灰岩の洞窟があり、岩の

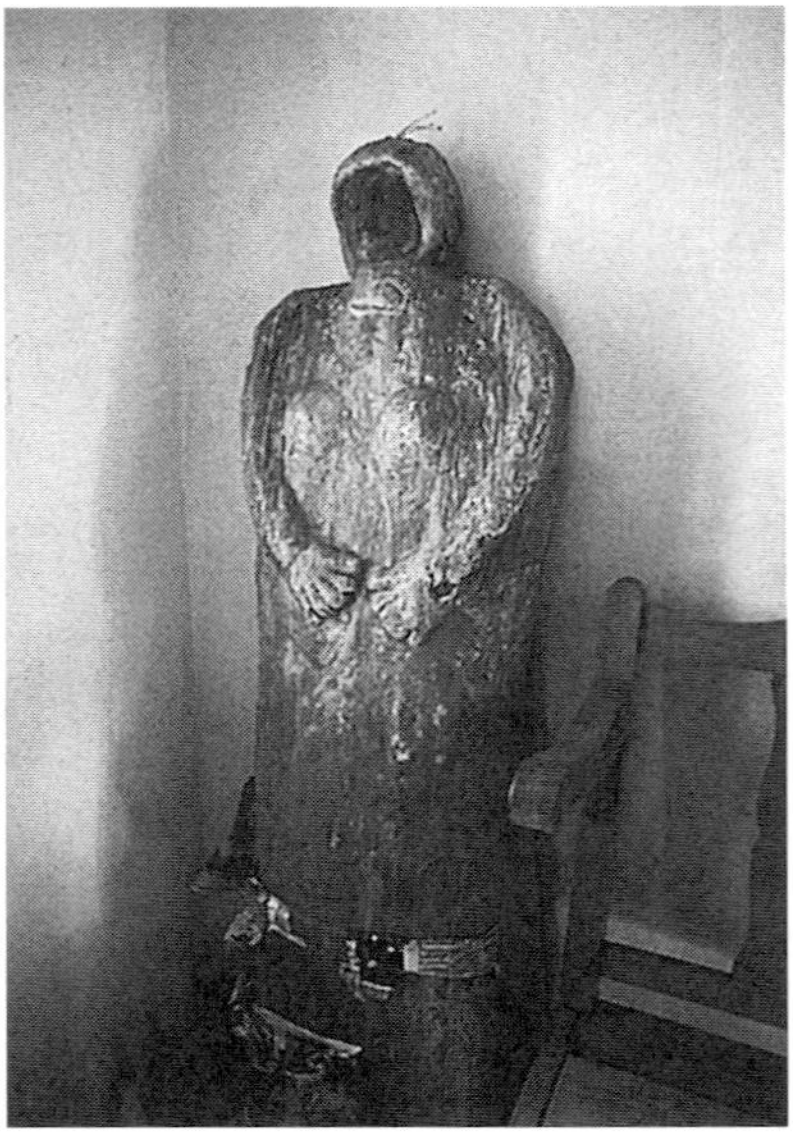

写真 10(2)　教会内部におかれたエバの蠟人形

写真 10(3)　教会の後に聳える石灰岩の山

山の裏手に洞窟があり，「エリアの聖水」と伝えられる泉水が湧き出ている。

裂け目から泉水が流れ出ている。近くにはプラタナスの老木やオリーブの樹木があり、枝に祈願の布切れが無数に吊されている。以上のように、預言者エリアス教会は、海を見下ろす岩山、洞窟、泉など、ヒズルとイリヤースの伝説・民間伝承に関わる基本的な条件を備えていると思われる。

結びに代えて

以上のように、ヒズル、もしくはヒズル・イリヤースに関わる信仰対象は、現在もなおペルシャ湾、インド洋、東地中海などの各地に分布しており、海に生きる人々（漁民、航海者）だけでなく、都市民や農民、とくに女性たちの間にも広がっていること、生命再生の霊力を持った守護聖人として、子授け・子育て、縁結び、病気治癒など、生活のさまざまな面で祈願の対象とされて、たくましく生き続けていることが明らかとなった。また、ヒズルに備わった属性や信仰形態は、基本的にはイスラームの聖典『クルアーン』第一八章「洞窟」に説かれた内容とほぼ一致していることが理解される。

第3章　ランプ文様の装飾レリーフと文化交流

はじめに

アジア・モンスーンの影響を受けたインド洋、アラビア海、紅海、ペルシャ湾、ベンガル湾、南シナ海にまたがる海域を一つの全体として機能する歴史的世界、すなわちインド洋海域世界として考えるためには、人の移動やモノの流通関係の問題だけでなく、文化・情報に関わる事象を比較・検討して、その広がりの範囲、伝わり方、関係のあり方や時代的な変化などを具体的に検証しなければならない。

そこで本章では、モスクの内壁や墓石、または宮殿、霊廟などの建物の梁、礎石などに刻まれたレリーフ（浮き彫り細工）の装飾文様として、各地に共通したモチーフが使われていることに注目して、その類品の素材、形態、特色、年代、分布の範囲などの問題を考えてみたい。

一　ランプ文様のレリーフとの出会い

モスクのミフラーブ（モスクの内壁、メッカ方向の壁にある凹み）、壁龕《へきがん》の内側、墓石の銘文の頂部や外縁などに刻まれた装飾レリーフとして、グラス・ランプの文様が見られることが多い。若干の例をあげると、写真1はイランの国立博物館所蔵（登録番号二二五九九）のラスター彩陶器製のミフラーブ・プレート（一五世紀製作）であり、陶器生産地として有名なイラン中部の町、カーシャーンで製作されたものと伝えられる。このレリーフを見ると、左右のアーチのせり台にグラス・ランプ文が施されている。また、イラクのマウスィルにあるイマーム＝ヤフヤー・ブン・カースィム（Imām Yaḥyā b. Qāsim）のマシュハド（墓廟）内の角石に見られるミフラーブ（一三世紀製作）には、一基のランプを鎖で吊るしたレリーフが描かれている。さらに、紅海のダフラク諸島の墓地群で発掘された墓石には、少なくとも五基の墓石の装飾レリーフとして、壁龕の頂部から二本の鎖状の紐によって吊り下げられたグラス・ランプ文が施されている[1]。

写真1　ラスター彩陶器製ミフラーブ・プレート（イラン国立博物館蔵）

　これらのランプは、上部開口の縁に取っ手が二ヵ所もしくは四ヵ所あり、そこから鎖状の紐が上に伸びて、壁龕の頂部とつながれている。ランプの腹部は大きく円形に張り出し、マウスィルのマシュハドの例では、肩の部分にも吊り紐用の二つの突起が見える。腹部と底部の台座との間には深いくびれがあり、底部に灯油を入れたことを表している。

こうした同形式のグラス・ランプ文レリーフは、イスラーム教の聖典『クルアーン』による、次の言葉を具体的にイメージしたものと考えられる。すなわち第二四章「光（al-Nūr）」の第三五節に「アッラーは、天と地の光。この光をものの譬《たと》えで説こうなら、まず御堂《みどう》の壁龕（mishkāt）に置いたランプ（miṣbāḥ）か。ランプはグラス（zajāj）に包まれ、グラスはきらめく星とまごうばかり。その火を点《とも》すはいともめでたい橄欖樹《かんらんじゅ》（shajarat mubārakat zaytūna）で、これは東国の産でもなく、西国の産でもなく、その油（al-zayt）は火に触れずとも自らにして燃え出さんばかり。［火をつければ］光の上に光を加えて照りまさる。アッラーは御心のままに人々を光のところまで導き給う」とある。なお、この文中にある壁龕、ランプ、グラス、油の四つの言葉を註釈して、一二・一三世紀の有名なスーフィー思想家イブン・アルアラビー（Muḥyi al-Dīn Abū ʻAbd Allāh Muḥammad b. ʻAlī b. al-ʻArabī）は、『クルアーン』『詩篇』『モーセ五書（旧約聖書の最初の五書）』『福音書（新約聖書最初の四書）』のそれぞれを指していると説いた[2]。

『クルアーン』では、ランプ（燈火）を意味する言葉としてスィラージュ（sirāj）が四回、ミスバーフ（miṣbāḥ）が三回使われている。その他、『クルアーン』にはないが、アラビア語ではランプを指す一般的な言葉として、キンディール（qindīl / qanādīl）が多く用いられた。上述の章句では、ランプは光の根源であり、アッラーそのものであると譬えられている。また第三三章第四五節では、「それからまた、［預言者は］……お許しをえて、アッラーのみもとに［人々を］喚び集める人として、世を照らすランプ（sirāj munīr）として」とあって、ここではランプは預言者ムハンマドを指す表象であり、暗闇から光明への導きのランプとして意味づけられている。その他にも「そこに月に据えて明かり《ヌール》（光）となし、太陽を据えてランプとなし給うたことを」（第七一章第一五節）、「また汝らの頭上にがっしりと七層（七つの天）を打ち建て、赫《かく》々たるランプ（太陽）を設け」（第七八章第一二節―第一三節）、「蒼穹に星辰《せいしん》を配置し、その間にランプ（太陽）と、皎々《こうこう》たる月を置き給うた御神に祝福あれ」（第二五章第六二節）、また「かくて我ら（アッラー）は［七層の天のうちの］最下の天を数々のきらめくランプ（星々）で飾り、かつその護りを堅くした（天使を配置して守護にあたらせた）」（第四一章第一一節）とあるので、月・星＝明光（nūr）、太陽＝燦々たる燈火（ḍiyā'）、またはランプとして譬えられていることが分かる。つまり、ランプは月や星を照らす光源としての太陽であり、同時にアッラーの存在を指し示す一つの証拠（burhān）、またアッラーの説く正しい道（sabīl Allāh）、先導役であって、特別に神に許されて、ランプの役割を果たすのは他ならぬ預言者ムハンマドである、と説かれているのである。このような『クルアーン』の章句を根拠として、ムスリムたちはモスクの内壁、とくにミフラーブ、墓石、聖者の霊廟など、礼拝や祈願の対象となる方向および場所にランプ文レリーフの装飾文様を多用したと考えてよいであろう。(3)

一九七四年一一月、私は、アラビア海における木造帆船ダウの活動実態を調査するために、ソマリア共和国の首都モガディシオを訪問した。(4) モガディシオは、一二・一三世紀以後に、「アフリカの角」の先端、グァルダフィ岬に近いラァス・ハフン（Ra's Ḥafun, Ra's Ḥafūnī）とザンジュ海岸の南端の寄港地キルワとを結ぶ航海上の中継港として、また家畜、皮革、象牙、黒檀、龍涎香、織物などの特産品の輸出港として発達した。(5) その町の建設者は、アブー・バクル・ブン・ファフル・ウッディーン（Abū Bakr b. Fakhr al-Dīn）と伝えられる。なおマルコ・ポーロはモグダシオ（Mogdasio）、モゲダクソ（Mogedaxo）、モグダソ（Mogdaxo）、イブン・バットゥータはマグダシャウ（Maqdashaw）と記し、中国明代の記録史料には木骨都束とある。(6) 現在の町の旧市街には、一三世紀に建設された三つの古いモスクが残されているが、その一つのファフル・ウッディーン・モスク（Masjid Fakhr al-Dīn）は、町の創設者アブー・バクル・ブン・ファフル・ウッディーンに由来する名前であるといわれる。私は、このモスクの内壁および周辺の墓地境内に残るアラビア語碑文の調査をおこなった。写真2に示したように、モスクの中央ミフラーブの部分には、緑色と褐色の釉彩を施した華麗なプラスター・ボード（壁下地用の石膏板）が嵌め込まれてい

写真 2 モガディシオのファフル・ウッディーン・モスクのミフラーブ

る。[7] そのボードは、上段と下段の二面に分かれ、下段がモスクの中央ミフラーブの壁龕となっている。壁龕には、その頂部から二本の鎖状の紐——正面から見ると、トーチ状の心棒からも二本の紐が出ているように見えるので、四本の紐であるとも考えられる——によって垂直に吊り下げられた白亜のグラス・ランプのレリーフが刻まれている。壁龕の外側左右は、節目のある竹筒のような円柱、柱頭にはアカンサスの葉飾りに似た文様が施されている。またミフラーブの上段には、モスクの建設者ハーッジー＝イブン・ムハンマド・ブン・アブド・アッラー・バフララー（Ḥājī Ibn Muḥammad b. ʻAbd Allāh Bakhrarā）[8] の名前と建立年のヒジュラ暦六六七年シャアバーン月末（一二六九年五月三日）の年号を刻んだ四角形のプレートが埋め込まれている。プレートの右、上と左の三方向の外縁には、『クルアーン』の一節を引用して「礼拝は昼間の両端（朝と夕の二回）とそれから夜が浅い頃、必ず行うようにせよ。まこと、善いことをすれば、おのずと悪業のあとも消えるもの。これは、とくに、考えぶかい人々へのご注意であるぞ」（第一一章第一一六節）と、ナスヒー書体の流麗な文字が刻まれている。

私は、このファフル・ウッディーン・モスクのミフラーブに彫り込まれた特徴的なグラス・ランプ文様のレリーフに注目し、その類品がインド洋海域世界の各地にどのように流布しているのか、その素材、部位、技法、用途、影響関係、地域と時代の特色などについて調査を継続した。共通の建築様式とか、そこに使われている文様や技法などの流布は、いわばモノ・文化・情報の伝播や技術者・職人の移動および交流と深く関わる問題であるので、もしも同時代に類似のランプ文様のレリーフがインド洋海域世界に広く分布していたとするならば、その世界に共通する文化交流圏の存在が想定されるのではないか、と考えたのである。

二　グラス・ランプ文レリーフの分布

以下では、これまでのランプ文レリーフに関する調査を通じて明らかとなった、類似の一〇例をあげて、若干の検討を加えてみたい。

(1) キルワ王国の宮殿址に残る墓石　キルワ（Kilwa, Kulwā）は、一二〜一五世紀にかけて、ローデシアやザイールで産出する金をスファーラ経由で西アジア地域やインドに積み出す中継貿易を経済基盤として繁栄した王国であり、その王都の宮殿址は現在のタンザニアの首都ダールエスサラームの南二四一キロメートル、キルワ・キシワニ（Kilwa Kisiwani）という小島に残されている。[9] キルワ王国の伝承によると、王国は南イランのシーラーズ出身（al-Shīrāzī）のアリー・ブン・アルフサイン（ʻAlī b. al-Ḥusayn）によって一〇世紀半ば頃に建設され、一二世紀になってスファーラ金を独占した他にも、マングローブ材、象牙、犀角、奴隷などを輸出し、ダウが舶載するビーズ、中国陶磁器、織物などの輸入によって経済的繁栄と政治的安定を築いた。イブン・バットゥータは、一三三一年、クルワー王国（キルワ）を訪問し、そこの住民が黒い肌で、シャーフィイー派法学に従う敬虔なムスリムたちであり、内陸部に聖戦を繰り返していると伝えた。[10] 一九六〇—六五年、H・N・チテック（H. N. Chittick）は、王都の宮殿址の主要部分を発掘・調査して、イブン・バットゥータがキルワを「諸都市のなかでもっとも華麗な町の一つであり、最も完璧な造りである」と表現していたように、イスラーム建築の高度な技術を駆使した秀麗な宮殿であったことを明らかにした。[11] 写真3aと写真3bは、スルタン宮殿に隣接した歴代スルタンの墓地（Makutani）内で

写真 3　キルワのスルタンの墓石に残されたランプ文のレリーフ

発掘された石棺の一部で、写真3aはおそらく石棺の側面の右端、写真3bは左端の断片であって、周囲の四面に同じ装飾文様が反復して施されていたのであろう。写真3aの細部を見ると、尖頭三葉形アーチの壁龕中央部にグラス・ランプが吊り下がり、左右にはアーチの脚柱が立って、アーチとアーチの間の三角形の隙間には花紋、もしくは星型文が並んでいる。脚柱の表面には網目状の覆い、あるいはストゥーパの階層のような刻みが見える。脚柱のせり元にも、中央部のものとほぼ同型のグラス・ランプが立てられているが、そこには吊し紐はなく、『クルアーン』の文字を刻んだ横軸の梁の支柱として配置されている。脚柱の底部は、横軸の文字を刻んだ礎石の上に立つ。このような同じデザインが反復して刻まれているが、写真3aの右端の角石にあたる部分と、写真3bの左端の角石にあたる部分には、樹葉の茂る樹木文の意匠が施されている。この樹木は、おそらく『クルアーン』（第二四章第三五節）に「その火を点《とも》すはいとも目出度い橄欖樹《かんらんじゅ》（shajarat mubārakat zaytūna）」と記されているように、この世では見つけることのできないオリーブの聖樹をデザイン化したものと考えられる。石棺の製作年代は不詳であるが、おそらく一三世紀半ば頃のものであろう。

(2) モガディシオのファフル・ウッディーン・モスクのミフラーブ　上述したヒジュラ暦六六七年シャアバー

ン月末（一二六九年五月三日）の年号を刻んだプレートの下段に付けられた、ミフラーブの中央部に見られるランプ文の装飾である。キルワのものと類似している点は、尖頭三葉形アーチの中央部から垂直に二本の紐で吊り下げられたグラス・ランプのデザインが施されていることであるが、ランプの台座は胴部より細長く下方に突出している。また壁龕の左右にある支柱は塔門に似て、上の台座を支える梁の支柱となっているが、竹筒のように節のある円形で、その頂部にはランプの代わりにブドウの房、もしくはアカンサスの葉飾りに似た文様が施されている（図1）。

(3) ラスール朝のズファール総督ワースィクの墓碑（A）　オマーン南西部、イエメン国境に近いズファール地方のバリード遺跡の墓地（写真4）内で発見された大理石の墓石（112×48×7.5cm）で、(4)と(5)の墓石と一緒に、現在、ロンドンのヴィクトリア・アルバート博物館（Victoria and Albert Museum, A12–1933）に所蔵されている（写真5）[12]。バリード（al-Balīd）は、ズファール地方の主都サラーラの市街から東側に五キロメートルほど離れたアラビア海の海岸近くに位置する港市遺跡で、東西一、六〇〇メートル、南北一、四〇〇メートルのほぼ四方形に遺構が広がっている。周囲に二重に掘割がめぐらされた堅固な城塞都市で、文献史料に現れるズファール地方の主都、一般に「ザファールの町（madīnat Ẓafār）」と呼ばれた場所と考えられている。アイユーブ朝軍隊のハドラマウト侵攻を恐れたハブーディー朝のスルタン＝アフマド・ブン・アブド・アッラー（Aḥmad b. ʻAbd Allāh al-Ḥabūḍī）は、旧ザファールの町（Ẓafār ʻAtīqa）を破壊して、マンスーラ（al-Manṣūra）と呼ばれた要塞の町——別名をカーヒラ（al-

図1　ファフル・ウッディーン・モスクのミフラーブ部分

Qāhira）、もしくはアフマディーヤ（al-Aḥmadīya）といった――を建設した。この新しいザファールの町が現在、遺跡として残るバリードといわれるが、この点は未だ定説とはなっていない。[13] この墓石は、ヒジュラ暦七一一年ムハッラム月二〇日水曜日（一三一一年六月八日）に死去した、ラスール朝の第二代スルタン＝ムザッファルの子息でズファール地方の総督ワースィク・ヌール・ウッディーン・イブラーヒーム（al-Wāthiq Nūr al-Dīn Ibrāhīm b. al-Muẓaffar）の死を悼んで建てられた墓碑である。[14] 表と裏の両面、いずれも頂部に見事なランプ文の装飾レリーフが施

写真 4　ズファール地方のバリード遺跡に付属する墓地

写真 5　同墓地内から発見されたランプ文レリーフを刻んだ墓碑 (1)　ラスール朝のズファール総督ワースィクの墓碑(A)

表（右）と裏（左）の両面にレリーフが刻まれている。

されている。表には、献呈の辞としてビスマラ（Bismala）に始まる言葉、ワースィクを悼む言葉と死亡年月を刻む。墓石の頂部にある装飾はオジー・アーチの内側に、さらに壁龕に見立てた尖頭三葉形アーチを配し、その壁龕内に一基のランプがアーチの中央部から垂直に吊り下げられている。ランプの左右には、尖頭三葉形アーチを支えるストゥーパ状の支柱が見られる。このアーチの支柱は、キルワの墓石に刻まれた支柱と酷似するが、四つの塔層と塔の最上部の多宝塔と思われる意匠がより明瞭に認められる。塔の外側には、聖木と思われる樹葉と果実が刻まれている。ランプの形式はキルワの石棺に施されたランプに似て、上部は逆円錐形、胴部は円形、底部は円錐形であり、アーチの頂部から垂れ下がった吊り紐にはリング状の飾り文が施されている。裏面の保存状態はきわめて良好で、表と同じランプ文のレリーフがはっきりと刻まれている。裏面のランプも一基で、壁龕の中央に吊り下げられ、左右にストゥーパ状の支柱とそれに支えられた尖頭三葉形アーチの刻みがある。とくに興味深い点は、墓石の先端部が仏像の舟形光背に似て、内側に向かって反りをつけていることである。なお、ワースィクは一二七九年、ラスール朝の第二代目のスルタン＝ムザッファルによるズファール征服の後、その地方にイクター地を分与されて、一三一一年の死去の時まで統治権を委譲された。

写真6 同墓地内から発見されたランプ文レリーフを刻んだ墓碑(2) ラスール朝のズファール総督ワースィクの墓碑(B)
表（右）と裏（左）の両面にレリーフが刻まれている。

(4) ラスール朝のズファール総督ワースィ

写真7　シャイフ＝ムハンマド・アッダムラーニーの墓碑に刻まれたランプ文レリーフ

クの墓碑（B）　(3)の墓碑（A）と同じく、ロンドンのヴィクトリア・アルバート博物館（Victoria and Albert Museum, A12–1932）に所蔵されているワースィクの別の墓碑で、(3)の墓碑よりも一回り小型（104×46×7cm）であるが、裏面のランプ文レリーフは三連の反復になっている（写真6）。文様としては、上述の墓碑のデザインにきわめて近いもので、同時代に同じ石工によって彫られたと考えて間違いない。裏面のランプ文の彫り込みは深く、保存状態も良好で、尖頭三葉形アーチの頂点に宝珠のついた多宝塔の意匠が明瞭に彫り込まれている。アーチを支える四本の柱は三層で、頂部（アーチのかなめ石の部分）には多宝塔に似た彫り込みが施されている。柱の外側、墓石の縁にあたる部分には、キルワの墓石と同じような樹葉文の意匠が見られる。また墓石の頂部、外縁は舟形光背状に内側の反りがある。

(5) シャイフ＝ムハンマド・アッダムラーニーの墓碑　現在、上述の二基の墓碑と同じく、ロンドンのヴィクトリア・アルバート博物館（Victoria and Albert Museum, A5–1932）に所蔵されている（47×92×7.5cm）。七一四年ズー・アルヒッジャ月（一三一五年三／四月）に死去したシャイフ＝ムハンマド・ブン・アブー・バクル・ブン・サァド・ブン・アリー・アッダムラーニー（Shaykh Muḥammad b. Abī Bakr b. Saʻd b. ʻAlī al-Damrānī）なる人物を悼んで建立された墓碑である（写真7）[15]。この人物の墓碑はワースィクの墓碑（B）に比べると、高さは四七センチメートルと半分以下であるが、横は九二センチメートルと幅広く、幅はワースィクの墓碑（A）と同じで、多少ずんぐりした形に見える。ランプ文レリーフは表面と裏面に刻まれ、(3)のワースィクの墓石に施されたレリーフと一致する。この人物については不詳であるが、明らかに(3)(4)と(5)は同じ石工によって、ほぼ同時期の一三二五年前後に製作されたものと考えられる。

(6) 南イラン・ラールのモスクのミフラーブ　南イラン・ラール地方のラールで出土したミフラーブで、シーラーズのファールス博物館に一時保存されていたが、現在、その所在場所は確認されていない[16]。私は、一九八三年、八九年と九五年に、同博物館を訪れ、展示品や収納庫を調べたが、見つからなかった。さらに所蔵台帳を調べると、確かに収納品として過去に登録されていたが、館員の説明によれば、おそらく一九七九年二月に始まったイラン革命の混乱期に紛失したとのことである。写真8は、イランの考古学者イクティダーリーがその著『ペルシャ湾およびオマーン湾の海岸と島々の都市文化に関する遺跡』に掲載したものによっている[17]。このミフラーブは、カージャール朝期に製作されたと思われる彩色タイルに嵌め込まれたもので、尖頭三葉形アーチの壁龕の中央部に彫り込まれたランプ文と塔門に似た支柱のレリーフは、ズファールの墓石の意匠と共通性が認められる。このミフラーブの最大の特徴は、アーチを支える左右の塔門が大きく拡大されて、塔門の内部にも尖頭三葉形アーチとそこから吊されたランプ文のレリーフが施されていることであり、一見してヒンドゥー的要素が濃い。

写真8　南イランのラールのモスク内のミフラーブに刻まれたランプ文レリーフ

(7) パルヴィーズ・マリクの墓石　写真9は、インドのカンバーヤ（Kanbāyat, Khambhāt）市内の大モスクに隣接するパルヴァーズの墓地内にあるイランのカーザルーン出身の商人王（malik al-tujjār）パルヴァーズ（Barwīz, Parvāz）の墓石である。彼の正式の名前は、ザキー・アッダウラ・ワ・ウッディーン・ウマル・ブン・アフマド・アルカーザルーニー（Zakī al-Dawlat wa'l-Dīn 'Umar b. Aḥmad al-Kāzarūnī）、一般にはパルヴィーズ・マリク（Parwiz Malik）と呼ばれ、ヒジュラ暦七三四（一三三三／三四）年に没した。(18) この墓石は、グジャラート産の大理石で美麗なレリーフを刻んだものであり、その側面にもランプ紋の見事な装飾レリーフの連続紋が彫り込まれている。正面の舟形光背状の石板には銘文を刻み、それを支える左右の角柱は三層の基台の上に立つ。角石の表面は、キルワやズファールのレリーフに見られたアーチの支柱に施

写真9　インドのキャンベイにあるパルヴィーズ・マリクの墓石細部

下の写真は，墓石の一部に刻まれた聖木文レリーフ。この聖木は，キルワのスルタンの墓石や泉州の開元寺本堂の大理石に刻まれたレリーフ文とも類似している。

されたデザインと類似して、多宝塔に似た彫り込みが見られる。石棺の左右側面には八つのランプ文のレリーフが反復して彫り込まれている。いずれも尖頭三葉形アーチの壁龕の中央部からランプが吊り下がり、左右にはそのアーチを支える九本の柱塔が見える。キルワの墓石の写真3bと同じように、角石にあたる部分には、柱塔と樹葉の茂る樹木文の意匠が施されている。[19]

(8) 法官イスファハーニーの墓石　写真10は、上述の墓所と同じく、カンバーヤのパルヴァーズの墓地内にある墓石の一つで、ファフル・ウッディーン・アフマド・ブン・フサイン・ブン・アビー・バクル（Fakhr al-Dīn Aḥmad b. Ḥusayn b. Abī Bakr）、一般には「イスファハーン出身の法官（al-Qāḍī al-Iṣfahānī）」として知られた人物のもので、七二一（一三二一）年に没したという。[20] ズファールにあるワースィクの墓石のレリーフときわめて類似しているが、尖頭三葉形アーチの壁龕内のランプは底部に接して置かれていること、アーチを支える門柱の外側にさらに別の尖頭三葉形アーチが施されていること、樹葉文の装飾が見られないこと、など細部に若干の違いが認められる。[21]

写真 10　インドのキャンベイにあるイスファハーニーの墓石

(9) マーレの大モスクの礎石　現在のマルディヴ（モルジブ）共和国の首都マーレにある大モスク（Hukuru Misket）の礎石は、おそらくグジャラートから輸入されたと思われる白亜の大理石が使用されている。その正面入口左右の敷石の部分には、カンバーヤのパルヴァーズの墓地内の墓石に見られたと同じランプ紋の連続レリーフが彫り込まれている（写真11）。『マルディヴ年代記』の伝えるところによると、「スルタン＝シハー

写真 11　マルディヴ諸島マーレの大モスクの礎石

ブ・ウッディーン［・アフマド］は、マハル（マーレ）の大モスクを建設した第二番目の人である。彼は、その建設を七三八年ズー・アルヒッジャ［月］（一三三八年六／七月）に完成した。そもそも彼は、［初代王］スルタン＝アーディル・ダルマス・ムハンマド・ブン・アブド・アッラー（al-ʿĀdil Darmas Muḥammad b. ʿAbd Allāh）なるマルディヴ諸島のスルタンたちのなかの最初のスルタンが造営した建物が壊れた後、その再建をおこなったのである」[22]とある。これと同じ内容のことは、現在、マーレにある国立博物館に所蔵された一枚のチーク材（319.50×22.35×5.04cm）に刻まれた銘文にも見られる。このチーク材は、もともと大モスクにあった棟柱の一つとして使われたものであるが、博物館の創設にともなって移され、そこに保存・展示されることになったのである。したがって、ランプ文を刻んだ敷石は、おそらくモスクの改修工事がおこなわれた一三三八年に設置されたものと考えて間違いないであろう。[23]

(10)　スムトラ・パサイ王国の女王ミフラースヤフの墓石　スマトラ島北東部のスムトラ・パサイの歴代王の墓所に納められた墓石の一つで、スルタン＝ザイン・アルアービディーンの娘ミフラースヤフ（Mihrāsyah, bint al-sulṭān Zayn al-ʿĀbidīn）が八三一年ズー・アルヒッジャ月一七日（一四二八年九月二七日）に死去したことを悼んで建てられた。[24] この墓石は、(7)にあげたインドのパルヴァーズの墓石と比較すると、グジャラート産の白亜の大理石が使用されているだけでなく、墓碑の形式、文様、刻まれた文字などについてもほぼ完全に一致する。墓石の正面の装飾文のなかに、吊り下げられたランプと聖樹の文様が施され（写真

12(1))、また側面にも尖頭三葉形アーチとそこから吊されたランプ文のレリーフの連続文様が見られる（写真12(2))。一九一二年に、オランダの学者J・P・モケット（J. P. Moquette）は、①この墓石の様式ときわめて類似した墓石が、東部ジャワ島のマドゥラ海峡を挟む港町グレシク（Gresik, Garsik）の聖者マリク・イブラーヒーム（Mawlānā Malik Ibrāhīm）の墓所に納められた墓石（一四一九年逝去）に見られること、②パサイとグレシクの二基の墓石は、グジャラート地方のカンバーヤにおいて発見されたもの——上述のパルヴァーズの墓石——とほとんど同一のものであること、③一四二八年の年号を刻んだパサイの墓石を精査した結果、もしもある人がこの精巧な装飾を施された大理石製の石棺を壊して、主要な刻文のある石棺の大きな石板の前面と後面を入れ替えたならば、まさにグジャラートのジャイナ教寺院にある装飾と瓜二つのものになること、④したがって、彼らの地域にあるジャイナ教寺院の大理石の化粧板加工の技術を、彼ら自身の墓石を造るのに使ったと結論づけられること、⑤そうした

写真 12(1)　スムトラ・パサイ王国の女王ミフラースヤフの墓石の正面部分

写真 12(2)　墓石の側面および全体
ランプ文レリーフは側面に刻まれている。

グジャラート出身の石工たちはただ故郷の市場だけでなく、ジャワ島やスマトラなど、海外のムスリムたちの市場でも働いていたこと、などの点を結論とした[25]。

三　文様が語るもの

以上に紹介したモスクのミフラーブ、墓石や建物の礎石などに刻まれたグラス・ランプ文のレリーフを通じて、次のような点が明らかとなるであろう。

(1) 類似のグラス・ランプ文のレリーフは、東アフリカのキルワ、モガディシオ、南アラビアのズファール、イランのラール、インド西海岸のグジャラート地方のカンバーヤ、マルディヴのマーレ、スマトラ島のスムトラ・パサイ、ジャワ島のグレシクなど、インド洋海域世界に広く分布している。

(2) グラス・ランプ文のレリーフが製作された年次は、ほぼ共通して一三世紀前半から一五世紀前半までの二〇〇年間に限られている。

(3) グラス・ランプ文のレリーフに共通する要素として、①尖頭三葉形アーチの壁龕の中央部から吊された胴部の丸いグラス・ランプ、②アーチを支える左右の太い柱楼、③柱楼に見られる三層のストゥーパ（?）とその頂部の多宝塔に似た彫り込み、④柱楼の縁の部分に見られる聖木の樹葉の彫り込み、などの意匠があげられる。グラス・ランプ文のレリーフのなかで、最もオリジナルに近い図形をとどめているのは、南アラビアのズファール地方のバリード遺跡の墓地から出土したワースィクの墓碑（B）の裏面に刻まれたレリーフであって、他のレリーフはこれを簡略化したものと考えられる。

(4) モケットが指摘したように、カンバーヤの墓石の様式と文様はスムトラ・パサイおよびグレシクにあるものと完全に一致している。おそらくグジャラート出身の石工が大理石を東南アジアに運び、そこで製作されたか、あるいは注文によりグジャラートで製作された墓石が東南アジアに運ばれたか、のいずれかが考えられる。[26]地中海世界と違って、インド洋海域周辺では良質の石材が少なかったため、多くの建造物には、珊瑚石をブロック状に切り、その表面に漆喰モルタルを施した、いわゆる石灰モルタル建築が多用された。墓石の場合も同じように、珊瑚石に石灰モルタルを塗り、その表面が未乾燥の状態で銘文を書き入れた墓碑が多く見られる。しかしグジャラート地方は古来、大理石の産地として知られていたので、その石材が東アフリカ、南アラビアや東南アジアの各地に輸出された。[27]グジャラート出身のヒンドゥー教徒やジャイナ教徒たちは、石窟や石像などの石造彫刻に熟練した技術を持っていたことで知られていた。とくに一二・一三世紀以後、イスラーム教に改宗したグジャラート出身の石工たちはインド洋海域の各地に移動し、イスラーム都市の建設に重要な役割を果たしたと考えられる。

(5) グラス・ランプ文のレリーフは、おそらく『クルアーン』の第二四章第三五節に説かれた内容をイメージして図案化されたと考えられるが、レリーフの特徴や図柄を一見して明らかように、ヒンドゥー教、もしくは仏教的な要素が濃厚に残されている。

以上のように、グラス・ランプ文のレリーフをめぐって、さまざまな問題が提示されるが、では、こうした共通のレリーフの起源はどこにあり、イスラーム的イメージで表現される以前において、そのレリーフの祖型となったのは何であったのか。モケットは、スムトラ・パサイとグレスクに残るランプ文を刻んだ墓石は、グジャラート地方のジャイナ教の石造建築の化粧技術を修得したムスリムの石工がもたらしたものと推定していた。

このグラス・ランプ文レリーフの起源を考えるうえで、きわめて興味深い一つの資料がある。それは、中国の泉州の開元寺本堂の礎石部分に刻まれたレリーフである。写真13(1)は、その本堂の近くから出土した大理石製のレリーフ断片であるが、壁龕内部の中央部にシヴァ神を示すリンガがすっくと立ち、その左右には蓮の花に乗って座す二人の聖人、そして聖人の外側に天と地を支える太い門柱と二匹の亀が刻まれている。ヒンドゥー教では、亀は天と大地を支える柱であると見なされたので、門柱と亀とは同一体である。門柱の部分には、蔓草と蓮花文のレリーフが施されている。がっしりとした二本の門柱によって支えられた天蓋の上には、太陽と流れる雲を表したと思われる意匠が刻まれている。また写真13(2)は、同じ本堂の礎石の一部であり、そこに刻まれたレリーフには台座と蓮の花に座したヒンドゥー教のヴィシュヌ三神が描かれている。写真13(3)もまた、本堂の礎石の一部で、樹上に座すクリシュナ神と樹下には七人の弟子たちが表されているが、その幹と樹葉の形に注目したい。枝から垂れ下がるように茂った樹葉の形状には、キルワの墓石の角に施された文様やズファールのランプ文レリーフの門柱の縁に見られる文様との類似性が認められる。

この泉州の開元寺本堂の礎石がいつ、どこから、誰によって運ばれたのか、レリーフを刻んだのは誰か、などの不明な点があるが、唐の開元の紀年をもって寺号としたことから考えると、八世紀半ばに本堂が創立され、それと同時期に礎石のレリーフもまた刻まれたと推測される。そこで、一つの推論であるが、開元寺に見られるヒンドゥー教のヴィシュヌ三神を刻んだレリーフが他ならぬインド洋海域の各地に分布するランプ紋レリーフの祖型ではなかったのかということである。すなわち、写真13(1)のヴィシュヌ神を象ったリンガの部分がグラス・ランプに置き換えられ、天地を支える門柱はかなり簡略化、図案化されて、尖頭三葉形アーチを支える柱楼となったのではないだろうか。もう一つの大きな問題は、泉州の開元寺本堂の礎石に刻まれたレリーフの製作者が誰か、その石材がどこからもたらされたものか、ということである。この点を解明することは難しいが、石材は先に紹介したインド洋海域世界で見られるランプ文レリーフに使われている石材と開元寺本堂の礎石の石材とがきわめて類似していることから推断すると、泉州のものもインドのグジャラート石ではないか、したがってそれを刻んだ石工もまたグジャラートの人々ではないか、と考えられるのである。開元寺本堂の礎石が八世紀半ばに設置されたものとすると、他のインド洋海域のもの（一三〜一五世紀）との間に五〇〇年以上の時代のずれがあるが、本堂の部分は元朝の時代に一部改築された可能性も高い[28]。一三・一四世紀頃、ブローチ（Broach, Bharūch）、カンバーヤやバドレ

写真 13 (1)　泉州の開元寺本堂に刻まれたレリーフ

写真 13 (3)　樹上に座すクリシュナ神

写真 13 (2)　ヴィシュヌ神像

シュヴァル（Bhadresvar）出身のグジャラート商人・職人たちの大規模な海外進出にともなって、グジャラート地方に残る文化遺産や技術伝統もまた、中国に伝えられたのではないだろうか。

結びに代えて

一三世紀半ばから一五世紀半ばまでの約二〇〇年間は、東側からの中国ジャンクによる南インド・マラバール海岸との交易、明代には鄭和遠征艦隊によるインド洋西海域への進出、そして西側からのアラビア海・西インド洋を中心としたアラブ系・イラン系ダウの活動、南インドのタミル系商人、マラバールとマァバール海岸を拠点としたスーリヤーン（al-Ṣūliyān）商人やグジャラート地方出身の商人たちによるインド洋全域での活躍などによって、インド洋海域世界を舞台とした人の移動、モノの流通や文化・情報の交流が一段と活発におこなわれた。内陸アジアにおけるモンゴル帝国の成立、エジプト・シリアにおけるマムルーク朝、イエメン・ラスール朝、インドのデリー・サルタナ朝政権、イランにおけるイル・ハーン朝やティームール朝などの陸域を舞台とした大帝国が次々に成立したこともまた、当時の海上交易を一層刺激したと考えられる。まさにこうした時代において、グラス・ランプ文のレリーフを刻んだミンバルや墓石がインド洋海域を舞台とした情報ネットワークの世界に広く流布していったと考えられるのである。

第VII部　海域交流史に関する新史料の発見

概観

私は、これまでの研究のなかで、陸域から海域を見る立場ではなく、海域に中心視点をおいた新たな歴史領域を切り開くために、海域史に深く関連する史料の発見・発掘と現地調査を重視する立場をとってきた。われわれが従前の海域史研究において依拠してきた多くの記録類は、概して陸の領域国家（陸域）の枠内で叙述されたものであるため、海域世界の情報や海域を隔てた他地域との交流についての関心が薄く、人・モノ・情報が海域から自らの陸域内におよんだ時、そこで初めて叙述・記録の対象となり、また逆に陸域から海域に出た時には、叙述・記録からは消滅してしまった。

イラク、イラン、シリアやエジプトなどの西アジアの陸域を中心に記録・編纂された年代記・地理書・旅行記・その他の記録史料を検索してみれば明らかなように、陸域にとって「狭間」にあり、いわば「周縁」「異界」として位置づけられたインド洋や地中海の「海域世界」に起こっている出来事や、海域に生きている海民たちの生活・文化、海域を舞台とした人の広域的な移動の実態、モノの流通や情報の動き、それらの波及・伝播の諸関係、また海域を隔てた東アフリカ、インド、東南アジア、中国など遠方の諸地域とのネットワークのあり方などを窺い知るための具体的な情報はきわめて断片的なものに過ぎない。しかも、そもそも海域世界の担い手である商人・船乗りや海域に生きる人々が手紙、覚書、航海記録、取引帳簿や目録類などの具体的な資史料をたとえ主体的に記録していたとしても、現在まで残っていることはほとんど期待できない。そこで、われわれは個々の陸域に残る断片的な情報の糸をつなぎ合わせ、一枚の布を織り上げるように、一つの歴史現象としての姿を海域世界のなかに浮かび上がらせるために、どのような手段と方法があるかについて改めて考えてみる必要があるのである。

私はこれまでの海域史研究において、アッバース朝時代の首都バグダードとか、ファーティマ朝、アイユーブ朝とマムルーク朝時代のミスル（フスタート・カイロ）などの陸域の政治・経済・文化の「中心」で編纂・記録された年代記・地理書・人名録などの史料に加えて、とりわけアラビア半島周辺のペルシャ湾岸地域、オマーン、イエメン、ヒジャーズ、東アフリカ海岸やインド洋に浮かぶ島嶼部など、インド洋海域世界と直接に深く関わった地域で編纂・記録された、いわば地方誌や民族誌に属する地理・歴史の記録類を図書館・史料館等で渉猟することに努め、従来の研究ではほとんど利用されなかった写本・文書類を新たに発掘するための現地調査を続けてきた。

以下では、これまでのそうした調査・研究において新たに発掘した史料のなかでも、私の海域史研究を進展させるうえでとくに重要と思われた三つの歴史記録、すなわち①ブズルク・ブン・シャフリヤールの『インドの驚異譚』、②イエメン・ラスール朝年代記、③マルディヴ諸島のアラビア語年代記、の概要および史料的な価値について紹介してみたい。

第1章 『インドの驚異譚』に関する新史料

はじめに

八世紀の半ばから一〇世紀半ばまでの約二〇〇年間にわたって、アッバース朝の首都バグダードは、新しく成立した国際交易ネットワークを利用して活躍する商人たちの中心市場として繁栄を極めた。バスラ、スィーラーフやスハールなどのペルシャ湾岸の諸港市を活動拠点とした商人たちのなかにはムスリムだけでなく、ユダヤ教、キリスト教やゾロアスター教などの諸宗教・諸派の人々も含まれており、彼らは木造帆船ダウに乗ってアラビア海とインド洋を越えて、東アフリカ海岸、インド、東南アジアや中国の諸地域に至り、熱帯・亜熱帯の特産品や中国物産をバグダードの市場にもたらした。さらに、それらの商品はバグダードで仲介・取引された後、西アジアや地中海世界の各地に運ばれた。(1)

当時の海上航海や交易の活動状況を具体的に窺い知ることのできる代表的な記録史料として、①商人スライマーン（al-tājir Sulaymān）とスィーラーフ出身のアブー・ザイド（Abū Zayd al-Sīrāfī）による情報をまとめた『中国とインドの諸情報 *Akhbār al-Ṣīn wa'l-Hind*』、②マスウーディー（al-Mas'ūdī）『黄金の牧場 *Murūj al-Dhahab*』、③

ブズルク・ブン・シャフリヤール（Buzurk b. Shahriyār）『インドの驚異譚 *Kitāb 'Ajā'ib al-Hind*』の三種があげられるであろう。

それらのなかでも、ブズルク・ブン・シャフリヤールの『インドの驚異譚』はインド洋の航海に豊富な経験を持った南イラン・フージスターン地方のラームフルムーズ（Rāmhurmūz）出身のナーフーザ（nākhūdha, nākhdhah, 船主兼船舶経営者）[2]、ブズルク・ブン・シャフリヤールが一〇世紀の前半から後半にかけて、ペルシャ湾頭の国際港スィーラーフを拠点として活躍した、主としてイラン系ナーフーザ、ルッバーン（rubbān）[3]、船乗り（nūtī, nawātī, nūtīya）[4]や海上商人たち（al-tujjār al-baḥrīya）[5]から直接・間接に聞き取った不思議な逸話や、彼自身による航海の記録と現地での体験を蒐集・編纂した書物である。その書物には、当時の船乗りたちの冒険談、航海中の嵐・凪、遭難・漂流や航海の記録、交易上の慣行、インド洋周辺と島嶼の自然地理、動植物、さまざまな原住民と風俗・習慣、特産品、港での交易の様子などが克明に記録されている[6]。そうした記録内容の一部には、明らかに荒唐無稽と思われる奇談、誇大な情報や想像上の伝説が含まれているが、同時に情報提供者の名前、情報の採集地、出来事に関連する年号や地名、取引された物品の種類や商慣行を正確に伝えた記録も散見する。したがって、『インドの驚異譚』は、他の同時代の記録史料とも併せて比較・検討することで、一〇世紀のインド洋海域世界のあり方や海域を舞台とした人々の活動状況を知る好個の史料というべきものである。

とくに注目に値する点は、本書が当時の船乗りや海上商人たちによって使用された「俗語アラビア語」で書かれていること[7]、特殊な航海用語や商売に使っていた慣用語を多く含んでいることにある。俗語アラビア語とは、正則文法にもとづくアラビア語の知識を十分に持たなかった海民たち――アラビア語を母語とするアラビア半島のアラブ系の人々だけでなく、ペルシャ語を母語とするイラン系の人々や、インド諸語を用いるグジャラート地方やマラバール海岸の住民を含む――が航海活動、運輸、交易、金融や情報伝達の手段として共通に使用していた「文字化された口語アラビア語」のことである。さらにまた、本書の持つ特殊な史料価値の一つとして、アラブ文学史のうえで、「驚異譚（'ajā'ib）」とか「稀少譚（nawādir）」と呼ばれる文学ジャンルの最古の作品の一つであることが指摘される。[8]

これまでの研究では、現存する唯一の『インドの驚異譚』のアラビア語写本は、現在、イスタンブルのスレイマニエ図書館（Süleymanie Library, Istanbul）に移管・所蔵されている旧アヤ・ソフィア・モスク所蔵本の『インドの驚異譚、その陸、海と島々 *Kitāb 'Ajā'ib al-Hind Barr-hu wa Baḥr-hu wa Jazā'ir-hu*』（Aya Sofia, Ms. No. 3306）であると考えられていた[9]（以下では、旧アヤ・ソフィア・モスク所蔵本をA本と略す）。しかし、私の調査・研究によって、『インドの驚異譚』の一部が一四世紀前半に著されたウマリー（Ibn Faḍl Allāh al-'Umarī）編纂の百科全書『大都市を持つ諸王国に関する洞察の道筋 *Masālik al-Abṣār fī Mamālik al-Amṣār*』の一部に引用されていることが明らかとなった（以下では、ウマリー引用の『インドの驚異譚』をU本と略す）。そこで本章では、①A本とU本の内容を詳しく比較・分析することによって、U本が『インドの驚異譚』の一部であることを確認したうえで、②U本に含まれる史料価値を分析していくことにしたい。

一　旧アヤ・ソフィア・モスク所蔵本『インドの驚異譚』

ブズルク・ブン・シャフリヤール『インドの驚異譚』がインド洋海域史研究のうえで、きわめて貴重な史料であると評価した最初の研究者は、おそらくフランスの著名な研究者C・シェフェール（Charles Schefer）であろう。彼は、イスタンブルにあるフランス大使館に勤務していた一八七〇年代の半ばに、アヤ・ソフィア・モスク所蔵のアラビア語写本のなかに『インドの驚異譚』があることを知ると、知人を介して写本を筆写させ、その写しをパリに送らせた[10]。それが「シェフェール入手本九六五五番（Acq. Schefer No. 9655）」であり、現在、同本はフランスのパリ国立図書館に「アラブ写本五九五八番（Bibliothèque Nationale, Paris, Ms. Arabe No. 5958）」として収められている（以下では、これをP本と略す）。P本の最終頁（fol. 73a）には「『インドの驚異譚』［の書写］は、祝福されたるラマダーン月の第一二日目に、最も劣る［神の］後継者、真実においても取るに足らぬ［神の僕］アブド・アッラー・ブン・ガフル・アッラー・ミルザー・ムハンマド・アルハウリー（aqall al-khalīfat bal lā shay'a fi'l-ḥaqīqat 'Abd Allāh b. Ghafr Allāh Mīrzā Muḥammad al-Khawlī）によって完成された」[11]とあるので、この人物がA本を書き写して、P本を作成したと考えられる。ただし、日付の部分の「ラマダーン月の第一二日目」が何年のラマダーン月を指したかを特定することは難しい。

L・M・ドゥヴィク（L. M. Devic）はP本を閲覧して、その内容に興味を抱き、一八七八年に『インドの驚異 *Les Merveille de l'Inde*』と題して、仏語訳を試みた[12]。しかし、定本として利用したP本には筆写の際の間違いが多く、また特殊な人名や地名についても読みが不正確であったため、彼はそれらの点を訂正・確認するために、再度、M・リッテルハウゼン（M. Ritterhausen）に依頼してA本との照合をおこなわせた。その後、修正されたP本（原P本が現在、どこに所蔵されているかは不明）を利用して、V・リース（Van der Lith）がアラビア語校訂テキストを作成し、それにもとづいてドゥヴィクがフランス語改訂訳をおこなって、一八八六年、共著で『ラームホルモズのシャフリヤールの子息、船長ボゾルグによるインドの驚異の書 *Livre des Merveilles de l'Inde, par le capitaine Bozorg fils de Chahriyâr de Râmhormoz*』と題して刊行した。リースとドゥヴィクによって完成した書は、アラビア語テキストと仏語訳の他に、序文、特殊な語彙と地名の解説を含む索引と補遺（excursions）が付けられており、それらの研究内容は現在でも利用価値が高いものである[13]。

ドゥヴィクとリースによる校訂テキストおよび仏訳文は、その後、最も信頼すべき定本として多くの研究者によって利用された。D・クトゥビー（D. al-Kutubī）、M・S・トゥライヒー（M. S. al-Ṭurayḥī）、Y・シャールーニー（Y. al-Shārūnī）、M・ハブシー（M. al-Ḥabshī）などによるアラビア語テキスト、またP・ケンネル（P. Quennell）とG・S・P・フリーマン・グレンヴィル（G. S. P. Freeman-Grenville）の英語訳、J・ソーヴァジェ（J. Sauvaget）による仏語訳、R・L・エールリッヒ（R. L. Ehrlich）のロシア語訳、そして藤本勝次と福原信義の共同作業による日本語訳註などは、いずれもドゥヴィクとリースの研究に依拠したものである[14]。

シャールーニーによるアラビア語テキストは、かつてド・フーユ（de Goeje）が「卑語と下品な言葉に満ちた」と評した『インドの驚異譚』を現在の一般読者にも理解できるように、正則アラビア語に改めたものである。しかし、そうした校訂作業は『インドの驚異譚』に含まれる一〇世紀の「海域アラビア俗語」史料としての貴重な価値を失わせるものであろう。またソーヴァジェによる仏語訳は、『ジャン・ソーヴァジェ遺稿集 *Mémorial Jean Sauvaget*』（第一巻）に収められているが[15]、序論・註釈とアラビア語テキストの部分は未完に終わった。ソーヴァジェ仏語訳は、ドゥヴィク訳に見られる誤訳部分が大幅に修正されたことで高く評価されているが、彼の訳文もまた『インドの驚異譚』の持つ独特のニュアンスとは大きく異なり、品位のある表現に改められている。なお、ケンネルの英語訳とエールリッヒのロシア語訳は、簡単な註釈が付されているが、一般読者に興味を抱かせる部分だけを抜粋したもので、研究書としての価値は低い。

最近の研究で注目されるのは、東アフリカ・イスラーム史研究で名高いフリーマン・グレンヴィルによる『インドの驚異の書 *The Book of the Wonders of India*』と題する英訳本である。グレンヴィルはドゥヴィク訳に多くの修正を施しただけでなく、未解決であった問題についての注目すべき幾つかの新見解を提示した。すなわち、これまでの『インドの驚異譚』研究におけるおもな論争点は、①現存する孤本A本の原本とその編纂・著述年次、②編者ブズルクが実際に活躍した時代はいつか、③A本の筆写年代とその奥付に記された難解な年号文字の解釈をめぐる問題、などであった。これらについて、フリーマン・グレンヴィルは、以下のような結論を下した[16]。

(1)『インドの驚異譚』に収録された全一三六話のうちで、年代を特定できるものは二九話、そのうち、アッバース朝のカリフ＝ムクタディル・ビッラー（在位九〇八―三二年）の治世代に関わるものが一八話あり、それより以前の時代のものはわずか三話に過ぎない。とくに九〇〇—五三年の年代枠を越えるものはわずかに一話（ドゥヴィク訳本の第四〇話）である。以上のことから判断して、ブズルクが実際に活動した時代は九〇〇—五三年の約五〇年間に限定され、彼がスィーラーフで生活していた当時、そこに集まる船乗りたちを通じて海の驚異譚を蒐集・記録した。

(2) A本の奥付に記された判読不明な日付について、リースはヒジュラ暦四〇四年第一ジュマーダー月一七日

図1　アヤ・ソフィア本『インドの驚異譚』の表紙中扉

（一〇一三年一一月二四日）と解釈したが、A本の表紙中扉に記された装飾文字のなかに、ダマスカスのアーディリーヤ学院のことが言及されていることから判断して（図1）、奥付の日付は四〇四年ではなく、六〇四（一二〇七／〇八）年と読むべきである。なぜならば、アーディリーヤ学院はアイユーブ朝のマリク・アルアーディル（al-Malik al-ʻĀdil, 在位一一九六—一二一八年）によって建設されたものだからである。現存する写本がアーディリーヤ学院に収められるまでの期間、すなわちブズル

クの活動した最終年の九五三年から一二〇七／〇八年まで——グレンヴィルはヒジュラ暦六〇四年に対応する西暦年を誤って一二四六年とした——の三〇〇年間の経過については不明である。この作品はブズルクとほぼ同時代の歴史家マスウーディーやその他の幾人もの著述家の間にも知られていたので、ブズルクの活動した最終年の九五三年とマスウーディーの死去の九五六年との間に最終的な編纂がおこなわれたものと考えられる。

このフリーマン・グレンヴィルによって指摘された二つの点について、次に私見を述べてみたい。A本の表紙中扉を見ると、そこには植物文様と幾何学文様が美しく描かれ、金箔を施したなかに、次のような白文字が記されている。「ヒンド（インド）——その陸地、その海とその島嶼——の驚異の書。アッラーム・フルムーズ出身のナーフザーフ、ブズルク・ブン・シャフリヤールの作品で、いと高きアッラーのもとの貧しき僕《ファキール》、崇高なるアーディリーヤ［…………］の気付《きづけ》において、守備されたるシャーム（ダマスカス）において［筆写されたものである］。いと高きアッラーよ、そこを讃えあれ！（Kitāb ʻAjāib al-Hind : Barr-hu wa Baḥr-hu wa Jazāʼir-hu wa allafa Buzurk b. Shahriyār al-Nākhdāh al-Rām Hurmuzī bi-rasm al-faqīr ilā Allāh taʻālā al-ʻĀdilīyat al-ʻalāʼīyat［…………］bi al-Shām al-maḥrūs aʻazza-hu Allāh taʻālā）」

この文中に記された「崇高なるアーディリーヤ（al-ʻĀdilīyat al-ʻalāʼīyat）」の部分を、フリーマン・グレンヴィルは「ダマスカスのアーディリーヤ学院（al-Adiliya Institute at Damascus）」と解釈しているが、「学院」、すなわちアラビア語のマドラサ（al-madrasat）に該当する文字は含まれていない。したがって、A本がアーディリーヤ学院に収蔵されていたと早急に断定することは難しいと思われる。アイユーブ朝のダマスカスの支配者には、二人のアーディルがいたことが知られている。マリク・アルアーディル・サイフ・ウッディーン一世（al-Malik al-ʻĀdil Sayf al-Dīn Abī Bakr Muḥammad b. Ayyūb b. Shādhī b. Marwān）とマリク・アルアーディル・サイフ・ウッディーン二世（al-Malik al-ʻĀdil Abū Bakr Sayf al-Dīn b. al-Malik al-Kāmil, 在位一二三八—四〇年）であるが、この二人のうちのいずれかに献呈された写本が現存のA本である、と解釈する方が自然であろう。二人の支配者のうちで、より可能性の高いのは前者のマリク・アルアーディル一世であって、彼はダマスカスにアーディリーヤ大高等学院（al-Madrasat al-ʻĀdilīyat al-Kubrā）を創設した人物として知られている。[17] ヌアイミー（ʻAbd al-Qādir Muḥammad al-Nuʻaymī）によると、大高等学院の建設は六一二（一二一五／一六）年に開始され、六一五（一二一八）年のマリク・アルアーディル一世の没後、彼の遺体はそこの墓地に移されたという。[18] したがってA本は、マリク・アルアーディル一世が在位していた一一九六年から一二一八年までの間に編纂され、彼に献呈された後、アーディリーヤ大高等学院が建設されたために、収蔵されたと考えるのが妥当であろう。なお、「崇高なるアーディリーヤ」に続く表紙文中の大括弧［……］の部分はきわめて不鮮明であるため、判読が難しい。おそらくマリク・アルアーディル一世の名前であるアビー・バクル・ブン・アイユーブ・ブン・シャーズィー・ブン・マルワーン（Abī Bakr b. Ayyūb b. Shādhī b. Marwān）の文字が記されていると思われるが、さらに実際に写本を見て確認する必要があろう。

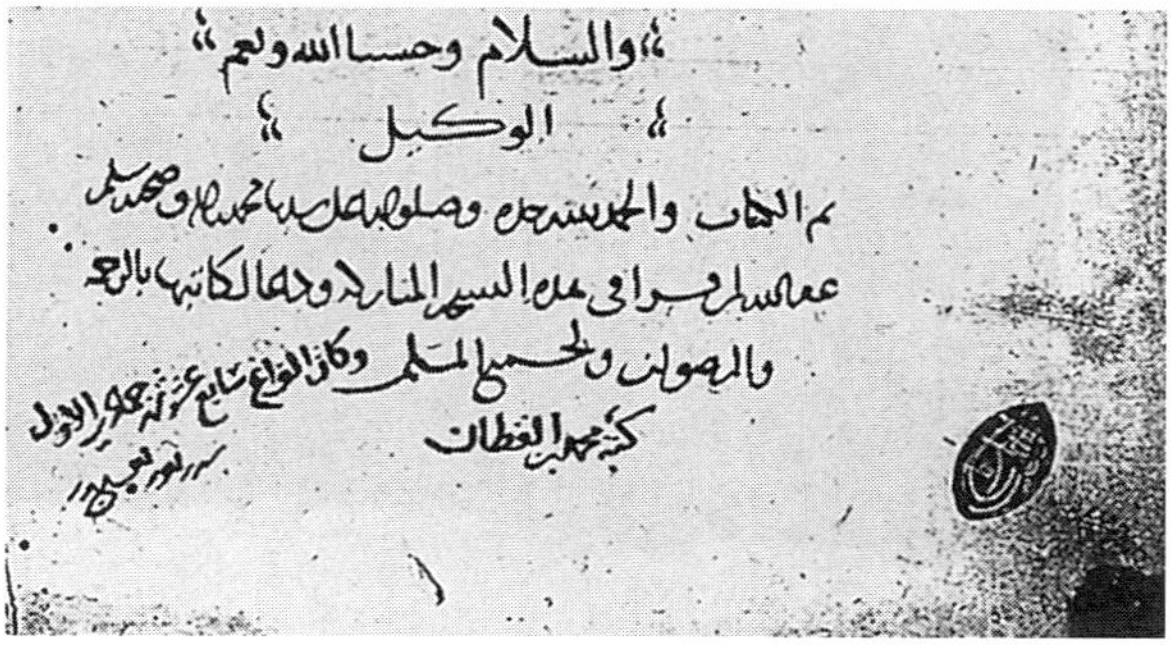

図2　アヤ・ソフィア本『インドの驚異譚』巻末部に見られる筆写年代を示す書き込み

A本の九五B葉と巻末部の九六B葉の二ヵ所には、同一の筆跡で「［書写の］完成は、四〇四年第一ジュマーダー月一七日（一〇一三年一一月二四日）である。ムハンマド・ブン・アルカッターン（Muḥammad b. al-Qaṭṭān）がそれを書いた」[19]との書き込みが見られる（図2）。この部分は、本文の流麗なナスヒー書体とは違って、かなり拙い走り書きのような角張った文字で記されている。これまでの研究では、この部分の年号について四〇四、五八〇、六四四、七〇四などの異なる読み方が試みられてきた。[20] 私は、この年号をリースの意見と同じように四〇四年（sanat rbaʻat wa rbʻmiya）と読み、ヒジュラ暦四〇四年第一ジュマーダー月一七日（一〇一

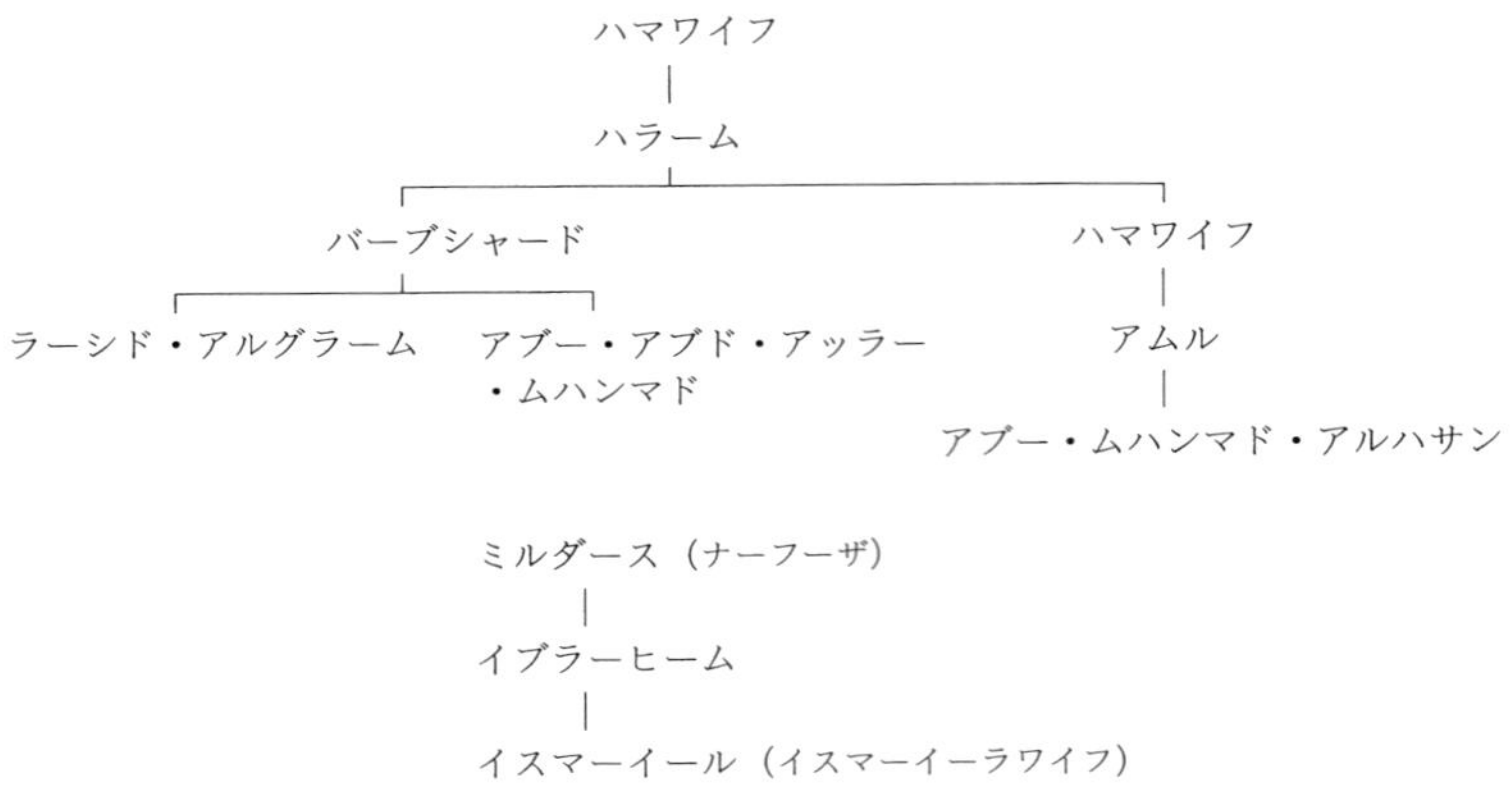

図3 スィーラーフの著名なナーフーザの家系図

三年一一月二四日)、A本の書写がムハンマド・ブン・アルカッターンなる人物によって完成した、と解釈する。[21] そして後述するように、もともと上下二冊本で構成されていたA本は、一冊の写本に合綴された際に、スルタン=マリク・アルアーディル・サイフ・ウッディーン一世の名を加えた新しい表紙が付けられ、スルタンへの献呈本として、アーディリーヤ高等学院に納められたのではないか、と考える。[22]

なおA本の表紙欄外に見られる書き込みと印章の文字から判断すると、A本は、ムフスィン・ブン・イーサー(Muḥsin b. ʿĪsā)なる人物が一時所有し、さらにオスマン朝のスルタン=マフムード一世(Maḥmūd I, 在位一七三〇—五四年)のワクフ財産に帰属していたことが分かる。

A本の『インドの驚異譚』は、編者ブズルクが一〇世紀のインド洋海域世界を股にかけて活躍していたナーフザーフ(ナーフーザ)、ルッバーン、船員や海上商人たちから聞き取った「海の驚異(ʿajāʾib al-biḥār)」に関するさまざまな逸話を収録したもので、全体で一三六話を収録している。なお、仏訳者ドゥヴィクは第四六話と第八一話の番号を二重に用いているため、最終番号は一三四話となっているが、さらに二話を加えて合計一三六話とすべきであろう。[23]

注目に値する点は、一三六話のうちの大部分の情報がスィーラーフで直接採集されたことにある。とくにスィーラーフ出身の著名なナーフーザのアブー・アブド・アッラー・ムハンマド（Abū ʻAbd Allāh Muḥammad）から一九話、彼の従兄弟にあたるアブー・ムハンマド・アルハサン（Abū Muḥammad al-Ḥasan）から一七話、イスマイーラワイフとして知られた当代随一のナーフーザのイスマーイール（Ismāʻīl b. Ibrāhīm b. Mirdās）から七話と、いずれもスィーラーフの情報提供者から集めた逸話が四三話あり、全体の約三分の一を占めている。以上のことは、編者ブズルクがスィーラーフの港町およびそこの人々と深く関わっていたことを端的に示している（図3参照）[24]。

『インドの驚異譚』第七七話の最後部に、「以上で、第一巻（al-juzʼ al-awwal）は終わり、次にニヤーン島の報告が第二［巻］に続く。もし、いと高き神が望み給うならば……」[25]と、さらに第一〇六話では「インドでは、呪術師や魔術師がいる。彼らの業《わざ》については人々の記憶に留められており、私はすでにその話の一部についてこの［第二］巻（hādhā al-juzʼ）で話した」とある[26]。ここからも明らかなように、現存するA本の『インドの驚異譚』は一巻本であるが、A本のもととなったと思われる別写本（オリジナル本？）は第一巻と第二巻に分かれていたと考えて間違いない。そして、①A本の第一話から第七七話までの第一巻に相当する部分が全体の三分の二以上を占めていること、②残りの第七八話から第一三六話までの後半部分の分量が三分の一に過ぎないこと、の二点から判断して、後半（第二巻）の一部がある時期に散逸したため、二巻本であったものが一巻本にまとめられたのではないか、との推測が可能となる。後述するように、こうした事実はU本がA本の第一三六話に続いて、さらに一九種の別の逸話を収録していることからも明確に裏づけることができる[27]。

二　ウマリー本『インドの驚異譚』

一九七一年四月の約一ヵ月間、私はイスタンブルのスレイマニエ図書館に所蔵されているアラビア語地理書・旅行記の写本調査をおこなった。それらのなかで、とくに強い関心を抱いたのは、旧アヤ・ソフィア・モスク所蔵本のウマリー編纂による百科全書『大都市を持つ諸王国に関する洞察の道筋』（全二七巻）のうちの第一巻と第二巻に含まれた一〇世紀のインド洋交易を伝える記録である。[28] 早速、その重要箇所をマイクロフィルムに収めたが、当時、それがブズルク・ブン・シャフリヤール『インドの驚異譚』の一部であることには気づかなかった。

その後、ドイツのフランクフルトにあるJ・W・ゲーテ大学のアラブ・イスラーム科学史研究所（the Institute for the History of Arabic-Islamic Science, the Johann Wolfgang Goethe University）から、F・セズギン（Fuat Sezgin）編纂による「写本復刻叢書（Series C: Facsimile Editions）」の一部として、ウマリーによる百科全書全巻の写本がオフセット印刷により復刻・出版された。[29] そこで上述の旧アヤ・ソフィア・モスク所蔵本のウマリー写本と新たに刊行されたオフセット版写本の両本を比較しながら読んでみると、ウマリー写本に含まれたインド洋交易を伝える両本の記録は、いずれもA本によるブズルク・ブン・シャフリヤール『インドの驚異譚』の内容と符合しているのではないかとの推論を得たのである。

ウマリーの正式の名前は、シハーブ・ウッディーン・アフマド・ブン・ヤフヤー・ブン・ファドル・アッラー・アルウマリー（Shihāb al-Dīn Aḥmad b. Yaḥyā b. Faḍl Allāh al-ʻUmarī）といい、一三〇一年、ダマスカスに生まれた。彼は、マムルーク朝のスルタン＝ナースィルの治世代にカイロとダマスカスの大法官庁の書記（kātib al-sirr）を務め、またカルカシャンディー（Shihāb al-Dīn Aḥmad al-Qalqashandī）やヌワイリー（Shihāb al-Dīn Aḥmad b. ʻAbd al-Wahhāb al-Nuwayrī）と並ぶマムルーク朝時代の三大百科全書の編纂者の一人として知られた。彼の著述・編纂した書『大都市を持つ諸王国に関する洞察の道筋』は、自然地理・天文・動植物誌・人物誌・事件史に関する全二七巻（sifr）の大百科全書である。[30]

セズギンによって復刻・出版されたウマリー写本全二七巻のうちの第二巻は、現在、スレイマニエ図書館所蔵の写本（Ms. 2227, Yazma Bağişlar, Süleymaniye Library, Istanbul）を復刻したもので、旧アヤ・ソフィア・モスク所蔵本のウマリー写本第二巻と構成・内容において一致している。第二巻第三章の見出しは「海洋とそれに関連することについて（Fī al-Biḥār wa-mā yataʿallaqu bi-hā）」と記されており、「第一節：海の記載について」、「第二節：四つの風の説明とコンパス図について（Fī Dhikr al-Riyāḥ al-Arbaʿ wa Ṣūrat al-Qunbāṣ）」、「第三節：陸上および海上における驚異の一部の事柄の説明について（Fī dhikr Nubdhat min al-ʿAjāʾib Barran wa Baḥran）」の三つの節（faṣl）から構成されている。問題となるU本は、第三章第三節に相当する部分に含まれており、全体の頁数は五三頁（pp. 175-227）、一頁二一行（最初の頁だけは見出し行を入れて五行）、全文が美麗なナスヒー書体によって記されている。

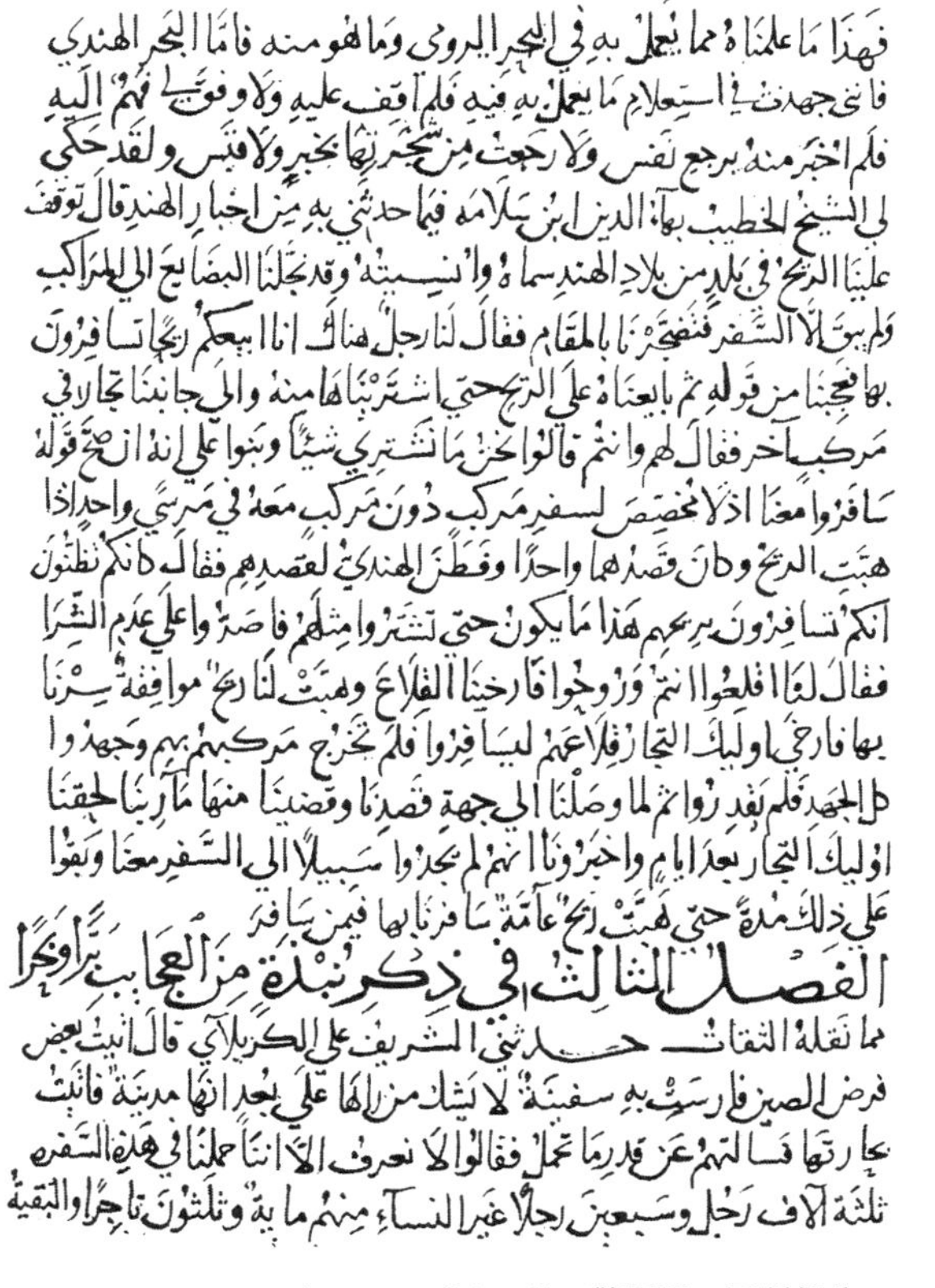

図4　ウマリー本による『インドの驚異譚』冒頭部分

U本の第三節の記述形式は、「ナーフザーフ（ナーフーザ）のイスマーイール・ブン・イブラーヒーム・ブン・ミルダースが私に語って曰く……（ḥaddatha-nī Ismāʿīl b. Ibrāhīm b. Mirdās al-nākhudhāh...qāla...）」、あるいは「ムハンマド・ブン・バーブシャーズ、イスマーイーラワイフおよび船乗り仲間たちが語って曰く……（qāla ḥaddathanī Muḥammad b. Bābshādh wa Ismāʿīlawayh wa jamāʿat min al-baḥrīyīn...）」のように、情報提供者の名前を示したあとに、編者によって蒐集された逸話が記録されている。[31] こうした記述形式はA本のそれと一致しており、両本ともに一つひとつの逸話に見出し、段落や区切りは見られない。リースの方式にならって、U本に含まれる逸話を分類すると、全体で八〇話が収録されていることが分かる。A本は全体が一三六話から構成されているので、U本はそれに対してほぼ五分の三の分量になる。

第三節の見出し部分（U本一七五頁一七行目の大文字）、すなわち「第三節：陸上および海上における驚異の一部の事柄の説明について」に続く冒頭部分には、A本とは違って、前置きもしくは序言にあたる説明はなく、次の文章で始まる。「［確かな情報を伝える］信頼のおける人たち（al-thiqāt）が引用することの一つに、以下のことがある。シャリーフ＝アリー・アルカルバラーイー（al-Sharīf ʻAlī al-Karbalāʾī）は、私に語って曰く。『私が中国（al-Ṣīn）のとある港に着くと、そこに一艘の［大］船が錨を下ろしていたが、その船を遠くから見た人は［あまりの大きさに］紛れもなく一つの町のように思えた。そこで、私はその船の船員たちのもとに行き、船がどの程度のものを運べるかと訊いた。すると、彼らは〝わしらが知っておることはただ、今回の航海では女たちを除いて、三、〇七〇人の男たちを運んだということだけじゃよ。しかも彼らのなかには一三〇人の商人たちがおり、残りの者で荷物を持参していない者はほとんどおらんかったよ〟と答えた……。[32]』

ここには、イラクのカルバラーゥ（Karbarāʾ）出身のシャリーフ＝アリーなる人物が中国の大きな港に着いた時に目撃した巨大な船のこと、商人たちが莫大な資金と商品を持って来航すること、港の為政者（al-sulṭān）[33]が徴収する輸入商品に対する関税額が莫大であることなど、その港で目撃した驚異の逸話が語られている。この第一話に相当する部分はA本には含まれておらず、商人スライマーンが『中国とインドの諸情報』で伝えるハーンフー（広府、広東）での中国の王（malik al-Ṣīn）による外国商人の貿易管理について述べた内容と類似している。

次に、U本の第三節の最終部分（二二七頁一七—二二行）を見てみよう。そこには「さて以上［に述べた逸話］が驚異（al-ʻajāʾib）に関して語られたすべてであり、例外はない。しかし、これに類する話について、語るべきことは［他にもきわめて］多いので、もし私がそれらの驚異・驚嘆について、どれとどれに本当の価値があるか［はっきりとした方針］を決めたうえで編纂［作業］を始めなかったならば、とてもそれらを［正しく］引用することはできなかったであろう。なぜならば、そもそも海というものはその数々の驚異を語る者や、またその摩訶不思議なこと（gharā'ib）を伝えようとする者に対して、けっして［記録することを］妨げたりすることはないが、［その真実の選択に困って］病に呻き、その重い負担に押しつぶされるほどだからである。実際に、そうした東方の諸地域は驚異について語るべきことが実に数多いのだが、ただただ真理をもって、［記述するうえで］要旨を切り詰めることが一層相応しく、また簡潔であることがより肝要であるゆえに、その引用者にとって絶対に避けるべきことは、嫉《そね》み心を持つ無知な者や強情に私見を言い張る［偽の］智者［からの無駄な干渉］である」とあって、この節に含めるべき海の驚異に関する情報があまりに多いため、情報の取捨選択が難しかったことを指摘して、この節を終えている。

表1は、U本に収録された八〇話のうち、採録年号を明記したものだけを取り出し、A本の年号と比較したものである。この表を通じて明らかなように、年号を明記した逸話はA本では一七話、U

表1　『インドの驚異譚』に記された年号

旧アヤ・ソフィア本（A本）		ウマリー本（U本）	
番号	年号（ヒジュラ暦/西暦）	番号	年号（ヒジュラ暦/西暦）
1	270/883-84	3	270/883-84
1	288/900-01		
9	300/912-13		
61	300/912-13	25	300/912-13
109	305/917-18		
37	306/918-19		
114	306/918-19		
90	309/921-22		
10	310/922-23	11	310/922-23
32	310/922-23		
83	317/929-30		
85	317/929-30		
49	325/936-37	21	325/936-37
		66	330/941-42
33	332/943-44	12	332/943-44
129	334/945-46		
29	339/950-51		
127	340/951-52	54	340/951-52
95	342/953-54		
		66	350/961-62
		71	361/971-72
		70	367/977-78

本では一〇話が収められ、それらのなかで最も古い採録年はA本のヒジュラ暦二七〇（八八三／八四）年、U本も同じく第三話のヒジュラ暦二七〇年である。[34]また最も新しい採録年は、A本の第九五話の三四二（九五三／五四）年、U本の第七〇話の三六七（九七七／七八）年である。最新の採録年を記したU本の第七〇話は、A本には含まれておらず、「この私自身、［ヒジュラ暦］三六七年にカラ（Kalah）において盗賊（海賊）の首領で、その名前がラクバン（Rakban）と呼ばれる人物を見たことがある。彼は海上において暴虐を極め、［人々に］大変な恐怖・災難を与えた。それに類する彼に関わる［数々の恐ろしい］噂話がずっと［人々の間で］語られていたが、結局、彼は盗賊から足を洗い、サルブザ王の安全保護《アマーン》のもとに降った」と記されている。

なお、前述したように（第V部第2章・第3章）、カラ、またはカラフバール（Kalahbār）は、中国唐代の記録、賈耽による『皇華四達記』には箇羅国とあり、マレー半島の南西海岸に位置した交易港で、現在のマレーシアのケダ州ブジャン渓谷（Bujang Valley）とその周辺一帯に港市遺跡が残されている。[35]九・一〇世紀のカラは、ペルシャ湾と中国を結ぶインド洋航海の中間拠点であり、またスマトラ、ジャワやインドシナ半島の各地から集荷された熱帯産の沈香、白檀、蘇枋木などの香木類、薬物・染料類、錫、金などの取引市場として殷盛を極めた。またサルブザ（Sarbuza）は七〜一一世紀に栄えたシュリーヴィジャヤ王朝のことで、マラッカ海峡周辺部からスマトラ島東南部の海域に広く支配権を拡大し、その王都はパレンバンにあったと推定される。そして上述の記録からも明らかなように、一〇世紀のサルブザはカラを服属下に収めていた。

ここで最も注目すべき点は、第六九話、第七〇話、第七一話の三つの逸話がいずれも著者ブズルク自身による経験談であることである。第七一話では「私が目撃したカラのいくつもの驚異として以下のことがある。……この私はカラで夏と冬を過ごしたことがある。……三六〇年と六一年に、私はカラに滞在した。そして私はそこを出てバンジャーラーンに向けて出発し、バンジャーラーンの海岸にあるカルブ（Karb, Kurb, Kadub）に着いた。[36]なぜならば船がそこで浅瀬に乗り上げてしまったためで、人々（船の乗組員）はバンジャーラーンの入江から来る真水（夏期の洪水による水量）が増加するまでの約二ヵ月間をそのままそこに留まった……」とある。[37]これらの記事によって、ブズルクは九七一／七二年から九七七／七八年までの間にカラを何度か訪問し、九七一／七二年の夏と冬の一時期をカラで過ごしたことが分かる。これらの逸話は、いずれもA本にはまったく採録されていないので、この部分のU本が貴重な史料価値を持っていることを示している。

U本に記された最も新しい年号は、第七〇話の三六七（九七七／七八）年であって、それ以後の年号は見られない。ここで見逃し得ない点は、ヒジュラ暦三六七年は他ならぬペルシャ湾の国際港スィーラーフの町の歴史にとってきわめて重要な年であったことである。地理学者ムカッダスィー（al-Muqaddasī）の記録によると、三六六（九七六／七七）年もしくは三六七年、スィーラーフの町は大地震に襲われて壊滅的な被害を受けた。すなわち、この事件について「スィーラーフ、そこはアルダシールフッラ（Ardashīrkhurra）の中心都市（qaṣaba）。……その後、ダイラム［・ブワイフ朝］が支配権を持つと、その町は勢いを失い、彼ら（町の住民）は［インド洋の］海の岸辺［の諸港］に移ってゆき、オマーンの中心都市を建設した。さらに、［三］六六年、もしくは［三］六七年に地震が起こって、その町を襲い、七日にわたって地震が続いた。その結果、住民は海に避難したが、そこの建物の大部分は破壊され、壊滅状態になった。この大地震は、熟慮のうえで行動しようとする人の教訓となり、また［過去のことに教訓を得て］他人に警告を与えようとする人に対して［スィーラーフが享受していたような華々しい繁栄は長続きしないことの］例証となった」と、ムカッダスィーは記録している。[38]

U本に採録された逸話の最終年号は三六七年であり、ムカッダスィーの伝えるように、大地震によってスィーラーフの町の崩壊した年号もまた三六六年もしくは三六七年であったことは、偶然の一致であろうか。『インドの驚異譚』に記録された内容を見ても明らかなように、ナーフーザであった編者ブズルク自身が航海と交易の拠点をスィーラーフに置いていたこと、彼の情報提供者の多くはスィーラーフ出身の船主、ナーフーザや船乗りたちであったこと、しかも航海談の採集地がスィーラーフ、もしくはスィーラーフの主要な海外居留地であるスハール、バスラとインドのサイムールなどであったことから判断して、次の諸点が指摘されよう。①『インドの驚異譚』の編者ブズルクが航海談を採録したのは、彼自身がスィーラーフを拠点にインド洋の航海活動で活躍していた時期であった。②三六六年もしくは三六七年、スィーラーフを襲った大地震によって町が崩壊すると、他の多くのスィーラーフ出身の船乗りたちと一緒に、ブズルクもまたスィーラーフの町を離れたと思われる。③彼が『インドの驚異譚』を編纂した場所はスィーラーフではなく、おそらく避難先のナジーラム（Najīram）、オマーンのスハール、もしくは彼の生まれ故郷のフージスターンのラームフルムズであった。④ブズルクは、スィーラーフの大地震について一言も触れていないが、ムカッダスィーが述懐したように、スィーラーフの人々によるインド洋での華々しい活躍の歴史を語り、同時に栄枯盛衰の歴史を後生に伝えることが目的で、航海談を採録・編纂したものと推察される。⑤アッバース朝時代のバグダードとペルシャ湾・インド洋を股にかけて活躍した船乗り・海上商人たちの語る海の驚異や冒険談は、いわゆる「海の驚異譚（ʻajāʼib al-biḥār）」として、その後もモスクに集まって談話する人たち（al-masjidīyūn）や語り師たち（quṣṣāṣ）に好んで語られ、広く伝承された[39]。

三　A本とU本の内容比較

表2は、A本に含まれる一三六話とU本に含まれる八〇話について、記載順に「番号」を、またそれぞれの逸話に相応しい「見出し」を便宜的に付けて相互に比較したものである。なお、A本とU本のいずれの写本にも、逸話の番号や見出しは付されていないため、A本についてはドゥヴィクによる分類（一部の配列番号に誤りがあるため、それを正しく改めた）にならい、U本については私がこの表の作成にあたって付けたものである。両本に含まれる逸話の内容が完全に一致する場合、あるいは一部に異同があっても明らかに同一の逸話を伝えたと思われるものは

表 2 旧アヤ・ソフィア本とウマリー本との内容比較

旧アヤ・ソフィア本（A 本）		ウマリー本（U 本）	
番号	内容	番号	内容
	……………………………………	1	中国の港に到着した船の乗員数と持参商品
	……………………………………	2	人魚の島
1	密かにイスラーム教に改宗したインド王	3	密かにイスラーム教に改宗したインド王
2	低地カシュミールの祭礼	4	低地カシュミールの祭礼
3	サランディーブの市場と大仏殿	5	サランディーブの市場と大仏殿
	……………………………………	6	インド人貴族たちの間の姦通の習慣
4	インド・カンヌージュ地方の女		……………………………………
5	お化け蟹		……………………………………
6	船の錨を挟む巨大蟹	7	船の錨を挟む巨大蟹
7	ワークワーク諸島の奴隷狩り		……………………………………
8	巨鳥に乗って生還した船乗り	8	巨鳥に乗って生還した船乗り
9	巨大魚		……………………………………
10	別の巨大魚		……………………………………
11	巨大魚に穴を開けられた船		……………………………………
12	指輪を飲み込んだ魚		……………………………………
13	魚の不思議な習性		……………………………………
14	女人の島		……………………………………
15	人魚の住む島		……………………………………
16	鋸を持った大魚		……………………………………
17	魚に裁かれた罪人		……………………………………
18	大亀の島		……………………………………
19	サランディーブの王		……………………………………
20	人間に似た魚		……………………………………
21	ザルームという人間に似た魚		……………………………………
22	鳥に似た魚		……………………………………
23	不知火の海		……………………………………
24	タンニーンという大蛇		……………………………………
25	インドの毒蛇		……………………………………
26	船の帆柱ほどの大蛇		……………………………………
27	大嵐からの生還と神による恵み		……………………………………
28	家畜を食う蛇		……………………………………
29	象を食う大蛇	9	オマーンの蛇川に住む毒蛇
30	目が合っただけで死ぬ猛毒の蛇	10	目が合っただけで死ぬ猛毒の蛇
31	空飛ぶ毒蝎		……………………………………
32	捕虜となったザンジュ王の放浪の旅	11	捕虜となったザンジュ王の放浪の旅
33	ザンジュの占い師による予言	12	ザンジュの占い師による予言
34	巨鳥の羽軸	13	巨鳥の羽軸
35	毒を持つ巨鳥		……………………………………
36	スファーラに住む象を食う巨鳥	14	スファーラに住む象を食う巨鳥

37	カリフに贈られた巨大蟻	15	カリフに贈られた巨大蟻
38	人面の果実をつける大木	16	人面の果実をつける大木
39	巨大猿の群れ	17	巨大猿の群れ
40	雌猿に誘惑された船乗り		…………………………………
41	猿と黄金		…………………………………
42	家事を手伝う猿		…………………………………
43	鍛冶屋で火吹きを手伝う猿		…………………………………
44	鳶に仕返しした利口な猿	18	鳶に仕返しした利口な猿
45	情事をとりもつ猿		…………………………………
46	牧夫から船長になったアブハラの生涯	19	牧夫から船長になった人物の生涯
47	熟練船乗りの航海術	20	熟練船乗りの航海術
48	中国にある磁石山		…………………………………
49	紅海での海難事故	21	紅海での海難事故
50	海難で助けられた幸運な赤子		…………………………………
51	バラカを買った敬虔な籠造り職人	22	バラカを買った敬虔な籠造り職人
52	船長の肖像画		…………………………………
53	巨鳥の羽軸で作った水槽		…………………………………
54	巨鳥の肉を食べて若返った船乗りたち		…………………………………
55	ファールという巨大魚	23	ファールという巨大魚
56	マーイト島の不思議		…………………………………
57	ミフラーン川の筏下り		…………………………………
58	インドの妖術師		…………………………………
59	スィンダーブーラの妖術師と鰐		…………………………………
60	鳥の言葉を解するインド人とその予言	24	鳥の言葉を解するインド人とその予言
61	海上商人ユダヤ教徒のイスハーク	25	海上商人ユダヤ教徒のイスハーク
62	中国におけるユダヤ人の商売	26	中国におけるユダヤ人の商売
63	バルバラ海の危険		…………………………………
64	サランディーブのグッブ海の危険		…………………………………
65	インド人の奇習	27	インド人の奇習
66	サランディーブ王の行幸		…………………………………
67	小便を清浄なものと見なすインド人	28	小便を清浄なものと見なすインド人
68	インド人の用便と浄めの方法	29	インド人の用便と浄めの方法
	…………………………………	30	寺に寄進された女性との交わり
69	サランディーブにおける関税の徴収		…………………………………
70	インドの毒蛇	31	インドの毒蛇
	…………………………………	32	蛇の毒を消す薬テリアカ
71	サランディーブの毒蛇と呪い師		…………………………………
72	入水自殺する老婆		…………………………………
73	入水自殺を介護する人		…………………………………
74	海を渡った仏像		…………………………………
75	サリーラ（サルブザ）の猿人		…………………………………
76	ラムリー島のザラーファ（ジラフ）		…………………………………
77	尻尾のある人食い人種		…………………………………
78	ニヤーン島の人食い人種		…………………………………

79	頭蓋骨を通貨とする人食い人種		…………………………………
80	敵人を食らう人たち		…………………………………
81	ランジャバールース島の住民		…………………………………
82	カシュミールにあるダイヤモンドの谷	33	カシュミールにあるダイヤモンドの谷
83	海賊から逃れて幸運な帰還		…………………………………
84	ある魚を食べて精力絶倫になった老人	34	ある魚を食べて精力絶倫になった老人
85	サランディーブの航海で大儲けした人		…………………………………
86	中国の皇帝の庭園	35	中国の皇帝の庭園
87	アンダマン諸島の黄金寺院		…………………………………
88	天下に無比の大真珠	36	天下に無比の大真珠
89	ザーバジュの町の市場		…………………………………
90	ある女の語る母と子の数奇な運命	37	ある女の語る母と子の数奇な運命
91	水夫と若い娘		…………………………………
92	サイムールのフナルマーン		…………………………………
93	中国官吏のハーンフー入城の儀式		…………………………………
94	標識を付けた木材の漂着		…………………………………
95	船の遭難と投げ荷		…………………………………
96	インド人の我慢競べ		…………………………………
97	インド人の髪形		…………………………………
98	海亀を食べて夜盲症を患う		…………………………………
99	ザーバジュの龍涎香	38	ザーバジュの龍涎香
100	ザーバジュ島の火山	39	ザーバジュ島の火山
101	インドの盗賊	40	インドの盗賊
102	誘拐		…………………………………
103	老人を焼く風習		…………………………………
104	ザーバジュ王の面前での座り方		…………………………………
105	サランディーブの行者たち		…………………………………
106	インドの呪術師による予見		…………………………………
107	呪文を掛けられた鰐		…………………………………
108	インドでの窃盗罪		…………………………………
109	ペルシャ湾の荒波		…………………………………
110	インド人の奇習	41	死肉と鼠肉を食べるインド人の食習慣
111	中国の王と真珠池	42	中国の王と真珠池
112	ワークワーク諸島		…………………………………
113	飼い馴らされた象	43	飼い馴らされた象
114	海難事故		…………………………………
115	ジンの出る市場	46	ジンの出る市場
116	不思議な石	44	シナの不思議な石
117	イエメンの明礬	45	イエメンの明礬
118	ハースィクの乳香	47	ハースィクの乳香
119	神への誓い文を文様に刻む花	48	神への誓いを文様に刻む花
120	眼薬となる石蟹	49	眼薬となる石蟹
121	ブジャのエメラルド	50	エメラルドと黄金の仏像
122	風の無い季節に雛を育てる大鳥		…………………………………

123	皮を剝いでも生きていた若者		…………………
124	サマンダルと呼ばれる火の鳥	51	サマンダルと呼ばれる火の鳥
125	ワークワークの島に住む雌雄両性の兎	52	ワークワークの島に住む雌雄両性の兎
126	スファーラに住む両性のトカゲ	53	スファーラに住む両性のトカゲ
127	鰐を飲み込んだ大蛇	54	鰐を飲み込んだ大蛇
	…………………	55	ワークワーク諸島の位置と広がり
128	ワークワーク諸島とその住民	56	ワークワーク諸島とその住民
129	ワークワーク人によるザンジュ侵掠		…………………
	…………………	57	イエメンに住むワークワークの工人
130	サリーラ（サルブザ）の町		…………………
131	黒人の人食い		…………………
132	スファーラの巨鳥	58	ザンジュの巨鳥
133	泥沼の海		…………………
134	宝石の島サランディーブ	59	宝石の島サランディーブ
135	難破した人の苦難な旅	60	難破した人の苦難な旅
136	ワークワーク諸島で遭難	61	ワークワーク諸島で遭難，シナに漂着
	…………………	62	樟脳樹について
	…………………	63	幹の太さ 5.5～6 ズィラーゥの巨木
	…………………	64	樟脳樹を伐採する部族
	…………………	65	インドのベナレスにおける少年の曲芸
	…………………	66	サルブザ王の全財産を貰い遭難した男
	…………………	67	他人の財産を横領したために船が沈没
	…………………	68	サイムールとスィーラーフの間の航海
	…………………	69	ザーバジュの海賊によるカラの町襲撃
	…………………	70	カラを襲った海賊の首領，著者の経験
	…………………	71	カラとバンジャーラーンでの著者の経験
	…………………	72	サランディーブ島の猿の階級社会
	…………………	73	ヤモリの鳴き声で来船と来客を予知
	…………………	74	バータクの首狩り族
	…………………	75	サンフの市場で買い物をする象
	…………………	76	インド国の商慣行，借金返済の方法
	…………………	77	インドにおける火葬の風習
	…………………	78	スィンダープールの人々の火葬
	…………………	79	精霊の住む樟脳の老木への動物供儀
	…………………	80	バンジャーラーンのムスリム居留地

表の左右同一の行に並べた。点線は、両本のいずれかに対応する逸話が含まれていない場合を示す。例えば、A本の第一話とU本の第三話とは、逸話の内容が一致する。またU本の第一話、第二話と第六話はA本に該当する逸話がなく、一方、A本の第四話、第五話、第七話、第九話〜第二八話はU本に収録されていないことが示されている。

表2を見てすぐに明らかとなるのは、A本とU本の相互に共通する逸話は五四種で、その配列順序は次の三つの逸話を例外として、他のすべてが一致することである。すなわち、A本の第一一五話「ジンの出る市場」、第一一六話「不思議な石」と第一一七話「イエメンの明礬」は、U本の第四六話、第四四話と第四五話のそれぞれの内容に対応しているが、両本の配列順序は異なっている。以上の三話の例外を除いて、A本とU本に採録された逸話の配列順序と内容がほぼ完全に一致することは、他ならぬ両本が同じ原本である『インドの驚異譚』——後述するように、原本の書名が『インドの驚異譚』と呼ばれたかは明らかでない——の一部を伝えた写本であると断定する有力な材料となるであろう。

そこでA本とU本の内容の異同について、さらに詳しく比較・考察してみよう。A本の冒頭部分には、一九行にわたって著者自身によると思われる「序文」が付され、『クルアーン』の章句（第九六章第一節—第三節）が引用されて、創造主アッラーの偉大さが繰り返し讃えられている。[40] 一方、U本では、第二巻第三章の見出しの「陸上および海上における驚異の一部の事柄の説明について」に続いて、「信頼のおける人たちが引用することとして……」という第一話の文章が始まる。[41]

表2を見ると、A本に採録されているが、U本に見られない逸話は、A本の第四話〜第五話、第七話、第九話〜第二八話、第三一話、第三五話、第四〇話〜第四三話、第四五話、第四八話、第五〇話、第五二話〜第五四話、第五六話〜第五九話、第六三話〜第六四話、第六六話、第六九話、第七一話〜第八一話、第八三話、第八五話、第八七話、第八九話、第九一話〜第九八話、第一〇二話〜第一〇九話、第一一二話、第一一四話、第一二二話〜第一

二三話、第一二九話、第一三〇話〜第一三二話、第一三三話、の計八二話である。一方、U本に採録されているが、A本に含まれない逸話は、U本の第一話〜第二話、第六話、第三〇話、第三二話、第五五話、第五七話、第六二話〜第八〇話、の計二六話である。

このようにA本とU本の内容を比較・分析することによって、次のような両本の内容の違いと相互の特徴が明らかとなる。①A本にはU本の冒頭部分（第一話、第二話）と最後部分（第六二話〜第八〇話）に連続して欠落が見られる。②U本はA本の前半（第九話〜第二八話）および中ほど（第四〇話〜第四三話、第五二話〜第五四話、第五六話〜第五九話、第七一話〜第八一話、第九一話〜第九八話、第一〇二話〜第一〇九話）で多くを省略している。③これら二つのことから判断して、現存するA本は、ある時期に冒頭部分と巻末部分が散逸したのではないかと推察される。

以上の結論の裏づけとなるのは、A本の第七七話の最後部分に「以上で、第一巻（al-juz' al-awwal）は終わり、次にニヤーン島の報告が第二［巻］に続く。もし、いと高き神が望み給うならば……」と明示されていること[42]、また第一巻の終わりまでの分量が現存するA本全体の三分の二を占めており、続く第二巻にあたる残りの部分が三分の一と著しく少なく、全体のバランスを欠いていること、である。この点、U本はA本に比べると、抜粋部分が多いとはいえ、A本に欠落した後半部分を伝える貴重な史料を含んでいると考えられる。

さらにA本とU本の両方に収録された逸話の細部を比較・検討すると、両本が同一の逸話を伝えながらも、その内容に微妙な違いや付加があったり、省略された部分があることに気づく。例えば、A本の第一話は、密かにイスラーム教に改宗したインドのラー王についての逸話であり[43]、これと同じ内容の逸話はU本の第三話に収録されている。A本では「バスラにおいて、ナジーラム出身のアブー・ムハンマド・ブン・アルハサン（アルフサイン）・ブン・アムル・ブン・ハマワイフ・ブン・ハラーム・ブン・ハマワイフがわれわれに語ってくれたインド（ヒンド）に関する話の一つに、以下のことがある。『私は二八八（九〇〇／〇一）年にマンスーラに滞在していましたが、その時、その町の信頼のおける長老の一人が私にこんな話をしてくれました。ラー国の王──彼はインドの国々の諸王のなかで最も強大であり、彼が［治めて］いる地方は上カシュミールと下カシュミールとの間にあって、王はマフルーク・ブン・ラーイク（Mahrūk b. Rāyiq）[44]と呼ばれていた──は、二七〇（八八三／八四）年に、マンスーラの大守《サーヒブ》──アブド・アッラー・イブン・ウマル・ブン・アブド・アルアズィーズのこと──のもとに書簡を送って、自分のためにイスラームの聖法（sharīʿat al-Islām）をインド語（al-Hindīya）で註釈してくれるよう依頼したのです……』」とある[45]。

一方、U本の第三話を見ると「さてアブー・イムラーン・ムーサー・ブン・ラバーフ・アルアウスィー（Abū ʿImrān Mūsā b. Rabāḥ al-Awsī）がイフシード朝のカーフール（Kāfūr al-Ikhshīdī）のために作成した書──『諸海とその驚異の情報およびそれに関連したことの真正集（al-Ṣaḥīḥ min Akhbār al-Biḥār wa ʿAjāʾib-hā wa mā yataʿallaqu bi-dhālika）』と呼ばれた──の中で述べていることについて言うと、ラー王──彼はインドの諸王の中でも最も強大であり、彼が［治めて］いる地方は上カシュミールと下カシュミールとの間にあって、王はマフルーク・ブン・マーリク（Mahrūk b. Māliq）と呼ばれていた──は、二七〇年に、マンスーラの大守──アブド・アッラー・イブン・ウマル・ブン・アブド・アルアズィーズのこと──のもとに書簡を送って、自分のためにイスラームの聖法をインド語で註釈してくれるよう依頼したのです……』」とある[46]。

A本とU本を比較すると、傍線部分については両本の文章は完全に一致している。ただし、A本では、第一話はナジーラム出身のアブー・ムハンマドを通じてバスラで採録されたとある。これに対応するU本の同じ逸話（第三話）は、アブー・イムラーン・ムーサー・ブン・ラバーフ・アルアウスィーなる人物がイフシード朝のカーフールのために作成した書から引用したものである、と明記されている。

カーフールは、言うまでもなく有名な黒人奴隷、宦官のアブー・アルミスク・カーフール・アルラービー（Abū al-Misk Kāfūr al-Lābī）のことで、イフシード朝のムハンマド・ブン・トゥグジュ（Muḥammad b. Ṭughj al-Ikhshīd）

に買われた後、九四五年にエジプト遠征に司令官として参加した。そして九四六年、ムハンマドの没後、ウーヌージュール（Ūnūjūr, 在位九四六—六一年）とその弟アリー（ʻAlī, 在位九六一—六六年）が相次いで王位に即いたが、アリーの没後、カーフールは九六六年から六八年までの間、イフシード朝の実権を握った(47)。

また『諸海とその驚異の情報およびそれに関連したことの真正集』の著者アブー・イムラーン・ムーサー・ブン・ラバーフ・アルアウスィーは、おそらくアブー・イムラーン・ムーサー・ブン・ムハンマド（Abū ʻImrān Mūsā b. Muḥammad）と同一人物であって、著名なアッバース朝期の文豪ジャーヒズ（Abū ʻUthmān ʻAmr b. Baḥr al-Fuqaymī al-Baṣrī, al-Jāḥiẓ）と同じように、「バスラのモスクに集まって談話する仲間たち（al-Masjidīyūn）」として知られた古典散文学の著名な学者仲間の一人であったと考えられる(48)。しかし、アブー・イムラーンによるこの著書は現在では散逸して伝わらないので、その全体の内容がどのようなものか、またブズルクによる『インドの驚異譚』——これが正式の書名であったとは断定できないが、明らかに現存するA本とは異なる内容を含む——の原本、A本とU本の各々の内容とどのように関わっているのかについても明らかにできない。

U本の第三話がアブー・イムラーンよる『諸海とその驚異の情報およびそれに関連したことの真正集』からの直接の引用であるとすると、その他のU本に収録された七九種の逸話についても、すべてアブー・イムラーンの書からの引用であるのか、それとも第三話だけがアブー・イムラーンの書からの引用で、その他はブズルク・ブン・シャフリヤールの『インドの驚異譚』の原本（原本A）、もしくは別の書からの引用であるのか。こうした問題についても、いくつかの推論が考えられるであろう。一つは、アブー・イムラーンが『インドの驚異談』の原本（原本A）の一部を引用して、独自に『諸海とその驚異の情報およびそれに関連したことの真正集』を著し、U本はその書にもとづいて第三話のみを引用したとする推論である。なぜならば、アブー・イムラーンの書はイフシード朝のカーフールが没する九六八年より前に著され、一方、U本に収録された逸話の最新の年号は九七七年であるためである。また別の推論として、ブズルクはスィーラーフの町が地震によって崩壊する以前に『インドの驚異譚』

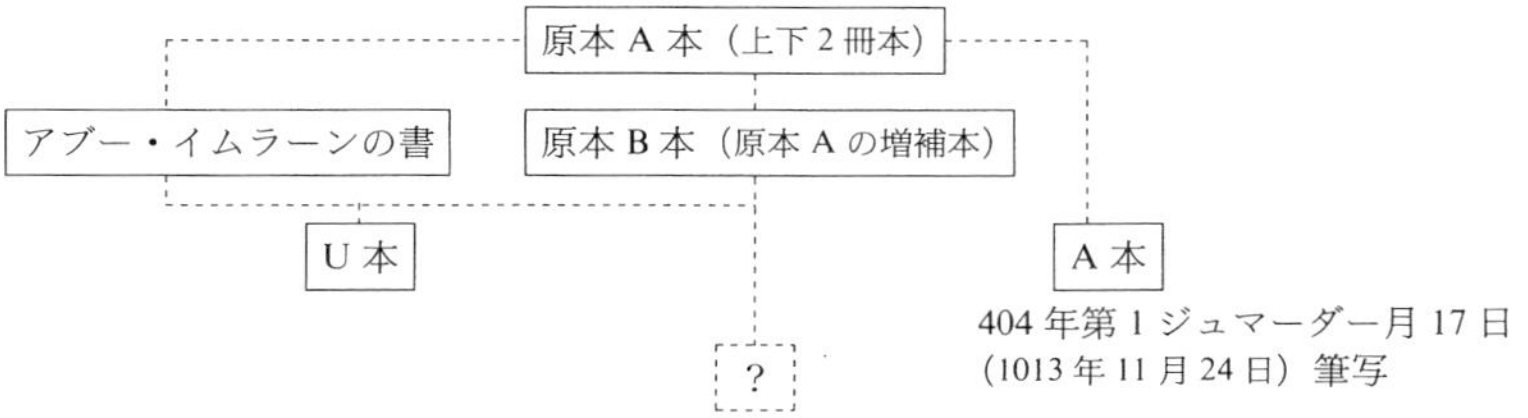

図5　旧アヤ・ソフィア本（A本）とウマリー本（U本）の写本系統

（原本A）を著し、九七七年直後の頃、原本Aの改訂本（原本B）を作成したのではないかということである。

現存のA本の逸話のなかの最新の採録年は三四二（九五三／五四）年であることから、A本とアブー・イムラーンの書が共に「原本A」にもとづいた可能性が考えられる。一方、「原本B」は、「原本A」の後半部にブズルク自身の体験、とくに九七一／七二年から九七七／七八年の間に、カラを何度か訪問した時の情報を新しく付け加えたものであって、U本はこの「原本B」によっていると思われる（図5参照）。さらに推論を進めると、「原本A」にも複数の異本が流布して、収録された逸話の内容を簡略にしたり、語句・順序に多少の異同を加えるなどの違いがあった。こうしたことを総合して考えるならば、①A本（旧アヤ・ソフィア・モスク所蔵本）の『インドの驚異談』はアブー・イムラーンの書と同じく、「原本A」系統の一写本であり、その奥付（f. 95）に記されているように、四〇四年第一ジュマーダー月一七日（一〇一三年一一月二四日）、ムハンマド・ブン・アルカッターンなる人物によって書写され、②アイユーブ朝のスルタン＝マリク・アールディルの治世代に上下二冊のものが一冊にまとめられて、新たに表紙が付けられた、③一方、ウマリーの百科辞典『大都市を持つ諸王国に関する洞察の道筋』のなかに引用されたU本は「原本B」系統の一写本を利用しながら、A本系統の逸話を伝えるアブー・イムラーンの書を一部参照して、ウマリー自身の『インドの驚異談』要約本を編纂した、と結論づけられるのである。

A本とU本は、同じ内容の逸話を伝えているにもかかわらず、情報提供者の名前、地名や内容の省略・増補など、さまざまな異同が見られる。この点について、別の二つの逸話を例にあげて比較してみよう。A本の第三二話とU本の第一一話は、奴隷商人に捕らわれたザンジュの王がオマーン、バスラ、バグダード、メッカ、エジプトなどの諸地方を流浪した後、ナイル川を溯って故国のザンジュの国に再び帰還するまでの数奇な旅を綴った長文の逸話である。[49] A本によると、「イスマーイーラワイフが船乗り仲間と一緒に、以下のような話を私にしてくれました。三一〇（九二二／二三）年に、彼は自らの船に乗ってオマーンを出ると、カンバラ（Qanbalah）を目指しました。しかし激しい嵐になり、船はザンジュのスファーラ（Sufālat al-Zanj）に押し流されてしまったのです。ナーフザーフ曰く……」とあって、この逸話の情報提供者はイスマーイーラワイフと船乗り仲間たちとなっている。一方、U本の同一部分は「ムハンマド・ブン・バーブシャード、イスマーイーラワイフと信頼に足る情報の提供者である船乗り仲間が以下のような話を私にしてくれました。三一〇年に、ザンジュのナーフザーフたちの一人が自らの船に乗ってオマーンを出ると、カビーラ（Qabīlah /Qanbalah）[50]を目指しました。しかし風が船を運び、彼をスファーラのザンジュに押し運んでしまったのです。曰く……」とあって、傍線の部分はA本には見られない。

また、A本の第四六話は「船乗りやナーフザーフたちにまつわる数々の言伝えのなかに、水先案内人《ルッバーン》アブラハ（Abraha）についての話があります。彼の生まれはキルマーンであり、そこの牧場で羊を飼育していたのですが、その後、漁師になり、インド通いの船の水夫（bānānīya）の一人となり、やがて中国船（markab Ṣīnī）に乗り換え、さらに水先案内人《ルッバーン》となったのです……[51]」である。これに対応するU本の逸話は第一九話であって、次のように記されている。「船乗りやナーフザーフたちにまつわる数々の言い伝えのなかに、水先案内人マーファンナー（Māfannā）についての話があります。彼の生まれはナジーラムであり、[52] そこの村の一つで羊を飼育していたのですが、その後、漁師になり、インド通いの船の水夫の一人となり、やがて中国船に乗り換え、さらに水先案内人となったのです……[53]」このA本とU本の逸話は明らかに同じであるが、話の主人公の名前がA本ではアブラハ、U本ではマーファンナー、また彼の出身地についても一方がキルマーン、他方がファールス地方のナジーラムとなっており、相互に名前と地名が異なっている例である。この場合、いずれの情報が正しいものかを決めることは難しい。

四　インド洋交易史研究におけるU本の史料的価値

U本の最大の史料的価値は、言うまでもなくA本に未収録の二六種の逸話（前掲表2参照）にあるが、その他にもA本と同じ逸話でありながら、U本の方がより詳しい内容を含む場合もあり、さらにA本の随所に見られる欠落文字——リースによるアラビア語校訂本では［……］と示されている——をU本によって補うことができる例（リース本の五四頁一行目、六一頁一行目、七七頁七行目、九三頁八行目、一三一頁六行目など）がある。その一例をあげると、リース本の五四頁一行目の「三一？年（sanat... ʻashara wa thalāthami'a）」は、U本によって「三一五年（sanat khamsat ʻashara wa thalāthami'a）」と補正することができる。また、U本がA本よりも詳しい記録を残している例として、U本の第二三話、第二四話、第二七話、第三六話、第四一話などがあげられる。

一方、同一の逸話でありながら、両本の間に大きな異同が見られる例として、A本の第一二八話とそれに対応するU本の第五六話と第五七話がある。A本の第一二八話では、ワークワーク島人について、彼らが三三四（九四五／四六）年に約一千艘の小舟（qārib）に乗ってカンバラ（Qanbalah / Qanbalū）の町を襲撃し、さらにザンジュのスファーラ（Sufāla）の村や町を掠奪したと語られている。U本では、ワークワーク島を実際に訪れたことのある人物から聞き取った情報として、その島の位置と広さを説明した後（第五五話）、その住民の顔つきがトルコ人と似ており、技術工芸に優れ、性格は狡賢いこと（第五六話）、またイエメンに滞在するある商人の伝える話として、商人がワークワークの召使たち（ghulām）に鍛冶の技術を教えたところ、そのうちの一人が鉄器や銅器を見事に造るようになったこと、そこでその主人はアデンの対岸にあるアフリカ側のザイラゥ（Zaylaʻ）に行き、別の複数のワークワーク人を獲得したこと（第五七話）を記しており、A本には見られない、より詳細な記録を伝えている。

ワークワークの島民は、おそらくマダガスカル島に移住したオーストロネシア・マレー系の人々のことで、アラビア語史料中には、クムル人（al-Qumr, ahl al-Qumr）、あるいはワークワーク人（ahl Wāqwāq）として伝えられた[54]。一三世紀のイブン・アルムジャーウィルは、クムルの人々がアデンに到着したことを伝えて、「六二六（一二二八／二九）年、クムルの船が一艘、この［クムル～キルワ～モガディシュー～アデンの］モンスーン航海のルートに乗ってアデンにやってきた。その船はクムルを出ると、キルワを目指し、続いてアデンに投錨した。彼らの船には、舷外浮材（アウトリガー型カヌーの腕木）が付いていた[55]」と述べている。イブン・アルムジャーウィルの伝えるクムルの人々をワークワーク人と同一であると考えると、U本に収録された逸話はオーストロネシア・マレー系の人々によるアデン移住を伝えた最古の史料であって、他の史料にまったく見られない貴重な記録であるといえる。

さて表2によって明らかなように、U本の最後部分の第六二話から第八〇話までの一九種の逸話は、A本にはいずれも未収録の内容であって、とくに史料的価値の高い興味深い記録である。そこで以下では、その一つひとつの概要を紹介してみたい。

(1) 第六一話　A本に記された最後の逸話は第一三六話であり、U本の第六一話の内容とほぼ一致する。A本によると、サリーラ（サルブザ）[56]と中国の間をサンブーク船で航海したことのある船乗りたちの一人が以下のことを伝えた。船乗りたちはサリーラから五〇ザーム（zām）[57]離れたところで激しい時化に襲われて漂流し、ワークワーク島の一つに上陸した。彼らはそこの島民を通じてサンフ（Ṣanf, Champa, 占城）に至る航路を教わり、船に飲料水を満たして一五ザームの航海の後、全員無事にサンフに辿り着いたという。A本はこの箇所で話が終わっているが、U本では、漂流した船乗りたちがワークワーク島民から詳しい航海の情報を得て、船を操り苦難の末に中国

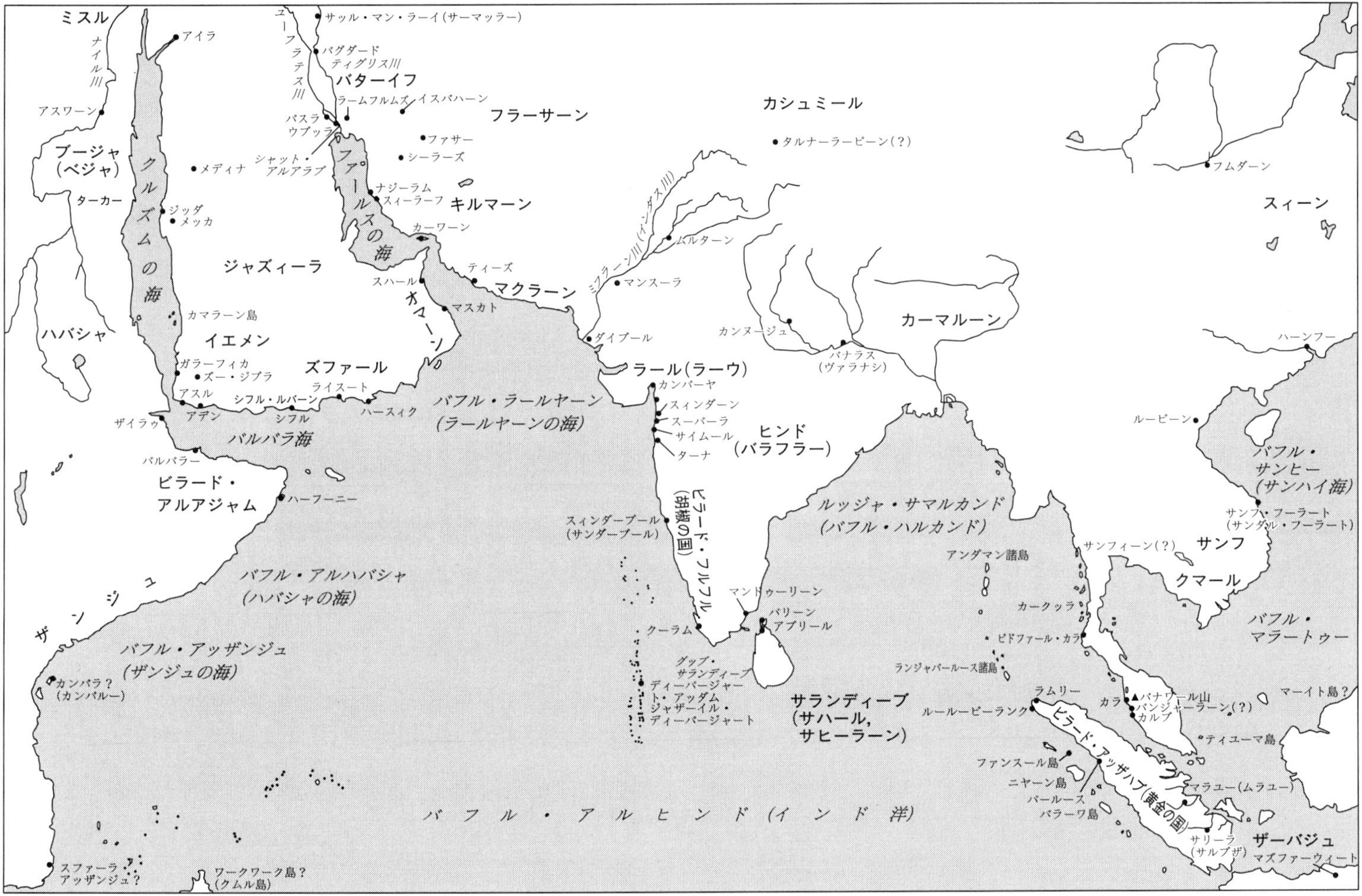

図6　ウマリー本『インドの驚異譚』に見られるインド洋海域の地名

に着いた経緯について述べている。

(2) 第六二話　イブン・アルアキース（Ibn al-Akīs）を通じて伝えられた樟脳樹の説明と、ファンスール島民による樟脳交易についての逸話。情報提供者のイブン・アルアキースはイブン・ラーキース（Ibn Lākīs）に同じで、A本の第一二七話では「以下は、一般にはイブン・ラーキースの名で知られたジャウファル・ブン・ラーシド（Ja'far b. Rāshid）が私に語った話である。彼は黄金の国［通い］の水先案内人《ルッバーン》の一人で、著名なナーフーザたちの一人でもあった……」[58]とあって、彼の語った逸話はA本の第一二〇話、第一三二話と第一三三話にも伝えられている。

(3) 第六三話　巨大な倒木についての話。その樹木の幹の空洞部分は五・五〜六尋にもおよんだという。

(4) 第六四話　樟脳樹を伐採するのは、ファンスール島民の一部族に限られ、彼らを通じて商人たちに樟脳が売却される。

(5) 第六五話　イランのファサー出身のアブド・アルワーヒド・ブン・アルハサン（'Abd al-Wāḥid b. al-Ḥasan al-Fasawī）が著者ブズルクに語った、インドのバナラス（Banaras）で出会ったムスリムの少年曲芸師の話。バナラスはインドのガンジス川沿いにある宗教都市ベナレス（Benares, Vārāṇasi）のことであろう。ベナレスがムイッズ・ウッディーン・ムハンマド（Mu'izz al-Dīn Muḥammad b. Sām）によって最初の略奪を受けたのは一一九三年のことであるが、ビールーニー（al-Bīrūnī）はすでに一〇二〇年頃にこの町をバーナーラス（Bānāras）と伝えている。[59]したがって、U本に収録されたこの記事はビールーニーの記録よりも八〇年ほど古く溯り、ムスリムたちによるベナレス征服以前の様子を伝えた最古の史料であるといえる。アブド・アルワーヒド・ブン・アルハサンは、A本の第九六話に登場するファサー出身のアブド・アルワーヒド・ブン・アブド・アッラフマーン（'Abd al-Wāḥid b. 'Abd al-Raḥmān al-Fasawī）と同一人物であると考えられる。

(6) 第六六話　三五〇（九六一／六二）年にシャーハーン・ブン・ハマワイフ（Shāhān b. Ḥamawayh）を通じて

伝えられた逸話。シャーハーンは商人アフマド・ブン・マルワーン（Aḥmad b. Marwān）と協同で船を仕立て、カラ、ファンスールを経て、サルブザに着いた。そこの王は戦闘に赴く時に、所有している財産のすべてを焼却するのが習わしであった。そのことを知ったシャーハーンとアフマドの二人は、言葉巧みに王から宝物庫にあったものを貰い受けた。三三〇（九四一／四に）年、船にそれらを積み込んでラフリー（ラムリー）[60]、ハルカンド（Harkand）の海[61]を通過したが、途中で嵐に襲われた。そこで積荷を海に捨て六ヵ月間の漂流の末、インド西海岸のターナの入江（Khawr Tāna）[62]に着いた。飲料水を補給するため、船を離れて小舟でターナに着くと、そこで仲間のアフマド・ブン・マルワーンがすでにオマーンで死亡したとの情報を得た。数日後、船に戻ると、その船は沈没し、すべての積荷は失われていた。この話は、数ある海の驚異談のなかでも、とくに珍しい体験談であるという。ハマワイフは、アブー・ムハンマド・ハサンやアブー・アブド・アッラー・ムハンマドなど、数々の著名なナーフーザを輩出したスィーラーフのハマワイフ家の出身であり（前掲図3参照）、また商人アフマド・ブン・マルワーンはA本の第六一話の「海上商人ユダヤ教徒のイスハーク」に関する逸話のなかで、イスハークが麝香と布地を得た相手の商人の名前として登場する。

(7) 第六七話　同じくシャーハーン・ブン・ハマワイフの後日談を伝える。ある船乗りを通じてブズルク自身が聞き取った話。シャーハーンは、ターナでアフマド・ブン・マルワーンが死亡したとの情報を得ると、全財産を独り占めにしたいと考え、アフマドの遺族にびた銭一文渡したくなくなった。しかし、シャーハーンの乗った船は沈没し、一粒のダイヤを除いて、総額一万ディーナールに値する全財産を失ったという。

(8) 第六八話　スィーラーフ出身の身体障害者イブラーヒーム・ブン・ムハンマド（Ibrāhīm b. Muḥammad al-Sīrāfī al-Aʻraj）がヤアクーブ・ブン・ハウワーン（Yaʻqūb b. Ḥawwān）から伝え聞いた話。アラビア海の航海で、インドのサイムールからスィーラーフまでを一八日間で横断し、スィーラーフに一一日間滞在の後、帰路はサイムールまで一三日間で再び戻ったこと。この話の内容はA本の第一一四話「海難事故」と類似し、情報提供者も同一人物である。A本では、三〇六（九一八／一九）年、三艘の船団でスィーラーフからサイムールに向けて出航したが、一一日間の航海の後、到着を目前にして突然の暴風に襲われ、すべての船が沈没したこと、そしてこの海難事故が一つの原因となって、スィーラーフとサイムールの海上間の海上交易が衰亡したことを述べているが、サイムールからスィーラーフまでを一八日間で横断したことには触れていない。一方、U本には、スィーラーフからサイムールに戻る途中で起こった海難事故への言及はない。(63)

(9) 第六九話　カラで編者ブズルクが聞き取った話。ザーバジュの海賊がカラの町を襲撃した時、カラの王、マイリー（あるいはマラユーと読む）の子息バーナフ（Bānah b. al-Maylī）がこれを迎え撃ち、全員を捕らえて処刑したが、首領の首は刀や棍棒で打ち叩いても歯が立たず、家来たちが総出で叩き切り、やっと殺すことができたという。これは次の第七〇話と第七一話に連続する逸話で、いずれも編者がカラとバンジャーラーンに滞在中に現地で目撃した経験談である。

(10) 第七〇話　三六七（九七七／七八）年に、カラで編者ブズルク自身が目撃した話で、第六九話に続く。海賊の首領ルクバン（Rukban）は鉄（鉄製斧）で斬ってもまったく効き目がない強靭な男であったという。この年号はU本に記された最も新しいもので、一方、A本に収録された逸話のなかで最も新しい年号は三四二（九五三／五四）年であって、それよりも二五年近く時代が下がる。第七〇話の記事と第七一話によって、編者ブズルクは、三六一（九七一／七二）年から三六七（九七七／七八）年にかけて、しばしばマレー半島の交易港カラやバンジャーラーン——おそらくカラのペンカラン・ブジャン渓谷沿いの交易港のこと——を訪問したことが分かる。

(11) 第七一話　三六一年の夏と冬に、編者ブズルクがカラで生活した時に経験した驚異の事柄を記録する。船が金山（Jabal al-Dhahab）に近づくと、地震のような豪雨と雷鳴がやって来るが、カラに船が入港するには安全な時であること。一方、カラの右側に見えるバナワール山（Jabal Banawār）(64)——おそらく標高一、二一七メートルのケダ・ピークを指す——の方角から雷鳴をともなって豪雨が来ると、それに乗じて海賊たちが船を襲う。したがって、カラの住民はバンワール山の方角から雨が来て、雷鳴が聞こえると、小船に乗って海賊と戦うために出撃する。ブズルクの乗る船は、カラからバンジャーラーンに向けて航海し、そこの海岸にあるカルブ（Karb）に到着した。船の人たちは二ヵ月ほど滞在し、やがて川の増水期になると、バンジャーラーンの入江（Khawr Banjalān）に淡水が増し、その水はカルブまで流れ、淡水の状態のまま海に注ぐ。そして人々は荷物を小船に載せて運び、カルブからバンジャーラーンまでの水路を七日行程溯って進む。そこは、イラクのバターイフ（沼沢地）[65]やフージスターン地方の町アフワーズとよく似た場所であり、そこに茂る植物（葦）はバターイフのものと同じである。そして人々がバンジャラーンに三ヵ月間滞在している間に、乾期になって大地が乾いてくると、そこはその中を人が通れるほど乾き、葦だけが取り残される。葦は、象やすべての家畜の餌となるので、高価に売れる。こうした状況は、毎年、同じように繰り返される。ここで話は、再びサルブザに戻る。毎日、海岸に鰐が現れるので、人々は在地の君主（sulṭān）にその件を訴えた。君主は学者たちを集めて、その対策について協議した。バンクワー（al-Bankwā）と呼ばれる男がこれを退治する秘法として、太鼓を打ち、入江の泥をさらうことを提案した。その方法を実行すると、鰐は水面から現れなくなった。ところが君主は、バンクワーを呼び出して首を斬るように命じた。すると、再び鰐が現れて、人々を苦しめるようになったという。

(12) 第七二話　三〇年間を海で生活したバスラ出身のアブー・アルアッバース・アフマド・ブン・ムハンマド・ブン・ムーサー（Abū al-ʻAbbās Aḥmad b. Muḥammad b. Mūsā al-Baṣrī）が語った話。彼の話は、スィーラーフ出身のアブー・ブン・サイード（Abū b. Saʻīd）――一般にはイブン・アビー・サフル（Ibn Abī Sahl）、もしくはイブン・サフルの名で知られた――やその他の人たちにも伝えられた。彼らの説明によると、サルブザの入江近くに住む猿は、人が餌を与えると、猿たちのボスとその妻が最初に餌を食べ、その他の猿は近くに待っていること、それは人間社会の序列と同じであるとの話。情報提供者の一人のイブン・サフルは、A本の第九八話に見られるアリー・ブン・ムハンマド・ブン・サフル（ʻAlī b. Muḥammad b. Sahl）と同一人物であろう。[66]

(13) 第七三話　アフマド・ブン・ムハンマド・アルキナーニー（Aḥmad b. Muḥammad al-Kinānī）が編者ブズルクに語った、ヤモリの鳴き声で船の来航を予測する話。アフマドは、マンダリーファッタン（Mandarīfattan）という場所で、そこに住むペルシャ人の頭目、政治的有力者（ra'īs al-Furs wa za'īm-hum）アリー・ブン・ムハンマド・アルルゥルウィー（'Alī b. Muḥammad al-Lu'luwī）のもとで食事をしていた時、その家の天井でヤモリがキーキーと鳴いた。アリーはその声を聞くと、間もなく船が到着し、それまでの来航時期に現れなかった人物がやって来ると予測した。食事を終えて、アフマドが自宅に戻ると、果たせるかなアリーの予測通りに、ディーバージャート・アッダム（Dībājāt al-Dam）に住むアフマド・ブン・ムハンマド・アルマラウィー（Aḥmad b. Muḥammad al-Malawī）がそこに現れた。[67] マンダリーファッタンは、A本の第七四話に見えるマンドゥーリーン（Mandūrīn）と同一地名で、インド南東部のコロマンデル海岸のマスリパトナム（Masulipatnam）のことと思われる。またディーバージャート・アッダムは、マルディヴ諸島のマーレ島を指している。

(14) 第七四話　第七三話と同じくアフマドが語った別の逸話。ファンスール（Fanṣūr）にあるバラージャ（al-Balājah）という場所にはバータク（al-Bātak）と呼ばれる首狩り族（baṭṭār）が住む。彼らの財産・食料・道具類の交換の手段は人間の首であり、それが多ければ多いほど資産持ちで、権力を握り、他の人からも勇者として畏敬の念を持たれる。そして、バータクの男は二〇人の首を取るまで妻を娶ることができないという。イブン・アルカッターン（Ibn al-Qaṭṭān）という名の偽医者で、尊称をアブー・アルハイル（Abū al-Khayr）と呼ばれる人物を通じて得た情報によると、首狩り族のある男は一九人の首を取り、あと一人の首を狩るために山に入ったが、そこで出会ったのは自分の父親だけであった。そこで彼は父親の首を斬って二〇人分とし、一人の妻を娶ったという。首狩り族に関する逸話は、A本の第七八話「ニヤーン島（Jazīrat Niyān）の人食い人種」と、それに続く第七九話「ニヤーン島の先にあるバラーワ（Barāwah）と呼ばれる三つの島の住民が人間の頭蓋骨を通貨としたことの説明」のなかに登場し、このU本第七四話の内容とも重なる部分がある。とくに、バラージャとバラーワとは明らかに同一の地名であり、イブン・フルダーズベのバールース（Bālūs）とも一致する。[68] 商人スライマーンの『中国とインドの諸情報』には、ファンスール島（Jazīrat Fanṣūr）の近くのニヤーン島民は「彼らの内のある人が結婚を望む時、彼らの敵の男の頭蓋骨を持ってこなければ結婚できない。もしその者が敵を二人殺せば、二人の妻を娶ることができる。こんな具合に、もしその者が五〇人を殺せば、五〇個の頭蓋骨で五〇人の女と結婚する［ことができる］。その［奇習の起こりの］理由は、彼らの敵人が多いため、［他の仲間］より数多くの敵人を殺した者がいると、彼らはその者により強い畏敬の念を抱くようになったためである」[69] と伝えられている。スライマーンの記録は、U本が伝える内容とほぼ共通しているが、U本では、一人の妻を娶るのに二〇人の首が必要であるという。なお、バータクとはスマトラ島の首狩り族として古くから知られたプロト・マレー系のバタク（Batak）のことであり、趙如适『諸蕃志』は抜沓、[70] 一四三〇年頃に記録されたニコロ・コンティ（Nicolo Conti）はバテク（Batech）と伝えている。[71]

これが事実とするならば、U本の逸話はバタク族の首刈りの風習を伝えた最古の史料といえよう。また、U本の第七四話のなかで注目すべき点は、イブン・アルカッターンという偽医者の名前である。イブン・アルカッターンなる人物は、次に述べるA本の巻末部にも登場する。「［以上をもって、］本書は完結した。讃えあれ、唯一なる神、アッラーに！ われらが主ムハンマド、彼の家族と教友たちのうえに平安あれ！ アッラーよ、祝福されたるこの稿本（hādhā al-nuskha）を読まれる方々のために罪を許し給え！ また稿本の筆者（kātib-hā）とすべてのムスリムたちへのアッラーのご慈悲とご祝福を祈り給え！［書写の］完成は、四〇四年の第一ジュマーダー［月］一七日（一〇一三年一一月二四日）のこと。ムハンマド・ブン・アルカッターン（Muḥammad b. al-Qaṭṭān）がそれを記す。[72]」ムハンマド・ブン・アルカッターンは、上のイブン・アルカッターンと同一人物であろうか。もしムハンマド・ブン・アルカッターンと偽医者イブン・アルカッターンとが同一人であるとすると、次のことが推測される。第七四話は、おそらくブズルクがカラに滞在した九七一／七二年から九七七／七八年の間に収録されたと考えられるので、その時から三五〜四二年後の一〇一三年に、ブズルクの知人ムハンマド・ブン・アルカッターンが『インドの驚異譚』の原本（A原本）をもとに一写本（現存のA本）を作成したのであろう。

(15) 第七五話　サンフ（占城）に到着した一団の人たちが語った逸話。そこの市場では象が茄子・玉葱・野菜などの買い物をおこない、必要な金を支払って戻るという。この話が真実かどうかを確認するために、編者ブズルクが彼らに質問したところ、各々の家には買い物、水汲み、薪運びなどをおこなう象が飼われているとのことである。この記事によって、ブズルクはサンフを訪れたことが分かる。インドにおいて訓練された利口な象が子安貝を使って八百屋で買い物をしたり、掃除や水を撒いたりする話は、U本の第四三話およびA本の第一一三話に共通して見られるが、ここではとくにサンフの象について述べられている。

(16) 第七六話　インドにおける慣行の一つ。他人に金を貸した場合、その金を確実に返済させる方法として、王の名前を唱えることをおこなう。これと同じ逸話は、一四世紀のイブン・バットゥータの記録に伝えられている。[73]

(17) 第七七話　インドにおける慣行と伝統について。インド全域において見られる慣習の一つに、焼身自殺がある。焼身自殺の動機は、自らの主張を貫くためとか、危機に陥った時、憤慨に耐えない時、あるいは王からの指令によるとか、いずれの場合も自ら生きながらにして火葬されることを選んだ者には、その当日の三日前から一定の儀式がおこなわれる。そうして火葬された者は死後四〇日間の喪が明けると、その霊は犬・ロバ・牛・象などの動物に転生する。彼ら住民は、王からのいかなる命令に対しても絶対服従である。

(18) 第七八話　ある人がスィンダーブーラ[74]で目撃したインド人の火葬の状況についての驚異譚。前述の第七七話とは別の事例が語られている。

(19) 第七九話　伝え聞いた驚異譚の一つとして、樟脳樹には霊魂が宿っており、それを切り倒す時には伐採者はその樹木の根元に一晩か二晩寝泊まりして、夢のなかに現れる樹の精霊の言葉を聞く。その結果、伐採することが決まると、伐採の当事者は水牛もしくは羊・犬・豚などの動物を屠り、その血を樹木に注いだ後に伐採をする。

この逸話は、樹木に霊的な力や生命力が秘められていると考えるマレー世界の自然観を伝えたものであろう。

(20) 第八〇話　伝え聞いた情報の一つで、バンジャーラーン（ベンガル、もしくはカラ）にはムスリムたちの総督（wālī）、彼らの裁判沙汰や紛争事の管理・監督人（nāẓir）のザイド・ブン・ムハンマドなる人物がいた。彼のもとから派遣されたジャワーマルド（Jawāmard）という男は、夜間、ある一団に襲撃され片足を斬られた。その報告がザイドのもとに届いた時、ちょうど編者ブズルクもそこに居合わせた。ザイドの判断にもとづいて、現地人と事を荒立てず、平和裏に解決しようとしたが、その後もたびたび仲間のペルシャ人たちがインド人に襲われる事件が起こった。その土地の君主（sulṭān）が大軍を率いて川辺を渡ろうとした時、ちょうどザイドの仲間たちが丸太で縛られたり磔の刑に処せられているのを目撃したので、その君主は盗賊たちを捕らえて処刑した。この事件を通じて、君主は、土地に居住するザイドとその仲間のペルシャ人たちが寛容で友好的な態度を持ち続けていることに感激したという。この逸話は、バンジャーラーンにあった外国商人の居留地とその管理責任者、現地人との対立や商取引をめぐる問題について考えるためのきわめて重要な史料を提供している。

以上、U本に独自な記録の概要を紹介し、同時にそれらの史料的価値についていくつかの私見を述べた。では、U本だけに収録されたインド洋の船乗り、水先案内人（ルッバーン）、ナーフーザや海上商人たちの話は、すべて一〇世紀の記録と認めることができるであろうか。これまでの検討によって明らかなように、それぞれの逸話に現れる年代、情報提供者の名前や地名などがいずれもA本と共通しており、逸話の記述形式についても両者は一致する。ただし、U本だけに見られるカラに近い黄金の島、バナワール山、バンジャーラーン、カルブ、バナラスなどの地名は、同時代の他の史料にはまったく登場しない情報であって、私の読み方と解釈を示しておいたが、これらの読み方と解釈を確定するならば、さらにU本の持つ史料的価値は高まるであろう。

結びに代えて

本章の冒頭部分でも触れたように、ブズルクの『インドの驚異譚』の最もユニークな点は、一つはインド洋海域世界で広く使用されていた、一〇世紀半ばの国際共通語ともいえる「海域アラビア語」によって記録されたこと、他は船乗り、ナーフザーフ（ナーフーザ）、ルッバーンや海上商人たちによる特殊な航海用語、海上交易における商業形態、取引商品、契約関係、商慣習、さらには船乗りたちの海上生活や倫理観などに関する具体的な記録が含まれていることにある。インド洋で活動する人々が日常どのような共通語を使用していたのか、彼らの独自の語彙、発音や文法の体系はどのようなものであったのか、これらの問題を究明することはかなり難しいことであるが、もし『インドの驚異譚』の写本に含まれる正則アラビア語文法から逸脱した表現や文体が当時の一般的な生きたアラビア語であると考えるならば、『インドの驚異譚』の写本そのものが言語史料としてきわめて高い価値を持っているといえよう。一〇世紀という時代は、アラビア語が国際共通語としてかなり広い地域で使用されるようになったと同時に、イスラーム教とその文化、アラビア語の文字や文法体系の影響を受けて、複数の言語を簡略化・混合させて話したり書いたりする、いわゆる言語のピジョン化が各地で進行した時代としても注目される。インド洋海域では、とくにペルシャ語と混合させたアラビア語が共通の商業・通信用の言語として広く使われるようになったと考えられる。以上のような視点から、『インドの驚異譚』のA本とU本の史料価値をさらに検討することによって、インド洋海域史の研究に新たな知見をいっそう具体的な形で提供することができると考えられる。

第2章　イエメン・ラスール朝史に関する新史料

はじめに

私は、一九六九─七一年の二年間、アラブ地域と西ヨーロッパ諸国の大学、研究所、図書館や文書館において未刊行のアラビア語写本の総合的な調査・研究を実施した。私の研究目的の一つは、西アジア地域からインド洋海域へのイスラーム世界拡大の歴史を明らかにするために、とくにメッカ、イエメンやオマーンなどで記録されたアラビア語文書・史料の調査と蒐集をおこなうことにあった。

前述したように、従来のインド洋交流史の研究は、バグダードやカイロといったイスラーム世界の政治的・経済的中心において記録・編纂された年代記・地理書・人名録などの、おもに刊行史料を利用しておこなわれてきたが、私はペルシャ湾、紅海、アラビア海やインド洋との交流関係の深かったイエメンと南アラビアの地方史・地誌に関する未刊行の資史料を総合的に調査・蒐集し、それらを使った具体的・実証的な研究を積み重ねることで、インド洋海域史の可能性を探っていきたいと考えたのである。そしてさまざまな文書・写本があるなかでもとくに調査の対象としたのは、一三世紀から一五世紀までの二〇〇年間にわたってイエメンおよび南アラビア地方を広く領有したラスール朝関係の歴史記録であった。また、すでに一九六八年に発表した論文「イスラーム史料による鄭和の遠征」で明らかにしたように、一五世紀前半、中国明朝によってインド洋海域へ向けて派遣された太監鄭和の大艦隊の一分隊がアデンを訪問した記録をエジプト・マムルーク朝とラスール朝の年代記のなかに確認したので、イスラーム側の史料から見た鄭和遠征に関する研究をさらに推進するためにも、ラスール朝関係の記録を精査することが最も有効な研究方法であると思われたのである[1]。

以上のような問題関心のもとに各地の図書館・文書館において文献調査をおこなった結果、フランスのパリ国立図書館写本室（Bibliothèque Nationale, Paris, Départment des Manuscrits）において、これまでまったく知られていなかった、きわめて史料価値の高いイエメン年代記を含むアラビア語写本（Ms. Arabe No. 4609）が複数の異なる記録類を合綴したなかに紛れて保存されているのを発見した（以下では「パリ写本」と略す）。「パリ写本」の書名および著者については不詳であるが、その後の関連写本の調査によって、カイロにあるエジプト国立図書館（Dār al-Kutub al-Miṣrīya）の「タイムール文庫（al-Khizānat al-Taymūrīya）」所蔵本のなかにも、「パリ写本」の内容とほぼ一致する異本が保存されていることが判明した[2]（以下では「タイムール文庫本」と略す）。そこで、本章では、新しく発見された匿名のイエメン写本の内容の概要を紹介し、同時にその史料価値の一端を述べてみたい。なお、すでに一九七四年に、私は「パリ写本」にもとづく校訂本『イエメン・ラスール朝年代記 *Ta'rīkh Dawlat al-Rasūlīyat fī'l-Yaman*』を出版・公刊している[3]。

一　新写本の発見と著書および書名

（1）新写本発見の経緯

一九七〇年一二月から七一年の二月までの約三ヵ月間を、私はパリ国立図書館所蔵のアラビア語写本の調査・研究のために過ごした。とくに調査・研究の対象とした写本は、一三〜一五世紀のマムルーク朝、イエメンのラスール朝とターヒル朝に関する歴史・地理の記録、メッカとメディナに関する地誌、メッカ巡礼記（al-riḥlat）などであり、同館から出版されたバロン・ド・スランの『アラビア語写本目録 *Catalogue des mss. arabes par le Baron de Slane*』によって関連する写本を選び出し、重要と思われるものについては順次借り出して閲覧・精査をおこなった。この写本目録は、クルアーン、伝承、哲学、歴史、地理などの分野別、および地域別に分類されており、また数種の異なる内容を含む端本を合綴した写本については巻末の「雑部」に一括して収めている。[4]

問題となる「パリ写本」は「写本目録」の「雑部」として分類され、「アラビア語写本四六〇九番 Ms. fonds Arabe No. 4609」に収められている。『目録』には、この写本の内容はイエメンの天文書と占星学に関する記録とあり、巻頭部と巻末部が欠落しているため、書名、著者と筆写の年号は不詳であるとの簡単な説明がある。もともと「四六〇九番」写本は、旧分類による登録番号「一一一九番写本（Ancien fonds No. 1119）」（ff. 1-143, 縦幅二九センチ×横幅二〇センチ）の前半部分（ff. 1-120）に収められていたが、[5] その後、「雑部」所収の諸写本が新しく整理・分類されたときに、「四六〇九番写本」として一冊本に装丁し直されたものである。そのため、もとの写本の縦幅と横幅がそれぞれ二センチメートル小さく裁断されて、縦幅二七センチ、横幅一八センチとなっている。なお「一一一九番写本」の後半部分（ff. 121-143）については、新分類では「二五七二番写本（Ms. fonds Arabe No.

2572）」として再登録され、その内容には、ヒジュラ暦一〇四〇（一六三〇／三一）年の天文表および占星学に関する数種の図表が含まれている。

「パリ写本」は一二〇葉を含み、全体が同一の筆耕人によるイエメン・ナスタァリーク書体で筆写されている。(6) 一方、「タイムール文庫本」は、『タイムール文庫写本目録』では「数理学（al-riyāḍāt）」に分類され、「写本番号二七四」に収められている。「タイムール文庫本」の中扉には、太文字で『七つの惑星表 *Taqwīm al-Kawākib al-Sab'at al-Sayyāra*』という書名が記されているが、これが実際の書名であったかどうかは確定できない。写本の最終頁は一五二頁で、「パリ写本」と似たイエメン・ナスタァリーク書体で記されている。(7)

両写本の内容は大別して、①スライフ朝によるイエメン統治以前の歴史を記録し、人類の祖アダムの誕生からイスラームの時代までの預言者たち、イスラーイールの子孫たち、バビロン王国、ペルシャ王国、古代ギリシャなどを統治した王たちの名前と彼らの統治年数および年代、預言者ムハンマドからアッバース朝カリフ＝ムスタゥスィム（在位一二四二―五八年）までの歴代カリフたちの名前と在位年代、彼らの父母の名前、アブーのようなクンヤ名とラカブ名（尊称）、死亡の年齢とその原因、墓地の所在地などを含む一覧表、②スライフ朝（一〇四七―一一三八年）のアリー・ブン・ムハンマド・アッスライヒー（'Alī b. Muḥammad al-Ṣulayḥī）によるイエメン統治の時代からラスール朝のスルタン＝ザーヒル（al-Malik al-Ẓāhir Yaḥyā）の治世に至る歴代支配者、征服と事件についての編年史、③太陽、月と惑星の運行、月の満ち欠け、黄道一二宮、暦、天体が人間に与える影響などを示すさまざまな図表、の三種を含む。

ラスール朝に関する編年史は、②のイエメン編年史のなかのスライフ朝史に続く部分に含まれ、「パリ写本」ではラスール朝の成立（一二二九年）からスルタン＝ザーヒル治世代のヒジュラ暦八四〇年第一ジュマーダー月初日（一四三六年一一月一一日）まで（ff. 10b–74b）を、「タイムール文庫本」ではラスール朝の成立から八〇七年ズー・アルヒッジャ月一三日（一四〇五年六月一二日）まで（pp. 8–57）を年代順に記録している。(8)「パリ写本」は、ラスール朝期の代表的な年代記であるハズラジーによる『ラスール朝国家史に関する真珠の首飾りの書 *Kitāb al-ʻUqūd al-Luʼluʼīya fī Taʼrīkh al-Dawlat al-Rasūlīya*』（八〇三年第一ラビーゥ月一八日〔一四〇〇年一一月六日〕のスルタン＝マリク・アシュラフ・ムマッヒド・ウッディーンの逝去までの記録を含む）以後の時代、[9] とくにスルタン＝ナースィルとスルタン＝ザーヒルの治世代に関する詳しい記録を含み、これまでのラスール朝史の研究では同王朝の後期を中心とした歴史資料はまったく現存しないとまでいわれていたが、まさにその時期に該当する、いわゆる「記録史料の空白期」を補う重要な史料的価値を持っている。一方、「タイムール文庫本」では、スルタン＝ナースィルの治世代の八〇八年からスルタン＝ザーヒルの八四〇年まで約三二年間の部分が欠落している。[10]

図 1　「パリ写本」（Ms. Arabe No. 4609）のラスール朝史に関する記録（冒頭部分）

以上のように、「パリ写本」と「タイムール文庫本」は①②③のそれぞれに異なる記載内容を含むため、別の著者による数種の記録が合綴されたものではないか、との疑念を抱かせる。しかし、筆跡文字のいくつかの特徴を見ると、パリ写本とタイムール文庫本がほぼ同時代——後述するように一六世紀初頭に筆写されたと思われる——の類似したイエメン・ナスタアリーク書体で記され、特徴的な数字の表記、語間・語尾のハムザ、アリフやヤームの省略の仕方、またサード（ṣ）とダード（ḍ）、スィーン（s）とシーン（sh）などのように誤写・誤読の恐れのある文字を区別するための特殊記号の付け方などから判断して、すべて同一人物によって筆写されたと考えて大過ないであろう（図1参照）。そして①と②では、地上に現れた過去の預言者や支配者たちの生と死、さまざまな王朝の興亡史を通観し、③ではそうした地上での人間の運命や将来を占うことを目的とした天文学や占星学の具体的なデータを提示しており、同じ著者が全体を一書としてまとめるための編纂をおこなったと考えられる。そうした編纂意図を裏づけるように、②のイエメン史の記録中には、日食、月食、隕石の落下、火星や流星の接近、地震や旱魃・水害などの天変地異の諸現象が記録され、これらがすべて天体の異常な運行によって引き起こされたという因果関係が詳しく説明されている。[11]

（2）著者、書名と執筆年代

「パリ写本」および「タイムール文庫本」のいずれにも、著者名の明記はない。しかし、ラスール朝史に関する記載内容を十分に検討することによって、著者はスルタン＝アシュラフ、スルタン＝ナースィルとスルタン＝ザーヒルの時代に生きた人物であり、とくにザーヒルのもとに仕えた宮廷書記であったこと、したがってザーヒルの治世代に関する歴史叙述は彼自身の体験と資料蒐集によったものであることが考えられる。これを実証するための若干の記録として、以下の諸点があげられる。[12]

(1) ナースィルの後を継いだ二人の子息のスルタン＝マンスール・アブド・アッラー（Manṣūr ʻAbd Allāh, 在位一四二七―三〇年）とスルタン＝アシュラフ・イスマーイール二世（Ashraf Ismāʻīl, 在位一四三〇―三一年）についての記録をすべて省いていること。[13] このことは、二人のスルタンが著者の仕えたスルタン＝ザーヒルを幽閉した政敵であったためと考えられる。一方、ナースィルと双子の関係にあったフサインによる八二二年の反乱事件について、著者はかなり同情的な説明をおこない、反対にナースィルの政策を厳しく糾弾している。[14]

(2) ザーヒルの治世が開始されたことを示す最初の見出し部分で「われらが主、われらの統治者にして、われらの時代の支配者（mawlā-nā, wa mālik-nā malik ʿaṣr-nā）、……マリク・アッザーヒル、世俗と信仰の獅子《ヒザブル》、万民に対する神の後継者《ハリーファ》、われらが主マリク・アシュラフ・イスマーイールの子息ヤフヤー……の王朝の開始」と記している。[15]

(3) ザーヒルの政治的・軍事的行動については、彼の寛大・公平・正義の資質を強調し、最大限の讃美の言葉を連ねていること。例えば、八三二年ズー・アルカァダ月二五日、アデン港に寄らずバーブ・アルマンデブ海峡を通過した貿易船がズカル岩礁で難破した時、捕らえられた貿易船の乗組員をスルタンは釈放し、寛大な措置を施したこと、[16]八三三年サファル月、外国の貿易船団がアフワーブ港に到着し、保護を求めてきたことはスルタンの威信が大なることの証しであること、[17]八三五年ムハッラム月一九日、アラブ遊牧部族を破って国内の治安と秩序を安定させたことはスルタンの良策によること、[18]八三六年にナツメヤシの実が一年のうちの夏と冬の二回結実したことはスルタンによる善政がもたらした神の恩恵であることなど。[19]

(4) ザーヒルの施政と行動に関わる記録、例えば勅令の発布、官職の任命と罷免、外国使節との会見、宴会、軍事遠征などの年月日、場所、人名などが詳細に記録されており、明らかに著者は常にスルタンに随伴し、発布される公文書や報告類をじかに閲覧・利用することができる立場にあったことを示す。

「パリ写本」には書名が明記されていないが、「タイムール文庫本」には表紙の書名として罫線で囲み、朱書の大文字で、その上段に『七つの惑星運行表 *Taqwīm al-Kawākib al-Sabʿat al-Sayyāra*』、下段に『ならびに明白なるヒジュラ暦八〇八年の二つの結び目［の表］*wa'l-ʿUqdatayn li-sanat thamānin wa thamānimiʾat min taʾrīkh al-Hijra*』と記されている。また中段の部分には、小文字で不明確であるが「神に称えあれ！　最良の保護者であれ！　この祝福すべき書は、……サイイド・サーディク・ブン・アッサイイド・ハーシム・ブン・アッサイイド・ナースィル・ウッディーン・アルフサイニー・アルハラビー（sayyid Ṣādiq b. al-sayyid Hāshim b. al-sayyid Nāṣir

図2　「パリ写本」（Ms. Arabe No. 4609）の末尾に書かれた歴史家イーサー・ブン・ルトフ・アッラー（ʿĪsā b. Luṭf Allāh b. Muṭahhar b. Sharaf al-Dīn）による書き込み

al-Dīn al-Ḥusaynī al-Ḥalabī）……九九一（一五八三／八四）年……月、アーミーン」との書き込みが見られる。しかし、アレッポ生まれ（アルハラビー）のイブン・ハーシム・ブン・ナースィル・ウッディーン・アルフサイニーがこの書の著者であると断定することは難しい。また同じ写本の五三頁左欄外には、朱書きで「雷と激しい稲妻、寒さと雨の後、東方から南方向にかけて虹が昇った日付、それは一〇〇一年第二ジュマーダー月一三日（一五九三年五月一七日）のこと。貧しき［神の］僕、アッサイイド・ムハンマド・ブン・アッサイイド・サーディク・アルハキーム（al-faqīr al-sayyid Muḥammad b. al-sayyid Ṣādiq al-Ḥakīm）がこれを記す」とあり、さらにその左側には別の筆跡で「西方から弓状の虹が昇った年次、それは一〇〇六年ズー・アルカァダ月の一三夜（一五九八年六月一七日）のこと」との墨書が見られる。[20]

一方、「パリ写本」の巻末（f. 144b）を見ると、「神の最も貧しき僕、イーサー・ブン・ルトフ・アッラー・ブン・ムタッファル・ブン・シャラフ・ウッディーン（ʿĪsā b. Luṭf Allāh b. al-Muṭahhar b. Sharaf al-Dīn）が閲覧した[21]」との書き込みがある（図2）。イーサーなる人物は、著名なイエメンの歴史家（一五八六—一六三八年）のことであり、『ヒジュラ暦九世紀後に起こった反乱と征服に関する魂の喜び *Rawḥ al-Rūḥ fī mā ḥuditha baʿd al-Miʾat al-Tāsiʿa min al-Fitan waʾl-Futūḥāt*』というオスマン・トルコ軍のイエメン支配に関する歴史書を著した作者である。

以上のいくつかの書き入れから判断すると、「パリ写本」と「タイムール文庫本」はいずれも一五八三／八四年以前からすでに存在していたことが考えられる。では、この記録が著述されたのは、いつ頃のことであろうか。直接の手掛かりとなるのは、①「パリ写本」に含まれるラスール朝年代記は、八四〇年第一ジュマーダー月初日（一四三六年一一月一一日）の記事をもって記録が終わること、[22]②八三九年、アデンに発生し、ついにイエメン全土に広がった大疫病（おそらく西アジア全域を襲ったペストの大流行がイエメンに波及したことを示す）についての説明の後に、「このこと（疫病の流行）は、八三九年の初めから、この書を執筆した年、つまり八四〇年の偉大なるラマダーン月まで続いた」[23]と著者自らが述べていること、③「パリ写本」の第一頁の余白に「幸運の星の年、太陰暦八四一年の入り（dukhūl al-sanat al-saʻīdat al-qamarīya sanat iḥdā wa-arbaʻīn wa thamāni-miʼat）」との書き入れがあること、④巻末に掲載の天文表のなかに、八四一年ムハッラム月一七日にシリウス星が蟹座の位置に出現したことを記録していること、[24]などであるが、これらのことから写本の原本は八四〇年ラマダーン月（一四三七年三／四月）から八四一年ムハッラム月（一四三七年七／八月）の間に執筆されたと思われる。しかし、現存する「パリ写本」と「タイムール文庫本」のいずれが原本であるのか、それとも別の原本から書写されたものかは明らかでない。

二　ラスール朝写本の内容

「パリ写本」のなかのイエメン史に関する記録は、(2)の六四葉（ff. 8b-74b）、「タイムール文庫本」の五二頁（pp. 6-57）に相当する部分であって、両写本はいずれも年月日の順序に従い、一枡に区切った罫線のなかに二行ずつの文章を並べ、各頁の最上段には太文字で「イエメン史とイエメンにおける諸王、彼らの統治下で起きた征服と事件」「イエメンにおける王と王国の歴史に関する報告」と記され、頁の左右に二重の罫線で囲った「歴史（taʼrīkh）」と「年号（sana）」の文字があって、天文表や暦法表に似た図表形式になっている（前掲図1参照）。またラスール朝のイエメン統治が開始する部分では、一桝一行の大文字で「ラスール家の王たちによる王朝の開始

——神よ、彼らの統治の永続を願わん！ わが主、スルタン＝マリク・アルマンスールの王朝の開始。神よ、彼に祝福を与え給え！」との見出しを付けている。こうした形式は、代々のスルタンの即位の冒頭部分にも同じように見られる。

イエメン編年史に関する部分は、以下の通り一〇節から構成され、(2)から(10)までがラスール朝のイエメン統治に関する記録である（括弧の数字は、「パリ写本」の丁数とタイムール文庫本による頁数を示す）。

(1) アリー・ブン・ムハンマド・アッスライヒーによるイエメン統治からアイユーブ朝のマスウードの死去まで（ff. 9a–10a / pp. 6–8）[25]

(2) ラスール朝の初代スルタン＝マンスール・ヌール・ウッディーン・ウマル一世によるイエメン支配の開始と彼の治世（ff. 10b–11b / pp. 8–10）

(3) スルタン＝ムザッファル・シャムス・ウッディーン・ユースフ一世の治世（ff. 11b–15b / pp. 11–16）

(4) スルタン＝アシュラフ・ムマッヒド・ウッディーン・ウマル二世の治世（f. 15b / pp. 17–18）

(5) スルタン＝ムアイヤド・ヒザブル・ウッディーン・ダーウードの治世（ff. 15b–16a / pp. 18–19）

(6) スルタン＝ムジャーヒド・サイフ・ウッディーン・アリーの治世（ff. 16a–17b / pp. 19–21）

(7) スルタン＝アフダル・ディルガーム・ウッディーン・アルアッバースの治世（ff. 17b–20a / pp. 21–26）

(8) スルタン＝アシュラフ・ムマッヒド・ウッディーン・イスマーイール一世の治世（ff. 20a–30b / pp. 26–51）

(9) スルタン＝ナースィル・サラーフ・ウッディーン・アフマドの治世（ff. 31a–49a / pp. 51–57）

(10) スルタン＝ザーヒル・ヤフヤーの治世（ff. 49a–74b）

(1)では、スライフ朝の成立からアイユーブ朝によるイエメン支配の約二〇〇年間の歴史について、支配者と征服された都市・城塞について年代順に簡略に列挙している。その情報は、イエメンの歴史家アブド・アルバーキー・アルヤマーニー、ハズラジー、イブン・アッダイバゥやヤフヤー・ブン・アルフサインなどの記録内容と一致するが、アイユーブ朝の支配者アルアズィーズ・トゥグティギン（一一八一—九七年）がハダド（Khadad）、ライマ（Rayma）、ザルワ（Dharwa）などの城塞を攻略したことの情報（ff. 9a-9b）については、他の史料に見られない。[26]

(2)は、ラスール朝の初代スルタン＝マンスールがタイッズ、ジャナド、サヌアー、スラー（Thulā）などの諸都市を支配し、さらにアラブ遊牧民のバヌー・アッラーイー、バヌー・シハーブとの戦闘で勝利し、ティハーマ地方を平定して行く過程を年次にしたがって丹念に記録する。その内容は、ハズラジーの年代記とほぼ対応し、またウルワーン（ʻUlwān）、ミフラーフ地方への遠征についてはアブド・アルバーキー・アルヤマーニーの記録との類似点がある。[27]なお六四七年第一ジュマーダー月に、スルタン軍がザビード、ナムラード（Namrād）、バイト・クラシュ（Bayt Qurash）を平定したことは、ハズラジーやその他の史料には言及されていない。

(3)では、まず六四七年ズー・アルカアダ月、スルタン＝ムザッファルがザビードに入城した後、アデンに到着、そこを支配すると、さらにラフジュ、アブヤン、タイッズを平定したことを伝える。一方、ムザッファルの軍隊は、サヌアーに進み、ザイド派のイマーム政権のアフマド・ブン・アルフサイン、イブラーヒーム・ブン・アフマドやバヌー・ハムザと争奪戦を繰り返した。ラスール朝は、ムザッファルの治世代になって、ティハーマ地方だけでなく高地イエメン、ハドラマウト地方やバーブ・アルマンデブ海峡を越えた対岸のダフラクやズカルの島々、ソマリア海岸（バッル・アルアジャム）にも支配権を拡大し、時にはヒジャーズ地方まで軍隊を派遣して、メッカのシャリーフたちに対して政治的・経済的な影響力をおよぼした。とくに六七八年に挙行されたハドラマウト・ズファール遠征では、陸海三軍に分かれて出発し、同年ラジャブ月二七日には、ハブーディー朝の支配者サーリム・ブン・イドリース（Sālim b. Idrīs al-Ḥabūḍī）を殺して、ズファール地方の併合に成功した（第III部第3章参照）。この間の事情は、ムハンマド・ブン・ハーティム、ハズラジー、アブド・アルバーキー・アルヤマーニー、アブー・マフラマやシャンブルなどの記録と一致する点が多い。しかし、注目すべき点として、六七八年シャアバーン月三日、ズファールの大モスクでおこなわれた金曜日のフトバ（説教）において、ムザッファルの名前が唱えられたこと（f. 14a / p. 15）、サーリムの首級が家来たちのものと一緒にアデン、次いでサヌアーに着いたこと（ff. 14a-14b / p. 16）などの記録は、他書に残されていない。またムザッファルの晩年、彼の三人の子息アシュラフ、ムアイヤドとワースィクがザイド派勢力のシャリーフ＝アフマド・ブン・アリーやアラブ遊牧民との対戦を続け、和平が成立した後、ワースィクはズファール地方の統治権を委譲され、アデン港からズファールに向かったことを伝えている（f. 15a / p. 17）[28]。

(4)のアシュラフの治世は、わずか二年であり、六九四年第一ジュマーダー月、ムザッファルがアシュラフに政権を委譲したこと、一方、アシュラフの兄弟の一人、ムアイヤドがタイッズ、そしてシフルからハドラマウト地方に向かったこと、ムザッファルの死とアシュラフの死について簡略に言及する（f. 15b / p. 18）。

(5)において、著者は、六九六年ムハッラム月、ムアイヤドがアデン、ラフジュとアブヤンを平定、さらに高地イエメンのすべての要塞を奪い、サヌアーに入城して、ザイド派勢力のシャリーフのカースィム・ブン・マンスール、ワッハースらを帰順せしめた後、スルタン軍と一緒に首都のタイッズに帰還したことを伝えている。また、六九八年第一ジュマーダー月にザビードへ行き、シャウワール月には再びサヌアーを経てアデンを訪れたムアイヤドは、ズー・アルヒッジャ月の一七日、首都のタイッズに戻った。しかし、これに続く記録は、七二一年ムハッラム月初日のスルタン＝ムジャーヒドの即位であり、その間の二〇年間（六九九―七二〇年〔一二九九年九月一六日―一三二〇年二月一一日〕）の記録はまったく省かれている。ハズラジー、アブド・アルバーキー・アルヤマーニー、ジャナディー、ウマリーなどの記録によれば、ラスール朝はムアイヤドの治世に、アデン港の貿易業務をカーリミー商人のムフイー・ウッディーン・ヤフヤー・ブン・アブド・アッラティーフ・アッタクリーティー（Muḥyī al-Dīn Yaḥyā b. ʿAbd al-Laṭīf al-Takrītī）に一任して、海外貿易の振興と関税徴収の増加に努めた[29]。このように、ラスール朝が国家の経済基盤をインド洋交易に大きく依存するようになったのは、ムアイヤドの治世代であって、それに続くムジャーヒド、アフダル、アシュラフの各時代を通じて、ますます国家と外国商業との関係は密接なものになっていった（第IV部第3章参照）。

(6)ラスール朝のスルタン権は、第四代スルタンのムアイヤド以後、すべて彼の子孫によって継承されたが、内紛が絶えず、ムジャーヒドは即位すると、ただちにアシュラフの子ナースィル・ムハンマドをアデンに幽閉した（f. 16a）。しかし、マンスール・アイユーブの子ザーヒル・ヌール・ウッディーンを支援するアミールやマムルーク軍人たちの反感が強く、また王室内の抗争に乗じて高地イエメンのザイド派イマーム=ムハンマド・ブン・ムタッハルとシャリーフたちが勢力を南部に拡大したことによって、イエメン各地で戦乱が頻発した（ff. 16a-16b）。政権が崩壊する危機を感じたムジャーヒドは、マムルーク朝のスルタン=ナースィルにマムルーク軍団の派遣を要請した。エジプトのマムルーク軍によるイエメン出兵については、マクリーズィーやヌワイリーなどのエジプト側の史書にも詳しく伝えられているが、それらの記録を総合すると、七二五年ムハッラム月二五日（一三二五年一月一一日）、イエメン王ムジャーヒドから援軍を求める書簡を受け取ったスルタン=ナースィルは、直ちにアミール=ルクン・ウッディーン・バイバルスの指揮するマムルーク軍のイエメン派遣を決定した。マムルーク軍は、同年の第一ジュマーダー月二六日（一三二五年五月一〇日）、メッカに到着、ハルイを経由してイエメンに向かった。一方、マムルーク軍によるイエメン占領を恐れたザビード側の一部の仲間がムジャーヒド側に降伏したため、ムジャーヒドはそれらの勢力を結集して、マムルーク軍がイエメンに到着する以前に国内を平定し、遅れて到着したマムルーク軍への糧食やその他の必要物資の提供を拒んだ。そこで、マムルーク軍はイエメンの諸都市で略奪と横暴行為を繰り返し、さらにムジャーヒドの反対勢力ザーヒルと同盟を結ぶこととなった。この事件をきっかけとして、ムアイヤドはマムルーク朝への年貢の支払いと進物の提供を拒否しただけでなく、メッカの宗主権を主張し、さらに外国の船舶や商人たちのアデン入港を強制した。これに対して、スルタン=ナースィルは戦艦を派遣してイエメンの武力征服を企てた。ラスール朝側の記録では、イエメンに到着したマムルーク軍は反乱軍のザーヒルらと連絡を取り、タイッズ、ガラーフィカなどのティハーマ地方の諸都市で略奪をおこなったため、住民の不安が一層高まったこと、一方、ムジャーヒドは、反対勢力のナースィル、マンスール・アイユーブが相次いで死亡すると、ザビード、マアーズィバ、アデン、ハラド、タァクル、ダムルワなどを征服して国内統一を進めたこと、その後のムジャーヒドのメッカ巡礼、エジプト訪問、ムジャーヒドの子ムザッファルとサーリフ、アーディルの反乱事件などについて言及する。しかし、七三〇年以後の記録は簡略になり、七二九年、七三一—三二年、七四六—四七年、七四九—五〇年、七五三年、七五六—五九年や七六一年などの記事は省かれている。[30]

(7)アフダルは、七六八年第一ラビーゥ月（一三六六年一一／一二月）に、法官ジャマール・ウッディーン・アルファーリキーをカイロに派遣して、エジプト・イエメン間の友好関係を維持することに努めるとともに、シフルとズファールへの支配権の拡大やアデン港への巡幸をおこなって来航する大商人、ナーフーザたちを厚遇するなどの商業振興策を推進した（ff. 17b–20a）。ハズラジーの記録によっても、インド、エジプト、ハバシャ（エチオピア）などからの使節団と贈呈品の到着、サヌアーを中心としたザイド派のイマーム政権との和平が結ばれて、戦乱の続いたムジャーヒドの時代と違った活発な経済交流と国内の治安安定の状況が説明されている。[31]なお、七七四年の記載のうち、スルタン軍のマアーフィル、シャマーヤへの出陣（f. 19a）、アミール＝シャムス・ウッディーン・アリー・ブン・マスウードの逃亡、アフダルの子息らによる各地の巡視、アラブ族の支配地域（bilād al-ʿArabīyīn）など（ff. 19b–20a）に関しては、他のイエメン史料には見られない独自な記録である。また七六二—六四年、七六七—七〇年の記載うち、ハズラジーのそれと比較すると、一年前後のずれが見られる。[32]こうした例は、七八〇—八二年、七八五年、七九八—九九年についても同様であり、『ラスール朝年代記』の著者がハズラジーとは別系統の情報を利用したことを示しており、いずれの年号が正しいかは今後、さらに検討を要するであろう。

(8)七八〇—八八（一三七八—八七）年、高地イエメンのザイド派が弱体化したことによって、山岳部にラスール朝の勢力が伸長し国内の治安が維持された。それにともないインド、メッカ、エジプトなどの外国諸国との通商関係が一層緊密になった時代であり、『ラスール朝年代記』には国家の対外関係を示す重要な記事が散見されるようになる。とくに、七七九―八一年、七八三―八六年、七九二年、七九四―九五年の記載中に見られるインド、ベンガル、ダフラク、ドゥンカル（ドンガラ？）、バッル・アルアジャム（ソマリア海岸）、サワーキンなどからの使節団や贈呈品の到着の記録は、ハズラジーやその他のイエメン史料にはまったく残されていない貴重な情報を提供している（表1参照）。スルタン＝アシュラフは、来航する海上商人の保護、アデン、シフル、ズファール（ライスート、マンスーラ、ミルバート）、ムハー、ガラーフィカ、アフワーブ、ルハイヤなどの主要な交易港を国家の管理下に置き、港湾・倉庫施設と通関業務の整備、関税の軽減、交易路の安全、巡視船による海峡や港の警備などの施策によって、外国船や海上商人の来着を促進し、貿易による関税収入の増加と新奇な物産の獲得に努めた。アルハサン・ブン・アルフサイニー、ウマリーやカルカシャンディーが伝えているように、この時期のラスール朝は海上貿易による関税収入を国家の重要な財源としていたと考えられる。[33] アシュラフによる貿易振興策の一つとして、ムアイヤド以来の政策を踏襲して、カーリミー商人たちをアデンのワーリー（港湾警備長）やナーズィル（貿易監督官）に登用することにより、外国商人の保護、商業の繁栄と関税徴収の円滑化を図った（第III部第3章ほか参照）。『ラスール朝年代記』を通じて、この時期のラスール朝が海外貿易に依存する交易国家として発展するうえで、カーリミー商人たちが大きな役割を果たしていたことが理解される。

七八九年以後の記載の多くは、ザイド派の軍隊がアデン、タイッズ、ザビードなどの主要な都市へ侵入したこと（ff. 23b–25b）、ジャファーフィル、マアーズィバなどのアラブ系遊牧民の反乱（ff. 26b–29a）、ズファール地方で起こった内乱事件（f. 30a）などについて述べている。七七八年サファル月の、ザイド派のイマームとアミール＝サーリム・ウッディーンとの対戦、七七八年第一ジュマーダー月の、ムハンマド・ブン・スライマーンの反乱（f. 20a）、七九一年第二ジュマーダー月の、ザイド派のイマーム軍によるザビード侵入（f. 24a）、七九一年第二ジュマーダー月の、アミール＝バハーゥ・ウッディーン・アッシャーミーのシャーム地方からの帰還（f. 24b）などの記録は、ハズラジーの情報と共通点が見られる。[34]

表 1 『ラスール朝年代記』による海外諸国との通商・外交関係

時期（西暦/月）	記　事	年代記	その他の典拠
1299/10-11	スルタン=ムアイヤドによるアデン巡幸，カーリミー商人，インドのナーフーザたちと会見，贈呈品を受ける	16a	B, 201；U, 1/319
1324/10-11	法官ジャマール・ウッディーン・ムハンマド・ブン・ムーサー，贈物を持ってエジプトに出発		Q, 2/77
1326/9-10	同法官，エジプトより帰国	16b	U, 2/43
1354/7-8	ムアイヤドの子アフマド，エジプトより帰国	17a	
1366/1-2	ハブーディー朝（Ẓufār al-Ḥabūẓī）の使節来朝	18a	U, 2/134
1367/3-4	スルタン=アフダルの使者，ジャマール・ウッディーン・アルファーリキー，エジプトへ赴く（第1回使節）	18a	U, 2/134
1367-68	インドのカンバーヤ王の使節来朝	18a	U, 2/135
1368/9-10	スルタン=アフダルの使者ファーリキー，エジプトより帰国	18a	U, 2/135；Q, 2/96
1369/5-6	エチオピアの使者来朝，進物を呈す	18b	U, 2/139
1369/5-6	インドのカーリクートの王マリク・アッダーフィー（？）からの進物	18b	U, 2/139, Q, 2/96
1373/2-3	使者ファーリキーの率いる使節団，エジプトへ出発（第2回使節）	19b	U, 2/152
1376/5-6	使者ファーリキーの率いる使節団，エジプトより帰国	19b,20a	U, 2/154
1377/8-9	インド王からの進物	20b	
1377/12	ダフラク（Dahlak）王の進物	20b	
1378/8-9	スルタン=アシュラフの使者バドル・ウッディーン・ハサンをインド・デリー王のもとに遣わす	20b	
1378/8-9	ソマリア海岸（Barr al-ʻAjam）のシャイフ=マスマル（Masmār）からの進物	20b	
1378/10-11	ワンカル（Wankal, Dunkal, Dunqala）王の進物	20b	
1382/2-3	インドのターナとベンガルの王からの進物	21b	
1385/5-6	エジプトからの進物	22b	U, 2/182
1385/8-9	ダフラク王からの進物	22b	U, 2/182
1386/4-5	エジプトからの進物，アレクサンドリアの織工たちの来朝	23a	U, 2/186
1388/9-10	エジプトからカーリミー商人ブルハーン・ウッディーン・イブラーヒームなどの来朝，進物を呈す	24a	U, 2/193
1388/10-11	東アフリカのザンジュ地方からの進物	24a	
1388/10-11	ダフラクからの贈物		U, 2/193
1389/7-8	サワーキンの王の進物	24b	
1391/2-3	ベンガルからの進物	25b	
1392/7-8	ダフラク王からの進物	27a	

1396/5-6	カーリミー商人，ブルハーン・ウッディーン・イブラーヒーム，進物を持って到着		U, 2/198
1396/10-11	アシュラフの使者イフティハール・ウッディーン・ファーヒル，エジプトから帰国，カーリミー商人ブルハーンの子アフマドを随伴	30a	U, 2/294-95
1404/2-3	エジプトから使者来朝，進物を呈す	32a	
1404/12	エジプト王の使者と書簡の到着	32b	
1412/5-6	ダフラク王の進物	38b	
1412/6-7	法官バドル・ウッデイーン，ダフラクへ向けて出発	38b,39a	
1413/6-7	スルタン=ナースィルの使者アミーン・ウッディーン・ムフリフ・アットゥルキー，商人らと一緒にメッカから帰国	39a	
1414/5-6	アミーン・ウッディーン，メッカから進物を持って帰国，メッカの大商人も同伴	39b	
1415/5-6	エジプト王からの進物	41a	
1417/12	ナースィルの使者アミーン・ウッディーン，商人の一団を伴いエジプトから帰国	43b	
1419/1	中国ジャンクのアデン来航（鄭和第5次分隊）	44b	
1419/2-3	中国ジャンクの出発，ナースィルは中国の王への進物と使者を遣わす	44b	
1420	中国の支配者の使節，3艘の大船で到着		Q, 2/123
1423/1-2	中国ジャンクのアデン来航（鄭和第6次分隊）	47b	
1424/4	インドのカンバーヤ王からの進物，ナーフーザ・ナーサの来朝	49a	
1430/5-6	ダフラク王からの進物	56a	
1432/2-3	中国ジャンクのナーフーザ，進物を持って来朝（鄭和第7次分隊）	61a	
1432/8-9	メッカから商人ハワージャ・ジャマール・ウッディーンら，進物を持って来朝	62b	
1433/7-8	東アフリカのキルワのナーフーザ来朝	69b	
1433/7-8	カーリクートの商人，ナーフーザなどに関税優遇措置を実施	69b	
1434/7-8	商人ハワージャ・ジャマール・ウッディーン・アッタウリーズィー，メッカから進物を持って来朝	69b	

注 1）年代は，ヒジュラ暦に対応する西暦年/月で示す。
2）年代記は，「パリ写本」の『ラスール朝年代記』の葉数（folio）を示す。
3）その他の典拠は，以下の略号および頁数で示す。B＝アブド・アルバーキー・ブン・アブド・アルマジード・アルヤマーニー『イエメン史に関する歴史の贈物の書 *Kitāb Bahjat al-Zamān fī Ta'rīkh al-Yaman*』；U＝ハズラジー『ラスール朝国家史に関する真珠の首飾りの書 *Kitāb al-'Uqūd al-Lu'lu'īya fī Ta'rīkh al-Dawlat al-Rasūlīya*』；イブン・アッダイバゥ『幸運のイエメン情報についての目の慰めの書 *Kitab Qurrat al-'Uyūn bi-Akhbār al-Yaman al-Mayimūn*』

(9)『ラスール朝年代記』の著者は、アシュラフの没後、ナースィルがスルタン権を掌握するが、引き続き彼の兄弟のマンスール、フサイン、ザーヒル・ヤフヤー、ザーフィル（スルタン＝ムジャーヒドの子息）との間で権力闘争が激しくおこなわれたことに言及する（ff. 31a, 38b, 45b-46b, 49a）。さらに、そうした宮廷内の混乱に乗じて、イエメン山岳部のワサーブ、ハンカ、ハラド、ズー・アルジブラ、ジャファーフィル、ヒムヤル地方（bilād Ḥimyar）、マアーズィバなどを拠点とするアラブ系諸部族やザイド派の勢力が海岸のティハーマ地方やアデンに侵略を繰り返したという。『ラスール朝年代記』は、そうした内憂外患の影響でアシュラフの時代に築かれた国家体制が急速に崩壊していったことを伝えており、それらの点はヤフヤー・ブン・アルフサインが伝える記録とも一致している。ヤフヤーによると、八〇六年、八一〇―一五年、低地イエメンのティハーマ地方の治安が乱れ、住民の反乱が続き、それに乗じたマアーズィバのアラブ系遊牧民がザビードを襲撃・略奪し、主要な交通路が途絶してインドから来航する船舶も途絶えたという。[35] また、歴史家イブン・アッダイバゥは、ナースィルがカワーリール山（Jabal al-Qawārīr）地方に多数の周壁と要塞を構築してアラブ人の侵入に備えたが、そのための出費が多く、国家財源が窮迫したと説明している。[36] スルタン＝ナースィルは、そうした国内の反乱を鎮圧するための軍事費を、アデンやアフワーブなどの交易港に来航する外国船や商人に対する苛酷な関税の徴収や積荷の没収などの強制措置に求めたが、その結果、外国船や商人の来航が激減し、ラスール朝国家と商人および外国交易との結びつきが断ち切られて、国家歳入の急激な減少を招いた（詳しくは第IV部第3章を参照）。

表2〜4を見ても明らかなように、『ラスール朝年代記』には、ナースィルの治世代に、アデン港のワーリーとナーズィルの任命や宝物庫（khizān）の到着に関する記録がほとんど見られない。このことは、同時代の国家と商人および商業との相互依存の関係が崩れて、国家の支配者や地方の諸勢力による恣意的な関税や商人の財産没収がおこなわれたことを物語っている。『ラスール朝年代記』の記録を通じて、この時代の政治経済の諸状況を要約してみると、次の点が指摘されるであろう。

表2 『ラスール朝年代記』によるアデンのワーリー（wālī）とその在位年代

時期（西暦/月）	ワーリーの名前	年代記	その他の典拠
1386/9-10	バドル・ウッディーン・ムハンマド・アッシャーミー		U, 2/188
1387/10-11	シャムス・ウッディーン・アリー・ブン・ムハンマド		U, 2/193
1388-89	バハー・ウッディーン・アフマド・アッシャーミー		U, 2/205
1389/4-5	シハーブ・ウッディーン・アフマド・アッシャーミー		U, 2/205
1392/2-3	イッズ・ウッディーン・ハッバ・ブン・サイフ・ウッディーン		U, 2/229
1394/11-12	シャムス・ウッディーン・アリー・ブン・ムハンマド		U, 2/269
1394/11-12	ファフル・ウッディーン・アブー・バクル・ブン・バハドゥール	29b	U, 2/269
1400/8-9	サイフ・ウッディーン・カイスーン		U, 2/315
1407/1-2	ジャマール・ウッディーン・ミフターフ	34a	
1430/12	サイフ・ウッディーン・ダマルダーシュ	57b	
1431/4-5	ジャマール・ウッディーン・フマイド	59b	
1431/9-10	ジャマール・ウッディーン・カーフール	60a	
1431/12	ザイン・ウッディーン・ジャイヤーシュ・ブン・ムハンマド・ブン・ズィヤード・アルカーミリー	60b	

①ザイド派の勢力による低地イエメンへの軍事進出やアラブ系諸部族の反乱は、ムザッファルの時代以来の海軍に偏していたラスール朝の軍事体制の弱みに乗じて拡大し、長期にわたる戦闘と国内治安の乱れとによって交通の途絶、都市の経済活動の停滞と農業生産額の減少を招いた。

②国内の戦乱に対処するための戦費の増大は、ナースィルをしてイエメンの主要港に入る外国船や商人に対する不当な関税や積荷の没収などの強硬策をとらしめた。しかし同時に、『ラスール朝年代記』は、ナースィルはアフワーブ新港（Bandar Jadīd, Bandar Buq'a）の建設（f. 45a）、バーブ・アルマンデブ海峡の対岸のザイラゥ港、ダフラク諸島やジーザーンへの遠征（ff. 38b-39a, 41b, 45a）、また法官アミーン・ウッディーン・ムフリフ・アットゥルキーやイブン・ジュマイゥなどを代表とする使節団をインドのカンバーヤ、メッカやエジプトへ派遣したこと[37]（ff. 39a-39b, 41a, 43b, 49a）などの、中継交易を盛んにするための積極的な外交策を展開していたことも伝えている。と

表3 『ラスール朝年代記』によるアデンのナーズィル（nāẓir）とその在位年代

時期（西暦/月）	ナーズィルの名前	年代記	その他の典拠
1383-84	シャラフ・ウッディーン・フサイン・アルファーリキー		U, 2/176
1384/8-9	シハーブ・ウッディーン・アフマド・ムアイビド	22b	U, 2/179
1386/9-10	ムワッファク・ウッディーン・アリー・アルダルアーニー		U, 2/188
1387-89	シャラフ・ウッディーン・フサイン・アルファーリキー		U, 2/193
1388	アフィーフ・ウッディーン・アブド・アッラー・アルジャッラード		U, 2/198
1388/10-11	シャラフ・ウッディーン・アブー・アルカースィム・アフマド		U, 2/199
1388	ジャマール・ウッディーン・ムハンマド・アッシャティーリー		U, 2/269
1394-95	シャムス・ウッディーン・アリー・ブン・ムハンマド		U, 2/269
1394-95	ジャマール・ウッディーン・ムハンマド・アッシャティーリー		U, 2/315
1400-01	アブー・バクル・ブン・シハーブ・ウッディーン・アフマド・ブン・ウマル		U, 2/315
1406/8-9	ムハンマド・ブン・アリー・ブン・ヤフヤー・アッサイーディー	34a	Ḍaww, 3/225*
1407/1-2	ジャマール・ウッディーン・ミフターフ	34a	
1433/7-8	ラディー・ウッディーン・アブー・バクル・ブン・アフマド	66a	
1434/9-10	ギヤース・ウッディーン・アブー・ガイス・ブン・アブー・バクル	69a	
1434/12	ワジーフ・ウッディーン・アブド・アッラフマーン・ブン・アブー・バクル	70b	

* al-Sakhāwī, *al-Ḍaww al-Lāmiʻ li-Ahl al-Qarn al-Tāsiʻ*.

表 4　『ラスール朝年代記』によるアデン港からの宝物庫（khizān）の到着とその内容

時期（西暦/月）	内　容	年代記	その他の典拠
1368/12	カーリミー商人の贈呈品を含む	18b	U, 2/139
1375/3-4	5 ラック，金，織布，香料，新奇な品々	29a	
1399/9-10	バドル・ウッディーン・ムハンマド・ブン・ズィヤードは宝物庫を奪って逃走。17 ラックと物品 3 ラック	30b	U, 2/306-08
1410/10	10 ラック，男女奴隷，織布，香料，馬などを含む	37a	
1414/8-9	金，銀，織布など 10 ラックと贈呈品	40b	
1430/9-10	——	57a	
1431/5-6	貨幣，貴金属，新奇な鳥類，陶磁器，各種の香料類，カットグラス，金製と銀製の水差し，5 ラック以上の価値のあるエジプト製，シーラーズ製，イラク製の亜麻織布	59b	
1431/5-6	貨幣，金，銀，絹織物，3 ラック以上の価値のある高級亜麻布	61b	
1433/6-7	貨幣，純金 5 ラック，高級亜麻織布 1 荷，香料，新奇な品々，奴隷などの贈呈品，100,000 ディーナール以上の価値	66b	
1434/5-6	貨幣，高級亜麻織布	68a	
1435/1-2	貨幣，高級亜麻織布，絹織物など	70b	
1436/3-4	——	73b	
1436/9-10	貨幣 100,000 ディーナール，贈物，衣服，香料，高級亜麻織布	74b	

くに、八二一（一四一八/一九）年と二六（一四二二/二三）年には、中国明朝の派遣した鄭和遠征分隊がアデン港に到着した際、その使節団を手厚く処遇し、答礼使節団を派遣して、中国との交易に強い熱意を示した（ff. 44b, 47b）。鄭和の遠征分隊がラスール朝の宮廷のあるタイッズを訪問したのは、八二一年ズー・アルヒッジャ月（一四一九年一月）、二六年サファル月（一四二三年二/三月）と三五年第二ジュマーダー月（一四三二年二/三月）の三回であり、『ラスール朝年代記』は使節団とナースィルとの会見の模様や贈呈品の内容について貴重な記録を残している。なお、ナースィルの没後、その子息マンスール・アブド・アッラー（在位八二七—三〇〔一四二四—二七〕年）とアシュラフ・イスマーイール二世（在位八三〇—三一〔一四二七—二八〕年）の二人がスルタン位を継承したが、二人の治世代のことは、まったく記録していない。

(10)「パリ写本」のイエメン史の記録のうちで、スルタン＝ザーヒルの治世一〇年間は写本全体の三分の一以上を占めており、現存するイエメン・ラスール朝史に関する史料群のなかで最も史料価値の高いものであるといえる。ラスール朝に関する最後の記事は、八四〇年第一ジュマーダー月初日（一四三六年一二月一一日）であって、[38] 一方、イブン・アッダイバゥの伝えるところによると、ザーヒルの死去は八四二年ラジャブ月（一四三八年一二月／三九年一月）、ザビードに滞在中のことであるから、彼の死去までの約二年間の記録は省かれている。[39] ザーヒルの治世代に関するおもな記録内容を要約して示すと、次の五つの事項にまとめられる。

①ナースィル没後の権力抗争のなかで、ザーヒルがスルタン権を獲得し、イエメンの統治を確立していく過程。とくにマムルーク軍団やアミールたちがザーヒルを新スルタンとして擁立したこと、前王のアシュラフ・イスマーイールの重臣たちの逮捕・処刑、ワーリー、ナーズィル、イクター保有者（muqṭaʿ）や地方行政官（mushshid）の任命と派遣、新通貨の鋳造など（ff. 49a–50b）。

②アラブ諸部族や高地イエメンのザイド派勢力による侵掠と略奪の状況、これに反撃するスルタン軍（al-ʿaskar al-manṣūr al-sulṭānī）の出陣と対戦の模様、敵軍を鎮圧して和平協定を結び戦利品を獲得したこと（ff. 50a–54a, 56b–69a, 70b–74b）。

③ザーヒルによる貿易振興策について。ザーヒルによるアデン港巡幸と入港する外国商人やナーフーザに対する寛大な態度、関税率を軽減する措置、バーブ・アルマンデブ海峡に国家の保安船（markab dīwānī, marākib al-dīwān）を派遣することで海域の監視を強化して、航路の安全確保と貿易船の保護をおこなったこと（ff. 56b, 57b, 59b, 60b–61a, 62a–62b, 66b, 68b, 71a–71b）。

④アラブ系スンブル氏族（Banū Sunbulī）の勢力台頭と彼らに対する弾圧・粛正の措置（f. 71b）。

⑤大疫病の流行と重臣たちの相次ぐ死去（ff. 69a–74b）。

このうち③について補足しておくと、一五世紀初頭になって、インド洋・紅海と西アジアおよび地中海世界とを結ぶ国際交易の潮流は、大きな変化の時期をむかえていた。それ以前の慣例では、東南アジア、インドや東アフリカの各地から運ばれてきた交易品は、ラスール朝国家の管理下に置かれたイエメンの主要港――アデン、シフル、ズファール（ライスート、マンスーラ、ミルバート）とアフワーブ（ブクア港）――に荷揚げされ、そこから平底の縫合船《ジルバ》（jilba, jilāb）に積み替えられてバーブ・アルマンデブ海峡を通過、紅海を北上してジッダ、ヤンブゥ、サワーキン、アイザーブやクサイルの港に向かった。イエメン系商人やカーリミー商人たちの交易ネットワークは、アデン〜アフワーブ〜アイザーブ、そしてアイザーブからエジプト東部砂漠を横断してナイル河畔のクースに至り、ナイル川を下ってフスタート、カイロやアレクサンドリアにおよんでいた（第II部第2章）。ところが、ナースィルによる不当に高率な関税や積荷の没収を恐れた外国商人たちは、アデンに入港することを嫌ってバーブ・アルマデブ海峡を強行突破してサワーキン、ヤンブゥやジッダに向かうようになった。そうした状況をいち早く察知したブルジー・マムルーク朝のスルタン＝バルスバイ（al-Ashraf Sayf al-Dīn Barsbay, 在位一四二二―三七年）は、ヒジャーズ地方の直接統治を目的にマムルーク軍を派遣してメッカに軍隊を常駐させ、同時にジッダをインド洋交易の一大拠点とすることを企てた。ラスール朝のスルタン＝ザーヒルは、こうしたマムルーク朝の政策に対抗して、バーブ・アルマンデブ海峡を通過してヒジャーズ地方の諸港に向かう違反船（marākib al-mujawwarīn）を監視し、強制的にイエメンの港に寄港させ、それに従わない船を攻撃・拿捕するための国家保安船団（marākib al-dīwān）を派遣した（ff. 53a-53b）。「パリ写本」によれば、八三二年ズー・アルカアダ月、八三三年ムハッラム月、サファル月、第二ジュマーダー月、八三七年ズー・アルカアダ月と八三八年シャアバーン月の六回、そうした違反船を捕獲してムハー港に連行し、積荷を押収するとともに、乗っていた商人やナーフーザたちを逮捕している。ザーヒルは、以上のような違反船に対する監視を強化する一方、ナースィル時代のような強硬策を改めるために、カーリクート出身の商人に対して規定以外の関税を課すことを禁止し、中国、キルワやメッカから来航した外国商人とナーフーザたちを手厚く処遇した。そうした寛大な政策が効を奏したためと思われるが、『ラスール朝年代記』には、ザーヒルの治世代に、アデン港からの宝物庫の到着やアデンのワーリーとナーズィルの任命に関する記事が散見されるようになる。

結びに代えて

以上、『ラスール朝年代記』の概要を紹介したが、改めてこの年代記の史料価値について要約して述べるならば、次の通りである。

(1)『ラスール朝年代記』は、他のイエメン史料にほとんど見られない事件、人名、地名などを正確な月日とともに記録している点で、史料の独自性がきわめて強いといえる。

(2) アイユーブ朝のイエメン支配と初期のラスール朝史についてはバドル・ウッディーン・ムハンマド・ブン・ハーティムおよびアブド・アルバーキー・アルヤマーニーによる記録と一致する点が多く、またラスール朝統治時代の八〇三年まではハズラジーの年代記の内容と一致し、むしろそれらを補う部分が随所に見られる。

(3) 八〇三(一四〇〇)年のナースィル即位からザーヒルの治世代(一四二八—三六年)については、アフダル、イブン・アッダイバゥやヤフヤー・ブン・アルフサインなどの記録史料と比較・対照してみると、『ラスール朝年代記』は大幅に詳細な史料内容を含んでいる。アフダルは、『ラスール朝年代記』の最後の記録である八四〇年第一ジュマーダー月から四五年までの約五年間(一四三六年一二月—四一年五月)の記録を補っているが、その他の部分ではジャナディーの記録を踏襲していること、またイブン・アッダイバゥはターヒル朝期の記録が中心であって、ラスール朝期についてはハズラジー、ジャナディーとアフダルの記録を要約していることから、独自の史料的価値は認められない。ヤフヤー・ブン・アルフサインは、高地イエメンのサヌアーを中心としたザイド派イマーム政権を中心とした歴史を描いているため、低地イエメンのティハーマ地方を領有したスンナ派ラスール朝政権の歴史については十分な関心が注がれていない。

『ラスール朝年代記』は、以上のようにきわめてユニークな史料価値を持っており、他に比較・対照すべき同時代のイエメン史料が残されていないため、そこに記された人名と地名のうちで判読の難しい未解明な部分も多く残されている。ナースィルの治世代になって、ラスール朝の支配体制が崩れてくると、アラブ系諸部族の反乱やザイド派の軍隊のティハーマ地方への侵略が続き、それらを防衛するため要塞（ḥiṣn, qal'a）、駐屯地（maḥaṭṭa, mukhayyam）、防壁（sūr, darb）、城門（burj, darb, bāb）などが建設された。それらに付された一時的な名称や地名については、他のイエメン史料にはほとんど見られない。これらの点については、今後さらにターヒル朝やオスマン・トルコのイエメン統治時代の史料内容との詳細な比較をおこなっていく必要があるだろう。

第3章　マルディヴ諸島のアラビア語年代記

はじめに

一九八一年の一月から二月にかけて、私はマルディヴ（モルジブ）共和国の首都マーレを訪問した。そのおもな目的は、インド洋海域の、とくにその西海域を舞台に繰り広げられたマルディヴ・ムスリム海民たちの生活・文化・歴史についての調査・研究をおこなうことにあった。ほぼ二ヵ月間のマーレ滞在中、同島に現存している考古学的遺物と遺跡、モスク、墓廟、碑文や写本・文書類を調査・蒐集し、併せてドーニー（dōnī）と呼ばれる木造帆船の造船技術やカツオ漁を中心とする彼らの漁撈文化についても広く見聞することができた。

とりわけ大きな研究成果は、これまでに多くの研究者たちによる資料調査にもかかわらず、その所蔵場所がつかめず、すでに散逸したものと思われていたアラビア語による王朝年代記、ハサン・タージュ・ウッディーン（Ḥasan Tāj al-Dīn）の『マルディヴ諸島のイスラーム史 *Ta'rīkh al-Islām fī Mahal Dībā*』（以下では『年代記』と略す）の六種の写本を発見する機会に恵まれたことである。『年代記』については、すでに一九二〇年と二二年、イギリス人のH・C・P・ベル（H. C. P. Bell）によって、その写本の存在が確認され、同諸島に残る唯一無二の貴重な記録史料として高く評価されていた。[1] しかし、ベルがマーレの王宮で調査・研究し学界に紹介した『年代記』の写本は、その後、所蔵場所が明らかでなくなり、誰の所有に帰したのかについても知ることができなかった。したがって、私の調査によって『年代記』の所在が新たに確認されたことは、ベルの時から実に六〇年ぶりの再発見であって、今後のマルディヴ諸島史のみならず、インド洋海域をめぐる交流史を研究するうえでも、画期的な出来事であるといえよう。そこで本章では、『年代記』再発見の経緯、ならびにその著者と編纂過程、内容の概要と史料的価値について述べてみたい。

一 インド洋海域におけるマルディヴ諸島の位置と役割

マルディヴ諸島は、北緯七度六分〜〇度四二分、東経七二度三二分〜七三度四六分、南北七五〇キロメートルにわたって珊瑚礁の島々が細長く鎖のように連なっている。その位置は、スリランカの南西六五〇キロメートル、南西インドのマラバール海岸からも三〇〇〜五〇〇キロメートル離れた、インド洋のほぼ中央部にある。島の数は一、二〇〇ともいわれるが、現在、そのうち人々が居住する島は二〇〇ほどで、行政的には一九の環礁（atoll）に分かれている。[2]

マルディヴ諸島のことは、初期のアラビア語の記録史料にディーバージャート（al-Dībājāt）、ズィーバ・マハル（Dhībat al-Mahal）、マハル・ディーバ（al-Mahal Dība）などの名前で伝えられ、九世紀半ばの商人スライマーンが「ハルカンドの海（ベンガル湾）とラールウィーの海（アラビア海）との間には、数多くの島々があり、［その数は］一、九〇〇とも伝えられる。それ［らディーバージャートの島々］は、このラールウィーとハルカンドの二つの海の間仕切りとなっている」[3] と説明したように、その位置はアラビア海とベンガル湾を仕切る境界にあって、インド洋の東側と西側、すなわち西アジア、東アフリカ、インド西海岸と、ベンガル、東南アジア、東アジアとの間を結ぶ航海上の中継拠点として、古くから重要な役割を果たしてきた。島民たちは、この海上航海の好位置を利用して、インド洋を舞台に積極的に航海と交易活動をおこない、また赤道付近を回遊するカツオを漁獲し、それを薫製加工することで、スリランカ、インドや東南アジアの各方面に輸出した。(4) その他にも同諸島の有名な特産品として、子安貝、龍涎香、鼈甲、ココヤシ油（コプラ）、ココヤシ繊維から造ったロープ（キンバール）などが知られた。こうした活動によって、彼らは環礁内だけでなく、遠洋航海によってインド洋海域世界の全域にネットワークを広げていたのである。(5)

インド洋海域に点在する大小の島嶼および島民たちの果たした役割について、A・トゥサン（Auguste Toussaint）はその著書『インド洋史 *Histoire de l'Océan Indian*』のなかで、「その海（インド洋）の歴史を理解しようとする人は誰でも、島――たとえそれがオーストラリア、マダガスカル、スマトラ、ジャワやセイロン（スリランカ）といった、なかば大陸といえるような大島だけでなく、とりわけマスカリン、セーシェルズ、チャゴスといったちっぽけな島々や、さらにはコモロ、マルディヴ、ラッカディヴ、アラビア海岸沖の島々、その他の少数の島などであっても――のことを見過ごすべきではない(6)」と強調している。前嶋信次もまた、「印度洋、支那海に沿う無数の国々と、島嶼およびその間に散布する夥しい民族は、悠久の昔より、青き潮の流れによって錯綜せる連絡の糸を以て互いに結び付けられてきたものである。……マルディブ群島の文化の如きも決して我々と無縁の絶海の孤島のものとは言い得ず、その要素中、他の東亜諸地のものと連絡あることを見出だし得るのも決して不思議ではない(7)」と述べて、トゥサンの主張と同じようにインド洋上のマルディヴ諸島のような小島の歴史的役割や東西交流上の重要性を軽視すべきでないことを指摘している。

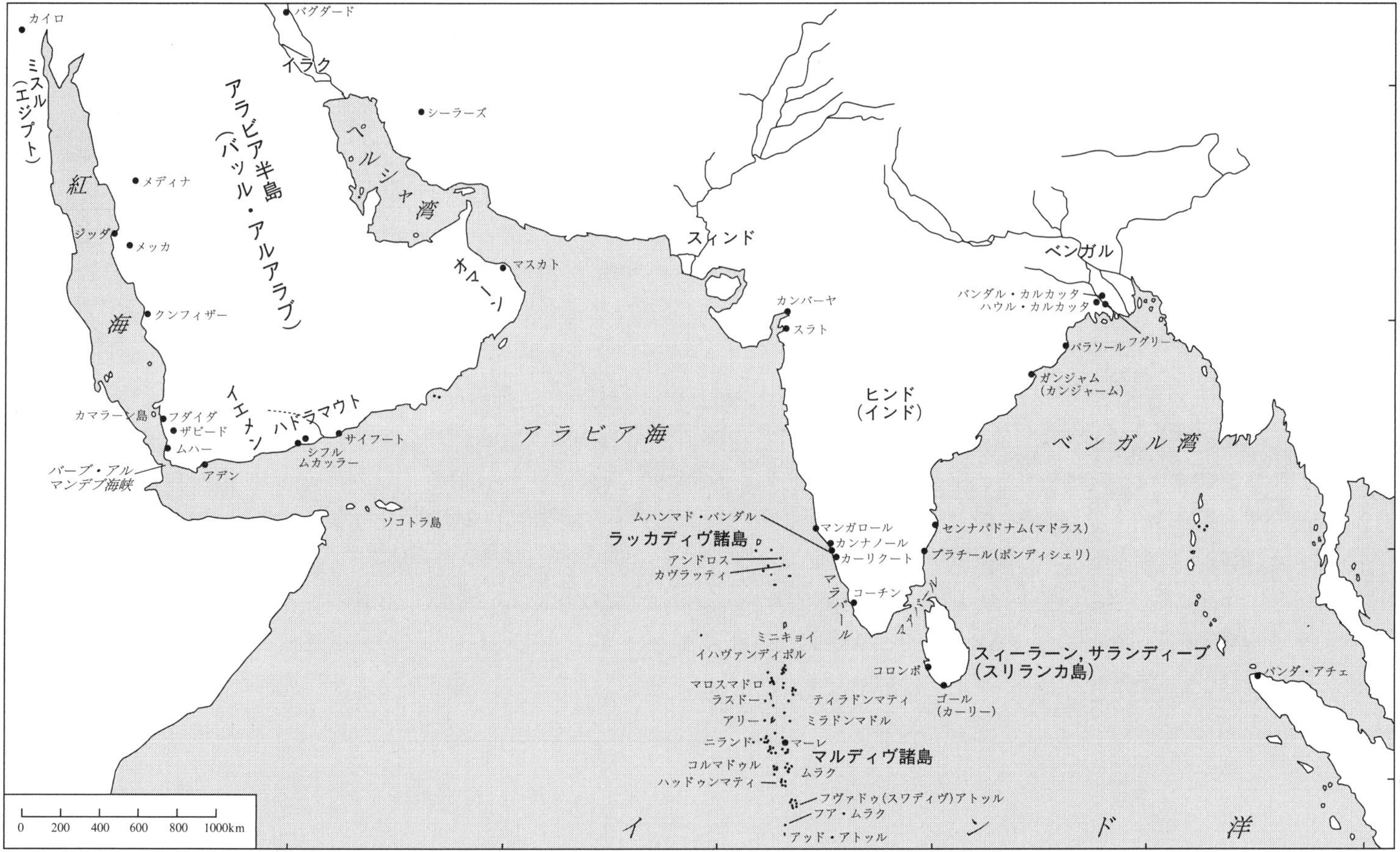

図1 『年代記』に記されたインド洋海域のおもな地名

二 『年代記』の再発見

前述のベルが最初にマルディヴ諸島を訪問したのは一八七九年のことであり、その時のマーレ滞在はわずか二、三日であったが、スルタン＝ムハンマド・シャムス・ウッディーン三世（Muḥammad Shams al-Dīn III）の王宮内の文書局に『年代記』の一稿本が所蔵されているとの重要な情報を得た。そして一九二〇年、マーレを再訪したときに、三週間の滞在中、『年代記』の内容を綿密に分析・調査して、その複製本の作成に努めた。(8) その結果、『年代記』の記録内容がマルディヴ諸島の歴史研究のうえできわめて史料価値の高いことを認めると、さらに二二年にも六ヵ月にわたって『年代記』の複製本の作成、欠落部分の照合と補正作業に努めただけでなく、別の三種類の写本――一本のマルディヴ語文字（Dives akuru）の写本と二本のターナ文字（Taana akuru）の写本――や考古学的遺跡および碑文資料についても総合的な調査・研究をおこなった。(9) そして、当時のスルタン＝ムハンマド・シャムス・ウッディーン三世の好意によって、『年代記』はセイロン政府（コロンボのイギリス政庁）に寄贈されることになった。ベルの説明によると、ヒジュラ暦一一六六（一七五二）年、南西インド・マラバール海岸のカンナノールの支配者アリー・ラージャー（'Alī Rājā）の派遣した遠征軍がマーレを襲撃し、スルタン＝ムカッラム・ムハンマド・イマード・ウッディーン三世（Mukarram Muḥammad 'Imād al-Dīn III）は流刑に処せられ、王宮には火が放たれて、王宮内に保存されていた『年代記』の原本――ハサン・タージュの著した『年代記』の一一三七年までの部分と思われる――は灰燼に帰したという。したがって、スルタン＝ムハンマド・シャムス・ウッディーン三世からセイロン政府に寄贈された写本は、『年代記』の原本から筆写された一写本であると思われる。(10)

ベルは、一九四〇年、マルディヴ諸島の地理、経済と歴史についての不朽の名著『マルディヴ諸島――歴史・

図2　ベル本『年代記』の冒頭部分

この写本は，H. C. P. Bell, *The Måldive Islands. Monograph on the History, Archaeology, and Epigraphy*, Plate P： Måldivian Chronicle“*Tarikh*”（page 1, 2）に掲載されたもので，現存していない。

考古・碑文に関するモノグラフ *The Māldive Islands. Monograph on the History, Archaeology, and Epigraphy*』を公刊した。そしてそのなかで、ヒジュラ暦五四八（一一五三）年に初めてイスラーム教に改宗したマルディヴ王スルタン＝アーディル・ムハンマド (al-Malik al-ʿĀdil Muḥammad) の時代からスルタン＝ムハンマド・ムイーン・ウッディーン一世（Muḥammad Muʿīn al-Dīn I, 在位一七九九―一八三五年）の治世二三年目、すなわちヒジュラ暦一二三七年初め（一八二一年一二月）までの歴代のスルタンたちの詳細な記録を含む『年代記』の概要を紹介して、これがマルディヴ諸島史研究に不可欠の基本史料であると、高く評価したのである。[11] しかし、セイロン政府に寄贈されたという『年代記』はその後、所在不明となり、またマルディヴ諸島に別写本が保存されているとの証言もなかった。最近になって、A・D・W・フォーブス（Andrew D. W. Forbes）が他の学者たちと一緒に、スリランカとマルディヴ諸島の文書館、図書館と博物館などを総合的に調査して、この失われた幻の『年代記』を見つけ出すことに全力を尽くしたが、しかし、彼らの努力はいずれも徒労に終わり、もはや完全に散逸したものと考えられていた。(12)

そこで私は、一九八一年一月半ばにマーレに着くと、ベルが一九二〇年と二一年にマーレで実際に調査・研究したあと、当時のスルタン＝ムハンマド・シャムス・ウッディーン三世によってコロンボにあるイギリス政庁に寄贈されたという『年代記 *al-Ta'rīkh*』もしくはそれの別写本を探し出すことに最大限の努力を払ったのである。まず『年代記』について、何らかの知識や情報を持っていると思われる地元の研究者・知識人との面談を重ね、また情報省、文部教育省、図書館、博物館などを訪れた。その結果、大統領府の文書局にそれに類する数種の写本が保存されているとの情報を伝え聞いた。幸いに情報省次官の好意によって、大統領府からそれらの写本を貸し出す許可が得られ、次官の執務室内で閲覧することになった。後述するように、その時、貸し出された写本は六種あって、最初に手にしたのは［A］本であったが、一見して、それは他ならぬベルの説明した『年代記』と同じ内容のものであると理解された。(13) その他の五種の写本は『年代記』の異本であり、そのうちの二写本はアラビア語、三写本はターナ文字（Taana akuru）で書かれていた。早速、それらの写本間の相互の比較・対照、不鮮明な部分、破損や虫食い箇所などの照合と確認をおこない、必要な部分については筆写すると同時に、写真撮影をおこなった。そうした作業は三週間におよんだが、日本に帰国すると、ただちに『年代記』の校訂本を作成するための準備を始め、一九八二年に第一巻目のアラビア語校訂本を、一九八四年に註解と索引を含む第二巻を公刊することができた。(14)

その第一巻のなかで述べたように、私は現存する『年代記』の写本を［A］から［F］までの五種に分類した。［A］は、他の五種の写本と同じように、大統領府秘書室の外交文書関係の資料と一緒に保存されていたもので、

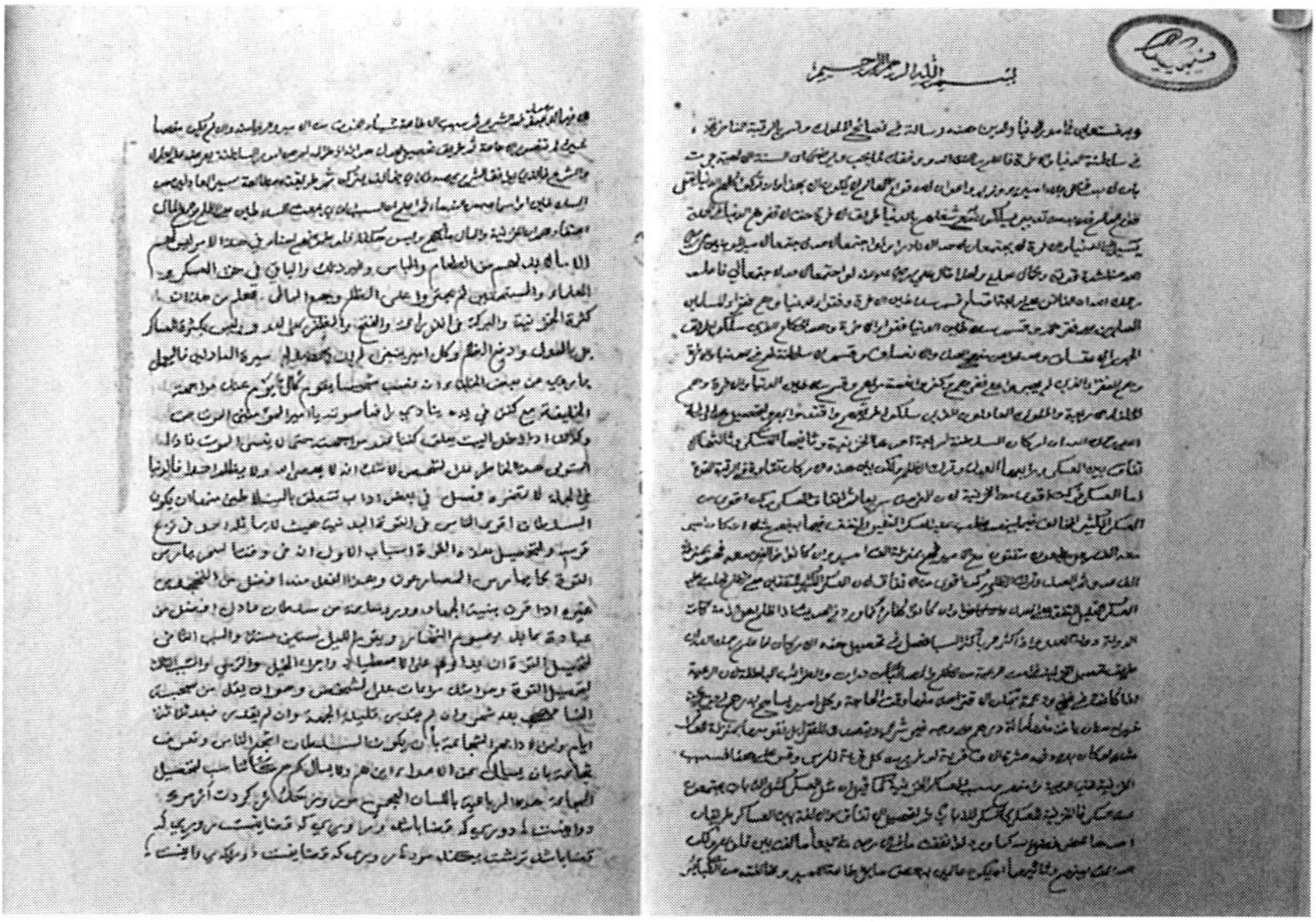

図3 『年代記』［A］の冒頭部分

かつては王宮文書局に所蔵されていた。書体は、一部にタァリーク体が混じるが、全体に明瞭なナスヒー書体で筆写されている（図3）。私が校訂本を作成するうえで底本としたのは［A］であり、ベルの利用した［B］とは異なり、［B］に欠落している一二三七年第一ラビーゥ月（一八二二年一月）から一二四四年ムハッラム月末（一八二八年八月）までの六年半の間の記録が含まれており、筆跡も優れている。[15] また［A］の巻末部分には、二五点の外交書簡が合綴されている。しかし残念なことに、［A］の最近の保管者、もしくは閲覧者がセロハン・テープを使って破損箇所を補修したため、ところどころに数語、ときには数行の文字が損傷していたり、テープが剝がれたあとの接着剤による黒い汚れがあって文字の判読が難しくなっている部分も見られる。[16] 紙は黄ばんで脆く、インクで書いた箇所の紙の酸化が進んで、文字が数頁にわたって突き抜けて欠落している部分も少なくない。イギリス製の透かし入りの紙に書かれ、［B］とほぼ同じ一九世紀半ば頃に筆写されたものと思われるが、その年代は明記されていない。全体で一七〇頁、一頁二七行であり、一、八、一一、一七一の四頁は白紙のままで記入はない。サイズは、縦長のA４版である（327mm×210mm）。

［B］は、ベルによって利用された写本であり、現在、この写本の行方は確認されていない。彼によるマーレ訪問の記録『マーレ訪問レポート、一九二〇年、一月二〇日―二月二一日』と『モノグラフ』のなかに、［B］の冒頭部分二枚の写真が紹介されており、前掲の図2が、『モノグラフ』の「巻末に付されたPlate P」の写真版から転載したものである。この写真を見ると、明らかに［A］とは異なる筆跡で記されている。明瞭なナスヒー書体であり、文中の見出し、重要人物の部分は朱色の文字で記され、写筆年代は明らかでないが、紙の透かし文様に一八二〇年の年号が入っている。全頁は一三二葉（二六四頁）、一頁二六行、［A］よりもやや縦長のサイズである（342.90mm×190.50mm）。最後の頁は、一二三七年、マルディヴ諸島の各地を襲った台風とその被害についての記録であり、［D］と同じ箇所で終わる。[17]

［C］は、私が閲覧したあと、一時、情報・放送省に保存されていたが、一九九三年、マーレの国立言語学・歴史研究所（National Institute for Linguistics and History）に移された。この写本は、［A］の前半部分（校訂本八―七〇頁）のみの端本《はほん》であり、紙質は悪く、随所にインクの滲みと破損部分が見られる。最後の三葉はおそらく別の筆耕者により補修されたと思われるが、文法的に見ると、他の写本よりも優れている。ナスヒーもしくはナスタアリーク体で、［B］と同じように、見出しと名前（王名）部分は朱書きされている。九四葉、一頁一五行、サイズは［A］と［B］より小型で、A５版に近い（205mm×150mm）。

［D］は、［C］と同じく情報・放送省に保存されていたが、現在、マーレの国立言語学・歴史研究所に所蔵されている。この写本は、ナスヒー体の筆跡が整い、読みやすいが、文法的な誤り、誤写、落丁が少なくない。写筆年代は明記されていないが、六種の写本のなかでは最も新しいものであろう。全体で一六六頁、一頁二七行、おそらく［B］をもとにして筆写されたと考えられる。サイズは、ほぼ［A］と同じだが、やや横幅が広い（325mm×

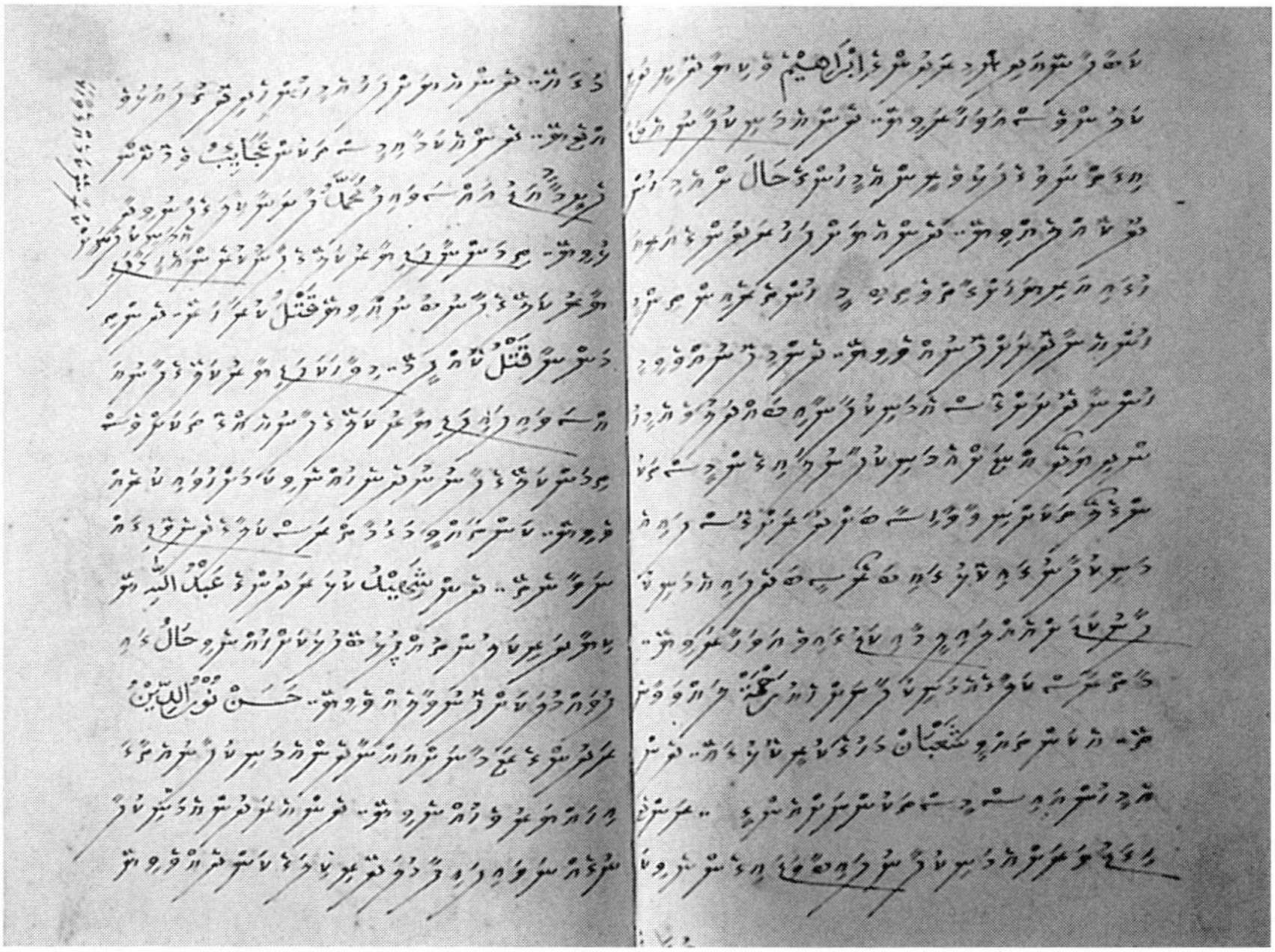

図4　マルディヴ文字（Devihi Taana akuru）による『年代記』断片
現在，マーレの「言語学・歴史研究所」に所蔵されている。

196mm）。

[E] と [F] は、大統領府に長く保存されていたが、現在はマーレの国立言語学・歴史研究所に所蔵されている。両本ともにターナ文字（マルディヴ文字）で書かれている。[F] は、明らかに [E] から書写されたもの。写筆年代は明記されていないが、紙質は黄ばみ、[A]~[D] のアラビア語写本よりも古いものと思われる。[E] は『年代記』の前半部分を欠き、スルタン=アリー・ブン・アブド・アッラフマーン（ʻAlī b. ʻAbd al-Raḥmān, 在位一五五六―五八年）の記載から始まる。一頁一五行。写筆年代は、いずれも明記されていない。本のサイズは [E] [F] ともに [A] よりやや横幅が広い（326mm×200mm）。

三 『年代記』の著者と編纂過程

『年代記』は、スルタン＝イブラーヒーム・イスカンダル（Ibrāhīm Iskandar, 在位一一三三―六三〔一七二〇―五〇〕年）の命を受けて、ハッドンマティ環礁にあるガム島（Haddunmathi Atoḷḷ, Gamm Island）出身の法官ハサン・タージュ・ウッディーンによって編纂された。ハサンは、『年代記』の序文のなかで、マルディヴ諸島の歴代の王たちに関する著作を編纂することになった経緯について、「マルディヴ諸島（quṭr Dībā Mahal）――アッラーよ、すべての騒乱と危機から島を守り給え！――の王たちのなかの一人から私に『島民たちのイスラーム教改宗の時から今日までの過去の島の王たちの歴史を書いてはどうか』とのお達しがあった。そこで、私はそのことを検討した結果、『年代記』を著すことを王に返答した[18]」と述べている。

『年代記』の編纂を命じたスルタン＝イブラーヒーム・イスカンダルは、一一三三年ムハッラム月のスルタン＝ムハンマド・イマード・ウッディーンの逝去の二日後、一三歳と六ヵ月の若さでスルタン位に即いたが、学者たちの意見に耳を傾け、つねに善行に勤しむ敬虔なムスリムであり、著者ハサン・タージュ・ウッディーンもまた、スルタンの優れた行動を称賛する長詩を残している。ハサンは、スルタン＝ムハンマド・イマード・ウッディーンの逝去、一一三四年シャウワール月の王宮内での火災、そして一一三七年第一ジュマーダー月にスルタンの皇后アーイシャが娘を出産したことについての短い記事を残して、『年代記』の記録を終えている[19]。『年代記』の「補遺 *Dhayl*」によると、一一三九年ラジャブ月六日（一七二七年二月二七日）、法官ハサンは逝去し、三五歳の息子、説教師ムハンマド・シャムス・ウッディーンが代わって法官職に就いたという[20]。したがって、ハサンは死去の二年前に、その執筆を終えたことになる[21]。

ハサンの没後、『年代記』の編纂事業は、甥の法官ムハンマド・ムヒッブ・ウッディーン（Muḥammad Muḥibb al-Dīn）と孫のイブラーヒーム・スィラージュ・ウッディーン（Ibrāhīm Sirāj al-Dīn）の二人によって引き継がれた。ムハンマドは、代理官《ナーイブ》アフィーフ・ウッディーン（al-nā’ib ‘Afīf al-Dīn）の子息であり、ハサンの弟子として、すでに長い間、その執筆を補佐していたので、ハサンによる叙述方法にならって「補遺（dhayl）」を加えることになった。ムハンマドは「補遺」の最初の部分で「その後、この崇高なる『年代記』に、同じ著述方法にのっとって補遺を加えることが緊急事となった。この私はその編纂の仕事に相応しい人間ではないのだが……(22)」と述べて、重い責務を背負うことにためらいを示している。

ムハンマドによる『年代記』の「補遺」は、一一三八年ズー・アルカアダ月二六日（一七二六年八月二五日）、スルタン＝イブラーヒーム・イスカンダルの皇后アーイシャが第二皇女を出産したことに始まり、一一七一年のスルタン＝ムハンマド・ムカッラム・イマード・ウッディーン（Muḥammad Mukarram ‘Imād al-Dīn）の逝去、それを継いで一一七三年第二ラビーゥ月一五日（一七五九年一二月六日）に新スルタン＝ガーズィー・ハサン・イッズ・ウッディーン（al-Ghāzī Ḥasan ‘Izz al-Dīn）が即位し、善政を施いたことを述べ、そして治世二年目、カンナノールの支配者アリー・ラージャーによるマラバールの軍隊がマルディヴ諸島に侵攻したが、聖者タブリーズィーの霊験により撃退したことを記録して終わる(23)。

『年代記』の「補遺」の著者ムハンマドは、一一七三年、スルタン＝ガーズィー・ハサンのもとで大法官の地位に就いた(24)。おそらく職務が多忙を極めたためと思われるが、彼は第二の「補遺」の著者としてハサン・タージュ・ウッディーンの孫イブラーヒーム・スィラージュ・ウッディーンを任命した。イブラーヒームは「この私には『年代記』を編纂することはできないが、［ハサン・タージュ・ウッディーンとムハンマド・ムヒッブ・ウッディーンの］二人の例に倣い、是非ともわれわれがそれを編纂しなければならないことになった(25)」と、「補遺」の仕事を引き継ぐことになった事情を述べている。そしてスルタン＝ガーズィー・ハサンの時代からスルタン＝ムハンマド・ムイーン・ウッディーンの治世代の一二三四年から四一年まで続いた飢饉・火災・台風・地震などの自然災害の惨状をはじめとして、一二四四年におけるカンナノールのアリー・ラージャーとの間の外交交渉までの記録をまとめた。なおイブラーヒームは、スルタン＝ガーズィー・ハサンのもとで何度か法官職を務め、一二〇三年第一ラビーゥ月二九日（一七八八年一二月二八日）には、スルタンに同行してメッカ巡礼の旅に出た。[26]

『年代記』の編纂事業に携わった以上の三人は、いずれも同一の家系に属し、その他にも同家出身の人たちは一七世紀から一九世紀まで、一二人のスルタンたちのもとで法官、説教師《ハティーブ》、外交官などの要職を務めた名望家として知られている。注目すべき点は、最初の編纂者ハサンが学問を修得する過程で、彼の祖父ムーサーと、多くの外来のウラマーやスーフィーたち、例えばシャイフ＝ムハンマド・シャムス・ウッディーン・ブン・アブド・アッラッザーク（Muḥammad Shams al-Dīn b. ʻAbd al-Razzāq）、シャイフ＝サーリム・ブン・アブド・アッラー・アルバスリー（Sālim b. ʻAbd Allāh al-Baṣrī）、シャイフ＝ムハンマド・ブン・アフマド・アルアサディー・アルマッキー（Muḥammad b. Aḥmad al-Asadī al-Makkī）、シャイフ＝イドリース・ブン・アフマド・アッサァディー・アルヤマニー（Idrīs b. Aḥmad al-Saʻdī al-Yamanī）などから強い影響を受けたことである。[27]

ハサンは、メッカ巡礼とメディナの預言者廟参拝の旅の途中、著名なウラマーやスーフィーたちと出会い、彼らを通じてイスラーム神学と教義について詳しく学ぶ好機を得た。彼の信仰と学問に最も強い影響を与えたのは、スーフィー教団のカーディリー派教団（al-Ṭarīqat al-Qādirīya）に属するダルヴィーシュ（教団の成員）で、マーレを訪れたシャイフ＝ムハンマド・シャムス・ウッディーンであって、このシャイフのことを彼は「ハリーファ（預言者の後継者）」と呼んで深く崇敬し、シャイフの進める政治・宗教改革を支援した。[28]

カーディリー派教団の教義にもとづく正統イスラームの信仰とその実践活動は、マルディヴ諸島における王権とその正当性を主張し、また彼ら島民のイスラームによる連帯を確立するうえでも大きな影響を与えた。そして、ハサンと彼の家系に属する知識人たちはマルディヴ諸島におけるイスラームの知的・精神的活動の推進に指導的な役割を果たした。ハサンが『年代記』の歴史叙述を通じて強く主張しようとした点は、国家・支配層にある指導的な人々は正統イスラームの信仰と法体系を遵守して、土着文化と融合する傾向にある海民ムスリム社会に対する刷新運動を展開し、その過程で国家の統治理念を貫徹すべきだということ、正統な王権と敬虔な海民ムスリムとの連携のなかに、マルディヴ・イスラーム社会の新たな発展を追及すべきだということであった。したがって、マルディヴ諸島の支配者たちは常にイスラームの五柱の義務を遵守して、厳格で敬虔なムスリムとしての規範を示すべきであって、その道から外れた者には神の厳しい罰が下ったことや、学問修業と巡礼義務を果たすために自ら聖地メッカとメディナに赴いたことなど、著者ハサン・ウッディーン自身の修行と実践のなかに、マルディヴ諸島史を描き出そうとした編纂意図が強く感じられる。

四　内容の概要

『年代記』の全体の内容は、大別すると二つの序、二つの章（bāb）と二つの補遺（dhayl）から構成されている。第一の序（al-Risāla）には、「現世と来世の王権に関する栄誉ある地位 *al-Rubat al-Fākhira fī Salṭanat al-Dunyā wa'l-Ākhira*」という表題が付けられている。この序の部分では、『年代記』の叙述にあたっての一般的な問題として、この世のすべての政治統治者の備えるべき資質と統治上の根拠についての法理論を解説している。[29] すなわち、彼らの臣民に対する公正さ（'adl）を支配の正当性の根拠とし、そのうえで国家の果たすべき行為とは何かについて説いている。この部分は、おそらくシャーフィイー派の法学者マーワルディー（'Alī b. Muḥammad al-Māwardī, 九七五―一〇五八年）の『統治の諸規則 *al-Aḥkām al-Sulṭānīya*』に基づいて、国家統治の正当性の議論を展開したと思われる。その他、ガザーリー（Abū Ḥāmid al-Ghazālī）やティルミズィー（al-Tirmidhī）などのスーフィーたちによる理論書からの影響も見られる[30]。

第二の序では、なぜ、著者ハサンがマルディヴ諸島の歴史書を著すに至ったか、また本書の構成をマルディヴ諸島史に先行する部分と諸島史の部分の二つの章（bāb）に分けたことの意味、および歴史（taʾrīkh）とは何かについて説明している[31]。

第一章は「預言者たちと使徒たちの歴史に関する章（Bāb fī Taʾrīkh al-Anbiyāʾ waʾl-Mursilīn）」であり、預言者ムハンマドより以前に、神によって遣わされたさまざまな預言者たちの歴史、そしてアッバース朝のカリフ＝アブー・アブド・アッラー・ムハンマド・アルムクタフィー・ビッラーフ（Abū ʿAbd Allāh Muḥammad al-Muqtafī Biʾllāh, 在位一一三六—六〇年）——このカリフの治世代に、マルディヴ諸島のイスラームの歴史が始まる——までのイスラームの歴史を扱う。ハサンの説明によると、こうした過去の歴史について、イブン・クタイバ・ブン・アルアッバース（Ibn Qutayba b. al-ʿAbbās）やその他のアラビア語史料からの情報をもとに記録したという[32]。

第二章は、『年代記』の本文に相当する部分で、「ディーバー・マハル（マルディヴ諸島）史の章（Bāb Taʾrīkh Dībā Mahal）」の見出しが付けられている。マルディヴ諸島のイスラーム史は、五四八（一一五三）年、王シリー・バヴァナディッタ・マハー・ラドゥン（Sirī Bavanaditta Mahā Radun）——彼のムスリム名はスルタン＝ムハンマド・アルアーディル（Muḥammad al-ʿĀdil）であった——の時代に、イランのタブリーズ出身のシャイフ＝ユースフ・シャムス・ウッディーン（Yūsuf Shams al-Dīn al-Tabrīzī）が来島、このシャイフを通じて王がイスラーム教に改宗し、王の命令によって全島民もこぞってムスリムとなったことをもって開始する。『年代記』によると、マルディヴ諸島の人々を無知と偶像崇拝の過ちから救い、イスラームの教えにもとづく正しい道に導いた聖者は、タブリーズ生まれのシャイフ＝ユースフであった。彼はマルディヴ諸島に現れると、イスラームの教えを受け入れず偶像崇拝に溺れる人々を見て、奇跡を演じることで彼らの過ちを改めさせようと考えた。天を突くような鎌首を持った巨大な恐竜が人々の前に現れると、島の王や住民たちは恐れおののき、こぞってイスラーム教に改宗したという。マルディヴ諸島の人々のイスラーム改宗に関連した同じような伝承は、イブン・バットゥータ『大旅行記』のなかにも伝えられている。(33)

次に、歴代スルタンの名前、宗教的雅名（ラカブ）、マルディヴ（デヴィヒ）語による称号、治世の開始と退位の年が年代順に述べられている。しかし、九六五（一五五七）年のポルトガル人によるマーレ占領以前の記述は、代々の王名を羅列するだけの簡略な内容であり、具体的な歴史事実はほとんど見られない。こうした点に加えて、歴代の王の即位と退位の年を重複がないように年代順に並べたため、年号にずれが生じている。例えば、一六世紀半ばに記録されたジャズィーリーの『巡礼情報に関する体系的な利便書 *Kitāb al-Fawāʾid al-Munaẓẓama fī Akhbār al-Ḥajj*』というアラビア語史料のなかに、マルディヴ諸島のスルタン＝ハサン・ブン・アビー・バクル（Ḥasan b. Abī Bakr）のメッカ巡礼の記録が残されている。それによると、スルタン＝ハサンのメッカ到着の年は、八三八（一四三四／三五）年であった。(34) しかし、『年代記』では、この同じスルタンがメッカ巡礼に出発したのは彼の治世二五年目、すなわち八七一年から七二年にかけて（一四六七年）のことであり、ジャズィーリーの記録と『年代記』との間で、スルタン＝ハサンのメッカ巡礼の年に三〇年以上も食い違いが生じているが、おそらく『年代記』の側に年号の誤りがあると思われる。

マルディヴ諸島は、カンナノールのアリー・ラージャーによる度重なる攻撃と侵掠を受けた。(35) それに加えてヒラーリー朝の第二九代スルタン＝ムハンマド・ブン・ウマルの治世の時、南西インドのコーチン（Kushī）を出航したポルトガル艦隊が初めてマルディヴ諸島を侵攻し、九六五（一五七三）年の戦闘では、第三四代スルタン＝アリー・ブン・アブド・アッラフマーンは戦いによって死亡した。それ以後、一五七三年までの一六年間にわたってポルトガル人によるマルディヴ諸島占領が続いた。ハサンは、そうした時代の詳しい情報を集めて、占領時代の抑圧された状況を克明に記録している。そして、キリスト教徒たちの激しい攻撃と残忍な殺戮に対して、ムスリム島民たちが勇猛果敢に立ち向かった行為を称え、ついにスルタン＝ムハンマド・イマード・ウッディーン

(Muḥammad ʻImād al-Dīn, 在位一六二〇—四八年) と彼の子息スルタン=イブラーヒーム・イスカンダル (Ibrāhīm Iskandar, 在位一六四八—八七年) の治世代には、島民が結束して異教徒の勢力を島から一掃した過程を詳述している。[36] とくに、スルタン=イブラーヒーム・イスカンダルの治世代の記録は、全編を通じて最も生き生きとしており、このスルタンの長期にわたる治世の間に、アチェ、ベンガル、スリランカやインドの海岸などから多くの外国船が来航して、マルディヴ諸島がインド洋海域世界の交易センターとして重要な役割を果たしていたことを知ることができる。[37] ハサンは『年代記』の最後の部分で、一一三三（一七二〇）年、彼のパトロンであるスルタン=ムザッファル・ムハンマド・イマード・ウッディーンの逝去を伝え、スルタンの功績を称える長詩を載せたあと、新スルタンの即位を伝え、彼の記録を終えている。[38]

ハサンの『年代記』の補遺の仕事は、前述したように、甥のムハンマド・ムヒッブ・ウッディーンを中心として続けられた。ムハンマドは、ハサンと同じ編年による叙述方法で一一三八（一七二六）年から一一七三（一七六〇）年までの三五年間の歴史を記録しており、彼の記録した年数は少ないが、いくつかの重要な史実について詳細な記録を残している。[39] とくに、一一六六（一七五三／五四）年と一一六七（一七五三／五四）年にカンナノールのアリー・ラージャーの派遣したマラバールの遠征軍がマーレを襲撃したことや、メッカやメディナからアラブ系ウラマーやスーフィーたちが来航したことなどは、他の史料にほとんど見られない貴重な情報である。[40]

『年代記』の第二の「補遺」は、アフマド・ムフィー・ウッディーンの子息で、ハサンの孫イブラーヒーム・スィラージュ・ウッディーンによって編纂された。この「補遺」は、第一の「補遺」の記載内容に少し溯って、一一六三年第一ラビーゥ月一二日（一七五〇年二月一九日）、スルタン=イブラーヒーム・イスカンダルの死去から一二四四年ムハッラム月末（一八二八年八月一二日）までの七八年あまりの歴史を記録している。[41] カンナノールの支配者アリー・ラージャーの派遣したマラバール軍によるマルディヴ諸島侵攻と殺戮、スルタン=ムカッラム・ウッディーンの捕囚事件、著者イブラーヒームがスルタン=ハサンに随行してメッカ巡礼をおこなった記録、スルタン=

ハサンによる二回目のメッカ巡礼とメッカ・シャリーフによる略奪事件、巡礼団の危難を重ねた帰路の旅、スラト船事件、王権をめぐる度重なるクーデター、諸島の各地を襲った大火・地震・台風・飢饉等の状況など、いずれもかなりの紙数を費やした詳細な記録が見られるので、一八・一九世紀のマルディヴ諸島の政治・社会史の研究に多くの貴重な情報を提供している。(42)

[B]と[C]は、一二三七(一八二一)年に、マルディヴ諸島の北部地域、とくにミラドゥンマドル北環礁とティラドンマティ南環礁の島々を襲ったサイクロンに関する詳しい叙述を終えたところで、突然に終わる。(43) 一方、[A]は、さらに六年後の一二四三(一八二七/二八)年の記録をもって終わる。そして、結びの部分には「預言者ムハンマドのヒジュラ暦の一二四三年ラジャブ月の日付に著した」とある。(44)

五　『年代記』の史料価値

『年代記』は、マルディヴ諸島のムスリム島民の立場から記録した稀少な文献史料であって、ポルトガル、オランダやイギリスなどの西ヨーロッパ側の探検・旅行記集、外交・領事報告書、文書・記録類などの外部史料では得られない詳細な内容を多く含んでいる。私は、『年代記』の記録内容を検討するなかで、インド洋海域史研究のうえで、とくに次の三点の貴重な記録に注目している。

(1) インド洋海域世界を舞台に多くのスーフィーやウラマーたちが遍歴・移動を繰り返し、相互に学術交流をおこなっていたことを示す記録が散見する。表1を見ると明らかなように、①イスラームの信仰や教義を説くために、アラビア半島やイランの各地から著名なウラマーやスーフィーたちが次々にマルディヴ諸島を訪問したこと、②彼らの一部は、マルディヴ国家の司法と行政の要職、例えばワズィール(宰相)、シャー・バンダル(港務長)

表1　著名なウラマーおよびスーフィーたちのマルディヴ諸島への移住

名　前	来島/滞在時期	出身地/経由地	記　　事
シャイフ=ユースフ・シャムス・ウッディーン・アッタブリーズィー	1153	タブリーズ	マルディヴ島民のイスラーム化
シャイフ=ナジーブ・アルハバシー	14世紀以前	イエメン	
スルタン=ナースィル・ウッディーン・アルクラウィーヒー	15世紀初頭	インド，ベンガル	スルタン位に即く（1408-11）
サイイド・ムハンマド	15世紀半ば	アラビア	スルタン位に即く（1466-68）
ファキーフ=スライマーン・アルマダニー・ブン・ムハンマド	15世紀半ば	メディナ，ザイラゥ	マーレに滞在，1479年没
ハサン・アッシーラーズィー	?	シーラーズ	法官を務める
ファーティマ	?	シーラーズ	スルタン=ハサンの母親
アリー	15世紀頃	メッカ	ポルトガル占領時にメッカ移住
ハサン	15世紀頃	メッカ	
シャリーフ=アフマド・アルマッキー	1513年没	メッカ	預言者の後裔，2年間スルタン位（1510-13）に即く
シャイフ=ムハンマド・ジャマール・ウッディーン	16世紀半ば	ハドラマウト	ハドラマウトで学ぶ
サイイド=ムハンマド・シャムス・ウッディーン・アブド・アッラッザーク	16世紀半ば	エジプト，メッカ，ムハー，アチェなどを遍歴	カーディリー派スーフィー，スルタン位（1692）に即く
サイイド=ターハー（サイイド=ムハンマドの弟）			
サイイド=ムルタダー・アッシャーミー	?	シリア	墓はシャイフ=ユースフの脇に置かれた
シャリーフ・サイイド=アリー・ブン・フサイン・アルアラウィー	1759/60	ハドラマウト	アラウィー派ウラマーの1人
アブド・アッラー・ブン・ムハンマド・アルアラウィー	1759/60	ハドラマウト	アラウィー派ウラマーの1人

表 2　マルディヴ諸島のスルタンによる聖地メッカおよびメディナへの巡礼・参拝の記録

出発・到着の年号	スルタン	旅程	記事
1165/66	初代スルタン=ムハンマド・アルアーディル	?	メッカに向けて出発後，行方不明
1467	ハサン	?	
1667/68	イブラーヒーム・イスカンダル（第 1 回目）	?	
1682	イブラーヒーム・イスカンダル（第 2 回目）	ジッダ，メディナ，ジッダ，ムハー	4 艘の大船，3 艘のフーリー
1704	イブラーヒーム・ムズヒル・ウッディーン	ジッダ，メッカ，ムハー，ソコトラ，スラト	1 艘の大船，4 艘の大型フーリー，多量の商品を舶載
1773/74	ムハンマド・ギヤース・ウッディーン	?	皇后，皇子，ワズィールなどを同行
1788/89	ハサン・ヌール・ウッディーン（第 1 回目）	ムハー，フダイダ，ジッダ，メッカ，メディナ，ジッダ，ムハー	戦艦 1 艘，大船 1 艘，ワズィールも同行
1799	ハサン・ヌール・ウッディーン（第 2 回目）	フダイダ，ジッダ，メッカ，ジッダ，サイフート，マスカト，ムカッラー，シフル	多数のマルディヴ島民が同行，帰路遭難により，230名が死亡，生存者わずか 70 名

やカーディー（法官）などに迎えられ、時にはスルタン位を占める者がいたこと、③そうしたムスリム・ウラマーたちの間の頻繁な移動や交流は、マルディヴ社会のみならず、インド洋海域のムスリム社会にも共通する特徴であって、とくにインド洋の要地に位置するマルディヴ諸島はそうした移動する人々が出会い、情報交換をおこなう交流の場となっていたこと、などの諸点が明らかとなる(45)。

(2) ポルトガル艦隊によるインド洋海域の支配が強まるなか、ムスリムたちの間で新しい交流ネットワークを開拓しようという機運が起こった。『年代記』の記録を通じて、一六・一七世紀におけるムスリム・ネットワークは、西はメッカ、メディナ、ジッダ、フダイダ、ムハー、アデン、ムカッラー、東はバンダ・アチェ、バンタム、そしてジャワ島やブルナイの諸港に及んでいたことが知られる。

(3) マルディヴ島民のメッカ巡礼（ハッジュ）に関する詳細な記録が残されている（表2参照）。メッカ巡礼は、単にムスリムにとっての宗教的義務であるばかりか、イスラーム世界を舞台とした文化統合、社会流動と活発な経済活動をもたらす重要な要素となっていた。一七世紀の初めにマルディヴ諸島に漂着したフランス人船員F・ピラール（François Pyrard）の記録によれば、マルディヴ・ムスリム社会ではアラビア地方のメディナにある預言者ムハンマドの墓廟を訪れた人をその身分の上下にかかわらず深く崇敬する風習があって、多数の貧窮者を含めて巡礼・参拝をおこなっており、彼らはアギイ（agi）――ハーッジュ、ハーッジーのことで、メッカ巡礼者を指す――と呼ばれて、綿織りの白衣を身にまとい、手にビーズ（数珠）を携え、あご髭を剃らずに長く伸ばしていた。(46) このように『年代記』を通じて、われわれはマルディヴ諸島のムスリム社会・文化や生活の具体的な様子についても興味深い情報を知ることができる。

結びに代えて

今後、マルディヴ諸島史研究の基礎史料として『年代記』に収められている記録内容を深く理解し、その史料的信憑性を明らかにするために、またインド洋海域史研究を進展させるためにも、次のようなさまざまな関連史料の調査、史料内容についての総合的な分析と比較研究をおこなう必要があろう。

(1) マルディヴ諸島の地方史の記録、文書・碑文類　①碑文、墓誌、②スルタンから発布された銅版の記録類ローマファヌ（lōmāfānu）、③ファト・コル（Fat-kolu）と呼ばれる木板や紙などに書かれた史料、おもにワクフ文書、④口頭伝承などの記録。これらのマルディヴ諸島に残る記録史料については、ベルが総合的に調査・蒐集し、重要なものについては英訳して出版したが、それ以後、研究はほとんど試みられていない。(47)

(2) アラビア語の地理書、旅行記　商人スライマーンとアブー・ザイドの記録、ブズルク・ブン・シャフリヤール、ビールーニー、イドリースィー、イブン・バットゥータ、ディマシュキーやイブン・マージドなどによる記録には、マルディヴ諸島とその周辺の地理・社会・歴史などの断片的な情報が含まれている。

(3) 中国・明朝の皇帝によって派遣された鄭和遠征隊に関連する記録　中国のジャンク船団は、インドの南西海岸、アラビア半島、ペルシャ湾岸や東アフリカ海岸に至る航海の途中、マルディヴ諸島を訪問した。そのため、馬歓『瀛涯勝覧』、費信『星槎勝覧』、鞏珍『西洋番国志』などには、一五世紀初頭のマルディヴ諸島の貴重な地理情報が含まれている。

(4) アラビア語とペルシャ語で書かれたスーフィー聖者伝　とくにハドラマウト出身のサイイド（聖家族）や著名なスーフィーたちの行状を伝える記録中には、インド洋海域を舞台とした彼らの移動・遍歴の様子を伝えたものがある。マルディヴ諸島は、そうした遍歴するサイイド、シャリーフやスーフィ聖者たちがインドや東南アジアの諸地域との間を移動・交流する途中に訪れ、同島のイスラーム化運動にも大きな役割を果たした。

(5) イエメン、ハドラマウトとメッカにかかわる年代記、人物誌、地誌などの記録　これらの記録は、マルディヴ諸島のスルタン、使臣ら、ウラマーや商人たちが巡礼、学問や情報の修得、商売などのために、これらの地域を訪れたことを伝えている。

(6) サファヴィー朝、カージャール朝、グジャラート地方、コンカン・マラバール海岸、デカン高原のイスラーム系諸王朝やムガル王朝に関するペルシャ語史料やオスマン朝史料　一五世紀末に、ポルトガル艦隊がインド洋に進出したあと、マルディヴ諸島の戦略的な位置は一層高まった。アジアの領域国家は西ヨーロッパ勢力のアジア進出に警戒心を抱き、インド洋海域の情報収集に努めると同時に、マルディヴ諸島、アチェ王国、アユタヤ王国などのインド洋周縁の諸国や港市との間で外交使節の往来も盛んにおこなわれた。

(7) イタリア、ポルトガル、オランダ、イギリス、フランス、その他の西ヨーロッパ・キリスト教側の航海記録、探検・植民の歴史史料・文書類　F・ピラールやオランダ語の資料集 *Tresor der Zee-en Landreizen* は一七〜一九世紀のマルディヴ諸島の国家・社会・生活・習慣・文化・言語など広範な情報を伝えており、『年代記』の研究のうえでは不可欠の重要史料である。

以上にあげた内外のさまざまな記録史料と『年代記』の内容との比較・考証をおこなうことによって、『年代記』の史料的信憑性と価値が厳密に批判・確定され、マルディヴ諸島のみならず、インド洋海域世界の社会・経済・文化の歴史的研究に興味を抱く研究者たちにとっても、『年代記』の史料的価値が一層高まるものと思われる。

あとがき

私が「海域世界」の構想を最初に抱くようになったのは、今から三五年ほど前の一九七〇年の三月末に、南イラクのバスラを訪れた時ではなかったかと思う。ナツメヤシの林の間を滔々《とうとう》と流れるシャット・アルアラブ（Shatt al-'Arab）の川面に多数の木造帆船、ダウが浮かんでいた（写真参照）。おそらく二、三〇艘におよぶであろう。ホテル前の船着き場には、ブーム、クーティーヤ、デンギー、トーニーなど、さまざまな様式・規模・形状のダウが横づけされて、船員たちが忙しく船から積荷を道路脇に運んでいる。彼ら数人に、どこから来たのか、積荷は何か、復路には何を積み込むのか、などの簡単な質問をしてみる。すると、ひどいインド訛りの英語で、ダウはパキスタンのカラチ、インドのマンドヴィ、ジャムナガル、ポルバンダル、マンガロール、カーリクートなどの港を出て、冬季の北東モンスーンに乗りアラビア海・ペルシャ湾を越えて来航したこと、胡椒・生姜・紅茶・米・木材・綿布などを積載し、帰りにはバスラ産のナツメヤシの実（デイツ）を一、五〇〇袋から二、〇〇〇袋（一袋が約六〇キログラム）ほど積んで、二週間後の四月半ばには出港する予定とのことである。

　また、七四年九月初めから一二月半ばの三ヵ月半をかけて、オマーンのマトラ、マスカト、スール、サラーラなどを訪れた後、南イエメンのアデンに滞在し

た。アデンの街中で出会う人々は、アラブ系（ソコトラ島、ハドラマウト、内陸イエメンの出身者）、ソマリア系、エチオピア系、東アフリカから来たバントゥー系、南西インドやパキスタン出身のムスリム、ヒンドゥー教の人々、等々。使用されている言語もアラビア語、スワヒリ語、ソマリア語、バルーチー語、ウルドゥー語、インドの諸言語など、聞き分けただけでも八つ以上の言語が耳に入ってくる。アデンでは、私のようなアジア系の人間も珍しくない。とくに驚いたのは、マレー系の奥さんを連れたハドラミー系アラブ人とその混血の人たちを多く見かけたことだ。彼らは、いずれもホータ、あるいはロンジーと呼ばれる腰巻き、上半身には裾をだらりとたらした継ぎはぎのワイシャツを着て、口に檳榔子《びんろうじ》やカート（イエメンやソマリアの高地に生える茶の葉に似た常緑低木で、その葉に覚醒作用がある嗜好品）の葉を嚙みながら、茶屋に集まってミルク・ティーやコーラを飲んでいる。薄暗い市場の内部では、息苦しいほど高い湿度と人込みによる熱気、裸電球などで、たちまち全身汗まみれになる。カレー粉・生姜・肉桂などの香辛料と異様な香水の匂い、白くたちこめる乳香の煙、ラジオから流れてくるかん高いインド女性の歌声……。

その後も、東アフリカ海岸のソマリア、ケニア、タンザニアの街々、インド、パキスタン、スリランカ、マルディヴ諸島、インドネシア、マレーシア等々、私は、インド洋海域の周縁・島嶼部を訪ね回り、さまざまな異文化を体験する旅を続けてきた。こうしたアラビア海、ペルシャ湾岸やインド洋の海岸・港町を訪れると、そこに生活している人々の肌の色、人種・宗教・言葉・服装・音楽・食べ物・匂いなどは実に多種多様であるが、同時に「ああ、またこの同じ世界に戻ってきた」と、私自身の体が強く感応しているように思えた。雑然とした人・モノ・情報・文化が入り交じり、溶け合って一体となり区別がつかない中に、海をめぐる何か共通の一つの世界が存在しており、その世界を舞台にコスモポリタンな社会・文化が流れているのではないか。しかも、この海域世界は陸域に匹敵するように、長い時間的な持続性を持って生成・変化・変質してきた一つの歴史的世界であって、陸域の歴史と同じように歴史研究の直接の対象とすべきではないか、とも考えた。

さらに、私の海域世界探索の旅は続いた。インド洋海域だけでなく地中海にも足を延ばして、チュニジア、アルジェリア、モロッコ、シリア、トルコなどのアラブ諸国、スペイン、イタリア、ギリシャ、黒海沿岸のバルカン諸国などの各地を訪ねて回った。シリア海岸のアルワード島、チュニジア南部のジェルバ島やケルケナ諸島では、フルーカと呼ばれる木造帆船を操る漁民や船大工たちと語り合い、彼らの生きざまを見たり、船・航海・漁などの生活・文化を知ろうとした。

私は、前著『イスラム世界の成立と国際商業――国際商業ネットワークの変動を中心に』（岩波書店、一九九一年）において、インド洋の西海域、アラビア海、紅海とペルシャ湾を中心に広域的な航海と貿易を続けている三角帆を装備した木造船ダウに関する実地調査をおこなってきた目的について、次のように説明した。

(1) 現在のダウの活動海域は、紀元前に遡る過去の時代から西アジアの諸地域および地中海世界と文化的・経済的関係において結びついた共通の歴史展開の舞台をつくり出している。したがって、地中海からインド洋西海域までを歴史的・地域的な共通性をおびた空間として捉えられる。

(2) 海上史の研究は、従来の歴史学では等閑にされてきた分野である。国家史を規準とした歴史認識では、海洋は国家と国家とを隔てる境界であり、文化圏の切れ目として捉えられてきた。つまり、海洋は「閉ざされた世界」として認識されてきたのだが、それとは逆に海洋は交通上の「開かれた自由空間」「交流と接触の場」として、その歴史的役割を積極的に意味づけうる。そして海を取り巻く諸地域を一体的に捉え、その複合的地域空間＝場の歴史的性格を総合的に追究する必要がある。

このように、インド洋から地中海までを歴史的共通性をおびた歴史空間、すなわち大海域世界として捉えようとする私の研究上の視点は、一九九三年に刊行した『海が創る文明――インド洋海域世界の歴史』（朝日新聞社）でも同じように貫かれている。

私は、こうした海域史研究を続けるのと平行して、二〇年近くをかけて、一四世紀前半の大旅行家イブン・バットゥータの旅の記録『大旅行記』の研究に取り組んできた。既成のアラビア語校訂本を使って邦文に訳すのではなく、徹底的に写本調査をおこない、新しい校訂本の作成と翻訳・註釈本をつくりたいという研究目標をかかげて、努力を続けてきたが、その成果として二〇〇二年九月に、平凡社の「東洋文庫」から全八巻の完訳・註釈本を刊行することができた。私が『大旅行記』の研究で最も重視した問題は、イブン・バットゥータが遍歴した一四世紀のイスラーム世界とは何か、七世紀前半、アラビア半島にイスラーム教が誕生して以来、ユーラシア大陸とアフリカの諸地域を広くおおったイスラーム・ネットワークとは何か、そして世界史のなかで、どのようにイスラーム世界を位置づけるか、などにあった、そのため写本の調査でアラブ諸国を訪ねるだけでなく、イブン・バットゥータが長い旅の人生を過ごしたのと同じように、私自身も彼の遍歴した各地を旅し、イスラーム世界の自然・社会・文化の現場に身を置き、現場から考えるという「現地学」を心がけてきた。

本書は、以上のように三〇年以上にわたって思考を続けてきた、これまでの私の研究上の視点・枠組み、文献学と現地学を組み合わせた研究の総合的な成果である。本書の内容の一部は、既刊の論文にもとづくものであるが（「初出一覧」参照）、本書に採録するにあたっては、いずれも大幅な修正をおこない、新たな情報・史料を補足している。

本書に結実した研究を続けるうえで、これまでに多くの方々からご協力、励ましの言葉やご教示をいただいた。私は、一九五八年（昭和三三年）の春に慶應義塾大学に入ったが、学部と大学院（修士・博士）在学中の八年間という長期にわたり前嶋信次博士（一九〇三―一九八三）に親炙《しんしゃ》して、歴史とくに対外交通史に関心を深めた。先生の研究方針は、漢籍とアラビア語の諸文献にとどまらず東西の膨大な資史料を駆使し、厳密な史料批判に基づく実証的研究に貫かれていたが、つねに学問探求への溢れるような情熱を抱いておられた。こうした前嶋先生の学問研究の方法と態度は、その後の私の研究に大きな影響をおよぼしており、本書のなかにも脈々として生きていると思う。

私が文献研究だけでなく、現地調査と学際的研究の重要性を学ぶうえで掛けがえのない好機を与えてくれたのは、東京外国語大学アジア・アフリカ言語文化研究所に在職していた三六年間であり、最高の研究環境のもとで研究と調査に没頭することができた。この研究を続けるうえで、数多くの諸先生、学兄の方々から有益な助言と協力をいただいた。とくに本書に関わる海外調査にあたっては、三木亘、中野暁雄、上岡弘二の諸氏、中近東文化センターの川床睦夫・主任研究員などから多くのご協力をいただいた。そして現在、勤務している早稲田大学教育・総合科学学術院の諸先生方からも適切なご助言と励ましをいただいた。

本書の出版にあたっては、日本学術振興会・平成一七年度科学研究費補助金（研究成果公開促進費）の交付を受けた。また本書の刊行にあたり、名古屋大学出版会の橘宗吾氏には、遅々として進まない作業を忍耐強く見守り、多大な助力をいただいた。記して、深く感謝の意を表したい。

最後になるが、私の研究を温かい眼で見守り、これまで支えてきてくれた家族に、感謝を捧げたい。

二〇〇六年一月

家島彦一

《著者略歴》

家《や》島《じま》彦《ひこ》一《いち》

1939年　東京に生まれる
1966年　慶應義塾大学大学院文学研究科博士課程2年修了後中退
東京外国語大学アジア・アフリカ言語文化研究所教授などを経て
現　在　東京外国語大学名誉教授，文学博士（慶應義塾大学）
著訳書　『イスラム世界の成立と国際商業』（岩波書店，1991）
『海が創る文明』（朝日新聞社，1993）
『イブン・バットゥータの世界大旅行』（平凡社，2003）
『イブン・ジュバイルとイブン・バットゥータ』（山川出版社，2013）
『イブン・バットゥータと境域への旅』（名古屋大学出版会，2017）
『インド洋海域世界の歴史』（筑摩書房，2021）
イブン・バットゥータ『大旅行記』（全8巻，平凡社，1996–2002）
イブン・ファドラーン『ヴォルガ・ブルガール旅行記』（平凡社，2009）
ブズルク・ブン・シャフリヤール『インドの驚異譚』（全2巻，平凡社，2011）
イブン・ジュバイル『メッカ巡礼記』（全3巻，平凡社，2016）他

海域から見た歴史
―インド洋と地中海を結ぶ交流史―

2006年2月28日　初版第1刷発行
2023年4月30日　初版第2刷発行

定価はカバーに
表示しています

著　者　家　島　彦　一
発行者　西　澤　泰　彦

発行所　一般財団法人　名古屋大学出版会
〒464-0814　名古屋市千種区不老町1名古屋大学構内
電話(052)781-5027/FAX(052)781-0697

Printed in Japan
印刷・製本　亜細亜印刷㈱
ISBN978-4-8158-0534-0

索　引

1) 索引項目（人名・地名・事項）は，原則として本文中に記述されているものに限り，註・図・表・写真の部分については採録していない。
2) 各項目の後に資史料で使われている原綴りを付した。また必要に応じて，現行慣行の綴りを加えた場合もある。
3) 地域名・人名のなかには，同時に部族・集団・王朝の名称を示すものもある。
4) アジア，中国，アラビア，イスラーム，ヨーロッパ，インド洋，地中海などのように，頻出する大項目については略した。

ア　行

アァヤーン・アットゥジャール（大商人） a'yān al-tujjār　157, 326-327, 356, 359, 394, 423, 429, 438, 440-446, 450-451, 458
アイザーブ（旧スワーキン） 'Aydhāb, Suwākin al-Qadīm　34, 94, 96, 99-100, 154, 163, 166, 170-172, 174, 176, 178-179, 181, 184, 190-194, 197, 200, 216, 265, 269, 282, 323, 361-362, 364-377, 379-391, 394, 440, 414, 431, 434, 634-635, 751
アイザーブ砂漠　Ṣaḥrā' 'Aydhāb　366-368, 374, 385　→東部砂漠
アイザーブの海　Baḥr 'Aydhāb　377, 379, 385
アーイシャ（マルディヴ・スルタン=イブラーヒーム・イスカンダルの皇后） 'Ā'isha　764-765
アイユーブ家　Banū Ayyūb　264, 322
アイユーブ朝　al-Dawlat al-Ayyūbīya　166, 170, 180-181, 199, 202, 303, 309, 345, 362, 383-384, 394, 425, 430-432, 435-436, 492, 580, 673, 689, 695-696, 715, 738-739, 752
アウトリガー型カヌー　outrigger canoe　40, 47-49, 112, 718
アウラード・カースイム　Awlād Qāsim　602
アウラード・ビー・アリー　Awlād Bī 'Alī　602
アウラード・ヤーナグ　Awlād Yānag　602
アカバ　'Aqaba　156, 170-171, 367
アカーリマ族（アラブ・ベジャ族） al-Akārima, Banū　367-368, 374
アカーリム　al-Akārim　→カーリミー商人
アクサー・モスク　Masjid al-Aqṣā　559
アークーシュ・アルマンスーリー　Āqūsh al-Manṣūrī　366
アクバル大帝　Jalāl-Dīn Akbar I　564
アクブガー・アルユースフ　Aqbughā al-Yūsuf　374
アーグラ　Āgra, Āqura　564
アクール　Aqūr　572
アークール　al-'Āqūl　263
アケメネス朝（ペルシャ帝国） Achaemenes　214
アザーク（アゾヴ，アゾフ） Azāq, Azov　641
アーザーディガーン（平原） Āzādighān　232, 243
アサド・ウッディーン・イブン・ヌール（アミール） Asad al-Dīn Ibn Nūr　557
アジア・モンスーン　→モンスーン
アジーム　Ajīm　603, 609, 611
アジャーイブ（驚異，驚異譚） 'ajā'ib　621, 692
アジャムの海　Baḥr al-'Ajam　634
アジャムの大陸　Barr al-'Ajam　→バッル・アルアジャム
アジャムの地（イラン） al-'Ajam　336, 341
アシュトゥール　Ashtor, S. E.　286-287
アージュミール　Ājmīr　564
アシュラーフ　sharīf, ashrāf　→メッカ・シャリーフ
アシュラフ・イスマーイール1世（ラスール朝スルタン） al-Malik al-Ashraf Mumahhid al-Dīn Ismā'īl I　327, 436-438, 440-442, 445, 733-735, 738
アシュラフ・イスマーイール2世（ラスール朝スルタン） al-Malik al-Ashraf Ismā'īl II　734
アシュラフ・ムマッヒド・ウッディーン・ウマル2世（ラスール朝スルタン） al-Malik al-Ashraf Mumahhid al-Dīn 'Umar II　454-455, 457-458, 738, 740, 743, 746

アシュラフィー船団　al-marākib al-Ashrafīya　323, 356
アースィー川　Nahr al-'Āṣī　→オロンテス川
アズィーズ・トゥグテギン　al-Malik al-'Azīz Ẓāhir al-Dīn Tughtikin　739
アースィヤーブ・バーディー（山，山脈）　Kūh-i Āṣiyāb Bādī　229
アスカラーン（アスケロン）　'Asqalān, 'Asqālān, Ascalon　297, 300
アスナース　Asnās, Ashnās, Shunūs　254
アスユート　Asyūṭ, Suyūṭ　175-176
アスル　'Athr　407
アスワーン　Aswān, Uswān　154, 172, 174, 180, 194, 364, 367, 384
アスワーン境域　Thaghr Aswān　366, 368, 374
アゾフ　Azov, Azāq　641
アーダ（慣行，海上慣習法）　'āda, adat　323, 325, 332, 401, 404
アダナ　Adana　157
アダムズ・ピーク（サランディーブ山）　Adam's Peak, Jabal Sarandīb　96, 113, 517, 640
アダムズ・ブリッジ　Adam's Bridge　266, 485
アチェ　Aceh　→バンダ・アチェ
アチェ王国　Kesultanan Aceh　105, 321, 770, 773, 775
アチェ山　Aceh Mt.　96
アッカー　'Akkā, Acre　122, 147, 157-158, 297, 302-303
アッサム　Assam, Kāmarūn, Kāmarūba, Kāmarūpa　510-513, 525, 534, 566
アッシハーブ・アフマド・アルアイニー　al-Shihāb Aḥmad al-'Aynī　→シハーブ・ウッディーン・アッザハビー・アルアイニー
アッターヤ　'Aṭṭāya　611, 615
アッタロス2世　Attalus II　661
アッバーサ　al-'Abbāsa　182
アッバース朝　al-Dawlat al-'Abbāsīya　139, 148, 150, 176, 214, 308-309, 330, 362, 395, 402, 424, 450, 532, 549, 689-690, 694, 714, 732, 768
アッバース・ブン・マーハーン　al-'Abbās b. Māhān　415
アッバーダーン　'Abbādān　251, 253, 259-260, 265, 272-273, 617, 637, 655
アーディリーヤ学院　al-Madrasat al-'Ādilīya　695-698
アーディル・サイフ・ウッディーン1世（アイユーブ朝スルタン）　al-Malik al-'Ādil Sayf al-Dīn I　695-698, 715
アーディル・サイフ・ウッディーン2世（アイユーブ朝スルタン）　al-Malik al-'Ādil Sayf al-Dīn II　696
アーディル・ダルマス・ムハンマド・ブン・アブド・アッラー　al-'Ādil Darmas Muḥammad b. 'Abd Allāh　→アーディル・ムハンマド王
アーディル・ムハンマド王（マルディヴ諸島初代スルタン）　al-Malik al-'Ādil Muḥammad b. 'Abd Allāh　680, 759, 768
アーテシュカダ（ゾロアスター教拝火神殿，僧院）　Āteshkadah, Ateshghāh　215, 229
アデスカン　Adescan　→アーザーディガーン
アデン（町，港）　'Adan, Aden, 阿丹　34, 49, 60, 64-66, 71, 93-94, 99, 104-105, 159-160, 193, 254, 265, 269-270, 276, 316, 318-329, 332, 334, 336-337, 350, 352, 355, 360, 367, 371, 373, 394, 401, 406-408, 414, 416-418, 424, 428, 431, 434, 436, 438, 440-448, 454, 457-459, 468, 473, 475-476, 527, 549, 562, 567, 575-576, 578, 581-582, 617, 621, 718, 730, 735, 737, 739-743, 746, 749-752, 773
『アデン港関税帳簿　*Kitāb Mulakhkhaṣ al-Fiṭan*』　325, 328, 355, 448
アデン湾　Gulf of 'Adan　49-50, 60, 66-67, 71, 110, 114, 171, 312, 323, 435
アドゥド・アッダウラ（ブワイフ朝スルタン）　'Aḍud al-Dawla Fanā-Khusraw　228
アトバラ川　Atbara R.　171, 176, 364, 363, 366
アドフー　Adfū　→イドフー
アトラス山脈　Atlas Mts.　294, 559, 622
アドリア海　Adriatic Sea　299-300
アトワーニー（村）　Naj' al-'Aṭwānī　197-198, 367
アナトリア　Anatoria, Anadolu　28, 157-158, 386, 630, 642, 658
アヌラダプーラ　Anuradhapūra　517
アバカ（イル・ハーン朝スルタン）　Abaqa Khān　337, 354
アバーブダ（アラブ・ベジャ系遊牧民）　'Abābda　186, 202
アブー・アブド・アッラー・ムハンマド　Abū

'Abd Allāh Muḥammad 699
アブー・アリー・アルハーフィズ・アルマルワズィー Abū 'Alī al-Ḥāfiẓ al-Marwazī 407
アブー・アルアッバース・アルヒジャーズィー Abū al-'Abbās al-Ḥijāzī 410
アブー・アルウクール Abū al-'Uqūl 585
アブー・アルカースィム（シャイフ） al-Shaykh Abū al-Qāsim 182, 190
アブー・アルクーブ山 Jabal Abī Arqūb 187
アブー・アルハサン・アッシャーズィリー Abū al-Ḥasan al-Shādhirī 175, 186, 200
アブー・アルハサン・アリー・ヌール・ウッディーン Abū al-Ḥasan Nūr al-Dīn 438
アブー・アルハサン・スィディー・アリー・アルジィラーヤ Abū al-Ḥasan Sīdī 'Alī al-Jirāya 618-619
アブー・アルフィダーゥ Abū al-Fidā' 122, 496, 500, 510
アブー・イムラーン・ムーサー・ブン・ムハンマド Abū 'Imrān Mūsā b. Muḥammad 713-714
アブー・ウスマーン（巡礼経験者） al-ḥājj Abū 'Uthmān 252, 267-268, 277
アブー・ウバイダ Abū 'Ubaydah 509
アブー・クライヤ Abū Qulayya 198
アブー・サイード（イル・ハーン朝スルタン） Abū Sa'īd 153
アブー・ザイド（スィーラーフ出身） Abū Zayd al-Sīrāfī 54, 101, 414, 508, 511, 514, 517, 538-539, 549, 552-553, 690, 774
アブー・サフル Abū Sahr →ブーシフル
アブー・ジブラーンの井戸 Bi'r Abī Jibrān 186
アブー・ドゥラフ・アルムハルヒル Abū Dulaf al-Muḥalhil 510
アブー・バクル（正統カリフ） Abū Bakr 150, 642
アブー・バクル・シャー Abū Bakr Shāh →アブー・バクル・ブン・ザッファル・ハーン
アブー・バクル・ブン・アフマド，ザキー・ウッディーン Abū Bakr b. Aḥmad, Zakī al-Dīn 440, 446
アブー・バクル・ブン・サアーダ・ブン・ウマル・アルファーリキー Abū Bakr b. Sa'āda b. 'Umar al-Fāriqī 438, 446
アブー・バクル・ブン・ザッファル・ハーン Abū Bakr b. Ẓaffar Khān, Abū Bakr Shāh 455
アブー・バクル・ブン・ファフル・ウッディーン Abū Bakr b. Fakhr al-Dīn 669
アブー・バクル・ブン・ファフル・ウッディーン・モスク Masjid Abī Bakr b. Fakhr al-Dīn 669-670, 672
アブー・ファドル・アッラーミー（アブー・ファズル・アッラーミー） Abū al-Faḍl 'Allāmī, Abu'l-Fazl 'Allāmī 520, 535, 564
アブー・マフラマ Abū Makhramah 326, 338, 343, 438, 739
アブー・ムアイヤト Abū Mu'ayyat →バヌー・ムアイヤト
アブー・ムハンマド・アルハサン Abū Muḥammad al-Ḥasan 699
アブー=ルゴド（ジャネット） Abu-Lughod, Janet L. 422, 429
アフィーフ・ウッディーン・アブド・アッラー・アルマズルーム 'Afīf al-Dīn 'Abd Allāh al-Maẓlūm 634-635
アフガニスタン Afghanistan 536, 542
アフガーン系民族（トルコ・アフガーン系） Afghān 561, 587-588
アフサーゥ al-Aḥsā', Ḥassāh 190
アフサーゥ・アルバフライン Aḥsā' al-Baḥrayn →バフライン
アブザビ（アブダビ） Abū Dhabī 69
アブダイン 'Abdayn, 'Abdān 184
アフダル al-Ahdal, Abū 'Abd al-Raḥmān al-Ḥusayn b. 'Abd al-Raḥīm b. Muḥammad al-Ḥusaynī 746, 752
アフダル・アルアッバース（ラスール朝スルタン） al-Malik al-Afḍal Dirghām al-Dīn al-'Abbās 436-438, 738, 740, 742
アフダル・アルファーティミー al-Afḍal al-Fāṭimī, al-Afḍal b. Badr al-Jamālī 388
アフダル山（アデン） Jabal al-Akhḍar 327
アフダル山脈（オマーン） Jabal al-Akhḍar 97, 570
アブド・アッラー・アルアフィーフ 'Abd Allāh al-'Afīf al-Hubbī 441, 443
アブド・アッラー・アルクラシー 'Abd Allāh al-Qurashī 440

アブド・アッラー・ブン・ガフル・アッラー・ミルザー・ムハンマド・アルハウリー　'Abd Allāh b. Ghafr Allāh Mirzā Muḥammad al-Khawlī　693
アブド・アルアズィーズ・ブン・マンスール・アルカウラミー　'Abd al-'Azīz b. Manṣūr al-Kawlamī (al-Kārimī), 'Izz al-Dīn　358, 423, 446-449
アブド・アルカーディル・ブン・アフマド　'Abd al-Qādir b. Aḥmad　634-635
アブド・アルバーキー・アルヤマーニー　'Abd al-Bāqī al-Yamānī　338, 447, 738-740
アブド・アルマジード・アルヤマーニー　'Abd al-Majīd al-Yamānī　→アブド・アルバーキー・アルヤマーニー
アブド・アルムゥミン（ムワッヒド朝スルタン）'Abd al-Mu'min　499
アフマダーバード　Aḥmadābād　230, 232, 243
アフマディーヤ　al-Aḥmadīya　→カーザルーン教団
アフマディーヤ　al-Aḥmadīya　→マンスーラ（ズファール地方の新港）
アフマド・アッリファーイー　Aḥmad al-Rifā'ī, Aḥmad b. Abī al-Ḥasan al-Rifā'ī　261
アフマド・アルマンジャワイフ　Aḥmad al-Manjawayh　343
アフマド・テグデル（イル・ハーン朝スルタン）Aḥmad Tegüder　264
アフマド・ナクル（要塞）　Qal'at Aḥmad Nakr　253, 258
アフマド・ブン・アブド・アッラー・ブン・マズルーゥ　Aḥmad b. 'Abd Allāh b. Mazrū'　342, 345, 347-350, 673
アフマド・ブン・アルジューバーン・アッディマシュキー　Aḥmad b. al-Jūbān al-Dimashqī　469-470, 474
アフマド・ブン・アルフサイン（ザイド派イマーム）　Aḥmad b. al-Ḥusayn　739
アフマド・ブン・トゥールーン　Aḥmad b. Ṭūlūn　364
アフマド・ブン・ハサン・ブン・アジュラーン　Aḥmad b. Ḥasan b. 'Ajlān　472
アフマド・ブン・ハーリド・アルファーリキー　Aḥmad b. Khālid al-Fāriqī　440, 446
アフマド・ブン・ムハンマド・ブン・マフムード・アルヒムヤリー（ハブーディー朝スルタン）　Aḥmad b. Muḥammad b. Maḥmūd al-Ḥimyarī　399
油の川　nahr al-zayt　632
アブラハム・クレスク　Abraham Crèsques　375
『アフリカ誌　*Descriffione delle' Africa*』　369-370, 382
アブルーン　Abrūn　→ラーワーン
アフワーズ　al-Ahwāz　535-536, 655
アフワーブ　al-Ahwāb　159, 270, 321, 324, 329, 334, 355-356, 360, 436, 441, 457-459, 473, 735, 743, 746-747, 750-751
アフワーブ新港　al-Ahwāb al-Jadīd　→ブクア港
アブワーブ（ヌビア）　al-Abwāb　366
アポッロノポリス・マグナ　Apollonopolis-Magna　171
アマルフィー　Amalfi　147, 297, 300
アミール・アルハッジュ　amīr al-ḥajj　150-152, 460
アミール・ジャンダール　amīr jandār　399
アーミル・ブン・ターヒル（ターヒル朝スルタン）　'Āmir b. Ṭāhir　381
アミーン・ウッディーン　Amīn al-Dīn　→アミーン・ウッディーン・ムフリフ・アットゥルキー
アミーン・ウッディーン・ムフリフ・アットゥルキー　Amīn al-Dīn Mufliḥ al-Turkī, Zayn al-Dīn　395, 452-457, 459-464, 466, 469-471, 474-475, 477-479, 747
アム川　Amu Darya, Nahr Jayhūn　553
アムド　Amd, al-Mā'id, al-Mābud　538
アモイ（廈門）　119
アヤーイシャ　al-'Ayā'isha　182
アヤソフィア（旧アヤソフィア・モスク図書館）Ayasofya Library　692, 700-701
アユタヤ（王国）　Ayudhaya, Ayutthaya　81, 84, 314, 775
アラー・ウッディーン・ムハンマド　'Alā' al-Dīn Muḥammad　274
アーラーゥ　al-Ālā'　→ラーワーン
アラウィー　al-'Alawīya, al-Nuṣayrīya　657-658
アラウィー・ブン・ターヒル　'Alawī b. Ṭāhir　570
アラーェ・マルブダシュト川　Rūd-i 'Alā'-i Marvdasht　235
アラカン（地方，半島）　Arakan　519, 525, 550, 552-553

アラゴン・カタロニア地方　Aragon-Catarnia　78, 300, 302–303
アラビア海・インド洋西海域世界　21　→ダウ・カルチャーの世界
アラビア語（海域アラビア語，俗語アラビア語）　691, 728
アラビア半島　Shibh al-Jazīrat al-ʻArabīya　68, 72, 96, 109–110, 113–114, 136, 142, 147, 153, 158, 162–163, 170, 208–209, 215, 272, 288, 296, 323, 334, 376, 435, 536, 627, 634, 689, 691
アラブ・イスラーム帝国　Arab-Islamic empire　292, 306
アラブ・ムスリム軍　muqātilat al-ʻArab　78, 147, 175, 285–287, 296, 528
アラブ種の馬　khayl al-ʻirāb　35, 342, 562–563, 585
アラブ遊牧民　al-ʻArab, al-ʻurbān, al-badw　151, 162–163, 176, 202, 278, 323, 328, 366, 453, 458, 572, 585, 623, 735, 740, 742–743, 746–747, 753
荒松雄　587
アラム・ブガー（マムルーク，アミール）　ʻAram Bughā　475
アラル海　Aral Sea, Baḥr al-Khuwārizm　402
アリー　ʻAlī b. Abī Ṭālib　145, 645
アリー・アブー・アルハサン（カーリミー商人）　ʻAlī Abū al-Ḥasan al-Kārimī　→アリー・アブー・アルフサイン・アルファーリキー
アリー・アブー・アルフサイン・アルファーリキー　ʻAlī Abū al-Ḥusayn al-Fāriqī　438, 446
アリー・アルカルバラーイー　ʻAlī al-Karbarāʼī　702
アリー・アルキーラーニー（シャイフ）　ʻAlī al-Kīlānī　468–469, 474
アリー・ブン・アブド・アッラフマーン（マルディヴ・スルタン）　ʻAlī b. ʻAbd al-Raḥmān　763, 769
アリー・ブン・アルフサイン（カーリミー）　ʻAlī b. al-Ḥusayn al-Kārimī　326, 671
アリー・ブン・ムハンマド・アッスライヒー（スライフ朝スルタン）　ʻAlī b. Muḥammad al-Ṣulayḥī　732, 738
アリー・ブン・ヤフヤー・アッターイー　ʻAlī b. Yaḥyā al-Ṭāʼī, Nūr al-Dīn　440, 443–444
アリー・ムバーラク　ʻAlī Mubārak　196
アリー・ラージャー（カンナノール・スルタン）　ʻAlī Rājā al-Kannanūr　765–766, 769–770
アルー　Arū, Aru, 阿魯　103, 314
アール・ファドル（アラブ遊牧民）　Āl Faḍl　264, 278, 572
アール・ミラー　Āl Milā, Āl Malā　278, 572
アール・ムハンナー　Āl Muhannā　278
アルジェ　al-Jazāʼir, Algiers　302, 493
アルジェリア　al-Jazāʼir, Algeria　158, 482, 486, 491
アルタイ山脈　Altai　542
アルダシール・フッラ（地方，地区）　Ardashīr Khurrah　214, 705
アルダシール王　Ardashīr Bābakān　214, 227
アルハサン・ブン・アリー・アルフサイニー　al-Ḥasan b. ʻAlī al-Ḥusaynī　325, 328, 355–357, 448, 743
アルブケルケ　Affonso d'Albuquerque　636
アルプス山脈　Alps　5, 26, 294
アルヘシラス　Algeciras, al-Khaḍrāʼ, al-Jazīrat al-Khaḍrāʼ　493, 641
アルマリーヤ　al-Marīya　→アルメリア
アルメリア　Almeria, al-Marīya　297, 302–303
アルワ（ヌビア王国）　ʻAlwa　180
アルワード（島）　Arwād Is.　94, 108, 120–133, 299
アルワードの娘たち　Banāt Arwād　126
アルワード要塞博物館　Matḥaf Qalʻat Arwād　133, 154
アレクサンドリア　Alexandria, al-Iskandrīya　34, 124, 147, 150, 158, 160, 170, 178–181, 293, 300, 302–303, 310, 324, 365, 371, 375, 384–386, 394, 432, 434, 446–449, 465, 489–490, 500, 550, 597, 617, 638, 751
アレクサンドレッタ　Alexandretta　→イスケンデルン
アレクサンドロス（大王）　al-Iskandar, Alexandros　627–628, 631, 638, 648　→二本角の持ち主
アレクサンドロス伝承　Alexandros Epics　631, 641
アレッサンドロ・ゾルズィ　Alessandro Zorzi　→ゾルズィ

アレッポ　Aleppo, Ḥalab　208-209, 434, 643
アワド　Awad, Awd　566
アンジェリーノ　Angelino de Dalorta　376
アンターキーヤ　Anṭākīya, Antakya　→アンティオケイア
アンダマン諸島　Andaman Is.　108, 112
アンタリア　Antalia, Antalya　660-661
アンダルス（人，地方）　al-Andalus　140, 147, 156, 302-303, 308, 369, 375, 499, 574, 623
アンダルス・ウマイヤ朝　Andalus Umayyads　304
アンダルスの海　Baḥr al-Andalus　498
アンティオケイア　Antiokeia, Antiocia, al-Anṭākīya　158, 208, 637-638, 643, 658
『アントニン道里記　*Antonin Itinerary*』　185-186
アンドレアス　Andreas　→聖アンドレ
安敦　Marcos Aurerius Antonius　→大秦国王安敦
安野眞幸　81, 404
アンバール　Anbār　264
アンヒールー　Ankhīlū　→ナヒールー
イェシュベク・アッダワーダール　Yeshbek al-Dawādār　381, 384
イエメン　Yemen, al-Yaman　28, 34, 49, 61, 66-67, 70, 72, 104, 144-145, 153, 157, 159-160, 163-164, 170-171, 178, 180, 198, 268-270, 278, 281, 312, 319-323, 326-328, 330, 332-334, 337-338, 351, 356, 358-359, 363, 365, 367, 370, 377, 381, 385, 388-389, 394-395, 406-407, 413, 416, 425, 429-432, 434-449, 452-458, 460-467, 469-476, 478, 483, 489-490, 500, 557, 559, 562-563, 567, 577-578, 580-581, 584-585, 587-588, 617, 621, 634, 673, 717, 729-733, 736-743, 746-747, 750-753, 775
イエメン船団　marākib al-Yaman　269, 323, 443-445, 461-462, 470, 473-474
『イエメン・ラスール朝年代記　*al-Ta'rīkh*』　325, 352, 377, 457, 459, 463, 465, 470, 585, 689, 730, 737, 742-743, 746-747, 749, 751-753
イオニア海　Ionian Sea　115, 299
イクター（制，地）　iqṭā'　202, 354, 366, 384, 675　→ムクター
生田滋　80, 83-84
イクテダーリー　Iqtedārī, A. H.　647, 677
イーサー運河　Nahr 'Īsā　209
イーサー・ブン・アブド・アッラー・アルクラシー　'Īsā b. 'Abd Allāh al-Qurashī　440
イーサー・ブン・ルトフ・アッラー・ブン・ムタッハル・ブン・シャラフ・ウッディーン　'Īsā b. Luṭḥ Allāh b. al-Muṭahhar b. Sharaf al-Dīn　736
石井米雄　84
イシュカーシム　Ishkāshim　553-554
イシュマーイール（イシュマエル）　Ishmā'īl, Ishmael　559
イスケンデルン　Iskenderun, Iskandarūna　124, 157
イスタフリー　al-Iṣṭakhrī, Abū Isḥāq al-Fārisī　219, 223, 227, 230, 236, 240, 365, 496, 553, 556
イスタフル　Iṣṭakhr　214, 225, 228
イスタンブル　Istanbul　157, 699
イスハーク（ユダヤ系商人）　Isḥāq　721
イスハーク・ブン・イムラーン　Isḥāq b. 'Imrān　520
イスファハーン　Iṣfahān, Iṣbahān, Ispahan, Esfahan　209-211, 571, 679
イスマーイール・アルマンスール（ファーティマ朝カリフ）　Ismā'īl al-Manṣūr　493-494
イスマーイール派（運動，シーア・イスマーイール派）　al-Ismā'īlīya　424, 623
イスマーラワイフ（スィーラーフ商人）　Ismārawayh, Ismā'īl　699, 716
イスラームの境域地帯　al-thughūr al-Islāmīya　140, 623-624　→境域
イタリア人（系，商人，都市，半島）　Italian　2, 22, 78, 147, 331, 413, 420　→イフランジュ
イッズ・ウッディーン（カーリミー商人）　→アブド・アルアズィーズ・ブン・マンスール・アルカウラミー
イード（大祭）　'Īd, 'Īd al-aḍkhā, 'Īd al-fiṭr　325, 556, 611, 614, 619-620
イドフー　Idfū, Adfū, Edfu　154, 170, 184, 194, 197, 265
イドフー〜アイザーブ道　Idfū-'Aydhāb route　184, 186, 198-200, 202
イドリース　Idrīs　→聖アンドレ
イドリース朝　Idrīsīds　304
イドリース・ブン・アフマド・アッサァディー・アルヤマーニー　Idrīs b. Aḥmad al-Sa'dī al-Yamānī　766
イドリースィー　al-Idrīsī, Abū 'Abd Allāh Muḥammad b. Idrīs　186, 219, 223, 225-

226, 231–233, 236, 338, 376, 384, 492, 497, 499–500, 543, 549, 554, 635, 774
イナ・ピ・ナラティ　ina pi narati　632
イバード派（教団）　al-Ibāḍīya　623
違反船　marākib al-mujawwarīn　270, 322–323, 332, 474, 751
イフシード朝　al-Ikhshīdīya, Ikhshīds　713
イブラーヒーム（アブラハム）　Ibrāhīm, Abraham　559
イブラーヒーム（カーリクート出身のナーフーザ）　Ibrāhīm　474–476
イブラーヒーム・イスカンダル（マルディヴ・スルタン）　Ibrāhīm Iskandar　764–766, 770
イブラーヒーム・シャー・バンダル　Ibrāhīm Shāh Bandar　415
イブラーヒーム・スィラージュ・ウッディーン　Ibrāhīm Sirāj al-Dīn　765, 770
イブラーヒーム・ヘドリー　Ibrāhīm Ḥedrī, Ibrahīm Ḥaydarī　50
イフラーム　iḥrām　156–157
イフランジュ（イタリア，フランク商人）　al-Ifranj, al-Firanj　331, 371, 398
イフリーキヤ（地方）　Ifrīqiya, Ifrīqīya　120, 140, 147, 156, 174, 285, 289, 295, 300, 302, 491–492, 498
イフリーキヤの海（東地中海）　Baḥr Ifrīqiya　492
イフリーキヤ・マグリブ（地方）　Ifrīqiya-Maghrib　559
イブン・アッザヒーラ　Ibn al-Ẓahīra, Abū al-Ṭayyib Aḥmad　638–639
イブン・アッスーフィー・アルアラウィー　Ibn al-Ṣūfī al-ʻAlawī　364
イブン・アッダイバゥ　Ibn al-Daybaʻ　338, 459, 738, 750, 752
イブン・アブド・アッザーヒル　Ibn ʻAbd al-Ẓāhir, Muḥyī al-Dīn　138, 251–252, 264, 271, 277–278
イブン・アブド・アルマジード・アルヤマーニー　Ibn ʻAbd al-Majīd al-Yamānī　→アブド・アルバーキー・アルヤマーニー
イブン・アリー・アルフサイニー　Ibn ʻAlī al-Ḥusaynī　→アルハサン・ブン・アルフサイニー
イブン・アルアスィール　Ibn al-Athīr　159, 274, 345, 364
イブン・アルアラビー　Ibn al-ʻArabī, Ibn ʻArabī　668
イブン・アルジィアーン　Ibn al-Jiʻān, Sharaf al-Dīn Yaḥyā　381, 384
イブン・アルバイタール　Ibn al-Bayṭār, Abū Muḥammad ʻAbd Allāh Ibn Aḥmad al-Dīn　510, 515, 519–520, 522, 535
イブン・アルバルヒー　Ibn al-Balkhī　222–223, 226, 236, 240
イブン・アルファキーフ　Ibn al-Faqīh al-Hamadhānī　524
イブン・アルファーリキー　Ibn al-Fāriqī　→ファーリキー家
イブン・アルフッビー　Ibn al-Hubbī　→フッビー家
イブン・アルフライス　Ibn al-Hulays　→フライス家
イブン・アルフラート　Ibn al-Furāt, Abū al-Ḥasan ʻAlī　252, 264
イブン・アルムサッラム（カーリミー商人）　Ibn al-Musallam, Nāṣir al-Din Muḥammad b. al-Musallam al-Kārimī　374
イブン・アルムジャーウィル　Ibn al-Mujāwir　48, 319, 321, 325–326, 342, 345, 347, 350, 384, 718
イブン・クタイバ・ブン・アルアッバース　Ibn Quṭayba b. al-ʻAbbās　768
イブン・サイード・アルマグリビー　Ibn Saʻīd al-Maghribī　348–349, 390, 449, 500, 510, 514, 517, 519
イブン・シャフリヤール　Ibn Shahriyār　→ブズルク・ブン・シャフリヤール
イブン・ジュバイル　Ibn Jubayr, Abū al-Ḥusayn al-Kinānī　54, 147, 149, 154, 157, 164–165, 171, 174, 178, 180, 182, 184, 189–190, 297, 303, 574–575, 635
イブン・ジュマイゥ　Ibn Jumayʻ　→ジュマイゥ家
イブン・スィーナー　Ibn Sīnā, Avicenna　510–511, 513
イブン・タグリー・ビルディー　Ibn Taghrī Birdī　448, 458
イブン・ハウカル　Ibn Ḥawqal, Abū al-Qāsim Muḥammad　15, 74, 219, 222, 228, 233, 235–236, 240, 300, 342, 365, 492, 494, 496, 556
イブン・ハジャル・アルアスカラーニー　Ibn Ḥajar al-ʻAsqalānī　179, 439, 454, 468, 471
イブン・バットゥータ　Ibn Baṭṭūṭa　140,

143, 147, 149, 151, 153-154, 157-158, 162-164, 168, 174, 184, 192, 260-262, 271-272, 324, 366-367, 388-389, 399-401, 415, 429, 441, 449, 513-514, 522, 562-563, 565-566, 568, 578, 636-637, 639-640, 642, 644, 654, 661, 669, 671, 726, 769, 774
イブン・ハルドゥーン　Ibn Khaldūn　376
イブン・ファドラーン　Ibn Faḍlān　402-403
イブン・フルダーズベ　Ibn Khurrdādhbeh　309-310, 344-345, 406-407, 509, 511-518, 549, 725
イブン・マージド　Ibn Mājid al-Najdī　50, 71, 391, 522, 567, 571, 576, 774
イブン・マスウード・ブン・アルヤマーニー　Ibn Mas'ūd b. al-Yamānī　338
イブン・ムハンマド・ブン・アブド・アッラー・バフララー　Ibn Muḥammad b. 'Abd Allāh Bakhrarā　670
イベリア半島　Iberia Pen.　→アンダルス
イマーム=ザイン・ウッディーン・アルアービディー廟　mashhad Imām Zayn al-Dīn 'Ābidīn　648
イマーム・ザーデ　Imām Zadeh　645, 650
イラク・ペルシャ湾軸ネットワーク（ペルシャ湾軸ネットワーク）　28-30, 33-34, 102, 137-138, 159, 169, 211, 239, 249-250, 274, 319, 362, 395, 425, 450, 478, 490
イラーク・アジャム　'Irāq al-'Ajam　211, 564
イラーク・アラブ　'Irāq al-'Arab　211, 564
イラワディ川　Irrawaddy R.　544-546, 550
イラン　Iran　→ファールス
イラン高原　Iranian Plateau　33, 137, 147, 208-209, 211, 214, 217, 425
イリ川　Ili　541
イリヤース（エリア）　Ilyās, Elia　626, 628, 636, 649, 652, 657-658, 665　→ヒズル，ヒズル・イリヤース
イル・ハーン朝　Ilkhāniyān　104, 153, 264, 276, 318, 333, 337, 354, 686
インダス川（流域）　Indus R., Nahr Mihrān, Nahr al-Sind, 彌蘭大海，新頭川　68, 101, 140, 542-543, 565, 587, 623
インダラーワー　al-Indarāwā　→ラーワーン
インド化された王国　mamlakat al-Maharāja　521
インドシナ半島　Indochina　81, 110, 509, 513-514, 521, 525, 704
インドの海　Baḥr al-Hind　→インド洋海域
インド南西海岸　→マラバール
インド南東海岸　→マァバール
インド洋海域（世界）　Indian Ocean world　2, 6-7, 9, 16-17, 20, 25-26, 28, 30, 34, 36, 40, 46-47, 50, 58-60, 66, 68-69, 72, 79, 84-85, 93, 96, 100-102, 104, 106, 137, 147, 170-171, 215, 225, 289-290, 295-296, 304, 307, 309, 311-312, 323-324, 358, 394, 398, 412-413, 423, 435, 482, 486, 488, 500, 508, 630, 640, 666, 671, 688-689, 691, 728, 756, 770-771, 773, 775-776
インド洋海域区分　412-414
インド洋研究　Indian Ocean Studies　6
インド洋のモンスーン（航海）　→モンスーン
インド洋の四層構造　21
インド洋問題　Indian Ocean Problems　7
インドラプラ　Indrapura　514
ヴァイヒンド　Vayhind　543
ヴァチカン図書館　Vatican Library　456, 460
ヴァッラバ・ラージャ　Vallaba-rāja　556
ヴァッラム（船）　vallam　56
ヴァルテーマ　Varthema, Ludovico di　145, 579
ヴァンガ　Vanga　50
ヴァンデン・ベルグ　Vanden Berghe, L.　215-216, 218, 231, 234, 237, 246, 248
ヴィエ　Wiet, Gaston　434
ヴィクトリア・アルバート博物館　Victoria and Albert Museum　673, 676
ヴィジャーヤ　Vijāya　514
ヴィジャヤ・バーフ４世　Vijaya-Bāhu IV　266
ヴィジャヤナガル（王国）　Vijayanagar　328, 563, 571, 579-580, 588　→ナルシンガナ
ヴィシュヌ神　Vishnu　684
ヴィダル・ド・ラブラーシュ　Vidal de La Blache, A.　292
ヴィヤーグラタチ・マンダラ　Vyāghratati Mandala　511
ヴェネツィア（町，人）　Venezia, Venice　55-56, 94, 124, 147, 273, 298, 300, 382, 386, 418, 432, 500, 663
ヴェンシンク　Wensinck, A. J.　628
魚の目（ペルシャ湾の真珠）　113, 485
ヴォルガ川　Volga River, Nahr Itil　140,

287, 402, 642
ヴォルガ・ブルガール王国　Bulghār, al-Saqāliba　402-403
ウカイル　'Uqayl　208
ウガリット　Ugharit　80
ウシャーリー（船）'ushārī　639
ウシュムーナイン　Ushumūnayn　180
ウシュル（入港税，商品税，仲介税）'ushr, 'ushūr　321, 355, 428, 432, 582-583
ウジュンパンダン　Ujung Pandang　→マカッサル
ウズリー　al-'Udhrī, Aḥmad b. 'Umar　303
ウッシャール（港の徴税官）'ushshār, 'ushshārūn　539
ウード（香木，沈香）'ūd　→沈香，白檀
ウトナピシュティム　Utnapishtim　632
ウーヌージュール　Ūnūjūr al-Ikhshīd　714
ウブッラ　al-Ubulla　209, 260, 527, 530, 539, 549, 637
ウブッラ運河　Nahr al-Ubullah　260
馬　khayl　35, 399, 402-403, 457, 482-483, 537, 558-588
馬の交易　228, 275-276, 318-319
馬の航海期　mawsim al-khayl　575
『馬の長詩　*Qaṣīdat al-Khayl*』　576
馬船　marākib al-khayl　573, 576, 581
ウマイヤ朝　Umayyads　262, 286, 304-306, 309, 509, 528
ウマリー　al-'Umarī, Shihāb al-Dīn Aḥmad b. Yaḥyā b. Faḍl Allāh　320-321, 326, 562, 584, 692, 699-701, 715, 740, 743
ウマル・ブン・アブド・アッラー・アルクラシー（大商人）'Umar b. 'Abd Allāh al-Qurashī　440
海（水）の守護聖者　36, 97, 99, 260, 627, 633-665　→ヒズル
ウラー　al-'Ulā　162
ウル（王国，遺跡）Ur　485
ウルバーン　'urbān　→アラブ遊牧民
ウルムーズ　Urmūz　→ホルムズ
ウワール（島）Uwāl, Jazīrat Uwāl, Bahrein Is.　208, 214, 216, 273, 275, 277, 316, 337, 485　→バフライン島
雲南　Yunnan　534, 540-541, 544-545, 549-550, 566
雲南〜ビルマ・ルート　Yunnan-Burma routes　546, 549-550
ウンマ・ムハンマディーヤ　al-ummat al-Muḥammadīya　139
ウンム・アバイダ　Umm 'Abaydah　→ウンム・ウバイダ
ウンム・イライジャ（大金鉱跡）Umm 'Ilayyja, Umm Eleiya　189, 197, 203
ウンム・イリムカーン　Umm 'Ilimkān　197, 200
ウンム・ウバイダ　Umm 'Ubayda　261-262
ウンム・ザアーリート（山）Jabal Umm Za'ālīt　182
ウンム・フワイタート山　Jabal Umm Ḥuwaytāt　185
永昌（保山）　550, 552
永楽帝　103, 571
エヴィニー　Evigny, Hélène　184
疫病（ペスト大流行）ṭā'ūn, wabā'　178
エーゲ海　Aegean Sea　22, 115, 299, 657, 663
エジプト・紅海軸ネットワーク（紅海軸ネットワーク）　28-30, 34, 137-138, 169-170, 177, 207, 239, 250, 268, 274, 276, 295, 311, 319, 334, 342, 362, 365, 395, 425, 434, 450, 460, 490
エチオピア（地方，高原，人）Ethiopia, al-Ḥabasha　26, 114, 163, 320-321, 324, 364, 378, 381, 384, 390, 406, 429, 434, 437, 534-535, 631, 634, 542, 742
エチオピア・キリスト王国　Ethiopian Christian kingdoms　378, 390
慧超　529
エニセイ川　Yenisei R.　545
エバ　Eve　→ハウワー
エリトリア・ダナーキル（地方）Eritrea-Danākil　176
エリヤ　Elia　628, 630, 641, 643, 657, 663　→イリヤース
『エリュトゥラー海案内記　*Periplus Marinos Erythrae*』　70, 488-489
エル・オベイド　El Obeid　177
エル・カナーイス　El Kanā'is　198
エルサレム　Jerusalem, al-Quds　115, 127, 157, 303, 386, 440, 494, 559, 643
エルバ山　Mt. Elba　96
エルブルズ（山脈）Elburz Mts.　294
エールリッヒ　Ehrrich, R. L.　694
エーレンクロイツ　Ehrekreutz, A. S.　290
エンポリウム　emporion, emporium　21, 77, 101
『往五天竺國傳』　529-530

汪大淵　495, 549, 573-574, 576
オーエン　Owen, Captain　52
太田秀道　4
オーストロネシア・マレー系
Austronesia-Malay　47, 513, 718
オスマン艦隊　637
オスマン朝（帝国）　Ottoman Empire, ʻOthmānlī　6, 105, 157-158, 260, 372, 495, 565, 623, 637, 698, 736, 753, 775
オスマン・トルコ　→オスマン朝
オセアニア　Oceania　110
オデッサ　Odessa　298
乙女の墓　Gabr-i Dokhtar　234
乙女の要塞　Qalʻat-i Dokhtar　227
オホーツク海　Sea of Okhotsk　110
オマーン（地方，人）　Oman, ʻUmān　56, 58, 60-61, 71-72, 95, 97-98, 102, 215, 225, 274, 280, 318, 320, 337, 339, 348, 399, 406, 415, 526, 540, 549, 553, 650, 673, 705, 716, 721
オマーン湾　Khalij ʻUmān, Gulf of Oman　110
オロンテス川　Orontes R., Nahr al-ʻĀṣī　638, 658
オルムズ　Ormuz　→ホルムズ

カ　行

カァバ神殿　Kaʻba, Bayt Allāh　141, 151, 157, 171, 559, 645
海域独立型港市　82, 84-85, 321, 341, 348　→単一独立型港市
崖県（海南島）　56
開元寺（泉州）　684
海口（海南島）　56
カイサル系　Banū Qayṣar　275, 316
海事裁判所　bayt al-baḥr　99, 326
カイス（島，港）　Qays　→キーシュ
海賊　100, 114, 322, 355, 370, 390, 409, 430-431, 524, 592, 623-624, 722-723
ガイドゥ　→建都
海南島　46, 56, 514-515, 530, 549
海綿　→スポンジ
『海洋学便覧　*al-Minhāj al-Fākhir fī ʻIlm al-Baḥr*』　576
カイラワーン　al-Qayrawān　603, 623
カイル　al-Kayl　→アークール
カーイル　Kāyil　→カーヤル
カイロ　Cairo, al-Qāhira　33-34, 100, 102, 138, 144-145, 149-150, 154, 156-157, 165, 169, 176, 179-181, 273, 251-252, 264-265, 271, 319-320, 324, 358, 362, 365-367, 371, 373-374, 376-380, 384, 386, 394, 417-418, 425, 432, 434, 441, 467, 472, 474, 490, 637, 639, 689, 701, 729, 742, 751
「カイロ・ゲニザ文書」　Cairo Geniza Documents　37, 296-297, 301-302, 429-430, 482, 489, 527, 550
カイロ・フランス考古研究所　IFAOC　184
カヴァール　Kavār, Kawār　214
カウラム　Kawlam　→クーラム
カーエン　Cahen, C.　288-290, 295
ガオベ　Gaube, H.　218, 246
『過海大師東征傳（唐大和上東征傳）』　530
河岸港市　78
カーグ島　Kharg Is.　→ハーラク
カークラ　Qāqula, Qaqulla, 哥谷羅国　514-515, 525
ガザーリー　al-Ghazārī, Abū Ḥāmid　767
カーザルーン　Kāzarūn, Kazerūn　245, 656, 678
カーザルーン教団　al-Kāzarūnīya, al-Aḥmadīya　640
カージャール朝　Qājāriyeh　226, 677, 775
カーシャーン　Qāshān　667
カシュカーイー　Qashqāʼī, Gashgāʼī, Qashqāwī　229
カーシュガル　Kāshghar　539, 545, 553, 556
カシュミール　Qashmīr, Kashmir　525, 534, 537, 542-543, 545, 556, 564
上カシュミール　Qashmīr al-Aʻlā　713
下（低地）カシュミール　Qashmīr al-Asfal　713
ガーズィー・ハサン・イッズ・ウッディーン（マルディヴ・スルタン）　al-Ghāzī Ḥasan ʻIzz al-Dīn　765-766
カースィム・ブン・ハーシム・アルフサイニー　al-Qāsim b. Ḥāshim al-Ḥusaynī　387-388
カースィユーン（カシオン山）　Jabal Qāsiyūn　643
カズウィーン　Qazwīn, Qazvīn, Casvin　571
カースウェル　Carswell, J.　516
ガズナ朝　Ghaznavids　486, 522, 560, 566, 588
カスピ海　Caspian Sea, Baḥr al-Khazar, Baḥr Jīlān　209, 287, 402-403, 642
カターハ　Katāha　→カラ
カタラン（カタロニア）地図　Catalan maps

375, 378, 381, 386, 388
カタール（地方，国） Qaṭar 60, 620
カタロニア（地方，人） Catalonia, Catalan 300, 302, 303, 500
カタロニア（カタラン）船 147, 157
賈耽 260, 514, 519, 527, 530, 532, 549, 704
ガッザ Ghazza 264
カーッス（語り師） qāṣṣ, quṣṣāṣ 706
カッフ al-Kaff 94
カッファ Kaffa 94, 299
カッラーティン（ケルケナ島） Qallatein 615
カッラーニー（船舶書記） karrānī, kātib al-markab 327, 399, 409
ガッラーラ Gallāla, Qallālah 596
ガッレ・ダール Galleh Dār 236
カティーフ al-Qaṭīf 159, 208, 216, 275, 277, 337, 572
カーティヤワル半島 Kāthiawar Pen. 564
カーディリー派（スーフィー教団） al-Qādirīya 640, 766
カティリタンビ・ウェルズ Kathirithamby-Wells, J. 81
カーティン（フィリップ・カーティン） Curtin, Philip D. 7-9, 11, 293
ガトー Ghateau, Albert 607, 609-610
カトヤー Qaṭyā 264
カトルメール Quatremère, M. 429
カドレ・ブスターン Kadr-i Bustān 254
カナー（カネー） Kanā, Kanē 60, 96, 172, 488
ガーナ（地方，王国） Ghāna 488
ガナーヴェ Ghanāveh, Bandar-i Ghanāveh →ジャンナーバ
カーニム（地方，王国） Kānim 429
カーヒラ（ズファール） al-Qāhira →マンスーラ
カブカーン Kabkān 240
ガフサ Gafṣa, Qafṣa 596
カブーディヤ岬 Cape Qabūdiya 594
カフラ Kafrah, Kafreh 219, 225
カフリー（村） Kafrī →カフラ
ガブル Gabr, Qabr, Gauri, Kūrī 234
カーブル（川） Kābul 516, 534, 554
カーフール・アルイフシーディー Kāfūr al-Ikhshīdī, Abū al-Misk Kāfūr al-Lābī 713-714
カブレンド Kabrend →キーランド
ガーベス Qābis, Gabès 596, 603, 611
ガーベス湾 Khalīj Qābis 35, 592, 594-596, 600, 602-604, 606-607, 613-614, 616-618, 622, 624
カマ川（ヴォルガ川支流） Kama R. 402
カマラーン（島，諸島） Kamarān Is. 114, 160, 461-462
カマル（山脈） Jabal Qamar 96, 568, 581
カマール・ウッディーン・ムーサー・ブン・ジュマイゥ Kamāl al-Dīn Mūsā b. Jumayʻ 465
カマル湾 Gulf of Qamar 339
カーマルーバ Qāmarūba, 迦摩波国 →アッサム
カーマルーン Qāmarūn →アッサム
上エジプト al-Saʻīd 34, 165, 175, 178, 376, 432, 463
上ザーブ川 Nahr al-Zāb al-Aʻlā 263
ガム島（マルディヴ） Gamm Is./atoḷḷ 764
カームルプ Kāmrup →アッサム
カーヤル Kāyal, Kāyil, 加異勒国 268, 315, 318, 328, 572, 577, 579, 581
カラ（港市，島） Kalah, Katāha, Keda, Kalah-bār, QLH, 箇羅国，羯茶国 46, 94, 100, 102-103, 117, 414, 418, 514, 517-518, 525, 528, 532, 553, 704-705, 715, 721-722, 725
カラー（山脈） Jabal Qarā 96, 339, 568, 581
カラ・アーガージュ川 Rūd-i Qara Āqāj 226
カラ・バール Kalah-bār →カラ
カラクナー Qaraqnā →ケルケナ
カラクマース（アミール） Qaraqumās 476
カラコルム（山脈，峠） Karakorum 542-543, 553
カラジャン（地方） Karajan, Carajan 566
カラチ Karachi 61, 64
ガラーフィカ Ghalāfiqa 407, 424, 549, 741, 743
カラフト（樺太） 110
カラマーン（侯国） Qaramān, Qaramān-oghullarï 462, 611
カランティン・ステーション（巡礼者検疫所） quarantin station 154, 160
カランブー Qalanbū, Colombo, 高郎歩 160, 267, 271, 315, 579, 760
カーリー Qālī, Ghaul 267, 271, 315
カリカット Calicut →カーリクート
カーリクート（カリカット） Qāliqūṭ, Calicut,

Kozhikode, 西洋古里, 古里国, 古里佛 34, 64, 67, 72, 100, 102, 268, 271-272, 275, 277, 315-316, 321, 324, 332, 350, 394, 399, 415-416, 418, 434, 437, 449, 474, 568, 571, 573, 577-579, 581, 617, 751
カーリブ（小舟, 艀, 大船） qārib, qawārib 494, 619, 717
カリブ海 Caribbean Sea 4, 6
カリフの運河 Khalīj al-Amīr al-Mu'minīn, Khalīj Miṣr 154, 175, 310
カリマンタン（島） Kalimantan 112
カーリミー商人 tājir al-Kārimī, al-tujjār al-Kārimīya 181, 192, 268, 326, 330-332, 351, 356, 358-359, 368, 370, 373, 374, 377, 383-385, 390, 394-395, 397, 422-425, 428-432, 434-442, 444-446, 448-451, 453, 458, 468-469, 478, 740, 743, 751
カーリム al-Kārim 34, 268, 254, 326, 428-431, 474 →カーリミー商人
カーリム商人 tājir al-Kārim 34, 268, 329, 394-395, 429, 431-432, 437
カーリム船 markab al-Kārim, al-marākib al-Kārimīya 322, 329, 431-432, 466, 470, 472-474
ガーリヤ（麝香） ghāliya 534
カーリヤーン Kāriyān 219, 239
カリンガ（地方） Kalinga 266
カルカシャンディー al-Qalqashandī, Shihāb al-Dīn Aḥmad 183, 185, 252, 368, 373, 390, 429, 431, 458, 514-515, 521, 524, 537, 541-542, 743
ガルサン Garcan, J. C. 371-372, 389
カルシュ Karš 299
カールズィーン Kārzīn, Qīr-Kārzīn 214, 239
カルタゴ Carthage, Qartājanna 499
ガルダナ・サルヴァキー Ghardanah Sarwaqī, Ghardaneh Sarvagī 229-230, 243, 245
ガルダナ・ジュフヌー Ghardanah Juhnū, Ghardaneh Johnū 231-232, 243
ガルダフィ岬 Cape Ghardafui 380
カルタヘナ Carthajena, Kartajanna 303
カルバッタン Karbattan, Kar-pattan 566
カルハート Qalhāṭ, Caletu, Calaiati, 古里牙, 伽力吉 95, 97, 272, 274, 337, 562, 570, 572
カルバラーゥ Karbalā' 145, 702
カルマト派教団 Qarmaṭī, Qarāmiṭa 102, 424
カールーン川 Qārūn R. 655
ガレー（ガレア）船 galley 418
カレクー Calecu →カーリクート
カロリング朝 Carolingian empire 5, 284-286, 289, 310
川床睦夫 361
川船（艀） →カーリブ, ドゥーニジュ
カワーリール山 Jabal al-Qawārīr 746
漢 →後漢
カン・アレドメルド Kan-aredmerd →ハーン・アーザードマルド
環海 al-Baḥr al-Muḥīṭ →周海
ガンガーバ（漁具） ghanghāba 606
カンガーン Kangān 236, 240, 242, 259
『完史 al Ta'rīkh fī'l-Kāmil』 274, 345 →イブン・アルアスィール
ガンジス川 Ganges R. 720
ガンジャム Ghanjam, Kanja 511-512
カンズ（クヌーズ族） al-Kanz, al-Kunūz, awlād al-Kanz 367-368, 374
関税 85, 99, 280, 319, 321-322, 328-330, 358, 368, 388, 398, 436, 444, 448, 463-464, 476, 584, 740, 743, 747, 751 →ウシュル, シャワーニー税
カンダハール（キャンベイ湾） Qandahār, Gandar 159, 639
ガンダル Gandar 177
寒地帯 sardsīr 210-211
カンドランジュ Kandranj, Panduranga, 奔陀浪州 117, 514, 518
広東（広州） Canton, Khānfū 46, 54, 100-101, 117, 118, 414, 515, 519, 530, 532, 539, 544, 549, 702
カンナノール Kannanūr, Cannanore 571, 579, 581, 758, 765-766, 769-770
カンヌージュ Qannūj, Kanawj 553
カンバーヤ Kanbāya, Kinbāya, Khunbāya, Cambay, 坎八葉 95, 324, 328, 332, 350, 416-419, 556, 568, 579, 639, 678-679, 682, 684, 747
カンバラフ Qanbalah →カンバルー
カンバルー（島） Qanbalū, Qanbalah 64, 100-101, 414, 716
カンバール Qanbāl 540
カンボジャ Cambodia 510, 525
カンメレル Kammerer, M. Albert 370
環ユーラシア革帯状列島 110
ギオヴァル Giovar →ジュール

祈願　nadhr　615, 634, 654-665
キシム（島）　Qishm Is., al-Jazīrat al-Ṭawīla, Barkāwān, Abarūkāwān　214, 217, 254, 648-649
キーシュ　Kīsh, Qays, 記施国　93-94, 113, 159, 209, 217, 222, 252, 256, 258, 272-277, 315-316, 318, 321, 328, 337, 348-350, 434, 447-448, 562, 568, 570-572, 574, 576-578, 636
キシュン（イエメン）　Kishn　67
義浄　529
キスワ（カァバ神殿の覆い布）　kiswa　157
犠牲岩礁　Sacrificed Rocks　617
奇跡　karāmāt　619, 621, 640
『奇石の書　*Kitāb al-Azhār al-Afkār*』　492 →ティーファーシー
季節風　al-mawsim, monsoon winds　→モンスーン
キダール（水の神）　Rajā Kidār　593
契丹国　515　→ヒター
キトア（税）　qiṭʻa　350　→関税
キナー　Qinā, Qenā　184
ギニア海岸（湾）　Guinia　80
キプチャク草原　Qîpčak　562
キフト　Qifṭ　→コプトス
キプロス（島）　Cyprus Is., Jazīrat Qubrus　22, 28, 78, 113-114, 120-121, 124, 158, 279, 287, 386, 611, 622, 644, 657, 663
喜望峰　380
キーマーク　Kīmāk　543, 556
キーマーク・ハーカーン　Kīmāk Khāqān　543
客と主人との契約関係　398, 401-403, 411
ギヤース・ウッディーン・カイフスラウ（セルジューク朝スルタン）　Ghiyāth al-Dīn Kay-Khusraw　661
ギヤース・ウッディーン・バルバン　Ghiyāth al-Dīn Balban　354, 561
ギヤース・ウッディーン・ムハンマド・ブン・トゥグルク　Ghiyāth al-Dīn Muḥammad b. Tughluk　580
ギヤース・ウッディーン・ムハンマド・シャー2世　Ghiyāth al-Dīn Muḥammad Shāh II　→ギヤース・ウッディーン・ムハンマド・ブン・トゥグルク
キヤーニー　Kiyānī, Muḥammad　246
キャラバン　caravan, kārwān, 隊商, 路, 輸送　61-62, 92
キャラバン・サライ　caravanserai, kārvān-saray, khān　148, 215-216, 218, 226, 230, 248　→ハーン
キャラバンと海上運輸との連関　61-62
キャラバンの市場　sūq al-qāfila　162
キャンベイ　Cambay　→カンバーヤ
キャンベイ湾　Gulf of Cambay　95, 105, 488, 639, 640
旧スワーキン（スワーキン・カディーム）　Suwākin al-Qadīm, Sowākin Qadīm　→アイザーブ
九姓鉄勒　→トグズ・オグズ
旧ホルムズ　Hurmuz ʻAtīqa　→ホルムズ
境域（性）　thaghr, thughūr　28, 32, 76-77, 115, 299, 305, 313, 390, 398, 514, 592, 622-624, 638
境域市場　sūq　282, 397-398, 405-407, 412-416, 420, 449
強制購入　rimāya　444
鞏珍（『西洋番國志』）　775
極西マグリブ　al-Maghrib al-Aqṣā　156, 308, 499, 550
漁撈文化　592, 596, 602, 619, 624
キラード（相互貸付）　qirāḍ　410, 412, 414, 424, 428
キーランド　Kīrand　232
キリキヤ・アナトリア海岸　Cilicia-Anatoria coast　122, 278
ギリシャ（系，商人）　Greek　22, 80
ギリシャ・ローマ世界　Greek-Roman world　2-5, 280
ギルガメシュ叙事詩　Ghilgamesh　628, 632
キルギーズ（ヒルヒーズ）　Khilkhīz, Qîrgîz　541, 545, 553, 564
ギルド（商人の）　guild　430, 451
キルマーン　Kirmān　159, 211, 275, 318, 556, 716
キルワ（島，王国）　Kilwa, Kulwā　86, 114, 321, 399, 401, 669, 671, 673, 675, 678, 682, 684, 751
キルワ・キシワニ　Kilwa Kisiwani　→キルワ
近代世界システム　3, 12, 30
キンディー　al-Kindī, Abū ʻUmar al-Kindī　301
キンバーリー（船，縫合型船）　al-kinbārī　56, 574　→縫合型船
キンバール（ココヤシ・ロープ）　kinbār　54, 574, 756
グァルダフィ岬　Cap. Guardafui　669

クイロン　Quilon　→クーラム
クウェート　Kuwayt　66, 69, 132, 650
クーエ　Couyet, R.　391
クォーレ　Kwole　66
クーガ　Qūga, Qūqa　95, 639-640
クサイル　al-Quṣayr, Quseir, Quseir Qadim　154, 368-370, 375-376, 381, 390, 751
クサール　Quṣār　541
グジャラート（地方，スルタン国）　Gujarat, Jūzārāt　61, 64, 67, 97, 101, 104, 321, 323, 341, 350, 414, 416-419, 454, 457, 560, 564, 577, 623, 637, 678-684, 686, 691, 775
クージャル・シャー　Kūjar Shāh, Ibn Tughl (Tughluq) Khān b. Fīrūz Shāh　455-456, 478
クース　Qūṣ　34, 100, 154, 165, 170-172, 177, 179, 181-182, 184, 194, 366-367, 373-375, 384, 386, 394, 431-432, 434, 751
クース〜アイザーブ道　→東部砂漠越えのキャラバン道
クース〜クサイル道　183-184
グズ・トルコ族　Ghuzz-Turk　402-403
クスティーナ　Qusṭīna, Qusṭanṭīna　500
クスール・バナート　Quṣūr al-Banāt　198, 201
クーチュ　Kūch, Kūch-Bahār　564
グッズ（イエメン・ラスール朝）　al-Ghuzz　344
クッラム　Kullam　→クーラム
クーティーヤ（船）　kūtīya　52
クテシフォン　Ctesiphon　→マダーイン・キスラー
グート（馬）　gūt　564
クトゥビー　al-Kutubī, Muḥammad Amīn　693
クトゥブ・ウッディーン・タハムタン・トゥーラーン・シャー　Quṭb al-Dīn Tahamtan, Tūrān Shāh　276-277, 318, 577
クナール・スィヤーフ　Kunār Siyāḥ　215-216, 229, 231, 243, 248
『国々の鏡　*Mir'at al-Mamālīk*』　637　→スィディー・アリー・レイス
クネイス諸島　Kunays Is.　594, 618
グノン山　Mt. Gunon, Keda Peak　96, 722
クビライ・ハーン　Qubilay Khān　335
クーファ　Kūfa　158
クブリー地方（南部エジプト）　al-Qublī　381
クマル　Qumar, Qumr　→マダガスカル
クメール（クマール）　Qumār, Kumār, 真臘国　2, 513-514, 718
クラ地峡　Kra　110
クライシュ族　Quraysh　62
クラウス　Karaus, Wolfram　246
クラセハラ・パーンドゥヤ　Kulasekhara Pāṇḍya　266
グラナダ（ガルナータ）　Gharnāṭa, Granada　178-179, 303, 369, 375
クーラム　Kūlam, Kawlam, Kūlam-Malay, Kullam, Quilon, 没来国，小葛蘭国，小具喃国，故臨国　100, 102, 268, 271-272, 275-276, 315-316, 318, 324, 328, 332, 350, 394, 414, 416, 424, 448-449, 527, 549, 568, 573, 576-579
クーラム・マライ　Kūlam-Malay　→クーラム
グラーム（商業代理人）　ghulām, ghilmān　583
グラーム集団（マムルーク）　ghulām, ghilmān　464
グラーヤ山　Jabal Ghurāya　498
クラーン　Kurān　219, 222, 235-236, 239
クランガノール　Cranganor　488
クーリー　Kūrī, Ghūrī　243
クーリア・ムリア諸島　Kuria-Muria Is.　66
クリシュナ川　Crishna R.　576
クリシュナ神　Crishna　684
クリミヤ半島　Krymskii　299
『クルアーン（コーラン）　*al-Qur'ān*』　15, 61, 136, 141-142, 147, 157, 160, 409, 462, 558, 627-628, 631-633, 638, 641-642, 645, 653, 655, 659, 665, 668-670, 672, 711, 731
グールザ　Ghūrzah　256
クルズム　al-Qulzum　154, 170, 172, 175, 310, 406
クルズム海　Baḥr al-Qulzum　193, 368, 377, 431　→紅海
クルズム船　marākib al-Qulzum　174, 414
クルディスターン　Kurdistān　210, 571-572
クルド（族，系，人）　Kurds　211, 247-248
クルドスターン　Kurdstān　→カドレ・ブスターン
クルバン・バイラム（春の大祭）　Qorbān Bayram, 'Īd-i Qurbān　657-658, 661
クルワー　Kulwa　→キルワ
グレコ岬（キプロス島）　Cap. Grèco　663-664

グレシク　Gresik, Gursik　81, 681-683
クレタ（島）　Iqrītish, Crète Is.　22, 28, 114, 120, 391, 458, 622
黒牡牛の供儀　dhabīḥat al-baqar　503, 620-621
クワール　Kuwār, Kuvār　219, 226
クング（コング）　→バンダレ・クング
クンフィザ　Qunfidha　159, 323
ケダ・ピーク　Kedah Peak　→グノン山
ケニア（海岸）　Kenya　52, 58, 64-65, 620
ケーララ（地方，海岸）　→マラバール
ケルケナ（諸島）　Kerkena Is. Kerkenna, Qaraqnā　594, 596, 599-601, 607-608, 611, 616-617
ケルケナ西島（ガルビー島）　al-Gharbīya　595-596, 611, 615
ケルケナ東島（シャルギー島）　al-Sharqīya　594, 596, 601, 610-611
ケルケンナ　→ケルケナ
玄奘　510
元朝（中国）　225, 274, 276, 333, 354, 358, 495, 518, 543
建都（ガイドゥ，ガイダート）　541
ケンネル　Quennel, P.　693-694
ゴア　Goa　67, 416, 418, 579, 581
ゴイテイン　Goitein, S. D.　37, 302, 411, 429-430, 489
交易の時代　the age of commerce　3, 104
交易離散共同体　trade diaspora　7, 8
紅海　Baḥr al-Qulzum, Red Sea　2-4, 15-17, 22, 28, 34, 63, 67, 70, 85, 93-97, 99, 137-138, 146, 154, 157, 160, 163, 165, 170, 172, 174, 177, 180, 190, 208, 216, 265, 269, 313, 319, 322-323, 331, 334, 350, 357, 360-363, 365, 367-370, 372, 375-379, 381-384, 386-388, 390, 394, 397, 406, 413-414, 424, 429-432, 434-435, 440, 445-446, 450, 460, 463, 474, 477, 549, 567, 574-575, 581, 634-635, 666, 751
紅海北海域（世界）　21, 172
紅海軸ネットワーク　→エジプト・紅海軸ネットワーク
航海術　477
『皇華四達記（道理記）』　514, 527, 532, 549, 704　→賈耽
交趾（交州）　→ルーキーン
港市（交易港）　port of trade　79
港市型政体　port-polity　81
港市国家　2, 83, 103
港市論　12, 79
杭州　549
広州　→広東
香辛料，香料　69-70, 101, 103, 113, 119, 331, 358, 434
公設市場（競売場）　ḥalqa, harjā'　328, 401, 405
黄巣（の乱）　101, 515
高地イエメン　al-Yaman al-'Uliyā　459, 580, 739-742, 750, 752
広舶（広東のジャンク）　416
広府　→広東
小売商人たち　mutasabbibūn　464
香料船　459
ゴーガ　Gogha　→クーガ
コーカサス（地方）　Caucasus　294
後漢　493, 515
『後漢書』　489, 491
黒人王国　→スーダーン地方
ココス諸島　Cocos　108
ココノール（ククノール，青海）　538, 548, 553
胡椒と香料の商人　329, 429
コスタ　Costa, P. S.　347
コスマス　Cosmas Indicopleutes　509, 527, 536, 560
ゴーダヴァリ川　Godavari R.　576
五柱（イスラームの信仰実践）　33, 142
コーチン　Cochin, Kushī　769
黒海　The Black Sea, Baḥr Bunṭus　2, 16, 22, 26, 115, 158, 160, 209, 298, 376, 386, 641-642, 657
国家保安船　marākib al-dīwān　→シャワーニー
コッティ（港）　Kotti　271
コーヒー　qahwa, coffee　104
『コプト教会司教伝　*Synaxare*』　364
コプト教徒（商人）　al-Qibṭ, Copts　164
コプトス　Koptus, Koptos, Qifṭ　171, 178, 180, 183, 186, 364
小麦　154, 164, 294, 329
ゴムルーン　Ghomlūn, Ghumlūn, Ghomblon　94, 217　→バンダル・アッバース
米，稲　321, 339, 435, 458, 513, 571
コモリン岬　Cap. Comorin　576
コモロ（諸島）　Comr Is., Comoro Is., Jazā'ir Qumr, Qumār　47-48, 64, 67, 112, 513
子安貝　wad'　486, 513

コーラチリ　Kōlathiri　571, 577
ゴール王朝　Ghūrids　285, 560, 588
コルモス　Kormos　→ホルムズ
コロネッリ（「アフリカ地図」）　Coronelli　383
コロマンデル（海岸，地方）　Coromandel　→マァバール
コロンボ　Colombo　→カランブー
胡渡り珊瑚　489
コンカン（海岸，地方）　Konkan　61, 95, 101, 318, 414, 556, 560, 577, 579-581, 775
コング　Kong　→バンダレ・クング
コンスタンチノープル　Constantinople, Byzantium, Istanbul　6, 78, 288, 291, 299-300, 306
コンソン島　Con Son Is.　518
コンティ，ニコロ　Conti, Nicolo　725
コンノス湾（キプロス島）　Konnos Bay　663
昆明　550
コンヤー（コニヤ）　Konya, Qūniya　157
崑崙国　550
崑崙山脈　543, 545
崑崙舶　530

サ　行

サァダ（イエメン）　Ṣa‘ada　160, 323
サァド・ウッディーン・イブラーヒーム・ブン・アルムッラ　Sa‘d al-Dīn Ibrāhīm b. al-Murrah　475-478
サァラビーヤ　al-Tha‘labīya　158, 163
財産没収（強制没収）　muṣādara　270, 327, 342, 442, 444-446, 461, 465, 746
歳時記（ラスール朝の）　jadwal, jadāwil　575-576, 585
サイダー（レバノン）　Ṣaydā, Sidon　120, 300
サイード地方　al-Sa‘īd　→上エジプト
ザイド派　al-Zaydīya　581, 747, 753
ザイド派イマーム政権（高地イエメンの）　al-ashrāf al-Zaydīya, al-Zaydīyat al-Yamānīya　160, 269, 321, 328, 454, 458, 478, 585, 739-740, 742-743, 752
ザイド・ブン・アビー・ヌマイイ（シャリーフ）　Zayd b. Abī Numayy　388
ザイトゥーン　Zaytūn　→泉州
ザイドゥーン　Zaydūn　184
サイドボーサム　Sidebotham, S. E.　198
サイフ・ウッディーン・アバー・ナダル　Sayf al-Dīn Abā Naḍar　274, 276-277
サイフ・ウッディーン・イスンダムル・アルクルジー　Sayf al-Dīn Isundamur al-Kurjī　122, 274
サイフート　Sayhūt　64, 66-67
ザイーマ（船）　za‘īma　67
サイムール　Ṣaymūr, Chaul　95, 100, 271, 414-415, 424, 542, 545, 556-557, 579, 581, 721-722
ザイラゥ　Zayla‘　49, 94, 114, 269, 320, 324, 334, 355, 434, 718, 747
ザイール　Zaire　671
ザイン・アルアービディーン（スムトラ・パサイ王国スルタン）　Zayn al-‘Ābidīn　680
ザイン・アルアービディーン参拝廟　Ziyāratġāh-i Imām Zayn al-Dīn al-‘Ābidīn　648
ザイン・ウッディーン（商人）　Zayn al-Dīn　→アミーン・ウッディーン　ムフリフ・アットルキー
ザイン・ウッディーン・シュクル　Zayn al-Dīn Shukr　461-462
サヴァール・ガイブ　Savār Ghayb　234
ザーウィヤ　zāwiya　148, 168, 503, 614-617, 619, 636-637, 640, 642-643, 654
ザウウ（船団）　zaww, zaw　447-449　→ダウ
サカーン川　Rud-i Sakān, Rud-i Sakkān, Nahr Thakān　→マンド川
ザキー・アッダウラ・ワ・アッディーン・ウマル　Zakī al-Dawla wa'l-Dīn ‘Umar　→パルウィーズ・マリク
ザキー・ウッディーン・アルハッルービー　Zakī al-Dīn al-Kharrūbī, Abū Bakr ‘Alī　373, 440
先島諸島　117
索縄船　→縫合型船
サグル　thaghr, thughūr　→境域
ザグロス山脈　Zaghros Mt.　95, 113, 137, 159, 208-209, 211, 216-217, 237, 242, 395, 425
ザグロス山脈越えのキャラバン・ルート　33, 202, 209-210, 214-215, 218-219, 222, 225, 228, 239, 248, 256, 650
サーサン朝ペルシャ帝国　Sāsāniyān　101, 148, 202, 209-210, 214-216, 227, 234, 245, 248, 260, 263, 290, 506, 509, 527-528, 560
サダフ　Sadaḥ, Sadḥ　66
サーディク・ブン・ハーシム・ブン・ナースィ

シャーリヤート　Shāriyāt, Chariyam　324, 568
ジャール　al-Jār　154, 159, 172, 174-175, 310, 364, 549
シャルギー島（ケルケナ諸島，村）　Shargī, Sharqī　611　→ケルケナ東島
シャルジャ　Sharja　407　→サルジャ
シャールーニー　al-Shārūnī, Y.　693-694
シャルフィーヤ（漁具）　sharfīya　600-602, 604
シャルル　Charles, Henri　607
ジャルーン（島）　Jarūn　→ホルムズ（新ホルムズ）
ジャワ（ザーバジュ，ジャーバ，ジャーワ）　Jāwa, al-Zābaj, Jāba, Java, 闍婆，爪哇，訶陵国　103-104, 112, 314, 514, 517, 519, 521-525, 593, 681-682, 704, 756, 773
ジャワ海　Java Sea　2-3, 25, 112, 314
シャワーニー（船団）　al-shawānī, marākib al-shawānī　122, 269-270, 322-323, 352, 355-356, 430, 432, 750-751
シャワーニー税（保安税）　'ushūr al-shawānī　322, 355, 360, 432, 436, 428, 581, 584
ジャワーヒル　al-Jawāhir　253, 261
シャワーンカーラ　Shawānkāra　→シャバンカーラ
ジャンク（船）　junk, zank, junco, 戎克（中国の）　46-47, 102-104, 260, 276, 311, 315, 416, 449, 476, 515, 532, 546, 686, 775
ジャンナーバ（ガナーヴェ）　Jannāba, Ganāveh　259, 283, 655
シャンブル　Shanbul, al-Sayyid Shambul al-'Alawī　338, 739
ジャンマ（漁具）　jamma　604
シャンム・アンナスィーム　shamm al-nasīm　613
ジュアル　Giar　→ジュール
周海（環海）　al-Baḥr al-Muḥīṭ　13
周去非（『嶺外代答』）　340, 416, 490, 516
重慶　548
珠江　Peal River　118
十字軍　al-Ṣalībīyūn　78, 119-120, 122, 127, 147, 156, 170, 175, 303, 320, 322, 420, 431, 435, 630
ジュージャーラート　Jūjārāt　→グジャラート
シュシュタル　Shushtar　→トゥスタル
ジュダイダ　al-Judayda　253, 263
シュッバーク（船）　shubbāk　597, 607
ジュハイナ（アラブ系遊牧民）　Āl Juhayna, Qudā'a　201
ジュフファ　al-Juḥfa　156-157
ジュマイゥ家　Ibn Jumay'　438, 440-442, 461, 463, 747
ジュランダー（アラブ系）　Āl Julandā　341
ジュランダー（カルタゴの王）　al-Julandā　641
シュリーヴィジャヤ　Šrivijaya　→サルブザ
シュリーヴィジャヤ・パレンバン王国　Šrivijaya-Palembang　314, 340, 704
シューリスターン　Shūristān　571
ジュール（フィールーザーバード）　Jūr, Fīrūzābāt　210, 214-216, 218-219, 222-223, 225-230, 237, 239, 242-243, 245
シュール川　Rūd-i Shūr　228-229, 232, 242-243, 245
ジュルザ　Jurza　513
ジュルジャーニーヤ　al-Jurjānīya, Gurganj　402
ジュルズ　Jurz　560
ジュルファッタン　Jurfattan　275, 568, 579
ジュルファール　Jurfār　208, 217
ジュンク　junk, junūk　→ジャンク
ジュンディーの井戸　Bi'r Jundī, al-Jihandī　185
小インド　India Minor　386
『諸国集成　*Mu'jam al-Buldān*』　185, 348　→ヤークート
植民地型都市　84
巡礼　al-ḥajj　→メッカ巡礼
巡礼隊，キャラバン，公式の巡礼隊　→ラクブ
　イエメン巡礼隊　rakb al-Yaman, al-rakb al-Yamānī　159
　イラク巡礼隊　rakb al-'Irāq, al-rakb al-'Irāqī　143, 158
　エジプト（カイロ）巡礼隊　rakb al-Miṣr, al-rakb al-Miṣrī　144, 153-154, 157-158
　シリア巡礼隊　rakb al-Shāmī, al-rakb al-Shāmī　144, 153, 157-158, 162
　四つの巡礼道（イエメン，エジプト，シリア，マグリブ）　darb　153-165
小アジア　→アナトリア
ジョヴァンニ　Giovanni, Leonardo　378
ジョヴァンニ・ダ・カリニャーノ　Giovanni da Carignano　376
正倉院御物（宝物）　489, 505-506

ジブラ　Jibla, Zū Jibla　746
ジブラルタル　Gibraltar, Jabal Ṭāriq　493, 486
ジブラルタル海峡　Str. of Gibraltar　25, 140, 294, 303, 493, 486, 498, 632, 641
ジブリール（ガブリエル，天使）　Jubrīl, Jibrā'īl, Gabriel　559
シフル　al-Shiḥr, 設国，施曷，失里児　96, 100, 159-160, 172, 270, 321-322, 324, 328, 334, 340-341, 344, 350-351, 355-356, 360, 436, 441-442, 457, 459, 474, 526, 562, 568, 570, 576, 578-579, 581, 742-743, 750-751
『詩篇』　668
ジャイナ（教，寺院，教徒）　Jain　681-682
シャウキラ湾　G. Shawkira, Sawqirah　71
ジャカルタ　Jakarta　160
シャキーナ　al-Shaqīna　553
シャーギブ　Shāghib, Wādī Shāghib　184, 189
麝香（交易）　misk, musk　406, 448, 467, 476, 482, 546, 533-557
ジャーシク（島）　Jāshik　252, 254
ジャズィーラ（地方）　al-Jazīra　211
ジャズィーリー　al-Jazīrī, 'Abd al-Qādir　144, 151, 172, 191, 196-197, 387, 769
シャーズィリー　al-Shādhiri　→アブー・アルハサン・アッシャーズィリー
シャーズィリー（教団）　al-Shādhirīya　175, 186
シャーズィリー聖廟　Mashhad al-Shādhirī　197-198, 205
シャーズィリーの井戸　Bi'r al-Shādhirī　→フマイスラー
ジャーズィル　Jāzir, al-Riqq wa'l-Jāzir　66, 71
シャッダルマ・ラーンカーラ　Šaddharma-Lānkāra　267
シャット・アルアラブ（川）　Shaṭṭ al-'Arab　70, 216, 260, 272
ジャッバル　Jabbal, Jubbal, Jabal　263
ジャッラーバ商人　al-Jallābūn, al-Jallābīya　176-177, 537
シャティーバ（アンダルス）　Shaṭība, Xātiva　434
ジャナディー　al-Janadī, Abū 'Abd Allāh Bahā' al-Dīn Muḥammad al-Janadī　740, 751
ジャナド　al-Janad　319, 585, 739
ジャニーブ　al-Janīb, al-Jadīd, al-Khabīb　192, 389
ジャーバ　Jāba　→ジャワ
ジャハーズィー型ダウ　al-jahāzī　50, 61, 620
ジャバラ　Jabala　120
ジャパラ　Japara, Janbir　522
ジャバル　Jabal　→ジャッバル
ジャバル・ターリク　→ジブラルタル
ジャバルト　Jabart　320
シャバンカーラ　al-Shabankāra, al-Shawānkāra　247, 571
シャバンカーラ・バンジーリー　Shabankāra Banjīrī　247
シャー・バンダル（港務長）　shāh bandar, shāhbandar　411, 415, 771
ジャーヒズ　al-Jāḥiẓ, Abū 'Uthmān al-Baṣrī　714
ジャービヤ　al-Jābiya　310
ジャビーラ　al-Jabīlah　253, 260
シャーフィイー派　al-Shāfi'īya　634, 671
ジャファーフィル　Jafāfir　458, 743, 746
シャープール２世　Shāpūr II　214
シャブワ　Shabwa, Sabbathah　352
ジャマーリー・ムハンマド　al-Jamālī Muḥammad　381, 387
ジャマール・ウッディーン・アルファーリキー（アブー・バクル）　Jamāl al-Dīn al-Fāriqī, Abū Bakr　438
ジャマール・ウッディーン・イブラーヒーム・アッサワーミリー　Jamāl al-Dīn Ibrāhīm al-Sawāmilī　275-277
ジャム　Jam, Jamm　219, 222, 235-236, 242
シャーム　al-Shām　→シリア海岸
シャーム地方（北イエメン）　al-Shām, al-Bilād al-Shāmīya　356
シャム湾（タイランド湾）　2, 81, 314
シャムシャリー山　Kūh-i Shamshalī　232
シャムス・ウディーン・イズダムル（アミール）　Shams al-Dīn Idhdamr　270, 352, 354
ジャムナガル　Jamnagar　64, 67
シャラーティン　Shalātein　196-197
シャラーヒト　Shalāhiṭ　→サラーヒト，マラッカ海峡
シャリーク（共同契約）　sharīk　324, 398, 420, 424
シャーリク（共同出資者）　shārik　408, 412, 420
ジャリーファーゥ　Jarīfā', Jarīf, Gerīf　185

逝　2, 81, 100, 102-103, 314, 321, 340, 514, 519, 529, 704, 718, 721, 723
サルマーン道（巡礼道）　Darb al-Salmān　158
サワーキン　Sawākin, Suwākin　34, 56, 61, 67, 93-94, 99, 114, 172, 174, 176-177, 181, 216, 366-367, 379, 384, 386-390, 394, 414, 431, 434, 441, 463, 466, 476, 634, 743, 751
サワード（イラク地方）　al-Sawād　262, 424
サワーヒル　al-Sawāḥil　→スワヒリ
サワーミリー家（キーシュ島の支配者）　al-Sawāmilī al-Ṭībī　275-277, 315-316, 572, 577
三角帆　42, 46, 52, 302, 606
ザンク　zank, zunūk　→ジャンク
珊瑚（交易）　marjān　15, 35, 482-504, 576, 598, 606, 620　→ベニサンゴ
サンゴ海　Coral Sea　110
珊瑚採集船　qārib al-marjān　496-497, 502-504, 620
珊瑚の道　484, 488
ザンジバール（島）　Zanjibār, Zanjibar Is.　61, 64, 66-67, 86, 650
ザンジャーニー　al-Zanjānī　522, 524
ザンジュ（地方，海岸）　al-Zanj, Bilād al-Zanj, 僧祇国　103, 140, 320, 400, 406-408, 521, 669, 716
ザンジュのスファーラ　Sufālat al-Zanj　525, 716
ザンジュの反乱　thawrat al-Zanj　102, 424
ザンジーラーン川　Rūd-i Zanjīrān　227
サンダルフーラート　Sandarfūlāt, Sanf-Fūlāt　→チャム島
サンフ　Ṣanf, Champa, 占城　100, 718, 726　→チャンパ
サンブーク（船）　sanbūq, sunbūk　52, 56, 67, 327, 367, 399-400, 718
サンブーク・ザファーリー　sanbūq Ẓafārī, kinbārī　574　→キンバーリー，縫合型船
三佛齊　→サルブザ
ザンベジ　Zambezi　64
サンポール島　Île Saint Paul　108
三蘭国　Samrān, Samarān　→アデン
シヴァ神　Siva　684
ジェノヴァ　Genova　147, 179, 299, 303, 418, 432, 500-501
シェフェール　Schefer, Charles　691
シエラネバタ（山脈）　Sierra Nevada　294
ジェルバ島　Jalba　113, 120, 124, 594-597, 603, 605-606, 608-610, 617-618
シェンディー　Shendi　177
死海　Dead Sea　157
シガツェ　Shigatse　554
ジーザーン（ジャーザーン）　Jīzān, Jāzān　159, 323, 381, 747
シーシュ・クナール　Shīh Kunār　232
四川　540-541, 544-546, 549
シチリア（島）　Sicily, Siqillīya　22, 114-115, 120, 296-297, 299-300, 302-303, 308, 413, 486, 490, 492, 499, 502, 603, 616, 622-623
質　→マラッカ海峡
ジッダ　Jidda, Judda　52, 99, 104, 154, 156, 160, 163, 167, 172, 174, 178-179, 216, 323, 330-332, 356, 364, 367, 369-371, 387-389, 406-407, 414, 417, 424, 443-445, 460-463, 466, 468-478, 526, 549, 567, 634-635, 751, 773
『実務諸般の光　*Nūr al-Ma'ārif*』　326, 328, 355, 434, 567, 579, 581
ジッリージュ岬　Cape Jillīj　606
シドラ湾　G. Sidra　594
シドン　Sidon　→サイダー
シナ（スィーン）　al-Ṣīn　→中国
シナの海　Baḥr al-Ṣīn　16-17, 406, 508
シナ門　Bāb al-Ṣīn　117-118
シナイ山　Sinai Mt.　378-379, 386
シナイ半島　Sinai Pen.　96, 115, 154, 170, 365, 367, 370, 374, 381, 386, 431
シノプ　Sinop, Sinūb, Ṣanūb　641
シハーブ・ウッディーン・アッザハビー・アルアイニー（ワキール）　Shihāb al-Dīn al-Dhahabī al-'Aynī　465, 469
シハーブ・ウッディーン・アフマド（大商人）　Shihāb al-Dīn Aḥmad al-Hubbī　442-443
シハーブ・ウッディーン・アフマド（マルディヴ・スルタン）　Shihāb al-Dīn Aḥmad　679-680
シハーブ・ウッディーン・ガーズィー・イブン・アルマァマール　Shihāb al-Dīn Ghāzī Ibn al-Ma'mār　351-352
シバーム　Shibām　160, 338, 353
斯波義信　3
ジバール（地方）　al-Jibāl　211
ジブチ　Djibouti　61, 67
シーフ島　Jazīrat-i Shīf　259

ル・ウッディーン・アルフサイニー・アルハラビー　Ṣādiq b. Ḥāshim b. Nāṣir al-Dīn al-Ḥusaynī al-Ḥalabī　735-736
ザート・アッサワーリー（海戦）　Zāt al-Ṣawālī　283
ザート・アルイルク　Zāt al-ʻIrq　158-159
サトミー（入国申請書）　saṭmī, ruqʻat al-karrānī　327
サトレジュ川　Satlej R.　566
サヌアー　Ṣanʻāʼ　153, 159, 269, 323, 406-407, 580-585, 739-740, 742, 752
サヌーブ　Sanūb　→シノプ
サハーウィー　al-Sakhāwī, Shams al-Dīn　387-388
ザーバジュ（地方，王国）　al-Zābaj　721
サハラ砂漠，横断交易　al-Ṣaḥrāʼ al-Kubrā　22, 26, 33, 109, 120, 142, 147, 156, 176, 294, 296, 308, 488, 499, 559, 595, 615, 622, 630
サハリン（島）　Sakhalin　110
サービス　Sābis　253, 262
ザビード　Zabīd　153, 159, 270, 320-321, 324, 354, 370, 388-389, 406, 438, 458-459, 463, 739, 741-743, 746, 750
ザーヒル（ラスール朝スルタン）　al-Ẓāhir, al-Malik al-Ẓāhir　442, 732-735, 738, 750-753
サファヴィー朝，サファヴィー朝ペルシャ　Safavids　105, 217, 223, 232, 775
ザファーリ　Ẓafāri, Ẓafāri Ḥumūḍ　→ズファール
サフィード要塞　Qalʻat Safīd　247
サーブス運河　Nahr Sābus　262
サブズ・プーシャーン山　Kūh-i Sabz Pūshān　224
サブタ（セウタ，港）　Sabta, Ceuta, Marsā Sabta　157, 179, 303, 486, 492-493, 498-499
サブル　al-Sabr, al-Sīr, Sīrū, Shahrū　253, 256
サフル・ブン・アブド・アッラー・アットゥスタリー　Sahl b. ʻAbd Allāh al-Tustarī　637
サーヘル地帯（サハラ・サーヘル）　→スーダーン・サーヘル（サーヒル）世界
サマタタ　Samatata, 三摩呾吒国　512
サマダーン　Samadān, Samrān　320
ザマール　Zhamār, Zhimār　581, 583-584
サマルカンド　Samarqand　506, 539, 556
サマーワ　Samāwa　158
サミーラム　Samīram　656
サミーリー　Samīrī, Zamorin　577
サムンダル　Samundar　511-512
サラクーサ（サラゴサ）　Saraquṣṭa, Saragossa　303
サラディン　Saladin　→サラーフ・ウッディーン
サラート山脈　Jibāl Sarāt　160
サラーヒト（シャラーヒト，質）　Salāhiṭ, Shalāhiṭ, Selate　407, 518　→マラッカ海峡
サラーヒトの海　Baḥr Salāhiṭ　→マラッカ海峡
サラーフ・ウッディーン　Ṣalaḥ al-Dīn, Saladin　180, 322, 329, 383, 431
サラーフ・ウッディーン・ハリール・ブン・アッラーム　Ṣalāḥ al-Dīn Khalīl b. Arrām　369
サラーム島　J. Salām　617
サラーラ　Salāla　673
サランディーブ（島）　Sarandīb　→スリランカ
サランディーブ山　Jabal Sarandīb　→アダムズ・ピーク
サーリフ・アルハーミド・アルアラウィー　Ṣāliḥ al-Ḥāmid al-ʻAlawī　338
サーリム・ブン・アブド・アッラー・アルバスリー　Sālim b. ʻAbd Allāh al-Baṣrī　766
サーリム・ブン・イドリース（ハブーディー朝スルタン）　Sālim b. Idrīs　269-270, 335-336, 338, 351-352, 354, 739-740
サルヴィスターン　Sarvistān, Sarwistān, Sarvestān　214, 224
サルウィン川　Salwin R.　519
ザルーク（ズーラク，船）　zarūq, zūraq, zawāriq　56
ザルジース　Zarzīs　597, 610-611
サルジャ　Sarjah, Sharja, Sharjat al-Qurayṣ　407, 441
サルダエ　Sardae　499
サルダルーサ島　Jazīrat Sardarūsa　643
サルデーニャ島　Sardegna, Sardāniya　22, 114, 120, 299, 302-303, 307, 486, 500, 622
サルバダール王朝　Sarbadār　247
ザルブ（漁具）　zarb, zurūb　600, 604
サルブザ（シュリーヴィジャヤ，パレンバン）　Sarbuza, Sarīra，三佛齋，仏逝国，室利仏

商人王　malik al-tujjār　411, 678
商人元老　shaykh al-tujjār　414, 428
商人代表（頭）　ra'īs al-tujjār　411, 414, 442
商人長　muqaddam al-tujjār, amīr al-tujjār　415, 442, 445
商人の代理人　→ワキール
書記　→カッラーニー
『諸蕃誌』　339, 490-492, 495, 500, 508, 514, 517, 519, 524, 570, 572, 638　→趙如适
ショフ　Schoff, W.　346
ジョリーブート　jolībūt, joliboat　→ジラーブ
ジョルフ　Jurf　611
新羅（商人）　509
シラクサ　Siracusa　300
シーラーズ　Shīrāz　159, 208-211, 214-216, 219, 222-223, 225-226, 236, 240, 256, 417, 571, 656, 671
シーラーズ〜キーシュ道　Shīrāz-Kīsh route　218, 225, 228, 242-243
シーラーズ〜スィーラーフ道　Shīrāz-Sīrāf route　218-248
シーラーズ〜ナジーラム道　Shīrāz-Najīram route　240
シーラーズ〜ホルムズ道　Shīrāz-Hurmuz route　218, 225
ジラーブ（紅海で使用の縫合型ダウ）　jilāb, jilba, jolībut　160, 172, 320, 381, 407, 472-474, 461-463, 574
ジーラーン（ギーラーン）　Jīlān, Gīlān　434
ジーラーン（ギーラーン）の海　Baḥr Jīlān　→カスピ海
シリア海岸　Syrian coast　22, 28, 294, 306, 309, 617　→パレスチナ
シリア砂漠　Ṣaḥrā' al-Shām　208, 264
『事林広記』　495
シルクロード　Silk Road　3
ジルバ　jilba　→ジラーブ
ジールフト　Jīruft　159
シルワーン　Shirwān　564
シルワーンの岩　sakhrat Shirwān　642
ジワール（隣人保護関係）　jiwār　149　→ムジャーウィル
清（朝，帝国）　Qing dynasty　105
新安　→木浦
新安沈船　526
シンガポール　Singapore, Sanjabūra　108, 119, 160
新疆　Xinjang　35, 315, 406
沈香　'ūd　35, 315, 406, 482-483, 505, 508-519, 525-533, 550, 553, 557, 704
真珠　lu'lu'　60, 62, 70, 113, 217, 254, 315, 340, 484, 508, 527, 536, 557, 571, 576
真珠採集場　60, 254, 275, 315-316, 485-486, 488, 578
真珠の道　484
シンダーン（スィンダーン）　Sindān　535, 547, 556
新地蔵所　405
『新唐書』　491, 530, 532
シンドゥフ　Sindufu　→成都
ジンバブエ　Zimbabwe　405
シンハラ（系，王，王家，国家）　250, 265-267, 315, 357
新ホルムズ　Hurmuz Jadīda　→ホルムズ
真臘国　→クマール
スィアグロス　Syagros　→ラァス・ファルタク
スィースターン　Sīstān　211
吹送流　→モンスーン・カレント
スィディー・アリー・レイス　Sidi Ali Reïs (Ra'īs)　260, 637
スィディー・サイード・フライズ　Sidī Sa'īd Ḥurayz　618-619
スィディー・マンスール　Sidī Manṣūr　611, 615-616
スィディー・ムーサー　Sidī Mūsā　503, 620
スィディー・ユースフ　Sidī Yūsuf　595, 611, 615
スィナース　Sinās　→アスナース
スィーフ・ウマーラ　Sīf 'Umārah　258
スィーフ・ズハイル　Sīf Zuhayr　258
ズィマール　Dhimār　→ザマール
スィームカーン　Sīmkān　214, 222, 239
スィムサール（仲買人）　ṣimṣār　494
スィーラ山（島，岩礁）　Jazīrat Sīra　617, 621
スィライア山　Jabal Ṣulay'a, Ṣila'i　188, 197-198, 200, 204
スィーラーフ　Sīrāf　46, 54, 64, 74, 76, 99-102, 209-210, 214-216, 218-219, 222-225, 228-229, 232, 235-236, 238-240, 242, 245, 256, 258-259, 277, 316, 341-343, 362, 395, 414-415, 424, 508, 514, 517, 526-527, 530, 549, 690-691, 695, 698-699, 705-706, 714, 721-723
スィーラーフ商人（出身）　ahl al-Sīrāf, al-Sīlāfīyūn　54, 342, 346, 348-349, 414,

424-425, 428, 450
スィーラーフ船　marākib ahl Sīrāf, marākib Sīrāf　54, 414, 428
スィーラーン（島）　Sīlān　→スリランカ
スィーラーン所属の船　markab al-Sīrānī　252, 271-272
スィール　Sīr　256　→バンダレ・チールー
スィールジャーン　Sīrjān　159
スィーワ　Sīwa　156
スィーン　al-Ṣīn　→中国
スィーン・アッスィーン（大中国，広東）　Ṣīn al-Ṣīn　543
ズィンジュの要塞　Qalʻat al-Zinj（al-Zanj）　253, 258
スィンダーブール　Sindābūr, Sandābūr　324, 568, 726
スィンド（地方）　al-Sind　274, 318, 320-321, 358, 406, 454-455, 535, 542, 556, 563
スィンド川　Nahr al-Sind　→インダス川
スィンド・ラージェスターン　Sind-Rājestān　561
スエズ（スワイス）　Suez, Suways　154, 156, 368, 370
スエズ運河　Suez Canal　160
スエズ湾　Gulf of Suez　22, 154, 171, 175, 376, 632
ズカル（岩礁，諸島）　Zuqar Islands, Jazā'ir Zuqar　114, 735, 739
スーク（市場，市，定期市，年市）　sūq　325, 536　→年市
スクーナ（船）　skūna, sukūna　124, 597, 607, 610
スグール　thughūr　→境域，境域地帯
ズー・サムト　Dhū Samt, Ṭūsmat　537-538, 554
ズー・ジブラ　Dhū Jibla　→ジブラ
スース　Sūs, Sūsa, Sousse　300, 607, 622
鈴木克美　486
スーダン（東，共和国）　Sudan　361
スーダーン（黒人奴隷兵）　al-sūdān　144, 156
スーダーン・サーヘル（サーヒル）世界　Sudan-Sahel　120, 137, 176, 180
スーダーン地方（黒人王国）　bilād al-Sūdān　33, 140, 429, 488, 622, 630
スッカリー　al-Sukkarī, Muḥammad Amīn Ṣūfī al-Sukkarī　128
ステファノ・アッドゥワイヒー　Stēphane al-Duwayhī　→ドゥワイヒー
スードゥーン（アミール）　Sūdūn, amīr Judda　567
ズバー　Dhubā　217
ズバイダ（ハールーン・ラシードの妻）　Zubayda　158
ズバイダ巡礼道　Darb al-Zubayda　158
スハール　Ṣuḥār, Mazūn　46, 54, 64, 97, 100-102, 272, 275, 406, 424, 527, 530, 549, 553, 690, 706
スファークス　Sfax, Ṣufāqus, Ṣafāqus　124, 596-597, 601, 603, 605-613, 615-616, 618
スファーラ　Sufāla　→ソファーラ
ズファール（ハドラマウト・ズファール，ズファール・マフラフ）　Ẓufār, Ẓafār, Ẓafāri, Ẓufār-Mahra　56, 58, 61, 66, 70-71, 95-96, 159, 172, 269-272, 277, 318, 322, 324, 329, 335, 338-346, 350-354, 399-401, 403, 417, 562, 568, 570, 574, 576-578, 581, 673-674, 677-679, 682, 684, 740, 742-743
旧ズファール　Ẓufār al-aṣl al-qadīma　347
ズファール遠征　Ẓufār expeditions　322, 333-334, 337, 340, 343-344, 346, 348-349, 352, 355-356, 360, 435, 675
スーフィー教団（タリーカ）　ṭarīqa　168, 175, 615, 630, 636, 639-640
スーフィー聖者（ワリー）　walī　105, 145, 206, 615-616, 630, 636-637
スーフィズム　Ṣūfism　103, 460, 588
スフブ（ラクダ）　ṣuhb　367
ズフリー　al-Zuhrī, Abū 'Abd Allāh Muḥammad　192, 641
スポンジ（海綿）　isfanj, isfunj　124, 486, 597-598, 603, 605
スマトラ（島）　Sumatra, Sumṭrā　96, 103-104, 108, 112, 314, 514, 517, 521, 534-535, 552, 680, 682, 756　→スムトラ
スミス　Smith, G. Rex　347
ズムッラド島　Jazīrat-i Zumurrad　649
スムトラ（スムトラ・パサイ）　Sumṭrā, Sumtra-Pasai, 蘇門答喇，須文荅剌　100, 103, 112, 314, 332, 416, 418, 535, 552, 680, 682-683, 704, 725
スユーティー　al-Suyūṭī, Jalāl al-Dīn　381, 638
スラー　Thulā　319, 739
スーラ・アマーン（安全詔書）　ṣūrat amān　278

ズライゥ朝　Zulay‘, Zulayhid　436
スライフ朝　al-Ṣulayḥid, Banū Ṣulayḥ　732, 738
スライマ・アラブ族　Banū Sulaym　623
スライマーン（商人）　al-tājir Sulaymān　54, 513, 518, 538, 544, 549, 552, 560, 690, 702, 725, 774
スライマーン・アルマフリー　Sulaymān al-Mahrī　50, 522-523
スラウェシ（島）　Sulawesi, Seleves　523
ズーラク（小舟，艀舟）　zūraq, zawāriq　67, 498
スラト　Sūrat　95, 771
スリヤーノ，フランシスコ　Suriano, Francisco　380
スーリヤーン　Ṣuliyān Shūliyān　105, 575-578
スリランカ（島，国）　Sri Lanka, Sarandīb, Sīlān, 師子国　33, 47, 59-60, 63-64, 68, 96, 112-113, 115, 209, 253, 258, 298, 314-315, 318, 330, 413, 416, 422, 454-455, 485, 507, 509, 511-512, 516, 520-521, 524-525, 527, 530, 539, 560, 563, 575-577, 579-581, 588-589, 640, 755-756, 758-760, 770
スリランカ王　malik Sīlān　33, 250-252, 268, 560
スリランカ使節団　rusul Sīlān　138, 268, 277, 637
スルー（海，諸島）　Sulu Sea　311
スール（オマーン）　Ṣūr　61, 64, 66, 75, 95, 97, 570
スール（地中海の港）　Ṣūr, Tyre　120, 124, 297, 300, 302
スールー　Sūrū　94, 217, 647　→ゴムルーン，バンダル・アッバース
ズール・カラー　Dhu’l-Kalā　581
スルタン道　Darb al-Sulṭān　158
スルタンの隊商宿　Khān al-Sulṭān　181
スワイス　Suways　→スエズ
スワイディーヤ　Suwaydīya　658
スワーキン　Suwākin　→サワーキン
スワーキン・カディーム　Suwākin al-Qadīm　→アイザーブ
スワヒリ（都市，地方，世界）　al-Sawāḥil　86, 103, 114, 405　→東アフリカ
スワヒリ文化圏（社会）　93, 114
スンブーク（船）　sunbūq　→サンブーク
スンブル氏族　Banū Sunbulī　750
税　→ウシュル，関税，シャワーニー税
聖アンドレ　Saint-André, Andrew, Andreas, Idrīs　630-631　→聖アンドレの鉤・十字架
聖アンドレの鉤・十字架　la croix de Saint-André　495, 502-503, 606
青海　→ココノール
聖ゲオルギス（信仰）　St. Georgis　593, 631, 643, 657-658
政庁　→ディーワーン
政庁の船　marākib al-dīwān　→ディーワーン船
成都（シンドゥフ）　540, 546, 548-549
聖ニコラウス　St. Nicholas　593, 631, 657-658
聖マリア信仰　St. Mariam, Maryam　593, 631
生命の泉（不死の水）　Fountain of Eternal Life　632　→海（水）の守護聖者，ヒズル
セイラン　Seilan, Zeilan　→スリランカ
セイロン　Ceylon　→スリランカ
セイロン政府（コロンボのイギリス政庁）　Ceylon Government　758
『世界史における通文化交易（異文化間交易の世界史）』　7　→カーティン
『世界の境域地帯　*Ḥudūd al-‘Ālam*』　510-511, 513, 536, 538, 540-543, 552, 556
セーシェル諸島　Seychelles　112, 756
セズギン　Sezgin, Fuat　700
セネガル高地　Senegal Plateau　140, 142
セルジューク朝　al-Dawlat al-Saljūqīya　202, 226, 239, 570
泉州　Xiuan-chou, Zaytūn　100, 117, 274, 276, 311, 448-449, 490, 501, 526, 683-684
泉州后緒港　526
占城　→サンフ
船団（航海）　sanjala, silsila　43, 66, 149, 428-430
船団の総指揮官　mutawallī amr al-marākib　473
セント・カテリーナ教会　St. Catherine Church　378, 386
宣徳帝（明の皇帝）　103
センナール（王国）　Sennār　177
専売制策（マムルーク朝の）　371, 476
船舶書記　→カッラーニー
宋（王朝，時代）　Sung　416, 518

ソーヴァジェ　Sauvaget, Jean　694
装釘船　55　→縫合型船
贈与（贈呈品）　→ハディーヤ
俗語アラビア語　→アラビア語
ソグド（地方）　al-Sughd, Sugdiana　539, 553, 556
ソグド系・人・商人　al-Sughdī　209, 507-508, 528, 539
ソグド語・文字　al-Sughdī　488, 506-507, 527
ソコトラ島　Soctra Is. Usquṭrā　59, 61, 66-67, 71, 114, 323, 340-341, 350, 355, 357, 457, 617, 650
底荷商品（バラスト，脚荷）　ballast　46
ソファーラ　Sofala, Sufāla　64, 140, 457, 671, 716-717
ソマリア（系，人，国，地方，海岸）　Somalia, Somali, Sūmāl, Dhū Māl　50, 58, 62-64, 66-67, 70, 72, 95, 401, 617, 669　→バッル・アルアジャム
ソマリ・カレント　Somali-Current　→東アフリカ沿岸流
ゾルズィ　Zorzi, Alessandro　379-380
『ゾルズィ道里（記）　*Zorzi Itinerary*』　378, 380, 385-386　→ゾルズィ
ゾロアスター教（教徒）　Zoroaster, Zoroastrians, al-Majūs　216, 229, 423, 528, 589, 631, 690
ソンミヤーニ　Sonmiyāni　50

タ　行

タァクル　Ta'kur, Ḥisn Ta'kur　742
大海域世界　the great maritine world　17, 25-26, 28-30, 33, 37, 40
隊商宿　khān　→キャラバンサライ，ハーン，フンドゥク
大食（国）　491, 495
大食舶　117, 530, 549
大秦国王安敦　Marcos Aurerius Antonius　489
ダイダムースの井戸　Bi'r Da'idamūs, Didyme, Dydymos　184
タイッズ　Ta'izz　151, 153, 159, 319-321, 324, 356, 458, 463, 557, 582, 739-741, 743, 749
大都　→ハーン・バーリク
『大徳南海志』　495
ターイフ　al-Ṭā'if　160, 163, 323
ダイブル　Daybul, Daybūl, Deval, 提颶国　100, 271, 527, 535, 540, 545, 556
タイマーゥ　Taymā'　157
タイムール文庫　al-Khizānat al-Taymūrīya　377, 730, 732-738
ダイラム・ブワイフ朝（地方）　al-Daylam, Buwayhids　275, 705　→ブワイフ朝
大理（国，地方）　566
『大旅行記　*Riḥlat Ibn Baṭṭūṭa, Ṭuhfat al-Nuẓẓār fī Gharā'ib al-Amṣār wa 'Ajā'ib al-Asfār*』　→イブン・バットゥータ
ダイル・アッディール　Dayr al-Dīr　260
ダイル・アルアークール　Dayr al-'Āqūl　→アークール
ダイル運河　Nahr al-Dayr　260
大和城（大理市南隣）　550
台湾　110
台湾海峡　95
ダウ（船）　dhow, tava, dhaww, dau　31, 41-42, 46, 50-54, 56, 59-62, 64, 66, 70-71, 73, 75, 101-102, 147, 216, 268, 350, 412, 416, 515, 549, 574-575, 610, 620, 650, 655, 669, 671, 690,
ダウ・カルチャーの世界　the world of dhow culture　31, 42, 73
「ダウ出入港記録」　Dhow Record　52, 65, 67
ダヴィド1世（エチオピア王）　David I　378, 386
ターウーナ　Ṭāwūnah　256
ダウラターバード　Dawlatābād　242-243
ターカ（海岸，漁村）　Ṭāqa　574
ダギーム・アラブ族　Daghīm Arabs　367
ダグバジュ　Daghbaj, Daghbagh　185, 197-198
タクリート　Takrīt　434
ダケン　Dacen　→デカン（高原，地方）
タコ壺（漁）　qārūrat al-qarnēta　595-602, 605-606, 622
ダシュテ・ケビール　Dasht-i Kebīr　210
ダシュテ・リュート　Dasht-i Lūt　210
ダシュト・シューラーブ　Dasht Shūrāb, Dasht-i Shūrāb　219, 223, 228, 230-231
タシュリークの日　ayyām al-tashrīk　164
タージル　tājir, tujjār　→アァヤーン・アットッジャール（大商人）
ダスト・サラブ　Dast Sarab　→ダシュト・シューラーブ
タタール人　Tatārs　543, 565

タットゥー（馬） tattū, tatū 566
ダッラーグ Darrag, Ahmad 370
タドムル Tadmur, Palmyra 264
ターナ（クリミア半島） Tāna 299
ターナ（インド） Tāna 332, 568, 577, 579, 721
ターナの入江 Khawr Tāna →ターナ（インド）
田中耕司 110
タナス Tanas, Tanās 158, 302, 493
ダニエル（大天使，天使長） Daniel, Dāniyāl 664
ダーニヤ（デニア） Dāniya, Denia 157, 302
タバリー al-Ṭabarī, Abū Ja'far Muḥammad 122
タバリー（医学者） al-Ṭabarī 535
タバリスターン Ṭabaristān 434
タバルカ（島） Ṭabarqa 492-493, 495-497, 501-504, 594, 602, 606, 620
旅商人 tājir al-safar, rakkāḍ 397, 420-421
ターヒル朝（イエメンの） Ṭāhirīd, al-Dawlat al-Ṭāhirīya 321, 381, 459, 752-753
タブーク Tabūk 157, 160
タープティー川 Tapti R. 95, 639
ダフラク（諸島） Dahlak Is. 61, 67, 114, 269, 320, 334, 355-356, 382, 390, 434, 457, 476, 667, 739, 743, 747
タブリーズ Tabrīz, Tawrīz 768
タブリーズィー（聖者） →ユースフ・シャムス・ウッディーン・アッタブリーズィー
ダブール Dabhur →ダボール
ダーブール（ダボール） Dābūr, Dabhūr, Dabhor 567-568, 571
ターヘリー Ṭāherī →バンダレ・ターヘリー
ダボール Dabhore, Dābhūl, Daboli 328, 579
ダマスカス Damascus, Dimashq 127, 145, 149-151, 157-158, 162, 166, 179, 264, 273, 434, 440, 469, 474, 492, 509, 643, 695, 697, 700
ダマン Ḍamān 95
タミル（人，地方，商人） Tamil 266, 315, 686
ダムバデニア Dambadenia 266, 271
タムル tamr →ナツメヤシの実（デーツ）
ダムルワ al-Damlwa 437, 742
ダーラ（漁法） dāra 604
タラス（河畔の戦） Ṭalāz, Ṭilāz 528
ダーラーブジルド Dārābjird, Dārāb 219, 222, 224, 228, 239
タラーブルス（リビアの） Ṭarābulus, Tripolitania 124, 128, 157, 491-492, 597, 607, 611
タラーブルス（レバノン・シリアの） Ṭarābulus, Tripoli 124, 209, 287, 297
タリーカ ṭarīqa →スーフィー教団
ターリク山（ジャバル・ターリク） →ジブラルタル
タリーフ Ṭarīf, Ṭarīfa 641
タリーム（ハドラマウト） Tarīm 159-160, 338
ダリール（仲介商人） dalīl, dallāl 398, 401, 405, 413 →スィムサール，ワキール
ダール・アルアラブ（アラビアの地，アラビア半島） Dār al-'Arab 16 →アラビア半島
ダール・サラーフ Dār Ṣalāḥ 444
ダルウィーシュ（スーフィー教団の成員） darwīsh, darvīsh, dervish 766
ダルエスサラーム Dār Es-Salām 61
タルトゥース Ṭarṭūs 108, 120, 122, 125-126, 130-131
ダールフール Dārfūr 114, 176
ダルマパーラ Dharma-Pāra 513
タールム Tārum, Tārom 159
ダワーイル岬 Ra's Dawāyir 367
ダワーダリー al-Dawādarī, Ibn Aybak 430
ターワーナ Tāwānah, Tāwūnah 252, 256
単一独立型港市 83, 160, 360 →海域独立型港市
ダンヴィユ D'Anville, Monseur 222-223, 232, 383, 388
タンガ Tanga 49, 61
タンガニーカ湖 Lake Tanganyika 405
ターンガン（馬） tānghan, tangan 564, 566
タンザニア（海岸） Tanzania 49, 61, 64, 66 →東アフリカ（スワヒリ海岸）
タンジャ Tanja, Tangier 140
暖地帯 ġarmsīr 210-211, 238
タンバダ Ṭanbada, Ṭanbadha 642-643
ダンマーサ（漁具） dammāsa 604
チェッティー Chetti 105
地中海世界 the Mediterranean Sea 3-6, 13-14, 16-17, 20, 22, 25-26, 28-30, 35, 37, 40, 55, 68, 78, 100-101, 137, 166, 174, 178, 217, 291, 295-296, 299, 304, 307, 435, 482-483,

486, 490, 508-509, 536, 592, 595, 624, 630, 683, 688, 690, 750
東地中海・黒海圏（世界） the East Mediterranean-Black Sea 22, 295, 299-300, 302, 307
チテック Chittick, N. 671
チベット（高原） Tibet, Tubbat 308, 483-484, 534, 536-538, 539-542, 545-546, 548, 550, 554-556, 564, 566
チベットの麝香 al-misk al-Tubbatī, al-Tubbatī 35, 101, 534, 536-537, 539, 541, 543, 545
チモール Timor →ティモール
チモール海 Timor Sea 112
茶（茶葉） sākh 72, 557
チャオプラヤー川 Menam, Chao Phraya 81
チャゴス（諸島） Chagos Archipelago 756
チャド（湖，地方） L. Chad 114, 176, 429
チャナッカレ海峡 Canakkale Bogazi 663
チャム島 Cham Pulau, Ṣandarfūlāt, Ṣanf-Fūlāt, 117, 518-519
チャーラク Chārak, Bandar-i Chārak 256
チャンパ Champa, 占城 100, 102, 514-515, 518-519, 718, 726 →サンフ
中央アジア（内陸アジア） Central Asia 33, 506, 559, 565, 623, 630, 637
中国（スィーン） al-Ṣīn, China 20, 33, 446-449, 578
中国ジャンク →ジャンク
中国人たちの船（ジャンク） marākib al-Ṣīnīyīn 102, 532
中国・ペルシャ湾の間のインド洋交易 239, 444
中国向けの船（アラブ系・イラン系ダウ） marākib al-Ṣīn, al-sufun al-Ṣīnīya 104, 716
チューダー chūḍā 578
チュナーブ川 Chunāb R. 556
チュニジア Tunisia 22, 35, 124, 413, 482, 486, 491-492, 494-495, 501, 592, 594, 599, 602, 607, 610, 614-615, 620, 622, 659
チュニジア・イフリーキヤ（地方） Tunisia-Ifriqīya 592, 594, 622-624
チュニス Tūnis 147, 156, 496, 491, 602-603, 612, 618-619, 642
漲海 Ṣan Khay →南シナ海
丁香の島々 Juzur al-Qaranful →マルーク一諸島
趙如适（『諸蕃志』） 490, 501, 508, 519, 570, 572, 725
チョウドリー Chaudhuri, K. N. 6
チョーラ（王朝） Chola 2, 102, 315, 563, 579
チョール Chaul →サイムール
「地理上の発見」 3
チルカ湖 Chilka Lake 512-513
珍蔵器 520
沈黙交易 silent trade 402
通行証 jawāz 322, 474
『通典』 490
ディオゴ・ロペス・デ・セイラ Diogo de Seira 419
TO 図 TO map 13
ティオマン島 →ティユーマ
提挙市舶司 490, 501
ティグリス川 Dijra, Tigris R. 17, 22, 28, 70, 113, 259, 532, 572, 617, 623, 636-638, 655
ティグリス・ユーフラテス Dijra, al-Furāt 22, 28, 113, 120, 137, 208-209, 211, 217, 251, 258, 260, 262, 264, 272, 278, 297, 316, 424, 572
ティーズ・マクラーン Tīz Makrān 271
ディーズガー Dīzgah 243
定着型商業 420, 421
ディーナワル Dīnawar 315
ディーバー・マハル Dībā-Mahal →マルディヴ
ディーバージャート Dībājāt →マルディヴ
ディーバージャート・アッダム Dībājāt al-Dam 724 →マルディヴ
ティハーマ（地方，低地イエメン，緑のイエメン） al-Yaman al-Akhḍar, Tihāma 66, 321, 334, 388, 435, 437, 441, 453, 458-459, 463, 458, 581-582, 739, 741, 746-747, 753
ティーファーシー al-Tīfāshī, Sharaf al-Dīn 492
ディーファーン（ズファール） Ḍīfān 190, 344-345
ディマシュキー al-Dimashqī, Abū al-Faraj Ja'far al-Dimashqī 413, 522, 524
ディマシュキー al-Dimashqī, Shams al-Dīn Abū 'Abd Allāh Muḥammad 122, 492, 535, 774
ディマシュク Dimashq →ダマスカス
ティムサーフ湖 Timsāḥ Lake 154
ディムヤート Dimyāṭ, Damietta 124, 170,

287, 297, 300, 302
ティームール朝　Tīmūriyān　104, 318, 686
ティモール（島）　Timor, Timur　517, 520, 522-523, 525
ティヤーブ　Ṭiyāb, Bandar-i Ṭiyāb　654　→ホルムズ（旧ホルムズ）
ディヤール・バクル　Diyār Bakr　209
ディユ　Diū　105
ティユーマ（島）　Tiyūma, Plau Tioman　117, 518, 525
ティヨマン・プラウ　Tiyoman Pulau　→ティユーマ
ティラドンマティ（環礁）　Thiradonmathi Atoḷḷ　771
ティリミズィー　al-Tirmidhī, Abū ʻĪsā Muḥammad　767
ティリムサーン（トレムセン）　Tilimsān, Tlemcen　156
ディル・ハガーザ　Deir Hagāza　→マリー・ブクトゥル修道院
ティールマーフ（南西モンスーン後期の航海期）　Ṭīrmāḥ　60-61, 575-576, 581
ティレニア海　Tyrrhenian Sea　115, 299
鄭和　Cheng Ho　103-104, 477, 749, 775
鄭和艦隊（遠征）　Cheng Ho expeditions　103, 477, 571, 686, 730, 749, 775
ディーワーン（政庁）　dīwān　584
ディーワーン・アルジュンド（軍務庁）　dīwān al-jund　356
ディーワーン船（国家保安船，政庁の船）　markab al-dīwān　269, 323, 356, 750-751
ティンニース　Tinnīs　431
デカン（高原，地方）　Deccan, Dakhan　416, 418, 561, 579, 588, 775
出島貿易　404-405
デーツ　dates　→ナツメヤシの実
デネト　Dennet, D. C.　287-288
デヘガーン　Dehġān　243
デマク（王国）　Demak, Damak, Kerajaan Demak　522
デラゴア　Delagoa　53
デリー　Dihlī, Delhi　454-455, 561, 580, 588
デリー・サルタナ（デリー・スルタン朝）　Delhi Salṭanats　561
デルガド（岬）　Cape Delgado　64, 112, 414
デルムーン　Delmun　485
天山山脈　Tien Shan　541, 545
天竺舶　117, 530
唐朝（大唐）　Tang dynasty　514, 527, 529-530, 546, 549-550
『島夷雑誌』　495
『島夷誌略（畧）』　495, 549, 573, 576　→汪大淵
ドゥヴィク　Devic, L. M.　693-695, 698, 706
洞窟の人々　ahl al-kahf, aṣḥāb al-kahf　627
トゥグルク朝　Tughluq　270, 358, 454, 456, 477, 565, 580, 588
トゥグルク・ブン・フィールーズ・シャー　Tughluq b. Fīrūz Shāh　455
陶弘景　520
トゥサン　Toussaint, Auguste　756
陶磁器　46, 103-104, 448, 467, 476, 539, 671
トゥジービー　al-Tujībī, ʻAlam al-Dīn　154, 174, 180-186, 188, 192, 204, 384
島嶼性　113, 115, 125, 132-133
トゥース　Ṭūs　159
トゥスタル　Tustar, Shushtar　655
トゥースール　Ṭūsūl　→トゥルスール
トゥッバ・ハーカーン　Tubbat Khāqān　538
東南アジア　Southeast Asia　3, 47, 56, 59, 79-80, 101, 507, 509, 532, 534-535, 542, 559, 630, 683, 688, 690, 765, 775
ドゥーニジュ（川船，艀船）　dūnij, dawānij　275
東野治之　505-506, 525
ドゥファー　Ḍufā (Ẓufār?)　345
東部砂漠（アイザーブ砂漠）　Eastern Desert, Ṣaḥrā' ʻAydhāb　154, 165-166, 182, 201, 204, 208, 265, 364-368, 370, 373-374, 376-379, 383-386, 388, 434, 751
東部砂漠越えのキャラバン・ルート　33, 138, 170-172, 174-175, 177-182, 194, 196, 198-200, 202, 204-205　→クース〜クサイル道，イドフー〜アイザーブ道
東北アフリカ　East Northern Africa　435
『唐本草』　488, 491
トゥーマスト　Ṭūmast, Dūmast　→ズー・サムト
ドゥマック　Domak　→デマク
トゥライヒー　al-Ṭurayḥī, Muḥammad　693
トゥーラーン・シャー　Tūrān Shāh, al-Malik al-Muʻaẓẓam　322
トゥール　al-Ṭūr　96, 154, 160, 172, 368-370, 376, 386, 390, 417
トゥルキスターン　Turkistān　564, 567
トゥルクマーン　Turkmān　661

トゥルスール Ṭursūl, Ṭūsūl, 突羅成, 徒里拙, 突旻成 552 →ピュー
トゥールーン朝 Dawlat Ibn Ṭūlūn 364
ドゥワイヒー al-Duwayhī, Stēphane al-Duwayhī, Iṣṭfānūs al-Duwayhī 127
トゥーン・カーイン Tūn-Qā'in, Tunocain 571
ドゥンカーシュ Dunqāsh, Danqāsh 184-185, 189, 197, 199, 204
トーカル Tokar, Tūkar 176
トグズ・オグズ（トゥグズグス） Tughuz-Oghuz, 九姓鉄勒, 鉄勒九姓 541-546
突厥碑文 541
ド・スラン de Slane 731
トッバ Tubbat →チベット
トトメス3世 Thutmose III 121
ドナウ川 Donau R. 657
ドーニー（船） dōnī 754
ドーハ al-Dawḥa 65, 67, 69, 72
ドバイ Dubayy, Dhubā 61, 65-67, 69, 72, 95
吐蕃（国） →チベット
ド・フェール De Fer, N. 383
トプカピ・サライ図書館 Topkapı Sarayı Library, Istanbul 492, 494
ド・フーユ de Goeje 494, 694
ドブルジャ（地方） Dobruja 658
トマス Thomas, F. W. 538
トメ・ピレス Tomē Pires →ピレス
ドリーナ（漁具） dorīna, drīna 598, 599-600, 604
トリポリ Tripoli, Toripolitania →タラーブルス（リビアの）
トリポリ Tripoli →タラーブルス（レバノン・シリアの）
トリンキタート Trinkitato 56, 61
トルコ（遊牧民, 地方, 系, 人, 族） al-Turk 528, 540-541, 543, 556, 562, 564, 630, 634
トルコ・マムルーク軍人（マムルーク） Turk mamlūks 456, 459
トルコ・モンゴル系部族 Turk-Mughūl 561, 563
トレス（諸島, 海峡, 海） Torres 110
トレビゾンド Trebizond, Tarabzun 641
トロス（山脈） Toros, Tawrus Mts. 210, 294
ドンガラ Dongola, Dunqalā, Dunkal 176, 366, 389, 743

ナ 行

ナイサーブール Naysābūr →ニーシャープール
内陸アジア Inner Asia 3, 484, 488-489, 507
内陸領域型国家 321
ナイル川 al-Nīl, Nile 17, 22, 28, 100, 114, 120, 138, 154, 165, 208, 265, 294, 300, 364-365, 367-386, 432, 716, 751
ナイル峡谷 Nile valley, Wādī al-Nīl 26, 137, 167, 171-172, 174, 176-178, 180, 184, 194, 206
ナイル峡谷と紅海を結ぶキャラバン・ルート →東部砂漠越えのキャラバン・ルート
ナイル・デルタ Nile Delta 322
ナーヴァヤト Nāvayat, Nātuvāri 571
ナウダラーン Nawdarān 230
ナゥマーニーヤ Na'mānīya, Ni'mānīya 263, 283
長崎 81
ナキラ（ナクラ） Naqira, Naqra 158
ナサウィー al-Nasawī, Muḥammad b. Aḥmad 274
ナジド（高原） Najd, Nejid 158, 162, 278, 567, 580
ナジャフ al-Najaf 145, 153, 158
ナジュラーン Najrān, Najirān 323
ナジーラム Najīram 239-240, 259, 706, 712-713, 716
ナースィリー船団 al-marākib al-Nāṣirīya 323, 356
ナースィル（スルタン）
ハンマード朝の al-Malik al-Nāṣir 499
マムルーク朝の al-Malik al-Nāṣir, Nāṣir al-Dīn al-Ḥasan 439-440
マムルーク朝の al-Malik al-Nāṣir, Nāṣir al-Dīn Muḥammad 122, 270, 358, 366, 572, 700, 741
ラスール朝の al-Malik al-Nāṣir, Ṣalāh al-Dīn Aḥmad 323, 325, 356, 395, 441, 444-445, 452-453, 457-464, 467-471, 474-475, 478, 557, 733-734, 738, 746-747, 749-753
ナーズィル（貿易監督官） nāẓir 270, 326-327, 356, 438-439, 440-444, 450, 458, 494, 584, 727, 743, 746, 750, 752
ナースィルのビジャーヤ Bijāyat al-Nāṣirīya

499
ナタンズ　Naṭanz　656
ナツメヤシの実（デーツ）　tamr　43, 60, 62, 70, 210, 294, 321, 434, 570-571, 599-601, 616
ナトゥーハ　Natūha, Antūhī　639
七つの天（七層の天）　sab‘ samawāt　559, 668-669
『七つの惑星表　*Taqwīm al-Kawākib al-Sab‘at al-Sayyāra*』　377, 385, 732, 735
ナーバンド　Nāband　253, 258
ナヒールー　Nakhīlū　253, 258
ナーフーザ（船舶経営者）　nākhūdha, nākhodā　46, 66, 75, 325, 327-328, 344, 348-350, 409-410, 430, 452, 456, 459, 477, 526, 581-583, 585, 587, 650, 691, 696, 698, 701, 705, 720, 727, 742
ナフル　Nakhr, Nakhra　454
ナフル（村）　Nakhr, Nakhdh, Bakhr, Najd　219
ナーブル（町，半島）　Nābul　594
ナーブルス　Nābulus　643
ナーホダー　nākhodā　→ナーフーザ
ナポリ　Naples, Nābal　300
ナルシンガナ（王国）　Narsyngana　572, 579　→デカン
ナルマダー川　Narmadā R.　95, 542, 545, 639
『南海寄帰内法伝』　529　→義浄
ナンサー　Nansā　→南昌
南沙諸島　117
南昌　Nansā　447
南詔（国）　544-545, 550, 552　→ムージャ
南西諸島　110
南西モンスーン後期の航海　rīḥ al-damānī, Ṭīrmāḥ　60-61, 65, 166　→ティールマーフ
南西モンスーン前期の航海　rīḥ al-kaws　59-61, 65, 166, 399
南宋　2-3, 225, 350, 490
二海（二つの海，二大海）　al-Baḥrān, al-Baḥrayn　15-16, 136, 631-632, 640, 642
二海の出会いの場所　majma‘ al-baḥrayn　136, 631, 637-638, 640-641
ニキーチン　Nikitin, A.　563, 567, 575
ニコバール（諸島）　Nicobar, Lanjabālūs　108, 112
ニザーム・ウッディーン・フダイル　Niẓām al-Dīn Khuḍayr　373
西アジア（大海域世界の結節点としての）　7, 15, 20-22, 25-26, 28-30, 33, 68-69, 136-138, 169, 309, 311, 331, 362, 423
ニジェール川（流域）　Niger R.　26, 114, 140, 176, 296, 488, 559
ニジェール川流域の黒人王国　bilād al-Sūdān　→スーダーン地方
西ガーツ山脈　West Ghat Mt.　542, 545-556
西地中海世界　Western Mediterranean Sea　22
西村朝日太郎　602
ニーシャープール　Nīshāpūr, Naysābūr　159
西ヨーロッパ・キリスト教世界（カトリック世界，諸国，中世都市）　3, 5-7, 12-13, 26, 70, 78, 119, 358
ニーバール　Nībāl　→ネパール
ニハーワンドの戦　Nihāwand　528
日本（倭国）　70　→ワークワーク
日本海　4, 110
二本角の持ち主（アレクサンドロス大王）　Dhu’l-Qarnayn　628, 638　→アレクサンドロス
ニヤイ・ロロ・キドゥル　Nyai Loro Kidul　593
ニヤーン島　Jazīrat Niyān　699, 712, 724-725
乳香　lubān, lūbān, frankincense　62, 67, 71, 113, 167, 324, 340, 348-349, 356, 399, 457, 533, 536, 573
『認知の書　*Libro del Conoscimient*』　374-376
ヌアイミー　al-Nu‘aymī, ‘Abd al-Qādir Aḥmad　697
ヌサイリー教徒　→アラウィー
ヌーバ　al-Nūba　→ヌビア
ヌビア（地方，人）　Nubia, al-Nūba　26, 114, 366, 368, 370, 376
ヌール・ウッディーン・アリー・ムアイビド　Nūr al-Dīn ‘Alī Mu‘aybid　438, 440
ヌール・ウッディーン・ウマル1世　Nūr al-Dīn ‘Umar I　319, 334
ヌワイリー　al-Nuwayrī, Shihāb al-Dīn Aḥmad b. ‘Abd al-Wahhāb　181, 252, 446, 524, 537, 541, 700, 741
ネアルコス　Nearchus　648
ネグロ岬　Cape Negro　503, 602
ネジド　Nejid　→ナジド
ネストリウス派キリスト教（教徒）　Nestorians, Nasṭūriyyūn　509, 527-528

熱帯産栽培植物（有用植物） 69, 113, 161, 166, 178, 211, 294, 308, 321, 331, 339, 690
ネパール Nepal, Nībāl 534, 536, 540, 542, 556, 566
年市 sūq, mawsim 61-62, 162-163, 536
ノルマン（王国，人） Norman 115, 300, 499

ハ 行

バイア（統活委任の契約関係，従臣関係） bay'a 359
バイカル湖 Oz. Baikal 545
ハイズラーン Khayzurān, Khayzurānah 253, 262
ハイダル派スーフィー教団 al-Ḥaydarīya 639-640, 643
バイト・アルファキーフ Bayt al-Faqīh 434, 438
ハイバル Khaybar 157
バイバルス・アルマンスーリー Baybars al-Manṣūrī 252, 264, 447
バイバルス1世（マムルーク朝スルタン） Baybars I, al-Ẓāhir Rukn al-Dīn Baybars I al-Bunduqdārī 122, 156-157, 177-178, 358, 365, 367, 475-478
ハウサランド（ハウサ族居住地域） Hausaland 176
バウナガル Bhaunagar 639
ハウル・アッシーフ Khawr al-Shīf 259 →シーフ島
ハウル・スルターニー Khawr Sulṭānī 259
ハウル・ルーリー Khawr Rūrī 346
ハウワー（エバ） Ḥawwā, Eve 634-636, 664
博多（大宰府博多津） 507, 532
馬歓（『瀛涯勝覧』） 775
パガン Pagan, 蒲甘国 578
バグダード Baghdād 15, 100, 102, 138, 143, 151, 162, 209, 217, 251, 253, 262-265, 271, 273, 277-278, 308, 310, 319, 342, 362, 402, 415, 424-425, 434, 447, 532, 549, 689-690, 706, 716, 729
バクタムル・アッサァディー Baktamur al-Sa'dī, 470-471
バクリー al-Bakrī, Abū al-Ḥasan Aḥmad al-Bakrī 496, 499, 616-617
ハサー al-Ḥasā →バフライン
パサイ Pasai →スムトラ
バー・サイードゥー Bā Sa'īdū 648-649
ハザール（王国） al-Khazār, al-Khazar 403
ハサン・タージュ・ウッディーン Ḥasan Tāj al-Dīn 754, 758, 764-770
ハサン・ブン・アジュラーン Ḥasan b. 'Ajlān 442-443, 461, 463-468, 470-476, 478
ハサン・ブン・アビー・バクル（マルディヴ・スルタン） Ḥasan b. Abī Bakr 769-771
ハサン・ブン・アルフサイニー →アルハサン・ブン・アリー・アルフサイニー
ハサン・ブン・ムハンマド・アルワッザーン・アッザイヤティー →レオ・アフリカヌス
波斯（国，人） Pars, Fāris, al-Furs 527-528, 550, 552
波斯舶 117, 527-530, 549
ハシャブの井戸 Bi'r Khashab 186
バジュ（ブギ，バジュン） Baj, Bugi, Bajun 524
バジュワーラル Bajuwāral 564
バジュン諸島 Bajun Is. 620
ハスィー Khasī 583
バスターク Basṭāq 650
バスラ al-Baṣrah 70, 100, 153, 158-159, 209, 217, 219, 251, 253, 259-262, 265, 406, 448, 526, 539, 544, 549, 565, 572, 636-637, 690, 712-713, 716
ハズラジー（ラスール朝の歴史家） al-Khazrajī, Ḍiyā' al-Dīn 269, 325, 334, 336, 338, 351-352, 354, 385, 434, 436-437, 447, 453-456, 460, 733, 738-740, 742-743, 752
バータク（バタク族） al-Bātak, Batak 724-725
ハタファ（モンスーンに乗りブッ飛ぶ） khaṭafa 98
バダフシャーン Badakhshān 539, 542, 553, 556, 564
バダン（船） badan 56
バーチューン Bāchūn 243, 245
ハッサー Ḥassāh →アフサーゥ
ハッジ hajj →メッカ巡礼
ハッジャージュ・ブン・ユースフ Ḥajjāj b. Yūsuf 224, 262
パッタニ Pattani 94
バッターラ Baṭṭāla, Pattālam 267, 579
バッティ・ラージプート Bhatti-Rājipūt, buttila 566
パッティラ（縫合型船） pattila, battila 56
バットゥータ Baṭṭūṭa →イブン・バットゥータ

バッラーミーヤ峡谷　‘Aqabat Barrāmīya　197-199, 204
バッリート　al-Barrīt　260
バッル・アルアジャム（ソマリア海岸）　Barr al-‘Ajam　324, 333, 739, 743　→ソマリア
パテ島　Pate Is.　52, 114
バーディウ　al-Bāḍi‘　93, 99, 114, 173
バディカラ　→バトカル
バーティナ（オマーン海岸，地方）　al-Bāṭina　56
バティーフ（バターイフ）　al-Baṭīḥ, al-Baṭā’iḥ　723
ハディル　Khaḍir　→ヒズル
ハディーヤ（贈呈品，贈物）　hadīya　328, 356, 398, 403-404, 423, 437, 557, 581, 585
バード　Bird, Isabella L.　548-549
バトカル　Bhatokal　328, 416, 418, 571-572, 579
ハドラー　al-Khaḍrā’　→アルヘシラス
ハドラビー（ハダーリバ）　al-Ḥaḍrabī, al-Ḥadāriba　366
ハドラマウト（地方，人）　Ḥaḍramawt　61-62, 64, 66, 70-71, 95, 105, 159-160, 172, 269-270, 312, 320, 323-324, 335, 338, 345-346, 354-355, 357, 360, 457, 563, 568, 581, 623, 673, 740, 775　→マフラ
『ハドラマウト史　*Ta’rīkh Ḥaḍramawt*』　338
バドル　Badr　142
バドル・ウッディーン・アルムザッラク（ハワージャ）　Badr al-Dīn al-Muẓallaq, al-khawāja　465
バドル・ウッディーン・ムハンマド・アルハッルービー　Badr al-Dīn Muḥammad al-Kharrūbī　374
バドル・ウッディーン・ムハンマド・ブン・アルハーティム　→ムハンマド・ブン・ハーティム
バドレシュヴァル　Bhadreshvar　684-685
バトン・マッル　Baṭn Marr　143, 163
花綵列島　110
バナワール山（ケダ・ピーク）　Jabal Banawār　722-723, 727　→グノン山
ハニーファカーン　Khanīfaqān, Khanīfaġān, Khunayfqān　226
バーニヤ（商人）　Bāniya　105
バーニヤース　Bāniyās　120, 125
バヌー・ウバイダ　Banū ‘Ubayda　458-459
バヌー・シハーブ　Banū Shihāb　739
バヌー・ムアイヤト　Banū Mu‘ayyat　262
バーバー・サルトゥーク（聖者）　Bābā Sartūq　658
バーバー・ハージー　Bābā Ḥājī　225-226
ハビーブ（大工）　Ḥabīb al-Najjār　638
バビロニア（王国）　Babylonia　13, 80
バーブ・アルマンデブ（海峡）　Bāb al-Mandeb, Bāb al-Mandab　34, 61, 67, 96, 114, 159-160, 172, 200, 216, 269-271, 281, 312-313, 316, 318-320, 322-323, 330-332, 334, 338, 355, 360, 407, 445, 453, 459, 474, 476-477, 735, 739, 747, 750-751
パプア・ニューギニア島　Papua-New Guinea　110
ハファーフィート　Ḥafāfīt　200
ハーフィズ・アブルー　Ḥafiẓ Abrū　642
ハブシー　al-Ḥabshi, al-Ḥibshi, Muḥammad al-Ḥabshī　693
ハブーディー朝　al-Ḥabūḍi, al-Ḥabūẓī　269, 322, 334-339, 342, 344-345, 347-351, 353-355, 399, 568, 673, 739
バフマーン朝　Bahmanids　580, 588
ハーブーラ（地方）　Khābūra　572
バフライン（地方）　al-Baḥrayn, Aḥsā’ al-Baḥrayn　95, 102, 113-114, 159, 216, 219, 270, 272, 275, 320, 337, 352, 354, 415, 562, 572
バフライン島　Uwāl, Bahrein Is.　60, 131, 620
パフラヴィー語（文字）　Pahlawī, Pahlavī　506-507, 527
バフラーン　al-Baḥrān, al-Baḥrayn　→二海
バフリー・マムルーク朝　Baḥrī Mamlūks　333, 337, 350, 362, 432　→マムルーク朝
ハブル　Khabr　214
バフル・アッスィーン　Baḥr al-Ṣīn　→シナの海，インド洋海域
バフル・アッルーム　Baḥr al-Rūm　→ルームの海，地中海世界
バフル・アルヒンド　Baḥr al-Hind　→インド洋海域
バフル・アルブントゥス　Baḥr al-Bunṭus　→黒海
バフル・ムヒート　al-Baḥr al-Muḥīṭ　→周海
ハマー　Ḥamāt　208, 264-265, 447
ハマザーン　Hamadhān　656
濱下武志　112

ハマーダ山塊　Jabal Ḥamāda　97
ハマヒー（磯舟）　khamakhī　605-606
バム　Bam, Bamm　159
バヤースィラ（バイサラ）　baysara, bayāsira　415
パーラ朝　Pāla　513
ハラーイブ　Ḥarā'ib　192
バラウィー　al-Barawī, Khālid b. 'Īsā　157
パラオ（船）　palao, palau, pulaw　523
バラカ（神の恩寵，霊験，御利益）　baraka, barakāt　615, 647, 658
バラカ川　Wādī Baraka　463
バラカート・ブン・ハサン・ブン・アジュラーン　Barakāt b. Ḥasan b. 'Ajlān　381, 472, 474, 477
ハーラク（島）　Khārak, Kharag Island　93, 113, 253, 259, 316, 527
パラークラマ・バーフ2世　Parākrama Bāh II　266
パラークラマ・バーフ3世　Parākrama Bāh III　266
パラークラマ・パーンドゥヤ王　Parākrama Pāṇḍyā　266, 315
バラニー　Baranī, Barnī, Ḍiyā' al-Dīn　561, 565
バラフラー　Balaḥrā, Ballahrā, Brahmā　513, 542, 545, 552, 556, 560
バランク（出港の合図の旗）　balank　328
ハリー（ハルイ）　Ḥaly, Ḥalī, Ḥaly b. Ya'qūb　323, 356, 441, 464
バリー（アラブ遊牧民）　Balī, Āl Balī　201
パリクド島　Parikud Is.　513
パリ国立図書館　Bibliothēque Nationale, Paris　138, 377, 693, 730-731
バリード遺跡　al-Balīd　339, 347, 399, 673-674, 682　→マンスーラ（ズファール地方の新港）
ハーリド・ブン・ムハンマド・ブン・アビー・バクル・アルファーリキー　Khālid b. Muḥammad b. Abī Bakr al-Fāriqī　440
バリーヤ　al-Barīyah, al-Barrīt　260
バリュガーザ　Barygaza　60, 488
ハリーリー　al-Ḥarīrī, Abū Muḥammad 'Alī　54
ハリーレ（キーシュ島の港市遺跡）　Kharīreh　256
パルウィーズ・マリク（商人王）　Palwīz Malik, Zakī al-Dawlat wa'l-Dīn 'Umar b. Aḥmad al-Kāzarūnī, malik al-tujjār　678-681
ハルカ（公設の競り市）　ḥalqa, ḥilqa　357, 411, 581-582, 584
ハルガ（ワーハート）　Kharga, Kharīja　180
バルカ　Barqa　122, 300-301, 492, 617
バルカーナ・ハーン　Barkānakhān　235
バルカーワーン　Barkāwān, Abarūkāwān　→キシム
バルカン（半島，地方）　Balkan　657-658
ハルカンドの海　Baḥr Harkand　721, 755　→ベンガル湾
バルクーク（ブルジー・マムルーク朝スルタン）　al-Ẓāhir Sayf al-Dīn Barqūq　377, 385
ハルゲ　Khargeh, Kharqah　243, 245
バルザフ（二海の牆壁）　barzakh　13, 15-16, 136　→二海
ハルジャーゥ（ズファールの公設市場区）　al-Ḥarjā'　346, 400
バールース　Bālūs　725
バルスバイ（バフリー・マムルーク朝スルタン）　al-Ashraf Sayf al-Dīn Barsbay　331-332, 370-371, 389, 391, 751
バルセロナ　Barcelona, Barshalūna　303
バルダースターン　Bardāstān　253, 257, 259
バルチー（語，人）　Balūchī, Balchistān　211
ハルッペスヴァラ　Haruppesvara　511
パルティア帝国（王国，朝）　Parthian Empire　214
バルト海　Baltic Sea　22, 110, 287
バルナス・アンバー・ナバス　Barnas Anbā Nabas　364
バルハシュ湖　Oz. Balkhash　541, 543
バルバラ（港市，海岸）　Barbara, Barbar　49, 61, 68, 324, 400　→バッル・アルアジャム
バルバリコン　Barbarikon　60, 488
ハルビーヤ（船）　ḥarbīya　301
バルボサ　Barbosa, Duarte　567, 570-571, 579
バルユーナシュ　Balyūnash　498
ハルルフ　Khallukh　541, 543, 556
ハルワ（宗教上のお籠りの場所）　ḥalwa　619
ハールーン・アッラシード　Ḥārūn al-Rashīd　158, 262
バルン・マルヤ　Barn Maryah　253

バレアレス諸島　Balearic Isles, Mayurqa　22, 114, 299, 302-303, 307
パレスチナ（地方，海岸）　Palestine　278, 287, 294, 297, 306, 322, 434, 617, 643
パレルモ　Palermo, Balarm　300, 499
バーレン島　→ウワール
バレンシア　Valencia, Balansiya　178, 303
パレンバン　Palembang　94, 100, 314, 704
バロダ　Bharoda　95
ハワージャ（大商人，奴隷商人）　khawāja　441, 469, 474, 647
ハワージャ・ブフラ　Khawāja-Bukhrah, Bohorās, Bohras　577-579
ハワーリジュ派　al-Khawārij, al-Khālijīyat　617
ハワーリジュ派イバーディー教団　al-'Ibādīyat　509
ハーン（隊商宿）　khān　148, 181, 384
ハーン・アーザードマルド　Khān Āzādmard　219, 222-223, 230-232
ハーン・バーリク（大都）　Khān Bālik　276
パンジャーブ（地方）　Panjāb　564, 566
バンジャーラーン　Banjārān　704-705, 721, 723, 727
范成大（『桂海虞衡志』）　515
バンダ・アチェ　Banda Aceh　535, 770, 773 →アチェ王国
バンダ海　Banda Sea　311
バンダ諸島　Banda Islands　314, 418, 523
樊綽　550
バンタム（港市，王国）　Bantam, Banten　103, 105, 773
バンダル・アッバース　Bandar 'Abbās, Bandar-i 'Abbās　61, 66, 94, 217, 225, 277, 318, 636, 647, 649-650, 652, 654
バンダル・サラーワート　Bandar Salāwāt　267, 271, 315, 579
バンダル・フルムーズ　Bandar Hurmūz　252, 254　→ホルムズ
バンダレ・クング　Bandar-i Kungh, Kong　66, 650, 652
バンダレ・ダイイル　Bandar-i Dayyir, Bandar al-Dayyir　240, 259
バンダレ・ターヘリー　Bandar-i Ṭāherī　236, 258
バンダレ・チャーラク　Bandar-i Chārak　→チャーラク
バンダレ・チールー　Bandar-i Chīrū　256, 258
バンダレ・ハミール　Bandar-i Khamīr　649
バンダレ・マカーム　Bandar-i Maqām　258
バンダレ・マーチュール　Bandar-i Māchūl　337, 655
バンダレ・ラーフト　Bandar-i Lāft　648-649
バンダレ・リーグ　Bandar-i Rīg　655
バンダレ・リンゲ　Bandar-i Lingeh　254, 650, 652
パーンドゥヤ朝　Pāṇḍya　266-267, 315, 318, 328, 563, 566
パンドランカ　Pandranga　→カンドランジュ
バンテン（港市，王国）　Banten　→バンタム
バントゥー文化圏　93, 114, 405　→東アフリカ
蕃舶　515
ハーンフー　Khānfū　→広東
ハンマード朝　Banū Ḥammād　499-501
ビゥル・アビー・グスーン　Bi'r Abī Ghusūn　197
ビゥル・アビー・ラマド　Bi'r Abī Ramad　192
ビゥル・ジリード　Bi'r Jirīd　192
ビゥル・ダグバジュ　Bi'r Daghbaj　→ダグバジュ
ビゥル・ドゥンカーシュ　Bi'r Dunqāsha　→ドゥンカーシュ
ビゥル・ビーザ　Bi'r Bīza　198
ビゥル・ビーターン　Bi'r Bītān　189, 197-198, 203
ビゥル・マニーフ　Bi'r Manīf　184, 198-199, 201, 204
東アフリカ（スワヒリ海岸）　East Africa　47, 49-50, 52, 59, 61, 64-68, 70-72, 86, 89, 93, 96, 98, 101, 103, 114, 405, 413, 424, 521, 630, 634, 683, 688, 751　→スワヒリ
東アフリカ海岸流　East Africa Coastal Current　58, 67
東アラビア海岸　East Arabian coast　→バフライン
東インド会社（イギリスの）　East India Company　6
東シナ海（世界）　East china Sea　3, 16-17, 21, 79, 101, 105, 490, 509
東地中海・黒海世界　Eastern Mediterranean-Black Sea　22, 644
庇護　→ヒマーヤ

ピサ　Pisa　147, 300, 500
ヒザーナ（国家の収納金，財庫，宝物庫）　khizāna　319-320, 437, 746
ビザンツ帝国（海軍）　Byzantine empire　5, 29, 78, 101, 121, 147, 202, 284-288, 290, 293, 299-300, 303-304, 306-307, 309, 496-497
ヒジャーザ　Ḥijāza, Ḥagāza, Ḥājir　182, 198
ヒジャーズ（地方）　al-Ḥijāz　154, 157, 171, 175-176, 264, 269, 306, 316, 320, 322-323, 330, 334, 338, 365, 368-369, 371, 381, 384, 414, 425, 428, 431, 435-436, 450, 460-461, 468, 475, 478, 572, 580, 739, 751
ヒジャーズ巡礼鉄道　Hijāz Railways　157
ビーシャープール　Bīshāpūr　245
ビージャープール　Bījāpūr　588
ビジャーヤ（王国，港）　Bijāya, Bougie　491-492, 495, 498-501
毗喏耶国　→ビジャーヤ
ビジャーヤ族　Banū Bijāya　499
費信（『星槎勝覧』）　775
ヒズル（信仰）　Khiḍr, Khizr, Khaḍir　36, 97, 260, 593, 633-665
ヒズル・イリヤース　Khiḍr-Ilyās　36, 96, 593-651, 665
ヒズル・イリヤースのモスク　Masjid al-Khiḍr wa Ilyas　639-643
ヒズルのモスク　Masjid al-Khiḍr　634-635, 639
ヒター　al-Khiṭā　515
ヒナウル　Hinawr, Honovar　324, 568, 571, 577
ビハール　Bihār　566
ビービー・マルヤム廟　Mashhad Bībī Maryam　648
ビーマジャーン　Bīmajān　226
ヒマラヤ山脈（山系）　Trans-Himalaya Mts.　534, 557, 566
ヒマーヤ（保護，保護権，保護料，庇護，相互扶助）　ḥimāya　322, 403
ヒムヤリー　al-Ḥimyarī, Muḥammad b. ʻAbd al-Munʻim　641-642
ヒムヤル（地方）　Ḥimyar, bilād Ḥimyar　746
白檀　santalum album　35, 94, 315, 435, 505-509, 519-533, 553, 557, 576, 704
ピュー（驃国）　544-545, 552
ビュロウ　Bulow, Adam　184, 198
平底船　→ジラーブ，縫合型船
平戸　81
ビーラム島　Jazīrat Bīram, Pirim Is.　639
ピラール　Pylard, François　774-775
ビラール・アルハバシー　Bilāl al-Ḥabashī　642
ヒラール族（ヒラーリー・アラブ系遊牧民）　qabīlat Hilāl, Banū Hilalī　201, 623
ヒーリー　Hīlī　102, 275, 300, 316, 416, 568, 577, 579
ピーリー・レイス　Pîrî Reis　495-497
ヒルダ　al-Ḥirḍa　407
ヒルト　Hirth, F.　491, 498
ビールーニー　al-Bīrūnī, Abū al-Rayhān Muḥammad b. Aḥmad　486, 511, 514, 516, 519, 522, 524-525, 535, 537, 539-556, 720, 774
ビルバイス　Bilbays　154, 156, 175, 264
ビルマ　Burma　→ミャンマー
ピレス　Pires, Tomé　404, 416, 418-419, 546
ピレネー山脈　Pyrénées　285, 294
ピレンヌ　Pirenne, Henri　4-5, 281, 283, 285, 288, 292, 305, 307, 309-310
ピレンヌ・テーゼ　Pirenne thèse　5, 34, 283-292, 306, 309-310
ピロティ　Piloti de Crète　391, 458
ビンゼルタ（湖）　Binzerta, Banzert　503, 594, 599, 602, 607, 612
ヒンドゥー教　Hinduism　631, 633, 682-684
ヒンドゥークシュ山脈　Hindu Kush　294
ヒンドラービー（島）　Hindrābī　257, 283
ファイド　Fayḍ　158, 162
ファイラカ（島）　Faylaka　93, 113
ファーカヌール　Fākanūr　324, 567-568, 579
ファサー　Fasā　224, 720
ファースィー・アルマッキー　al-Fāsī al-Makkī　461-465, 469-474
ファッタン　Fattan　572, 577, 579, 581
ファーティマ朝　al-Dawlat al-Fāṭimīya　2, 102, 115, 176-177, 180, 199, 239, 300, 358, 362, 365, 388, 394, 425, 430-432, 490, 689
ファフル・ウッディーン・アフマド・アイユーブ・ジブライール・ブン・ルスタム・ブン・ムハンマド・ブン・ユースフ・ガイガーン　Fakhr al-Dīn Aḥmad Ayyūb Jibraʼīl b. Rustam b. Muḥammad b. Yūsuf Ghayġān (Gaykān)　246-247
ファフル・ウッディーン・アフマド・ブン・フサイン・ブン・アビー・バクル　Fakhr

al-Dīn Aḥmad b. Ḥusayn b. Abī Bakr 276-277, 679
ファマグスタ Famagusta 664
ファム・アッスィルフ（運河） Fam al-Ṣilḥ 262
ファム・アッダルブ Fam al-Darb 253, 263
ファラーイド山 Jibāl Farā'id 204
ファラオの海 Sea of Pharaoh 574
ファラサーン島 Jazīrat Farasān 114
ファラーシュバンド Farāshband, Ferāshvand 232, 243, 246
ファラマー al-Faramā 170, 310
ファーリキー家 Ibn al-Fāriqī 326, 438, 445, 742
ファーリス Fāris →ファールス
ファーリヤーブ Fāriyāb 226
ファール Fāl 236
ファールス（地方，イラン，パールサ，ペルシャ） Fārs, Furs 143, 159, 211, 214, 225, 270, 275, 324, 336-337, 352, 354, 406, 424, 536, 540, 563, 572, 645
ファールース Fārūth, Fārūt 253, 262
ファールスの海（ペルシャ湾，インド洋） Baḥr al-Fārs, Baḥr al-Fāris 632, 642
ファン・クリステル van Cristèle, Joos 391
ファンスール島 Jazīrat Fanṣūr 525, 720-721, 724-725
ファンダライナー Fandaraynā, Fandarayna 102, 275, 315-316, 324, 350, 416, 568, 577
フィランジュ（フランク人） al-Firanj, al-Ifranj 468
フィーランジュ Fīranj, Qīranj 544, 552 →ピュー
フィールーザーバード Fīrūzābād →ジュール
フィールーズ・シャー3世 Fīrūz-Shāh III 455-456, 478
ブヴァネカ・バーフ1世 Bhuvaneka Bāhu I 33, 250-251, 264-269, 271, 278, 357
フェニキア人 Phoenicians 2, 120-121, 126-127
フェーブル Fevre, Lucien 292
フェリシュタ Ferishta, Muḥammad Qāsim 455
フェルガーナ Farghāna 545
フォーブス Forbes, D. W. Andrew 760
フォルラニ Forlani, Paulo 382
ブクア港 Bandar Buq'a, al-Bandar al-Jadīd 356, 459, 473, 747
『福音書』 668
福原信義 694
ブー・サイード王朝 Bū Sa'īd, Āl 321
フサイン Husain, Mahdi 578
フサイン（アミール） al-Ḥusayn 372, 389
フサイン（アリーの子息イマーム） Ḥusayn b. 'Alī b. Abī Ṭālib 145, 614, 645
フサイン・シャラフ・ウッディーン Ḥusayn Sharaf al-Dīn al-Fāriqī al-Kārimī 327, 438, 440-441 →ファーリキー家
フージスターン Khūzistān, Khōzestān 211, 623, 655, 691, 706, 723
ブーシフル Būshihr, Būshahr, Abū Shahr 159, 253, 259, 654-655
藤本勝次 694
ブジャン峡谷 Bujan Valley, Pengkalan Bujang 94, 517, 704, 722
藤善真澄 490
フズー Huzū, Huzwa 253, 256
フスタート al-Fusṭāṭ, Miṣr 34, 100, 153-154, 157-158, 165-166, 300, 302, 310, 362, 365, 375, 394, 425, 432, 434, 490, 494, 550, 689, 751
ブスラー Buṣrā 162
ブズルク・ブン・シャフリヤール Buzurk b. Shahriyār 48, 415, 526, 689-692, 695-696, 698-700, 704-706, 714-715, 720, 722, 724-728, 774
不正行為 mardūd 400
フダイダ al-Ḥudayda, Hodeida 61, 66-67, 773
二つの海 →二海
二つ帆（両帆）の航海期 rīḥ al-qil'ayn 59, 272
ブータン Bhutan 516, 566
フッカート（山） Ḥuqqāt, Jabal Ḥuqqāt 583
福建 Fujan 414
フッタル Khuttal 553-554
フッビー家 Ibn al-Hubbī, al-Habbā, al-Hibbī 326, 438, 441-442
フドナ（友好条約，盟約） hudna 264, 278, 358
フドルルク →ヒズル
フナイフカーン Khunayfkān →ハニーファカーン
船主 ṣāḥib al-marākib 456, 527

フナルマ　hunarma, hunarmān　415
ブハーラー　Bukhārā'　539, 556
フマイスラー（シャーズィリーの井戸）
Ḥumaythrā, Ḥumaythīra, Bi'r Humaythra
172, 175, 186-187, 200　→シャーズィリー
ブーム（ダウ）　būm, burmāt　52, 56
フライス家　Ibn al-Hulays　326, 438, 440, 446
ブラウン　Brown, Emanuel　222-223, 231, 233
ブラーク（天馬）　al-Burāq　559
フラーサーン　Khurāsān　→ホラーサーン
ブラーズ川　Rūd-i Burāz　227
ブラナン（佛羅安）　524
フーラーブ　Khūrāb　232
ブラマプートラ川　Brahmaptra R.　511
プララムバム（王国）　Pralambham, Salanbha　511
フーラーン海峡　Tanġ-i Khūrān　648-649
フランク人　→フィランジュ
プリニウス　Plinius　489
フリーマン・グレンヴィル
Freeman-Grenville, G. S. P.　694, 696
プリンケット　Princkett, M. E.　516
プリンス　Prins, A. H. J.　64
フルーカ（舟）　flūka, flukka, feluca, fulak
124, 126, 131, 595-596, 603-604, 606-607, 611, 620
ブルガリア　Bulgaria　657
ブルクハルト　Burckhardt, John Lewis　52, 634, 636
ブルジー・マムルーク朝　Burjī Mamlūks
370, 377, 432, 751　→マムルーク朝
ブルナイ（島，海）　Burnai, Burnay, Borneo
108, 311, 525, 524, 550, 773
ブルハーン・ウッディーン・イブラーヒーム・ブン・ウマル・アルマハッリー（カーリミー商人）　Burhān al- Dīn Ibrāhīm b. 'Umar al-Maḥallī al-Kārimī　377, 385
ブルハーン・ウッディーン・ブン・ムバーラク・シャー（ハワージャ）　Burhān al-Dīn Mubārak Shāh　465
ブルフ家　Āl Bulukh, Āl Balkh　344
フルムーズ　Hurmūz　→ホルムズ
フルムーズ道　ṭarīq Hurmūz　252, 254, 271, 273
プレ・ファサー　Pul-i Fasā　225
プレスター・ジョン（伝説）　Prester John　377-378
プロコピウス　Procopius　509, 527
プロタラス　Protaras　663
ブローチ　Broce, Bharuch　95, 488, 684
プロテクション・レント（保護コスト，保護料）
protection rents　105, 165, 450
ブローデル　Braudel, Fernand　4-6, 77, 81, 98, 114, 292
フローレス諸島　Flores　520, 522
ブワイフ朝　al-Dawlat al-Buwayhīya　202, 214, 225, 228, 570
フワーリズム　Khuwārizm, Khwārizm　→ホラズム
フング王国　Fung, Funj　177
フンドゥク　funduq, fondaco　148, 384
フンドゥク・ムカッラム　al-Funduq al-Mukarram　181
ベイルート　Bayrūt, Beirut　124-125, 147, 157-158, 300
ペキード・ハ・ソーハリーム　Peqīd ha-sōharīm　409
ペグー　Pegu　416, 418, 545-546
ベジャ（ブージャ，ブジャ）　Beja, al-Būjat, al-Bujat　85, 163, 202, 282, 364, 365-367, 374, 376, 383, 389
ベジャ系・ヌビア系（遊牧民）　Beja-Nubian nomads　175-176, 178, 192, 194, 201, 203
ペスト　ṭā'ūn　737, 750, 752　→疫病
ペディール　Pedir　314
ベナレス　Benares, Vanarasi　566, 720, 727
ベニサンゴ（紅珊瑚）　484, 486, 489-503, 620　→珊瑚
ベニン（王国）　Běnin　488
ヘラクレスの柱　pole of Heracles　641
ベル　Bell, H. C. P.　754-755, 758, 760, 762, 764
ベルグラヴ　Belgrave, Sir Charles　565
ペルシス　Persis　211　→ファールス
ペルシャ湾　Persian Gulf, Arabian Gulf, Baḥr Fārs　13, 15, 17, 22, 28, 31, 33, 41, 46, 50-51, 54, 56, 58-63, 66-70, 72, 74-75, 95, 97, 99-102, 209-210, 214, 217, 219, 228, 251, 260, 265-267, 271-274, 276, 278, 302, 309, 313, 316, 318-319, 337-339, 341-342, 348-350, 354, 357-358, 362, 386, 395, 397, 406, 412, 416, 425, 448, 450, 485, 527-528, 530, 539, 556, 559, 563, 565, 571-572, 574, 579, 596, 617, 623, 636-637, 645, 655-656, 666, 689,

691, 705-706
ペルシャ湾軸ネットワーク →イラク・ペルシャ湾軸ネットワーク
ベルニケー（ベレニケ） Bernicē, Berenikē 60, 96, 171-172, 174, 185, 197, 200, 216
ベルベル（系，人，地方，社会） 296, 499, 615, 617, 630
ペルラク Perlak 103, 314
ベレニケー Berenike →ベルニケー
ベンガル（地方） Bengal, Bengāla 79, 94, 101, 416, 418, 454, 513, 519, 545, 550, 552-553, 561, 565-566, 576, 581, 721-727, 743, 755, 770
ベンガル湾 Bay of Bengal, Baḥr Harkand 2, 16-17, 47, 56, 59, 79, 81, 94, 101-102, 104, 110, 286, 314, 446, 511-512, 528, 545, 549-550, 552, 666, 755
ベント Bent, J. Theodore 361
ペンバ（島） Pemba Is. 61, 64, 67, 75, 86, 101, 114
遍歴移動型商人 →ラッカード
保安・監視船 →シャワーニー
保安税 →シャワーニー税
ホイサラ王国 Hoysala 580, 588
縫合型船 40, 54-55, 160, 474, 574-575, 751
法隆寺 505-506, 525, 527, 530
ポーク海峡 Palk St. 95, 287 →マンナール湾・ポーク海峡
ボズジャアダ（島） Bozca-ada Is., Tenedos 663
ボズテペ・アダスィ（半島） Boztepe Adasi 641
ホータン（川，町） Khotan 543, 545
北海 North Sea 22, 110, 287
北方貿易 Saqāliba al-Rūs trade 287
ホッラムシャフル Khorramshahr 67
ポートスーダン Port Sudan 61, 361
ポハンカ Pohanka, R. 218, 246
ホーム・アッスーク Houmt-Souk 596, 609, 611
ホラーサーン Khurāsān 143, 159, 164, 209, 211, 287, 417, 528, 537, 539, 542, 545, 556
ホラーサーン街道（イラン北道） ṭarīq Khurāsān 211, 545
ホラズム Khuwārizm, Khwārizm 287, 402-403, 570
ホラズム・シャー Khuwārizum-Shāh 274-275
ポランニー Polanyi, Karl 79-80, 85
ボーリン Bolin, Sture 289
ボール Ball, John 188, 190, 196, 198
ポール Paul, A. 361
ポルトガル（人） Portugal 105, 318, 403, 416, 636, 771
　マラバール海岸における 769, 771, 773, 775
ポルトラーノ地図 Portorano map 375-376, 381, 386, 388-389
ボルネオ（島，海） Borneo →ブルナイ
ポルバンダル Porbandar 64, 72
ホルムズ Hormuz, Hurmuz, Hurmūz, Bandar Hurmuz, Cormos 113, 119, 138, 159, 209, 217, 254, 265, 258, 271, 273-277, 316, 318, 321, 328, 337-338, 349-350, 354, 416-417, 448-449, 561-563, 568, 571-572, 576-577, 579
　旧ホルムズ Hurmuz ʻAtīqa 54, 56, 104, 217, 254, 273-277, 315, 318, 322, 571, 636, 654
　新ホルムズ（島） Hurmuz Jadīda, Jarūn, Jarawn 93-94, 104-105, 113, 254, 277, 318, 571, 577, 636, 650, 652
ホルムズ海峡 St. Hormuz 7, 95-97, 105, 272, 275, 277, 281, 312, 316, 318, 335, 337, 570, 617, 636, 647-648, 654
ポーロ Polo, Marco →マルコ・ポーロ
ボロール Bolōr 542, 545, 556
ポロンナルワ Plonnaruwa 266
ホワイトハウス Whitehouse, David 214
ボン岬（チュニジア） Cap Bon 22
『本草衍義』 488, 491
ボンベイ Bombay, Munbay 72, 95, 160, 565

マ 行

マアーサル al-Maʻāṣar 185
マアーズィバ Maʻāziba 458, 585, 742-743, 746
マァバール（コロマンデル，大マアバール） Ma'abār, Maabar 101, 103-104, 276, 314, 413, 455, 561, 572, 575-581, 588-589, 686, 724
マアーフィル Maʻāfir 581
マアラチュク Mağaracık 638, 658
マァリブ Maʻrib, Mariama 581
マアーン Maʻān 157, 162
マイ May, Mayy 219, 222-223, 233
マイソール（地方，州） Maysor 520

マーイド　al-Mā'id　→アムド
マイモディ・アコマット　Maimodi Acomat　→ルクン・ウッディーン・マフムード・アフマド
マウスィム　mawsim　→モンスーン
マウスィム・アルハッジュ（巡礼大祭）　mawsim al-ḥajj　→メッカ大祭
マウスィル　al-Mawṣil, Mosul　209, 667-668
マウリド（預言者の生誕祭）　al-mawlid, mawlid al-nabī　630
マーガ　Māgha　266
マカオ　Macao　119
マカースィール　Maqāṣīr　→マカッサル
マカッサル　Makassar, Ujungpandan, Maqāṣīr　521-525
マクディシュー　Maqdishū　→モガディシュー
マクラーン（地方）　Makrān, Ṭīz-Makrān　274, 318, 455
マクリーズィー　al-Maqrīzī, Taqī al-Dīn　144, 252, 264, 323, 358, 365, 367, 370-374, 376, 431, 448, 458, 467, 470, 475-476, 572, 741
マグリブ・アンダルス（地方，西方イスラーム世界）　al-Maghrib　22, 174, 285, 296-297, 308, 407, 490-491, 495, 499, 615-616, 622
マグリブ巡礼キャラバン隊　rakb al-Maghāriba　144, 156
マサイランド　Masailand　405
マザリーブ　al-Mazarīb　145
マジャパヒト（王国）　Majapahit　81, 314, 321
マスィード（村）　al-Masīd　182
マスィーラ（島）　Masīra　66
マスウーディー　al-Mas'ūdī, Abu'l-Ḥasan 'Alī　101, 415, 513, 524, 532, 538-539, 544, 549-550, 552, 690, 696
マスウード（アイユーブ朝スルタン）　al-Malik al-Mas'ūd Ṣalāḥ al-Dīn, Abū Muẓaffar Yūsuf b. Muḥammad b. Abī Bakr b. Ayyūb　345, 738
マスカト　Masqaṭ　64, 66-68, 80, 100, 217, 271-272, 570-572
マスカリン島　Mascarene　756
マスジディーユーン（モスクに集まって談話する人たち）　al-Masjīdiyūn　706, 714
マスーラ（船）　masūla, massula　53, 56
マスリパトナム　Masulipatnam, Fattan　581, 724　→ファッタン
マズーン　Mazūn　→スハール
マダーイン・キスラー　Madā'in Kisrā　209, 253, 263
マダーイン・サーリフ　Madā'in Ṣāliḥ　162
マダガスカル（島）　Madaghascar　47-48, 108, 112, 140, 718, 756
マターラ（イラクの村）　al-Maṭārah, al-Maṭṭārah, Deh-i Maṭārah　253, 260
マタラム（王国）　Mataram　81
マッカリー　al-Maqqarī, Shihāb al-Dīn Abu'l-'Abbās al-Tilimsānī　550
マッサワ　Massawa　93, 114, 119, 176-177, 386, 390
マッタム　Mattam　→マルタバーン
マディーナ　al-Madīna　→メディナ
馬塘　548
マートゥール　Mātour　501
マドゥラ海峡　Madura St.　681
マドゥライ　Madurai　580, 588
マドゥライ・イスラーム王朝　Madurai-Islamic dynasty　588
マトジャル（政府販売所，国家資金，交易資金）　matjar　327, 436, 444
マドスース　Madsūs, Wādī Madsūs　187-188
マトータ　Matotah　→マンタイ
マドラス　Madras　53, 525
マナーマ　al-Manāma　69
マニーバール　Manībar　→マラバール
マヌーフィーヤ　al-Manūfīya　639
マハナティー川　Mahanati R.　512
マハリス　Maḥaris　611
マハル・ディーバ　Mahal Dība　→マルディヴ
マヒー・サーガル川　Mahi-Sagar R.　95, 639
マーピッラ　Māpillas, Maplahs, Moplahs　103, 571, 577
マーファンナー　Māfannā　716
マフィア（島）　Mafia Is.　61, 67
マフザリー　al-Maḥzarī, al-Muḥrīza　253, 260, 637
マフジャム　Mahjam　440, 585
マフディーヤ　al-Mahdīya　297, 300, 302, 494, 603, 622
マーブド（東北チベット）　al-Mābud, al-Mānak, al-Mayad, Mdoo　538, 544, 550, 552
マフミル（巡礼輿）　maḥmil, maḥmal　150-151, 157, 171, 199, 204, 336, 376
マフムード（ガスナ朝スルタン）　Maḥmūd,

Yamīn al-Dawla 566
マフムード1世（オスマン朝スルタン） Maḥmūd I 698
マフムード・ガーザーン（イル・ハーン朝スルタン） Maḥmūd Ghāzān 276
マフムード・ブン・ムハンマド・アルヒムヤリー（ハブーディー朝スルタン） Maḥmūd b. Muḥammad al-Ḥimyarī 345
マフムード・マクディーシュ Maḥmūd Maqdīsh 618
マフラ（地方） Mahrah 58, 67, 339, 341, 351 →ハドラマウト，ズファール
マフラ・ラクダ al-Mahrī 366
マブラズ al-Mabraz 182
マフルワーン Mahrwān, Mahrvān 253, 259
マムルーク軍団 al-mamulūks 145, 156-157, 330-331, 366, 370-371, 391, 468, 475, 477, 741, 751
マムルーク朝 Dawlat al-Mamālīk 33, 35, 85, 104, 122, 127, 150, 157, 170-171, 176, 180, 199, 202, 250-252, 254, 264, 268-269, 274, 278, 282, 309, 311, 320, 323, 329-332, 356-359, 362, 365-366, 368, 370, 376, 380, 383-385, 390, 394-395, 440, 425, 428, 430, 432, 438-439, 445, 453-454, 460-461, 463, 467, 470-472, 474-475, 477-479, 521, 557, 572, 638, 686, 689, 700, 730-731, 741
マヨルカ島 Majorca Is., Mayurqa 114, 299, 375
マラカ Malaka, Malakka, Malacca, 満喇加 81, 103, 105, 314, 321, 403-404, 416-419, 546
マーラカ（マラガ） Malāqa, Malaga 157, 302
マラッカ海峡（沿岸） Str. of Malacca, Salāhiṭ, Shalāhiṭ, Selah, Sellah 7, 21, 46, 95, 101, 103, 110, 117, 281, 517-519, 704
マラバール（地方，海岸，ムライバール，マニーバール） Malabār, Mulaybār, Manībār 50, 56, 80, 101, 103-104, 265, 267-268, 272, 311-312, 314, 323, 341, 350-351, 414-416, 418, 434-444, 448-449, 454, 457, 575-581, 589, 623, 686, 755, 758, 765, 770, 775
マラブー信仰 al-Murābiṭ, al-Marabūṭ, Marabout 504, 614-615, 617-622
マラブーの家 bayt al-Marabūṭ 614
マラユー・ジャンビ Malayū, Jambi, 末羅瑜 94, 103
マランク（ホルムズ王） Malank 274-275
マリー Murry, G. W. 189, 198, 361, 370
マリー（マーリー，マーッリー） Malī, Mallī 488
マリー・タクルール（王国） Malī-Takrūr 144 →マリー（マーリー，マーッリー）
マリー・ファッタン Malī-Fattan, Malifattan 572, 577 →ファッタン
マリー・ブクトゥル修道院（ヒジャーザのコプト・キリスト教修道院） Marī Buqtur Monastery, Deir Ḥagāza 182, 198
マリク・アッサーリフ（スムトラ・パサイの初代王） al-Malik al-Ṣāliḥ 314
マリク・アルイスラーム・ジャマール・ウッディーン・アッティービー（キーシュ島のスルタン） Malik al-Islām Jamāl al-Dīn al-Ṭībī 572
マリク・イブラーヒーム Mawlānā Malik Ibrāhīm 681
『マリク・マンスール実録集 *Tashrīf al-Ayyām wa'l-'Ulūm fī Sīrat al-Malik al-Manṣūr*』 138, 251, 278
マリンディ Malindi, Malinda, 麻里地 50, 66, 417
マルークー諸島（モルッカ，丁香の島々） Malūkū, Molucca, Juzur al-Qaranfil 522-523
マルコ・ポーロ Marco Polo 54, 56, 267, 273-274, 276, 378, 531, 546, 549, 563, 566, 568, 570-571, 573-575, 578-579, 669
マルサー・アラム Mawsā 'Alam 197
マルサー・アルハラズ Marsā al-Kharaz, Kaleh, La Calle 492-498, 500-501
マルサー・ゲリード Marsā Gerīd, Marsā Jarīd 383, 389
マルサー・シャアブ Marsā Sha'b 190
マルズバーン（海外居留地の長，貿易代表者） marzubān 275, 318, 519
マルセイユ Marseilles 300, 500
マルタ島 Malta Is. 22, 120, 299, 597, 603, 606, 623
マルタバーン（港，地域，壺） Martaban, Mattam 519
マルタバン湾 Gulf of Martaban 519
マルディヴ（諸島） Maldive Is. , Dībājāt, Mahal Dība, Dībā Mahal, 溜山国 59, 72, 105, 108, 112, 314-315, 419, 454, 457, 513, 679-680, 682, 726, 754-756, 758-760, 762,

764-771, 773-775
『マルディヴ諸島――歴史・考古・碑文に関するモノグラフ』 758-759, 762 →ベル
『マルディヴ諸島のイスラーム史 *al-Ta'rīkh*』 679, 689, 754, 758, 760, 762, 764
マルマラ海 Marmara 22, 115, 663
マルワズィー al-Marwazī, Sharaf al-Zamān Ṭāhir 538, 552
マーレ（マハル） Male, Mahal 679-680, 682, 724, 754-755, 758, 760, 762, 766, 770
マレー半島 Malay Pen. 46, 96, 102-103, 112, 314, 414, 417, 534, 539, 546, 553, 704
マー・ワランナフル（地方） Mā Warā' al-Nahr, Māwarannahr, Transoxiana 140, 209, 211, 308, 528, 539, 545, 553-554, 556, 623
マーワルディー al-Māwardī, 'Alī b. Muḥammad al-Māwardī 767
マンガロール →マンジャルール
マンクス貨 mankus dinar 289
マングローブ mangrove 67, 70, 72-73, 75, 89, 94, 100, 405, 671
マンジャルール（マンガロール） Manjalūr, Mangalor 64, 67, 72, 324, 328, 567-568, 571, 577, 579, 581
マンジュー家（王朝） Āl Manjū, Āl Manjawayh, awlād Manjawayh, al-Manjawīyūn 341-345, 348
マンスーラ（スィンド地方の） al-Manṣūra 713
マンスーラ（ズファール地方の新港） al-Manṣūra 269, 321, 324, 339, 342, 344, 346-347, 353, 399, 436, 570, 581, 673-674, 743, 750-751
マンスール（アッバース朝カリフ） al-Manṣūr, Abū Ja'far 532
マンスール（マグリブ・ファーティマ朝カリフ） →イスマーイール・アルマンスール
マンスール（マムルーク朝の） al-Malik al-Manṣūr Sayf al-Dīn Qalā'ūn al-Alfī 250-252, 254, 264-265, 277-278, 357-358, 447
マンスール（ラスール朝の） al-Malik al-Manṣūr 'Abd Allāh 734
マンスール1世（ラスール朝の） al-Malik al-Manṣūr Nūr al-Dīn 'Umar I 738-739
マンスール王（ハマー・アイユーブ家の） al-Malik al-Manṣūr 264-265
マンダ（島，遺跡） Manda Is. 64, 86, 100-101, 114
マンタイ Mantai, Matotah, Mantotah, Mahathita, Mandai 100, 266, 315, 516-517, 527-528
マンダブ al-Mandab →バーブ・アルマンデブ
マンダリーファッタン Mandarīfattan 724
マンディスターン Mandistān 214
マンド川 Rūd-i Mand, Nahr Sikkān 210, 229, 232-233, 235, 239-240, 242, 259
マンドヴィ Mandvi 64, 67
マントータ Mantotah →マンタイ
マンドレル Maundrell, Henry 127
マンナール湾 Gulf of Mannar 60, 267, 315, 516
マンナール湾・ポーク海峡 Gulf of Mannar-Park St. 95, 266, 281, 312, 314-315, 318, 578
マンファルート al-Manfalūṭ 175, 374
ミカエル（大天使ミーカーイール） Mīkāl, Mīka'īl 664
三上次男 361, 372
貢物 hadīya →ハディーヤ
緑のイエメン al-Yaman al-Akhḍar →ティハーマ
ミナーの谷（メッカ） Minā 164
港が開かれる時期 waqt maftūḥ al-furḍa 58
ミーナブ（川） Mīnab 254, 571, 654
南アラビア（地方，海岸） South Arabia 58-62, 64, 66-67, 94, 96, 98-99, 209, 258, 298, 399, 483, 559, 563, 573, 577, 596, 610, 650, 682-683, 729
南シナ海 South China Sea, Baḥr Ṣankhay, 漲海 3, 16-17, 20, 46-47, 59-60, 63, 65, 79, 94, 101-102, 104-105, 446, 490, 509, 514, 532, 666
南赤道海流（反流） South Equatorial Currents 58-59
ミノルスキー Minorsky, V. V. 538, 556
ミフラースヤフ（スマトラ王の娘） Mihlasyāh bint al-Sulṭān Zayn al-Dīn al-'Ābidīn 680
ミヤーン・ダシュト Mi'ān Dasht 232
ミャンマー（ビルマ） Myanmar (Burma) 510, 514, 519, 544
ミヨスホルモス Myoshormos, Safāga 171
ミラー，コンラド Miller, Konrad 240
ミラドゥンマドル環礁（北，南）

Miladhunmadulu Atoll　771
ミルバート　Mirbāṭ, 麻羅抜　71, 96, 99-100, 159-160, 172, 272, 276, 321, 324, 328, 334, 339-340, 342-346, 348-350, 355, 360, 436, 457, 570, 581, 743, 750-751
明朝（中国の）　2-3, 477, 549, 571, 669, 686, 730, 746, 749, 774
明朝の海外遠征　571, 749　→鄭和，鄭和艦隊
ミンハージュ・ウッディーン　Minhāj al-Dīn　566
ムアイヤド（マムルーク朝スルタン）　al-Mu'ayyad Sayf al-Dīn　467-471, 473-475, 478
ムアイヤド（ラスール朝スルタン）　al-Malik al-Mu'ayyad Hizabr al-Dīn Dā'ūd　325, 358, 436, 584, 738, 740-741, 743
ムアーウィヤ（ウマイヤ朝カリフ）　Mu'āwiya b. Abī Sufyān　122, 305-306
ムイッズ・ウッディーン・ムハンマド　Mu'izz al-Dīn Muḥammad b. Sām　720
ムカッダスィー　al-Muqaddasī, al-Maqdisī　219, 222, 226, 228, 230, 240, 300, 406-410, 492, 494-496, 705-706
ムカッラー　al-Mukallā　61, 64-67, 96, 160, 341, 457, 773
ムカッラム・イスマーイール・ブン・アッラマティー　Mukarram Ismā'īl al-Lamaṭī　181
ムカッラム・ムハンマド・イマード・ウッディーン3世（マルディヴ・スルタン）　Mukarram Muḥammad 'Imād al-Dīn III　758, 765, 770
ムガディシュー　Mugadishū　→モガディシュー
ムガル帝国　Mughals　105, 520, 535, 564, 775
ムーク渓谷　Tang-i Mūk　226-227
ムクター　muqṭā　319, 583, 750　→イクター
ムクタディル・ビッラー（フ）（アッバース朝カリフ）　al-Muqtadir Bi'llāh　694
ムクタフィー・ビッラー（アッバース朝カリフ）　al-Muqtafī Bi'llāh, 'Abd Allāh Muḥammad　768
ムーサー（預言者）　Mūsā　615, 621, 627, 631, 637-638, 641-643, 658-659
ムーザ　Muza　→ムハー
ムーサー・カマール・ウッディーン（ジュマイウ家）　Mūsā Kamāl al-Dīn b. Jumay'　442
ムーサー山　Jabal Mūsā　96, 641
ムーサーの岩　sakhrat Mūsā　637
ムーサー・ブン・アリー・ブン・ヤフヤー　Mūsā b. 'Alī b. Yaḥyā b. Jumay'　443
ムサーダラ　muṣādara　→財産没収
ムザッファル（マムルーク朝スルタン）　Muẓaffar Aḥmad　475
ムザッファル1世（ラスール朝スルタン）　al-Malik al-Muẓaffar Shams al-Dīn Yūsuf I　265, 269-270, 281, 319, 322, 326, 328, 333-338, 351-352, 354-356, 358, 360, 434-436, 567, 581, 674-675, 738-740, 747
ムザッファル・ムハンマド・イマード・ウッディーン（マルディヴ・スルタン）　Muẓaffar Muḥammad 'Imād al-Dīn　770
ムージャ（蒙舎詔）　al-Mūja　538, 544, 550, 552
ムジャーウィル（居留者）　mujāwir, mujāwirūn　149, 168
ムジャーヒド（ラスール朝スルタン）　al-Malik al-Mujāhid Sayf al-Dīn 'Alī　270, 326, 330-331, 358, 373, 436, 438, 584, 738, 740-742
ムージリス　Muziris　60, 488
ムスタゥスィム（アッバース朝カリフ）　al-Musta'ṣim　732
ムスタウフィー　al-Mustawfī, Qazwīnī　225-226, 260
ムスタガーニム　Mustaghānim　158
ムスタンスィル（ファーティマ朝スルタン）　al-Mustanṣir Bi'llāh　177, 180, 365, 430, 732
ムダ川　S. Muda　94
ムタサッビブーン（小売商）　mutasabbibūn　464, 466
ムダーラバ（資本の相互参与，協同）　muḍarāba　412, 414, 424, 436
ムタワッキル（アッバース朝カリフ）　al-Mutawakkil 'alā Allāh, Abū al-Faḍl　176
ムテペ　mtepe　56
ムド　Mdoo　→マーブド
ムド・スマト　'Mdo-smat, Dū-smat　538
ムトワラ　Mtwara　61, 64, 66
ムハー　al-Mukhā　60-61, 66-67, 159-160, 269-270, 324, 473, 743, 751, 773
ムバーラカ　al-Mubārakah, al-Mubārak　253, 262
ムハンマド（預言者，神の使徒）　Muḥammad

105, 142-143, 145, 150, 320, 387, 559, 630, 642, 668, 732, 768, 771, 774
ムハンマド・アブー・バクル・アルハブーディー　Muḥammad Abū Bakr al-Ḥabūḍī　337
ムハンマド・アブド・アッラー・アルジャマール・ブン・アルフッビー　Muḥammad ʻAbd Allāh al-Jamāl b. al-Hubbī　441-442
ムハンマド・イマード・ウッディーン（マルディヴ・スルタン）　Muḥammad ʻImād al-Dīn　764, 769-770
ムハンマド・シハーブ・ウッディーン・アルファーリキー　Muḥammad Shihāb al-Dīn al-Fāriqī　438, 440
ムハンマド・シャー・トゥグルク2世　Muḥammad Shāh Tughluq II　270, 358, 454-455
ムハンマド・シャムス・ウッディーン3世（マルディヴ・スルタン）　Muḥammad Shams al-Dīn III　758, 760, 764
ムハンマド・シャムス・ウッディーン・ブン・アブド・アッラッザーク　Muḥammad Shams al-Dīn ʻAbd al- Razzāq　766
ムハンマド・ブン・アジュラーン（シャリーフ）　Muḥammad b. ʻAjlān　454, 468
ムハンマド・ブン・アビー・バクル・ブン・サァド・ブン・アビー・アッダムラーニー　Muḥammad b. Abī Bakr b. Saʻd b. Abī al-Damrānī　676
ムハンマド・ブン・アフマド（ハブーディー朝スルタン）　Muḥammad b. Aḥmad al-Ḥabūḍī　344
ムハンマド・ブン・アフマド・アルアクハル（マンジュー朝スルタン）　Muḥammad b. Aḥmad al-Akḥal　343-344, 349
ムハンマド・ブン・アフマド・アルアサディー・アルマッキー（シャリーフ）　Muḥammad b. Aḥmad al-Asadī al-Makkī　766
ムハンマド・ブン・アフマド・ブン・アルハリール・ブン・サイード・アッタミーミー　Muḥammad b. Aḥmad b. al-Khalīl b. Saʻīd al-Tamīmī al-Muqaddasī　537
ムハンマド・ブン・アルカースィム　Muḥammad b. al-Qāsim　224
ムハンマド・ブン・アルカッターン　Muḥammad b. al-Qaṭṭān　697-698, 715, 725
ムハンマド・ブン・ウマル　Muḥammad b. ʻUmar　769
ムハンマド・ブン・トゥグジュ　Muḥammad b. Tughj al-Ikhshīd　713-714
ムハンマド・ブン・ハーティム　Muḥammad b. Ḥātim, Badr al-Dīn　336, 338, 352, 739, 752
ムハンマド・ブン・マフムード・アルヒムヤリー　Muḥammad b. Maḥmūd al-Ḥimyarī　344
ムハンマド・ブン・ムタッハル　Muḥammad b. Muṭahhar　741
ムハンマド・ムイーン・ウッディーン1世　Muḥammad Muʻīn al-Dīn I　759, 765-766
ムハンマド・ムヒッブ・ウッディーン（法官）　Muḥammad Muḥibb al-Dīn　765-770
ムハンマド・ヤンギー　Muḥammad Yangī　610
ムファッティシュ（港湾検査官，検閲官）　mufattish　327-328
ムファッラジーヤ　al-Mufarrajīya　182
ムフイー・ウッディーン・ヤフヤー・ブン・アブド・アッラティーフ・アッタクリーティー　Muḥyī al-Dīn Yaḥya b. ʻAbd al-Laṭīf al-Takrītī　436, 740
ムフスィン・ブン・イーサー　Muḥsin b. ʻĪsā　698
ムフタスィブ（市場監督官）　muḥtasib　152, 583
ムラービト　murābiṭ, murāriṭūn　→マラブー信仰
ムラービト朝　al-Dawlat al-Murābiṭīya　308
ムルタン　Multan, Multān　511, 526, 542, 545, 563, 565
ムワイリフ山　Jabal Muwayriḥ　204
ムワッヒド朝　al-Muwaḥḥidūn　178, 308, 499
ムンヤー　Munyā, Munyā Ibn al-Khaṣīb, Miniya　175
明州（寧波）　46, 530
メッカ　Makka, 天方国，黙伽国　115, 140, 142-146, 149, 151, 153-154, 156-159, 162, 164, 167-168, 171, 174, 179, 204, 323, 330-331, 363, 350, 364, 367, 371, 376, 387-389, 395, 417-418, 425, 435, 440-441, 445, 448, 453-454, 460-466, 468-478, 549-550, 559,

634, 716, 729, 731, 739, 769-770, 773, 775
メッカ・シャリーフ　ashrāf Makka　35, 282, 320-322, 329, 331-332, 356, 384, 387-388, 390, 395, 438-439, 445, 453, 460-461, 463, 466, 471-473, 475-476, 729, 771
メッカ巡礼　ḥajj　33, 58, 136-137, 139-145, 153-154, 157-158, 160, 163, 166-168, 170, 174-176, 179, 181, 186, 199, 204, 303, 350, 367, 376, 390, 461-462, 464-466, 468, 549, 630, 731, 741-742, 747, 751, 766, 769-771, 773-774
メッカ大祭　mawsim al-ḥajj　58, 137, 140, 145, 164-166, 367, 462
メッカ代理巡礼　448
メッリータ　Mellita　596
メディナ　al-Madīna, Yathrib　115, 145, 154, 157-158, 162, 174, 323, 350, 425, 435, 463, 731, 766, 770, 773-774
メディナの聖モスク（預言者モスク）　Masjid al-Nabī　157
メルボク川　S. Merbok　94
メロヴィンガ朝（フランク王国）　Merovingians　5, 284, 286, 289, 310
メンドーサ，ゴンザレス・メンドーサ　Mendosa, Gonzares　546
蒙舎詔　→ムージャ
モガディシオ　→モガディシュー
モガディシュー　Mughadishu, Maqdashaw, Magadokso, Maqdishū, 木骨都束　324, 400-401, 403, 455, 669, 672, 682, 718
モケット　Moquette, J. P.　681-683
モザンビーク（地方，国）　Mozambique　64
モスカ・リマーン　Moscha Limen　95, 346
『モーセ五書』　668
木浦（韓国）　Mokpo　526
モナスティール　Monastir, Manāstīr　622
モーラ，フラ・モーラ　Fra Mora　390
モルッカ諸島　Molucca Is.　314, 534
モンゴル（系，族，人）　Mongols, Mughūl　488, 506, 540, 543, 630
モンゴル軍　Mongol troops　251, 263, 318, 320
モンゴル帝国　Mongol Empire　103, 311, 386, 686　→タタール人
モンスーン（季節風）　monsoon, mawsim　11, 16-17, 20, 25-26, 31, 43, 46, 50-51, 58-63, 67, 75, 86, 96-98, 103, 108, 110, 113, 172, 216, 313, 339, 412-413, 419, 568, 575, 666
モンスーン・カレント（吹送流）　monsoon currents　20, 50, 58-59, 61-62, 73, 96, 412
モンスーン航海（期）　monsoon navigation　20, 59-62, 68, 70, 73, 114, 147, 166, 200, 272, 313, 327, 341, 399, 404, 412-414, 420, 429, 514, 568, 570, 575-576, 581, 718
モンスーン航海期の開始　futūḥ al-mawsim　325
モンスーン・バースト　monsoon burst　60
モンバサ　Mombasa, Manfasa, Manbasa, 慢八撒　64, 66-68, 71, 75, 86, 114, 119, 417, 650
モンバサ・ダウポート　Mombasa Dhow Port, Old Port　52, 64-65, 67, 71

ヤ　行

ヤァクービー　al-Ya‘qūbī, Aḥmad b. ‘Abī Ya‘qūb　407, 510, 514-518, 537-539, 542, 554
ヤァルーブ朝　Ya‘rūbids　321
ヤク（毛，尾）　yak　537, 548
ヤークート　al-Yāqūt al-Ḥamawī　240, 256, 258, 260, 262-263, 275, 347-349, 400-401, 449, 510, 514, 517, 526, 638, 642
ヤズド　Yazd　209-211
ヤチ王国　Yachi　566
ヤパフ　Yapahu　266
ヤパラ　Yapara　81
ヤーフィウ　Yāfi‘, Banū Yāfi‘　458
ヤフヤー・ブン・アルカースィム　Yaḥyā b. al-Qāsim, Imām　667
ヤフヤー・ブン・アルフサイン　Yaḥyā b. al-Ḥusayn　457, 738, 746, 752
山田憲太郎　510, 516-518, 520
ヤマーマ（高原）　al-Yamāma　159
ヤマン・アフダル　al-Yaman al-Akhḍar　→ティハーマ
ヤムナ川　Yamna R.　566
ヤラムラム　Yalamlam, mīqāt al-Yaman　159
ヤラン　Yalang　94
ヤリーム　Yarīm　160
ヤンブゥ　Yanbu‘, Yanbū‘ al-Baḥr　154, 156, 172, 330, 364, 372, 376, 389, 435, 443, 445, 460-463, 466, 468, 471, 473-474, 476, 478, 751
ユウダエモン・アラビア　Eudaemon Arabia　→アデン
ユースフ・シャムス・ウッディーン・アッタブ

リーズィー（聖者） Yūsuf Shams al-Dīn al-Ṭabrīzī 765, 768
ユダヤ（教，系，商人，教徒） al-Yahūdīya 289, 309–310, 423, 425, 447–448, 589, 628, 630, 633–634, 643, 690, 721
ユーフラテス川 Euphrates R., al-Furāt 17, 565, 572, 637–638, 648 →ティグリス川
揚州 46, 530, 532, 549
ヨルダン al-Urdunn, Jordan 16
40日ルート（アスユート〜サーヘル・ルート） darb al-arba'īn 176
40日ルート（サヌアー〜メッカ・ルート） darb al-arba'īn 160

ラ 行

ラァス・アブー・ファーティマ Ra's Abū Fāṭimah 383
ラァス・アルアカバ Ra's al-'Aqaba 233
ラァス・アルミフラーフ Ra's al-Mikhlāf 472
ラァス・ゲリード Ra's Gerīd 383
ラァス・サージル Ra's Sājir 339
ラァス・ハッド Ra's al-Ḥadd 272
ラァス・バナス Ra's Banas, Banās 96
ラァス・ハフン Ra's Ḥafun, Ḥāfūnī 100, 669
ラァス・ファルタク（ファルタク岬） Ra's Fartak, Syagrus 67, 70, 96, 272
ラァス・ブスターン Ra's Bustān 254, 256
ラァス・ミルバート Ra's Mirbāṭ 339
ライイ Rayy 209
ライスート Raysūt, Bandar Raysūt 61, 67, 94, 96, 172, 220, 321–322, 324, 328, 334, 339, 346, 352, 355, 360, 436, 457, 570, 581, 743, 750–751
ラウンド・トリップ（回遊航海，周回） round trip 11, 20, 22, 58, 61, 172, 216, 299, 412–414, 417, 419–420
ラ・カール La Calle, Kaleh 494 →マルサー・アルハラズ
ラキータ Laqīṭa, Laqeta, Lagetta, La Guitta, Bi'r Laqīṭa 171, 183–184
ラーギル Lāghir 222, 236
ラクシャディーバ Lakshadiva →ラッカディヴ諸島
ラクブ（国家による公式の巡礼キャラバン隊） rakb 144–145, 150–153, 156–158, 165, 367
ラサ（チベット） Lhasa, 拉薩 536–537, 554
ラサのムスリム居留地 536
ラーザーニーヤ・ユダヤ商人 al-Rādhānīya, tujjār al-Rādhānīyat al-Yahūdīya 289, 309, 509
ラージェスターン Rāgestan, Sind-Rājestān 561
ラシード（ロゼッタ） Rashīd, Rosetta 302
ラーシド・ブン・シュジャイア Rāshid b. Shujay'a 351
ラージプート（傭兵） Rājipūt 267, 566
ラジャビーヤ（ラジャブ月の巡礼隊） al-Rajabīya 150–151, 157
ラーシュト Rāsht, Rāshit 554
ラーズィー（医学者） al-Rāzī 535
ラーズィー（地理学者） al-Rāzī, Abū Ḥātim Muḥammad 302
ラーズィキーヤ（ラタキヤ） al-Lādhikīya, Latakia 125, 158, 208
ラスール朝（イエメン・ラスール朝） al-Dawlat al-Rasūlīya, Rasūlides 34–35, 104, 157, 160, 250, 265–271, 274, 276, 281–282, 312, 316, 318–338, 344, 351–359, 366, 371, 373–374, 377, 383–385, 395, 423, 428, 432, 434–440, 442, 444–445, 448, 450, 452–454, 457–458, 460–461, 463, 466–467, 470–471, 473–475, 477–479, 556–557, 567–568, 575–578, 580–581, 584, 673–676, 686, 729–733, 737–743, 746, 749–753
ラダク Ladakh 540
ラッカディヴ諸島 Laccadive, Lakshadiva, 72, 108, 112, 756
ラッカード（旅商人） rakkāḍ 413, 420–421
ラーディス湖 Baḥr (Buḥayrat) Rādis 643
ラービグ Rābigh 156–157, 376
ラビ・ヨシュア・ベン・レヴィ Rabbi Joshua ben Levi 628, 631 →ヒズル
ラーフィダ派（教団） al-Rāfiḍa, al-Rāfiḍīya 262
ラフジュ Laḥj, Lahej 94, 739–740
ラーフト Lāft →バンダレ・ラーフト
ラフナウティー Lakhnawtī 566
ラフバ Rahba 264
ラフマー（王国） Rahmā, Ruhmā 513, 552
ラム島（群島） Lamu Is. 66, 86, 114
ラーム・フルムーズ Rām-Hurmūz, Rāmhurmūz 526, 655, 691, 696, 706
ラムラ（ケルケナ東島） al-Ramla 615, 619

ラムラ（パレスチナ） al-Ramla 386
ラムリー Ramrī, Ramnī, Raḥrī, 藍里，藍無里，喃浬 100, 103, 416, 524, 721
ラール（イラン，町，地方） Lār 650, 677, 682
ラールウィーの海（アラビア海，緑の海） Baḥr Lārwī, Lārawī 755
ラルナカ（キプロス島） Larnaca 663
ラーワーン（島） Lāwān, Lāvān 256, 258
ランシャ（ランチャ，船） lansha, lancha 52, 131, 607
ランデル Rander 95
ランプ文様の装飾レリーフ 36, 593, 666-686
陸域従属型都市 83-85, 321
リーシャフル Rīshahr 245, 527-528, 530
リース Lith, V. 693-695, 697, 702, 717
理宗（南宋皇帝） 490
リットマン Littman, H. 429
リデボ Lidebo →アイザーブ
リード Reid, Anthony 3
リバート ribāṭ 168, 615
リビア Libya 124, 594, 607, 611, 622
リーフ地方（上エジプト，紅海沿岸部） al-Rīf 324
遼王朝 515, 545
両聖地 al-Ḥaramāni 154, 157, 162, 269, 288, 322, 428, 462-463 →メッカ，メディナ
緑海（アラビア海） al-Baḥr al-Akhḍar 498
リンディ Lindi 66
ルイス Lewis, Archibald R. 285-286, 288, 306
ルーキーン Luqin, 龍編，交趾，交州 515
ルクン・ウッディーン・バイバルス Rukn al-Dīn Baybars 741
ルクン・ウッディーン・マフムード・アフマド（ホルムズ王） Rukn al-Dīn Maḥmūd Aḥmad al-Kāshī 273-274, 337
ルサーファ al-Ruṣāfa 262
ルース（人，商人，スカンジナヴィア・ルース，ヴァイキング） al-Rūs 289
ルスタム朝（西アルジェリア） Rustamids 304
ル・ストレンジ Le Strange, G. 240, 256
ルッジェーロ２世 Rujero II, Roger II 499
ルッバーン rubbān 46, 160, 399, 409-410, 691, 720, 727-728 →ナーフーザ
ルード（船） lūd, loud 595, 607
ルハイヤ al-Luḥayya 67, 323, 743
ルフィジ川 Rufijii R. 66
ルブゥ・アルハーリー Rub' al-Khālī 66, 339, 341
ルフマー（王国） →ラフマー
ルマイサ・ブン・アジュラーン Rumaytha b. 'Ajlān 381, 387-388, 461, 463-466, 468, 471-472, 475
ルーム al-Rūm →ローマ，フィランジュ，ビザンツ帝国
ルーム・セルジューク朝 Rūm Seljūk 658, 661
ルーム地方 bilād al-Rūm 500, 616
ルームの海（地中海） Baḥr al-Rūm 17, 122, 124, 452, 496, 500, 632, 642
ルームの船 markab al-Rūm 500
ルーリスターン Lūristān 210, 571-572
『嶺外代答』 →周去非
『黎明の書 *Ṣubḥ al-A'shā*』 →カルカシャンディー
レヴ・アルダシール Rev Aldashīr 528
レオ・アフリカヌス Leo-Africanus, Ḥasan b. Muḥammad al-Wazzān al-Zayyātī 369-373, 382, 389, 391
『列王紀略』 628
レパントの海戦 Lepanto 6
ローデシア Rhodesia 671
ロドス島 Rhodos Is., Rodos 28, 78, 120-121, 299-300, 386, 622, 657
ロドリゲス島 Rodoriges Is. 108
ローニー（ローハーニー遺跡） Lōnī, Lōhānī 243, 246
ローマ（人，古代，帝国） Rome, al-Rūm 2, 5, 29, 101, 284, 291, 295-296, 298, 304, 489, 496, 499
ローマ古道 ancient Roman routes 184, 186, 203
ローマのインド洋進出（交易） Roman expansion toward Indian Ocean 516
ロリマー Lorimer, J. G. 60, 71
ロワール川 Loire R. 285
ロンバール Lombard, Maurice 289

ワ 行

ワーキディー al-Wāqidī, Abū 'Abd Allāh Muḥammad 122
ワキール（代理人，商人代表，交易代理人） wakīl 397-401, 406, 408-410, 414-415, 418, 420, 428, 439, 449, 465, 526

ワキール・アットゥッジャール　wakīl al-tujjār　409
ワークワーク（人，地方）　Wāqwāq, al-Wāq　48, 513, 717-718
倭寇　104
ワサーブ　Waṣāb　458
ワジュフ　Wajh　156, 402
ワースィク　al-Wāthiq, Nūr al-Dīn Ibrāhīm b. Yūsuf al-Malik al-Muẓaffar　354, 673-676, 679, 682, 740
ワースィト　Wāsiṭ　261-263, 434
ワダフ　al-Waḍaḥ　190
ワッハーン　Wahhān　539, 553-554, 556
ワーディー・アイザーブ　Wādī ʻAydhāb　385
ワーディー・アルアキーク　Wādī al-ʻAqīq　157
ワーディー・アルアッラーキー　Wādī al-ʻAllāqī　172, 370
ワーディー・アルアブヤール　Wādī al-Abyār　465
ワーディー・ザイドゥーン　Wādī Zaydūn　184-185, 197-198
ワーディー・シゥト　Wādī Shi't　185
ワーディー・シュルク　Wādī Shulq　197
ワーディー・ダンダーン　Wādī Dandān　184
ワーディー・ハシャブ　Wādī Khashab　186
ワーディー・ハリート　Wādī Kharīt　187-188
ワーディー・ヒワーゥ　Wādī al-Khiwā'　197
ワーディー・マァサル　Wādī Maʻṣar　185
ワーディー・マドスース　Wādī Madsūs　187, 200　→マドスース
ワーディー・マニーフ　Wādī Manīf　184, 197
ワーディー・マフダフ　Wādī Maḥdaf　185
ワーディー・ミシャーシュ　Wādī al-Mishāsh　184
ワーディー・ラハバ　Wādī Raḥaba　189, 200
ワトソン　Watson, A. W.　308
ワフシュ　Wakhsh　553
ワリー（聖者）　walī　615-616　→スーフィー聖者
ワーリー（長官，港湾監督官，警備長）　wālī　326-327, 431, 436, 583, 743, 746, 750, 752

図・表・写真一覧

序　章

第Ⅰ部第1章

第Ⅰ部第2章

史料・参考文献

以下の略号をもちいる——

AHR : *American Historical Review.*
AI : *Acta Iranica.*
AIC : *Annales Islamologiques*, Cairo.
AMI : *Archäologische Mitteilungen aus Iran.*
AO : *Acta Orientaria.*
Ar. : *Arabica.*
BEO : *Bulletin d'Études Orientale*, Beirut.
BGA : *Bibliotheca Geographorum Arabicorum.*
BIE : *Bulletin de l'Institut Égyptien*, Cairo.
BIFAO : *Bulletin de l'Institut Français d'Archéologie Orientale du Caire,* Cairo.
BSOAS : *Bulletin of the School of Oriental and African Studies*, London.
CCM : *Cahier de Civilisation Médiévale.*
CH : *Cahiers d'Histoire.*
CHE : *Cahier d'Histoire Égyptienne*, Cairo.
E. I. : *Encyclopaedia of Islam*, First edition.
E. I. [new ed.] : *Encyclopaedia of Islam*, new edition.
ERE : *Encyclopaedia of Regions and Ethics.*
GJ : *Geographical Journal*, London.
GMS : *Gibb Memorial Series.*
IA : *Iran Antiqua*, Leiden.
IC : *Islamic Culture.*
Iran : *Iran, Journal of the British Institute of Persian Studies.*
JA : *Journal Asiatique*, Paris.
JAAS : *Journal of Asian and African Studies*, Tokyo.
JAH : *Journal of the African History.*
JAS : *Journal of the African Studies.*
JBBRAS : *Journal of the Bombay Branch of the Royal Asiatic Society.*
JEA : *Journal fo Egyptian Archaeology.*
JESHO : *Journal of the Economic and Social History of the Orient.*
JEWMR : *Journal of East-West Maritime Relations*, Tokyo.
JMRAM : *Journal of the Malay Branch of the Royal Asiatic Society.*
JOI : *Journal of the Oriental Institute*, Baroda.
JOS : *Journal of the Omani Studies.*
JRAS : *Journal of the Royal Asiatic Society*, London.
MM : *Mariner's Mirror.*
Ms. : Manuscript.

MTM : *Majallat al-Ta'rīkhīyat al-Miṣrīya*, Cairo.

Paideuma: *Mitteilungen zur Kulturkunde*, Vol. 28 (1982) : *From Zing to Zanjibar in Honour of James Kirkman*, Wiesbaden : Franz Steiner Verlag.

RO : *Rocznik Orientalistyczny*.

ROL : *Revue de l'Orient Latin*.

SA : *Studia Arabica*.

Shorter E. I. : *Shorter Encyclopaedia of lslam*.

SNR: *Sudan Notes and Records*.

TOCS : *Transactions of the Oriental Ceramic Society*.

I 史　料

著者（編者）名のアルファベット順，それのないものは書名のアルファベット順とする。アラビア語の定冠詞 al- については，アルファベット順では省略される。アラビア語文字のラテン文字転写およびカナ表記は，「凡例」の説明を参照。

'Abd al-Bāqī al-Yamānī, Tāj al-Dīn 'Abd al-Bāqī b. 'Abd al-Majīd al-Yamānī, *Bahjat al-Zaman fī Ta'rīkh al-Yaman*. Ed. 'Abd Allāh Muḥammad al-Ḥibshī, Ṣan'ā' : Dār al-Ḥikmat al-Yamānīya, 1988.

'Abd al-Qādir b. Aḥmad b. Faraj al-Shāfi'ī, khaṭīb Judda, *al-Silāḥ wa'l-'Uddat fī Ta'rīkh Bandar Judda*. Ed. Muḥammad 'Īsā Ṣāliḥa, Beirut, 1983.

al-'Abdarī, *Riḥlat al-'Abdarī*. Ed. Muḥammad al-Fāsī, Rabat, 1968.

'Abd al-Razzāq al-Samarqandī, *Narrative of the Journey of Abd-er-Razzak*, Major, R. H. [1857] (repr. 1974) pp. 3-49.

Abū'l-Faẓl 'Allāmī, Abū al-Faḍl Ibn Mubārak al-'Allāmī, *Ā-'īini Akbarī*. Trans. from the original Persian text by H. Blochmann, 3 vols., 3rd. ed. rev. by D. C. Phillott, Delhi, 1989.

Abū al-Fidā', al-Malik al-Mu'ayyad 'Imād al-Dīn Ismā'īl, *Kitāb Taqwīm al-Buldān* (*Géographie d'Aboulféda*). Ed. and trans. by M. Reinaud & M. de Slane, Paris, 1840.

Abū al-Fidā', al-Malik al-Mu'ayyad 'Imād al-Dīn Ismā'īl, *Ta'rīkh Abī al-Fidā', Kitāb al-Mukhtaṣar fī Akhbār al-Bashar*. 4 vols., Cairo : al-Maṭba'at al-Ḥusaynīyat al-Miṣrīya, n. d.

Abū al-Mannā, Dā'ūd b. Abī al-Naṣr → al-'Attār, Abū al-Mannā Dā'ūd

Abū Ḥāmid al-Gharnāṭī, Abū Ḥāmid al-Andalusī al-Gharnāṭī, *Tuḥfat al-Albāb*. Ed. G. Ferrand, *JA*, 1925, pp. 1-304 (*Studies on Abū Ḥāmid al-Garnāṭī (d. 1170)*. Collected and reprinted by Fuat Sezgin, *Islamic Geography*, Vol. 184, Frankfurt am Main, 1994).

Abū Makhramah, Abū Muḥammad 'Abd Allāh al-Ṭīb b. 'Abd Allāh b. Aḥmad Abī Makhramah, *Kitāb Ta'rīkh Thaghr 'Adan*. Ed. Osker Löfgren, Arabische Texte zur Kenntnis der Stadt Aden im Mittelalter, Abū Maḫrama's Adengeschichte nebst einschlägigen Abschnitten aus den Werken von Ibn al-Muǧāwir, al-Ǧanadī und al-Ahdal, 2/1, Uppsala, 1936 ; 2/2, Uppsala, 1950.

Anonymous, *Ḥudūd al-'Ālam* (*The Region of the World," A Persian Geography*). English

trans. by V. Minorsky, Gibb Memorial Series, No. XI, 2nd ed. by C. E. Bosworth, London, 1970.

Anonymous, *Kitāb al-Istibṣār fī 'Ajā'ib al-Amṣār*. Ed. S. Z. 'Abd al-Ḥāmid, Alexandria, 1958.

Anonymous, *Kitāb al-Salwat fī Akhbār Kilwa*. British Museum, Ms. No. OR. 2666.

Anonymous, *Nūr al-Ma'ārif fī Nuẓum wa Qawānīn wa A'rāf al-Yaman fī al-Ahd al-Muẓaffarī al-Wārif* (*Lumière de la connaissance, Règles, lois et coutumes du Yémen sous le règne du sultan rasoulide al-Muẓaffar*). Tome 1, ed. Muḥammad 'Abd al-Raḥīm Jāzim, Ṣan'ā', 2003.

Anonymous, *Ta'rīkh al-Dawlat al-Rasūlīya fi'l-Yaman*. Ed. H. Yajima, Tokyo, 1976.

Anonymous, *Taqwīn al-Kawākib al-Sab'at al-Sayyāra*. Dār al-Kutub al-Miṣrīya (Khizānat al-Taymūrīya), Ms. al-Riyāḍīyāt, No. 274.

al-'Aṭṭār, Abū al-Mannā Dā'ūd, *Minhāj al-Dukkān wa Dustūr al-A'yān*. Ed. Maṭba'at Muṣṭafā al-Bābī al-Ḥalabī, Cairo, 1940.

al-'Aynī, Badr al-Dīn Maḥmūd al-'Aynī, *al-'Iqd al-Jumān fī Ta'rīkh Ahl al-Zamān*. Ed. Ayman M. Muḥammad, 5 vols., Cairo : al-Hay'at al-Miṣrīyat al-'Āmmat li'l-Kuttāb, 1987-2000.

Bā Faqīh, Muḥammad b. 'Umar al-Ṭayyib Bā Faqīh, *Ta'rīkh al-Shiḥr wa Akhbār al-Qarn al-'Āshir*. Ed. 'Abd Allāh Muḥammad al-Ḥibshī, Ṣan'ā, 1999.

al-Bakrī, Abū 'Ubayd Allāh, *Kitāb al-Masālik wa'l-Mamālik* (*Description de l'Afrique septentrionale par Abou-Obeid-el-Bakri*). Ed. and French trans. by M. de Slane, Paris, 1911-13 (repr. 1965).

Bakrī, Abū 'Ubayd Allāh b. 'Abd al-'Azīz al-Bakrī al-Andalusī, *Mu'jam Mā Ista'jama min Asmā' al-Bilād wa'l-Mawāḍi'*. Ed. Muṣṭafā al-Saqqā, 4 vols., Cairo, 1945-49.

al-Balawī, Khālid b. 'Īsā, *Riḥlat al-Balawī* (*Tāj al-Mafraq fī Taḥliyat 'Ulamā' al-Mashriq*). Ed. al-Ḥasan al-Ṣā'iḥ, 2 vols., Rabat, n. d.

Baranī, Ḍiyā' al-Dīn Baranī (Barnī), *Ta'rīkh-i Fīrūz Shāhī*. Abridged English ed. and trans. by H. M. Elliot & J. Dowson, *The History of India as told by its own historians*. Vol. 3, Delhi, 1990 (repr.), pp. 93-388.

Barbosa, Duarte (trans.) 1918-21. *The Book of Duarte Barbosa : An Account ot the Countries bordering on the Indian Ocean and Their Inhabitants, written by Duarte Barbosa, and completed about the Year 1518 A. D.* Trans. by the Royal Academy of Sciences at Lisbon in 1812 and ed. by Mansel Longworth Dames, 2 vols., London : The Hakluyt Society (repr. Nendeln : Kraus Reprint Limited, 1967).

Barros, Joã de Barros, *Segunda Decada da Asia de Joã de Barros*. Lisboa, 1553 [邦訳：ジョアン・デ・バロス『アジア史』生田滋・池上岑夫訳，1・2（大航海時代叢書第 II 期 2・3）岩波書店，1980-81].

Baybars al-Manṣūrī, *Zubdat al-Fikra fī Ta'rīkh al-Hijra*. British Museum, Ms. No. ADD. 23325.

Benjamin de Tudela. *The Itineray of Benjamin of Tudela*. Critical text, trans. and commentary by Marcu Nathan Adler, London, 1907 (repr. New York : Philipp Feldheim, Inc., n. d.).

al-Bīrūnī, Abū al-Rayḥān Muḥammad al-Bīrūnī (d. 440/1048), *Kitāb al-Ṣaydanat fī al-Ṭibb*. Ed. 'Abbās Zaryab, Tehran, 1370.

al-Bīrūnī, Abū al-Rayḥān Muḥammad al-Bīrūnī (d. 440/1048), *Kitāb al-Jamāhir fī Ma'rifat al-Jawāhir*. Ed. F. Krenkow, Hydarabad/Decan, A. H. 1355.

Buzurk b. Shahriyār, *Kitāb 'Ajā'ib al-Hind*. Biblithèque Nationale, Paris, Ms. Arabe No. 5958 (Acqon Schefer no. 9655).

Buzurk b. Shahriyār, *Kitāb 'Ajā'ib al-Hind*. Ayasofia, Ms. No. 3306.

Buzurk b. Shahriyār, *Kitāb 'Ajā'ib al-Hind, Livre des merveilles de l'Inde par le capitaine Bozorg fils de Chahriyâr de Râmhormoz*. Texte Arabe par P. A. Van der Lith, traduction Française par L. Marcel Devic, publication dédiée au sixième Congrès des Orientalistes, Leiden : E. J. Brill, 1883–86.

Buzurk b. Shahriyār, *Kitāb 'Ajā'ib al-Hind*. Ed. and compiled by Y. al-Shārūnī, London : Riad el-Rayyīs, 1989.

Buzurk b. Shahriyār, *Kitāb 'Ajā'ib al-Hind* (*The Book of the Wonders of India*). Ed. and English trans. by G. S. P. Freeman-Grenville, London, 1981.

Buzurk b. Shahriyār, *Kitāb 'Ajā'ib al-Hind*. Ed. Muḥammad Sa'īd al-Ṭurayḥī, Dā'irat al-Ma'ārif al-Hindīya, Bombay : Najafī House, 1987.

Buzurk b. Shahriyār, *Kitāb 'Ajā'ib al-Hind*. Ed. al-Ḥabshī, 'Abd Allāh Muḥammad. Abu Dhabi, 2000.

Buzurk b. Shahriyār, *Kitāb 'Ajā'ib al-Hind*. Ed. Ibrāhīm Khūrī, Beirut : Maṭba'at Dār al-Mawsim li-I'lām, 1991.

Buzurk b. Shahriyār, *Kitāb 'Ajā'ib al-Hind* (*The Book of the Marvels of India*). Trans. into English by P. Quennell, London : G. Routledge & Sons Ltd., 1928.

Buzurk b. Shahriyār, *Kitāb 'Ajā'ib al-Hind*. Ed. al-Ḥajj Muḥammad Amīn Darbal al-Kutubī, Cairo : Maṭba'at al-Sa'āda, 1908.

Cosmas Indicopleustes, *The Christian Topography of Cosmas, An Egyptian Monk*. London : The Hakluyt Society, 1897.

al-Dawādarī, Abū Bakr b. 'Abd Allāh b. Aybak al-Dawādarī, *Kanz al-Durar wa Jāmi' al-Ghurar*. Vol. 1 : *AL-Durrat al-'Uliyā fī Akhbār Bad' al-Dunyā*. Ed. Bernd Radtke, Cairo, 1982 ; Vol. 6 : *al-Durrat al-Mudīya fī Akhbār al-Dawlat al-Fāṭimīya*. Ed. Ṣāliḥ al-Dīn al-Munajjid, Cairo, 1961 ; Vol. 7 : *al-Durr al-Maṭlūb fī Akhbār Mulūk Banī Ayyūb*. Ed. S. 'Abd al-Fattāḥ 'Āshūr, Cairo, 1972 ; Vol. 8 : *al-Durrat al-Zakīya fī Akhbār al-Dawlat al-Turkīya*. Ed. Ulrich Haarmann, Cairo, 1971 ; Vol. 9 : *al-Durr al-Fākhir fī Sīrat al-Malik al-Nāṣir, Die Chronik des Ibn ad-Dawādarī*. Ed. H. R. Roemer, Cairo, 1960.

de Joos van Chistèle, *Le Voyage en Égypte, 1482–1483*. Ed. and Trans. by R. Bauwens-Preaux, Cairo, 1976.

al-Dhahabī, *al-'Ibar fī Khabar Man Ghabar*. Ed. S. al-Munajjid, 5 vols., Kuwait, 1960–66.

al-Dimashqī, Abū 'Abd Allāh Muḥammad al-Dimashqī, *Nukhbat al-Dahr fī 'Ajā'ib al-Barr wa'l-Baḥr* (*La Cosmographie de Chems-ed-Din Abou Abdallah Mohammed ed-Dimichqui*). Ed. M. A. F. Mehren, St. Petersberg, 1866 (repr. 1965).

al-Dimashqī, Abū Faḍl Ja'far b. 'Alī al-Dimashqī, *Kitāb al-Ishārat ilā Maḥāsin al-Tijāra wa

Ma'rifat al-A'rāḍ. Cairo, 1900.
al-Duwayhī, al-Batrīk Iṣṭifānus al-Duwayhī (Stêphane al-Duwayhī), *Ta'rīkh al-'Azminat*. Ed. Ferdinand Taoulel, *al-Mashriq*, No. 44, Beirut, 1950.
Ethiopian Itinararies. Ethiopian Itineraries, ca. 1400–1524. Ed. O. G. S. Crawford, The Hakluyt Society, Second Series, No. 109, Cambridge U. P., 1955.
al-Fāqihī, Abū 'Abd Allāh Muḥammad b. Isḥāq al-Fāqihī, *Kitāb al-Muntaqā fī Akhbār Umm al-Qurā, Akhbār Makka al-Musharrafa. Auszüge aus den Geschichtsbüchern der Stadt Mekka*. Vol. 2, ed. Ferdinand Wüstenfeld, Beirut, 1964 (repr. Maktabat Khayyāṭ).
al-Fāsī, Taqī al-Dīn Muḥammad b. Aḥmad al-Ḥasanī al-Fāsī al-Makkī (732–775), *al-'Iqd al-Thamīn fī Ta'rīkh al-Balad al-Amīn*. Ed. Fu'ād Sayyid, 8 vols., Cairo, 1959–69.
al-Fāsī, Taqī al-Dīn Muḥammad b. Aḥmad al-Ḥasanī al-Fāsī al-Makkī (732–775), ① *Shifā' al-Gharām bi-Akhbār al-Balad al-Ḥarām, Auszüge aus den Geschichtsbüchern der Stadt Mekka*. Vol. 2, ed. Ferdinand Wüstenfeld, Beirut, 1964 (repr. Maktabat Khayyāṭ); ② Ed. Lajnat min kibār al-'ulamā' wa'l-udabā', 2 vols., Makka, 1956.
Ferishta, Muḥammad Qāsim Ferishta, *History of the Rise of the Mohomedan Power in India till the year A. D. 1612*. Trans. from the original Persian of Mahomed Kasim Ferishta by John Briggs, 3 vols., 1829 (repr. Calcutta, 1966).
Gama, Vasco da Gama, *Roteiro da viagem que em descobrimento da India pelo Cabo da Boa Esperança fez Dom Vasco da Gama em 1497*. Porto, 1838 [邦訳：『ドン・ヴァスコ・ダ・ガマのインド航海記』(大航海時代叢書 1) 岩波書店, 1965, 345–430 頁].
al-Ghazālī, Abū Ḥāmid Muḥammad, *Kitāb Iḥyā 'Ulūm al-Dīn*. 2 vols., Cairo, A. H. 1278.
al-Hamdānī, Abū Muḥammad al-Ḥasan al-Hamdānī (d. 334/945–6), *Kitāb Ṣifat Jazīrat al-'Arab*. Ed. D. H. Müller, Amsterdam, 1968 (repr.).
al-Ḥasan b. 'Alī al-Ḥusaynī, *Mulakhkhaṣ al-Fiṭan wa'l-Albāb wa Misbāḥ al-Hudā li'l-Kuttāb*. Ambrosiana Library (Milano), Ms. no. H130.
Ḥasan Tāj al-Dīn, *Ḥasan Tāj al-Dīn's The Islamic History of the Maldive Island*. Vol. 1, arabic text, ed. H. Yajima, Tokyo, 1982.
Ḥasan Tāj al-Dīn, *Ḥasan Tāj al-Dīn's The Islamic History of the Maldive Island*. Vol. 2, annotation and indices by H. Yajima, Tokyo, 1984.
Ḥikāyat Rāja-Rāja, *Ḥikāyat Rāja-Rāja Pasai*. Ed. and trans. by A. H. Hill, *JMRAS*, Vol. 32, pt. 2, 1962 [邦訳：『パサイ王国物語――最古のマレー歴史文学』野村亨訳註 (東洋文庫) 平凡社, 2001].
al-Ḥimyarī, Muḥammad b. 'Abd al-Mun'im, *Kitāb al-Rawḍ al-Mi'ṭār fī Khabar al-Aqṭār*. Ed. Iḥsān 'Abbās, Beirut : Maktabat Lubnān, 1975.
Ibn 'Abd al-Majīd → 'Abd al-Bāqī al-Yamānī
Ibn 'Abd al-Ẓāhir, Muḥyī al-Dīn b. 'Abd al-Ẓāhir, *Tashrīf al-Ayyām wa'l-'Uṣūr fī Sīrat al-Malik al-Manṣūr*. ① Bibliothèque Nationale, Paris, Ms. Arabe No. 1704 ; ② ed. Murād Kāmil & M. 'A. al-Najjār, Cairo, 1961.
Ibn al-Akfānī, Muḥammad b. Ibrāhīm b. Sa'īd al-Anṣārī al-Sanjārī, *Nukhab al-Dhakhā'ir fī Aḥwāl al-Jawāhir*. Ed. P. Anastase-Marie de St-Elie, Cairo : Maktabat al-Mutanabbī, 1939.
Ibn al-Athīr, Abū al-Ḥasan 'Alī, *al-Kāmil fī al-Ta'rīkh*. Ed. C. R. Tornberg, 9 vols., Leiden,

1851–76.

Ibn al-Balkhī, *Fārs Nāmah, Description of the Province of Fars in Persia*. Trans. by Le Strange, London, 1912.

Ibn Baṭṭūṭa, Muḥammad b. ʻAbd Allāh, *Tuḥfat al-Nuẓẓār fī Gharāʼib al-Amṣār wa-ʻAjāʼib al-Asfār* (*Voyages d'Ibn Batoutah*). Texte arabe, accompagné d'une traduction par C. Defrémery & B. R. Sanguinetti, 4 vols., Paris, 1853–58 (2nd. ed., 1874–79).

Ibn Baṭṭūṭa, Muḥammad b. ʻAbd Allāh, *The Travels of Ibn Baṭṭūṭa, A. D. 1325–1354*. Trans. by H. A. R. Gibb & C. Beckingham, 1956–94 [邦訳：イブン・バットゥータ，イブン・ジュザイイ編『大旅行記』家島彦一訳註，全 8 巻，平凡社，1996–2002].

Ibn Baṭṭūṭa, Muḥammad b. ʻAbd Allāh, *The Reḥla of Ibn Baṭūṭa* (*India, Maldive Islands and Ceylon*). Trans. and commentary by Mahdi Husain, Baroda : Oriental Institute, 1953.

Ibn al-Bayṭār, ʻAbd Allāh b. Aḥmad al-Andalusī (d. 656/1248), *al-Jāmiʻ li-Mufradāt al-Adawīyat wa'l-Aghdhīya*. 4 vols., Būlāq, A. H. 1291 (repr. Baghdad, n. d).

Ibn al-Daybaʻ, Abū al-Ḍiyāʼ ʻAbd al-Raḥmān b. ʻAlī al-Ḍaybaʻ al-Shaybānī al-Zabīdī, *Kitāb Qurrat al-ʻUyūn bi'-Akhbār al-Yaman al-Maymūn*. Ed. Muḥammad b. ʻAlī al-Akwaʻ al-Ḥiwālī, 2 vols., Cairo, n. d.

Ibn al-Daybaʻ, Abū al-Ḍiyāʼ ʻAbd al-Raḥmān b. ʻAlī al-Ḍaybaʻ al-Shaybānī al-Zabīdī, *Bughyat al-Mustafīd fī Akhbār Madīnat Zabīd*. Ms. Dār al-Kutub al-Miṣrīyat, Cairo, Ta'rīkh No. 4516.

Ibn Faḍlān, *Risālat Ibn Faḍlān*. Ed. Ṣāmī Dahhān, Damascus, 1955 [邦訳：イブン・ファドラーン『ヴォルガ・ブルガール旅行記』家島彦一訳註，アジア・アフリカ言語文化研究所，1969].

Ibn al-Faqīh al-Hamadhānī, Abū Bakr Aḥmad b. Muḥammad, *Kitāb al-Buldān*. Ed. M. J. de Goeje, *BGA*, 5, 2nd ed., Leiden, 1967.

Ibn al-Furāt, Nāṣir al-Dīn Muḥammad b. ʻAbd al-Raḥīm b. al-Furāt, *Ta'rīkh al-Duwal wa'l-Mulūk*. Ed. Zurāk, Costi, K. & Izzedin, Nejla, 4 vols., Beirut, 1936–42 ; ed. H. M. al-Shammāʻ, 3 vols., Baṣra, 1967–72.

Ibn Ḥajar al-ʻAsqalānī, *Inbāʼ al-Ghumr bi-Abnāʼ al-Ghumr*. Ed. Ḥasan Ḥabashī, 4 vols., Cairo, 1969–73.

Ibn Ḥajar al-ʻAsqalānī, *al-Durar al-Kāmina fī Aʻyān al-Miʼat al-Thāmina*. Ed. by Muḥammad Sayyid, 5 vols., Cairo, 1966–67.

Ibn Ḥawqal, Abū al-Qāsim Ibn Ḥawqal, *Kitāb al-Masālik wa'l-Mamālik*. Ed. M. J. de Goeje, *BGA*, 2, Leiden, 1872.

Ibn Ḥawqal, Abū al-Qāsim Ibn Ḥawqal, *Kitāb Ṣūrat al-Arḍ*. Ed. J. H. Kramers, Leiden, 1938–39 (2nd ed. 1965).

Ibn Jiʻān, Yaḥyā b. Shākir, *al-Tuḥfat al-Sanīyat bi-Asmāʼ al-Bilād al-Miṣrīya*. Ed. B. Moritz, 1898.

Ibn Jubayr, Muḥammad b. Aḥmad, *al-Riḥlat, Tadhkirat bi'l-Akhbār ʻan Ittifāqāt al-Asfār* (*Travel of Ibn Jubayr*). Ed. W. Wright, E. J. W. Gibb Memorial Series, No. V, 1907 [邦訳：イブン・ジュバイル『旅行記』藤本勝次・池田修監訳，関西大学東西学術研究所，関西大学出版・広報部, 1991].

Ibn Khaldūn, ʻAbd al-Raḥmān, *Kitāb al-ʻIbar*. 7 vols., Beirut : Dār al-Kitāb al-Lubnānī, 1961.

Ibn Khaldūn, ʻAbd al-Raḥmān, *al-Taʻrīf bi-Ibn Khaldūn wa Riḥlat-hi Gharban wa Sharqan*, Beirut, 1979.

Ibn Khurrdādhbeh, ʻUbayd Allāh, *Kitāb al-Masālik wa'l-Mamālik*. Ed. M. J. de Goeje, *BGA*, 6, 2nd ed. Leiden, 1967.

Ibn Mājid, Shihāb al-Dīn Aḥmad b. Mājid al-Najdī, *Kitāb al-Fawā'id fī Uṣūl ʻIlm al-Baḥr wa'l-Qawā'id wa al-Arājiz wa'l-Qaṣā'id*. Reproduction phototypique des *Instructions nautiques de Ibn Mājid*, reproduits par Gabriel Ferrand, tome 1, Paris : Librairie Orientaliste Paul Geuthner, 1921–23.

Ibn Mājid, Shihāb al-Dīn Aḥmad Ibn Mājid al-Najdī, *Kitāb al-Fawā'id fī Uṣūl ʻIlm al-Biḥār wa'l-Qawā'id*. Ed. Ibrāhīm Khūrī, 2 vols., Damascus, 1971.

Ibn Mājid, Shihāb al-Dīn Aḥmad Ibn Mājid al-Najdī, *Kitāb al-Fawā'id* (*Arab Navigation in the Indian Ocean before the Coming of the Portuguese*). Trans. by G. R. Tibbetts, London, 1971.

Ibn Muḥammad Ibrāhīm, *Safīnat-i Sulaymān* (*The Ships of Sulaymān*). Trans. from the Persian text by John O'kane, London, 1972.

Ibn Mammātī, al-Asʻad Abū al-Makārim b. Mammātī, *Kitāb Qawānīn al-Dawāwīn*. Ed. A. S. ʻAṭīya, Cairo, 1943.

Ibn al-Mujāwir, Jamāl al-Dīn Abū al-Fatḥ, *Ṣifat Bilād al-Yaman wa Makkat wa-Baʻḍ al-Ḥijāz al-Musammā Ta'rīkh al-Mustabṣir*. Ed. by Oscar Löfgren, 2 vols., Leiden : E. J. Brill, 1951, 1954.

Ibn Rustah, Abū ʻAlī Aḥmad b. ʻUmar, *Kitāb Aʻlāq al-Nafīsa*. Ed. M. J. de Goeje, *BGA*, 6, Leiden : E. J. Brill, 1892 (2nd ed. 1967).

Ibn al-Sabbāgh, Muḥammad Ibn Abī al-Qāsim al-Ḥimyarī, *Durrat al-Asrār wa Tuḥfat al-Abrār*. Ed. Ibrāhīm M. Abū-Rabīʻ, 1887, Tunis. English trans. by Elmer H. Douglas, *The Mystical Teachings of al-Shadhiri*. Albany : State University of New York Press, 1993.

Ibn Saʻīd al-Maghribī, al-Gharnāṭī, *Kitāb Basṭ al-Arḍ fī al-Ṭūl wa'l-Arḍ*. Ed. J. Vernet Gides, Tetuan, 1958.

Ibn Taghrī Birdī, Abū al-Maḥāsin Yūsuf Ibn Taghrī Birdī (d. 874/1470), *Nujūm al-Ẓāhira fī Mulūk Miṣr wa'l-Qāhira*. Vols. 1–12, Cairo, 1900–70.

Ibn al-Wardī, Sirāj al-Dīn Ḥafṣ ʻUmar b. al-Wardī, *Tatimmat al-Mukhtaṣar fī Akhbār al-Bashar* (*Ta'rīkh Ibn al-Wardī*). Ed. A. R. Badrāwī, 2 vols., Beirut, 1970.

Ibn Zahīrah, Jamāl al-Dīn Muḥammad, *al-Faḍā'il al-Bāhira fī Maḥāsin Miṣr wa'l-Qāhira*. Ed. Muṣṭafā al-Saqqā & Kāmil al-Muhandis, Cairo : Dār al-Kutub, 1969.

al-Idrīsī, Abū ʻAbd Allāh Muḥammad, *Nuzhat al-Mushtāq fī Ikhtirāq al-Āfāq* (*Opus Geographicum*). Ed. Instituto Universitario Orientale di Napoli, 9 vols., Leiden : E. J. Brill, 1970–84.

al-Idrīsī, Abū ʻAbd Allāh Muḥammad, *al-Jāmiʻ li-Ṣifāt Ashtāt al-Nabāt wa Ḍurūb Anwāʻ al-Mufradāt*. Majlis-i Sanā Libraty (Tehran), Ms. no. 18420. Reproduced by Institute for the History of Arabic-Islamic Science, Johann Wolfgang Goethe University, Frankfurt

am Main, 1995.

'Īsā b. Luṭf Allāh, 'Īsā b. Luṭf Allāh b. al-Muṭahhar b. Sharaf al-Dīn al-Yamānī al-Kawkabānī (d. 1038), *Rūḥ al-Rūḥ fī-mā ḥadatha ba'd al-Mi'at al-Tāsi'at min al-Fiṭan wa'l-Futūḥ*. British Museum, Ms. Supple. no. 590; Chester Beatty, Ms. No. 3221.

'Īsā al-Quṭāmī → al-Quṭāmī

Isabella L. Bird, *The Yangtze Valley and Beyond: An Account of Journeys in China. Chiefly in the Province of Sze Chuan and Among the Man-tze of the Somo Territory* [邦訳：イザベラ・L. バード『イザベラ・バード極東の旅 1』金坂清則訳，（東洋文庫）平凡社，2005].

al-Iṣṭakhrī, Ibrāhīm b. Muḥammad, *Kitāb Masālik al-Mamālik*. Ed. M. J. de Goeje, *BGA*, 1, 2nd ed. Leiden, 1967.

'Izz al-Dīn, 'Izz al-Dīn b. 'Abd al-'Azīz b. 'Umar b. Muḥammad b. Fakhr al-Hāshimī al-Qurashī, *Ghāyat al-Marām bi-Akhbār Salṭanat al-Balad al-Ḥarām*. Ed. Fahīm M. Shaltūt, 3 vols., Makka, 1986-89.

al-Jāhiz, 'Amr b. Baḥr, *Tabaṣṣar al-Tijāra*. Ed. Ḥ. Ḥ. 'Abd al-Wahhāb, Cairo, 1932.

al-Janadī, Abū 'Abd Allāh Bahā' al-Dīn Muḥammad b. Yūsuf b. Ya'qūb al-Janadī al-Saksakī al-Kindī, *al-Sulūk fī Ṭabaqāt al-'Ulamā' wa'l-Mulūk*. Ed. Muḥammad b. 'Alī b. al-Ḥusayn al-Akwa' al-Ḥiwālī, 2 vols., Ṣan'ā', 1989.

al-Jazīrī, 'Abd al-Qādir, *Durar al-Fawā'id al-Munaẓẓama fī Akhbār al-Ḥajj wa Ṭarīq Makkat al-Mu'aẓẓama*. Cairo, A. H. 1384.

al-Khazrajī, 'Alī b. al-Ḥusayn al-Khazrajī, *Kitāb al-'Uqūd al-Lu'lu'wīya fī Ta'rīkh al-Dawlat al-Rasūlīya*. Ed. Shaykh Muḥammad 'Aṣal, Vol. IV (1913), Vol. V (1918), Leiden: E. J. Brill.

al-Khazrajī, 'Alī b. al-Ḥusayn al-Khazrajī, *al-'Asjid al-Masbūk fī-man waliya al-Yaman min al-Muluk*. Ed. Wizārat al-I'lām wa'l-Thaqāfa, Ṣan'ā', 1981.

al-Khazrajī, 'Alī b. al-Ḥusayn al-Khazrajī, *Ṭirāz A'lām al-Zamān wa'l-'Iqd al-Fākhir al-Ḥasan fī Ṭabaqāt Akābir al-Yaman*. British Museum, Ms. Supple. No. 671.

al-Khazrajī, 'Alī b. al-Ḥusayn al-Khazrajī, *al-Kifāyat wa'l-I'lām fī man waliya al-Yaman wa sakana-hā min Mulūk al-Islām*. Vatican Library, Ms. No. 1022.

al-Kindī, Muḥammad b. Yūsuf al-Kindī, *Wulāt Miṣr*. Ed. Ḥusayn Nassār, Beirut: Dār Ṣādir, 1959.

al-Kindī, 'Umar b. Muḥammad b. Yūsuf, *Faḍā'il Miṣr*. Ed. Ibrāhīm Aḥmad & 'Alī Muḥammad, Cairo, 1971.

Leo Africanus, Jean Leon African, *Description de l'Afrique*. Nouvelle éd. annotée par C. Schefer, 3 vols., Paris, 1896-98.

Maḥmūd Maqdīsh, *Nuzhat al-Anẓār fī 'Ajā'ib al-Tawārīkh wa'l-Akhbār*. Ed. 'Alī al-Zuwārī & Muḥammad Maḥfūẓ, 2 vols., Beirut: Dār al-Gharb al-Islām.

al-Malik al-Muẓaffar → al-Muẓaffar, al-Malik al-Muẓaffar Yūsuf b.'Umar b. 'Alī Rasūl

al-Maqqarī, Shihāb al-Dīn Abū al-'Abbās, *Kitāb Nafḥ al-Ṭīb min Ghuṣn al-Andalus al-Raṭīb* (*Analectes sur l'histoire et la littérature des arabes d'Espagne*). Ed. R. Dozy, 2 vols., Leiden, 1855-60.

al-Maqrīzī, Taqī al-Dīn Aḥmad, *Kitāb al-Mawā'iẓ wa'l-I'tibār bi-Dhikr al-Khiṭaṭ wa'l-Āthār*

(*al-Khiṭaṭ al-Maqrīzīya*)., 2 vols., Cairo : Būlāk (repr. Beirut : Dār al-Ṣādir, 1967).

al-Maqrīzī, *Kitāb al-Sulūk li-Ma'rifat Duwal al-Mulūk*. Ed. Muṣṭafā Ziyād, Vols. 1–2, Cairo, 1939–58 ; ed. S. A. 'Āshūr & Ḥ. Rabie, Vol. 3–4, Cairo, 1970–73.

Marco Polo, *The Book of Ser. Marco Polo*. Ed. and trans. with notes by Henry Yule & Henri Cordier, 3rd ed. 1871 (repr. 1975) [邦訳：マルコ・ポーロ『東方見聞録』愛宕松男訳註, 1・2（東洋文庫）平凡社, 1970–71].

al-Marwazī, Sharaf al-Zamān Ṭāhir, *Sharaf al-Zamān Ṭāhir Marvazī on China, the Turks, and India*. Arabic text (ca. A. D. 1120) with an English trans. and commentary by V. Minorsky., London : Royal Asiatic Society, 1942.

al-Mas'ūdī, 'Alī b. al-Ḥusayn, *Murūj al-Dhahab wa-Ma'ādin al-Jawāhir*. Ed. P. Pellat, 6 vols., Beirut, 1965–1985 ; *Les praires d'or*. Ed. and French trans. by C. Barbier de Meynard, 9 vols., Paris, 1861.

Maundrell, Henry, *A Journey from Aleppo to Jerusalem in 1677*. Beirut, 1810 (repr. 1963).

Mendoza, Juan Gonzales de Mendoza, *Historia de las cosas mas notables, ritos y sostumbres del Gran Reyno de la China*. Roma, 1585 [邦訳：ゴンザーレス・デ・メンドーサ『シナ大王国誌』長南実・矢沢利彦訳註（大航海叢書 VI）岩波書店, 1965].

Minhāj al-Dīn, Abū 'Umar 'Uthmān b. Sirāj al-Dīn al-Jūzjānī, *Ṭabaḳāt-i-Nāṣirī, A General History of the Muhammadan Dynasties of Asia, including Hindustan ; from A. H. 194 (810 A. D.) to A. H. 658 (1260 A. D.) and the Irruption of the Infidel Mughals into Islam by Maulānā, Minhāj-ud-Dīn, Abū-'Umar-i-'Uṣmān*. Trans. from original Persian manuscripts by Major H. G. Raverty, 2 vols., Delhi, 1881 (repr. 1970).

Muḥammad b. Ḥātim, Badr al-Dīn Muḥammad b. Ḥātim b. Aḥmad, *Kitāb al-Simṭ al-Ghālī al-Thaman fī Akhbār al-Mulūk min al-Ghuzz bi'l-Yaman* (*The Ayyubids and Early Rasulids in the Yemen [1173–1295]*). Ed. G. R. Smith, Gibb Memorial Series, No. XXVI, London, 1974.

al-Muqaddasī, Abū 'Abd Allāh Muḥammad, *Aḥsan al-Taqāsīm fī Ma'rifat al-Aqālīm*. Ed. M. J. de Goeje, *BGA*, 3, Leiden : E. J. Brill, 1906 (2nd ed. 1967).

al-Mustawfī, Ḥamd Allāh, *The Geographical Part of the Nuzhat al-Qulūb*. Trans. by Le Strange, London, 1919.

al-Muẓaffar, al-Malik al-Muẓaffar Yūsuf b. 'Umar b. 'Alī Rasūl (d. 694), *al-Mu'tamad fī al-Adawīyat al-Mufradāt*. Ed. Muṣṭafā al-Saqqā, Beirut, 1982.

al-Nahrawālī, Quṭb al-Dīn al-Nahrawālī al-Makkī al-Ḥanafī, *Kitāb al-I'lām bi-A'lām Bayt Allāh al-Ḥarām, Akhbār Makka al-Musharrafa* (*Geschichte der Stadt Mekka und ihres Templs von Cuṭb ed-Dîn Muhammed Ben Ahmed el-Nahrawâli*). Vol. 3, ed. Ferdinand Wüstenfeld, Beirut, 1964 (repr. Maktabat Khayyāṭ).

al-Nahrawālī, Quṭb al-Dīn Muḥammad b. Aḥmad al-Makkī, *al-Barq al-Yamānī fī al-Fatḥ al-'Uthmānī*. Ed. Ḥamad al-Jāsir, al-Riyāḍ, 1967.

al-Nasawī, Muḥammad b. Aḥmad al-Nasawī, *Sīrat al-Sulṭān Jalāl al-Dīn Mankabartī*. Ed. H. A. Ḥamdī, Cairo, 1953.

Nāsir-i Khusraw, *Safar-nāmah, Relation du voyage de Nāssiri Khosrau*. Ed. and trans. by C. Schefer, Amsterdam, 1970 (repr.).

Nicolo Conti, *The Travels of Nicolo Conti, in the East, in the Early Part of the Fifteenth*

Century, as related by Poggio Bracciolini, in his work entitled "Historia de Varietate Fortune." Lib. IV, in Major, R. H. [1857] (repr. 1974) pp. 1–39.

Nikitin, Athanasius Nikitin, *The Travels of Athanasius Nikitin, of the Voyage to India*, in Major, R. H. [1857] (repr. 1974) pp. 3–32.

al-Nu'aymī, 'Abd al-Qādir b. Muḥammad al-Nu'aymī al-Dimashqī, *al-Dāris fī Ta'rīkh al-Madāris*. Ed. Ja'far al-Ḥusnī, Damascus, 2 vols., 1948, 1951.

al-Nuwayrī, Muḥammad b. Qāsim b. Muḥammad al-Nuwayrī al-Iskandarānī, *Kitāb al-Ilmām bi'l-I'lām*. 6 vols., Hyderabad : Osmania Oriental Publication Bureau, Osmania University, 1969.

al-Nuwayrī, Shihāb al-Dīn Aḥmad b. 'Abd al-Wahhāb al-Nuwayrī, *Nihāyat al-Arab fī Funūn al-Adab*, Vols. 1–18, Cairo, 1954 ; Vols. 19–33, ed. M. A. Ibrāhīm, Cairo, 1975–2002.

Patrolotia Orientalis : Synaxare 22, No. 3, f. 499. Quoted from Amēlineau [1973] p. 160.

Periplus Maris Erythraei, The Periplus Maris Erythraei. Text with introduction, trans., and commentary by Lionel Casson, Princeton U. P., 1989 [邦訳：『エリュトゥラー海案内記』村川堅太郎訳，生活社，1948].

Piloti de Crēte, *L'Égypte au commencement du quinzième siècle*. Ed. H. Dopp, Alexandria, 1950.

Pîrî Reis, *Kitab-ı Bahriye*. Turkish text and English text by Vahit Çabuk etc., 4 vols., Istanbul : The Historical Research Publishing Unit, Istanbul Research Center, 1988.

Plinius, Secundus, *Historia Naturalis*. Trans. by H. Rackham, W. H. S. Jones, D. E. Eichholz, 10 vols., London : Heinemans, 1938–63.

Pyrard, François, *The Voyage of François Pyrard of Laval to the East Indies, the Maldives, the Moluccas and Brazil*. Trans. into English from the third French ed. and ed. with notes by Albert Gray, London, 1887–89 (republished in New York : Burt Franklin, Publisher, n. d.).

al-Qalqashandī, Abū al-'Abbās Aḥmad. *Ṣubḥ al-A'shā fī Sinā'at al-Inshā'*. 14 vols., Cairo : Al-Maṭba'at al-Amīrīya, 1913–72.

al-Qazwīnī, Zakariyā b. Muḥammad al-Qazwīnī, *Āthār al-Bilād wa-Akhbār al-'Ibād*. Beirut : Dār al-Ṣādir, 1960.

al-Qurashī →'Izz al-Dīn 'Abd al-'Azīz b. 'Umar b. Muḥammad b. Fakhr al-Hāshimī al-Qurashī.

Qusṭā Ibn Luqā, *Qusṭā Ibn Luqā's Medical Regime for the Pilgrims to Mecca, The Risāla fī Tadbīr Safar al-Ḥajj*. Ed. with English trans. and commentary by Gerrit Bos, Leiden : E. J. Brill.

al-Quṭāmī, 'Īsā al-Quṭāmī, *Dalīl al-Muḥtār fī 'Ilm al-Biḥār*. Kuwait, 1976.

al-Rāzī, Aḥmad, "*'La 'Description de l'Espagne*' d'Aḥmad al-Rāzī." Ed. E. Lēvi-Provençal, *Al-Andalus*, Vol. 18 (1953), pp. 51–108.

al-Sakhāwī, Shams al-Dīn Muḥammad al-Sakhāwī (d. 902/1497), *al-Ḍaw' al-Lāmi' li-Ahl al-Qarn al-Tāsi'*. 12 vols., Cairo, A. H. 1353–55

Shanbul, Aḥmad b. 'Abd Allāh Shanbul (d. 920/1510–11), *Ta'rīkh Shanbul, Ta'rīkh Ḥaḍramawt al-ma'rūf bi-Ta'rīkh Shanbul*. Ed. 'A. M. al-Ḥabshī, Ṣan'ā', 1994.

al-Shujāʻī, Shams al-Dīn, *Ta'rīkh al-Malik al-Nāṣir Muḥammad b. Qalā'ūn al-Ṣāliḥī wa Awlād-hu*. Ed. B. Schäffer, Wiesfaden.

Sidi Ali Reïs, *The Travels and Adventures of the Turkish Admiral Side Ali Reïs in India, Afghanistan, Central Asia, and Persia during the year 1553–1556*. Trans. from the Turkish, with notes, by A. Vambery, London, 1899 (repr. Lahore, 1975).

al-Sukkarī, Muḥammad Amīr Ṣūfī al-Sukkarī, *Kitāb Samīr al-Layālī*. Ṭarābulus, A. H. 1327.

Sulaymān and Abū Zayd, *Silsilat al-Tawārīkh* (*al-Kitāb al-Awwal min Akhbār al-Ṣīn wa'l-Hind*). Bibliothèque Nationale, Paris, Ms. Arabe no. 2281 (*Relation des voyages par les Arabes et les Persans dans l'Inde et à la Chine*. Texte Arabe imprimé en 1811 par Langles, avec des corrections et aditions par M. Reinaud, tome 2 réimpression de l'édition de Paris 1845, Osnabruck, 1988) [邦訳：『シナ・インド物語』藤本勝次・福原信義訳註，関西大学東西学術研究所，関西大学出版・広報部，1978].

Sulaymān al-Mahrī, Sulaymān b. Muḥammad, *al-'Umadat al-Mahrīya fī Ḍabṭ al-'Ulūm al-Baḥrīya*. Ed. Ibrāhīm Khūrī, Damascus: Maṭba'at al-Sa'īda, 1970.

Sulaymān al-Mahrī, Sulaymān b. Muḥammad, *al-Minhāj al-Fākhir fī 'Ilm al-Baḥr al-Ẓahir*. Ed. Ibrāhīm Khūrī, Damascus: Maṭba'at al-Sa'īda, 1970.

al-Suyuṭī, Jalāl al-Dīn, *Ḥusn al-Muḥāḍara fī Akhbār Miṣr wa'l-Qāhira*. 2 vols., Cairo, 1974.

al-Ṭabarī, Abū Ja'far Muḥammad. *Ta'rīkh al-Umam wa'l-Mulūk*. 8 vols., Leiden: E. J. Brill, 1879–96.

Teixeira, Pedro, *The Travels of Pedro Teixeira*. Trans. by W. F. Singlair, London: Hakluyt Society, 1902.

al-Tha'ālibī, Abū Manṣūr 'Abd al-Malik b. Muḥammad b. Ismā'īl, *Laṭā'if al-Ma'ārif* (*The Book of Curious and Entertaining Information*). Trans. with introduction and notes by C. E. Bosworth, The University Press of Edinbargh, 1968.

al-Tīfāshī, Aḥmad b. Yūsuf, *Kitāb Azhār al-Afkār fī Jawāhir al-Aḥjār* (d. 651). Ed. Muḥammd Yūsuf Ḥasan & Maḥmūd Basyūnī Khafājī, Cairo, 1977.

al-Tijānī, Abū Muḥammad 'Abd Allāh b. Muḥammad b. Aḥmad, *Riḥlat al-Tijānī*. Ed. Ḥ. Ḥ. 'Abd al-Wahhāb, Tūnis, 1981.

Tomé Pires, *The Suma Oriental of Tomé Pires and the Book of Francisco Rodriques*. London, 1944 [邦訳：トメ・ピレス『東方諸国記』生田滋他訳註（大航海時代叢書 V）岩波書店，1966].

al-Tujībī, al-Qāsim b. Yūsuf al-Tujībī al-Sabtī, *Mustafād al-Riḥlat wa'l-Ightirāb*. Ed. 'Abd al-Ḥāfiẓ Manṣūr, Tūnis: al-Dār al-'Arabīyat li'l-Kitāb, 1975.

al-Udfuwī, Abū al-Faḍl Ja'far al-Udfuwī (d. 748/1347), *al-Ṭāli' al-Sa'īd al-Jāmi' li-Asmā' al-Fuḍalā'*. Ed. M. Ḥasan, Cairo, 1966.

al-'Umarī, Ibn Faḍl Allāh, Shihāb al-Dīn Aḥmad ibn Yaḥyā (d. 1349), *Masālik al-Abṣār fī Mamālik al-Amṣār*. ① Ed. Ayman Fu'ād al-Sayyid, Cairo, 1985; ② al-'Umarī, Ibn Faḍl Allāh al-'Umarī, *Masālik al-Abṣār fī Mamālik al-Amṣār* (*Routes toward Insight into the Capital Empires*). Ed. Fuat Sezgen, facsimile editions, Volume 46/2, reproduced from Ms. 2227 Yazma Bağışlar, Süleymaniye Library (Istanbul), Insititute for the History of Arabic-Islamic Science at the Johann Wolfgang Goethe University, Frankfurt am Main, 1988.

Varthema, Ludovico di, *The Travels of Ludovico di Varthema in Egypt, Syria, Arabia Deserta and Arabia Felix, in Persia, India, and Ethiopia, A. D. 1503 to 1508*. Ed. and trans. by G. P. Badger, London : The Hakluyt Society.

Waṣṣāf, ʻAbd Allāh Waṣṣāf, *Tazjiyat Amṣār wa Tajriyat Aʻṣār* (*Taʼrīkh Waṣṣāf*). Ed. and trans. by H. M. Elliot, & J. Dowson, *The History of India as told by its own historians*. Vol. 3, Delhi, 1990 (repr.), pp. 24-54.

Yaḥyā b. al-Ḥusayn, *Ghāyat al-Amānī fī Akhbār al-Quṭr al-Yamānī*. Ed. Saʻīd ʻAbd al-Fattāḥ ʻĀshūr, 2 vols., Cairo, 1968.

al-Yaʻqūbī, Aḥmad b. Abī Yaʻqūb b. Wāḍiḥ al-Kātib al-Yaʻqūbī, *al-Taʼrīkh*. Ed. M. Th. Houtsma, 2 vols., Leiden : E. J. Brill, 1883 (repr. 1969).

al-Yaʻqūbī, Aḥmad b. Abī Yaʻqūb b. Wāḍiḥ al-Kātib al-Yaʻqūbī, *Kitāb al-Buldān*. Ed. M. J. de Goeje, *BGA*, 7, 1892 (2nd ed. Leiden, 1967).

Yāqūt, Ibn ʻAbd Allāh al-Ḥamawī. *Kitāb Muʻjam al-Buldān* (*Jacut's Geographisches Wörterbuch*). Ed. F. Wüstenfeld, 6 vols., Leizpig, 1866-73.

al-Yūnīnī, Quṭb al-Dīn Abū Mūsā al-Yūnīnī al-Baʻlbakī, *Dhayl Mirʼat al-Zamān*. 4 vols., Hyderabad, 1954-1955.

al-Zabīdī, Muḥammad Murtaḍā al-Ḥusaynī, *Tāj al-ʻArūs*. Ed. Ḥusayn Naṣṣār, 25 vols., Kuwait, 1974.

al-Zāhirī, Khalīl b. Shāhīn al-Zāhirī (d. 872/1468), *Kitāb Zubdat Kashf al-Mamālik*. Ed. P. Ravaisse, Paris, 1894.

al-Zuhrī, Abū ʻAbd Allāh Muḥammad b. Abī Bakr al-Zuhrī, *Kitāb al-Jaʻrāfīya*. Ed. Maḥammad Hadj-Sadok, Damascus : Insititut Français de Damas, 1968.

慧超『往五天竺國傳』，桑山正進編『慧超往五天竺國傳研究』京都大学人文科学研究所，1992 年。

汪大淵『島夷誌略校釋』蘇繼廎校釈，北京：中華書局，1981 年。

欧陽修（等撰）『新唐書』（百衲本）1955 年。

『過海大師東征傳』建初律唐招提寺蔵版，1932 年。

川口慧海『チベット旅行記』（全五巻，講談社学術文庫）講談社，1989 年（再版）。

寇宗奭（撰）『本草衍義』上海：商務印書館，1937 年。

鞏珍『西洋番國志』向達校註，中外交通史籍叢刊，中華書局，1961 年。

周去非『嶺外代答』（知不足齋叢書）上海，1936 年。

蘇敬（唐）『新修本草（唐本草）』10 巻，補輯 1 巻，夏德清博刊（影重印）。

『大德南海志殘本』広州市地方志研究所印，1986 年。

趙如适『諸蕃志校注』馮承鈞撰，北京：中華書局，1956 年。

Chau Ju-Kua, *Chau Ju-Kua : His work on the Chinese and Arab Trade in the twelfth and thirteenth centuries*, entitled *Chu-fan-chi*. Trans. from the Chinese and annotated by Friedrich Hirth & W. W. Rockhill, St. Petersburg, 1911 (repr. Taipei, 1965).

趙如适『諸蕃志』藤善真澄訳註（関西大学東西学術研究所訳註シリーズ 5）関西大学出版部，1990 年。

『鄭和航海図』向達編，中外交通史籍叢刊，中華書局，1961 年。

『島夷雑誌』（『事林広記』所収），和田久徳「宋代南海史料としての島夷雑誌」『お茶の水女

子大学人文科学研究』第5号，1954年，54-63頁。

馬歓『瀛外勝覧』馮承鈞校註，北京：中華書局，1955年。

Ma Huan (馬歓), *Ying-yai Sheng-lan: The Overall Survey of the Ocean's Shores* [*1433*]. Trans. and ed. J. V. G. Mills, Hakluyt Society, Cambridge U. P., 1970.

班固『後漢書』(百衲本)。

范成大（宋）『桂海虞衡志』(知不足齋叢書）胡文煥校本。

樊綽『蠻書校注』向達校註，北京：中華書局，1962年。

費信『星槎勝覧』馮承鈞校註，北京：中華書局，1965年。

劉昫等（撰）『舊唐書』(百衲本）1955年。

劉恂『嶺表録異』(武英殿聚珍版全書本)。

II　研究文献(1)

'Abd al-Āl Aḥmad　→ Muḥammad 'Abd al-Āl
'Abd al-'Azīz Sāmin 1993. *al-Baḥr al-Aḥmar fī al-Ta'rīkh al-Islāmī*. Cairo, Mu'assasat Sabāb al-Jāmi'at.
'Abd al-Hādī, Maḥmūd 1980. *al-Istithmār fī Qiṭa' al-Ṣayd al-Baḥrī*. Idārat al-Ṣayd al-Baḥrī, Sfax: Dā'irat Sfax.
'Abd al-Majīd Bakr, S. 1981. *al-Malāmiḥ al-Jughrāfīyat li-Durūb al-Ḥajīj*, Judda.
'Abd al-Qādir Shāmī 1978. *Safīnat al-Fursān*. Ḥamāt.
Abulafia, David 1994. *A Mediterranean emporium: The Catalan Kingdom of Majorca*. Cambridge U. P.
—— 1997. "The Impact of the Orient: Economic Interactions between East and West in the Medieval Meditterranean," Agius, D. A. & Netton, I. R. (eds.), pp. 1-40.
Abu-Lughod, Janet. L. 1989. *Before European Hegemony, The World System A. D. 1250-1350*. Oxdford U. P. [邦訳：ジャネット・L. アブー＝ルゴド『ヨーロッパ覇権以前』佐藤次高・斯波義信・高山博・三浦徹訳，上・下，岩波書店，2001].
Actes du colloque sur l'histoire de Jerba (*Avril, 1982*) 1986. Tunis: Institut National d'Archēologie et d'Art, Minstēre des Affaires Culturelles.
al-Afghānī, Sa'īd 1960. *Aswāq al-'Arab fi'l-Jāhilīyat wa'l-Islām*. Damascus.
Agius, Dionisius A. 2002. *In the Wake of the Dhow, The Arabian Gulf and Oman*. London: Ithaca, Reading.
Agius, Dionisius A. & Netton, Ian Richard (eds.) 1997. *International Medieval Research*, 1: *Across the Mediterranean Frontiers, Trades, Politics and Religion, 650-1450, Selected Proceedings of the International Medieval Congress*. Brepols (Belgium): University of Leeds, Turnhout.
Ahmad, Maqbul S. 1960. *India and the Neithbouring Territories in the Kitāb Nuzhat al-Mushtāq fī Ikhtirāq al-Āfāq of al-Sharīf al-Idrīsī*. Leiden: E. J. Brill.
'Alī Mubārak 1887/88. *al-Khiṭaṭ al-Tawfīqīyat al-Jadīda li-Miṣr al-Qāhira*. 20 vols., Cairo: Būlāq.
al-'Alawī, Ṣāliḥ b. Ḥāmid 1968. *Ta'rīkh Ḥaḍramawt*. 2 vols., Judda.

Ashtor, E. 1970. "Quelques observations d'un orientaliste sur la thēse de Pirenne," *JESHO*, Vol. 13, pp. 188-189.

—— 1976. *A Social and Economic History of the Near East in the Middle Ages*. University of California Press.

Agassiz, A. 1903. *The Coral Reefs of the Maldives*. Cambridge U. P.

Alexandria University (ed.) 1958. *Ta'rīkh al-Baḥrīyat al-Miṣrīya*. Alexandria.

Amēlineau, E. 1973. *La gēographie de l'Ēgypte ā l'ēpoque Copte*. Osnabrück.

'Ankawi, Abdullah 1974. "The Pilgrimage to Mecca in Mamlūk Times," *Arabian Studies*, I (eds. Serjeant, R. B. & Bidwell, R. L.), London, pp. 146-170.

Aubin, Jean 1953. "Les princes d'Ormuz du XIIIe au XVe siēcle," *JA*, tome 241, pp. 77-137.

—— 1959. "La ruine de Sīrāf et les routes du Golfe Persique aux XIe et XIIe siēcles," *CCM*, Vol. 2, pp. 295-301.

—— 1963. "Y a-t-il eu interruption du commerce par la mer entre le Golfe Persique et l'Inde du XIe au XIVe siēcle ?" *Studia*, Vol. 11, pp. 165-171.

—— 1969. "La survie de Shīlāu et la route du Khung-o-Fāl," *Iran*, Vol. 7, pp. 21-37.

—— 2000. "Merchants in the Red Sea and the Persian Gulf at the Turn of the Fifteenth and Sixteenth Centuries," Lombard D. & Aubin J. (eds.), pp. 79-86.

Avanzini, A. (ed.) 1997. *Profumi d'Arabia : Atti del Convego*. Saggi di Storia Antica, Vol. 11, Rome.

Ayman, Fu'ād Sayyid 1974. *Maṣādir Ta'rīkh al-Yaman fī al-'Aṣr al-Islāmī* (*Sources de l'histoire du Yēmen ā l'ēpoque Musulmane*). Cairo : Institut Français d'Archēologie Orientale du Caire.

Ball, John 1912. *The Geograpy and Geology of South-Eastern Egypt*. Cairo.

—— 1942. *Egypt in the Classical Geographers*. Cairo.

Baloch, N. A. 1980. *Advent of Islam in Indonesia*. Islamabad : National Institute of Historical and Cultural Research.

Barendse, R. J. 1998. *The Arabian Seas, 1640-1700*. Leiden.

Barnes, Ruth (ed.) 2005. *Textiles in Indian Ocean Societies*. London : Routledge Curzon.

Barthold, V. V. 1937. "V. V. Barthold's Preface," *Ḥudūd al-'Ālam*. Trans. and Exprainted by Minorsky, V., London, pp. 3-44.

Begley, Vimala & De Puma, R. (eds.) 1991. *Rome and India, The Ancient Sea Trade*. The University of Wisconsin Press.

Bell, H. C. P. 1881. "An Account of the Physical Features, Climates, History, Inhabitants, Productions and Trade," *Ceylon Sessional Paper,* Vol. XLIII, Colombo.

—— 1921. "Report on visit to Male, January 20 to February 21," *Sessional Paper*, Vol. XV, Colombo.

—— 1922. "Moldivian Government Permit," *JCBRAS*, Vol. 75.

—— 1940. *The Māldive Island. Monopgraph on the History, Archaeology, Epigraphy*. Colombo : The Ceylon Government Press.

Bent, J. Theodore 1896. "A Visit to the Northern Sudan," *GJ*, Vol. 8, pp. 335-339.

Bentley, Jerry H. 1993. *Old World Encounters : Cross-Cultural Contacts and Exchanges in Pre-Modern Times*. Oxford : Oxford U. P.

Belgrave, Sir Charles 1960, repr. 1972. *The Pirate Coast*. Beirut : Libraire du Liban.

Bibliothēque Historique 1982. Jerba, une île meditērranēenne dans l'histoire : Recueil de notes, articles et rapports anciens. Tunis : Institut National d'Archēologie et d'Art.

Bibby, Geoffrey 1969. *Looking for Dilmun*. New York［邦訳：ジョフレー・ビービー『未知の古代文明ディルムン――アラビア湾にエデンを求めて』矢島文夫・二見史郎訳，平凡社，1975］.

Birks, J. S. 1978. *Across the Savannas to Mecca : The Overland Pilgrimage Route from West Africa*. London : C. Hurst & Company.

Blochet, E. 1900. *Catalogue de la collection des manuscrits orientaux arabes, persans, et turcs formée par M. Charles Schefer et acquisē par l'Etat*. Paris.

—— 1925. *Catalogue des manuscrits arabes des nouvelles acquisitions* (*1884-1924*), Paris.

Bolin, Sture 1953. "Mohamned, Charlemagne and Ruric," *Scandinavian Economique History Review*, No. 1, pp. 5-39［邦訳：スチューレ・ボーリン「マホメット，シャルルマーニュ，及びリューリック」，佐々木克巳（編訳）［1975］133-185 頁］.

Botting, D. 1958. *Island of the Dragon's Blood*. London : Hodder & Stoughton.

Bouchon, Genevīēre 1988. *'Regent of the Sea' Cannanore's Response to Portuguese Expantion, 1507-1528*. Delhi : Oxford U. P.

Bovil, E. W. 1970. *The Golden Trade of the Moors*. Oxford U. P.

Bratianu (Brătianu), G. H. 1929. *Recherches sur le commerce Gēnois dans la Mer Noire au XIIᵉ siēcle*. Paris.

Braudel, Fernand 1949. *La Mēditerranēe et le Monde Mēditerranēen ā l'Ēpoque de Philippe II*. Paris : Librairie Armand Colin (English Translation from second revised edition by Sian Reynolds, *The Mediterranean and the Mediterranean World in the Age of Philip II*. 2 vols., London : Collins, 1966)［邦訳：フェルナン・ブローデル『地中海』浜名優美訳，全 5 冊，藤原書店，1991-95］.

—— 1979. *Civilisation matērielle, ēconomie et capitalisme, XVᵉ-XVIIIᵉ siēcle*. tome 1-3, Paris : Librairie Armand Colin［邦訳：フェルナン・ブローデル『物質文明・経済・資本主義　15-18 世紀』浜名優美訳，全 6 冊，みすず書房，1985-96］.

Brauer, R. W. 1995. *Boundaries and Frontiers in Medieval Muslim Geography*. Philadelphia : The American Philosophical Society.

Brockelmann, Carl 1945-49, 1937-42. *Geschichte der Arabischen Literatur*. 2nd., 2 vols. ed. ; Supplementband, 3 vols., Leiden.

Broudhurst, R. J. C. 1952. *The Travels of Ibn Jubayr*. Translated from the original Arabic with an introduction and notes, London.

Busch, S. O. 2001, *Medieval Mediterranean Ports : The Calalan and Tuscan Coasts, 1100 to 1235*. Leiden : E. J. Brill.

Bulliet, Richard W. 1975. *The Camel and the Wheel*. Cambridge (Massachusetts).

Burckhardt, John Lewis 1829. *Travels in Arabia*. London.

Cahen, C. 1980. "Commercial Relations Between the Near East and Western Europe from the VIIth to the XIth Century," Semaan, Khalil I. (ed.), *Islam and the Medieval West, Aspects of International Relations*. Albany : State University of New York Press, pp. 1-25.

Cahen, C. & Serjeant, R. B. 1957. "A Fiscal Survey of the Medieval Yemen, Notes Preparatory to a Critical Edition of the *Mulaḫḫas al-Fiṭan* of al-Ḥasan b. 'Alī al-Sharīf al-Ḥusaynī," *Arabica*, Vol. 4, pp. 23–33.
Carls, Hans-Georg 1982. *Alt-Hormoz—ein historscher Hafen an der Straße von Hormoz (Iran)*. München : Minerva-Fracherie.
Carswell, J. 1979. "China and Islam : A Survey of the Coasts of India and Ceylon," *TOCS*, Vol. 42, pp. 24–58.
Carswell, J. & Prickett, M. 1988. "Mantai 1980 : A Preliminary Investigation," *Ancient Ceylon*, Vol. 5 pp. 1–33.
Cerulli, E. 1957. *Somalia. Scritti Vari, Editi ed Indeiti*. 3 vols. Rome : Curia dell'Administrazione Fuduciaria Italiana dell Somalia.
Chakravarti, Ranabir 1991. "Horse Trade and Piracy at Tana (Thana, Mahrashtra India) : Gleanings from Marco Polo," *JESHO*, Vol. 34/2, pp. 159–182.
—— 1999. "Early Medieval Bengal and the Trade in Horse : A Note," *JESHO*, Vol. 42/2, pp. 194–211.
Chandra, M. (ed.) 1987. *The Indian Ocean, Explorations in History, Commerce & Politics*. New Delhi.
Chandra, M. Satish Arunachalam & Suryanarayam, V. (eds.) 1993. *The Indian Ocean and Its Islands : Strategic, Scientific and Historical Perspectives*. New Delhi : Sage Publications.
Charles, H. & Solaÿmân, 'A. M. 1972. *Le parler Arabe de la voile et la vie maritime sur la côte Libane-Syrienne*. Beirut.
Chaudhuri, K. N. 1985. *Trade and Civilisation in the Indian Ocean : An Economic History from the Rise of Islam to 1750*. New York : the Press Syndicate of the University of Cambridge.
Chittick, H. N. 1965. "The 'Shirazi' Colonization of East Africa," *JAH*, Vol. 6, pp. 275–294.
—— 1969. "An Archaeological Reconnaisance of the Southern Somali Coast," *Azania*, Vol. 4, pp. 115–130.
—— 1974. *Kilwa : An Islamic Trading City on the East African Coast*. British Institute in Eastern Africa, Memoire No. 5, 2 vols., Nairobi.
—— 1977. "The East Coast, Madagascar and the Indian Ocean," Oliver, R. (ed.), *Cambridge History of Africa*, Vol. 3. Cambridge U. P, pp. 183–231.
—— 1982. "Medieval Mogadishu," *Paideuma*, Vol. 28, pp. 45–62.
—— 1984. *Manda, Excavations as an Island Port on the Kenya Coast*. British Institute in Eastern Africa, Memoire No. 9, Nairobi.
Chittick, H. N. & Rotberg, R. (eds.) 1975. *East Africa and the Orient : Cultural Syntheses in Precolonial Times*. New York/London : African Publishing Company.
Colless, B. E. 1969. "Persian Merchants and Missionaries in Medieval Malaya," *JMBRAS*, Vol. 42/2, pp. 10–47.
Constable, Olive Remie 1994. *Trade & Traders in Muslim Spain, The Commercial Realignment of the Iberian Peninsula, 900–1500*. Cambridge U. P.
Cornermann, Stephan (ed.) 1998. *Asien und Afrika : Beiträge des Zentrums für Asiatische*

und Africanische Studen (*ZAAS*) *der Christian-Albrechts-Universität zu Kiel*. Band 1 : *Der Indische Ozean in historischer Perspektive*. Hamburg : E. B.-Verlag.

Costa, P. M. 1979. "The Study of the City of Zafar (al-balid)," *JOS*, Vol. 5, pp. 111-150.

Couyet, M. 1911. "Les routes d'Aidhab," *BIFAO*, Vol. 8, pp. 135-143.

Crawford, O. G. S. (ed.) 1955. *Ethiopian Itineraries, ca. 1400-1524*. The Haklyut Society, Second Series, No. 109, Cambridge U. P.

Curtin, Philip D. 1984. *Cross-Cultural Trade in World History*. Cambridge : Cambridge U. P. [邦訳：フィリップ・カーティン著『異文化間交易の世界史』田村愛理・中堂幸政・山影進訳，NTT 出版，2002].

Dahl, Otto C. 1951. *Malgache et Maanjan*. Oslo.

—— 1991. *Migration from Kalimantan to Madagascar*, Norwlgian U. P.

Dahlak, La necropoli islamica. 1976. *Dahlak, La necropoli islanica di Dahlak Kebīr* (*Mar rosso*). Napoli, Publicazioni dell'Istituto Universitario Orientale.

Dalīl al-Jihawī 1979. Markaz al-Buḥūth al-Iqtiṣādīya wa'l-Taṣarruf, Wilāyat Ṣufāqs, Sfax.

Darrag, A. 1961. *L'Ếgypte sous le rĕgne de Barsbay*. Damascus : Institut Français de Damas.

Darrār, M. S. 1981. *Ta'rīkh Sawākin wa'l-Baḥr al-Aḥmar*. Kharṭūm.

Daum, W. (ed.) n. d. *Yemen, 3000 Years of Art and Civilisation in Arabia Felix*. Innsburuck/Umschau-Verlagm/Frankfurt-Main : Pinguin-Verlag.

Daum, W. n. d. "From Aden to India and Cairo : Jewish World Trade in the 11th and 12th Centuries," Daum, Q. (ed.), pp. 167-173.

De Slane, Balon 1883-85. *Catalogue des manuscrits arabes ă la Bibliothĕque Nationale*. 2 vols., Paris.

Dennett, Daniel C. Jr. 1948. "Pirenne and Muhammad," *Speculum*, No. 23, pp. 165-190 [邦訳：ダニエル・デネト「ピレンヌとマホメット」，佐々木克巳（編訳）[1975] 57-109 頁].

Desai, Z. A. 1961. "Muslims in the 13th Century Gujarat, As Known from Arabic Inscriptions," *JOI*, Vol. 10, Baroda, pp. 352-364.

—— 1971. "Some Fourteenth Century Epitaphs from Cambay in Gujarat," *Epigraphia Indica, Arabic and Persian Supplement*, I-58.

Dickson, H. 1949. *The Arab of the Desert*. London : Georgz Allen.

Dols, M. W. 1977. *The Black Death in the Middle East*. Princeton U. P.

Doumerc, B. 1986. "Les relations commerciales entre Djerba et la rĕpublique de la Venise ă la fin du moyen-âge," *Actes du colloque sur l'histoire de Jerba* (*Avril, 1982*), pp. 45-54.

Dozy, R. 1881 (repr. 1967). *Supplĕments aux dictionnaires arabes*. 2 vols., Leiden.

Dunn, Ross E. 1986. *The Adventures of Ibn Battuta, A Muslim Traveler of the 14th Century*. London/Sydney.

Dussaud, Renĕ 1927. *Topographie historique de la Syrie Antique et Mĕdiĕvale*. Paris.

Eickelman, Dale F. & Piscatori, J. (eds.) 1990. *Muslim Travellers : Pilgrimage, Migration, and the Religious Imagination*. London : Routledge.

Ehrenkreutz, A. S. 1972. "Another Orientalist's Remarks concerning the Pirenne Thesis," *JESHO*, Vol. 15, pp. 94-104.

Ehrklich, R. I. 1959. *Buzurk ibn Shahriyār, Ĉudesa Indii* (*Wonders of India*). Moskwa :

Akademie Nauk.
Étienne de la Vaissière 2005. *Sogdian Traders, A History*. Trans. by Ward, J. Leiden : E. J. Brill.
Fages, E. De & Ponzevera, C. 1903. *Les pêches maritimes de la Tunisie*. Tunis : Éditions Bouslama.
Fahmy, 'Alī Muḥammad 1966. *Muslim Naval Organisation in the Eastern Mediterranean from the Seventh to the Tenth Century A. D.* Cairo : National Publication & Printing House.
—— 1973. "al-Baḥrīyat al-Islāmīya fī Sharq al-Baḥr al-Mutawassiṭ min al-Qarn al-Sābi' ilā al-'Āshir al-Mīlādī," Alexandria University (ed.), *Ta'rīkh al-Baḥrīyat al-Miṣrīya*, pp. 241-335.
Faroqhi, Suraiya 1994. *Pilgrims & Sultans : The Hajj under the Ottomans*. London : I. B. T. Tauris & Co. Ltd.
Fatimi, S. Q. 1963. *Islam Comes to Malaysia*. Singapore : Malaysian Sociological Research Institute Ltd.
Ferrand, G. 1913-14 (repr. 1986). *Relations de voyages et textes géographiques arabes, persans et turks, relatifs à l'Extrême-Orient du VIIIe au XVIIIe siècles*. 2 vols., Paris (Veröffentlichungen des Institutes für Geschichte der Arabisch-Islamischen Wissenschaften, Frankfurt am Main : Herausgegeben von Fuat Sezgin, 1986).
—— 1919. "Le K'ouen-louen et les anciennes navigations interocéanique dans les mers du sud," *JA*, 2e série, tome 13, pp. 239-364, pp. 431-492, tome 14, pp. 5-68, pp. 201-242.
Fischel, W. J. 1937. "Über die Gruppe der Kārimī-Kaufleute," *SA*, Vol. 1, pp. 67-82.
—— 1957/58. "The Spice Trade in Mamluk Egypte, A Contribution to the Economic History of Medieval Islam," *JESHO*, Vol. 1, pp. 157-174.
Flügel, Gustavus 1842. *Concordantiae Corani Arabicae*. Lipsiae.
Flügel, Gustavus 1883. *Corani Textus Arabicus*. Ad Fidem Librorum Manuscriptorum et Impressorum et ad Praecipuorum Interpretum Lectionnes et Auctoritatem, Lipsiae.
Forbes, Andrew D. W. 1980. "Archives and Resources for Maldivian History," *Proceedings of the Indian Ocean Symposium*, Sect. VI.
Forbes, Vivian L. 1995. *The Maritime Boundaries of The Indian Ocean Region*. Singapore U. P.
Francis, Peter, Jr. 2002. *Asia's Maritime Bead Trade 300 B. C. to the Present*. Honolulu : University of Hawai'i Press.
Frasch, Tilman 2002. "Coastal Peripheries during The Pagan Period," Gommans, J. & Leider, J. (eds.), pp. 59-78.
Freeman-Grenville, G. S. P. 1962. *The Medieval History of the Coast of Tanganyika, with special reference to recent archaeological discoveries*. London : Oxford U. P.
Frost, H. 1970. "The Case for a Bronze Age dating for the Submerged Harbourworks at Arwad," Mollat, M. (ed.), pp. 63-71.
Gaborieau, Marc 1973. *Récit d'un voyageur Musulman au Tibet*. Paris.
—— 2000. "Kashmiri Muslim Merchants in Tibet, Nepal and Northern India," Lombard, L. & Aubin, J. (eds.), pp. 193-196.

Garcin, J. C. 1972. "Jean Léon l'Africain et 'Aydhab," *AIS*, tome 11, pp. 189-209.
—— 1976. *Un centre musulman de la Haute-Égypte médiévale : Qûṣ*. Cairo.
Gateau, Albert 1966. *Atlas et glossaire nautiques Tunisiens*, tome 1 : Atlas, tome 2 : glossaire. Beirouth : Dar el-Machreq Éditeurs.
Gaube, Heiz 1980. "Im Hinterland von Sīrāf, das Tal von Galledār/Fāl und seine Nachbargebiete," *Archäeologische Mitteilungen aus Iran*, Herausgegeben von Deutschen Archäologischen Institut, Abteilung Teheran, Band 13, pp. 149-166, Taf. 30-37.
Geanakoplos, Deno J. 1979. *Medieval Western Civilization and the Byzantine and Islamic Worlds*. Lexington/Toronto : D. C. Heath and Company.
Geographical Handbook Series : Syria 1943. London : Naval Intelligence Division G. E. 734-12.
Goitein, S. D. 1954a. "From the Mediterranean to India," *Speculum*, Vol. 29, pp. 181-197.
—— 1954b. "Two Eye-witness Reports on an Expedition of the King of Kīsh (Qais) against Aden," *BSOAS*, Vol. 16, pp. 247-255.
—— 1957/58. "New Light on the Beginnings of the Kārim Merchants," *JESHO*, Vol. 1, pp. 175-184.
—— 1961. "The Main Industries of the Mediterranean Area," *JESHO*, Vol. 4, pp. 168-197.
—— 1966. *Studies in Islamic History and Institutions*. Leiden : E. J. Brill.
—— 1967. *A Mediterranean Soceity : the Jewish Communities of the Arab World as Portrayed in the Documents of the Cairo Geniza*, Vol. 1. Berkeley/Los Angeles : University of California Press.
—— 1973. *Letters of Medieval Jewish Traders*. Princeton U. P.
Gommans, J. & Leider, J. (eds.) 2002. *The Maritime Frontier of Burma*. Leiden : Amsterdam KITLV Press.
Greenlaw, J. P. 1976. *The Coral Buildings of Suakin*. Stockfield : Oriel Press.
Grosset-Grange, H. 1993. *Glossaire nautique arabe ancien et moderne de l'océan indien*. Texte établi par Rouaud, A. Paris : Éditions du C. T. H. S.
Gruvel, A. 1951. *Les États de Syrie*. Paris : Société d'Éditions Géographiques Maritimes et Coloniales.
Guest, R. 1935. "Ẓufâr in the Middle Age," *IC*, Vol. 9, pp. 402-410.
Gupta, Ashin Das. & Pearson, M. N. (eds.) 1987. *India and the Indian Ocean 1500-1800*. Calcutta : Oxford U. P.
Guy, John 2001. "Tamil Merchant Guilds and the Quanzhou Trade," Schottenhammer, Angela (ed.), pp. 283-308.
Haarmann, U. & Zantana, B. 1998. "Zwischen Suez und Aden——Pilger und Fernhändler im Roten Meer Vom 10. bis zum 16. Jahrhundert," Connermann, S. (ed.), pp. 109-142.
Habib, M. & Nizami, K. A. (eds.) 1970. *A Comprehensive History of India*, Vol. 5 : *The Delhi Sultanat A.D. 1206-1526*. Delhi : People's Publishing House.
Hakem, Ahmad M. A. 1979. "Preliminary Report of the Multi-Diciplinary Mission of the Joint Sudanese-French Expedition to Red Sea Region, 1981," *SNR*, Vol. 60, pp. 97-109.
Hall, Kenneth R. 1985. *Maritime Trade and State Development in Early Southeast Asia*. Sydney/Wellington : George Allen & Unwin.

Haq, M. E. 1975. *A History of Sufi-ism in Bengal*. Dacca: Asiatic Society of Bangladesh.

Harley, J. B. & Woodward, D. (eds.) 1992. *Cartography in the Traditional Islamic and South Asian Societies*, *The History of Cartography*, Volume Two. Chicago/London: The University of Chicago Press.

Hasan, Hadi 1928. *A History of Persian Navigation*. London: Methuen & Co. Ltd.

Hasan, Yusuf Fadl 1967. *The Arab and the Sudan*. Edinburgh U. P.

Hassen, El Annabi 1986. "Jerba, Bou-Grara et la question du commerce trans-saharien, ã la fin du XIXe siècle," *Actes du colloque sur l'histoire de Jerba* (*Avril, 1982*), pp. 141-156.

Hawkins, Clifford W. 1977. *The Dhow, An Illustrated History of the Dhow and Its World*. Lymington: Nautical Publishing Co. Ltd.

Healey, J. F. & Porter, V. (eds.) 2002. *Studies on Arabia in Honour of Professor G. Rex Smith*. Oxford U. P.

Heyd, W. 1885-86 (repr. 1936). *Histoire du commerce du Levant au Moyen-Âge*. 2 vols., Leipzig.

Hill, Rosalind 1977. "The Christian view of the Muslims at the time of the First Crusade," Holt, P. M. (ed.), *The Eastern Mediterranean Lands in the Period of the Crusades*. Warminster: Aris & Phillips Ltd., pp. 1-22.

Himly, François-J. 1968. "Y a-t-il emprise Musulmane sur l'économie des ētas européens du VIIe au Xe siècle? Une discussion de tēmoignes (1955)," Hübinger (ed.), pp. 276-329.

Hirth, F. & Rockhill, W. W. 1911. *Chau Ju-Kua: His Work on the Chinese and Arab Trade in the twelfth and thirteenth Centuries, entitled Chu-fan-chï*. St. Petersburg.

Hitti, Philip K. 1957. *Lebanon in History from the Earliest Times to the Present*. London.

Hinz, W. 1955. *Islamische Masse und Gewichte*. Leiden: E. J. Brill.

Hobson-Jobson → Yule, H. & Burnell, A. C.

Hodges, Richard & Whitehouse, D. 1983. *Mohammed, Charlemagne & the Origins of Europe, Archaeology and the Pirenne Thesis*. London: Gerald Duckworth.

Hornell, J. 1941. "the Sea-going mtepe and dau of the Lamu Archipelago," *MM*, Vol. 27 (1), pp. 54-68.

—— 1942. "A Tentative Classification of Arab-Craft," *MM*, Vol. 28, pp. 11-40.

Horton, Mark 1996. *Shanga, The Archaeology of A Muslim Trading Community on the Coast of East Africa*. London: The British Institute in Eastern Africa.

Hourani, George F. 1951 (expanded ed. 1995). *Arab Seafaring in the Indian Ocean in Ancient and Early Medieval Times*. Princeton U. P.

Hübinger, Paul E. (ed.) 1968. *Bedeutung und Rolle des Islam beim Übergang vom Altertum zum Mittelalter*. Wissenschaftliche Buchgesellschaft. Darmstadt.

Hussain, Syed Ejaz 2003. *The Bengal Sultanate: Politics, Economy and Coins* (*A. D. 1205-1576*). Delhi: Manohar.

'Ilyāt 'Abd al-Samī' → al-Janzūrī, 'Ilyāt 'Abd al-Samī'

Iqtidārī, Aḥmad 1364/1985. *Āthār-i Shahrhā-yi Bāstānī-yi Sawāḥil wa Jazā'ir-i Khalīj Fārs wa Daryā-yi 'Umān*. Tehran.

Jacq-Hergoualc'h, Michel 2002. *The Malay Peninsula, Crossroads of the Maritime Silk Road, 100 B.C.-1300 A.D.* Leiden: E. J. Brill.

Jewell, J. H. A. 1969. *Dhows at Mombasa*. Nairobi.

al-Janzūrī, 'Ilyat 'Abd al-Samī' 1979. *al-Thughūr al-Barrīyat al-Islāmīya 'alā Ḥudūd al-Dawlat al-Bīzāntīya fī al-'Uṣūr al-Wusṭā*. Cairo.

Juwaidah, W. 1959. *The Introductory Chapters of Yāqūt's Mu'jam al-Buldān*. Leiden : E. J. Brill.

Ka'ak, 'U. 1955. *Jazīrat Qaraqnā fi'l-Adab wa'l-Ta'rīkh*. Sfax.

Kaptein, N. J. G. 1993. *Muḥammad's Birthday Festival : Early History in the Central Muslim Lands and Development in the Muslim West until the 10th/16th Century*. Leiden : E. J. Brill.

Kammerer, M. Albert 1929. *La Mer Rouge, l'Abyssinie et l'Arabie depuis l'antiquité*, tome premier. Cairo.

Kathirithamby-Wells & Villers, John 1990. *The Southeast Asian Port and Polity, Rise and Demise*. Singapore : Singapore U. P.

Kay, H. C. 1892. *Yaman, Its Early Medieval History*. London.

Kearney, Milo 2004. *The Indian Ocean in World History*. New York : Routledge.

Khalilieh, Hassan, S. 1998. *Islamic Maritime Law, An Introduction*. Leiden : E. J. Brill.

Kiyānī, Muḥammad & Kleiss, Wolfram 1362. *Fihrist Kārvansarāhā-yi Īrān*. Tehran.

Kleiss, Wolfram 1978. "Kuppel-und Rundbanten aus Sasanidscher und Islamischer Zeit in Iran," *Archäeologische Mitteilungen aus Iran*, Band 2, pp. 151-166.

Kramers, J. H. 1954. *Analecta Orientalia*. 2 vols. Leiden : E. J. Brill.

Krause, R. F. 1983. *Die Bedeutungsverschiebungen omanischer Haftenstädte und Wandlungstendenzen in omanischen Seehandel in den letzen 1500 Jahren*. Würzburg.

Kurup, K. K. N. 1975. *The Ali Rajas of Cannanore*. Trivandrum.

Labib, S. D. 1952. "al-Tijārat al-Kārimīya wa Tijārat Miṣr fi'l-'Uṣūr al-Wuṣṭā," *MTM*, Vol. 1, pp. 5-63.

—— 1965. *Handelsgeschichte Ägyptens im Spatmittelalter (1171-1571)*. Wiesbaden.

—— 1970a. "Egyptian Commercial Policy in the Middle Ages," Cook, M. A. (ed.), *Studies in the Economic History of the Middle East*. London, pp. 63-77.

—— 1970b. "Les marchands Kārimīs en Orient et sur l'Océan Indien," Mollat, M. (ed.), pp. 209-214.

Lane, F. C. 1933 (rev. 1968). "Venetian Shipping during the Commercial Revolution," *AHR*. Vol. 38, revised by Pullan, B., pp. 22-46.

—— 1940 (rev. 1968). "The Mediterranean Spice Trade : Further Evidence of Its Revival in the Sixteenth Century," *AHR*, Vol. 45, revised by Pullan, B., pp. 47-58.

—— 1973. *Venice : A Maritime Republic*. The Johns Hopkins U. P.

Lane-Poole, 1968 (repr.). *A History of Egypte in the Middle Ages*. London : Frank Cass.

Lapidus, Marvin Ira 1967. *Muslim Cities in the Later Middle Age*. Harvard U. P.

Lapidoth-Eschelbacher, R. 1982. *The Red Sea and the Gulf of Aden*, The Hague/Boston/London : Martinus Nijhoff Publishers.

Laufer, B. 1919 (repr. 1970). *Sino-Iranica : Chinese Contribution to the History of Civilization in Ancient Iran*. The Field Museum of Natural History, Chicago.

Le Strange, G. 1890 (repr. 1965). *Palestine under the Moslems*, London.

—— 1900. *Baghdad during the Abbasid Calphate*. Oxford U. P.
—— 1905. *The Lands of Eastern Caliphat*. London.
Levzion, N. & Hopkins, J. E. P. 1981. *Corpus of Early Arabic Sources for West African History*. Cambrdge : Cambridge U. P.
Lewicki, Tadeusz 1935. "Les premiers commerçants arabes en Chine," *RO*, Vol. 11, pp. 173-186.
—— 1978. "Les voies maritimes de la Méditerranée dans le haute moyen âge d'après les sources Arabes," *La Navigazione Mediterranea Nell'alto Medioevo*, 14-20 aprile 1977, Settimane di Studio del Centro Italiano di Studi Sull' alto Medioevo, XXV, tomo secondo, Spoleto, pp. 439-469.
Lewis, Archibald R. 1951. *Naval Power and the Trade in the Mediterranean A. D. 500-1100*. Princeton.
Lith, P. A. Van der. 1883. "Discours sur l'importance d'un ouvrage Arabe du Xème siècle intitulé 'Livre des Merveilles de l'Inde,'" VI^e^4 : *Conférence Interparlementaire Leide*.
Littmann, E. 1939. "Besprechung des Beitrages von W. Fischel über die Gruppe der Kārimī-Kraufleute," *ROL*, Vol. 8, pp. 174-176.
Lombard, Denys & Aubin, J. (eds.) 2000. *Asian Merchants and Businessmen in the Indian Ocean and China*. New Delhi : Oxford U. P.
Lombard, M. 1948. "Mahomet et Charlemagne, Le problèm économique," *Annales* (*Économies, Sociétés, Civilisations*), t. 3, pp. 188-199［邦訳：モリス・ロンバール「マホメットとシャルルマーニュ――経済的問題」，佐々木克巳（編訳）［1975］110-132 頁］.
Lōpez Quiroga, J. & Lovelle, M. R. 1997. "The Hohenstaufen Heritage of Costanza of Sicily and the Mediterranean Expansion of the Crown of Aragon in the Later Thirteenth Century," Agius D. A. & Netton, I. R. (eds.), pp. 61-86.
Lopez, R. S. 1970. "Les méthodes commerciales marchands occidentaux en Asie du XIe au XIVe siècle," Mollat, M. (ed.), pp. 343-351.
Lorimer, J. G. 1908 (repr. 1970). *Gazetteer of the Persian Gulf, Oman and Central Arabia*. 6 vols., London.
Louis, A. 1961-63. *Les Kerkena* (*Tunisie*), *études d'ethnographiques et linguistiques et de géographie humaine*. 2 vols., Tunis.
Maḥmūd, 'Abd al-Hādī 1980. *al-Istithmār fī Qiṭā' al-Ṣayid al-Baḥrī*. Sfax : Idārat al-Ṣayid al-Baḥrī.
Major, R. H. 1857 (repr. 1974). *India in the Fifteenth Century being a collection of narratives of voyages to India*. London : The Hakluyt Society.
Majumdar, R. C. 1957. *The Struggle for Empire, The History and Culture of the Indian People*. Bombay.
Malony, C. B. 1980. *Peoples of the Maldive Islands*. Madras.
Maundrell, Henry 1810 (repr. 1963). *A Journey from Aleppo to Jerusalem in 1677*. Beirut.
Map of Maldives 1979. New ed., Male.
Marie-Christine de Graeve 1981. *The Ships of the Ancient Near East* (*c. 2000-500 B.C.*). Leuven : Departement Oriëntalistiek.
Martin, Esmond B. 1968. *The History of Malindi : A Geographical Analysis of an East*

African Coastal Town from the Portguese Period to the Present. Nairobi.
Martin, Esmond B. & Martin Chryssee P., 1978. *Cargoes of the East, The Ports, Trade, and Culture of the Arabian Sea and Western Indian Ocean*. London : Elm Tree Books.
Masmoudi, Mohamed 1980. *Sfax, Collection villes du monde arabe*. Tunis : Sud Éditions.
McGrail, Sean 2003. *Boats of South Asia*. London : Routledge Curzon.
McNeil, William H. 1974. *Venice : The Hinge of Europe 1081-17*. Chicago : The University of Chicago Press [邦訳：W. H. マクニール『ヴェネツィア――東西ヨーロッパの要 1081-1797』清水廣一郎訳（岩波現代選書）岩波書店，1979].
McPherson, Kenneth 1993. *The Indian Ocean, A History of People and the Sea*. Delhi : Oxford U. P.
Meilink Roelofz 1962. *Asian Trade and European Influence in the Indonesian Archipelago (1500-1630)*. The Hague. P. S.
Mez, M. 1937. *The Renaissance of Islam.* Trans. into English, London.
Michael Aung-Thwin 2002. "Lower Burma and Bago in the History of Burma," Gommans, J. & Leider, J. (eds.), pp. 25-57.
Miles, S. B. 1919 (repr. 1966). *The Countries and Tribes of the Persian Gulf*. London/ Edingburgh : republished by Frank Cass & Co. Ltd.
Miller, F. R. & Keshavamurthy 1968. *Structures of an Arabian Sea Summer Monsoon System*. International Indian Ocean Expedition Meteorological Monographs, No. 1, Honolulu : East-West Center Press.
Miller, Konrad 1986 (rev.). *Mappae Arabicae*. Beihefte zum Tübinger Atlas des Vorderen Orients, Reihe B, Nr. 65. Ed. Gaube, H., 2 vols., Wiesbaden.
Mollat, Michel (ed.) 1970. *Sociétés et Compagnies de Commerce en Orient et dans l'Océan Indien. Actes du huitième colloque international d'histoire maritime (Beirouth, 5-10 Septembre* 1966). Paris : S. E. V. P. E. N.
Moquette, J. P. 1912. "De Grafsteenen te Pase en Grisse vergeleken met dergelijke monumenten vit Hindoestan," *Tijdschrift voor Indische Taal-, Landen Volkunde van-Nederlandsch-Indie*, Deel LIV, pp. 536-548.
—— 1914. "De eerste Vorsten van Samoedra-Pase," *Rapporten van den Oudh eidkundigen Dienst in Nederlanadsch-Indie, 1913*, Batawia.
—— 1921. "De oudste Moehammedansche Inscriptie op Java n. m. de Grafsteen te Leran," *Handelingen van het Eerste Congress voor de Taal-Landen Volkenkunde van Java*, Weltevreden, pp. 391-399.
Mondfeld, Wolfram 1979. *Die Arabische Dau*. VEB Hinstorff Verlag Rostock.
Moṣṭafaví, M. 1978. *The Land of Pārs (The Historical Monuments and the Archaeological Sites of the Province of Fārs)*. Chippenham.
Mudiyanse, N. 1965. *The Art and Architecture of the Gampola Period (1341-1415)*. Colombo : M. D. Gunasena & Co. Ltd.
Muḥammad 'Abd al-'Āl, Aḥmad 1980a. *al-Ayyūbīyūn fi'l-Yaman*. Cairo.
—— 1980b. *Banū Rasūl wa Banū Ṭāhir wa 'Alāqāt al-Yaman al-Khārijīya fi' Ahd-himā, 628-923/1231-1517*. Alexandria.
—— 1980c. *al-Baḥr al-Aḥmar wa'l-Muḥāwalāt al-Burtughālīyat al-Ūlā li'l-Sayṭarat 'alay-hi,*

Nuṣūṣ Jadīda. Cairo.
Mukherjee, R. & Subramanian, L. (eds.) 1998. *Politics and Trade in the Indian Ocean World, Essays in Honour of Ashin Das Gupta*. New Delhi : Oxford U. P.
Murray, G. W. 1925. "Roman Roads and Stations in the Eastern Desert of Egypt," *JEA*, Vol. 11, pp. 130–150.
—— 1926. "Aidhab," *JG*, Vol. 68, pp. 235–240.
Mutlak, Ablert H. 1973. *Mu'jam Alfāẓ Ḥirfat Ṣayid al-Samak fī al-Sāḥil al-Lubnānī* (*Dictionary of Fishing Terms on the Lebanese Coast*). Beirut.
Nakhīlī, Darwīsh 1974. *al-Sufun al-Islāmīya 'alā Ḥurūf al-Mu'jam*. Alexandria.
Natā'ij al-Ta'dād al-'Amm li'l-Sukkān 1970, 1973. Muḥāfaẓat Ṭarṭūs, al-Jumhūrīyat al-'Arabīyat al-Sūrīyat. Damascus.
National Maritime Museum, Mokpo 1995. *Catalogue of the National Maritime Museum, Mokpo, Korea*. 光州広域市：錦星出版社.
Naumkin, V. 1993. *Island of the Phenix, An Ethnographic Study of the People of Socotra*. Reading : ITHACA Press.
Netton, Ian Richard (ed.) 1993. *Golden Roads : Migration, Pilgrimage and Travel in Medieval and Modern Islam*. Wiltshire : Curzon Press.
Neumann, A. C. & McGill, D. A. 1962. "Circulation of the Red Sea in early summer," *Deep-Sea Research*, Vol. 8, pp. 223–235.
Nicol, Donald M. 1988. *Byzantine and Venice : A Study Diplomatic and Cultural Relations*. Cambridge : Cambridge U. P.
Nik Hassan Shuhaimi b. Nik Abdul Rahman & Yatim Othman Mohd. 1990. *Antiquities of Bujang Valley*. Kuala Lumpur : Museum Association of Malaysia.
Ocak, Ahmet Yaşar 1990. *İslâm-Türk İnançlarında Hızır Yahut Hızır-İlyas Kültü*. Ankara.
Oman, G. 1983. "Preliminary Epigraphic Survey of the Islamic Materials in Dhofar," *JOS*, Vol. 6, Part 2, pp. 277–290.
Owen, Captain Owen 1833. *Narative of Voyages to Explore the Shore of Africa, Arabia and Madagascar*. 2 vols., London.
Parkin, D. & Headley, S, 2000. *Islamic Prayer across the Indian Ocean, inside and outside the mosque*. Surrey : Curzon.
Patel, Alka 2004. *Building Communities in Gujarat : Architecture and Society during the Twelfth through Fourteenth Centuries*. Leiden : E. J. Brill.
Patzert, W. C. 1974. "Wind-induced reversal in Red Sea circulation," *Deep-Sea Research*, Vol. 21, London : Pergamon Press, pp. 109–121.
Paul. A. 1955. "Aidhab : A Medieval Red Sea Port," *SNR*, Vol. 36, pp. 64–70.
—— 1975. "The Hadareb, A Study in Arab-Beja Relationships," *SNR*, Vol. 40, pp. 77–78.
Pearson, M. N. 1976. *Merchants and Rulers in Gujarat : The Response to the Portuguese in the Sixteenth Century*. Berkeley/Los Angeles : University of California Press [邦訳：M. N. ピアソン『ポルトガルとインド――中世グジャラートの商人と支配者』生田滋訳（岩波現代選書）岩波書店，1984].
—— 1994. *Pious Passengers : The Hajj in Earlier Times*. London : Hurst & Company.
—— 1996. *Pilgrimage to Mecca, the Indian Experiance 1500–1800*. Princeton U. P.

—— 1998. *Port Cities and Intruders, The Swahili Coast, India, and Portugal in the Early Modern Era*. Baltimore/London : The Johns Hopkins U. P.

—— 2003. *The Indian Ocean*. London : Routledge.

Pellat, Ch. 1953. *Le milieu baṣrien et la formation de Ǧāḥiẓ*. Paris.

Peters F. E. 1994. *The Hajj, The Muslim Pilgrimage to Mecca and the Holy Places*. Princeton U. P.

Pirenne, Henri 1927. *Les villes du moyen âge : Éssai d'histoire économique et sociale*. Bruxelles［邦訳：アンリ・ピレンヌ『中世都市——社会経済史的試論』佐々木克巳訳, 創文社, 1970］.

—— 1933. "Le mouvement économique et social au moyen âge du XIe au milieu du XVe sicècle," Gustave Glotz (ed.), *Histoire du Moyen Âge*, tome viii. Paris［邦訳：アンリ・ピレンヌ『ピレンヌ中世ヨーロッパ経済史』増田四郎他訳, 一条書店, 1956］.

—— 1937. Mahomet et Chalemagne.［邦訳：アンリ・ピレンヌ『ヨーロッパ世界の誕生——マホメットとシャルルマーニュ』中村宏・佐々木克巳訳, 創文社, 1960］.

—— 1975 →佐々木克巳（編訳）［1975］

Pohanka, Reinhard 1984. "Karavanenwege und Karavanserails in Laristan : dis Strassenabschitte Lar-Djahrom, Lar-Khudj und Lar-Bastak," *AMI*, Band 17, pp. 285-308, Taf. 31-34.

—— 1986. *Burgen und Heiligtümer in Laristan, Südiran, ein Surveybericht*. Wien.

Polanyi, K. 1963. "Ports of Trade in Early Societies," *The Journal of Economic History*, Vol. XXIII, No. 1, March, pp. 30-45［邦訳：K. ポランニー『人間の経済』第 2 巻, 玉野井芳郎・中野忠訳（岩波現代選書）岩波書店, 1980, 491-521 頁］.

—— 1966. *Dahomey and the Slave Trade*. Washington University of Washington Press［邦訳：カール・ポラニー著『経済と文明』栗本慎一郎訳, サイマル出版会, 1975］.

Porter, Venetia 1988. "The Rasulids in Dhofar in the VIIth-VIIIth/XIII-XIVth Centuries, Part II : Three Rasulid Tombstones from Ẓafār," *JRAS*, Vol. 1, pp. 32-44.

—— 2000. "The Ports of Yemen and the Indian Ocean Trade during the Ṭāhirid Period (1454-1517)," Healey, J. F. & Porter, V. (eds.) *Studies on Arabia*. pp. 171-190.

Poujade, Jean. 1946. *La route des Indes et ses navires*. Paris : Payot.

Prins, A. H. J. 1966. "The Persian Gulf dhows : two variants in Maritime enterprise," *Persica*, No. 2, pp. 1-18.

Prins, A. N. T. 1982. "the Mtepe of Lamu, Mombasa and the Zanzibar Sea," *Paideuma*, No. 28, pp. 85-100.

Pryor, John H. 1988. *Geography, Technology, and War : Studies in the Maritime History of the Mediterranean 649-1571*. Cambridge : Cambridge U. P.

Ptak, Roderich 1987 (repr. 1999). "The Tranportation of Sandalwood from Timor to China and Macao, c. 1350-1600," Ptak, R.［1999］pp. 87-109.

—— 1990. "Notes on the Word 'Shanhu' and Chinise Coral Imports from Maritime Asia, c. 1250-1600," Ptak, R.［1999］pp. 65-80.

—— 1999. *China's Seaborne Trade with South and Southeast Asia (1200-1750)*. Adlershot/Brookfield : Ashgate Variorum.

Ptak, R. & Rothermund D. (eds.) 1991. *Emporia, Entrepreneurs and Commodities in Asian*

Trade, c. 1400–1700. Stuttgart : Steiner.
Pullan, Brian (ed.) 1968. *Crisis and Change in the Venetian Economy in the Sixteeth and Seventeenth Centuries*, London : Methuen & Co. Ltd.
Quatremère É. M. 1837, 1839. *Notes et Extraits des Manuscrits*, Vol. 12. Paris, pp. 638–639 ; Vol. 13. Paris, pp. 212–214.
—— 1811. *Mémoires geógraphiques et historiques sur l'Égypte*. 2 vols., Paris.
al-Qūṣī, 'Aṭīya 1976. *Tijārat Miṣr fī al-Baḥr al-Aḥmar munz Fajr al-Islām ḥattā suqūṭ al-Khilāfat al-'Abbāsīya*. Cairo.
Rabie Hassanein 1972. *The Financial System of Egypt A. H. 564–741/A. D. 1169–1341*. London : Oxford U. P.
Redhouse, J. W. 1921. *Turkish and English Lexicon*. Constantinople.
Reid, Anthony 1988, 1993. *Southeast Asia in the Age of Commerce 1450–1680*. 2 vols., New Haven : Yale University Press [邦訳：アンソニー・リード『大航海時代の東南アジア』平野秀秋・田中優子訳，I・II，法政大学出版局，1997，2002].
Révoil, G. 1957. "Voyage chez les Benadirs," Cerulli, E., *Somalia*, Vol. 1, Fig. XV.
Reynolds, R. M. 1993. "Physical Oceanography of the Gulf, Strait of Hormus, and the Gulf of Oman—Results from the Mt. Mitchell Expédition," *Marine Pollution-Bulletin*, Vol. 27, London : Pergamon Press, pp. 35–59.
Rice, Michael 1994. *The Archaeology of the Arabian Gulf, c. 500–323 B. C*. London/New York : Routledge.
Richard, Jean 1968. "European Voyages in the Indian Ocean and Caspian Sea (12th–15th Centuries)," *Iran*, Vol. 6, pp. 45–52.
Richards, D. H. (ed.) 1973. *Islamic Civilisation 950–1150*. Papers on Islamic History III. Oxford : Cassirer.
Riising, Anne 1968. "The Fate of Henri Pirenne's Thesis on the Consequences of the Islamic Expansion," Hübinger, P. E. (ed.), pp. 178–222.
Risso, Patricia 1995. *Merchants & Faith : Muslim Commerce and Culture in the Indian Ocean*. Boulder/San Francisco/Oxford : Westview Press.
Rougé, J. 1975. *La Marine dans l'antiquité*, Presses Universitaires de France [邦訳：ジャン・ルージェ『古代の船と航海』酒井傳六訳，法政大学出版局，1982].
Rizvi, Saiyid Athar Rizvi 1975. *A History of Sufism in India*, Vol. 1. New Delhi.
Sachau, E. 1910. *Alberuni's India*. London : Trubner & Co.
Sa'id b. Himadeh (ed.) 1936. *Economic Organization of Syria*. Beirut.
Sālim b. Ya'qūb 1986. *Ta'rīkh Jazīrat Jarba*. Tunis.
Sastri, N. A. 1955. *A History of South India*. Oxford U. P.
Sauvaget, J. 1948. *Relation de la Chine et de l'Inde, rédigée en 851*. Texte établi, traduit et commenté par J. Sauvaget, Paris.
—— 1954. Mémorial Jean Sauvaget, "Les Merveilles de l'Inde," tome 1. Damas : Institut Français Damas.
Schottenhammer, Angela (ed.) 2001. *The Emporium of the World Maritime Quanzhou, 1000–1400*. Leiden : E. J. Brill.
Schwarz, P. 1896–1936. *Iran im Mittelalter den nach Arabischen Geographen I–IX*. Leipzig.

Schweizer, Gunther 1972. *Bandar 'Abbās und Hormuz*. Wiesbaden.
Serjeant, R. B. 1966. *The Portuguese off the South Arabian Coast*. Oxford U. P.
—— n. d. "Early Islamic and Medieval Trade and Commerce in the Yemen," Daum, W. (ed.), pp. 167–173.
al-Shamlān, Sayf Marzūq 1975–78. *Ta'rīkh al-Ghawṣ 'alā al-Lu'lu' fī al-Kuwayt wa'l-Khalīj al-'Arabī*. 2 vols., Kuwait.
al-Shamrookh, Nayef Abdullah 1996. *The Commerce and Trade of the Rasūlids in Yemen, 630–858/1231–1454*. State of Kuwait.
Sidebotham, S. E. 1986. Roman Economic Policy in the Erythra Thelassa 30 B. C.–A. D. 217. Leiden.
—— 1991. "Ports of the Red Sea and the Arabia-India Trade," Begley & De Puma, R. D. (eds.), pp. 12–38.
—— 1997. "Caravans across the Eastern Desert: Recent Discoveries on the Bernike-Apollinopolis Magna-Coptos Roads," Avanzini, A. (ed.) pp. 385–394.
Simsar, M. Hasan 1356. *Jughrāfīya-yi Ta'rīkh Sīrāf*. Tehran.
Singh, M. P. 1985. *Town, Market, Mint and Port in the Mughal Empire 1556–1707*. New Delhi: Adam Publishers & Distributors.
Siroux, M. 1949. *Caravanserais d'Iran*. Mēmoires de l'Institut Français d'Archēologie Orientale du Caire, Cairo.
Smith, G. Rex 1978. *The Ayyubids and Early Rasūlids in the Yemen (567–694/1173–1195)*, Vol. 2: *A Study of Ibn Ḥātim's Kitāb al-Simṭ*. London.
—— 1988. "The Rasulids in Dhofar in the VIIth-VIIIth/XIII–XIVth Centuries, Part I," *JRAS*, Vol. 1, pp. 26–32.
—— n. d. "The Political History of the Islamic Yemen down to the First Turkish Invation (1–945/622–1538)," Daum, W. (ed.), pp. 129–139.
Southall, A. 1975. "The Problems of Malagasy Origins," Chittick, H. N. & Rotberg, R. I. (eds.), pp. 192–215.
Spiro, S. 1973. An Arabic-English Dictionary of the Colloquial Arabic of Egypt. Librairie du Liban.
Stablo, Renē 1950? *Les Djerbiens, une communaute arabo-berbēre dans une île de l'Afrique française*. Tunis.
Stargardt, J. 1991. *The Ancient Pyu of Burma*, Vol. 1: *Early Pyu Cities in a Man-Made Landscape*. Cambridge/Singapore.
Stein, A. Sir 1937. *Archaeological Reconnaissance in Northwestern India and Southeastern Īrān*. London.
Steingass, F. 1892. *A Comprehensive Persian-English Dictionary*. London.
Subrahmanyam, Sanjay 1990. *The Political Economy of Commerce: Southern India, 1500–1650*. Cambridge: Cambridge U. P.
Surūr, M. 1966. *Dawlat Banī Qalā'ūn fī Miṣr*. Cairo.
Taddei, Maurizia (ed.) 1977. *South Asian Archaeology*, Vol. 2. Naples: Instituto Universitario Orientale.
Tampoe, M. 1989. *Maritime Trade between China and the West*. Oxford: British Archaeo-

logical Reports, International Series, No. 555.
Terwiel, B. J. 2002. "Burma in Early Thai Sources," Gommans & Leiders (eds.), pp. 9-23.
Tibbetts, G. R. 1971. *Arab Navigation in the Indian Ocean before the Coming of the Portuguese*. London : Royal Asiatic Society.
—— 1979. *A Study of the Arabic Texts containing Materials on South-East Asia*. Leiden/London.
—— 1992a. "The Beginnings of a Cartographic Tradition," Harley, J. B. & Woodward, D. (eds.), pp. 90-107.
—— 1992b. "The Balkhi School of Geographers," Harley, J. B. & Woodward, D. (eds.), pp. 108-136.
Toussaint, Auguste 1961. *Histoire de l'Océan Indien*. Paris.
Trimingham, J. S. 1965. *Islam in the Sudan*. London.
—— 1975. "The Arab Geographers and the East African Coast," Chittick, H. N. & Rotberg, R. (eds.), pp. 115-146.
Turner, Victor 1974. *Dramas, Fields, and Metaphors, Symbolic Action in Human Society*. Cornell U. P. ［邦訳：ヴィクター・ターナー『象徴と社会』梶原景昭訳，紀伊國屋書店，1981］.
Udovitch, Abraham L. 1970. *Partnership and Profit in Medieval Islam*. Princeton U. P.
—— 1978. "Time, The Sea and Society : Duration of Commercial Voyages on the Southern Shores of the Mediterranean During the High Middle Age," *La Navigazione Mediterranea Nell'alto Medioevo*, 14-20 aprile 1977, Settimane di Studio del Centro Italiano di Studi Sull'alto Medioevo, XXV, tomo secondo, Spoleto, pp. 503-546.
UNESCO 1980. *Historical Relations across the Indian Ocean*. UNESCO.
Vanden Berghe, L. 1959. *Archéologie de l'Iran ancien*. Leiden.
—— 1961. "Récentes decouvertes de monuments sassanides dans le Fārs," *IA*, tome 1, pp. 163-198.
—— 1965. "Nouvelles découvertes de monuments du feu d'époque sassanide," *IA*, tome 5, pp. 128-147.
Varisco, D. M. 1994. *Medieval Agriculture and Islamic Science, The Almanac of a Yemen Sultan*. Seattle/London : University of Washington Press.
—— n. d. "Rāsulid Agriculture and the Almanac Tradition," Daum, W. (ed.), pp. 309-311.
Verma, D. C. 1990. *Social, Economic and Cultural History of Bijapur*. Delhi.
Villiers, A. J. 1940. *Sons of Sindbad*. London.
Vérin, P. 1975. "Austronesian Contributions to the Cultures of Madagascar : Some Archaeological Problems," Chittick, H. N. & Rotberg, R. I. (eds.), pp. 164-191.
Vogel, H. U. 1991 "Cowry Trade and its Role in the Economy of Yunnan, the Ninth to the Middle of the Seventeenth Century," Ptak R. & Rotherland, D. (eds.), pp. 50-65.
Wallerstein, Immanuel 1974. *The Modern World System : Capitalist Agriculture and the Origins of the Europian World Economy in the Seventeenth Century*. New York : Academic Press ［邦訳：I. ウォーラーステイン『近代世界システム——農業資本主義と「ヨーロッパ世界経済」の成立』川北稔訳，I・II（岩波現代選書）岩波書店，1981］.
Walz, T. 1972. "Notes on the Organization of the African Trade in Cairo, 1800-1850," *AIC*,

tome 11, pp. 263-286.
Warmington, E. H. 1928. The *Commerce between The Roman Empire and India*. Cambridge.
Watson, A. M. 1983. *Agricultural Innovation in the Early Islamic World*. Cambridge U. P.
Wensinck, A. J. 1918 (repr. 1968). *The Ocean in the Literature of the Western Semites*. Afdeeling Lettererkunde, Nieuwe Reeks, Deel XIX, No. 2, Wiesbaden.
—— 1978. "AL-KHAḌIR," *E. I.* (new edition). Vol. 4, pp. 902-905.
Western Arabia 1946. *Westen Arabia and the Red Sea*. Geographical Handbook Series B. R. 527, Naval Intelligence Division.
Wheatley, Paul 1973 (repr.). *The Golden Khersonese : Studies in the Historical Geography of the Malay Peninsula Before A. D. 1500*. Westport : Greenwood Press.
Whitecomb, D. & Johnson 1979. *Quseir al-Qadim*, 1980. Preliminary Report, Cairo.
Whitehouse, David 1968. "Excavation at Siraf : First Interim Report," *Iran*, Vol. 6, pp. 1-22.
—— 1971. "Siraf : a Sasanian Port," *Antiquity*, Vol. 45, pp. 262-267.
—— 1976. "Kish," *Iran*, Vol. 14, pp. 146-150.
—— 1977. "Maritime Trade in the Arabian Sea : The 9th and 10th Centuries A. D.," Taddei, M. (ed.) pp. 865-885.
Whitehouse, David & Williamson, A. 1973. "Sasanian Maritime Trade," *Iran*, Vol. 11, pp. 29-49.
Wiet, Gaston 1955. *Les marchands d'épices sous les sultans Mamlouks*. *CHE*, Vol. 7, pp. 81-147.
Wild, John Peter & Wild, Felicity 2005. "Rome and India : early Indian cotton textiles from Berenike, Red Sea coast of Egypt," Barnes, Ruth (ed.), pp. 11-16.
Wilkinson, J. C. 1972. "Arab-Persian Land Relationships in Late Sasanid Oman," *Proceedings of the Seminar for Arabian Studies*, Vol. 6, pp. 40-51.
—— 1977a. *Water and Tribal Settlement in South-East Arabia*. Oxford : Clarendon Press.
—— 1977b "Ṣuḥār (Sohar) in the Early Islamic Period : The Written Evidence," Taddei, M. (ed.), pp. 887-907.
Williamson, A. 1973a. *Sohar and Omani Seafaring in the Indian Ocean*. Muscat.
—— 1973b. "Hurmuz and the Trade of the Gulf in the 14th and 15th Centuries," *Proceedings of the Seminar for Arabian Studies*, Vol. 4, pp. 78-95.
—— 1975. "Persian Gulf Commerce in the Sassanian Period and the First Two Centuries of Islam," *Bāstānshināsī wa Honar-i Īrān*, pp. 97-109.
Wilson, A. 1928. *The Persian Gulf*. London.
Wink, Andre 1990. *AL-HIND, The Making of the Indo-Islamic World*, Vol. 1 : *Early Medieval India and the Expantion of Islam, 7th-11th Centuries*. Leiden : E. J. Brill.
—— 1997. *AL-HIND, The Making of the Indo-Islamic World*, Vol. 2 : *The Slave Kings and the Islamic Conquest 11th-13th Centuries*. Leiden : E. J. Brill.
—— 2004. *AL-HIND, The Making of the Indo-Islamic World*, Vol. 3 : *Indo-Islamic Society 14th-15th Centuries*. Leiden : E. J. Brill.
Wizārāt al-Shu'ūn al-Thaqāfīyat 1979. *Taṭawwur 'Ulūm al-Biḥār wa Dawr-hā fī al-Numūw al-Ḥaḍārī*. Tunis : Manshūrāt al-Ḥayāt al-Thaqā fīya.
Wolfe, M. 1997. *One Thousand Roads to Mecca——Ten Centuries of Travelers Writing*

about the Muslim Pilgrimage. New York : Grove Press.
Young, Gary K. 2001. *Rome's Eastern Trade, International commerce and imperial policy, 31 B. C.-A. D. 305*. London/New York : Routledge.
Youssouf Kamal 1936-39, 1951/52. *Monumenta Cartographica Africae et Aegypti*, tome IV : *Époque des portulans suivie par l'époque des découvertes*, fasc. 1 (1936), fasc. 2 (1937), fasc. 3 (1938), fasc. 4 (1939) ; tome V : *Additamenta*, fasc. 1 (1951), fasc. 2 (1952) [Verkleinerter Nachdruck in sechs Banden Herausgegeben von Fuat Sezgin, V-VI. Veröffentlichugen des Insititut für Geschichte der Arabisch-Islamischen Wissenschaften an der Johann Wolfgang Goethe-Universitat, Frankfurt am Main, 1987].
Yule, H. & Burnell, A. C. 1903 (repr. 1968). *Hobson-Jobson*. New ed. Delhi.
Zachariadou, Elizabeth [1983] *Trade and Crusade Venetian Crete and the Emirates of Menteshe and Aydin (1300-1415)*. Venice.
al-Zawārī, 'Alī. 1986. "Wathīqatāni 'an Tijārat Jarba wa Ṣufāqs ma'a al-Sharq," *Actes du Colloque sur l'Histoire de Jerba (Avril, 1982)*, Sfax, pp. 73-86.
Zouari, A. 1977. *Les relations commerçialas entre Sfax et le Levant*. Sfax.

III　研究文献(2)

秋道智彌（編著）1998.『海人の世界』同文舘。
荒松雄 1977.『ヒンドゥー教とイスラム教――南アジア史における宗教と社会』（岩波新書）岩波書店。
新井和広 2000.「ハドラミー・ネットワーク」尾本恵市・濱下武志・村井吉敬・家島彦一（編著）[2000b] 岩波書店，237-264 頁。
荒野泰典（他編）1992.『海上の道』（アジアのなかの日本史 3）東京大学出版会。
安野眞幸 1992.『港市論――平戸・長崎・横瀬浦』日本エディタースクール出版部。
――― 1998.「港市の諸相」『学部教育研究紀要』弘前大学教育学部編，第 27 号（通巻第 38 号）1-11 頁。
飯田卓 2000.「インド洋のカヌー文化――マダガスカル沿岸漁民ヴェズの村から」尾本恵市・濱下武志・村井吉敬・家島彦一（編著）[2000b] 181-207 頁。
生田滋 1969.「東南アジアにおける貿易港の形態とその機能――17 世紀初頭のバンタムを中心として」『南アジア世界の展開』（世界の歴史 13）筑摩書房，255-270 頁。
石井米雄（編）1991.『東南アジアの歴史』（東南アジア学 4）弘文堂。
――― 1992.「港市国家」としてのアユタヤ――中世東南アジア交易国家論」石井米雄・辛島昇・和田久徳（編著）[1992] 75-91 頁。
石井米雄・辛島昇・和田久徳（編著）1992.『東南アジア世界の歴史的位相』東京大学出版会。
石島英 1993.「季節風・海流と航海」比嘉政夫（編）[1993] 303-331 頁。
伊東亜人 1975.「世界の船――その伝統的技術」大林太良（編）[1975] 141-179 頁。
伊藤義教 1987.「渡来ペルシャ人の“におい”――法隆寺の香木を推理する」『朝日新聞』（夕刊）7 月 22 日。
――― 1988.「法隆寺伝来の香木銘をめぐって」『東アジアの古代文化』No. 54，94-105

頁。
井上智勇 1968『地中海世界史』清水弘文堂。
今井賢一・金子郁容 1988.『ネットワーク組織論』岩波書店。
内堀基光 2000.「マダガスカルとボルネオのあいだ」尾本恵市・濱下武志・村井吉敬・家島彦一（編著）［2000b］153-180 頁。
恵谷俊之 1966.「ガザン・ハンの対元朝使節派遣について——14 世紀初頃におけるイラン・中国交渉史の一齣」『オリエント』第 8 号 3・4，49-54 頁。
大木昌 1991.「東南アジア——一つの世界システム」石井米雄（編）［1991］145-168 頁。
太田敬子 2003.「イスラームの拡大と地中海世界」歴史学研究会（編）［2003］26-61 頁。
太田秀道 1969.「総論」『岩波講座世界史　古代 1』岩波書店，393-408 頁。
大林太良（編）1975.『船』（日本古代文化の探究）社会思想社。
織田武雄 1973.『地図の歴史』講談社。
———— 1974.『地図の歴史——世界編』（講談社現代新書）講談社。
尾本恵市・濱下武志・村井吉敬・家島彦一（編著）2000a.『海のパラダイム』（海のアジア 1)』岩波書店。
尾本恵市・濱下武志・村井吉敬・家島彦一（編著）2000b.『モンスーン文化圏』（海のアジア 2）岩波書店。
加藤博 1999.「序」歴史学研究会（編）［1999］13-29 頁。
上岡弘二 2001.「南イラン・ザグロス山脈平原部のキャラバン・ルート」家島（編著）［2001b］175-197 頁。
上岡弘二・家島彦一 1979.『インド洋西海域における地域間交流の構造と機能——ダウ調査報告 2』東京外国語大学アジア・アフリカ言語文化研究所。
Karashima, Noboru (ed.) 2004. *In Search of Chinese Ceramic-sherds in South India and Sri Lanka*. Tokyo : Taisho U. P.
川勝平太（編）1996.『海から見た歴史』藤原書店。
川北稔（他編）1994.『歴史学事典 1　交換と消費』弘文堂。
川田順造 1997.「サヘルとスワヒリ」川田順造編『ニジェール川大湾曲部の自然と文化』東京大学出版会，105-126 頁。
川床睦夫 2000.「港を掘る——シナイ半島の港市遺跡」尾本恵市・濱下武志・村井吉敬・家島彦一（編著）［2000b］99-122 頁。
日下雅義 1995.「港と湊」田中耕司・小泉格（編著）［1995］148-154 頁。
栗本慎一郎 1979.『経済人類学』東洋経済新報社。
『クルアーン』＝『コーラン』1959-62（再版）. 井筒俊彦訳，全 3 巻，岩波書店。
桑田六郎 1993.『南海東西交通史論考』汲古書院。
桑原隲蔵 1935（再版 1989).『蒲寿庚の事蹟』（東洋文庫）平凡社。
慶應義塾大学東洋史研究室（編）1985.『西と東と——前嶋信次先生追悼論文集』汲古書院。
後藤明 1999.「イスラム巡礼総論」歴史学研究会（編）［1999］194-223 頁。
齊藤寛海 2001.「地中海と地中海世界」『信州大学教育学部紀要』第 104 号，87-96 頁。
———— 2002.『中世後期イタリアの商業と都市』知泉書館。
坂本勉 1990.「巡礼とコミュニケーション」濱下武志（他）［1990］197-222 頁。
佐々木克巳（編訳）1975.『古代から中世へ——ピレンヌ学説とその検討』創文社。

佐藤幸男 1993a.「アジア地域国際関係の原像」溝口雄三他（編）［1993］15-49 頁。
———— 1993b.「アジア国際秩序のダイナミズムと構造」濱下武志（編）［1993］4-21 頁。
佐藤長 1958-59.『古代チベット史研究』上・下，東洋史研究会。
佐藤次高 1986.『中世イスラム国家とアラブ社会』山川出版社。
Sato, Tsugitaka 2004. "Sugar in the Economic Life of Mamlūk Egypt," *Mamlūk Studies Review*, No. 8 (2), Middle East Documentation Center (MEDOC), The University of Chicago, pp. 87-107.
重松伸司 1993.「ベンガル湾という世界——14-16 世紀の地域交易圏」溝口雄三（他編）［1993］51-85 頁。
蔀勇造 1993a.「ソコトラ島のキリスト教について」『東洋史研究』第 51-4 号，97-122 頁。
———— 1993b.「ソコトラ——その歴史と現状」『日本中東学会年報』第 8 号。
———— 1997.「エリュトラー海案内記」『東洋文化研究所紀要』第 132 号。
———— 2000.「イスラム以前のインド洋世界——ソコトラ島から垣間見る」尾本恵市・濱下武志・村井吉敬・家島彦一（編著）［2000b］67-98 頁。
斯波義信 1992.「港市論——寧波港と日中海事史」荒野泰典（他編）［1992］1-34 頁。
朱天順 1996.『媽祖と中国の民間信仰』平河出版社。
真道洋子 2004.『イスラームの美術工芸』（世界史リブレット）山川出版社。
杉原薫 1996.『アジア間貿易の形成と構造』ミネルヴァ書房。
杉山伸也，リンダ・グローブ（編）1999.『近代アジアの流通ネットワーク』創文社。
鈴木克美 1999.『珊瑚』（ものと人間の文化史 91）法政大学出版局。
鈴木董 1996.「ブローデルの『地中海』と「イスラムの海」としての地中海の視点」川勝平太（編）［1996］33-67 頁。
鈴木恒之 1976.「港市国家パレンバン」池端雪浦編『変わる東南アジア史像』山川出版社。
———— 1998.「東南アジアの港市国家」『東アジア・東南アジア　伝統社会の形成　16-18 世紀』（岩波講座世界歴史 13）岩波書店。
鈴木英明 2005.「カンバルー島の比定をめぐる新解釈」『オリエント』第 48 巻第 1 号，154-170 頁。
須藤利一（編）1968.『船』（ものと人間の文化史 1）法政大学出版局。
鷹木恵子 2000a.『北アフリカのイスラーム聖者信仰——チュニジア・セダダ村の歴史民族誌』刀水書房。
———— 2000b.『チュニジアのナツメヤシ・オアシス社会の変容と基層文化』（Studia Culturae Islamicae, No. 68）東京外国語大学アジア・アフリカ言語文化研究所。
高良倉吉 1993.「琉球王国における拠点中枢機能の構造覚書」比嘉政夫（編）［1993］377-385 頁。
高谷好一 1996.『「世界単位」から世界を見る』京都大学学術出版会。
————（編）1999.『〈地域間研究〉の試み』上，京都大学学術出版会。
田坂興道 1964.『中国における回教の傳來とその弘通』上・下，東洋文庫刊。
立本成文 1995.「海域とネットワーク社会」田中耕司・小泉格（編著）［1995］189-199 頁。
———— 1996.『地域研究の問題と方法』京都大学学術出版会。
田中耕司・小泉格（編著）1995.『海と文明』朝倉書店。
田中耕司 1995.「総論　海と文明」田中耕司・小泉格（編著）［1995］1-10 頁。

地中海学会（編）2002.『地中海の暦と祭り』刀水書房。

陳担（撰）1962.『中西回史日暦』中華書局。

土屋健治 1995.「ニャイ・ロロ・キドゥルの海――東南アジアの「荒ぶる海」考」田中耕司・小泉格（編著）［1995］176–188 頁。

東野治之 1987.「法隆寺伝来の香木と古代の生薬輸入」『和漢薬』第 433 号，1–3 頁。

―――― 1988.『正倉院』（岩波新書）岩波書店。

東野治之・熊本裕・吉田豊 1987.「法隆寺献納宝物　香木の銘木と古代の香料貿易――とくにパフラヴィー文字の刻銘とソクド文字の焼印をめぐって」*Museum*, No. 433, 4–15 頁。

床呂郁哉 1999.『越境――スールー海域世界から』岩波書店。

中島成久 1993.『ニャイ・ロロ・キドゥルの箱』風響社。

長島弘 1994.「ムガル帝国スーラト港市のシャーバンダル」*JEWMR*, Vol. 3, pp. 43–72.

―――― 1995.「海上の道――15 世紀-17 世紀のインド洋，南シナ海を中心に」歴史学研究会編『世界史とは何か』（講座世界史 1）東京大学出版会，255–284 頁。

―――― 2000.「インド洋とインド商人」『イスラーム・環インド洋世界　16–18 世紀』（岩波講座世界歴史 14）岩波書店，141–165 頁。

―――― 2002.「アジア海域通商圏論――インド洋世界を中心に」歴史学研究会編『歴史学における方法的転回』（現代歴史学の成果と課題 1　1980–2000 年）青木書店，21–36 頁。

西村朝日太郎 1974.『海洋民族学――陸の文化から海の文化へ』（NHK ブックス）日本放送出版協会。

二宮宏之 1996.「コメント『地中海』と歴史学」川勝平太（編）［1996］69–84 頁。

濱下武志 1990.『近代中国の国際的契機』東京大学出版会。

――――（他）1990.『移動と交流』（シリーズ世界史への問い 3）岩波書店。

―――― 1991.「中国と東南アジア」石井米雄（編）［1991］112–144 頁。

――――（編）1993（再版 1999）.『東アジア世界の地域ネットワーク』山川出版社。

―――― 1993.「東アジア史における華夷秩序」濱下武志（編）［1993］22–40 頁。

―――― 1997.『朝貢システムと近代アジア』岩波書店。

―――― 2000.「東からみた海のアジア史――朝貢と倭寇」尾本恵市・濱下武志・村井吉敬・家島彦一（編著）［2000a］103–124 頁。

濱下武志・辛島昇（編著）1997.『地域とは何か』（地域の世界史 1）山川出版社。

浜下武志・川勝平太（編）1991.『アジア交易圏と日本工業化　1500–1900』リブロポート。

浜名優美 2000.『ブローデル『地中海』入門』藤原書店。

林田重幸 1974.「日本在来馬の源流」森浩一（編）［1974］215–262 頁。

比嘉政夫（編）1993.『海洋文化論』（環中国海の民族と文化 1）凱風社。

―――― 1993.「海洋文化論」比嘉政夫（編）［1993］11–25 頁。

平野健一郎（編）1994.『地域システムと国際関係』（講座現代アジア 4）東京大学出版会。

弘末雅士 2004.『東南アジアの港市世界――地域社会の形成と世界秩序』岩波書店。

深沢克己 2000.『海港と文明――近世フランスの港町』山川出版社。

――――（編著）2002.『国際商業』（近代ヨーロッパの探求 9）ミネルヴァ書房。

深町得三 2000.「インド洋伝統船の世界」尾本恵市・濱下武志・村井吉敬・家島彦一（編著）［2000b］31–64 頁。

深見奈緒子 2000.「建築からみたイスラーム・環インド洋世界」『イスラーム・環インド洋世界 16-18 世紀』（岩波講座世界史 14）岩波書店，299-326 頁。

———— 2003.『イスラーム建築の見かた——聖なる意匠の歴史』東京堂出版。

———— 2005.『世界のイスラーム建築』（講談社現代新書）講談社。

藤本勝次・福原信義（訳註）1978『インドの不思議』関西大学出版・広報部。

古田和子 2000.『上海ネットワークと近代東アジア』東京大学出版会。

前嶋信次 1944（新版 1982）.「マルディヴ群島の産物——その東亜の文化に対する意義に就いて」『東西物産の交流——東西文化交流の諸相』誠文堂新光社，155-175 頁。

———— 1954.『三大陸周遊記』（世界探検紀行全集 2）河出書房。

———— 1967（新版 1982）.「アラビアとネジド馬」『東西物産の交流——東西文化交流の諸相』誠文堂新光社，239-253 頁。

————（編）1975.『メッカ』芙蓉書房。

松山優治 1992.「紅海・ SUEZ 湾の海気象とṬŪR の港湾条件」*JEWMR*, Vol. 2, pp. 75-88.

———— 2000.「モンスーンの卓越するインド洋」尾本恵市・濱下武志・村井吉敬・家島彦一（編著）［2002b］3-29 頁。

三上次男 1984.「砂漠の廃港アイザーブ遺跡」『出光美術館・館報』第 47/48 号，1-29 頁。

———— 1985.「中世エジプトと陶磁貿易」慶応義塾大学東洋史研究室（編）［1985］185-189 頁。

溝口雄三（他編）1993.『地域システム』（アジアから考える 2）東京大学出版会。

森浩一（編）1974.『馬』（日本古代文化の探求）社会思想社。

門田修 1980.『海のラクダ——木造帆船ダウ同乗記』（中公新書）中央公論社。

————2000.『ダウ Dhow——インド洋の木造機帆船』みちのく北方漁船博物館財団。

家島彦一 1968.「イスラーム史料による鄭和の遠征」『アジア・アフリカ言語文化研究』第 1 号，126-131 頁。

———— 1972.「インド洋通商とイエメン——南アラビアの Sīrāf 居留地」『アジア・アフリカ言語文化研究』第 5 号，119-144 頁。

———— 1974a.「イエメン・ラスール朝史に関する新写本」『アジア・アフリカ言語文化研究』第 7 号，165-182 頁。

———— 1974b.「イエメン・ラスール朝史に関する新写本・補遺」『アジア・アフリカ言語文化研究』第 8 号，157-160 頁。

———— 1974c.「15 世紀におけるインド洋通商史の一齣——鄭和遠征分隊のイエメン訪問について」『アジア・アフリカ言語文化研究』第 8 号，137-155 頁。

Yajima, Hikoichi 1976a. *The Arab Dhow Trade in the Indian Ocean*, Tokyo : ILCAA.

家島彦一 1976b.「モンゴル帝国時代のインド洋貿易——特に Kīsh 商人の貿易活動をめぐって」『東洋学報』No. 57-3/4, 1-40 頁。

———— 1976c.「東西交渉よりみた紅海とバーバルマンデブ——とくに 15 世紀前半の情勢を中心としての考察」『アラビア研究論叢——民族と文化』日本サウディアラビア協会・日本クウェイト協会，225-252 頁。

———— 1977.「アラブ古代型縫合船 Sanbūk Ẓafārī について」『アジア・アフリカ言語文化研究』第 13 号，181-204 頁。

———— 1980a.「マムルーク朝の対外貿易政策の諸相——セイロン王 Bhūvanaikabāhu I とマムルーク朝スルタン al-Manṣūr との通商関係をめぐって」『アジア・アフリカ言語文

化研究』第 20 号，1-105 頁。

――――― 1980b.「東西交渉上のアル・フスタート」『アル・フスタート』（中近東文化センター研究会報告 1）中近東文化センター，79-104 頁。

――――― 1983a.「紅海とイエメン地域――その経済・文化交流上の位置と歴史的役割をめぐって」『南北イエメンを中心とする紅海情勢の研究』中東調査会，4-21 頁。

――――― 1983b.「マグリブ人によるメッカ巡礼記 *al-Riḥlat* の史料価値をめぐって」『アジア・アフリカ言語文化研究』第 25 号，194-216 頁。

――――― 1983c.「イエメン・ラスール朝の崩壊とスルタン・マスウードのインド亡命」『内陸アジア・西アジアの社会と文化』山川出版社，601-620 頁。

――――― 1985a.「Ibn Baṭṭūṭa のマルティヴ群島訪問記事をめぐって」『三上次男博士喜寿記念論文集（歴史編）』平凡社，390-404 頁。

――――― 1985b.「マルディヴ群島海民のメッカ巡礼」慶應義塾大学東洋史研究室（編）［1985］211-230 頁。

――――― 1986a.「ナイル渓谷と紅海を結ぶ国際貿易ルート――とくに Qūṣ～'Aydhāb ルートをめぐって」『イスラム世界』第 25/26 号，日本イスラム協会，1-25 頁。

――――― 1986b.『Arwād――シリア海岸の海上文化』（Studia Culturae Islamicae, No. 31）東京外国語大学アジア・アフリカ言語文化研究所。

――――― 1987.「インド洋におけるシーラーフ系商人の交易ネットワークと物品の流通」『深井晋司先生追悼　シルクロード美術論集』吉川弘文館，199-224 頁。

――――― 1988a.『イラン・ザグロス山脈越えのキャラバン・ルート』（Studia Culturae Islamicae, No. 36）東京外国語大学アジア・アフリカ言語文化研究所。

――――― 1988b. "An Arabic Manuscript on the History of the Maldive Islands," *Cultural and Economic Relations between East and West――Sea Routes*, Wiesbaden : Otto Harrassowitz, pp. 71-81.

――――― 1990.「ダウ船とインド洋海域世界」『生活の技術・生産の技術』（シリーズ世界史への問い 2）岩波書店，105-128 頁。

――――― 1991a.「インド洋海域史論の試み」慶應義塾大学地域研究センター編『地域研究と第三世界』慶應通信，97-143 頁。

――――― 1991b.『イスラム世界の成立と国際商業――国際商業ネットワークの変動を中心に』岩波書店。

――――― 1991c.「ムスリム海民による航海安全の信仰――とくに Ibn Baṭṭūṭa の記録にみるヒズルとイリヤースの信仰」『アジア・アフリカ言語文化研究』第 42 号，117-135 頁。

――――― 1993a.『海が創る文明――インド洋海域世界の歴史』朝日新聞社。

――――― 1993b.「インド洋海域の交易ネットワーク」板垣雄三・後藤明編『イスラームの都市性』日本学術振興会，96-112 頁。

――――― 1993c.「国際交易ネットワーク」鈴木董編著『パクス・イスラミカ』（講談社現代新書：新書イスラームの世界史 2）講談社，228-259 頁。

――――― 1994a.「インド洋貿易」川北稔編『歴史学事典』第 1 巻，弘文堂，37-44 頁。

――――― 1994b.「チュニジアの定期市サークル」『イスラム圏における異文化接触のメカニズム』No. 3，東京外国語大学アジア・アフリカ言語文化研究所，201-223 頁。

――――― 1994c.「国家・港市・海域世界――イエメン・ラスール朝スルタン・ムザッファルによるズファール遠征の事例から」『アジア・アフリカ言語文化研究』第 46/47 号，

東京外国語大学アジア・アフリカ言語文化研究所，383-407頁。

———— 1995a.「アラビア海を結ぶ三角帆の木造船ダウ」小西正捷・宮本久義編『インド・道の文化誌』春秋社，205-212頁。

———— 1995b.「インド洋海域における港の成立とその形態をめぐって」『歴史の中の港・港町I——その成立と形態をめぐって』（中近東文化センター研究会報告11）中近東文化センター，65-99頁。

———— 1995c.「イブン・バトゥータの世界」堀川徹編『世界に広がるイスラーム』（講座イスラーム世界3）栄光教育文化研究所，205-212頁。

———— 1996a.「インド洋海域世界の観点から」川勝平太（編）［1996］225-242頁。

———— 1996b.「地域間コミュニケーション」三浦徹他編『イスラーム研究ハンドブック』栄光教育文化研究所，192-199頁。

———— 1996c.「中東地域の歴史的広がりとイスラーム世界意識の形成」『中東研究』No. 418，中東調査会，2-12頁。

———— 1996d. "Some Problems on the Formation of the Swahili World and the Indian Ocean Maritime World," *Esseys in Northeast African Studies* (Senri Ethnological Studies, No. 43) Osaka, pp. 319-354.

———— 1998.「国家と海域支配」秋道智彌（編著）［1999］169-193頁。

———— 1999a.「都市とネットワーク」高谷好一（編）［1999］141-158頁。

———— 1999b.「海域史に関する試論——地中海からインド洋まで」『アジア・アフリカ言語文化研究』第57号，281-300頁。

———— 2000a.「西からみた海のアジア史」尾本恵市・濱下武志・村井吉敬・家島彦一（編著）［2000a］75-102頁。

———— 2000b.「モンスーン文化圏」尾本恵市・濱下武志・村井吉敬・家島彦一（編著）［2000b］iii-xvi頁。

———— 2001a.「イスラーム・ネットワークの展開」『東南アジア近世の成立』（岩波講座東南アジア史3）岩波書店，17-43頁。

————（編著）2001b.『イスラム圏における交通システムの歴史的変容に関する総合的研究』（平成10年度〜平成12年度科学研究費補助金研究成果報告書）東京外国語大学アジア・アフリカ言語文化研究所。

———— 2003.『イブン・バットゥータの世界大旅行——14世紀のイスラームの時空を生きる』（平凡社新書）平凡社。

———— 2004.「マレー半島の国際交易港カラKalahに関する新史料」三笠宮殿下米寿記念論集刊行会編『三笠宮殿下米寿記念論集』刀水書房，717-729頁。

———— 2005.「人の移動と交流が作り出す文化——アラビア海のダウ船貿易に関する現地調査から」『国際セミナー：モノの世界から見た中東・イスラーム文化——住まい方を中心に』（第12回エジプト調査関連公開研究会）中近東文化センター，19-27頁。

薮内清 1972.『島——その社会地理』朝倉書房。

山影進（編）1993.『近代国際体系の拡大と広域交易網をめぐる国際関係』（平成4年度科学研究費補助金研究成果報告書）東京。

山田憲太郎 1976.『東亜香料史研究』中央公論美術出版。

———— 1978.『香料——日本のにおい』（ものと人間の文化史27）法政大学出版局。

———— 1979.『スパイスの歴史——薬味から香辛料へ』法政大学出版局。

――――― 1982.『南海香薬譜――スパイス・ルートの研究』法政大学出版局。

山本達郎 1934.「鄭和の西征（上・下）」『東洋学報』第 21 巻第 3 号，374-404 頁；第 4 号，506-556 頁。

李家正文 1991.『真珠と珊瑚』冨山房。

歴史学研究会（編）1999.『ネットワークのなかの地中海』（地中海世界史 3）青木書店。

―――――（編）1999.『巡礼と民衆信仰』（地中海世界史 4）青木書店。

―――――（編）2003.『多元的世界の展開』（地中海世界史 2）青木書店。

註

史料（未刊行の写本，文書類を含む）は著者名――史料集の場合のみ編者名――および（簡略化した）書名で，おなじ史料で複数の稿（校）本があるときは al-'Umarī, *Masālik*. ①のように丸数字を付けて区別した。研究文献については，著者（編者）名と出版年を示す。おなじ著者の同年の出版物があるときは［1995a］［1995b］のように，出版年にアルファベットを振って区別した。同一著者を二つ以上列挙するときは，Ashtor［1956］［1976］のように著者名は最初のものにのみ付した。百科辞典（事典）の項目については *E. I.*［new ed. 1965］（Djughrāfīyā）のように出版年と項目名を示した。詳しくは，参考文献表を見ていただきたい。

序章　インド洋と地中海を結ぶ大海域世界

（1）ネットワークやシステムに関連した歴史の研究書としては，Wallerstein ［1974］; Curtin［1984］; 浜下/川勝（編）［1991］; 溝口（他編）［1993］; 平野（編）［1994］; 高谷［1996］; 杉原［1996］; 濱下［1997］［1999］; 杉山/グローブ（編）［1999］; 古田［2000］; 家島［1991b］などを参照。

（2）国家（領域国家）という枠を超えた「地域」間の交流・伝達については，高谷（編著）［1999］; 家島［1996d］所収の文献リストを参照。とくに，前近代のイスラーム世界における国際間の人の移動，モノや情報交流のメカニズムを重視した最近の研究としては，Bentley［1993］; Eickelman/Piscatori（eds.）［1990］; Netton（ed.）［1993］などが注目される。

（3）「出会いの接点」のメカニズム（encounter mechanism）に着目した最近の研究としては，Bentley［1993］を参照。出会いの接点は，国家・領域にとっての境界，辺境となるが，同時に異域・異界との接点，市場ともなる。そうした歴史展開の場を，私は「境域」と呼び，その「場」の機能と性格，歴史展開のうえで果たした役割に注目して分析・研究しようとしている。家島［1991b］135-147 頁参照。同じような視点に立った最近の研究としては，Brauer［1995］の研究を見よ。

（4）ヴィクター・ターナー（Victor Turner）流にいえば，海域は「反構造・反権力の部分」，または「周縁」に位置し，領域国家・権力の外の人間の活動空間，異なる集団・生業・宗教・言語・世界観などを持った人々にとって共有された歴史展開の場であるといえる。Turner［1981］（邦訳）209-303 頁参照。

（5）アンソニー・リード（Anthony Reid）は，15 世紀から 17 世紀にかけて，ジャワ島のマタラム王国，スマトラ島北部のアチェ王国やタイのアユタヤ王朝など，東南アジアの各地に相次いで成立した強力な集権国家はいずれも南シナ海とジャワ海の海上交易による富の獲得を目指しており，彼らの王権の拡大と安定が海上交易によって得られた富を経済基盤としていたとする新見解を提示した。このような考え方は，東南アジアの国家成立と経済基盤を内陸的な土地支配と農業生産から捉えるという従来の一面的なアジア史像に対する新たな挑戦であったといえる（Reid［1988, 1993］）。しかし，リードの研究は，ベンガル湾，アラビア海やインド洋西海域のことがまったく視野に入っていないこと，また 17 世紀以前と以後のアジア域内交易の関連づけが不十分で

あることなどの点で，さらに詳細な検討が必要となろう。15世紀から17世紀にかけてのアジア海域を舞台とした交易の隆盛は，東南アジアと南シナ海だけに焦点を絞るのではなく，ベンガル湾以西を含めた，全インド洋海域を視野に入れて究明すべき問題であり，また西ヨーロッパ勢力の進出を「ヨーロッパの衝撃＝アジア交易の衰退」として一元的に捉えるのではなく，伝統的なインド洋海域世界のネットワーク構造が西ヨーロッパ勢力の拡大するなかで，どのように復活し，また変化・変質していったかについて，さらに具体的・実証的な研究を深めるべきであろう。リードに関連する研究としては，石井［1992］; 家島［2001a］などを参照。

(6) 海上の道，陸域と陸域との間の対外関係，東西交渉など，海（海域）をいわば陸域の「付属物」「脇役」として捉える研究は，きわめて多い。その代表例の一つは，従来の南海史を「海のシルクロード史」という奇妙な名称に置き換えて，一般読者にアピールしようとする研究である。海域を独自の構造と機能を備えた歴史舞台として捉え，海域から陸域を逆照射しようとする啓蒙的研究については，とりあえず川勝（編著）［1996］を参照。

(7) 斯波［1992］7-8頁。

(8) 後述17，20-21頁および家島［1991b］32-38頁参照。

(9) Braudel［1949］［1979］; 浜名［2000］参照。

(10) 太田［1969］393-394頁。地域設定をめぐる問題については，家島［1991b］27-58頁；濱下/辛島（編）［1997］など参照。

(11) アンリ・ピレンヌ（Henri Pirenne）の六つの論文を収めた佐々木（編訳）［1975］の他，Hübinger（ed.）［1968］，Pirenne［1933］［1937］および本書第III部第1章284-290，306-310頁参照。

(12) 鈴木［1996］36頁は，ブローデルの『地中海』がなぜ「最初の試み」であったかについて「地中海と，そしてその周辺の諸地域は，古くから，人文社会諸科学の分野で，絶えず研究の対象とされ，各々の専門分野において，幾多の名著を生んできた。しかし，それらは，ほぼいずれも，地中海とそれをとりまく諸地域のある側面，ないしはある部分を対象としていた。ブローデルの『地中海』において，初めて，地中海とそれをとりまき地理的・生態的に一体をなす諸地域を，一つの世界としてまるごと採り上げ，これを巨視的かつ全体的に把握することが試みられた」と説明している。

(13) この部分は，二宮［1996］70-71頁を一部引用する。ブローデルの地中海への想いは，彼が若い頃にアルジェリアで過ごしたこと，ブラジルのサン・パウロ大学で教えたことや第二次世界大戦中のドイツでの収容所生活など，さまざまな人生経験が織り込まれていた。併せて，浜名［2000］15-22頁参照。

(14) Braudel［1948］（邦訳）第3巻第3部；鈴木［1996］63-66頁。

(15) Chaudhuri［1985］.

(16) 最近のインド洋研究については，Chittick/Rotberg (eds.)［1975］; UNESCO［1980］; Chandra (ed.)［1987］; Gupta/Pearson (eds.)［1987］; McPherson［1993］; Chandra/Arunachalam/Suryanarayam (eds.)［1993］; Risso［1995］; Conermann (ed.)［1998］; Barendse［1998］; Parkin/Headley (eds.)［2000］; Kearney［2004］; Pearson［2003］などが代表的なものとしてあげられる。日本における研究成果としては，家島［1991a］97-143頁，［1993a］がある。

(17) Curtin［1984］（邦訳）1-14頁。カーティンの「交易離散共同体」論の理解にあたっ

ては，山影（編著）［1993］102-105頁を一部参照した。

(18) ネットワークの機能面でのハードな部分とは，経済システムに不可分な交通および情報（通信）のシステムや金融ネットワークなど，大規模かつ公共的で，しかも制度化された交易のインフラストラクチャーのことで，交易を促進するために意図的につくられたものを指している。ハードな部分を公的ネットワークとすれば，ソフトな部分とは特定の商人によって維持される私的ネットワークや信用関係にもとづく非公式ネットワークによって動かされる機能である（杉山/グローブ（編）［1999］6-7頁）。なおネットワーク組織論については，今井/金子［1988］参照。

(19) 私は，家島［1991b］16-57頁において，ネットワークという用語を使って，広域地域間の関係性（relations）を捉えるための諸概念を引き出し，それにもとづいてイスラーム世界をさまざまな王朝の集合体としてではなく，一つの全体として機能する歴史として叙述しようと試みた。さらに，その後の研究において，ネットワークの重要な機能として，交流の相互性，双方向性，相互補完性や組み替えの任意性などの諸側面を強調すべきであることを主張した（家島［1999a］141-158頁，［2005］19-27頁）。

(20) 港市は，いわばネットワークの結節点，ノード（node）であって，植物でいえば節，動物の神経核にたとえられる。こうした捉え方は，家島［1993b］96-112頁，［1995b］65-99頁，［1999b］141-158頁などで提示した。

(21) 港市論は，最近，とくに東南アジア史の分野で注目されている。Kathirithamby-Wells (ed.)［1990］; 石井［1992］; 安野［1992］［1998］; 斯波［1992］などの研究を参照。詳しくは，本書の第I部第2章で説明する。

(22) こうした捉え方は，西ヨーロッパを基軸として拡大する一元的な国際交易に対して，国内市場・域内市場・国際市場が相互に複雑にリンクしたアジア域内を基軸としたネットワークを解明しようとする研究である。さしあたって濱下武志編［1999］が注目される。

(23) 織田［1973］48-56頁，［1974］51-53頁。

(24) その他に，『クルアーン』のなかで「二つの海」を説明した章句として「さて，ムーサー（モーセ）がそのお小姓に，『わしは，二つの海の出逢うところ（majma‘ al-baḥrayn）へ行きつくまではどこまででも行くぞ。何年歩きつづけようとかまいはせぬ』と言った時のこと」（第18章第59節），「大地を不動の台となし，その中に数々の河川を設け，処々にがっしりとした山を置き，二つの海の間に障壁をつくり給うた」（第27章第62章），「二つの海は似ていない。こちらの水は甘く，おいしく，飲めば咽喉にこころ良く，あちらの水は塩辛くて舌を刺す」（第35章第13節）などがある。とくに第55章第22節に言及された「真珠の取れる海」をペルシャ湾と紅海を含むインド洋，「珊瑚の取れる海」を地中海であると解釈する考え方が強い（Wensinck［1968］pp. 15-39）。イスラーム地理学者たちの考える海域概念については，*E. I.*［new ed. 1960］Vol. 1所収の“BAḤR FĀRIS”“BAḤR AL-HIND”“AL-BAḤR AL-MUḤĪṬ”“BAḤR AL-RŪM”“AL-BAḤRAYN”“BARZAKH”などの項目を参照。

(25) 二海説を代表するイスラーム地理学者として，バルヒー学派（al-Balkhī school）に属する10世紀半ばのムカッダスィー（al-Muqaddasī）があげられる。彼は，世界の海と川について説明したなかで，「知れよ！　そもそもイスラーム［世界］のなかで，

われわれが知っているのは，すでに［図に］描いたように，二つの海のみである。つまり，［周海の］二つの入江の一方は中国地方とスーダーン地方（サハラ南縁のアフリカ黒人王国）との間，冬の太陽の昇る方向（南東）から出て，イスラームの領域（mamlakat al-Islām）に達すると，アラビア半島の周囲を回る。その海には，たくさんの湾と数多くの入江がある。だが，人々（地理学者）は，その海［の形状］を説明するときに，また地図学者たちはそれを図解して示すとき，さまざまに見解が違っている。彼らのある者の見解では，それをタイラサーン（ṭaylasān）の形状に描き，中国地方とハバシャ（エチオピア）のところで回り込み，一方の端（腕）を［紅海の］クルズムに，もう一方の端を［ペルシャ湾の］アッバーダーンに置いた。………もう一つの海は，横軸（経度）において，周海（al-Muḥīṭ）から出て，極西マグリブのスース・アルアクサー（Sūs al-Aqṣā）とアンダルスの間［のジブラルタル海峡］から始まり，次に狭まり，またもとの広さに戻り，やがてシャーム（シリア）の境界の［海岸の］ところで幅がまた広まる」(al-Muqaddasī, pp. 10, 14）とあって，周海（環海）から二つの入江が東側と西側から深く入り込み，西アジア地域がその入江の墻壁となって向かい合っている，と理解していた。ムカッダスィーと共通する地理概念を持った地理学者として，イスタフリー，イブン・ハウカル，『世界の境域地帯』，イドリースィー，カズウィーニーなどがあげられる。イスラーム地理学におけるバルヒー学派と二海説については，Barthold［1937］pp. 3-44 ; Kramers［1954］Vol. 1, pp. 147-156, 172-204 ; *E. I.*［new ed. 1965］Vol. 2, pp. 575-590（DJUGHRĀFĪYĀ）; *E. I.*［new ed. 1978］Vol. 4, pp. 1077-1083(KHARĪṬA）; Tibbetts［1992b］pp. 108-136, 137-155 などの研究を参照。また航海者たちが実際に抱いていた世界の二大海については，Sulaymān & Abū Zayd, *Akhbār al-Ṣīn*., pp. 87-88, 135-136 に記録されている。

(26) この世界図（Ṣūrat al-Arḍ）は，A. H.（ヒジュラ暦）479（西暦 1086）年に筆写された旧トプカプ・サライ図書館所蔵写本（Topkapı Sarayı Müzesi Kütüphanesi（Istanbul）MS. No. 3346, ff. 3b-4a）に付されたものである。Cf. Ibn Ḥawqal, *Ṣūrat al-Arḍ*. (ed. Kramers）p. 8 ; Tibbetts［1992b］p. 123.

(27) インド洋のモンスーン航海期については，Tibbetts［1971］pp. 360-382 ; Chaudhuri［1985］pp. 23-27, 121-137 ; Varisco［1994］pp. 105-106, 224-226, 238-230 ; 家島［1993a］15-20 頁参照。

(28) Chaudhuri［1985］p. 41 は，紀元後 1000 年から 1500 年までのインド洋における国際交易のパターン（patterns of emporia trade）を，①南シナ海・東南アジア，②ベンガル湾，③アラビア海の三つのサークルに分類して，それぞれのサークルがリンク状の重なり合う部分に大交易港（emporium）が発達したことを地図で示している。しかし，彼の図示するインド洋の三つの交易サークルのなかには，ペルシャ湾，紅海，東アフリカ海岸からマダガスカル島北部をおおう「紅海北海域」，「インド洋西海域」と「東シナ海海域」の三つの海域は含まれていない。なお，「東シナ海海域」が沖縄を中間媒体として，他のインド洋海域と直接リンクするようになるのは，リードの主張する「交易の時代」以後のことである。したがって，14 世紀末までのインド洋海域世界の基本構造は，①南シナ海，②ベンガル湾，③アラビア海・インド洋西海域（ペルシャ湾と南紅海を含む)，④紅海北海域，の四つのサークルから構成され，それらが一つの全体としてリンクすることで機能していたと考えられる。このような小海域の

分類は，あくまでも海域世界の成り立ちを捉えるための便宜的なものであって，各々の時代の政治・社会・経済・文化の諸条件によって小海域は伸び縮みしたり，重複・統合の運動を繰り返すことは言うまでもない。インド洋海域世界の分類については，Forbes［1995］；家島［1991a］97-143 頁，［1993a］33-55 頁，［1996a］131-133 頁などを見よ。なお紅海北海域を一つの小海域とするのは，アラビア海とインド洋に卓越するモンスーンの影響が，紅海の中ほどのジッダ（ジュッダ）とアイザーブを結ぶ，ほぼ北回帰線と一致する線より以北の海域におよばないので，アラビア海とインド洋を中心にモンスーンを使って移動する船の活動圏の外側にあり，そのため，アカバ湾，スエズ湾を含む紅海北海域は，紅海南海域やアデン湾とは異なる孤立海としての性格が強いからである。紅海の航行上の特殊条件については，Neumann/McGill［1962］; Patzert［1974］; Lapidoth-Eschelbacher［1982］pp. 1-23 および第 II 部第 2 章と第 III 部第 4 章を参照。

(29) 家島［1991a］273-279 頁，［1995b］66-67 頁参照。

(30) 西アジアに成立した領域国家は，インドと地中海をつなぐ二つの掛け橋，紅海とペルシャ湾の沿岸地域に軍事進出をおこなうことで両海域世界への経済的影響力の拡大を求めた。その好例は，イスラーム以前においては，シリア，エジプトと東地中海を支配したビザンツ帝国，またイラン，イラクとペルシャ湾岸地域を領有したサーサン朝ペルシャ帝国であり，両帝国はいずれも二つの掛け橋，紅海とペルシャ湾に対する軍事的支配権を拡大し，さらにアラビア海・インド洋への政治的・経済的影響力を伸張させた（家島［1980a］97-98 頁，［1991b］39-57 頁，［1999b］291 頁）。イスラーム以後の時代には，アッバース朝とイル・ハーン朝がイラク・ペルシャ湾軸ネットワークを，ファーティマ朝，アイユーブ朝とマムルーク朝などがエジプト・紅海軸ネットワークを中心軸として，インド洋海域世界への支配権の拡大を目指した。とくにマムルーク朝はアイユーブ朝の経済政策にならって，クース〜アイザーブ道を通じて，紅海経由，インド洋海域世界との交易関係の強化に努めると同時に，東地中海の要衝キプロス島や北シリアの境域地帯，キリキア・アナトリア地方への軍事的・政治的勢力の拡大に強い関心を抱いた。キプロス島，ロドス島や北シリアの境域地帯（al-Thughūr al-Shāmīya）は，ユーフラテス・ティグリスの両河川を通じてペルシャ湾に進出する要地であったため，マムルーク朝はこれらの地方の支配・統治に専念した。一方，十字軍以後のイタリア諸都市の勢力は，キリキア海岸のアヤース（Ayās），スィース（Sīs）やタルスース（Ṭarsūs）などの境域都市を拠点にして，ユーフラテス・ティグリス川〜ペルシャ湾経由でインド洋に進出する新ルートの開発に努めた。そのため，イタリアのジェノヴァやヴェネツィアの商人とマムルーク朝政権との間で，これらの都市の争奪戦が繰り返された。家島［1980a］97-98 頁参照。

(31) 家島［1991b］。

(32) 現在，インド洋海域の周縁部・島嶼部にはマレーシアのようにイスラーム教を国家の公式宗教と位置づけている国や，ムスリム人口が社会のマジョリティを占める国が多く分布している。世界におけるムスリム総人口を約 12 億人と見積もると，その半数の約 5 億から 6 億のムスリム人口がインド洋海域とその周縁部に分布していると推定される。イスラーム教・文化がインド洋海域世界に大きく拡大した理由の一つとして，イスラーム化をもたらした手段や動機が陸域における武力的・政治的なものではなく，おもに交易活動と文化交流によったこと，しかも海域ネットワークの核となる

港市社会の基本的性格が多重・多層のネットワーク型社会であって，人の移動・交流が活発におこなわれたことなどが考えられる。このように西アジア・イスラーム世界世界を軸心にして四方に拡大したイスラーム・ネットワークは，東のインド洋と西の地中海の，二つの海域ネットワークと連続することで，さらに大きな地理的広がりと広域間の緊密な結びつきの諸関係が生まれたのである（家島［1993a］96-112頁，［2000a］98-99頁）。

(33) 深沢［2002］は，近世フランス（おおよそ16〜18世紀）の港町（国際港，港湾都市）は決して内陸文明の周縁ではなく，外に開いた門戸としての役割を果たしていたが，それ以後の18世紀初頭から19世紀半ばになると，その位置を河川内港に移し，内陸の王権と直接結びつくようになったと説明している。

(34) Goitein［1967］Vol. 1, pp. 42-70.

第I部第1章　船の文化——ダウ・カルチャーの世界

(1) インド洋と地中海における造船・航海術の発達史や船をめぐる文化史的な諸問題については，Poujade［1946］; Rougé［1975］; Pryor［1988］; Tibbetts［1971］; Marie-Christine［1981］; McGrail［2003］; 須藤（編）［1968］; 大林（編）［1975］など参照。

(2) アラビア海を中心に現在も活動を続けているダウについては，Villiers［1940］; Hornell［1941］; al-Quṭāmī, *Dalīl al-Muḥtār* ; Prins［1966］; Jewell［1969］; Yajima［1976a］; Hawkins［1977］; Martin/Martin［1978］; 門田［1978］［2000］; Mondfeld［1979］; 上岡/家島［1979］; Grosset-Grange［1993］; 深町［2000］; Agius［2002］など参照。

(3) アラビア語ではキャラバン隊を ʻīr, qāfila, qiṭār, kārwān と呼び，ラクダ，馬，ラバ，ロバ，牛などの駄獣が使われた。中央アジア，西アジアからサハラ砂漠にまたがる砂漠・ステップ地帯での長距離間の交通・輸送には，駄獣のなかでもラクダが最も重要な役割を果たしたといえる。ローマ時代とは異なり，イスラーム時代以後，荷車の使用は都市・農村や近郊などでの近距離の輸送・運搬に限られ，長距離間の輸送にはもっぱらラクダ・キャラバンが使われた。Leo Africanus, *Description de l'Afrique*, Vol. 3, pp. 430-435 ; Bulliet［1975］pp. 105-108, 216-236 ; *E. I*.［new ed. 1971］pp. 665-668 (IBIL),［new ed. 1978］Vol. 4, pp. 676-679 (KĀRWĀN),［new ed. 2000］Vol. 10, pp. 466-475 (TIDJĀRA)；家島［1991b］40, 284頁。一方，J. B. Tavernierの報告によると，17世紀のインドでは，10〜12頭の牛が100〜200の荷車を牽いた（*E. I*.［new ed. 1978］Vol. 4, p. 676より引用）。キプチャク草原で使われた天幕付きの荷車，アラバ（ʻaraba）については，14世紀のイブン・バットゥータが詳しい記録を残している（Ibn Baṭṭūṭa（邦訳）第4巻19-20, 24-26, 31-33, 37-39, 44, 47, 50-51, 54-56, 58, 60, 81, 148頁参照）。

(4) ḥiml/ḥaml は，人，動物や荷車が物を運ぶ重量単位。運ぶものの種類，気候，地形・土地の条件などでそれぞれの運ぶ重量は異なるが，最大限で人間は約60kg，ラクダはその4倍の240〜250kgを運んだ。Cf. Bulliet［1975］pp. 20, 281 ; *E. I*.［new ed. 1971］(IBIL),［new ed. 1978］(Kārwān). 12世紀の「カイロ・ゲニザ文書」による

と，エジプトのラクダは平均して 500 ポンド（約 230 kg）の荷物を運んだ（Goitein [1967] Vol. 1, pp. 220, 335）。

（5） 1 ファルサフ（farysakh）は，1 時間の歩行距離，約 3 アラビア・マイル（mīl），東イスラーム世界では 4〜6km に相当する。Cf. Hinz [1955], pp. 62-63 ; *E. I*. [new ed. 1965] Vol. 2, pp. 812-813（FARSAKH）。

（6） アラビア語のマジュラー（majrā）は「方位」「一定の方向に移動すること」「コンパスの方位」の意。1 majrā は 32 方位のうちの 1 度（dīra）の移動する方位角を示す。Tibbetts [1971] pp. 271-273, 290-312 参照。

（7） *E. I*. [new ed. 1978] Vol. 4, pp. 676-679（KĀRWĀN）.

（8） 三角帆の起源については，これまでの研究で明らかにされていない。おそらくペルシャ湾および下メソポタミアの沼沢地（al-Baṭā'iḥ）で，シュメール・アッカド時代の頃からすでに使用されていたと考えられる。別説では，フェニキア・ローマ船の四角帆がラティーン式三角帆に変化したという。2・3 世紀，チュニジアのテメトラ遺跡出土のモザイク画には，すでに小舟（漁船）の一部に三角帆が装備されていた様子が描かれている。地中海で大洋航行の大型船に三角帆が装備された最も古い絵は，880 年頃の二本マストのラティーン帆の船である（Bibliothēque Nationale, Paris, Ms. Grec No. 510, f. 3）。しかし現在，ペルシャ湾とアラビア海で見られるダウの三角帆（アラブ式三角帆）はラティーン式三角帆とは異なっている。おそらく 9・10 世紀のファーティマ朝時代に，インド洋・ペルシャ湾のアラブ式三角帆が地中海に伝播し，四角帆の変形であるラティーン帆と影響し合ったことが考えられる。その後，ノルマン人の地中海進出にともなって，北海の四角帆を装備したロング・シップが導入されて，ラウンド・シップに四角帆と三角帆を併用したイタリア船が登場したのであろう。Cf. Hourani [1951](expanded ed. 1995) pp. 100-105 ; Pryor [1988] pp. 25-30.

（9） ṣāḥib al-markab, nākhūdhah (nākhudā, nākhodā), rubbān, mu'allim の各々の役割と権限については，時代と地域，また人々の間でも一致しない。資本主である ṣāḥib al-markab が nākhūdhah あるいは rubbān の役目を担うことも多かった。なお，nākhūdhah の語源は，ペルシャ語の nāw（nāv）と khodā(khudhā）の合成語であって，本来の意味は「船の主人」のこと。一方，rubbān はペルシャ語の rah（道，航路）と bān（支配者，主人，首長）の合成語で，「道の支配者」の意。また mu'allim はアラビア語で「専門的知識を持った人」「先生」の意。一般に nākhūdhah は，いわば航海と貿易に関する船の全責任者であり，船舶経営者のこと。紅海は暗礁・浅瀬・渦巻きが多く，また特有の風が卓越する危険な海域であるため，その海域に精通した航海技術を持った水先案内人のことを rubbān と呼んだ。しかし 10 世紀の航海者たちの記録を収めた Buzurk b. Shahriyār, *'Ajā'ib al-Hind* によると，rubbān はṣāḥib al-markab や nākhūdhah とほぼ同じ役割を果たしていた。15 世紀末から 16 世紀初めのインド洋の著明な航海者として知られたイブン・マージド（Ibn Mājid）やスライマーン・アルマフリー（Sulaymān al-Mahrī）は，いずれも mu'allim と呼ばれた。Tibbetts [1971] pp. 49-50, 58-62, 189, 293, 398 ; Khalilieh [1998] pp. 11, 20, 30-31, 37-45, 48, 54-55 ; Agius [2002], pp. 22, 25, 27, 31, 115-116 ; Yajima [1976a] pp. 48-49 ; 上岡/家島 [1979] 41-42 頁 ; 家島 [1993a] 449-450 頁など参照。

（10） 家島 [1993a] 21, 45, 50, 81, 85, 398 頁参照。

（11） 同上 161-162 頁 ; Ibn Baṭṭūṭa（邦訳）第 6 巻 128-131, 449-466 頁参照。

(12) Hornell［1942］pp. 11–40；家島［1993a］407–412 頁。

(13) Ibn al-Mujāwir, *Ṣifat*., pp. 116–117. ワークワーク人のバルバラ，ザイラゥ，アデンなどへの移住については，al-ʻUmarī, *Masālik*. ②に引用された Buzurk b. Shahriyār, *op. cit*., pp. 206–208 による。

(14) 家島［1993a］410–411 頁。

(15) 上岡/家島［1979］5–6 頁。

(16) 同上 17–35 頁参照。

(17) ダウの名称および語源にについては，Agius［2002］pp. 33–35 および前掲註(2) に掲載の研究文献を参照。

(18) Burckhardt［1829］p. 22.

(19) Owen［1833］Vol. 1, p. 384. マドラスのマッスラとは，現在もインド南東海岸で見られるマスラ（masula）と呼ばれるダブル・エンダーの縫合型船のことであろう（Cf. McGrail［2003］pp. 120–1661)。

(20) Sulaymān & Abū Zayd, *Akhbār*., pp. 87–88；Ibn Jubayr, *Riḥlat*., p. 70. 現在，オマーンのズファール地方に残る縫合船については家島［1977］181–204 頁，［1993a］382–398 頁を参照。

(21) Sulaymān & Abū Zayd, *op. cit*., pp. 87–88. 中国史料による索縄船の記録については，唐末に広州に滞在した劉恂『嶺表録異』（巻上）に「賈人（外国商人）の船は，鉄釘を用いず，ただ桄榔の鬚を使って束ねて繋ぎ，橄欖の糖をこれに塗り着ける。糖は乾くと，非常に堅く，水に入れると漆のようである」とある。

(22) Marco Polo, *The Book*., Vol. 1, p. 108,（邦訳）第 1 巻 79 頁。インド向けの馬貿易については，本書第 V 部第 4 章参照。

(23) 1920 年代まで東アフリカで使用されていたムテペ（Mtepe）と呼ばれる大型の縫合船については，Hornell［1941］pp. 54–68；Prins［1982］pp. 85–100 参照。

(24) Agius［2002］pp. 44–45, 79, 80–82, 107–109, 182–183；McGrail［2003］pp. 33–34, 120–1661, 189–199, 209–210；家島［1993a］383–398 頁参照。

(25) Yajima［1976a］pp. 22–24；家島［2000b］iii–iv 頁。

(26) インド洋に卓越するモンスーンと航海については，Miller/Keshavamurthy［1968］；Casson［1989］pp. 11–12, 283–291；Tibbetts［1971］pp. 360–382；Varisco［1994］pp. 32, 224；Yajima［1976a］pp. 44–47；家島［2000b］iii-iv 頁；松山［2000］3–29 頁など参照。

(27) Lorimer［1908］(repr. 1970) Vol. 1/2, pp. 2220–2244.

(28) Casson［1989］pp. 21–27, 94–97.

(29) 上岡/家島［1979］34 頁。

(30) 同上 35 頁。

(31) 家島［1991b］49–50, 94, 233–234 頁。

(32) 上岡/家島［1979］25 頁。

(33) ソファーラ（Sufāla, Sofala）の位置については，Trimingham［1975］pp. 116–146；*E. I*.［new ed. 1997］Vol. 9, pp. 698–702（SUFĀLA）；家島［1993a］318, 326–328 頁参照。

(34) Prins［1966］p. 11.

(35) 上岡/家島［1979］24–39 頁。

(36) 以下の説明は，上岡/家島［1979］13-53 頁による。

(37)『エリュトラー海案内記 *Periplus Maris Erythraei*』に記録されたインド洋の諸港市における輸出入品については，蔀［2000］80-82 頁参照。これらの取引商品は，インド洋海域世界と中緯度の諸地域，とくに地中海世界との間の「差異」にもとづく交換関係であることを端的に示している。

(38) Casson［1989］pp. 19, 39, 73, 182.

(39) 東アフリカ産のマングローブ貿易については，Martin［1968］p. 76；上岡/家島［1979］44-52 頁参照。

(40) Ibn Mājid, *al-Fawā'id*., p. 32；Tibbetts［1971］p. 443；al-Quṭāmī, *Dalīl al-Muḥtār*., p. 51.

(41) Lorimer［1908］(repr. 1970) 所収の付図 "Map of the Persiah Gulf, Oman and Central Arabia" による。

(42) ダウ・カルチャーの世界という呼び方については，家島［1990］109-118 頁，［1991a］参照。

第 I 部第 2 章　港市――海域ネットワークの接点

(1) Ibn Ḥawqal, *Ṣūrat al-Arḍ*, p. 290.

(2) Khalilieh［1998］pp. 88-127. 併せて，第 III 部第 3 章註(4)参照。

(3) アラビア語によるサグル（thaghr/thughūr）の意味は，裂け目，間隙，開いている穴，通路のこと。とくにイスラーム世界（Dār al-Islām）と異教世界（Dār al-Ḥarb）との境界，入口を指し，8～10 世紀にアッバース朝とビザンツ帝国の勢力の直接対峙したアナトリアとシリア（al-Shām）との境界地帯は「シリア境域（al-Thughūr al-Shāmīya）と呼ばれた（al-Janzūrī［1979］)。Cf. *E. I*.［new ed. 2000］Vol. 10, pp. 446-449（AL-THUGHŪR）. イスラーム世界の境域地帯（市場）については，Brauer［1995］；家島［1991b］264-289 頁参照。フルダ（furḍa/farīḍa）については，Dozy［1881］p. 255 を参照。フルダは，河口，港，港の税関，港湾施設，個人に課せられる税，市場などの意味があり，サグルと共通する機能を持っていることが分かる（Khalilieh［1998］p. 110；*E. I*.［new ed. 1965］Vol. 2, p. 948（FURḌA）；Serjeant［1966］p. 161)。

(4) Braudel［1949］（邦訳）第 1 巻 533 頁。

(5) 深沢［2000］110-128 頁参照。

(6) アラゴン・カタロニアの諸港については，Busch［2001］参照。

(7) 併せて，第 III 部第 1 章 303-306 頁参照。

(8) 例えば，ヴァスコ・ダ・ガマ，バルボーサやトメ・ピレスなどの記録からも明らかなように，16 世紀以前のインド洋は，大規模な海戦もなく，概して平和な海であったと考えられる。ヴァスコ・ダ・ガマの率いるポルトガル艦隊がインド洋のモンスーン航海圏の最南端に位置するモザンビーク付近の島に着くと，そこの村から帆掛け船が近寄り，ラッパを吹きながら近づいて来て，港に入ることを促したという。こうした状況は，イブン・バットゥータがムガディシューの港について説明していることとも一致する（Ibn Baṭṭūṭa（邦訳）第 3 巻 139-140 頁)。すなわち，インド洋海域世界の

それぞれの港は，外来商人を平和的に受け入れて，商人の滞在の自由，安全保護と商品交換を積極的におこなうという相互信頼関係で結ばれていたのである（Gama（邦訳）365頁；Tomé Pires（邦訳）112-118, 455-464頁；Barbosa, Vol. 1, pp. 54-56, 74-79, 119-120）。16世紀以前のインド洋海域世界が平和な海，交易の海，交流の海であったことは，交易港の構造的特徴のなかにも明確に認めることができる。すなわち，多くの交易港の周壁（市壁）は内陸からの侵略者を防ぐためのものであって，海に対する守りを固めることを目的としていなかった。この点は，強固な要塞で守られた地中海の交易港とは異なっている。確かに，インド洋海域でも，時として海賊といわれる一部の海に生きる民（海民）による略奪行為やモンゴル帝国のように，陸域の大帝国が海域に政治的・軍事的勢力を拡大しようとしたため，東シナ海と南シナ海に一時的な戦乱が起こるということもあったが，陸域の権威によらない自由競争と契約による交易と市場《いちば》の支配した世界，海運の発達と人の頻繁な移動・定住，情報の偏在を利用して個人が自発的に活躍した世界，仏教・ヒンドゥー教・イスラーム教などの巡礼者・修行者・聖者たちが行き交った世界，中国のように陸域の統治理念・軍事力によらずに冊封体制に従って国家の使節や商人たちが自発的往来し南海の宝船が白帆を翻して航海した世界であり，時にまた陸から押し出された人々が新天地を求めて海域を移動し新しい共同体的な連帯を再編するための世界であり，そしてまた喜望峰を回って侵入したきた西ヨーロッパの海賊たちでさえも拒否せずに受け入れた世界でもあった。併せて，第IV部第1章参照。

(9) Polanyi［1963］（邦訳）491-521頁，［1966］；栗本［1979］。

(10) ポランニーにとっての市場（market）は，歴史的に発展してきた市場《いちば》ではなく，あくまでも近代の自由競争によって成り立つ市場関係，すなわち完全に発展を遂げた市場交換のシステムや市場地《しじょうち》を想定したものであって，原初的社会と近代社会とを区別するための一つのメルクマールとして捉えている。そうした基準にもとづき，原初的社会に発達した交易港（交易者の会合場所）は，①中立の場所（政治的中立の確保），②交易の安全保証，③権力による管理的な行為（行政管理），の三つの要素によって成立したと説明している（Polanyi［1963］（邦訳）491-495頁）。なお「中立な場所」とは，いわば異域である外部世界（海域）と自世界（陸域）とを隔てる「境域」のことで，疑似的な中立機能を備えた場所のことであると捉えることができる。市場《いちば》と市場《しじょう》の違いについては，川北（他編）［1994］第1巻「市場《いちば》」の項目参照。

(11) Polanyi［1963］（邦訳）502-503, 512-513頁。ここで問題とすべき点は，ポランニーとブローデルは，交易港の自立性，海域ネットワークのなかの交点としての交易港の位置と役割，ネットワーク・メリットなどの問題をほとんど考慮していないことであり，あくまでも内陸の主権者に従属することで交易港の安全性が保証された，と一面的に捉えていることである。

(12) 生田滋［1969］258頁。

(13) Kathirithamby-Wells (ed.)［1990］pp. 1-16.

(14) 石井［1992］75-91頁。その他の港市論については，安野［1992］［1998］；斯波［1992］7-8頁；弘末［2004］など参照。

(15) 安野［1992］3-29頁，［1998］1-11頁。

(16) Sulaymān & Abū Zayd, *Akhbār*., pp. 15-16；al-ʻUmarī, *Masālik*. ② Vol. 2, p. 183；家島［2004］717-729頁。

(17) 13世紀初頭のイブン・アルムジャーウィルは，マスカトの地名の由来について「預言者の教友たちがそこ（マスカト）に到着すると，そこにいたすべての人たちは沈黙した（sakata）。そこで，『汝はものを言わずに押し黙った（masakta）』［の故事］がそこの地名として言われるようになった」と説明している（Ibn al-Mujāwir, *Ṣifat*., Vol. 2, p. 284）。Cf. *E. I*.［new ed. 1991］Vol. 6, pp. 734-736. 9世紀半ばのスライマーンによれば，バスラやスィーラーフの船はオマーンの国際交易港スハールを出ると，次にマスカト（Masqaṭ）の井戸で飲料水を汲み上げるために一時寄港し，そこからアラビア海を横断してインド南西端に近い港クーラム・マライ（Kūlam Malay）に向かってハタファした（ブッ飛んだ）という（Sulaymān & Abū Zayd, *op. cit*., p. 16）。

(18) Braudel［1949］（邦訳）第1巻528頁。

(19) イブン・ハウカルはスィーラーフの町について「アルダシール・フッラ（Ardashīr Khurra）の諸都市のなかで，シーラーズに継ぐ最大の町はスィーラーフであり，その規模においてシーラーズに匹敵するほどである。彼ら（町の住民）の建造物は［インド産の］チーク材と［東アフリカ海岸の］ザンジュ地方から運ばれた［マングローブの］木材で造られ，まるでミスル（エジプトのフスタート）に見られるあの高層づくりの建物にも似て数階建てであり，海浜に沿って建ち，向かい合うように並んでいる。………スィーラーフの近郊と周囲には，果樹園とか樹木はまったくなく，彼ら住民の果物や豪奢で富裕な生活は，もっぱら背後に聳えるジャム（Jam）と呼ばれる山から流れ出る幾筋もの水を引くことで維持されている。……スィーラーフはこの地方でも一番の酷暑の地，冬の寒冷期の最も短い地……」（Ibn Ḥawqal, *op. cit*., p. 281）とあって，そこが他の人々を寄せつけないような自然環境の厳しいペルシャ湾岸の僻地に，活気あふれる都市文化の興隆がみられたことを記録している。併せて，家島［1993a］93-94頁参照。

(20) 夏期の渇水期には，ティグリス川の水を積んだ給水用のダウがペルシャ湾岸の諸港を巡回したといわれる（Dickson［1949］pp. 55-60）。

(21) 以下の7世紀半ばから17世紀末までのインド洋海域世界の歴史展開について，私はすでに家島［1993a］［2000a］［2001a］などの論文で説明している。また，私の時代区分に対する批判論文としては，長島［2002］21-36頁がある。

(22) スィーラーフを基軸とした7世紀後半〜10世紀前半のインド洋の交易ネットワークについては，家島［1987］199-224頁，［1993a］88-108頁に詳しい。

(23) Sulaymān & Abū Zayd, *op. cit*., p. 63 ; al-Mas'ūdī, *Murūj*., Vol. 1, pp. 166-167. 併せて，家島［1987］199-224頁，［1993a］77-81頁参照。

(24) al-Muqaddasī, *Aḥsan al-Taqāsīm*., pp. 426-427.

(25) ハドラミー，ブフラ，スーリヤーン，バーニヤースなどの商人たちの活動については，第IV部第3章参照。併せて，Ibn Baṭṭūṭa（邦訳）第6巻139-140頁；家島［1993a］345-377頁，［2001a］35, 40-41頁，［2003］61-62頁など参照。

第I部第3章　島の機能——海域連関の接点

(1) 島の自然，社会地理および歴史についてはToussant［1961］pp. 5-6 ; Braudel［1966］

（邦訳）第 1 巻 246–268 頁；薮内［1972］；家島［1986b］77–80 頁など参照。

（2） アルワード島の調査については，家島［1986b］参照。

（3） Cf. *E. I*.［new ed. 1965］Vol. 2, p. 523（DJAZĪRA）.

（4） 田中［1995］2–3 頁。

（5） 濱下［1999］22–40 頁，［2000］109–123 頁。

（6） 9 世紀半ばのスライマーンの記録によると，ハルカンドの海（ベンガル湾）とラールウィーの海（アラビア海）を仕切る境界（farq）は，マルディヴ諸島からスリランカに至る島々であり，その数は 1,900 に達したという（Sulaymān & Abū Zayd, *Akhbār*., p. 5）。

（7） マダガスカル島に到達したマラヨ・ポリネシア系の人々の移動ルートと移動時期をめぐって，さまざまな見解が提示されている。Dahl［1951］; Ferrand［1919］; Vēran［1975］; Hornell［1942］pp. 11–40；飯田［2000］181–207 頁；内堀［2000］153–180 頁；家島［1993a］407–408 頁など参照。

（8） とくにマルディヴ諸島の特産品については，前嶋［1944］(新版 1982）155–175 頁に詳しい。

（9） イブン・バットゥータは，14 世紀前半にスリランカ（サランディーブ）島を訪問し，島の聖山アダムズ・ピーク（サランディーブ山）について詳しく報告している（Ibn Baṭṭūṭa（邦訳）第 6 巻 292–295 頁）。

（10） ペルシャ湾岸の諸港とイラン高原をつなぐザグロス山脈越えのキャラバン道については，家島［1988a］および本書第 II 部第 3 章参照。

（11） Rice［1994］pp. 18, 110, 273–274; Bibby［1969］（邦訳）196–197 頁参照。

（12） ソコトラ島については，とくに Botting［1958］; Naumkin［1993］; 蔀［1993a］［1993b］など参照。

（13） スワヒリ文化圏の成立と島嶼の関係については，Yajima［1996d］pp. 319–354 参照。

（14） Braudel［1966］（邦訳）第 1 巻 246–268 頁参照。

（15） スライマーンは，「サンダル・フーラート（Sandar-Fūlāt, Cham-Pulaw, チャム島）は海上に浮かぶ島で，［Ṣanf, 占城から］そこまでの距離は 10 日行程。そこには真水がある。その後，船はサンハイ（Ṣankhay, 漲海）と呼ばれる海域に，さらにシナの諸門（abwāb al-Ṣīn）に向けてブッ飛ぶ（khaṭafa）。シナの諸門とは海中の岩礁地帯のことで，一つの岩礁と他の岩礁との間には狭い水路があり，船はその間を通過する。アッラーが安全無事に［人々に］サンダル・フーラート［からこの岩礁地帯］を通過する機会をお与えになられると，船は 1ヵ月でシナまでブッ飛ぶが，その時に船が通過する岩礁地帯は 7 日間の航路である。かくして，もし船がその門を［無事に］通過し，入江のなかを進むと，やがて淡水域に入り，シナ地方の投錨地に至る。すわわち，そこはハーンフー（Khānfū, 広府，広東）と呼ばれる町である」と説明している（Sulaymān & Abū Zayd, *op. cit*., pp. 20–21）。

（16） 以上のペルシャ湾から中国の Khānfū（広東）に至るまでの寄港地と航路については，Hourani［1951］(expanded ed. 1995）pp. 61–84；家島［1993a］64–81 頁に詳しい。

（17） 濱下［1999］22–40 頁，［2000］118–121 頁は，中国の諸王朝と東アジアおよび東南アジア諸国との間に結ばれた冊封体制が東シナ海と南シナ海の海域秩序に大きな役割を果たした点を強調している。

(18) こうした視点は，ピレンヌ（Henri Pirenne）とブローデル（Fernand Braudel）に代表される。序章 4-6 頁および第 II 部第 1 章参照。

(19) アルワード島の地理・歴史については，‘Abd al-Qādir Shāmī［1978］; Frost［1970］pp. 63-77 ; 家島［1986b］参照。

(20) Dussaud［1927］pp. 79, 121-125, 235 ; Frost［1970］pp. 55-71 ; Hitti［1957］pp. 29, 79-81, 85.

(21) 東地中海のアナトリア・キリキア海岸とシリア境域の島々は，ティグリス・ユーフラテスの両河川を経てペルシャ湾とインド洋に通じる交通上の要地に位置した。そのため，十字軍時代から 16 世紀に至るまで，膨張する地中海の諸勢力とその東漸を阻止しようとするエジプト，シリア，イラクを領有したムスリム系諸国家との間で緊張・対立が続いた（家島［1980a］68-84 頁）。

(22) al-Ṭabarī, *Ta'rīkh*., Vol. 5, p. 293. 同じ記録は，Ibn al-Athīr, *al-Kāmil*., Vol. 3, p. 497 に引用されている。

(23) al-Dimashqī, *Nukhbat*., p. 142 ; Yāqūt, *Mu'jam*., Vol. 1, p. 224. *Ḥudūd*., p. 58 では，Arwādh (Arwād) は Rūdhas (Rhodos Is.) と同じく，西の海（Uqiyānus-i Maghribī)，すなわち大西洋に位置するとする誤った情報を伝えている。その他にも，アルワードの情報についてのアラビア語記録史料がきわめて少ないことは，その島が 7 世紀のアラブ征服の後，再びビザンツ側の勢力下に置かれていたことを示している。

(24) al-Duwayhī, *Ta'rīkh al-'Azminat*., p. 81 ; al-Maqrīzī, *al-Sulūk*., Vol. 1, p. 638 ; 家島［1980a］68 頁。

(25) Abū al-Fiḍā', *Kitāb al-Mukhtaṣar*., Vol. 4, p. 47. 併せて，al-Dawādarī, *al-Durar*., Vol. 9, p. 80 ; al-Nuwayrī, *al-Ilmām*., Vol. 4, pp. 123-124 ; al-Maqrīzī, *op. cit*., Vol. 1, pp. 923, 928, 950 参照。

(26) 1942-43 年のアルワード島における木造帆船の建造と島民による東地中海での帆船貿易については Charles/Solaÿmân［1972］による報告を参照。

(27) アルワード島におけるスポンジ産業については，Charles/Solaÿmân［1972］pp. 226-230 ; *Geographical Handbook Series, Syria*, p. 282 ; Sa'id［1936］p. 40 ; Gruvel［1951］pp. 128-129 ; 家島［1986b］37 頁など参照。

(28) Charles/Solaÿmân［1972］p. 54 の報告では，アルワード島の長さは 800 m，幅 500 m の岩礁とある。

(29) *Natā'ij*.［1973］p. 20.

(30) Frost［1970］pp. 63-64.

(31) al-Duwayhī, *op. cit*., p. 160 ; Abū al-Fiḍā', *op. cit*., Vol. 3, p. 47 ; al-Shujā'ī, *Ta'rīkh al-Malik*., Vol. 1, p. 114 ; al-Dawādarī, *al-Durr al-Fākhir*., Vol. 9, p. 80 ; al-Maqrīzī, *op. cit*., Vol. 1, pp. 923, 925, 950.

(32) Maundrell, *A Journey*., pp. 25-26.

(33) al-Sukkarī, *Kitāb Samīr*., p. 108.

(34) Sa'id［1936］*Appendix* 1, pp. 412-413. 1938 年までのアルワード島人口については，*Geographical Handbook Series : Syria*, p. 317 による。'A. M. Solaÿmân の報告では，1943 年のアルワード島人口を 5,000 人と算定し，そのうち 1,000 人が海で生活する人々で，700 人が沿岸貿易船に乗る船員，300 人が漁民であり，50 艘の帆走運輸船団と 75 艘のフルーカ型漁船を所有したという（Charles/Solaÿmân［1972］p. 86)。

(35) その後，1970年までのアルワード島の人口推移について，正確な人口統計の資料はなく，またタラーブルス（トリポリ），タルトゥース，バーニヤース，ラーズィキーヤ（ラタキヤ）などへの移動，海外への出稼ぎと移住などによる人口の流動性はきわめて高く，その実数を捉えることが難しい。なお，シリア独立後の1947年に国勢調査が実施されたが，その結果は公表されなかった（*Natā'ij*., *op. cit*. の序文説明による）。

(36) 南西風（labash, rēḥ labash, malṭim, malṭem）は，「wāṭi' の風」とも呼ばれ，島の人々の漁業と航海活動にも深くかかわる風である。wāṭi'とは「低い地」「南」を意味し，エジプトのアレクサンドリア，ディムヤート，ラシードなどのデルタ地方を指している。南西風には2種類があり，夏季の6月10日から7月20日までの40日間卓越する南西風は「疾風（el-qanṣaleh, al-qanāṣel）」，または「40日風（al-arba'īn）」と呼ばれて，規則的かつ穏やかであって，アレクサンドリアの海岸からトルコのイスケンデルーンに向けて南から北へ向かう北上航海と同時に，南方向に下る航海を可能にする。11月上旬から冬季2ヵ月間にわたって吹く冬の南西風は，夏の弱い風とは違って，島の南西海岸に強く吹きつける危険な風である。アルワード島をめぐる風位とその名称については，家島［1986b］40–43頁参照。

(37) 'Abd al-Qādir Shāmī［1978］pp. 59–60.

第II部第1章　メッカ巡礼の道

(1) 8世紀半ば以降におけるイスラーム世界は，5・6世紀以後の西アジアの経済・文化・社会の急激な国際化の潮流のなかで誕生し，発展したと捉えられる。ムスリムたち以外にも共有された文化・社会システムとして，アラブ戦士（al-muqātila）による征服と移住活動，ウマイヤ朝政権による東はインダス河畔，マー・ワランナフル地方から西はマグリブ・アンダルス地方までにまたがる政治的・軍事的版図の拡大，アラビア語（文字）の普及，イスラーム都市文化と流通経済の発達，陸と海にまたがる交通システムなどがあげられる。家島［1991b］1–14頁，［1993a］92–112頁参照。なお，ここでのイスラーム世界とは，イスラーム都市のネットワークの広がる範囲であると，さしあたり規定しておきたい（家島［1991b］34–57頁参照）。

(2) メッカ巡礼についての研究として，'Ankawi［1974］; Birks［1978］; 'Abd al-Majīd Bakr［1981］; Faroqhi［1994］; Pearson［1994］［1996］; Peters［1994］; Wolfe［1997］; *E. I*.［new ed. 1971］Vol. 3, pp. 31–38（ḤADJDJ）など参照。

(3) とくにメッカの巡礼聖地，巡礼の所作，アラビア半島をめぐる巡礼ルートについては，イブン・ジュバイル，トゥジービー，イブン・バットゥータなどの「メッカ巡礼記」に詳しい記録が残されている。Ibn Jubayr, *Riḥlat*., pp. 167–180; al-Tujībī, *Mustāfad*., pp. 230–468; Ibn Baṭṭūṭa（邦訳）第2巻90–175頁; al-Jazīrī, *Durar al-Farā'id*., pp. 73–82, 401–619 など参照。

(4) 家島［2003］16–33頁参照。

(5) ムハンマドによる巡礼の所作については，al-Jazīrī, *op. cit*., pp. 73–82参照。

(6) Ibn Baṭṭūṭa（邦訳）第2巻236–237頁。

(7) 巡礼者の数については，Pearson［1996］pp. 51–57; Faroqhi［1994］pp. 46–47を参

照。アラビア語の文献史料によるマグリブ巡礼者の数については，家島［1983b］207頁註(39)を参照。

(8) al-Jazīrī, *op. cit*., p. 284.

(9) al-Maqrīzī, *al-Sulūk*., Vol. 2, p. 654.

(10) Varthema, pp. 18, 37.

(11) この数字は，W. Foster 編纂による *The Principal Navigations*, Glasgow, 1903-05, 12 vols., V, p. 356 所収の匿名の記録 “A Description of the yeerely voyage or pilgrimage of the Mahumitans, Turks and Moores unto Mecca in Arabia” による。Pearson［1996］p. 53 より引用。

(12) アラブ・ムスリム軍の大征服にともなって発達した新しい交通体系については，家島［1991b］40, 231-235, 284-285 頁参照。

(13) Ibn Jubayr, *op. cit*., pp. 19, 73, 77, 255, 287, 297-304 ; Ibn Baṭṭūṭa（邦訳）第3巻 264-266頁，第7巻 166頁。

(14) イスラーム都市の性格とその発展過程については，家島［1991b］197-211頁参照。

(15) 保護・隣人関係を意味するジワールについては，*E. I*.［new ed. 1965］Vol. 2, pp. 558-559（DJIWĀR）参照。イブン・バットゥータ『大旅行記』によるジワールは，Ibn Baṭṭūṭa（邦訳）第2巻 50, 136, 250頁の事例を参照。

(16) Cf. Ibn Baṭṭūṭa（邦訳）第1巻 104頁，第2巻 158-167, 173-174頁；*E. I*.［new ed. 1991］Vol. 6, pp. 44-46（MAḤMAL）; ‘Ankawi［1974］pp. 147-148.

(17) al-Jazīrī, *op. cit*., pp. 83-122.

(18) *Ibid*., pp. 83-176 ; ‘Ankawi［1974］pp. 151-166.

(19) Ibn Baṭṭūṭa（邦訳）第2巻 112, 174-175, 237頁。ヒジュラ暦 728（1327/28）年，イラクの巡礼隊の人々は，メッカにおいて自発的喜捨としてあまりに多くの金貨を施したため，メッカにおける金価格が下落したほどであったという（*Ibid*., 第2巻 174-175頁)。

(20) メッカに至る四つの公式巡礼道とおもな停泊地の記録は，al-‘Umarī, *Masālik*. ② Vol. 2, pp. 294-342 ; al-Jazīrī, *op. cit*., pp. 449-470 に詳しい。

(21) エジプトのフスタート・カイロからメッカに至る巡礼道の歴史的変遷については，家島［1980a］41-61頁；［1983b］213-214頁参照。al-Jazīrī, *op. cit*., pp. 449-453 は，カイロからスエズ・アカバ道経由のメッカ道について詳細な記録を残している。

(22) Cf. *E. I*.［new ed. 2000］Vol. 10, pp. 663-665（AL-ṬŪR).

(23) Ibn Jubayr, *op. cit*., pp. 57-80 ; al-Tujībī, *op.cit*., pp. 164-229 ; Ibn Baṭṭūṭa（邦訳）第2巻 104-119頁，第3巻 262-264頁；家島［1986a］1-25頁。

(24) 666（1267-68）年，シリア・レバノン海岸における十字軍最後の砦アッカー（アクル）がマムルーク軍によって奪回され，パレスチナ海岸の治安が確保された（al-Maqrīzī, *al-Sulūk*., Vol. 1, pp. 545-553, 571)。翌年の667年に，スルタン＝バイバルスはメッカ巡礼道の安全を確保するため，メッカのアミールに書簡と贈物を送付した（*Ibid*., Vol. 1, p. 582)。併せて‘Ankawi［1974］pp. 146-147；家島［1980a］62-63頁参照。

(25) 家島［1983b］211-213頁。

(26) Ibn Baṭṭūṭa（邦訳）第1巻 46頁。

(27) イブン・ジュバイルは，往路はセウタ（Sabta）からジェノヴァ船に乗り込み，アレ

クサンドリアまで航海し，復路はアッカーからエルサレム巡礼のキリスト教徒たちと一緒に地中海をシチリア島経由でアンダルスのダーニヤ（Dāniya）沖を通過，カルタヘナ（Qarṭājanna）に上陸した。またイブン・バットゥータは，復路にチュニスからカタロニア人と一緒にサルデーニァ島まで航海した。

(28) Ibn Baṭṭūṭa（邦訳）第1巻104頁。

(29) 例えば，イブン・ハウカル（Ibn Ḥawqal）の地理書『大地の姿 *Ṣūrat al-Arḍ*』の「パリ要約写本 *Epitome Parisiensis*」によると，12世紀前半，イランのスィーラーフ出身の著名な大商人ラーマシュト（Rāmasht, Ibrāhīm b. al-Ḥusayn）は，カァバ神殿にあるミーザーブ（雨樋）を黄金製のものに付け替え，さらに中国製の織布（絹布）でカァバ神殿を覆ったという（Ibn Ḥawqal, *op. cit*., p. 282；家島［1993a］181頁）。

(30) Ibn Baṭṭūṭa（邦訳）第2巻14–55頁。

(31) オスマン朝時代のイスタンブルからダマスカス経由メディナ，メッカに至る巡礼路については，Faroqhi［1994］pp. 37–42に詳しい。

(32) 家島［1983b］213–214頁。

(33) Ibn Jubayr, *op. cit*., 208；Ibn Baṭṭūṭa（邦訳）第2巻243頁。

(34) イブン・ジュバイルは，メッカからメディナ経由バグダードに至る巡礼路と途中経由の停泊地について詳しく報告している（Ibn Jubayr, *op. cit*., pp. 182–217）。

(35) Ibn al-Athīr, *al-Kāmil*., Vol. 9, p. 370.

(36) al-Jazīrī, *op. cit*., pp. 469–470；al-ʻUmarī, *Masālik*. ② Vol. 2, pp. 341–342参照。

(37) 政治的・経済的文脈でのメッカ巡礼の意味については，Faroqhi［1994］pp. 146–173；Pearson［1996］pp. 125–186参照。

(38) Ibn Baṭṭūṭa（邦訳）第2巻20–21頁。

(39) *Ibid*., 第2巻237–238頁。

(40) イスラーム以前のアラビア半島をめぐる年市（sūq）のネットワークについては，al-Afghānī［1960］pp. 232–389；家島［1991b］83–91頁参照。

(41) Ibn Baṭṭūṭa（邦訳）第2巻240–242頁。

(42) Varthema, pp. 37–38.

(43) 上エジプト地方のマンファルート（Manfalūṭ），アスユート（Asyūṭ, Suyūṭ），バシュムール（Bashmūr）などは上質小麦の産地として知られた。それらの小麦は，ナイル川の増水期（9～11月）に船でフスタートの船着場に集荷された後，ヒジャーズ地方に転送された。イスラーム初期の時代，小麦はフスタートからカリフの運河（Khalīj Amīr al-Mu'minīn）を通過，途中のビルバイス（Bilbays）に近いマシュトゥール（Mashṭūl）で製粉加工され，クルズムに集められた。さらに船でクルズム港からシナイ半島西岸沿いに紅海を南下して，ヒジャーズ地方の港ジャール（Jār）とジッダに運ばれた。家島［1980a］47頁註（259），［1991b］163–170頁参照。

(44) Ibn Jubayr, *op. cit*., p. 119.

(45) Ibn Baṭṭūṭa（邦訳）第2巻115頁。

(46) Ibn Jubayr, *op. cit*., p. 67.

(47) 1326年，イブン・バットゥータは最初のメッカ巡礼を果たした後，メッカのムワッファク修道場（Ribāṭ al-Muwaffaq）に滞在した（(邦訳）第2巻112頁)。その後，彼はイランとイラクを旅行してメッカに戻ると，ムザッファリーヤ学院（al-Madrasat al-Muẓaffarīya）に3年間，寄留者（mujāwir）として滞在した（(邦訳）

第3巻, 59頁)。ムワッファク修道場は，おもにマグリブ人たちの寄宿する旅の施設の一つであり，同時にスーフィーたちの修行の場としても使われた。リバートは，マドラサ，ザーウィヤ，ハーンカーと同じように，スーフィーたちの礼拝・学問・修行・宿泊などの総合的な機能を果たした。

第II部第2章　ナイル峡谷と紅海を結ぶ国際交易ルート

(1) イスラーム史における10・11世紀の時代変革期をめぐる問題については，Richards (ed.)［1973］および家島［1991b］383-396頁参照。

(2) 東西交流史上のエジプト，およびその中心都市フスタートとカイロの位置・役割については，家島［1980b］79-104頁参照。

(3) 8・9世紀の国際貿易に活躍したユダヤ系商人ラーザーニーヤ（al-Rādhānīya）は，ファラマー（al-Faramā）〜クルズム（al-Qulzum）道を通過してインド洋と地中海の両海域世界を往来していた（Ibn Khurrdādhbeh, *Masālik*., pp. 153-154）。

(4) Ibn Jubayr, *Riḥlat*., pp. 67-68. 第1章166頁参照。

(5) Ball［1942］pp. 83-84, 146-147, 158-159, 183-184 ; Sidebotham［1997］pp. 385-394.

(6) Garcin［1976］pp. 71-285 ; ʻAbd al-Majīd Bakr［1981］pp. 149-164 ; Haarmann/Zantana［1998］pp. 109-142 ; 家島［1986a］2, 21頁註(5)など参照。

(7) とくに紅海の北側は，「アラブのクルズム海（Baḥr Qulzum al-ʻArab)」と呼ばれて，船乗りの間では最も危険な海域として知られていた。Ibn Mājid, *Kitāb al-Fawā'id*., pp. 385-386 ; Tibbetts［1971］pp. 264-267 ; 家島［1976c］228頁。

(8) 紅海で使用する縫合型船（jilba, jilāb）については，Ibn Jubayr, *op. cit*., pp. 69-71, 170に詳しい。現在，ジルバはジャールブート（jālbūt）と呼ばれる（Agius［2002］pp. 92-96)。

(9) 10世紀初めのスィーラーフの人アブー・ザイド（Abū Zayd al-Sīrāfī）によると，「スィーラーフを母港とする人々の船（marākib ahl Sīrāf）は，インドの海（アラビア海，インド洋）の右側にあるこの海（紅海）に達すると，ジッダに向かい，そこに停泊する。そして，その船に積み込まれていたエジプトに向けて運ばれる商品は，クルムズの船（marākib al-Qulzum）に移される。なぜならば，スィーラーフ人たちの船（marākib al-Sīrāfīyīn）にとって，その海の航海条件（sulūk）は難しく，しかもその海［の底］に海草の繁茂する岩礁が多いためであり，さらにその海の海岸地帯に支配権を持った王たちがおらず，居住地もないことや，船がその海を航行するときには，岩礁による［座礁の］危険性があるので，毎夜，避難すべき場所を探す必要があり，昼間［だけ］船を進め，夜には停泊しなければならないためである」と説明している（Sulaymān & Abū Zayd, *Akhbār al-Ṣīn*., pp. 136-137)。

(10) Garcin［1976］pp. 4, 25, 47-54 ；家島［1980a］43頁註(246)参照。

(11) アブー・アルハサン・アッシャーズィリー（Abū al-Ḥasan al-Shādhirī）については，al-Maqrīzī, *al-Sulūk*., Vol. 1, p. 414 ; al-Dhahabī, *al-ʻIbar*., Vol. 5, pp. 232-233 ; Ibn al-Sabbāgh, *Durrat al-Asrār*. ; Garcin［1942］pp. 140, 168-169, 315-316 ; Ibn Baṭṭūṭa（邦訳）第1巻117頁 ; *E. I*.［new ed. 1997］Vol. 9, pp. 170-172（AL-SHĀDHILĪ）など参照。

(12) Garcin [1976] pp. 134–135, 145–146；家島 [1980a] 46–48 頁。
(13) 家島 [1980a] 43–46 頁。
(14) 同上 48–57 頁。
(15) Walz [1972]; Birks [1978].
(16) al-Maqrīzī, *al-Khiṭaṭ*., Vol. 1, pp. 202–203.
(17) Ibn Jubayr, *op. cit.*; Broudhurst [1952]; *E. I.* [new ed. 1971] Vol. p. 755 (IBN DJUBAYR)；Ibn Jubayr (邦訳)；家島 [1983b] 202–203 頁。
(18) Ibn Jubayr, *op. cit*., pp. 57–72.
(19) Ibn Ḥajar, *al-Durar*., Vol. 3, pp. 324–325.
(20) al-Tujībī, *Mustafād*., al-muqaddima, pp. th-dh；家島 [1986a] 2–4 頁。
(21) al-Tujībī, *op. cit*., pp. 1–205.
(22) Garcin [1976] pp. 84–108；家島 [1986a] 5–6 頁参照。
(23) al-Tujībī, *op. cit*., pp. 173–174.
(24) アカーリム (al-Akārim) はカーリム (al-Kārim) の複数形で，カーリム商人，またはカーリミー商人と呼ばれた。詳しくは *E. I.* [new ed. 1978] pp. 640–643 (KĀRIMĪ) および本書第 IV 部第 3 章を参照。
(25) al-Tujībī, *op. cit*., p. 173.
(26) al-Udfuwī, *al-Ṭāri'*., p. 287; al-Maqrīzī, *al-Sulūk*., Vol. 1, p. 171; al-Nuwayrī, *Nihāyat*. (Ms.), Vol. 27, f. 21; Garcin [1976] p. 141.
(27) al-Nuwayrī, *op. cit*., Vol. 27, f. 21; Garcin [1976] pp. 141–142.
(28) Ibn Jubayr, *op. cit*., p. 65; al-Udfuwī, *op. cit*., p. 15.
(29) Ibn Jubayr, *op. cit*., p. 65.
(30) *Ibid*., p. 65.
(31) al-Qalqashandī, *Ṣubḥ*., Vol. 19, p. 374. ローマ時代のフォエニコン (Phoenicon) については，Ball [1942] p. 146; Murray [1925] p. 144 参照。
(32) Ibn Jubayr, *op. cit*., p. 66.
(33) *Ibid*., p. 65.
(34) Ibn Baṭṭūṭa (邦訳) 第 1 巻 117–119 頁，第 3 巻 263–264 頁，第 7 巻 151–152 頁。
(35) Ball [1942] pp. 146, 150, 158.
(36) Couyat [1911] p. 139; Garcin [1976] pp. 4–5.
(37) Ball [1942] pp. 146, 158; al-Qalqashandi, *op. cit*., Vol. 19, p. 374.
(38) ローマ古道の宿駅地は，現在のビゥル・ジュンディー (Bi'r Jundī) の少し南ビゥル・ベーザ (Bir Beiza, Jovis) にあった。Cf. Ball [1942] pp. 146, 150, 158.
(39) Ball [1942] pp. 146, 150, 158.
(40) *Ibid*., pp. 146, 150, 158.
(41) 東部砂漠の地質調査をおこなった J. ボールは，1906 年，ビゥル・ハシャブ (Bi'r Ḥashab) を訪れ，そこの井戸では少量の水が補給できたと報告している (Ball [1912] p. 86)。
(42) 1910 年 4 月，M. J. クーヤがシャーズィリーの聖墓を訪れた時，一人のモロッコのファース出身の番人が住んでいた。この番人は故郷のファースから 10 年をかけてこの地に達し，シャーズィリーの聖墓参拝を果たしたという (Couyat [1911] pp. 140–141)。同じような報告は，Ball [1912] p. 86 にもある。

(43) *Ibid*., p. 184.
(44) Ibn Jubayr, *op. cit*., p. 67.
(45) Murray [1926] p. 236. ウンム・イライジャの大金鉱跡（Aṭlāl Umm ʻIlayja, Umm Eleiga）については，Ball [1912] pp. 124–125，292–299 参照。
(46) Ibn Jubayr, *op. cit*., p. 67.
(47) *Ibid*., p. 68. G. W. マリーはイブン・ジュバイルの伝えるマジャージュ（al-Majāj）をワーディー・アビー・ムルジャジュ（Wādī Abī Murgag）に比定した（Murray, [1926] 236）。
(48) Ibn Jubayr, *op. cit*., p. 68. アブー・アルフィダーゥは，イブン・サイード・アルマグリビー（Ibn Saʻīd al-Maghribī）の地理書『緯経の書 *Kitāb Basṭ al-Arḍ*』を引用して，アイザーブに近い海岸地帯に広がる砂漠をワダフ（al-Waḍaḥ）と呼んだ（Abū al-Fidā', *Taqwīm*., p. 120 ; Ibn Saʻīd, *Kitab Basṭ al-Arḍ*., p. 50）。
(49) Ibn Jubayr, *op. cit*., p. 68.
(50) Ball [1912] pp. 150–151.
(51) *Ibid*., p. 221.
(52) Ibn Jubayr, *op. cit*., pp. 68–69 ; al-Zuhrī, *al-Jaʻrāfīyā*., p. 44 ; Ibn Baṭṭūṭa（邦訳）第3巻263頁。
(53) 交易港アイザーブについては，本書第III部第4章を参照。
(54) al-Tujībī, *op. cit*., pp. 205–207.

第II部第3章　イラン高原とペルシャ湾を結ぶ国際交易ルート

(1) 東地中海のシリア海岸地帯（sawāḥil al-Shām）から内陸部に向かって，アレッポ，ラッカ，アーミド，ナスィービーン，マウスィルなどの諸都市を経て，ティグリスとユーフラテスの両河川，シリア砂漠，そしてメソポタミア平原からペルシャ湾およびアラビア海までの山岳・丘陵・準平原・河川・ステップ・砂漠を連ねて東西に帯状に広がる地帯は，「境域地帯（al-Thughūr）」と呼ばれて，エジプト・紅海軸ネットワークと並んで，地中海とインド洋の両海域世界を結びつける両腕の一つであり，時間的・空間的に一つの共通の文化交流圏，すなわちアラビア海・東地中海交流圏，もしくはイラク・ペルシャ湾軸ネットワークとして捉えられる。歴史的に見るならば，この交流圏の特徴は，次のように要約される。①アラビア半島から北上するアラブ系遊牧諸集団，中央アジアや天山山脈・崑崙山脈・アルタイ山脈に連なる山地とステップ・砂漠地帯に沿って西進するチュルク系・モンゴル系諸集団，さらにはコーカサスやアナトリアの諸地方から南に移動するグルジア系・チェルケシュ系・アルメニア系諸集団，ザグロス山脈沿いに南北移動を繰り返すクルド系やバルーチー系諸集団などが流れ込み，相互に対立・緊張・融合・共存の運動を繰り返してきたこと，②ティグリスとユーフラテスの両河間地帯は人類の定着・灌漑・農耕と都市集落の発祥地として長い歴史を持っており，いわゆる「肥沃な三角地帯」と下メソポタミア地域（al-Baṭā'iḥ）が含まれ，農業生産を経済基盤として，多くの強大な領域国家が興隆・衰亡の歴史を繰り返してきたこと，③膨張を続ける地中海世界の東進するエネルギーの集積地帯として，イラク，シリア，イランやエジプトを統治基盤とした領域国家との

間に，絶えず軍事的・政治的緊張関係が生まれたこと，④インド・東南アジア原産の熱帯・亜熱帯産有用植物，とくに米・砂糖きび・綿花・柑橘類・バナナなどが西アジアの諸地域と地中海世界へ移植・伝播して行く経路と一致すること。家島［1986b］13-17 頁，［1991b］43-48 頁参照。

(2) サーサン朝ペルシャ時代のペルシャ湾・アラビア海を舞台とする交易活動についてはHasan［1928］pp. 59-92；Whitehouse/Williamson［1973］pp. 29-49；Williamson［1973a］，［1975］pp. 97-109；Wilkimson［1972］pp. 40-51,［1977b］pp. 887-890 などの研究を参照。

(3) 例えば，10 世紀初頭に南中国の交易港に広東（Khānfū）に着いたサマルカンド商人の一人は，イラク，バスラ，オマーン経由でマレー半島のカラ（Kalah）に至り，そこからシナ人たちの船（marākib al-Ṣīnīyīn）に便乗したという。この事例は，マー・ワランナフル地方を根拠地としていたソグド系商人がイスラームの時代以後，インド洋交易に進出したことを示している（al-Mas'ūdī, *Murūj*., Vol. 1, pp. 166-167）。ソグド系商人による香料貿易については，Étienne de la Vaissière［2005］pp. 280-284 および本書第 V 部第 2 章参照。

(4) 1986-87 年の調査報告については，家島［1988a］参照。

(5) ムスタウフィー・カズウィーニー（Mustawfī Qazwīnī）には，ファールス地方はスィームカーン（Ṣīmkān）の北側が寒地域（ṣardsīr），南側が暖地域（gharmsīr, ġarmsīr）の二地区に分類されることを説明して，「スィームカーンは素晴らしい町。世界の驚異の一つ。街中を貫いて川が流れ，そこには橋が架けられている。その橋の上手は寒地域に属するために，ハシバミ，プラタナスなどの樹木が茂り，橋の下手は暖地域であるため，オレンジ，ザボンなどが成育する」とある（Mustawfī, *Nuzhat*., p. 116；Ibn al-Balkhī, *Fārs-Nāmah*., pp. 46-47）。これと同じように，南イランを寒地域と暖地域の二つに分類することは，イブン・バットゥータにも同じように「ジャマカーン（Jamakan, Ṣīmkān）の名で知られたこの場所の驚嘆すべきことの一つは，その地の半分はシーラーズ地方に隣接する部分であり，そこは 12 ファルサフの広がりを持つ〈厳寒（shadīd al-bard）の地〉で，そこでは降雪があり，その樹木の多くはクルミ（ピスタチオ）である。ところが，もう半分の地はホルムズ道に沿ったフンジュ・バール地方とラール地方に隣接する部分であって，そこは〈酷暑（shadīd al-ḥarr）の地〉で，そこの樹木は［おもに］ナツメヤシの木である」とある（Ibn Baṭṭūṭa（邦訳）第 2 巻 324 頁）。

(6) 地区は，クーラ（kūrah, khurrah, khūrah, khārah）と呼ばれた。ヤークートによれば，kūrah（kuwar）はペルシャ語の istān と同義で，そのなかに rusṭāq, ṭassūj などの小地区が含まれた（Yāqūt, *Mu'jam*., Vol. 1, pp. 27-29；Juwaidah［1959］pp. 56-58）。ファールス地方の 5 地区とは，① Ardashīr Khurrah, Īrānshahr（中心都市 Jūr），② Iṣṭakhr Kūrah, ③ Dārābjird Kūrah, ④ Shāpūr Kūrah, ⑤ Qubādh, または Arrajān Kūrah のことである。Cf. al-Iṣṭakhrī, *Masālik*., pp. 97-98；Ibn Ḥawqal, *Ṣurāt al-Arḍ*., pp. 264-269；al-Muqaddasī, *Aḥsan*., pp. 421-438；Ibn al-Balkhī, *op. cit*., pp. 19-22；Mustawfī, *op. cit*., p. 112.

(7) *E. I*.［new ed. 1965］Vol. 2, pp. 925-926（FĪRŪZĀBĀD）.

(8) Ibn al-Balkhī, *op. cit*., pp. 18-22.

(9) Whitehouse［1971］pp. 262-267；Whitehouse/Williamson［1973］pp. 33-35.

(10) 家島［1993a］86–108 頁参照。

(11) Vanden Berghe［1961］pp. 175–181.

(12) *Ibid*., pp. 179–181 ; Moṣṭafaví［1978］p. 327.

(13) Vanden Berghe［1961］pp. 179–181. イスタフリーとイブン・ハウカルは，ファールス地方に残る拝火神殿（buyūt nīrān）に関する若干の記録を伝えているが，クナール・スィヤーフ（Kunār Siyāḥ）の拝火神殿についての説明は見られない（al-Iṣṭakhrī, *op. cit*., pp. 118–119 ; Ibn Ḥawqal, *op. cit*., pp. 273–274）。

(14) Le Strange［1905］pp. 48–49 ; 家島［1988a］23 頁。

(15) とくにオマーン側のスハール（Ṣuḥār），マスカト（Masqaṭ），カルハート（Qalhāṭ），スール（Ṣūr）などの港は，アフダル山脈（Jabal al-Akhḍar）によって夏の強い南風が遮られるため，ペルシャ湾を出てアラビア海を横断しようとする船にとって一時的な寄港地，風待ち港となった（Wilkinson［1977a］pp. 8–9）。

(16) シーラーズを基軸とする三つの南北ルートの他にも，バム（Bam），スィールジャーン（Sīrjān），ダーラーブジルド（Dārābjird）などを基軸としたルートがあった。シーラーズは，正統カリフ＝ウマルの時，アブー・ムーサー・アルアシュアリー（Abū Mūsā al-Ash‘arī）とウスマーン・ブン・アビー・アルアース（‘Uthmān b. Abī al-‘Āṣ）によって征服された後，ウマイヤ朝カリフ＝ワリードの治世代に，ムハンマド・ブン・アルカースィム（Muḥammad b. al-Qāsim）が再建した軍営地（miṣr, amṣār）の一つ。Cf. Le Strange［1905］pp. 249, 295–296 ; *E. I*.［new ed. 1997］Vol. 9, pp. 472–479（SHĪRĀZ）.

(17) 南イランのルートおよび考古学的遺跡の総合調査は，1932–33 年の A. スタイン（Aurel Stein）によって開始された。彼は，北西インド国境からパキスタンとイラン南部にまたがる考古学的遺跡踏査を実施し，古代と中世における文化交流を探るうえで多大な成果を収めた。とくにペルシャ湾岸地域では，ジールフト（Jīruft）からミーナブ（Mīnab），バンダル・アッバース，バンダレ・クング（Bandar-i Kung），バンダレ・リンゲ（Bandar-i Lingeh），チャーラク（Chārak），バンダレ・ターヘリー（Bandar-i Ṭāherī, Sīrāf）を経てブーシフル（Būshehr）に至り，さらにスィーラーフの後背地にあたるガッレ・ダール（Ghalleh-dār），ファール（Fāl），ダール・ワラーウィー（Dār Warāwī）などのザグロス山脈の峡谷部の考古学的遺跡を綿密に踏査した（Stein［1937］）。スタインと並ぶ重要な考古学的調査は，1957–64 年，ベルギー人ヴァンデン・ベルグ（L. Vanden Berghe）によっておこなわれた。とくにダーラーブジルド～フルグ（Furg），フンジュ（Khunj）～ラール（Lār），ファラーシュバンド（Farāshband）～スィーラーフ（Sīrāf），ジャフルム（Jahrum）～ファサー（Fasā），キルマーン（Kirmān）～バンダル・アッバースなどのルート調査をおこなって，サーサン朝ペルシャ時代の 26 地点以上におよぶゾロアスター教の拝火神殿と僧院址を発見・調査した（Vanden Berghe［1961］pp. 193–196,［1965］pp. 128–147）。その他，Gaube［1980］pp. 33–47 ; Kleiss［1978］pp. 151–166 ; Pohanka［1984］pp. 285–308,［1986］などの調査報告を参照。併せて，家島［1988a］93–94 頁参照。

(18) al-Iṣṭakhrī, *op. cit*., pp. 128–129 ; Ibn Ḥawqal, *op. cit*., pp. 282–283 ; al-Idrīsī, *Nuzhat al-Mushtāq*., pp. 413–414.

(19) al-Muqaddasī, *op. cit*., p. 454.

(20) *Ibid*., pp. 454–455.

(21) Ibn Ḥawqal, *op. cit*., p. 283, note 1.

(22) この部分は「アダルカーン（Adarkān, Adharkān, Adharġān）とバルカーン（Barkān, Barġān）にある渓谷の入口（ra's al-'aqaba）……」とも読める。

(23) Ibn al-Balkhī, *op. cit*., p. 82.

(24) A New & Accurate Map of Persia with the Adjacent Countries drawn from the most approved modern maps & the whole being regulated by astro. observations by Emanuel Brown ; A New Map of the Empire of Persia from Monseur D'Anville, first geographer to the most christian king : with several additions and emendations, London, published by Laurie & Whittle, 63 Fleet street as the Act Directs, 12th May, 1794.

(25) 文献史料を使ってシーラーズ〜スィーラーフ間のキャラバン・ルートを解明した研究は，これまでにほとんどみられない。イランの研究者 M. ハサン・スィムサールは『スィーラーフの歴史地理 *Jughrāfīyā-i Ta'rīkh-i Sīrāf*』第 10 章「スィーラーフ道」のなかで，このルートについて言及しているが，具体的な説明は何もおこなっていない（Ṣimṣār［1356］pp. 223–229）。また L. ヴァンデン・ベルグはフィールーザーバードからスィーラーフまでのザグロス山脈越えの南北ルートの踏査をおこなったが，彼は歴史文献に残る記録と実地調査との比較研究をほとんど試みていない（Vanden Berghe［1961］pp. 163–181）。P. シュヴァルツとル・ストレンジはイスラーム地理書を利用してイランの歴史地理に関する精緻な研究をおこなったが，シーラーズ〜スィーラーフ間のルートについては何も明らかにしていない（Schwarz［1912］pp. 256–258 ; Le Strange［1905］pp. 256–258）。

(26) al-Iṣṭakhrī, *op. cit*., p.124.

(27) Mustawfī, *op. cit*., p. 176 ; Ibn al-Balkhī, *op. cit*., p. 83. ル・ストレンジは，カズウィーニーによる Shahrak を現在の Kafrī（Kafr）村に比定した（Le Strange［1905］p. 176, note 2）。

(28) al-Idrīsī, *op. cit*., pp. 405, 411, 413, 418, 422.

(29) al-Iṣṭakhrī, *op. cit*., p. 128 と Ibn Ḥawqal, *op. cit*., p. 282 によれば，Kuwār Ghalwat という場所に「Kuwār の町の水の取入口（maqsam mā'）」があった。ムカッダスィーは，ここを Kūl，もしくは Kuwal と記している（al-Muqaddasī, *Aḥsan*., p. 455）。

(30) al-Muqaddasī, *op. cit*., p. 455.

(31) Ibn al-Balkhī, *op. cit*., pp. 39, 65, 82.

(32) Mustawfī, *op. cit*., p. 176.

(33) Moṣṭafaví［1978］pp. 67, 81 ; Vanden Berghe［1986］pp. 125–126.

(34) al-Iṣṭakhrī, *op. cit*., pp. 123–124. 同じ記録は Ibn al-Balkhī, *op. cit*., p. 45 にも見える。

(35) ジュール（Jūr）の円形都市については，Moṣṭafaví, *op. cit*., p. 68 参照。

(36) al-Muqaddasī, *op. cit*., p. 432 によれば，ブワイフ朝のスルタン＝アドゥド・アッダウラはジュール（Jūr, Kūr, Gūr）の名前を嫌って，ビールーザーバード（Bīrūzābād, Pīrūzābād, Fīrūzābād）に改めたという。グールはガウル（ghawr，谷底），またはグール（ghūl，悪魔）の意味に通じる。

(37) *Ibid*., p. 426.

(38) Ibn Ḥawqal, *op. cit*., p. 282.

(39) al-Muqaddasī, *op. cit*., p. 454.

(40) al-Idrīsī, *op. cit*., p. 413.

(41) クナール・スィヤーフの複合拝火神殿址は，1960年2月，ヴァンデン・ベルグによって発見された。この遺跡は，シーラーズ〜スィーラーフを結ぶルートに沿った最大の遺跡である（Vanden Berghe［1961］p. 166, Plates XXII–XXVII, pp. 167–168)。

(42) al-Iṣṭakhrī, *op. cit*., p. 129 ; Ibn Ḥawqal, *op. cit*., p. 283.

(43) Ibn Ḥawqal のパリ写本（*Epitome Parisiensis*）によると，Bāgh Surāb (Bāgh-i Shūrāb) から Khān Āzādmard までは5 farsakh とある（Ibn Ḥawqal, *op. cit*., p. 283)。

(44) al-Idrīsī, *op. cit*., p. 413.

(45) Vanden Berghe［1961］p. 170.

(46) Ibn Ḥawqal, *op. cit*., p. 283 ; al-Idrīsī, *op. cit*., pp. 413–414 ; al-Muqaddasī, *op. cit*., p. 454.

(47) Vanden Berghe［1961］p. 171.

(48) al-Idrīsī, *op. cit*., pp. 413–414.

(49) Ibn Ḥawqal, *op. cit*., p. 283.

(50) Ibn al-Balkhī, *op. cit*., pp. 48, 82. Cf. al-Muqaddasī, *op. cit*., p. 454 ; Mustawfī, *op. cit*., p. 176 ; Le Strange［1905］pp. 257–258 ; 家島［1988a］47–48頁。

(51) Gaube［1980］pp. 149–166.

(52) Yāqūt, *Mu'jam*., Vol. 3, p. 212. Wüstenfeld 校訂本では，Jam は Ḥam とある。なおヤークートの記録は，明らかに一部をイブン・ハウカルによっている（Ibn Ḥawqal, *op. cit*., pp. 281–282)。

(53) *Ḥudūd al-'Ālam*., p. 127.

(54) Stein［1937］pp. 220–225 ; Gaube［1980］pp. 146–166. スィーラーフの後背地として，ファール，ガッレダールの他に，ナジーラム（Najīram），フラシュー（Ḥurashū），クラン（Kuran），ジャム（Jam），フルマク（Khurmak）などがあげられる（Ibn Ḥawqal, *op. cit*., p. 267 ; *Ḥudūd*., p. 127 ; Ibn al-Balkhī, *op. cit*., p. 267)。

(55) al-Iṣṭakhrī, *op. cit*., p. 129 ; Ibn Ḥawqal, *op. cit*., p. 283 ; al-Idrīsī, *op. cit*., p. 414.

(56) Vanden Berghe［1961］p. 174.

(57) 10・11世紀におけるイスラーム世界をめぐるネットワーク構造の変化とシーラーズ〜スィーラーフ・ルートの衰退については，家島［1972］119–144頁参照。

(58) 家島［1988a］48–74頁参照。

(59) al-Iṣṭakhrī, *op. cit*., pp. 135–136, 141 ; Ibn Ḥawqal, *op. cit*., pp. 267, 288.

(60) Ibn al-Balkhī, *op. cit*., p. 67 ; Mustawfī, *op. cit*., pp. 116, 209.

(61) al-Muqaddasī, *op. cit*., pp. 427, 447 ; Yāqūt, *op. cit*., Vol. 4, p. 464.

(62) Ibn al-Balkhī, *op. cit*., p. 49, note 29 ; Mustawfī, *op. cit*., p. 116, note 2.

(63) Miller［1986］Tafelbend, pp. 46–47, Taf. 30.

(64) Ibn al-Balkhī, *op. cit*., 67 ; Mustawfī, *op. cit*., pp. 116, 209.

(65) この時の調査報告については，家島（編著）［2001］114–154頁；上岡［2001］175–197頁参照。

第II部第4章　スリランカ王の外交使節団がたどった道

(1)　Ibn ʻAbd al-Ẓāhir, *Tashrīf al-Ayyām* は，すでに Kāmil による校訂本②が出版されているが，本書では，Ibn ʻAbd al-Ẓāhir 自身がスルタン＝マンスール（al-Malik al-Manṣūr）に献呈した直筆本と考えられる Paris 写本①（Ms. Arabe no. 1704）を利用した。

(2)　この時のスリランカ王の名前については，史料および写本の間でさまざまに異なっている。例えば Ibn ʻAbd al-Ẓāhir は ABW NKYĀʼ, al-Maqrīzī は ABW NKYĀH, Ibn al-Furāt は ABW NKBH, al-Nuwayrī は ABR NKYĀ, Baybars al-Manṣūrī は ABW NKBĀ などとしている。セイロン王は，明らかに Bhuvaneka Bāhu I（在位 1273-84）のことであり，これをアラビア文字で Abuwanakabāh と音写したものと考えられる。語頭のアリフは，続く子音の発音を容易にするための前置母音（prethetic vowel），あるいはアラビア語風に Abū と読ませるために故意に付加されたものであろう。Bhuvaneka Bāhu I については，Sastri［1955］pp. 216-217；Majumdar［1957］pp. 266-267 参照。なおイスラーム地理書では，スリランカはサランディーブ（Sarandīb）もしくはスィーラーン（Sīlān）とする。例えば，Sulaymān & Abū Zayd, *Akhbār*., pp. 6-8, 49-50；al-Idrīsī, *Nuzhat*., p. 74；Ahmad［1960］pp. 27-30, 122-126；Ibn Baṭṭūṭa（邦訳）第 6 巻 282-296 頁を参照。

(3)　Ibn al-Furāt, *Taʼrīkh*., Vol. 7, pp. 261-262；Baybars al-Manṣūrī, *Zubdat*., f. 142b；al-Maqrīzī, *al-Sulūk*., Vol. 1, pp. 712-713；al-Qalqashandī, *Ṣubḥ*., Vol. 8, pp. 77-78. なお，スリランカ使節団によるマムルーク朝訪問の問題は，すでに Surūr［1966］pp. 338-339；Heyd［1885］(rep. 1936) Vol. 1, pp. 425-426；Wiet［1955］pp. 88-89；Lane-Poole［1968］p. 281；Labīb［1965］pp. 83-84,［1970a］p. 69；Quatremère［1811］tome 1, pp. 284-286 などによって論及されている。しかし，それらの研究はいずれも単に史料を紹介したに過ぎず，この貴重な記録史料の内容を詳しく分析して，13 世紀後半の紅海とペルシャ湾をめぐる国際関係を総合的に解明したものではない。

(4)　ポルトガル人タイセイラ（Teixeira）の記録によると，スリランカ王の使節団がホルムズを訪問した当時のホルムズ王は，第 13 代目の王 Amir Roknadin Mahmud（Amīr Rukn al-Dīn Maḥmūd）の子息 Amir Seyfadin Nocerat（Amīr Sayf al-Dīn Naṣr）であり，A.H.689（1290）年に死去した（Teixerira, *The Travels*., p. 159）。

(5)　Yāqūt, *Muʻjam*., Vol. 5, p. 406.

(6)　Le Strange［1905］pp. 257, 296.

(7)　al-Iṣṭakhrī, *Masālik*., p. 163；Ibn Ḥawqal, *Ṣūrat*., pp. 49, 313. al-Muqaddasī, *Aḥsan*., pp. 427, 454 には，Sīrū, Sarū, Surū, Shahrū とあり，ヤークートの al-Sīr（Jabal al-Sīr）と一致する（Yāqūt, *Muʻjam*., Vol. 3, pp. 441, 438）。

(8)　Ibn al-Balkhī, *Fārs-nāmah*, p. 50；Yāqūt, *op. cit*., Vol. 5, p. 7；Mustawfī, *Nuzhat*., p. 166；Le Strange［1905］p. 261.

(9)　Mustawfī, *op. cit*., p. 166；Wilson［1928］p. 41；Le Strange［1905］p. 261.

(10)　al-Iṣṭakhrī, *op. cit*., pp. 116, 140；Ibn Ḥawqal, *op. cit*., p. 188；Le Strange［1905］pp. 256-258.

(11) ヤークートには，Nāband, Nābad とあり，スィーラーフが荒廃した後，それに代わる航海上の安全な避難港として使用されたこと，そこは二つの山に挟まれた入江であると説明されている（Yāqūt, *op. cit*., Vol. 3, p. 295, Vol. 5, p. 274）。

(12) スィーラーフの歴史については，Whitehouse/Williamson ［1973］ pp. 29-49；家島［1972］122-143 頁，［1987］199-224 頁,［1993b］86-145 頁参照。

(13) al-Muqaddasī, *op. cit*., p. 427；Le Strange［1905］pp. 256-258.

(14) ヤークートは，ペルシャ湾（Baḥr Fārs）のおもな港市として，Sīnīz, Būshahr, Najayram（Najīram), Sīrāf, al-Lār 島，Qal'at Huzū などを列挙している。ただし，Būshahr についての具体的な説明はない（Yāqūt, *op. cit*., Vol. 1, p. 344）。

(15) Ibn Baṭṭūṭa（邦訳）第 2 巻 291 頁。なお，A. H. 443（1043）年にアッバーダーン（'Abbādān）を訪問したナースィレ・フスラウ（Nāṣir-i Khusraw）は，干潮の時，その町と海とのあいだには 2 アラビア・マイル（約 4km）の隔たりがある，と報告している（Nāṣir-i Khusraw, *Safar-nāmah*, p. 245）。

(16) 第 VI 部第 2 章 637 頁参照。

(17) Yāqūt, *op. cit*., Vol. 2, p. 509.

(18) Mustawfī, *op. cit*., pp. 202, 207, 226.

(19) Yāqūt, *op. cit*., Vol. 1, p. 406.

(20) Ibn Baṭṭūṭa（邦訳）第 2 巻 278-281 頁。

(21) Yāqūt, *op. cit*., Vol. 4, p. 229；Le Strange［1905］p. 41.

(22) Ibn Baṭṭūṭa（邦訳）第 2 巻, 277-278 頁。

(23) Yāqūt, *op. cit*., Vol. 5, pp. 50-51；Le Strange［1905］p. 38.

(24) Yāqūt, *op. cit*., Vol. 4, pp. 74-75.

(25) 13 世紀後半から 14 世紀初頭のバグダードについては，Le Strange［1900］pp. 340-356；Ibn Baṭṭūṭa（邦訳）第 3 巻 20-40 頁；Mustawfī, *op. cit*., pp. 39-43；*E. I*.［new ed. 1960］Vol. 1, pp. 894-908（BAGHDĀD）参照。

(26) Baybars al-Manṣūrī, *op. cit*., f. 143b.

(27) al-Yūnīnī, *Dhayl*., Vol. 4, p. 54.

(28) Baybars al-Manṣūrī, *op. cit*., ff. 130b-137a；al-Yūnīnī, *op. cit*., Vol. 4, pp. 141, 145；Ibn al-Furāt, *op. cit*., Vol. 7, pp. 234, 248-249.

(29) al-Yūnīnī, Vol. 4, pp. 147-147；al-Maqrīzī, *al-Sulūk*., Vol. 1, pp. 712-713；Ibn al-Furāt, *op. cit*., Vol. 7, pp. 260-261.

(30) Sastri［1955］pp. 216-217；Majundar［1957］pp. 266-267；Mudiyanse［1965］pp. 1-7.

(31) Marco Polo（邦訳）第 2 巻 165-167 頁。

(32) 家島［1976］18-24 頁参照。ユダヤ教・キリスト教系の海上商人によるインド・マラバール海岸での活動については，「カイロ・ゲニザ文書（Cairo Geniza documents)」に基づく新しい研究が注目されている（Goitein［1973］pp. 63-65, 175-229）。

(33) 例えば，中国貿易をおこなったイッズ・ウッディーン（'Izz al-Dīn 'Abd al-'Azīz Manṣūr）はカーリミー商人の一人といわれた。彼の父親は，アレッポのユダヤ教徒で，ハマウィー（al-Ḥamawī, ハマー生まれ）の名で知られたが，マムルーク朝スルタン al-Ẓāhir Rukn al-Din Baybars の治世代はじめにイスラーム教に改宗し，スルタン al-Manṣūr Sayf al-Dīn Qalā'ūn の治世代はじめに死亡した（al-Nuwayrī, *Nihāyat*.,

Vol. 32, p. 209)。

(34) 本書第IV部第3章473-474頁参照。

(35) al-Khazrajī, *al-'Uqūd*., Vol. 1, p. 213.

(36) al-Maqrīzī, *op. cit*., Vol. 2, p. 322.

(37) マクリーズィーは「[A. H. 731年, ラジャブ月に] インド王の使者らが [カイロの宮廷に] 来朝した。彼らの往路はバグダード経由(jihat Baghdād)であった。彼らは丁重な待遇を受け，記念の礼服を贈られた。彼らはその月末に [帰国のため] 出発した」と記録している(al-Maqrīzī, *op. cit*., Vol. 2, p. 333)。

(38) Mudiyanse [1965] pp. 1-7.

(39) *Ibid*., pp. 1-11 ; Sastri, *op. cit*., p. 216 ; Ibn Baṭṭūṭa(邦訳)第6巻282-296頁。

(40) インド南西海岸から南アラビアとペルシャ湾岸の諸港に至るアラビア海横断ルートについては，家島 [1993a] 67-73頁参照。

(41) インド洋のモンスーン航海期については，第I部第1章58-62頁参照。

(42) Ibn Baṭṭūṭa(邦訳)第3巻150頁，第7巻126頁。

(43) Marco Polo(邦訳)78-79頁。

(44) 13・14世紀におけるペルシャ湾の二大交易港ホルムズとキーシュによるペルシャ湾軸ネットワークの覇権をめぐる対立と抗争については，Aubin [1963] pp. 165-171 ; 家島 [1976b] 1-40頁，[1980a] 29-32頁参照。

(45) al-Nasawī, *Sīrat*., p. 74.

(46) Ibn al-Athīr, *al-Kāmil*., Vol. 7, pp. 303-304.

(47) タイセイラによれば，A. H. 700年，トルキスタンからトルコ軍(タタール・モンゴル軍)が来襲し，キルマーン地方に続いてホルムズにも被害がおよび，ホルムズの住民はその地を放棄することを決断した。時のホルムズ王アヤーズ(Bahā' al-Dīn Ayāz Sayf al-Dīn)は避難する島を探した結果，ゲルン(Gerun, Jarūn)という老人の住む島を見つけた。この島はもともとキーシュ王の所有する島の一つであったが，キーシュにそこへの移住許可を求め，首尾よくその島を獲得(購入)し，この島を旧市に因んでホルムズ島と名づけた，という(Teixeira, *The Travels*., pp. 1632-165)。アブー・アルフィダーゥは，旧ホルムズ(Hurmuz al-'Aṭīqa)はタタール・モンゴル軍の侵掠を受けて，わずかな人々を残して荒廃したこと，またオマーンと向かい合う位置にZarūn(Jarūn)という島があることを伝えている(Abū al-Fiḍā', *Taqwīm*., p. 339)。併せて，ムスタウフィーの記録(Mustawfī, *Nuzhat*., p. 140)を参照。

(48) Yāqūt, *op. cit*., Vol. 4, p. 216. 同様の記録は，イドリースィーとイブン・アルムジャーウィルにも見られる(al-Idrīsī, *op. cit*., pp. 61, 156-157 ; Ibn al-Mujāwir, *Ṣifat*., Vol. 2, pp. 295-296)。

(49) 家島 [1976b] 8-9, 18-24頁。

(50) Aubin [1953] pp. 96, 99 ; Waṣṣāf, *Tazjiyat*., Vol. 3, pp. 45-47 ; Teixeira, *op. cit*., p. 160 ; 恵谷 [1966] 49-54頁 ; 家島 [1980a] 30-31頁。

(51) Teixeira, *op. cit*., pp. 186, 261, 265. もともと東アラビア地方(al-Baḥrayn)のカティーフ(al-Qaṭīf)やウワール(Uwāl, Jazīrat al-Baḥrayn)付近の海域での真珠採集権は，キーシュの勢力が独占していた(al-Idrīsī, *op. cit*., pp. 389-399 ; Ibn Baṭṭūṭa(邦訳)第3巻188-190頁)。ホルムズ王タハムタン(Quṭb al-Dīn Ṭahamtan)によるキーシュ勢力駆逐の過程については，Aubin [1953] pp. 95-100に詳しい。併せて，家島

［1980a］30-32 頁参照。

(52)　マムルーク朝は紅海とその周辺地域（東北アフリカ，ヒジャーズ地方を含む）の統治権を確立するだけでなく，東地中海の要衝キプロス島とアナトリア・キリキア海岸（とくに Ayās, Sīs, Ṭarsūs, Adhana などの重要都市）へ積極的に進出して，ティグリス・ユーフラテスの両河経由でペルシャ湾，アラビア海に出る交易ルートの開発に強い関心を抱いていた（家島［1980a］68-77 頁）。

(53)　マムルーク朝によるアラビア半島のアール・ファドル（Āl Faḍl），アール・ムハンナー（Āl Muhannā），アール・ミーラ（Āl Mīra），アール・アーミル（Āl ʻĀmir）などのアラブ系遊牧民との和平条約および懐柔政策については，家島［1980a］77-84 頁に詳しい。

(54)　スルタン＝マンスールの詔書全文の邦訳は，同上 33-35 頁に引用されている。

第 III 部第 1 章　ムスリム勢力の地中海進出とその影響

(1)　アラブ・ムスリム軍とビザンツ軍との最初の本格的な海戦ザート・アッサワーリー（Dhāt al-Ṣawālī）の歴史的意味については，Fahmy［1966］pp. 103-105, 125,［1973］pp. 286-288；*E. I.*［Supple. 2004］Vol. 11, pp. 221-222（DHĀT AL-ṢAWĀRĪ）など参照。

(2)　佐々木（編訳）［1975］は，1922 年と 1923 年に発表されたアンリ・ピレンヌの最も重要な論文「マホメットとシャルルマーニュ」「経済的対象――メーロヴィンガ王朝とカーロリンガ王朝」の 2 編を収めると同時に，多数のピレンヌ・テーゼ批判論文のなかから，D. C. Dennett, M. Lombrard, S. Bolin の論文を選んで，編訳したものである。また，その編訳者佐々木克巳による「訳者あとがき」には，ピレンヌ・テーゼ批判の邦訳論文のリストがあげられている。Pirenne［1927］［1933］［1937］参照。併せて，Hübinger（ed.）［1968］所収の論文 Himly, pp. 276-329 と Riising, 178-222 参照。

(3)　とくに佐々木（編訳）［1975］15-30 頁参照。

(4)　Lewis［1951］pp. 95-97.

(5)　例えば，アレクサンドリア大学におけるシンポジウム Alexandria University（ed.）［1958］；Fahmy［1973］；Geanakoplos［1979］；Agius/Netton［1997］などの研究参照。

(6)　Ashtor［1976］pp. 105-107,［1970］pp. 188-189.

(7)　Dennett［1975］pp. 99-100.

(8)　Cahen［1980］pp. 1-25.

(9)　ロンバール（M. Lombrard）とボーリン（S. Bolin）の論文は，佐々木（編訳）［1975］所収の次の論文参照。モリス・ロンバール「マホメットとシャルルマーニュ――経済的問題」110-132 頁，スチューレ・ボーリン「マホメット，シャルルマーニュ，及びリューリック」133-185 頁。また Hübinger（ed.）［1968］にも同じ論文が掲載されている（pp.1-22）。

(10)　Ehrenkreutz［1972］pp. 94-104.

(11)　例えば，井上［1968］134-178 頁；太田［1969］393-408 頁参照。

(12) Braudel［1949］（邦訳）第1巻463頁。
(13) 同上第1巻471頁。
(14) Pirenne［1937］（邦訳）232頁。
(15) ネットワークを構成する基本的条件（要因）についての説明は，家島［1991b］34-38頁参照。
(16) 地中海世界へのインドおよび東南アジア原産の栽培植物の伝播については，Watson［1983］参照。
(17) Cahen［1980］pp. 1-25. 併せて，家島［1991b］163-170頁参照。
(18) 地中海の風については，Pryor［1988］pp. 12-24；Braudel［1949］（邦訳）第1巻386-459頁；家島［1986b］40-43頁参照。
(19) Goitein［1967］Vol. 1, pp. 313-326；Udovitch［1978］pp. 508-533.
(20) Ibn Jubayr, *Riḥlat*., p. 311.
(21) Goitein［1967］Vol. 1, pp. 325-326.
(22) Udovitch［1978］pp. 530-533.
(23) 家島［1980b］79-104頁，［1993a］17-20頁参照。
(24) 大陸に近接した島の戦略的・経済的重要性については，家島［1986b］77-79頁，Yajima［1996d］pp. 323-325および本書第I部第2章86-94頁参照。
(25) 黒海におけるジェノヴァ人の商業居留地については，Bratianu［1929］の研究参照。併せてNicol［1988］pp. 200, 207, 212-217, 261-264を見よ。
(26) Ibn Ḥawqal, *Ṣūrat al-Arḍ*., pp. 118-130；al-Muqaddasī, *Aḥsan*., pp. 231-322.
(27) al-Kindī, *Wilāyat*., pp. 294-295；al-Kindī, 'Umar b. Muḥammad, *Faḍā'il Miṣr*, pp. 50-55；Fahmy［1966］pp. 48, 65；Goitein［1967］Vol. 1, pp. 295-301, 305-308；Udovitch［1978］pp. 521-522.
(28) Goitein［1967］Vol. 1, pp. 305-308；Udovitch［1978］pp. 522-523.
(29) 三角帆の起源および地中海への伝播の時期については，さまざまな説がある。例えば，Hourani［1951］（expanded ed. 1995）pp. 100-105；Pryor［1988］pp. 27-35参照。地中海の小舟の一部は，すでに2・3世紀の頃，三角帆を装備していたと思われる（チュニジアのテメトラ遺跡出土のモザイク画の例）。三角帆を装備した2本マストの大型遠洋航海船は，880年に描かれたパリ国立図書館所蔵のギリシャ語写本（Bibliothèque Nationale, Paris, Ms. Grec No. 510, f. 3）の挿絵に見られる。
(30) Goitein［1967］Vol. 1, pp. 148-352.
(31) Cf. Constable［1994］pp. 16-51.
(32) *Ibid*., pp. 18-19より引用。
(33) Ibn Khurrdādhbeh, *Masālik*., pp. 153-154；Pirenne［1937］（邦訳）363-374頁。
(34) とくに13・14世紀におけるカタロニア商人によるマヨルカ，チュニジア，シチリアなどの西地中海への進出については，Abulafia［1994］；Busch［2001］；López Quiroga/Lovell［1997］pp. 61-86など参照。
(35) Ibn Jubayr, *op. cit*., pp. 35, 312-348.
(36) Pirenne［1937］（邦訳）228頁。
(37) Lewis［1951］pp. 95-97；家島［1991b］185頁。
(38) 同上289-317頁参照。
(39) Constable［1994］pp. 199-203；家島［1991b］311-312頁参照。

(40) Watson［1983］参照。

(41) 家島［1991b］273–279 頁，［1993a］63–85 頁参照。

(42) Ashtor［1970］p. 182；Cahen［1964］pp. 499–505.

第 III 部第 2 章　海峡をめぐる攻防

(1) 海峡は海域ネットワークが集まる要地であり，同時に陸域の海域支配の戦略的拠点ともなった。この点については，たとえば Braudel［1949］（邦訳）第 1 巻 187–192；Abu-Lughod［1989］（邦訳）下巻 95–124 頁；家島［1976c］225–252 頁など参照。

(2) マラッカ海峡周辺の交易港と 13～15 世紀の変化については，Kathirithamby-Wells/Villiers［1990］所収の諸論文および Reid［1993］（邦訳）第 2 巻 84–100 頁参照。

(3) Ibn Baṭṭūṭa（邦訳）第 6 巻 394–403, 476–483 頁参照。

(4) スリランカ北部，マンナール湾に面したマンタイ港の重要性とその遺跡調査については，Carswell/Prickett［1988］pp. 1–33 参照。

(5) たとえばイブン・バットゥータの記録によって，14 世紀のスリランカ西海岸の交易港としてバッターラ（Baṭṭāla, Paṭṭāla），バンダル・サラーワート（Bandar Ṣalāwāt, Chilau），カランブ（Kalanbū, Colombo），カーリー（Qālī, Ghaul），ディーナワル（Dīnawar）などが新しく登場してきたことが分かる。これらの多くは，インド洋の主要なルートがポーク海峡とマンナール湾を経由するルートからスリランカ南端を回ってカーリクートに至る新ルートに変化したことにともない急激に発展したと考えられる。Ibn Baṭṭūṭa（邦訳）第 6 巻 282–296 頁参照。

(6) 家島［1972］130–143 頁，［1993a］85–146 頁参照。

(7) 同上 152–160 頁参照。

(8) ホルムズの歴史については Aubin［1953］pp. 76–138 に詳しい。

(9) Ibn al-Mujāwir, *Ṣifat*., Vol. 1, pp. 144–145.

(10) アイユーブ朝のイエメン支配については，Smith［1978］；‘Abd al-‘Āl Aḥmad［1988a］に詳しい。ラスール朝の初代スルタン＝マリク・マンスールによるイエメン統一の過程は，al-Khazrajī, *al-‘Uqūd*., Vol. 1, pp. 44–88；‘Abd al-‘Āl Aḥmad［1980b］pp. 88–116 参照。

(11) al-‘Umarī, *Masālik*. ①（ed. Ayman Fuwād）pp. 153–159.

(12) Ibn al-Mujāwir, *op. cit*., p. 137；al-‘Umarī, *op. cit*., p. 154.

(13) 前掲註(10)を参照。

(14) Ibn al-Mujāwir, *op. cit*., pp. 141–142.

(15) 第 II 部第 4 章 269 頁および第 IV 部第 2 章 445 頁，第 3 章 473–474 頁参照。

(16) al-Maqrīzī, *al-Khiṭaṭ*., Vol. 1, pp. 202–203.

(17) 家島［1993a］219–221 頁。

(18) イエメン地方の物産については，スルタン＝ムザファルの治世代の財政文書である Anonymus, *Nūr al-Ma‘ārif*.；al-Ḥasan b. ‘Alī al-Ḥusaynī, *Mulakhkhaṣ*.；Ibn al-Mujāwir, *op. cit*., p. 134；al-‘Umarī, *op. cit*., pp. 153–159；Ibn Baṭṭūṭa（邦訳）第 4 巻 133–134, 150–164 頁など参照。

(19) Ibn al-Mujāwir, *op. cit*., p. 134；Ibn Baṭṭūṭa（邦訳）第 4 巻 133–134 頁。

(20) 例えば，al-Khazrajī, *al-'Uqūd*., Vol. 2, p. 297 ; Anonymous, *al-Ta'rīkh*., pp. 91, 161, 167 参照。

(21) al-Ḥasan b. 'Alī al-Ḥusaynī, *Mulakhkhaṣ*., ff. 5b-13a

(22) *Ibid.,* ff. 26b-27b.

(23) Ibn al-Mujāwir, *op. cit*., pp. 138-139. 同様の記事は，Ibn 'Alī al-Ḥusaynī, *op. cit*., 26b-27a に見える。

(24) al-'Umarī, *op. cit*., pp. 157-158.

(25) al-Ḥasan b. 'Alī al-Ḥusaynī, *op. cit*., f. 17a.

(26) 家島［1976b］235-244 頁。

(27) al-Maqrīzī, *al-Sulūk*., Vol. 4/2, p. 707.

(28) 家島［1976b］239-243 頁，［1993a］215-220 頁。

第 III 部第 3 章　国家による海峡支配の構図——イエメン・ラスール朝の事例

(1) 最近，とくに東南アジア史研究において，領域国家・港市・交易・海域の相互関係をめぐる問題，いわゆる「港市論」の研究が注目されている。「港市国家」の構造と支配・統治のあり方，陸上の集権国家と海上交易の関わりなどの問題については，安野［1922］［1998］; 生田［1969］; 石井［1992］; 鈴木［1998］; Pearson［1976］; Hall［1985］; Kathirithamby-Wells/Villiers［1990］; Reid［1993］（邦訳）第 2 巻 81-174, 176, 276-281 頁などの研究がある。併せて，本書序章 12 頁参照。

(2) ラスール朝のズファール遠征については，すでに Smith［1988］の研究があるが，ムハンマド・ブン・ハーティム（Muḥammad b. Ḥātim）とハズラジー（al-Khazrajī）の記録内容を簡単に紹介しているに過ぎない。

(3) al-Khazrajī, *al-'Uqūd*., Vol. 1, pp. 207-208.

(4) 10 世紀半ばのブズルク・ブン・シャフリヤールには，海上を漂流したり，海岸に漂着した船の積荷の所有権をめぐる若干の紛争の事例が見られる。その一例では，荷主の名前のついた漂着木材や荷物は，持ち主のもとに返還された（Buzurk b. Shahriyār, *'Ajā'ib al-Hind*., pp. 144-146）。それぞれの海域には，海の慣習《アーダ》法があって海域の秩序が保たれ，さらにインド洋海域とその周辺ではおもにシャーフィイー派法学，地中海周辺やサハラ地域ではマーリク派法学にもとづく法学解釈が広域的におこなわれ，ムスリム商人たちが国際間で活躍するための共通の法的保障となったと考えられる。家島［1993c］236-239 頁，［1996a］139-140 頁参照。

(5) Muḥammad b. Ḥātim, *Kitāb al-Simṭ*., pp. 506-507. 一方，イブン・アッダイバゥはハズラジーの記事を引用したと思われるが，「高価な贈物を持参した外交使者（safīr）をファーリスの王（malik Fāris）のもとに派遣した」とだけ簡単に伝えている（Ibn al-Dayba', *Qurrat*., Vol. 2, p. 40）。

(6) その頃，マムルーク朝とイル・ハーン朝モンゴルは，ペルシャ湾経由の国際交易をめぐって覇権を競っていた。地中海からペルシャ湾経由インド洋に出る国際交易ルートは，①バフライン・ルート，②アナトリア・キリキア海岸からティグリス・ユーフラテスの両河川を経て，バグダード，バスラに出るルート，③イラン高原・ザグロス山脈経由，キーシュもしくはホルムズに出るルート，の三つの主要なルートがあった

(第II部第3章208-209頁参照)。イタリア諸都市の商人のなかでもジェノヴァ商人は，イル・ハーン朝のアルグーン・ハーン（Arghūn-Khān）と友好関係を結んで，バグダード経由でペルシャ湾・インド洋に出るルートを模索していた。Bratianu［1929］p. 188；Heyd［1886］（repr. 1936）Vol. 2, pp. 75-76；家島［1980a］75頁参照。

（7） 当時の歴史家Ibn al-Athīrは，A. H. 611（1214/15）年の記録（*al-Kāmil*., Vol. 12, pp. 303-304）のなかで，ホラズム・シャーのアラー・ウッディーン・ムハンマド（Khuwārizm Shāh ʻAlāʼ al-Dīn Muḥammad, A. H. 596-617/A. D. 1200-1220）がキルマーン，マクラーンとスィンドの各地方を征服し，ペルシャ湾の交易港ホルムズを支配下に入れたこと，またホルムズとキーシュの両勢力がインド洋の海上交易をめぐって激しく争っていたことを説明して，「彼（ホラズム・シャー）はカーブルの国境地帯からスィンドに至るマクラーン地方全域を支配したあと，マクラーン海の岸辺にある町ホルムズに軍を進めた。ホルムズの支配者——その名前はマランク（Malank）——は，ホラズム・シャーに忠誠を誓い，そこの［金曜日の礼拝での］宣誓《フトゥバ》で彼の名を唱えた。そして，ホラムズ・シャーは，その町から金品を運び去った。カルハートおよび一部のオマーンでも，［同じように］ホラムズム・シャーへの［帰順を誓う］宣誓がおこなわれ［支配者として認め］た。なぜならばそこ［オマーン地方］の支配者たちは，それまでホルムズの支配者に従属していたからである。彼ら［オマーン地方の］支配者たちは，遠く困難な地にあり，しかも海が彼らの間を隔てているにもかかわらず，それまでホルムズの支配者に従ってきた理由は，以下のためであった。つまり，彼らがホルムズの支配者に服従し，親交を求めてきたのは，彼らのもとに来航する［交易］船の仲間たちが彼から安全の保障《アマーン》を得るためであった。なぜならば，ホルムズは大規模な寄港地であり，インドの端からも，中国やイエメン，その他の諸国からも商人たちが集まる場所であった。ホルムズの支配者とキーシュの支配者との間は戦争状態にあって，互いに攻撃し合っていたので，ホルムズとキーシュのそれぞれは船舶の仲間たちに対して敵方の町に入港することを禁じたのである。こうした状況は，彼らの間で現在まで続いている」と述べている。なおキーシュの発展と海上交易の独占については，Aubin［1953］pp. 80-99, 119-122；Serjeant［1966］p. 11；家島［1976b］19-20頁，［1993a］147-173頁など参照。

（8） ホルムズによるズファール遠征については，Marco Polo（邦訳）第1巻120頁，第2巻449-452頁；Miles［1966］pp. 134, 505；al-ʻAlawī［1968］p. 601；Aubin［1953］pp. 83-84；*E. I*.［new ed. 2002］Vol. 11, pp. 379-381（ẒAFĀR）参照。イブン・バットゥータによると，ズファール遠征をおこなったホルムズの支配者（ṣāḥib Hurmuz）は，トゥーラーン・シャーの子息スルタン゠クトゥブ・ウッディーン・タハムタン（Sulṭān Quṭb al-Dīn Ṭahamtan b. Ṭūrān Shāh）であった（Ibn Baṭṭūṭa（邦訳）第3巻153-154頁）。この記録は，おそらくホルムズによる二度目のズファール遠征を伝えたものであろう（Aubin［1953］p. 106）。ホルムズとアデンとの交易関係については，Serjeant［1963］p. 11参照。

（9） Muḥammad b. Ḥātim, *op. cit*., pp. 506-509；ʻAbd al-Bāqī al-Yamānī, *Bahjat*., pp. 160-165；Ibn al-Daybaʻ, *op. cit*., Vol. 2, pp. 39-404；Abū Makhramah, *Taʼrīkh*., Vol. 2/1, pp. 83-84；Shanbul, *Taʼrīkh*., pp. 103-104.

（10） al-ʻAlawī［1968］Vol. 2, p. 601.

(11) Shanbul, *op. cit*., pp. 82–83.

(12) ハブーディー朝は，「ハブーディーユーン（al-Ḥabūḍīyūn, al-Ḥabūẓīyūn）」または「ハブーディーのズファール（Ẓufār al-Ḥabūḍī, Ẓufār al-Ḥabūẓī）」と呼ばれた。アラウィーの『ハドラマウト史』によると，ハブーディーたちは，もともとハドラマウト地方の出身で，その名前はハドラマウト地方の町ハブーザ（Ḥabūẓa/Ḥabūḍa）に由来するという（al-'Alawī, [1968] Vol. 2, p. 597)。Cf. *E. I*. [new ed. 1971] Vol. 3, pp. 51–53 (ḤAḌRAMAWT).

(13) *Periplus Maris Erythraei*., p. 172 ; Ibn al-Mujāwir, *Ṣifat*., pp. 256–260 ; Ibn Baṭṭūṭa（邦訳）第3巻156–162頁；*E. I*. [1st ed. 1927, repr. 1987] Vol. 8, pp. 1185–1190 (ẒAFĀR)；*Western Arabia* [1946] pp. 205–207；家島［1993a］382–386頁；山田［1976］97–98頁参照。

(14) 趙如适『諸蕃志』（藤善訳）256–257頁。

(15) 周去非『嶺外代答』；山田［1976］122頁。汪大淵『島夷志略』325頁には，南西インドの港，古里佛（Qāliqūṭ）の交易品として乳香があげられている。これは，明らかにアラビア海を越えて運ばれたズファール産の乳香であり，カーリクートが中国向け乳香の中継市場として，とくに重要であったことを物語っている。

(16) Ibn al-Mujāwir, *op. cit*., pp. 270–271.

(17) とくに13・14世紀，ミルバートは，シフル（al-Shiḥr）やアデンと並んでインドに向けて輸出されるアラブ馬の積出し港として知られた。インド洋の馬貿易については，第V部第4章参照。Cf. Ibn Sa'īd al-Maghribī, *Kitāb Basṭ*., p. 35 ; Marco Polo（邦訳）第2巻442, 444, 450頁；Serjeant［1963］p. 163.

(18) 家島［1972］120–127頁。併せて，Aubin［1959］pp. 295–297 ; Tampoe［1989］pp. 97–130 ; Whitehouse/Williamson［1973］pp. 33–35；家島［1993a］86–108頁など参照。

(19) Ibn Ḥawqal, *Ṣūrat al-Arḍ*, p. 38.

(20) Abū Makhramah, *op. cit*., Vol. 2/2, pp. 194–195.

(21) Ibn Khaldūn, *Kitāb al-'Ibar*., Vol. 4, p. 486 ; Kay［1892］p. 182.

(22) Ibn al-Athīr, *op. cit*., Vol. 12, pp. 197–198.

(23) Ibn al-Mujāwir, *op. cit*., Vol. 2, pp. 260–261, 265–266.

(24) ズファールの遺跡については，Costa［1979］pp. 111–150参照。

(25) *Periplus Maris Erythrae*, pp. 170–172 ; *E. I*. [1st ed. 1927, repr. 1987] Vol. 8, p. 1188 (ẒAFĀR).

(26) Costa［1979］pp. 111–150.

(27) Ibn al-Mujāwir, *op. cit*., Vol. 2, p. 261.

(28) Yāqūt, *Mu'jam*., Vol. 4, pp. 481–482.

(29) Smith［1988］p. 26.

(30) Yāqūt, *op. cit*., Vol. 4, pp. 481–482.

(31) ヤークートは1220年前後に，スィーラーフ，キーシュ，ラーフト（Lāfit），ラール島（Jazīrat al-Lār, 現在のキシム島）など，ペルシャ湾岸地域を広く旅行した（Yāqūt, *op. cit*., Vol. 4, pp. 216, 341–342, 482)。ヤークートの旅のルートについては，*E. I*. [new ed. 2002] Vol. 11, p. 264の付図（Yāḳūt's journeys）に示されている。

(32) Yāqūt, *op. cit*., Vol. 3, p. 577.

(33) *Ibid*., Vol. 4, pp. 481-482.
(34) Ibn Sa'īd al-Maghribī, *Kitāb Basṭ*., pp. 34-35.
(35) Ibn al-Mujāwir, *op. cit*., Vol. 2, p. 266.
(36) al-Khazrajī, *op. cit*., Vol. 1, p. 208.
(37) *Ibid*., Vol. 1, p. 209.
(38) *Ibid*., Vol. 1, pp. 209, 211; Anonymous, *Ta'rīkh*., p. 17; Muḥammad b. Ḥātim, *op. cit*., 510-511. この時に建造された船舶は，shawānī, marākib (markab), ṭarārīd (ṭarrīda), maṭāyā al-baḥr, sanābīq (sanbūq), ḥawāsik (ḥāsik) などであった。ṭarārīd (ṭarrīda) は快速船，maṭāyā al-baḥrはシャワーニー船団に所属する各種の輸送船，sanābīq (sanbūq) は小型船，ḥawāsikは戦闘用の特殊船を指したものと思われる。Cf. al-Nakhīlī [1974] pp. 70-71, 89-92, 139; Agius [2002] pp. 33, 40-44, 78, 181-187.
(39) Muḥammad b. Ḥātim, *op. cit*., pp. 511-525.
(40) al-Khazrajī, *op. cit*., Vol. 1, pp. 209-211; 'Abd al-Bāqī al-Yamānī, *op. cit*., pp. 160-161; Anonyumous, *Ta'rīkh*., pp. 17-19; 'Abd al-'Āl Aḥmad [1980b] pp. 391-393; Smith [1988] pp. 29-32.
(41) Anonyumous, *Ta'rīkh*., pp. 19-20; al-Khazrajī, *op. cit*., Vol. 1, pp. 208-213; Ibn Baṭṭūṭa (邦訳) 第3巻 162-163頁，第7巻 128頁; Abū Makhramah, *op. cit*., Vol. 2/1, p. 49, Vol. 2/2, p. 210; al-'Alawī [1968] Vol. 2, p. 605. なおイブン・アッダイバゥによると，スルタン＝ムザッファルの子ワースィク (walad al-Malik al-Muẓaffar al-Wāthiq Nūr al-Dīn) は，A. H. 692 (1292/93) 年にズファールのイクター地を分与され，A. H. 711 (1311/12) 年に死ぬまでその地に滞在したという (Ibn al-Dayba', *op. cit*., Vol. 2, p. 45)。併せて，Porter [1988] pp. 32-37 参照。
(42) al-Khazrajī, *op. cit*., Vol, 1, p. 213.
(43) Anonymous, *Nūr al-Ma'ārif*, pp. 173, 409-411, 415-428; al-Ḥasan b. 'Alī al-Ḥusaynī, *Mulakhkhaṣ*., ff. 18a, 22a-23a; Ibn al-Mujāwir, *op. cit*., Vol. 1, pp. 73, 141-142; Shamrookh [1996] pp. 266-267.
(44) 家島 [1993a] 219-220頁参照。
(45) al-Ḥasan b. 'Alī Ḥusaynī, *op. cit*., f. 17a. バンダル・スンブラ (Bandar Sunbla) とは，アデン港の波止場を指した。イブ・アルムジャーウィルは，アデンの街中にある井戸の名前として Bi'r Sunbul を挙げている (Ibn al-Mujāwir, *op. cit*., p. 132)。アフワーブ (al-Ahwāb) の町は，12世紀の初めにスィーラーフ出身の豪商ラーマシュト (Rāmasht) によって建設された (家島 [1993a] 139頁)。この港はザビードの外港として栄えたが，14世紀末になると衰え，近くにブクア港 (Bandar al-Buq'at) が建設された (Ibn al-Dayba', *op. cit*., Vol. 2, pp. 155, 217, 227, 229)。アフワーブは，現在のファーザ (Fāza) にその港市遺跡が残されている。「北部の諸港市 (al-Banādir al-Shāmīya)」とはルハイヤ (al-Luḥayya)，ジーザーン (Jīzān)，ハルイ (Ḥaly, Ḥalī b, Ya'qūb) などの港市を指す。
(46) 第IV部第4章参照。
(47) al-Ḥasan b. 'Alī Ḥusaynī, *op. cit*., ff. 4a-4b, 13a-28a; Ibn al-Mujāwir, *op. cit*., pp. 140-147.
(48) 中国元朝との交易に活躍したカーリミー商人については，第IV部第3章参照。
(49) マムルーク朝国家とカーリミー商人の関係については，Labib [1952] pp. 5-63;

Lapidus［1967］pp. 120–126 など参照。

(50) マクリーズィーは A. H. 704（1304/05）年の記事のなかで「［商人たちの一団が［エジプトに］来着して，［ラスール朝］イエメンの王ムアイヤド（al-Malik al-Mu'ayyad Hizabr al-Dīn Dā'ūd b. Yūsuf b. 'Umar b. 'Alī b. Rasūl）［の不当な行為］を訴えた。それに加えて，これまでイエメンから送られていた総額［年額にして］6,000 ディーナールの贈物（hadīya）――この金額で種々のものが購入されたり，イスマーイーリーヤ要塞（qal'at al-Isma'īlīya）［建設の費用］にあてられるべきもの――と［マムルーク朝］スルタンへの特別の贈呈品はすでに中断していた。［ラスール朝スルタン＝］ムザッファル・ユースフ（al-Muẓaffar Yūsuf b. al-Manṣūr 'Umar b. 'Alī b. Rasūl）は，これまでそれを 40 年間にわたって納め，その後，彼の子息アシュラフ（al-Ashraf）もそれを納めていた。ところがムザッファルの子息ヒザブル・ウッディーン・ダーウード（Hizabr al-Dīn Dā'ūd b. al-Muẓaffar Yūsuf b. Manṣūr 'Umar b. 'Alī b. Rasūl, al-Malik al-Mu'ayyad）が政権を奪うと，［マムルーク朝に対する］二つの義務（規定の年額 6,000 ディーナールの税とスルタンへの贈呈品の納付）を中止し，さらにエジプトのスルタンを侮辱したのである。そこでムアイヤドのもとに，非難と威嚇を内容とした書状が送られ，彼のもとに［その使者として］ナースィル・ウッディーン・アットゥーリー（Nāṣir al-Dīn al-Ṭūrī）とシャムス・ウッディーン・ムハンマド・ブン・アドラーン（Shams al-Dīn Muḥammad b. 'Adlān）が随行した。同時にムアイヤドに対する非難と威嚇を内容とするカリフの書簡が添えられ，慣例通りの規定額を納めるように命じた」（al-Maqrīzī, *al-Sulūk*., Vol. 2, p. 7）と記している。この記録のなかの「商人たちの一団」とは，カーリミー商人イッズ・ウッディーン・マンスールを含む商人の一団を指している。なおアイニーの記録には，A. H. 704（1304–05）年，カーリミー商人たちの一行がエジプトに到着し，イエメンの支配者ムアイヤド（al-Malik al-Mu'ayyad）によって彼らの財産が没収されたことを訴えた，とある（al-'Aynī, *'Iqd al-Jumān*., Vol. 4, pp. 353–354）。

(51) マムルーク朝によるラスール朝への軍事遠征については，家島［1976c］235 頁，［1980a］92–96 頁，［1993a］207–208 頁など参照。

第 III 部第 4 章　紅海の国際交易港アイザーブの廃港年次

(1) Bent［1896］pp. 335–339.

(2) Murray［1925］pp. 235–240；Paul［1955］pp. 64–70；Couyet［1911］pp. 135–143；三上［1984］1–29 頁，［1985］185–189 頁。

(3) Hakem［1979］pp. 97–109. 財団法人中近東文化センターの川床睦夫（主任研究員）を団長とするアイザーブ調査隊は，1991 年と 93 年にアイザーブ遺跡の予備的発掘調査を実施して，多数の中国製陶磁器，銅銭などを発掘した。筆者は，1988 年 2 月と 1998 年 3 月にアイザーブ遺跡を訪問する機会に恵まれた。アイザーブ港市址の建造物の多くは珊瑚石を石灰モルタルで固めたものであり，風化による倒壊が著しい。1966 年，三上によって確認された 3 基のドーム型貯水槽の一つは，すでに崩れて確認できなかった。

(4) アイザーブについては *E. I*.［1st ed. 1927, repr. 1987］Vol. 1, p. 210 ('AIDHĀB)；*E.*

I. [new ed. 1960] Vol., 1, p. 782 (ʻAYDHĀB) ; 家島 [1980a] 41–61 頁, [1986a] 1–25 頁 ; ʻAlī Mubārak [1887/88] Vol. 13, pp. 19–24, Vol. 14, pp. 54–62 など参照。

(5) スーラーフの歴史的変遷過程については家島 [1993a] 86–146 頁, [1987] 199–224 頁参照。

(6) *Patrolotia Orientalis*, No. 3, f. 499 ; Amelineau [1973] p. 160 ; Trimingham [1965] p. 58, n. 5.

(7) Ibn al-Athīr, *al-Kāmil*., Vol. 7, p. 264, Vol. 11, p. 490. イブン・アルアスィールの伝える内容と同じ記事は, イブン・ハルドゥーンによっても引用されている (Ibn Khaldūn, *Kitāb al-ʻIbar*., Vol. 4, pp. 646–647)。

(8) Ibn Ḥawqal, *Ṣūrat al-Arḍ*., pp. 20, 45 所収の地図および p. 50 参照。またイスタフリーによると, アイザーブは海辺の砦 (ḥiṣn) にあり, エチオピアの町の一つであった (al-Iṣṭakhrī, *al-Masālik*., pp. 35, 54)。アイザーブ港は, おそらくバーディウ Bāḍiʻ) に代わり, 9・10 世紀以後に発達したと考えられる。

(9) al-Maqrīzī, *al-Khiṭaṭ*., Vol. 1, pp. 202–203.

(10) al-Maqrīzī, *al-Sulūk*., Vol. 2, pp. 145–146.

(11) *Ibid*., Vol. 2, p. 162 ; Garcin [1976] pp. 377–378.

(12) al-Maqrīzī, al-*Sulūk*., Vol. 2, pp. 190, 194–146.

(13) Ibn Baṭṭūṭa (邦訳) 第 1 巻 118 頁。

(14) *Ibid*., 第 3 巻 262–264 頁。

(15) *Ibid*., 第 7 巻 154 頁。

(16) al-Maqrīzī, *Khiṭaṭ*., Vol. 1, pp. 202–203.

(17) al-Maqrīzī, *al-Sulūk*., Vol. 3, p. 109.

(18) al-Qalqashandī, *Ṣubḥ*., Vol. 3, pp. 464–466.

(19) この訳文は, Leo-Africanus, *Description de l'Afrique* (ed. Schefer) Vol. 3, pp. 320–321 によっているが, その他にラムージオ版ラテン語原文 (Ramusio Primo Volume delle Navigationi e Viaggi, 1550, p. 87) を参照した (Garcin [1972] pp. 192–193 に引用)。

(20) Murray [1925] pp. 237–238.

(21) Kammerer [1929] p. 79 ; Darrag [1961] pp. 209–210.

(22) この時期のクース〜アイザーブ道の状況については Paul [1975] pp. 77–78 ; Hasan [1967] pp. 79–82 ; 家島 [1980a] 51–56 頁参照。

(23) al-Maqrīzī, *al-Sulūk*., Vol. 4, pp. 680–681, 706–708, 735. 791–792, 796, 801. 関連の史実については, Ibn Ḥajar al-ʻAsqalānī, *Inbā'*., Vol. 3, p. 324 ; al-Fāsī al-Makkī, al-*ʻIqd*., Vol. 1, pp. 203–204, Vol. 4, pp. 144–149 ; al-Sakhāwī, *al-Ḍaw'*., Vol. 3, pp. 13–14 ; Darrag [1961] pp. 206–208 ; 家島 [1976c] 235–237 頁, [1980a] 61 頁など参照。

(24) Garcin [1972] pp. 208–209.

(25) 三上 [1984] 87–189 頁。

(26) al-Maqrīzī, *al-Sulūk*., Vol. 2, p. 852.

(27) ハズラジーによると, ラスール朝使節団のニザーム・ウッディーン・ハディール (Niẓām al-Dīn Khuḍayr) がアイザーブで死亡したとの報告が着くと, スルタン＝ムジャーヒド (al-Malik al-Mujāhid) は代わりにサフィー・ウッディーン・ジャウハル (Ṣafī al-Dīn Jawhar al-Riḍwānī) を派遣した。そこでサフィー・ウッディーンは急遽イエメンを出発したが, 先発の使節団が果たしてエジプト (カイロ) に到着したか

どうか，確かな情報を得られなかったという（al-Khazrajī, *al-'Uqūd*., Vol. 2 (3/5) p. 93)。

(28) al-Maqrīzī, *op. cit*., Vol. 2, p. 886. この使節団は，イエメン王の皇子ナースィル（al-Malik al-Nāṣir）を随伴して A. H. 754 年第 2 ラビーゥ月 11 日（1353 年 6 月 15 日），カイロに到着した。その時のイエメン側からの贈呈品の内容は，60 人の奴隷，200 枚のターバン織布，400 枚の中国陶磁器，150 壺の麝香，麝香鹿の角，150 キンタールの胡椒，その他に生姜，龍涎香，芳香類など，インド洋海域の各地から集められた新奇な品々であった（*Ibid*., Vol. 2, pp. 892-893)。

(29) al-Maqrīzī, *al-Khiṭaṭ*., Vol. 1, p. 202. なお，スーダンの研究者 M. S. ダッラールは，A. H. 749（1349）年と 760（1359）年のアイザーブの状況を伝える 2 種の新史料を引用している。その一つは，A. H. 749 年，イブン・アルワルディー（Sirāj al-Dīn Abū Ḥafṣ 'Umar b. al-Wardī）がアイザーブを訪問した時の記事であり，「アイザーブとそれに隣接するアイディーブ（Aydīb）と呼ばれる砂漠は，ただただ流沙だけであって，定まった道はなく，山々とカダーの樹木（kadā）だけが道標となる。したがって，しばしば熟練の案内人でも道を誤ることがある。そこは，立派な町。陸路と海路から商人たちが集まるところ」と述べている。しかし，イブン・アルワルディーによる年代記 *Ta'rīkh Ibn al-Wardī* には，上記の記事は含まれていない。もう一つの史料は，A. H. 760（1359）年にアイザーブが荒廃したことに関する記事であるが，著者のダッラールはその典拠を示していない。ダッラールによると，A. H. 760 年，ヌビア王ダーウード（Dā'ūd）はアイザーブを侵略して，住民を殺戮し，そこの名士たちを捕虜とした。そこの屋敷を破壊の後，ダーウードの軍隊はアスワーンの市場の大部分を焼いた。クースの知事（wālī）はその報告を聞くと，討伐軍を派遣した。彼らの一部は逃亡したが，ダーウード王の騎馬隊長などを捕虜としたので，それまでヌビアの支配下にあったアスワーンとアイザーブの人々は歓喜したという（Darrār [1981] p. 186)。

(30) Ibn Ḥajar, *Inbā'*., Vol. 1, pp. 481-481 ; Ibn Ḥajar, *al-Durar*., Vol. 1, pp. 481-482 ; al-Maqrīzī, *al-Khiṭaṭ*., Vol. 2, p. 427 ; al-Sakhāwī, *al-Ḍaw'*., Vol. 5, p. 240 ; Wiet [1955] pp. 114-115.

(31) al-Maqrīzī, *al-Sulūk*., Vol. 3, p. 109.

(32) *Ibid*., Vol. 3, p. 174. この時の積荷はインドからイエメンのアデン経由アイザーブに運ばれ，さらにアイザーブ・クース道を経由してカイロに達したと思われる。しかし J. C. ガルサンは，この時のルートは A. H. 772（1371）年と同じようにクサイル～クース道が使われた可能性があると考えている（Garcin [1976] pp. 398-399)。なおカーリミー商人イブン・アルムサッラム（Ibn al-Musallam）については Wiet [1955] pp. 112-113 参照。

(33) al-Maqrīzī, *al-Khiṭaṭ*., Vol. 1, p. 203.

(34) al-Maqrīzī, *al-Sulūk*., Vol. 3, p. 187.

(35) Kammerer [1929] Vol. 1/3, p. 282 に引用された以下の史料による。Marcos Jimenez, Clēment Markham [1877] *Libro del Conoscimiento* ; Clēment Markham [trans. 1912] p. 38).

(36) Krammerer [1929] Vol. 1/3, pp. 372-373.

(37) Youssouf Kamal, [1936] Vol. 4-1, pp. 1137-1140, 1470.

(38) *Ibid*., Vol. 4-1, p. 1197.
(39) Ibn Khaldūn, *al-Ta'rīf*., pp. 281-282.
(40) Ibn Khaldūn, *Kitāb al-'Ibar*., Vol. 1, pp. 79, 99.
(41) al-Maqrīzī, *al-Sulūk*., Vol. 3, p. 980.
(42) al-Idrīsī, *Nuzhat al-Mushtāq*., Vol. 1, p. 70, note 3.
(43) *Ibid*., Vol. 1, p. 76, note 6. 校訂本では al-tājir al-Kārimī Ibrāhīm b. al-Majallī li'l-sulṭān...とあるが，明らかに al-Majallī は al-Maḥallī と改めるべきであろう。
(44) Anonymous, *Taqwīm al-Kawākib al-Sab'at al-Sayyārat*, p. 36.
(45) *Ethiopian Itineraries* (ed. Crawford) Chap. 2, pp. 28-39 ; Kammerer, [1929] Vol. 1-2, pp. 297-298.
(46) *Ethiopian Itineraries*, pp. 3-27.
(47) Kammerer [1929] Vol. 1/3, p. 374, pl. CVIII.
(48) *Ethiopian Itineraries*, pp. 55-62, 124-130.
(49) *Ibid*., pp. 126-130.
(50) *Ibid*., pp. 178-180.
(51) *Ibid*., pp. 23-27.
(52) *Ibid*., p. 100.
(53) *Ibid*., p. 108.
(54) *Ibid*., p. 40.
(55) Ibn Ji'ān, *al-Tuḥfat*., p. 195.
(56) al-Suyūṭī, *Ḥusn al-Muḥāḍara*., Vol. 1, p. 27.
(57) al-Sakhāwī, *al-Ḍaw'*., Vol. 3, p. 230.
(58) 表 2 は，Youssouf Kamal [1929] Vol. 5, Additamenta fas. 1 収録の地図による。
(59) *Ibid*., Vol. 5, p. 1528.
(60) Leo-Africanus *Description de l'Afrique* (ed. Schefer) pp. 484-485.
(61) Youssouf Kamal [1929] Vol. 5, p. 1561.
(62) *Ibid*., Vol. 5, p. 1574.
(63) *Ibid*., Vol. 5, p. 1602.
(64) カーリミー商人については，第 IV 部第 3 章参照。併せて，家島 [1980a] 56-61 頁。
(65) al-Tujībī, *Mustafād al-Riḥlat*., pp. 173, 205.
(66) Ibn al-Mujāwir, *Ṣifat*., p. 129. イブン・アルムジャーウィルは「アデンの図（Ṣūrat 'Adan）」のなかで，「この場所は，[アイユーブ朝スルタン＝] サイフ・アルイスラーム（Sayf al-Islām）の建物があったところで，そこはフッカート山（Jabal Ḥuqqāt）の起伏ある場所。エジプトから来航するカーリム船団（marākib al-Kārim）の望楼が備えられていた」と説明を加えている。第 IV 部第 2 章図 3（437 頁）参照。
(67) カーリミー商人ブルハーン・ウッディーン（Burhān al-Dīn Ibrāhīm b. 'Umar al-Maḥallī）については，Wiet [1955] pp. 117-118 参照。
(68) al-Khazrajī, *al-'Uqūd*., Vol. 2, pp. 198, 283.
(69) al-Maqrīzī, *al-Sulūk*., Vol. 3, p. 874 ; Ibn al-Furāt, *al-Ta'rīkh.,* Vol. 9-2, p. 458.
(70) *Ethiopian Itineraries*, pp. 3-27.
(71) al-Sakhāwī, *al-Ḍaw'*., Vol. 3, p. 230.
(72) al-Jazīrī, *Durar al-Farā'id*., p. 259.

(73)　*Ibid*., pp. 259, 264–265.

(74)　Ibn Baṭṭūṭa（邦訳）第 3 巻 118–120 頁。

(75)　イブン・バットゥータは「アイザーブに数日間滞在し，数頭のラクダを借りてから，ダギーム・アラブ族の案内で出発した。われわれは〈ジャニーブ〉と呼ばれる水場に着き，次にいと高きアッラーを知る者（聖者）アブー・アルハサン・アッシャーズィリーの墓のあるフマイスラーで一時滞在した」と伝えている（*Ibid*., 第 3 巻 263 頁）。

(76)　Ibn Sa'īd al-Maghribī, *Kitāb Basṭ al-Arḍ*., p. 51. イブン・サイードには「サワーキン島の支配者はブジャ族のムスリムであり，カーリム船団（marākib al-Kārim）に関税（ḍarā'ib）を課している。アラビア半島，ヒジャーズやイエメンからの船がそこに来航するのは，そこが［外国］船に対して友好的であるためである。サワーキンは実に規模が小さく，そことアイザーブとの間は陸路で約 7 日行程」とある。Cf. Hasan［1967］pp. 82–89.

(77)　Piloti de Crēte, *L'Égypte*.; de Joos van Cristēle, *Le Voyeges en Égypte*; Ibn Mājid, *Kitāb al-Fawā'id* (ed. & trans. G. R. Tibbetts). 以上は，15 世紀の紅海の地理的情報を伝える基本的史料であるが，いずれもアイザーブについてはまったく言及していない。

第 IV 部第 1 章　海域世界を股にかける海上商人たち

(1)　フィリップ・カーティンは，15 世紀までのインド洋と南シナ海は 5 ないし 6 の主要な港市に 40 から 50 の小さな港市が相互にネットワークによって結びついていたこと，このネットワークは単一の強大国の傘下にあるとか，また共通文化圏内にあるというよりは，「クラブの不文律に従ってビジネスをしようとする者なら誰でも入会できる洗練された多面的は交易離散共同体であった」(Curtin［1984］(邦訳) 182 頁）と説明した。またヴァスコ・ダ・ガマの随行員の記録には，ガマの一行が初めてインド洋に入り，モザンビーク近くの島に停泊すると，7，8 艘の帆掛け船と数艘の独木船がラッパを吹いて近づき，交易を求めて集まってきたと報告されている（Gama（邦訳）363–364 頁）。これは，平和的に交易を目的に来航する者であれば，初めての外来の商人であっても，積極的に受け入れようとしたインド洋の交易民たちの基本的な態度を示したものといえよう。

(2)　交易港と交易港とは，ネットワークによって相互に結びついていることでメリットを享受するが，同時に各々の港市は交易活動を競い合い，自由競走による市場の活動を盛んにすることを望んでいた。したがって，港市は多くの外来商人の来航を歓迎し，低関税政策によって交易を引きつけようとしたのである。こうした相互の港市の間に機能する抑制策がインド洋交易の自由な交流と繁栄を保障していたと考えられる（Curtin［1984］(邦訳) 184 頁）。

(3)　ここでは船舶経営を代表する構成員として，①船主（ṣāḥib al-markab），②船主の代理人（wakīl-hu），③船長（ra'īs）＝ルッバーン（rubbān），④船舶書記（kātib al-markab）＝カッラーニー（karrānī）の 4 者が挙げられている。船主は，船の資本主，所有者であり，ワキールはそれを補佐して，実際の船舶経営をおこなう。船主から実際の船の経営と監督，積荷の売り買いを委託された経営者はナーフーザ（nāk-

hūdha, nākhodā）とも呼ばれた。船長，すなわちルッバーンとは，船のパイロット，技術者のこと。ルッバーンとナーフーザが同義に用いられた場合もある。また船舶書記を意味するカッラーニーは，サンスクリット語の karan（行為者）に由来する言葉。インド洋海域では，船員構成の一人として，船舶書記（船の事務書記長，総営）が乗船し，船の積荷，乗員・船客や船の出港・経由地などを記録し，寄港した際には港の税関に出頭し，記録資料を提出する役割を担った（Ibn Baṭṭūṭa（邦訳）第 3 巻 418 頁参照）。併せて第 3 章註(1)参照。Cf. Abū'l-Faẓl Allānī, *Ā'īni Akbarī*, Vol. 1, p. 290 ; Yule/Burnell［1903］pp. 273–274.

（4） Ibn Baṭṭūṭa（邦訳）第 3 巻 152 頁。

（5） Ibn al-Mujawīr, *Ṣifat*., pp. 261–262 は，ズファールの新都マンスーラ（al-Manṣūra）を説明したなかで，町の西側の市門は「ハルジャーゥ門（Bāb al-Ḥarjā'）」と呼ばれること，ハルジャーゥはその町から近く，海岸に沿った華麗な地区（madīnat laṭīfa）の名前であるという。したがって，ハルジャーゥはマンスーラの郊外にある公設市場と考えられる（Cf. Dozy［1927］Vol. 1, pp. 267–268）。現在のエジプト方言でも，ハラージュ（ḥarāj, ḥarjā'）は〈競売〉〈公売〉を意味する（Spiro［1973］p. 129）。

（6） Ibn Baṭṭūṭa（邦訳）第 3 巻 138–139 頁。

（7） Yāqūt, *Mu'jam*., Vol. 4, p. 602.

（8） 沈黙交易（silent trade）は，異文化間の原初的な交易形態として最もポピュラーなものである。すなわち，遠方から来た交易者と現地の商人・住民とが互いに姿を見せずに，海岸，川辺とか町から離れた決まった場所に交易品を置いて，一時その場を去る。その後，現地の相手が交易品を持ち去れば，それで商談は成立するが，不満ならば，品物はそのまま放置される。そこで交易者は，さらに品物を増やすか，別の品物を加えたりしてまたその場を離れる。こうした無言の行為を繰り返して，互いの同意を得る。栗本［1979］第 6 章「沈黙交易」参照。

（9） Ibn Faḍlān（邦訳）21–22 頁。

（10） Tomé Pires（邦訳）463–464 頁。以上の訳文は，原文（*The Suma Oriental of Tomé Pires : An Account of the East, from the Red Sea to Japan, Written in Malacca and India in 1512–1515*. Ed. and trans. by Armando Cortesão, Vol. 1, London, 1944, pp. 173–174）によって一部を改めた。なお同文は，フィリップ・カーティンによっても引用されており，それを併せて参照した（Curtin［1984］（邦訳）188 頁）。

（11） 安野［1992］79 頁。

（12） Horton［1996］pp. 419–427 ; Ibn Baṭṭūṭa（邦訳）第 3 巻巻末解説 418–419 頁。

（13） Yajima［1996d］pp. 323–324.

（14） al-Muqaddasī, *Aḥsan*., p. 92.

（15） Ibn Khurrdādhbeh, *al-Masālik*., p. 61.

（16） al-Ya'qūbī, *Kitāb al-Buldān*., p. 319.

（17） al-Muqaddasī, *op. cit*., p. 85.

（18） *Ibid*., pp. 97–98.

（19） ワキールの一般的な説明については Khalilieh［1998］pp. 37, 42, 81, 84, 95, 149 ; *E. I*.［new ed. 2002］Vol. 11, pp. 57–58（WAKĀLA）; Abu-Lughod［1989］（邦訳）下巻 15–16 頁参照。

（20） Goitein［1967］Vol. 1, pp. 186–192.

(21)　Abū Ḥāmid al-Gharnāṭī, *Tufḥat*., pp. 106–108.

(22)　Udovitch ［1970］ pp. 22–23, 119, 136.

(23)　家島［1993a］95–99, 140–144 頁。

(24)　Goitein ［1967］ Vol. 1, pp. 170, 186–192, 309–312, 342.

(25)　al-Dimashqī, *Ishārat*., pp. 51–52.

(26)　家島［1993a］88–99 頁。

(27)　Sulaymān & Abū Zayd, *Akhbār*., pp. 136–137.

(28)　家島［1993a］140–143 頁。

(29)　Sulaymān によると，クーラム・マライ（Kūlam-Malay, Kūlam, Quilon）には，その地方の税関（maslaḥa）があって，そこでは中国向けの船（al-sufun al-Ṣīnīya）にたいしてその他の船——明らかにここではアラビア海を中心に活動するダウのこと——の 10 倍の税が課せられたという。つまり，アラビア海の圏域を越えて移動する船には特別の扱いがなされていたことを示している（Sulaymān & Abū Zayd, *Akhbār*., pp. 16–17）。12～15 世紀のマラバール海岸の諸港における中国ジャンクとダウとの交流については，Chaudhuri ［1985］ pp. 154–155；家島［1993a］71–81, 161–166, 244–248 頁参照。

(30)　al-Mas'ūdī, *Murūj*., Vol. 1, p. 248；家島［1993a］96–99 頁。

(31)　Buzurk b. Shahriyār, *'Ajā'ib al-Hind*.(ed. Van der Lith) pp. 142–143.

(32)　Ibn Baṭṭūṭa（邦訳）第 6 巻 127 頁。

(33)　家島［1993a］71–81, 161–166, 244–248 頁。

(34)　周去非『嶺外代答』23 頁。

(35)　Tomé Pires（邦訳）114 頁。

(36)　*Ibid*., 456–457 頁。

(37)　*Ibid*., 117–118 頁。

(38)　*Ibid*., 457 頁。

(39)　*Ibid*., 114 頁。

(40)　*Ibid*., 116 頁。

(41)　*Ibid*., 116–117 頁。

(42)　グジャラート船は，冬の北東風の終わりに近い 2～3 月に母港を出て，アラビア海を南下，マラバール海岸に一時寄港の後，4～5 月，もしくは 8 月末～9 月初旬の南西風に乗ってベンガル湾を横断してマラッカに至った。そして 1 月以降の北東風を利用してベンガル湾を西に向かい，南西モンスーンが吹き始め，港が閉鎖される以前にはグジャラートの母港に戻った（Chaudhuri ［1985］ pp. 131–132；Meilink-Roelofsz ［1962］ pp. 37–38, 60–61）。

(43)　Tomé Pires（邦訳）458 頁。

(44)　齊藤［2002］144–145 頁参照。

第 IV 部第 2 章　カーリミー商人による海上交易

(1)　Abu-Lughod ［1989］（邦訳）下巻 42–43 頁。

(2)　8 世紀半ばから 10 世紀半ばまでの 200 年間のアッバース朝の首都バグダードを軸心

としたイスラーム世界のネットワーク構造については，家島［1991b］43-48, 191-372頁，［1993a］21-24頁で論じた。

(3) ペルシャ湾の国際交易港スィーラーフについては，Le Strange［1905］pp. 258-259；Aubin［1959］pp. 295-301,［1969］pp. 21-37；Whitehouse［1968］pp. 1-22,［1971］pp. 262-267；Whitehouse/Wiliamson［1973］pp. 29-49；*E. I.*［new ed. 1997］Vol. 9, pp. 667-668 (SĪRĀF)；家島［1993a］86-146頁など参照。

(4) 10世紀後半以後のイスラーム世界におけるネットワーク構造の変化・変質の問題については，家島［1991b］48-57, 383-441頁で論じた。

(5) カーリム (al-Kārim)，カーリミー (al-Kārimī) をめぐる基本的な問題については，とりあえずFischel［1937］pp. 67-82,［1957/58］pp. 158-174；Labib［1952］pp. 5-63；Wiet［1955］pp. 81-147；*E. I.*［new ed. 1978］Vol. 4, pp. 640-643 (KĀRIMĪ) など参照。またカーリミー研究のおもな論文・著書については，Rabie［1972］p. 97, note 2が参考になる。

(6) 後述するように，「カーリム (al-Kārim)」と「商人 (tājir, tujjār)」とが合わさった「カーリム商人たち (tujjār al-Kārim)」の名称を最初に伝えた歴史家は，マムルーク朝時代のマクリーズィーである。すなわちA. H. 577 (1181) 年の記録で，アデンから来航したカーリム商人たちはアイユーブ朝政権から4年分のザカート（喜捨税）を請求された，とある (al-Maqrīzī, *al-Sulūk*., Vol. 1, pp. 72-73)。この事実は，カーリム商人の交易活動がその初期の段階からすでに国家による強い管理・統制下に置かれていたことを示している。

(7) カーリミー商人がマムルーク朝とラスール朝との間の外交関係に重要な役割を果たしたことは，すでにLabib［1970b］p. 211によって指摘された。

(8) Goitein［1957/58］pp. 175-184.

(9) 家島［1993a］96-99, 140-143頁。

(10) Ibn Baṭṭūṭa（邦訳）第6巻48, 205頁，第7巻18頁。

(11) Quatremère［1837］p. 639,［1838］p. 214.

(12) Littmann［1939］pp. 174-176；Fischel［1957/58］p. 158.

(13) Abu-Lughod［1989］（邦訳）下巻23-24頁。

(14) *E. I.*［new ed. 1978］Vol. 4, pp. 640-641 (KĀRIMĪ)；Goitein［1957/58］p. 181.

(15) al-Dawādarī, *Kanz*., Vol. 6, p. 380. この記録について，従来の研究者たちはほとんど注目していないが，明らかに「カイロ・ゲニザ文書」に現れるal-Kārimよりも半世紀近く古いものである。

(16) Goitein［1957/58］pp. 180-183. ゴイテインは「カイロ・ゲニザ文書」に現れるファーティマ朝時代のカーリム (al-Kārim) を詳細に分析することで，以下の結論を下している。それらの諸点は，アイユーブ朝とマムルーク朝時代のカーリム商人，もしくはカーリミー商人との相互関連を考えるうえでも，きわめて重要な問題が含まれている。① 12世紀初めまでに，カイロでは，カーリムの名はすでに人々の間でよく知られていた。ある女性は，夫がインド洋に出ている時に，「カーリム所属の (in the Kārim)」夫から送られたものを期待できた。②カーリミー (al-Kārimī)，すなわちカーリミー商人という言葉はファーティマ朝時代に関連する「カイロ・ゲニザ文書」にはいっさい登場しない。③カーリムは商品を取り扱う特定の仲間・商会 (a company) ではなく，むしろナーホダー（ナーフーザ）たちの被護送船団もしくは集団

(a convoy or group of nakhodas) のことで，彼らの船で商人たちは旅行し，商品は彼らの所有者あるいは所有者の代理人たちの各自の監視下で輸送された。つまり，船はカーリムに直属のものではなく，ナーホダーの統率する船とともに彼らは行動した。④カーリムの被護送船団はインドから来航する途中，しばしばアデンに立ち寄り，ある時はそこを通過した。これは，航海上の条件とか政治的な事情によると考えられるが，むしろ年ごとの交替制によっておこなわれた可能性が高い。⑤あるインド商人がコロマンデル海岸のように遠く離れたところからカイロにいる自分の家族に手紙を書き送る際に，自分は「カーリムさえも見いだせないような」高級品質の商品を送ろうとしている，と伝えている。このことは，すでにカーリムのもたらす品物が高級品として認知されていたことを示している。⑥1年で3,000俵（bahār）というかなり多量の香辛料・薬物・染料などの高価な奢侈品類が東方地域からエジプトに運ばれたことは，彼らの取り扱い商品がかなり特定化していたことを示す。⑦ほぼ1150年に至るまでは，カーリムはそうした高級品の貿易を独占していたわけではない。逆にむしろ，そうしたことはほとんど記されておらず，カーリムとは直接関係しない複数の支配者や個人によって所有された小型の船隊もしくは単独の船もインドとの間で商品を運んでいた。⑧しかしながら，アイユーブ朝とマムルーク朝時代にカーリムによって達成された圧倒的な重要性は，その起源をファーティマ朝時代に求めるべきであろう。しかも，すでにファーティマ朝のもとで，一般の小規模の商人たちとは違って，彼らは国家による強力な保護・安全を受けることで，海賊の被害から免れることができた。⑨カーリムの起源については推測さえ不可能なほど情報量が少ないが，おそらくその名称は固有名ではなく，起源的には一般名詞に違いない。タミル語で〈商売〉〈業務・事務〉を意味するKaryamとする説があるが，これと断定するには至っていない。⑩ファーティマ朝時代に，ヒンドゥー教徒，ムスリム，ユダヤとキリスト教徒が相互に密接な結びつきをもってインドと西方地域との間の貿易をおこなっていたことは確かである。そしてカーリムがユダヤ人乗客と彼らの商品を運んだが，それ以外の宗派・教派のメンバーも排除したわけではなかった。むしろこうした点では，後の時代になって大きな変化が見られたことに注目すべきである。後述するように，以上のゴイテインによって分析されたファーティマ朝時代のカーリムとアイユーブ朝・マムルーク朝時代のカーリミー商人との間にはいくつかの共通する重要な要素が含まれている。

(17) エジプトにおけるシャワーニー艦隊（marākib al-shāwānī）については，al-Maqrīzī, *al-Khiṭaṭ.*, Vol. 2, pp. 190–191；Fahmy［1966］pp. 119, 131–132参照。アイユーブ朝によるイエメン支配時代に，インド洋で活動する商人船を保護するためにシャワーニー税が設けられ，その費用によってシャワーニー艦隊が組織・運営された。その同じ方式は，続くラスール朝時代にも受け継がれた（Ibn al-Mujāwir, *Ṣifat.*, Vol.1, pp. 141–142；Anonymous, *Nūr al-Ma'ārif.*, pp. 173, 409–411, 415–428；Sharmookh［1996］pp. 266–267）。併せて，第III部第3章355–356頁および同章註(44)参照。

(18) 前掲註(16)に挙げたゴイテインによる結論を参照。

(19) al-Qalqashandī, *Ṣubḥ.*, Vol. 3, p. 520. なおJ・アブー＝ルゴド（Abu-Lughod［1989］(邦訳) 下巻24頁）は，カルカシャンディーによる同じ部分を引用して「カルカシャンディーによれば，ファーティマ朝は紅海で商人を海賊から守るために5艘の艦隊を配備した。カイス（キーシュ）の支配者とフスタートを代表するアミール（the ruler

Qais［Kish］and an amir representing Fustat）は，この艦隊を共同で監督した」とある。しかし，この部分の解釈は明らかに誤りであり，「カイス（キーシュ）の支配者……」の部分は「［上エジプトの］クースの地方総督（wālī Qūṣ）……」と改めるべきである。なおカイス（キーシュ）は，ペルシャ湾の南イラン海岸チャーラク（Chārak）沖合に浮かぶ小島で，12・13世紀には商敵の交易港ホルムズ（Hurmuz）とインド洋交易を激しく競った（家島［1993a］147-173頁参照）。

(20) al-Maqrīzī, *al-Sulūk*., Vol. 1, pp. 172-173. Cf. Rabie［1972］pp. 97-98.

(21) Wiet［1955］pp. 105-129.

(22) カーリミーに関する従来の研究では，エジプトにおける彼らの活動拠点，経済・文化活動や国家との関わりなどの問題に関心が注がれて，インド・エジプトの中間拠点に位置するイエメンの重要性についてはほとんど注意が払われてこなかった。カーリミー・ネットワークにおいてイエメンがどのような役割を果たしたのか，彼らがラスール朝国家とどのような関わりを持ったのか，マムルーク朝，メッカ・シャリーフ政権とラスール朝の三者の異なる陸の領域国家（陸域）の狭間に生きた彼らの海上活動について，さらに多角的な視野から論じられるべきであろう。

(23) Anonymous, *Nūr al-Ma'ārif*., pp. 478, 485. エジプト地方からイエメンに到着する商品（al-baḍā'i' al-waṣīlat min al-Diyār al-Miṣrīya）については，*Ibid*., pp. 479-484参照。なお，この記事は，al-Ḥasan b. 'Alī al-Ḥusaynī, *Mulakhkhaṣ*, ff. 24b-25aの内容とほぼ一致する。

(24) ラスール朝の初代スルタン＝マンスールによるイエメン統一の過程については，al-Khazrajī, *al-'Uqūd*., Vol. 1, pp. 44-48；'Abd al-'Āl Aḥmad［1988b］pp. 39-116参照。

(25) Ibn al-Mujāwir, *op. cit*., Vol. 1, pp. 72, 106, 123-130, 138-148.

(26) al-Khazrajī, *op. cit*., Vol. 1, pp. 435, 438.

(27) *Ibid*., Vol. 2, p. 139.

(28) Abū Makhramah, *Thaghr*., Vol. 2/1, pp. 137-138.

(29) Ibn Ḥajar al-'Asqalānī, *Inbā'*., Vol.1, p. 288.

(30) al-Khazrajī, *op. cit*., Vol. 2, pp. 176, 182.

(31) *Ibid*., Vol. 2, p. 193. フサイン・アルファーリキー（al-qāḍī Sharaf al-Dīn Ḥusayn b. 'Alī al-Fāriqī）は，A. H. 790年ラマダーン月4日にアデンのナーズィル職を解任され，法官アフィーフ・ウッディーン（al-qāḍī 'Afīf al-Dīn 'Abd Allāh b. Muḥammad al-Jallād）が新たに就任した（al-Khazrajī, *op. cit*., Vol. 2, p. 198）。その後，フサインは，A. H. 794年，イエメン地方のナツメヤシの数量を算定する役務を命ぜられて，第2ジュマーダー月15日に出発し，同年ラマダーン月10日にマウザゥ地方（al-jihat al-Ma'za'īya）のナツメヤシ税（kharāj nakhl）の収納金を持参して戻った（al-Khazrajī, *op. cit*., Vol. 2, pp. 231-232）。そして彼は，A. H. 801年のシャァバーン月15日（1399年4月22日）に死去した（*Ibid*., Vol. 2, pp. 304-305）。

(32) とくにフサイン・アルファーリキーがナーズィル職に就任する前月（ラマダーン月5日）に，当代の最も著名なカーリミー商人ヌール・ウッディーン・アリー・アルマハッリー（Nūr al-Dīn 'Alī b. 'Umar al-Maḥallī）がエジプトからイエメンのスルタンのもとに贈物を携えて到着した（Ibid., Vol. 2, p. 193；Wiet［1955］pp. 116-117）。

(33) Ibn Ḥajar, *op. cit*., Vol. 1, p. 96.

(34) *Ibid*., Vol. 1, p. 288. なおカーリミー商人ザキー・ウッディーン・アブー・バクル・アリー・アルハッルービー（Zakī al-Dīn Abū Bakr ʻAlī al-Kharrūbī）については，Wiet［1955］p. 114 参照。
(35) Ibn Ḥajar, *al-Durar*., Vol. 3, p. 404 ; Wiet［1955］p. 110.
(36) al-Fāsī, *ʻIqd*., Vol. 6, pp. 310–311 ; Ibn Ḥajar, *Inbāʼ*., Vol. 2, p. 124 ; al-Sakhāwī, *Ḍawʼ*., Vol. 6, p. 104 ; Abū Makhramah, *Thaghr*., Vol. 2/2, p. 254.
(37) al-Fāsī, *op. cit*., Vol. 2, p. 124, Vol. 6, p. 459 ; al-Sakhāwī, *op. cit*., Vol. 6, p. 104 ; al-Khazrajī, *op. cit*., Vol. 2, p. 198.
(38) al-Sakhāwī, *op. cit*., Vol. 11, p. 19 ; Wiet［1955］p. 123.
(39) Ibn Baṭṭūṭa（邦訳）第 3 巻 122 頁。
(40) al-Khazrajī, *op. cit*., Vol. 2, p. 198.
(41) al-Fāsī, *op. cit*., Vol. 3, pp. 73–74, Vol. 5, pp. 279–280 ; Abū Makhramah, *op. cit*., Vol. 2/1, p. 118 ; al-Sakhāwī, *op. cit*., Vol. 1, p. 367.
(42) Ibn Ḥajar, *Inbāʼ*., Vol. 1, p. 499 ; al-Maqrīzī, *al-Sulūk*., Vol. 3, p. 845 ; Ibn al-Furāt, *al-Taʼrīkh*., Vol. 9, pp. 419–420.
(43) al-Fāsī, *op. cit*., Vol. 3, pp. 73–74 ; al-Sakhāwī, *op. cit*., Vol. 1, p. 367.
(44) al-Fāsī, *op. cit*., Vol. 4, p. 106.
(45) Abū Makhramah, *op. cit*., Vol. 2/1, p. 109 ; al-Sakhāwī, *op. cit*., Vol. 1, p. 367, Vol. 5, p. 70.
(46) al-Fāsī, *op. cit*., Vol. 2, p. 221 ; al-Sakhāwī, *op. cit*., Vol. 6, pp. 50–51 ; al-Khazrajī, *op. cit*., Vol. 2, p. 304 ; Abū Makhramah, *op. cit*., Vol. 2/2, p. 254 ; Ibn Ḥajar, *Inbāʼ*., Vol. 2, pp. 175–176.
(47) al-Maqrīzī, *al-Sulūk*., Vol. 4, p. 1154 ; al-Sakhāwī, *op. cit*., Vol. 10, p. 187.
(48) al-Fāsī, *op. cit*., Vol. 4, pp. 89–91.
(49) Abū Makhramah, *op. cit*., Vol. 1, p. 12.
(50) 強制購入権（rimāya）については，Lapidus［1967］pp. 36, 40, 53, 56–59, 62, 92–93, 146–147, 258 参照。
(51) ラスール朝のスルタン＝ナースィル時代の国家による貿易統制の強化，関税率の引き上げ，来航する外国商人への法外な贈物の要求などの問題は，第 3 章 458–459 頁参照。
(52) 第 3 章 466 頁参照。
(53) al-Nuwayrī, *Nihāyat al-Arab*., Vol. 32, p. 209. ほぼ同じ記事は，al-Maqrīzī, *al-Sulūk*., Vol. 2, pp. 32–33 ; Ibn Taghrī Birdī, *Nujūm*., Vol. 9, p. 229 などに見える。
(54) Ibn ʻAbd al-Majīd al-Yamānī, *Bahjat*., pp. 231–232.
(55) al-Khazrajī, *op. cit*., Vol. 1, p. 290. なお al-Ḥasan b. ʻAlī b. al-Ḥusaynī, *Mulakhkhaṣ*., f. 20b には，「以上の情報は，A. H. 701 年，ʻAbd al-Ḥalabī al-Kūlamī が到着した時の，故スルタン al-Malik al-Muʼayyad Dāʼūd 自らの筆にかかるメモの一部にもとづくものである」との書き入れがあり，ʻAbd al-Ḥalabī がイエメンにもたらした新奇な商品に対する関税率が具体的に示されている。ʻAbd al-Ḥalabī al-Kūlamī とは，明らかに ʻIzz al-Dīn ʻAbd al-ʻAzīz b. Manṣūr al-Kawlamī と同一人物である。
(56) Ibn Baṭṭūṭa（邦訳）第 6 巻 128–134 頁。併せて同巻の巻末解説 449–466 頁参照。
(57) Ibn Saʻīd al-Maghribī, *Kitāb Basṭ*., p. 56.

(58) Yāqūt, *Mu'jam*., Vol. 2, p. 960. 13世紀前半の情報と伝えているヤークートは『諸国集成 *Mu'jam al-Buldān*』の一項目「ザウウ（zaww）」のなかで，「ザウウは船の一種で，大型のもの（naw' min al-sufun 'aẓīm）。かつて［アッバース朝のカリフ＝］ムタワッキル（al-Mutawakkil）は壮麗な宮殿のようなその船を建造したことがある」と説明した。カリフが造った船とはḍawḍaw, ẓawẓawと呼ばれる川船のことで，ヤークートはザウウの語源をそのアラビア語と関連づけている。ヤークートがペルシャ湾岸地域を旅行して新しい情報を集めたのは13世紀前半のことであり，その頃，中国ジャンクは南西インド・マラバール海岸で活躍していた。したがって，ヤークートは中国ジャンクの一種であるザウウ（zaww）についても知識を得ていたと考えられる。詳しくはIbn Baṭṭūṭa（邦訳）第6巻の巻末解説464-465頁参照。

(59) 保護費用（protection rent）という言葉は，F. レインによる造語で，船舶経営における船の安全航行のために必要となる諸費用，例えば海賊や敵対する勢力から船を守るための護衛船団，兵士や武器，監視塔などのために使われる費用のことで，貿易収益の一部から減額される部分である（Lane［1973］pp. 71, 124-34, 286-287）。シャワーニー税は，商船の安全・護衛のために輸入関税の一部として国家により徴収される税のことで，それによって国家は護衛船団や海軍を組織して，商船の護衛をおこなった。

第IV部第3章　イエメン・ラスール朝商人の一類型

(1) ナーフーザ（nākhūdha, nākhudhā）については，第I部第1章註(9)を参照。当時の海運経営における人的要素として，①船の所有者，船主（ṣāḥib al-markab），②船舶を実際に運用する船長・操縦者（mu'allim），③荷主，海上商人（tājir）の3者が截然と区されていたのではなく，一般に端緒的形態では船主は資本主であり，同時に船長であり，また荷主と船を共有する場合が多かった。すなわちナーフーザは，その3者が合わさった役割，船主兼船舶経営者であった。また国家に専属するナーフーザは，海軍提督としての役割を果たしたと思われる。後述462頁参照。

(2) al-Khazrajī, *al-'Uqūd*., Vol. 2, p. 310. 同じ記事は，ハズラジーによる別の著書al-Khazrajī, *al-'Asjid*., p. 502にも見えている。

(3) al-Khazrajī, *al-'Uqūd*., Vol. 2, p. 297.

(4) Ibn Ḥajar, *al-Durar*., Vol. 4, pp. 79-80. 併せてIbn Baṭṭūṭa（邦訳）第5巻巻末解説402-404頁参照。

(5) トゥグル・ハーン（Tughr Khān）は，明らかにトゥグルク・ハーン（Tughluq Khān, Tughluqkhān）と読むべきであろう。al-Khazrajī, *al-'Asjid*., p. 502には，この部分は「フィールーズ・シャーの子息，ザファール・ハーンの子息クージャル・ハーン（Kūjar Shāh b. Ẓafār Khān b. Fīrūz Shāh）」となっている。インドの歴史家フェリシュタ（Ferishta）によれば，ザファール・ハーンは，フィールーズ・シャー（Fīrūz Shāh）の第三子である。後述するように，フィールーズ・シャーの没後，彼の二人の子息ギヤース・ウッディーン・トゥグルク（Ghiyāth al-Dīn Tughluq）とザファール・ハーンとの間で王権をめぐって激しい抗争が続き，一時，ギヤース・ウッディーン・トゥグルクが政権を掌握した。しかしそれから5ヵ月後に，彼は暗殺され

て，ザファール・ハーンの子アブー・バクル（Abū Bakr）が新スルタンに即位した。アブー・バクルの即位によって，彼の従兄弟にあたるトゥグルク・ハーンの子息クージャル・シャー（Kūjar Shāh b. Tughluq Khān b. Fīrūz Shāh）はインドを離れて，イエメンに亡命したと考えられる（Ferishta, Vol. 1, pp. 276–277)。

（6） al-Khazrajī, *al-ʻUqūd*., Vol. 2, p. 285.

（7） Ferishta, *History*., Vol. 1, pp. 276–277. Cf. Habib/Nizami (eds.)［1970］pp. 620–621.

（8） Redhouse［1921］p. 1583.

（9） ハズラジーと匿名の『イエメン年代記 *al-Ta'rīkh*』によると，A. H. 798（1396）年の他に，769（1368）年と 793（1391）年にインド，795（1393）年にはカーリクート（Qāliqūṭ）から書簡が到着した。また，800（1398)年，インドとスリランカ（Sīlān）の支配者の派遣した使者，802（1400）年，インドの支配者からの贈物，827（1424）年，インドのカンバーヤ（Kanbāya）からの贈物が到着して，ラスール朝との外交と貿易による交流を求めている（al-Khazrajī, *al-ʻUqūd*., Vol. 2, pp. 139, 244, 297, 310 ; Anonymous, *al-Ta'rīkh*., pp. 30, 52, 117)。

（10） al-Khazrajī, *al-Kifāya*., f. 233b. ヴァチカン写本（Code Vaticani Arabi, no. 1022）には，書名・著者名が記されていないが，巻末部に A. H. 892 年第 2 ラビーゥ月 2 日（1487 年 3 月 28 日）筆写とある。この記録は，A. H. 803 年第 1 ラビーゥ月の年号で終わっている。アラビア語写本目録の編者 G. Levi della Vida は，この写本を al-Khazrajī, *al-Kifāyat wa'l-Iʻlām* の一部であると考えた。これと同じ記事は，al-Khazrajī, *al-ʻAsjid*., p. 501 にも見られる。

（11） イブン・バットゥータが伝えているように，インドのトゥグルク朝政権は，モンゴル系とアフガン系の人々やヒンドゥー教徒のラージャーたちの諸勢力を押さえるため，彼らの間の相互の反目を助長するとともに，多数のトルコ系奴隷を購入して，マムルーク軍人に登用した。トゥグルク朝政権の創始者ギヤース・ウッディーン・トゥグルクもまた，もとはトルコ族の一部族に属していた。彼は，一商人のクルワーニー（馬の世話係）となり，その後，ハルジー朝の地方総督のもとでビヤーダ（歩兵隊）に所属し，勇猛果敢な彼の行動が注目されて，下級将校に昇進した（Ibn Baṭṭūṭa（邦訳）第 5 巻 14–15 頁)。トルコ系の人々は，奴隷商人によって中央アジア方面からもたらされ，軍事訓練やイスラーム教育が施されたあと，国家のマムルーク軍団に配属されたり，アミール（地方総督，知事）として取り立てられた。アミーン・ウッディーンがイエメンに到着する 2 年半ほど前の 800 年サファル月 24 日（1397 年 11 月 16 日)，エジプトからラスール朝の首都ザビードに着いた有名なカーリミー商人の一人，法官シハーブ・ウッディーン・アフマド（Shihāb al-Dīn Aḥmad b. Ibrāhīm al-Maḥallī）は彼の子息と一緒に莫大な贈物を持参して到着した。その贈物のなかには，約 30 人のトルコ系マムルークが含まれていた（al-Khazrajī, *al-ʻUqūd*., Vol. 2, p. 294)。匿名の『イエメン年代記』によれば，この時，マムルーク朝の使者，宦官イフティハール・ウッディーン（Iftikhār al-Dīn Fākhir Qudsī）がカーリミー商人シハーブ・ウッディー・アフマドなどの商人らと一緒にエジプト地方からイエメン（おそらくアデン，もしくはザビードの外港アフワーブ）に到着したのは，それより 1 年前の 799 年ムハッラム月（1396 年 10 月）のことであった（Anonymous, *al-Ta'rīkh*., p. 65)。

（12） al-Khazrajī, *al-ʻUqūd*., Vol. 2, p. 316 ; Anonymous, *al-Ta'rīkh*., p. 67 ; Yaḥya b.

al-Ḥusayn, *Ghāyat*., p. 558.

(13) 1400年から1406年までの約6年間のアミーン・ウッディーンの行動については，明らかでない。いつ，彼が法官（カーディー）となったかについても不明。イエメンに来着する以前に，彼はすでにカーディーの資格要件を満たすほど神学，法学，その他の学問を修得していたことも考えられる。

(14) Anonymous, *al-Ta'rīkh*., p. 76.

(15) Ibn Khurrdādhbeh, *Kitāb al-Masālik.,* pp. 147-48; Ibn al-Mujāwir, *Ṣifat*., pp. 271-272; Yāqūt, *Mu'jam*., Vol. 3, pp. 363-364; Anonymous, *Nūr al-Ma'ālif*., pp. 113, 435, 472-473, 496; *E. I*. [new ed. 1997] Vol. 9, pp. 438-439 (AL-SHIḤR)；家島［1993a］359-360頁。なおムカッラー（al-Mukallā）の地名は，すでに13世紀のイブン・アルムジャーウィルの記録にある（Ibn al-Mujāwir, *op. cit*., p. 270)。しかし，ムカッラーがボンベイ，シンガポール，ジャカルタなどと結ばれたインド洋交易の要地として急激に発達するのは，18世紀半ば以後のことである（*E. I*. [new ed. 1993] Vol. 7, pp. 496-497)。

(16) Anonymous, *Ta'rīkh*., pp. 69-75; Yaḥyā b. al-Ḥusayn, *op. cit*., pp. 559-561.

(17) ヤフヤー・ブン・アルフサインは，A. H. 806 (1403/04) 年の記録のなかで「ティハーマの状況が混乱し，そこの住民の高位高官の人や一般人の間にも騒動が広がり，［ザイド派］シャリーフ階層のスライマーンの人たちはハラド（Ḥaraḍ）を確保し，そこを支配した。またマアーズィバ［アラブ族］はザビードの諸地方で反乱を起こし，交通路を恐怖に陥れ，その地方の多くを破壊した。アデンの町の諸状況は悪化し，インドやその他からそこに到着する船は途絶えた」と伝えている（Yaḥyā b. al-Ḥusayn, *op. cit*., pp. 560-561)。

(18) ラスール朝の対外貿易政策については，第III部3章355-357頁参照。

(19) al-Maqrīzī, *al-Sulūk*., Vol. 4, pp. 681, 707-708; Darrag [1961] pp. 201-202.

(20) Piloti de Crète, *L'Égypte*., p. 42.

(21) Anonymous, *Ta'rīkh*., p. 106; Ibn al-Dayba', *Qurrat*., Vol. 2, p. 123.

(22) Anonymous, *Ta'rīkh*., pp. 80-81.

(23) *Ibid*., p. 86.

(24) 前述456頁参照。

(25) ムタワッリー（mutawallī）は，広い意味では「管理・監督を委譲された人」であるが，とくにモスク，マドラサ，その他の宗教施設を維持するための財源の管理・運営を担う行政官のこと（Dozy [1881] Vol. 2, p. 844)。しかし，ここでは「イエメン船団の監督者」とあるので，船団の総指揮官（muqaddam al-marākib, ra'īs al-marākib)，つまりナーフーザ（nākhūdha）とほぼ同意に用いられたと考えられる。巡礼隊の指揮官（amīr al-ḥajj）については，本書第II部第1章150頁参照。

(26) ジラーブ船（jilba, jalba, jilāb）は，アデン湾や紅海で用いる平底の縫合型木造帆船のこと。紅海のジラーブ船の船体構造については，12世紀のイブン・ジュバイルの記録に詳しい（Ibn Jubayr, *al-Riḥlat*., pp. 70-71)。Cf. Agius [2002] pp. 92-96.

(27) カマラーン（Kamarān）は，イエメンのフダイダ（Ḥudayda）港の北北西海上に浮かぶ珊瑚礁の一つ，カマラーン島（Kamarān Is.）のこと。Cf. *E. I*. [new ed. 1978] Vol. 4, p. 519 (KAMARĀN).

(28) ここではジラーブ船団の指揮官（muqaddam 'alā al-jilāb）とある。ムカッダムは，

前述のムタワッリー（mutawallī）と同意であると考えられる。前掲註(25) 参照。

(29) al-Fāsī, *al-'Iqd*., Vol. 4, pp. 113-114.

(30) 1マン（mann）は2ラトル，約900g に相当する。マスウーディー・ディルハム（dirham Mas'ūdī）の貨幣単位はムザッファル時代の徴税簿『実務諸般の光 *Nūr al-Ma'ārif*』にも見られないので，明らかでない。

(31) 以上は，Wüstenfeld 本による（al-Fāsī *al-Shifā'*., Vol. 2, p. 318)。一方，al-Fāsī, *al-Shifā'*. ② (ed. Lajnat) Vol. 2, p. 275 では下線部分が多少異なっている。すなわち「この年のズー・アルカァダ［月］には小麦価格は29マスウーディー［・ディルハム］に達した。ところが同じ年のズー・アルカァダ［月]，小麦粒4分の1［マン］はイエメンの船団がイエメンからメッカ［の外港］に到着した際に，18マスウーディー以下の安値で取引された。しかし，そうした状況はわずか数日しか続かず，価格はやがて［もとの］18に戻り，さらにそれ以上になった。その［ように一時的に小麦価格が下がった］理由は，以下のとおりである。つまり［ラスール朝の］スルタン＝マリク・ナースィルに使えるイエメン所属の船の司令官，ムタワッリーである法官ムフリフ・アットゥルキー（mutawallī amīr al-markab al-Yamānīya al-qāḍī Amīn al-Dīn Mufliḥ al-Turkī al-Malikī al-Nāṣirī）は自ら所持していた食料を売却して販売価格を下げ，同時にその一部を自発的喜捨と［してメッカ住民に提供］するように命じたからである」とある。

(32) 家島［1980a］46-47, 64頁および本書第III部第3章444-445頁参照。

(33) al-Fāsī, *al-'Iqd*., Vol, 4, pp. 118-119.

(34) Anonymous, *al-Ta'rīkh*., pp. 90-91. ムタサッビブーン（al-mutasabbibūn）は，都市内で常設店舗を所有して小商いをおこなう商人（sūqa, bā'a)，雑貨商のことであるが，自ら商品を持参して各地を移動する小規模の旅商人（tājir al-safar, rakkāḍ）を指す場合もあった。併せて，家島［1991b］258-259頁参照。

(35) al-Fāsī, *al-'Iqd*., Vol, 3, pp. 400-401; 'Izz *al*-Dīn, *Ghāyat al-Marām*., Vol. 2, pp. 478-479; al-Sakhāwī, *al-Ḍaw'*., Vol. 3, p. 51.

(36) Anonymous, *al-Ta'rīkh*., p. 92.

(37) *Ibid*., p. 94; al-Fāsī, *al-'Iqd*., Vol, 4, pp. 117-118.

(38) al-Fāsī, *al-'Iqd*., Vol, 4, p. 118; Ibn al-Hajar, *Inbā'*., Vol. 3, p. 56.

(39) カマール・ウッディーン・ムーサー・ブン・ジュマイゥ（Kamāl al-Dīn Mūsā b. Jumay'）は，ジュマイゥ家（Ibn Jumay'）に属するイエメン大商人の一人。第2章442-444頁参照。マムルーク朝の御用商人（khawāja）バドル・ウッディーン・アルムザッラク（Badr al-Dīn al-Muẓallaq）については，Lapidus［1967］p. 214参照。

(40) イフランティー（al-Ifrantī）はイタリアで鋳造された金貨のことで，ドゥーカ(dūka/dūkāt)，もしくは私貨（al-mushakhkhaṣ）とも呼ばれて，15世紀前半には，西アジアの各地およびインド洋海域で国際貨として広く流通した。A. H. 829年サファル月（1425年12月13日/1426年1月10日)，マムルーク朝のスルタン＝バルスバイはドゥーカに代わって，バルスバイ公認の通貨アシュラフィー・ディーナール(al-dīnār al-Ashrafī）を鋳造し，エジプト，シリア，ヒジャーズで使用するように義務づけた（al-Maqrīzī, *op. cit*., Vol. 4, p. 709; Ibn Taghrī Birdī, *al-Nujūm*., Vol. 14, pp. 283-284)。

(41) al-Fāsī, *al-'Iqd*., Vol4, p. 120. この部分は，イッズ・ウッディーンにもほぼ同文が引

用されている（‘Izz al-Dīn, *op. cit*., Vol. 2, pp. 300–301）。

(42) al-Fāsī, *al-‘Iqd*., Vol, 4, pp. 120–121 ; ‘Izz al-Dīn, *op. cit*., Vol. 2, p. 301.「大型の［カーリム］船」とは，原文では単に船（al-marākib）とあるが，後述するようにマムルーク朝側の商船を指していると考えられる。当時のカーリムは，特定の商人集団（とくにカーリミー商人）を指すのではなく，マムルーク朝のスルタン，アミールや大商人たちの投資によって経営された船団，とくに胡椒を積載する船のことであろう（Lapidus［1967］p. 284）。タッラーダ（ṭarrāda/ṭarārīd）は，快速の軍船，もしくは馬を輸送するための専用船，運搬船のこと（Agius［2002］p. 44 ; Ibn Baṭṭūṭa（邦訳）第6巻192頁註211参照）。ムアッリファート（mu‘allifāt）は，マウリーイヤート（mawlīyāt），ワリカート（waliqāt）とも読める。おそらく監視船のこと。ジラーブは，紅海で用いる平底の縫合型船。ここではイエメンの商船団のことで，イエメンの船だけでなく，インド洋からイエメンに来航した船は，一括してイエメン商船団（jilāb al-Yaman）と呼ばれた。後述473–474頁を参照。併せて第III部第3章註(38)参照。

(43) al-Fāsī, *al-‘Iqd*., Vol. 4, pp. 120–121.

(44) イブン・ハジャルによれば，「［A. H. 818年］第1ラビーゥ月（1415年6月10日〜7月8日）に，ハサン・ブン・アジュラーンはメッカ・アミールの地位を斥けられ，代わりに彼の兄息子ルマイサ・ブン・ムハンマド・ブン・アジュラーンが即いた。その情報がアジュラーンの子息［ハサン］のもとに達すると，彼はメッカに滞在している商人たちの財産を没収し，莫大な量の財貨を奪った」（Ibn Ḥajar, *Inbā’*., Vol. 3, p. 56）とある。

(45) 14世紀半ばまでは，イエメン商船の多くは，アデン，アフワーブを出港すると，紅海を北上して，アイザーブに入港した。しかし，その後，東部砂漠においてベジャ族，アラブ族とマムルーク朝軍隊の間で対立・抗争が起こると，その影響によって次第にクース〜アイザーブ道は利用されなくなった。そこで，イエメン商船はジッダもしくはヤンブゥに向かうことを余儀なくされた。しかしジッダは，メッカのシャリーフたちによる直接の支配・統制下にあったので，イエメンの商船はジッダ入港を嫌ってヤンブゥを利用した。

(46) このようにイエメンの商船は，ラスール朝のスルタンの指令にもとづいて船舶の入港先や貿易取引を決定した。例えば，A. H. 752（1351）年，スルタン＝ムジャーヒドはメッカ巡礼の際，そこのアミール＝アジュラーンの妨害を受けたため，それ以後，イエメン商人や船舶がメッカ（ジッダ）に向かうことを禁止した（al-Fāsī, *al-‘Iqd*., 6/64–65, 171）。また783（1382）年，スルタン＝アシュラフはメッカのシャリーフたちと対立・抗争した時，イエメン商人たちがジッダに向かうことを禁じ，サワーキンに入港するよう命じた（Ibn Ḥajar, *Inbā’*., Vol. 1, p. 263）。

(47) Anonymous, *al-Ta’rīkh*., p. 98.

(48) al-Maqrīzī, *op. cit*., Vol. 4, p. 345.

(49) al-Fāsī, *‘Iqd*., Vol. 4, pp. 112–115.

(50) シャイフ＝アリー・アルキーラーニー（‘Alī al-Kīrānī）は，アラー・ウッディーン・アリー・ブン・ムハンマド・アルキーラーニー（‘Alā’ al-Dīn ‘Alī b. Muḥammad al-Kīlānī）のこと。彼の由来名のキーラーニーは，ジーラーニー（al-Jīlānī）に同じで，イラン北部，カスピ海に沿ったギーラーン地方出身者の意。ギーラーンは，トル

コ系やコーカサス系奴隷の取引される市場として知られた。彼は，イラン系大商人(khawāja) であり，マムルーク朝のスルタンやアミールたちから資金調達を受けて，優秀なマムルーク奴隷を購入する役割を担っていた (al-Sakhāwī, *op. cit*., Vol. 5, p. 313; Wiet [1955] p. 124; Darrag [1961] pp. 222, 234, 403)。ハワージャ (khawāja) は，シャイフ＝アリーの例にみるように，元来，マムルーク朝国家に供給するマムルーク奴隷の購入をおこなう富豪商人であり，マムルーク奴隷たちの商人監督官(mu'allim tujjār al-mamālik) と呼ばれるアミールの監督下に置かれたので，一般的な商人というよりも，国家のなかで特殊な役職を帯びた官職としての地位を占めた。やがて彼らのなかに，経常的業務として香辛料貿易を営むことを公的に認められた商人が出現し，「商人たちの王 (malik al-tujjār)」と呼ばれた。15世紀になると，彼らはスルタンから莫大な投資金を得て，インド～アデン～メッカ (ジッダ) 間の香料取引に活躍し，アレクサンドリアでは，スルタンに代わってスルタン御用の商人として，イタリア商人との香料取引を独占した。その結果，それまでカーリミー商人たちが独占していたインド貿易は大きな打撃を被った。Cf. Lapidus [1967] pp. 122–123, 127–129, 197–198, 202–205, 209–210, 214–216, 284–285. インドで活躍する「商人たちの王」については，イブン・バットゥータの記録 (Ibn Baṭṭūṭa (邦訳) 第5巻72–75頁，第6巻96頁) の他に，al-'Umarī, *Masālik*. ② (Ms.) p. 35; Minhāj al-Dīn, *Ṭabaqāt*., Vol. 2, p. 41; al-Nahrawālī, *Barq*., pp. 171–172 など参照。併せて，Ibn Baṭṭūṭa (邦訳) 第5巻巻末解説417–426頁参照。

(51) Ibn Ḥajar, *Inbā'*., Vol. 2, p. 521. この記事によって，スルタン＝ムアイヤドはスルタン＝バルスバイに先立って，すでに香料の国家専売制を計画していたことが理解される。バルスバイによる香料専売制については，Darrag [1961] pp. 222–237; Lapidus [1967] pp. 36, 57, 126–127, 283–284; 家島 [1991b] 420–422頁，[1993a] 208–211, 267–270頁など参照。

(52) al-Fāsī, *al-Shifā'*. ① Vol. 2, p. 318. 前述462–463頁参照。

(53) Aḥmad b. al-Jūbān Shihāb al-Dīn al-Dimashqī al-Dhahabī. ダマスカス生まれで，呉服商として知られた。メッカに巡礼と商売のために何度も往復し，A. H. 816 (1413/14) 年，商売のためイエメンに向かった。その時，彼はスルタン＝ムアイヤドの書簡を持ってイエメンの支配者ナースィルのもとに遣いし，香料を積載したカーリム船をエジプトに向けるよう要請した。しかし，彼はその目的を達せずメッカに戻り，816年ズー・アルヒッジャ月12日 (1414年3月5日)，メッカのミナーで死去 (al-Fāsī, *al-'Iqd*., Vol. 3, pp. 24–25; Ibn Ḥajar, *Inbā'*., Vol. 3, p. 18; al-Sakhāwī, *op. cit*., Vol. 1, p. 268)。

(54) al-Fāsī, *al-'Iqd*., Vol. 3, p. 25.

(55) これに相当するイエメン側の史料の一つである匿名の『年代記 *al-Ta'rīkh*』には，「法官アミーン・ウッディーン・ムフリフ・アットゥルキーは高貴なるメッカから到着した。その時，彼は商人たちおよび [メッカの] シャリーフ＝ハサン・ブン・アジュラーンが法官ワジーフ・ウッディーン・ブン・ジュマイゥから奪った金も一緒だった。それはまことに慶賀すべき来着であった。スルタン＝マリク・アンナースィルは彼を最大限のもてなしで迎え，彼と一緒に到着した商人たちについても同様に歓待し，さらに到着した商人たちについてはその時のウシュール税 (関税) を免除させた。わが主スルタンは，波止場《バンダル》および海浜《サーヒル》にいるすべての地方行政官たちに命じて，

［到着の］あらゆる大商人と小売商たち（al-mutasabbibūn）に対して公平・寛大に処遇するようにさせた。それは816年第1ラビーゥ月のことであった」とある（Anonymous, *al-Ta'rīkh*., pp. 90–91）。

(56) al-Maqrīzī, *op. cit*., Vol. 4, p. 345.

(57) *Ibid*., Vol. 4, p. 395; Ibn Ḥajar, *Inbā'*., Vol. 3, p. 140.

(58) Anonymous, *al-Ta'rīkh*., p. 102.

(59) al-Fāsī, *al-'Iqd*., Vol. 4, p. 130.

(60) Ibn Ḥajar, *Inbā'*., Vol. 3, p. 189.

(61) al-Fāsī, *al-'Iqd*., Vol. 4, p. 128.

(62) *Ibid*., Vol, 4, pp. 128–129.

(63) *Ibid*., Vol, 4, pp. 136–137.

(64) *Ibid*., Vol. 4, p. 137; 'Izz al-Dīn, *Ghāyat al-Marām*, Vol. 2, pp. 323–333.

(65) al-Fāsī, *al-'Iqd*., Vol, 4, pp. 137–38.

(66) 違犯船（marākib al-mujawwarīn）については，家島［1993a］214–219頁参照。

(67) 15世紀のマムルーク朝の諸史料によるカーリミー（al-Kārimī）もしくはカーリム（al-Kārim）は必ずしも13・14世紀に活躍したカーリミー商人（tājir al-Kārimī, al-tujjār al-Kārimīya）の意味ではなく，時には「香料」「香料商人」「富豪商人」の代名詞として使われた。この点は，すでにI. ラピダスによっても指摘されている（Lapidus［1967］p. 284）。

(68) al-Fāsī, *al-'Iqd*., Vol. 4, pp. 139–140.

(69) Anonymous, *al-Ta'rīkh*., p. 118.

(70) マムルーク朝のスルタン＝ムアイヤドの没後，彼の子息アフマド（Aḥmad, al-Muẓaffar）が年若くして即位するが，最高顧問会議の長官（amīr al-majlis），タタル（Tatar, al-Ẓāhir Sayf al-Dīn）が政治の実権を握った。スルタン＝バルスバイ（Barsbay, al-Ashrāf Sayf al-Dīn, 在位1422–1437年）が政治の実権を掌握するまでの宮廷内におけるアミールたちの権力抗争については，Ibn Ḥajar, *Inbā'*., Vol. 3, pp. 237–251; al-Maqrīzī, *op. cit*., Vol. 4, pp. 523–606; al-Fāsī, *al-'Iqd*., Vol. 4, p. 140などに詳しい。

(71) al-Maqrīzī, *op. cit*., Vol. 4, pp. 680–681.

(72) *Ibid*., Vol. 4, pp. 707–708.

(73) テキストには，ザンク（zank）の複数形ズヌーク（zunūk）とある。これは，明らかに中国明朝の派遣した鄭和遠征の分遣隊のジャンクを指している。イブン・バットゥータは，インドのカーリクートに入港している中国船をジュンク（junk, junūk），ザウ（zaw, zaww），カカム（kakam）の3種に大別して，そのなかの最大の船をジュンクと呼んだ。ザンクとジュンクとはいずれも同一の音を写していることは明らかである。Ibn Baṭṭūṭa（邦訳）第6巻の巻末 解説 449–466頁参照。

(74) al-Maqrīzī, *op. cit*., Vol. 4, pp. 872–873. 同様の記事は，Ibn Taghrī Birdī, *al-Nujūm*., Vol. 6, p. 678にも見えている。明朝が派遣した鄭和遠征隊については，家島［1974c］137–155頁，［1993a］243–273頁参照。

第V部第1章　地中海産ベニサンゴの流通ネットワーク

（1）　古今東西における珊瑚と真珠をめぐる文化史については，Francis［2002］pp. 154-157, 159-163；*E. I.*［new ed. 1986］Vol. 5, pp. 819-820（LU'LU'），［new ed. 1991］Vol. 6, pp. 556-557（MARDJĀN）；Heyd repr. 1936］Vol. 2, pp. 648-651；Ptak［1990］pp. 65-80；李家［1991］；鈴木［1999］などがある。

（2）　Rice［1994］pp. 110, 217, 237, 272-273；Bibby［1969］（邦訳）196-197頁。

（3）　1900年初めのペルシャ湾における真珠採集業については，Lorimer［1908］（repr. 1970）Vol. 1, pp. 2220-2225に詳しい。当時，ペルシャ湾の真珠採集にたずさわった人たちは，74,000人におよんだという。Cf. al-Shamlān［1975］Vol. 1, pp.173-182；Agius［2002］pp. 13-14, 24-29, 32-33, 86-87.

（4）　鈴木［1999］69頁は「新旧の石器時代以来の人類史に現れて，南ヨーロッパや西アジアの古代都市を中心に普及してきた宝石サンゴは，近世に至るまで，ほとんどただ一種，地中海沿岸で採集され，そこから輸出されてくるベニサンゴだったと推定される。その理由は，古代の人々が採集できそうな深さの海で採集できる宝石サンゴは，世界でも，地中海周辺のベニサンゴただ一種しかなかったはずであるからである」と説明している。

（5）　土佐の海で良質の珊瑚が採れたという最古の記録は，文化9（1812）年，奥宮三九郎が藩に差し出した口上覚書であるという。そして日本近海の良質な珊瑚の国際市場への参入は明治20年代になってからで，明治21（1888）年頃，日本珊瑚の買い付けを目的としてイタリア人バイヤーが日本に姿を現し始めた。土佐に続いて，肥前，薩摩と，明治時代に相次いで珊瑚採集場が発見されて，その後も鹿児島沖，種子島や小笠原父島や台湾近海と，次第に南に移っていき，これらの深海珊瑚は世界市場を圧倒した（同上 217-269頁）。

（6）　al-Bīrūnī, *Kitāb al-Ṣaydanat*., p. 110.

（7）　al-Bīrūnī, *al-Jamāhir*., pp. 189-193；*E. I.*［new ed. 1986］Vol. 5, pp. 819-820（LU'-LU'）.

（8）　Laufer［1919］（repr. 1970）pp. 523-525. ラウファーは，珊瑚は唐代に薬剤として初めてとりいれられたこと，また中国の正史には珊瑚はサーサン朝ペルシャと関連づけられていること，とくに唐書（『旧唐書』『新唐書』）にはペルシャは高さ3フィートほどの珊瑚を産するとあるが，「不幸にしてわれわれは古代イラン史料からこのものについての情報を持たず，また珊瑚の古代イラン名を知らない」と述べている。

（9）　珊瑚の名の由来をめぐるこれまでの議論は，鈴木克美がまとめている（鈴木［1999］126-132頁）。Ptak［1990］pp. 65-66に続いて，鈴木［1999］130頁は「ペルシャ語では，〈石〉を〈サン（グ），サンギ，サンゲ〉と呼ぶ」とその語源がペルシャ語にあることを指摘している。

（10）　蘇敬『新修本草（唐本草）』。

（11）　寇宗奭（撰）『本草衍義』第5巻34頁。

（12）　Bovill［1970］pp. 101-102；Levtzion/Hopkins［1981］p. 130.

（13）　*Periplus Maris Erythraei*（ed. & trans. Casson）pp. 67, 75, 81, 85, 163, 165, 191；Plinius, *Historia Naturalis*., xxxii/2, p. 21；Warmington［1928］pp. 263-264. ローマ

時代の紅海の交易港ベルニケー（Bernikē, Berenicê）の発掘報告によれば，地中海産の珊瑚はベルニケーで加工された後，インド洋海域に再輸出された（Sidebotham［1986］p. 25,［1991］p.22 ; Francis［2001］）。プリニウスは，インド人がちょうど，地中海方面の婦人が真珠を貴ぶごとくに珊瑚を貴ぶこと，それは紅海やペルシャ湾にも産するが，最良品はガリア湾内のストエカダエ（Stoechadae）諸島付近，シチリア海のアエオリアエ（Aeoliae）諸島とシチリア島西端のドレパナ（Drepana）岬付近に産し，その他にもイタリアのエトルリアやカムパニア海岸で産すること，珊瑚の需要があまりに大なるために今日（当時）はその原産地においても見ることが稀少になったこと，などの点を説明している。

(14) インドおよびチベットでは，珊瑚が古くから好まれ，非常に高価な値で取引されていた。すでにマハーバーラタ（Mahābhārata）やヴァーユ・プラーナ（Vāyu Purāṇa）の文献に珊瑚のことが言及されており，これらのベニサンゴはいずれも地中海産のものと考えられる（Francis［2001］p. 156）。マルコ・ポーロは「琥珀や珊瑚もこの地方（チベット）の市場で見受けるが，これは住民が喜びの印として偶像や女たちの首にかけるために，非常な高価をよんでいる」と述べている（Marco Polo（邦訳）第1巻299頁）。仏教経典の原典を求めて，1900年にチベットに入った河口慧海は，チベット人が珊瑚珠を珍貴し，毎年たくさん輸入することを報告している（河口［1989］第4巻24頁）。

(15) Goitein［1961］p. 170,［1963］p. 198,［1973］pp. 107, 247-248. ポルトガル史料のトメ・ピレスによれば，エジプトのカイロの人々は，ヴェネザ（ヴェネツィア）のガレア（ガレー）船が運んできた珊瑚をマラッカまで中継輸出した（Tomé Pires（邦訳）457頁）。

(16) 鈴木［1999］100-101, 139-141頁。

(17) 家島［1991b］383-396頁参照。

(18) 趙如适『諸蕃志』（藤善訳）解説328-329頁。

(19) 趙如适は『諸蕃志』の自序で「命を受けて，ここ泉州に赴任してきた私こと趙如适は，休みの日を利用し『諸蕃図』を閲覧したところ，……その具体的記録はといえば，何もない。そこで外国の商人たちに訊ね，諸［蕃］国の名を列挙させて，それぞれのお国ぶりや［泉州からの］道程のいかん，山澤の産物について語ってもらい，これを中国語に翻訳して，穢雑な部分をけずり，正確［と思われる部分だけ］を残した」と述べている（同上1頁）。しかし，実際には既存の多くの文献からの転用が多く見られる。この点については，藤善真澄による同書巻末の解説「『諸蕃志』の成立」329-332頁に詳しい。

(20) 同上339頁。

(21) 周去非『嶺外代答』20, 27頁によると，大食国の西にある巨海（地中海）を越えると，木蘭皮国（al-Murābiṭūn ?）に至るという。また勿斯里国（Miṣr），默伽［獵］国（al-Maghrib），陀盤地国（Dimyāṭ ?）などの地中海諸国についても言及しているが（同上32頁），『諸蕃志』に伝えられた情報の方が一層詳しい。

(22) 趙如适『諸蕃志』301頁。

(23) 同上157頁。

(24) 同上207頁。

(25) Hirth/Rockhill［1911］p. 122, note 12.

(26) 後述 498–501 頁。

(27) al-Tīfāshī, *Kitāb Azhār al-Afkār*., pp. 180–181. この部分は Ibn al-Akfānī, *Nukhab al-Dhakhā'ir*., pp. 88–89 にも同文が引用されている。

(28) al-Dimashqī, *Nukhbat al-Dahr*., p. 72.

(29) Ibn Ḥawqal, *Ṣūrat al-Arḍ*., p. 75 ; al-Muqaddasī, *Aḥsan al-Taqāsīm*., pp. 226, 239 ; al-Idrīsī, *Nuzhat*., pp. 290–291.

(30) Ibn Ḥawqal, *Ṣūrat al-Arḍ*., p. 75.

(31) なお，この部分は，de Goeje 校訂本（*BGA*, Vol. 2）では「……サブタの珊瑚は［採集量が］少なく，また宝石としての価値もマルサー・アルハラズで採れるものより劣っている。そしてマンスール（al-Manṣūr）——彼に平安あれ！——はそこ（マルサー・アルハラズ）に一人の信頼された者（āmin）を置き，そこでの礼拝を司り，町［の住民］の救済・支援をおこない，またそこにある珊瑚採集場から採れるものの管理をおこなう監視人（nāẓir）を配置した。商人たちは，その町で莫大な富を得ており，珊瑚買入れの仲買人（simsār）や売人もまた多くの富を得ている」となっている（Ibn Ḥawqal, *Kitāb al-Masālik.,* p. 51）。

(32) カーリブ（qārib/qawārib）は，インド洋では小船（zarūq/zūraq）の意味であるが，地中海では大船を指した。ここでは，珊瑚船団を率いる母船の意味であろう（Goitein［1967］pp. 305–307, 325–326 ; al-Nakhīlī［1974］pp. 59–62 ; Agius［2002］pp. 44–45, 182）。

(33) al-Muqaddasī, *op. cit*., p. 239. また 13 世紀の地理学者 Ibn Sa'īd al-Maghribī は，マルサー・アルハラズの珊瑚について，「ブーナ（Būna）の東に珊瑚の特産で有名なマルサー・アルハラズがある。この［第四イクリーム第二］区の海上，その前方，その地区の始まりのところにサルダーニヤ（Sardāniya）があり，その島もまた珊瑚があることで知られている。珊瑚は，海中にある樹木で，石のようになる。色は白く，柔らかい。空気に触れると，それは赤くなり，固まる」と説明している（Ibn Sa'īd al-Maghribī, *Kitāb Basṭ al-Arḍ*., pp. 76–77）。

(34) Pîrî Reis, *Kitab-ı al-Bahriye*., Vol. 3, pp. 1349–1355.

(35) 後述 502 頁参照。

(36)『島夷雑誌』54–63 頁。

(37) 汪大淵『島夷誌畧』349 頁 ;『大徳南海志残本』38 頁。

(38) Anonymous, *Ḥudūd al-'Ālam*, pp. 153–154.

(39) al-Iṣṭakhrī, *al-Masālik*., p. 38.

(40) *E. I*.［new ed. 2000］Vol. 10, pp. 19–20（ṬABARKA）.

(41) al-Muqaddasī, *op. cit*., p. 226.

(42) Pîrî Reis, *op. cit*., Vol. 3, pp. 1351–1353.

(43) 17 世紀以後のタバルカ珊瑚の採集と輸出の歴史については，Fages/Ponzevera［1903］pp. 61–66 参照。

(44) Anonymous, *Kitāb al-Istibṣār*., p. 126.

(45) *E. I*.［new ed. 1960］Vol. 1, pp. 1204–1206（BIDJĀYA）.

(46) al-Bakrī, *Masālik*., p. 82.

(47) al-Idrīsī, *op. cit*., p. 260.

(48) Anonymous, *Kitāb al-Istibṣār*., p. 130.

(49)　Abū al-Fidā', *Taqwīm al-Buldān*., p. 137 ; Ibn Sa'īd al-Maghribī, *op. cit*., p. 76.

(50)　併せて，第 VI 部第 1 章参照。

(51)　マラブーは，アラビア語のムラービト（murābiṭ）に由来し，マグリブ地方および西アフリカ，サハラ地域では聖者を指す。ムーサー（Mūsā）は，預言者，神の使徒の一人で，旧約聖書のモーセのこと。『クルアーン』（第 18 章）では，旅を続けるムーサーとその小姓の前に一人の男が現れ，ムーサーの辛抱強さを試す不思議な話が語られている。この不思議な霊力を持つ男は，セム語の精神世界では水の聖人ヒズル（al-Khiḍr, al-Khaḍir）であるとみなされた。地中海の船人や漁民たちの間では，ヒズルはマラブーの聖人のことで，不死の水を求めて旅するムーサーとともに，航海安全や豊漁祈願の信仰対象とされた。併せて，家島［1992］117-135 頁および第 VI 部第 2 章 631-633 頁参照。

第 V 部第 2 章　沈香・白檀の産地とイラン系商人の活動

(1)　法隆寺献納宝物のなかの白檀 2 点にみられる刻書と焼印については，東野・熊本・吉田［1987］4-15 頁；東野［1987］1-3 頁，［1988］88-94 頁参照。

(2)　東野［1988］91-94 頁。

(3)　香木 2 点のペルシャ文字をめぐる議論については，前掲註(1)の他に，伊藤［1987］［1988］を参照。

(4)　ソグド語およびソグド商人の活動については，Étienne de la Vaissière［2005］pp. 16-17, 159-258 ;『慧超往五天竺國傳研究』（桑山正進編）所収の吉田豊による論説 110, 115, 137, 154, 162-169, 175, 184-185 頁参照。

(5)　Sulaymān & Abū Zayd, *Akhbār al-Ṣīn*., pp. 137-138.

(6)　趙如适によると，沈香の種類には沈香，箋香，速暫香（速香，暫香），黄熟香，生香の 5 種があり，さらに形状の違いによって数種に区別される（趙如适『諸蕃志』271-277 頁)。檀香類については，同書 278 頁を見よ。『諸蕃志』の他に，『新修本草』『證類（大観，政和）本草』などに記録された焚香類とその分類については，山田［1976］171-177 頁参照。

(7)　沈香と白檀の産地，品質および用途については Heyd［1886］(repr. 1936) Vol. 2, pp. 581-585 ; 山田［1976］168-223 頁，［1978］など参照。ティモール産白檀の中国への輸入については，Ptak［1987］pp. 87-109 に詳しい。

(8)　6・7 世紀は，インド洋海域世界の新しい発展の時期として注目される。アラビア海では，陸域のサーサン朝ペルシャ帝国とビザンツ帝国の二大勢力が海域に進出して，海上交易の覇権を争っていた。またマレー系やタミル系海上民の活躍，港市国家シュリヴィジャヤ王国の繁栄によって，ベンガル湾～マラッカ海峡～南シナ海をつなぐ海上ルートが発展を遂げ，中国やインドとの交渉がますます盛んになっていた。そしてソグド商人を含むイラン系商人たちは，アラビア海から南シナ海までの東西のインド洋海域に進出するようになった。東アジアにおける仏教文化の発展は，こうしたインド洋交易の急激な発展とも密接な関わりを持っていた，と考えられる。Whitehouse/Williamson［1973］pp. 29-49 ; Hall［1985］pp. 78-102 ; Jacq-Hergoualc'h［2002］pp. 161-255 ; Wink［1990］Vol. 1, pp. 7-64 ; Étienne de la Vaissière［2005］pp. 197-

284 など参照。

(9) Cosmas Indicopleustes, *The Christian Topography*., pp. 336–339 ; Hourani [1951] pp. 40–41 ; Whitehouse/Williamson [1973] pp. 29–49 ; Wink [1990] Vol. 1, pp. 48–50.

(10) Lewicki [1935] pp. 173–186.

(11) Ibn Khurrdādhbeh, *al-Masālik*., p. 153.

(12) 山田 [1976] 183–186 頁。

(13) Ibn Sa‘īd al-Maghribī, *Kitāb Basṭ*., p. 40. 14 世紀のイブン・バットゥータは『大旅行記』のなかでインド沈香（al-‘ūd al-Hindī）について，「その樹木は樹皮が薄い点を除くと，樫の木に似る。その樹葉もまた，樫の葉のようだが，その樹木は実をつけず，[幹の] 全体が大きくなることはない。その根は，長く張りめぐらされ，根の部分に芳香を発する匂い物質が含まれている。一方，その樹木の枝と葉には芳香物質を含まない。ムスリムたちの地域にある沈香木については，すべて所有権のあるものだが，異教徒たちの地域にあるものは，その多くが所有権のないものである。ただし，カークッラ（カークラ）にあるもの——これは最良質の沈香——には，所有権がある。それは，カマール（クメール）産 [沈香] についても同じく [その樹木の所有権が] 決まっているが，それは沈香のなかで最良品質のもので，彼ら [そこの住民] はそれをジャーワ人に衣料品と交換で売る。カマール産のなかには，蜜蠟と同じように，印を刻むことができる [柔らかい] 沈香の種類もある。〈アタース〉[と呼ばれる品質] についていうと，それは沈香木の根を切り，沈香に含まれる強力な [芳香質の] 特性を封じ込めるため，数ヵ月間，地中に埋めておいたもので，沈香のなかでも最も素晴らしい品質の一つである」と説明している（Ibn Baṭṭūṭa（邦訳）第 6 巻 406 頁）。

(14) 以下の沈香についての記録は，おもに al-Ya‘qūbī, Abū Dulaf al-Muḥalḥil, al-Bīrūnī, Ibn Sīnā, al-Marwazī, Ibn al-Bayṭār, al-Nuwayrī, al-Qalqashandī などの著者の記録に依拠する。現存するヤァクービーの地理書『諸国の書 *Kitāb al-Buldān*』には，沈香に関する記録を含まないが，ヌワイリー（al-Nuwayrī, *Niḥāyat al-Arab*., Vol. 12, pp. 25–39）にヤァクービーからの引用文が残されている。カルカシャンディー（al-Qalqashandī）とヌワイリーは，いずれもタミーミー（al-Tamīnī）なる人物の情報にもとづき沈香と白檀の記事を載せている（al-Qalqashandī, *Ṣubḥ al-A‘shā*., Vol. 2, pp. 125–131 ; al-Nuwayrī, *op. cit*., Vol. 12, pp. 25–39）。またムハルヒル（Abū Dulaf al-Muḥalḥil）による沈香の記事は，ヤークート（Yāqūt al-Ḥamawī）の『諸国集成 *Mu‘jam al-Buldān*』の「中国（al-Ṣīn）」の項目中に引用されている（Vol. 3, pp. 444–458）。

(15) Ibn al-Bayṭar, *al-Jāmi‘ al-Mufradāt*., Vol. 3, p. 143. イスラーム地理学者たちによるマンダル産沈香についてはヤァクービー，ムハルヒルの他に，次の記録がある。Anonymous, *Ḥudūd al-‘Ālam*, p. 87 ; Yāqūt, *op. cit*., Vol. 4, p. 173 ; Abū al-Fidā’, *Taqwīm al-Buldān*, pp. 21–22 など。

(16) *Ḥudūd*., p. 240 ; al-Marwazī, *Ḥayāt*., p. 148 ; Ahmad [1960] p. 142.

(17) *Ḥudūd*., pp. 86–87.

(18) *Ibid*., p. 240. ミノルスキー（V. Minorsky）によると，マンダル（Mandal）の意味は「地方（province）」であるという。一方，フェラン（G. Ferrand）は，マンダルをア

ブー・アルフィダーゥの伝えるマンダリー（Mandarī）に同じで，その位置はスリランカの対岸，インド側の港にあると考えた（Ferrand［1913/14］Vol. 2, p. 315）。

(19) al-Bīrūnī, *al-Ṣaydanat*, pp. 443-444. ビールーニーによると，沈香にはベンガル産（al-Bankālī），サマンドゥール産（al-Samandūrī），カークラ産（al-Qāqulī），サンフ産（al-Ṣanfī），クマール産（al-Qumārī）などの種類があった。併せて，Abū al-Fidā', *op. cit*., pp. 21-22, 360-361 参照。

(20) この部分は，Ibn al-Bayṭār による引用（*op. cit*., Vol. 3, 143）。これと同じ記事は Abū'l-Faẓl 'Allāmī, *Ā-'īni Akbarī* に引用されている（Vol. 1, pp. 85-86）。

(21) Ibn Khurrdādhbeh, *op. cit*., pp. 63-64 ; al-Ya'qūbī, *op. cit*., p. 367 ; Anonymous, *Ḥudūd*., p. 86 ; al-Idrīsī, *Nuzhat*., pp. 192-193 ; Ibn al-Bayṭār, *op. cit*., Vol. 3, p. 143.

(22) ムールターン（Mūltān）は，一般にはムルターン（Multān）と呼ばれた。インダス川の支流の一つ，チュウナーブ川の河畔にある古くからの町ムラスタナ（Mulasthana）が訛った地名で，仏教およびヒンドゥー教の聖地として知られた。al-Mas'ūdī, *Murūj*., Vol. 1, pp. 199-200 ; *E. I*.［new ed. 1993］Vol. 7, pp. 548-507 ; Ibn Baṭṭūṭa（邦訳）第 4 巻 296-297 頁参照。

(23) Sulaymān & Abū Zayd, *op. cit*., pp. 129-130.

(24) Ibn Khurrdādhbeh, *op. cit*., pp. 63-64.

(25) この部分ではカーマルート（Kāmarūt）とあるが，明らかにカーマルーン（Kāmarūn），カーマルーバ（Kāmarūba）に同じで，インド北東部のアッサム地方，古くからのカーマルーパ地方を指す。

(26) al-Idrīsī, *op. cit*., pp. 192-193.

(27) Ahmad［1960］p. 101.

(28) Ibn Khurrdādhbeh, *op. cit*., p. 67 ; Sulaymān & Abū Zayd, *op. cit*., p. 30 ; al-Mas'ūdī, *op. cit*., Vol. 1, pp. 203-205 ; *Ḥudūd*., p. 87.

(29) *Ibid*., p. 87.

(30) ダフム（Daḥm），ダフラム（Daḥram），ラフマー（Raḥmā），ルフミー（Ruḥmī）をめぐる議論については，Ahmad［1960］p. 140 ; *Ḥudūd*.,（commentary）pp. 236-238 ; al-Marwazī, *op. cit*., pp. 147-148 参照。

(31) Sulaymān & Abū Zayd, *op. cit*., pp. 29-30.

(32) Ibn Baṭṭūṭa（邦訳）第 6 巻 206-207，225-226 頁参照。

(33) *Ḥudūd*., p. 241 ; al-Marwazī, *op. cit*., pp. 51, 153 ; Tibbetts［1979］pp. 156-157. 中国側の史料『新唐書』「南蛮伝」には「眞臘は一に吉蔑（クメール）と曰う。もとは扶南の属国」と伝えられた。

(34) クメール（Khmēr），クムル（Qumr, Qumar）とワークワーク（Wāqwāq）の相互の関係やオーストロネシア・マレー系語族の人々の移動をめぐる問題については，Ferrand［1919］t. 13, pp. 239-264, 431-492, t. 14, pp. 5-68, 201-242 ; Trimingham［1975］pp. 120-122 に詳しい。

(35) Ibn al-Bayṭār, *op. cit*., Vol. 2, p. 143.

(36) Ibn Khurrdādhbeh, *op. cit*., p. 68 ; Sulyamān & Abū Zayd, *op. cit*., pp. 93-94 ; al-Ya'qūbī, *op. cit*., p. 367 ; *Ḥudūd*., p. 87 ; al-Bīrūnī, *op. cit*., pp. 5, 443-444, *al-Jamāhir*., p. 128 ; al-Idrīsī, *op. cit*., p. 83 ; Yāqūt, *op. cit*., Vol. 4, p. 173 ; Ibn al-Sa'īd al-Maghribī, *op. cit*., p. 42 ; al-Qalqashandī, *op. cit*., Vol. 2, p. 127 ; al-Nuwayrī, *op.*

cit., Vol. 12, p. 31 ; Abū'l-Faẓl 'Allāmī, *op. cit*., Vol. 1, p. 86 ; Wink［1990］Vol. 1, pp. 343-344.

(37) 趙如适『諸蕃志』(藤善訳) 巻下「沈香」271頁。

(38) イスラーム史料によるカークラ (Qāqula, Qāqullā Qāqullah) についてはWheatley［1973］pp. 224-229 ; Ahmad［1960］p. 99 ; Tibbetts［1979］pp. 128-135など参照。

(39) 『新唐書』巻四三下, 地理志。

(40) 14世紀のイブン・バットゥータが伝えるカークラの位置は, マレー半島の東岸もしくはスマトラ島 (Mul Jāwah) の南岸であって, それ以前のアラビア語史料によるマレー半島北西部のカークラとは異なっている。イブン・バットゥータはカークラ産沈香とその町について「ムル・ジャーワには, 芳香薬物類, カークラ産およびカマール産の良質沈香がある。なお, カークラとカマーラ (コムル) はその地方の一部に属する。……われわれがカークラの投錨地に着くと, そこにジュンク (ジャンク) 船団が［停泊して］いるのを見た。その船団は,［海］賊に備えたり,［カークラの］人々に［支払うべき税に］逆らうジュンクの人たち (密輸人) に対する［監視の］ために編成されたものである。……その後, われわれはジュンクから下船して, カークラの町に向かった。そこは華麗な町で, 町の周囲には切り出し石で造った城壁があり, その壁の幅は三頭の象が［並んで］進めるほどである。私がその町の郊外で最初に目撃したものは, インド沈香 (al-'ūd al-Hindī) の荷を幾つも背負った数頭の象の姿であり, 実際に彼ら (住民) は, 家庭で沈香を燃料に使っているほどである」と述べている (Ibn Baṭṭūṭa (邦訳) 第6巻403-404, 407頁)。

(41) アラビア語史料中のサンフ (Ṣanf, Champa) については, Tibbetts［1979］pp. 159-160 ; *Ḥudūd*., p. 240 ; Ferrand［1913/14］Vol. 1, pp. 14-16参照。カンドランジュ (Kandlanj), すなわちパンドランガ (Panduranga) は, ティユーマ島 (Tiyūma, Tioman Plau) からサンフに至る航海上の中継地であった (Sulaymān & Abū Zayd, *op. cit*., p. 19)。

(42) 黄巣の反乱軍は, 広東を陥れ, そこに住み着いて商業を営んでいたムスリムたち, ユダヤ教徒, キリスト教徒, ゾロアスター教徒など, 合わせて12万人——マスウーディーによれば20万人——を虐殺した (Sulaymān & Abū Zayd, *op. cit*., pp. 62-63 ; al-Mas'ūdī, *op. cit*., Vol. 1, pp. 163-166)。

(43) 10世紀半ばの状況を記録したマスウーディーは, マレー半島のカラ (Kalah) には「中国人たちの船 (marākib al-Ṣīnīyīn)」が到着するようになったと伝えている (*Ibid*., Vol. 1, pp. 166-167)。すなわち「中国向けのアラブ系とイラン系のダウ (marākib al-Ṣīn)」の後退にともなって,「中国人たちの船」, つまり中国ジャンクが南シナ海とマラッカ海峡へ進出するようになったことを示している (家島［1993a］77-80頁参照)。

(44) 13・14世紀に著されたイエメン・ラスール朝やマムルーク朝の史料には, 中国はal-Ṣīnではなく, もっぱらal-Khiṭā, al-Khiṭā', al-Khaṭāなどの名で記された (Cf. al-Maqrīzī, *al-Sulūk*., Vol. 1, pp. 32, 37, 227-228, 518 ; al-Khazrajī, *al-'Uqūd*., Vol. 1, p. 350)。

(45) Ibn al-Bayṭār, *op. cit*., Vol. 3, p. 143 ; al-Ya'qūbī, *op. cit*., pp. 367-368 ; al-Nuwayrī, *op. cit*., Vol. 12, p. 31 ; al-Qalqashandī, *op. cit*., Vol., 2, 128. 中国南部および海南島で産する沈香については, 山田［1976］190-194頁に詳しい。

(46) al-Qalqashandī, *op. cit*., Vol., 2, p. 129.

(47) al-Ya'qūbī, *op. cit*., pp. 367–368 ; Ibn al-Bayṭār, *op. cit*., Vol. 3, p. 143 ; al-Nuwayrī, *op. cit*., Vol. 12, p. 33 ; al-Qalqashandī, *op. cit*., Vol. 2, p. 129.

(48) Ibn Khurrdādhbeh, *op. cit*., p. 69. ルーキーンについては，al-Marwazī, *op. cit*., p. 82 ; Ahmad［1960］p. 90 ; Tibbetts［1979］pp. 89, 159 など参照。

(49) al-Ya'qūbī, *op. cit*., p. 368 ; al-Qalqashandī, *op. cit*., Vol. 2, 128 ; al-Nuwayrī, *op. cit*., Vol. 12, p. 32.

(50) 山田［1976］183 頁。

(51) ヤァクービーにはカシュール（al-Qashūr）とあるが，正しくはカシュムール（al-Qashumūr），カシミール（al-Qashimīr）と読む。al-Ya'qūbī, *op. cit*., p. 368 ; al-Nuwayrī, *op. cit*., Vol. 12, p. 36 ; al-Qalqashandī, *op. cit*., Vol. 2, p. 128 ; Ibn al-Bayṭār, *op. cit*., Vol. 3, p. 143.

(52) Ibn Khurrdādhbeh, *op. cit*., p. 38 ; al-Idrīsī, *op. cit*., pp. 186, 192–194, 208 ; al-Bīrūnī, *al-Jamāhir*, p. 82.

(53) al-Ya'qūbī, *op. cit*., p. 368 ; al-Nuwayrī, *op. cit*., Vol. 12, p. 36 ; al-Qalqashandī, *op. cit*., Vol. 2, p. 129.

(54) Carswell/Prickett［1984］pp. 1–33 ; 家島［1993a］104 頁。10 世紀半ば頃のブズルク・ブン・シャフリヤールによる記録『インドの驚異譚』に見えるアブリール（Abrīr）は，おそらくマンタイの港を指している。すなわちサランディーブ島（スリランカ）の数ある驚異の一つとして，「アブリールという地方にあるサランディーブのグッブ（ghubb/aghbāb, 湾，海峡）には一つの大規模な町がある。そこには 30 以上の市場がり，それぞれの市場の長さは半マイルほどもあり，美しい高価なグッブ産外套用布地が見られる（売られている）。町はグッブの海に注ぐ大河の畔に位置し，広さは約 400 バリード（駅亭）ほどで，この町の住民のための小さなものを除いても，おおよそ 600 もの壮麗な仏堂がある。町の背後には山があり，その麓から泉が湧き出ている」と記されている（Buzurk b. Shahriyār, *'Ajā'ib al-Hind*, pp. 5–6)。サランディーブのグッブとはマンナール湾，大河はマルワトゥ・オヤ川（別名はアルヴィ・アル川）を，アブリールの名前はその川の名（アルヴィ・アル）に因んだものと考えられる（家島［1993a］104–105 頁参照)。また「600 もの壮麗な仏堂」とは，アヌラダプラの仏教寺院群のことであろう。

(55) Ibn Khurrdādhbeh, *op. cit*., p. 38 ; Ibn Sa'īd al-Maghribī, *op. cit*., p. 106 ; al-Idrīsī, *op. cit*., p. 73 ; Ahmad［1960］p. 27.

(56) 趙如适『諸蕃志』の「細蘭国（スリランカ)」条に「細蘭国……当地の物産は白荳蔲，木蘭皮，麁香，細香であり，外国の商人（番商）は轉々と交易するのに檀香，丁香，腦子，金銀，甆器，馬，象［牙]，糸帛などを貨幣［代わり］にしている。細蘭国は毎年三佛齊に貢物を献上している」とある（藤善訳，83 頁)。併せて，山田［1976］208 頁参照。

(57) Ya'qūbī, *op. cit*., p. 368 ; Ibn al-Bayṭār, *op. cit*., Vol. 3, p. 143 ; Yāqūt, *op. cit*., Vol. 4, pp. 297–298 ; Ibn Sa'īd al-Maghribī, *op. cit*., p. 108.

(58) カラおよびカラバールについては *E. I*.［new ed. 1978］Vol. 4, pp. 467–468 ; Ahmad［1960］pp. 116–117 ; Tibbetts［1979］pp. 17, 55–56, 118–128 ; Jacq-Hergoualc'h［2002］pp. 193–231, *passim* ; Wink［1990］Vol. 1, pp. 83–84, 274, 341, 352–354 ; 家島

［2004］ pp. 717–729 参照。

(59) Sulaymān & Abū Zayd, *op. cit*., p. 90.

(60) Whitehouse/Williamson［1973］ p. 48. 10 紀後半，マレー半島のカラと南アラビアのアデン，シフルやオマーンとの間にはインド洋横断の直航ルートがあったと思われる (Buzurk b. Shahriyār, *op. cit*., pp. 96, 130, 132–133)。

(61) Jacq-Hergoualc'h［2002］ pp. 193–197, 258–262.

(62) 山田［1976］201–203 頁。

(63) Sulaymān & Abū Zayd, *op. cit*., p. 19.

(64) Ibn Khurrdādhbeh, *op. cit*., p. 68 ; Ibn al-Faqīh, *al-Bulḍān*., p. 12. イドリースィーによると「マーブト（Mābṭ）島の左側にティユーマ島があり，そことマーブトとの間は 1 日。……ティユーマ島にはインド沈香と樟脳がある。沈香の樹木は，その樹葉と幹がまるでサース（al-ṣāṣ）と呼ばれる樹木の樹葉と幹と似ている」とある（al-Idrīsī, *op. cit*., p. 83)。

(65) マスウーディーはマラッカ海峡について，「カラの海は水深が浅い。海水が少なくなると（干潮時に）座礁の危険性も多く，恐怖に満ちている。そこには島々やサラーイル（sarā'ir）も数多い。サラーイルの単数形はサッル（sarr, surr）であり，その意味は船人たちが航行中に海峡のなかに入って，二つの入江の間［の狭い部分］のところを指す」と説明している（al-Mas'ūdī, *op. cit*., Vol. 1, p. 181)。サッルは賈耽による「質」と一致する。すなわちマレー語で海峡の意。サラーヒト（salāhiṭ)，シャラーヒト（sharāhiṭ）とも呼ばれた（Sulaymān & Abū Zayd, *op. cit*., p. 9)。

(66) al-Ya'qūbī, *op. cit*., p. 368. カルカシャンディーによれば「それは中国地方のサンダフール地方から輸入されるもの。サンフ産のものより劣る。一説では，それはサンフ産沈香の一種であるともいう。したがって，その値段もサンフ産のものと同じである。それは色が良く，甘い香りで，重厚・硬質であるが，大塊はない」とある（al-Qalqashandī, *op. cit*., Vol. 2, p. 128)。ヌワイリーにはカンダグリー（al-qandaghlī）とあり，ザーバジュ海岸のカラ地方からもたらされるという（al-Nuwayrī, *op. cit*., Vol. 12, p. 34)。

(67) Sulaymān & Abū Zayd, *op. cit*., p. 20.

(68) Ibn al-Bayṭār, *op. cit*., Vol. 3, p. 143.

(69) マルタバーンは古くはムッタマ（Muttama）と呼ばれた。イブン・アルバイタールのルバターン（Rubatān）をムッタマの転写と考えることもできる。Cf. Terwiel［2002］ pp. 12–14 ; Michael Aung-Thwin［2002］ pp. 43, 64. マルタバーン製大壺については，イブン・バットゥータの記録を参照（Ibn Baṭṭūṭa（邦訳）第 6 巻 414 頁)。

(70) Ibn Sa'īd al-Maghribī, *op. cit*., p. 40.

(71) al-Bīrūnī, *al-Ṣaydanat*., pp. 443–444. カルカシャンディーは，インド・クマール地方にあるウーラート島（jazīrat al-'Ūlāt）からもたらされるウーラート沈香（al-'Ūlātī)，サムール香（al-Samūlī)，ラーンジュ［ザーンジュ］香（al-Rānjī, al-Zānjī)，ムハッラム香（al-Muḥarram）など，計 18 種の沈香の種類をあげて説明したあとに，サンフ産とカークラ産沈香の中間の品質で，中国からもたらされるイトリー香（al-'Iṭlī）とアフリーク香（al-Aflīq）と呼ばれる 2 種の沈香についても言及している（al-Qalqashandī, *op. cit*., Vol. 2, pp. 128–129)。

(72) 山田［1974］308–310 頁。

(73) 同上 309 頁；Ptak ［1987］ pp. 87-94.

(74) Ibn al-Bayṭār, *op. cit*., Vol. 3, p. 89.

(75) 山田 ［1974］ 309-311 頁。イエメン・ラスール朝のスルタン＝ムザッファル（al-Malik al-Muẓaffar）による『薬物誌 *al-Mu'tamad*』によっても同じように「サンダルは中国からもたらされた［香］木。白，黄と赤の 3 種がある。白檀のうちで最良のものはマカースィール産（al-Maqāṣīrī）」とある（al-Muẓaffar, *al-Mu'tamad*., pp. 293-294)。後述するように，マカースィールはマカッサル，すなわちスラヴェシ島，およびその南端の港マカッサル（ウジュン・パンダン）を指す（12-13 頁)。

(76) Abū'l-Faẓl, *op. cit*., Vol. 1, p. 87.

(77) al-Qalqashandī, *op. cit*., Vol. 2, pp. 230-231. アラビア語史料によるサンダルの産地については，Sulaymān & Abū Zayd, *op. cit*., p. 90；Ibn Khurrdādhbeh, *op. cit*., pp. 66, 70；Ibn al-Faqīh, *Kitāb al-Buldān*., p. 10；al-Mas'ūdī, *op. cit*., Vol. 1, p. 341；al-Idrīsī, *op. cit*., p. 187；al-Muẓaffar, *al-Mu'tamad*., pp. 437-438, 462, 481, 485, 521；Ibn al-Bayṭār, *op. cit*., Vol. 3, p. 87；al-Nuwayrī, *op. cit*., Vol. 12, pp. 39-42；Tibbetts ［1979］ pp. 29-31, 33, 38, 42, 49, 57, 105, 109, 136, 144, 166, 217, 225 など参照。

(78) al-Dimashqī, *Kitāb al-Ishārat*., p. 20.

(79) al-Bīrūnī, *al-Ṣaydanat*, p. 395.

(80) ジャンビール（Janbīr）はチサンガルン川の河口のジャプラ（Japra），もしくはデマクに近いジャパラ（Japara）のことであろう。トメ・ピレスによれば，「ジャプラの国は一方ではショロボアンに接し，他方ではロサリ（チサンガルン川の上流 5 キロメートルのところ。現在も同名）の国に接している。この国では，いくつかの町に 2,000人の住民がいる。ここはパテ・ロディンのものである」とある（Tomé Pires (邦訳) 321 頁)。またトゥーマクはデマ（Demaa)，デマク（Demak)，もしくはトゥバン（Tuban, 打板）のことであろう。1518 年から 1521 年まではバエテ・ウヌスが王位に即き，さらにデマを独立した政治勢力，すなわち王国としたのはパテ・ロディン 1 世（Patē Rodin I）の父親であったと思われる。その王国は，中部ジャワから西部の海岸地帯に勢力を拡大した（*Ibid*., 322-323 頁)。

(81) Tibbetts ［1971］ pp. 184, 235, 371, 473, 499, 501-503.

(82) Sulaymān al-Mahrī, *Minhāj*., pp. 15-20.

(83) Tomé Pires（邦訳）346 頁。

(84) *Ibid*., 373-374 頁。

(85) al-Bīrūnī, *al-Ṣaydanat*., p. 395.

(86) Ibn al-Faqīh, *op. cit*., p. 16；al-Mas'ūdī, *op. cit*., Vol. 1, p. 341；al-Muẓaffar, *op. cit*, pp. 437-438, 481, 485.

(87) al-Bīrūnī, *al-Ṣaydanat*., pp. 395-396. ムザッファルの『薬物誌 *al-Mu'tamid*』には，その他の種類の白檀としてṢandal Baladī, Ṣandal Daqūqī, Ṣandal al-Mundarī などがあげられている（al-Muẓaffar, *op. cit*., pp. 437-438, 471, 481, 485)。

(88) 東野 ［1987］ 2-3 頁，［1988］ 97 頁。

(89) Sulaymān & Abū Zayd, *op. cit*., pp. 129-130.

(90) Yāqūt, *op. cit*., Vol. 4, p. 173. ヤークートによれば，カマール（Qamār, Qumār）産沈香とカーマルーン産沈香とは同一のものであるという。

(91) Buzurk b. Shahriyār, *op. cit*., pp. 144-146. 併せて *Ibid*., p. 147 参照。

(92) National Maritime Museum, Mokpo [1995] p. 41.
(93) Buzurk b. Shahriyār, *op. cit*., p. 147.
(94) Goitein [1967] Vol. 1, pp. 332-339.
(95) ソグド商人の活動についてはÉtienne de la Vaissèreの研究に詳しい（Étienne de la Vaissère [2005]）。併せて桑原［1935］48-49頁参照。
(96) Cosmus Indicopleustes, *The Christian Topography* p. 366; Whitehouse/Williamson [1973] pp. 43-48.
(97) *Ibid*., pp. 29-42, 47-48.
(98) Jacq-Hergoualc'h [2002] pp. 191, 282, 297; Whitehouse/Williamson [1973] pp. 43-48; Étienne de la Vaissère [2005] pp. 314-315.
(99) ニハーワンドの戦によって，アラブ・ムスリム軍がサーサン朝ペルシャの軍隊を撃破した結果，多数のイラン系貴族たちの東方地域への亡命が起こった。『日本書紀』によると，白雉5（654）年に吐火羅人と舎衛女が日向に漂着したとある。伊藤義教は，吐火羅を現在のアフガニスタン北部とその北方一帯のトハーリスターン（Tukhāristān）に，また舎衛女をシャーフ（shāh）の娘（皇女）であると解釈した。すなわち，この事実をもとに，ゾロアスター教徒のイラン王侯貴族の一部が日本に来住したのではないか，と推論した。また伊藤は法隆寺の刻銘を施した香木の伝来経路にも触れて「二つの［白檀の］香木はペルシャで刻銘されたというよりも，ソグド商人の手を経た香木が，中央アジアから揚子江下流域と韓半島へ届き，そこからわが国に舶載され，日本で刻銘されたと考えてもよい」と説明した。伊藤［1987］の説によれば，白檀に銘を刻んだのは日本において，イラン系移住者がおこなったことになる。
(100) ヤァクービーは，中国に達する道は陸上ルート（中央アジア道）もあるが，イスラーム教徒たちの多くはインド洋経由の海上ルートを利用していると説明した（al-Ya'qūbī, *al-Ta'rīkh*., Vol. 1, p. 160）。アブー・ザイドは，中国とソグドの地との間は2ヵ月行程であり，果てしない踏破困難な砂漠が続いて交通がたいへん危険であること，またサマルカンド商人がスィーラーフからインド洋ルートでハーンフー（広東）を訪れたことを伝えている（Sulaymān & Abū Zayd, *op. cit*., pp. 109-110）。10世紀半ば頃の状況を記録したマスウーディーはソグド系と思われるサマルカンド出身の一商人がバスラからダウに乗り，ペルシャ湾・インド洋に出て，カラに至り，そこから「中国人たちの船（markab al-Ṣīnīyīn）」――おそらく中国ジャンクを指す――に乗り換えて中国に至ったことを伝えた（al-Mas'ūdī, *op. cit*., Vol. 1, pp. 166-167）。
(101) 慧超『往五天竺国傳』41-42頁。
(102)『過海大師東征傳』19頁。
(103) 桑原［1935］18-19頁。
(104) 賈耽の伝える「広州通海夷道」に記録された地名比定については，家島［1993a］59-83頁参照。

第V部第3章　チベット産麝香の流通ネットワーク

(1) 麝香の用途・効能・産地については，とくに以下のアラビア語の医学・薬物書と商品学関係の史料によっている。Ibn Sīnā, *Qānūn al-Ṭibb*., Vol. 1, p. 360; al-Bīrūnī, *al-*

Ṣaydanat., pp. 321–322, 577–579 ; Ibn al-Bayṭār, *al-Jāmi‘ al-Mufradāt*., Vol. 4, pp. 155–157 ; al-Idrīsī, *al-Jāmi‘ li-Ṣifāt*., Vol. 2, pp. 16–24 ; al-Jāhiẓ, *Kitāb al-Tabaṣṣarat*., p. 17 ; al-Qusṭā, *Risālat*., pp. 55, 119 ; al-Malik al-Muẓaffar, *al-Mu‘tamad*., pp. 495–496 ; al-‘Aṭṭār, *Minhāj al-Dukkān*., pp. 74, 77 など。その他の関連の史料と研究については，Heyd［1886］(repr. 1936) Vol. 2, pp. 636–640 ; *E. I*.［new ed. 1993］Vol. 7, pp. 142–143 (MISK) ; Yule/Burnell［1903］pp. 599–600 に掲載の文献目録を参照。

(2) ガーリヤ (ghāliya/ghawālī) は麝香，龍涎香，沈香，白檀などを混ぜた香油のことをいう。イブン・バットゥータの記録によると，ガーリヤは東アフリカのソマリア海岸のムガディシュー (Maqdashaw) からマルディヴ諸島 (al-Maḥal, al-Dībājāt) に輸入された (Ibn Baṭṭūṭa (邦訳) 第6巻201頁)。併せて，al-Nuwayrī, *Nihāyat*., Vol. 12, pp. 52–60 ; Steingass［1892］p. 879 など参照。

(3) al-Dimashqī, *Nukhbat al-Dahr*., pp. 159–160.

(4) al-Bīrūnī, *op. cit*., p. 321.

(5) Abū'l-Faẓl, *Ā-‘īni Akbarī.,* Vol. 1. pp. 84–85.

(6) 山田［1976］61–62頁。

(7) Ibn al-Bayṭār, *op. cit*., Vol. 4, p. 156.

(8) Cosmas Indicopleustes, p. 360. コスマスによるこの記述は，麝香に関する情報を地中海世界に伝えた最も古い記録の一つであろう。1世紀半ば頃に著された『エリュトラー海案内記』には，麝香の記録は見られない。

(9) イスラーム以前のジャーヒリーヤ時代のダーリーンの市 (Sūq Dārīn) では，インドから運ばれた麝香が取引された (al-Afghānī［1960］pp. 213–214 ; al-Bīrūnī, *op. cit*., p. 5 ; 家島［1991b］87–88頁)。カルカシャンディーは，ダーリー麝香 (al-misk al-Dārī) について「それはペルシャ湾の島ダーリーン (Dārīn) に由来するもので，そこはバフライン地方の一つに含まれる。インド商人たちの船はそこに入港し，そこから［アラビア半島内の］各地［の市］に運ばれるので，そこが麝香の実際の産地というわけではない」(al-Qalqashandī, *Ṣubḥ*., Vol. 2, p. 122) と説明している。

(10) Anonymous, *Ḥudūd al-‘Ālam*, p. 93.

(11) チベットの諸物産については，al-Tha‘ālibī, *Laṭā'if*., p. 142 ; al-Idrīsī, *Nuzhat*., pp. 512–513 ; al-Ḥimyarī, *Rawḍat al-Mi‘ṭār*., pp. 130–131 などにも詳しく伝えられた。併せて，*E. I*.［new ed. 2000］Vol. 10, pp. 576–580 (TUBBAT) 参照。河口慧海は，チベットの輸出品として麝香の他に羊毛の各種織物，塩，硝石，仏教経典，仏像，仏画，仏器などをあげている (河口慧海『チベット旅行記』第4巻13，19頁)。

(12) ヌワイリーは，ヤァクービーの情報にもとづいて麝香の種類・品質・等級などを述べている。de Goeje 校訂本『諸国の書 *Kitāb al-Buldān*』(*BGA,* Vol. 7) の巻末部にはヌワイリー引用のヤァクービーの情報が収録されている (al-Ya‘qūbī, *Kitāb al-Buldān*., pp. 365–366 ; al-Nuwayrī, *Nihāyat al-Arab*., Vol. 12, pp. 1–15)。なおカルカシャンディーにもヤァクービーからの同じ記録が引用されているが，一部に増補と修正が見られる (al-Qalqashandī, *Ṣubḥ*., Vol. 2, pp. 119–125)。

(13) al-Bīrūnī, *op. cit*., p. 578. ビールーニーによると，麝香の品質は最高級のものは中国産 (al-Ṣīnī)，次にチベット産 (al-Tubbatī)，トゥーマスト産 (al-Ṭūmastī)，ネパール産 (al-Nībālī)，ヒター産 (al-Khiṭā'ī)，タタール産 (al-Tatārī)，ハルヒーズ産 (al-

Kharkhizī)，海上路で運ばれた麝香（al-Baḥrī）の順であるという。
(14) *Ḥudūd*., p. 93.
(15) *Ibid*., pp. 194, 259 ; al-Marwazī, *Ḥayāt*., p. 92. V. ミノルスキーは，トゥースマトの位置をホータンの南西，カラコルム山脈との間にあると比定した（*Ḥudūd*., pp. 259-261（commentary)）。河口慧海はチベットの麝香鹿の生息するおもな地域としてコンボ（Kong-bo），ツァーリー（Tsari）とローバ地方をあげている（河口慧海，上掲書第4巻15頁）。これらは，いずれもチベットの東部地域である。トゥーマストは，ツァーリーのことを指したとも考えられる。
(16) Sulaymān & Abū Zayd, *Akhbār al-Ṣīn*., p. 33 ; al-Mas'ūdī, *Murūj*., Vol. 1, p. 206 ; *Ḥudūd.,* p. 87 ; al-Marwazī, *op. cit*., p. 37（trans., p. 49）.
(17) Sulaymān & Abū Zayd, *op. cit*., p. 33. 後述544，552-553頁参照。
(18) 第V部第2章527-530頁参照。
(19) al-Ya'qūbī, *op. cit*., p. 365.
(20) al-Bīrūnī, *al-Ṣaydanat*., p. 578.
(21) Sulaymān & Abū Zayd, *op. cit*., pp. 110-111 ; al-Mas'ūdī, *op. cit*., Vol. 1, p. 188.
(22) al-Bīrūnī, *op. cit*., p. 578.
(23) *Ḥudūd*., pp. 63, 198, 248.
(24) *Ibid*., pp. 63, 91, 198, 239, 248. V. ミノルスキーは，タイサール（Taythāl, Tīthāl）をネパールの西，ダウラギリの近くに求めるべきであると考えた（*Ḥudūd*., p. 248）。
(25) al-Bīrūnī, *op. cit*., p. 577.
(26) イドリースィーによると，カーシュガル（Kāshghar）から8日行程のところにハイグーン（Khayghūn）という要塞堅固で賑やかな町があり，ハムダーン川（Nahr Khamdān）に注ぐ支流の岸辺に位置する。その町に多くの商品が集まり，その地には麝香鹿がいるという。さらにイドリースィーは匿名の著者による『驚異の書 *Kitāb al-'Ajā'ib*』を引用して，チベットの麝香について次のように説明している。すなわちチベット高原には，ワフラーンの町（madīnat Wahlān）の背後に二つの山があり，その間を淡水の川が流れている。この二つの山には立派な甘松樹とその一種が多く茂り，麝香鹿がそれを食べ，川の水を飲む。すると麝香鹿の麝香嚢が膨らみ，そこが血で満たされる。この麝香鹿は，自分の蹄でその部分をむしり取る。それは決まった時期に捕獲されるという（al-Idrīsī, *op. cit*., pp. 203-205）。カーシュガルから東に8日行程，ハムダーン川支流（おそらくホータン川，あるいはアク・スー Aq-sū を指す）沿いの町とはクーランド・グーン（Khūland-ghūn）のことで，二つの山はイグラージュ・アルト（Ighrāj-art）のことであろう（Cf. *Ḥudūd*., pp. 206-207）。カンバール，キンバール，カナーは，ハイグーンを指したとも考えられる。
(27) トゥグズグズ（Tughzghuz, Toghuzghuz）は，トクズ・オグズ（Toquz-Öghuz），すなわち〈九姓オグズ〉，〈オグズ九部族〉の意。トクズ・オグズ＝九姓鉄勒説については，*E. I*.［new ed. 2000］Vol. 10, pp. 555-557（TOGHUZGHUZ）参照。
(28) *Ḥudūd*., p. 94 ; al-Idrīsī, *op. cit*., p. 513.
(29) Marco Polo（邦訳）第1巻300頁。併せて，後出註(45)参照。
(30) al-Bīrūnī, *op. cit*., p. 578.
(31) *Ḥudūd*., pp. 96-97, 282-286.
(32) サイムールは，アラビア海に面したボンベイの南に位置した交易港（Wink［1990］

Vol. 1, pp. 68–69, 178, 306–307)。

(33) *Ḥudūd*., p. 88.

(34) ムルターン（ムールターン）は，アッサム高地からもたらされるカーマルーン産沈香（al-Qāmarūnī）の集荷地としても知られた。第2章526頁参照。

(35) al-Bīrūnī, *op. cit*., pp. 577–578.

(36) *Ḥudūd*., p. 92.

(37) *Ibid*., pp. 70, 93, 206–207.

(38) ヒター（Khiṭā, Khaṭā, Khiṭāy）は，マルコ・ポーロやオドリコにはカタイ（Cathay, Kitai）とある。元来，スィーン（al-Ṣīn）が中国全体を指す呼称であったが，12世紀以後になると，北部中国をヒター，またはカタイ，それに対して南部中国，とくに南宋の支配領域の江南地方をスィーン，もしくはマージーン（Mājīn），マーチーン（Māchīn），マハー・チーン（Mahāchīn, Manzi）などと呼ぶようになった。Cf. *E. I*. [new ed. 1997] Vol. 9, pp. 616–625 (Al-ṢĪN). なおイブン・バットゥータは，南シナの中心都市，広東をスィーン・アッスィーン（Ṣīn al-Ṣīn），もしくはスィーン・カラーン（Ṣīn Kalān, Chīn Kalān）すなわち「シナの中のシナ」「大シナ」「マハー・チーン」と呼んだ（Ibn Baṭṭūṭa（邦訳）第7巻29–34頁）。

(39) al-Idrīsī, *op. cit*., pp. 519, 721–722.

(40) *Ḥudūd*., p. 94.

(41) 商人スライマーンの伝えるフィーランジュ（Fīranj, Faylanj, Qīranj）は，明らかにマスウーディーによるファランジュ（al-Faranj）に同じであろう。J. ソーヴァジェはこれをタンルウィン（Tanlwing）と読んで，ミャンマーを指すと説明している (Sauvaget [1948] p. 54, note 30–31)。C. ペラもまたこの説に従って，タンルウィン（al-Tanluwinj）と読んだ（al-Masūdī, *Murūj*. (ed. Pellat), Vol. 1, p. 205)。

(42) Sulaymān & Abū Zayd, *op. cit*., pp. 32–33.

(43) al-Mas'ūdī, *op. cit*., Vol. 1, p. 206.

(44) いわゆる雲南・ビルマルートについては，Gommans [2002] pp. 5–6 ; Vogel [1991] ; Terwiel [2002] p. 18 ; Michael Aung-Thwin [2002] pp. 37–38 ; 家島［1993a］82–83頁参照。このルートは「麝香の道」であり，同時に「子安貝の道」でもあった。

(45) マルコ・ポーロは，麝香の産地として，シリンジュー（Silingui, 西寧），アクバルック・マンジ地方（Acbaluc Manji, マンジ国境の由緒ある都市），チベット，ガインドゥ地方（Gaindu, 建都）などをあげている（Marco Polo（邦訳）第1巻158–159, 291, 297–298, 303頁）。とくに世界きっての良質な麝香を産するシリンジュー地方について，「この地方にカモシカぐらいの小型の動物がいる。それはシカのように毛の密生した外皮で被われ，脚と尾はカモシカに類するが角がなく，指三本ばかりの長さをした四箇の細い牙が上下に二本ずつ，上向きと下向きに生えているみごとな動物である。麝香は実にこの動物から採集される。すなわち満月の頃になると，この動物の臍のあたりの皮と肉の中間に血の膿疱《のうほう》ができるから，猟師たちはこれを捕らえると皮もろともこの膿疱を切り取り，それを天日で乾かす。この血があの強力な芳香を発する麝香なのである。なおこの小動物は，肉を食用に供しても全く美味である。この地方にはこの動物が非常に多く，それから採取される麝香の品質がこれまた右に述べたとおり，まことに上質なのである。マルコ氏はこの動物の頭と脚をヴェニスに持ち帰った」と説明している。またシンドゥフ（Sinduf, 四川省成都）からチベットに通

じる道について，マルコ・ポーロは「シンドゥフをあとに幾つかの都市・集落を経過しつつ平野を横切る渓谷に沿って5日間の騎行を続ける。この間の住民は農耕に従事している。獅子・熊その他の野獣類が多い。手工業もまた住民の生業となっていて，上質のコハク織その他の織物が製造されている。このあたりもまだシンドゥフ地方の域内である。5日間の旅を終わると，チベットと称する荒涼たる土地に達する」と伝えている（*Ibid*., 第1巻293頁）。

(46) Tomé Pires（邦訳）244-245頁。

(47) ペグー（Pegu）は，ミャンマーのイラワディ川下流のデルタ付近にあった古い王国名であり，ポルトガル人の来航の頃，トゥングー王朝に服属し，その後はその首都となった。そこは，イラワディ川を溯って雲南に通じる交易ルートの始点となっていた（Wink［1990］Vol. 1, pp. 273-277 ; Michael Aung-Thwin［2002］pp. 25-54）。併せて前掲註(44)参照。

(48) Juan Gonzalez de Mendoza（邦訳）71-72頁。

(49) Isabella L. Bird（邦訳）第1巻100頁。

(50) *Ibid*., 第1巻208-209頁。河口慧海はチベットの輸出品である麝香について次のような詳しい報告をおこなっている。麝香はインドや中国（シナ）に輸出され，とくに中国へ輸出されるもののなかで一番立派なものを「宝鹿の血角」と呼んだ。宝鹿はチベットの東南部のコンボ（Kong-bo），ツァーリー（Tsari），ローバ地方に最も多く生息した。それらは雲南麝香という銘で日本にも輸出された（河口慧海『チベット旅行記』第4巻13-19頁）。

(51) 『過海大師東征傳』には，唐の天寶九載（750年）頃の広州について「江中に婆羅門，波斯，崑崙等の舶あり，その数を知らず。並びに香薬，珍寶を載す。積載すること山の如し。舶深さ六七丈。獅子国（スリランカ），大石（大食）国，骨唐国（Khuṭṭal），白蕃，赤蕃などが往来・居住し，その種類は極めて多い」とある。8～10世紀の広東は，バグダートと結ばれたインド洋航路のターミナル港として繁栄した。桑原［1989］82, 133-134頁；田坂［1964］上巻352, 368-372頁；家島［1993a］81頁参照。

(52) Ibn Khurrdādhbeh, *al-Masālik*., pp. 59-70 ; Sulaymān & Abū Zayd, *op. cit*., pp. 14-15, 20-21, 34, 62-63, 102, 110 ; al-Mas'ūdī, *op. cit*., Vol. 1, p. 188 ; 家島［1993a］59-85頁。

(53) 7世紀前半から10世紀半ばまで，ジャールはメディナの外港として栄え，インドや中国との交易がおこなわれた（al-Iṣṭakhrī, *al-Masālik*., p. 27 ; Ibn Ḥawqal, *Ṣūrat al-Arḍ*., p. 40 ; al-Bakrī, *Mu'jam*., Vol. 2, pp. 355-357 ; Yāqūt, *Mu'jam*., Vol. 2, pp. 5-6 ; *E. I*.［new ed. 1965］Vol. 2, pp. 454-455）。

(54) Ibn Khurrdādhbeh, *al-Masālik*., p. 61 ; al-Idrīsī, *Nuzhat*., p. 54. イブン・フルダーズベは，ユダヤ系のラーザーニーヤ商人たち（al-tujjār al-Yahūd al-Rādhānīya）がクルズム，ジャール，ジッダを出ると，スィンド，インド，中国まで至り，中国から麝香，沈香，樟脳，シナモンなどを輸入したと述べている（Ibn Khurrdādhbeh, *op. cit*., pp. 153-154）。またヤァクービーは，アデンが中国（al-Ṣīn），サラーヒト（Salāhiṭ, Shalāhiṭ，マラッカ海峡），マンダブ（al-Mandab, Bāb al-Mandab），ガラーフィカ（Ghalāfiqa），ヒルダ（al-Ḥirda），シャルジャ（al-Sharja），アスル（'Athr），ハサバ（al-Ḥasaba），スィッライン（al-Sirrayn）やジッダなどから集まる船の投錨地

(marfa’) であると述べている (al-Ya‘qūbī, *op. cit*., p. 319)。

(55) al-Mas‘ūdī, *op. cit*., Vol. 1, p. 194.

(56) Goitein [1973] pp. 49-51, 69, 78, 100, 119, 151. 地中海世界では，麝香はきわめて高価な商品であったので，それをガラス製の小型フラスコ瓶 (swk, sok) に容れたり，5ディルハム重量のパック詰め袋 (khumāsīya) で運ばれた (*Ibid*., pp. 50, 100)。

(57) al-Maqqarī, *Kitāb Nafḥ*., Vol. 1, p. 92 ; Constable [1994] pp. 155-156.

(58) 南詔・ベンガル・ペグー間の外交・交易関係については，とくに Stargardt [1991] pp. 40, 44-47 ; Gommans [2002] pp. 5-6 ; Terweil [2002] pp. 9-23 ; Michael Aung-Thwin [2002] pp. 25-57 などを参照。

(59) al-Sulaymān & Abū Zayd, *op. cit*., p. 33 ; al-Mas‘ūdī, *op. cit*., Vol. 1, pp. 205-206 ; *Ḥudūd*., *p. 87* ; al-Marwazī, *op. cit*., pp. 37-38 (trans. p. 49).

(60) 樊綽『蕃書』164-165 頁。

(61) 同上 203 頁。

(62) 南海の波斯問題については，Whitehouse/Williamson [1973] pp. 29-43 ; Colless [1969] pp. 10-47 ; Wink [1990] Vol. 1, pp. 48-49 ; 桑原 [1989] 110 頁など参照。

(63) ミャンマーのプローム (Prome) に都したピュー (驃, Pyu) 王国は，アラビア語史料ではその別名のトゥルスール (Ṭursūl) で知られた。『世界の境域地帯 *Ḥudūd al-‘Ālam*』には「トゥルスールは，中国に隣接する大きな国。中国とそことは，山脈によって隔てられている。住民 [の肌色] は褐色，衣服は綿製である」と記されている (*Ḥudūd.,* p. 87)。トゥルスールは，あきらかに中国側の史料に見える突羅支，突羅成，徒里拙と一致する。すなわち『旧唐書』(巻 197)「驃国」の条に「自ら突羅成と号す。闍婆 (ジャワ) 国人は [これを] 徒里拙という」とある。家島 [1993a] 82-83 頁参照。なお，ピュー王国の首都名は，玄奘の『大唐西域記』には室利差呾羅国，義浄の『南海寄帰内法伝』に室利察呾羅国とある。これはシュリー・シェトラ (Shri Kshetra) を音写したもので，プロームの南に位置した (Wink [1990] pp. 346-347 ; Michael Aung-Thwing [2002] pp. 35-36, 44, 46-47)。

(64) 前掲註(62)を参照。

(65) al-Sulaymān & Abū Zayd, *op. cit*., p. 33.

(66) *Ibid*., pp. 110-112. 同じ記事は，マスウーディーにも見られる (al-Mas‘ūdī, *op. cit*., Vol. 1, p. 188)。

(67) ベンガル地方の港はおそらくチッタゴン (Shāti-Jam) 付近であったと思われる。しかしチッタゴンからネグライス岬を経てマルタバンまでの海岸部のことは，アラビア語史料にほとんど言及がない (Tibbetts [1971] pp. 470-472, 477)。アラカン海岸では，プローム，バセイン (Bassein)，シリアム (Syriam)，ダフーン (Daton, 陀沮)，ペグー (Pegu)，マルタバン (Muttama) などの港が利用された (*Ibid*., pp. 477-479)。

(68) al-Sulaymān & Abū Zayd, *op. cit*., p. 90.

(69) al-Iṣṭakhrī, *op. cit*., pp. 279-280 ; Ibn Ḥawqal, *op. cit*., p. 465.

(70) al-Iṣṭakhrī, *op. cit*., p. 288 ; Ibn Ḥawqal, *op. cit*., p. 327.

(71) al-Idrīsī, *Nuzhat*., p. 487.

(72) *Ibid*., p. 491.

(73) al-Ya‘qūbī, *op. cit*., p. 292 ; Ibn Khurrdādhbeh, *op. cit*., p. 37 ; al-Iṣṭakhrī, *op. cit*., p.

290 ; *Ḥudūd*., pp. 350-351.

(74) Ibn Ḥawqal, *op. cit*., pp. 327, 349 ; *E. I*. [new ed. 2002] Vol. 11, pp. 99-100.

(75) al-Idrīsī, *op. cit*., pp. 512-513.

(76) *Ibid*., p. 513.

(77) 前述 537-538 頁を参照。

(78) *Ḥudūd*., pp. 63, 92, 121, 123, 254.

(79) al-Iṣṭakhrī, *op. cit*., pp. 279-80, 288 ; Ibn Ḥawqal, *op. cit*., pp. 327, 465.

(80) *Ḥudūd*., p. 88. ヴァッラバ・ラージャはその南にあるラーストラクータ（Rāṣṭrakūṭa）王国に属していた（Ahmad [1960] p. 135）。

(81) *Ḥudūd*., p. 246 ; *Bīrūnī's India*., p. 102.

(82) al-Mas'ūdī, *op. cit*., Vol. 1, p. 97 ; al-Idrīsī, *op. cit*., pp. 187-188 ; Ahmad [1960] pp. 58-60, 135-140.

(83) Buzurk b. Shahriyār, *'Ajā'ib*., pp. 108-111, 144-146.

(84) 'Abd al-Bāqī al-Yamānī, *Bahjat*., pp. 231, 234-236 ; 家島 [1980] 89-91 頁。この時のイエメン使節団は，麝香と一緒に中国茶（al-shāh-Ṣīnī）を持参した。中国において茶が嗜好品として愛飲されているとの情報は，すでに 9 世紀半ばの商人スライマーンの記録にサーフ（sākh, 茶葉）として見えている（Sulaymān & Abū Zayd, *op. cit.,* p. 41）。中国茶がイエメンからエジプトに贈呈品として送られたことは，14 世紀初めにすでに飲茶の習慣がイエメンやエジプトの宮廷や支配階層の一部で広まっていたことを示している。

(85) Anonymous, *Ta'rīkh*., pp. 105, 114 ; 家島 [1993] 249, 262 頁。

第 V 部第 4 章　インド洋を渡る馬の交易

(1) イスラームの聖典『クルアーン』（第 40 章第 79-80 節）には「アッラーこそはお前たちのために家畜を備え，それに乗ったり，それを食べたりできるようにして下さったお方。その他いろいろ使い途があろう。[例えば] その背に乗って胸に宿した望みを果たし，その背や船を使って [遠い地方] に運んでもらったり」とある。家畜（na'am, an'ām）は，とくにラクダを，「胸に宿した望み」とはムスリムにとって宗教的義務であるメッカ巡礼を果たすことを指している。イブン・バットゥータ『大旅行記』の「イブン・ジュザイイによる序」のなかにも『クルアーン』のこの部分を引用して「アッラーは全人類のために，野生の動物を乗れるように飼い馴らし，また山のごとき威容を誇る [海ゆく] 船を操ることで，数々のお恵みが充分になるようにし給うた。それに乗って行けば，荒野や大海原の隔たりでも，人々が難なく自由に渡って行くことのできるようにして下さったお方」と記されている（Ibn Baṭṭūṭa（邦訳）第 1 巻 15 頁）。

(2) 森（編）[1974] 所収の論考のうち，ユーラシアにおける馬の風俗・習慣に関する問題は大林太良「神馬の奉献について」（139-153 頁），日本の馬の民俗・信仰については竹内利美「馬の民俗」（157-181 頁），また馬の家畜化にともなって北方遊牧民に軍事的・政治的勢力が登場してくる過程は後藤富男「内陸アジアの騎馬遊牧民」（185-214 頁）を参照。

(3) *E. I*. [new ed. 1960] Vol. 1, pp. 1310–1311 (AL-BURĀḲ), [new ed. 1978] Vol. 4, pp. 184–185 (ISMĀʿĪL), Vol. 4, pp. 1143–1146 (KHAYL); 前嶋 [1967] (新版 1982) 245–246, 253 頁など参照。

(4) アジアの代表的な在来馬は，中形馬の蒙古馬，小形馬の四川馬と日本のトカラ馬に分類される。これに対して，中央アジアのフェルガーナ，バクトリア，パルティア，メディア，イラン，アルメニアなどのアラル海およびカスピ海に隣接した地方を中心に，広く西域の諸地域で飼育された馬種は大形の良馬で，『史記』(巻 123 大宛伝) には「大宛 (フェルガーナ) に善馬多し，馬血を汗す。その先 (祖) は天馬の子なり」と伝えられた。林田 [1974] 240–246 頁参照。

(5) ウマイヤ朝時代，アラブ戦士 (al-muqātila) のイフリーキヤ・マグリブ征服によってもたらされたナジド種の馬はベルベル系の種馬と交配されて，ベルベル・ムスリムの騎馬軍の編成と征服活動に大きな進展をもたらしたといわれる (*E. I*., Vol. 4, p. 1144)。サハラ交易によって運ばれるマグリブ・イフリーキヤ産の馬は，西アフリカの黒人地域においても貴重な価値が認められ，黒人系諸王国の王権を象徴するものとなった。マグリブ産の朱色に染色した絨毯，布地や衣服もまた，黒人王の王権を象徴する色と考えられたので，王は朱色の布地で着飾った馬に乗った (al-ʿUmarī, *al-Masālik*. ② Vol. 4, pp. 38–39; 川田 [1997] 47–58 頁)。

(6) Wink [1997] Vol. 2, pp. 4, 12, 47–48, 79–81, 83–87, 241, 282; 家島 [1993a] 167–170 頁参照。

(7) Cosmas Indicopleustes, *The Christian Topography*., pp. 371–372. オッロタはプリニウスの伝えるホラタエ (Horatae) に同じで，キャンベイ湾に隣接する地域，シィボルはサイムール (Ṣaymūr, Chaul) を指す (Cosmas, *op. cit*., p. 367, note 1–2)。カッリアナは現在のボンベイに近いカリヤーナ (Kalyana)，スィンドゥはインダス河口のスィンド地方，マレはマラバール海岸のマーレ (Male) のこと (*Ibid*., p. 366, notes 4–6)。

(8) Sulaymān & Abū Zayd, *Akhbār al-Ṣīn*., p. 28.

(9) 7 世紀のイランでは，あらゆる幸運をもたらすパーラスィカ (Pārasika) と呼ばれる最も貴種の馬を産した (Wink [1997] Vol. 2, p. 85)。

(10) Sulaymān & Abū Zayd, *op. cit*., p. 57.

(11) Wink [1997] Vol. 2, pp. 88–110; Hussain [2003] pp. 272–273; Subrahmanyam [1990] p. 117; Chakravarti [1991] pp. 171–173.

(12) Chakravarti [1991] pp. 179–180.

(13) Wink [1997] Vol. 2, pp. 83–87, [2000] Vol. 3, pp. 151–156.

(14) Marco Polo (邦訳) 第 2 巻 174 頁，(ed. Yule) Vol. 2, p. 340.

(15) この部分は Yule 校訂本 (Marco Polo, Vol. 2, p. 450) にもとづく訳文であり，愛宕松男訳『東方見聞録』には含まれない。愛宕訳では「なおこの都市から多数の良馬がインドに送り出されており，商人たちはこの馬匹貿易で巨大な利潤をあげている。この地方および上記の諸地方からインドに輸出される良馬の数は大変なもので，実に信じかねるぐらいの数量にのぼっている」((邦訳) 第 2 巻 259 頁) とある。

(16) Ibn Baṭṭūṭa (邦訳) 第 4 巻 28–29 頁。

(17) al-ʿUmarī, *op. cit*., Vol. 3, p. 16.

(18) Nikitin, *Travels*., p. 10. キシリ (kichiris) は，明らかにクーシャーン (kūshān) のこ

とで，肉，魚や野菜などのごった煮汁を御飯にかけた料理をいう。クーシャーンについては，イブン・バットゥータの記録を参照（Ibn Baṭṭūṭa（邦訳）第2巻340頁，第3巻140頁，第6巻111頁）。なお「インドの船タヴァ（tava)」とはザウ（zaw, zaww）に同じで，現在の東アフリカ海岸やアラビア海で使用されている木造帆船ダウ（dau, dhow）を指したと考えられる。14世紀のイブン・バットゥータの記録によると，ザウ，ザウウはカーリクート港に来航する中国ジャンク船団のなかの中型船である。その後，ザウウはアラビア海の木造帆船を指す一般名称となった。Agius［2002］pp. 33-35 ; Ibn Baṭṭūṭa（邦訳）第6巻128頁および同巻の巻末解説461-466頁を見よ。

(19) Barbosa, *The Book of Duarte Barbosa*., Vol. 1, p. 211.

(20) Chakravarti［1991］p. 172, note 36, p. 180.

(21) Ibn Baṭṭūṭa（邦訳）第4巻28-29頁。

(22) Abū'l-Faẓl, *Ā-'īni Akbarī*., Vol. 1, pp. 140-141.

(23) Belgrave［1960］p. 89. 日本における騎馬隊の振興に努めた騎兵大佐，佐原啓三は，昭和2（1927）年と8（1933）年にアラビア馬の調査および購入のため，インドとアラビア半島の各地を訪れた。昭和8年の探検旅行の報告書によると，佐原がインドのボンベイとプーナを訪れた時，その地では当時，毎年1,000頭ほどのアラビア馬が輸入されていたが，それらはイラク地方から運ばれたもので，純粋のアラビアのアラビア馬ではなかった。そこで佐原はイラクの方を調べてみると，イラクは毎年2,000頭くらいを輸出しており，その半分がインドに向けられていることが分かったという（前嶋［1967］（新版1982）242頁）。

(24) Ibn Baṭṭūṭa（邦訳）第5巻319頁。バラニー（Baranī）の記録はChakravari［1991］p. 172, note 36,［2003］p. 202より引用。

(25) Wink［1997］Vol. 2, p. 241.

(26) タンガーン（tangān）についてはYule/Burnell［1903］p. 898 ; Hussain［2003］pp. 273-274 ; Chakravarti［2003］p. 202を見よ。

(27) Minhāj al-Dīn, *Ṭabaqāt-i-Nāṣirī*, p. 154. ベンガル地方からアッサム経由チベットに至るルートについては，Ahmad［1960］p. 176参照。

(28) Marco Polo（邦訳）第1巻306, 311頁。ヤチ（Yachi, Iachi, Jachin）は元朝治下の雲南行省の中慶路昆明県にあたる。唐代にこの地に姚州が置かれたことから，転訛してヤチと称せられるようになった（*Ibid*., 308頁註2）。カラジャン（Carajan, Caragian）は「黒いジャン」のことで，ジャンはタイ族に属する雲南土民の種族名「爨《サン》」の音訳。大カラジャンというのは雲南地方の総称，「カラジャン王国」は雲南の大理を中心とする地域を指す（*Ibid*., 307頁）。雲南やチベット地方に特産の馬と麝香は，ベンガル地方やアラカン地方に運ばれ，その見返り商品としてマルディヴ諸島からもたらされた子安貝が輸入され，貨幣として利用された。Cf. Vogel［1991］pp. 50-65.

(29) Chakravarti［1991］p. 172, note 36,［2003］p. 199. タットゥーはヒンディー語のタットゥー（ṭaṭṭū），インド原種の小形馬，ポニーのこと（Yule/Burnell［1903］pp. 902-903）; Ibn Baṭṭūṭa（邦訳）第5巻19頁。

(30) Ibn Mājid, *Kitāb al-Fawā'id*（Ms.）, Vol. 1, fols. 39b, 50b ; Tibbetts［1971］pp. 148, 213, 222.

(31) Nikitin, *op. cit*., p. 20.

(32) Barbosa, *op. cit*., Vol. 1, p. 165. ダボールの港市はゴア，チョウル，ラージャプール（Rajapūr）と並んで，デカン高原の諸地域に通じる内陸交通の拠点でもあった。バフマニー王国，ヴィジャヤナガル王国やビージャープール王国などで使用される馬は，おもにこれらのコンカン海岸の港から運ばれた。Cf. Singh［1985］p. 212；Verma［1990］pp. 89-91.

(33) Anonymous, *Nūr al-Ma'ārif*., p. 265.

(34) Marco Polo（邦訳）第 2 巻 252-253 頁。

(35) Ibn Baṭṭūṭa（邦訳）第 3 巻 133-134 頁。

(36) Marco Polo（邦訳）第 2 巻 255 頁。

(37) Barbosa, *op. cit*., Vol. 1, p. 65.

(38) 本書第 III 部第 3 章 342，350 頁参照。

(39) 16世紀前半の記録アラウィー・ブン・ターヒル（'Alawī b. Ṭāhir）によると，ズファールには馬を飼育するのに適した牧草地が多く，インドと同じように 1 年のうちに 3ヵ月間の降雨期があるので，馬の飼育と取引のセンターとなっていた。インドやスィンドからの季節の貿易船（mawāsim）が馬を買い入れるためにそこに来航し，馬 1 頭の価格はいつも 100，もしくは 200（ashrafī ?）にもなった（Serjeant［1974］pp. 27, 167, note B より引用）。併せて，Ibn Baṭṭūṭa,（邦訳）第 3 巻 150 頁を見よ。

(40) Marco Polo（邦訳）第 2 巻 258-260 頁；趙如适『諸蕃志』（藤善訳）157 頁。

(41) Ibn Baṭṭūṭa（邦訳）第 3 巻 168-172, 238 頁註 177；Aubin［1953］pp. 82-84；*E. I.*［new ed. 1978］Vol. 4, pp. 500-501（ḲALHĀT）.

(42) Marco Polo（邦訳）第 2 巻 259 頁。

(43) Barbosa, *op. cit*., Vol. 1, p. 70.

(44) 趙如适『諸蕃志』（藤善訳）177 頁。

(45) Tibbetts［1971］p. 213.

(46) Marco Pole（邦訳）第 1 巻 65-66 頁。

(47) Bouchon［1988］pp. 19-20, 24, 35, 79-81, 133-37.

(48) 馬歓『瀛外勝覧』（Trans. & ed. Mills）p. 172.

(49) Barbosa, *op. cit*., Vol. 1, p. 189.

(50) 家島［1993a］167-170 頁参照。

(51) 趙如适『諸蕃志』（藤善訳）178 頁。

(52) al-Maqrīzī, *al-Sulūk*., Vol. 2, pp. 214, 229, 236, 526；al-Maqrīzī, *al-Khiṭaṭ*., Vol. 2, p. 22；家島［1980］66, 78-79 頁。

(53) al-Muqaddasī, *Aḥsan al-Taqāsīm*., p. 145；Wink［1997］Vol. 2, p. 189.

(54) バスラは，マルコ・ポーロのバストラ（Bastra, Bascra），『諸蕃志』の弼斯囉にあたる。そこはキーシュ，ホルムズやオマーンのスハールとの交易関係が深く，キーシュやホルムズの商人たちによってイラクの馬がインドに運ばれた。とくに，そこはナツメヤシの実の名産地としても知られた（Marco Polo（邦訳）第 1 巻 47 頁；趙如适『諸蕃志』（藤善訳）181-182 頁；Wink［1997］pp. 86-87）。『諸蕃志』には「弼斯囉国（バスラ）の物産には，駱駝，綿羊，千年棗（ナツメヤシの実）がある。毎年，記施国（キーシュ）と甕蠻国（オマーン）の人々は必ずこの国にやってきて般《とり》（搬）販《ひき》する」とある（藤善訳，182 頁）。バスラ産の馬については Belgrave［1960］p. 89 参照。

(55) Marco Polo（邦訳）第1巻79頁。マルコ・ポーロは，「アデン王国」の条で「アデンやコルモス（ホルムズ），キシ（キーシュ）その他の諸国の海路でインド海を航海するものが，船体の脆さから，しばしば難破することがある」と述べている（*Ibid*., 同上第2巻253頁）。

(56) 汪大淵『島夷誌略校釋』364頁。

(57) 同上321頁。

(58) Agius［2002］pp. 79–82；家島［1993a］386–409頁参照。

(59) Ibn Jubayr, *Riḥlat*., pp. 70–71.

(60) Nikitin, *op. cit*., pp. 10, 30.

(61) Serjeant［1963］p. 167；Varisco［1994］pp. 230–231.

(62) 家島［1976b］1–40頁。

(63) 第I部第1章で説明したように，インド洋のダウの航海期は南西モンスーンが弱まる8月下旬——8月20日が1年のインド洋航海期の開始日（futūḥ mawsim al-Baḥr al-Hind）とされた——から翌年の5月末（南西モンスーンが強まり，突風，雨と雷をともなう時期）までの9ヵ月間であった。その間に，①南西モンスーン後期の航海期（rīḥ al-damānī, al-daymānī, al-tīrmāḥ, al-bayrmāḥ），②北東モンスーン航海期（rīh al-Azyab, al-ṣabā），③南西モンスーン前期の航海期（rīh al-kaws）の3回があった。Tibbetts［1971］pp. 360–382；Anonymous, *Nūr al-Ma'ārif*., pp. 502–503；Varisco［1994］pp. 224–231；家島［1993a］15–20頁。併せて，本書第I部第1章58–61頁参照。

(64) 以上は，Varisco,［1994］pp. 224–230によっている。

(65) Ibn Majid, *op. cit*., Vol. 1, fol. 145a；Tibbetts［1971］p. 177；Serjeant［1963］p. 167.

(66) 汪大淵『島夷誌略校釋』364頁。

(67) 家島［1976b］18–24頁,［1993a］165–170頁。

(68) *Nūr al-Ma'ārif*., pp. 188–90, 262–63, 265, 496, 518；al-Ḥasan b. 'Alī al-Ḥusaynī, *Mulakhkhaṣ*., f. 22a；Ibn Sa'īd al-Maghribī, *Kitāb Basṭ al-Arḍ*., p. 54；Abū al-Fidā', *Taqwīm al-Buldān*, p. 361；Yule/Burnell［1903］p. 107；家島［2001a］35頁。

(69) フィッダ・リイマース（al-fiḍḍat al-liymās）のliymās, līmāsの意味は不明であるが，おそらくアラビア語のfiḍḍat lamīsa（触って柔らかい銀，銀地金）のことであろう。*Nūr al-Ma'ārif*., p. 496；al-Shamrookh［1996］p. 196.

(70) Varisco［1994］pp. 38, 226, 229–230.

(71) Ibn Baṭṭūṭa（邦訳）第6巻135頁。

(72) Marco Polo（邦訳）第2巻197頁。

(73) 趙如适『諸蕃志』133頁。

(74) Chau-Ju-Kua, p. 98, note 1；Yule/Burnell［1903］p. 207；Ibn Baṭṭūṭa（trans. Husain）p. 193, note 2；Varisco［1994］p. 230；Ibn Baṭṭūṭa（邦訳）第6巻188頁註188参照。

(75) Marco Polo（邦訳）下巻225頁。マルコ・ポーロは，インド西海岸のグジャラート・コンカン沖のアラビア海で活動する海賊はインド向けの馬を積載した商船を襲い，掠奪した馬をターナ王国の王に献上したこと，海賊とそこの王との間には馬の受け渡しの盟約関係があったことを伝えている。彼の記録を通じて，インド西海岸のグ

ジャラート・コンカン地方を領有した勢力とマラバール地方の勢力とが馬の交易をめぐって激しく対立・敵対していたことが分かる。すなわちグジャラート・コンカン地方の勢力はアラブ系・イラン系ダウによって馬がインドの南西海岸の諸港に輸送されることを阻止するため，海賊を使って馬を掠奪させていたのである。こうした陸域の勢力のぶつかり合う境域は，さまざまな海の人々がたくましく活動する舞台でもあった。Cf. Chakravarti［1991］pp. 162–169, 175–182；Wink［2004］Vol. 3, pp. 112–113. インド西海岸沖の海賊については，Marco Polo（邦訳）第2巻220–221頁，および Ibn Baṭṭūṭa（邦訳）第6巻102, 334–335頁参照。

(76) Marco Polo（邦訳）第1巻65, 211頁，第2巻174, 225–226, 257–259頁。

(77) *Nūr al-Ma'ālif.*, p. 236.

(78) Varthema, *op. cit.*, pp. 124–126. とくにカンナノールはヴィジャヤナガル王国に運ばれる馬取引のセンターとして重要な役割を果たした。Cf. Subrahmanyam［1990］pp. 117, 125, 262.

(79) Barbosa, *op. cit.*, Vol. 1, pp. 64–65, 178.

(80) Wink［2004］Vol. 3, pp. 135, 149–155；Verma［1990］pp. 90–91.

(81) Smith［n. d.］p. 136；Varisco［1994］pp. 154–155.

(82) Cf. Chakravarti［1991］p. 174.

(83) *Western Arabia*［1946］pp. 499–503.

(84) Ibn al-Mujāwir, *Ṣifat.*, pp. 252, 263, 268, 270；Ibn Baṭṭūṭa（邦訳）第3巻150, 419–420頁；Wink［1997］Vol. 2, pp. 278–279.

(85) Ibn al-Mujāwir, *op. cit.*, pp. 143–144；al-Ḥasan b. 'Alī al-Ḥusaynī, f. 5a. マルコ・ポーロは「アデンのスルタンは自国に出入りするこれら商船・商人に重税を課し，それから莫大な税収入を得ていることは確かである。彼が世界で最も富裕な王者の一人でありうるのは，まさに右にのべた理由，すなわちその国にやってくる商人に賦課した重税のおかげなのである」とある（Marco Polo（邦訳）第2巻252–253頁）。

(86) *Nūr al-Ma'ārif.*, pp. 504–506.

(87) フッカート（Ḥuqqāt）は，アデン市内の波止場に面した広場。その背後にはフッカート山（Jabal Ḥuqqāt）が聳えて，エジプトから到着するカーリム船（marākib al-Kārim）をキャッチする監視塔があった（Ibn al-Mujāwir, *op. cit.*, p. 129）。

(88) ギルマーン（ghulām, ghilmān）は，本来は少年，奴隷の意味に使われたが，ここではワキール（wakīl），すなわち商人が取引先に置いた代理人のことであろう。

(89) al-'Umarī, *Kitāb Masālik*. ① pp. 154–155, 157–159. ラスール朝の国家経済が外国交易に大きく依存していたことは，第IV第1章参照。

(90) al-'Umarī, *Masālik*. ② Vol. 3, p. 16.

(91) Varisco［1994］pp. 154–155, 228–229, 230–231.

(92) 荒［1977］117–120頁。

第VI部第1章　チュニジア・ガーベス湾の漁撈文化

(1) ナーブル半島からジェルバ島に至るガーベス湾海岸部の地理および都市に関する記録としては，Ibn Ḥawqal, *Ṣūrat al-Arḍ.*, pp. 70–74；al-Bakrī, *al-Masālik.*, pp. 17–22, 81–

85 ; al-Tijānī, *Riḥlat*., pp 22-142 ; Maḥmūd Maqdīsh, *Nuzhat al-Anẓār*., Vol. 1, pp. 136-143 などがあげられる。

(2) ジェルバ島を中心とするチュニジアの定期市（週市）の調査報告，家島［1994b］201-223 頁参照。

(3) ケルケナ諸島の地理・歴史・社会および関連文献については Louis［1961-63］Vols. 1-3 ; Ka'ak［1995］; *E. I*.［new ed. 1978］Vol. 4, pp. 650-652（ḲARḲANA）参照。

(4) スファークス〜ジェルバ〜タラーブルス〜アレクサンドリア間の運輸・交易関係について，最近，「ヌーリー文庫（Maktabat Shaykh 'Alī al-Nūrī)」所蔵の文書にもとづく研究が注目されている。とくに al-Zuwārī（Zouari）［1977］，［1986］pp. 73-86 ; Masmoudi［1980］pp. 117-124 参照。チュニジアの漁業，とくにスポンジ，カラスミ，干し蛸については，Fages/Ponzevera［1903］pp. 67-93 参照。なお北チュニジア・タバルカ産のベニサンゴについては，第 V 部第 1 章を見よ。

(5) ガーベス湾における伝統的漁法については Gateau［1966］Vol. 1 : Atlas, Planche LII-Planche, LIV bis ; 'Abd al-Hādī［1980］pp. 1-5 参照。

(6) 西村［1974］82 頁。

(7) チュニジア海岸周辺の海域でおこなわれる特殊漁については，Fages/Ponzevera［1903］pp. 35-113 参照。

(8) Cf. Gateau［1966］Vol. 1, Planche LII, LIII, LIV ; Fages/Ponzevera［1903］pp. 22-34.

(9) ガーベス湾のスポンジ採りについては，Fages/Ponzevera［1903］pp. 67-75 参照。

(10) *Ibid*., p. 69.

(11) 聖アンドレの十字架については，第 V 部第 1 章 502 頁参照。

(12) スファークス商業海運局統計資料（al-Idārat al-Jihawīyat li-'l-Baḥriyat al-Tijārīyāt, Markaz al-Buḥūth al-Iqtiṣādīyat wa'l-Tasarruf［1979］*al-Dalīl al-Jihawī, Mu'ashsharāt Wilāyat Ṣufāqs*, IV-12 : *Taṭawwur Usṭūl al-Sayid al-Baḥrī li-Kull Mīnā'*）参照。

(13) Gateau［1966］2 vols.

(14) アラビア海で活動する木造帆船ダウにアクセル・エンジンが搭載されたのは，1953 年が最初であるといわれ，1960 年までに湾岸地域からモンバサに到着する年間ダウの半数がエンジン化した（Prins［1966］pp. 2-4 ; Martin［1968］pp. 212-247 ; Yajima［1976a］p. 21)。

(15) レバノン・シリア海岸，キプロス島とエジプトを結ぶ東地中海を中心に活動する大型帆船については，Charles/Solaÿmân［1972］に詳しい。

(16) 漁民の陸上がりについてのアルワード島の事例は，第 I 部第 3 章 132-133 頁参照。

(17) Masmoudi［1980］pp. 112-113.

(18) Fages/Ponzevera［1903］pp. 83-84.

(19) 家島［1993a］434-454 頁参照。

(20) Cf. *E. I*.［new ed. 1995］Vol. 8, pp. 493-506（RIBĀṬ）; *E. I*.［new ed. 2002］Vol. 11, pp. 109-125（WALĪ）. チュニジアの聖者信仰については，鷹木［2000a］による優れた研究がある。

(21) al-Bakrī, *Kitāb al-Masālik*., p. 20.

(22) *Ibid*., p. 85.

(23) イエメンのアデン湾内に浮かぶスィーラ島（Jabal Sīra）でおこなわれる「黒牛の犠

牲（ḍaḥīyat al-baqar）」，もしくは「島（岩礁）の供犠 ḍaḥīyat al-Jabal」と呼ばれる航海安全の礼祭については，Ibn al-Mujāwair, *Ṣifat*., p. 114 参照。また，ソコトラ島とソマリア海岸に近い岩礁（Jabal Kudummul）の間の海峡部は海難の場所として知られ，そこを通過する船はファウラ（fawla）と呼ばれる精霊送りの儀礼をおこなった（*Ibid*., p. 114）。ティグリス川の河口に近いアッバーダーン周辺には，水の聖人ヒズルの霊廟があった（第 2 章 655–656 頁）。これらの海上信仰については，家島［1993a］434–454 頁参照。

(24) Maḥmūd Maqdīsh, *op. cit*., Vol. 2, p. 460.

(25) 第 V 部第 1 章 503–504 頁参照。

(26) 家島［1993a］434–454 頁参照。

(27) 地中海世界におけるチュニジア，とくにジェルバ島の歴史的位置と役割については，Stablo［1950?］; Wizārat al-Shu'ūn al-Thaqāfīyāt［1979］; *Actes du Colloque*［1986］; Sālim［1986］など参照。併せて，第 III 部第 1 章 299–303 頁を見よ。

(28) イスラーム世界の境域地帯とその役割については，家島［1991b］264–289 頁で説明した。

第 VI 部第 2 章　インド洋と地中海を結ぶ海の守護聖者ヒズル

(1) 第 I 部第 2 章でも言及したように，港市が成立する基本条件は，①境域，②聖域性，③安全保証の三つに要約される。とくに，海域ネットワークの交点としての港市は，信仰と墓の拠点でもあるから，さまざまな異なる信仰を持った人々が集まる異文化接触の場であったといえる。

(2) イスラームにおけるヒズルとイリヤースについては，*E. I*.［repr. 1987］Vol. 3, pp. 470–471（ILYĀS）; *E. I*.［repr. 1987］Vol. 4, pp. 861–866（AL-KHAḌIR/AL-KHIḌR）; *E. I*.［new ed. 1978］Vol. 4, pp. 902–907（AL-KHAḌIR/AL-KHIḌR), p. 908（KHWĀDJA KHIḌR/KHIZR）; *E. I*.［new ed. 1986］Vol. 5, p. 5（KHIḌR-ILYĀS/Hıdrellez）; *Shorter E. I*.［1974］pp. 322–235（AL-KHAḌIR）; *ERE*.［1915］Vol. 7, pp. 693–695（KHIḌR）; Wensinck［1918］(repr. 1968) pp. 29–39；家島［1991c］117–135 頁，［1993a］449–453 頁など参照。

(3) 筆者は，1990–91 年と 1998–2000 年の調査において，ペルシャ湾岸，紅海，東地中海，黒海の周辺地域でヒズルとイリヤースの現地調査を実施した。

(4) *E. I*.［new ed. 1978］Vol. 4, pp. 902–903 参照。10 世紀の地理学者ムカッダスィーは，カァブ・アルアフバール（Ka'b al-Aḥbār）なる人物による情報を引用して，ヒズルが天使と出会った時，ティグリス河口のペルシャ湾頭において，潮の干満現象が起こる原因について質問したところ，天使は，鯨が息を吸って鼻孔のなかに水が流れ込むと引潮になり，鯨が息を吐き出すと，水が鼻孔から出て満潮になると説明したという。このように，すべての水に関わる自然現象は，天使を通じて伝えられた話がヒズルの属性となり，やがてヒズル＝鯨＝水を司る神の僕という構図が創られたと考えられる（al-Muqaddasī, *Aḥsan al-Taqāsīm*., p. 13）。

(5) *ERE*［1915］Vol. 7, pp. 693–695；*E. I*.［new ed. 1978］（AL-KHAḌIR/AL-KHIḌR）pp. 902–907.

(6) *Ibid*., pp. 902–903.

(7) 預言者ムハンマドの生誕祭やムハンマドの聖墓のあるメディナの聖モスクへの参詣行事が一般民衆の間に盛んになったのは，12・13世紀以後のことと考えられる。Kaptein［1993］pp. 38–40；Ibn Baṭṭūṭa（邦訳）第5巻384頁註(176)参照。

(8) インダス流域やインド・ベンガル地方では，ヒズルはフワージャ・ヒドル（Khwāja Khiḍr, Khwāja Khijir, Khwāja Khiẓr），ヒズル・ピール（Khiḍr Pīr）などと呼ばれた。Haq［1975］pp. 330–336；Rizvi［1978］pp. 100, 317；*E. I*.［new ed. 1978］Vol. 4, p. 908（K͟HWADJA K͟HIḌR）参照。

(9) Wensinck［1918］(repr. 1968) pp. 29–39.

(10) *E. I*.［new ed. 1960］Vol. 1, pp. 940–941（AL-BAḤRAYN）；Wensinck［1918］(repr. 1968) pp. 24–39.

(11) Burckhardt［1829］pp. 14–15.

(12) ʻAbd al-Qādir b. Aḥmad, *Silāḥ*., p. 76.

(13) *Ibid*., pp. 76–77.

(14) al-Idrīsī, *Nuzhat al-Mushtāq*., p. 139.

(15) Ibn Jubayr, *Riḥlat*., pp. 75–76.

(16) エバ（フゥワ）の信仰と並んで，地中海におけるマリア，東シナ海と南シナ海における媽祖がいずれも女性を海の信仰の対象としている点は，興味深い。併せて朱天順［1996］；中島成久［1993］参照。

(17) ʻAbd al-Qādir b. Aḥmad, *op. cit*., p. 65.

(18) Burckhardt［1829］p. 13.

(19) Ibn Baṭṭūṭa（邦訳）第3巻175–182頁；Le Strange［1905］pp. 318–321, 292, 295；*E. I.*［new ed. 1971］Vol. 3, pp. 584–586（HURMUZ）参照。

(20) Ibn Baṭṭūṭa（邦訳）第3巻176–178頁。

(21) *Ibid*., 同上第2巻283, 290–294頁。

(22) アッバーダーンは，別名を「ヒズルの島（Jazīrat al-Khaḍir）」とよばれた。伝承によると，ある時，一人のみすぼらしい男がバフマーンシール運河（Nahr Bahmānshīr）の土手に現れて，船長に対岸まで渡してくれるよう頼んだが，船長はそれを拒否した。すると，その見知らぬ男は自分の立っている場所まで船を寄せるように命じ，近づくと船を錨鎖で引っ張り，水から高々と吊り上げた。その後，彼は姿を消した。近隣の百姓たちは，その引き上げられた船の回りに泥の壁を築いた。その壁は，A. H. 906（1501）年，ウスタ・ジュムア（Usta Jum'a）と呼ばれる建設者によって再建され，さらに953（1546）年に円蓋のある御堂が建てられて，船の錨はその内部に吊るされた。この御堂は，現在もなお人々の参詣の対象とされているという（*E. I*.［new ed. 1978］Vol. 4, p. 906）。

(23) Ibn Baṭṭūṭa（邦訳）第2巻290–292頁。

(24) Sidi ʻAli Reïs, *The Travels*., p. 9.

(25) 第II部第4章260頁参照。

(26) al-Iṣṭakhrī, al-*Masālik*., p. 62.

(27) Yāqūt, *Muʻjam*., Vol. 1, p. 387；al-Dimashqī, *Nukhbat*., p. 206；Ibn Baṭṭūṭa（邦訳）第1巻223頁。

(28) 後述658–660頁参照。

(29) al-Suyūṭī, *Ḥusn al-Muḥāḍara*., Vol. 1, p. 85 ; Ibn al-Ẓahīrah, *al-Faḍā'il al-Bahīra*., pp. 102–103.

(30) 趙如适『諸蕃志』(藤善訳) 193 頁。

(31) Ibn al-Ẓahīrah, *op. cit*., p. 102.

(32) Ibn Baṭṭūṭa (邦訳) 第 6 巻 104 頁。

(33) とくに南イランの町カーザルーン (Kāzarūn) に本拠を置くカーザルーン教団 (al-Kāzarūnīya, al-Aḥmadīya) のネットワークは，ペルシャ湾から中国に至るまでの主要な港――とくにインドのクーラム，カーリクートと中国の泉州に拠点が置かれた――に張りめぐらされ，インド洋で活動する船乗り，海上商人や旅人たちはこの教団の創始者アブー・イスハーク・アルカーザルーニー (Abū Isḥāq al-Kāzarūnī) の霊験にあやかるため祈願した。イブン・バットゥータは「この [カーザルーンの] シャイフ＝アブー・イスハークこそは，インドと中国の人々の間で高く尊崇されている人物である。シナの海 (インド洋) を旅する人々の慣行として，以下のことがある。つまり [航海中に] 逆風に遭ったり，盗賊 (海賊) に襲われる危険に遭遇した時に，彼らはアブー・イスハークに [「これこれの金額をお支払いしますので，どうぞお助けください」と言って] 願を掛け，そして彼らは各自で願いごとを彼の名のもとに書き記す。そして，無事に [目的の] 場所に上陸することができた時には，ザーウィヤ (スーフィーたちの修道場) に奉仕する人たち (khuddām) が [願いごとを掛けた人の] 船に乗り込んで，その祈願の書付けを取って調べ，それぞれの祈願者から願掛け [の金額] を徴収する。中国もしくはインドから航海して来る船は，どの船も [この聖者にすがって願掛けをおこない，その願掛けの額が] 数千ディーナールにも達することがある。その場合，ザーウィヤの奉仕者から [派遣された] の代理官たち (wukalā') が来て，それを受け取る。修行者のなかには，このシャイフの名を騙って喜捨を請いに来る者もいるため，そうした人たちはいずれも喜捨を請け負ったことを書き付けたもの (命令書) を持参し，その書付けにはシャイフの花押が押されている。それは，銀製の印鑑に刻まれたものである。彼らは，その印鑑に朱肉を付けて，命令内容を記したところに割り印する，したがって，その刻印が命令書に残される。その書付けの内容は，『シャイフ＝アブー・イスハークへの願掛けを [して献金する約束を] した者であらば，それについて，これこれ [の額の献金] を [この証明書を所持した] 何某に渡すべし』というものである。それ [に記された喜捨の要求額] は，数千 [ディーナール]，数百，あるいはその中間やそれ以下など，その担当の修行者の地位 (階級) によって決まり，一定ではない。そこで，その修行者はいずれかの願掛けをして [献金することを] 約束した人を見つけると，早速，その人から金を受け取る。そして，[花押の押された] 書付けの裏に，修行者たちが当人に代わってその受領額を証拠として記す。かつて一度，インドの王は，このシャイフ＝アブー・イスハークのために 10,000 ディーナールを献金する約束の願掛けをしたことがあった。すると，その知らせはザーウィヤの修行者たちのもとに達し，彼ら修行者たちの一人がインドに出向き，実際にその金額を受け取って，ザーウィヤに持って帰ったということである」と記録している (Ibn Baṭṭūṭa (邦訳) 第 2 巻 347–348 頁)。

(34) Ibn Baṭṭūṭa (邦訳) 第 6 巻 293 頁。

(35) al-Zuhrī, *Kitāb al-Ja'rāfīya*., pp. 93, 214.

(36) Ibn Baṭṭūṭa (邦訳) 第 3 巻 332 頁。

(37) 現在，ボズ・テペ・アダスィの山頂部はトルコ軍の基地内にあって，一般人の立入りは禁止されている。
(38) Yāqūt, *op. cit*., Vol. 3, p. 282 ; al-Ḥimyarī, *Rawḍat al-Mi'ṭār*., p. 340. ハーフィズ・アブルーの地理書は，イスタフリーのペルシャ語訳本に引用されたものによった。図1を参照。
(39) al-Bakrī, *al-Masālik*., p. 38 ; al-Ḥimyarī, *op. cit*., pp. 265–266, 340, 387.
(40) al-Ḥimyarī, *op. cit*., p. 327.
(41) Le Strange [1890] (repr. 1965) p. 512.
(42) *Ibid*., pp. 164–165.
(43) *Ibid*., p. 253 ; Ḥimyarī, *op. cit*., p. 239 ; Ibn Baṭṭūṭa（邦訳）第1巻279頁。
(44) Le Strange [1890] (repr. 1965) p. 264.
(45) Iqtidārī [1364/1985], pp. 548–550.
(46) *Ibid*., p. 548.
(47) *E. I*. [new ed. 1986] Vol. 5, pp. 183–184 (KISHM).
(48) *E. I*. [new ed. 1986] Vol. 6, pp. 673–674, 765.
(49) 上岡/家島［1979］25–26頁参照。
(50) Ibn Baṭṭūṭa（邦訳）第3巻176–178頁。
(51) Moṣṭafaví [1978] pp. 281, 309.
(52) Moṣṭafaví [1978] pp. 92–93, 345.
(53) Ocak [1990] ; *E. I*. [new ed. 1986] Vol. 5, p. 5 (KHIḌR-ILYĀS/Hıdrellez).
(54) バーバー・サルトゥークに関する最も古い記録は，イブン・バットゥータによって伝えられた。Ibn Baṭṭūṭa（邦訳）第4巻59頁および巻末解説434–445頁を参照。
(55) Yāqūt, *op. cit*., Vol. 1, p. 388 ; al-'Umarī, *Masālik*. ② Vol. 2, pp. 178–179 ; Abū al-Fidā', *Taqwīm*., pp. 378–381 ; *E. I*. [new ed. 1960] Vol. 1, pp. 517–518 (ANTALYA) ; Ibn Baṭṭūṭa（邦訳）第3巻268–273頁参照。
(56) Ibn Baṭṭūṭa（邦訳）第3巻268–270頁。

第VI部第3章　ランプ文様の装飾レリーフと文化交流

(1) ダフラク島調査報告については，*Dahlak, La necropoli Islamica* [1976] 参照。
(2) 以上の説明は，*E. I*. [new ed. 1997] Vol. 9, pp. 665–666 (SIRĀDJ) による。
(3) 『クルアーン』では，同じランプを意味する言葉として，スィラージュは太陽と月の光を，ミスバーフは天空の星々の光を指している。ただし，太陽の光は「燦々たる輝き（ḍiyā'）」，月の光はそれより劣る「明光（nūr）」として表現されている（『コーラン』第10章第5節）。イスラームにおける光（nūr）およびランプの解釈については，*E. I*. [new ed. 1995] Vol. 8, pp. 121–123 (NŪR) ; Vol. 9, pp. 665–666 (SIRĀDJ) を見よ。
(4) 私は，1974年10月から75年3月までの約半年間，オマーン，クウェート，イエメン，ソマリア，エジプトの諸国で木造帆船ダウに関する実地調査をおこなった（Yajima [1976a]）。ソマリアのモガディシオにおけるアラビア語碑文については，*Ibid*., Appendix I : Some Early Islamic Inscriptions in Mugadishu, pp. 52–55 参照。

(5) モガディシオ（Moghadishio, Mughadishū, Maqdashaw, Maqdashū）は，ブラワ（Barāwa, Brava），マリンディやモンバサより少し後の時代，おそらく12世紀末から発達したと思われる。モガディシオの地名（Maqdashū）がアラビア語文献史料に初めて登場するのは，13世紀前半のイブン・アルムジャーウィルとヤークートの記録であろう（Ibn al-Mujāwir, *Ṣifat*., p. 117 ; Yāqūt, *Muʻjam*., Vol. 4, p. 602)。ヤークートは，「そこはザンジュ地方の最初にある町で，イエメンの南のバルバルの陸地（barr Barbar），彼らの地方の中央部に位置する」と説明している。なおE. Cerulliは，モガディシオはアラブ人の海外居留地（colony）として，すでに10世紀に築かれていたと主張したが，その事実を証明するための具体的史料を提示していない（Cerulli［1957］p. 135)。併せて，Chittick［1982］pp. 45–62 ; *E. I*.［new ed. 1991］Vol. 6, pp. 128–129（MAḲDISHŪ）; Horton［1996］pp. 419–420 ; Yajima［1996d］pp. 333–334を見よ。

(6) Marco Polo（邦訳）第2巻236–240頁。マルコ・ポーロの伝えるモグダシオ（Mogdasio, Mogedaxo）の説明には，マダガスカル島とソマリアのモガディシオの両方が入り混じっている。インドのマアバールからモグダシオまでの航海日数を20日間としたことは，明らかにそこが現在のモガディシオであることを示しているが，一方，島に住むルフ（Rukh）と呼ばれる怪鳥の話はマダガスカルを説明したものであろう。モガディシオについては，イブン・バットゥータの記録に詳しい（Ibn Baṭṭūṭa（邦訳）第3巻137–144頁)。中国側の記録には，木骨都束と記されている（鄭和遠征の史料の『鄭和航海図』，費信『星槎勝覧』などの記録参照)。Cf. Miles［1970］pp. 13–14, 19–20, 61, 63, 208, 245, 248, 250, 294.

(7) このプレートは，おそらくイランのカーシャーン製タイルで，ラスター彩であったと考えられる。先に示したテヘランの国立博物館所蔵（No. 22599）のラスター彩のミフラーブ・プレート（15世紀カーシャーン製）と材質および様式においてきわめて類似する。

(8) バフララー（Bakhrarā）の部分の判読は難しい。ナフラワー（Nakhrawā），ナフラワーン（Nakhrawān）とも読める。

(9) 『キルワ年代記』によると，キルワ王国は10世紀半ば頃に建設された（Anonymous, *al-Salwat*., f. 5b)。キルワ王国の歴史については，Freeman-Grenville［1962］pp. 32–36 ; Chittick［1974］,［1977］pp. 204–206 ; Yajima［1996d］pp. 332–333参照。東アフリカ海岸，コモロ諸島やマダガスカル島の諸都市が南イランのシーラーズ出身者たちによって建設されたとする，いわゆる「シーラーズィー伝説」については，Chittick［1965］pp. 275–294に詳しい。併せて，Yajima［1996d］pp. 327–330を見よ。

(10) Ibn Baṭṭūṭa,（邦訳）第3巻146–148頁。

(11) キルワ島遺跡の発掘報告は，Chittick［1974］参照。以下の写真は，いずれもその報告書に掲載のものを使用した。

(12) ワースィクの墓碑(A)(B)とシャイフ＝ムハンマド・ブン・アブー・バクル・ブン・サァド・ブン・アリー・アッダムラーニーの墓碑（写真7）の3基は，1933年，ズファールに駐留していたイギリス軍将校たちからヴィクトリア・アルバート博物館によって購入され，1935年にR. Guestによりその内容の概要が報告された（Guest［1935］pp. 402–410)。すでに1883年の冬に，S. B. Milesは，サラーラ近郊のバリー

ド（al-Balīd）遺跡を訪れ，そこの墓地内でイエメンのスルタンたちのものと思われる多くの碑文の刻まれた墓石を発見し，“one of which had two beautifully carved marble stones ; on one of these was the representation of a lamp suspended by a chain, while on the other stone three lamps were carved” と報告した（Miles ［1919］（repr. 1966） p. 547）。以上の S. B. Miles によって報告された「2 基の美しく刻まれた大理石の墓石」とは，現在，ヴィクトリア・アルバート博物館に所蔵されているワースィクの墓碑(A)(B)と同一のものであると考えて間違いない（Porter ［1988］ p. 33）。

（13） ズファール（ザファール，ザファーリ）地方には，ライスート（Raysūt）とミルバート（Mirbāṭ）の代表的な二つの交易港があったが，多くの記録史料はその主邑が「ズファールの町（madīnat al-Ẓufār）」とだけ伝えている。「ズファールの町」が現在のライスートおよびミルバートとは別の町であることは明らかであるが，そこが現在のサラーラ郊外に残るバリード遺跡であるか，あるいは別の内陸部に比定すべきかについては議論が分かれている。G. Rex Smith は，ハブーディー朝以前のザファールの町とハブーディー朝によって建設された新都（al-madīnat al-jadīda）――イブン・バットゥータによるザファーリ・アルフムード（Ẓafāri al-Ḥumūḍ），すなわちマンスーラ（al-Manṣūra）町のこと――がいずれも同一の場所で，しかもそれを現在のバリード遺跡であると主張したが，この説には未だ疑問が残されている（Smith ［1988］ pp. 26–32）。ズファールの町をめぐる問題については，本書第 III 部第 3 章 346–347 頁参照。

（14） ワースィク・イブラーヒーム（al-Malik al-Wāthiq Ibrāhīm）は，ラスール朝第 2 代目のスルタン＝ムザッファル（al-Malik al-Wāthiq Shams al-Dīn Ibrāhīm b. Yūsuf b. ‘Umar b. ‘Alī b. Rasūl）の子息で，A. H. 692（1292）年，父親からズファールにイクター地を与えられて，同年のラマダーン月に首都タイッズからアデン経由，船でズファールに向かった（al-Khazrajī, al-*‘Uqūd*., Vol. 1, p. 268 ; Smith ［1988］ pp. 31–32）。そして彼は 711（1311/12）年にその地で死ぬまで滞在した（al-Khazrajī, *op. cit*., Vol. 1, p. 398）。一方，匿名の『イエメン年代記 *al-Ta'rīkh*』によると，ワースィクがアデンを船出して，ズファールに向かったのは 690 年ラマダーン月（1290 年 8/9 月）のこと（Anonymous, *al-Ta'rīkh*., p. 20）。併せて，Miles ［1919］（repr. 1966） pp. 508–509 を見よ。ラスール朝によるズファール征服については，第 III 部第 3 章を参照。

（15） イブン・バットゥータは，ザファーリの町に近い果樹園のなかに建てられた献身的な信者，シャイフ＝アブー・ムハンマド・ブン・アブー・バクル・ブン・イーサーのザーウィヤ（聖者の修道場）を訪れた（Ibn Baṭṭūṭa（邦訳）第 3 巻 155 頁）。R. ゲストは，この人物が他ならぬシャイフ＝ムハンマド・ブン・アブー・バクル・ブン・サァド・ブン・アリー・アッダムラーニーと同一人物であると主張した（Guest ［1935］ p. 409）。

（16） ラールは，現在の南イラン・ファールス地方のラーリスターン（Lāristān）の県庁所在地。そこはシーラーズの南東 366 km，バンダル・アッバースから北西に 259 km の内陸部に位置し，とくに 15～18 世紀，ザグロス山脈を越えてペルシャ湾に通じるキャラバン道の中継交易地として繁栄した町（Mustawfī, *Nuzhat al-Qulūb*., p. 138 ; Le Strange ［1905］ p. 291 ; *E. I*. ［new ed. 1986］ Vol. 5, pp. 665–676（LĀR, LĀRISTĀN）。イブン・バットゥータは「ラールは規模の大きな町で，数多くの泉地，絶え

ることのない流水と幾つもの庭園がある。またそこには，華麗な市場が幾つもある」と述べているが，彼の記録はラールの町について伝えた最古のものであろう（Ibn Baṭṭūṭa（邦訳）第3巻183-186頁）。

(17) Iqtidārī [1364/1985] pp. 330-331.

(18) 1345年，イブン・バットゥータはカンバーヤ（Kanbāya, Kinbāya, Kunbāya）の町を訪れ，その様子を「カンバーヤはワーディーに似た海の入江（キャンベイ湾）に臨み，船がそこを通って入って来る。入江には干満があって，船が干潮の時には泥の中に停泊し，満潮になると再び水に浮かぶ様子を，私は実際に目撃した。この町は建物の美しさとモスクの造りにおいて，数ある町のなかでも一番に優雅である。その理由は，そこの住民の多くが外国の商人たちであり，彼らは常に雅びな邸宅や壮麗なモスクを町に建て，そうすること（立派なものを建てること）を互いに競い合っているためである。町にある大邸宅の一つに，シャリーフ＝サーマッリーの邸宅がある。……この彼の邸宅で見た樹木ほど重厚な木を，私は決して他に見たことがなかった。邸宅の門は，まるで町の城門のようで，門の脇には彼自身の名を付けた一つの壮麗なモスクがある。また町には，カーザルーン出身の商人王の邸宅があって，その邸宅の脇に，彼の［所有する］モスクがある」（Ibn Baṭṭūṭa（邦訳）第6巻96頁）と記録した。イブン・バットゥータの伝える「カーザルーン出身の商人王（malik al-tujjār al-Kāzarūnī）」とは，明らかにパルヴィーズ・マリクと同一人物である（Ibn Baṭṭūṭa（邦訳）第6巻97，146-147頁）。なおパルヴィーズ・マリクの妻はファーティマ（Fāṭima）と呼ばれ，もとはイラン北部のギーラーン出身の商人の娘であった。彼女の墓もまた，パルヴィーズ・マリクの墓と並んで残されている（Porter [1988] p. 35; Desai [1971] p. 55）。

(19) 美しいレリーフを刻んだパルヴィーズの墓石は研究者の間でもとくに注目されており，後述するように，パサイ王国の墓所（Makām Pasai）にあるパサイ王の皇女の墓石との類似性はすでに1912年，J. P. モケットによって指摘された。後掲註(24)を参照。1971年，Z. A. デサイは，パルヴィーズの墓地内のアラビア語碑文の総合的調査を試みた（Desai [1971] pp. 25ff., Plates XIX, XX）。彼によれば，そこに納められた墓碑のなかで，ランプ文レリーフのある墓石はパルヴィーズ・マリクの墓石と法官イスハーク（al-qāḍī Isḥāq）の墓石の2基であった。これらの墓石は，おそらくカーティヤーワル半島の海岸に近いパタン（Patan）とヴェラヴァル（Veraval）からもたらされたものであるという（Porter [1988] p. 34）。

(20) Desai [1971] Plate XX; Porter [1988] p. 41.

(21) V. ポーターは，すでにザファールとカンバーヤの墓碑がいずれも様式・文様・材質などの点で共通していることに注目し，両地間の人的および文化交流の問題を指摘した（Porter [1988] p. 35）。

(22) Ḥasan Tāj al-Dīn, *Ta'rīkh.*, p. 13.

(23) 私は，1981年1～2月，マルディヴ共和国の首都，マーレ島のマーレに滞在して，同島に残るイスラーム史に関する歴史資料の調査をおこなった。その際にマーレの国立博物館に大モスク（Hukuru Misket）の古い棟柱が所蔵されているのを知った。それは，チーク材の細長い銘板（長さ319.50 cm，横幅22.35 cm，厚さ5.40 cm）で，その一面に3行のアラビア語が刻まれている。その銘文の内容は，スルタン＝シハーブ・ウッディーン・アフマド（Shihāb al-Dīn Aḥmad）がこの大モスクの改修工事を

宰相シャヌーラーザ（Shanūrāza）に命じたこと，その改修・再建は神のご加護によりA. H. 738年ズー・アルヒッジャ月（1338年6月20日〜7月19日）に無事完成したというものである。とくに興味深い点は，大モスク再建から5年後に同島を訪れたイブン・バットゥータがこの同じ銘板を見て，その一部を実際に読んでいることである。すなわち彼は「大モスクの礼拝室内部の貴賓室（マクスーラ）の［棟］木に，『スルタン＝アフマド・シャヌーラーザは，マグリブ人のアブー・アルバラカート・アルバルバリー（Abū al-Barakāt al-Barbarī al-Maghribī）をつうじてイスラーム教に改宗した』と刻まれているのを見た」と記している。現在に残る国立博物館所蔵の棟柱の銘文とイブン・バットゥータの読んだ銘文とを比較すると，彼はその内容の一部を誤読していたことが判明する。Ibn Baṭṭūṭa（邦訳）第6巻210–213頁，巻末解説466–476頁；家島［1985a］395–397頁参照。

(24) 現在，この墓石は，スムトラ・パサイ王国の首都のあったパサイの墓所（Makām Pasai）内に，その王国の初代スルタン＝マリク・アッサーリフ（Sulṭān Malik al-Ṣāliḥ）や第4代スルタン＝アフマド・ブン・アルマリク・アッザーヒル・ブン・ムハンマド・アルマリク・アッサーリフ（Aḥmad b. al-Malik al-Ẓāhir b. Muḥammad al-Malik al-Ṣāliḥ）などの墓石と一緒に納められている。女王ミフラースィヤフは，おそらくミフル・アースィヤフ（Mihr-Āsiyah）と読む。ミフル・アースィヤフの雅名（ラカブ）は，バラー・バグサーハードゥー（Barā Baghsākhādū, Para-Pagchado ?）と呼ばれた。ミフル・アースィヤフは明らかにペルシャ語のミフル（mihr）とアースィヤフ（āsiyah）が合わさった名前で，ミフルはマーフ（māh）と並んで女性の名前につけられることが多く，「太陽」「愛」を，アースィヤは預言者モーセを教育したことで知られるファラオの妻の名前である。したがって，正しくはメフレ・アースィヤフ（Mehr-i Āsiyah）と読み，イラン系の女性であった可能性が高い。イブン・バットゥータによると，スムトラ・パサイ王国のアミールは，イランのシーラーズ出身の法官，預言者ムハンマドの血縁子孫（al-Sayyid al-Shīrāzī）であり，また別のアミールはイスファハーン出身のタージュ・ウッディーン（Tāj al-Dīn al-Iṣbahānī）であった（Ibn Baṭṭūṭa（邦訳）第6巻394–399頁）。このようにイラン系の学者や移住者たちは，新興イスラーム国家スムトラ・パサイ王国の官僚層のなかで重要な役割を果たしていたと考えられる。アユタヤ王国においても，イラン系移住者たちが国家の要職を占めていた（Ibn Muḥammad Ibrāhīm, *The Ships of Sulaymān*, pp. 55, 58–60, 94–95）。

(25) Moquette［1912］pp. 536–548,［1919］pp. 391–399；Fatimi［1963］pp. 31–33；Baloch［1980］pp. 30, 41–45.

(26) Fatimi［1963］p. 31；Baloch［1980］p. 30.

(27) 珊瑚モルタルの建築は，ペルシャ湾岸のスィーラーフ，キーシュ，ホルムズや，紅海のサワーキン島，東アフリカ海岸のイスラーム都市遺跡などにも共通して見られる。例えば，サワーキン島の珊瑚モルタル建築については，Greenlaw［1976］参照。

(28) Guy［2001］Figure 6に掲載の写真“Siva as Nataraja, Lord of the Dance: relief sculpture recovered from Quanzhou”には，ランプ文様レリーフときわめて共通したモチーフが見られる。

第 VII 部第 1 章 『インドの驚異譚』に関する新史料

（1） アッバース朝時代におけるバグダードの経済的・文化的繁栄については，家島［1991b］212–215 頁参照。

（2） ラーム・フルムーズ（al-Rām Hurmūz, Rāmhurmūz, al-Rām）は，イラン・フージスターン地方のアフワーズ（Ahwāz）の東に位置する町。その名前は，サーサン朝の王アルダシール・バーブガーン（Ardashīr Bābgān）の孫フルムーズ王に由来すると伝えられる。10 世紀のラーム・フルムーズは，生糸の生産地として有名。ターブ川を通じて，ペルシャ湾に至ることから，スィーラーフとの交易関係が深かった。Ibn Ḥawqal, *Ṣūrat al-Arḍ*., pp. 258–259 ; al-Muqaddasī, *Aḥsan al-Taqāsīm*., pp. 413–415 ; Le Strange［1905］pp. 243, 247 など参照。

（3） ナーフーザ（nākhūdhah）は，ナーフザー（nākhudhā）ともいう。ペルシャ語ではナーホダー（nākhodā），つまりナーヴ（船，水）とホダー（主人，神）の合成語。船舶の航海と経営の全権を委任された責任者のこと。共同出資した船主や商人を兼ねている場合が多い。本書第 IV 部第 3 章註(1)参照。

（4） ブズルク・ブン・シャフリヤール（Buzurk b. Shahriyār）については，『インドの驚異譚』のなかで自らが述べていることを除いて明らかでないが，彼の名前から判断すると，おそらくペルシャ系の船乗りであったと思われる。ペルシャ語でブズルクはブズルグ（buzurġ）で，〈大きな〉，〈偉大な〉の意味。またシャフリヤールはシャフルヤール（shahr-yār），文字通りの意味は〈町の友〉，〈町の長，支配者〉のこと。したがって，ブズルク・ブン・シャフリヤールは〈町の長の子息，偉大なる人物〉となるので，本名ではなく雅名であろう。Cf. *E. I.*［new ed. 1960］Vol. 1, pp. 203–204 (‘ADJĀ’IB), p. 570 (‘ARABĪYYA), p. 1358 (BUZURG B. SHARIYĀR) ; *E. I.*［new ed. 1965］Vol. 2, p. 583 (DJUGHRĀFĪYĀ) ; Brockelmann［1937］(Supple.) Vol. 1, p. 409.

（5） スィーラーフ（Sīrāf）は，8～10 世紀にインド洋の航海と交易活動のうえで最も繁栄した国際港であり，現在のペルシャ湾岸のバンダレ・ターヘリー（Bandar-i Ṭāherī）の西側に隣接してスィーラーフの壮大な港市遺跡が残されている。Stein［1937］pp. 202–212 ; Whitehouse［1968］pp. 1–5 ; Le Strange［1905］pp. 258–259, 293, 296 ; 家島［1972］122–143 頁，［1987］199–224 頁，［1993a］88–122 頁など参照。

（6） ルッバーン（rubbān）の語源は，ペルシャ語の rah-bān（道を守る人）である。なおアラビア語のルフバーン（rāhib, ruhbān）は〈キリスト教の司祭〉，〈僧侶〉の意味(Steingass［1892］p. 599)。紅海では，ルッバーンは船を先導する水先案内人を指した。しかし『インドの驚異譚』では，数艘の船を所有する船主であったり，時には嵐の際，乗員の命を救うために投荷や帆柱を折る決断を下す船の最高責任者でもあり，ナーフーザとほとんど同意に使われている。Cf. Buzurk b. Shahriyār, *Kitāb ‘Ajā’ib al-Hind* (ed. & trans. Lith & Devic) p. 196.

（7） 『インドの不思議』の邦訳・註釈者，福原信義は「古典アラビア語がジャーヒリーア時代の詩語に由来し，後にコーランによって権威づけられ，正則化された文語であるのに対し，征服者たちと共にイスラム帝国に広がり，日常語として用いられた諸俗語を〈中世アラビア語〉と呼ぶ」と説明して，本書が俗語アラビア語史料として高い価

値があることを強調した（藤本/福原［1978］5-7頁）。

（8） 神の創造物の驚異の事柄（‘ajā’ib al-makhlūqāt）をおもな叙述対象とした文学のジャンルは，9・10世紀のイスラーム地理書とともに誕生し，10世紀半ば以後になると，〈アジャーイブ（驚異譚）〉，もしくは〈ナワーディル（稀少譚）〉として，類型化した説話文学の一つのジャンルを形成した。Cf. *E. I*.［new ed. 1960］Vol. 1, pp. 203-204.

（9） Buzurk（Lith & Devic）preface, pp. vi-vii.

(10) *Ibid*., preface, pp. v-viii.

(11) Buzurk b. Shahriyār, *Kitāb ‘Ajā’ib al-Hind*, Bibliothèque Nationale, Paris, Ms. Arabe no. 5958, f. 73a. L. M. ドゥヴィクによる最初の訳書には序文と註解が付いていたが，その部分が公刊されたかは不明。Buzurk（Lith & Devic）preface, p. vii).

(12) 1883年，校訂者P. A. Van der Lithはオランダの両院間会議（VIe 4 : Conférence Interparlementaire Leide）において，“Discours sur l’importance d’un ouvrage Arabe du Xème siècle intitulé ‘Livre des Merveilles de l’Inde’” と題する演説をおこなった（Lith［1883］pp. 3-19）。ブズルクの最初の訳註本は，1886年，パリで開催された第6回オリエンタリスト・コングレス（国際東洋学者会議）の開催を記念する出版物（Publication dediée au Sixième Congrès des Orientalistes）として刊行された。

(13) Excursionは〈余録〉の意味で，『インドの驚異談』の中に見られるインド洋海域の重要な地名が考証され，AからFまでの六つの論文と一つの補遺が含まれる。Excursion Fでは，M. J. ド・フーユ（M. J. de Goeje）が “Le Japon connu des Arabes” と題して，ワークワーク（Wāqwāq）が倭国，すなわち日本であるとの新説を提示した。Buzurk（Lith & Devic）pp. 295-307.

(14) 以上のテキストおよび訳註書については，al-Kutubī［1908］; al-Ṭurayḥī［1987］; al-Shārūnī［1989］; Quennell［1928］; Freeman-Grenville［1981］; Sauvaget［1954］; Ehrlich ［1959］; 藤本/福原［1978］; Ibrāhīm Khūrī［1991］; al-Ḥabshī［2000］参照。

(15) J. ソーヴァジェは，Sulaymān & Abū Zayd, *Aḫbār as-Ṣīn wa’l-Hind : Relation de la Chine et de l’Inde, redigée en 851*（Paris, 1948）に続いて，『インドの驚異譚』の新訳と詳しい註釈の刊行を予定していたが，彼の『遺稿集 *Mémorial Jean Sauvaget*』（Tome 1）に収められた「インドの驚異譚 *Les Merveilles de l’Inde*」は，訳文のみで，註釈の部分は含まれない。彼は，L. M. ドゥヴィク訳を大胆に改めているが，必ずしも本来の意味を正確に伝えているとは言い難い（Sauvaget［1954］)。

(16) Freeman-Grenville［1981］pp. xviii-xxi.

(17) Cf. *E. I*.［new ed. 1993］Vol. 7, p. 274.

(18) al-Nu‘aymī, *al-Dāris*., Vol. 1, pp. 360-362.

(19) 藤本・福原訳では，この部分を「……写字生ムハンマド・イブン・タッターン」としているが，タッターンは明らかにアルカッターン（al-Qaṭṭān）と改めるべきであろう（藤本/福原［1978］140頁)。

(20) Buzurk（Lith & Devic）préface, pp. viii-ix.

(21) この部分はアラビア語のハムザ・アリフを省いて，rba‘at wa rb’miyaと書かれている（図2参照）。

(22) 後述712-715頁を参照。

(23) Buzurk（Lith & Devic）pp. 85, 90, 128-129.

(24) スィーラーフの他に，オマーンのスハールとインド西海岸のサイムール（Ṣaymūr, Chaul）で採録された記録が多く見られる。スハールとサイムールは，スィーラーフ系商人たちの重要な海外居留地であった。家島［1972］70–71, 95–96 頁参照。

(25) Lith & Devic 本（Buzurk（Lith & Devic）text, p. 125）の第 76 話（LXXVI）は，第 77 話（LXXVII）と改めるべきであろう。アラビア語原文には “tamma al-juz' al-awwal yatlū-hu fī al-thānī khabar jazīrat al-Niyān in shā'a Allāh ta'ālā” とある。

(26) Lith & Devic 本（Buzurk（Lith & Devic）text, p. 157）の第 104 話（CIV）は，第 106 話（CVI）と改める。アラビア語原文には “bi'l-Hind kahnat wa saḥrat amr-hum mashhūd wa-qad dhakartu ba'ḍ dhālika fi hādhā al-juz'” とある。

(27) 後述 710 頁の表部分を参照。

(28) アヤソフィア・モスク付属図書館所蔵の写本目録は，*Defter-i Kütübhāne-i Ayasofya*, Muḥammadbek Maṭba'asi, Istanbul, A. H. 1304 参照。現在，アヤソフィア所蔵写本のすべては，スレイマニエ図書館（Süleymaniye Library）に移され，Ayasofya collection としてまとめられている。アヤソフィア所蔵写本のウマリー編纂による百科全書『大都市を持つ諸王国に関する洞察の道筋 *Masālik al-Abṣār fi Mamālik al-Amṣār*』は，第1巻を除き，第2巻（Ms. No. 3415）から最終巻の第 27巻（Ms. No. 3439）までの26冊が揃っている（*Defter-i Kütübhane-i Ayasofya,* op. cit., p. 205）。私が 1971 年に利用したウマリー写本は，そのうちの第2巻（Ayasofya, Ms. No. 3415）であり，一方，後述するセズギンによる「写本復刻叢書」に含まれるウマリー写本第 2 巻はアヤソフィア本ではなく，スレイマニエ写本（Süleymaniye Library, Ms. No. 2227）を復刻したものである。

(29) al-'Umarī, *Masālik al-Abṣār*. (ed. Fuat Sezgin) 1988.

(30) ウマリーについては，al-'Umarī, *Masālik*. ② Vol. 1, pp. v–xi の F. セズギンによる序文および *E. I*.［new ed. 1971］Vol. 3, pp. 758–759（IBN FAḌL ALLĀH AL-'UMARĪ）参照。ウマリーの百科全書全 27 巻の揃いの写本は，現存していない。F. セズギンは，トプカピ・サライ図書館，ヌール・オスマニエ図書館，スレイマニエ図書館などに分散して所蔵されている各巻の写本のなかから，良質写本を選んで，27 巻の完本を復元した。

(31) al-'Umarī, *op. cit*., Vol. 2, pp. 179, 181.

(32) *Ibid*., pp. 175–176.

(33) ここでのスルターン（sulṭān）は，地方の君主，権力者の意味であろう。港における船の出入港，商品の売り買い，外国人の管理などを司る役人のことで，スライマーンとアブー・ザイドの記録『中国・インドの諸情報 *Akhbār al-Ṣīn wa'l-Hind*』では，広東（Khānfū）の町の王（malik）とあるので，おそらく市舶司を指したと思われる（Sulaymān & Abū Zayd, *Akhbār*., p. 44）。

(34) A 本の第 1 話では，A. H. 288（900/01）年，情報提供者のアブー・ムハンマド（Abū Muḥammad）がスィンドのマンスーラ（al-Manṣūra）に滞在していた時，その町の長老からこの話を聞いたこと，他はインドのラー王（malik Rā）が 270（883/84）年にマンスーラの知事に書簡を送ったこと，の二つの年号が記されている（Buzurk, *op. cit*., text, pp. 2–3）。

(35) カラ（Kalah）は，カラバール（Kalahbār），カラフ・バール（Kalah Bār）とも呼ばれたマレー半島南西部のマラッカ海峡に沿った交易港。そこは，紀元前後の頃か

ら12・13世紀までの1,200年以上にわたってインド洋の東西を繋ぐ中継港として繁栄した。Nik Hassan Shuhaimi / Yatim［1990］pp. 1-9；家島［1993a］76-80頁，［2004］717-729頁参照。

(36) バンジャラーン（Banjalān）という地名は，ウマリーの書以外の同時代史料にはまったく見当たらない。アラビア語でベンガル地方を指すバンジャーラ（Banjāla）とも類似するが，おそらくバンカーラーン，すなわちマレーシアのケダ州ブジャン渓谷のペンカラン（Pengkalang）と読むべきであろう。また「バンジャーラーンの海岸（岸辺）にあるカルブ（Karb），クルブ（Kurb），またはカドブ（Kadub）は同じブジャン川の河口，もしくはメルボク川の河口付近の船着き場の村で，カウブ（kawb, kawp）と読めば，カムポン（kampong）に近い音になり，「村，村落」を意味する。家島［2004］726頁参照。

(37) al-ʻUmarī, *op. cit*., Vol. 2, pp. 220-221.

(38) al-Muqaddasī, *op. cit*., pp. 426-427.

(39) 後掲註(48)参照。

(40) Buzurk（Lith & Devic）text, pp. 1-2.

(41) al-ʻUmarī, *op. cit*., Vol. 2, p. 175.

(42) 前掲註(25)参照。

(43) ラー（Rā）は，サンスクリット語のラージャー（rājā）のこと。Cf. Yule / Burnell［1968］p. 754.

(44) A本のMahrūk b. Rāyiqは，U本ではMahrūk b. Māliqとなっている。

(45) Buzurk（Lith & Devic）*op. cit*., text, pp. 2-3.

(46) al-ʻUmarī, *op. cit*., Vol. 2, p. 177.

(47) カーフール（Abū al-Misk Kāfūr al-Lābī）については，*E. I*.［new ed. 1978］Vol. 4, pp. 418-419（KĀFŪR）参照。

(48) Pellat［1953］pp. 244-245；*E. I*.［new ed. 1960］Vol. 1, pp. 203-204（ʻADHĀʼIB），［new ed. 1991］Vol. 6, p. 709（AL-MASDJIDĪ, AL-MASDJIDĪYYŪN）.

(49) Buzurk（Lith & Devic）text, pp. 50-60；al-ʻUmarī, *op. cit*., Vol. 2, pp. 181-184.

(50) カビーラ，カンバラ（Qanbalah）はカンバルー（Qanbalū）に同じで，スィーラーフ系商人たちの訪れる東アフリカ海岸の最南端に位置する交易港。おそらくペンバ島を指したと考えられるが，異説もある。Chittick［1977］pp. 190, 192-196, 198, 202, 223；鈴木［2005］154-170頁；家島［1993a］89, 118頁参照。

(51) Buzurk（Lith & Devic）text, pp. 85-90.

(52) ナジーラム（Najīram）は，スィーラーフの西，現在のダイイル港（Bandar-i Dayyir）の近くに位置し，風向きや潮流の都合でスィーラーフに入港することが難しい時，またスィーラーフが976/77年もしくは977/78年の大地震によって壊滅した以後に利用された港。Cf. al-Muqaddasī, *op. cit*., p. 427；Yāqūt, *Muʻjam al-Buldān*, Vol. 4, p. 764；Le Strange［1905］pp. 258-259, 296；家島［1993a］116頁。

(53) al-ʻUmarī, *op. cit*., Vol. 2, pp. 187-189.

(54) Ferrand［1919］t. 13, pp. 239-364, 431-492, t. 14, pp. 5-68, 201-242；Chittick［1977］pp. 190, 203, 220-224；*E. I*.［new ed. 1986］Vol. 5, pp. 379-381（ḲUMR）参照。

(55) Ibn al-Mujāwir, *Ṣifat*., Vol. 1, p. 117.

(56) サリーラ（Sarīra）は，サルブザ（Sarbuza）と改めるべきであろう。サルブザとは，

7〜11世紀に栄えたスマトラの王国シュリーヴィジャヤ（Šrīvijāya）のこと。首都はパレンバンにあり，マラユー（Malayū）を併せ，マラッカ海峡を挟んだカラ（Kalah）王国をも服属させた。多くのアラビア語史料には，誤ってサリーラの名で伝えられた。Hall［1985］；Wink［1990］pp. 83–84, 275–276, 350–358.

（57） ザーム（zām, azwām）は，航海における時間の一単位で，3時間ごとに交替する見張り時間のこと。8ザーム，すなわち8交替が1日に相当する。ここでは50ザームとあるから，6〜7日間の航海距離ということになる。Cf. Tibbetts［1971］p. 527.

（58） Buzurk（Lith & Devic）p. 178.

（59） Sachau［1910］*Alberuni's India*., p. 200；*E. I*.［new ed. 1960］Vol. 1, pp. 1165–1166（BENARES, BANĀRAS）.

（60） ラーフリー（Rāhlī）はおそらくラームニー（Rāmnī），あるいはラームリー（Rāmrī）に同じで，趙如适『諸蕃志』には藍無里とある。そこは藍篦國（Kalah, Kompai ?）から水路5日，また藍無里國から北風を受けて20餘日で細蘭國（Sīlān）に達するという（藤善訳，78, 80頁）。そこはスマトラ島の北端，現在のバンダ・アチェの東側に位置した。Cf. Ibn Khurdādhbeh, *al-Masālik*., pp. 64–65；Anonymous, *Ḥudūd al-ʻĀlam*, p. 57；Tibbetts［1979］pp. 138–140.

（61） 9・10世紀のアラブ地理書・旅行記に記録されたハルカンド（Harkand）の海（Baḥr Harkand）は明らかにベンガル湾を指したが，その語源についはサンスクリット語のハリケリーヤ（Harikelīya），タミル語のアリカンダム（Arikandam），東ベンガル地方を指すハリケラ（Harikela）などの諸説がある。*Ḥudūd*., p. 241；Sauvaget［1948］p. 35, note 2；Ahmad［1960］p. 113参照。

（62） ターナの入江（Khawr Tāna）はインドのコンカン海岸のターナ湾（Gulf of Thana）のこと。ターナはサーナー（Thānā）とも呼ばれ，ボンベイ（ムンバイ）の北北東32km，半島の付け根にある。Cf. Ahmad［1960］p. 106；*E. I*.［new ed. 2000］Vol. 10, pp. 438–439（THĀNA）.

（63） Buzurk（Lith & Devic）text, p. 168参照。

（64） バナワール山（Jabal Banawār），もしくはバンワール山（Jabal Banwār）はカラに入港する船の右側にあるピナン島（Pulau Pinang）を指したと考えられる。なお，ベンガル湾を横断して東に向かう船がカラ港の左側に位置する黄金山（Jabal al-Dhahab）とは，おそらくマレーシアの南ケダ地方にそびえる標高1,217 mのケダ・ピーク（Kedah Peak, Gunung Jerai）のことであろう。Cf. Nik Hassan Shuhaimi/Yatim［1990］p. 2；家島［2004］726頁。

（65） バターイフ（al-Baṭāʼiḥ）は，下イラクの低湿地帯を指す。ティグリス川とユーフラテス川が合流して，ペルシャ湾に注ぐまでの水位はほぼ同じであるために，海水が逆流して河川水と混じり合い，広大な湖沼・水路・湿地が広がる。著者Buzrukの出身地ラーム・フルムーズもまたバターイフに近く，ティーブ川河畔の低湿地にある（Cf. Le Strange［1905］pp. 41, 243, 247）。メルボク川河口のデルタ地域の自然景観は，著者が述べているように，多くの河川が分流し，沼沢地が多いため，下イラクのバターイフやフージスタンの景観と類似していたのであろう。

（66） Buzurk（Lith & Devic）text, p. 149.

（67） ディーバージャート（Dībājāt）はマルディヴ諸島を指す。アッダム（al-Dam）はマルディヴ諸島最南端のアッド環礁（Add Atoḷḷ），もしくは環礁を意味するアトッル

(atoḷḷ）のことであろう。ここでは後者の意味に解釈し，マルディヴ諸島の中心の島マーレ・アトッル（Mahal Atoḷḷ）とした。マルディヴ諸島については，Bell［1940］; Malony［1980］; Ahmad［1960］p. 116 ; *E. I*.［new ed. 1991］Vol. 6, pp. 245–246（MALDIVES）; Ibn Baṭṭūṭa（邦訳）第 6 巻 196–241 頁参照。

(68) Ibn Khurrdādhbeh, *op. cit*., p. 66.

(69) Sulaymān & Abū Zayd, *op. cit*., p. 32.

(70) 趙如适『諸蕃志』（藤善訳）49 頁 ; Yule/Burnell［1903］(repr. 1968) p. 74.

(71) Nicolo Conti, *The Travels.,* p. 9 ; Yule/Burnell［1903］(repr. 1968) p. 74.

(72) Buzurk,（Lith & Devic）text, p. 192.

(73) Ibn Baṭṭūṭa（邦訳）第 5 巻 328 頁参照。

(74) Ibn Baṭṭūṭa（邦訳）第 6 巻 104, 155 頁註 47 参照。スィンダーブール（Sindābūr），もしくはサンダーブール（Sandābūr）と読む。インド南西海岸，グジャラート地方とマラバール地方との境にある港。現在のゴアもしくはパンジム（Panjim）に比定する説と，ゴアの南 80 km のシンタコラ（Cintacola）にあてる説がある。Yule/Burnell［1903］(repr. 1968) pp. 837–838 ; Ahmad［1960］pp. 58, 62, 102, 159 ; *E. I*.［new ed. 1997］Vol. 9, p. 638（SINDĀBŪR）; Ibn Baṭṭūṭa（邦訳）第 6 巻 104–106, 141–142, 155–156 頁参照。

第 VII 部第 2 章　イエメン・ラスール朝に関する新史料

(1) イスラーム史料にもとづく鄭和の遠征については，家島［1968］126–131 頁，［1974c］137–155 頁参照。

(2) Dār al-Kutub al-Miṣrīya, al-Khizānat al-Taymūrīya : al-Riyāḍīyāt, No. 274.「タイムール文庫（al-Khizānat al-Taymūrīya）」の所蔵目録には，その書名および著者を説明して「[書名は]『七つの星の緯度・経度表 *Taqwīm al-Kawākib al-Sab'at*』であり，それは年表・暦の測定に関するもの。その著者は，［ヒジュラ暦］9 世紀（15 世紀）のウマラーの一人と思われる。その最初の部分で預言者とカリフたちの年表，続いて 807 年に至るまでのイエメンの王侯たち，ラスール朝，その他の年表，そのなかには月，天体十二宮の一覧図を含む」とある。Cf. Ayman［1974］pp. 159–160.

(3) Anonymous, *Ta'rīkh al-Dawlat al-Rasūlīya fi'l-Yaman*, ed. H. Yajima, Tokyo, 1977 (repr. 1984). なお，筆者の校訂本に基づいて，1984 年，イエメンの歴史家ハブシー（Muḥammad 'Umar al-Ḥabshī）は *Ta'rīkh al-Dawlat al-Rasūlīya fi'l-Yaman*, ed. al-Ḥabshī, Ṣan'ā' を出版した。しかし，ハブシー校訂本は，筆者に無断で複製した海賊版といえるものである。

(4) Baron de Slane［1883–85］.

(5) 本文中の写本の丁数（folio）は，f. 1a, f. 2b のように示す。タイムール文庫写本は，各頁下に算用数字の頁づけがなされているので，p. 1... p. 10 で示す。

(6) 「パリ写本」はすべて，同一の写字生によるイエメン・ナスタァリーク書体で記されている。Ms. Arabe No. 2572 についても，Ms. Arabe No. 4609 ときわめて類似の書体であるが，同じ写字生によるものかは確定できない。

(7) この重要なイエメン写本が研究者たちの間で，これまでまったく知られなかった理由

として，次の諸点が考えられる。①パリの国立図書館のアラビア語写本目録（Baron de Slane［1883-85］）は部門別と地域別に分類されているが，この写本は巻末の「雑部」に収められている。一方，「タイムール文庫写本」は「歴史（al-ta'rīkh）」部門ではなく，「数理学（al-riyāḍīyāt）」の写本として登録・分類されている。②写本には，おもに数理・天文学に関連する数種の異なる写本が合綴されているため，歴史の記録資料として気づかなかったものと思われる。③ラスール朝やターヒル朝時代の代表的な著述家たち，とくにハズラジー（al-Khazrajī），イブン・アッダイバゥ（Ibn al-Dayba'），アブー・マフラマ（Abū Makhramah），ナフラワーリー（al-Nakhrawālī）などが，この書の存在についてまったく言及していない。

（8） タイムール文庫写本のラスール朝に関する記録の最後には，「マダーディーの子息（walad al-Madādī）がハウカマ要塞（Ḥiṣn Ḥawqama）を奪還しようとして，そこに向かっているとの情報が届いた。そこでわが主スルタン［＝ナースィル］は［807年］ズー・アルヒッジャ月12日，その要塞に関わることで［戦線の］陣地（al-maḥaṭṭa）に出発した。そして，わが主スルタンは［無事に］帰還し，807年のズー・アルヒッジャ月13日木曜日，ザビード［の城内］に入った。以前から，スルタンはその［ハウカマ］要塞を奪還したいと望んでいた」とある（p. 57）。この記事は，「パリ写本」のf. 32bの，「マダーディーの子息（Ibn al-Madādī）がハウカマ要塞で反乱を起こしたとの情報が届いた。そこで宦官ジャマール・ウッディーン・マルジャーン（al-ṭawāshī Jamāl al-Dīn Marjān）は，807年聖なるズー・アルヒッジャ月8日土曜日，マダーディーの子息と争うため出陣した。807年聖なるズー・アルヒッジャ月11日，火曜日，ハウカマ要塞を攻撃するため，勝利の陣地（al-maḥaṭṭat al-manṣūra）へのわが主スルタン，ナースィル王（al-Malik al-Nāṣir）の出陣。807年聖なるズー・アルヒッジャ月14日，ハウカマ要塞を奪回した後，守備されたるザビードへのわが主スルタンal-Malik al-Nāṣirの［凱戦］入場」の部分と一致する。

（9） ハズラジーの年代記（*al-'Uqūd.*）は，803年第1ラビーゥ月18日土曜日（1400年11月6日），ラスール朝のスルタン＝マリク・アシュラフが病死し，その遺体がアシュラフのマドラサ（al-Madrasat al-Ashrafīya）に埋葬されたこと，そして彼の生前の数々の功績を列挙し，高徳と業績を称える長詩（qaṣīda）を載せて，同書全体の締めくくりとしている（al-Khazrajī, *al-'Uqūd*., Vol. 2, pp. 318-320）。

（10） ラスール朝後期の歴史については，ターヒル朝時代以後に著されたハズラジーの補遺本（al-Khazrajī, *al-'Asjid al-Masbūk*），イブン・アッダイバゥ，アブー・マフラマ，ヤフヤー・ブン・アルフサイン（Yaḥyā b. al-Ḥusayn），イーサー・ブン・ルトフ・アッラー（'Īsā b. Luṭf Allāh b. al-Muṭahhar）などの歴史家によって著された記録に限られていた。それらのなかでもイブン・アッダイバゥの *Kitāb Qurrat al-'Uyūn bi-Akhbār al-Yaman al-Maymūn* と *Bughyat al-Mustafīd fī Akhbār Madīnat al-Zabīd* が依拠すべき代表的な史料とされていた。

（11） 王朝の衰亡，反乱事件の頻発や飢饉，疫病，台風，地震，風水害といった異常な自然現象は，天体の運行や方位・位置の変動，流星の出現，惑星や恒星の異常な色・発光などと深く関連するとの主張は，同書の随所に見られる。例えば，834年の記事では，呪われた星々の接近や大犬座方向からの星の出現などの珍現象，とくに太陽と火星の公転周期上を土星が横断したこと，金星と土星とが大接近したことなどの異常な天体の運行は，イエメン国内での反乱，部族対立，人々の不信・誹謗・欺瞞・偽善な

どによる社会不安・騒乱，飢饉を引き起こす主原因となっていると説明している（f. 57b）。またスルタン＝ザーヒルの善政を賛美したなかで，836年シャアバーン月，スルタンがカドラーゥ（al-Kaḍrā'）からマフジャム（al-Mahjam）に到着したことを伝えて「その日は慶賀の日（yawm sa'īd）であった。その時，月はその天空の気高き位置（darajat sharafa）に，太陽はその気高き位置にあり（al-shams fī burj sharaf-hā），星々はすべて幸運の正しい位置（ṣāliḥat sa'īda）にあり，星は他の星を互いに友愛のまなざしで眺めていた（yanẓuru ba'ḍ-hā ilā ba'ḍ-hā naẓr al-mawadda）。その入城は，まさに慶賀なる入城であり，1,000騎を上回る凱旋勝利の軍隊が集結し，数え切れぬほどのアラブ遊牧民のすべてが集まった」（f. 64a）とある。

(12) スルタン＝アシュラフの治世代（al-Malik al-Ashraf, 1377–1400）の記録についても，著者は自らの経験と情報収集にもとづいたと考えられる。そのことを具体的に示す記事は，① 789（1387/88）年，ナフル地方を襲った豪雨と猛暑に関する情報をジャハーフ（al-Jaḥāf）の村民の一人，法学者シャムス・ウッディーン・アリー（Shams al-Dīn 'Alī b. Aḥmad al-Jallād al-Faradī）から得たこと（f. 23b），② 795年サファル月8日（1392年12月24日）に挙行されたスルタン＝アシュラフの皇子たちの割礼儀式と饗宴を説明して「［出席の］人たちは盛大な食事となった。……私がそれまでに見たことも聞いたこともないほどのものであった（ma lā 'ayna ra'ytu wa lā udhna sami'tu）」（f. 27b）などである。

(13) 「パリ写本」によれば，スルタン＝ナースィル（al-Malik al-Nāṣir）は827年第2ジュマーダー月16日月曜日（1424年5月16日）に逝去するまで引き続きスルタン位にあった。彼の没後，棺はタイッズに運ばれ，息子の故スルタン＝アシュラフのマドラサに埋葬されたとある（f. 49a）。しかし，多くのイエメン史料やマムルーク朝側の記録史料は，スルタン＝ナースィルは827（1424）年に息子マンスール（al-Malik al-Manṣūr 'Abd Allāh b. Aḥmad b. Ismā'īl）にスルタン位を譲って退位し，さらに830（1427）年にはナースィルの第二子で，マンスールの弟にあたるアシュラフ・イスマーイール（al-Malik al-Ashraf Ismā'īl III）が即位したが，アシュラフはわずか1年半の在位で，831年第1ジュマーダー月（1428年2/3月），廃位させられたと伝えている。このように，ナースィルの末年に起こったスルタン位をめぐる抗争，彼らの即位と廃位の年号については，記録の間で大きく矛盾する内容が伝えられており，情報が混乱していたことが分かる。Cf. Ibn al-Dayba', *Kitāb Qurrat*., Vol. 2, pp. 126–128 ; Yaḥyā b. al-Ḥusayn, *Ghāyat al-Amānī*., pp. 566–568 ; Ibn Ḥajar, *Inbā'*., Vol. 3, pp. 331, 401 ; Aḥmad［1980］pp. 231–233.

(14) ff. 45b–46a.

(15) ff. 48b–49a. さらにこの書がザーヒルの時代に書かれたことを示す一つの証拠として，ラスール朝史の最初の見出し部分で「卓越した諸王，神聖にして寛大なる主，ラスール家の王朝の開始。神よ，彼ら並びに彼らの後継者たちを世の末に至るまで王位に即かせ給え！　そして，わが主，このスルタン＝マリク・アッザーヒルに偉大なる権政，支援，勝利，［神による］援護を確固たるものとなし給え！（ibtidā' dawlat al-mulūk al-amjād wa'l-sādat al-kuramā' al-ajwād Banī Rasūl, ja'ala Allāh al-mulk fī-him wa fī khalafi-him ilā ākhir al-dahr wa 'ayyada mawlā-nā al-sulṭān al-malik al-Ẓāhir hādhā bi'l-'izz wa'l-naṣr wa'l-ẓafar wa'l-ta'yīd)」とある（f. 10b.）。

(16) f. 50b.

(17) f. 51b.
(18) f. 60a.
(19) f. 63a.
(20) Taymūr, Ms. p. 1.
(21) イーサー・ブン・ルトフ・アッラー（ʻĪsā b. Luṭf Allāh）については，Brockelmann［1949］Vol. 2, pp. 528–29,［1942］(Supple.) Vol. 2, p. 550 参照。
(22) f. 74a.「パリ写本」の伝えるラスール朝史に関する最後の記事には「以下の報告が到着した。アミール＝サイフ・ウッディーン・バルクーク（Sayf al-Din Barqūq）は，カフマの境界（ḥudūd al-Qahma）で不正な輩たちの一団に勝利した。彼らのなかの15の首級は取られ，守備されたる［首都］ザビードの御前に，彼ら（捕虜）とともに送られた。それは840年第1ジュマーダー月初日，土曜日（1436年11月11日）のこと」とある。
(23) f. 73b.
(24) f. 94a.
(25) この部分は，わずか3頁であり，「聖なるズー・アルカァダ［月］に，アミール＝アリー・ブン・ムハンマド・アッスライヒー（ʻAlī b. Muḥammad al-Ṣulayḥī）は［支配者として］立ち上がった。すなわちそれは，439年の月のこと」という記事で始まり，626年末（1229年10/11月），アイユーブ朝のイエメン支配者マスウードがメッカで逝去したことをもって終わる（ff. 9a–10a）。Cf. Muḥammad b. Ḥātim, *Kitāb al-Simṭ*., pp. 194–197 ; ʻAbd al-Bāqī al-Yamānī, *Bahjat*., pp. 72–77, 139 ; al-Khazrajī, *op. cit*., Vol. 1, p. 42 ; al-Janadī, *Sulūk*., Vol. 2, pp. 485–541.
(26) 関連する史料として，ムハンマド・ブン・ハーティム（Muḥammad b. Ḥatīm, *op. cit*., pp. 15–197），ハズラジー（al-Khazrajī, *op. cit*., Vol. 1, pp. 29–42），アブド・アルバーキー・アルヤマーニー（ʻAbd al-Bāqī al-Yamānī, *op. cit*., pp. 72–139），ヤフヤー・ブン・アルフサイン（Yaḥyā b. al-Ḥusayn, *op. cit*., pp. 297–397），イブン・アッダイバゥ（Ibn al-Daybaʻ, *op. cit*., Vol. 1, pp. 242–422）などによる記録を参照。
(27) ʻAbd al-Bāqī al-Yamānī, *op. cit*., pp. 140–141.
(28) スルタン＝ムザッファルの派遣した遠征軍によるハドラマウト・ズファール征服については，ハズラジー（al-Khazrajī, *op. cit*., Vol. 1, pp. 274–275）およびアブド・アルバーキー・アルヤマーニーの記録ともよく一致する（ʻAbd al-Bāqī al-Yamānī, *op. cit*., pp. 99–101）。スルタン＝ムザッファルによるズファール・ハドラマウト遠征の問題については，本書第III部第3章を参照。
(29) アブド・アルバーキー・アルヤマーニーによると，スルタン＝ムアイヤドの貿易振興策によって，多くの外国船や商人たちが集まり，718年のアデン港における関税収入は30万ディーナールに達した（ʻAbd al-Bāqī al-Yamānī, *op. cit*., p. 281）。Cf. al-Khazrajī, *op. cit*., Vol. 1, pp. 374, 422, 435, 438 ; al-ʻUmarī, *Masālik*. ① pp. 154–158 ; al-Qalqashandī, *Ṣubḥ*., Vol. 5, p. 7.
(30) エジプト・マムルーク朝の軍隊によるイエメン出兵については，al-Maqrīzī, *al-Sulūk*., Vol. 2, pp. 259–268 ; al-Nuwayrī, *Nihāyat*., Vol. 33, pp. 171–179 に詳しい。マクリーズィーが説明したように，マムルーク朝スルタン＝ナースィルによるイエメン出兵の目的は，ラスール朝勢力によるメッカ進出を阻止して，ヒジャーズ地方を支配すること，同時にイエメンに対する軍事的・政治的支配権を確立することにあったと

思われる。すでにラスール朝のスルタン＝ムジャーヒドの前王，スルタン＝ムアイヤド（al-Malik al-Mu'ayyad）は宗主国であるマムルーク朝への規定の進物（hadīya）を贈ることをやめ，メッカへの軍隊の派遣，さらには商船や外国商人たちを強制的にイエメンの諸港に停泊させて，法外な関税を徴集するなど，ラスール朝は東西交通上の好位置を利用してインド洋・紅海を結ぶ国際交易の独占を目指していた（al-Maqrīzī, *op. cit*., Vol. 2, pp. 32–33；Ibn Ḥajar, *al-Durar*., Vol. 1, p. 250, Vol. 2, pp. 423–424）。これに対して，マムルーク朝スルタン＝ナースィルは，イル・ハーン朝のスルタン＝アブー・サイード（Abū Sa'īd, 在位 1317–35）との友好関係の樹立に努める（*Ibid*., Vol. 2, p. 272）と同時に，メッカやイエメンへの軍事的・経済的進出を推し進めることを画策していた。こうした状況のなかで，マムルーク朝とラスール朝との間に国際交易をめぐる緊張と対立の関係が高まった。当時のマムルーク朝とラスール朝との間の軍事・経済関係については，家島［1980a］84–97 頁，［1993a］267–273 頁参照。

(31) al-Khazrajī, *op. cit*., Vol. 2, pp. 134–135, 139, 142–143, 149, 152.

(32) 例えば，ハズラジーによると，767 年，法官ジャマール・ウッディーン・アルファーリキー（Jamāl al-Dīn al-Fāriqī）は外交使者としてエジプトに派遣され（al-Khazrajī, *op. cit*., Vol. 2, p. 134），次の年の 768 年サファル月 8 日，エジプトから帰還した（*Ibid*., Vol. 2, p. 135）。これに対応する『イエメン年代記』の記事は「768 年第 1 ラビーゥ月に，法官ジャマール・ウッディーン・アルフーリキーを随伴するスルタン＝アフダルの公式使節団（al-sufarā' al-Afḍalīya）」(f. 18a)，「770 年サファル，偉大なる法官ジャマール・ウッディーン・アルファーリキーの随伴する使節団のエジプト地方からの帰還」(f. 18a) とあって，ちょうど 1 年の年号のずれが見られる。またハズラジーは 768 年の記事で，インドのカンバーヤの支配者とスィンド王の使者が贈物を持って到着したことを伝えている（*Ibid*., Vol. 2, p. 135）。これに対して，『イエメン年代記』では「インド王の使者による贈物と，素晴らしい香木類，目も眩むような高級衣布からなる奢侈品類を持参しての到来。それは 769 年のこと」(f. 18a) とあり，ここでも両者の間には 1 年の違いがある。いずれの記録が正しいかは，マムルーク朝側の史料とも詳しく比較・考証する必要があろう。

(33) al-Ḥasan b. 'Alī al-Ḥusaynī, *Mulakhkhaṣ al-Fiṭan*., ff. 26b–27b；al-'Umarī, *op. cit*., pp. 154–158；al-Qalqashandī, *op. cit*., Vol. 5, p. 7.

(34) al-Khazrajī, *op. cit*., Vol. 2, pp. 156–157, 205–207.

(35) Yaḥyā b. al-Ḥusayn, *op. cit*., pp. 560–561.

(36) Ibn al-Dayba', *op. cit*., Vol. 2, pp. 119–125.

(37) スルタン＝ナースィルの治世代における法官アミーン・ウッディーン・ムフリフ・アットゥルキー（Amīn al-Dīn Mufliḥ al-Turkī）の外交上の活動については，第 IV 部第 3 章を参照。

(38) 前掲註(22)を見よ。

(39) Ibn al-Dayba', *op. cit*., Vol. 2, p. 134；Yaḥyā b. al-Ḥusayn, *op. cit*., p. 578.

第 VII 部第 3 章　マルディヴ諸島のアラビア語年代記

（1）　Bell［1940］pp. 1-2, 5, 201.

（2）　14 世紀前半にマルディヴ諸島を訪問したイブン・バットゥータは「カーリクートから船に乗り，海に出てから 10 日後，われわれはズィーバ・アルマハルの群島（jazā'ir Dhībat al-Mahal）に着いた。ズィーバは［アラビア語の］ズィーブの女性形［ズィーバ］のように発音される。この群島は，世界の数ある不思議《アジャーイブ》の一つで，約 2,000 に近いもの（環礁）がそれぞれ輪型の飾りのように，円く集まっている。そこには［屋敷の］門のような入口があり，船はそこからでなければ中に入れない」と説明している（Ibn Baṭṭūṭa（邦訳）第 6 巻 196 頁）。併せて同書第 6 巻 196-241，336-338 頁参照。マルディヴ諸島の地理的位置，気候・風土，住民，言語，生活・文化，宗教，物産，王権，政治組織などについては，Ma Huan［1970］pp. 146-151；Pylard, *The Voyage*., Vol. 1, pp. 93-324；Bell［1883］，［1940］pp. 10-15；Malony［1980］；Yule/Burnell［1903］（repr. 1968）pp. 546-548；*E. I*.［new ed. 1991］Vol. 6, pp. 245-247（MALDIVES）；家島［1985a］390-393 頁など参照。

（3）　Sulaymān & Abū Zayd, *Akhbār al-Ṣīn*., p. 5. スライマーンはさらに続けて「女性の統治するこうした島々には，ココヤシの樹木が繁茂している。そこの一つの島と他の島とを隔てる距離は［わずか］2 ファルサフ，もしくは 3〜4 ファルサフで，そうした島のすべてに人が住み，ココヤシが栽培されている。……この島々の［南］端はハルカンドの海（Baḥr Harkand）のなかのサランディーブ（Sarandīb）にある。サランディーブはこれらの島々全体の頭《かしら》（ra's）の部分に位置する。なお，彼ら［船乗りたち］は，その島々をディーバージャート（Dībājāt）と呼んでいる」とある（*Ibid*., pp. 5-7）。

（4）　イブン・バットゥータはマルディヴ諸島で捕れる鰹とその加工方法について，「［穀物がないため，］島民の主食はビールーンに似た魚だけであり，彼らはその魚のことを〈クルブ・アルマース〉と呼んでいる。その魚の肉［質］は赤く，脂肪はなく，匂いだけが家畜の肉の匂いのようである。彼らは，その魚を捕ると，一匹を四つ切りにして，切り身を少しだけ煮た後，椰子（ココヤシ）の樹葉で作った大笊に置き，［切った］魚を煙［で燻すため］に吊す，そして，その魚が十分に乾燥した時，彼らは［自分たちで］それを食べ，また［一部は］そこからインドや中国，イエメンに輸出される。彼らは，その［加工した］魚も［また］クルブ・アルマースと呼ぶ」と説明している（Ibn Baṭṭūṭa（邦訳）第 6 巻 198 頁）。クルブ・アルマースは，マルディヴ（デビヒ）語でクンマラ・マス（kummala-mas）のこと。17 世紀初頭，スマトラ島にマルディヴ産のクンマラ・マスが輸出されていた（Pylard, *op. cit*., Vol. 1, p. 240；Meilink-Roelofsz［1962］p. 143）。

（5）　マルディヴ諸島の交易品については，Pylard, *op. cit*., Vol. 1, pp. 236-242；前嶋［新版 1982］159-171 頁に詳しい。

（6）　Toussaint［1961］p. 5. 地中海のさまざまな島の位置と性格，交通上の役割，栽培植物の伝播や文化交流上の重要性について，ブローデルはいくつもの事例をあげて詳しく述べている（Braudel（邦訳）第 1 巻 246-268 頁）。とくに島は孤立した世界であると同時に，海の生活の回路の連鎖の一つとしても重要な役割を果たすことについて，

ブローデルは「つまり，〈孤独〉というのものは相対的な真理であるということだ。島が実際に海の生活の回路の外にある場合，海が島を包み込み，また他のどんな環境よりもその他の世界から海によって島が隔絶されているということは，ほんとうだ。しかし海の生活の回路に入り，何らかの理由で（たいていは外的な理由であり，根拠のない理由である)，その回路の連鎖のひとつになると，島は今までとは打って変わって，外部の生活に積極的に巻き込まれ，いくつかの山が越えがたい隘路によって外部世界から遮断されるよりも外部の生活から隔てられることははるかに少なくなる」と説明している（*Ibid*., 249 頁)。

(7) 前嶋［1944］(新版 1982) 174-175 頁。

(8) ベルによる最初のマルディヴ諸島訪問の報告は Bell［1883］を見よ。第 2 回目のマルディヴ諸島マーレ滞在は 1920 年 1 月 20 日から 2 月 21 日までの 1ヵ月間であった (Bell［1922］)。

(9) Bell［1922］pp. 1-2, 5, 201.

(10) *Ibid*., p. 201.

(11) ベルは『年代記』について“The copy of the Arabic *Táríkh*, or “History” of the Máldive Sulṭáns” examined at Mále in 1920 and 1922 (and since graciously presented to the Ceylon Government by His Highness the present Sulṭán, Muḥammad Shams-ud-dán III is admittedly not the actual Chronicle put on record by *Qází* Ḥasan Táj-ud-dín, and continued by his nephew and grandson, who both also held the office of Qází of the Máldives” (Bell［1940］p. 201）と説明し，また同頁の脚註では“It is understood that the able Máldivian Goverment Representative at Colombo, I. Abdul Hamíd Dídí Effendi, son of the late Prime Minister A. Íbráhím Dídí, has generously consented to translate this presentation copy of the “*Táríkh*” for the Ceylon Government”と記している。すなわち，①スルタン＝ムハンマド・シャムス・ウッディーン 3 世によってセイロン政府に寄贈された『年代記 *al-Ta'rīkh*』の写本は，著者ハサン・タージュ・ウッディーンと彼の甥および孫によって記録されたオリジナル写本ではないこと，②寄贈された『年代記 *al-Ta'rīkh*』の写本に基づき，マルディヴ政府のコロンボにおける在外使臣 I. アブドル・ハミード・ディディ・エフェンディはその翻訳に同意したこと，の 2 点が述べられている。おそらく，この時にスルタンのもとに所蔵された『年代記 *al-Ta'rīkh*』写本（原本）によって数種の複製本が作成され，その複製本の一つがセイロン政府に寄贈されたものと考えられる。あるいは，スルタンのもとにあった『年代記 *al-Ta'rīkh*』写本（原本）そのものがセイロン政府に贈られたことも考えられる。この点は，上述のベルの説明だけでは明らかでない。

(12) Forbes［1980］pp. 70-82.

(13) ベルの利用した［B］写本は，Bell［1940］Plate P に 1 folio (pp. 1-2) が転載されている。

(14) *Ḥasan Tāj al-Dīn's The Islamic History of the Maldive Islands*, with supplementary chapters by Muḥammad Muḥibb al-Dīn & Ibrāhīm Sirāj al-Dīn, Vol. 1 (Arabic Text), edited by Hikoichi Yajima, Tokyo, 1982; Vol. 2 (Annotation and Indices), Tokyo, 1984.

(15) ［B］写本の末部の写真は残されていないが，ベルが『年代記』全体の内容の概要を説明したなかで“The *Táríkh* ends abruptly here, with a short piece of moralizing on

the misfortunes which result from sinful actions. The Chronicle (for reasons not on record) carries the History of the Máldive Islands only up to the early part of the Muslim year A. H. 1237, or December, A. C. 1821" とある (Bell [1940] p. 43)。[A] 写本の末部には「通告：1192 (1778/79) 年にわれらのために，彼らが遣わした汝らの書は，われらのもとに保存されている。今後とも必ずや汝ら知れよ！ 汝らが正確さと敬愛心をもって書き記したもの (『年代記』) を。汝らに平安あれ！ 神のご慈悲と恩寵とをもって，すべてはアッラーの御心のまま，[本当の] 力はただただ，いと高き，偉大なるアッラーだけのもの。[本書は] 預言者ムハンマドのヒジュラ 1243 年，ラジャブ月 (1828 年 1/2 月) に著された」とあるが (Ms. p. 128/text, p. 126)，本文中では A. H. 1244 (1828/29) 年の記録が一部含まれている (Ms. p. 126/text, p. 124)。

(16) とくに Ms. pp. 48, 50, 51, 69, 95-96, 98, 100, 121-122 など。

(17) Bell [1940] p. 43.

(18) Ḥasan Tāj al-Dīn, *op. cit*., Vol. 1, p. 8.

(19) *Ibid*., pp. 70-71.

(20) *Ibid*., pp. 71-72.

(21) *Ibid*., pp. 73-75.

(22) *Ibid*., p. 73.

(23) *Ibid*., pp. 73-87.

(24) *Ibid*., p. 95.

(25) *Ibid*., p. 88.

(26) *Ibid*., pp. 107-109, 117.

(27) *Ibid*., pp. 34-38, 44-46, 53, 73.

(28) 家島 [1985b] 213-214, 227-228 頁参照。

(29) Ḥasan Tāj al-Dīn, *op. cit*., Vol. 1, pp. 1-7.

(30) とくにガザーリー (Aḥmad b. Muḥammad al-Ghazālī, ?-1126)『宗教諸学の蘇りの書 *Kitāb Iḥyā' 'Ulūm al-Dīn*』とハディース学者ティルミズィー (Abū 'Īsā Muḥammad b. 'Īsā al-Tirmidhī, 825-892) 編纂の『スンナ集 *al-Sunan*』については，『年代記』のなかでしばしば言及されている (pp. 90, 102-103, 121-122)。マーワルディー ('Alī b. Muḥammad al-Māwardī, 975-1058) については名前をあげていないが，「序」の題名および「カリフ論」については，明らかにマーワルディーから直接影響を受けたものと考えられる。

(31) Ḥasan Tāj al-Dīn, *op. cit*., Vol. 1, pp. 8-9.

(32) *Ibid*., p. 10.

(33) *Ibid*., pp. 10-11. Ibn Baṭṭūṭa (邦訳) 第 6 巻 210-213 頁および家島 [1985] 394-398 頁参照。

(34) al-Jazīrī ('Abd al-Qādir Muḥammad al-Jazīrī), *Durar al-Fawā'id*, p. 682.

(35) カンナノール (Kannanūr/Cannanor) の支配者アリー・ラージャー ('Alī Rājā) の派遣したマラバール軍によるマルディヴ諸島侵攻については，Ḥasan Tāj al-Dīn, *op. cit*., Vol. 1, pp. 16, 20-21, 26, 28, 31-32, 39, 59, 83-85, 89-95, 99, 104-06, 117, 124, 126, 128 ; Kurup [1975] 参照。これらの『年代記』の記録は，F. ピラールによって伝えられたアリー・ラージャーの軍隊によるマルデイヴ占領の状況とも一致する

(Pylard, *op. cit*., Vol. 1, pp. 266–277)。

(36) ポルトガル艦隊によるマルディヴ諸島侵攻と支配について，『年代記 *al-Ta'rīkh*』はマルディヴ諸島側から見た悲惨な占領の状況について貴重な記録を残している（Ḥasan Tāj al-Dīn, *op. cit*., pp. 18–25)。ピラールによって記録されたポルトガル艦隊によるマルディヴ諸島支配の状況については，Pylard, *op. cit*., Vol. 1, pp. 245–251 参照。

(37) *Ibid*., pp. 34–35, 44, 55, 61.

(38) *Ibid*., pp. 70–72.

(39) *Ibid*., pp. 73–87.

(40) *Ibid*., pp. 73–75, 83–85.

(41) *Ibid*., pp. 88–126.

(42) *Ibid*., pp. 89–93, 95–96, 99–100, 108–109, 112–116, 118–126.

(43) Bell［1940］p. 43. 前掲註(15)参照。

(44) Ḥasan Tāj al-Dīn, *op. cit*., Ms. p. 128/text, p. 126. なお本文中では A. H. 1244 年の記録が一部含まれている（Ms. p. 126/text, p. 124)。併せて，前掲註(15)参照。

(45) 『年代記』によると，スルタン＝イブラーヒーム・イスカンダル（Ibrāhīm Iskandar）の治世末年，即ち 1097（1686）年に，カーディリー教団の聖者ムハンマド・ブン・アブドゥル・ラッザーク（al-sayyid Muḥammad Shams al-Dīn b. 'Abd al-Razzāq al-Ḥusayn b. al-Ḥusayn）が来島した。彼は，弟ターハー（Ṭāhā）と一緒にエジプトを出ると，メッカ，ムハー，マンガロール，アチェなどを遍歴し，各地で教団活動を続けた後，マルディヴ諸島のムスリムたちの信仰と教義・規範を改めるために来島した。彼のもたらしたカーディリー教団の修行方法と教義解釈はマルディヴ・ウラマーや一般民衆に強い影響を与えた。『年代記』の著者ハサンは，この聖者から直接指導を受けた（Ḥasan Tāj al-Dīn, *op. cit*., pp. 33–40)。

(46) Pyrard, *op. cit*., Vol. 1, pp. 110, 165.

(47) これらの資史料については，Bell［1940］pp. 165–204 の Section IV：EPIGRAPHY, I. ：Inscriptions (Stone, Wood, Brass), II. ：Copper-Plate Grants (Lṓmā́fā́nu), III. ：Board and Paper Grants (Fat-ḳolu), IV. ：Chronicles (Rā́davali, Ta'rīkh）に詳しく紹介されており，一部について英訳と解説がなされている。

初出一覧

本書の内容の一部は，以下に掲げる初出の発表論文・著書にもとづくものであり，その他は今回新しく起稿したものである。既刊の論文についても，本書に採録するにあたっては，いずれも大幅な訂正と補筆をおこなった。

序　章

「海域史に関する試論——地中海からインド洋まで」『アジア・アフリカ言語文化研究』第57号，1998年，281-300頁。

第I部

第1章

「ダウ船とインド洋海域世界」『生活の技術・生産の技術』（シリーズ世界史への問い2）岩波書店，1990年，105-128頁。

第2章

「インド洋海域における港の成立とその形態をめぐって」『歴史の中の港・港町I——その成立と形態をめぐって』（中近東文化センター研究会報告11）中近東文化センター，1995年，65-99頁。

第3章

『Arwād島　シリア海岸の海上文化』アジア・アフリカ言語文化研究所，1986年。

「島の魅力——地域連関の視点から」『重点領域研究』第6号，京都大学東南アジア研究センター，1994年，14-16頁。

第II部

第1章

「メッカ巡礼の道——ヒト・モノ・文化情報の交流」松本宣郎・山田勝芳編著『移動の世界史』（地域の世界史5）山川出版社，1998年，328-366頁。

第2章

「ナイル渓谷と紅海を結ぶ国際貿易ルート——とくにQūṣ～ʻAydhābルートをめぐって」『イスラム世界』第25/26号，日本イスラム協会，1986年，1-25頁。

第3章

『イラン・ザグロス山脈越えのキャラバン・ルート』アジア・アフリカ言語文化研究所，1988年。

第4章

「マムルーク朝の対外貿易政策の諸相——セイロン王Bhūvanaikabāhu Iとマムルーク朝スルタンal-Manṣūrとの通商関係をめぐって」『アジア・アフリカ言語文化研究』第20号，1980年，1-105頁。

第III部

第1章

「ピレンヌ・テーゼ再考——ムスリム勢力の地中海進出とその影響」坂口昂吉編著『地中海世界の宗教』慶應義塾大学地域研究センター，1989年，97-117頁。

第2章

「国家と海峡支配」秋道智彌編著『「海人の世界』同文舘，1998年，169-193頁。

第3章
「国家・港市・海域世界——イエメン・ラスール朝スルタン・ムザッファアルによるズファール遠征の事例から」『アジア・アフリカ言語文化研究』第46/47号，1994年，383-407頁。
第4章
「紅海の国際貿易港 ‘Aydhāb の廃港年次をめぐって」『東西海上交流史研究』（*JMEWR*）第1号，1989年，167-197頁。
第IV部
第3章
「イエメン・ラスール朝時代の商人の一類型——qāḍī Amīn al-Dīn Mufliḥ al-Turkī の場合」『史学』46/3号，慶應義塾大学三田史学会，1975年，81-98頁。
第V部
第1章
「宋代の毗喏耶国と地中海の珊瑚」『オリエント』第7/1号，日本オリエント学会，1964年，51-62頁。
第2章
「法隆寺伝来の刻名入り香木をめぐる問題——沈香と白檀の産地と7・8世紀のインド洋貿易」『アジア・アフリカ言語文化研究』第37号，1989年，123-142頁。
第VI部
第1章
「チュニジア・ガーベス湾の漁撈文化——地中海史の視点から」家島彦一・渡辺金一編著『イスラム世界の人びと——海上民』東洋経済新報社，1984年，201-240頁。
第2章
「ムスリム海民による航海安全の信仰——とくに Ibn Baṭṭūṭa にみるヒズルとイリヤースの信仰」『アジア・アフリカ言語文化研究』第42号，1991年，117-135頁。
第VII部
第1章
「ブズルク・ブン・シャフリヤール『インド奇談集』に関する新資料」『アジア・アフリカ言語文化研究』第59巻，2000年，1-30頁。
第2章
「イエメン・ラスール朝史に関する新写本」『アジア・アフリカ言語文化研究』第7号，1974年，165-182頁。
第3章
“An Arabic Manuscript on the History of the Maldive Islands,” *Cultural and Economic Relations between East and West ——Sea Routes*, Wiesbaden : Otto Harrasssowitz, 1988, pp. 71-81.